博碩文化

各章節習題練習本・計算機使用方法・部分題目之計算機操作過程・統計公式整理

統計學 第二版

李德治・林孟儒・童惠玲 著

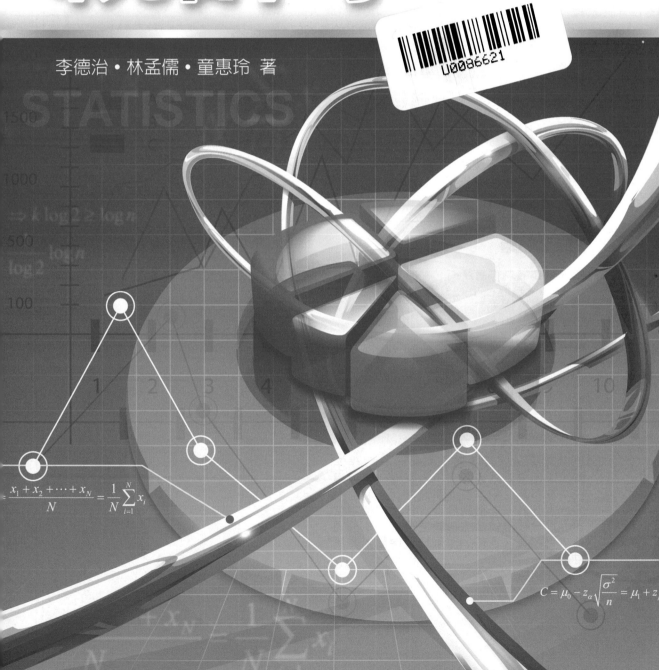

STATISTICS

$$\frac{x_1 + x_2 + \cdots + x_N}{N} = \frac{1}{N}\sum_{i=1}^{N} x_i$$

$$C = \mu_0 - z_\alpha \sqrt{\frac{\sigma^2}{n}} = \mu_1 + z$$

統計學(第二版)

作　　　者／李德治、林孟儒、童惠玲

發　行　人／葉佳瑛

發 行 顧 問／陳祥輝、賣丕勳

總　編　輯／古成泉

出　　　版／博碩文化股份有限公司

網　　　址／http://www.drmaster.com.tw/

地　　　址／新北市汐止區新台五路一段112號10樓A棟

　　　　　　TEL / 02-2696-2869・FAX / 02-2696-2867

郵 撥 帳 號／17484299

律 師 顧 問／劉陽明

出 版 日 期／西元2012年9月二版一刷

I　S　B　N／978-986-201-610-7

建 議 售 價／680元

博 碩 書 號／EU31209

著作權聲明

商標聲明

有限擔保責任聲明

國家圖書館出版品預行編目資料

統計學 / 李德治、林孟儒、童惠玲 作. -- 二版
-- 新北市；博碩文化, 2012.07
　面； 公分
ISBN 978-986-201-610-7（平裝）
1. 統計學

510　　　　　　　　　　　　101011115

Printed in Taiwan

　　隨著電腦科技的進步，圖像化介面的成熟，統計軟體已由早期的文字介面進步到圖形介面，使用者已經不需要記憶一長串的指令，更不需要瞭解程式碼的撰寫，只要透過滑鼠的點選、拖曳，就可以輕鬆的完成複雜的統計分析。現有的軟硬體設備早已符合 Davis (1986) 所提之科技接受模式，近幾年很夯的 iPad 幾乎不需要學習，自行摸索就能輕鬆上手，作者經常看到低頭專注在 iPad 上的人，並非是位成年人，而是幼稚園小朋友。為了避免不當的操作導致當機，或誤刪檔案。因此有不少軟體都有防止操作錯誤的保護機制，例如著名的 SEM 軟體 AMOS，但畢竟工程師在發展軟體時無法將所有的不當操作考慮進去。此外，大多數的專業軟體，由於使用者皆設定給專業人士使用，例如 SPSS，因此並沒有設定太多的使用統計方法錯誤的警告機制。

　　統計有四種量尺進行資料的衡量，每一種量尺皆有其對應的統計分析方法，且每一種統計分析方法也有其基本假設與限制。就資料本身而言，不論是哪一種量尺所衡量的資料，大都以數字 1、2、3、…呈現。因此，進行統計軟體操作的人，若沒有足夠的統計基本常識，可能會用錯統計方法，導致錯誤的分析結果。為了讓學習統計學的學生能夠進一步瞭解統計原理與相關基礎理論，因此本教科書在編寫時盡量的介紹統計基本原理，故這本書的內容較一般基礎統計學深入。若涉及較多的數學知識時，作者盡量以淺顯易懂的方式呈現，讓學生學習時不會感到恐懼。

　　第二版已將第一版所發現的打字錯誤盡量的更正，為了降低錯誤，作者除自己親自校稿四次之外，特別聘請本校許孟勛同學協助校稿。儘管歷經多次校稿，依舊難免會有疏漏的地方，若讀者遇到書籍上有任何疑問，歡迎您與我聯絡並討論。同時在此特別感謝讀者鞠學偉的來信，詳細的告知第一版錯誤處。這本書籍內容十分的豐富，藉由本書籍不但可以徹底瞭解統計的數學原理，應付國內研究所考試亦是足夠。這本書籍已經十分厚了，為了減少張數，有關本教科書的部分內容，如公式整理、作業簡答、SPSS 資料檔與日後發現錯誤的勘誤表等，可至博碩文化網站下載。

作者隨後會寫一本 AMOS 在 SEM 分析的相關書籍，由於作者本身是學數學出身，同時跨領域至人文社會學進行相關研究。因此撰寫的內容除應用層面外，也會進一步深入的探討數學層面，有興趣的讀者可留意博碩文化的出版訊息。

李德治 謹誌於大葉大學資管系

dclee@mail.dyu.edu.tw

CONTENTS

目錄

Chapter 1 緒論

Chapter 2 常用的統計圖表

Chapter 3 常用的統計量數

Chapter 4 機率

Chapter 5 機率分配

Chapter 6 二元隨機變數

Chapter 7 隨機變數函數之機率分配

Chapter 8 動差與母函數

Chapter 9 常用的離散型機率分配

Chapter 10 常見的連續型機率分配

Chapter 12 估計

Chapter 13 區間估計

Chapter 14 單母體的假設檢定

Chapter 17 簡單線性迴歸與相關分析

Chapter 18 多元迴歸

Chapter 19 類別資料的分析

Chapter 20 無母數統計

Appendix A 附錄

Appendix B 附錄

基礎數學

在正式進入統計學的領域前，本章先介紹在統計學上會用到的數學工具，若能熟悉並活用這些工具，就能輕鬆的學習統計學。本章節分成三個部分，分別為：基本代數運算、基本微積分原理與排列組合。

 基本代數運算

在本節中將介紹在統計學上經常被使用到的代數計算法則與公式，這些計算法則以及公式在國、高中時的數學課程就已經學習過。

0.1.1 餘式定理

多項式 $f(x) \div (ax-b)$ 的餘式等於 $f(\frac{b}{a})$。$\frac{b}{a}$ 是令除式 $ax-b=0$ 所得到的解，因此若 $f(\frac{b}{a})=0$，就表示 $f(x)$ 能被 $ax-b$ 整除。

餘式定理在統計學上的應用，主要用來配合**堪根定理**，快速的檢驗 $f(x)$ 是否可以被 $(ax-b)$ 整除，若搭配計算機使用，利用餘式定理求餘式的速度遠比長除法或者綜合除法來得快。

例 1

求 $(x^3 + 4x^2 - 5x + 1) \div (x-1)$ 的餘式。

解

根據餘式定理，將 $x=1$ 代入被除式中得

$1 + 4 - 5 + 1 = 1$

∴餘式等於 1

0.1.2 多項方程式的求解

在統計學上有關多項方程式的求解大多為一個變數，因此僅就一個變數的求解問題做簡單的介紹。

1. 一元二次方程式

已知方程式：$ax^2 + bx + c = 0$，則 x 的兩個根為：

$$x = \frac{-b \pm \sqrt{b^2 - 4ac}}{2a}$$

2. 高次方程式

由於三次與四次多項方程式解的公式非常難記，因此三次及三次以上的多項方程式，大多利用堪根定理配合長除法或綜合除法將多項方程式因式分解，化成若干個一次或二次連乘積，就可以順利求出變數的解。底下是有關堪根定理(一次因式檢驗法)的介紹：

已知整係數方程式：$a_n x^n + a_{n-1} x^{n-1} + \cdots + a_2 x^2 + a_1 x + a_0 = 0$，若此方程式含有一次因式 $ax \pm b$ (a, b 互質)，則必滿足 $a|a_n$ 且 $b|b_0$。

其中符號 $a|a_n$ 表示 a 為 a_n 的因數。

例 2

求解方程式 $2x^3 + x^2 + 7x - 4 = 0$。

解

根據堪根定理，原方程式可能含有一次因式的形式為 $ax \pm b$，其中 a 為 2 的因數，b 為 4 的因數，故 $a = 1, 2; b = 1, 2, 4$，組合起來有下列 8 種情形：

$x \pm 1, x \pm 2, x \pm 4, 2x \pm 1$

將上列因式分別代入原方程式中利用長除法或餘式定理檢驗得：$2x - 1$ 為其因式，故原式可分解成

$2x^3 + x^2 + 7x - 4 = (2x - 1)(x^2 + x + 4) = 0$

$\therefore x = \dfrac{1}{2}$ 或 $x = \dfrac{-1 \pm \sqrt{1^2 - 4 \times 1 \times 4}}{2} = \dfrac{-1 \pm \sqrt{15}i}{2}$

0.1.3 連加符號

定義：$\displaystyle\sum_{i=1}^{n} x_i = x_1 + x_2 + x_3 + \cdots + x_n$，其中 i 稱為啞標(dummy index)，之所以稱為啞標，表示變數 i 可以任意更換，即 $\displaystyle\sum_{i=1}^{n} x_i = \sum_{j=1}^{n} x_j = \sum_{k=1}^{n} x_k = \cdots$

1. 常見的 $\sum$ 計算公式

    (1) $\displaystyle\sum_{k=1}^{n} k = 1 + 2 + 3 + \cdots + n = \frac{1}{2}n(n+1)$

    (2) $\displaystyle\sum_{k=1}^{n} k^2 = 1^2 + 2^2 + 3^2 + \cdots + n^2 = \frac{1}{6}n(n+1)(2n+1)$

    (3) $\displaystyle\sum_{k=1}^{n} k^3 = 1^3 + 2^3 + 3^3 + \cdots + n^3 = \left[\frac{1}{2}n(n+1)\right]^2$

2. $\sum$ 的基本運算性質

    (1) $\displaystyle\sum_{k=1}^{n} ck = c\sum_{k=1}^{n} k$ ，其中 c 為常數。

    (2) $\displaystyle\sum_{k=1}^{n} (a_k + b_k) = \sum_{k=1}^{n} a_k + \sum_{k=1}^{n} b_k$

3. 雙重連加符號 $\sum\sum$

    在變異數分析單元中會用到雙重連加符號與三重連加符號，其化簡過程是由內而外，先計算內層的連加再逐步的往外層化簡，有關這兩種符號的運算性質與單一的連加符號是一樣的，其運算性質如下：

    (1) $\displaystyle\sum_{i=1}^{n}\sum_{j=1}^{m} a x_{ij} = a\sum_{i=1}^{n}\sum_{j=1}^{m} x_{ij}$

    (2) $\displaystyle\sum_{i=1}^{n}\sum_{j=1}^{m} (a x_{ij} + b y_{ij}) = a\sum_{i=1}^{n}\sum_{j=1}^{m} x_{ij} + b\sum_{i=1}^{n}\sum_{j=1}^{m} y_{ij}$

    而其展開的詳細過程如下：

$$\sum_{i=1}^{n}\sum_{j=1}^{m} x_{ij} = \sum_{i=1}^{n} (x_{i1} + x_{i2} + \cdots + x_{im})$$

$$= \sum_{i=1}^{n} x_{i1} + \sum_{i=1}^{n} x_{i2} + \cdots + \sum_{i=1}^{n} x_{im}$$

$$= (x_{11} + x_{21} + \cdots + x_{n1}) + (x_{12} + x_{22} + \cdots + x_{n2}) + \cdots + (x_{1m} + x_{2m} + \cdots + x_{nm})$$

從上面的展開式中不難觀察出其展開過程是先由內層的 j 從 1 開始變化到 m，接著再繼續展開最外層，將 i 從 1 變化到 n，把所有的式子以「＋」號連接起來。至於三重連加符號，請讀者自行推導不再冗述。

例 3

求 $\displaystyle\sum_{x=1}^{10}(2x^2-3x)$。

解

$$\sum_{x=1}^{10}(2x^2-3x)=\sum_{x=1}^{10}2x^2-\sum_{x=1}^{10}3x=2\sum_{x=1}^{10}x^2-3\sum_{x=1}^{10}x$$

$$=2\times\frac{1}{6}\times10\times(10+1)\times(20+1)-3\times\frac{1}{2}\times10\times(10+1)=605$$

例 4

求 $\displaystyle\sum_{x=1}^{10}\sum_{y=1}^{5}(xy+y^2)$。

解

$$\sum_{x=1}^{10}\sum_{y=1}^{5}(xy+y^2)=\sum_{x=1}^{10}x\sum_{y=1}^{5}y+\sum_{x=1}^{10}\sum_{y=1}^{5}y^2=\sum_{x=1}^{10}x\left[\frac{1}{2}(5)(5+1)\right]+\sum_{x=1}^{10}\frac{1}{6}(5)(5+1)(10+1)$$

$$=15\sum_{x=1}^{10}x+\sum_{x=1}^{10}55=15\times\frac{1}{2}(10)(10+1)+55\times10=1375$$

0.1.4 連乘符號

　　連乘符號和連加符號十分類似，最大的不同，連加符號是利用「＋」號把所有的式子組合起來，而連乘符號則是利用「×」號把所有的式子組合起來，這個符號在使用最大概似法的時候會用到，其定義如下：

$$\prod_{i=1}^{n}x_i=x_1\times x_2\times x_3\times\cdots\times x_n$$

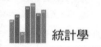

例 5

試求 $\displaystyle\prod_{k=3}^{6}(1+k)$。

解

$$\prod_{k=3}^{6}(1+k)=4\times5\times6\times7=840$$

0.1.5 二項式展開公式

二項式展開在統計學上主要用於二項分配中的相關應用，二項式展開公式如下：

$$(x+y)^n=C_0^n x^n+C_1^n x^{n-1}y^1+\cdots+C_k^n x^{n-k}y^k+\cdots+C_n^n y^n$$
$$=\sum_{k=0}^{n}C_k^n x^{n-k}y^k$$

在統計學的應用大部分的情況是由右式推導到左式，由此公式可以看出來，只要 x,y 的次數和等於組合公式 C_k^n 中的上標，且 x,y 的次數任意一個等於組合公式 C_k^n 中的下標，我們就可以把這兩個未知數加起來括弧 n 次方，注意連加符號的啞標必須從 0 開始。例如：

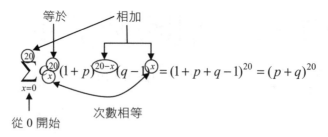

例 6

化簡 $\displaystyle\sum_{x=0}^{20}C_x^{20}(p^2-1)^x(p)^{20-x}$。

解

$$\sum_{x=0}^{20}C_x^{20}(p^2-1)^x(p)^{20-x}=(p^2+p+1)^{20}$$

0.1.6 e^x 的馬克勞林級數

e^x 主要用於動差母函數與指數分配的相關參數推導，在這些推導計算過程中經常用到 e^x 的馬克勞林級數(Maclaurin series)，e^x 的馬克勞林級數展開式如下所示：

$$e^x = 1 + x + \frac{x^2}{2!} + \cdots + \frac{x^n}{n!} + \cdots$$

$$= \sum_{k=0}^{\infty} \frac{x^k}{k!}$$

我們觀察上式可以看出，分子變數的次數與分母的階乘只要相等，且滿足 k 從 0 變化到無窮大，那麼我們就可以把連加轉換成自然指數的型態，即：

$$\sum_{k=0}^{\infty} \frac{變數^k}{k!} = e^{變數}$$

例如：$\sum_{x=0}^{\infty} \frac{(x)}{(x!)} = e^9$ ⎫ 相等

↑
從 0 開始

例 7

化簡 $\displaystyle\sum_{k=0}^{\infty} \frac{(x^2 + x + 1)^k}{k!}$

解

$$\sum_{k=0}^{\infty} \frac{(x^2 + x + 1)^k}{k!} = e^{x^2 + x + 1}$$

0.1.7 泰勒級數

在介紹動差母函數的時候我們會用到泰勒級數(Taylor series)，在定義泰勒級數前我們要先介紹可解析函數、常點與奇異點。

1. 可解析函數、常點與奇異點

若 $f(x)$ 在 $x=c$ 處 n 階微分均存在，則稱 $f(x)$ 在 $x=c$ 處為可解析函數(analytic function)，$x=c$ 稱為 $f(x)$ 的常點(ordinary point)，反之則稱為奇異點(singular point)。

2. 泰勒級數

假設 $x=c$ 為 $f(x)$ 的常點，且 $f(x)$ 可表示成

$$f(x) = \sum_{k=0}^{n} \frac{f^{(k)}(c)}{k!}(x-c)^k$$

$$= \frac{f(c)}{0!} + \frac{f'(c)}{1!}(x-c) + \frac{f''(c)}{2!}(x-c)^2 + \cdots + \frac{f^{(n)}(c)}{n!}(x-c)^n$$

上式稱為泰勒級數或稱泰勒展開式，其中 c 稱為展開中心。

泰勒級數的求法有好幾種方法，在此我們僅介紹微分法與綜合除法。綜合除法適用於次數不大的題型，而微分法則無任何的限制，底下我們舉一個例子分別用這兩種方法各求解一次，讀者就能明瞭如何求泰勒級數了。

例 8

試將 $3x^2 + 4x - 6$ 以 $x=1$ 為展開中心，求泰勒級數。

解

綜合除法

$$\begin{array}{r} 3+4-6 \\ 3+7 \\ \hline 3+7\ \textcircled{1} \\ 3 \\ \hline \textcircled{3}\ \textcircled{10} \end{array} \Big| 1$$

故 $3x^2 + 4x - 6 = 3(x-1)^2 + 10(x-1) + 1$

微分法：

令 $f(x) = 3x^2 + 4x - 6 \quad \Rightarrow \quad \dfrac{f(1)}{0!} = 1$

$f'(x) = 6x + 4 \qquad \Rightarrow \quad \dfrac{f'(1)}{1!} = 10$

$f''(x) = 6 \qquad\qquad \Rightarrow \quad \dfrac{f''(1)}{2!} = 3$

故 $3x^2 + 4x - 6 = 3(x-1)^2 + 10(x-1) + 1$

0.1.8 直線方程式

有關直線方程式的表示法有兩點式、點斜式、斜截式、參數式……等，我們僅就學習統計學上比較實用的直線求法介紹。

1. 兩點式

已知直線 L 通過 $A(x_1, y_1), B(x_2, y_2)$ 兩點，則直線方程式可表示成：

$$\frac{y - y_1}{x - x_1} = \frac{y_1 - y_2}{x_1 - x_2}$$

兩邊交叉相乘就可以求出通過 A、B 兩點的直線方程式，上面的方法是利用斜率相等的概念。求通過兩點的直線方程式，除了使用上式方法之外還有另外一種方法速度更快，我們可以利用多邊形面積公式獲得這條直線的方程式，由於直線上的任一點 (x, y) 與 A、B 兩點所形成的三角形面積為零，利用此觀念便可求出直線方程式。我們將多邊形面積公式加以改良，把 (x, y) 與 A、B 三點依序列出，第一點要重複一次，即

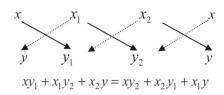

$$xy_1 + x_1 y_2 + x_2 y = xy_2 + x_2 y_1 + x_1 y$$

【口訣】左邊乘過去＝右邊乘過來

例 9

已知直線 L 通過 $(1, -3), (2, 2)$ 兩點，求 L 的方程式。

解

由多邊形面積公式

故直線方程式：$-3x + 2 + 2y = 2x - 6 + y \Rightarrow 5x - y - 8 = 0$

2. 截距式

已知直線 L 與 x 軸 y 軸交點分別為 $(a,0),(0,b)$，則直線方程式 L 為

$$\frac{x}{a}+\frac{y}{b}=1$$

3. 點斜式

已知直線 L 通過 $A(x_1,y_1)$，且斜率為 m，則直線方程式為

$$y-y_1=m(x-x_1)$$

0.1.9 折線函數

所謂折線函數是指型如：$y=a_1|x-x_1|+a_2|x-x_2|+\cdots+a_n|x-x_n|+bx+c$ 的函數，因為其圖形是由許多線段連接而成，故稱為折線函數。由於絕對值的特性，以函數 $y=|x-a|$ 為例，去掉絕對值後可得 $y=\pm(x-a)$，由這兩條直線可知，在 $x=a$ 的左右兩側所產生的兩條直線斜率正好一正一負，因此在 $x=a$ 處會產生轉折，此轉折點稱為折點。故繪製折線函數圖形只要依照下列步驟繪製，就可以很輕鬆的畫出圖形。

1. 尋找折點：令每個絕對值等於 0，求出所有的折點。

2. 最左與最右兩端點各描一點。

3. 依序連接各折點，與端點，並將兩端點所連的直線無限延伸。

例 10

繪製 $y=|x+1|+|x-1|$。

解

步驟 1： 找折點

$$|x+1|=0\Rightarrow x=-1;|x-1|=0\Rightarrow x=1$$

分別把 $x=1,-1$ 代入求出對應的 y 座標為 $2,2$

步驟 2： 再令 $x = -2, 2$ 代入求出對應的 y 座標為 $4, 4$

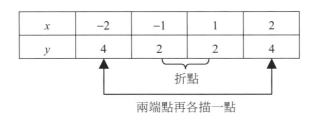

x	-2	-1	1	2
y	4	2	2	4

折點

兩端點再各描一點

步驟 3： 依序連接折點，並將連接端點直線延伸。

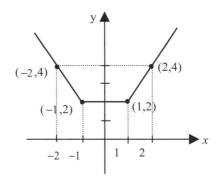

0.1.10 內分點公式

當利用金氏法或克氏法求眾數以及組距型資料求各種分位數時，我們會用到內分點公式，所謂內分點公式說明如下：

假設數線上有 A、B 兩點，且座標分別為 $A(x_1), B(x_2)$ ，已知 $C(x)$ 點在 $\overline{AB}$ 上，且 $\overline{AC} : \overline{BC} = m : n$ ，則 C 點的座標：$x = \dfrac{mx_2 + nx_1}{m + n}$

若 A、B、C 三點位於座標平面上，A、B、C 三點座標分別為 $A(x_1, y_1), B(x_2, y_2), C(x, y)$ ，則 C 點的座標為

$$C\left(\frac{mx_2 + nx_1}{m + n}, \frac{my_2 + ny_1}{m + n}\right)$$

若這個公式記不住，C 點座標亦可用相似三角形獲得，由上圖可知 $\triangle BAD \sim \triangle BCE$，

故 $\dfrac{\overline{CE}}{\overline{AD}} = \dfrac{\overline{BE}}{\overline{BD}}$，即 $\dfrac{x - x_2}{x_1 - x_2} = \dfrac{y - y_2}{y_1 - y_2} = \dfrac{n}{m + n}$，解聯立方程式即可求得 C 點座標。這個公式

在統計學上最大的應用在於計算組距型資料的各種分位數，上述公式不太容易記住，為了協助記憶，我們分別把 A、B、C 三點的座標以下列的方式呈現，A、B、C 三點的順序可以任意擺放(因為皆可找到對應的三角形相似)，但通常待求的未知數放在中央處：

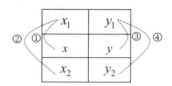

利用 $\dfrac{①}{②} = \dfrac{③}{④}$，也就是說利用 $\dfrac{x - x_1}{x_2 - x_1} = \dfrac{y - y_1}{y_2 - y_1}$ 即可求出 x 或 y，這個式子在求分位數上十分好用。

0.1.11 柯西不等式

在證明相關係數的範圍：$-1 \le r_{xy} \le 1$ 時，有許多方法可以證明，但這些方法中以柯西不等式最容易明瞭，所謂柯西不等式，定義如下：

$$(a_1^2 + a_2^2 + \cdots + a_n^2)(b_1^2 + b_2^2 + \cdots + b_n^2) \ge (a_1 b_1 + a_2 b_2 + \cdots + a_n b_n)^2$$

其中 $a_1, a_2, \cdots a_n; b_1, b_2 \cdots b_n \in R$

柯西不等式是由向量內積定義所獲得的不等關係，若對此不等式的來源有興趣的讀者請自行參閱高中數學向量單元。柯西不等式主要用來求在已知變數和的條件下，求這些變數的另一個和的最大值或最小值。

例 11

已知 $x + 2y + 3z = 10$，求 $x^2 + y^2 + z^2$ 的最小值。

解

由柯西不等式：$(x^2 + y^2 + z^2)(1^2 + 2^2 + 3^2) \ge (x + 2y + 3z)^2$

$\Rightarrow 14(x^2 + y^2 + z^2) \ge 10^2 \Rightarrow x^2 + y^2 + z^2 \ge \dfrac{50}{7}$

故 $x^2 + y^2 + z^2$ 的最小值等於 $\dfrac{50}{7}$

0.1.12 等比級數

在幾何分配單元中，我們需要用到等比級數和的公式，所謂等比級數是指前後相鄰兩項比值相等的級數，也就是說滿足 $\frac{a_n}{a_{n-1}} = r$ 的級數稱為等比級數，其中 a_n 稱為第 n 項，r 稱為公比。其前 n 項的和為

$$S_n = \sum_{i=1}^{n} a_1 r^{i-1} = a_1 + a_1 r + a_1 r^2 + \cdots + a_1 r^{n-1} = \frac{a_1(1-r^n)}{1-r}$$

其中 a_1 稱為首項。若其項數為無限多項，則稱為無窮等比級數，其和的公式為：

$$S = \sum_{i=1}^{\infty} a_1 r^{i-1} = a_1 + a_1 r + a_1 r^2 + \cdots + a_1 r^{n-1} + \cdots = \frac{a_1}{1-r}, |r| < 1$$

從上面兩個式子可以觀察出來，若以連加符號表示等比級數，把指數部分的變數 i 去掉，剩下的部分就是公比，注意這裡所謂的變數 i 包含 $i \pm$ 常數的型態。例如 $\sum_{i=1}^{n} 4(\frac{1}{3})^{t(i-1)}$ 其公比為 $(\frac{1}{3})^t$，當然你也可以令 $i=1, i=2$ 代入求第 2 項與第 1 項的比值 $\frac{a_2}{a_1} = \left(\frac{1}{3}\right)^t$，亦可求出公比。

例 12

試求 $1 + 2 + 4 + \cdots + 2^9$。

解

此級數公比=2，首項=1，項數=10，根據等比級數和的公式

$$S_{10} = \frac{1 \times (1 - 2^{10})}{1-2} = 1023$$

例 13

試求 $\displaystyle\sum_{x=1}^{\infty} e^{tx} p(1-p)^{x-1}$ 。

解

此題為無窮等比級數，令 $x=1$ 代入得首項為 $e^t p$ ，公比 $r = e^t(1-p)$

故和 $S = \dfrac{e^t p}{1 - e^t(1-p)}$

0.2 微分

0.2.1 基本微分公式

有關微分公式非常的多，本書僅介紹統計上常用到的一些基本微分公式：

1. $\dfrac{d}{dx}c = 0$,c 為常數

2. $\dfrac{d}{dx}x^n = nx^{n-1}$

3. $\dfrac{d}{dx}\sqrt{x} = \dfrac{1}{2\sqrt{x}}$

4. $\dfrac{d}{dx}e^{ax} = ae^{ax}$

5. $\dfrac{d}{dx}\ln x = \dfrac{1}{x}$

6. $\dfrac{d}{dx}\left[f(x) \pm g(x)\right] = f'(x) \pm g'(x)$

7. $\dfrac{d}{dx}\left[f(x)g(x)\right] = f'(x)g(x) + f(x)g'(x)$

8. $\dfrac{d}{dx}\left[\dfrac{f(x)}{g(x)}\right] = \dfrac{f'(x)g(x) - f(x)g'(x)}{\left[g(x)\right]^2}$

9. $\dfrac{d}{dx}f(g(x)) = f'(g(x)) \cdot g'(x)$

其中第九個微分公式稱為**鍊微法則**(chain rule)，鍊微法則主要用來推導合成函數的微分，其原理如同鎖鍊般層層相扣，由最外層往最內層不斷地進行微分，就如同脫衣服一樣，必須從最外面的一件往裡面一件件的脫去，直到最內層的式子微分完畢才結束微分過程。

例 14

已知 $f(x) = \sqrt{\ln^3(x^2 + 2x + 1) + e^{4x}}$ 求 $f'(x)$。

解

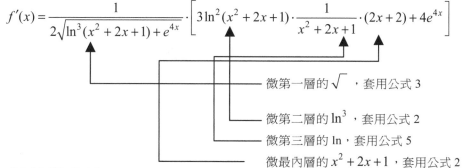

$$f'(x) = \frac{1}{2\sqrt{\ln^3(x^2+2x+1)+e^{4x}}} \cdot \left[3\ln^2(x^2+2x+1) \cdot \frac{1}{x^2+2x+1} \cdot (2x+2) + 4e^{4x} \right]$$

微第一層的 $\sqrt{}$，套用公式 3

微第二層的 $\ln^3$，套用公式 2

微第三層的 $\ln$，套用公式 5

微最內層的 $x^2 + 2x + 1$，套用公式 2

0.2.2 對數微分法

當被微分的函數為乘積或指數型態，對數微分法是一個強而有力的微分工具，在統計學中通常用在推導最大概似估計式的時候，當然如果數學功力夠強的話，以基本公式進行微分一樣可以求得最大概似估計式。使用對數微分法之前，必須先將被微分函數兩邊取對數，再將兩邊同時微分，移項後即可求出該函數的導函數。

步驟如下：

已知函數 $y = f(x)$，試以對數微分法求一階導函數

步驟 1： 兩邊取對數　$\ln y = \ln f(x)$

步驟 2： 兩邊同時微分　$\dfrac{y'}{y} = \dfrac{f'(x)}{f(x)}$

步驟 3： 兩邊同時乘 y(左式分母 y 移至右式)　$y' = \dfrac{f'(x)}{f(x)} \times y$

步驟 4： 將 $y = f(x)$ 代入上式，故得 $y' = f'(x)$

也許讀者對於上面的步驟感到疑惑，經過了那麼多的步驟最後得到的結果竟然是 $y' = f'(x)$，那為何不一開始就直接進行微分同樣可以得到 $y' = f'(x)$ 的結果。是的，假設你的數學功力夠強，直接微分也是一種方法，之所以繞了一大圈的原因，就在於 $f(x)$

不容易進行微分，必須採用迂迴的方法，下面我們實際舉個例子會更容易瞭解對數微分的運作方式。

例 15

設 $y = \dfrac{(x+1)^3 (x^2+1)}{(x^2+x+1)^2}$，試求 y'。

解

兩邊取對數：

$$\ln y = \ln \frac{(x+1)^3 (x^2+1)}{(x^2+x+1)^2} \Rightarrow \ln y = 3\ln(x+1) + \ln(x^2+1) - 2\ln(x^2+x+1)$$

兩邊同時微分：$\dfrac{y'}{y} = 3 \cdot \dfrac{1}{x+1} + \dfrac{2x}{x^2+1} - 2 \cdot \dfrac{2x+1}{x^2+x+1}$

兩邊同時乘以 y：$y' = y(3 \cdot \dfrac{1}{x+1} + \dfrac{2x}{x^2+1} - 2 \cdot \dfrac{2x+1}{x^2+x+1})$

故 $y' = \dfrac{(x+1)^3 (x^2+1)}{(x^2+x+1)^2}(3 \cdot \dfrac{1}{x+1} + \dfrac{2x}{x^2+1} - 2 \cdot \dfrac{2x+1}{x^2+x+1})$

註：本題若採用直接微分法，需要使用到 2、7、8、9 這幾個公式，請讀者自行驗證，看是否與對數微分法所求出的答案相同。

0.2.3 極大值與極小值

在連續隨機變數，已知機率密度函數求眾數時，會用到求極值的概念。極值一般可分為下列四種：

1. 相對極大值：若 y_0 大於相鄰點之 y 值，則稱 y_0 為相對(局部)極大值。

2. 相對極小值：若 y_0 小於相鄰點之 y 值，則稱 y_0 為相對(局部)極小值。

3. 絕對極大值：在一區間內其最大之 y_0 值，則稱 y_0 為絕對極大值。

4. 絕對極小值：在一區間內其最小之 y_0 值，則稱 y_0 為絕對極小值。

利用微分等於 0 所求出來的極值稱為相對極值，至於是相對極大值或相對極小值有兩種判斷法則：一階導數判斷法與二階導數判斷法。這兩種判斷法則各有其適應的

題型，一般函數尤其是第二階微分十分困難的函數，可使用一階導數判斷法，而多項式函數次數不大的時候可採用二階導數判斷法，其方法分述於下：

1. 一階導數判斷法(適用於一般函數)

令 f 在一開區間 (a,b) 連續，此區間包含一臨界點 c

(1) 若 $f'(x) > 0, \forall x \in (a,c)$ 且 $f'(x) < 0, \forall x \in (c,b)$，則 $f(c)$ 為 f 之一相對極大值。

(2) 若 $f'(x) < 0, \forall x \in (a,c)$ 且 $f'(x) > 0, \forall x \in (c,b)$，則 $f(c)$ 為 f 之一相對極小值。

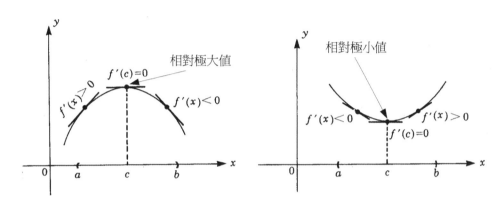

2. 二階導數判斷法(適用於低次多項式)

設函數 $f(x)$ 在 $[a,b]$ 連續，在 (a,b) 可微分，x_0 為 (a,b) 內之一點

(1) 若 $f'(x_0) = 0$ ， $f''(x_0) > 0$ ，則 $f(x_0)$ 為相對極小值。

(2) 若 $f'(x_0) = 0$ ， $f''(x_0) < 0$ ，則 $f(x_0)$ 為相對極大值。

例 16

設 $f(x) = x^3 - 3x^2 - 24x + 6$ ，求 $f(x)$ 之相對極值。

解

$f'(x) = 3x^2 - 6x - 24 = 0 \implies x^2 - 2x - 8 = 0$

$\implies (x+2)(x-4) = 0 \therefore x = -2, 4$

方法一：一階導數判斷法

故當 $x = -2$ 時有相對極大值 $f(-2) = (-2)^3 - 3(-2)^2 - 24(-2) + 6 = 34$

當 $x = 4$ 時有相對極小值 $f(4) = (4)^3 - 3(4)^2 - 24(4) + 6 = -74$

方法二：二階導數判斷法

$f''(x) = 6x - 6$

$\because f''(-2) = 6(-2) - 6 = -18 < 0$，故當 $x = -2$ 時有相對極大值 $f(-2) = 34$

$\because f''(4) = 6(4) - 6 = 18 > 0$，故當 $x = -2$ 時有相對極小值 $f(4) = -74$

0.3 積分

0.3.1 基本積分公式

下面為統計學常用到的基本積分公式：

1. $\displaystyle\int x^n dx = \frac{1}{n+1} x^{n+1} + c$

2. $\displaystyle\int \frac{1}{x} dx = \ln x + c$

3. $\displaystyle\int e^{ax} dx = \frac{1}{a} e^{ax} + c$

在大部分的情況下，統計學上求定積分值，當上界為∞時，將∞代入積分式中其值為 0，特別在求連續隨機變數的機率時。其原因在於機率值被限定在 0 到 1，因此計算機率的積分式必定收斂，畢竟統計學不是微積分，因此遇到積分上限為 ∞ 的時候，不太需要用微積分中的瑕積分原理去計算。下面的例子是對一個指數分配的機率密數函數求積分值。

例 17

求 $\displaystyle\int_4^\infty \frac{1}{2} e^{-\frac{x}{2}} dx$。

解

$$\int_4^\infty \frac{1}{2} e^{-\frac{x}{2}} dx = \frac{1}{2}(-2e^{-\frac{x}{2}})\Big|_4^\infty = -e^{-\frac{x}{2}}\Big|_4^\infty = -[(e^{-\infty}) - (e^{-2})] = e^{-2}$$

0.3.2 三大積分法

　　積分最常用的三種方法分別為：直接積分、變數變換與部分積分。直接積分就是指直接套用積分公式，而變數變換與部分積分都是藉由特殊的技巧想辦法把積分式轉換成基本積分公式，再進行積分。底下我們僅就變數變換與部分積分作介紹。

1. 變數變換

　　以變數變換進行積分通常需要一些解題經驗，解題經驗越豐富，就越能看出端倪，主要的大原則就是想辦法轉換成基本積分公式，再利用積分公式進行積分。在統計學上的積分式大都為多項式與自然指數兩種。

> **例 18**
>
> 求 $\int_0^1 (3x+1)^5 dx$ 。

解

令 $u = 3x+1$ ，$du = 3dx \Rightarrow dx = \frac{1}{3}du$

$x = 0, u = 1;\quad x = 1, u = 4$　　代入原式

故原式：$\int_1^4 u^5 \frac{1}{3} du = \frac{1}{3} \cdot \frac{1}{6} u^6 \Big|_1^4 = \frac{1}{18}(4^6 - 1^6) = \frac{4095}{18}$

2. 部分積分

　　部分積分的原理是由兩式乘積的微分公式所推導出的積分方法，由微分公式知：$\frac{d}{dx}(uv) = v\frac{d}{dx}u + u\frac{d}{dx}v$，把右式中的任一項移項至左邊再同時積分(加上 $\int dx$)，可得

$$\int \left(u\frac{d}{dx}v\right)dx = \int \left[\frac{d}{dx}(uv) - v\frac{d}{dx}u\right]dx = \int \frac{d}{dx}(uv)dx - \int v\frac{d}{dx}u\, dx$$

　　化簡左右兩式可得：

$$\int u\, dv = uv - \int v\, du$$

上式即所謂的部分積分公式。注意，微分的符號之所以用分數的型態顯現，是因為微分具有分數的約分性質，有了這個概念讀者應該很容易能明瞭上式的推導過程。由部分積分公式可以看出，使用這個公式時，必須先把積分式分成兩部分，一部份進行微分另一部份進行積分，下列提供一個簡易的工具協助部分積分的使用。首先將積分式分解成兩部分，需要進行微分的放在左邊，需要進行積分的放右邊，分別各自微分與積分一次。在統計學上需要用到部分積分工具來進行積分的，只有碰到多項式×指數求積分這種型態的問題，多項式永遠放在左邊，指數則放在右邊。

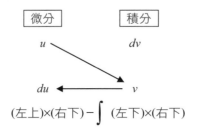

$$(左上)\times(右下)-\int (左下)\times(右下)$$

例 19

求 $\int 3xe^{2x}dx$ 。

解

$$\therefore \int 3xe^{2x}dx = \frac{3x}{2}e^{2x} - \int \frac{3}{2}e^{2x}dx = \frac{3x}{2}e^{2x} - \frac{3}{4}e^{2x} + c$$

其中 c 為積分常數

3. 連續部分積分

如果在例題 19 中的多項式次數高於兩次時，就必須不斷地重複做部分積分，直到變成單純的指數才能夠套用積分公式，這一連串的部分積分，可用下列圖形說明。記得要把多項式放在左邊，指數放在右邊，將多項式不斷地微分直到 0 為止，而指數則不斷地積分，其積分次數與多項式的微分次數相同，接著進行斜乘，「正負」相間地把整個式子連貫起來(式子本身所產生的正負號也要考慮)，就可以輕鬆的獲得積分結果。讀者可以自行試著推導，找一個簡單的例子，進行部分積分運算，不難發現簡化的原理。

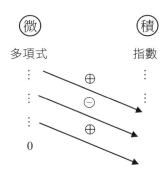

例 20

求 $\int(x^3 - 2x + 1)e^{-2x}dx$ 。

解

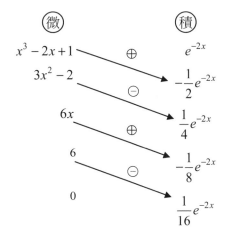

$\int(x^3 - 2x + 1)e^{-2x}dx$

$= +(x^3 - 2x + 1)(-\dfrac{1}{2}e^{-2x}) - (3x^2 - 2)\dfrac{1}{4}e^{-2x} + (6x)(-\dfrac{1}{8}e^{-2x}) - (6)(\dfrac{1}{16}e^{-2x}) + c$

$= \dfrac{e^{-2x}}{16}(-8x^3 + 16x - 8 - 12x^2 + 8 - 12x - 6) + c$

$= \dfrac{e^{-2x}}{16}(-8x^3 - 12x^2 + 4x - 6) + c$

其中 c 為積分常數

註：本題若嫌上面表列方式麻煩，亦可不需列表直接寫答案，由上面的計算過程可以發現多項式部分不斷地微分、指數部分不斷地積分，直到多項式變成常數為止，一開始先由多項式乘以指數積分，然後不斷地把多項式微分乘以指數積分，中間以「＋」、「－」相間連接起來，亦即

$$\int (x^3 - 2x + 1)e^{-2x}dx$$

$$= +(x^3 - 2x + 1)(-\frac{1}{2}e^{-2x}) - (3x^2 - 2)(\frac{1}{4}e^{-2x}) + (6x)(-\frac{1}{8}e^{-2x}) - (6)(\frac{1}{16}e^{-2x}) + C$$

微分　　　積分　　　微分　　　積分　　積分

0.3.3 重積分的積分範圍

在統計學二隨機變數的單元中，我們會遇到一些重積分的計算，對大部分非數學系的同學，常常不曉得如何決定積分上下限，底下是一般微積分教科書的寫法。

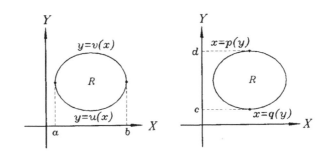

$$R = \{x, y \,|\, a \le x \le b, u(x) \le y \le v(x)\}$$
$$\{x, y \,|\, c \le y \le d, p(y) \le x \le q(y)\}$$

$$\Rightarrow \iint_R f(x, y)dxdy = \int_{x=a}^{x=b} \int_{y=u(x)}^{y=v(x)} f(x, y)dydx = \int_{y=c}^{y=d} \int_{x=p(y)}^{x=q(y)} f(x, y)dxdy$$

積分上下限中的「$x=$」與「$y=$」可以省略不寫，故我們常見的形式為：

$$\iint_R f(x, y)dxdy = \int_a^b \int_{u(x)}^{v(x)} f(x, y)dydx = \int_c^d \int_{p(y)}^{q(y)} f(x, y)dxdy$$

從上面的式子可以看出來，最外層積分的上下限必定是常數，故積分邊界為水平線或者鉛直線，而內層積分的上下限則不一定，總之全部四個上下限所圍成的邊界必須把整個積分範圍涵蓋住。因此積分上下限的決定順序是先決定外層的積分再決定內層積分，至於是水平邊界或是鉛直邊界必須視最外層的積分是對 x 或者 y 積分。若最外層的是對 x 積分，上下限寫成 $x=a$ 的型態，為鉛直線；若最外層的是對 y 積分，則上下限寫成 $y=b$ 的型態，為水平線。要注意這兩條水平線或鉛直線必須包含全部的積分範圍，故若為鉛直線必須取積分範圍的最左與最右兩端，水平線則需取積分範圍的最下與最上兩端。決定好最外層的積分上下限之後，最內層的積分上下限就負責把全

部的積分範圍包含進去即可，但要注意對 x 的方向選取必須由左而右，對 y 則由下而上，內層的積分界線可為直線或曲線。若這四個積分上下限所形成的範圍無法涵蓋所有的積分範圍，那就必須將積分範圍切割，分段進行積分。底下我們舉幾個積分範圍的選取的例子：

說例 1：

本例外層積分是對 x 積分，故最外層積分為兩鉛直線 $x=0, x=1$，先決定外層積分上下限，剩下的範圍由另兩條直線把積分範圍整個涵蓋住，這兩條直線方程式由下而上(灰色積分範圍部分)分別為 $y=2x$ 與 $y=2$，這兩條直線就是內層積分的上下限。(註：順序按①②③④排列)

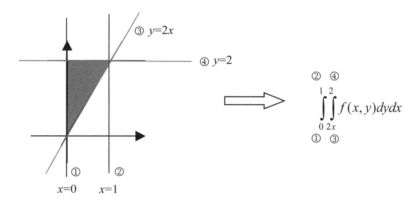

$$\int_{0}^{1}\int_{2x}^{2} f(x,y)\,dy\,dx$$

若同樣的範圍我們把積分順序對調，那麼積分上下限的選取也要跟著對調，最外層積分是對 y 積分，故先定兩條水平線，接著就可以決定內層積分的上下限了。

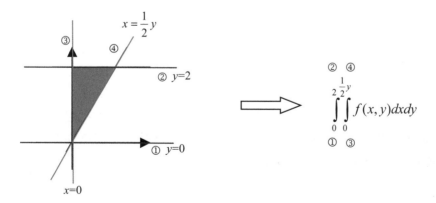

$$\int_{0}^{2}\int_{0}^{\frac{1}{2}y} f(x,y)\,dx\,dy$$

説例 2：

考慮下列灰色的積分範圍，內層對 x 積分，外層對 y 積分，故積分上下限的決定如下列所示：

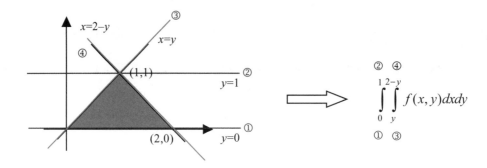

若同樣的積分範圍改成內層對 y 積分，外層對 x 積分，就必須進行切割，原因說明如下：

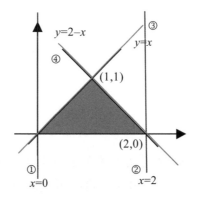

由於外層對 x 積分，所以必須先決定 x 的積分上下限，其積分上下限為上圖的①與②兩條直線，接著對內層的 y 決定積分上下限，由於 y 的積分上下限，在灰色區域內的邊界必須有上、下的關係，顯然對灰色邊界而言③和④兩條直線沒有上下的關係，故此積分區域無法用四條邊界涵蓋住，此時就必須對積分區域進行切割。由於外層積分是對 x 積分故必須用鉛直線進行切割(若外層對 y 積分則以水平線切割)，將積分區域分成若干區塊，切割方式不只一種，但每一個區塊必須符合前述條件：四個積分上下限恰可涵蓋住每一小區塊。如下圖所示：

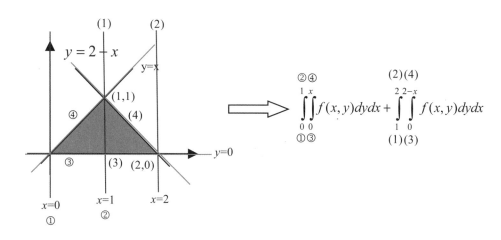

$$\iint\limits_{\substack{0 \\ 0}}^{\substack{1 \\ x}} f(x,y)dydx + \iint\limits_{\substack{1 \\ 0}}^{\substack{2 \\ 2-x}} f(x,y)dydx$$

若欲探索更複雜的積分邊界上下限的決定，請讀者自行翻閱微積分。幸運的是在初等統計的積分區域大都屬於三角形或者平行四邊形居多，因此統計學老手在計算重積分時，看到隨機變數的範圍不需畫出積分區域，就可以直接寫出積分上下限。下面我們就針對這兩種情形分別探討：

1. 積分區域為三角形

通常若隨機變數的範圍為 $a \le x \le y \le b$ 的形式，表示隨機變數 x 與 y 不獨立，且積分區域為三角形內部。外層積分範圍直接取不等式的兩端點，也就是 a 與 b，而內層則看是對 x 積分或者對 y 積分，若內層對 x 積分，其積分上下限正好是 x 的相鄰兩數，即 a 與 y；若內層對 y 積分，其積分上下限正好是 y 的相鄰兩數即 x 與 b。故積分上下限的取法為：

$$\iint\limits_{\substack{a \\ a}}^{\substack{b \\ y}} f(x,y)dxdy \quad 或 \quad \iint\limits_{\substack{a \\ x}}^{\substack{b \\ b}} f(x,y)dydx$$

2. 積分區域為平行四邊形

這種積分區域隨機變數的範圍為 $a \le x \le b, c \le y \le d$，表示隨機變數 x 與 y 為獨立變數。積分範圍就直接看該層對那個變數積分，該變數的範圍即為積分的上下限。故積分上下限的取法為：

$$\iint\limits_{\substack{a \\ c}}^{\substack{b \\ d}} f(x,y)dydx \quad 或 \quad \iint\limits_{\substack{a \\ c}}^{\substack{b \\ d}} f(x,y)dydx$$

0.4 偏微分

對大部分商管類的學生，在大一學習微積分時學校並未教授到偏微分，因此一聽到偏微分就感到恐懼，其實在統計學上所使用的偏微分十分簡單，只要會單變數的微分，偏微分一點也不難。所謂偏微分是指多變數函數中，我們僅就其中一個變數進行微分，一般我們用符號 ∂ (讀作 partial)表示，例如：$\dfrac{\partial f(x,y)}{\partial x}$，表示對變數 x 進行偏微分，亦可寫成 $f_x(x,y)$。當對變數 x 進行偏微分時，其餘的變數就視作常數，除非該變數為 x 的函數，否則該變數微分值為零。

例 21

已知 $f(x,y) = (3x^2 + 2xy + y^2)^3$，求 $\dfrac{\partial f(x,y)}{\partial x}$。

解

本題將 y 視作常數，除了基本微分公式外，還需配合鍊微法則

$$\frac{\partial f(x,y)}{\partial x} = 3(3x^2 + 2xy + y^2)^2 (6x + 2y)$$

0.4.1 雙變數函數的極值

雙變數函數的極值與單變數的極值求法非常類似，單變數僅就一個變數微分令一階導數等於 0，解出的 x 值就是極值可能發生處。而雙變數則需分別對兩個變數進行偏微分得到兩個偏導函數令其等於 0，可得到一個聯立方程式，求解此聯立方程式所得到的 x 與 y 值，就是極值可能發生處。其原理如下：

假設 $z = f(x,y)$ 滿足 $f_x = f_y = 0$ 的臨界點為 (a,b)，定義 Hessian 行列式

$$\Delta = \begin{vmatrix} f_{xx}(a,b) & f_{xy}(a,b) \\ f_{yx}(a,b) & f_{yy}(a,b) \end{vmatrix} = f_{xx}(a,b) \cdot f_{yy}(a,b) - f_{xy}(a,b) f_{yx}(a,b)$$

1. $\Delta > 0$ 且 $f_{xx}(a,b) > 0 \Rightarrow f(a,b)$ 為相對極小值

2. $\Delta > 0$ 且 $f_{xx}(a,b) < 0 \Rightarrow f(a,b)$ 為相對極大值

3. $\Delta < 0 \Rightarrow (a,b,f(a,b))$ 為鞍點

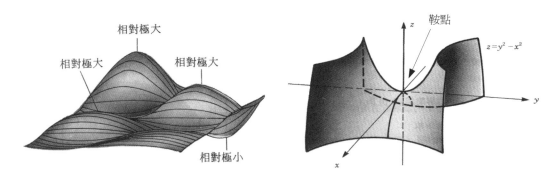

其中 $f_{xx}(x,y)$ 表示對 x 偏微分兩次，$f_{xy}(x,y)$ 表示先對 x 偏微分後再繼續對 y 偏微分。若 $\Delta = 0$，則上面的極值判別法失效，必須改用其他方法求極值，有興趣的讀者請自行參考微積分。在迴歸分析單元中，我們會利用到偏微分去推導迴歸方程，在絕大部分的情況下，在大學裡所學習的統計學，若需要用到偏微分去求極值，並不需要利用 Hessian 行列式去判斷極大值或極小值，故一般的統計教科書中很少提到雙變數函數極大值與極小值的判別式。

例 22

求 $f(x,y) = x^2 + xy + 2y^2 + 3$ 的極小值。

解

$$\begin{cases} f_x(x,y) = 2x + y = 0 \\ f_y(x,y) = x + 4y = 0 \end{cases}$$

求解上面聯立方程式得 $x = 0, y = 0$

故極小值為 $f(0,0) = 3$

 0.5 計數原理

當使用古典機率理論計算某事件發生機率時，需要求出所有的可能發生的次數與該事件發生的次數，故在此單元中我們幫讀者複習一下樣本空間的計數與排列組合公式。有關樣本空間的計數是架構在加法與乘法兩大原理，配合排列組合公式與樹狀圖，而事件的機率除了上述的原理與公式外還需要搭配集合的元素計算公式，如聯集、交集、排容原理等。

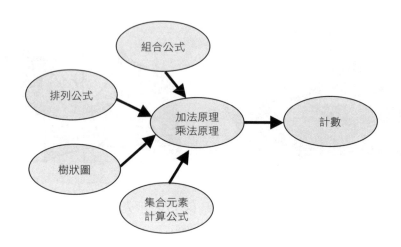

0.5.1 加法原理

完成一件事情僅需一個步驟,且辦法有相異 k 類,第一類的辦法中有 m_1 種不同的方法,在第二類的辦法中有 m_2 種不同的方法,....,在第 k 類的辦法中有 m_k 種不同的方法,那麼完成這件事的方法共有 $N = m_1 + m_2 + \cdots + m_k$ 種不同的方法。

例 23

某人打算從書櫃中選出一本書,若已知此書櫃有 5 本統計學、4 本經濟學、3 本會計學,請問他有幾種選法?(假設每本書都不相同)

解

完成取書只需一個步驟⇒使用加法原理

故共有 5+4+3=12 種取法。

0.5.2 乘法原理

完成一件事情需要分成 k 個步驟,而第 1 個步驟有中有 m_1 種不同的方法,在第 2 個步驟有 m_2 種不同的方法,....,在第 k 個步驟有 m_k 種不同的方法,那麼完成這件事的方法共有 $N = m_1 \times m_2 \times \cdots \times m_k$ 種不同的方法。乘法原理最典型的範例當屬撲克牌的機率計算。

例 24

已知書櫃有 5 本統計學、4 本經濟學、3 本會計學(假設每本書都不相同)，某人欲從統計學、經濟學與會計學中各選出一本書，請問他有幾種選法？

解

本題需分別從統計、經濟、會計三種類的書籍各選一本，經歷了三個步驟，故由乘法原理知，一共有 $5 \times 4 \times 3 = 60$ 種選法。

0.5.3 集合元素的計數

下面是一些常用的集合元素計數公式，在後面的單元中我們會做更詳細的介紹，這裡僅列出常用的公式，這些公式不需死背，所有的公式皆可利用 Venns 圖推導出來。

1. 集合元素計數公式

(1) $n(A \cup B) = n(A) + n(B) - n(A \cap B)$

(2) $n(A \cup B \cup C) = n(A) + n(B) + n(C) - n(A \cap B) - n(B \cap C) - n(C \cap A) + n(A \cap B \cap C)$

(3) $n(A - B) = n(A) - n(A \cap B)$

2. 排容原理

$n(A') = n(S) - n(A)$

3. De'Morgan's Law

(1) $n(A' \cap B') = n(A \cup B)' = n(S) - n(A \cup B)$

(2) $n(A' \cup B') = n(A \cap B)' = n(S) - n(A \cap B)$

例 25

全班有 50 位學生，第一次段考，國文有 45 位及格，英文有 35 位及格，數學有 30
位及格；國文、英文兩科不及格有 3 位，國文、數學兩科不及格有 2 位，英文、數
學兩科不及格有 8 位，國文、英文、數學三科都不及格者有 1 位，請問國文、英文、
數學三科都及格者有幾位？

解

方法一： 利用 Venns 圖解題

本題因為後面給的交集條件為不及格，故從不及格的角度解題較為方便

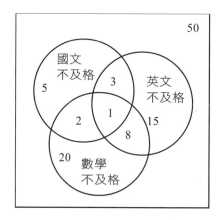

由 Venns 圖可以看出來，落於三個圈圈外的表示三科皆及格，故及格人數等於 50 減
三個圈圈內的人數，我們把上面的圖先求出每個小區塊的人數，如下圖所示

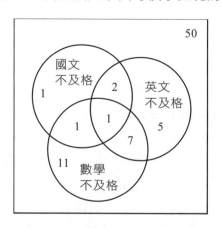

故三科皆及格的人數有 $50 - 1 - 1 - 1 - 2 - 11 - 7 - 5 = 22$ 位。

方法二：利用集合計數公式

假設 A、B、C 分別表示國文、英文、數學不及格人數

根據題意知：$n(A)=5, n(B)=15, n(C)=20, n(A \cap B)=3, n(A \cap C)=2, n(B \cap C)=8$

$n(A \cap B \cap C)=1$

所求 = (全部) − (至少有一科不及格)

$= 50 - n(A \cup B \cup C)$

$= 50 - \left[n(A)+n(B)+n(C)-n(A \cap B)-n(B \cap C)-n(C \cap A)+n(A \cap B \cap C) \right]$

$= 50 - (5+15+20-3-8-2+1) = 22$

0.5.4 不重複選取的直線排列

　　排列與組合的差別在於排列有計次序，而組合不計次序。例如(a,b,c)、(a,c,b)、(b,a,c)、(c,a,b)、(b,c,a)、(c,b,a)共有六種不同的排列情形，但就組合而言，只能算一種情形。

1. 完全相異物的直線排列

　　(1) 由 n 件不同的事件中，任意取 m 件排成一列，其排列總數為

$$P_m^n = n(n-1)(n-2)\cdots(n-m+1) = \frac{n!}{(n-m)!}$$

　　(2) 由 n 件不同的事件中，全取排成一列，其排列總數為

$$P_n^n = n(n-1)(n-2)\cdots 3 \cdot 2 \cdot 1 = n!$$

2. 不完全相異物的直線排列

　　n 件事物中，任意取出 m 件排成一列，但這 m 件物品中有一種 p 個相同物，另有一種 q 個相同物，另一種有 r 個相同物....時，則此事物排成一列，稱為不完全相異物的直線排列，其方法數為

$$\frac{P_m^n}{p!q!r!\cdots} \quad , m = p+q+r+\cdots$$

例 26

由 1 到 9 這九個整數中，任取三個數，不可重複選取，請問可以排出多少種不同的三位數。

解

本題屬於直線排列，從 9 個整數中取出 3 個數，故可排出 $P_3^9 = 9 \times 8 \times 7 = 504$ 種不同的三位數

0.5.5 可重複選取的直線排列

由 n 件不同的事件中，任意取 m 件排成一列，可重複選取，其排列總數為

$$n^m$$

上面的公式我們經常不自覺地使用到，例如投擲一粒骰子三次，所形成的點數有 $6 \times 6 \times 6 = 216$ 種，這是從乘法原理的角度去做運算。若換個角度，投擲一粒骰子三次所形成的點數情形，相當於從 1 到 6 這六個整數中，任取三個數可重複選取，可形成 $6^3 = 216$ 種不同的三位數。所以計數的計算，可由各種不同的理論、方法與觀點求得，只要觀念正確，求出的答案一定相同。

例 27

有三種不同的酒倒入四種不同的酒杯中，請問有幾種不同的倒法？

解

先看第一個杯子，有三種酒可以選擇倒入。

接著看第二、第三、第四個杯子，同樣也有三種酒可以選擇倒入。

故共有 $3 \times 3 \times 3 \times 3 = 3^4 = 81$ 種不同的倒法。

0.5.6 組合

由 n 件不同的事物中，任取 m 件(不重複)而不計選出物件的次序關係，稱為由 n 件事物取出 m 件的組合。故組合數可由排列公式除以取出的 m 件事物排列數求得，也就是說，由 n 件不同的事物中，任取 m 件(不重複)的組合數為

$$C_m^n = \frac{P_m^n}{m!} = \frac{n!}{m!(n-m)!}$$

從上面的公式，我們不難發現排列的題目可以透過組合公式求得($P_m^n = C_m^n \times m!$)，同樣的組合數亦可透過排列公式去計算($C_m^n = \dfrac{P_m^n}{m!}$)。何時該用排列公式？何時該用組合公式，若能融會貫通，兩者皆可使用。在使用組合公式時要特別注意一點，當不計次序時，使用組合公式必須全部一把抓，若採一個一個選取，那求出來的數值是排列數而非組合數了，我們以下面的例子來說明這種情形，同時我們以撲克牌的問題來將乘法原理與排列組合作一整合說明。

 例 28

由 1 到 9 這九個整數中，任取三個，不重複選取，可排成多少種不同的三位數。

解

方法一：直接由排列公式

$P_3^9 = 9 \times 8 \times 7 = 504$

方法二：透過組合公式

$C_3^9 \times 3! = \dfrac{9 \times 8 \times 7}{1 \times 2 \times 3} \times 3! = 504$

方法三：透過組合公式一個一個選取

$C_1^9 C_1^8 C_1^7 = 9 \times 8 \times 7 = 504$

 例 29

從一副撲克牌(52 張)中，任選 5 張，試求下列之選取數：
(1) Straight Flush 同花順。
(2) Four of a Kind 四條(點數型如 XXXY)。
(3) Full House 葫蘆(點數型如 XXXYY)。
(4) Two Pairs 兩對(點數型如 XXYYZ)。

解

本題為組合公式與乘法原理的應用，解題的要訣是從題目的限制條件著手，一步接一步地完成題目的要求，其間透過乘法原理將每個步驟的情形乘起來即可求出答案

(1) **步驟 1**：按花色分成四堆 ⇒ 1 種

　　步驟 2：從四堆中選出一堆 ⇒ C_1^4 種(現在手中有 13 張牌)

步驟 3：從 13 張牌中選出順，以列表的方式觀察⇒10 種

$$A \quad 2 \quad 3 \quad 4 \quad 5 \quad 6 \quad 7 \quad 8 \quad 9 \quad 10 \quad J \quad Q \quad K$$

除了上述畫線的 9 個之外，還有一個 10,J,Q,K,A

最後利用乘法原理，全部有 $1 \times C_1^4 \times 10 = 40$ 種

(2) 步驟 1：按點數分成 13 堆⇒1 種

　　步驟 2：從 13 堆中選 1 堆⇒C_1^{13} 種 (現在手中 4 張牌點數相同 XXXX)

　　步驟 3：從剩下 12 堆中選 1 堆⇒C_1^{12} 種 (現在手中 4 張牌)

　　步驟 4：從 4 張牌中選 1 張⇒C_1^4 種 (Y)

　　最後利用乘法原理，全部有 $1 \times C_1^{13} \times C_1^{12} \times C_1^4 = 624$ 種

(3) 步驟 1：按點數分成 13 堆⇒1 種

　　步驟 2：從 13 堆中選 1 堆⇒C_1^{13} 種 (現在手中 4 張牌點數相同)

　　步驟 3：從手中 4 張牌選出 3 張⇒C_3^4 種 (XXX)

　　步驟 4：從剩下的 12 堆中選 1 堆⇒C_1^{12} 種 (現在手中 4 張牌點數相同)

　　步驟 5：從手中 4 張牌選出 2 張⇒C_2^4 種 (YY)

　　最後利用乘法原理，全部有 $1 \times C_1^{13} C_3^4 C_1^{12} C_2^4 = 3744$ 種

(4) 步驟 1：按點數分成 13 堆⇒1 種

　　步驟 2：從 13 堆中選 2 堆⇒C_2^{13} 種 (因為 XXYY 順序顛倒 YYXX 視作同一種
　　　　　　必須一口氣取 2 個點數)

　　步驟 3：從 2 堆中各選出 2 張⇒$C_2^4 C_2^4$ 種 (XXYY)

　　步驟 4：從剩下的 11 堆中選 1 堆⇒C_1^{11} 種 (現在手中 4 張牌點數相同)

　　步驟 5：從手中 4 張牌選出 1 張⇒C_1^4 種 (Z)

最後利用乘法原理，全部有 $1 \times C_2^{13} C_2^4 C_2^4 C_1^{11} C_1^4 = 123552$ 種

0.5.7 重複組合

在介紹重複組合公式前，先考慮一個問題：假設有三種不同口味的冰淇淋，現有十個人去購買這三種不同的冰淇淋(可重複購買)，請問一共有幾種買法？由於本問題僅考慮買法，故不計次序屬於排列的一種，又因為冰淇淋可以重複購買，故本題是一個非常典型的重複組合問題。現在我們要藉由這個問題來推導出重複組合的公式。

我們的想法是這樣子的，首先把 3 種冰淇淋位置固定住，然後讓這十個人自由排隊，排在哪個冰淇淋的前面，就表示那個人欲購買該種冰淇淋，由於我們只考慮買法，因此所有的人都當成一樣，用圓圈表示人。例如某一排法為：

表示三種口味的冰淇淋購買數量分別為 3、2、5，這是一種買法，問題來了，我們要如何去區隔這 10 個人排在那個位置呢？為了區別位置，我們引入兩條直線來區隔，也就是說上圖的買法可用：○○○│○○│○○○○○來表示，因此若排列呈現○○○││○○○○○○○，表三種冰淇淋的購買數量分別為 3、0、7，故所有冰淇淋的買法可視作 10 個○與 2 個│的排列情形，故買法共有 $\dfrac{(10+2)!}{10!2!}$。若現在冰淇淋有 n 種不同口味，m 個人購買，則算式就變成 $\dfrac{(m+n-1)!}{(n-1)!m!}$。又根據組合公式知 $\dfrac{(m+n-1)!}{(n-1)!m!} = C_m^{n+m-1}$，我們再令 $H_m^n = C_m^{n+m-1}$ 把公式變得更簡單些。現在我們正式的來定義重複排列公式。

假設有 n 類不同之物品，每類皆不少於 m 件，由其中任取 m 件(相同與否均可)之組合，稱為 n 中取 m 的重複組合，n 中取 m 的重複組合數有

$$H_m^n = C_m^{n+m-1} \quad 。$$

重複組合公式上下標經常會混淆，到底應該使用 H_m^n 還是 H_n^m，這裡提供一個小訣竅。從冰淇淋的推導中可以看出來，三種「不同」的冰淇淋分給 10 個人，這 10 個人我們視作「相同」的圈圈，故組合公式的樣子必定為

$$H_{相同}^{不同}$$

例 30

有 4 本相同的筆記本，4 本不同的書籍，分給甲、乙、丙三人，求一共有多少種分法？

解

本題需利用組合與排列公式，配合乘法原理求出總數

步驟 1： 先分筆記本，把甲乙丙三人想像成三種不同冰淇淋，4 本相同的筆記本想像成 4 個〇，把甲乙丙位置固定住，筆記本放在那個人的前面就表示該本筆記本分給該人，例如下面的圖示表示甲、乙、丙分別分到 2、1、1 本筆記本，

甲	乙	丙
〇〇	〇	〇

故相同筆記本分給甲、乙、丙屬於重複組合(因為筆記本相同，無次序關係)，有 H_4^3 種分法

步驟 2： 接著再分 4 種不同的書籍，分給甲、乙、丙，第 1 本書可以任意分給甲、乙、丙三人中任一人，有三種分法，同理第 2、第 3、第 4 本書皆有三種分法，屬重複排列，共有 3^4 種分法

步驟 3： 最後利用乘法原理，故總共有 $H_4^3 \times 3^4 = 1215$ 種分法。

CHAPTER

緒論 01

　　在本章中將簡略的介紹統計學發展歷史，統計的意義與限制，同時介紹母體與樣本間的關聯，以及統計資料的種類，最後則介紹四種衡量統計資料的量尺。

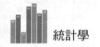

 統計學的發展

　　統計的起源可追溯至十八世紀甚至更早，但主要的發展在十九世紀末、二十世紀初才算真正開始。現代統計理論的發展可略分為四個階段，每一個階段都有一到二位具代表性的統計大師作為先導。第一階段以高爾頓爵士(Sir Francis Galton, 1822～1911)和卡爾・皮爾生(Karl Pearson, 1857～1936)的論述做為起點。在此階段發展出平均數、中位數、眾數等中央趨勢量數；以及平均差、變異數、標準差等離差量數與相關係數等統計概念。第二階段以費雪(Ronald Aylmer Fisher, 1890～1962)當作分水嶺，費雪將統計學帶入一個新的領域。在此階段發展出小樣本的統計方法，並且推導出許多樣本統計量的精確分配，著名的中央極限定理與 t 分配在此時期被提出來，同時在此時期確立了假說檢定的邏輯原則與假說陳述，發明了變異數分析，可同時檢定三個以上母體平均數的差異。第三個時期以聶曼(Jerzy Neyman)和伊根・皮爾生(Egon Pearson, 卡爾・皮爾遜之子)在 1928 年發表的多篇共同論文為開端。在此時期強調了檢定時發生的兩種錯誤型態(Type I error and Type II error)，引進了檢定力與信賴區間等觀念。最後一個時期則以華德(Abraham Wald, 1902～1950)所提出的逐次抽樣 (sequential sampling)為起源，在此階段統計學產生了新的看法，以對局的理論與觀點去處理統計方面的問題，也就是所謂的統計決策理論 (statistical decision theory)。[1]

 統計的意義與限制

　　瞭解統計的知識與原理，可以協助我們將蒐集到的資料進行最適合的整理，並利用這些資料進行評估、預測與估計。例如利用過去某支股票的走勢，預測這支股票是否值得投資。但統計學並不是萬靈丹，預測百分之百正確，因此在學習統計學時瞭解統計學本身的意義與其限制是非常重要的。

1.2.1 統計的意義

　　「統計學」(Statistics) 是指利用少量資料 (稱為樣本) 所提供的訊息來推估研究對象 (稱為母體) 特徵的一門科學。統計進行推估時必須配合機率相關理論，因此所獲得的結果僅能呈現母體特徵的趨勢，但不代表此趨勢必定正確。例如人類血壓的範圍，也許有人家族遺傳天生血壓較正常值高，但我們不能肯定說此人罹患高血壓。在

---

[1]　引述於「數學知識」網站 http://episte.math.ntu.edu.tw/，作者戴久永。

實際層面上經常存在例外，但例外情況不在統計學探討的範圍內。故統計學有兩個主要目標：

1. 利用少量已知的樣本訊息去推測預估母體的特徵或趨勢。

2. 協助設計樣本取得的程序及取樣的範圍，使取得的樣本所顯現的訊息能更接近母體的特徵，簡化分析過程並作有效的推論

1.2.2 統計的限制

統計學的理論是架構在機率學的基礎上，因此必須要有足夠多的資料，分析結果較為可靠，請特別注意，可靠並不代表正確。因此，若沒有更多的證據或學理支撐，統計分析結果不可以擴大解釋範圍或進行過度的推論，例如，由近 10 年台灣的人口遞減趨勢，預測 500 年後台灣人口數為 0，上述就是過度推論。此外，統計分析方法會因資料型態與分析目的而有所不同，例如：分析性別與數學成績的關聯性；收入與幸福指數的關聯性，上面兩種所使用的統計方法便不同。因此，進行統計分析時必須瞭解各種統計方法的基本限制與適用性，有關各種統計方法的適用性與使用限制，在後面的單元中會逐一介紹。

1.3 統計學的分類

統計學的分類沒有統一的答案，它的分類會因討論內容、研究方法或目的等觀點產生不同的分類方式，在本節中我們將一般統計學教科書上常見的分類方式進行整理。

1.3.1 數理統計與應用統計

統計學依照是否進行理論的推導與證明，可區分成數理統計與應用統計。

1. 數理統計(mathematical statistics)

數理統計著重於數學原理的證明與公式的推導，例如：中央極限定理與大數法則的證明，各種抽樣分配理論的推導等。就應用層面而言，大部分的人並不需要學習數理統計，就好比學習開車並不需要瞭解引擎運作原理是相同的道理。

2. 應用統計(applied statistics)

應用統計著重於統計方法的使用，例如應用於各種人文社會學的量化研究、股票的預測、政府措施滿意度調查或者協助企業進行決策等。

1.3.2 依討論的內容與種類區分

若依照是否將資料整理後，做進一步的分析，可區分成敘述統計與推論統計。

1. 敘述統計(descriptive statistics)

敘述統計也有人稱為描述性統計，僅針對資料進行整理、分析其特性，不做任何的推論與預測。例如各種統計圖表的製作，計算資料的平均數、標準差、相關係數等統計量。

2. 推論統計(inferential statistics)

推論統計會將樣本資料進行進一步的分析，並利用樣本的特性對母體進行推論。例如區間估計(interval estimation)、假設檢定(hypothesis test)或迴歸分析(regression analysis)。

1.3.3 依討論的變量數目

人文社會學的研究有一大部分是在探討因果關係，自變數扮演「因」的角色，依變數則扮演「果」的角色。例如研究性別對數學成績的影響，性別就是自變數，而數學成績則為依變數。

1. 單變量統計(unvaried statistics)

若討論的依變數只有一個時，就稱為單變量統計，一般在大學課程裡所探討的範圍大都屬於此類。例如：獨立樣本 t 檢定、變異數分析、卡方檢定、簡單線性迴歸分析等。

2. 多變量統計(multivariate statistics)

若討論的依變數有兩個或兩個以上時，就稱為多變量統計，這類課程大都安排在研究所階段。例如：多變量變異數分析(multivariate analysis of variance)、主成份分析(principal component analysis)、因素分析(factor analysis)、正典相關分析(canonical correlation analysis)、群集分析(cluster analysis)、多元尺度分析(multidimensional scaling analysis)、線性結構方程等(linear structure equation)。

1.3.4 依分析資料的屬性

若依照分析資料的屬性又可區分成母數統計以及無母數統計。

1. 母數統計(parametric statistics)

若分析資料的屬性為數值型態的資料，且其衡量量尺為區間量尺或比率量尺者，大多屬於母數統計。母數統計通常假設母體為常態分配，同時需要若干的母體參數訊息(如母體平均數、母體變異數)。例如：z 檢定、t 檢定、變異數分析、迴歸分析等都屬於母數統計。

2. 無母數統計(non-parametric statistics)

若分析的資料屬性為類別型態或者排序的資料，大多屬於無母數統計。無母數統計通常不太需要事先假設母體的分配情形，且只要少量的樣本即可進行統計分析與推論。因此，相較於母數統計，無母數統計所推論出的結果較為粗糙，誤差較大。例如：列聯表分析、連檢定、符號檢定等。

1.4 母體與樣本

受限於經費、時間或某些檢驗具有破壞性(例如：檢查蘋果內部是否有蟲蟲)等因素，我們經常利用抽樣來估計母體，而母體的屬性會影響到統計方法的使用，在本節中將介紹各種不同母體的屬性與分類。

1.4.1 母體

所謂「母體」(population)，係指具有某些共同特質(characteristic)的元素或個體所組成的群體，簡單來說就是調查者所要研究或觀察的全體對象所成的集合。母體的類型按不同的屬性方式大致可分成下列幾種。

1. 依個數是否可數區分

(1) 有限母體(finite population)

母體的個數可數且為有限個。例如：某貨櫃內的蘋果所構成的母體、台灣地區全部國小教師所構成的母體。故有限母體的計數方式必定為離散型態，也就是說如 1、2、3、….的方式計算個數。

(2) 無限母體(infinite population)

母體的個數為無限多個。例如：連續投擲三粒骰子直到三粒骰子全部都為 1 點為止所構成的母體，或者由 1 到 100 之間所有的實數所構成的母體。故無限母體的計數方式可為離散型態或者連續型態。

例 1

試判斷下列何者屬於有限母體？何者屬於無限母體？

(1)台灣國小教師。 (2)台灣地區發生兩次地震間隔時間。

(3)電視機的壽命。 (4)家庭人口數。

解

有限母體：(1)(4)

無限母體：(2)(3)

---

2. 依母體所含資料的特性區分

(1) 質母體(qualitative population)

資料型態屬於類別性質的母體，例如：血型、生日或職業等。

(2) 量母體(quantitative population)

資料型態屬於數值性質的母體，例如：年齡、家庭人口數或者收入等。

1.4.2 樣本

來自於母體的部分集合稱為樣本(sample)。例如：回收 500 份問卷，填寫這 500 份問卷的人就稱為樣本。樣本依抽樣的方法可分為隨機樣本與非隨機樣本；若依樣本間是否具有關聯性又可分為獨立樣本以及非獨立樣本。

1. 隨機樣本與非隨機樣本

(1) 隨機樣本(random sample)

透過隨機抽樣所取得的樣本稱為隨機樣本。隨機抽樣大致有：簡單隨機抽樣、系統抽樣、分層隨機抽樣以及部落抽樣等四種方法，這類樣本所推論出來的結果一般而言較為可靠。

(2) 非隨機樣本(non-random sample)

透過非隨機抽樣所取得的樣本稱為非隨機樣本。非隨機抽樣大致有：便利抽樣、判斷抽樣以及滾雪球抽樣等三種方法，這類樣本所推論出來的結果通常較不可靠。

例 2

隨機樣本所推論出來的結果必定比非隨機樣本可靠嗎？

解

不一定，統計必須與機率結合，因此結果皆帶有不確定性，故不能用「必定」這個字眼。我們只能說，隨機樣本所推論出來的結果「一般而言」比較可靠。

2. 獨立樣本與非獨立樣本

(1) 獨立樣本(independent sample)

獨立樣本是指進行抽樣時，樣本與樣本之間沒有任何關聯性，不會有互相影響或干擾的情形發生，同時不會受先後抽樣等次序關係所影響，通常隨機抽樣的樣本具有獨立性。

(2) 非獨立樣本(dependent sample)

非獨立樣本係指進行抽樣時，樣本與樣本之間具有某種關聯，例如探討父母親管教與小孩成就的關聯性，父母親與對應的小孩就屬於非獨立樣本。

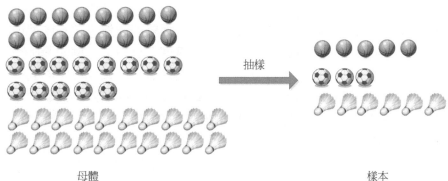

母體   樣本

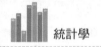

 母體參數與樣本統計量

母體參數與樣本統計量在統計學中扮演相當重要的角色，在本節中將介紹這兩個專有名詞。

1.5.1 母體參數

母體參數(population parameters)是用來描述母體特性的統計測量數。就好比描述一個人的身材一樣，需要身高、體重、腰圍等資料。一般而言，重要的母體參數有：母體平均數、母體變異數、母體標準差、母體比例、偏態係數等。若不考慮時間因素，母體參數視作常數，是一個固定不會變動的數值。例如：研究的對象是在一個倉庫內所存放的米，不論測量多少次，倉庫中所有的米每袋平均重量或標準差都是固定不變的；或者計算某班級全班同學在某一次考試的平均成績與成績標準差，不論誰來進行計算，所得到的答案都是相同的。一般就人文社會學的研究而言，母體參數是一個確實存在的數值，但絕大部分情況並不曉得這個數值為何？某些母體即使透過普查也未必能得到確切的答案，例如全國國小學童的平均身高，因為測量會產生誤差。因此統計並不要求得到最正確的答案，只要瞭解母體的趨勢為何即可。

1.5.2 樣本統計量

樣本統計量(sample statistics)是用來描述樣本特性的統計測量數。一般而言，重要的樣本統計量有：樣本平均數、樣本變異數、樣本標準差、樣本比例等。樣本統計量是一個隨機變數，會隨著每次抽取的樣本不同而得到不同的數值。整個統計學都是在研究如何利用樣本統計量來估計母體參數。

 統計資料的種類

就一個研究者而言，資料的來源與分類是十分重要的一件事。不同型態的資料會影響統計分析方法的選擇，同時與分析結果的可靠度息息相關。例如股匯市方面的研究，可能資料的來源並非由自己親自蒐集而得，因此資料的來源會影響到分析的可信度。同樣的研究兩變數的相關程度，連續型態資料間的相關係數，或類別型態資料間的相關係數，其衡量公式亦不相同。因此，瞭解資料型態是屬於哪一種型態，是進行統計分析時不可或缺的常識。

1.6.1 一手資料與二手資料

依照資料是否由研究人員親自取得，可分成一手資料與二手資料。

1. 一手資料(primary data)

一手資料又稱為初級資料，一手資料通常是不存在的，因此無法立刻取得，必須經由研究者進行問卷調查、實驗或觀察才能獲得資料。

2. 二手資料(secondary data)

二手資料又稱為次級資料，二手資料一般是已經存在的資料，例如各公司或政府機構公開在網路上的資料。此類型的資料研究者只要透過管道取得即可獲得。

例 3

李博士因為忙碌，某次研究無法親自發放問卷，因此委託學弟妹代為協助，請問經由學弟妹代為發放取得的問卷資料是一手資料或二手資料？

解

儘管資料取得並非由本人親自取得，但因為資料在取得前是不存在的，故此資料為一手資料。

例 4

二手資料比一手資料不可靠，這句話正確嗎？

解

不一定，要看資料取得的方式為何。有些二手資料是政府機構或專業實驗室蒐集到的，這類資料往往比親自抽樣來得正確。例如，每日股匯市的交易資料，雖然是二手資料，但其正確性是無庸質疑的。

1.6.2 橫斷面資料與時間序列資料

若依照資料是否與時間有關，可分成橫斷面資料與時間序列資料。

1. 橫斷面資料(cross-section data)

又稱為靜態資料(static data)。若資料本身與時間無關，或研究人員把時間因素去除不予考慮的資料型態稱為橫斷面資料，大部分採用李克特量表發放問卷所獲得的資料皆屬於此類資料。

2. 時間序列資料(time series data)

又稱為動態資料(dynamic data)。時間序列資料會隨著時間而變動，例如股匯市的資料，某期貨交易資料等。

1.6.3 內部資料與外部資料

有關商業行為的資料，若依照資料的取得是來自公司內部或者來自公司外部，可分為內部資料與外部資料。

1. 內部資料(internal data)

又稱為現存資料(existing sources)。內部資料是指公司或組織內部的資料，例如：量販店每日的產品交易與進貨紀錄，或者公司內部的人事資料等。

2. 外部資料(external data)

外部資料由公司或組織外部所收集到的資料，這種資料有時會透過第三者，例如：中華徵信社或商業間的合作夥伴關係所獲得，這些資料可能包含各公司的營運狀況，或者各種產品的市場價格等，以提供公司進行決策。

1.6.4 普查資料與抽樣資料

依照取得資料的涵蓋範圍，可分為普查資料與抽樣資料。

1. 普查資料(census data)

針對研究對象做全面性調查所獲得的資料稱為普查資料。例如：戶口普查、工商普查等。但由於普查所耗費的人、力、物與時間十分驚人，因此幾乎沒有研究會進行全面性的普查。

2. 抽樣資料(sampling data)

利用抽樣方法從研究對象中抽取部分具代表性的資料，此資料即為抽樣資料。例如：發放問卷所取得的資料。

1.6.5 定性資料與定量資料

依照資料的型態為類別型態資料或數值型態資料，可分成定性資料與定量資料。

1. 定性資料(qualitative data)

又稱為類別資料(category data)。這類資料通常只有名義上的性質，資料不能做任何的四則運算，無法計算出平均數、變異數等統計測量數值，僅能做一些統計圖表或者求眾數，例如：血型、性別、職業、學歷等。

2. 定量資料(qualitative data)

定量資料為數值型態的資料。此類資料可以做各種運算，求算平均數、變異數、標準差等。例如：年齡、年資、收入等，皆屬於定量資料。

1.6.6 離散型與連續型資料

依照數學性質，資料型態可區分成離散型資料與連續型資料。

1. 離散型資料(discrete data)

離散資料通常只能以某一特定的數值表示，且任意兩數值間無法進行無限的分割。例如：家庭人口數、每學期小考次數等。

2. 連續型資料(continuous data)

連續型態的資料個數必定有無限多個，且任意兩數值間可以進行無限的分割。此類型的資料無法以單一固定的數值描述，必須以區間範圍的方式呈現，例如：體重 10-20 Kg，20-30Kg；每天上網時間 30 分鐘以內，30-60 分鐘。

1.6.7 組距型與非組距型資料

有些資料無法以單一的數值呈現或者某些資料會微幅的變動，無法獲得確切的數值。例如：體重、每日上網時間。或者資料數量過於龐大，且不需要計算得非常精確，此時在蒐集或整理資料時會使用分組的方式呈現。故按照是否有分組可分成組距型資料與非組距型資料。

1. 組距型資料(grouped data)

這類資料在蒐集或整理時，會採用區間或分組的方式進行分類，例如：年齡 1-10 歲、11-20 歲、21-30 歲。

2. 非組距型資料(ungrouped data)

又稱為粗資料(raw data)，這類資料在蒐集或整理時直接以原始的數值呈現。例如：你的年齡＿＿＿＿歲，家庭人口數＿＿＿＿人。

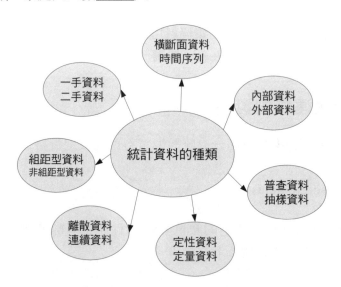

例 5

試區分下列資料型態屬於定性資料或定量資料？若為定量資料，請進一步再區分其為連續或離散型態的資料。

(1)身高。　　　　　(2)家庭的人口數。　　　　　(3)每月大哥大的通話時間。

(4)生日。　　　　　(5)職業。　　　　　(6)班上排名。

解

定量型態資料：(1)(2)(3)(6)

定性型態資料：(4)(5)

連續型態資料：(1)(3)

離散型態資料：(2)(6)

 ## 1.7 統計資料的量尺

　　人類在進行各種測量時需使用不同的工具，例如測量重量使用磅秤、測量身高使用尺，自然科學有標準度量衡工具可供研究者進行測量。同樣的統計學在測量資料時，也需要有統一的測量工具，統計的測量工具稱為量尺，之所以稱為量尺，是因為這個工具可想像成是一把直尺。例如：有一把尺叫做血型，這把尺上面有四個刻度，分別為 A 型、B 型、O 型與 AB 型，它的座標分別為 1、2、3、4，因此在血型這把尺，代號 1 就代表 A 型血、代號 2 就代表 B 型血、代號 3 代表 O 型血、代號 4 代表 AB 型血，若有一個 B 型血的人用這把尺去測量，就會得到數值 2。若有另一把尺，它稱為家庭人口數，這把尺上面有三個刻度，分別為 2 人以下、3-4 人、5 人以上，它的座標分別為 1、2、3，故在家庭人口數這把尺 1 就表示家庭人口數 2 人以下，2 就表示 3-4 人，3 就表示 5 人以上。

　　統計學可以根據資料可以製造出各種不同的量尺，根據量尺的計算屬性，一共可歸類成四大量尺，在本節中將介紹這四種量尺所衡量的資料屬性，以及它所衡量的資料具有的運算性質。

1	2	性別尺
男	女	

1	2	3	4	成績尺
1-10	11-20	21-30	31-40	

1.7.1 名義量尺

　　凡是衡量類別型態的資料皆屬於名義量尺(nominal scale)。名義量尺上面的數字只是一種代號與區別，因此沒有任何的大小關係。例如性別量尺：1 表男性、2 表女性；學歷量尺：1 表國中小、2 表高中職、3 表大學以上。名義量尺所呈現的數字不可以作任何加、減、乘、除四則運算。但它具有次數的意涵，因此可以記錄每個數字出現的次數，例如性別量尺，1 出現 20 次、2 出現 30 次。既然可以記錄次數，因此由名義量尺所衡量的資料可以求眾數(mode)，就上述的性別量尺而言，眾數是 2，也就是女性的人數最多。

1.7.2 順序量尺

凡是衡量具有大小次序型態的資料皆屬於順序量尺(ordinal scale)。順序量尺本身就包含了名義量尺，也就是說順序量尺所衡量出的資料可以降級成名義量尺。例如人文社會學研究常用的李克特量表：1 表非常不同意、2 表不同意、3 表無意見、4 表同意、5 表非常不同意[2]。順序量尺所呈現的數字不可以進行加、減、乘、除四則運算，也就是說 1(非常不同意)+2(不同意)≠3(無意見)。其他如地震級數、颱風級數、聲音分貝、成衣尺寸…等，都屬於順序量尺所衡量的資料。由於順序量尺具有名義量尺的性質，同時它的資料屬性具有大小次序，因此由順序量尺所衡量的資料可以求眾數以及中位數(medium)。

1.7.3 區間量尺

區間量尺(interval scale)有為數不少的人稱為等距量尺，但這種稱呼是不對的，因為間隔並不需要相同。凡是數字與數字間的差距具有意義，但不具倍數關係的資料皆使用區間量尺衡量之。區間量尺只是衡量工具的名稱，並不代表資料的型態必須以區間的方式呈現，故資料的呈現可直接使用單一的數值，也可使用某個範圍呈現。例如：年齡：10 歲以下、11-20 歲、21-50 歲、50 歲以上；台北市的溫度攝氏 30 度、桃園市的溫度 29 度。

由於區間量尺無固定的零點，所以資料所顯示的數值不具倍數關係。例如：攝氏溫度 100 度不等於攝氏溫度 50 度的 2 倍，因為 $50°C + 50°C \neq 100°C$；同樣的道理，智力商數(IQ)也屬於區間量尺，因為 $IQ\,90 + IQ\,90 \neq IQ\,180$。但區間量尺數值與數值間的差距具有意義，例如：$100°C$ 比 $80°C$ 溫度高出 $20°C$。因此由區間量尺所衡量的資料，資料間可做加減運算，但乘除運算不具意義。區間量尺同時具有名義量尺與順序量尺之意義，且幾乎所有的統計公式都能夠使用在區間量尺資料，例如：求次數、眾數、中位數、平均數、標準差、…等。因此有些統計軟體如 SPSS 將區間量尺與比率量尺合併成一個量尺，故 SPSS 軟體只能設定三種量尺。當然以數學嚴謹的角度而言，這種作法是不被允許的，但卻被人文社會學者廣為接受。

1.7.4 比率量尺

比率量尺(ratio scale)用來衡量同時具有名義量尺、順序量尺與區間量尺等屬性，且資料與資料間的倍數關係有意義的資料。例如：身高、體重、收入等資料。比率量

---

[2] 人文社會學者將此視作區間量尺，嚴格來說是錯誤的。但為了使研究順利進行，直接將其視作區間量尺，甚至視作比率量尺，故統計軟體 SPSS 將區間與比率量尺合併成一種量尺。

尺具有固定的零點，故以比率量尺所衡量的資料具有倍數上的意義，資料間可做加、減、乘、除四則運算。由於比率量尺的等級最高，因此它可使用所有的統計公式。例如：眾數、中位數、平均數、標準差等等。下圖說明四種量尺間的關係。

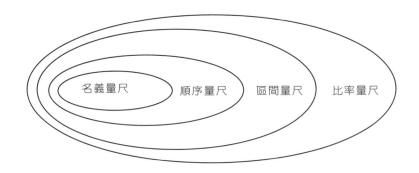

下表則為四種量尺所衡量的資料可進行的運算整理：

種類	四則運算	統計量數	具固定零點
名義量尺	✗	眾數	✗
順序量尺	✗	眾數、中位數	✗
區間量尺	加減	眾數、中位數、平均數、標準差	✗
比率量尺	加減乘除	眾數、中位數、平均數、標準差	✓

例 6

請問下列資料分別屬於何種量尺？

(1)冰、溫、熱。　　　　　　　　　(6)哺乳動物的智商。

(2)全球各大都市的雨量資料。　　　(7)果菜市場每日蔬菜到貨量。

(3)全球各大都市的溫度資料。　　　(8)有車階級、無車階級。

(4)優良、良好、尚可、劣。　　　　(9)男性襯衫的尺寸(S、M、L)。

(5)未婚、已婚。　　　　　　　　　(10)學生證號碼。

解

(1)順序量尺　(2)比率量尺　(3)區間量尺　(4)順序量尺　(5)名義量尺

(6)區間量尺　(7)比率量尺　(8)名義量尺　(9)順序量尺　(10)名義量尺

例 7

下面為某份問卷的部分內容

①請問你的性別？　　　　　　　□男性　　　□女性

②請問喜歡喝哪種飲料？　　　　□果汁　　　□汽水　　　□咖啡　　　□沙士

③請問你的工作年資？　　　　　□1-2 年　　□3-5 年　　□6-10 年　□11 年以上

④請問你喜歡台灣的氣候嗎？　　□不喜歡　　□無意見　　□非常喜歡

⑤請問你年齡？_____歲

⑥請問你的成績在班上的排名？　□前 3 名　　□4-10 名　　□11 名以後

試判斷上述六道問項所蒐集到的資料，是屬於哪一種量尺？

解

①②為名義量尺；④⑥為順序量尺；③為區間量尺；⑤為比率量尺

1.7.5 量尺的操弄

　　人文社會學者在進行研究時，經常會將資料進行人為的操弄。此外，某些型態的資料除了直觀的意義外，可能還有其他意義。例如居住地：北、中、南，直觀的意義是名義量尺，但它也帶有緯度高低的意義，此時可視為順序量尺。有關學歷或家庭經濟等亦包含另一個層面的意義，但若沒有特別指出，我們一律採直觀的角度來判斷該資料歸類哪一種量尺所衡量的資料。就四種量尺，由上一小節可看出，比率量尺為最高等級，接著依序為區間量尺、順序量尺以及名義量尺，量尺可以降級但不能升級。就拿年齡來進行說明，年齡屬於比率量尺，若將記錄改成以區間的方式呈現：20 歲以下、21-40 歲、41 歲以上，則變成區間量尺；若將記錄改成：兒童、青少年、成年、壯年、老人(亦可視作名義量尺)，則變成順序量尺；若將記錄改成：成年、未成年則可視作名義量尺。不論如何，單純以統計學的角度而言，詢問某種型態資料為何種量尺衡量，均以直觀的角度回答。

1. 請說明何謂單變量統計？

2. 請解釋何謂敘述統計？

3. 請解釋何謂推論統計？

4. 請說明何謂多變量統計？

5. 請說明何謂母體？何謂樣本？

6. 請說明何謂母體參數？何謂樣本統計量？

7. 請說明何謂一手資料？何謂二手資料？

8. 請說明何謂橫斷面資料？何謂時間序列資料

9. 請說明何謂內部資料？何謂外部資料？

10. 請說明何謂定性資料？何謂定量資料？

11. 請說明何謂離散型資料？何謂連續型資料？

12. 請解釋何謂隨機樣本？何謂非隨機樣本？

13. 試判斷下列何者屬於有限母體？何者屬於無限母體？

    (1)在公車站等待公車時間。　(2)台灣地區夏季降雨量。

    (3)台灣地區冬季平均氣溫。　(4)國小每班人數。

14. 零件標示「不良品」或「良品」是屬於何種量尺？　(A)順序量尺　(B)比率量尺　(C)區間量尺　(D)名義量尺。

15. 判斷下列資料，何者屬於「定性」資料，何者屬於「定量」資料。

    (1)時間　(2)數學排名　(3)咖啡品牌　(4)職業　(5)平均耗油量

    (6)性別　(7)智商　(8)學歷　(9)生日　(10)學號。

16. 下列何者為離散資料？何者為連續資料？

    (1)家庭人口數　(2)每日發生地震次數　(3)降雨量　(4)車速　(5)每日運動時間

    (6)體重　(7)身高　(8)每日高速公路車流量。

17. 口袋中的金錢是屬於何種量尺？　(A)名義量尺　(B)順序量尺　(C)區間量尺　(D)比率量尺。

18. 有關順序量尺的量測，下列何者正確？　(A)0 點有意義　(B)資料具有大小次序　(C)資料間的差距有意義　(D)具有倍數關係。

19. 華氏溫度讀數應歸類為何種量尺資料？　(A)順序量尺　(B)比率量尺　(C)區間量尺　(D)名義量尺。

20. 市調分析家詢問消費者對新包裝外觀的評價，從 1 分到 5 分。1 表示外觀非常糟，5 表示非常傑出。這些資料的衡量量尺為：　(A)名義量尺　(B)順序量尺　(C)區間量尺　(D)比率量尺。

21. 大專院校學生證號碼是何種量尺資料？ (A)名義量尺 (B)順序量尺 (C)區間量尺 (D)比率量尺。

22. 成衣的量測資料(分成 S、M、L)為 (A)名義量尺 (B)順序量尺 (C)區間量尺 (D)比率量尺。

23. 下列哪一個操作對順序量尺資料是有意義的，但是對名義量尺資料是無意義的？ (A)加 (B)乘 (C)計數 (D)排序。

24. 學院的分類(例如：管理學院、工程學院、設計學院)是屬於何種衡量量尺？ (A)名義量尺 (B)順序量尺 (C)區間量尺 (D)比率量尺。

25. 「消費者點了麥當勞的薯條(尺寸分為大、中、小)」，請確定資料類型和適當的測量量尺。(A)排序資料，名義量尺 (B)定量資料，區間量尺 (C)定量資料，比率量尺 (D)排序資料，順序量尺。

26. 下列何者不屬於「樣本統計量」？ (A)樣本平均數 (B)樣本比例 (C)從班上選出 10 位同學，他們的平均身高 (D)某大學全體學生平均重量。

27. 測量量尺中，只允許資料排序為？ (A)名義量尺 (B)比率量尺 (C)區間量尺 (D)順序量尺。

28. 請問下列屬於何種量尺？ (1)意見滿意度 (2)期中考統計的分數 (3)樂透彩的號碼

29. 衡量資料特性有 4 種量尺，分別是區間量尺、順序量尺、名義量尺、比率量尺。請問下列資料各自屬於何種量尺？

    (1)家庭人口數。 (2)主修科系。 (3)考績(甲、乙、丙、丁)。 (4)汽車銷售量。 (5)職棒排名。 (6)工作時數。 (7)氣溫。 (8)汽車耗油量。 (9)工安意外事故次數。 (10)動物智商。

30. 阿許做問卷調查民眾對博碩晶圓廠開放赴東南亞投資，答項為非常贊成、贊成、中立、不贊成、非常不贊成等五項，請問此資料的量測量尺是屬於下列何種？ (A)順序量尺 (B)比率量尺 (C)區間量尺 (D)名義量尺。

常用的統計圖表

　　經由抽樣調查或實驗所得到的資料通常是雜亂的，不容易被人們所解讀，為了能夠讓人們迅速瞭解資料的意涵，因此人類發明了各種統計圖表。例如股票交易常見的 K 線圖、日線圖、週線圖、月線圖等。一般而言統計資料呈現方式有：列舉法、統計表、統計圖、與數學函數(機率密度函數與機率質量函數)等四種方式呈現。在編製成統計表或統計圖時，資料分類必須滿足周延(inclusion)與互斥(exclusion)兩個條件。

　　所謂「周延」是指不可遺漏任何資料，必須涵蓋所有的資料。而「互斥」是指同一個資料不可以在不同分類中重複出現。本章將介紹一些常見的統計圖表，至於盒鬚圖，因為需計算四分位數，因此留到下一章節中再介紹。

常用的統計表

次數分配表與次數分配圖主要使用在資料彙總上，藉由它可以讓我們迅速瞭解資料的分配情形，哪個種類次數最多以及哪個種類的次數最少。

2.1.1 組距型資料與非組距型資料

對於蒐集到的資料，依照是否分組，可分為非組距型資料與組距型資料兩種。非組距型資料適用於類別型態的資料或數量不大的離散型資料。例如：調查大學生筆記型電腦的使用品牌，或者大學生上學使用的交通工具等。而組距型資料適用於數值型態型的資料，連續或離散型資料皆可使用。組距型資料在整理時會根據資料值的大小，劃分為若干區間，以每一區間為一組，將資料依序歸類至適當的組別中彙總。例如：統計大學生的身高可劃分成 150cm 以下, 150-160cm, 160-170cm, 170-180cm,180cm 以上五個區間；又例如調查教師的年齡劃分成 40 歲以下, 41-50 歲, 51-60 歲, 61 歲以上。

由於組距型資料在資料彙整後會失去原有資料的訊息，因此需要下面兩個假設，才能夠進行各種統計運算。

1. 集中分配：每一組的觀測值都集中於(等於)組中點。此假設是為了計算平均數、變異數、標準差等統計量數而進行的假設。

2. 均勻分配：每一組的觀測值平均分佈於組內且視作連續資料。若以折線圖表示，這組資料剛好構成一線段。此假設的目的是為了計算眾數、各種分位數(如中位數、四分位數)而進行的假設。

由於資料的型態依照數學特性可分成連續型資料與離散型資料，因此資料在分組時亦可區分成兩種情況。

1. 連續型資料

連續型資料由於具有不可切割性，因此在分組時只能以如下列的方式進行分組：

$$0\sim50 \qquad 0 \le x < 50$$
$$50\sim100 \qquad 50 \le x < 100$$
$$100\sim150 \qquad 100 \le x < 150$$

假設有一筆資料值為 50，規定歸類於第二組，上述分組方式亦可用於離散型的資料。

2. 離散型資料

由於離散型資料具有可切割性，因此它的分組方式可採用連續型態資料分組方式，亦可使用下列方式進行分組：

$$0\sim49 \qquad\qquad 0 \leq x \leq 49$$
$$50\sim99 \qquad\qquad 50 \leq x \leq 99$$
$$100\sim149 \qquad\qquad 100 \leq x \leq 149$$

上述分組方式比較不容易造成混淆，但缺點是只能用於離散型資料。

2.1.2 次數分配表

次數分配表在國中數學就已經介紹過了，繪製步驟大略可分為七個步驟。若無特殊要求，步驟 3 與步驟 4 可以交換順序。

步驟 1 ： 排序(sort)

將資料依大小次序進行整理。

步驟 2 ： 求全距(range)

全距的定義為：全體資料中的最大數值減最小數值，即

$$R = x_{\max} - x_{\min}$$

若資料為組距型資料，那麼全距的定義為：

最大組之組上界 − 最小組之組下界

有關組上界與組下界的定義，後面會有詳細的介紹。

步驟 3 ： 定組數

有關組數的多寡並沒有強制的規定，實務上研究者可依照實際的需求或研究資料的特性自行決定。組數的大小會影響到隨後的組距，因此到底先定組數還是先定組距並沒有一致的定論。有關組數的大小，有些學者提供了自己的看法，下列兩種方法是比較常見，但研究者不一定要遵守，因此下面介紹定組數的方法僅供參考。

1. 簡易公式：簡易公式規定 2 的組數次方要大於或等於資料數，即

$$2^k \geq n$$

其中：k 表組數，n 表資料個數

2. 史塔基法則(Sturge's rule)

史塔基法則是根據簡易公式進一步化簡得到的。把簡易公式 $2^k \geq n$ 兩邊同時取對數可得

$$\log 2^k \geq \log n \quad \Rightarrow k \log 2 \geq \log n \qquad \therefore k \geq \frac{1}{\log 2} \log n$$

組數 k 必須涵蓋所有的資料,因此當有剩餘資料時,只需再多取一組即可,故上述公式可改寫成 $k = 1 + \frac{1}{\log 2} \log n$,又 $\frac{1}{\log 2} \approx 3.322$ 代回原式,可得史塔基法則組數公式為:

$$k = 1 + 3.322 \log n$$

步驟 4: 定組距(class interval)

若資料的全距為 100,欲分成七組,不難想像每一組的間距應該定 $15(\because \frac{100}{7} \approx 14.3)$,為了能夠涵蓋所有的資料,因此必須採無條件進 1,故組距的計算公式為:

$$組距 C = \frac{R}{k}(無條件進 1)$$

步驟 5: 定組限(class limit)

組限包含組上限以及組下限,例如分組情形為:0~49、50~99、100~149,那麼 0 就是第一組的組下限,49 就是第一組的組上限,其餘依此類推。

步驟 6: 歸類劃記

歸類劃記有點類似投票完畢後的開票計數,它的目的是在協助計算每一組的資料筆數。通常我們會以「正」字符號或者「 |||| 」符號記錄資料出現次數,劃記在計數欄內,最後再進行總計。

步驟 7: 計算每組次數

每一組依照歸類劃記的數量,將總次數標示在次數欄內。完成上述七個步驟後,就完成了次數分配表。

例 1

假設有 1000 個學生的成績資料，分佈在 40-90 分之間，請問：

(1)若採用簡易公式，應定組數 k 與組距 C 分別是多少？

(2)若依 Struge's Rule，應定組數 k 與組距 C 分別是多少？

解

(1) $\because 2^k \geq 1000$ $\therefore k = 10$

組距 $C = \dfrac{R}{k} = \dfrac{90-40}{10} = 5(分)$

(2) $\because k = 1 + 3.322 \log n = 1 + 3.322 \log 1000 = 1 + 3.322 \times 3 = 10.966$

組數 $k = 11$

組距 $C = \dfrac{R}{k} = \dfrac{90-40}{11} = \dfrac{50}{11} \approx 4.55 \approx 5(分)$

2.1.3 次數分配表

次數分配表的編表方式是按類別相同者逐一歸併匯總即可。

例 2

假定某一班級 50 位學生的統計學學期成績如下，請依照 25-34、35-44、…進行分組，編製次數分配表。

81	52	76	62	79	62	72	31	71	32
60	73	40	40	59	39	58	38	90	49
52	59	65	28	83	48	68	60	39	69
54	75	42	72	52	93	58	81	58	53
56	58	77	57	72	45	88	61	90	90

解

先把資料進行排序

28	31	32	38	39	39	40	40	42	45
48	49	52	52	52	53	54	56	57	58
58	58	58	59	59	60	60	61	62	62
65	68	69	71	72	72	72	73	75	76
77	79	81	81	83	88	90	90	90	93

故本題次數分配表為

組限	計數欄	次數
25-34	|||	3
35-44	卌		6
45-54	卌 |||	8
55-64	卌 卌 |||	13
65-74	卌 |||	8
75-84	卌 ||	7
85-94	卌	5
總計		50

2.1.4 相對次數分配表

把次數分配表中每一組的次數除以總次數後，所得的統計表稱為相對次數分配表(relative frequency table)。相對次數分配表可以讓研究者了解某一組資料佔全體的比例。

$$相對次數 = \frac{組次數}{總次數}$$

若進一步把相對次數乘以百分比(100%)，所得到的統計表稱為百分比次數分配表。

$$百分比次數 = 相對次數 \times 100\%$$

例 3

承例題 2，試做相對次數分配表與百分比次數分配表。

解

組限	次數	相對次數	百分比次數%
25-34	3	$3/50 = 0.06$	6
35-44	6	$6/50 = 0.12$	12
45-54	8	$8/50 = 0.16$	16
55-64	13	$13/50 = 0.26$	26
65-74	8	$8/50 = 0.16$	16
75-84	7	$7/50 = 0.14$	14
85-94	5	$5/50 = 0.1$	10

2.1.5 累積次數分配表

將資料的次數由小到大或由大到小，依序累加起來所得到的統計表稱為累積次數分配表(cumulative frequency table)。累積次數分配表依資料排序的方式又可區分成以下累積次數分配表(cumulative distribution frequency table)與以上累積次數分配表(decumulative distribution frequency table)。製作以下累積次數分配表時，將資料由小到大，依序把每一組的次數累加；而以上累積次數分配表正好相反，將資料由大到小，依序把每一組的次數累加。利用累積次數分配表可以快速地求出某範圍內的資料次數。

2.1.6 相對累積次數分配表

將累積次數分配表中的累積次數除以資料的總數後所得的統計表稱為相對累積次數分配表(relative cumulative frequency table)，故相對累積次數分配表亦分成以下相對累積次數分配表與以上相對累積次數分配表。利用相對累積分配表我們可以迅速的求出某個範圍的資料占全體資料的百分比。

例 4

承例題 2，試做

(1)以下累積次數分配表。　　(2)以上累積次數分配表。

(3)以下相對累積次數分配表。　　(4)以上相對累積次數分配表。

解

組限	次數	以下累積次數	以上累積次數	以下相對累積次數	以上相對累積次數
25-34	3	3	50	$3/50 = 0.06$	$50/50 = 1$
35-44	6	9	47	$9/50 = 0.18$	$47/50 = 0.94$
45-54	8	17	41	$17/50 = 0.34$	$41/50 = 0.82$
55-64	13	30	33	$30/50 = 0.6$	$33/50 = 0.66$
65-74	8	38	20	$38/50 = 0.76$	$20/50 = 0.4$
75-84	7	45	12	$45/50 = 0.9$	$12/50 = 0.24$
85-94	5	50	5	$50/50 = 1$	$5/50 = 0.1$

例 5

下表為某班同學的數學成績相對累積次數分配表，今不甚弄髒，部分模糊不清，請你協助求出下表中 a, b 分別是多少？

成績	次數	累積人數	相對累積次數%
50 分以下	2	□	□
50~60	9	□	□
60~70	a	27	b
70~80	□	45	75
80~90	12	57	95
90~100	□	60	100

解

先求累積人數，根據次數，最上方兩列的累積人數依序為 2、11

接著利用累積次數推出次數

$a = 27 - 9 = 16$，a 的下方數字為 $45 - 27 = 18$

12 的下方數字為 $60 - 57 = 3$

最後再計算相對累積次數，完成後表格如下所示：

成績	次數	累積人數	相對累積次數%
50 分以下	2	2	10/3
50~60	9	11	55/3
60~70	16	27	45
70~80	18	45	75
80~90	12	57	95
90~100	3	60	100

由上表可知 $a = 16, b = 45$

2.1.7 交叉表

交叉表(cross tabulation)也有人稱為列聯表。將兩種以上的類別資料彙總在一起的表格稱為交叉表。例如彙總血型與年紀的交叉表：

		年紀				總計
		1-20	21-40	41-60	61-80	
血型	A	12	10	50	3	75
	B	10	11	20	7	48
	O	55	30	60	10	155
	AB	3	9	10	0	22
總計		70	60	150	20	300

例 6

已知下列資料：

性別	0	0	1	1	0	1	1	0	1	1	1	0	1	0	0	0
居住地	1	3	1	2	2	2	1	1	3	2	3	3	3	2	1	1

若性別：0 表女性、1 表男性；居住地：1 表北部、2 表中部、3 表南部，試做交叉表。

解

		居住地			總計
		北	中	南	
性別	男	2	3	3	8
	女	4	2	2	8
總計		6	5	5	16

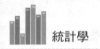

 數值型態資料常用的統計圖

資料的整理除了使用統計表的方式呈現外，亦可使用統計圖，在許多情況下圖形更容易讓人瞭解統計資料隱藏的訊息或趨勢。例如利用折線圖呈現股價的走勢，利用圓面積圖瞭解某種類項目在全體的份量如何。在本節中將介紹常用的統計圖。

2.2.1 直方圖

直方圖(histogram)是以橫座標為組界、縱座標為次數，由許多相連接在一起的矩形所組成，每個矩形的寬度等於組距，高度等於該組次數，其中：組距 = 組上界 – 組下界。觀察下列兩種資料分組型式。

上表的分組方式可用於連續型態或離散型態的資料，若分組方式以此種方式呈現，各組的組界等於組限。

上表僅能用於離散型資料，左側表格內的資料為組限，而右側表格內的資料為組界。由於繪製直方圖時，各矩形需緊密相連，因此在繪製直方圖前需將各分組的組限 $\pm\frac{1}{2}$(最小測量單位)。其中 $\frac{1}{2}$(最小測量單位)稱為連續修正因子(continuity correction factor)，其目的是要讓直方圖中的每一個矩形能夠彼此相連。

2.2.2 相對次數直方圖

　　將直方圖的次數除以總次數，以此為縱軸，所繪製出來的圖形就稱為相對次數直方圖。若相對次數直方圖的每個矩形寬度趨近於 0 時，可將其視成連續隨機變數的機率分配圖，有關隨機變數的定義，在後面的單元中會介紹。

例 7

根據例題 3 的資料，請繪製直方圖與相對次數直方圖。

解

組界	次數	相對次數
24.5-34.5	3	0.06
34.5-44.5	6	0.12
44.5-54.5	8	0.16
54.5-64.5	13	0.26
64.5-74.5	8	0.16
74.5-84.5	7	0.14
84.5-94.5	5	0.1

直方圖：

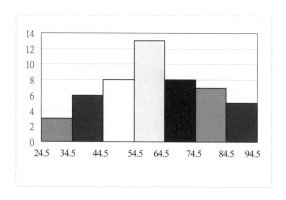

相對次數直方圖：

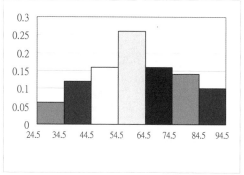

2.2.3 多邊形圖

　　多邊形圖(polygon chart)又稱為折線圖(line chart)。折線圖可用來觀察各組資料分佈情形以及變化趨勢。它的製作方式是以各組的組中點為橫座標，各組次數或相對次數為縱座標，先以點標示後，再依次將這些點以線段連接而成，習慣上最左側與最右側會再多取一組使其構成一個封閉的多邊形。

根據例題 3 的資料，請繪製多邊形圖。

解

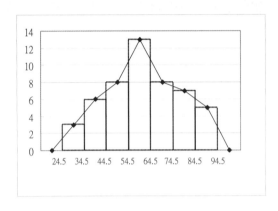

2.2.4 肩形圖

　　肩形圖(ogive)又稱為累積次數分配折線圖。它的製作方式是以各分組的組上界或組下界為橫座標，累積次數為縱座標，先以點標示後，再依次將各點以線段連接而成。依照圖形上升或下降趨勢，可分為：以上累積次數折線圖(decumulative distribution)與以下累積次數折線圖(cumulative distribution)。以下累積是將資料由小到大累加，圖形呈上升趨勢；而以上累積則是將資料由大到小累加，圖形呈下降趨勢。

根據例題 4 之資料，試做以上累積次數折線圖與以下累積次數折線圖。

解

累積次數分配折線圖

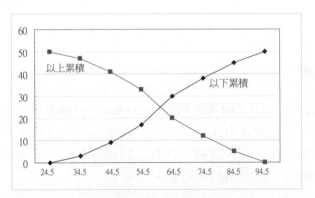

例 10

右圖為某大學系所學生能力競賽成績的以
上累積與以下累積次數分配折線圖，已知
$A(50,196)$, $B(50,604)$, $C(60,451)$，試求該系所
全部有多少學生？D 點座標為何？

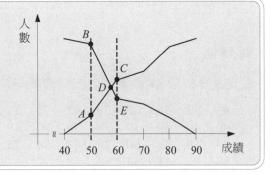

解

(1) 由 $A(50,196)$ 知 50 分以下有 196 人

由 $B(50,604)$ 知 50 分以上有 604 人

故該系所全部有 $196 + 604 = 800$ 人

(2) **方法一：**

由 $C(60,451)$ 知 60 分以下有 451 人 $\Rightarrow$ 60 分以上有 $800 - 451 = 349$

故 E 點座標為 $(60,349)$，D 點為 $\overline{AC}$ 與 $\overline{BE}$ 之交點

$\overline{AC}$ 所在直線方程式為 $51x - 2y = 2158$

$\overline{BE}$ 所在直線方程式為 $51x + 2y = 3758$

解聯立方程式可得 $x = 58, y = 400$，故 D 點座標為 $(58,400)$

方法二：

假設 D 點座標 (x,y)，$\because y + y = 800$ $\therefore y = 400$

再利用 $\overline{AC}$ 的斜率等於 $\overline{AD}$ 的斜率可得

$$\frac{451 - 196}{60 - 50} = \frac{400 - 196}{x - 50} \Rightarrow x = 58$$

D 點座標為 $(58,400)$

2.2.5 莖葉圖

　　莖葉圖(steam and leaf display)也有人稱為枝葉圖，它可以說是一種特殊的直方圖。
繪製莖葉圖前必須先將每一筆資料值分割成兩個部份，高位數字稱為莖，低位數字部
分稱為葉。例如某筆資料為 234，可分成 23 與 4 兩個部分；或者分成 2 與 34 兩個部

分。至於如何分割視研究人員的主觀偏好與研究目的而定，沒有一定的準則。莖葉圖具有保留原始資料的優點，但在製作上比直方圖複雜，因此僅適用於資料筆數不多時。

例 11

假定某一班級 48 個學生的統計學學期成績如下，試編製莖葉圖。

81	52	76	62	79	62	72	31	71	32	60	73
40	40	59	39	58	38	90	49	52	59	65	28
83	48	68	60	39	69	54	75	42	72	52	93
58	81	58	53	56	58	77	57	72	45	88	61

解

繪製前先把資料排序

28	31	32	38	39	39	40	40	42	45	48	49
52	52	52	53	54	56	57	58	58	58	58	59
59	60	60	61	62	62	65	68	69	71	72	72
72	73	75	76	77	79	81	81	83	88	90	93

將 10 位數視作莖，個位數視作葉，莖葉圖如下所示：

```
2 | 8
3 | 1 2 8 9 9
4 | 0 0 2 5 8 9
5 | 2 2 2 3 4 6 7 8 8 8 8 9 9
6 | 0 0 1 2 2 5 8 9
7 | 1 2 2 2 3 5 6 7 9
8 | 1 1 3 8
9 | 0 3
```

若觀測值的位數很多的時候，繪製莖葉圖前可事先將資料四捨五入，以避免產生過多的組數，至於保留多少位數可視研究的需求。例如資料為：

$$3.456 \quad 4.55 \quad 1.002 \quad 7.12$$

可以把資料四捨五入至小數一位，只保留一位的數字，即

$$3.5 \quad 4.6 \quad 1.0 \quad 7.1$$

若資料如下所示：

$$1224 \quad 1358 \quad 1445 \quad 1720$$

可以把資料四捨五入保留至 10 位數，繪製莖葉圖時，莖與葉皆取二位數。

$$1220 \quad 1360 \quad 1450 \quad 1720$$

此外，若繪製出來的莖葉圖資料集中在少數某幾組時，可以考慮將莖的數目加倍。這種把莖數目加倍的莖葉圖稱為分裂莖葉圖(split stems and leaf display)，下面我們以實際的例子說明分裂莖葉圖的作法。

例 12

已知資料如下：

15	16	20	21	22	23	23	23	23	23	24	24	25	26	26	27
27	28	28	28	29	30	30	31	31	32	32	32	33	37	37	37
39	39	40	40	40	40	42	42	45	46	46	46	49	50	51	52
55	62														

(1)試做莖葉圖。

(2)試把莖的數目加倍再做一次莖葉圖？

解

(1)

```
1 | 5 6
2 | 0 1 2 3 3 3 3 3 4 4 5 6 6 7 7 8 8 8 9
3 | 0 0 1 1 2 2 2 3 7 7 7 9 9
4 | 0 0 0 0 2 2 5 6 6 6 9
5 | 0 1 2 5
6 | 2
```

(2)

```
1 | 5 6
2 | 0 1 2 3 3 3 3 3 4 4
2 | 5 6 6 7 7 8 8 8 9
3 | 0 0 1 1 2 2 2 3
3 | 7 7 7 9 9
4 | 0 0 0 0 2 2
4 | 5 6 6 6 9
5 | 0 1 2
5 | 5
6 | 2
```

還有一種莖葉圖稱為雙邊莖葉圖(two-side stem-and-leaf display)，它可以同時比較兩個變數的資料，初步判斷這兩個變數獨立或相關。若兩者的圖形相近似表示這兩個變數彼此獨立，若兩者圖形差異很大，則表示這兩變數不獨立，我們用下面的例子說明雙邊莖葉圖的應用。

例 13

已知某班統計學期中考成績如下：

男	95	91	62	82	81	75	73	66	88	80	61	77	73
女	20	32	52	64	32	44	52	58	60	41	43	55	22

(1)試作雙面莖葉圖。

(2)請依據雙邊莖葉圖判斷統計學成績與性別相關或獨立。

解

```
        女           男
      2 0   │ 2 │
      2 2   │ 3 │
    4 3 1   │ 4 │
  8 5 2 2   │ 5 │
      4 0   │ 6 │ 1 2 6
            │ 7 │ 3 3 5 7
            │ 8 │ 0 1 2 8
            │ 9 │ 1 5
```

由雙邊莖葉圖可知，男性與女性的統計學成績分配有非常大的差異，因此成績會受性別所影響，故性別與成績具相關性。

2.2.6 散佈圖

散佈圖(scatter diagram)可用來表示兩變數間的關係。製作散佈圖時，要先將成對的資料以座標的方式表示，再以點標示在直角座標平面上即可。若整體標示的點趨勢往右上揚，表示兩變數間為正相關；若往右下降，表示兩變數間為負相關。若有某些點落在整體趨勢外距離較遠處，則表示這些點可能是離群值，但也有可能是資料蒐集過度集中在某個範圍，忽略其他範圍的資料。

例 14

隨機抽取 10 位同學記錄身高與體重，並將資料彙整於下表中，假設水平軸為體重，身高為垂直軸，試作散佈圖，並請依據此圖判斷身高與體重呈何種關係(正相關、負相關)？

編號	身高	體重
1	156	50
2	174	75
3	165	66
4	158	58
5	176	80
6	148	44
7	167	62
8	166	59
9	171	70
10	160	52

解

首先將資料以座標的方式呈現

(50,156), (75,174), (66,165), (58,158), (80,176), (44,148), (62,167), (59,166),

(70,171), (52,160)

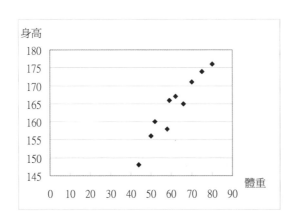

由於散佈圖中的各點整體趨勢為往右上揚，故身高和體重呈正相關。

類別型態資料常用的統計圖

在本節中將介紹由名義量尺所衡量的資料常用統計圖。

2.3.1 長條圖

長條圖(bar chart)的作法是以橫座標軸為類別資料，縱座標為該類別的次數，再用適當的寬度劃上彼此不相連接的矩形即得。長條圖按矩形的方向又可分為橫條圖(horizontal bar chart)與縱條圖(vertical bar chart)兩種。

例 15

下表為針對資管系新生一年甲班所購買的電腦品牌調查表：

聯強	宏碁	國眾	IBM	Compaq	Dell
15	12	10	9	8	6

試作長條圖。

解

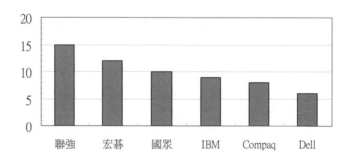

2.3.2 圓面積圖

圓面積圖(pie chart)在繪製前必須先求出每個類別佔全體百分比之後再轉換成所對應的圓心角，即

$$圓心角 = \frac{f_i}{N} \times 360^0$$

其中：N 表總次數，f_i 表某類別的次數。

利用圓面積圖可以快速觀察出各分類占全體的比例。

例 16

下表為資管系學生所使用的電腦品牌次數分配表：

電腦品牌	學生數
聯強	15
宏碁	12
國眾	10
倫飛	9
康伯特	8
其他	6

試繪製圓面積圖。

解

總次數=15+12+10+9+8+6=60

聯強：$\dfrac{15}{60} \times 360° = 90°$，宏碁：$\dfrac{12}{60} \times 360° = 72°$，國眾：$\dfrac{10}{60} \times 360° = 60°$

倫飛：$\dfrac{9}{60} \times 360° = 54°$，康伯特：$\dfrac{8}{60} \times 360° = 48°$，其他：$\dfrac{6}{60} \times 360° = 36°$

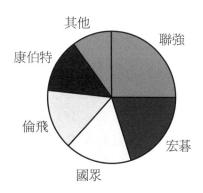

1. 類別型態的資料能以何種圖形呈現：(A)直方圖 (B)折線圖 (C)肩形圖 (D)長條圖。

2. 下列哪一個是質性資料圖形？(A)直方圖 (B)肩形圖 (C)折線圖 (D)長條圖。

3. 折線圖是：(A)分組標記與組限的圖形 (B)分組次數與分組標記的圖形 (C)組距與分組標記的圖形 (D)組限與分組標記的圖形。

4. 哪一種圖形可將原始資料保留在圖形中？(A)長條圖 (B)盒型圖 (C)莖葉圖 (D)圓餅圖。

5. 累積次數經常以何種圖形表示 (A)肩形圖 (B)圓形圖 (C)直方圖 (D)次數折線圖。

6. 假定某一班級 30 位學生的統計學學期成績如下，試編製次數分配表。(取六組，組距 10，按 40-50，50-60，....方式分組)

   45　85　92　64　80　76　66　92　41　59

   62　58　79　82　88　84　93　56　49　53

   65　75　83　64　49　67　83　90　44　76

7. 承習題 6. 試做相對次數分配表與百分比次數分配表。

8. 承習題 6. 試做以下累積次數分配表、以上累積次數分配表、以下相對累積次數分配表。

9. 承習題 6. 試編製次數直方圖與相對次數直方圖。

10. 承習題 6. 試編製次數分配多邊形圖。

11. 承習題 7. 試編製以上累積次數分配圖與以下累積次數分配圖。

12. 承習題 7. 試編製莖葉圖。

13. 右表是某班學生數學成績的相對次數分配表：

    (1) 請完成右表的相對次數欄位。

    (2) 不及格者占全班的百分之多少？共有多少人？

    (3) 求 50～80 分占全班的百分比，共有多少人？

    (4) 求 80 分以上占全班的百分比，共有多少人？

    (5) 試做相對次數分配直方圖。

    (6) 試做相對次數分配折線圖。

    (7) 試做相對累積次數分配表。

    (8) 試做相對累積次數分配折線圖。

成績 (分)	次數 (人)	相對次數(%)
40～50	2	
50～60	5	
60～70	8	
70～80	12	
80～90	9	
90～100	4	
總計	40	

14. 下圖是某班統計學考試成績統計圖與統計表：

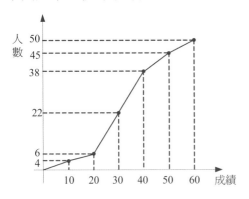

分數	人數	以下累積	以上累積
0～10			
10～20			
20～30			
30～40			
40～50			
50～60			
合計	50		

請依照統計圖完成統計表。

15. 某一年中華職棒中的興農(牛)隊下半球季共出賽 50 場，戰績如圖，請問興農(牛)隊勝比敗多了幾場？

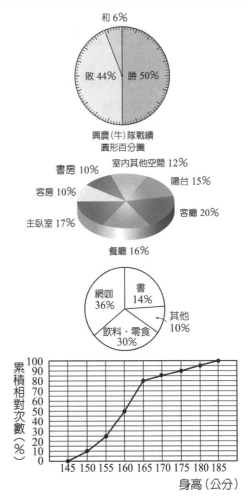

16. 有間 36 坪大的公寓，各個空間的大小分配比例如圖，請問客廳和餐廳的實際面積分別是多少坪？

17. 已知甲每個月的零用錢為 800 元，他將上個月的各項開支分配製成圓面積圖。他將網咖的費用縮減一半，飲料、零食費用縮減 $\frac{1}{3}$，節省下來當固定存款，請問如此甲每個月可存多少錢？

18. 下圖為某班的身高相對累積次數分配折線圖，若只知道人數最多的一組為 12 人，試求全班共有幾人？

19. 某人將一天 24 小時的作息時間計算出所占的百分比後完成下表，但有一部分撕毀了，只知他自修的時間不會超過 10%，請問他的休閒時間最長是多少小時？

項　　　目	睡眠	上課	吃飯	休閒	自修
百分比（%）	31.25	25	10		

20. 在某班 40 位同學中，喜歡統計學比喜歡微積分多 6 人，請問在圓面積圖中喜歡統計學比微積分所占的區域多了多少百分比？

21. 100 學年度大學學科能力測驗有 12 萬名考生，各科學科成績採用 15 級分，數學學科能力測驗成績分佈圖如下圖。請問有多少考生的數學成績級分高於 11 級分？選出最接近的數目。

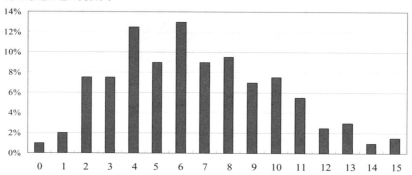

(A)4000 人 (B)10000 人 (C)15000 人 (D)20000 人 (E)32000 人。

22. 請上網下載資料檔，用 SPSS 或 Excel 製作教育程度的次數分配表、累積次數分配表、相對累積次數分配表、圓面積圖以及長條圖。

常用的統計量數

　　統計量數是用來衡量一組資料特性的數值，藉由這個數值可以讓研究人員不需要詳細知道每筆資料大小，就可以大略瞭解此組資料的分佈情形。統計量數就有點類似醫學上的各種檢測指標數值，醫師可藉由血壓、血脂肪濃度、紅血球數量等各種數據來瞭解一個人的健康情況。在資料蒐集上，我們經常遇到資料並非由自己親身調查得到，許多資料訊息是他人協助整理並且經過精簡，因此我們需要找到一些代表這些資料的數值，讓我們可以藉由這些數據了解資料的內涵。例如，當一個媒人準備向一位女孩推薦一個男士，希望說服這位女孩去相親時，媒人必須對推薦的男士做一些適當的描述，例如：身高、體重、職業、年齡、收入…等數據，提供這位女孩參考，女孩由這些數據就可以決定是否參加這次相親，這就是一種量數的概念。

　　但就統計學家而言，感興趣的議題是：是否可以找到一個數字來代表全體？例如某班級數學平均成績 70 分；接著統計學家還關心這個數值是否具有代表性？例如同樣兩班數學平均成績都是 70 分，為何有一班授課困難度較高，而另一班教起來比較輕鬆？此外，在班上成績分佈上，高分群的同學分數差距和低分群的分數差距那個較大？因為這些因素都會影響到老師授課的難易度。

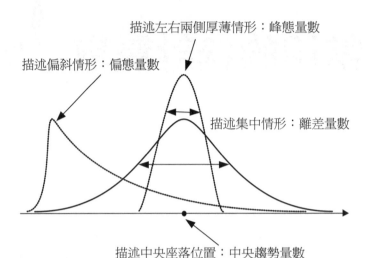

在統計學上用來描述一組資料分佈情形的量數有四大類，分別為：中央趨勢量數、離差量數、偏態量數與峰態量數。上述四大量數被使用在資料呈現單峰分配時，因此有人稱為單峰分配的四大表徵數，所謂表徵數就是指：「代表資料特徵的數值」。

描述左右兩側厚薄情形：峰態量數

描述偏斜情形：偏態量數

描述集中情形：離差量數

描述中央座落位置：中央趨勢量數

3.1 中央趨勢量數

在許多應用層面我們需要找到一個具有代表性的數字來描述一組資料的特性，例如衡量一個國家人民的富有程度、一個班級的學生學習情況、某人某次期中考的表現……等，用來代表一組資料整體特性的數值我們稱為中央趨勢量數。中央趨勢量數就好比運動學的重心，我們可以用物體的重心來描述這個物體的運動情形。相同道理，統計學家也想找到一個代表一組資料的數，這個數在統計學上就稱為中央趨勢量數。

重心

常見的中央趨勢量數(measure of central tendency)有平均數、中位數以及眾數三大類，其中以平均數的使用最為廣泛。由於資料分配的情況有非常多種，由單一的公式所計算出來的數值未必能代表一組資料的特性，正因為如此，所以平均數的公式種類非常多，最常見的有算數平均數、加權平均數、幾何平均數以及調和平均數。在本節中我們僅就上述幾種平均數進行介紹。

3.1.1 算術平均數

　　在所有的中央趨勢量數中，算術平均數(arithmetic mean)的使用最廣，因此若沒特別指明，平均數(mean)就是指算術平均數。算數平均數的定義是將全部資料加總起來之後再除以資料筆數。通常我們使用 μ 表示母體平均數，$\bar{x}$ 表示樣本平均數，一般人文社會學者在論文寫作時則採用 M 表示平均數，例如 $M = 3.5$。

1. 算數平均數的定義

(1) 非組距型資料的平均數公式

$$母體平均數：\mu = \frac{x_1 + x_2 + \cdots + x_N}{N} = \frac{1}{N}\sum_{i=1}^{N} x_i$$

$$樣本平均數：\bar{x} = \frac{x_1 + x_2 + \cdots + x_n}{n} = \frac{1}{n}\sum_{i=1}^{n} x_i$$

其中 N 與 n 分別表示母體資料總數與樣本資料總數。

(2) 組距型資料的平均數公式

若資料型態為組距型資料，假設全部的資料集中在中點處，故以該組的組中點來代表該組的所有資料值，故組距型資料的平均數計算公式為：

$$母體平均數：\mu = \frac{1}{N}\sum_{i=1}^{k} f_i m_i$$

$$樣本平均數：\bar{x} = \frac{1}{n}\sum_{i=1}^{k} f_i m_i$$

其中：m_i 表第 i 組的組中點，f_i 表第 i 組的次數，N 表母體資料總數，n 表樣本資料總數，k 表組數。

例 1

在某項才藝競賽中,為了避免評審個人主觀影響參賽者成績太大,主辦單位規定:先將 15 位評審給同一位參賽者的成績求得算數平均數,再將與平均數相差超過 15 分的評審成績剔除後重新計算平均值做為此參賽者的比賽成績。現有一位參賽者獲得 15 位評審的平均成績為 76 分,其中有三位評審給的成績 92,45,55 應剔除,請問這位參賽者的比賽成績為多少分?

解

比賽成績為 $\dfrac{76 \times 15 - 92 - 45 - 55}{12} = 79$ 分

例 2

已知某班級 50 名學生統計學成績如下:

分數	0-9	10-19	20-29	30-39	40-49	50-59	60-69
人數	1	5	10	15	10	8	1

試求平均成績。

解

分數	0-9	10-19	20-29	30-39	40-49	50-59	60-69
組中點	4.5	14.5	24.5	34.5	44.5	54.5	64.5
人數	1	5	10	15	10	8	1

$$\mu = \frac{4.5 \times 1 + 14.5 \times 5 + 24.5 \times 10 + 34.5 \times 15 + 44.5 \times 10 + 54.5 \times 8 + 64.5 \times 1}{50}$$
$$= 35.7$$

2. 算術平均數特性

算數平均數為使用最廣的中央趨勢量數,它具有下列特性:

(1) 所有的資料與平均數差的總和為 0,即

$$\sum_{i=1}^{n}(x_i - \overline{x}) = 0 \text{ 或 } \sum_{i=1}^{N}(x_i - \mu) = 0$$

這個性質在說明算術平均數正好是所有資料的平衡中心。如果把所有的資料按照數值大小放在對應的數線座標上，並假設所有的資料質量為 1，則 $\sum_{i=1}^{N}(x_i - \mu)$ 表所有資料對 μ 的力矩和，由於 $\sum_{i=1}^{N}(x_i - \mu) = 0$，故算術平均數正好是所有資料的平衡中心。

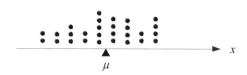

(2) 所有的資料與平均數差的平方和，較所有的資料與平均數以外的數值之差的平方和小或相等，即：當 $x = \mu$ 時 $\sum_{i=1}^{N}(x - x_i)^2$ 有最小值，或當 $x = \overline{x}$ 時 $\sum_{i=1}^{n}(x - x_i)^2$ 有最小值。

(3) 把每一筆資料放大 a 倍之後再加 b，新資料的平均數為原來舊資料的 a 倍再加 b。也就是說若 $y_i = ax_i + b$，則 $\overline{y} = a\overline{x} + b$

例 3

試證明 $\sum_{i=1}^{N}(x_i - \mu) = 0$。

證明

$$\sum_{i=1}^{N}(x_i - \mu) = \sum_{i=1}^{N} x_i - \sum_{i=1}^{N} \mu = N\mu - N\mu = 0$$

註：$\because \mu = \dfrac{1}{N}\sum_{i=1}^{N} x_i \Rightarrow \sum_{i=1}^{N} x_i = N\mu$

例 4

求證 $x = \mu$ 時 $\sum_{i=1}^{N}(x - x_i)^2$ 有最小值。

解

$$\sum_{i=1}^{N}(x - x_i)^2 = (x - x_1)^2 + (x - x_2)^2 + \cdots + (x - x_N)^2$$

$$= Nx^2 - 2(x_1 + x_2 + \cdots + x_N)x + (x_1^2 + x_2^2 + \cdots + x_N^2)$$

上式為開口向上之拋物線，故在頂點有最小值

即 $x = \dfrac{2(x_1 + x_2 + \cdots + x_N)}{2N} = \dfrac{x_1 + x_2 + \cdots + x_N}{N} = \mu$

例 5

某次期中考全班平均成績 55 分，老師覺得大家的分數太低分，於是將全班每個人的成績乘以 1.4 之後再加 3 分，請問調整之後的全班平均分數幾分？

解

調整後的平均分數為：$55 \times 1.4 + 3 = 80$ 分

3. 算術平均數的優點

算數平均數之所以廣泛的被使用，除了簡單、易懂、容易計算外，它還具有下列幾個優點：

(1) 計算平均數時，所有的資料皆被納入計算式中，每一筆資料都視為有效資料。反應靈敏，若內部有資料變動，平均數的數值也會隨之變動。

(2) 不需要詳細知道每一筆資料，即可求出來自不同資料群組合併後的算術平均數。

(3) 每組資料所求出來的平均數具唯一性。

4. 算術平均數的缺點

算數平均數不全然是個完美的公式，如果有人告訴你，他們的族群平均每個女人生育人數是 4.2 人，很顯然對人口數而言，4.2 這個數字是不存在的。瞭解算數平均數的缺點對統計分析工作是一件非常重要的事，如此你才知道哪些情況的資料算數平均數是不適用的。它具有下列幾個缺點：

(1) 算數平均數非常容易受到極端值所影響，如果在一組數值很小的資料中加入一個很大數值的資料，算數平均數就不是一個很好的代表數。

(2) 只有數值型態的資料才能夠計算平均數。類別型態的資料，例如性別、職業等，無法計算平均數。

(3) 算數平均數雖然求出來的數值是唯一的，但卻不一定存在。例如調查的資料分組成 20 以下，21-60，61 以上。依照平均數的計算公式，20 以下與 61 以上的組中點分別為 $-\infty$ 與 ∞。因此若遇到開放型組距的資料，算數平均數就不存在。

(4) 算術平均數求出來的數值不一定符合真實世界。例如我們台灣國民所得每年為 35511.667 元，但真實世界中 0.667 元這種幣值是不存在的。

(5) 算術平均數較不適用於資料存在極端值或非單峰分配的資料。

(6) 算數平均數計算時把每一筆的資料重要性視作相等，若每一筆資料的重要程度不一樣時，算數平均數就不是一個好的整體代表數。

註： 算數平均數的存在條件是資料必須具備可加性，它的原理是我們希望找到一個代表數字來取代所有資料，且總和維持不變，也就是說：

$$\underbrace{\mu + \mu + \cdots + \mu}_{N\text{個}} = x_1 + x_2 + \cdots + x_N \text{，因此定義 } \mu = \frac{x_1 + x_2 + \cdots + x_N}{N} \text{。}$$

3.1.2 加權平均數

在計算平均數時，若依照資料的重要程度適當的加以放大後，再求出的平均數稱為加權平均(weighted mean)。資料放大時所乘的數字稱為權重(weighting)。加權平均數的計算公式定義為：

$$\text{加權平均數} = \frac{\sum_{i=1}^{k} w_i x_i}{\sum_{i=1}^{k} w_i}$$

其中：w_i 表權重，x_i 表資料值。

加權平均數常用於計算平均物價指數、股票加權指數、學期平均成績等。

例 6

某數學老師計算成績的公式如下：五次平時考中取較好的三次之平均值占 30%，兩次期中考各占 20%，期末考占 30%。某生平時考成績分別為 68，82，70，73，85，期中考成績分別為 86，79，期末考成績為 90，請問該生學期成績多少？

解

平時成績平均為 $\frac{73+82+85}{3} = 80$ 分

學期成績為 $80 \times 0.3 + 86 \times 0.2 + 79 \times 0.2 + 90 \times 0.3 = 84$ 分

3.1.3 幾何平均數

當一組資料呈級數增加時,例如: $2, 2^2, 2^4, 2^8, ..., 2^{100}$,它們的算術平均數答案趨近於 2^{100} ,很顯然這個數值無法真實反應出這組資料的中央趨勢。除了資料呈級數成長使用平均數會出問題外,我們再看一個例子。假設某人投資股市 100 萬元,第一年獲得 100%的報酬,因此一年後他的金錢變成 200 萬元;接著他再繼續把 200 萬投入股市,第二年他損失了 50%,因此第二年後他擁有的錢又回復到 100 萬元。若以算數平均數來計算會得到 $\dfrac{100\% + (-50\%)}{2} = 25\%$ 的平均報酬率,很顯然這個數字是有問題的,因為兩年後他的金錢數並沒有增加,明眼人都知道此人的平均報酬率應該是 0 才對。由此可看出平均數在某些類型的資料衡量上出了問題,特別是幾何成長或有關變化率的資料。為了能較客觀的衡量這種類型的資料,統計學家定義了幾何平均數(Geometric mean)。

1. 幾何平均數的定義

幾何平均數的概念十分簡單,首先資料必須滿足可乘性,它的原理是希望找到一個代表的數字來取代所有的資料,且所有的資料乘積維持不變,即 $\underbrace{G \times G \times \cdots \times G}_{n個} = x_1 \times x_2 \times \cdots \times x_n$ 。左式 G 即為這組資料的幾何平均數,故幾何平均數定義為:

$$G = \sqrt[n]{x_1 \cdot x_2 \cdots x_n} = \sqrt[n]{\prod_{i=1}^{n} x_i}$$

其中:∏表連乘符號。

2. 幾何平均數的優點

幾何平均數也是中央趨勢量數的一種,由於公式的定義是把所有的資料相乘再開 n 次方根,因此從乘積與根號衍生出一些優缺點。它的優點有:

(1) 幾何平均數特別適用於衡量呈級數成長、比例、變化率、成長率等型態資料的中央趨勢。

(2) 計算幾何平均數時,所有的資料都被列入考慮。

(3) 因為資料經過開 n 次方根,幾何平均數較不容易受極端值所影響。

3. 幾何平均數的缺點

由於幾何平均是將全部資料相乘,因此只要有一個資料數值是 0,衡量就會失準,故它有下列幾項缺點。

(1) 資料不允取存在數值為 0 或負數的資料。

(2) 由於較不容易受極端值影響，因此若資料有少量的變動，對幾何平均數的大小影響不大，故反應較不靈敏。

(3) 當資料數值大小不大時，過多的資料會使幾何平均數的值趨向於 1，導致衡量失準。

(4) 無法計算具有開放型組距的資料，如：10 以下、11-20、21 以上。

3.1.4 平均成長率

平均成長率是幾何平均數概念的延伸，假設某人於第一年投資某標的物 P 元，若每年的成長率分別為 $r_1, r_2, r_3, \cdots, r_n$，那麼經過 n 年之後他的資金會變成 $P(1+r_1)(1+r_2)(1+r_3)\cdots(1+r_n)$。我們希望找到一個數字來取代 $r_1, r_2, r_3, \cdots, r_n$，並使得 n 年後的資金不變，這個數字稱為平均成長率，即

$$P\underbrace{(1+\overline{r})(1+\overline{r})(1+\overline{r})\cdots(1+\overline{r})}_{n\text{項}} = P(1+r_1)(1+r_2)(1+r_3)\cdots(1+r_n)$$

由上式可得 $(1+\overline{r})^n = (1+r_1)(1+r_2)(1+r_3)\cdots(1+r_n)$

$$\Rightarrow 1+\overline{r} = \sqrt[n]{(1+r_1)(1+r_2)(1+r_3)\cdots(1+r_n)}$$

故平均成長率的定義如下：

$$\overline{r} = \sqrt[n]{(1+r_1)(1+r_2)\ldots(1+r_n)} - 1$$

其中 $r_i, \quad i=1,2,3,\ldots,n$ 表每年的成長率。

例 7

假設某銀行定存的年利率(採複利計算)，5%持續 2 年，4%持續 3 年，2.2%持續 1 年。試求這家銀行這 6 年來的平均定存年利率？

解

本題的資料為比例型態，故採用幾何平均數較為適當

平均定存年利率 $G = \sqrt[6]{(1+0.05)^2 \times (1+0.04)^3 \times (1+0.022)} - 1 \approx 0.0403$

故平均定存年利率為 4.03%

例 8

某公司過去三年的營業額成長率分別為 25%, –45%, 與 90%，該公司財務經理根據資料做了一份財務報表，做以下結論：「本公司過去三年的平均成長率為 23%，比原定預測的平均成長率 20%還高，因此順利達成公司的營業目標」，請問你是否同意財務經理的說法？若不同意請解釋理由。

解

不同意，因為平均成長率應以幾何平均數來評估較適合

該經理人利用算術平均數計算報酬率 $\dfrac{0.25+(-0.45)+0.9}{3}=0.23$ 較不適合

較佳的平均成長計算方式應為：$\sqrt[3]{(1+0.25)(1-0.45)(1+0.9)}-1 \approx 9.31\% < 20\%$

故表現比預測平均值還差

3.1.5 調和平均數

　　在介紹調和平均數前(harmonic mean)我們先舉一個例子，假設某人分別以 5 公里/小時，10 公里/小時，20 公里/小時三種不同的速率各行走一公里，請問此人的平均速率為何？如果採用算數平均數可得此人平均速率為 $\dfrac{5+10+20}{3}=\dfrac{35}{3}$，很顯然這個答案違反了運動學原理。根據運動學原理，平均速率等於 $\dfrac{總距離}{總時間}$，也就是說這道題目的平均速率應該是 $\dfrac{3}{\dfrac{1}{5}+\dfrac{1}{10}+\dfrac{1}{20}}=\dfrac{60}{7}$ 公里/小時。由此可知在計算平均速率上，算數平均數出了很大的問題。有關在行走距離相同之下求平均速率或總金額相同下求平均價格等問題，必須採用調和平均數。

1. 調和平均數的定義

　　調和數平均數的定義是將所有的資料倒數後求平均數，再倒數回來。假設 n 筆資料分別為：$x_1, x_2, \cdots, x_n$，先求這些資料倒數後的平均數，即 $\dfrac{\dfrac{1}{x_1}+\dfrac{1}{x_2}+\cdots+\dfrac{1}{x_n}}{n}$，接著再倒數回來所得到的數值即為調和平均數 $\dfrac{n}{\dfrac{1}{x_1}+\dfrac{1}{x_2}+\cdots+\dfrac{1}{x_n}}$，故調和平均數的定義為：

$$H = \frac{n}{\dfrac{1}{x_1} + \dfrac{1}{x_2} + \cdots + \dfrac{1}{x_n}}$$

2. 調和平均數的特性

因為計算調和平均數時需把資料倒數，因此不能有數值為 0 的資料，同時如果遇到接近 0 的資料，調和平均數會受到極大的影響導致衡量失準。遇到開放型組距的資料，調和平均數則不存在，即便使用相鄰組距進行計算，(例如 10000 以下、10000-20000、20000 以上，10000 以下這組用 5000 代表此組資料，20000 以上用 30000 代表此組資料)，求出來的調和平均數的代表性也極不可靠。

算數平均數(AM)、幾何平均數(GM)以及調和平均數(HM)三者存在下列之關係：

$$AM \geq GM \geq HM$$

 例 9

某賣場將水果區分成普通、優、特優三種等級，普通等級的 1 元可買 2 公斤，優的 1 元可買 1.5 公斤，特優的 1 元可買 1 公斤，試求：

(1)若三種等級各買 1 公斤，平均 1 元可買多少公斤？

(2)若三種等級各買 3 公斤，平均 1 元可買多少公斤？

(3)若普通的買 3 公斤，優的買 2 公斤，特優的買 1 公斤，請問平均 1 元可買幾公斤？

解

(1) $H = \dfrac{3}{\dfrac{1}{2} + \dfrac{1}{1.5} + \dfrac{1}{1}} = \dfrac{3}{\dfrac{13}{6}} = \dfrac{18}{13}$ 公斤

(2) $H = \dfrac{3+3+3}{\dfrac{1}{2} \times 3 + \dfrac{1}{1.5} \times 3 + \dfrac{1}{1} \times 3} = \dfrac{9}{\dfrac{13}{2}} = \dfrac{18}{13}$ 公斤

(3) $H = \dfrac{3+2+1}{\dfrac{1}{2} \times 3 + \dfrac{1}{1.5} \times 2 + \dfrac{1}{1} \times 1} = \dfrac{6}{\dfrac{23}{6}} = \dfrac{36}{23}$ 公斤

本題若看不懂調和平均數的解法，不需害怕，因為用國小數學的觀念即可求出這一題的答案。簡單來說，求調和平均數並不需要用到調和平均數的公式，而且更容易讓人瞭解。下面是另一種解法。

(1) 各買 1 公斤，總重 3 公斤，花費 $\dfrac{1}{2}+\dfrac{1}{1.5}+\dfrac{1}{1}=\dfrac{13}{6}$　元

故 1 元可買 $\dfrac{3}{\dfrac{13}{6}}=\dfrac{18}{13}$　公斤

(2) 各買 3 公斤，總重 9 公斤，花費 $\dfrac{1}{2}\times 3+2+3=\dfrac{13}{2}$　元

故 1 元可買 $\dfrac{9}{\dfrac{13}{2}}=\dfrac{18}{13}$ 公斤

(3) 普通的買 3 公斤，優的買 2 公斤，特優的買 1 公斤，總重 6 公斤，花費 $\dfrac{1}{2}\times 3+\dfrac{1}{1.5}\times 2+1=\dfrac{23}{6}$　元

故 1 元可買 $\dfrac{6}{\dfrac{23}{6}}=\dfrac{36}{23}$ 公斤

例 10

甲購買雞蛋 3 次，每次皆購買 100 元，第一次購買每斤 5 元，第二次購買每斤 8 元，第三次購買每斤 4 元，試問三次購買每斤的平均價格多少元？

解

本題不能夠使用算數平均數因為

$\mu=\dfrac{5+8+4}{3}=\dfrac{17}{3}$，第一次買 $\dfrac{100}{5}=20$ 斤，第二次買 $\dfrac{100}{8}=12.5$ 斤，

第三次買 $\dfrac{100}{4}=25$ 斤。

$\dfrac{17}{3}\times(20+12.5+25)\approx 325.8 \neq 300$ 元

本題需採調和平均數

每斤的平均價格為 $H=\dfrac{3}{\dfrac{1}{5}+\dfrac{1}{8}+\dfrac{1}{4}}=\dfrac{120}{23}$ 元

若懼怕調和平均數的人，本題可直接使用觀念求解，每斤的價格為 $\dfrac{總價}{總重}$

故平均每斤的價格為 $\dfrac{300}{20+12.5+25}=\dfrac{120}{23}$ 元

3.1.6 中位數

在某些情況下直接以位置居中的資料來代表全體資料，比算數平均數更有意義。例如某位學生想要知道他在班上的成績如何，若使用算數平均數來代表這個班級的程度，那麼這位學生便無法瞭解自己在班上的成績座落位置。此時中位數會是比較好的中央趨勢量數，至少中位數可以讓這位學生知道自己的成績是在班上的前 50%或後 50%。此外，算數平均數非常容易受到極端值所影響，若一組資料存在極端值，例如下面的五筆資料：「1、2、3、4、1000」，若採用算數平均數來代表這組資料的中央趨勢，顯然是非常不可靠的。

除了算數平均數外中位數(median)也是用來衡量一組資料中央趨勢的統計量數。所謂中位數是指把資料由小到大排序後，位置居中者，一般以 Me 表示。觀察下列 9 筆資料：

$$1 \quad 12 \quad 15 \quad 19 \quad ⑳ \quad 26 \quad 27 \quad 38 \quad 119$$

位置居中，中位數等於 20

第 5 筆資料正好位置居中，故上面 9 筆資料的中位數等於 20。接著繼續觀察下列 8 筆資料：

$$10 \quad 12 \quad 15 \quad 16 \mid 20 \quad 26 \quad 27 \quad 38$$

中位數等於 $\dfrac{16+20}{2}=18$

正中央的位置正好位於 16 和 20 之間，我們定義中位數等於 16 和 20 的平均數。「中位數」包含兩個意義：「中間位置」與「數值」。故求中位數可區分成兩個步驟，第一個步驟先找位置，第二個步驟再把這個位置對應的數值標示出來。由於組距型資料視作連續性資料，計算方式與非組距型資料不同，故接下來我們分開介紹它的計算方法。

1. 非組距型資料中位數的求法

由上面的例子可以看出，當資料筆數為偶數筆或奇數筆時，有不同的算法。中位數的求法可分成兩個步驟：

步驟 1： 求位置

位置 $=\dfrac{n}{2}$，n 為資料筆數。

步驟 2： 找資料

1. 若 $\dfrac{n}{2}$ 不是整數時，小數點去掉無條件進 1 的位置所對應的資料即為中位數，若以數學的方式可表為：

$$Me = x_{\left[\frac{n}{2}\right]+1}$$

其中 [ ] 稱為高斯符號。

2. 若 $\dfrac{n}{2}$ 為整數時，取該筆位置和下一筆位置所對應資料的算數平均數即為中位數，若以數學的方式可表為：

$$Me = \dfrac{x_{\frac{n}{2}} + x_{\frac{n}{2}+1}}{2}$$

例 11

求下列二組資料之中位數：

I：13　20　8　15　7

II：5　10　19　23　11　15

解

I：將資料排序 => 　7　8　13　15　20

先求位置：$\dfrac{n}{2} = \dfrac{5}{2} = 2.5 \notin$ 整數，小數捨去進 1，取第三筆資料

$\therefore Me = x_3 = 13$

II：將資料排序 => 　5　10　11　15　19　23

先求位置：$\dfrac{n}{2} = \dfrac{6}{2} = 3 \in$ 整數，取第 3 筆與第 4 筆之平均數

$\therefore Me = \dfrac{x_3 + x_4}{2} = \dfrac{11 + 15}{2} = 13$

2. 組距型資料中位數的求法

假設已知某資料的累積次數分配表如下所示：

組界	次數	累積次數
20-30	5	5
30-40	14	19
40-50	9	28
50-60	5	33
60-70	2	35

上面資料若使用以下累積次數分配圖呈現，如下圖所示：

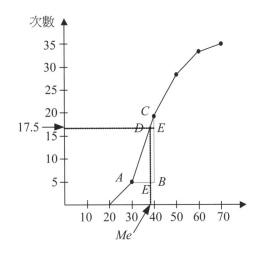

組距型的資料我們一般都視作連續型態的資料，例如身高、體重等，由於這些資料無法以單一的數值呈現，因此必須採用區間的方式分組，故組距型資料皆視為連續型態的資料。由上圖可知，中位數的位置在第 $\frac{35}{2}=17.5$ 筆所對應的資料，我們可以利用 $\Delta CDE \sim \Delta CAB$ 解出中位數。但一般我們都不希望畫圖，可以直接從資料表求出中位數。

	組界	累積次數	
	20-30	5	
$Me \longrightarrow$	30-40	19	$\longleftarrow 17.5$
	40-50	28	
	50-60	33	
	60-70	35	

觀察上表，中位數的位置以及中位數位於箭頭處，我們把 *Me* 與 17.5 內插進表格內，形成下列簡易的表格：

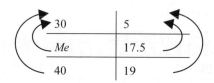

再利用 $\dfrac{Me-30}{40-30}=\dfrac{17.5-5}{19-5}$，就可以順利求出組距型資料的中位數，它的原理非常簡單，我們只是利用 $\Delta CDE \sim \Delta CAB$，對應邊長成比例的特性。隨後介紹的百分位數、十分位數以及四分位數的計算原理完全相同。

例 12

某班學生參加統計學科考試，得到下列成績之次數分配表，試求該班統計學科成績之中位數。

組限	次數
30-39	2
40-49	3
50-59	8
60-69	15
70-79	7
80-89	4
90-100	2

解

先求位置：$\dfrac{41}{2}=20.5$

組限需改成組界，並將次數分配表改成以下累積次數分配表，即

組限	累積次數
29.5-39.5	2
39.5-49.5	5
49.5-59.5	13
59.5-69.5	28
69.5-79.5	35
79.5-89.5	39
89.5-100.5	41

$Me \longrightarrow$ (49.5-59.5 列)　$\longleftarrow 20.5$

$$\frac{Me-59.5}{69.5-59.5}=\frac{20.5-13}{28-13} \quad \therefore Me=64.5$$

3. 中位數的性質

中位數也是一種衡量資料中央趨勢的統計量數，它具有下列特性：

(1) 已知函數 $y = |x - x_1| + |x - x_2| + \cdots |x - x_n|$，當 x 等於 $x_1, x_2, \cdots, x_n$ 之中位數時，y 有最小值。

(2) 只要資料的衡量量尺為順序量尺以上，那麼這組資料就存在中位數。因此中位數可使用的範圍比算數平均數廣，儘管如此，它不一定是一個客觀的統計測量數。

4. 中位數的優點

(1) 中位數為位置居中的數值，其性質簡單，容易瞭解。

(2) 中位數不容易受極端值(或離群值, outliers)所影響，因此穩定性較高。

(3) 除非中位數正好位於開放組距那一組，不然具有開放組距的資料仍可求出中位數。

(4) 只要順序量尺以上的資料就可以求算中位數。

5. 中位數的缺點

(1) 中位數只考慮位置居中的數值，忽略了其他數值大小，故缺乏敏感性，除非正好居中的數值改變，否則即使有資料變動，也不會影響到中位數的大小。

(2) 若不曉得各資料的詳細數值，我們無法求出多組資料合併後的中位數，故中位數不適合代數運算。

3.1.7 眾數

眾數(mode)係指一組資料中出現次數最多的那筆資料，一般以符號 Mo 表示。眾數也是中央趨勢量數的一種，眾數適用於衡量資料分配呈現嚴重偏斜或者非單峰分配的代表數。例如某組資料為：1、3、3、3、3、10、10、1000。使用眾數來代表這組資料比使用算數平均數來得有意義。此外眾數可使用在名義量尺，故適用於所有的資料型態，因此適用的資料型態範圍比算數平均數與中位數更廣。出現次數最多的那筆資料稱為眾數，故資料型態為非組距型的資料，很容易求出。

例 13

試求出下列三組資料之眾數：

(1)15,18,20,15,15,20,25,15

(2)10,12,10,10,8,12,12,14

(3)2,7,5,9,16,20,8,10

解

(1) 因為 15 出現的次數最多，故眾數=15

(2) 因為 10 與 12 出現的次數最多且相同，故眾數=10,12

(3) 因為所有的資料出現次數一樣，故眾數不存在。

由本題可以得知眾數不具唯一性。

　　若資料型態為組距型資料，只能初步觀察眾數落於哪一組，卻無法使用一個數值來描述眾數。為了明確定義眾數所代表的數值，一般常用的方法有：簡易法、金氏法、克氏法與皮爾生經驗法。接下來我們介紹這四種求算眾數數值的方法。

1. 簡易法(crude method)

也有人稱粗略法，簡易法直接取眾數所在組別之組中點對應的數值即為眾數。

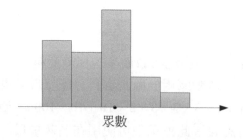

眾數

　　由於簡易法的定義過於粗糙，有學者認為眾數應該要考慮實際的資料分配情形，至少應該把眾數所在組別左右兩側資料的次數考慮進去，這樣求出來的眾數比較符合實際上的分配。依照分配的趨勢眾數會比較靠近相鄰次數多的那一組，至於如何去量測，一般有金氏(King)法與克氏(Czuber)法兩種方法。

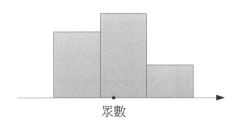

眾數

2. 金氏法(King's method)

　　一般的教科書以槓桿平衡原理介紹金氏法推導眾數的公式，在此我們依照它的理論用另一種比較容易記憶的方式介紹。請牢記眾數會靠近次數多的那一組，觀察下圖，若眾數所在組別的左右兩側次數分別為 f_1 與 f_2，那麼眾數所在處左右兩側的比為 $f_2 : f_1$。接著再利用 $\overline{AB} : \overline{BC} = f_2 : f_1$，即可順利求出眾數所在位置對應的值。

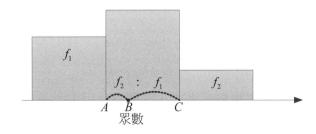

眾數

3. 克氏法(E. Czuber method)

　　一般教科書皆利用三角形相似原理來說明克氏法對眾數的定義，同樣我們依照他的理論轉換成較容易記憶的方式。同樣的請牢記眾數會靠近次數多的那一邊，觀察下圖，若眾數所在組別的左右兩側的線段長分別為 f_1 與 f_2，那麼眾數所在處左右兩側的比為 $f_1 : f_2$，再利用 $\overline{AB} : \overline{BC} = f_1 : f_2$，即可求出眾數。

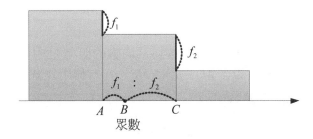

眾數

　　事實上，金氏法我們也可以仿照克氏法的方式記憶，只是一個是使用下方的線段，另一個則使用上方的線段。如果擔心忘掉哪個使用上下方線段哪個使用上方線段，在此教個小要訣：「金」比「氪」重，所以金氏法使用下方線段，克氏法使用上方線段。下圖為金氏法求眾數的示意圖。

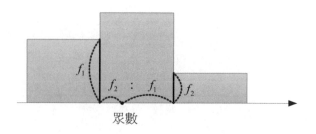

眾數

使用金氏法或克氏法求眾數時，若欲到眾數所在組別橫跨兩相鄰組時，如左下圖所示，那麼就把兩組合併成一組之後再計算，即：

4. 皮爾生經驗法則(K. Pearson method)

皮爾生經驗法則是經觀察實驗而來的，他觀察呈現偏斜分配的資料，發現眾數到平均數的距離大約等於中位數到平均數距離的三倍。因為算術平均數容易受極端值所影響，中位數為居中之位置，眾數則位於次數最多之處。故最高點處所對應的橫座標為眾數，平均數會受偏斜資料所影響，中位數則介於眾數與平均數之間，如下圖所示：

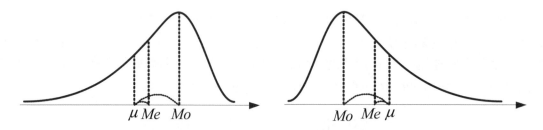

皮爾生發現以平均數為基準點，眾數到平均數的距離是中位數到平均數距離的 3 倍(長的是短的 3 倍)。也就是說：$Mo - \mu = 3(Me - \mu)$，利用左式即可求出眾數的數值。故皮爾生經驗法則之眾數定義為：

$$Mo = 3Me - 2\mu$$

上面的公式也適用於樣本分配。

例 14

假設班上一共有 30 位學生，某次期中考統計學成績分配如下表所示：

	20-30	30-40	40-50	50-60	60-70
次數	2	8	11	6	3
累積次數	2	10	21	27	30

試分別以簡易法、金氏法、克氏法、皮爾生法求眾數。

註：已知全班平均 45 分，中位數為 44.545 分

解

(1) 簡易法

　　40-50 這組資料次數最多，取這組的組中點，故眾數 $Mo=45$

(2) 金氏法

　　考慮 40-50 這組以及相鄰兩側資料，眾數靠近相鄰次數較多的那一方，如下圖所示：

　　$\because \overline{AC} : \overline{CB} = 6 : 8 = 3 : 4$

　　$(Mo-40) : (50-Mo) = 3 : 4$

　　$\Rightarrow 4Mo - 160 = 150 - 3Mo \quad \therefore Mo \approx 44.286$

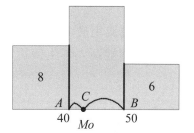

(3) 克氏法

　　$\because \overline{AC} : \overline{CB} = 3 : 5$

　　$(Mo-40) : (50-Mo) = 3 : 5$

　　$\Rightarrow 5Mo - 200 = 150 - 3Mo \quad \therefore Mo = 43.75$

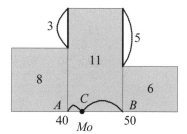

(4) 皮爾生法

　　已知 $\mu = 45, Me = 44.545$

　　$\because Mo - \mu = 3(Me - \mu)$

　　$\Rightarrow Mo = 3Me - 2\mu \quad \therefore Mo = 3 \times 44.545 - 2 \times 45 = 43.635$

5. 眾數的優缺點

眾數也是衡量中央趨勢的一種統計測量數，它具有下列的優缺點：

(1) 優點
- 眾數的性質簡單，容易瞭解。
- 眾數只考慮出現次數最多的資料，較不容易受極端值所影響。
- 組距型資料若存在開放型的組距，只要眾數不在開放型組距哪一組，必然可求出眾數。
- 只要名義量尺以上的資料，就可以計算眾數，故在資料的適用範圍上比中位數與算術平均數更廣。

(2) 缺點
- 眾數只考慮出現次數最多的資料，忽略了其他數值大小，故不具敏感性。
- 除非知道全部的資料，否則我們無法求出多組資料合併後的眾數，故眾數不適合做代數運算。
- 眾數不具存在唯一性，可能只有一個、可能多個、也可能不存在。

註：因為眾數也適用於名義量尺的資料，故眾數所求出來的答案不一定是一個數值。例如，台灣地區大學生使用電腦品牌的眾數是華碩。

例 15

下列資料為兩個社區 5 戶去年年所得的樣本資料。為區別兩社區之中等所得，請您建議，應採用哪一種統計方法較佳：算術平均數 $\bar{x}$，中位數 Me，或眾數 Mo，您的理由是什麼？

社區 A：15　50　70　15　1000

社區 B：45　60　40　50　40(單位：新台幣萬元)

解

社區 A 因為有極端值，故 $\bar{x}$ 不適合

而社區 B 之眾數出現在邊緣也不太適合

因此中位數為較適合。

位置量數

中位數把資料一分為二，藉由中位數可以讓我們瞭解某筆資料位於前百分之五十或後百分之五十。如果還想知道更詳細的資料分佈情形，例如想要知道成績排名前 15 名至少要考幾分，此時可以進一步把資料切割成 k 等分，這 $k-1$ 個等分點所對應的數值就稱為 k 分位數。常見的 k 分位數有百分位數、十分位數與四分位數等。

3.2.1 百分位數

把一組資料依大小順序排列後，將其切割成 100 等分，此 99 個等分點所對應的數值就稱為百分位數(percentile)。第 1 個等分點所對應的資料值，稱為第 1 百分位數，第 2 個等分點所對應的資料值稱為第 2 百分位數，依此類推，通常我們用符號 $P_1, P_2, \cdots, P_{99}$ 來代表這 99 個百分位數。百分位數可以讓我們瞭解某筆資料在全體的所在位置，例如第 30 個百分位數 P_{30}，表示有 30% 的資料值小於或等於此數值，且有 70% 的資料值大於或等於此數值。

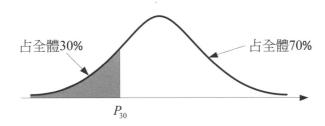

百分位數的求法和求中位數的原理一樣，可區分成組距型資料與非組距型資料，分別說明如下：

1. 非組距型資料

非組距型資料的百分位數求法與中位數是一樣的，只要是求分位數，皆可分成兩個步驟，第一個步驟求位置，第二個步驟按位置找資料。若一組資料有 n 筆資料，第 k 個百分位數的位置為 $n \times k\%$，若 $n \times k\%$ 帶有小數，則將小數去掉採進 1 法，該位置所對應的資料值即為第 k 個百分位數；若 $n \times k\%$ 為整數，則取該位置與下一個位置所對應資料的算數平均數即為第 k 個百分位數，下面用一個實例來說明。

例 16

某班級共 50 人，某次統計學成績由小而大依序排列如下示。試求第 25 與第 30 百分位數。

22	25	26	29	29	40	42	43	46	56
57	59	60	60	60	61	62	64	66	68
70	71	71	72	75	76	76	77	78	79
82	82	85	85	86	86	86	88	88	86
89	90	91	91	92	92	96	94	96	97

解

(1) 第 25 百分位數

先求位置：$50 \times 0.25 = 12.5 \notin Z$　小數點去掉進 1 $\Rightarrow$ 取第 13 筆資料

$\therefore p_{25} = x_{13} = 60$

(2) 第 30 百分位數

位置：$50 \times 0.3 = 15 \in Z$　$\Rightarrow$ 取第 15、16 筆對應資料之算術平均數

$\therefore p_{30} = \dfrac{x_{15} + x_{16}}{2} = \dfrac{60 + 61}{2} = 60.5$

2. 組距型資料

組距型資料求百分位數就如同求中位數一般，利用三角形相似原理即可求得，下面我們用實例來說明。

例 17

設某班級期中考統計學成績如下表：

	30-40	40-50	50-60	60-70	70-80	80-90	90-100
次數	2	1	12	14	38	33	6
累積次數	2	3	15	29	67	100	106

若某生想要成績在前 10%，至少要考幾分？(四捨五入取整數)

解

成績在前 10%表示，成績至少要超越第 90 百分位數

先求位置：$106 \times 0.9 = 95.4$

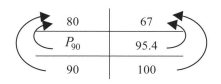

$$\frac{P_{90}-80}{90-80}=\frac{95.4-67}{100-67}$$

求解上式得：$P_{90} \approx 88.606$

故某生至少要考 89 分成績才能在前 10%

3.2.2 十分位數

把一組資料分割成 10 等分，此 9 個等分點所對應的數值就稱為十分位數(deciles)，通常以 $D_i(i=1,2,\cdots,9)$ 表示，十分位數相當於特殊的百分位數，即 $D_1=P_{10}, D_2=P_{20}, \cdots, D_9=P_{90}$，故求十分位數直接利用百分位數去推導即可求得。

3.2.3 四分位數

將一組資料分割成 4 等分，此 3 個等點所對應的數值就稱為四分位數(quartile)，通常以 $Q_i(i=1,2,3)$ 表示。在實用上把一組資料分成太多等分並無實質的意義，故在所有的分位數中，中位數與四分位數的用途最廣。四分位數也是一種特殊的百分位數，即 $Q_1=P_{25}, Q_2=P_{50}=Me, Q_3=P_{75}$。四分位數的求法與百分位數相同，故不在此冗述。

例 18

已知某組資料如下所示：

12　15　18　22　22　53　54　71　73　73　80　90

求第 1 與第 3 四分位數。

解

(1) 第 1 四分位數

位置：$12 \times 0.25 = 3 \in Z$，取第 3 與第 4 個位置所對應資料之平均數，故

$$Q_1=\frac{18+22}{2}=20$$

(2) 第 3 四分位數

位置：$12 \times 0.75 = 9 \in Z$，取第 9 與第 10 個位置所對應資料之平均數，故

$$Q_3 = \frac{73 + 73}{2} = 73$$

例 19

已知某班級 50 位學生統計學成績的次數分配如下表所示：

	30-40	40-50	50-60	60-70	70-80	80-90	90-100
次數	1	2	7	10	18	8	4
累積次數	1	3	10	20	38	46	50

求第 1 四分位數與第 3 四分位數。

解

(1) 第 1 四分位數

位置：$50 \times 0.25 = 12.5$

$$\frac{Q_1 - 60}{70 - 60} = \frac{12.5 - 10}{20 - 10} \Rightarrow Q_1 = 62.5$$

(2) 第 3 四分位數

位置：$50 \times 0.75 = 37.5$

$$\frac{Q_3 - 70}{80 - 70} = \frac{37.5 - 20}{38 - 20} \Rightarrow Q_3 \approx 79.722$$

離差量數

離差量數(dispersion measure)主要用來衡量一組資料分配集中或分散的程度,也有人稱為差異量數。離差量數可區分成絕對離差量數與相對離差量數兩大類。常見的絕對離差量數有:全距、四分位差、四分位距、平均差、變異數與標準差。相對離差量數則有:變異係數與 Z 分數。

3.3.1 全距

我們要衡量一個班級學習成績是否集中,最簡單的方式就是用全班最高分減全班最低分,這就是全距。故全距(range)係指一組資料中的最大值與最小值之差。即:

$$R = x_{\max} - x_{\min}$$

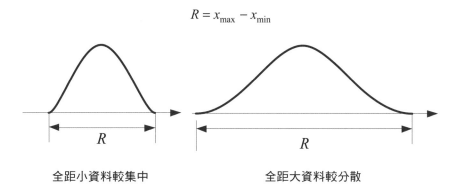

全距小資料較集中　　　　　　全距大資料較分散

若資料為組距型態的資料要特別留意,全距的定義為最大組的組上界減最小組的組下界,計算方法請看範例 21 題。

> **例 20**
>
> 設有一組資料如下:
>
> 1,3,4,5,6,7,9,9,10,12,12,15
>
> 試求全距。

解

全距: $R = x_{max} - x_{min} = 15 - 1 = 14$

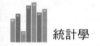

例 21

下表為某公司 30 位員工的年齡調查表：

年齡	20-29	30-39	40-49	50-59	60-69
人數	2	5	10	8	5

試求全距。

解

本題的資料表求全距前，必須先用連續修正因子進行調整，即

年齡	19.5-29.5	29.5-39.5	39.5-49.5	49.5-59.5	59.5-69.5
人數	2	5	10	8	5

故全距： $R = 69.5 - 19.5 = 50$

　　一般而言全距越大通常表示資料分散程度越大，但不是絕對。例如有兩組資料分別為 A：1,1,10,10；B：1,1,2,2,2,2,11。A 組資料的全距為 9，B 組資料的全距為 10，雖然 B 組的全距大於 A 組的全距，但是從資料的分配情形，很明顯 B 組資料較集中。會產生這種問題，主要因素在於全距只考慮最大值與最小值，忽略其他的資料，容易受極端值所影響。但如果資料皆呈常態分配，那麼使用全距可較正確的比較資料集中程度。故全距的定義十分簡單且計算容易，不失為一種集中程度的觀測指標之一。

3.3.2 四分位距與四分位差

　　由於使用全距來衡量資料的集中度容易受極端值所影響，因此有學者建議使用中央 50%資料的寬度來衡量資料的集中程度，四分位距(interquartile range; IQR)與四分位差(quartile deviation; Q.D.)就是在這種構想下所產生的集中測量數。

1. 四分位距

　　四分位距等於第 3 四分位數減第 1 四分位數，即

$$IQR = Q_3 - Q_1$$

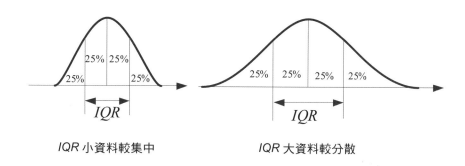

IQR 小資料較集中　　　　　　　IQR 大資料較分散

2. 四分位差

四分位差又稱為四分半距,因為它正好等於 *IQR* 的一半。四分位差等於第 3 四分位數減第 1 四分位數後再除以 2,即

$$Q.D. = \frac{Q_3 - Q_1}{2}$$

就數學角度而言,四分位數與四分位差只要存在一個即可,因此某些教科書只介紹其中之一,另一個定義則隻字未提。四分位差與四分位距皆具有計算簡單、不容易受極端值所影響的優點。但它們和全距一樣,都忽略了其他資料的影響力,因此不具敏感性,也不具代數運算之性質。

例 22

計算例題 19 中,50 位學生成績的四分位距與四分位差。

解

由例題 19 知學生成績之 $Q_1 = 62.5, Q_3 = 79.722$

故四分位距:$IQR = Q_3 - Q_1 = 79.722 - 62.5 = 17.222$

四分位差:$Q.D. = \dfrac{Q_3 - Q_1}{2} = \dfrac{17.222}{2} = 8.611$

3.3.3 平均差

以全距或四分位差去比較資料的集中度,雖然它們的定義十分簡單,但都有忽略其他資料影響力的缺點。因此有學者建議衡量資料集中程度時,應該要把全體資料全部考慮進去。觀察下面兩個資料分配圖,很明顯左圖比右圖集中。若以平均數為基準,我們可用下圖中各橫桿的平均長度做為衡量集中程度的指標,這就是平均差(mean absolute deviation; *MAD*)的概念。

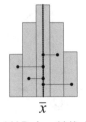
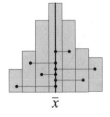

$\overline{x}$ $\overline{x}$

MAD 小，較集中   MAD 大，較分散

每個橫桿的長度分別為 $\left| x_i - \overline{x} \right|$，故平均差的定義為：

$$MAD = \frac{1}{n} \sum_{i=1}^{n} \left| x_i - \overline{x} \right|$$

取平均橫桿長的目的是為了避免較多的分組或較多的資料導致衡量失準。由平均差的定義來看，它具有簡單、容易理解以及計算容易之優點，且所有的資料都考慮到，比全距、四分位距以及四分位差敏感。但絕對值函數在進行微分時較為麻煩，不容易求極限值等缺陷，因此有學者為了克服此一缺點，將絕對值改成平方，這就是下一小節即將介紹的變異數。

註：若資料為母體，計算方式一模一樣，將公式符號改成母體符號即可。

例 23

求 5,6,7,9,23 之平均差。

解

$$\mu = \frac{5+6+7+9+23}{5} = 10$$

$$MAD = \frac{1}{5} \left(\left| 5-10 \right| + \left| 6-10 \right| + \left| 7-10 \right| + \left| 9-10 \right| + \left| 23-10 \right| \right) = 5.2$$

例 24

承例題 2，求學生成績的平均差。

解

由例題 2 知 $\mu = 35.7$

$$MAD = \frac{1}{50} (1 \cdot \left| 4.5 - 35.7 \right| + 5 \cdot \left| 14.5 - 35.7 \right| + 10 \cdot \left| 24.5 - 35.7 \right| + 15 \cdot \left| 34.5 - 35.7 \right|$$

$$+10 \cdot |44.5 - 35.7| + 8 \cdot |54.5 - 35.7| + 1 \cdot |64.5 - 35.7|)$$

$$= 10.688$$

3.3.4 變異數與標準差

1. 變異數與標準差的定義

由於平均差的定義中含有絕對值，不容易進行微分。對於一組正數，平方後並不會改變其大小順序，且平方的微分計算較絕對值容易，因此有統計學家將平均差公式內的絕對值改成平方，利用這種方式得到的數值稱為變異數。我們常以符號 σ^2 與 s^2 分別代表母體與樣本變異數。在第五章中，當引進隨機變數的概念後，會改用 $V(x)$ 或 $Var(x)$ 來表示變異數。母體變異數(population variance)與樣本變異數(sample variance) 的定義如下：

(1) 母體變異數

$$\sigma^2 = \frac{1}{N} \sum_{i=1}^{N} (x_i - \mu)^2 = \frac{1}{N} \sum_{i=1}^{N} x_i^2 - \mu^2$$

上面有兩個式子，都是求母體變異數的公式，第一個是定義公式，第二個則是將第一個公式展開後的結果。通常若母體平均數為整數時，採用定義公式會比較容易計算，第二個公式則適用在母體平均數非整數時。

(2) 樣本變異數

$$s^2 = \frac{1}{n-1} \sum_{i=1}^{n} (x_i - \overline{x})^2 = \frac{1}{n-1} \sum_{i=1}^{n} x_i^2 - \frac{n}{n-1} \overline{x}^2$$

其中 $n-1$ 稱為自由度(degree of freedom)。事實上，也有另一種樣本變異數的定義為 $\hat{\sigma}^2 = \frac{1}{n} \sum_{i=1}^{n} (x_i - \overline{x})^2$ ，但大部分的統計學家比較接受除以自由度這個公式。在第十二章我們會介紹估計式的評斷標準，評斷標準之一是不偏性，所謂不偏性是指在取樣無窮多次時，這無窮多個數值的平均數正好要等於母體參數。這就好比投擲一個骰子無窮多次，要得到骰子各點出現的機率都等於 $\frac{1}{6}$ 的原理相同。除以 $n-1$ 的樣本變異數剛好具有不偏性，且此不偏性是建構在抽樣過程中，樣本平均數維持固定不變的情況下，否則無法滿足不偏性的要求，故自由度為樣本數減 1。

為何樣本平均數維持固定，自由度為樣本數減 1？假設現在抽取 3 個人並要求此三人的平均體重等於 80 公斤。前兩個人可以隨意抽取，假設分別為 100 公斤、

120 公斤,那麼第 3 個人只允許選取體重 20 公斤的人當樣本,因此在樣本數 3 人的抽樣過程中,只有兩個樣本可以自由選取,故自由度為樣本數減 1。上面敘述若以數學觀點來看:

$$自由度=獨立變數個數-限制式個數$$

例 25

假設 $x_1, x_2, \ldots, x_{10}$ 為一組隨機樣本,且 $\bar{x}_{(n)} = \dfrac{1}{n}\sum_{i=1}^{n} x_i, \bar{x}'_{(n)} = \dfrac{1}{10-n}\sum_{i=n+1}^{10} x_i; n = 1, 2, \cdots, 10$,試判斷下列各式的自由度分別是多少?

(1) $10 \times \bar{x}_{(10)}$ (2) $10 \times \bar{x}_{(10)} = 50$ (3) $\displaystyle\sum_{i=1}^{10}(x_i - \bar{x}_{(5)})^2$

(4) $(\bar{x}_{(5)} - \bar{x}_{(10)})^2 + (\bar{x}'_{(5)} - \bar{x}_{(10)})^2$

解

(1) $10 \times \bar{x}_{(10)} = 10 \times \dfrac{1}{10}\sum_{i=1}^{10} x_i = x_1 + x_2 + \cdots + x_{10}$

本題並未指定這 10 個樣本的和為多少,故對此 10 個變數無任何限制,因此本題自由度 10。

(2) $10 \times \bar{x}_{(10)} = 10 \times \dfrac{1}{10}\sum_{i=1}^{10} x_i = x_1 + x_2 + \cdots + x_{10} = 50$

本題這 10 個變數必須滿足全部的和等於 50,有一個限制條件,故自由度為 $10 - 1 = 9$

(3) 本題在計算 $\displaystyle\sum_{i=1}^{10}(x_i - \bar{x}_{(5)})^2$ 時,必須先知道 $\bar{x}_{(5)}$ 的值,其中使用了

$\bar{x}_{(5)} = \dfrac{1}{5}(x_1 + x_2 + \cdots + x_5) =$ 某數值的限制式,故自由度為 $10 - 1 = 9$

(4) 本題表面上有三個限制條件,即 $\bar{x}_{(5)}, \bar{x}_{(10)}, \bar{x}'_{(5)}$,但實際上只有二個限制條件。由題目的定義來看:

$\bar{x}_{(5)} = \dfrac{1}{5}(x_1 + x_2 + \cdots + x_5), \bar{x}_{(10)} = \dfrac{1}{10}(x_1 + x_2 + \cdots + x_{10}), \bar{x}'_{(5)} = \dfrac{1}{5}(x_6 + x_7 + \cdots + x_{10})$

其中 $\bar{x}_{(10)}$ 可由 $\bar{x}_{(5)}$ 與 $\bar{x}'_{(5)}$ 求得,即 $\bar{x}_{(10)} = \dfrac{5\bar{x}_{(5)} + 5\bar{x}'_{(5)}}{10}$,故 $\bar{x}_{(10)}$ 不算一個限制式,實際上只有兩個限制式,故自由度為 $10 - 2 = 8$

由於變異數的單位為原單位的平方，例如資料為每月收入，那麼變異數的單位為元 ^{2}，實際上這個單位並不存在；又例如資料為成年男子身高，那麼變異數的單位為 cm^2，變成了面積單位與實際不符。為了避免單位產生混淆，因此統計學家建議將變異數開根號，使單位與資料的單位一致。變異數開根號後的數值稱為標準差，我們常以符號 σ 或 s 分別代表母體標準差與樣本標準差，而人文社會學者在撰寫論文時有的以 SD 表示樣本標準差。母體標準差(standard deviation)與樣本標準差(sample standard deviation)的定義如下：

(3) 母體標準差

$$\sigma = \sqrt{\sigma^2}$$

(4) 樣本標準差

$$s = \sqrt{s^2}$$

例 26

下表為某班級統計學成績，經整理次數分配表如下：

分數	0-9	10-19	20-29	30-39	40-49	50-59	60-69
人數	1	5	10	15	10	8	1

試計算統計學成績的變異數與標準差。

解

組中點	4.5	14.5	24.5	34.5	44.5	54.5	64.5
人數	1	5	10	15	10	8	1

$$\mu = \frac{4.5 \times 1 + 14.5 \times 5 + \cdots + 64.5 \times 1}{50} = \frac{1785}{50} = 35.7$$

$$\sigma^2 = \frac{1}{50}\left[4.5^2 + 14.5^2 \times 5 + 24.5^2 \times 10 + 34.5^2 \times 15 + 44.5^2 \times 10 + 54.5^2 \times 8 + 64.5^2 \right]$$

$$-37.5^2 = 178.56$$

$$\sigma = \sqrt{\sigma^2} = \sqrt{178.56} \approx 13.363$$

例 27

試求下列資料之樣本變異數：

    3   4   2.5   4.1   1.2   2.8   3.4

解

$$\bar{x} = \frac{3+4+2.5+4.1+1.2+2.8+3.4}{7} = 3$$

$$s^2 = \frac{1}{7-1}[(3-3)^2 + (4-3)^2 + \cdots + (3.4-3)^2] \approx 0.992$$

2. 變異數與標準差的性質

(1) 變異數或標準差越小，表示大部分數值越集中於平均數附近，因此平均數相對也較具代表性。

(2) 變異數與標準差恆大於或等於 0。

(3) 若有二組資料 x, y 滿足 $y_i = a + bx_i$，則 $\sigma_y^2 = b^2 \sigma_x^2, \sigma_y = |b|\sigma_x$。也就是說當所有的資料放大 b 倍後，變異數會放大 b^2 倍，標準差則放大 $|b|$ 倍。而所有的資料加或減去一個共同的數之後，變異數與標準差仍然維持不變。

例 28

若某班期中考統計學平均成績 45 分標準差 10 分，老師覺得大家考的成績太差，未避免太多人被死當，因此將全班每人的成績乘以 1.5 倍之後再加 8 分。求成績更改後的全班分數變異數與標準差為何？

解

原始分數標準差 10 分，成績乘以 1.5 倍後標準差變為 $10 \times 1.5 = 15$

新成績變異數為 $15^2 = 225$

例 29

假設某班期中考統計學成績不太理想，多數同學成績偏低；考慮到可能是同學們適應不良所致，老師決定將每人的原始成績取平方根之後再乘以 10 作為正式記錄的成績。今隨機抽選 100 位同學，發現調整後的成績其平均為 65 分，標準差為 15 分。試問這 100 位同學未調整前的平均成績。

解

假設原始成績為 $x_1, x_2, \cdots, x_{100}$，平均成績 M

調整後的成績為 $y_1, y_2, \cdots, y_{100}$

根據題意 $y_1 = 10\sqrt{x_1}, y_2 = 10\sqrt{x_2}, \cdots, y_{100} = 10\sqrt{x_{100}}$，即

$$y_i = 10\sqrt{x_i}, i = 1, 2, \cdots, 100$$

調整後的標準差為 15，故變異數為 225，也就是說

$$225 = \frac{1}{99}(y_1^2 + y_2^2 + \cdots + y_{100}^2) - \frac{100}{99} \times 65^2$$

$$= \frac{1}{99}(100x_1 + 100x_2 + \cdots + 100x_{100}) - \frac{100}{99} \times 65^2$$

由上式可得 $100x_1 + 100x_2 + \cdots + 100x_{100} = (225 + \frac{100}{99} \times 65^2) \times 99 = 444775$

$$\Rightarrow x_1 + x_2 + \cdots + x_{100} = \frac{444775}{100} = 4447.75$$

故未調整前的平均成績為 $\frac{x_1 + x_2 + \cdots + x_{100}}{100} = 44.4775$ 分

3. 變異數與標準差的優點

(1) 在計算變異數與標準差的時候把所有的資料都列入考慮，因此反應靈敏。

(2) 變異數與標準差具良好的代數運算性質，在所有的離差量數中應用範圍最為廣泛。

4. 變異數與標準差的缺點

(1) 由於把所有的資料都考慮進來，特別是變異數，因平方的關係，因此非常容易受極端值所影響。

(2) 變異數的單位為原資料單位的平方，不容易瞭解單位的意義。

(3) 遇到開放型的組距資料時，無法求算變異數與標準差。

(4) 僅適用區間量尺與比率量尺的資料，順序量尺以及名義量尺資料則無法使用。

例 30

現有二組資料，試分別計算母體平均數與母體變異數，請問哪組資料的平均數比較具有代表性。

$\quad\quad$ A：8,9,10,11,12

$\quad\quad$ B：4,7,10,13,16

解

$$\mu_A = \frac{8+9+10+11+12}{5} = 10$$

$$\mu_B = \frac{4+7+10+13+16}{5} = 10$$

$$\sigma_A^2 = \frac{1}{5}(8^2+9^2+10^2+11^2+12^2)-10^2 = 2$$

$$\sigma_B^2 = \frac{1}{5}(4^2+7^2+10^2+13^2+16^2)-10^2 = 18$$

因為 A 組資料的變異數較小，資料較集中，因此平均數較具代表性。

5. k 組資料合併後的變異數

由於變異數與標準差具有良好的運算性質，故非常容易計算數組資料合併後的變異數與標準差。假設現在有 k 組資料，第 1 組有 n_1 筆資料，平均數 μ_1 變異數 σ_1^2；第 2 組有 n_2 筆資料，平均數 μ_2 變異數 σ_2^2；....；第 k 組有 n_k 筆資料，平均數 μ_k 變異數 σ_k^2，若將此 k 組資料合併後其平均數為

$$\mu = \frac{n_1\mu_1 + n_2\mu_2 + \cdots + n_k\mu_k}{n_T}$$

而 k 組資料合併後的變異數為

$$\sigma^2 = \frac{1}{n_T}\sum_{i=1}^{k}\left[(\mu_i^2 + \sigma_i^2)\times n_i\right] - \mu^2$$

其中 $n_T = n_1 + n_2 + \cdots + n_k$，表合併後的全部資料數。合併後的變異數其推導過程說明如下：

根據變異數公式 $\sigma^2 = \dfrac{1}{n}\sum_{i=1}^{n} x_i^2 - \mu^2$，因此我們要先求出合併後的所有資料平方和，再套入上述公式即可求出變異數。由各組的變異數知：

$$\sigma_1^2 = \frac{1}{n_1}\sum_{i=1}^{n_1} x_i^2 - \mu_1^2 \qquad \Rightarrow \sum_{i=1}^{n_1} x_i^2 = n_1(\mu_1^2 + \sigma_1^2) \quad\cdots\cdots\cdots\cdots\cdots\cdots\cdots\cdots\cdots① $$

$$\sigma_2^2 = \frac{1}{n_2}\sum_{i=1}^{n_2} x_i^2 - \mu_2^2 \qquad \Rightarrow \sum_{i=1}^{n_2} x_i^2 = n_2(\mu_2^2 + \sigma_2^2) \quad\cdots\cdots\cdots\cdots\cdots\cdots\cdots\cdots\cdots② $$

$$\cdots$$

$$\sigma_k^2 = \frac{1}{n_k}\sum_{i=1}^{n_k} x_i^2 - \mu_k^2 \qquad \Rightarrow \sum_{i=1}^{n_k} x_i^2 = n_k(\mu_k^2 + \sigma_k^2) \quad\cdots\cdots\cdots\cdots\cdots\cdots\cdots\cdots\cdotsⓚ $$

把上面 k 個式子相加即可求得全體資料的平方和為

$$\sum_{i=1}^{n_T} x_i^2 = \left[n_1(\mu_1^2 + \sigma_1^2) + n_2(\mu_2^2 + \sigma_2^2) + \cdots + n_k(\mu_k^2 + \sigma_k^2) \right] = \sum_{i=1}^{k} n_i(\mu_i^2 + \sigma_i^2)$$

故合併後的全體變異數為

$$\sigma^2 = \frac{1}{n_T}\sum_{i=1}^{k}\left[(\mu_i^2 + \sigma_i^2) \times n_i \right] - \mu^2$$

記憶要訣：

[(平均數平方+標準差平方)×資料筆數]加起來之後取平均，再減掉全體平均的平方。

若此 k 組資料為樣本資料，則合併後的平均數為

$$\overline{x} = \frac{n_1\overline{x}_1 + n_2\overline{x}_2 + \cdots n_k\overline{x}_k}{n_T}$$

樣本變異數為

$$s^2 = \frac{1}{n_T - 1}\sum_{i=1}^{k}\left[n_i\overline{x}_i^2 + (n_i - 1)s_i^2 \right] - \frac{n_T}{n_T - 1}\overline{x}^2$$

推導方式與母體的情況相似請自行推導看看。

例 31

設有 A,B 二班，其統計學平均成績、標準差與人數如下所示：

$$N_A = 20, \mu_A = 85, \sigma_A = 5$$

$$N_B = 30, \mu_B = 80, \sigma_B = 3$$

試計算兩班全體同學之統計學平均成績與標準差。

解

兩班總平均： $\mu = \dfrac{20 \times 85 + 30 \times 80}{50} = 82\,(分)$

$\because \sigma^2 = \dfrac{1}{n_T}\sum_{i=1}^{N} x_i^2 - \mu^2$ ，必須先求出資料合併後的平均數與平方和 $\sum_{i=1}^{50} x^2$

$\sigma_A^2 = 5^2 = \dfrac{1}{20}\sum_{i=1}^{20} x_i^2 - 85^2 \Rightarrow \sum_{i=1}^{20} x_i^2 = (5^2 + 85^2) \times 20 = 145000$

$\sigma_B^2 = 3^2 = \dfrac{1}{30}\sum_{i=1}^{30} x_i^2 - 80^2 \Rightarrow \sum_{i=1}^{30} x_i^2 = (3^2 + 80^2) \times 30 = 192270$

故兩班之變異數 $\sigma^2 = \dfrac{1}{50}\sum_{i=1}^{50} x_i^2 - \mu^2 = \dfrac{1}{50}(145000 + 192270) - 82^2 = 21.4$

標準差為 $\sigma = \sqrt{21.4} \approx 4.63$ （分）

註：變異數快速記憶的求法

$\left.\begin{array}{l}(85^2 + 5^2) \times 20 \\ (80^2 + 3^2) \times 30\end{array}\right\}$ 加起來取平均 $\Rightarrow \dfrac{(85^2 + 5^2) \times 20 + (80^2 + 3^2) \times 30}{50} = 6745.4$

然後再減總平均平方 $\Rightarrow 6745.4 - 82^2 = 21.4$

例 32

假設有一組母體資料，平均數為 80，標準差為 5，共有 50 筆資料。後來發現其中有一數 60 登記錯誤，正確的資料應該是 72，試求正確的平均數與標準差。

解

正確平均數 $\mu = \dfrac{80 \times 50 - 60 + 72}{50} = 80.24$

$$\because 5^2 = \frac{1}{50}\sum_{i=1}^{50}x_i^2 - 80^2$$

原來 50 筆資料平方和為 $\sum_{i=1}^{50}x_i^2 = (5^2 + 80^2)\times 50 = 321250$

故正確變異數 $\sigma^2 = \frac{1}{50}(321250 - 60^2 + 72^2) - 80.24^2 \approx 18.222$

故標準差為 $\sigma = \sqrt{18.222} \approx 4.269$

 3.4 相對離差量數

在上一節所介紹的離差量數稱為絕對離差量數，所謂絕對離差量數是指在衡量資料集中程度時，僅考慮單一因素，不考慮其他因素。如果考慮的因素不只一個時，使用絕對離差量數就會失準。下面我們舉幾個例子來說明僅考慮單一因素與多因素的差異。假設有甲、乙兩人，甲每月可支配的金錢數有 5 萬元，乙 4 萬元。由這兩個數字可以看出來甲比較富有，但如果再加上另一個因素進去，甲今年 40 歲，乙今年 5 歲，對於剛剛的判斷你是否改變了呢？相同道理，甲國家平均每人年收入 10 萬元，乙國家每人每年收入 100 萬元，看來乙國家的人民比較富裕，但如果甲國家是用美金計算，而乙國家使用新台幣計算，這時候你是否改變了原來的想法；如果再加另一個因素，甲國家平均每人每年維持基本生活需 11 萬元(美元)，而乙國家則需要 60 萬元(台幣)，這時候你是否又覺得乙國家的人民比較富裕。

統計學家也注意到這個問題，在某些情況必須使用相對的觀念來解讀數據較為可靠。例如股價 500 元的股票上下波動 10 元，和股價 50 元的股票上下波動 10 元，雖然兩支股票的波動價格一樣，但很明顯的 50 元的股票波動較大。故某些情況比較資料是否集中或分散，不能僅看標準差，有時候需以相對的角度進行衡量。常見的相對離差量數有變異係數(coefficient of variation)與 Z 分數(Z score)兩種。

3.4.1 變異係數

變異係數主要用來衡量單位不同或平均數不同的數個群體的離散程度。誠如上面所述，在同樣的波動下，平均數小的資料相較於平均數大的資料，會有較大的變化量。故變異係數的定義為標準差除以平均數再乘以100%，即

$$CV = \frac{\sigma}{\mu}\times 100\%$$

若資料為樣本的話，就將上述公式套入樣本統計量即可。

例 33

設有 160 名成年男子的平均體重為 57 公斤，標準差為 11 公斤，另有 180 名兒童的平均體重為 5.6 公斤，標準差為 1.4 公斤。試比較成年男子與兒童之體重分配，兩者之差異情形何者較大？

解

成年男子：$CV = \dfrac{11}{57} \times 100\% \approx 19.3\%$

兒童：$CV = \dfrac{1.4}{5.6} \times 100\% = 25\%$

故兒童體重分配差異情形較大

例 34

某大學舉辦統計學會考，已知各年級之學生人數、平均分數與變異數如下表所示：

年級	大一	大二	大三	大四
人數	22000	19500	16300	15000
平均分數	85	82	80	78
變異數	16	25	36	49

(1)求各年級學生學業成績之變異係數，由變異係數的數值，你有何發現？

(2)求全部學生之總變異數與總變異係數。

解

(1) 大一：$CV_1 = \dfrac{\sqrt{16}}{85} \times 100\% \approx 4.706\%$

　　大二：$CV_2 = \dfrac{\sqrt{25}}{82} \times 100\% \approx 6.098\%$

　　大三：$CV_3 = \dfrac{\sqrt{36}}{80} \times 100\% = 7.5\%$

　　大四：$CV_4 = \dfrac{\sqrt{49}}{78} \times 100\% \approx 8.974\%$

統計學成績的差異隨著年級增加而增加

(2) 全部人數 $n_T = 22000 + 19500 + 16300 + 15000 = 72800$

$$\mu = \frac{22000 \times 85 + 19500 \times 82 + 16300 \times 80 + 15000 \times 78}{72800} \approx 81.635$$

$$\sigma^2 = \frac{1}{n_T} \sum_{i=1}^{k} \left[(\mu_i^2 + \sigma_i^2) \times n_i \right] - \mu^2 = \frac{1}{72800} [(85^2 + 16) \times 22000$$

$$+ (82^2 + 25) \times 19500 + (80^2 + 36) \times 16300 + (78^2 + 49) \times 15000] - 81.635^2$$

$$\approx 36.404$$

$$CV = \frac{\sqrt{36.404}}{81.635} \times 100\% \approx 7.391\%$$

3.4.2 Z 分數

Z 分數(Z score)也有人稱為標準分數(standardize value)。Z 分數主要的用途在於衡量某個資料在全體資料中的相對位置,它是以距離平均數多少個標準差作為衡量方式。故某筆資料 x_i 的 Z 分數的定義為:

$$Z_i = \frac{x_i - \mu}{\sigma}$$

若 Z 分數大於 0,表示該筆資料比平均數大,若 Z 分數小於 0,則表示該筆資料比平均數小。欲比較全體集中程度的時候用變異係數,比較個別變數或資料在全體資料的相對位置的時候使用 Z 分數。我們可以很容易驗證出把一組資料全部轉換成 Z 分數後,平均值等於 0,標準差與變異數皆等於 1。

例 35

在某次考試中,已知甲微積分考了 82 分,統計學 66 分。若全班微積分平均分數 72 分,標準差 6 分;統計學全班平均 50 分,標準差 11 分,請問甲的微積分和統計學哪一個科目的表現較為傑出?

解

微積分的 Z 分數為 $\frac{82 - 72}{6} \approx 1.667$

統計學的 Z 分數為 $\frac{66 - 50}{11} \approx 1.455$

故甲的微積分成績表現較傑出

例 36

假設某班級有 10 位學生，統計學的期中與期末考成績如下：

學生	A	B	C	D	E	F	G	H	I	J
期中考	58	51	44	41	48	47	53	47	45	66
期末考	72	66	77	62	99	87	70	67	79	71

請問 D 學生期末成績是否進步？(已知期中考平均 50 分標準差 7.03 分；期末考平均 75 分，標準差 10.51 分)

解

D 的期中考 Z 分數 $= \dfrac{41-50}{7.03} \approx -1.280$

D 的期末考 Z 分數 $= \dfrac{62-75}{10.51} \approx -1.237$

故 D 的期末考成績比期中考有些許進步

　　Z 分數之所以又稱為標準分數，並非採用 Z 分數最為標準，那是因為把資料轉換成 Z 分數後，平均數必定等於 0，標準差必定等於 1，故有人稱它為標準分數。由於 Z 分數採取相對的概念，因此可用來處理平均數與標準差不同下的數值轉換。舉例來說，過去國內有不少研究所為了讓跨領域的學生能報考，入學考試採取二科選一科之策略。當然錄取名額分開計算是一種方法，但若採名額彼此流用時，就必須將兩種不同科目的分數進行轉換，使用 Z 分數是其中一種方法。此外，大學教師經常會面臨學生考不好，為了避免太多人不及格需調整分數。調整分數有很多方法，利用線性函數或開根號再乘以 10 都有老師採用，除了上述方法外，我們也可以使用 Z 分數來進行調分。

例 37

某校研究所考試時，有 100 位考生選考統計學，有 900 位考生選考微積分。其中統計學平均成績 40 分，標準差 5 分；而微積分平均成績 60 分，標準差 10 分。請問招生委員會應該如何將統計學成績調整成微積分成績？某生若統計學考 50 分，請問換算成微積分後應為幾分？

解

(1) 設 x 表示統計學成績，y 表示微積分成績

　　兩科成績的 Z 分數：$\dfrac{x-\mu_x}{\sigma_x} = \dfrac{y-\mu_y}{\sigma_y}$　　交叉相乘，移項後可得 $y = \mu_y + (\dfrac{x-\mu_x}{\sigma_x})\sigma_y$

(2) 令 $x = 50$ 代入上式，可得

$y = 60 + \dfrac{50-40}{5} \times 10 = 80$，故換算成微積分成績為 80 分。

例 38

統計學期中考後，老師發現全班平均成績只有 40 分，標準差 5 分。若這位老師想將全班平均成績調整成 60 分，標準差 10 分，請問應如何調整？若有一學生成績為 50 分，調整後變成幾分？

解

假設 x 表原始分數，y 表調整後分數

已知 $\mu_x = 40, \sigma_x = 5; \mu_y = 60, \sigma_y = 10$

$Z = \dfrac{x - \mu_x}{\sigma_x} = \dfrac{y - \mu_y}{\sigma_y} \Rightarrow y = u_y + \dfrac{x - \mu_x}{\sigma_x} \times \sigma_y$

故調整分數公式為：$y = 60 + \dfrac{x-40}{5} \times 10$

50 分調整後變為 $y = 60 + \dfrac{50-40}{5} \times 10 = 80$ 分

 3.5 動差

由於偏態係數與峰度係數的定義需使用到動差(moment)的觀念，故在本節中先介紹動差。動差是一種用來描述資料分配形狀的統計測量數，此測量公式是由 Pearson 所創造出的。動差母函數與平均數、變異數具相當大的關聯。在某些母體分配形狀下利用動差母函數求平均數與變異數特別快，它是一套相當好用的工具，在第八章會進一步介紹動差與動差母函數以及平均數、變異數之間的關聯。

所謂動差是指一組資料內的所有數值對某特一定值之差的 r 次方的算數平均數，即

$$動差 = \frac{1}{n} \sum_{i=1}^{n} (x_i - a)^r \quad , r = 1, 2, 3, \cdots$$

上式我們稱為 r 階概約動差，其中 n 表示資料總數，a 為任意實數。在實用上當 $a = 0$ 或 $a = \mu$(或 $a = \bar{x}$)時才具有特殊的意義。當 $a = 0$ 時我們稱為 r 階原動差(moment about the origin)(「原」代表原點 0 的意思)，故也有人稱原動差為零動差(zore moment)；當 $a = \mu$ 或 $a = \bar{x}$ 時稱為 r 階主動差(principal moment)(「主」表示最重要的意思)，也有人稱主動差為中央動差(central moment)。故動差可分成兩大類，分別為原動差與主動差。

3.5.1 原動差

由前述的介紹中得知，當 $a = 0$ 時，稱為 r 階原動差，故 r 階原動差的定義為：

$$m_r = \frac{1}{n} \sum_{i=1}^{n} x_i^r$$

由定義公式可知，當 $r = 1$ 的時候，一階原動差正好等於算數平均數。就動差而言，主動差的應用較為廣泛，而原動差因算式較為簡單且可使用級數公式，可用來協助計算主動差。

3.5.2 主動差

當 $a = \mu$ 時，稱為 r 階主動差，故 r 階主動差的定義為：

$$M_r = \frac{1}{n} \sum_{i=1}^{n} (x_i - \mu)^r$$

由主動差的公式可以看出來，它具有下列的性質：

1.　一階主動差正好等於 0，即

$$M_1 = \frac{1}{n} \sum_{i=1}^{n} (x_i - \mu) = 0$$

2.　二階主動差恰為母體變異數，即

$$\sigma^2 = M_2 = \frac{1}{n} \sum_{i=1}^{n} (x_i - \mu)^2$$

有關原動差與主動差的關係，整理在下面的表格中，其中 n 表全體資料筆數。

	原動差	主動差
一階	$m_1 = \dfrac{1}{n}\displaystyle\sum_{i=1}^{n} x_i = \mu$	$M_1 = \dfrac{1}{n}\displaystyle\sum_{i=1}^{n}(x_i - \mu) = 0$
二階	$m_2 = \dfrac{1}{n}\displaystyle\sum_{i=1}^{n} x_i^2$	$M_2 = \dfrac{1}{n}\displaystyle\sum_{i=1}^{n}(x_i - \mu)^2 = \sigma^2$
三階	$m_3 = \dfrac{1}{n}\displaystyle\sum_{i=1}^{n} x_i^3$	$M_3 = \dfrac{1}{n}\displaystyle\sum_{i=1}^{n}(x_i - \mu)^3 \Rightarrow$ 與偏態係數有關
四階	$m_4 = \dfrac{1}{n}\displaystyle\sum_{i=1}^{n} x_i^4$	$M_4 = \dfrac{1}{n}\displaystyle\sum_{i=1}^{n}(x_i - \mu)^4 \Rightarrow$ 與峰度係數有關

至於 5 階以上的動差用處不大，因此尚未有定義它的用途。由於主動差的計算十分複雜，而 $\displaystyle\sum_{i=1}^{n} x_i$、$\displaystyle\sum_{i=1}^{n} x_i^2$、$\displaystyle\sum_{i=1}^{n} x_i^3$ 與 $\displaystyle\sum_{i=1}^{n} x_i^4$ 有級數公式可以套用。因此一般而言，求主動差可先求出原動差，接著再利用原動差與主動差的關係間接求出主動差。主動差與原動差具有下列之關係。請先牢記 $\mu = m_1 = \dfrac{1}{n}\displaystyle\sum_{i=1}^{n} x_i$ 這個式子，後面推導高階主動差時會用到。

1. 一階主動差

$$M_1 = 0$$

2. 二階主動差

$$M_2 = m_2 - (m_1)^2$$

上面的關係式可利用 $(x - m_1)^2$，即

$$(x - m_1)^2 = x^2 - 2xm_1 + (m_1)^2$$

$$M_2 = m_2 - 2m_1 m_1 + (m_1)^2 = m_2 - (m_1)^2$$

3. 三階主動差

$$M_3 = m_3 - 3m_2 m_1 + 2(m_1)^3$$

輔助記憶法：

$$(x - m_1)^3 = x^3 - 3x^2 m_1 + 3x(m_1)^2 - (m_1)^3$$

$$M_3 = m_3 - 3m_2 m_1 + 3(m_1)(m_1)^2 - (m_1)^3 = m_3 - 3m_2 m_1 + 2(m_1)^3$$

4. 四階主動差

$$M_4 = m_4 - 4m_3 m_1 + 6m_2 (m_1)^2 - 3(m_1)^4$$

輔助記憶法：

$$(x - m_1)^4 = x^4 - 4x^3 m_1 + 6x^2 (m_1)^2 - 4x(m_1)^3 + (m_1)^4$$

$$M_4 = m_4 - 4m_3 m_1 + 6m_2 (m_1)^2 - 4m_1 (m_1)^3 + (m_1)^4 = m_4 - 4m_3 m_1 + 6m_2 (m_1)^2 - 3(m_1)^4$$

例 39

計算下列某工廠工人之年齡分配之一至四階主動差。

年齡	20-23	23-26	26-29	29-32	32-35	35-38
人數	16	31	62	48	29	14

解

本題我們故意透過原動差來求主動差，藉此題介紹兩者間的關係

一至四階原動差：

$$m_r = \frac{1}{n} \sum_{i=1}^{n} x^r$$

組中點	21.5	24.5	27.5	30.5	33.5	36.5
人數	16	31	62	48	29	14

$$m_1 = \frac{1}{200} \sum_{i=1}^{k} f_i m_i = \frac{1}{200}(16 \times 21.5 + 31 \times 24.5 + \cdots + 14 \times 36.5) = 28.775$$

$$m_2 = \frac{1}{200}\left[16 \times 21.5^2 + 31 \times 24.5^2 + \cdots + 14 \times 36.5^2\right] = 843.7$$

$$m_3 = \frac{1}{200}\left[16\times 21.5^3 + 31\times 24.5^3 + \cdots + 14\times 36.5^3\right] = 25186.209$$

$$m_4 = \frac{1}{200}\left[16\times 21.5^4 + 31\times 24.5^4 + \cdots + 14\times 36.5^4\right] = 764783.3275$$

故 1 到 4 階主動差為：

$$M_1 = 0$$

$$M_2 = m_2 - (m_1)^2 = 843.7 - 28.775^2 \approx 15.70$$

$$M_3 = m_3 - 3m_2 m_1 + 2(m_1)^3 = 25186.209 - 3\times 843.7\times 28.775 + 2\times 28.775^3 \approx 5.242$$

$$M_4 = m_4 - 4m_3 m_1 + 6m_2(m_1)^2 - 3(m_1)^4$$
$$= 764783.3275 - 4\times 25186.209\times 28.775 + 6\times 843.7\times 28.775^2 - 3\times 28.775^4$$
$$\approx 600.331$$

 ## 3.6 偏態量數

偏態(skewness)量數主要用來衡量單峰分配的偏斜程度，其偏斜程度可分為右偏(正偏)、左偏(負偏)與對稱分配三種，其分配圖形如下圖所示：

所謂右偏分配是指極端值在右邊，平均數會趨向於右邊的極端值，但並不一定代表圖形呈現右偏斜，故有學者以「正偏」的稱呼來取代右偏，也就是說若偏態係數為正數則稱為正偏，偏態係數為負數則稱為負偏，偏態係數為 0 稱為對稱分配。常見的偏態衡量指標有偏態係數與皮爾生偏態係數兩種。

3.6.1 偏態係數

偏態係數建立在相同標準差的情況下，衡量單峰分配的偏斜指標。一般所指的偏態係數(coefficient of skewness)是利用動差法所定義出來的，其定義為三階主動差除以標準差的三次方，即

$$\beta_1 = \frac{M_3}{\sigma^3} = \frac{\frac{1}{N}\sum_{i=1}^{N}(x_i - \mu)^3}{\sigma^3}$$

若 $\beta_1 > 0$ 稱為右偏分配(skewed to the right)或正偏分配；$\beta_1 < 0$ 稱為左偏分配 (skewed to left)或負偏分配；$\beta_1 = 0$ 稱為對稱分配(symmetric)。

3.6.2 Pearson 偏態係數

Pearson 偏態係數是一種經驗法則，他觀察資料的分配情形，發現可以利用眾數和平均數的距離來衡量資料的偏斜程度。由於較分散的資料偏斜程度相對較小，因此 Pearson 將標準差的影響因素一併考慮進去。根據皮爾生的經驗法則知，眾數到平均數的距離約等於中位數到平均數距離的三倍，即 $\mu - Mo = 3(\mu - Me)$。

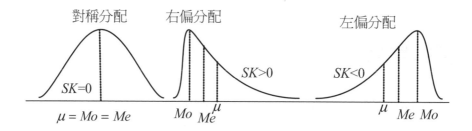

故皮爾生偏態係數定義為：

$$SK = \frac{\mu - Mo}{\sigma} = \frac{3(\mu - Me)}{\sigma}$$

由上圖可知當資料為右偏分配時，因為平均數大於眾數，故 $SK>0$；資料為左偏分配時，平均數小於眾數，故 $SK<0$；資料為對稱分配時，則 $SK=0$。

3.6.3 峰態量數

峰度係數(kurtosis)亦是建立在具有相同標準差情況下的常態分配進行比較，峰度係數可用來瞭解某個分配與常態分配比較起來，左右兩側的延伸程度。當峰度係數大於 0 時，表此分配的兩側延伸程度比常態分配長；若峰度係數小於 0 時，則表示此分配的兩側延伸較常態分配短。峰度係數公式定義為四階主動差除以標準差的四次方，即

$$\beta_2 = \frac{M_4}{\sigma^4} = \frac{\frac{1}{N}\sum_{i=1}^{N}(x_i - \mu)^4}{\sigma^4}$$

由於常態分配的峰度係數正好等於 3，因此以常態分配為分界線，按峰度係數的大小區分成：

1. 高狹峰(leptokurtosis)：$\beta_2 > 3$
2. 常態峰(mesokurtosis)：$\beta_2 = 3$
3. 低闊峰(platykurtosis)：$0 \leq \beta_2 < 3$

由定義公式可以看出來，峰度係數非常容易受到兩側資料所影響，因此它可用來衡量兩側資料的分佈情形。此外，它也可以當成一種資料集中程度的指標，當資料集中在平均數附近時，峰度係數通常會較小。部分教科書以及大部分的統計套裝軟體的峰度係數定義為 $\beta_2 = \dfrac{M_4}{\sigma^4} - 3$。其主要的目的在於把數值「0」當成常態峰的分界點，因此若峰度係數若出現負數，就表示使用 $\beta_2 = \dfrac{M_4}{\sigma^4} - 3$ 來定義峰度係數。

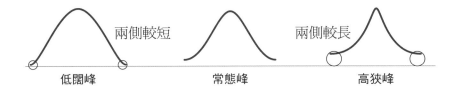

低闊峰 　兩側較短　 常態峰 　兩側較長　 高狹峰

例 40

假設現有 5 人測量其體重分別為

    50　45　60　55　40

(1)試求動差偏態係數與皮爾生偏態係數。

(2)求峰度係數。

解

(1)　$\mu = \dfrac{50 + 45 + 60 + 55 + 40}{5} = 50$

$\sigma = \sqrt{\dfrac{1}{N} \sum (x_i - \mu)^2}$

$= \sqrt{\dfrac{1}{5}\left[(50-50)^2 + (45-50)^2 + (60-50)^2 + (55-50)^2 + (40-50)^2\right]}$

≈ 7.07

$$M_3 = \frac{1}{5}\sum(x_i - \mu)^3$$

$$= \frac{1}{5}\Big[(50-50)^3 + (45-50)^3 + (60-50)^3 + (55-50)^3 + (40-50)^3\Big]$$

$$= 0$$

故動差偏態係數 $\beta_1 = \dfrac{M_3}{\sigma^3} = \dfrac{0}{7.07^3} = 0$

因為本例題之眾數不存在，故以中位數來計算皮爾生偏態係數

$Me = 50$

$$SK = \frac{3(\mu - Me)}{\sigma} = \frac{3(50-50)}{7.07} = 0$$

(2) $M_4 = \dfrac{1}{5}\sum(x_i - \mu)^4$

$$= \frac{1}{5}\Big[(50-50)^4 + (45-50)^4 + (60-50)^4 + (55-50)^4 + (40-50)^4\Big]$$

$$= 4250$$

$$\beta_2 = \frac{M_4}{\sigma^4} = \frac{4250}{7.07^4} \approx 1.7$$

例 41

計算下列某工廠工人之年齡之偏態係數及峰度係數。

年齡	20-23	23-26	26-29	29-32	32-35	35-38
人數	16	31	62	48	29	14

解

由例題 39 知 $\sigma = \sqrt{M_2} = \sqrt{15.7} \approx 3.962$

偏態係數：$\beta_1 = \dfrac{M_3}{\sigma^3} = \dfrac{5.242}{3.962^3} \approx 0.0843$

峰度係數：$\beta_2 = \dfrac{M_4}{\sigma^4} = \dfrac{600.331}{3.962^4} \approx 2.436$

柴比雪夫不等式與經驗法則

在企業決策過程中經常需要估計，例如一家成衣製造商想要將產品擴展到另一個國家，在決定需要生產哪些尺碼前，往往需要針對這個國家居民進行身材的估計，以決定需要生產哪些尺碼，各尺碼的生產量比例為何？一般而言 M 的尺寸應該要最多，更小或大的尺寸數量應該要較少，哪些範圍身材的人不符合經濟成本，則不予考慮。此外，又例如每年大學聯考放榜，若大考中心只公佈全體考生平均成績與標準差，要如何估計自己的分數落在哪個位置，以便在填寫志願時有參考依據。針對上述問題，在本節中將介紹兩種簡易的估計方法。

3.7.1 柴比雪夫不等式

柴比雪夫(Chebyshev, 1821-1894)不等式可用來估計離平均數某個範圍內的資料數量，它適用於任何分配，因此估計出來的結果十分保守。使用柴比雪夫不等式必須知道母體平均數與標準差才能夠進行估計，它的用途十分廣泛，也可作為母體平均數的區間估計，這部分在第十三章會再進一步說明。柴比雪夫不等式的定義如下：

$$P\left(\left|x - \mu\right| \le k\sigma\right) \ge 1 - \frac{1}{k^2}, k > 1$$

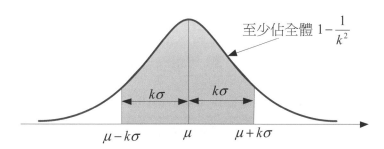

柴比雪夫不等式在描述從平均數開始，向左、右各取 k 個標準差之間的範圍內資料，至少占全體的 $1 - \frac{1}{k^2}$。簡單來說就是上圖中灰色區域所涵蓋的資料至少占全體的 $1 - \frac{1}{k^2}$。至於灰色外則至多占全體的 $\frac{1}{k^2}$，因柴比雪夫不等式也可以改寫成：

$$P\left(\left|x - \mu\right| > k\sigma\right) < \frac{1}{k^2}, k > 1$$

只要知道母體平均數與變異數，就可使用柴比雪夫不等式進行估計，但它的估計十分粗糙。因此若知道母體分配形狀，應捨棄柴比雪夫不等式，改用其他方法進行估計。

3.7.2 經驗法則

當母體資料分配為單峰對稱分配或鐘型分配時，可利用經驗法則估計某範圍內所涵蓋資料的數量。使用經驗法則除了必須知道母體分配形狀外，還必須知道母體平均數與標準差。此外，用它來進行估計，有範圍的限制，它只能估計從平均數開始向左或向右，1 或 2 或 3 個標準差範圍內的資料。經驗法則的定義一共有三個敘述：

1. 約有 68% 的觀測值落於 $(\mu - \sigma, \mu + \sigma)$ 區間內。

2. 約有 95% 的觀測值落於 $(\mu - 2\sigma, \mu + 2\sigma)$ 區間內。

3. 約有 99.7% 的觀測值落於 $(\mu - 3\sigma, \mu + 3\sigma)$ 區間內。

因此，也有稱它為 68-95-997 法則。

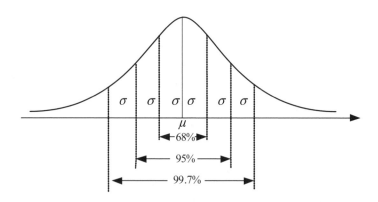

> **例 42**
>
> 假設某公司一共有 200 名員工，已知每位員工每日平均支出為 600 元，標準差為 45 元。
>
> (1)請利用柴比雪夫不等式，求出每日支出落於(510,690)區間的人數。
>
> (2)假設這 200 名員工每日支出的資料呈單峰對稱分配，請改用經驗法則再求解一次。

解

(1) 根據題意 $\mu = 600, \sigma = 45$

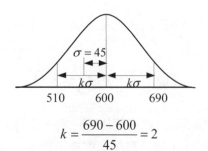

$$k = \frac{690 - 600}{45} = 2$$

故至少有 $1 - \dfrac{1}{k^2} = 1 - \dfrac{1}{2^2} = 0.75$ 的員工落於 $(510,690)$ 的區間內

至少有 $200 \times 0.75 = 150$ 位員工

(2) 由經驗法則知，介於平均數左右各 2 個標準差的範圍資料佔全體的 95%

所以大約有 $200 \times 0.95 = 190$ 位員工

例 43

假設最近一項電信特考共有 1000 人參加考試，要錄取其中分數較高的前 80 位，已知全體考生的平均分數為 175 分，標準差為 10 分。某考生的分數是 215 分，請判斷他是否會錄取？

解

本題不知道母體分配形狀，故須使用柴比雪夫不等式進行估計

$$k = \frac{215 - 175}{10} = 4$$

分數在 $(135,215)$ 之間，至少佔全體的 $1 - \dfrac{1}{4^2} = \dfrac{15}{16}$

故灰色區域至多佔全體的 $1 - \dfrac{15}{16} = \dfrac{1}{16}$

灰色區域最多有 $1000 \times \dfrac{1}{16} \approx 63$

也就是說比 135 低分以及比 215 高分的人總共最多 63 人

此人考 215 分位於高分區，總共錄取 80 人，故此人必定錄取

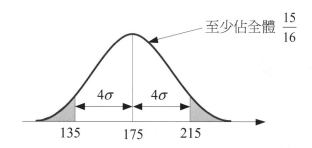

例 44

已知某母體呈鐘型分配，母體平均數為 μ，標準差為 σ，請問大約有多少的資料介於 $(\mu-2\sigma, \mu+\sigma)$ 之間？

解

由經驗法則知

約有 68% 的觀測值落於 $(\mu-\sigma, \mu+\sigma)$ 的區間內。

約有 95% 的觀測值落於 $(\mu-2\sigma, \mu+2\sigma)$ 的區間內。

故介於 $(\mu-2\sigma, \mu+\sigma)$ 之間佔全體的 $\dfrac{95\%}{2}+\dfrac{68\%}{2}=81.5\%$

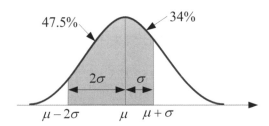

3.8 盒鬚圖

探索性資料分析(exploratory data analysis)是統計學家 Tukey 所提出來的統計方法，目的在於企圖用簡單的計算以及圖形，將資料的特性呈現出來。故 Tukey 利用了最小值(smallest value)、第 1 四分位數、第 2 四分位數、第 3 四分位數以及最大值(largest vale)這 5 個摘要數字(five-number summary)創造出盒鬚圖(box-and-whisker plot)，也有人稱它為盒形圖(box plot)或 5 個彙總量數圖(five-number summary plot)。

3.8.1 盒鬚圖的繪製

盒鬚圖的繪製方式如下圖所示：

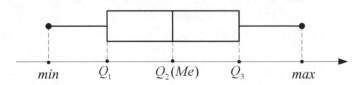

從中位數到最小值以及從中位數到最大值間的資料各佔全體資料的 50%。盒鬚圖提供了資料的分配位置(中央趨勢)、分配的形狀(偏斜程度)以及集中程度(IQR 或 QD)。此外，藉由盒鬚圖可協助判斷資料是否存在離群值(outliers)。所謂離群值是指特別大或特別小的資料。

　　盒鬚圖與莖葉圖皆同屬於探索性(exploratory)資料分析圖。透過盒鬚圖除了可瞭解資料分配情形外，亦可初步檢定兩組以上的資料平均數是否有顯著差異，以及兩個變數間是否存在關聯性。下面是有關盒鬚圖與分配間之關係。

1. 盒鬚圖與分配關係

(1) 對稱分配

當圖形滿足 $Me - Q_1 = Q_3 - Me, Q_1 - min = max - Q_3$ 時，則資料呈對稱分配。

(2) 左偏分配

當圖形滿足 $Me - min > max - Me$ 時，則資料呈左偏分配。

(3) 右偏分配

當圖形滿足 $max - Me > Me - min$ 時，則資料呈右偏分配。

(4) 均勻分配

當圖形滿足 $Q_1 - min = Me - Q_1 = Q_3 - Me = max - Q_3$ 時，則資料呈均勻分配。

　　至於比較兩組以上資料集中程度，則可使用盒鬚圖中的全距或四分位距，通常若資料偏斜過於嚴重時，以四分位距來衡量資料集中程度較為可靠。

例 45

已知甲、乙兩班某次期中考統計學成績盒鬚圖如下圖所示：

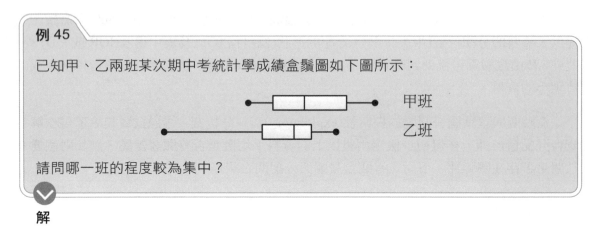

請問哪一班的程度較為集中？

解

因為乙班存在極端值，分配偏斜十分嚴重，故以四分位距衡量集中程度較為可靠，根據圖形可知，乙班的四分位距較小，故乙班的程度較為集中。

3.8.2 盒鬚圖與離群值

所謂離群值(outlier)也有翻譯成界外值，界外值是指一組資料中特別大或特別小的資料，例如調查一家公司員工的平均收入，執行長、總經理等高階主管的收入就是離群值。儘管這些高階主管也是公司的員工之一，但一般調查公司員工的收入指的是一般員工，因此高階主管的薪水必須排除。

界外值又可分為平穩界外值(mild outliers)與極端界外值(extreme outliers)，平穩界外值與極端界外值的分界線分別稱為內圍值(inner fences)與外圍值(outer fences)。上面所提到的專有名詞整理如下：

1.   內圍值：距第 1 四分位數與第 3 四分位數左右各 1.5 個 IQR 的距離所對應的數值稱為內圍值，即

     內圍值$= Q_1 - 1.5 \times IQR, \quad Q_3 + 1.5 \times IQR$

2.   外圍值：距第 1 四分位數與第 3 四分位數左右各 3 個 IQR 的距離所對應的數值稱為外圍值，即

     外圍值$= Q_1 - 3 \times IQR, \quad Q_3 + 3 \times IQR$

3.   平穩界外值(mild outlier)：位於內、外圍值之間的資料。

4.   極端界外值(extreme outlier)：落於外圍值之外的資料。

有些教科書沒有區分得這麼細，將平穩界外值與極端界外值統稱為界外值(outlier)，也就是說，只要小於第 1 四分位數 1.5 個 IQR 與大於第 3 四分位數 1.5 個 IQR 的資料值都稱為界外值。

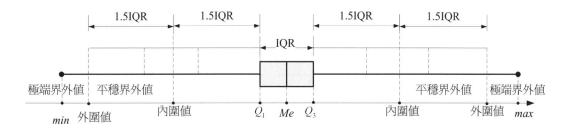

記憶要訣：

想像盒鬚圖是一座皇宮，由皇宮的兩側各距離 1.5 倍皇宮寬度設立內城牆(內圍值)；再從兩側內城牆往外 1.5 倍皇宮寬度設立外城牆(外圍值)。內城牆是皇親國戚居住之處，外城牆與內城牆間的居民有一道外城牆保護，所以在此處比較平穩(平穩界外值)；外城牆外的居民沒有任何城牆保護，所以在此處極端危險(極端界外值)。

例 46

已知資料如下：

    12   15   18   22   22   53   54   71   73   73   80   90

(1)試作盒鬚圖。   (2)此組資料是否存在界外值？

解

(1) $Q_1 = \dfrac{18+22}{2} = 20$，$Me = \dfrac{53+54}{2} = 53.5$，$Q_3 = \dfrac{73+73}{2} = 73$，$min = 12, max = 90$

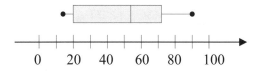

(2) $IQR = Q_3 - Q_1 = 73 - 20 = 53$

    故左右內圍值：$Q_1 - 1.5IQR = 20 - 1.5 \times 53 = -59.5$

                     $Q_3 + 1.5IQR = 73 + 1.5 \times 53 = 152.5$

    沒有任何資料小於 −59.5 或大於 152.5，故此組資料沒有界外值。

例 47

已知盒鬚圖：

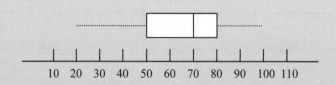

$$10 \quad 20 \quad 30 \quad 40 \quad 50 \quad 60 \quad 70 \quad 80 \quad 90 \quad 100 \quad 110$$

求(1)中位數 Me。　　(2)全距 R。　　(3)四分位距$=Q_3 - Q_1$。

　(4)偏態(skewness)係數。(答案填 >0，<0，或=0)

解

(1) 中位數 $Me=70$

(2) 全距 $R = 100 - 20 = 80$

(3) 四分位距 $Q_3 - Q_1 = 80 - 50 = 30$

(4) 因為從 Me 到 min 的距離大於從 Me 到 max 的距離，故偏態係數<0

例 48

已知某班有 9 位男生與 9 位女生，這 18 位同學的統計學期中考成績如下表所示：

男生	11	12	13	14	15	16	17	18	19
女生	31	32	34	36	37	40	41	42	45

(1)請繪製男生與女生期中考成績的盒鬚圖。

(2)根據盒鬚圖，請初步判斷男生、女生統計學成績是否有顯著差異？統計學成績是否會受性別所影響？

解

(1) 男生： $min = 11, Q_1 = 13, Me = 15, Q_3 = 17, max = 19$

　　女生： $min = 31, Q_1 = 34, Me = 37, Q_3 = 41, max = 45$

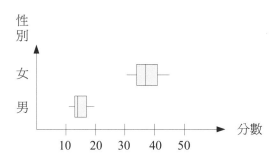

(2) 由盒鬚圖可以看出來男生與女生的成績有顯著的差異,且女生的平均成績較高,故統計學成績會受性別所影響。

3.9 兩變數相關性的量測

在人文社會科學的應用中,我們經常會探討兩變數之間的關係。例如:長相的美醜是不是與收入有關?父母親的身高與子女的身高是否有關?睡眠時間是否與健康有關?這種統計分析稱為相關分析。在本節中將介紹最常被使用的相關分析法。

3.9.1 共變異數

共變異數(covariance)可用來衡量兩變數間之線性相關的強度。所謂線性相關是指兩變數是否可用一條直線來描述兩者間的關係,其強弱如何?觀察下圖,由左下圖的樣本點可知,當 x 值增加時,y 的值有增加的趨勢,這種關係我們稱為正相關;而右下圖,當 x 值增加時,y 的值有減少的趨勢,這種關係我們稱為負相關。

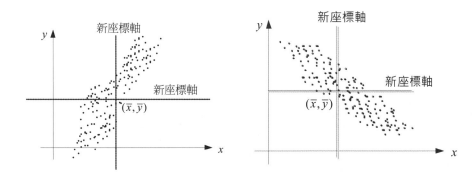

將原點平移至 $(\bar{x}, \bar{y})$ 後,若 x,y 呈現正相關時,大部分的點會分佈在第 I 和第 III 象限,也就是說絕大部分的 $x_i - \bar{x}$ 與 $y_i - \bar{y}$ 為同號;同理若 x,y 呈現負相關時,則大部分的點會分佈在第 II 和第 IV 象限,絕大部分的 $x_i - \bar{x}$ 與 $y_i - \bar{y}$ 為異號。因此 x,y 的正、

負相關可用 $\sum_{i=1}^{n}(x_i - \overline{x})(y_i - \overline{y})$ 來衡量，為避免資料越多導致 $\sum_{i=1}^{n}(x_i - \overline{x})(y_i - \overline{y})$ 衡量失準，故取左式的平均，即稱為共變異數，故共變異數的定義為：

1. 樣本共變異數

$$s_{xy} = \frac{\sum_{i=1}^{n}(x_i - \overline{x})(y_i - \overline{y})}{n-1} = \frac{\sum_{i=1}^{n} x_i y_i - n\overline{x} \cdot \overline{y}}{n-1}$$

2. 母體共變異數

$$\sigma_{xy} = \frac{\sum_{i=1}^{N}(x_i - \mu_x)(y_i - \mu_y)}{N} = \frac{\sum_{i=1}^{N} x_i y_i - N\mu_x \cdot \mu_y}{N}$$

樣本共變異數除以 $n-1$ 的目的是為了讓樣本相關係數的值從 -1 到 1。請注意，此處 $n-1$ 並非自由度。

例 49

已知資料如下：

x	2	5	1	3	4	1	5	3	4	2
y	50	57	41	54	54	38	63	48	59	46

試求共變異數，並根據共變異數判斷 x 與 y 之關係。

解

$$\mu_x = \frac{2+5+1+\cdots+2}{10} = 3 \ , \ \mu_y = \frac{50+57+41+\cdots+46}{10} = 51$$

$$\sigma_{xy} = \frac{\sum_{i=1}^{N} x_i y_i - N\mu_x \cdot \mu_y}{N} = \frac{(2\cdot 50 + 5\cdot 57 + \cdots + 2\cdot 46) - 10\cdot 3\cdot 51}{10} = 9.9$$

由共變異數得知兩變數呈正向相關

3.9.2 皮爾生相關係數

由於共變異數會受到衡量單位所影響，若單位不同的情況下，使用共變異數衡量直線相關強度會失去意義。因此在資料單位不同情況下衡量兩變數間的相關程度採用皮爾生積差相關係數(Pearson product moment correlation coefficient)較為可靠。一般若沒有特別指明，相關係數係指皮爾生積差相關係數，其定義如下：

1. 樣本相關係數

$$r_{xy} = \frac{s_{xy}}{s_x s_y} = \frac{\displaystyle\sum_{i=1}^{n}(x_i - \overline{x})(y_i - \overline{y})}{\sqrt{\displaystyle\sum_{i=1}^{n}(x_i - \overline{x})^2}\sqrt{\displaystyle\sum_{i=1}^{n}(y_i - \overline{y})^2}}$$

2. 母體相關係數

$$\rho_{xy} = \frac{\sigma_{xy}}{\sigma_x \sigma_y} = \frac{\displaystyle\sum_{i=1}^{N}(x_i - \mu_x)(y_i - \mu_y)}{\sqrt{\displaystyle\sum_{i=1}^{N}(x_i - \mu_x)^2}\sqrt{\displaystyle\sum_{i=1}^{N}(y_i - \mu_y)^2}}$$

請特別注意，共變異數以及皮爾生積差相關係數只能使用在區間量尺以上的資料，這兩個公式不能夠套用在名義量尺以及順序量尺的資料上。此外，共變異數以及皮爾生積差相關係數只能用來衡量兩變數間的直線相關情形，因此皮爾生積差相關係數不適用於具曲線相關的變數。皮爾生積差相關係數等於 0，只能稱兩變數為零相關，但不能說兩變數無關或獨立。我們可以證明出皮爾生積差相關係數 $-1 \leq \rho_{xy} \leq 1$，故有學者依照其數值的大小進行相關程度的分類，分類如下：

1. $\rho_{xy} = 1$ 或 $r_{xy} = 1$ 稱為完全正相關。

2. $\rho_{xy} = -1$ 或 $r_{xy} = -1$ 稱為完全負相關。

3. $\rho_{xy} = 0$ 或 $r_{xy} = 0$ 稱為零相關。

4. $0 < |\rho_{xy}| < 0.3$ 稱為低度相關；$0.3 \leq |\rho_{xy}| \leq 0.7$ 稱為中度相關；$0.7 < |\rho_{xy}| < 1$ 稱為高度相關。

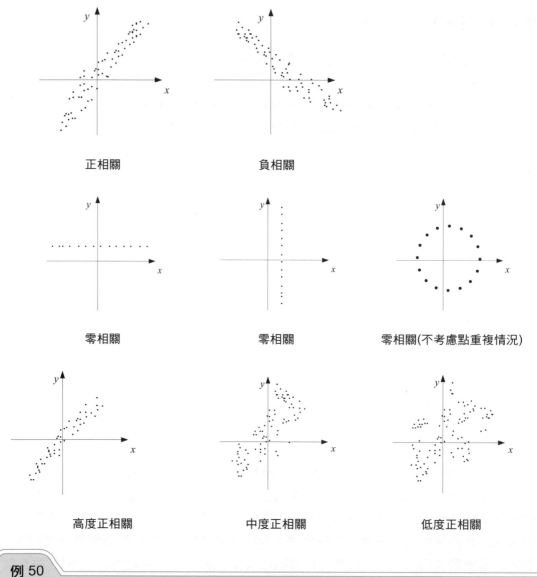

正相關　　　　　　　　　　負相關

零相關　　　　　　　零相關　　　　零相關(不考慮點重複情況)

高度正相關　　　　　　　中度正相關　　　　　　　低度正相關

例 50

已知相關係數 $\rho_{xy} = \dfrac{\sigma_{xy}}{\sigma_x \sigma_y} = \dfrac{\displaystyle\sum_{i=1}^{N}(x_i - \mu_x)(y_i - \mu_y)}{\sqrt{\displaystyle\sum_{i=1}^{N}(x_i - \mu_x)^2} \sqrt{\displaystyle\sum_{i=1}^{N}(y_i - \mu_y)^2}}$

試證明：$-1 \le \rho_{xy} \le 1$。

證明

本題證明方法有許多種，因柯西不等式於高中教材中學習過，故本題採用柯西不等式證明

$$\left[(x_1 - \mu_x)^2 + (x_2 - \mu_x)^2 + \cdots (x_N - \mu_x)^2\right]\left[(y_1 - \mu_y)^2 + (y_2 - \mu_y)^2 + \cdots (y_N - \mu_y)^2\right]$$

$$\geq \left[(x_1 - \mu_x)(y_1 - \mu_y) + (x_2 - \mu_x)(y_2 - \mu_y) + \cdots (x_N - \mu_x)(y_N - \mu_y)\right]^2$$

$$\Rightarrow \left[\sum_{i=1}^{N}(x_i - \mu_x)^2\right]\left[\sum_{i=1}^{N}(y_i - \mu_y)^2\right] \geq \left[\sum_{i=1}^{N}(x_i - \mu_x)(y_i - \mu_y)\right]^2$$

兩邊同除 $\left[\displaystyle\sum_{i=1}^{N}(x_i - \mu_x)^2\right]\left[\displaystyle\sum_{i=1}^{N}(y_i - \mu_y)^2\right]$ 並開根號，得

$$-1 \leq \frac{\displaystyle\sum_{i=1}^{N}(x_i - \mu_x)(y_i - \mu_y)}{\sqrt{\displaystyle\sum_{i=1}^{N}(x_i - \mu_x)^2}\sqrt{\displaystyle\sum_{i=1}^{N}(y_i - \mu_y)^2}} \leq 1$$

例 51

承 49 題，求皮爾生積差相關係數。

解

$\because \sigma_x \approx 1.414, \sigma_y \approx 7.523$

故 $\rho_{xy} = \dfrac{\sigma_{xy}}{\sigma_x \sigma_y} = \dfrac{9.9}{1.414 \times 7.523} \approx 0.93$

例 52

下面三個圖形分別為 x 與 y 的關係圖，請問哪個皮爾生積差相關係數最大？

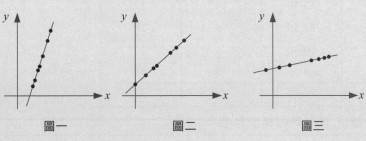

圖一　　　　　　圖二　　　　　　圖三

解

一樣大，皮爾生積差相關係數皆為 1。

皮爾生積差相關係數是用來衡量資料接近直線的程度，大小與直線的斜率無關，但正負情形則與直線的斜率同號。

1. 已知一組樣本數為 10，平均數 15。若事後發現其中一個樣本值從 7 修正為 17 時，其修正後的平均數應為多少？

2. 某安親班中的 10 名學生身高分別為 105, 100, 98, 105, 120, 80, 92, 99, 100, 112，試求這 10 名學生身高的算術平均數。

3. 下表為小明本學期的課業成績，試求小明的學期總平均。

課程名稱	國文	英文	微積分	心理學	憲法
成績	90	85	52	88	75
學分數	4	4	3	2	2

4. 已知某人某次考試五科成績分別為：60、70、80、90、100，請利用幾何平均數求此人的平均分數。

5. 一項從民國 84 年到 88 年台灣地區經常上網的人口統計如下：

民國(年)	84	85	86	87	88
人數(萬人)	2	10	30	100	300

   求這五年的上網人口平均成長率。

6. 已知資料如下表所示：

資料	1/2	1/3	1/4	1/5	1/6
次數	2	3	4	5	6

   求調和平均數。

7. 求證當 A 為 $x_1, x_2, \cdots, x_n$ 之中位數時，$\sum_{i=1}^{n} |x_i - A|$ 有最小值。

8. 下表為某社團 35 位團員的年齡分佈，試求中位數。

組別	組界	次數	累積次數
1	20-30	5	5
2	30-40	14	19
3	40-50	9	28
4	50-60	5	33
5	60-70	2	35
總計		35	

9. 設某班級統計期中考成績如下表：

	30-40	40-50	50-60	60-70	70-80	80-90	90-100
次數	2	1	12	14	38	33	6
累積次數	2	3	15	29	67	100	106

   若某生想要成績在前 5%，問至少應考幾分？(取到整數位)

10. 設某一班級 50 位學生之統計學成績的次數分配如下表所示：

	30-40	40-50	50-60	60-70	70-80	80-90	90-100
次數	1	2	7	10	18	8	4
累加次數	1	3	10	20	38	46	50

試分別以簡易法、金氏法、克氏法、皮爾生法求眾數。

11. 求證 $\dfrac{x_1 + x_2 + \cdots + x_n}{n} \geq \sqrt[n]{x_1 x_2 \cdots x_n} \geq \dfrac{n}{\dfrac{1}{x_1} + \dfrac{1}{x_2} + \cdots + \dfrac{1}{x_n}}$

12. 試證明：$\sigma^2 = \dfrac{1}{N} \sum_{i=1}^{N} (x_i - \mu)^2 = \dfrac{1}{N} \sum_{i=1}^{N} x_i^2 - \mu^2$。

13. 試證明：$s^2 = \dfrac{1}{n-1} \sum_{i=1}^{n} (x_i - \overline{x})^2 = \dfrac{1}{n-1} \sum_{i=1}^{n} x_i^2 - \dfrac{n}{n-1} \overline{x}^2$

14. 假設有一組資料共 50 筆，其平均數 $\mu_x = 10$，變異數 $\sigma_x^2 = 5$，若有另一筆資料 y 且 $y = 2x - 8$，求 μ_y, σ_y^2。

15. 隨機抽取 15 人詢問工作年資，如下所示：

    13，13，12，15，7，15，5，12，6，7，12，10，9，13，12

    試求這 15 人的年資動差偏態係數、Pearson 偏態係數以及峰度係數。

16. 隨機抽取 30 人，其年齡分配如下表所示：

年齡	20-30	30-40	40-50	50-60	60-70
人數	2	8	11	6	3

試求這 30 人的年齡偏態係數、Pearson 偏態係數以及峰度係數。

註：使用中位數求 Pearson 偏態係數

17. 某次統計學小考之累積次分配折線圖如下所示。試求(1)全班平均分數　(2)中位數　(3)四分位距　(4)標準差。

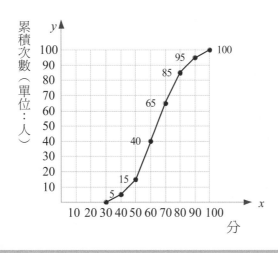

18. 有 10 個樣本數值分為甲、乙兩組，其中甲組 6 個數值平均數是 3，標準差 3；乙組 4 個數值平均數是 8，標準差是 $\sqrt{14}$，求(1)全體的平均數　(2)全體的標準差。

19. 某項研究欲調查博碩大學的學生平均身高，於是隨機選取 10 位大學生，得資料如下：

    165, 170, 178, 155, 180, 180, 152, 169, 173, 162(公分)，試求這 10 名學生身高的算術平均數。

20. 某班級共 50 人，某次考試全班統計學平均分數 80 分。若事後發現其中一人的分數登記錯誤，從 67 修正為 85，求修正的全班平均分數應為多少？

21. 已知某班級 50 名學生統計學成績如下：

分數	0-10	10-20	20-30	30-40	40-50	50-60	60-70
人數	2	3	10	10	7	15	3

試求平均成績。

22. 求下列分組資料之平均數：

20-29	30-39	40-49	50-59	60-69	70-79	80-89	90-99
3	4	5	6	13	9	7	3

23. 下表為某學生本學期的課業成績，試求此學生的學期總平均。

課程名稱	國文	英文	微積分	心理學	憲法
成績	92	88	72	80	90
學分數	4	4	3	3	2

24. 某人投資股票，第一年獲利 10%，第二年獲利 15%，第三年獲利 12%，求年平均獲利。

25. 已知一組數列：$2, 6, 18, 54, \dots, 2 \cdot 3^{10}$，若現在要求這組數列的平均數，請問採取哪一種平均數計算方式較好？為什麼？

26. 某人每年用 420 元買蛋，第一年每斤 10 元，第二年每斤 12 元，第三年每斤 14 元，試問三年內平均每斤蛋多少元？

27. 某人爬阿里山，上山平均時速 4 公里，下山平均時速 6 公里，求平均時速為何？

28. 求下列二組資料之中位數：

    (1) 5,6,9,12,14,6,8,7,3,2,5

    (2) 8,6,9,15,65,23,74,100

29. 下表為某社團 40 位團員的年齡分佈，試求中位數。

組別	組界	次數	累積次數
1	20-30	6	6
2	30-40	9	15
3	40-50	10	25
4	50-60	12	37
5	60-70	3	40

30. 某班級共 50 人，某次統計學成績由小而大依序排列，如下所示。試求 P_{27}, P_{70}。

```
22  25  26  29  29  40  42  43  46  56
57  59  60  60  60  61  62  64  66  68
70  71  71  72  75  76  76  77  78  79
82  82  85  85  86  86  86  88  88  86
89  90  91  91  92  92  96  94  96  97
```

31. 假設某班級統計期中考成績如下表所示：

	30-40	40-50	50-60	60-70	70-80	80-90	90-100
次數	2	10	8	15	7	6	2
累積次數	2	12	20	35	42	48	50

某生想要成績在前 10%，問應考幾分？(取整數)

32. 已知資料如下：

2　5　9　17　26　27　27　50　66　90

求第 1 與第 3 四分位數。

33. 設某班級 50 位學生之統計學成績的次數分配如下表所示：

	30-40	40-50	50-60	60-70	70-80	80-90	90-100
次數	3	4	8	15	7	9	4
累加次數	3	7	15	30	37	46	50

試求：Q_1, Q_3, D_1。

34. 試求出下列三組資料之眾數：

(1)1,1,1,5,5,5,6,6,6,17,17,17

(2)12,12,12,1,8,6,8,9,8

(3)9,5,6,9,2,5,9,10

35. 假設某班級 50 位學生之統計學成績的次數分配如下表所示：

	30-40	40-50	50-60	60-70	70-80	80-90	90-100
次數	2	6	10	12	5	11	4
累加次數	2	8	18	30	35	46	50

試分別以簡易法、金氏法、克氏法、皮爾生法求眾數。

36. 已知資料如下，試分別使用簡易法、金氏法以及克氏法求眾數。

20-29	30-39	40-49	50-59	60-69	70-79	80-89	90-99
3	4	5	6	13	9	7	3

37. 下列資料為兩個班級小考的樣本資料。為區別兩班級的分數中央趨勢，請您建議，應採用哪一種統計方法較佳：算術平均數 $\bar{x}$，中位數 Me，或眾數 Mo，您的理由是什麼？

甲班：60　70　66　55　0

乙班：45　47　44　50　100(單位：分)

38. 假設有一組資料如下：

64　75　98　41　12　65　78　90　22

試求全距。

39. 下表為公司 40 位員工的年齡調查表：

年齡	20-29	30-39	40-49	50-59	60-69
人數	5	12	10	8	5

試求全距。

40. 求 3,6,18,24,26,32,38,46 之第 1 四分位數 Q_1 與第 3 四分位數 Q_3。

41. 設某班級 50 位學生之統計學成績的次數分配如下表所示：

	30-40	40-50	50-60	60-70	70-80	80-90	90-100
次數	2	6	10	12	5	11	4
累加次數	2	8	18	30	35	46	50

試求 50 位學生成績的四分位距與四分位差。

42. 求 4,6,7,10,13 之平均差。

43. 已知某班級 50 名學生統計學成績如下：

分數	0-10	10-20	20-30	30-40	40-50	50-60	60-70
人數	2	3	10	10	7	15	3

試求學生成績的平均差。

44. 現有甲乙兩班考試成績如下所示，試分別計算兩班成績的平均分數與變異數，請問兩班哪一班的程度較集中？

甲班：59,87,78,64,52,47,88,40

乙班：60,85,72,66,75,50

45. 下表為某班級統計學成績，經整理次數分配表如下：

分數	0-10	10-20	20-30	30-40	40-50	50-60	60-70
人數	1	5	10	15	10	8	1

試計算統計學成績的變異數與標準差。

46. 試求下列資料之樣本變異數：

$$13 \quad 15 \quad 25 \quad 41 \quad 17 \quad 28 \quad 30$$

47. 設有 A,B 二班，統計學平均成績、標準差與人數如下所示：

$$N_A = 50, \mu_A = 80, \sigma_A = 6$$

$$N_B = 50, \mu_B = 86, \sigma_B = 5$$

試計算兩班全體同學之統計學平均成績與標準差。

48. 假設有一組母體資料，平均數為 90，標準差為 5，共有 50 筆資料，後來發現其中有一數 70 登記錯誤，正確的資料應該是 60，試求正確的平均數與標準差。

49. 設有一組資料共 80 筆，其平均數 $\mu_x = 15$，變異數 $\sigma_x^2 = 6$，若有另一筆資料 y 且 $y = 4x + 10$，求 μ_y, σ_y。

50. (1) 設樣本大小 $n=2$，求常數 k，使得 $s^2 = k(x_1 - x_2)^2$

　　(2) 令 $x_j = j, j = 1, 2, \ldots, n$，計算 s^2 的值。

51. 若已知全班 50 位同學的最高分與最低分差距是 30 分，請問這班學生成績的最大可能標準差是多少？最小可能之標準差是多少？

52. 假設 $x_1, x_2, \ldots, x_{10}$ 為一組隨機樣本，且 $\overline{x}_{(n)} = \dfrac{1}{n}\sum_{i=1}^{n} x_i, \overline{x}'_{(n)} = \dfrac{1}{10-n}\sum_{i=n+1}^{10} x_i; n = 1, 2, \cdots, 10$，

試判斷下列各式的自由度分別是多少？

(1) $10 \times \overline{x}'_{(5)}$ 　　　(2) $10 \times \overline{x}'_{(4)} = 50$ 　　　(3) $\displaystyle\sum_{i=1}^{10}(x_i - \overline{x}_{(7)})^2$

(4) $\overline{x}_{(5)} + (\overline{x}'_{(5)} - \overline{x}_{(10)})^2 = 100$

53. 假設台北市平均每人的收入為 56000 元，標準差 5000 元，台中市為 50000 元，標準差 4800 元。請問台北市與台中市哪個城市的貧富差距較大？

54. 王先生最近打算將手中的閒錢用來購買股票，在要求的投資報酬下，初步篩選可投資股票，王先生決定由 A、B、C 三家上市公司的股票中擇一購買。由最近 30 天的收盤資料得三股票的收盤價平均值與標準差分別為：(單位：元)

$$\overline{x}_A = 52, \overline{x}_B = 232, \overline{x}_C = 176, s_A = 5, s_B = 24, s_C = 16$$

若王先生是一個保守的投資人，則他會購買何家公司的股票？又他所依據的決策準則為何？

55. 已知資料如下表所示，試求變異係數。

10-20	20-30	30-40	40-50	50-60
3	12	21	8	6

56. 假設某班級有 10 位學生，其統計學的期中與期末考成績如下：

學生	A	B	C	D	E	F	G	H	I	J
期中考	58	51	44	41	48	47	53	47	45	66
期末考	72	66	77	62	99	87	70	67	79	71

請問 H 學生期末成績是否進步？

57. 某校研究所考試時，有 100 位考生選考統計學，有 900 位考生選考微積分。其中統計學平均成績 50 分，標準差 8 分；而微積分平均成績 80 分，標準差 15 分。請問招生委員會應該如何將統計學成績調整成微積分成績？某生若微積分考 70 分，請問換算成統計學後應為幾分？

58. 假設現有 5 人測量其體重分別為

　　70　40　50　80　60

(1)試求動差偏態係數與皮爾生偏態係數。

(2)求峰度係數。

59. 假設某銀行想瞭解大學生信用卡刷卡金額的高低及消費離散情形，於是抽取 10 個持有該行信用卡的大學生一個月的刷卡資料如下(單位新台幣元)

　　4798　2192　2085　1211　3570　1548　875　500　250　158

(1)試以動差法求其偏態係數。

(2)求峰度係數。

60. 如下表所示，試計算該公司職員薪資分配之偏態係數與峰度係數。

人數	30	50	10	10
薪資(千元)	20-30	30-40	40-50	50-60

61. 計算下列某工廠工人之年齡分配之一至四階主動差，並求其平均數、標準差、偏態係數及峰度係數。

年齡	20-23	23-26	26-29	29-32	32-35	35-38
人數	16	31	62	48	29	14

62. 假設某班級共有 50 人，某次小考全班平均 72 分，標準差 4 分。

(1)請利用柴比雪夫不等式，估計分數介於 64 分到 80 分之間的人數。

(2)若這次班上的考試成績呈對稱分配，請改用經驗法則再求解一次。

63. 某研究所考試共有 1000 人報名考試，要錄取其中分數較高的前 80 位，已知投考人的平均分數為 210 分，標準差為 10 分。現有一位投考人的分數是 250 分，請問他是否會被錄取？

64. 已知資料如下：

x	20	25	45	30	60	55	60	65
y	10	24	30	25	18	20	20	25

試求共變異數，並根據共變異數判斷 x 與 y 之關係。

65. 已知資料如下：

x	20	25	45	30	60	55	60	65
y	10	24	30	25	18	20	20	25

試求相關係數。

66. 請問下列各種情況的盒鬚圖，分別代表什麼含意？

(1) 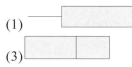   (2)

(3)   (4)

67. 假設 $x_1, x_2, \cdots, x_n$ 為一組隨機樣本，$\bar{x}, s^2$ 分別表示樣本平均數與樣本標準差。試證明：$s^2 = \dfrac{1}{2n(n-1)} \sum_{i=1}^{n} \sum_{j=1}^{n} (x_i - x_j)^2$。

68. 請上網下載資料檔，利用統計軟體或 Execl 求網路成癮的平均數、標準差以及偏態係數，並繪製盒鬚圖

69. 請上網下載資料檔，利用統計軟體或 Execl 求網路成癮和網路使用行為的皮爾森積差相關係數。

筆記頁

機率 04

　　機率的起源據說是受玩骰子、撲克牌、錢幣等賭博遊戲之流行，所產生的一套計算理論，動機是當時資本家在進行打賭交易時認爲依靠占星術不如依靠較爲確實的學術界。機率主要的目的在於衡量某一不確定性事件可能發生的程度(例如贏錢的機會大小)，並賦予一量化的數值，供決策者參考。

相關之專有名詞

由於機率是一套新的數學方法，有許多專有名詞必須先介紹，這些專有名詞大部分在高中數學課程中已經接觸過了，認識與瞭解專有名詞的意義是學習機率的入門，在本節中將介紹常見的機率相關專有名詞。

4.1.1 隨機試驗

隨機試驗(random experiment)是獲得機率量化數值的方法之一，例如我們想要瞭解某個骰子各點出現的機率是否趨近於一致，方式之一就是進行隨機試驗。

1. 試驗(trial)：進行一個實驗(不是指物理或化學實驗，實際上說是進行一個遊戲亦無不可)，並觀察此實驗所出現各種可能結果(outcome)的過程，即稱為試驗。例如投擲三枚銅板，觀察出現人頭像的數目。

2. 隨機試驗：隨機試驗是指在進行實驗時，可能出現的結果具有不確定性。一個試驗稱為隨機試驗，必須滿足下列三個條件：

    (1) 每次試驗都必須在相同條件下重複進行。例如投擲一枚骰子，從試驗開始到結束都必須使用同一粒骰子。更嚴格的話，連投出去的力道、高度、角度、…，都必須一樣。

    (2) 試驗所出現的所有可能結果必須是明確可知的，且出現情況不只一個。例如投擲一枚骰子，出現的點數必定為 1～6 任一點數，如電影情節般骰子碎掉或出現其他數字的情形是不被允許的。此外，結果必須有兩種以上的可能，若投擲一枚兩面皆為正面的硬幣，就不屬於隨機試驗。

    (3) 每次試驗僅能出現這些可能結果中的其中一個，且試驗之前無法得知試驗結果會出現哪個可能結果。簡單來說，就是投擲一粒骰子，不會同時出現 1 點和 2 點，且骰子擲出前不曉得會出現什麼點數。

4.1.2 樣本空間與事件

樣本空間(sample space)是指某個隨機試驗各種可能出現結果的集合，通常以 S 表示。樣本空間和母體的意義是相同的，樣本空間和母體最大的差別在於，樣本空間是以集合的方式表示，但母體則不一定，母體可自由選擇是否使用集合來呈現。如果現在進行一個試驗，觀察投擲一粒骰子出現點數的情形，那這個試驗的樣本空間就是所有的可能出現點數，即 $S = \{1, 2, 3, 4, 5, 6\}$。計算機率需使用到樣本空間的個數，當樣本空間個數不多時，可利用樹狀圖進行計數，若個數很大時，須配合排列組合公式以及乘

法原理或加法原理協助求算。樣本空間依照個數的數量可區分成有限樣本空間(finite sample space)與無限樣本空間(infinite sample space)。

1. 有限樣本空間：含有限個樣本點且這些樣本點的個數可以數得出來的樣本空間。例如投擲一枚骰子三次或從一副撲克牌抽取三張牌等所構成的空間都是有限樣本空間。

2. 無限樣本空間：含無限多個樣本點或可數但不知最大值為何或何時結束的樣本空間。例如划拳，直到連續贏三次才停止，雖然划拳的次數可數，但是卻不知到何時結束，此類樣本空間亦歸類於無限樣本空間。

若樣本空間依照數學性質又可區分成離散樣本空間(discrete sample space)與連續樣本空間(continuous sample space)。

1. 離散樣本空間：樣本空間內的樣本點是可數的，簡單來說就是可以一個一個進行計數。至於樣本點個數可為有限個或無窮多個皆可，例如樣本空間表某箱子內 10 顆球。離散樣本空間的機率計算是採加總的方式計算。

2. 連續樣本空間：樣本空間內的樣本點必定有無限多個，是不可計數的，例如樣本空間為 1 到 2 之間所有的實數。連續樣本空間的機率計算是採積分的方式計算。

在本章節中所探討的機率是針對一個事件發生的機會，事件是由實驗的結果所組合而成的集合，是樣本空間的一個子集。下面是相關專有名詞的解釋。

1. 樣本點(sample point)：樣本空間內的每一元素。簡單來說，就是進行試驗每一次所出現的結果。例如投擲一枚骰子，出現點數可能為 1 點、2 點、3 點、4 點、5 點、6 點，那麼這些點數每一個都是樣本點。樣本點通常用小寫英文字母來表示，例如 a_1 表投一枚骰子出現 1 點的情形；a_2 表投一枚骰子出現 2 點的情形。

2. 事件(event)：由樣本點所構成的部份集合，屬於樣本空間的一個子集。例如投擲一枚骰子，由偶數點所構成的集合就稱為出現偶數點的事件。事件通常用大寫英文字母表示，例如 A 表示隨機抽取 10 人，血型為 A 型血的事件。事件依樣本點的個數又可區分為簡單事件與複合事件。

   (1) 簡單事件(simple event)：只有一個樣本點的事件，也有人稱為基本事件(elementary event)。例如隨機從班上選出一人當班代的事件。

   (2) 複合事件(compound event)：含有兩個以上樣本點的事件。例如隨機從班上選出 3 人恰 2 男 1 女的事件。

   (3) 不可能事件(null event)：又稱為零事件，表示不含任何樣本點或絕對不可能發生的事件。例如投擲一枚骰子出現 7 點的事件，就稱為不可能事件。

(4) 必然事件(certain event)：又稱為全事件，所謂必然事件是指包含樣本空間內所有樣本點或者必定發生的事件。例如投擲一枚，骰子點數出現大於或等於 1 且小於或等於 6 的事件。

例 1

試判斷下列隨機試驗為有限樣本空間或無限樣本空間？

(1)投擲二粒骰子。　　　　　(2)調查某班級近視人數。

(3)投擲一枚硬幣 10 次。　　　(4)投擲籃球直到投進第 10 球，一共需投擲之次數。

(5)某一廠牌燈管之使用壽命。

解

有限樣本空間的有：(1)(2)(3)

無限樣本空間的有：(4)(5)

例 2

隨機抽取三位家庭主婦詢問他們是否使用 X 品牌洗衣粉來洗滌家中衣物

(1)請列出此試驗的樣本空間。

(2)請列出至少有二個家庭主婦使用 X 品牌的事件。

(3)假設現在有一個事件為 {(YYY), (NYY), (YYN), (NYN)}，請問這個事件代表著什麼含意？(回答是以符號「Y」表示，回答否以符號「N」表示)

解

(1) 樣本空間 S={(YYY), (YYN), (YNY), (NYY), (YNN), (NYN), (NNY), (NNN)}

(2) 至少有二個家庭主婦使用 X 品牌的事件為 {(YYY), (YYN), (YNY), (NYY)}

(3) 觀察此事件第二個皆回答 Y，故此事件代表第二位婦女使用 X 品牌洗衣粉的事件。

4.2 集合之基本觀念

在本節中將介紹一些常見的集合運算特性、De'Morgan's 定理以及元素的計數公式。

4.2.1 集合的基本概念

在本節中將介紹一些常見的集合概念,包括聯集、交集、差集等觀念。

1. 聯集(union)

聯集有聯合的意思,故聯集表示兩事件至少有一事件會發生的情形,以符號 $A \cup B$ (讀作 A 聯集 B)表示,即:

$$A \cup B = \{x \mid x \in A \vee x \in B\}$$

上式中「$\vee$」念做「或」。若以 Venn's 圖的概念如下圖表示,陰影所涵蓋的範圍即為 $A \cup B$。

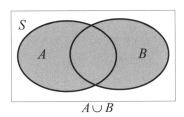

$$A \cup B$$

2. 交集(intersection)

交集有交會、相交的意思,故交集表示兩事件同時發生的情形,以符號 $A \cap B$ (讀作 A 交集 B)表示,即

$$A \cap B = \{x \mid x \in A \wedge x \in B\}$$

上式中「$\wedge$」念做「且」。若以 Venn's 圖的概念如下圖表示,陰影所涵蓋的範圍即為 $A \cap B$。

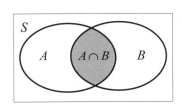

3. 餘集合(complement)

餘集合也有人稱為補集合，餘集合表示該事件不發生的情形，簡單來說就是樣本空間扣掉該集合後，剩餘的集合。以符號 A^C (或 A' 或 $\overline{A}$)表示，即

$$A^C = \{x \mid x \in S \wedge x \notin A\} = S - A$$

餘集合帶有「非」或「不是」的意義，若集合 A 表示 3 的倍數，那麼 A^C 則表示不是 3 的倍數。餘集合以 Venn's 圖的概念表示如下圖所示，其中陰影所涵蓋的範圍即為 A^C，相當於樣本空間 S 去掉 A 後所剩餘的部分。

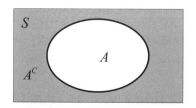

4. 差集

兩集合的差集符號記作： $A - B$ ，表示從集合 A 中移除與集合 B 共同的元素，即

$$A - B = \{x \mid x \in A \wedge x \notin B\} = A - (A \cap B) = (A \cup B) - B$$

若樣本空間 S 表 1-100 的自然數，集合 A 表 2 的倍數，集合 B 表 3 的倍數，那麼 $A - B$ 就表示樣本空間中是 2 的倍數但不是 3 的倍數。差集若以 Venn's 圖的概念表示，陰影的部份即為 $A - B$ 。

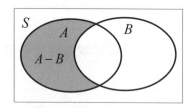

例 3

已知樣本空間 $S=\{1,2,3,4,5,6,7,8,9\}$，集合 $A=\{1,3,5,7,9\}$，集合 $B=\{1,2,3,4,5\}$，求下列各小題：

(1) $A \cap B$。　　(2) $A \cup B$。　　(3) A^c, B^c。　　(4) $A-B, B-A$。

解

(1)　$A \cap B = \{1,3,5\}$

(2)　$A \cup B = \{1,2,3,4,5,7,9\}$

(3)　$A^c = S - A = \{2,4,6,8\}$，$B^c = S - B = \{6,7,8,9\}$

(4)　$A - B = \{7,9\}$，$B - A = \{2,4\}$

4.2.2 集合基本運算性質

　　瞭解集合的運算性質，可以讓我們快速的將集合運算式化簡，讓複雜的題目簡單化。常見的集合運算性質有下列六種：

1. 交換律

$$A \cup B = B \cup A \; ; \; A \cap B = B \cap A$$

2. 結合律

$$(A \cup B) \cup C = A \cup (B \cup C) \; ; \; (A \cap B) \cap C = A \cap (B \cap C)$$

3. 分配律

$$A \cup (B \cap C) = (A \cup B) \cap (A \cup C) \; ; \; A \cap (B \cup C) = (A \cap B) \cup (A \cap C)$$

4. 排容原理

$$A^c = S - A$$

5. 互補律

$$(A^c)^c = A$$

6. De'Morgan's 定律

(1) $(A \cup B)^c = A^c \cap B^c = S - (A \cup B)$

(2) $(A \cap B)^c = A^c \cup B^c = S - (A \cap B)$

上面六個運算性質都可以利用 Venn's 圖獲得驗證。

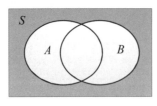

$(A \cup B)^c$

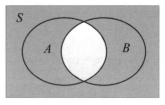

$(A \cap B)^c$

例 4

一樣本空間中有 A、B 兩事件，已知 $P(A) = 0.4, P(B) = 0.5, P(A \cap B) = 0.2$，求這兩事件中恰好僅有一事件發生的機率？

解

$$P(A \cap B^c) + P(A^c \cap B) = P(A) - P(A \cap B) + P(B) - P(A \cap B)$$

$$= 0.4 - 0.2 + 0.5 - 0.2 = 0.5$$

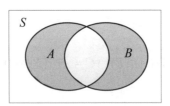

> **例 5**
>
> 已知樣本空間 $S=\{1,2,3,4,5,6,7,8,9\}$，集合 $A=\{1,3,6,8,9\}$，集合 $B=\{1,2,3,4,5\}$，集合 $C=\{2,4,6,8\}$ 求下列各小題：
>
> (1) $(A \cup B) \cup C$。　　(2) $A \cup (B \cap C)$。　　(3) $(A \cup B)^c$。

解

(1) $A \cup B = \{1,2,3,4,5,6,8,9\}$

   $\therefore (A \cup B) \cup C = \{1,2,3,4,5,6,8,9\}$

(2) $B \cap C = \{2,4\}$

   $\therefore A \cup (B \cap C) = \{1,2,3,4,6,8,9\}$

(3) $A \cup B = \{1,2,3,4,5,6,8,9\}$

   $(A \cup B)^c = S - (A \cup B) = \{7\}$

4.2.3 集合元素的計數

若集合 $A = \{a,b,c,d\}$，那麼集合 A 裡面的元素有 4 個，我們用符號 $n(A) = 4$ 表示集合 A 裡面的元素數目有 4 個。下面是一些常見的集合元素計數的性質：

1. $n(A \cup B) = n(A) + n(B) - n(A \cap B)$

2. $n(A \cup B \cup C) = n(A) + n(B) + n(C) - n(A \cap B) - n(B \cap C) - n(C \cap A) + n(A \cap B \cap C)$

3. $n(A - B) = n(A) - n(A \cap B)$

4. $n(A^c) = n(S) - n(A)$

5. De'Morgan's 定律

   (1) $n(A^c \cap B^c) = n(A \cup B)^c = n(S) - n(A \cup B)$

   (2) $n(A^c \cup B^c) = n(A \cap B)^c = n(S) - n(A \cap B)$

有關集合元素的計數，若上述性質記不住，可使用 Venn's 圖輔助求出答案。

例6

求 1 到 1000 的自然數中

(1)2 或 3 或 5 的倍數有多少個？

(2)不為 2 且不為 5 的倍數有多少個？

(3)為 2 的倍數但不為 3 的倍數有多少個？

(4)2 或 3 的倍數但不為 5 的倍數有多少個？

解

解這類問題若計數公式熟練者可由計數公式推求，若不熟練的可利用 Venn's 圖觀察。

方法一：計數公式

假設 A、B、C 分別表 2 的倍數，3 的倍數、5 的倍數事件

(1) $n(A \cup B \cup C) = n(A) + n(B) + n(C) - n(A \cap B) - n(B \cap C) - n(C \cap A)$

$$+ n(A \cap B \cap C)$$

$$= \left[\frac{1000}{2}\right] + \left[\frac{1000}{3}\right] + \left[\frac{1000}{5}\right] - \left[\frac{1000}{6}\right] - \left[\frac{1000}{15}\right] - \left[\frac{1000}{10}\right] + \left[\frac{1000}{30}\right]$$

$$= 500 + 333 + 200 - 166 - 66 - 100 + 33 = 734$$

(2) $n(A^C \cap C^C) = n(A \cup C)^C = n(S) - n(A \cup C) = n(S) - [n(A) + n(C) - n(A \cap C)]$

$$= 1000 - (500 + 200 - 100) = 400$$

(3) $n(A - B) = n(A) - n(A \cap B) = \left[\frac{1000}{2}\right] - \left[\frac{1000}{6}\right] = 500 - 166 = 334$

(4) $n((A \cup B) - C) = n(A \cup B) - n((A \cup B) \cap C) = n(A \cup B) - n[(A \cap C) \cup (B \cap C)]$

$$= n(A) + n(B) - n(A \cap B) - [n(A \cap C) + n(B \cap C) - n((A \cap C) \cap (B \cap C))]$$

$$= n(A) + n(B) - n(A \cap B) - n(A \cap C) - n(B \cap C) + n(A \cap B \cap C)$$

$$= 500 + 333 - 166 - 100 - 66 + 33 = 534$$

方法二：Venn's 圖(請與方法一對照)

(1) 陰影部分即為本題所求之範圍

故 $n(A \cup B \cup C) = n(A) + n(B) + n(C) - n(A \cap B)$

$$-n(B \cap C) - n(C \cap A) + n(A \cap B \cap C) = 734$$

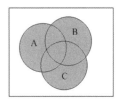

(2) 根據本題題意 Venn's 圖如右圖陰影部分，直接由圖形觀察所求為

$n(S) - n(A \cup C) = n(S) - n(A) - n(C) + n(A \cap C)$

$= 1000 - 500 - 200 + 100 = 400$

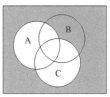

(3) Venn's 圖如右圖陰影部分，直接由圖形觀察所求為

$n(A) - n(A \cap B) = 500 - 166 = 334$

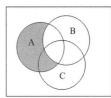

(4) Venn's 圖如右圖陰影部分，直接由圖形觀察所求為

$n(A \cup B \cup C) - n(C) = 734 - 200 = 534$

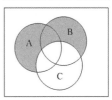

4.3 機率測度的方法

　　想要測量機率值，需面對三個基本問題：1. 如何解釋機率。2. 如何確定機率的數值。3. 機率如何運算。為了解決上述三個問題，先後有四套機率理論被提出來，這四套機率理論分別為：古典機率理論、相對次數的機率理論、主觀的機率理論以及機率的公設。

4.3.1 古典機率理論

　　古典機率理論是最早被提出來測量機率的方法，使用古典機率理論必須滿足下列三個條件：

1.　樣本空間的個數為有限個，即樣本空間可以寫成下列形式。

$$S = \{x_1, x_2, \cdots, x_n\}$$

2.　樣本空間內每一樣本點 $\{x_1\}, \{x_2\}, \cdots, \{x_n\}$ 出現的機率均相等。

3. 每個樣本點 $\{x_1\}, \{x_2\}, \cdots, \{x_n\}$ 兩兩互斥。也就是說 $\{x_1\}, \{x_2\}, \cdots, \{x_n\}$ 不能同時出現。例如投擲一粒骰子不能同時出現二個不同的點數。

基於上述三個假設的條件下，若樣本空間 S 共有 n 個樣本點，且每一樣本點出現機會相等，A 為樣本空間 S 內的一個事件且 $n(A) = m$。則定義事件 A 發生的機率 $P(A)$ 為：A 事件發生的次數與樣本空間的次數比值，即

$$P(A) = \frac{n(A)}{n(S)} = \frac{m}{n}$$

例 7

同時投擲二粒骰子，求點數和大於 9 點的機率？

解

全部情形有 $6 \times 6 = 36$ 種

大於 9 點的事件有：$\{(4,6), (5,5), (5,6), (6,4), (6,5), (6,6)\}$

機率為：$\dfrac{6}{36} = \dfrac{1}{6}$

例 8

從 1 到 100 的整數中任意取一數，求下列各題之機率：

(1)此數為 3 或 5 的倍數。

(2)此數為 2 或 3 或 5 的倍數。

(3)此數不是 3 也不是 5 的倍數。

解

(1) 3 或 5 的倍數個數為 $\left[\dfrac{100}{3}\right] + \left[\dfrac{100}{5}\right] - \left[\dfrac{100}{15}\right] = 33 + 20 - 6 = 47$

故機率為 $\dfrac{47}{100}$

(2) 2 或 3 或 5 的倍數個數為

$$\left[\frac{100}{2}\right] + \left[\frac{100}{3}\right] + \left[\frac{100}{5}\right] - \left[\frac{100}{6}\right] - \left[\frac{100}{10}\right] - \left[\frac{100}{15}\right] + \left[\frac{100}{30}\right]$$

$$= 50 + 33 + 20 - 16 - 10 - 6 + 3 = 74$$

故機率為 $\dfrac{74}{100}$

(3) 不是 3 也不是 5 的倍數 = 1 − (3 或 5 的倍數)

故機率為 $1 - \dfrac{47}{100} = \dfrac{53}{100}$

例 9

12 個燈泡裝一箱，隨機抽出 4 個燈泡，若有 2 個或 2 個以上是壞的，則整箱退貨。已知某箱子裡頭有 5 個壞燈泡，求這箱燈泡被退貨的機率。

解

取出 4 個燈泡退貨的情形有：(2 壞 2 好) 或 (3 壞 1 好) 或 (4 壞)

故淘汰機率為：$\dfrac{C_2^5 C_2^7 + C_3^5 C_1^7 + C_4^5 C_0^7}{C_4^{12}} = \dfrac{19}{33}$

4.3.2 相對次數機率理論

相對次數法是以極限的概念來定義某事件出現的機率，假設一隨機試驗不斷地重複進行 N 次，N 要盡可能的大，若事件 A 出現 n 次，則 A 事件的機率定義：

$$P(A) = \lim_{N \to \infty} \frac{n}{N}$$

舉例來說，若想瞭解投擲一粒骰子，出現么點的機率為何，可不斷地重複投擲某骰子一千兆次(或更多次)，統計么點出現的次數，兩者的比值即為么點出現的機率。這種方法就稱為相對次數法。

4.3.3 主觀的機率理論

主觀機率(subjective probability)理論就是指個人的主觀判斷，例如某財金專家預測明年景氣回升的機率約 90%。在四套機率理論中，主觀機率理論的爭議最多。反對的學者認為主觀法沒有客觀的標準與嚴謹的定義。贊成的學者則認為人類對知識瞭解有限，某些情況使用主觀意識進行估計是無法避免的。儘管爭議不斷，但在近代統計學此套理論卻不斷地擴充與發展，在應用科學上扮演著極重要的角色。在推論統計裡有兩個非常重要的機率值：1. 區間估計裡的 $1 - \alpha$ 信賴水準。2. 假設檢定裡的顯著水準

α。這兩個機率值都是人為任意給定的,可依照研究的需求進行調整,故兩者皆為主觀機率。所謂主觀機率即

事件 A 的主觀機率=個人主觀判斷事件 A 發生的機率

例 10

氣象報告預測明天的降雨機率是否為主觀機率?

解

氣象預報是根據氣象理論以及蒐集的資料訊息進行判斷,中間包含著經驗法則,屬於主觀機率。因此每次某個颱風路徑的預測或降雨率,各個國家的預測很少一致。

4.3.4 機率的公設

公設也有人稱為公理,機率公設(Kolmogorov axiomatic probability)是採用嚴謹的數學理論來定義機率的量測,因此它必須建構在某個公理體系下,就好像求解方程式必須建構在等量公理之下。

假設樣本空間為 S,A 為樣本空間的一個事件,S 與 A 滿足下列三個公設:

公理 1: $A \subset S$,事件 A 發生的機率 $P(A)$ 為實數,且 $P(A) \geq 0$。

公理 2: 必然事件的發生機率為 1。也就是說若 S 為樣本空間,則 $P(S)=1$。

公理 3: 有限可加性(finite additively)。若 $A_1, A_2, \cdots, A_n$ 為互斥事件,則

$$P(A_1 \cup A_2 \cup \cdots A_n) = P(A_1) + P(A_2) + \cdots + P(A_n)$$

公理 3 中提及的互斥事件在本章 4.5.5 節有詳細的介紹。後續的相關機率定理與性質,就利用上述三個公理體系延伸發展,機率的所有相關理論皆源自於這三個公理假設。所謂公理是指被全體人類所認可的定理,就像太陽從東方升起、西方落下一樣,是不需要被證明的。

4.3.5 機率的性質

下面是由機率公理體系所推導出的一些機率性質。假設 S 為一樣本空間,A, B 為 S 中的任二事件,則具有下列性質:

1. 空事件的機率

空事件又稱為不可能發生事件，以符號 ϕ 表示，空事件發生的機率為 0，即 $P(\phi)=0$。例如投擲一枚骰子出現點數 7 的事件即為空事件。

2. 全事件的機率

全事件又稱為必然事件，表示此事件必然發生，全事件恰等於樣本空間 S，其機率為 1，即 $P(S)=1$。例如從 1-100 的整數中，任選一數，此數為自然數的機率。

3. 機率的單調性

若 A 包含於 B，則 A 事件的機率會小於或等於 B 事件的機率。在集合的運算符號中「包含於⊂」相當於代數運算裏的「≤」，即若 $A\subset B$ 則 $P(A)\leq P(B)$。而「包含⊃」相當於代數運算裏的「≥」，即若 $A\supset B$ 則 $P(A)\geq P(B)$[1]。$A\supset B$ 讀做 A 包含 B，從字面上的含意即可判斷 A 的範圍大於或等於 B；同理 $A\subset B$ 讀做 A 包含於 B，字面上的含意表示 A 的範圍小於或等於 B。

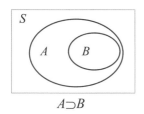
$A\supset B$

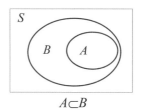
$A\subset B$

4. 一般事件機率

由機率公理體系知 $P(A)\geq 0$ 且 $P(S)=1$，又 $A\subset S$。故任一事件的機率必定大於或等於 0，且小於或等於 1，亦即 $0\leq P(A)\leq 1$。

4.3.6 機率運算性質

機率的運算性質源自於集合的計數，將事件發生次數除以全部情形稱為該事件的發生機率，故機率具有下列運算性質。

---

[1] ⊃亦有人採用符號⊋表示；同理⊂有人採用符號⊊表示。

1. 和事件的機率：二事件 A,B 中至少有一事件發生的事件稱為和事件，也就是說兩事件的聯集，我們以符號 $A \cup B$ 表示，故和事件的機率為：

$$P(A \cup B) = P(A) + P(B) - P(A \cap B)$$

若三個事件中至少一個事件發生的機率為：

$$P(A \cup B \cup C) = P(A) + P(B) + P(C) - P(A \cap B) - P(B \cap C) - P(C \cap A) + P(A \cap B \cap C)$$

2. 積事件的機率：二事件 A,B 同時發生的事件稱為積事件，也就是說兩事件的交集，我們以符號 $A \cap B$ 表示，發生的機率記做 $P(A \cap B)$。積事件的機率，與 A、B 兩事件是否獨立、是否互斥以及條件機率有關。故求 $P(A \cap B)$ 的值共有：1. $P(A \cup B)$；2. 獨立事件； 3. 互斥事件； 4. 條件機率中的乘法原理；等四種情況，後面會進一步介紹。

3. 互斥事件的機率：二事件 A,B 若 $A \cap B = \phi$，則稱 A,B 為互斥事件，互斥事件必滿足 $P(A \cap B) = 0$。

4. 餘事件的機率：發生事件 A 以外的事件，稱為事件 A 的餘事件，通常以 A^c 或 $\overline{A}$ 或 A' 表示，其機率為：

$$P(A^c) = 1 - P(A)$$

5. De'Morgan's 定律

   (1) $P(A^c \cap B^c) = P(A \cup B)^c = 1 - P(A \cup B)$

   (2) $P(A^c \cup B^c) = P(A \cap B)^c = 1 - P(A \cap B)$

   故 De'Morgan's 定律具有下列運算性質：

   $$P(\blacksquare^c) = 1 - P(\blacksquare)$$

   ■表任意集合運算。

例 11

假設事件 A 的發生機率等於 1，那麼事件 A 必定為樣本空間，請問是否正確？

解

不正確。樣本空間的機率等於 1，但機率等於 1 不一定是樣本空間。

例如：樣本空間表示一個袋子中的 10 個白球，事件 A 表示隨機從此袋中取出一球，且此球為白球的事件，由機率性質知 $P(A) = 1$ 但事件 A 不是樣本空間。

例 12

假設事件 A 的發生機率等於 0，那麼事件 A 必定為空事件，請問是否正確？

解

不正確。空事件的機率等於 0，但機率等於 0 不一定是空事件。

例如：甲、乙兩人約定在 10:00 到 11:00 間碰面，兩人正好在 10:30 分碰面的機率等於 0，但在 10:30 分碰面不是空事件。

例 13

已知 $P(A) = 0.7, P(B) = 0.5, P(A \cap B) = 0.3$，試求下列各小題之機率。

(1) $P(A \cup B)$。　　(2) $P(A^c \cup B)$。　　(3) $P(A \cap B)^c$。　　(4) $P(A \cup B)^c$。

解

(1) $P(A \cup B) = P(A) + P(B) - P(A \cap B) = 0.7 + 0.5 - 0.3 = 0.9$

(2) $P(A^c \cup B) = 1 - P(A) + P(A \cap B) = 1 - 0.7 + 0.3 = 0.6$

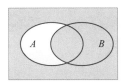

(3) $P(A \cap B)^c = 1 - P(A \cap B) = 1 - 0.3 = 0.7$

(4) $P(A \cup B)^c = 1 - P(A \cup B) = 1 - 0.9 = 0.1$

例 14

已知 $P(A) = 0.8, P(B) = 0.5, P(C) = 0.4, P(B \cap C) = 0.2, P(A \cap B \cap C) = 0.16$，
求 $P(A \cup (B \cap C))$。

解

$P(A \cup (B \cap C)) = P(A) + P(B \cap C) - P(A \cap B \cap C)$

$$= 0.8 + 0.2 - 0.16 = 0.84$$

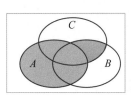

例 15

假設事件 A、B 為互斥事件，已知 $P(A) = 0.4, P(B) = 0.5$，求

(1) $P(A \cap B^c)$。　(2) $P(A \cup B)$。　(3) $P(A^c \cup B^c)$。

解

(1) $P(A \cap B^c) = P(A) = 0.4$

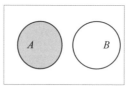

(2) $P(A \cup B) = P(A) + P(B) = 0.4 + 0.5 = 0.9$

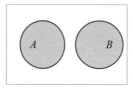

(3) $P(A^c \cup B^c) = P(A \cap B)^c = 1 - P(A \cap B) = 1 - 0 = 1$

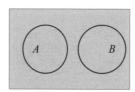

 例 16

某大專院校畢業生舉行兵役抽籤，已知 200 支籤中有 2 支陸戰隊。

(1)若此人排在第一個抽籤位置，他抽中陸戰隊的機率為何？

(2)若此人排在第二個抽籤位置，他抽中陸戰隊的機率為何？

(3)若此人排在第 50 個抽籤位置，他抽中陸戰隊的機率為何？

(4)此大專生希望抽中陸戰隊的機率最小，請問他應該排在第幾位抽籤？

解

(1) $\dfrac{2}{200} = \dfrac{1}{100}$

(2) 第二個抽籤中陸戰隊的機率＝(1 中 2 中)或(1 未中 2 中)

$$= \frac{2}{200} \times \frac{1}{199} + \frac{198}{200} \times \frac{2}{199} = \frac{1}{100}$$

(3) 第二個抽籤中陸戰隊的機率＝(前面 49 人沒人中籤接著輪他抽)或(前面 49 人中 1 支籤接著輪他抽)

$$故機率 = \frac{C_{49}^{198} C_1^2}{C_{50}^{200}} + \frac{C_{48}^{198} C_1^2 C_1^1}{C_{50}^{200}} = \frac{1}{100}$$

(4) 中籤機率一樣

例 17

一袋子中有 2 白球 1 紅球，甲、乙二人輪流由袋中取出一球，取出後放回，遊戲規則是：誰先抽到紅色球誰就獲勝。(1)問先抽後抽機率是否相同？ (2)若此遊戲改成取出後不放回，請問先抽後抽機率是否相同？

解

(1) 假設〇表抽中紅球，✗表沒有抽中紅球

甲先抽，甲贏的機率＝〇或✗✗〇或✗✗✗✗〇或…..

$$= (\frac{1}{3}) + (\frac{2}{3})(\frac{2}{3})(\frac{1}{3}) + \cdots = \frac{\frac{1}{3}}{1 - \frac{4}{9}} = \frac{3}{5}$$

甲後抽，甲贏的機率：$1 - \frac{3}{5} = \frac{2}{5}$

故先抽的人獲勝機率較大。

(2) 若取出後不放回就如同兵役抽籤一樣，先抽後抽贏的機率相同。

幾何機率

　　有關線、面或體積等幾何形狀所構成的樣本空間，則利用長度、面積或體積來衡量機率。假設某一區域 G 的長度(或面積、體積)大小為 D，質點可以落在區域 G 內的任何一點，假設某事件 $A=$「質點落在 G 內某一長度(或面積、體積)為 d 的區域 g 內」，則定義事件 A 的機率為

$$P(A) = \frac{d}{D}$$

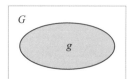

例 18

假設某數線上有兩點，座標分別為 $A(0), B(10)$。若 x 為 $\overline{AB}$ 上任一點，求

(1) $3 \le x \le 6$ 的機率。　　(2) $x = 3$ 的機率。　　(3) $0 < x < 10$ 的機率。

解

由幾何機率的定義，事件發生的機率等於事件的長度與總長度的比值

(1) $P(3 \le x \le 6) = \dfrac{3}{10}$

(2) $P(x = 3) = 0$　(因為 $x = 3$ 的長度為 0)

(3) $P(0 < x < 10) = \dfrac{10}{10} = 1$

由第 3 小題可知，機率等於 1，不一定是必然事件。

例 19

甲乙兩人約定上午 7 點到 8 點間在某餐廳碰面，雙方約定好先到的人只需要等 10 分鐘，若另一方尚未到即可離去，試求甲乙兩人能夠碰面的機率是多少？

解

假設甲在 7 點 x 分到達餐廳，乙在 7 點 y 分到達餐廳

根據題意 $0 \le x \le 60, 0 \le y \le 60$，故樣本空間 $S = \{(x, y) \mid 0 \le x \le 60, 0 \le y \le 60\}$

兩人能夠碰面的條件為 $|x-y| \le 10$，故碰面的事件 $A = \{(x,y) \big| |x-y| \le 10\}$

由上面的條件可知樣本空間為一正方形區域，事件 A 為兩條平行線

$-10 \le x - y \le 10$ 之內側，構成一平面圖形，如下所示：

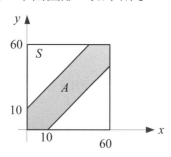

樣本空間 S 的面積：$60 \times 60 = 3600$，事件 A 的面積：$3600 - \dfrac{1}{2} \times 50 \times 50 \times 2 = 1100$

故碰面機率為：$\dfrac{1100}{3600} = \dfrac{11}{36}$

例 20

假設數線上有一點 $A(a)$，若 $X(x), Y(y), Z(z)$ 三點位於 $\overline{OA}$ 之間，O 為原點。現以 x, y, z 為三邊長，試求可以構成一個三角形的機率？

解

根據題意 $0 < x < a, 0 < y < a, 0 < z < a$ 故樣本空間

$S = \{(x,y,z) \big| 0 < x < a, 0 < y < a, 0 < z < a\}$ 構成一邊長為 a 的正立方體。

x, y, z 可組成三角形必須滿足三角不等式，故事件 A 為

$A = \{(x,y,z) \big| x + y > z, y + z > x, x + z > y\}$，若以圖形表示為

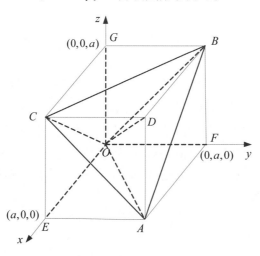

其中 $x+y>z$ 表 OBC 平面的右前平面

 $y+z>x$ 表 OAC 平面的右上平面

 $x+z>y$ 表 OAB 平面的前上平面

故事件 A 表示由 OABCD 所組成的六面體

樣本空間 S 的體積為 a^3

事件 A 的體積$=a^3-$三個錐體(OACE、OAFB、OBCG)

$$=a^3-3(\frac{1}{3}\times\frac{1}{2}a^2\times a)=\frac{1}{2}a^3$$

故可構成三角形的機率為 $\dfrac{a^3/2}{a^3}=\dfrac{1}{2}$

4.5 條件機率與獨立事件

在某些情況下，一個事件的發生必須在另一個事件發生的前提下，此事件才會發生。例如預測某地區淹水的機率，如果該地區不會下雨，那麼預測淹水的機率就毫無意義可言。在本節將介紹一個事件發生後，如何衡量另一個事件隨之發生的機率。

4.5.1 條件機率

條件機率(conditional probability)是衡量在 A 事件發生的條件下 B 事件發生的機率。在實際應用層面上，我們經常遇到兩事件間的發生彼此有前後的關聯性。例如保險給付，必須發生意外或生病才能獲得給付。因此保險業者在計算機率時，會使用條件機率，如因病身故，死於心臟病的機率多少？死於肺癌的機率多少？再根據計算出的機率收取適當的保費。條件機率將原本的樣本空間，縮小至發生的條件事件，故由條件機率所定義出的機率值會比原機率值大，較大的機率值可協助決策者進行決策。例如：政府想藉由肺癌宣導戒煙的重要性，假設台灣有 2 千萬人口，每年因肺癌去世的人有 5 千人，若使用傳統機率計算方式，可得台灣每年每人因肺癌去世的機率為5000/20000000=1/4000，這種數據對癮君子而言不痛不癢，最重要的是這個機率值並未將吸煙情況考慮進去；若換個方式採條件機率，台灣地區因肺癌去世的，每 10 個人裡面有 9 個是癮君子，也就是說抽煙罹患肺癌的機率高達 0.9，這個機率數值就能夠引起大眾對戒煙的重要性了。所以條件機率是某事件發生之後，再測量另一個事件發生的機率。條件機率的定義為：

設樣本空間 S，事件 A、B 為樣本空間中的任一非空事件，定義在事件 A 發生的情況之下，事件 B 發生之條件機率為

$$P(B|A) = \frac{P(A \cap B)}{P(A)}$$

若以 Venn's 圖進行解釋，根據上式觀察下圖，可以發現原來的樣本空間被縮小到 A 事件，而分子部分則為 A、B 兩事件的交集。

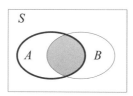

由上述可知條件機率具有下列之性質

$$P(\blacksquare|\blacktriangle) = \frac{P(\blacksquare \cap \blacktriangle)}{P(\blacktriangle)}$$

其中■、▲為任意集合運算式。

例 21

投擲 1 枚公正硬幣 5 次，假設 A 表示前 2 次出現正面的事件，B 表示 5 次中至少 3 次出現正面的事件，試求： (1) $P(A|B)$。　(2) $P(B|A)$。

解

(1) A 事件：正正 $\Rightarrow P(A) = \frac{1}{2} \times \frac{1}{2} = \frac{1}{4}$

B 事件：(正正正反反)或(正正正正反)或(正正正正正)

$P(B) = (\frac{1}{2})^5 \times \frac{5!}{3!2!} + (\frac{1}{2})^5 \times \frac{5!}{4!} + (\frac{1}{2})^5 = \frac{1}{2}$

A、B 同時發生：($\underset{固定}{\underline{正正}}$ 正反反)或($\underset{固定}{\underline{正正}}$ 正正反)或($\underset{固定}{\underline{正正}}$ 正正正)

$P(A \cap B) = (\frac{1}{2})^5 \times \frac{3!}{2!} + (\frac{1}{2})^5 \times \frac{3!}{2!} + (\frac{1}{2})^5 = \frac{7}{32}$

$\therefore P(A|B) = \frac{P(A \cap B)}{P(B)} = \frac{7/32}{1/2} = \frac{7}{16}$

(2) $P(B|A) = \frac{P(A \cap B)}{P(A)} = \frac{7/32}{1/4} = \frac{7}{8}$

4.5.2 條件機率的性質

條件機率也是機率的一種，只是把樣本空間的範圍縮小在某件先發生的事件上，故條件機率與一般機率的性質完全相同，唯一的差別就是多了「條件」。例如餘事件為 $P(A^c) = 1 - P(A)$，加了條件之後變成 $P(A^c|C) = 1 - P(A|C)$。簡單來說就是一般的機率性質後面加上「$|C$」，性質仍然成立。下面為常用的條件機率運算性質。

假設 A, B, C 為樣本空間 S 中的任三事件，且 $P(D) \neq 0$ 則

1.　$P(\phi|D) = 0$，ϕ 為空集。

2.　$0 \leq P(A|D) \leq 1$。

3.　$P(A^c|D) = 1 - P(A|D)$

4.　$P(A \cup B|D) = P(A|D) + P(B|D) - P(A \cap B|D)$。

　　$P(A \cup B \cup C|D) = P(A|D) + P(B|D) + P(C|D)$

　　$- P(A \cap B|D) - P(B \cap C|D) - P(C \cap A|D) + P(A \cap B \cap C|D)$。

5.　$A \subset B \implies P(A|C) \leq P(B|C)$。

例 22

假設某班學生有 40% 會說英語，有 25% 會說日語，有 15% 英語、日語都會講。今自班上任選一人，令 A 表選出會說英語的事件，B 表選出會說日語的事件，求

(1) $P(B|A)$。　　(2) $P(A^c|B)$。　　(3) $P(A^c|B^c)$。

解

根據題意知：$P(A) = 0.4, P(B) = 0.25, P(A \cap B) = 0.15$

(1)　$P(B|A) = \dfrac{P(A \cap B)}{P(A)} = \dfrac{0.15}{0.4} = \dfrac{3}{8}$

(2)　$P(A^c|B) = \dfrac{P(A^c \cap B)}{P(B)} = \dfrac{P(B) - P(A \cap B)}{P(B)} = \dfrac{0.25 - 0.15}{0.25} = \dfrac{2}{5}$

　　　其中 $P(A^c \cap B) = P(B) - P(A \cap B)$

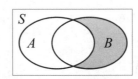

(3) $P(A^c|B^c) = \dfrac{P(A^c \cap B^c)}{P(B^c)} = \dfrac{P(A \cup B)^c}{1 - P(B)} = \dfrac{1 - P(A \cup B)}{1 - P(B)} = \dfrac{1 - 0.4 - 0.25 + 0.15}{1 - 0.25} = \dfrac{2}{3}$

其中 $P(A^c \cap B^c) = 1 - P(A \cup B)$

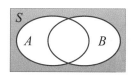

例 23

已知 $P(A|B) = 0.7, P(A) = 0.3, P(A \cap B) = 0.2$ ，求　(1) $P(A \cup B)$ 。　(2) $P(A^c|(A \cap B)^c)$ 。

解

(1)　$\because P(A|B) = 0.7 \Rightarrow \dfrac{P(A \cap B)}{P(B)} = 0.7 \Rightarrow \dfrac{0.2}{P(B)} = 0.7 \Rightarrow P(B) = \dfrac{2}{7}$

$P(A \cup B) = P(A) + P(B) - P(A \cap B) = \dfrac{3}{10} + \dfrac{2}{7} - \dfrac{2}{10} = \dfrac{27}{70}$

(2)　$P(A^c|(A \cap B)^c) = \dfrac{P(A^c \cap (A \cap B)^c)}{P(A \cap B)^c} = \dfrac{1 - P(A)}{1 - P(A \cap B)} = \dfrac{1 - 0.3}{1 - 0.2} = \dfrac{7}{8}$

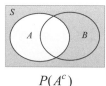
$P(A^c)$

$P(A \cap B)^c$

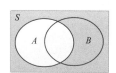

4.5.3 乘法原理

當完成一件事需要經過 k 個步驟，每個步驟分別有 $n_1, n_2, \cdots, n_k$ 種方法，那麼完成此件事一共有 $n_1 \times n \times \cdots \times n_k$ 種方法，這就是樣本計數的乘法原理。例如：有 3 種不同的鞋子，4 種不同的褲子，以及 5 種不同的上衣，那麼一共有 $3 \times 4 \times 5 = 60$ 種不同的搭配。乘法原理有個特性，那就是可不計次序，但事件需逐一發生。以上述穿著的搭配，先選擇鞋子，選完鞋子之後再選褲子，最後再選擇上衣。故兩事件同時發生的機率與上述原理相同，即

1.　$P(A \cap B) = P(A)P(B|A) = P(B) \times P(A|B)$

2.　$P(A \cap B \cap C) = P(A)P(B|A)P(C|A \cap B) = P(B)P(A|B)P(C|A \cap B)$

$\qquad = P(B)P(C|B)P(A|B \cap C) = P(C)P(B|C)P(A|B \cap C)$

$\qquad = P(C)P(A|C)P(B|A \cap C) = P(A)P(C|A)P(B|C \cap A)$

有關積事件的機率與條件機率的關係,下列圖形可協助記憶。等式的右邊分成兩個部分,第一部份把事件 A、B、C 隨意寫出來,第二部份則將前面的事件全數置入後方以交集連結起來。

$$P(A \cap B \cap C) = P(A) \quad P(B|A) \quad P(C|A \cap B) = P(B) \quad P(A|B) \quad P(C|A \cap B)$$

例 24

試證明: $P(A \cap B \cap C) = P(A)P(B|A)P(C|A \cap B)$。

證明

$$P(A)P(B|A)P(C|A \cap B) = P(A) \times \frac{P(A \cap B)}{P(A)} \times \frac{P(A \cap B \cap C)}{P(A \cap B)} = P(A \cap B \cap C)$$

例 25

假設某電腦的文件檔案在下列三種情況同時發生時會消失:

情況 I:硬碟毀損
情況 II:沒有備份
情況 III:沒有列印出來

假設硬碟毀損的機率是 0.05,在硬碟毀損的條件下沒有備份的機率是 0.15,在硬碟毀損且沒有備份的條件下沒有列印出來的機率是 0.6。請問此文件檔會消失的機率是多少?

解

假設事件 A:硬碟毀損

　　事件 B:檔案無備份

　　事件 C:檔案無列印出來

由題意知: $P(A) = 0.05, P(B|A) = 0.15, P(C|A \cap B) = 0.6$

當三個事件同時發生時檔案遺失,故檔案遺失機率為

$$P(A \cap B \cap C) = P(A)P(B|A)P(C|B \cap A) = 0.05 \times 0.15 \times 0.6 = 0.0045$$

例 26

假設由區域 S 中隨機選取任一點 (x,y)，其中區域 $S = \{(x,y) : (x-1)^2 + (y+2)^2 \leq 9\}$，試求 $P(y > 0 \mid x = 2)$。

解

區域 S 為一圓心 $(1,-2)$，半徑 $r = 3$ 的圓內部

根據條件機率的定義為在 $x = 2$ 的條件下，求 y 的值大於 0 的機率

幾何關係如右圖所示

先求直線 $x = 2$ 與圓的兩個交點 A, B

$$\begin{cases} (x-1)^2 + (y+2)^2 = 9 \\ x = 2 \end{cases} \Rightarrow x = 2, y = -2 \pm 2\sqrt{2}$$

故 $P(y > 0 \mid x = 2) = \dfrac{\overline{AC}}{\overline{AB}} = \dfrac{-2+2\sqrt{2}}{4\sqrt{2}} = \dfrac{2-\sqrt{2}}{4}$

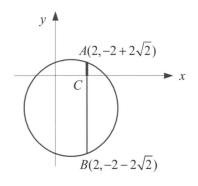

4.5.4 獨立事件

所謂獨立事件(independent enent)係指某個事件發生的機率不受其他事件所影響，機率值維持固定不變，我們就說此事件與其他事件為獨立事件。獨立事件一般可區分成二事件獨立、三事件獨立，大部分情況僅探討到三事件獨立。

1. 二事件獨立

假設 A, B 為樣本空間 S 中的任二事件，若滿足

$$P(A \mid B) = P(A) \quad 或 \quad P(B \mid A) = P(B)$$

則稱 A, B 為獨立事件，否則稱為相依事件。

又根據條件機率的定義知 $P(A \mid B) = \dfrac{P(A \cap B)}{P(B)}$，代入獨立事件的定義中可得 $P(A \cap B) = P(A) \cdot P(B)$。

2. 獨立事件的性質

若事件 A,B 為獨立事件，則

$$P(A \cap B) = P(A) \cdot P(B)$$

綜合上述可知，若事件 A,B 滿足下列三個條件任一個，則稱 A,B 為獨立事件

1. $P(A|B) = P(A)$。
2. $P(B|A) = P(B)$。
3. $P(A \cap B) = P(A) \cdot P(B)$。

A,B 若以 Venn's 圖的概念可用下列圖形表示。

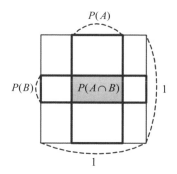

3. 三事件獨立

假設 A,B,C 為樣本空間 S 中的任意三事件，若同時滿足下列二條件

1. A,B,C 兩兩獨立，即
   $P(A \cap B) = P(A) \cdot P(B)$ 且 $P(B \cap C) = P(B) \cdot P(C)$ 且 $P(C \cap A) = P(C) \cdot P(A)$
2. $P(A \cap B \cap C) = P(A) \cdot P(B) \cdot P(C)$

則稱 A,B,C 為三事件獨立。

請注意，上面兩個條件缺一不可，因為滿足兩兩事件獨立，三事件未必為獨立事件。

定理：

若 A、B 為獨立事件則 A^c 與 B^c，A^c 與 B，A 與 B^c 皆獨立

例 27

若 A 與 B 為獨立事件，證明：A^c 與 B^c 亦為獨立事件。

解

本題欲證明 A^c 與 B^c 為獨立事件，相當於證明 $P(A^c \cap B^c) = P(A^c)P(B^c)$ 成立。

$$P(A^c \cap B^c) = P(A \cup B)^c = 1 - P(A \cup B) = 1 - \left[P(A) + P(B) - P(A \cap B) \right]$$

$$= 1 - P(A) - P(B) + P(A)P(B) = (1 - P(A)) - P(B)(1 - P(A))$$

$$= (1 - P(A))(1 - P(B)) = P(A^c)P(B^c)$$

故 A^c 與 B^c 亦為獨立事件

例 28

請問是否存在 A、B、C 三事件滿足兩兩獨立，但卻不滿足三事件獨立，請你舉一個例子說明。

解

假設一個特殊的正四面體骰子，四個面的顏色分別為：白、藍、紅、白藍紅

A 表出現含白色事件，B 表出現含藍色事件，C 表出現含紅色事件，則

$$P(A) = P(B) = P(C) = \frac{2}{4} = \frac{1}{2}$$

$$\left. \begin{array}{l} P(A \cap B) = \dfrac{1}{4} = P(A) \cdot P(B) \\[2mm] P(A \cap C) = \dfrac{1}{4} = P(A) \cdot P(C) \\[2mm] P(B \cap C) = \dfrac{1}{4} = P(B) \cdot P(C) \end{array} \right\} 滿足兩兩事件獨立$$

$$P(A \cap B \cap C) = \frac{1}{4} \neq P(A) \cdot P(B) \cdot P(C) = \frac{1}{8} \Rightarrow 不滿足三事件獨立$$

故兩兩事件獨立，並不保證三事件一定獨立

例 29

若事件 A,B,C 為獨立事件,已知 $P(A)=0.8, P(B)=0.5, P(C)=0.4$,試求 $P(A \cup (B \cap C))$。

解

由範例 14 知

$$P(A \cup (B \cap C)) = P(A) + P(B \cap C) - P(A \cap B \cap C)$$

$$= P(A) + P(B)P(C) - P(A)P(B)P(C)$$

$$= 0.8 + 0.5 \times 0.4 - 0.8 \times 0.5 \times 0.4 = 0.84$$

4.5.5 互斥事件

互斥事件是指兩事件互相排斥,因此若 A,B 為樣本空間 S 中的任意二事件,且 A,B 兩事件沒有交集或其交集的機率等於 0,則稱 A,B 兩事件為互斥事件(mutually exclusive),也就是說若 A,B 滿足

$$P(A \cap B) = 0$$

則 A,B 為互斥事件。

由於空集與任何集合交集的機率都等於 0,並且也滿足獨立事件的定義,故空集與任意集合既互斥且獨立。獨立與互斥是兩個截然不同的概念,獨立與互斥兩者間沒有任何關聯性。也就是說互斥不一定會獨立、獨立也不一定會互斥。

例 30

考慮 A、B、C、D 四個事件,假設 $P(A)=0.6, P(C)=0.3, P(D)=0.4, P(A|C)=0.4$,$P(C|B)=1, P(D|A)=0, P(A|B)=0.6, P(A \cap B)=0.1, P(C \cup D)=0.7$。試問下列 6 組事件 (1)$A$、$B$ (2)A、C (3)A、D (4)B、C (5)B、D (6)C、D 中哪幾組為獨立事件?哪幾組互為互斥事件?

解

(1) A、B(解題要訣:從與 A、B 相關的已知下手,其餘題目原理皆相同)

$$\because P(A|B) = 0.6 \Rightarrow \frac{P(A \cap B)}{P(B)} = 0.6 \Rightarrow \frac{0.1}{P(B)} = 0.6$$

$\therefore P(B) = \dfrac{1}{6}$ ，又 $P(A \cap B) = 0.1 = P(A)P(B) = 0.6 \times \dfrac{1}{6}$ ，故 A,B 獨立

$\because P(A \cap B) = 0.1 \neq 0 \quad \Rightarrow A,B$ 不互斥

(2) $A \cdot C$

$\quad P(A|C) = 0.4 \neq P(A) = 0.6 \quad \Rightarrow A,C$ 不獨立

$\quad P(A|C) = \dfrac{P(A \cap C)}{P(C)} = 0.4$

$\quad \Rightarrow P(A \cap C) = 0.4 \times 0.3 = 0.12 \neq 0$

$\quad \Rightarrow A,C$ 不互斥

(3) $A \cdot D$

$\quad P(D|A) = 0 \neq P(D) = 0.4 \quad \Rightarrow A,D$ 不獨立

$\quad \because P(D|A) = \dfrac{P(A \cap D)}{P(A)} = 0 \Rightarrow P(A \cap D) = 0 \quad \Rightarrow A,D$ 互斥

(4) $B \cdot C$

$\quad \because P(C|B) = \dfrac{P(C \cap B)}{P(B)} = 1 \Rightarrow P(C \cap B) = P(B) = \dfrac{1}{6} \neq 0 \quad \Rightarrow B,C$ 不互斥

$\quad \because P(C|B) = 1 \neq P(C) = 0.3 \quad \Rightarrow B,C$ 不獨立

(5) $B \cdot D$

因為沒有給 B,D 的交集或者條件機率，因此 B、D 無法判斷是否獨立與互斥

(6) $C \cdot D$

$\quad \because P(C \cup D) = P(C) + P(D) - P(C \cap D) = 0.7 \Rightarrow 0.3 + 0.4 - P(C \cap D) = 0.7$

$\quad \Rightarrow P(C \cap D) = 0 \quad \Rightarrow C,D$ 互斥

$\quad \because P(C|D) = \dfrac{P(C \cap D)}{P(D)} = 0 \neq P(C) = 0.3 \quad \Rightarrow C,D$ 不獨立

樣本空間的分割

所謂分割(partition)就是把樣本空間按照某一個分類標準分成若干個子集，且子集之間彼此互斥，同時滿足所有子集的聯集恰等於樣本空間，這種將樣本空間分成許多不重疊的子集就稱為「分割」。例如按照血型把全校所有的學生分成四個子集，這就是一種分割。分割必須滿足兩個條件，一是互斥，二是全部子集的聯集恰等於樣本空間。分割的種類按照分類標準的個數可區分成單一分割與雙重分割以及多重分割。分割的目的在於更細部的探討樣本空間內含某同類型的元素內涵，例如研究十二星座的人格特質。在本節中將介紹樣本分割的相關機率求值問題。

4.6.1 單一分割

所謂單一分割是指，把樣本空間依照某一個分類標準切割成若干彼此互斥的子集，且滿足全部子集的聯集等於樣本空間，故單一分割的定義為：

假設 $A_1, A_2, A_3, \cdots, A_n$ 為樣本空間 S 中的任意 n 個子集，若同時滿足

1.　　$A_1 \cup A_2 \cup A_3 \cup \cdots \cup A_n = S$
2.　　$A_1, A_2, A_3, \cdots, A_n$ 彼此兩兩互斥

則稱　$\{A_1, A_2, A_3, \cdots, A_n\}$　為樣本空間 S 之一分割，若以 Venn's 圖的概念表示，如下圖所示。

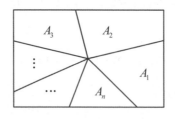

4.6.2 雙重分割

若將樣本空間 S，按兩個分類標準 A 與 B 進行分割，$\{A_1, A_2, \cdots, A_r\}$，$\{B_1, B_2, \cdots, B_c\}$，所有子集的聯集等於樣本空間並且滿足彼此兩兩互斥，則稱 A 與 B 為樣本空間 S 之雙重分割。例如將某校全體學生按照星座與性別進行分割，那麼星座與性別即為構成全體學生的一個雙重分割。雙重分割若以 Venn's 圖的概念表示，如下圖所示。

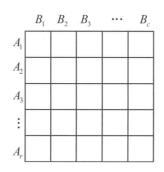

4.6.3 聯合機率

機率呈現的方式有：機率分配表、機率分配圖以及數學函數等三種方式，把雙重分割的兩個不同類別事件同時發生的機率寫在一個表格內，此表格稱為聯合機率分配表，而表格內的機率值稱為聯合機率(joint probability)。比較正式的講法，所謂聯合機率是指在雙重分割下，兩事件交集的機率。聯合機率也是機率的一種，故滿足下列兩個條件：

1. $P(A_i \cap B_j) \geq 0, \forall i = 1, 2, \ldots, r; j = 1, 2, \ldots, c$

2. $\sum_{j=1}^{c} \sum_{i=1}^{r} P(A_i \cap B_j) = 1$

其中 A、B 表樣本空間中的兩個分類，例如 A 表性別、B 生肖；而 i、j 則分別表示兩個分類的細項。例如 A_1 表示男生、A_2 表示女生；B_1 表示生肖是鼠、B_2 表示生肖是牛、…。下表即為聯合機率分配表。

A ＼ B	B_1	B_2	…	B_c
A_1	$P(A_1 \cap B_1)$	$P(A_1 \cap B_2)$	…	$P(A_1 \cap B_c)$
A_2	$P(A_2 \cap B_1)$	$P(A_2 \cap B_2)$	…	$P(A_2 \cap B_c)$
⋮	⋮	⋮	⋮	⋮
A_r	$P(A_r \cap B_1)$	$P(A_r \cap B_2)$	…	$P(A_r \cap B_c)$

對於離散型的樣本空間，使用聯合機率分配表可以協助求算相關的機率問題，讓求解過程較為順利。但缺點是需要花時間把聯合機率分配表內部的機率逐一求出來。因此對於某些聯合機率的求值問題，若可以的話，直接求值速度比較快。在第五章會進一步介紹進階的應用。

例 31

某大學根據某年度 EMBA 申請入學的學生，詢問選擇就讀該大學的原因進行調查，結果如下表所示：

	申請原因		
	知名度	學費	其他
男性	400	300	70
女性	350	250	30

(1)請根據上述表格製作聯合機率分配表。

(2)請驗證機率總和是否等於 1？

解

(1) 將列聯表的次數換算成機率，即所謂聯合機率分配表

總人數為： $400 + 300 + 70 + 350 + 250 + 30 = 1400$

將列聯表中的次數除以總次數 1400，即得聯合機率分配表

	申請原因		
	知名度	學費	其他
男性	$\dfrac{2}{7}$	$\dfrac{3}{14}$	$\dfrac{1}{20}$
女性	$\dfrac{1}{4}$	$\dfrac{5}{28}$	$\dfrac{3}{140}$

(2) $\dfrac{2}{7} + \dfrac{3}{14} + \dfrac{1}{20} + \dfrac{1}{4} + \dfrac{5}{28} + \dfrac{3}{140} = 1$

4.6.4 邊際機率

所謂邊際機率(marginal probability)，是指將雙變數機率函數中的某個變數固定，求另一個變數所對應的機率總和。若為離散型的樣本空間，以聯合機率分配表來看，邊際機率就是將聯合機率分配表中同一列或同一行各事件機率加總起來，所得到的值即稱為邊際機率，邊際機率如下表所示：

B ＼	B_1	B_2	…	B_c	A 的邊際機率
A_1	$P(A_1 \cap B_1)$	$P(A_1 \cap B_2)$	…	$P(A_1 \cap B_c)$	$P(A_1)$
A_2	$P(A_2 \cap B_1)$	$P(A_2 \cap B_2)$	…	$P(A_2 \cap B_c)$	$P(A_2)$
⋮	⋮	⋮	⋮	⋮	⋮
A_r	$P(A_r \cap B_1)$	$P(A_r \cap B_2)$	…	$P(A_r \cap B_c)$	$P(A_r)$
B 的邊際機率	$P(B_1)$	$P(B_2)$	…	$P(B_r)$	總和=1

← 此列機率加總即為 A_1 的邊際機率

↑
此行機率加總即為 B_1 的邊際機率

下面是它的數學表示法：

$$P(A_i) = \sum_{j=1}^{c} P(A_i \cap B_j) \quad , i = 1, 2, ..., r \qquad P(B_j) = \sum_{i=1}^{r} P(A_i \cap B_j) \quad , j = 1, 2, ..., c$$

上面兩個式子分別稱為 A、B 的邊際機率。A 的邊際機率總和必定等於 1，同理 B 的邊際機率總和也必定等於 1，即

$$\sum_{i=1}^{r} P(A_i) = 1 \qquad \sum_{j=1}^{c} P(B_j) = 1$$

在第五章中會進一步探討有關聯合機率分配與邊際機率的進階觀念。

例 32

假設從網路上調查 200 位大學生對於立法委員調薪的問題意見如下表：

	贊成(B_1)	反對(B_2)
男生(A_1)	40	120
女生(A_2)	10	30

(1)分別求男生且贊成及女生且贊成調薪的機率。

(2)分別求出贊成以及反對的邊際機率。

解

(1) 男生且贊成：$P(A_1 \cap B_1) = \dfrac{40}{200} = 0.2$　　女生且贊成：$P(A_1 \cap B_1) = \dfrac{10}{200} = 0.05$

(2) 贊成：$P(B_1) = \dfrac{40+10}{200} = \dfrac{50}{200} = 0.25$　　反對：$P(B_2) = \dfrac{120}{200} + \dfrac{30}{200} = 0.75$

例 33

下表為有關國內 A、B、C 三所大學生畢業進入北、中、南三地區就業之相關計表，根據此表回答下列問題。

	北	中	南
A 校	0.10	0.13	0.02
B 校	0.20	0.12	0.08
C 校	0.10	0.15	0.10

(1) $P(B|南)$。　　　(2) $P(中|C)$。　　　(3) $P(A^c|中)$。

(4) $P(中|A^c)$。　　　(5) $P(中|B\cup C)$。　　　(6) $P(北\cup中|C)$。

(7) 隨機抽出一位學生，他是 A 學校畢業生且於南部就業的機率？

解

由於本題會使用到邊際機率，故先將各行與各列之邊際機率求出，如下表所示：

	北區	中區	南區	總和
A 校	0.10	0.13	0.02	0.25
B 校	0.20	0.12	0.08	0.4
C 校	0.10	0.15	0.10	0.35
總和	0.4	0.4	0.2	1.00

(1) $P(B|南)=\dfrac{P(B\cap南)}{P(南)}=\dfrac{0.08}{0.2}=\dfrac{2}{5}$

(2) $P(中|C)=\dfrac{P(中\cap C)}{P(C)}=\dfrac{0.15}{0.35}=\dfrac{3}{7}$

(3) $P(A^c|中)=\dfrac{P(A^c\cap中)}{P(中)}=\dfrac{0.12+0.15}{0.4}=\dfrac{27}{40}$

(4) $P(中|A^c)=\dfrac{P(中\cap A^c)}{P(A^c)}=\dfrac{0.12+0.15}{0.4+0.35}=\dfrac{9}{25}$

(5) $P(中|B\cup C)=\dfrac{P(中\cap(B\cup C))}{P(B\cup C)}=\dfrac{0.12+0.15}{0.4+0.35}=\dfrac{9}{25}$

(6) $P(北\cup中|C)=\dfrac{P((北\cup中)\cap C)}{P(C)}=\dfrac{0.1+0.15}{0.35}=\dfrac{5}{7}$

(7) $P(南\cap A)=0.02$

貝氏定理

貝氏定理源自於十八世紀英國數學家湯瑪斯‧貝氏(Thomas Bayes)，貝氏認為某事件發生的機率會受到前面的事件所影響。例如玩撲克牌遊戲假設一開始每人先發三張牌，接下來得到同花順的機率會受到一開始發的三張牌所影響，故求同花順的機率需將一開始發的三張牌考慮進去。貝氏定理也是條件機率的一種。

4.7.1 全機率

正式介紹全機率理論前我們先舉一個例子說明。假設你是一家電腦製造商，在購買零組件時，為了分散風險，通常不會只向某單一製造廠訂貨，你會同時和好幾家製造廠簽約訂貨。假設某零組件有 40% 來自於甲廠商、50% 來自乙廠商、10% 來自丙廠商，這些廠商僅瞭解自家產品的瑕疵率，當然這三家廠商會告訴你，他們的產品瑕疵率是多少。根據你的貨源以及各廠商的瑕疵率計算你所進的零件全體瑕疵率就稱為全機率。簡單來說就是若某事件 A 的發生是由其他事件所共同組成，那麼把來源事件所佔的比率考慮進去求得的 A 事件發生機率，這種求解過程就稱為全機率。接下來我們用較嚴謹的數學方式進行說明。

假設 $\{A_1, A_2, \cdots, A_n\}$ 為樣本空間 S 之一分割，B 為任意事件，且 $P(A_i) > 0, i = 1, 2, \cdots, n$，則事件 B 發生的機率為

$$P(B) = P(B \cap A_1) + P(B \cap A_2) + \cdots + P(B \cap A_n)$$
$$= \sum_{i=1}^{n} P(B \cap A_i)$$
$$= \sum_{i=1}^{n} P(A_i) \cdot P(B|A_i)$$

全機率若以 Venn's 圖呈現，如下圖所示：

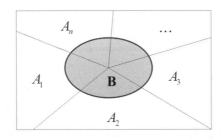

簡單來說，全機率就是求上圖中陰影部分的機率值，通常在計算 B 事件機率時，可採用決策樹來協助，下一節中我們將介紹如何使用決策樹求全機率。

4.7.2 決策樹

決策樹(decision tree)也有人稱為機率樹(probability tree)，可以說是樹狀圖的一種，它和樹狀圖不同的地方在於樹狀圖紀錄的是發生次數，而決策樹所紀錄的是發生機率。它是一種用來協助求全機率值以及貝氏定理的好用工具。

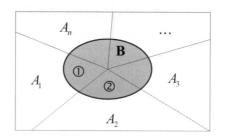

上面的 Venn's 圖若改用決策樹呈現的話，可改為：

$$A_1 \xrightarrow{P(A_1)} A_1 \xrightarrow{P(B|A_1)} B$$
$$\xrightarrow{P(A_2)} A_2 \xrightarrow{P(B|A_2)} B$$
$$\xrightarrow{P(A_3)} A_3 \xrightarrow{P(B|A_3)} B$$
$$\vdots$$
$$\xrightarrow{P(A_n)} A_n \xrightarrow{P(B|A_n)} B$$

通常畫決策樹時，旁邊的路徑標示發生該事件的機率，如上圖所示。將每一條路徑的機率加總起來，就是發生事件 B 的全體機率，即

$$P(B) = P(A_1) \times P(B|A_1) + P(A_2) \times P(B|A_2) + \cdots + P(A_n) \times P(B|A_n)$$

其中 $P(A_1) \times P(B|A_1)$ 表示陰影部分①的面積；$P(A_2) \times P(B|A_2)$ 表示陰影部分②的面積，其餘依此類推。若決策樹為 2 層以上時，原理相同，如下圖所示：

$$A_1 \xrightarrow{P(A_1)} A_1 \xrightarrow{P(B_1|A_1)} B_1 \xrightarrow{P(C|A_1 \cap B_1)} C$$
$$\xrightarrow{P(A_2)} A_2 \xrightarrow{P(B_2|A_2)} B_2 \xrightarrow{P(C|A_2 \cap B_2)} C$$
$$\xrightarrow{P(A_3)} A_3 \xrightarrow{P(B_3|A_3)} B_3 \xrightarrow{P(C|A_3 \cap B_3)} C$$
$$\vdots$$
$$\xrightarrow{P(A_n)} A_n \xrightarrow{P(B_n|A_n)} B_n \xrightarrow{P(C|A_n \cap B_n)} C$$

將每一條路徑的機率加總起來，就是事件 C 發生的全體機率，即

$$P(C) = P(A_1) \times P(B_1|A_1) \times P(C|A_1 \cap B_1) + \cdots + P(A_n) \times P(B_n|A_n) \times P(C|A_n \cap B_n)$$

例 34

假設有甲、乙兩個袋子,甲袋內有 7 個白球 3 個紅球,乙袋內有 2 個白球 8 個紅球。某人從甲、乙兩袋中任選一袋,假設他選中甲袋的機率為 $\frac{2}{3}$,選中乙袋的機率為 $\frac{1}{3}$,接著再從選出的袋子中隨機選取一球,求此球顏色是紅球的機率?

解

根據題意可畫出決策樹如下,粗線即為取出紅球事件

$$P(紅) = P(甲)P(紅|甲) + P(乙)P(紅|乙) = \frac{2}{3} \times \frac{3}{10} + \frac{1}{3} \times \frac{8}{10} = \frac{14}{30} = \frac{7}{15}$$

例 35

某寵物店只有黑、白兩種顏色的狗,其中有六成的公狗為黑色,七成母狗為白色。假設二隻白狗所生的小狗必為白色,二隻黑狗所生的小狗有五成是黑色,若二隻狗顏色不同所生的狗有四成為黑色。現隨機選取一隻小狗,試求顏色為白色的機率?

解

根據題意可繪出決策樹如下圖所示,粗線即為取出小狗為白色事件

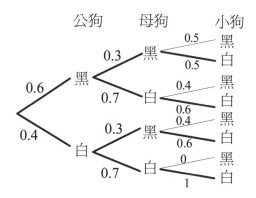

$P(小白狗) = P(公黑) \times P(母黑|公黑) \times P(小白狗|公黑 \cap 母黑)$

$+ P(公黑) \times P(母白|公黑) \times P(小白狗|公黑 \cap 母白)$

$+ P(公白) \times P(母黑|公白) \times P(小白狗|公白 \cap 母黑)$

$+ P(公白) \times P(母白|公白) \times P(小白狗|公白 \cap 母白)$

$= 0.6 \times 0.3 \times 0.5 + 0.6 \times 0.7 \times 0.6 + 0.4 \times 0.3 \times 0.6 + 0.4 \times 0.7 \times 1 = 0.694$

例 36

某大門平常上鎖的機率為 $\frac{2}{3}$，將一支此大門鑰匙與其他 9 支混在一起，拿其中 4 支去開此門，求此門被打開的機率。

解

根據題意可繪出決策樹如下圖所示，粗線即為門被打開的事件

$$
\begin{array}{l}
\dfrac{C_1^1 C_3^9}{C_4^{10}} = \dfrac{2}{5} \quad 打開 \\
2/3 \quad 上鎖 \qquad \qquad 關 \\
\qquad \qquad \quad 3/5 \\
1/3 \quad 沒鎖 \qquad \qquad 打開 \\
\qquad \qquad \quad 1
\end{array}
$$

$P(打開) = P(上鎖) \times P(打開|上鎖) + P(沒鎖) \times P(打開|沒鎖) = \dfrac{2}{3} \times \dfrac{2}{5} + \dfrac{1}{3} \times 1 = \dfrac{3}{5}$

4.7.3 貝氏定理

貝氏定理(Bayes theorem)也是屬於條件機率的一種，貝氏定理使用在當某事件發生後，再評估此事件來源的機率，故有人稱它事後機率。舉例來說，假設有一架太空梭其隔熱片分別來自 A、B、C 三家廠商，已知 A 廠商的不良率為 0.01，B 廠商的不良率為 0.1，C 廠商的不良率為 0.7。這架太空梭的隔熱片有 0.99990 來自 A 廠商，有 0.00009 來自 B 廠商，有 0.00001 來自 C 廠商。在某次飛行中不幸因為隔熱片的關係而墜毀，那麼 A、B、C 應該如何來分擔理賠金額？第一種方法，可以依各原製造廠的瑕疵率 0.01:0.1:0.7 來分擔理賠金，這種分擔法稱為事前機率(prior probability)。但顯然的這種分擔模式對 C 廠商非常不公平，儘管 C 廠商的瑕疵率最高，但來自 C 廠商的隔熱片只佔全體的 0.00001，貝氏認為應該把比率一併考慮進去，重新計算機率，這種把佔有率考慮進去再重新計算得到的機率，稱為事後機率(posterior probability)。

貝氏定理除了上述用處外,利用貝氏定理亦可進行機率的反推。例如上述太空梭隔熱片零件,若發現瑕疵品,反推此瑕疵品來自各製造廠的機率。下面是貝氏定理的數學模型:

假設 $\{A_1, A_2, \cdots, A_n\}$ 為樣本空間 S 之一分割,B 為任意事件,若 $P(B) > 0, P(A_i) > 0$,$i = 1, 2, \cdots, n$,則對每一自然數 $k, 1 \le k \le n$,在事件 B 發生的條件下,事件 A_k 發生的機率為:

$$P(A_k|B) = \frac{P(A_k \cap B)}{P(B)} = \frac{P(A_k) \cdot P(B|A_k)}{\sum_{i=1}^{n} P(A_i) \cdot P(B|A_i)}$$

由上式可以看出貝氏定理和 4.5.1 節條件機率之間的關聯性,在前述的條件機率中,事件 B 只是一個單一的集合,而在貝氏定理中事件 B 則由各分割組合而成,故貝氏定理中的分母是由各子集所發生的機率加總而得,我們可以這麼說,貝氏定理是條件機率的一個特例。上面的數學公式若以 Venn's 圖顯示,可看出分母為 B 事件的機率,而分子則為斜線的機率。故 $P(A_k|B)$ 指斜線部分在 B 中所佔的比率。

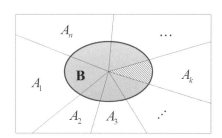

若進一步使用決策樹來表示的話,分母為全部路徑機率總和,而分子則為下圖粗線那條路徑的機率。

若把事件 B 想像成太空梭的不良品總集合,那麼 $P(A_k|B)$ 就是指在已知不良品的情況下來自 A_k 廠商的機率。建議求解貝氏機率相關應用問題時,儘量採用決策樹的方式求解。

例 37

某工廠由 A、B、C 三部機器生產量之比例分別為 30%、25%、45%。根據以往記錄顯示，A、B、C 三部機器生產的不良率分別為 1%、1.2%、2%。某天，該工廠品管工程師從當日生產出來之產品中隨機抽取一件詳細檢視後，發現其為不良品，請問該不良品由哪台機器生產出來的可能性最大？其機率為何？

解

依據題意繪出決策樹如下所示：

$$P(A|不良) = \frac{0.3 \times 0.01}{0.3 \times 0.01 + 0.25 \times 0.012 + 0.45 \times 0.02} = \frac{1}{5}$$

$$P(B|不良) = \frac{0.25 \times 0.012}{0.3 \times 0.01 + 0.25 \times 0.012 + 0.45 \times 0.02} = \frac{1}{5}$$

$$P(C|不良) = \frac{0.45 \times 0.02}{0.3 \times 0.01 + 0.25 \times 0.012 + 0.45 \times 0.02} = \frac{3}{5}$$

決策樹：
- 0.3 → A → 0.01 → 不良
- 0.25 → B → 0.012 → 不良
- 0.45 → C → 0.02 → 不良

來自 C 機器生產出來的可能性最大，其機率為 $\frac{3}{5}$

例 38

某工廠依過去記錄顯示，大約有 1%的產品因雜質過高而不符合標準。今該工廠購置一組新型之品質檢驗設備，依據供應商之報告，該設備有 5%的機率會將合格的產品誤測為含雜質量過高，另外它也有 2%的機率會將含雜質量過高之產品誤測為合格。

(1)若該設備檢驗結果顯示含雜質過高，該產品真正含雜質過高的機率為何？

(2)若該設備檢驗結果顯示合格，則產品真正為合格的機率為何？

解

(1) 依照題意繪出決策樹如下所示：

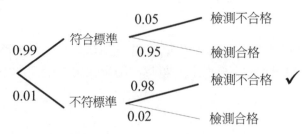

分母為粗線路徑機率總和，分子為打✔路徑機率

故機率為：$\dfrac{0.01 \times 0.98}{0.99 \times 0.05 + 0.01 \times 0.98} = \dfrac{0.0098}{0.0593} = \dfrac{98}{593} \approx 0.165$

(2) 分母為粗線路徑機率總和，分子為打✔路徑機率

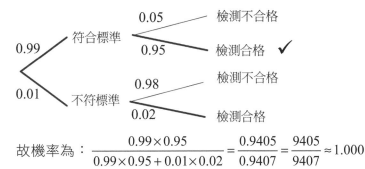

故機率為：$\dfrac{0.99 \times 0.95}{0.99 \times 0.95 + 0.01 \times 0.02} = \dfrac{0.9405}{0.9407} = \dfrac{9405}{9407} \approx 1.000$

例 39

假設某石油探勘公司想在某一個國家探勘石油，根據資料顯示，若已知開採地區有石油蘊藏，則開挖一口石油井可開採出石油的機率為 0.80，但根據該地區開採的經驗，該地區有石油的機率只有 0.25，試求下列各小題：

(1) 若於該地區開採一口油井，但卻挖不到油，試問該地區有石油蘊藏的機率為何？

(2) 若於該地區同時且獨立的開採兩口油井，但卻挖不到油，試問該地區有石油蘊藏的機率為何？

解

(1) $\dfrac{0.25 \times 0.2}{0.25 \times 0.2 + 0.75 \times 1} = \dfrac{1}{16}$

(2) $\dfrac{0.25 \times 0.04}{0.25 \times 0.04 + 0.75 \times 1} \approx 0.0132$。

例 40

某寵物店只有黑、白兩種顏色的狗,其中有六成的公狗為黑色,七成母狗為白色。假設二隻白狗所生的小狗必為白色,二隻黑狗所生的小狗有五成是黑色,若二隻狗顏色不同所生的狗有四成為黑色。現隨機選取一隻小白狗,試求其父母親顏色為不同色之機率?

解

根據題意可繪出決策樹如下圖所示:

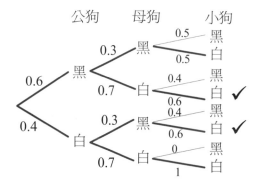

$$所求 = \frac{0.6 \times 0.7 \times 0.6 + 0.4 \times 0.3 \times 0.6}{0.6 \times 0.3 \times 0.5 + 0.6 \times 0.7 \times 0.6 + 0.4 \times 0.3 \times 0.6 + 0.4 \times 0.7 \times 1} \approx 0.467$$

4.8 串聯與並聯系統之可靠度

　　並聯與串聯系統似乎應該存在於電路學或力學(彈簧系統)上,但實際上在工程管理應用上十分普遍。例如工廠組裝的輸送帶就是一種串聯系統,而並聯系統則廣泛的應用在提升系統的可靠度上面,例如醫院的緊急電力供應系統就是以並聯的方式運作。並聯或串聯系統的可靠度可利用數學機率模型進行計算,例如下面的系統,若以數學模型其可靠度可表示成:$P((A \cap B) \cup (C \cap D))$。在本節中將介紹如何計算這兩種系統的可靠度。

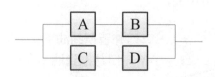

4.8.1 串聯系統

所謂串聯系統(series system)是把所有的元件用一條線路連接起來，示意圖如下圖所示：

對串聯系統而言，整個系統能夠運作必須滿足所有的元件都正常才行，只要有一個元件毀損，整個系統就停擺，故採用串聯系統的架構可以讓檢修人員立即發現錯誤。因此，串聯系統常用於當元件運作失常需要立刻停止系統的架構設計上，例如電路系統中的保險絲，或者電動手扶梯的安全感應元件等。串聯系統中的每個元件都必須正常運作，整個系統才能正常運行。假設每個元件運作彼此獨立，故串聯系統可靠度為每個單獨元件正常運作之交集，即

$$P(E_1 \cap E_2 \cap \cdots \cap E_n) = P(E_1)P(E_2)\cdots P(E_n) = \prod_{i=1}^{n} P(E_i)$$

簡單來說，串聯系統的可靠度等於所有元件可靠度之乘積。

4.8.2 並聯系統

所謂並聯系統(parallel system)是指每個元件獨自占一個線路，最後再整個結合起來，如下圖所示：

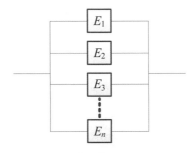

並聯系統最大的特色在於只要有一個元件能夠正常運作，整個系統便能運作，因此若每個元件的穩定度不高或者欲提高整體的穩定度可採用並聯系統。例如牆壁上的美術燈或者升降梯的纜線，都屬於並聯系統。因並聯系統只要一個元件正常即可運作，故整個系統的可靠度為所有元件正常運作之聯集，即

$$P(E_1 \cup E_2 \cup \cdots \cup E_n) = 1 - P(E_1^c \cap E_2^c \cap \cdots \cap E_n^c) = 1 - P(E_1^c)P(E_2^c)\cdots P(E_n^c)$$
$$= 1 - \prod_{i=1}^{n} P(E_i^c)$$

簡單來說，並聯系統可靠度等於 1 減全部元件之餘事件機率的乘積。由於串聯、並聯系統各有其優缺點，因此大部分的系統皆為這兩種的組合，不論是何種組合，在推導整個系統的可靠度時，可以把一個大系統切割成若干的子系統，每一個子系統皆為單純的並聯或串聯系統，然後把每個子系統用另外一個等效的機率元件取代，不斷地重複這種過程，最後就可以推求出整個系統的可靠度，藉由下面的範例可以讓我們了解系統切割與取代的過程。

例 41

求下列系統之可靠度，假設每個元件可靠度 0.9。

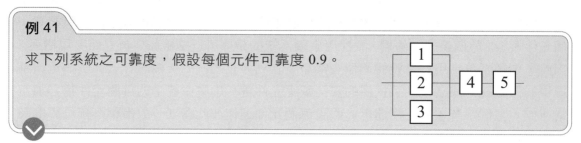

解

先求元件 1,2,3 所構成的子系統可靠度，並以元件 6 來取代此子系統，此子系統為並聯系統，故系統可靠度為

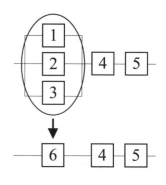

$$P(6) = P(1 \cup 2 \cup 3)$$
$$= 1 - P(1^c)P(2^c)P(3^c) = 1 - 0.1^3 = 0.999$$

經元件 6 取代後，整個系統變成串聯系統，故系統可靠度為

$$P(6 \cap 4 \cap 5) = P(6)P(4)P(5) = 0.999 \times 0.9 \times 0.9 = 0.80919$$

例 42

考慮下列之系統如圖所示，全部系統能夠正常運作的條件是：元件 3,4,5 三個中至少要兩個元件是好的；元件 7,8,9,10 四個中至少要三個元件是好的。假設每個元件的可靠度為 0.9，求此系統的可靠度是多少？

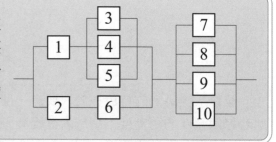

解

步驟 1： 先求子系統 A 與 B 之可靠度，因題目設限，必須依題意解答，故與並聯無關。

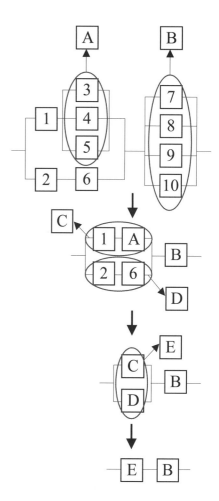

根據題意 A 子系統可靠度=洽二個元件正常或洽三個元件皆正常，即

$$P(A) = C_2^3(0.9)^2(0.1) + C_3^3(0.9)^3 = 0.972$$

B 子系統可靠度=洽三個元件正常或洽四個元件皆正常

$$P(B) = C_3^4(0.9)^3(0.1) + C_4^4(0.9)^4 = 0.9477$$

步驟 2：1,A 為串聯之子系統，以元件 C 取代，即

$$P(C) = P(1 \cap A) = P(1)P(A)$$
$$= 0.9 \times 0.972 = 0.8748$$

2,6 串聯之子系統，以元件 D 取代，即

$$P(D) = P(2 \cap 6) = P(2)P(6) = 0.9 \times 0.9 = 0.81$$

步驟 3：求 C,D 之並聯子系統，以元件 E 取代，即

$$P(E) = P(C \cup D) = 1 - P(C^c)P(D^c)$$
$$= 1 - (1 - 0.8748)(1 - 0.81) \approx 0.9762$$

步驟 4：最後變成 E,B 串聯系統，故系統可靠度為

$$P(E \cap B) = P(E)P(B) = 0.9762 \times 0.9477 \approx 0.9251$$

1. 試判斷下列隨機試驗為有限或無限樣本空間？

   (1) 投擲一粒骰子，直到出現點數 1 點為止。

   (2) 從一副撲克牌中挑選一張牌，直到出現 A 為止。

   (3) 投擲一枚硬幣十次，觀察正面出現次數。

   (4) 觀察硬碟的壽命。

   (5) 連續射箭十次，觀察命中靶心的次數。

2. 已知樣本空間 $S=\{a,b,c,d,e,f,g\}$，集合 $A=\{a,c,d,e\}$，集合 $B=\{a,d,e,f,g\}$，求下列各小題：

   (1) $A \cap B$ (2) $A \cup B$ (3) A^c, B^c (4) $A-B, B-A$

3. 求 1 到 500 的自然數中

   (1) 2 或 3 或 5 的倍數有多少個？

   (2) 不為 2 且不為 5 的倍數有多少個？

   (3) 為 2 的倍數但不為 3 的倍數有多少個？

   (4) 2 且 3 的倍數但不為 5 的倍數有多少個？

4. 投擲一枚公正硬幣三次，試求至少出現一個正面的機率？

5. 我國自用小汽車的牌照號碼，前兩位為大寫英文字母，最後四位為數字，例如 AB—0950。若最後一位數字不用 4，且後四位數字沒有 0000 這個號碼，那麼我國可用的自用小汽車牌照號碼有多少個？

6. 從一個 10 人的俱樂部，選出一位主任，一位幹事和一位會計，且均由不同人出任，如果 10 人中甲君和乙君不能同時被選上，那麼總共有多少種選法？

7. 從一副撲克牌中隨機抽取一張撲克牌，求下列三事件中至少發生一件事件的機率。

   事件 A：取出的撲克牌顏色為紅色

   事件 B：取出的撲克牌不具人像圖

   事件 C：取出的撲克牌點數可被三整除(A 表示 1 點，J、Q、K 分別表示 11、12、13 點)

8. 求下列各題之機率：

   (1) 任選 10 人，生日恰巧在 10 個不同月份出生的機率？

   (2) 任選 5 人，生日恰巧都在特定的 2 個月份的機率？

9. 某火災警報系統有兩組警報器 A 及 B，經實驗發現，若有火災發生，警報器 A 有 90%的機會可偵測出，警報器 B 有 95%的機會可偵測出，兩組警報器同時偵測出有 88%的機會。根據這些資訊，計算：

   (1) 火災發生時，至少有一警報器可偵測出的機會。

   (2) 火災發生時，警報器 B 偵測出但警報器 A 未偵測出的機會。

10. 某大專院校畢業生舉行兵役抽籤，已知 10 枝籤中有 1 枝陸戰隊

    (1) 若此人排在第一個抽籤位置，他抽中陸戰隊的機率為何？

    (2) 若此人排在第二個抽籤位置，他抽中陸戰隊的機率為何？

    (3) 若此人排在最後一個抽籤位置，他抽中陸戰隊的機率為何？

    (4) 此大專生希望抽中陸戰隊的機率最小，請問他應該排在第幾位抽籤？

11. 一袋子中有 3 白球 2 紅球，甲、乙二人輪流由袋中取出一球，取出後放回，遊戲規則是：誰先抽到紅色球誰就獲勝。

    (1) 問先抽、後抽機率是否相同？

    (2) 若此遊戲改成取出後不放回，請問先抽、後抽機率是否相同？

12. 假設有數線長為 15 單位，座標從 2 到 15，x 為此數線上任意點，求

    (1) $4 < x < 10$ 的機率　　(2) $x = 4$ 的機率　　(3) $2 < x \leq 15$ 的機率。

13. 假設有一個圓形箭靶，半徑 100cm，紅心半徑 10cm。某人隨意朝此靶射擊，已知此人打中此靶的條件下，求他命中紅心的機率？

14. 甲乙兩人約定上午 7 點到 8 點間在某餐廳碰面，雙方約定好先到的人只需要等 15 分鐘，若另一方尚未到即可離去，試求甲乙兩人能夠碰面的機率是多少？

15. 假設數線上有兩點 A、B，座標分別為 $A(0), B(10)$，在 $\overline{AB}$ 上任取兩點 P、Q，試求 $\overline{AP}$ 的長度大於 $\overline{AQ}$ 長度 2 倍的機率。

16. 全班有 50 位學生，第一次段考，國文有 45 位及格，英文有 35 位及格，數學有 30 位及格；國文、英文兩科不及格有 3 位，國文、數學兩科不及格有 2 位，英文、數學兩科不及格有 8 位，國文、英文、數學三科都不及格者有 1 位，請問國文、英文、數學三科都及格者有幾位？

17. 假設班上同學一共有 30 人，求至少有兩人是同月同日出生的機率是多少？

18. 設 x，y 為二正數，試求 $P(xy > 21 \mid x + y = 10)$

19. 已知 $P(B) = 0.3, P(A \mid B) = 0.4, P(B \mid A) = 0.5$，求 $P(A)$ 等於多少？

20. 已知 $P(A \cap B) = \dfrac{1}{6}, P(A \cap B^c) = \dfrac{1}{12}, P(A^c \cap B) = \dfrac{1}{2}$，試求：

    (1) $P(A \cup B)$　　(2) $P(A^c \cup B^c)$　　(3) $P(A^c \cap B^c)$

    (4) A、B 是否為互斥事件？　　(5) A、B 是否為獨立事件？

21. 某一機器設備設計一電路系統如右圖，若每一個開關獨立運作的故障機率均為 0.03，試問此電路系統能正常運作的機率為何？

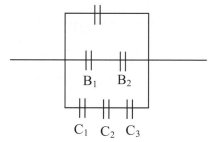

22. 已知一電路系統如下圖，若每一個開關獨立運作的可靠度為 P，求整個系統能正常運作的機率。

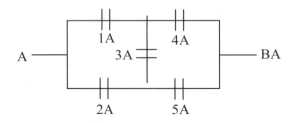

23. 某大學調查其學生居住地的分佈情形，結果如下表所示：

	居住地		
	北部	中部	南部
男性	600	450	300
女性	550	400	200

(1) 請根據上述表格製作聯合機率分配表。

(2) 從此大學隨機選取一人，請問居住在北部的機率為何？

24. 已知某年各季降雨機率如表所示，請計算下列各小題的機率。

季節	春	夏	秋	冬
降雨機率	0.4	0.3	0.2	0.3

(1) 請問該年度整年的降雨機率？

(2) 若某天下雨，請問當天所屬的季節是秋季的機率？

(3) 若某天為晴天，請問當天所屬的季節是秋季的機率？

25. 一實驗鼠有長毛、短毛兩種，其中公鼠有四分之三是短毛，四分之一為長毛；母鼠長短毛的比例和公鼠相同。已知兩隻長毛實驗鼠的下一代必為長毛，但是兩隻短毛實驗鼠的後代有九分之七為短毛，若父母為一隻長毛一隻短毛，則五分之三的後代為短毛。現在任意取出一公一母配對，這兩隻實驗鼠生下一隻長毛鼠，其父母為一長毛一短毛的機率為何？

26. 國內旅客搭乘飛機時需經過一個電子儀器檢查，如果有金屬物品在身上，儀器會發出聲音的機率是 0.97，但有時即使身上無金屬物品，儀器也有可能發出聲音，機率是 0.05，若已知一般旅客身上帶有金屬物品的機率是 0.3。

(1) 試問一班飛機有 150 位乘客，大約有幾人在經過儀器檢查時會發出聲音？

(2) 若某旅客經過儀器檢查時發出聲音，請問此旅客身上有金屬物品的機率是多少？

27. 若 A、B 為樣本空間中的兩事件，試證明：$P(A \cap B) \geq 1 - P(A^c) - P(B^c)$

28. 擲一公正硬幣三次，試求出現恰一個正面的機率？

29. 假設任意取得之統一發票,其號碼之個位數字為 0,1,2,...,9 中任一數字,且這些數出現之機率均相等。今自三個不同場所,各取得一張統一發票,則三張發票號碼個位數字中

    (1) 至少有一個為 0 之機率為何?

    (2) 至少有一個為 0,且至少有一個為 9 之機率為何?

30. 某家汽車出租公司,擁有 10 部進口車與 15 部國產車,但一次最多只能提供 6 部車出租。假設某人欲向此汽車出租公司租車,他以隨機選取的方式任選 6 部汽車。

    (1) 求此人選出的 6 部汽車中,恰 3 部進口車 3 部國產車的機率?

    (2) 求此人選出的 6 部汽車中,至少 3 部國產車的機率?

31. 樂透彩券有 1-42 號共 42 個號碼,購買時每張彩券可選 6 個號碼(不重複);開獎時由機器開出 6 個一般號碼與 1 個特別號碼(不重複),若購買彩券所選之 6 個號碼與 6 個一般號碼相同(不論順序,其餘獎項亦然),則中了頭獎,若所選 6 個號碼與 5 個一般號碼相同,剩下 1 個與特別號碼相同,則中了二獎;若所選 6 個號碼與 3 個一般號碼相同,則中了普獎。請問:

    (1) 每張彩券中頭獎的機率為多少?

    (2) 中二獎的機率為多少?

    (3) 中普獎的機率為多少?

    (4) 某一號碼(如 39 號),被機器連續選中 3 期(包含一般號碼 6 個,與特別號碼 1 個,共 7 個機會)的機率為多少?

32. 假設 A、B 為任意兩事件,若滿足 $P(A) + P(B) = 1$,則我們說 A、B 兩事件必然為互斥事件,您認為這句話是否正確?為何?

33. 已知: $P(A \cap B) = 0.2, P(A) = 0.6, P(B) = 0.5$,求 $P(A^c \cup B^c)$。

34. 假設 A、B 為兩獨立事件,且 $P(A \cap B) = 0.1, P(A \cap B^c) = 0.2$,求 $P((A \cup B)^c)$。

35. 假設某張音樂 CD 共有 12 首歌,但你只喜歡其中二首歌。現以隨機播放的方式播放此張音樂 CD,求剛好播放到第三首歌的時候恰把你喜歡的二首歌曲播完的機率?

36. 假設 A、B、C 為三事件,且 $C \subset B \subset A, P(B) > 0$,試證明 $P(C|B) \geq P(C|A)$

37. 從一副撲克牌中隨機抽取一張撲克牌,求下列三事件中至少發生一事件的機率。

    事件 A:取出的撲克牌為紅心

    事件 B:取出的撲克牌不具人像圖

    事件 C:取出的撲克牌點數可被三整除(A 表示 1 點,J、Q、K 分別表示 11、12、13 點)

38. 假設 A 事件表示博碩大學圖書館某本統計學被借出的事件，B 表示另一本同類型的書被借出的事件。若已知 $P(A \cup B) = 0.7, P(A \cap B) = 0.2$，且 A、B 為獨立事件，$P(A) > P(B)$，試求 $P(A), P(B)$。

39. 試求下列各小題之機率。

    (1) $P(B) = P(A|B) = P(C|A \cap B) = \frac{1}{2}$，試求 $P(A \cap B \cap C)$。

    (2) 假設 $P(A) = P(B) = P(B|A) = \frac{1}{2}$，試問 A、B 是否獨立？

    (3) 假設已知 A、B 為獨立事件，且 $P(A) = \frac{1}{2}, P(B^c) = \frac{1}{4}$，試求 $P(A \cup B)$。

40. 已知 A、B、C 三個事件的機率分別為：$P(A) = 0.5, P(B) = 0.4, P(C) = 0.3$，且 A 與 C 為互斥事件、A 與 B 為獨立事件，$P(B \cap C) = 0.05$。假設 A^c, B^c, C^c 分別表示 A、B、C 的餘事件，求下列各小題的機率。

    (1) $P(A^c \cup C)$ (2) $P(C^c \cup B)$ (3) $P(B^c | A)$ (4) $P(C^c | B)$

41. 已知 $P(A|B) = \frac{1}{4}$，$P(A) = \frac{1}{3}$，$P(B|A) = \frac{1}{2}$，求 $P(B)$。

42. 已知 $P(A) = \frac{1}{3}, P(B) = \frac{1}{4}$，$P(A \cap B) = \frac{1}{6}$，求 $P(A^c | B^c)$。

43. 假設事件 A 與事件 B 獨立，事件 A 與事件 C 互斥，事件 B 與事件 C 獨立。若 $P(A) = \frac{1}{3}, P(B) = \frac{1}{4}, P(C) = \frac{1}{5}$，求 $P(A \cup B \cup C)$。

44. 已知 $P(A) = 0.4, P(B) = 0.6$，求下列各題：

    (1) 若 A、B 為獨立事件，求 $P(A \cap B^c)$ 及 $P(A^c \cup B^c)$。

    (2) 若 A、B 為互斥事件，求 $P(A \cap B^c)$ 及 $P(A^c \cup B^c)$。

45. 假設 A、B 為獨立事件，已知 $P(A)=0.4$，$P(B)=0.5$，求這兩事件中恰好只有一事件發生的機率？

46. 一位人事經理針對公司的 400 名員工做一份研究調查，他根據員工是否抽煙及去年一年請假是否超過十天整理資料如下表所示：，

請假天數	抽煙(B_1)	不抽煙(B_2)
10 天以內(A_1)	34	260
10 天以上(A_2)	78	28

假設從 400 名員工中隨機選取一人，求下列各小題之機率。

(1) 此人沒有抽煙的機率？

(2) 此人請假超過十天以上的機率？

(3) 不抽煙與請假十天以內是否為互斥事件？

(4) 沒有抽煙與請假次數超過十天以上是否為獨立事件？

47. 下表為針對 A、B、C、D 四家醫院裡面護士的性別之調查表。

	A	B	C	D	總和
男(M)	0	3	15	2	20
女(W)	65	42	25	18	150
總和	65	45	40	20	170

試求下列各小題之機率。

(1) $P(C)$　　(2) $P(W)$　　(3) $P(W \cap C)$　　(4) $P(W \cup C)$　　(5) $P(W|C)$

48. 某汽車銷售員針對不同性別的買主與喜好的汽車款式進行調查。並將調查結果整成聯合機率分配表，如下表所示:(假設性別與汽車款式為獨立事件)

款式	性別		總和
	女 (B_1)	男 (B_2)	
四輪傳動 (A_1)	0.12		
前輪傳動 (A_2)			
總和	0.40		1.00

試求已知有一位顧客購買一輛四輪傳動汽車，試求他是男生的機率？

49. 假設某旅行社擁有 200 位員工，其中有 90 位是女性，110 位是男性。已知這家旅行社的員工中，其中有 100 位擁有導遊執照。假設性別與是否擁有執照為獨立事件，試求:

(1) 隨機抽取一位員工，他是男性且擁有導遊執照的機率為何？

(2) 假設此家旅行社最近有 20 人又通過了導遊執照的考試，現隨機抽取一位員工，已知他是女性的條件下且擁有導遊執照的機率為何？

50. 博碩公司有 A、B、C 三個工廠生產汽車，已知 A 廠占總生產線的 $\frac{1}{6}$，其中有 20% 有問題，B 廠占總生產線的 $\frac{2}{6}$，其中有 10%有問題，C 廠占總生產線的 $\frac{3}{6}$，其中有 5%有問題。現在您從經銷商購得一汽車，假設 A,B,C 分別表示該車是由各廠生產，D 表示所購得汽車為一問題車，試求下列機率。

(1) $P(A|C^c)$　　(2) $P(D|C^c)$　　(3) $P(D)$　　(4) $P(A|D)$。

51. 某保險公司將客戶區分成兩個類別，一類為高意外風險，另一類為低意外風險。根據保險公司的調查，高意外風險客戶在一年內發生意外的機率為 0.4，低意外風險客戶則為 0.2。

(1) 假設此保險公司客戶中有 30%的客戶屬於高意外風險，試求此保險公司一年內客戶發生意外的機率是多少？

(2) 假設該公司某客戶在某年內發生意外，請問此客戶屬於高意外風險群的機率為何？

(3) 若該公司另一客戶已知第二年發生意外，請問他第一年也發生意外的機率為多少？

52. 某一公司之甲、乙二股東要競選一董事席次，已知甲股東會當選之機率為 0.6，乙股東會當選之機率為 0.4，假如甲被選上，此一公司會發展一新產品之機率為 0.8，如乙被選上，此一公司會發展一新產品之機率為 0.3，那麼此公司會發展新產品的機率為多少？

53. 假設有甲、乙兩個袋子，甲袋內有 7 個白球 3 個紅球，乙袋內有 2 個白球 8 個紅球。某人從甲乙兩袋中任選一袋，假設他選中甲袋的機率為 $\frac{2}{3}$，選中乙袋的機率為 $\frac{1}{3}$，接著再從選出的袋子中隨機選取一球，已知此球的顏色是紅球，求此球分別來自甲、乙兩袋的機率為何？

54. 博碩公司的員工一年中有兩次機會可以調薪，考慮下列兩個事件：

事件 A：小李在 1 月份會調薪

事件 B：小李在 7 月份會調薪

假設小李在 1 月份及 7 月份調薪的機率皆為 0.4，1 月份及 7 月份同時調薪的機率為 0.1，試求下列各小題：

(1) 小李一年至少調薪一次的機率？

(2) 小李在一年中僅調薪一次的機率？

(3) 小李在本年度沒有調薪的機率？

(4) 已知小李在本年度 1 月時已經調薪一次了，試問今年 7 月份會調薪的機率？

(5) 已知小李在本年度 1 月時沒有調薪，試問今年 7 月份也沒有調薪的機率？

55. 假定某人欲購買一部中古車，而市場上的中古車中大約有 30%其性能有瑕疵。今聘請一位專家協助其選車，該專家依其過去的記錄顯示，對於有瑕疵的車子，百分之九十無法逃過其眼光；另一方面對於性能原本是好的車子，其判斷正確的機率高達 80%，只有 20%的機會會判斷錯誤。請問在下列的情況中，某人買到一部有瑕疵的車子之機率？

(1) 聘請專家以前。

(2) 如果專家宣稱該部車子有瑕疵。

(3) 如果專家宣稱該部車子性能沒有問題。

56. 某工廠使用 A_1、A_2、A_3 三部機器製造某產品，已知 A_1 機器生產全部產品之 20%，A_2 生產全部產品之 30%，A_3 生產全部產品之 50%。依過去經驗知，A_1、A_2、A_3 三部機器所生產的產品不良率分別為 5%、4%、2%，試求：

(1) 由全部產品中任意抽出一個，其為不良品的機率？

(2) 已知其為不良品後，計算此產品來自 A_1 機器的機率？

57. 假設在飛鴿傳書寄信過程中，每 10 封信會有 1 封遺失，再假設曹操收到任何信件都會回信。在關羽寄信給曹操，但卻沒有收到曹操回信的狀況下，曹操有收到關羽的信之機率為何？

58. 已知博碩大學大一、大二、大三、大四的比率為 0.2、0.2、0.3、0.3，而此校女生大一到大四有男友的比率分別為 0.1、0.3、0.6、0.9，一位就讀此校大一的男生迪達在舞會認識了一位女生優娜，請問：

    (1) 優娜沒有男友的機率？

    (2) 已知優娜沒有男友且她是大一的機率？

    (3) 若已知優娜來自大三或大四，她沒有男友的機率？

59. 有兩個袋子，第一個袋子裡面裝有兩枚五元銅板，第二個袋子裡面裝有一枚五元銅板及一枚一元銅板。假設兩個袋子被選取的機率相同，現隨機選取一個袋子再從袋中取出一枚銅板，已知取出的銅板為五元銅板，試求此銅板來自第二個袋子的機率？

60. 某廠牌的電扇使用兩個馬達驅動扇葉，此廠牌電扇的馬達 90%來自甲供應商，10%來自乙供應商。已知甲供應商所生產的馬達不良率為 5%，乙公司的不良率為 3%。現隨機抽取一台電扇，已知兩個馬達皆是壞的，試求這兩個馬達來自甲公司的機率為何？

61. 某公司刊登廣告招募員工，商管學院的畢業學生所寄來應徵的履歷表中有 50%主修財管，已知若主修財管的學生將有 20%的機會獲得面試，非財管的學生僅 10%的機會獲得面試。只要獲得面試，將有 10%的機會被錄取，現隨機抽取一位被錄取的畢業生，請問他不是主修財管的機率？

62. 考選擇題時，有一題目某生可能知道答案，亦可能用猜題的。假設該生知道答案的機率為 p，猜題的機率為 $1-p$。假設猜對答案的機率為 $\frac{1}{m}$ (m 選一之單選題)。

    已知該生答對該題，求他知道答案的機率為何？

63. 政府為因應國家財政困難，預定發行 A、B、C 三種公債，各種債券發行佔總債券發行數目的比例如下：A 公債 70%，B 公債 20%，C 公債 10%。而各種債券視其性質不同，在各區的發行情形亦不同。其發行數目如下表所示：

	院轄市	省轄市	一般鄉市鄉鎮
A 公債	50%	40%	10%
B 公債	60%	20%	20%
C 公債	90%	5%	5%

    假設某一張政府公債在院轄市發行，此一公債為 A 公債的機率為何？

64. 有 999 個正常硬幣(有人頭和梅花兩面)，另外有 1 個硬幣是「兩面都是人頭」。現在這 1000 個硬幣放在一個袋子，隨機抽出一個硬幣，然後連續投 10 次，結果 10 次都是人頭。請問：這個硬幣剛好是「兩面都是人頭」的機率是多少？

65. 甲、乙、丙三射手同射一靶，每人一發。假設甲、乙、丙的射擊命中率各為 α, β, γ，其中 $\alpha < \beta < \gamma$。今三人對同一靶各射擊一發，此靶不被射中的機率為 $\dfrac{4}{15}$，此靶恰被射中一發的機率為 $\dfrac{7}{15}$，恰被射中二發的機率為 $\dfrac{7}{30}$，假設個人命中靶面的事件為獨立事件，試求 α, β, γ 的值。

66. 某出租汽車管理員清點公司內部全部的汽車資料，針對公司的汽車車齡與製造地點(國產或進口)進行整理，如下表所示：

製造地	車齡(年)				總和
	0-2	3-5	6-10	10 以上	
進口車	40	35	20	5	100
國產車	35	45	15	5	100
總和	75	80	35	10	200

試求下列各小題。

(1) 車齡超過五年的機率為何？

(2) 隨機選取一輛汽車，求此輛汽車車齡車小於三年或是進口車的機率？

(3) 隨機選取一輛汽車，已知此輛汽車是進口車，求它的車齡超過兩年的機率？

(4) 隨機選取一輛汽車，已知此輛汽車車齡超過兩年，求它不是進口車的機率？

67. 觀察下列系統，每個元件彼此獨立

(1) 假設每個元件的可靠度為 0.9，求整個系統的可靠度。

(2) 若希望整個系統的可靠度達到 0.99，試求每個元件的可靠度必須至少多少以上？(假設每個元件可靠度相同)

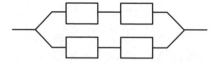

68. 某人到學校有甲、乙兩條路線可供選擇，早上定時從家裡出發，走甲路線有 $\dfrac{1}{10}$ 的機率會遲到，走乙路線則有 $\dfrac{1}{5}$ 的機率會遲到。無論走哪一條路線，只要不遲到，下次就走同一條路線，否則就換另一條路線。假設他第一天走甲路線，則第三天也走甲路線的機率為何？

CHAPTER

05

機率分配

在第一章我們介紹了母體分配與樣本分配，接著在本章中將介紹機率分配。所謂機率分配是指將母體分配或樣本分配中的每個分類對應次數除以全體總數後所形成的分配，機率分配圖的縱軸則是相對次數或機率。

隨機變數與機率分配

　　在高中數學機率單元中，介紹過如何從一個袋中取出若干不同顏色球的機率，或從一個撲克牌中取出 3 張 A 的機率。在古典機率理論，我們直接以事件或元素的名稱來指定某個事件或樣本點，就如同黑桃 A、紅心 5 等方式敘述。但某些事件無法以單一數值呈現，例如從這次地震到下一次地震所需時間。在這種情況下，可利用隨機變數來代表某事件，在本節中將介紹如何使用隨機變數來代表樣本空間與事件，以及使用隨機變數後相關符號表示法以及運算性質。

5.1.1 隨機變數

　　近代機率與古典機率最大的不同在於隨機變數(random variable)的引進，隨機變數通常以大寫英文字母 $X,Y,Z,...$ 表示某事件或某集合，而小寫字母 $x,y,z,...$ 稱為變量，表示該事件或集合的樣本點或元素。例如 X 表示投擲一個骰子出現的點數，$x = 1,2,3,4,5,6$，若使用集合表示法可寫成 $X = \{x|x = 1,2,3,4,5,6\}$。同理，我們也可以使用 A 表示血型，$a = 1$ 表 A 型血、$a = 2$ 表 B 型血、$a = 3$ 表 O 型血、$a = 4$ 表 AB 型血，若使用集合表示法可寫成 $A = \{a|a = 1,2,3,4\}$。

　　隨機變數是一個定義於樣本空間的實數函數，一般可解釋為樣本出現結果(outcome)的分類標準，也可視作一個樣本空間的總代表。例如 X 代表投擲二枚硬幣出現正面的次數，那麼小寫英文字母 x 的情況有 0,1,2 三種數值。我們以投擲一枚硬幣為例，假設 H 表正面 T 表反面，下圖表示從古典機率導入隨機變數概念的對應狀況。

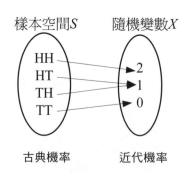

5.1.2 隨機變數的種類

根據所對應資料型態的不同,隨機變數可分為離散型隨機變數與連續型隨機變數。

1. 離散型隨機變數

若某隨機變數可能值的個數為有限個,或無限個但可計數,稱為離散型隨機變數。例如某隨機變數表示投擲一個骰子三次,么點出現的次數;或表示從一個袋中取出一球直到取出紅球才停止所需次數,皆屬於離散型隨機變數。

2. 連續型隨機變數

若隨機變數可能值的個數為無限多個且不可計數者,屬於連續型隨機變數。例如從現在起到下一次地震發生所需時間;或每天降雨量等,皆屬於連續型隨機變數。

例 1

試寫出下列隨機變數之可能值?

(1)X 代表擲一骰子四次,出現 1 點的次數。

(2)一箱中裝有 10 個球,其中有 4 個紅球,6 個白球。連續抽出 5 個球,令 Y 代表可能出現之紅球個數。

(3)一箱中裝有 10 個球,其中有 4 個紅球,6 個白球,以取出放回方式抽樣。令 Z 代表直到抽出一個紅球才停止所需的次數。

(4)T 代表從現在起到下一次地震所需時間。

(5)W 表每日降雨量。

解

(1)　$x = 0, 1, 2, 3, 4$

(2)　$y = 0, 1, 2, 3, 4$

(3)　$z = 1, 2, 3, \cdots$

(4)　$t > 0$

(5)　$w \geq 0$

5.1.3 機率分配

所謂機率分配(probability distribution)是指某隨機變數之各變量(小寫英文字母)所對應的機率值稱為機率分配。例如 X 代表投擲二枚硬幣出現正面的次數,則 $x=0$ 對應的機率為 $\frac{1}{4}$;$x=1$ 對應的機率為 $\frac{1}{2}$;$x=2$ 對應的機率為 $\frac{1}{4}$;這種對應關係就稱為機率分配。機率分配的表示法一般有:機率分配圖、機率分配表以及機率函數等三種方式呈現。如上述投擲兩枚硬幣若以機率分配表的方式呈現,如下表所示:

x	0	1	2
$f(x)$	$\frac{1}{4}$	$\frac{1}{2}$	$\frac{1}{4}$

5.1.4 機率函數

由於隨機變數與其對應的機率值滿足一對一或多對一的對應關係,因此隨機變數與對應的機率值可使用數學函數的關係呈現。機率函數(probability function)的表示法有 $f(x)$ 與 $P(x)$ 兩種,這兩種符號都有人使用,對大部分的數學家而言比較習慣使用 $f(x)$ 來表示機率函數;但對大部分的人文社會學者比較喜歡採用 $P(x)$ 來表示機率函數。

以投擲一枚銅板 2 次來說,下圖左側的兩個對應關係為古典機率的計數集合與隨機變數之對應關係;而右側的兩個圖形則為隨機變數與機率函數的對應關係。

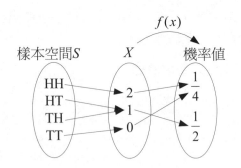

上面的對應關係,若改用函數的方式表示,則表示成:

$$f(x) = \begin{cases} \frac{1}{4}, & x = 0,2 \\ \frac{1}{2}, & x = 1 \\ 0, & o.w. \end{cases}$$

若使用圖形的方式，離散型隨機變數則使用線條圖呈現：

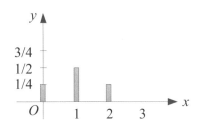

根據隨機變數所對應的資料型態為離散型資料或連續型資料，機率函數可分成下列二種：

1. 機率質量函數(probability mass function, pmf)

若隨機變數所代表的資料型態為離散型資料，則其所對應的機率函數稱為機率質量函數，簡稱質量函數。

2. 機率密度函數(probability density function, pdf)

若隨機變數所代表的資料型態為連續型資料，則其所對應的機率函數稱為機率密度函數，簡稱密度函數。

國內有些教科書並沒有將機率函數區分得這麼細，一律稱為機率密度函數。因此，pdf 可以代表機率函數的統稱。至於如何辨別資料是連續型態或離散型態，可以根據給定的變數型態進行判斷。若隨機變數的數值為一區間型態，如：$1 < x < 10$，則此隨機變數為連續型態；若隨機變數的數值為一定值型態，如：$x = 1, 2, \ldots, 6$，則此隨機變數為離散型態。

5.1.5 離散型隨機變數之機率分配函數

假設 X 為離散隨機變數，其機率分配可用函數表示，即

$$f(x_i) = P(X = x_i) = f(X = x_i), \quad i = 1, 2, 3, \ldots, n$$

且滿足下列兩個條件：

1.　 $0 \le f(x_i) \le 1, \quad i = 1, 2, 3, \ldots, n$

2.　 $\sum_{i=1}^{n} f(x_i) = 1$

則稱 $f(x)$ 為離散型隨機變數 X 的機率分配函數(probability distribution function)或機率質量函數(probability mass function, pmf)。

機率質量函數表示法有下列三種方式:

1.　機率分配函數。

2.　機率分配線條圖。

3.　機率分配表。

一般若無特別指定,且隨機變數的數量不大的時候,採用機率分配表的方式呈現較為容易,同時也較容易理解。

註:在統計學裡, $f(2) = f(x = 2) = P(2) = P(x = 2)$,左式符號的意義皆相同。

> **例 2**
>
> 假設 X 為投擲二公正骰子之點數和,試分別用機率分配函數、機率分配線條圖、機率分配表,求 X 的機率分配。

解

$$f(x) = \begin{cases} \dfrac{1}{36}, & x = 2,12 \\ \dfrac{2}{36}, & x = 3,11 \\ \dfrac{3}{36}, & x = 4,10 \\ \dfrac{4}{36}, & x = 5,9 \\ \dfrac{5}{36}, & x = 6,8 \\ \dfrac{6}{36}, & x = 7 \\ 0, & o.w. \end{cases}$$

機率分配函數　　　　　　　　　　　　　　　　機率分配線條圖

上式還可以再進一步透過數學的方法把機率函數進行簡化,即

$$f(x) = \begin{cases} \dfrac{1}{6}(6 - |x - 7|), & x = 2,3,4,\cdots,12 \\ 0, & o.w. \end{cases}$$

註： 由圖形可知，函數為折線函數，$x=7$ 為折點，故可假設函數 $y=a|x-7|+bx+c$，

接著再任意代三個點 $(2,\frac{1}{36}),(3,\frac{2}{36}),(7,\frac{6}{36})$ 即可求出係數 a,b,c

機率分配表：

x	2	3	4	5	6	7	8	9	10	11	12
$f(x)$	1/36	2/36	3/36	4/36	5/36	6/36	5/36	4/36	3/36	2/36	1/36

例 3

已知 $f(x)=C_x^5(0.2)^x(0.8)^{5-x}, x=0,1,2,3,4,5$，請問 $f(x)$ 是否為一離散型的機率分配函數？

解

根據質量函數的定義，若為質量函數必須滿足

1. $0 \le f(x_i) \le 1, \quad i=1,2,3,...,n$

2. $\displaystyle\sum_{i=1}^{n} f(x_i) = 1$

$\because 0 \le f(x) \le 1, \quad \forall x = 0,1,2,3,4,5$

且 $\displaystyle\sum_{x=0}^{5} C_x^5(0.2)^x(0.8)^{5-x} = (0.2+0.8)^5 = 1$

故 $f(x)$ 為一離散型的機率分配函數

例 4

若函數 $g(x)=\dfrac{x+1}{k}, \quad x=1,2,3,14$，為一機率質量函數，求 k。

解

機率質量函數必須滿足機率總和等於 1，故

$$\sum_{i=1}^{n} f(x_i) = 1 \Rightarrow \frac{1+1}{k} + \frac{2+1}{k} + \frac{3+1}{k} + \frac{14+1}{k} = 1$$

$$\Rightarrow \frac{24}{k} = 1 \quad \therefore k = 24$$

例 5

同時投擲兩粒骰子,假設隨機變數 X 表示兩粒骰子點數的和,求下列各題之機率。

(1)X 的可能值。　　(2) $P(x=7)$。　　(3) $P(x \geq 9)$。　　(4) $P(x \leq 4)$。

解

(1)　$x = 2,3,4,5,6,7,8,9,10,11,12$

(2)　機率分配表:

x	2	3	4	5	6	7	8	9	10	11	12
$f(x)$	1/36	2/36	3/36	4/36	5/36	6/36	5/36	4/36	3/36	2/36	1/36

$$\therefore P(x=7) = \frac{6}{36} = \frac{1}{6}$$

(3)　$P(x \geq 9) = f(9) + f(10) + f(11) + f(12) = \dfrac{4}{36} + \dfrac{3}{36} + \dfrac{2}{36} + \dfrac{1}{36} = \dfrac{5}{18}$

(4)　$P(x \leq 4) = f(2) + f(3) + f(4) = \dfrac{1}{36} + \dfrac{2}{36} + \dfrac{3}{36} = \dfrac{1}{6}$

5.1.6 連續隨機變數的機率分配

假設 X 為樣本空間上之連續型隨機變數,且滿足下列兩個條件:

1.　$f(x) \geq 0, \quad -\infty < x < \infty$

2.　$\displaystyle\int_x f(x)dx = 1$

則稱 $f(x)$ 為連續型隨機變數 X 的機率分配函數(probability distribution function)或稱為機率密度函數(probability density function, pdf)。連續型的機率函數大都以數學函數或圖形的方式呈現,由於個數有無限多個,因此不適合使用機率分配表的方式呈現。此外,連續型隨機變數的機率是採用積分的方式定義機率,因此在某一點的機率值等於 0 (因為面積等於 0)。

例 6

説明以下的函數是否可以作為機率密度函數，如果可以，請找出適當的 c 值。

(1) $f(x) = \begin{cases} cx(1-x), & 0 \le x \le 1 \\ 0, & x < 0 \text{ or } x > 1 \end{cases}$。

(2) $f(x) = ce^{-x}, \quad -\infty < x < \infty$。

解

若 $f(x)$ 為機率密度函數必須滿足

1. $f(x) \ge 0, \quad -\infty < x < \infty$

2. $\int_x f(x)dx = 1$

(1) $\because f(x) \ge 0 \Rightarrow c \ge 0$

$$\int_0^1 cx(1-x)dx = 1 \quad \Rightarrow c\left(\frac{1}{2}x^2 - \frac{1}{3}x^3\right)\Big|_0^1 = 1 \quad \Rightarrow c\left(\frac{1}{2} - \frac{1}{3}\right) = 1 \quad \therefore c = 6$$

(2) $\int_x ce^{-x}dx = 1 \quad \Rightarrow -ce^{-x}\Big|_{-\infty}^{\infty} = 1 \Rightarrow -c(e^{-\infty} - e^{\infty}) = 1 \quad \Rightarrow$ 發散

$\therefore f(x)$ 不是 pdf

註： 本題積分為瑕積分，若以嚴格數學角度來看，上式寫法是不允許的，但大部分
統計學的計算較不需使用嚴謹的數學方式表示

例 7

假設隨機變數 X 的機率密度函數為： $f(x) = \dfrac{c}{x}, \quad \dfrac{1}{e} < x < e$，試求 c 值。

解

$\because \int_{\frac{1}{e}}^{e} \dfrac{c}{x}dx = 1 \quad \Rightarrow c\ln|x|\Big|_{\frac{1}{e}}^{e} = 1 \quad \Rightarrow c\left(\ln e - \ln\dfrac{1}{e}\right) = 1$

$\Rightarrow 2c = 1 \quad \therefore c = \dfrac{1}{2}$

累積分配函數

把隨機變數的值由小到大所對應的機率值依序加總或積分起來所得到的新函數，稱為累積分配函數(cumulative probability distribution, CDF)。累積分配函數和敘述統計中的相對以下累積分配表的原理是完全相同的。累積分配函數可以協助快速的求算隨機變數在某範圍間的機率值，也可以藉由累積分配函數，瞭解隨機變數在各區間機率的變化量。

5.2.1 離散型隨機變數之累積分配函數

假設 $f(x)$ 為離散型隨機變數 X 的機率分配函數，定義

$$F(x) = f(X \leq x) = \sum_{X \leq x} f(X)$$

則稱 $F(x)$ 為隨機變數 X 的累積分配函數，簡稱 CDF。

離散型的累積分配函數和相對以下累積分配表的原理完全相同。累積分配函數的主要用途在於可以協助快速的求出隨機變數在某個範圍內的機率值。例如求 $f(x \leq b)$ 的機率，只要把 $x = b$ 代入累積分配函數中就可以求出 $f(x \leq b)$ 的機率，也就是說 $F(b)$ 的函數值就等於 $f(x \leq b)$ 的機率。

假設某機率函數與累積分配函數以表格的方式表示如下表所示：

x	0	6	8	13	24	75
$f(x)$	3/18	5/18	4/18	3/18	2/18	1/18
$F(x)$	3/18	8/18	12/18	15/18	17/18	1

+5/18　　+4/18　　+3/18　　+2/18　　+1/18

由上表可以看出來，累積分配函數 $F(x)$ 是將機率函數 $f(x)$ 不斷地去累加而得，也就是說把前一組的累積機率再加上該組的機率即是該組的累積機率。累積分配函數若以函數的方式表示必須要從 $-\infty$ 累加到 ∞，涵蓋整個實數域。至於如何分段則看機率函數的 x 值，下圖是上表累積分配函數 x 值的分段情形。

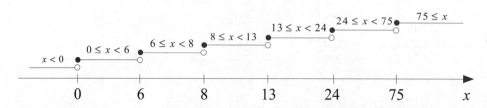

故累積分配函數為包含左端點的分段連續函數，若以函數的方式表示，機率函數與累積分配函數如下所示，數值大小請和上面的表格對應。

$$f(x) = \begin{cases} 3/18, & x = 0 \\ 5/18, & x = 6 \\ 4/18, & x = 8 \\ 3/18, & x = 13 \\ 2/18, & x = 24 \\ 1/18, & x = 75 \end{cases} \qquad F(x) = \begin{cases} 0, & x < 0 \\ 3/18, & 0 \le x < 6 \\ 8/18, & 6 \le x < 8 \\ 12/18, & 8 \le x < 13 \\ 15/18, & 13 \le x < 24 \\ 17/18, & 24 \le x < 75 \\ 1, & x \ge 75 \end{cases}$$

由累積分配函數與機率函數之間的關係可以看出來，在每個累積分配函數分段點的跳躍值正好就等於該點的機率函數值。例如在 $8 \le x < 13$ 的 $F(x) = \dfrac{12}{18}$，它的下一段 $13 \le x < 24$ 的 $F(x) = \dfrac{15}{18}$，在 $x = 13$ 的地方產生一個跳躍值 $\dfrac{15}{18} - \dfrac{12}{18} = \dfrac{3}{18}$，此數值正好為 $x = 13$ 時的機率值，即 $f(13) = \dfrac{3}{18}$。這個觀念在後面計算機率函數與累積分配函數的互換十分重要。

若以圖形的方式表示，把兩個圖形放在一起，累積分配函數中的虛線部分正好等於該點的機率函數值，所以只要在累積分配函數中的分段處產生跳躍值，那麼這個跳躍值就等於該點的機率。

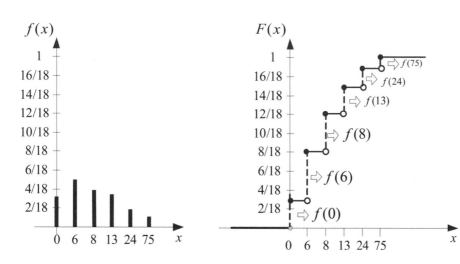

例 8

已知 $f(x) = \dfrac{x}{6}$, $x = 1, 2, 3$,試求累積分配函數 $F(x)$。

解

先做機率分配表與累積分配表

x	1	2	3
$f(x)$	1/6	2/6	3/6
$F(x)$	1/6	3/6	1

$F(x)$ 為一包含左端點之分段連續函數,從 $-\infty$ 到 ∞ 將每個分段機率值寫出來即可求得,即:

$$F(x) = \begin{cases} 0, & x < 1 \\ 1/6, & 1 \le x < 2 \\ 3/6, & 2 \le x < 3 \\ 1, & 3 \le x \end{cases}$$

5.2.2 離散型隨機變數之累積分配函數的性質

離散型隨機變數的累積分配函數為包含左端點的分段連續函數,在求算機率時,是否包含等號會影響機率值。因此,在使用累積分配函數計算某範圍間的機率時,要特別的留意是否包含等號,我們就拿上一小節的機率密度函數做說明。

1. 假設欲求 $P(6 \le x \le 13)$ 的機率,若以機率函數計算則為:

$$P(6 \le x \le 13) = f(6) + f(8) + f(13) = \frac{5}{18} + \frac{4}{18} + \frac{3}{18} = \frac{12}{18}$$

若以累積分配函數來計算則為:

$$P(6 \le x \le 13) = F(0) - F(13) = \frac{15}{18} - \frac{3}{18} = \frac{12}{18}$$

2. 若欲求 $P(6 \le x < 13)$ 的機率,以機率函數計算則為:

$$P(6 \le x < 13) = f(6) + f(8) = \frac{5}{18} + \frac{4}{18} = \frac{9}{18}$$

若以累積分配函數計算則為：

$$P(6 \leq x < 13) = F(8) - F(0) = \frac{12}{18} - \frac{3}{18} = \frac{9}{18}$$

3.　若欲求 $P(6 < x \leq 13)$ 的機率，以機率函數計算則為：

$$P(6 < x \leq 13) = f(8) + f(13) = \frac{4}{18} + \frac{3}{18} = \frac{7}{18}$$

若以累積分配函數計算則為：

$$P(6 < x \leq 13) = F(13) - F(6) = \frac{15}{18} - \frac{8}{18} = \frac{7}{18}$$

4.　若欲求 $P(6 < x < 13)$ 的機率，以機率函數計算則為：

$$P(6 < x < 13) = f(8) = \frac{4}{18} = \frac{4}{18}$$

若以累積分配函數計算則為：

$$P(6 < x < 13) = F(8) - F(6) = \frac{12}{18} - \frac{8}{18} = \frac{4}{18}$$

上面似乎看起來很難弄清楚到底怎麼一回事。我們先來看累積分配函數的相關計算性質，接著再介紹如何快速瞭解上面 4 個運算式。離散型的累積分配函數具有下列幾個運算性質：

1.　累積分配函數必為非負實數，即 $F(x) \geq 0, \forall x \in R$ 。

2.　$F(\infty) = 1$ ， $F(-\infty) = 0$ 。

3.　$F(x)$ 必為遞增函數，也就是說，若 $x_1 < x_2$ 則 $F(x_1) \leq F(x_2)$ 。

4.　$P(x) = F(x) - F(x^-)$ ，其中 x^- 表示比 x 小的最大隨機變數。

例如上一小節的累積分配函數， $P(13) = F(13) - F(13^-) = F(13) - F(8)$ $= \frac{15}{18} - \frac{12}{18} = \frac{3}{18}$ 。

5.　$P(x \leq x_2) = F(x_2)$

例如上一小節的累積分配函數， $F(x \leq 8) = F(8) = \frac{12}{18}$

6.　$P(x_1 \leq x \leq x_2) = F(x_2) - F(x_1^-)$

例如上一小節的累積分配函數， $F(6 \leq x \leq 13) = F(13) - F(6^-) = F(13) - F(0)$

$= \frac{15}{18} - \frac{3}{18} = \frac{12}{18}$ ，下面的性質同理可推。

7. $P(x_1 < x \le x_2) = F(x_2) - F(x_1)$

8. $P(x_1 \le x < x_2) = F(x_2^-) - F(x_1^-)$

9. $P(x_1 < x < x_2) = F(x_2^-) - F(x_1)$

10. $P(x > x_1) = 1 - F(x_1)$（補事件）

關於上述的性質，只要記住第 7 個即可，也就是說 $P(x_1 < x \le x_2) = F(x_2) - F(x_1)$。 例如以上一小節累積配函數，求 $P(6 \le x \le 13) = P(0 < x \le 13) = F(13) - F(0)$；求 $P(6 < x < 13) = P(6 < x \le 8) = F(8) - F(6)$；求 $P(x \ge 8) = P(8 \le x < \infty) = P(6 < x \le 75) = F(75) - F(6)$；求 $P(x < 13) = P(-\infty < x < 13) = P(-\infty < x \le 8) = F(8) - F(-\infty) = F(8)$，其餘依此類推。

例 9

已知累積分配函數為：$F(x) = \begin{cases} 0, & x < 0 \\ 3/18, & 0 \le x < 6 \\ 8/18, & 6 \le x < 8 \\ 12/18, & 8 \le x < 13 \\ 15/18, & 13 \le x < 24 \\ 17/18, & 24 \le x < 75 \\ 1, & x \ge 75 \end{cases}$ ，試求 $P(7 \le x \le 16)$。

解

使用累積分配函數求某範圍的機率值，要善用 $P(x_1 < x \le x_2) = F(x_2) - F(x_1)$。

$$P(7 \le x \le 16) = P(7^- < x \le 16) = F(16) - F(7^-) = \frac{15}{18} - \frac{8}{18} = \frac{7}{18}$$

5.2.3 連續型隨機變數之累積分配函數

假設 $f(x)$ 為連續隨機變數 X 的機率分配，定義：

$$F(x) = f(X \le x) = \int_{-\infty}^{x} f(x)dx$$

則稱 $F(x)$ 為連續型隨機數 X 的累積分配函數。若使用圖形表示，則 $F(a)$ 表示左下圖陰影面積。

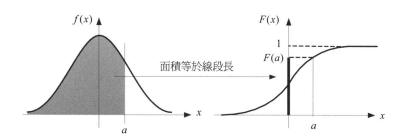

若 $P(a \le x \le b)$ 則表示機率函數在 $x=a$ 及 $x=b$ 之間所圍面積，故機率函數與累積分配函數有 $P(a \le x \le b) = F(b) - F(a)$ 之關係，以圖形表示如下圖所示：

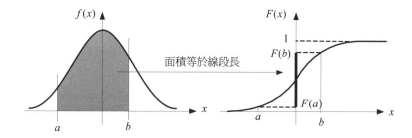

由於連續型機率函數使用面積表示機率，故是否包含邊界不會影響答案，也就是說是否包含等號不會影響機率值。下面為連續型態累積分配函數的性質：

1. $F(-\infty) = 0$

2. $F(\infty) = 1$

3. $F(x)$ 為遞增函數，若 $x_1 < x_2$ 則 $F(x_1) \le F(x_2)$

4. $\dfrac{dF(x)}{dx} = f(x)$

5. $P(x_1 \le x \le x_2) = P(x_1 < x < x_2) = P(x_1 \le x < x_2) = P(x_1 < x \le x_2)$

$$= \int_{x_1}^{x_2} f(x)dx = F(x_2) - F(x_1) \ 。$$

註： 在統計學裡面 $f(x) = P(x)$，$f(x)$ 為數學函數慣用符號，而 $P(x)$ 為人文社會學者慣用符號，兩者在統計學代表同樣的意義。

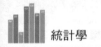

例 10

已知 $f(x) = \begin{cases} \dfrac{1}{3}, & 0 < x < 1 \\ \dfrac{1}{3}, & 2 < x < 4 \\ 0, & o.w. \end{cases}$ ，試求累積分配函數。

解

先逐段積分，因為必須以函數方式表示，故每一分段積分由該組的下限值積到 x；例如該組的範圍為 $a < x < b$，則該組的積分值為 $\int_a^x f(x)dx$，最後再進行累加即可求出累積分配函數，在進行累加時必須把前一組的機率值加進去。

(1) 當 $0 < x < 1$ 時

$$\int_0^x f(x) = \int_0^x \frac{1}{3}dx = \frac{x}{3}$$

(2) 當 $2 < x < 4$ 時

$$\int_2^x f(x) = \int_2^x \frac{1}{3}dx = \left.\frac{x}{3}\right|_2^x = \frac{x}{3} - \frac{2}{3}$$

$$f(x) = \begin{cases} 0, & x \le 0 \\ \dfrac{1}{3}, & 0 < x < 1 \\ 0, & 1 \le x \le 2 \\ \dfrac{1}{3}, & 2 < x < 4 \\ 0, & x \ge 4 \end{cases} \Rightarrow \text{逐段積分} \begin{cases} 0, & x \le 0 \\ \dfrac{x}{3}, & 0 < x < 1 \\ 0, & 1 \le x \le 2 \\ \dfrac{x}{3} - \dfrac{2}{3}, & 2 < x < 4 \\ 0, & x \ge 4 \end{cases}$$

加上前一組的累積機率值

$$F(x) = \begin{cases} 0, & x \le 0 \\ \dfrac{x}{3} + 0, & 0 < x < 1 \\ 0 + \dfrac{1}{3}, & 1 \le x \le 2 \\ \dfrac{x}{3} - \dfrac{2}{3} + \dfrac{1}{3}, & 2 < x < 4 \\ 0 + 1, & x \ge 4 \end{cases} \qquad \begin{aligned} &\Rightarrow F(0) = 0 \\ &\Rightarrow F(1) = \frac{1}{3} \\ &\Rightarrow F(2) = \frac{1}{3} \\ &\Rightarrow F(4) = 1 \end{aligned}$$

再將上式整理得：$F(x) = \begin{cases} 0, & x \leq 0 \\ \dfrac{x}{3}, & 0 < x < 1 \\ \dfrac{1}{3}, & 1 \leq x \leq 2 \\ \dfrac{x}{3} - \dfrac{1}{3}, & 2 < x < 4 \\ 1, & x \geq 4 \end{cases}$

註：本題在推導累積分配函數，之所以每段都要加上一組的資料，可由以下累積次數分配表去推想。

例如：

$f(x)$	1/6	2/6	1/6	2/6
$F(x)$	1/6	3/6	4/6	1

$$\parallel \qquad \parallel \qquad \parallel$$

$$\dfrac{2}{6} + \dfrac{1}{6} \qquad \dfrac{1}{6} + \dfrac{3}{6} \qquad \dfrac{2}{6} + \dfrac{4}{6}$$

例 11

已知 x 為連續隨機變數，其機率密度函數如下：

$$f(x) = \begin{cases} 0.2, & -1 < x \leq 0 \\ 0.2 + kx, & 0 < x \leq 1 \\ 0, & o.w. \end{cases}$$

(1) 求 k 值。

(2) 求累積分配函數。

(3) 求 $P(0 \leq x \leq 0.5)$。

解

(1) 機率必須滿足總和為 1

$$\therefore \int_{-1}^{0} 0.2 dx + \int_{0}^{1} (0.2 + kx) dx = 1 \quad \Rightarrow 0.2x \Big|_{-1}^{0} + 0.2x + \frac{1}{2} kx^2 \Big|_{0}^{1} = 1$$

$$\Rightarrow 0.2 + 0.2 + 0.5k = 1 \quad \therefore k = 1.2$$

(2) ①當 $-1 < x \le 0$ 時

$$\int_{-1}^{x} 0.2 dx = 0.2x + 0.2$$

②當 $0 < x \le 1$ 時

$$\int_{0}^{x} (0.2 + 1.2x) dx = 0.2x + 0.6x^2$$

$$\therefore F(x) = \begin{cases} 0 & , x \le -1 \\ 0.2x + 0.2 & , -1 < x \le 0 \\ 0.2 + 0.2x + 0.6x^2 & , 0 < x \le 1 \\ 1 & , x > 1 \end{cases} \quad \text{<注意：記得加前一組的機率值>}$$

(3) $P(0 \le x \le 0.5) = F(0.5) - F(0) = 0.25$

本題亦可直接對機率函數積分求得，即

$$P(0 \le x \le 0.5) = \int_{0}^{0.5} (0.2 + 1.2x) dx = 0.25$$

例 12

已知隨機變數 X 的累積分配函數為：

$$F(x) = \begin{cases} 0, & x < -1 \\ 0.3 + 0.2(x+1), & -1 \le x < 0 \\ 0.7 + 0.3x, & 0 \le x < 1 \\ 1, & 1 \le x \end{cases}$$

求下列各小題機率：(1) $P(x = -1)$。 (2) $P(-0.6 < x < 0)$。 (3) $P(x = 1)$。

解

(1) $P(x = -1) = P(-1^- < x \le -1) = F(-1) - F(-1^-) = [0.3 + 0.2(-1+1)] - 0 = 0.3$

(2) $P(-0.6 < x < 0) = P(-0.6 < x \le 0^-) = F(0^-) - F(-0.6)$

$$= [0.3 + 0.2(0+1)] - [0.3 + 0.2(-0.6+1)] = 0.5 - 0.38 = 0.12$$

(3) $P(x = 1) = P(1^- < x \le 1) = F(1) - F(1^-) = 1 - (0.7 + 0.3 \times 1) = 0$

註：本題在分段點處有跳躍值，故為連續與離散混合之隨機變數。

例 13

已知隨機變數 X 的累積分配函數如下圖所示

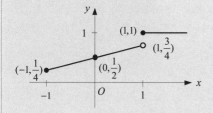

試求(1) $P(x=0)$。　(2) $P(x=1)$。　(3) $P(2<x<3)$。

解

(1) 因為隨機變數 x 在 $-1 \leq x < 1$ 時為連續型態，故 $P(x=0)=0$

(2) $P(x=1) = P(1^- < x \leq 1) = F(1) - F(1^-) = 1 - \dfrac{3}{4} = \dfrac{1}{4}$

(3) $P(2<x<3) = P(2 < x \leq 3^-) = F(3^-) - F(2) = 1 - 1 = 0$

5.3 累積分配函數與機率函數之互換

　　在上一節中我們介紹了如何由機率函數去推導累積分配函數，本節則介紹如何由累積分配函數反推機率函數。

5.3.1 離散型隨機變數 CDF 轉 pmf

　　離散型累積分配函數每個分段點必定為常數，簡單來說就是不含變數 x，為單純的數字。離散型隨機變數的累積分配函數轉換為機率密度函數，只要檢查累積分配函數的每一個分段點是否產生跳躍值，若有跳躍值，此跳躍值即為該分段點之機率值；若沒有跳躍值則表示該分段點的機率值為 0，機率為 0 的點不需要表示出來。

例 14

已知隨機變數 X 之累積分配函數如下：

$$F(x) = \begin{cases} 0, & x < -1 \\ 1/6, & -1 \le x < 0 \\ 1/2, & 0 \le x < 1.5 \\ 5/6, & 1.5 \le x < 2.5 \\ 1, & x \ge 2.5 \end{cases}$$

試求隨機變數之機率函數 $f(x)$。

解

$$F(x) = \begin{cases} 0 \\ 1/6 \\ 1/2 \\ 5/6 \\ 1 \end{cases}$$

$x = -1$ 處跳了 $1/6$

$x = 0$ 處跳了 $1/2 - 1/6 = 1/3$

$x = 1.5$ 處跳了 $5/6 - 1/2 = 1/3$

$x = 2.5$ 處跳了 $1 - 5/6 = 1/6$

故其機率函數為：

x	-1	0	1.5	2.5
$f(x)$	$\dfrac{1}{6}$	$\dfrac{1}{3}$	$\dfrac{1}{3}$	$\dfrac{1}{6}$

5.3.2 連續型隨機變數 CDF 轉 pdf

連續型累積分配函數每個分段必定至少有某一分段含隨機變數 x。由於連續型隨機變數的累積分配函數是由機率密度函數逐段積分，再加上前一組的機率值而得，故反過來從累積分配函數推導機率密度函數時，只要對 CDF 逐段微分即可。至於 CDF 的每一組雖然都需加上前一組的機率值，但此數值為常數，微分會自動消失，因此不用理會它。

例 15

已知 $F(x) = \begin{cases} 0, & x \le 0 \\ x^3 - 3x^2 + 3x, & 0 < x < 1 \\ 1, & x \ge 1 \end{cases}$，求 $f(x)$。

解

$F(x) = \begin{cases} 0, & x \le 0 \\ x^3 - 3x^2 + 3x, & 0 < x < 1 \\ 1, & x \ge 1 \end{cases}$　逐段微分得 $f(x) = \begin{cases} 0, & x \le 0 \\ 3x^2 - 6x + 3, & 0 < x < 1 \\ 0, & x \ge 1 \end{cases}$

再整理得 $f(x) = \begin{cases} 3x^2 - 6x + 3, & 0 < x < 1 \\ 0, & o.w. \end{cases}$

5.3.3 混合型隨機變數之機率函與 CDF 之互換

所謂混合型隨機變數是指機率函數中同時存在離散型隨機變數與連續型隨機變數，這一類的機率函數在推導累積分配函數時相當於把前二節的方法結合。

連續隨機變數的部分需進行積分後再加總，而離散隨機變數部分直接加總即可。

例 16

設隨機變數 X 之機率分配為：$f(1) = 0.2, f(2) = 0.3, f(x) = 0.5, 1 < x < 2$。

試求 X 的累積分配函數。

解

先將連續隨機變數的範圍積分 $\int_1^x 0.5dx = 0.5x - 0.5$

$f(x) = \begin{cases} 0, & x < 1 \\ 0.2, & x = 1 \\ 0.5, & 1 < x < 2 \\ 0.3, & x = 2 \\ 0, & x > 2 \end{cases}$ ⇨此段進行積分，其他維持不變 $\begin{cases} 0, & x < 1 \\ 0.2, & x = 1 \\ 0.5x - 0.5, & 1 < x < 2 \\ 0.3, & x = 2 \\ 0, & x > 2 \end{cases}$

接著將機率函數逐段加總起來,每一組需加上前一組之機率值

$$F(x) = \begin{cases} 0, & x < 1 \\ 0.2 + 0, & x = 1 \\ 0.5x - 0.5 + 0.2, & 1 < x < 2 \\ 0.3 + 0.7, & x = 2 \\ 0 + 1, & x > 2 \end{cases}$$

← 0 為前一組之機率值
← 0.2 為前一組之機率值
← 0.7 為前一組之機率值 $F(2) = 0.5 \times 2 - 0.5 + 0.2 = 0.7$
← 1 為前一組之機率值

上式可進一步化簡, $x = 1$ 與第 3 組合併, $x = 2$ 與第 5 組合併

$$\therefore F(x) = \begin{cases} 0, & x < 1 \\ 0.5x - 0.3, & 1 \le x < 2 \\ 1, & 2 \le x \end{cases}$$

例 17

已知 $F(x) = \begin{cases} 0, & x < 1 \\ 0.5x - 0.3, & 1 \le x < 2 \\ 1, & 2 \le x \end{cases}$,求機率函數。

解

$$F(x) = \begin{cases} 0, & x < 1 \\ 0.5x - 0.3, & 1 \le x < 2 \\ 1, & 2 \le x \end{cases} \qquad 直接微分 \; F'(x) = \begin{cases} 0, & x < 1 \\ 0.5, & 1 \le x < 2 \\ 0, & 2 \le x \end{cases}$$

檢查有無跳躍值

$f(1) = F(1) - F(1^-) = 0.2$, $f(2) = F(2) - F(2^-) = 1 - 0.7 = 0.3$,再補上這兩處的機率值,記得要把 $x = 1, x = 2$ 抽離出來,故機率函數為

$$f(x) = \begin{cases} 0.2, & x = 1 \\ 0.5, & 1 < x < 2 \\ 0.3, & x = 2 \\ 0, & o.w. \end{cases}$$

機率分配的重要參數

在本節中將介紹隨機變數的期望值以及變異數。它們的觀念與計算方式和第三章組距型資料是一樣的，唯一的差別在於「隨機變數」的導入，也就是說計算過程中會含有變數。

5.4.1 期望值

期望值(expected value)和算數平均數是同樣的概念。期望值的觀念在高中數學就已經介紹過了，在高中數學中定義為：若某試驗的樣本空間 S，存在分割 $\{A_1, A_2, \cdots, A_k\}$，且事件 A_i 發生機率為 p_i，當 A_i 發生時可獲得 m_i $(i = 1, 2, \cdots, k)$ 元，則 $p_1 m_1 + p_2 m_2 + \cdots p_k m_k$ 為此試驗的數學期望值，簡稱期望值，記做 $E(x)$。事實上，期望值就是算數平均數。

在第三章中，組距型資料的算數平均數為 $\mu = \dfrac{1}{N} \sum_{i=1}^{N} f_i m_i$，其中 f_i 為組次數，m_i 為組中點。因為每一組的組中點都不同，現在引進隨機變數 x_i 來取代組中點 m_i，於是平均數的公式可改寫成 $\mu = \sum_{i=1}^{N} (x_i \times \dfrac{f_i}{N})$，其中 $\dfrac{f_i}{N}$ 表 x_i 占全體之相對次數，正好等於該組之機率。令 $\dfrac{f_i}{N} = f(x_i)$，故平均數可進一步改寫成 $\sum_{i=1}^{N} x_i f(x_i)$。又因為 x 本身即為變數，因此下標 i 可去掉，最後算數平均數可改寫成 $\sum_{x} x f(x)$，左式即為包含隨機變數的期望值定義。由於隨機變數有離散型以及連續型兩種，故期望值的計算方式可分為下列兩種情況：

1. 離散型隨機變數之期望值

(1) 若隨機變數 X 為離散型隨機變數且機率質量函數為 $f(x)$，則 X 之期望值為

$$E(x) = \sum_{x} x f(x)$$

(2) 廣義期望值

若隨機變數 X 本身為一函數 $X = g(x)$，且機率質量函數為 $f(x)$，則 X 之期望值為

$$E(g(x)) = \sum_{x} g(x) f(x)$$

請注意，隨機變數 X 可以是金錢、次數或其他統計測量數等。

例 18

已知隨機變數 X 之機率分配表如下：

x	1	2	3	4
$f(x)$	0.2	0.1	0.4	0.3

求隨機變數 X 的期望值。

解

$$E(x) = \sum_x xf(x) = 1 \times 0.2 + 2 \times 0.1 + 3 \times 0.4 + 4 \times 0.3 = 2.8$$

例 19

有 10 枝籤，4 枝有獎，其中 1 枝獎 500 元，1 枝獎 200 元，2 枝獎 100 元。請問隨意抽 1 枝籤的獎金期望值。

解

方法一： 先根據題意列出機率分配表之後，再求期望值會感到比較容易

獎金 x 元	500	200	100	0
機率 $f(x)$	0.1	0.1	0.2	0.6

$$E(x) = \sum_x xf(x) = 500 \times 0.1 + 200 \times 0.1 + 100 \times 0.2 + 0 \times 0.6 = 90 \text{ 元}$$

方法二： 求期望值也可以使用平均數的觀念求解，把所有的獎金平均分配到每枝籤
故每枝籤平均獎金為 $\dfrac{500 + 200 + 100 \times 2}{10} = 90$ 元

例 20

承上題，若隨機抽出 2 枝籤，求獎金的期望值。

解

抽出兩枝籤獲得的獎金可能有 1000、700、600、500、400、300、200、100、

0 元等 9 種情形，若採用定義計算的話需把上述 9 種情形對應的機率求出，十分複雜。遇到此類問題，採用平均數的觀念求解較為簡單。

因為抽出 1 枝籤期望值 90 元，故抽出 2 枝籤期望值為 $90 \times 2 = 180$ 元

例 21

假設 60 歲的人能活一年的機率為 0.988，某保險公司出售 1 年 10 萬元之壽險給 60 歲的人，只需繳保費 1500 元，則該公司每保一人，所賺的期望值為何？

解

方法一： 根據題意列出機率分配表

事件	健在	往生
x 元	1500	$1500 - 100000$
機率	0.988	0.012

$$E(x) = 1500 \times 0.988 + (1500 - 100000) \times 0.012 = 300 \ \text{元}$$

方法二： $E(x) = $ 保費 $-$ 保額 $\times$ 保險公司付費機率

$$= 1500 - 100000 \times 0.012 = 300 \ \text{元}$$

2. 連續型隨機變數之期望值

連續型隨機變數的期望值採用積分的方式進行計算，在第三章中我們已經瞭解到平均數在幾何上的意義為表示一組資料的形心。由大一所學的微積分，已知某函數 $f(x)$ 在區域 R 的形心公式為 $\overline{x} = \dfrac{\displaystyle\int_R xf(x)dx}{\displaystyle\int_R f(x)dx}$，其中 $\displaystyle\int_R f(x)dx$ 表示區域 R 的面積，而 $f(x)$ 為機率密度函數，故 $\displaystyle\int_R f(x)dx = 1$，代回形心公式中。因此，若知隨機變數 X 為連續型隨機變數，且機率密度函數為 $f(x)$，則 X 之期望值為：

$$E(x) = \int_x xf(x)dx$$

當隨機變數 X 本身為一函數 $X = g(x)$，機率密度函數為 $f(x)$ 時，則 $g(x)$ 的期望值為

$$E(g(x)) = \int_x g(x)f(x)dx$$

上式稱為廣義期望值。由期望值的定義可看出，期望值符號具有 $E(\bigstar) = \displaystyle\sum_x \bigstar f(x)$ 或 $E(\bigstar) = \displaystyle\int_x \bigstar f(x)dx$ 的運算性質，其中 $\bigstar$ 表示任意式子，$f(x)$ 表 $\bigstar$ 的機率函數。

例 22

試求下列機率函數的期望值。

(1) $f(x) = \dfrac{x^2}{14}$, $x = 1, 2, 3$。

(2) $f(x) = 3x^2$, $0 \le x \le 1$。

解

(1) $E(x) = \displaystyle\sum_x xf(x) = 1 \cdot f(1) + 2 \cdot f(2) + 3 \cdot f(3)$

$\qquad = 1 \cdot \dfrac{1}{14} + 2 \cdot \dfrac{4}{14} + 3 \cdot \dfrac{9}{14} = \dfrac{18}{7}$

(2) $E(x) = \displaystyle\int_x xf(x)dx = \int_0^1 x \cdot 3x^2 dx = \dfrac{3}{4}$

例 23

假設 X 為連續型隨機變數,且其累積分配函數如下:

$$F(x) = \begin{cases} 0, & x < 0 \\ 1 - \dfrac{2}{3}e^{-x}, & x \ge 0 \end{cases}$$

求 X 之期望值。

解

先求機率密度函數

$f(x) = \dfrac{d}{dx}F(x) = \dfrac{2}{3}e^{-x}$, $x \ge 0$

$E(x) = \displaystyle\int_0^\infty xf(x)dx = \int_0^\infty x \cdot \dfrac{2}{3}e^{-x} dx = \dfrac{2}{3}$

5.4.2 期望值的運算性質

由於期望值的定義與連加符號 Σ 以及積分有關，它的運算性質和連加符號及積分運算性質相同，故期望值具有下列運算性質：

1. $E(c) = c$，c 為常數。

2. $E[c \cdot g(x)] = c \cdot E[g(x)]$，$c$ 為常數。

3. $E[c \pm g(x)] = c \pm E[g(x)]$，$c$ 為常數。

4. $E[c_1 g_1(x) \pm c_2 g_2(x)] = c_1 E[g_1(x)] \pm c_2 E[g_2(x)]$，$c_1, c_2$ 為常數。此關係稱為線性運算關係。

5. 若 $y = ax \pm b$，則 $E(y) = aE(x) \pm b$。

6. 期望值不一定存在，此論點稱為 Petersbury 反論。

例 24

已知隨機變數 X 的期望值 $E(x) = 100$；隨機變數 Y 的期望值 $E(y) = 50$。若隨機變數 $z = 3x - 2y$，試求 $E(z)$。

解

$E(z) = E(3x - 2y) = 3E(x) - 2E(y) = 3 \times 100 - 2 \times 50 = 200$

例 25

連續投擲一枚硬幣 x 次，若連續出現 x 次正面，可獲得 2^x 報酬，試證明期望值不存在。

解

本題相當於已知 $f(x) = (\frac{1}{2})^x, x = 1, 2, 3, \cdots$，證明 $E(2^x)$ 不存在。

根據題意列出機率分配表如下所示：

正面次數(x)	1	2	3	4	....
報酬(2^x)	2	2^2	2^3	2^4	....
機率$(\frac{1}{2})^x$	$\frac{1}{2}$	$(\frac{1}{2})^2$	$(\frac{1}{2})^3$	$(\frac{1}{2})^4$	.....

$\therefore E(2^x) = \sum_x 2^x f(x) = 2 \times \frac{1}{2} + 2^2 \times (\frac{1}{2})^2 + 2^3 \times (\frac{1}{2})^3 + \cdots = 1 + 1 + 1 + \cdots = \infty$ 發散

由此可知期望值不一定存在

5.4.3 變異數與標準差

在第三章我們曾經介紹過組距型資料變異數的定義為：

$$\sigma^2 = \frac{1}{N}\sum_{i=1}^{N}(m_i - \mu)^2 f_i \text{ 或 } \sigma^2 = \frac{1}{N}\sum_{i=1}^{N}m_i^2 f_i - \mu^2$$

上面兩個式子可改寫成 $\sigma^2 = \sum_{i=1}^{N}(m_i - \mu)^2 \frac{f_i}{N}$ 或 $\sigma^2 = \sum_{i=1}^{N}m_i^2 \frac{f_i}{N} - \mu^2$。其中 $\frac{f_i}{N}$ 正好等於該組資料出現的機率，若組中點 m_i 為一隨機變數 x，那麼此兩個變異數公式可改寫成 $\sigma^2 = \sum_{x}(x - \mu)^2 f(x)$ 或 $\sigma^2 = \sum_{x}x^2 f(x) - \mu^2$，再根據廣義期望值的符號，左式可寫成 $\sigma^2 = E\left[(x - \mu)^2\right]$ 及 $\sigma^2 = E(x^2) - \left[E(x)\right]^2$。引進隨機變數後的變異數通常使用 $V(x)$ 或 $Var(x)$ 取代符號 σ^2。接下來我們分別針對離散型隨機變數以及連續型隨機變數的變異數進行介紹。

1. 離散型隨機變數之變異數

假設 X 為離散型隨機變數，其機率質量函數為 $f(x)$，期望值為 $E(x)$，則 X 之變異數為：

$$V(x) = E[(x - E(x))^2] = E(x^2) - \left[E(x)\right]^2$$

其中： $E[(x - E(x))^2] = \sum_{x}(x - \mu)^2 f(x)$ ； $E(x^2) = \sum_{x}x^2 f(x)$

在絕大部分的情況下，使用公式： $V(x) = E(x^2) - [E(x)]^2$，計算變異數較為方便。

註：變異數公式記憶要訣

把 $E(x)$ 寫兩遍相減，第一項內部平方，第二項外部平方。

2. 連續型隨機變數之變異數

假設 X 為連續型隨機變數，其機率密度函數為 $f(x)$，期望值為 $E(X)$，則 X 之變異數為：

$$V(x) = E[(x - E(x))^2] = E(x^2) - \left[E(x)\right]^2$$

其中： $E[(x - E(x))^2] = \int_{x}(x - \mu)^2 f(x)dx$ ； $E(x^2) = \int_{x}x^2 f(x)dx$ 。

變異數公式並不難記，不論隨機變數是離散型或連續型，皆由公式 $V(X) = E(x^2) - [E(X)]^2$ 開始。接著再看隨機變數為離散型或連續型，決定採用加總方式或積分方式計算。

3. 標準差

標準差等於變異數開根號，故標準差為：

$$\sigma = \sqrt{V(x)}$$

4. 變異數的性質

變異數具有下列之特性：

(1) 變異數恆為非負實數，$V(x) \geq 0$

(2) 若 c 為任意常數則 $V(c) = 0$，也就是說若所有的資料值均相等，變異數為 0。

(3) 資料放大 a 倍則變異數放大 a^2 倍，資料同時加或減一數變異數不變，即

$$V(ax \pm b) = a^2 V(x)$$

(4) 變異數不一定存在，若存在則必定為非負實數。

例 26

已知機率質量函數 $f(x) = \frac{1}{4}(\frac{3}{4})^{x-1}, x = 1, 2, 3, \cdots$，求 $E(x)$ 與 $V(x)$。

解

$$E(x) = \sum_x xf(x) = \sum_{x=1}^{\infty} x \times \frac{1}{4}(\frac{3}{4})^{x-1} = \frac{1}{4} + \frac{2}{4}(\frac{3}{4}) + \frac{3}{4}(\frac{3}{4})^2 + \frac{4}{4}(\frac{3}{4})^3 + \cdots \quad \text{①}$$

$$\frac{3}{4}E(x) = \frac{1}{4}(\frac{3}{4}) + \frac{2}{4}(\frac{3}{4})^2 + \frac{3}{4}(\frac{3}{4})^3 + \frac{4}{4}(\frac{3}{4})^4 + \cdots \quad \text{②}$$

$$①-② \Rightarrow \frac{1}{4}E(x) = \frac{1}{4} + \frac{1}{4}(\frac{3}{4}) + \frac{1}{4}(\frac{3}{4})^2 + \frac{1}{4}(\frac{3}{4})^3 + \cdots = \frac{\frac{1}{4}}{1-\frac{3}{4}} = 1$$

$$\therefore E(x) = 4$$

$$E(x^2) = \sum_x x^2 f(x) = \sum_{x=1}^{\infty} x^2 \times \frac{1}{4}(\frac{3}{4})^{x-1}$$

$$= \frac{1}{4} + (\frac{4}{4})(\frac{3}{4}) + (\frac{9}{4})(\frac{3}{4})^2 + (\frac{16}{4})(\frac{3}{4})^3 + (\frac{25}{4})(\frac{3}{4})^4 + \cdots \dotfill ③$$

$$③ \times \frac{3}{4} \Rightarrow \frac{3}{4} E(x^2) = (\frac{1}{4})(\frac{3}{4}) + (\frac{4}{4})(\frac{3}{4})^2 + (\frac{9}{4})(\frac{3}{4})^3 + (\frac{16}{4})(\frac{3}{4})^4 + \cdots \dotfill ④$$

$$③ - ④ \Rightarrow \frac{1}{4} E(x^2) = \frac{1}{4} + (\frac{3}{4})(\frac{3}{4}) + (\frac{5}{4})(\frac{3}{4})^2 + (\frac{7}{4})(\frac{3}{4})^3 + (\frac{9}{4})(\frac{3}{4})^4 + \cdots \dotfill ⑤$$

$$⑤ \times \frac{3}{4} \Rightarrow \frac{3}{16} E(x^2) = \frac{1}{4}(\frac{3}{4}) + (\frac{3}{4})(\frac{3}{4})^2 + (\frac{5}{4})(\frac{3}{4})^3 + (\frac{7}{4})(\frac{3}{4})^4 + \cdots \dotfill ⑥$$

$$⑤ - ⑥ \Rightarrow \frac{1}{16} E(x^2) = \frac{1}{4} + (\frac{2}{4})(\frac{3}{4}) + (\frac{2}{4})(\frac{3}{4})^2 + (\frac{2}{4})(\frac{3}{4})^3 + (\frac{2}{4})(\frac{3}{4})^4 + \cdots$$

$$= \frac{1}{4} + \frac{(\frac{2}{4})(\frac{3}{4})}{1 - \frac{3}{4}} = \frac{7}{4} \quad \therefore E(x^2) = 28$$

故 $V(x) = E(x^2) - [E(x)]^2 = 28 - 4^2 = 12$

例 27

已知機率密度函數 $f(x) = \frac{1}{4} x e^{-\frac{x}{2}}, \ 0 < x < \infty$，求期望值與變異數。

解

$$E(x) = \int_x x f(x) dx = \int_0^{\infty} \frac{1}{4} x^2 e^{-\frac{1}{2}x} dx = \frac{1}{4} e^{-\frac{1}{2}x}(-2x^2 - 8x - 16)\Big|_0^{\infty} = 4$$

$$E(x^2) = \int_x x^2 f(x) dx = \int_0^{\infty} \frac{1}{4} x^3 e^{-\frac{x}{2}} dx = \frac{1}{4} e^{-\frac{x}{2}}(-2x^3 - 12x^2 - 48x - 96)\Big|_0^{\infty} = 24$$

故 $V(x) = E(x^2) - [E(x)]^2 = 24 - 4^2 = 8$

例 28

假設隨機變數 X 的機率密度函數為：

$$f(x) = \begin{cases} 2x^{-3}, & x > 1 \\ 0, & o.w. \end{cases}$$

求 $E(x)$ 與 $V(x)$。

解

$$E(x) = \int_x xf(x)dx = \int_1^\infty 2x^{-2}dx = -2x^{-1}\Big|_1^\infty = 2$$

$$V(x) = E(x^2) - \left[E(x)\right]^2$$

其中 $E(x^2) = \int_x x^2 f(x)dx = \int_1^\infty 2x^{-1}dx = 2\ln x\Big|_1^\infty$，發散

故 $V(x)$ 不存在

 例 29

李老師買了一台筆記型電腦，每次送修需 100 元，根據資料顯示，電腦每年送修一次的機率為 0.1，送修第二次的機率為 0.02，試求李老師每年需花費的維修費用期望值與標準差。

解

令 x 表送修花費

x	0	100	200
$f(x)$	0.88	0.1	0.02

期望值：$E(x) = \sum_x xf(x) = 0 \times 0.88 + 100 \times 0.1 + 200 \times 0.02 = 14$ 元

$$E(x^2) = \sum_{x=0}^{2} x^2 f(x) = 0^2 \times 0.88 + 100^2 \times 0.1 + 200^2 \times 0.02 = 1800$$

$$V(x) = E(x^2) - \left[E(x)\right]^2 = 1800 - 14^2 = 1604$$

標準差：$\sigma = \sqrt{V(x)} = \sqrt{1604} \approx 40.05$ 元

例 30

某人在一座森林中迷路，若繼續向前走則經過 5 分鐘後會回到原來的地方，若返回走則有一半的機會 5 分鐘後回到原地，一半的機會 10 分鐘後可走出森林，假設此人向前走的機率為 0.6，試問此人能夠走出森林花費時間的期望值與變異數。

解

本題有點類似高中某一題型：$2+\sqrt{2+\sqrt{2+\sqrt{2+\sqrt{\cdots}}}}$，可令原式為 x，當進入同樣迴圈時亦為 x，便可列出方程式求解。本題解法有點雷同。

假設走出森林需時 x 分鐘，根據題意決策樹如下所示：

走出花費時間

$$
x
\begin{cases}
0.6 \quad \text{向前走} \quad \dfrac{1}{} \quad 5+x \\[2mm]
0.4 \quad \text{返回走}
\begin{cases}
0.5 \quad 5+x \\
0.5 \quad 10
\end{cases}
\end{cases}
$$

$$E(x) = 0.6 \times 1 \times E(5+x) + 0.4 \times 0.5 \times E(5+x) + 0.4 \times 0.5 \times 10$$

$$\Rightarrow E(x) = 0.6 \times 5 + 0.6E(x) + 0.4 \times 0.5 \times 5 + 0.4 \times 0.5 \times E(x) + 2$$

$$\Rightarrow 0.2E(x) = 6 \quad \Rightarrow E(x) = 30$$

故平均 30 分鐘可走出森林

同理 $E(x^2) = 0.6 \times E[(5+x)^2] + 0.4 \times 0.5 \times E[(5+x)^2] + 0.4 \times 0.5 \times 10^2$

$$\Rightarrow E(x^2) = 0.8E\left[(5+x)^2\right] + 20$$

$$\Rightarrow E(x^2) = 0.8\left[E(25) + 10E(x) + E(x^2)\right] + 20$$

$$\Rightarrow E(x^2) = 0.8\left[25 + 300 + E(x^2)\right] + 20$$

$$\Rightarrow 0.2E(x^2) = 280$$

$$\Rightarrow E(x^2) = 1400$$

變異數：$V(x) = E(x^2) - \left[E(x)\right]^2 = 1400 - 30^2 = 500$

中位數、分位數與眾數

第三章中我們已經介紹過中位數、各種分位數以及眾數的求法，在本節中將進一步介紹引進隨機變數後，如何計算上述的統計測量數。

5.5.1 中位數

在第三章中以符號 Me 表示中位數，除了 Me 外 η 也是常用的中位數符號。根據中位數的定義，中位數表示位置居中的那筆資料。而就機率而言，中位數表示由小到大，累積機率等於 0.5 時所對應的隨機變數值。因此若隨機變數為離散型，則中位數 η 滿足下列條件：

$$f(x \le \eta) = \sum_{x=-\infty}^{\eta} f(x) = 0.5 \quad \text{或} \quad F(\eta) = 0.5$$

而連續型隨機變數中位數 η 則滿足下列條件：

$$f(x \le \eta) = \int_{-\infty}^{\eta} f(x)dx = 0.5 \quad \text{或} \quad F(\eta) = 0.5$$

其中 $f(x)$ 表機率函數； $F(x)$ 表累積分配函數。

例 31

已知 $f(x) = \dfrac{x^2}{30}, x = 1,2,3,4$ ，求中位數。

解

根據題意建立機率分配表如下所示：

x	1	2	3	4
$f(x)$	$\dfrac{1}{30}$	$\dfrac{4}{30}$	$\dfrac{9}{30}$	$\dfrac{16}{30}$
累積機率	$\dfrac{1}{30}$	$\dfrac{5}{30}$	$\dfrac{14}{30}$	1

當機率累積值達到 0.5 時 $x = 4$

故中位數 $\eta = 4$

例 32

試求 $f(x) = 3x^2, 0 \le x \le 1$ 之中位數。

解

假設中位數為 η，由中位數的定義知

$$\int_0^\eta 3x^2 dx = \frac{1}{2} \quad \Rightarrow x^3\Big|_0^\eta = \frac{1}{2} \quad \Rightarrow \eta^3 = \frac{1}{2}$$

$$\therefore \eta = \frac{1}{\sqrt[3]{2}}$$

5.5.2 分位數

設 p_k 表示第 k 個百分位數，所謂百分位數是指把資料分成 100 等分，共有 99 個等分點，第 k 個百分位數就位置而言為第 k 個等分點所對應的資料，就機率而言表示累積機率等於 $\frac{k}{100}$。故離散型隨機變數的第 k 個百分位數滿足

$$f(x \le p_k) = \sum_{x=-\infty}^{p_k} f(x) = \frac{k}{100} \text{ 或 } F(p_k) = \frac{k}{100}$$

而連續型隨機變數的第 k 個百分位數滿足：

$$f(x \le p_k) = \int_{-\infty}^{p_k} f(x)dx = \frac{k}{100} \text{ 或 } F(p_k) = \frac{k}{100}$$

例 33

承 31 題求第 20 個百分位數。

 解

由例題 31 中可知當 $x = 3$ 的時候機率累積值大於或等於 0.2，故中位數 $P_{20} = 3$

例 34

假設隨機變數 X 的機率密度函數為：

$$f(x) = \begin{cases} 1 - |x - 1|, & 0 \le x \le 2 \\ 0, & o.w. \end{cases}$$

試求(1)第 32 百分位數。　　　(2)第 68 百分位數。

解

方法一：第 32 個百分位數表示累積分配機率值等於 0.32

(1) $f(x) = \begin{cases} x, & 0 \le x \le 1 \\ 2 - x, & 1 \le x \le 2 \end{cases}$

$$f(x < p_{32}) = \int_0^{p_{32}} x\,dx = 0.32 \quad \Rightarrow \frac{1}{2}x^2 \Big|_0^{p_{32}} = 0.32 \quad \Rightarrow \frac{1}{2}(p_{32})^2 = 0.32$$

$$\therefore p_{32} = 0.8$$

(2) $\because \int_0^1 x\,dx = \frac{1}{2}x^2 \Big|_0^1 = 0.5$，故第 68 個百分位數位於 $1 \le x \le 2$ 範圍內，繼續對第二段函數

積分，第二段函數僅需再累積 0.18 即可，故

$$\int_1^{p_{68}} (2-x)\,dx = 0.18 \quad \Rightarrow 2x - \frac{1}{2}x^2 \Big|_1^{p_{68}} = 0.18$$

$$\Rightarrow \left[2p_{68} - 0.5(p_{68})^2 \right] - (2 - 0.5) = 0.18$$

$$\Rightarrow 0.5(p_{68})^2 - 2p_{68} + 1.68 = 0 \Rightarrow p_{68} = 1.2 \text{ 或 } 2.8 \quad (\text{不合})$$

故 $p_{68} = 1.2$

方法二：本題的機率函數為折線圖形，以圖解法速度較快

(1) 見右圖，根據百分位數的定義，灰色區域面積等於 0.32，故

$$\frac{1}{2} \times p_{32} \times p_{32} = 0.32 \qquad \therefore p_{32} = 0.8$$

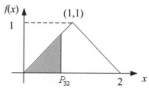

(2) 同理第 68 個百分位數為

$$1 - \frac{1}{2} \times (2 - p_{68}) \times (2 - p_{68}) = 0.68 \Rightarrow p_{68} = 1.2$$

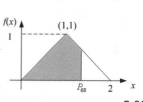

5.5.3 眾數

所謂眾數是指出現次數最多的那筆資料,若以機率來看,眾數是指使機率值最大的隨機變數 x 值。因此求眾數相當於求當 x 等於多少時, $f(x)$ 會有最大值。眾數的求法視隨機變數為連續型或離散型而有所不同,求法分別敘述如下:

1. 離散型隨機變數眾數的求法

    若隨機變數的數值數量不多時,可以使用機率分配表求眾數;若數量較多時,則採「兩面逼近法」求眾數。所謂兩面逼近法是指眾數所在的機率會比左右兩側之機率值大,即

    $$f(x) \geq f(x+1) \text{ 且 } f(x) \geq f(x-1)$$

    接著再求解聯立不等式即可求出眾數。

2. 連續型隨機變數眾數的求法

    連續型隨機變數的眾數採用微分法即可求得,步驟如下所示:

    (1) 令 $f'(x) = 0$,求解滿足左式的根。

    (2) 將步驟 1 求出的根代入 $f''(x)$,若滿足 $f''(x) < 0$,則此根即為眾數。

例 35

假設 X 表投擲一枚硬幣三次出現正面的次數,求眾數。

解

本題隨機變數 X 的數值不多,故可利用機率分配表求解

x	0	1	2	3
$f(x)$	1/8	3/8	3/8	1/8

當 $x = 1, 2$ 時機率最大,故眾數 $Mo = 1, 2$

例 36

已知機率函數 $f(x) = C_x^n (\frac{1}{2})^n, x = 0, 1, 2, 3, \cdots, n$,求眾數。

解

本題需使用兩面逼近法

由 $f(x) \geq f(x+1) \Rightarrow C_x^n (\frac{1}{2})^n \geq C_{x+1}^n (\frac{1}{2})^n$

$\Rightarrow \dfrac{n!}{x!(n-x)!} \geq \dfrac{n!}{(x+1)!(n-x-1)!} \Rightarrow \dfrac{1}{n-x} \geq \dfrac{1}{x+1}$

$n - x \leq x + 1 \Rightarrow x \geq \dfrac{n-1}{2}$ ....①

且 $f(x) \geq f(x-1) \Rightarrow C_x^n (\frac{1}{2})^n \geq C_{x-1}^n (\frac{1}{2})^n$

$\Rightarrow \dfrac{n!}{x!(n-x)!} \geq \dfrac{n!}{(x-1)!(n-x+1)!} \Rightarrow \dfrac{1}{x} \geq \dfrac{1}{n-x+1}$

$x \leq n - x + 1 \Rightarrow x \leq \dfrac{n+1}{2}$ ....②

由①②可得：

$\dfrac{n-1}{2} \leq x \leq \dfrac{n+1}{2}$ ....③

(1) 當 n 為奇數時

令 $n = 2k+1$ 代入③式得

$\dfrac{2k+1-1}{2} \leq x \leq \dfrac{2k+1+1}{2} \Rightarrow k \leq x \leq k+1$

$\Rightarrow x = k, k+1$，又 $k = \dfrac{n-1}{2}$ 代回左式

故當 n 為奇數時，眾數 $Mo = \dfrac{n-1}{2}, \dfrac{n+1}{2}$

(2) 當 n 為偶數時

令 $n = 2k$ 代入③式得

$\dfrac{2k-1}{2} \leq x \leq \dfrac{2k+1}{2} \Rightarrow k - \dfrac{1}{2} \leq x \leq k + \dfrac{1}{2}$

$\Rightarrow x = k$，又 $k = \dfrac{n}{2}$ 代回左式

故當 n 為偶數時，眾數 $Mo = \dfrac{n}{2}$

例 37

已知機率函數 $f(x) = \dfrac{x(6-x)}{36}, 0 < x < 6$ ，求眾數。

解

$$f'(x) = \frac{1}{36}(6 - 2x) = 0 \Rightarrow x = 3$$

$$f''(x) = -\frac{1}{18} \Rightarrow f''(3) = -\frac{1}{18} < 0$$

故眾數 $Mo = 3$

5.6 偏態與峰態

在本節中將介紹引進隨機變數後，偏態係數與峰度係數的表示法，它們的原理和期望值、變異數相同。

5.6.1 對稱分配

在母數統計裡的應用，通常必須假設母體為常態分配，但在真實的世界常態分配是不存在的，因為常態分配的 x 值範圍從 $-\infty$ 到 ∞。因此人文社會的研究通常會把母體分配的條件放鬆，以便能夠順利的進行各種統計分析。常態分配是一種對稱分配，因此檢視研究母體是否為對稱分配，可以作為初步判斷母體是否服從常態分配的條件之一。對稱分配的機率函數必須滿足下列關係式：

$$f(c - x) = f(c + x)$$

c 為任意常數，若機率函數滿足上式，那麼就稱隨機變數 X 為對稱 $x = c$ 的對稱分配(symmetric distribution)。對稱分配的偏態係數等於 0。

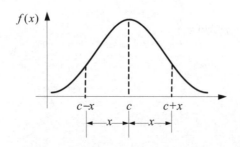

5.6.2 偏態係數

在第三章我們介紹了偏態係數公式為：$\beta_1 = \dfrac{\dfrac{1}{n}\sum\limits_{i=1}^{n}(x_i - \mu)^3}{\sigma^3}$。若將此公式導入隨機變

數重新改寫，$\dfrac{1}{n}$ 恰巧為每一筆資料出現的機率。將 $\dfrac{1}{n}$ 以機率函數 $f(x)$ 取代後，偏態係

數公式變成：$\beta_1 = \dfrac{\sum\limits_{i=1}^{n}(x_i - \mu)^3 f(x_i)}{\sigma^3}$。再根據廣義期望值的意義，分子可寫成 $E\left[(x-\mu)^3\right]$，

故導入隨機變數後偏態係數的公式定義為：

$$\beta_1 = \frac{E\left[(x-\mu)^3\right]}{\sigma^3} = E[(\frac{x-\mu}{\sigma})^3]$$

例 38

假設隨機數 X 的機率密度函數定義為：$f(x) = \dfrac{3}{4}(1-x^2), -1 < x < 1$，試求偏態係數。

解

先求期望值：$\mu = E(x) = \int\limits_{x} xf(x)dx = \int\limits_{-1}^{1}\dfrac{3}{4}x(1-x^2)dx = 0$

註：被積分函數為奇函數

$$\sigma^2 = E\left[(x-\mu)^2\right] = E(x^2) = \int\limits_{x}x^2 f(x)dx = \int\limits_{-1}^{1}x^2 \cdot \frac{3}{4}(1-x^2)dx = \frac{1}{5}$$

$$E\left[(x-\mu)^3\right] = E(x^3) = \int\limits_{x}x^3 f(x)dx = \int\limits_{-1}^{1}x^3 \cdot \frac{3}{4}(1-x^2)dx = 0$$

故偏態係數 $\beta_1 = \dfrac{E\left[(x-\mu)^3\right]}{\sigma^3} = 0$

5.6.3 峰度係數

峰度係數是用來衡量分配形狀兩端的厚實或延伸情形，導入隨機變數後的峰度係數原理與偏態係數相同，峰度係數公式定義如下：

$$\beta_2 = \frac{E\left[(x-\mu)^4\right]}{\sigma^4} = E[(\frac{x-\mu}{\sigma})^4]$$

例 39

承範例 38，求峰度係數。

解

$$E\left[(x-\mu)^4\right] = E(x^4) = \int_x x^4 f(x)dx = \int_{-1}^{1} x^4 \cdot \frac{3}{4}(1-x^2)dx = \frac{3}{35}$$

故峰度係數 $\beta_2 = \dfrac{E\left[(x-\mu)^4\right]}{\sigma^4} = \dfrac{3/35}{(1/5)^2} = \dfrac{15}{7}$

1. 假設 X 表示投擲一枚硬幣三次出現正面的次數。

   (1) 請列出樣本空間 S。

   (2) 請列出隨機變數 X 的值。

   (3) 請列出機率函數。

   (4) 若隨機變數滿足 $\{0.5 \leq x \leq 1.72\}$，請問代表什麼含意？

2. 已知 $f(x) = \dfrac{1}{3}, x = -1, 0, 1$，試求累積分配函數 $F(x)$。

3. 已知隨機變數 X 機率密度函數為

   $$f(x) = \begin{cases} x, & 0 < x < 10000 \\ 2 - x, & 10000 \leq x < 20000 \\ 0, & o.w. \end{cases}$$

   (1) 繪出 $f(x)$ 的圖形。

   (2) 求 $f(8000 < x < 12000)$。

4. 已知 $f(x) = 3(1-x)^2, 0 < x < 1$，試求累積分配函數。

5. 已知隨機變數 X 之機率密度函數為 $f(x) = \begin{cases} k(1-x)^2, & 0 < x < 1 \\ 0, & o.w. \end{cases}$，試求 k 之值。

6. 假設 X 為隨機變數，其機率密度函數為：

   $$f(x) = \begin{cases} k\left[1 - (x-3)^2\right], & 2 \leq x \leq 4 \\ 0, & o.w. \end{cases}$$

   (1) 求 k 之值。　　(2) 求 $P(x > 3)$。

7. 假設隨機變數 X 的機率密度函數為

   $$f(x) = \begin{cases} cx, & 0 \leq x \leq 2 \\ 0, & o.w. \end{cases}$$

   求 c 值。

8. 已知 $f(x) = \dfrac{1}{6}, \quad x = 1, 2, 3$，試求累積分配函數 $F(x)$。

9. 某袋中裝有標記 1 號球 1 個，2 號球 2 個，3 號球 3 個，.....，n 號球 n 個，且袋中的球大小、重量皆相同。現從此袋中隨機抽取一球並以此球上標記之號碼做為變量。試求此變量之機率分配函數與期望值。

10. 考慮一個有 4 個選項的複選題，若完全答對可得 5 分。為了避免答題者亂猜答案而僥倖得分，則答錯時應倒扣多少分才公平？(一定要作答)

11. 假設袋中有大小相同的紅球 3 個、白球 7 個。現自袋中任取一球，若取到紅球可得 50 元，白球可得 10 元，試問任取一球可得金額的期望值為多少？

12. 投擲三枚公正硬幣，若出現三個正面，可得 10 元，出現二個正面可得 6 元，出現一個正面可得 2 元，為使賭局公平，則一個正面均不出現時應賠多少元？

13. 投擲兩粒公正骰子，得點數和若為二位數可賺 10 元，若為一位數得陪 5 元，求投擲一次的期望值。

14. 假設 50cc 新機車第一年的失竊率為 0.8%，今有<u>小齊</u>為他的 50cc 新機車投保失竊險，保額為 30000 元，保費為 300 元，則保險公司對此保險的期望利潤為多少？

15. 假設一袋中裝有 1 個 1 號球，2 個 2 號球，…，n 個 n 號球，…，25 個 25 號球，$1 \le n \le 25$。現自袋中任取一球，假設每一個球被取到的機會都相等，而取得 n 號球可得 $(100 - n)$ 元。則任取一球的期望值為多少？

16. 某次考試有一多重選擇題有 A、B、C、D、E 五個選項，需完全答對才給 5 分，僅答錯一個給 2 分，其餘得 0 分。某考生 A、B 選項已確定答對，但對 C、D、E 完全不懂，決定亂猜作答(猜對猜錯機率相同)。求這位考生此題得分之期望值。

17. 甲、乙兩人下棋，兩人棋力相當，規定先勝 4 局者可得獎金 1600 元，但每次對局均須分出勝負，不許和局。今兩人進行到甲勝 2 局，乙勝 1 局時，比賽因故停止，依公平的原則，來分此 1600 元獎金，請問甲應得多少元？

18. 已知隨機變數 X 之機率分配表如下：

x	1	2	3	4
$f(x)$	0.2	0.1	0.4	0.3

求隨機變數 X 的變異數與標準差。

19. 已知隨機變數 $\overline{X}$ 之機率密度函數如下：

$$f(x) = \begin{cases} 6x(1-x), & 0 < x < 1 \\ 0, & o.w. \end{cases}$$

試求期望值與變異數。

20. 已知隨機變數 X 之累積分配函數為：

$$F(x) = \begin{cases} 0, & x < 0 \\ 1 - \dfrac{2}{3}e^{-x}, & x \ge 0 \end{cases}$$

試求：(1) $P(x \le 1)$　　(2) $E(x)$。

21. 已知隨機變數 X 之累積分配函數為：

$$F(x) = \begin{cases} 0, & x < 0 \\ x - \dfrac{1}{4}x^2, & 0 \le x \le 2 \\ 1 & 2 \le x \end{cases}$$

求機率密度函數。

22. 假設隨機變數 X 的機率函數為：

$$f(x) = \begin{cases} 0.14, & x = 0 \\ 0.24, & x = 1 \\ 0.15, & x = 2 \\ 1, & 3 \le x \le a \\ 0, & o.w. \end{cases}$$

求 a 之值。

23. 已知隨機變數 X 的機率密度函數為：

$$f(x) = \begin{cases} \dfrac{2}{21}x, & 0 \le x < 3 \\ \dfrac{1}{2} - \dfrac{x}{14}, & 3 \le x \le 7 \\ 0, & o.w. \end{cases}$$

試求：(1) $E(x)$ 與 $V(x)$。　　(2) $P(x=1)$。　　(3) $P(1 \le x \le 5)$。

24. 已知隨機變數 X 的機率密度函數為：$f(x) = \dfrac{2}{5}|x-1|, 0 < x < 3$，求中位數。

25. 已知 X 之機率分配如下所示：

x	−10	0	10	20
$f(x)$	c	2c	3c	4c

試求　(1) c。　　(2) $P(x>0)$。　　(3) $E(x)$。　　(4) $E(2x+30)$。　　(5) $V(x)$。

26. 已知麥當勞某分店每天銷售薯條的情形如下表所示：

x 包	500	550	600	650	700	700
$f(x)$	0.1	0.1	0.2	0.3	0.2	0.1

(1) 求算麥當勞每天薯條銷售量的期望值與變異數。

(2) 利用柴比雪夫定理(Chebyshev's theorem)求算麥當勞每天銷售的薯條至少會有 75%的機率落在哪個範圍？

27. 將兩個不同顏色的球投入四個箱子中，假設隨機變數 X 表示第一個箱子球的個數，求 X 的機率分配。

28. 已知隨機變數 X 的機率密度函數為：$f(x) = a + bx, 0 \le x \le 1$,且 $E(x) = \dfrac{2}{3}$。

(1) 求 a、b。　　(2) 求 $V(x)$。　　(3) 求中位數 η。　　(4) 求 $P(0<x<0.5)$。

29. 一箱中有 5 個球編號分別為：−1,0,1,2,3。令隨機變數 X 為自箱中隨機抽取一球之號碼，試 $4x^2 + 3$ 的期望值。

30. 某往返台北與新竹之公車，每班車每趟之載客人數的機率分配如下表所示：

x(乘客數)	10	20	30	40	50
$f(x)$	0.05	0.2	0.4	0.2	0.15

若單程票價 100 元，假設隨機變數 Y 為每班車每趟之票價收入，試求 $E(y)$ 與 $V(y)$。

31. 某次座談會，共有 6 位學生參加，其中包括甲與乙。6 位學生以完全隨機之方式圍著一個圓形會議桌而坐。若甲寫了個字條想要沿著圓桌，以最少人數的方式透過鄰位傳遞給乙，試求接觸到此字條的人數期望值是多少(不包含甲與乙)？

32. 設連續隨機變數 X 之機率密度函數如下：

$$f(x) = \begin{cases} \dfrac{15}{16}x^2(x-2)^2, & 0 \le x \le 2 \\ 0, & o.w. \end{cases}$$

(1) 求 $f(x<1)$。

(2) 求期望值 $E(x)$

二元隨機變數

在第四章機率論單元中，我們曾經探討過聯合機率分配，但僅限於聯合機率分配表的探討，並未引進隨機變數的概念，在本章中將以隨機變數的觀點探討聯合機率分配函數。此外，本章中亦探討二元隨機變數的母體參數求法。單隨機變數與二元隨機變數在求算母體參數時，觀念上大同小異。因此，只要前面章節的觀念清楚，本單元不難學習。在學習本章節前，請先熟悉雙重加總符號以及重積分的運算原理。

聯合機率分配

聯合機率分配(joint probability distribution)也有人稱其為聯合機率分配函數(joint probability distribution function)。考慮二維或二個以上的樣本空間，可根據樣本空間的個數定義二個或以上的隨機變數與其對應。例如：投擲 2 枚硬幣出現正面的次數 X 與投擲 3 粒骰子出現 1 點的次數 Y，那麼可能發生的結果 (x,y) 便構成了二維樣本空間，對應的機率函數表為 $f(x,y)$，故 $(2,1)$ 表示硬幣出現 2 次正面且骰子出現 1 次 1 點的事件，其機率以 $f(2,1)$ 表示之。同樣的，測驗學生的國文成績 X，英文成績 Y 以及統計學成績 Z，則其可能結果 (x,y,z) 即構成三維樣本空間，其機率函數則以 $f(x,y,z)$ 來表示。

6.1.1 離散型隨機變數之聯合機率分配

假設 X，Y 為離散型隨機變數，若函數 $f(x,y)$ 同時滿足下列兩個條件：

1. $0 \le f(x_i, y_i) \le 1$
2. $\displaystyle\sum_x \sum_y f(x,y) = 1$

則稱 $f(x,y)$ 為隨機變數 (X,Y) 的聯合機率質量函數(joint probability mass function)。簡單來說，只要隨機變數的機率值範圍皆落在 0 到 1，且滿足全部的機率總和等於 1，則此函數即為機率函數。

例 1

假設 X 和 Y 的聯合機率密度函數如下：

$$f(x,y) = \frac{3x+2y}{k}, x=1,2; y=1,2$$

試求常數 k 值。

解

機率總和必須等於 1：$\displaystyle\sum_x \sum_y f(x,y) = 1$

$$\sum_{x=1}^{2}\sum_{y=1}^{2}\frac{3x+2y}{k}=1 \Rightarrow \frac{1}{k}\sum_{x=1}^{2}\sum_{y=1}^{2}(3x+2y)=1 \Rightarrow \frac{1}{k}\sum_{x=1}^{2}(x\sum_{y=1}^{2}3+2\sum_{y=1}^{2}y)=1$$

$$\Rightarrow \frac{1}{k}\sum_{x=1}^{2}(6x+6)=1 \Rightarrow \frac{6}{k}\sum_{x=1}^{2}(x+1)=1 \Rightarrow \frac{6}{k}\times5=1 \quad \therefore k=30$$

6.1.2 聯合機率分配表

在第四章中已經介紹過聯合機率分配表，在本節中的聯合機率分配表與前面的差異在於隨機變數的導入。因此，兩者的觀念完全相同。前面提到的聯合機率是指事件 A、B 同時發生的機率，而改用隨機變數後，聯合機率是指隨機變數 x,y 同時發生的機率，我們以 $f(x,y)$ 表示。故聯合機率分配表是把隨機變數與其對應之機率值以表格的方式呈現。聯合機率分配表可用來協助求解二元隨機變數且變量較少的題型，它的優點是簡單易懂，利用聯合機率分配表去求算各種母體參數會感覺比較簡單。聯合機率分配表的呈現方式如下表所示，最上一列與最左一行分別為兩隨機變數的值，中間則記錄兩隨機變數所對應的機率值。

x \ y	y_1	y_2	...	y_c
x_1	$f(x_1, y_1)$	$f(x_1, y_2)$	...	$f(x_1, y_c)$
x_2	$f(x_2, y_1)$	$f(x_2, y_2)$	...	$f(x_2, y_c)$
⋮	⋮	⋮	...	⋮
x_r	$f(x_r, y_1)$	$f(x_r, y_2)$	...	$f(x_r, y_c)$

例 2

投擲一枚公正硬幣與骰子各一次，令 X 與 Y 分別代表硬幣出現正面的個數與骰子出現的點數

(1)求出 X 與 Y 的聯合機率分配。

(2)求 $f((x,y) \in A), A = \{(x,y) \mid x+y \le 4\}$。

解

(1) $x = 0,1; y = 1,2,3,4,5,6$

全部情形有 $2 \times 6 = 12$ 種，故以聯合機率分配表表示即可，如下表所示：

x \ y	1	2	3	4	5	6
0	1/12	1/12	1/12	1/12	1/12	1/12
1	1/12	1/12	1/12	1/12	1/12	1/12

若以函數的方式表示則為：$f(x,y) = \dfrac{1}{12}, x = 0,1; y = 1,2,3,4,5,6$

(2) 本題題意在求 $x+y \le 4$ 之機率值，若以聯合機率分配表推求，則為上表灰色之機率值總和，等於 $\dfrac{7}{12}$

若以聯合機率函數推求，所求 $f(x+y \le 4) =$

$$f(0,1)+f(0,2)+f(0,3)+f(0,4)+f(1,1)+f(1,2)+f(1,3)=\dfrac{7}{12}$$

例 3

假設 X，Y 為二元隨機變數，其樣本空間為：$S = \{(1,1),(1,2),(1,3),(2,1),(2,2),(2,3),(3,1),(3,2),(3,3)\}$，其機率質量函數為 $f(x,y)=cxy,(x,y)\in S$。

(1)求 c 之值。

(2)求 $f(x+y \le 4)$。

解

先製作聯合機率分配表，如下所示：

x \ y	1	2	3
1	c	$2c$	$3c$
2	$2c$	$4c$	$6c$
3	$3c$	$6c$	$9c$

(1) $\because \sum_x \sum_y f(x,y)=1 \quad \therefore c+2c+3c+2c+4c+6c+3c+6c+9c=1$

$$\Rightarrow c=\dfrac{1}{36}$$

(2) 本題相當於求上表灰色部分機率和，即

$$P(x+y \le 4)=f(1,1)+f(2,1)+f(3,1)+f(2,1)+f(2,2)+f(3,1)$$

$$=c+2c+3c+2c+4c+3c=15c=\dfrac{15}{36}=\dfrac{5}{12}$$

例 4

從一裝有 3 藍球，2 紅球與 3 綠球的箱子中，隨機抽出 2 個球。令 x 表籃球個數，y 表紅球個數。

(1) 求 X 與 Y 的聯合機率分配函數。

(2) 求 $f(1 \le x + y \le 2)$。

解

(1) 全部取出 2 球，x 表籃球個數，y 表紅球個數，故綠球個數為 $2 - x - y$

聯合機率分配函數為：

$$f(x, y) = \frac{C_x^3 C_y^2 C_{2-x-y}^3}{C_2^8}, x = 0, 1, 2 \ ; \ y = 0, 1, 2 \ ; \ 0 \le x + y \le 2$$

(2) $P(1 \le x + y \le 2) = f(0,1) + f(1,0) + f(0,2) + f(2,0) + f(1,1)$

$$= \frac{C_0^3 C_1^2 C_1^3}{C_2^8} + \frac{C_1^3 C_0^2 C_1^3}{C_2^8} + \frac{C_0^3 C_2^2 C_0^3}{C_2^8} + \frac{C_2^3 C_0^2 C_0^3}{C_2^8} + \frac{C_1^3 C_1^2 C_0^3}{C_2^8} = \frac{25}{28}$$

6.1.3 連續型隨機變數之聯合機率分配

由於連續型隨機變數值具有無法切割的特性，因此聯合機率分配的機率值利用重積分來衡量。若 X, Y 為連續型隨機變數，函數 $f(x, y)$ 滿足下列兩個條件：

1. $0 \le f(x_i, y_i)$

2. $\displaystyle\iint\limits_{x \ y} f(x, y) dy dx = 1$

則稱 $f(x, y)$ 為 (X, Y) 的聯合機率密度函數(joint probability density function)。

由於聯合機率函數機率的計算必須用到重積分的特性，因此有關重積分的運算性質以及各種計算技巧，請參閱微積分相關書籍。有一種特殊情況，當 $f(x, y) = c$ 時，那麼聯合機率密度函數在某範圍 R 的機率 $\displaystyle\iint\limits_{R} c \, dx dy$ 等於 c 乘以區域 R 的面積。

例 5

已知 X、Y 的聯合機率密度函數為：

$$f(x,y) = \begin{cases} 1, & 0 < x < 1; 0 < y < 1 \\ 0, & o.w. \end{cases}$$

求下列各小題之機率。

(1) $P(x > 2y)$。　　(2) $P(x^2 + y^2 < \dfrac{1}{4})$。

解

(1) 根據題意，$\because f(x,y) = 1$，故 $P(x > 2y)$ 相當於求下圖斜線面積

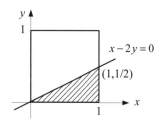

$$P(x > 2y) = \int_0^1 \int_0^{\frac{x}{2}} 1\,dy\,dx = \frac{1}{2} \times 1 \times \frac{1}{2} = \frac{1}{4}$$

(2) 根據題意，$P(x^2 + y^2 < \dfrac{1}{4})$ 表下圖陰影面積

故 $P(x^2 + y^2 < \dfrac{1}{4}) = \dfrac{1}{4} \times \pi \times (\dfrac{1}{2})^2 = \dfrac{\pi}{16}$

例 6

假設(X,Y)的聯合機率分配為：$f(x,y)=\begin{cases} cxy^2, & 0 \leq x \leq y \leq 1 \\ 0, & o.w. \end{cases}$，試求 c。

解

積分範圍如右圖所示，本題先對 x 積分比較容易計算

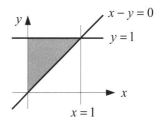

$$\because \iint\limits_{y\ x} f(x,y)dxdy = 1$$

$$\int_0^1 \int_0^y cxy^2 dxdy = 1 \quad \Rightarrow c\int_0^1 y^2 \left(\frac{1}{2}x^2\right)\Big|_0^y dy = 1$$

$$\Rightarrow \frac{c}{2}\int_0^1 y^4 dy = 1 \quad \frac{c}{2}\times\frac{1}{5}y^5\Big|_0^1 = 1$$

$$\Rightarrow \frac{c}{2}\times\frac{1}{5} = 1 \quad \therefore c = 10$$

例 7

假設台北車站過年期間台灣高鐵預售票的購票者，自進入等候區到買到車票離開需時 X 分鐘。而排隊等候至輪到他購買車票，需時 Y 分鐘。現已知 X 和 Y 的聯合機率分配函數如下：

$$f(x,y)=\begin{cases} e^{-x}, & 0 < y < x < \infty \\ 0, & o.w. \end{cases}$$

試求某人進入等候區至買完票離開所需時間小於 10 分鐘的機率？

解

本題進入等候區至買完票離開限制小於 10 分鐘

$$\therefore f(0<x<10,0<y<x) = \int_0^{10}\int_0^x e^{-x}dydx = \int_0^{10} e^{-x}(y)\Big|_0^x dx$$

$$= \int_0^{10} xe^{-x}dx = (-xe^{-x}-e^{-x})\Big|_0^{10} = (-10e^{-10}-e^{-10})-(-1) = 1-11e^{-10}$$

邊際機率函數

邊際機率(marginal probability)在第五章就已經定義過了，若以聯合機率分配表來看，邊際機率就是將聯合機率分配表中的機率針對某一行或某一列的機率進行加總後所得到的機率。本章則介紹以隨機變數方式呈現時，邊際機率的計算方式。

回想第五章所介紹的邊際機率定義：求 A_i 的邊際機率，要對 B 進行加總，即 $P(A_i) = \sum_{j=1}^{c} P(A_i \cap B_j)$ ，$i = 1,2,...,r$。若機率以函數方式呈現時，左式 $P(A_i \cap B_j)$ 改以機率函數 $f(x,y)$ 取代，$P(A_i)$ 則以 $f_X(x)$ 取代。經由符號改變後之邊際機率則表成 $f_X(x) = \sum_y f(x,y)$。瞭解兩者間的符號轉換關係後，下面將針對離散型與連續型隨機變數的邊際機率正式下定義。

6.2.1 離散型隨機變數的邊際機率函數

假設 X，Y 為離散型隨機變數，聯合機率分配函數為 $f(x,y)$，則隨機變數 X 的邊際機率函數為：

$$f_X(x) = \sum_y f(x,y)$$

而隨機變數 Y 的邊際機率函數為：

$$f_Y(y) = \sum_x f(x,y)$$

由邊際機率的定義可知，離散型隨機變數 X 的邊際機率函數，把聯合機率函數對隨機變數 Y 進行加總即得;而 Y 的邊際機率函數則把聯合機率函數對 X 進行加總即得。故 X 的邊際機率函數只含隨機變數 X(或常數)，隨機變數 Y 必定不存在;同樣道理 Y 的邊際機率函數必定不存在隨機變數 X。且邊際機率函數必定滿足：

$$\sum_x f_X(x) = 1 \quad 且 \quad \sum_y f_Y(y) = 1$$

例 8

假設 X 與 Y 為兩個離散型隨機變數,聯合機率質量函數為:

$$f(x,y) = \frac{1}{18}xy, x = 1,2; y = 1,2,3$$

試分別求 X 與 Y 之邊際機率函數,並驗證 $\sum_x f_X(x) = 1$ 且 $\sum_y f_Y(y) = 1$。

解

(1) X 的邊際機率函數為:

$$f_X(x) = \sum_y f(x,y) = \sum_{y=1}^{3} \frac{1}{18}xy = \frac{x}{18}(1+2+3) = \frac{x}{3}, x = 1,2$$

Y 的邊際機率函數為:

$$f_Y(y) = \sum_x f(x,y) = \sum_{x=1}^{2} \frac{1}{18}xy = \frac{y}{18}(1+2) = \frac{y}{6}, y = 1,2,3$$

(2) $\sum_x f_X(x) = \sum_{x=1}^{2} \frac{x}{3} = \frac{1}{3} + \frac{2}{3} = 1$

$\sum_y f_Y(y) = \sum_{y=1}^{3} \frac{y}{6} = \frac{1}{6} + \frac{2}{6} + \frac{3}{6} = 1$

例 9

已知 X 與 Y 為兩個離散型隨機變數,聯合機率質量函數為:

$$f(x,y) = \begin{cases} k\left(\dfrac{3^{x+2y}}{x!\,y!}\right), & x,y = 0,1,2,\cdots \\ 0, & o.w. \end{cases}$$

(1) 求 k。

(2) 試分別求 X 與 Y 之邊際機率函數。

解

(1) $\because \sum_{x=0}^{\infty} \sum_{y=0}^{\infty} k\left(\frac{3^{x+2y}}{x!\,y!}\right) = 1 \Rightarrow k \sum_{x=0}^{\infty} \frac{3^x}{x!} \sum_{y=0}^{\infty} \frac{(3^2)^y}{y!} = 1 \Rightarrow k \cdot e^3 \cdot e^9 = 1$

$$\therefore k = e^{-12}$$

(2) X 的邊際機率函數為：

$$f_X(x) = \sum_{y=0}^{\infty} f(x,y) = \sum_{y=0}^{\infty} e^{-12} \frac{3^{x+2y}}{x!y!} = e^{-12} \frac{3^x}{x!} \sum_{y=0}^{\infty} \frac{(3^2)^y}{y!}$$

$$= e^{-12} \frac{3^x}{x!} \cdot e^9 = e^{-3} \frac{3^x}{x!}, x = 0,1,2,....$$

Y 的邊際機率函數為：

$$f_Y(y) = f_X(x) = \sum_{x=0}^{\infty} f(x,y) = \sum_{x=0}^{\infty} e^{-12} \frac{3^{x+2y}}{x!y!} = e^{-12} \frac{3^{2y}}{y!} \sum_{x=0}^{\infty} \frac{3^x}{x!}$$

$$= e^{-12} \frac{3^{2y}}{y!} \cdot e^3 = e^{-9} \frac{3^{2y}}{y!}, y = 0,1,2,....$$

6.2.2 連續型隨機變數的邊際機率函數

假設 X,Y 為連續型隨機變數，其聯合機率分配函數為 $f(x,y)$，則隨機變數 X 的邊際機率函數定義為：

$$f_X(x) = \int_y f(x,y)dy$$

而隨機變數 Y 的邊際機率函數定義為：

$$f_Y(y) = \int_x f(x,y)dx$$

由定義可知，連續型隨機變數，求 X 的邊際機率函數對 Y 進行積分即可求得；而求 Y 的邊際機率函數則對 X 進行積分即可求得。同理連續型隨機變數的邊際機率亦滿足：

$$\int_x f_X(x)dx = 1 \qquad 且 \qquad \int_y f_Y(y)dy = 1$$

假設隨機變數 X、Y 的聯合機率密度函數為

$$f(x,y)=\begin{cases}4xy, & 0\le x\le 1,0\le y\le 1\\ 0, & o.w.\end{cases}$$

試分別求 X 與 Y 的邊際機率，並驗證 $\int_x f_X(x)dx=1$ 且 $\int_y f_Y(y)dy=1$。

解

(1) $f_X(x)=\int_0^1 4xydy=2x, \quad 0\le x\le 1$

$f_Y(y)=\int_0^1 4xydy=2y, \quad 0\le y\le 1$

(2) $\int_x f_X(x)dx=\int_0^1 2xdx=x^2\Big|_0^1=1$

$\int_y f_Y(y)dy=\int_0^1 2ydy=y^2\Big|_0^1=1$

例 11

假設 (X,Y) 的聯合機率密度函數為：$f(x,y)=\begin{cases}10xy^2, & 0\le x\le y\le 1\\ 0, & o.w.\end{cases}$，試求

(1) $f_X(x)$。 (2) $f_Y(y)$。

解

$f_X(x)$ 與 $f_Y(y)$ 皆為函數，故取積分邊界時 x 的範圍為 $0\sim y$，而 y 的範圍為 $x\sim 1$

(1) $f_X(x)=\int_y f(x,y)dy=\int_x^1 10xy^2dy=\frac{10}{3}x(1-x^3),0\le x\le 1$

(2) $f_Y(y)=\int_x f(x,y)dx=\int_0^y 10xy^2dx=5y^4,0\le y\le 1$

例 12

已知汽車前輪胎壓必須維持 26 磅，假設前輪實際胎壓為隨機變數，令 X 表右前輪實際胎壓，Y 表左前輪實際胎壓。若 X、Y 的聯合機率密度函數為：

$$f(x,y) = \begin{cases} K(x^2 + y^2), & 20 \leq x \leq 30, 20 \leq y \leq 30 \\ 0, & o.w. \end{cases}$$

(1)求 K 之值。

(2)求前輪兩個輪胎胎壓不足的機率為何？

(3)求右前輪實際胎壓的邊際機率函數。

解

(1) $\because \iint\limits_{x\ y} f(x,y)dydx = 1 \Rightarrow \int\limits_{20}^{30}\int\limits_{20}^{30} K(x^2 + y^2)dydx = 1 \Rightarrow K\int\limits_{20}^{30}(x^2 y + \frac{1}{3}y^3)\Big|_{20}^{30} dx = 1$

$\Rightarrow K\int\limits_{20}^{30}(10x^2 + \frac{19000}{3})dx = 1 \Rightarrow K(\frac{10}{3}x^3 + \frac{19000}{3}x)\Big|_{20}^{30} = 1 \Rightarrow \frac{380000}{3}k = 1$

$\therefore K = \dfrac{3}{380000}$

(2) $P(x < 26, y < 26) = \int\limits_{20}^{26}\int\limits_{20}^{26} \frac{3}{380000}(x^2 + y^2)dydx = \frac{3}{380000}\int\limits_{20}^{26}(x^2 y + \frac{1}{3}y^3)\Big|_{20}^{26} dx$

$= \frac{3}{380000}\int\limits_{20}^{26}(6x^2 + \frac{9576}{3})dx = \frac{3}{380000}(2x^3 + \frac{9576}{3}x)\Big|_{20}^{26}$

$= \frac{3}{380000} \times 38304 = 0.3024$

(3) $f_X(x) = \int\limits_{20}^{30} \frac{3}{380000}(x^2 + y^2)dy = \frac{3}{380000}(x^2 y + \frac{y^3}{3})\Big|_{20}^{30}$

$= \frac{3}{380000}(10x^2 + \frac{19000}{3}), \quad 20 \leq x \leq 30$

6.2.3 邊際機率與聯合機率分配之關係

聯合機率函數求算機率有兩種方法，第一種是直接對聯合機率函數進行加總(離散型)或進行重積分(連續型)；第二種則是先求出邊際機率函數之後再求算機率值。聯合機率函數與邊際機率之間的關係說明如下：

1. 離散型隨機變數

$$\sum_x \sum_y f(x,y) = \sum_x \left[\sum_y f(x,y) \right] = \sum_x f_X(x)$$
$$= \sum_y \left[\sum_x f(x,y) \right] = \sum_y f_Y(y)$$

2. 連續型隨機變數

$$\iint_{x\,y} f(x,y)dydx = \int_x \left[\int_y f(x,y)dy \right] dx = \int_x f_X(x)dx$$
$$= \int_y \left[\int_x f(x,y)dx \right] dy = \int_y f_Y(y)dy$$

由上面的關係可看出，在求聯合機率分配函數的機率值的時候，可以分成兩段解題：先求邊際機率，再對邊際機率加總或積分。

例 13

假設隨機變數 (X,Y) 的聯合機率分配為： $f(x,y) = \begin{cases} cxy^2, & 0 \le x \le y \le 1 \\ 0, & o.w. \end{cases}$ ，試透過邊際機率求 c 值。

解

本題使用 X 的邊際機率求解，使用 Y 的邊際機率求解請自行嘗試

$$f_X(x) = \int_y f(x,y)dy = \int_x^1 cxy^2 dy = \frac{c}{3}x(1-x^3), \quad 0 \le x \le 1$$

$$\because \int_x f_X(x)dx = 1 \Rightarrow \int_0^1 \frac{c}{3}x(1-x^3)dx = 1 \Rightarrow \left. \frac{c}{3}(\frac{1}{2}x^2 - \frac{1}{5}x^5) \right|_0^1 = 1$$

$$\Rightarrow \frac{c}{3}(\frac{1}{2} - \frac{1}{5}) = 1 \quad \therefore c = 10$$

二元隨機變數的累積分配函數

二元隨機變數的累積分配函數與單隨機變數的累積分配函數意義是相同的，用途皆在於協助快速的求算隨機變數在某範圍內之機率，不同的地方在於二元隨機變數在求算累積分配函數時需使用到雙重Σ或重積分。

6.3.1 累積分配函數的定義

在本節中所介紹的累積分配函數是指以下累積分配函數。藉由累積分配函數可以快速的讓我們求出隨機變數在某範圍內的機率值，但二元隨機變數的累積分配函數在使用時要特別留意，因為使用它求某範圍內的機率值較為複雜，除非熟悉它的計算性質，不然建議由機率函數進行加總或積分來求機率值比較不會出錯。二元隨機變數的累積分配函數定義如下：

1. 離散型隨機變數

假設隨機變數 X、Y 為離散型隨機變數，聯合機率分配函數為 $f(x,y)$，累積分配函數 $F(x,y)$ 之定義為：

$$F(x,y) = f(X \le x, Y \le y) = \sum_{x=-\infty}^{x} \sum_{y=-\infty}^{y} f(x,y)$$

2. 連續型隨機變數

假設隨機變數 X、Y 為連續型隨機變數，聯合機率分配函數為 $f(x,y)$，累積分配函數 $F(x,y)$ 之定義為：

$$F(x,y) = f(X \le x, Y \le y) = \int_{-\infty}^{x} \int_{-\infty}^{y} f(x,y)dydx$$

例 14

已知隨機變數 X、Y 的聯合機率質量函數如下表所示：

x \ y	−1	0	1
0	0.2	0.3	0.1
1	0.3	0.1	0

試求 $F(1,0)$ 與 $F(0,1)$。

解

$$F(1,0) = f(x \le 1, y \le 0) = f(0,-1) + f(0,0) + f(1,-1) + f(1,0)$$

$$= 0.2 + 0.3 + 0.3 + 0.1 = 0.9$$

$$F(0,1) = f(x \le 0, y \le 1) = f(0,-1) + f(0,0) + f(0,1)$$

$$= 0.2 + 0.3 + 0.1 = 0.6$$

例 15

已知隨機變數 X、Y 之聯合機率密度函數為：

$$f(x,y) = x + y, \quad 0 < x < 1 ; 0 < y < 1$$

試求累積分配函數。

解

$$F(x,y) = \int_{-\infty}^{x} \int_{-\infty}^{y} f(x,y) dy dx = \int_{0}^{x} \int_{0}^{y} (x+y) dy dx = \int_{0}^{x} \left(xy + \frac{1}{2} y^2 \right) \bigg|_{0}^{y} dx$$

$$= \int_{0}^{x} (xy + \frac{1}{2} y^2) dx = \frac{1}{2} x^2 y + \frac{1}{2} xy^2 \bigg|_{0}^{x} = \frac{1}{2} x^2 y + \frac{1}{2} xy^2, \quad 0 < x < 1 ; 0 < y < 1$$

6.3.2 累積分配函數與機率密度函數之關係

由前一小節可知連續型隨機變數的累積分配函數定義為 $F(x,y) = \int_{-\infty}^{x} \int_{-\infty}^{y} f(x,y) dy dx$，故聯合機率密度函數與累積分配函數存在下列之關係：

$$f(x,y) = \frac{\partial^2}{\partial x \partial y} F(x,y)$$

在統計學裡，通常連續型隨機變數的累積分配函數大都為連續函數，故進行偏微分時，先對 x 或對 y 進行偏微分得到的答案都一樣。

例 16

已知隨機變數 X、Y 之累積分配函數為：

$$F(x,y) = \frac{1}{2}x^2y + \frac{1}{2}xy^2, \quad 0 < x < 1; 0 < y < 1$$

試求聯合機率密度函數。

解

$$\frac{\partial}{\partial x}F(x,y) = xy + \frac{1}{2}y^2$$

$$\frac{\partial^2}{\partial y \partial x}F(x,y) = x + y$$

$$\therefore f(x,y) = x + y, \quad 0 < x < 1; 0 < y < 1$$

6.3.3 累積分配函數的切割

假設隨機變數 X、Y 之聯合機率分配函數為 $f(x,y)$，若 $A = \{(x,y)|a \leq x \leq b, c \leq y \leq d\}$ 為樣本空間內之某一子集，則定義隨機變數在集合 A 的機率為：

1. 離散型隨機變數

$$F_A(x,y) = f((x,y) \in A) = f(a \leq x \leq b, c \leq y \leq d)$$

$$= \sum_{(x,y) \in A}\sum f(x,y) = \sum_{x=a}^{b}\sum_{y=c}^{d} f(x,y)$$

2. 連續型隨機變數

$$F_A(x,y) = f((x,y) \in A) = f(a \leq x \leq b, c \leq y \leq d)$$

$$= \iint\limits_{(x,y) \in A} f(x,y)dydx = \int_{a}^{b}\int_{c}^{d} f(x,y)dydx$$

上述表示法皆有人使用。除了上述求法外，我們也可以利用累積分配函數計算則定義隨機變數在集合 A 的機率。由聯合累積分配函數的定義知，$F(a,b)$ 表 $f(x \leq a, y \leq b)$ 之機率。故若求 $f(a \leq x \leq b, c \leq y \leq d)$ 之機率，亦可利用累積分配函數的特性求值，其計算方式敘述如下：

1. 離散型隨機變數

由 5.2.2 節知離散型單隨機變數累積分配函數具有 $P(x_1 < x \leq x_2) = F(x_2) - F(x_1)$ 之運算性質，同理可推論二元隨機變數的累積分配函數之運算性質為：

$$f(a < x \leq b, c < y \leq d) = F(b,d) - F(a,d) - F(b,c) + F(a,c)$$

上述關係式可用下面的圖形說明之。

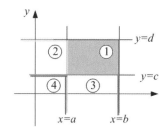

上圖的灰色區域即為 $f(a < x \leq b, c < y \leq d)$，灰色區域恰好等於 1－2－3＋4(每個編號的區域，為從右上方之邊界往左下方無窮延伸)

2. 連續型隨機變數

連續型隨機變數累積分配函數的運算性質與離散型相似，原理亦相同。唯一不同的地方在於，連續型隨機變數的機率值不會因為是否包含等號而有所不同，即：

$$f(a \leq x \leq b, c \leq y \leq d) = f(a < x \leq b, c < y \leq d) = f(a \leq x < b, c \leq y < d)$$

$$= F(b,d) - F(a,d) - F(b,c) + F(a,c)$$

上述正負號關係若記不起來，可利用下圖協助記憶：

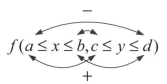

例 17

已知聯合機率密度函數為：$f(x,y) = \dfrac{1}{4}, 0 \leq x \leq 2, 0 \leq y \leq 2$

(1)求累積分配函數。

(2)分別使用直接積分法以及使用累積分配函數求 $f(0.5 < x < 1, 0 < y < 1)$。

解

(1) $F(x,y) = \displaystyle\int_0^x \int_0^y \frac{1}{4} dy dx = \frac{1}{4}xy, 0 \leq x \leq 2; 0 \leq y \leq 2$

(2) 直接積分求值：

$$f(0.5 < x < 1, 0 < y < 1) = \int_{0.5}^{1}\int_{0}^{1}\frac{1}{4}dydx = \frac{1}{4}\int_{0.5}^{1}y\big|_{0}^{1}\,dx = \frac{1}{4}\int_{0.5}^{1}dx = \frac{1}{8}$$

以累積分配函數求值：

$$f(0.5 < x < 1, 0 < y < 1) = F(1,1) - F(0.5,1) - F(1,0) + F(0.5,0)$$

$$= \frac{1}{4}(1\times1 - 0.5\times1 - 1\times0 + 0.5\times0) = \frac{1}{8}$$

例 18

已知聯合機率密度函數為：

$$f(x,y) = \begin{cases} 1, & 0 \le x \le 1, 0 \le y \le 1 \\ 0, & o.w. \end{cases}$$

求：(1) $f(x+y\le1)$　　(2) $f(\frac{1}{3}\le x+y\le\frac{2}{3})$　　(3) $f(x\ge 2y)$。

解

方法一： 本題為推求某範圍內之聯合累積分配機率值，針對區域範圍進行積分即可求出答案。

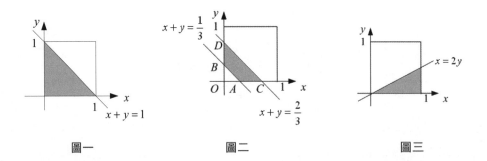

圖一　　　　　　　　　圖二　　　　　　　　　圖三

(1) 本題積分範圍如圖一所示

$$f(x+y\le1) = \int_{0}^{1}\int_{0}^{1-x}dydx = \int_{0}^{1}(1-x)dx = (x - \frac{1}{2}x^2)\bigg|_{0}^{1} = \frac{1}{2}$$

(2) 本題積分範圍如圖二所示，本題積分需要一些技巧，積分範圍為$\Delta OCD - \Delta OAB$

$$f(\frac{1}{3}\le x+y\le\frac{2}{3}) = \int_{0}^{\frac{2}{3}}\int_{0}^{\frac{2}{3}-x}dydx - \int_{0}^{\frac{1}{3}}\int_{0}^{\frac{1}{3}-x}dydx = \int_{0}^{\frac{2}{3}}(\frac{2}{3}-x)dx - \int_{0}^{\frac{1}{3}}(\frac{1}{3}-x)dx$$

$$= (\frac{2}{3}x - \frac{1}{2}x^2)\Big|_0^{\frac{2}{3}} - (\frac{1}{3}x - \frac{1}{2}x^2)\Big|_0^{\frac{1}{3}} = \frac{2}{9} - \frac{1}{18} = \frac{1}{6}$$

(3) 本題積分範圍如圖三所示

$$f(x \geq 2y) = \int_0^1 \int_0^{\frac{x}{2}} dy dx = \int_0^1 \frac{x}{2} dx = \frac{x^2}{4}\Big|_0^1 = \frac{1}{4}$$

方法二：

$$\because \iint_{(x,y)\in A} dy dx = A \text{，正好為區域 } A \text{ 之面積}$$

由於本題聯合機率密度函數為常數，故亦可利用面積求得，即圖一、圖二、圖三陰影面積。

(1) $f(x+y \leq 1) = \frac{1}{2} \times 1 \times 1 = \frac{1}{2}$

(2) $f(\frac{1}{3} \leq x+y \leq \frac{2}{3}) = \frac{1}{2} \times (\frac{2}{3})^2 - \frac{1}{2} \times (\frac{1}{3})^2 = \frac{1}{6}$

(3) $f(x \geq 2y) = \frac{1}{2} \times 1 \times \frac{1}{2} = \frac{1}{4}$

6.4 條件機率與獨立性

回想第四章，在 B 事件成立的條件下 A 事件發生的機率定義為 $P(A|B) = \dfrac{P(A \cap B)}{P(B)}$。導入隨機變數後的條件機率定義仍然相同，唯一不同的地方在於此處的條件機率是一種函數關係。在實務上我們經常把兩隨機變數中的某一個變數固定住，然後觀察另一個隨機變數的機率，這樣做的好處可以把研究的母體範圍縮小，將處理的問題單純化。

6.4.1 條件機率

假設 X、Y 為隨機變數，其聯合機率分配函數為 $f(x,y)$，邊際機率函數分別為 $f_X(x)$，$f_Y(y)$，則定義在 $Y=y$ 條件下，X 的條件機率函數為：

$$f(x|y) = \frac{f(x,y)}{f_Y(y)}, \quad f_Y(y) \neq 0$$

其中 $f_Y(y)$ 為隨機變數 Y 的邊際機率。而給定 $X=x$ 條件下，Y 的條件機率函數為：

$$f(y|x) = \frac{f(x,y)}{f_X(x)}, \quad f_X(x) \neq 0$$

條件機率函數也是機率函數的一種，因此滿足機率函數的特性：

1.　$0 \leq f(x|y) \leq 1; \quad 0 \leq f(y|x) \leq 1$

2.　$\sum_x f(x|y) = 1; \quad \sum_y f(y|x) = 1 \quad$ 或 $\quad \int_x f(x|y)dx = 1; \quad \int_y f(y|x)dy = 1$

請特別注意，$f(x|y)$ 為 x 的函數，因為 y 值是給定的；同理 $f(y|x)$ 則為 y 的函數。

例 19

證明 $0 \leq f(x|y) \leq 1, f_Y(y) \neq 0$ 且 $\sum_x f(x|y) = 1$。

證明：

$f(x|y) = \dfrac{f(x,y)}{f_Y(y)}, \quad \because 0 \leq f(x,y) \leq 1$ 且 $0 < f_Y(y) \leq 1$

$\therefore 0 \leq f(x|y) \leq 1$

又 $\displaystyle\sum_x f(x|y) = \sum_x \frac{f(x,y)}{f_Y(y)} = \frac{1}{f_Y(y)} \sum_x f(x,y) = \frac{1}{f_Y(y)} \times f_Y(y) = 1$

由此可知，條件機率函數也是機率函數的一種

例 20

從一裝有 3 藍球，2 紅球與 3 綠球的箱子中，隨機抽出 2 個球。令 X 表藍球個數，Y 表紅球個數。試求出 $f(x|y=1)$ 之條件機率，並計算 $f(x=1|y=1)$。

解

當離散型隨機變數數量不大時，建議使用機率分配表解題會覺得較簡單

(1) 機率函數為：$f(x,y) = \dfrac{C_x^3 C_y^2 C_{2-x-y}^3}{C_2^8}, \quad 0 \leq x \leq 2, 0 \leq y \leq 2, 0 \leq x+y \leq 2$

聯合機率分配表如下所示：

x \ y	0	1	2
0	3/28	6/28	1/28
1	9/28	6/28	0
2	3/28	0	0
$f_Y(y)$	15/28	12/28	1/28

故 Y 的邊際機率函數為：

y	0	1	2
$f_Y(y)$	15/28	12/28	1/28

根據條件機率的定義知

$$f(x|y=1) = \frac{f(x,1)}{f_Y(1)} = \frac{f(x,1)}{12/28}, \quad x = 0,1,2$$

將 $f(0,1) = \dfrac{6}{28}, f(1,1) = \dfrac{6}{28}, f(2,1) = 0$ 分別代入上式

故 $y=1$ 的條件下，x 的條件機率為：

x	0	1	2
$f(x|y=1)$	1/2	1/2	0

(2) 由上表知：$f(x=1|y=1) = \dfrac{1}{2}$

例 21

從 12 張撲克牌(來自一副撲克牌四種花色的 Jacks, Queens, Kings) 中任取 3 張，假設 X 表抽出 K 的個數，Y 表抽出 J 的個數。.

(1)求 X,Y 的聯合機率分配函數。

(2)求隨機變數 Y 的邊際機率函數。

(3)求在 $y=1$ 的條件下，X 的條件機率分配函數。

(4)根據(3)求 $f(x=1|y=1)$。

解

(1) $f(x,y) = \dfrac{C_x^4 C_y^4 C_{3-x-y}^4}{C_3^{12}}, \quad x, y = 0,1,2,3; \ 0 \le x+y \le 3$

(2) 本題因為隨機變數的數量不多，故邊際機率函數以表格的方式呈現即可分別令
$x = 1, 2, 3; y = 1, 2, 3$ 代入 $f(x, y)$ 中求出機率值，整理如下表所示：

x \ y	0	1	2	3
0	4/220	24/220	24/220	4/220
1	24/220	64/220	24/220	0
2	24/220	24/220	0	0
3	4/220	0	0	0
$f_Y(y)$	56/220	112/220	48/220	4/220

故 Y 的邊際機率函數為：

y	0	1	2	3
$f_Y(y)$	56/220	112/220	48/220	4/220

(3) 本題題意在求 $f(x|y=1)$

根據條件機率的定義知： $f(x|y=1) = \dfrac{f(x,1)}{f_Y(1)} = \dfrac{f(x,1)}{112/220}$

其中 $f(0,1) = \dfrac{24}{220}, f(1,1) = \dfrac{64}{220}, f(2,1) = \dfrac{24}{220}$ 代入上式

故 $y = 1$ 的條件下，X 的條件機率分配函數為

x	0	1	2
$f(x|y=1)$	24/112	64/112	24/112

(4) 根據上表 $f(x=1|y=1) = \dfrac{64}{112}$

例 22

投擲一粒公正骰子三次，假設隨機變數 X 表前兩次出現奇數之次數，隨機變數 Y 表後兩次出現偶數之次數。

(1)求 X、Y 之聯合機率分配函數。

(2)求 $P(x+y \geq 1 | 0 \leq x+y \leq 2)$。

解

(1) 當 $x = y = 0$ 時，$f(0,0) = 0$

當 $x=1, y=0$ 時：偶奇奇 $\Rightarrow f(1,0) = \dfrac{1}{2} \times \dfrac{1}{2} \times \dfrac{1}{2} = \dfrac{1}{8}$

當 $x=2, y=0$ 時：奇奇奇 $\Rightarrow f(2,0) = \dfrac{1}{2} \times \dfrac{1}{2} \times \dfrac{1}{2} = \dfrac{1}{8}$

當 $x=0, y=1$ 時：偶偶奇 $\Rightarrow f(2,0) = \dfrac{1}{2} \times \dfrac{1}{2} \times \dfrac{1}{2} = \dfrac{1}{8}$

當 $x=1, y=1$ 時：偶奇偶 或 奇偶奇 $\Rightarrow f(2,0) = \dfrac{1}{2} \times \dfrac{1}{2} \times \dfrac{1}{2} \times 2 = \dfrac{2}{8}$

其餘依此類推即可完成下表

y \ x	0	1	2	$f_Y(y)$
0	0	1/8	1/8	2/8
1	1/8	2/8	1/8	4/8
2	1/8	1/8	0	2/8
$f_X(x)$	2/8	4/8	2/8	

故 X 之聯合機率分配函數為

x	0	1	2
$f_X(x)$	2/8	4/8	2/8

Y 之聯合機率分配函數為

y	0	1	2
$f_Y(y)$	2/8	4/8	2/8

(2) $P(x+y \geq 1 \mid 0 \leq x+y \leq 2) = \dfrac{f((x+y \geq 1) \cap (0 \leq x+y \leq 2))}{f(0 \leq x+y \leq 2)}$

$$= \dfrac{f(1 \leq x+y \leq 2)}{f(0 \leq x+y \leq 2)}$$

其中 $f(0 \leq x+y \leq 2) = 1 - f(x+y \geq 3) = 1 - f(1,2) - f(2,1) - f(2,2)$

$$= 1 - \dfrac{1}{8} - \dfrac{1}{8} - 0 = \dfrac{6}{8}$$

$f(1 \leq x+y \leq 2) = f(1,0) + f(0,1) + f(0,2) + f(1,1) + f(2,0)$

$$= \dfrac{1}{8} + \dfrac{1}{8} + \dfrac{1}{8} + \dfrac{2}{8} + \dfrac{1}{8} = \dfrac{6}{8}$$

$\therefore P(x+y \geq 1 \mid 0 \leq x+y \leq 2) = \dfrac{6/8}{6/8} = 1$

例 23

假設隨機變數 X 為顧客到銀行的花費總時間，Y 表示排隊等待的時間，X,Y 的聯合機率密度函數定義如下：

$$f(x,y) = \begin{cases} e^{-x}, & 0 < y < x < \infty \\ 0, & o.w. \end{cases}$$

(1)求 X 與 Y 的邊際機率函數。

(2)求到銀行總花費時間在 10 分鐘以內的條件下，排隊時間超過 5 分鐘的機率。

解

(1) $f_X(x) = \int_0^x e^{-x} dy = xe^{-x}, \quad x > 0$

$f_Y(y) = \int_y^\infty e^{-x} dx = e^{-y}, \quad y > 0$

(2) 根據題意，本題的隨機變數範圍為 $5 < y < x < 10$

$$f(y > 5 | x < 10) = \frac{f(x < 10, y > 5)}{f_X(x < 10)} = \frac{\displaystyle\int_5^{10}\int_y^{10} e^{-x} dx dy}{\displaystyle\int_0^{10} xe^{-x} dx} = \frac{e^{-5} - 6e^{-10}}{1 - 11e^{-10}}$$

註： 本題分子部分求 $f(x < 10, y > 5)$ 的機率，亦可先對 y 積分再對 x 積分，即

$f(x < 10, y > 5) = \int_5^{10}\int_5^x e^{-x} dy dx$ 。

例 24

已知隨機變數 X 與 Y 的聯合機率密度函數如下：

$$f(x,y) = \begin{cases} \dfrac{1}{2} ye^{-xy}, & 0 < x < \infty, 0 < y < 2 \\ 0, & o.w. \end{cases}$$

求 $f(x|y = 1)$ 。

解

$$f(x|y=1) = \frac{f(x, y=1)}{f_Y(1)}$$

其中 $f_Y(y) = \int_0^\infty \frac{1}{2} ye^{-xy}dx = -\frac{1}{2}e^{-xy}\Big|_0^\infty = \frac{1}{2}$, $\quad 0 < y < 2$ $\qquad \therefore f_Y(1) = \frac{1}{2}$

又 $f(x, y=1) = \frac{1}{2}e^{-x}$，故 $f(x|y=1) = \dfrac{\frac{1}{2}e^{-x}}{\frac{1}{2}} = e^{-x}$, $\quad 0 < x < \infty$

6.4.2 獨立隨機變數

所謂兩獨立隨機變數，表示兩隨機變數的機率值不會互相影響，相關係數必定為 0，且隨機變數的範圍必定呈現 $a < x < b, c < y < d$ 的形式。因此，若隨機變數的範圍如 $a < x < y < b$ 這種關係者，則此兩隨機變數必不為獨立隨機變數，此時我們稱兩變數為相關或相依。兩獨立隨機變數的定義與第四章中所介紹的兩事件獨立的定義十分相似，其定義如下：

假設 X 與 Y 為任意二個隨機變數，其聯合機率函數為 $f(x, y)$，X 與 Y 的邊際機率函數分別為 $f_X(x), f_Y(y)$，若 X 的條件機率函數等於其邊際機率函數，即

$$f(x|y) = f_X(x)$$

則稱隨機變數 X 與 Y 為獨立隨機變數；同理，若 Y 的條件機率等於其邊際機率，即

$$f(y|x) = f_Y(y)$$

則稱隨機變數 X 與 Y 為獨立隨機變數。

又根據條件機率獨立的定義知 $f(x|y) = \dfrac{f(x, y)}{f_Y(y)} = f_X(x)$，由後兩式可得 $f(x, y) = f_X(x)f_Y(y)$。故若滿足 $f(x, y) = f_X(x)f_Y(y)$，則稱隨機變數 X 與 Y 為獨立變數。

$$f(x|y) = f_X(x)$$
$$f(y|x) = f_Y(y) \qquad \Longleftrightarrow \qquad X 與 Y 為獨立隨機變數$$
$$f(x, y) = f_X(x)f_Y(y)$$

例 25

假設 X, Y 為連續隨機變數，且聯合機率密度函數為：$f(x, y) = \frac{1}{4}, 0 \le x \le 2, 0 \le y \le 2$

(1)求 X 與 Y 之邊際機率函數？

(2)試判斷 X 與 Y 是否為獨立隨機變數？

解

(1) $f_X(x) = \int_0^2 \frac{1}{4} dy = \frac{1}{2}, 0 \le x \le 2$

$f_Y(y) = \int_0^2 \frac{1}{4} dx = \frac{1}{2}, 0 \le x \le 2$

(2) $\because f(x, y) = f(x) \cdot f(y) = \frac{1}{4}$ $\quad \therefore X$ 與 Y 相互獨立

註：本題從 X, Y 的範圍即可看出兩隨機變數獨立。

 例 26

請參考例題 9，假設與 X, Y 為兩個離散型隨機變數，其聯合機率質量函數(pmf)為：

$$f(x, y) = \begin{cases} (\dfrac{3^{x+2y}}{x! \, y!}) \cdot e^{-12}, & x, y = 0, 1, 2, \cdots \\ 0, & o.w. \end{cases}$$

請說明 X 與 Y 是否為獨立隨機變數？

解

由例題 9 知 X, Y 的邊際機率函數分別為

$$f_X(x) = e^{-3} \frac{3^x}{x!}; \; f_Y(y) = e^{-9} \frac{3^{2y}}{y!}$$

$$\because f_X(x) \cdot f_Y(y) = e^{-3} \frac{3^x}{x!} \times e^{-9} \frac{3^{2y}}{y!} = (\frac{3^{x+2y}}{x! \, y!}) e^{-12} = f(x, y)$$

故 X 與 Y 為獨立隨機變數

註：本題從 X, Y 的範圍即可看出兩隨機變數獨立。

例 27

假設 X,Y 為連續隨機變數,且聯合機率密度函數為: $f(x,y) = k, 0 < x < 1, x < y < 1$,試求

(1) k 之值。　　　　　　(2) $f_X(x)$ 與 $f_Y(y)$。

(3) $f(x|y); f(y|x)$。　　　　(4) $f(0 < x < \frac{1}{4} \Big| y = \frac{3}{8})$。

(5) X 與 Y 是否獨立?

解

本題為綜合題型,藉由本題的練習可熟悉前述幾個單元的觀念

(1) 為方便決定積分上下限,將變數範圍改寫成: $0 < x < y < 1$

$$\because \int_0^1 \int_0^y k\,dx\,dy = 1 \Rightarrow k\int_0^1 x\Big|_0^y \,dy = 1 \Rightarrow k\int_0^1 y\,dy = 1 \Rightarrow k \cdot \frac{1}{2}y^2\Big|_0^1 = 1 \Rightarrow k \cdot \frac{1}{2} = 1$$

$$\therefore k = 2$$

(2) $f_X(x) = \int_x^1 2\,dy = 2(1-x), \quad 0 < x < 1$

$f_Y(y) = \int_0^y 2\,dx = 2y, \quad 0 < y < 1$

(3) $f(x|y) = \dfrac{f(x,y)}{f_Y(y)} = \dfrac{2}{2y} = \dfrac{1}{y}, \quad 0 < x < y < 1$

$f(y|x) = \dfrac{f(x,y)}{f(x)} = \dfrac{2}{2(1-x)} = \dfrac{1}{1-x}, \quad 0 < x < y < 1$

(4) $f(0 < x < \frac{1}{4} \Big| y = \frac{3}{8}) = \dfrac{f(0 < x < \frac{1}{4}, y = \frac{3}{8})}{f_Y(\frac{3}{8})} = \dfrac{\int_0^{\frac{1}{4}} 2\,dx}{2(\frac{3}{8})} = \dfrac{2}{3}$

(5) $\because f_X(x)f_Y(y) = 4y(1-x) \neq f(x,y) = 2$,故 X 與 Y 不獨立。

註:使用 $f(x|y) = \dfrac{1}{y} \neq f_X(x)$ 或 $f(y|x) = \dfrac{1}{1-x} \neq f_Y(y)$,亦可判斷 X 與 Y 不獨立

本題從 X,Y 的範圍即可看出兩隨機變數不獨立。

例 28

已知隨機變數 X 與 Y 的聯合機率密度函數如下：

$$f(x,y) = \begin{cases} \dfrac{1}{2}e^{-\frac{x+y}{2}}, & 0 < x < y \\ 0, & o.w. \end{cases}$$

(1)求 X 與 Y 的邊際機率。　　(2)求 $f(y|x)$。　　(3)試判斷 X、Y 是否獨立？

解

(1) $f_X(x) = \displaystyle\int_x^\infty \frac{1}{2}e^{-\frac{x+y}{2}}dy = \frac{1}{2}e^{-\frac{x}{2}}\int_x^\infty e^{-\frac{y}{2}}dy = -e^{-\frac{x}{2}} \times e^{-\frac{y}{2}}\Big|_x^\infty = e^{-x}, \quad x > 0$

$\quad f_Y(y) = \displaystyle\int_0^y \frac{1}{2}e^{-\frac{x+y}{2}}dx = \frac{1}{2}e^{-\frac{y}{2}}\int_0^y e^{-\frac{x}{2}}dx = -e^{-\frac{y}{2}} \times e^{-\frac{x}{2}}\Big|_0^y = -e^{-y} + e^{-\frac{y}{2}}, \quad y > 0$

(2) $f(y|x) = \dfrac{f(x,y)}{f_X(x)} = \dfrac{\frac{1}{2}e^{-\frac{x+y}{2}}}{e^{-x}} = \dfrac{1}{2}e^{\frac{x-y}{2}}, \quad 0 < x < y$

(3) $\because f(y|x) \neq f_Y(y)$，故 X、Y 不獨立

註：本題從 X, Y 的範圍即可看出兩隨機變數不獨立。

6.5 聯合機率分配函數的重要參數

在本節中將介紹二元隨機變數的期望值、變異數以及條件期望值與條件變異數的定義與計算性質。

6.5.1 聯合機率分配函數的期望值

單隨機變數期望值的定義為 $E(x) = \displaystyle\sum_x xf(x)$ 或 $E(x) = \displaystyle\int_x xf(x)dx$，若 X 本身又為另一個函數，即 $x = g(x)$，則廣義期望值定義為 $E(g(x)) = \displaystyle\sum_x g(x)f(x)$ 或 $E(g(x)) = \displaystyle\int_x g(x)f(x)dx$。

從上面的定義我們可以看出來，期望值的符號具有「$E(\bigstar) = \sum \bigstar \times$ 機率函數」或「$E(\bigstar) = \int \bigstar \times$ 機率函數」的意義。由此可推出聯合機率分配函數的期望值定義。

假設 X，Y 分別為隨機變數，聯合機率分配函數為 $f(x,y)$，則 X 與 Y 的期望值定義分別為

$$E(x) = \sum_x \sum_y xf(x,y) = \sum_x xf_X(x)$$
$$E(y) = \sum_x \sum_y yf(x,y) = \sum_y yf_Y(y)$$ ， X,Y 為離散型隨機變數

或

$$E(x) = \iint_{x\ y} xf(x,y)dydx = \int_x xf_X(x)dx$$
$$E(y) = \iint_{x\ y} yf(x,y)dydx = \int_y yf_Y(y)dy$$ ， X,Y 為連續型隨機變數

若 $g(x,y)$ 為隨機變數，則廣義期望值為

$$E[g(x,y)] = \sum_x \sum_y g(x,y)f(x,y)$$ ， X,Y 為離散型隨機變數

$$E[g(x,y)] = \iint_{x\ y} g(x,y)f(x,y)dydx$$ ， X,Y 為連續型隨機變數

由上面的定義可以看出來，聯合機率分配函數的期望值，可由聯合機率分配函數直接推導出來，或者先求出邊際機率函數再求期望值亦可。其原因解釋如下：

$$E(x) = \sum_x \sum_y xf(x,y) = \sum_x x\left(\sum_y f(x,y)\right) = \sum_x xf_X(x)$$

其他的式子原理相同，請自行推導驗證。

例 29

承例題 21 求 $E(x),E(y)$。

解

X,Y 的聯合機率分配表如下， $E(x),E(y)$ 可直接利用聯合機率分配表求得，亦可先求出邊際機率，再透過邊際機率求期望值。本題採用邊際機率求期望值。

x＼y	0	1	2	3	$f_X(y)$
0	4/220	24/220	24/220	4/220	56/220

1	24/220	64/220	24/220	0	112/220
2	24/220	24/220	0	0	48/220
3	4/220	0	0	0	4/220
$f_Y(y)$	56/220	112/220	48/220	4/220	

$$E(x) = \sum_x x f_X(x) = 0 \times \frac{56}{220} + 1 \times \frac{112}{220} + 2 \times \frac{48}{220} + 3 \times \frac{4}{220} = 1$$

$$E(y) = \sum_y y f_Y(y) = 0 \times \frac{56}{220} + 1 \times \frac{112}{220} + 2 \times \frac{48}{220} + 3 \times \frac{4}{220} = 1$$

例 30

投擲一枚公正硬幣與骰子各一次，令 X 與 Y 分別代表硬幣出現正面的個數與骰子出現的點數，求 $g(x,y) = xy$ 的期望值。

解

$$\because f(x,y) = \frac{1}{12}, x = 0,1; y = 1,2,3,4,5,6$$

$$\therefore E(xy) = \sum_{x=0}^{1} \sum_{y=1}^{6} xy f(x,y) = \sum_{x=0}^{1} \sum_{y=1}^{6} xy \cdot \frac{1}{12} = \frac{1}{12} \sum_{x=0}^{1} x \sum_{y=1}^{6} y$$

$$= \frac{1}{12} \sum_{x=0}^{1} x(1 + 2 + \cdots + 6) = \frac{21}{12} \sum_{x=0}^{1} x = \frac{21}{12}(0+1) = \frac{7}{4}$$

例 31

已知隨機變數 X、Y 的聯合機率密度函數為：

$$f(x,y) = 6(x-y), \quad 0 < y < x < 1$$

求 $E(x)$、$E(y)$ 與 $E(xy)$。

解

$$E(x) = \int_0^1 \int_0^x x f(x,y) \, dy \, dx = \int_0^1 \int_0^x (6x^2 - 6xy) \, dy \, dx = \int_0^1 (6x^2 y - 3xy^2)\Big|_0^x \, dx$$

$$= \int_0^1 3x^3 \, dx = \frac{3}{4}$$

$$E(y) = \int_0^1 \int_0^x yf(x,y)dydx = \int_0^1 \int_0^x (6xy - 6y^2)dydx = \int_0^1 (3xy^2 - 2y^3)\Big|_0^x dx = \int_0^1 x^3 dx = \frac{1}{4}$$

$$E(xy) = \int_0^1 \int_0^x xyf(x,y)dydx = \int_0^1 \int_0^x (6x^2y - 6xy^2)dydx = \int_0^1 (3x^2y^2 - 2xy^3)\Big|_0^x dx$$

$$= \int_0^1 x^4 dx = \frac{1}{5}$$

6.5.2 期望值的性質

不論是單隨機變數或二元隨機變數，它們的期望值皆由加總或積分運算而得，故期望值的運算性質與加總或積分運算性質相同，簡單來說就是具有線性運算特性，故聯合機率分配函數的期望值具有下列運算特性：

1. $E[c \times g(x,y)] = c \times E[g(x,y)]$，$c$ 為常數。

2. $E[c_1g_1(x,y) + c_2g_2(x,y)] = c_1E[g_1(x,y)] + c_2E[g_2(x,y)]$。

3. $E(ax + by + c) = aE(x) + bE(y) + c$。

4. 若 X、Y 為兩獨立隨機變數，則 $E(xy) = E(x)E(y)$ 且 $E(\frac{x}{y}) = E(x)E(\frac{1}{y})$。

例 32

若 X、Y 為兩獨立隨機變數，試證：$E(xy) = E(x)E(y)$。

證明

本題以離散型隨機變數證明，連續型隨機變數請自行嘗試

因為 X、Y 為兩獨立隨機變數，故滿足 $f(x,y) = f_X(x)f_Y(y)$

$$\therefore E(xy) = \sum_x \sum_y xyf(x,y) = \sum_x \sum_y xyf_X(x)f_Y(y)$$

$$= \sum_x xf_X(x)\sum_y yf_Y(y) = E(x)E(y)$$

例 33

承例題 23，求 $E(x)$、$E(y)$ 與 $E(x-y)$。

解

根據例題 23 已知 X,Y 的邊際機率函數分別為：$f_X(x) = xe^{-x}$ 及 $f_Y(x) = e^{-y}$

$$E(x) = \int_x xf_X(x)dx = \int_0^\infty x \cdot xe^{-x}dx = (-x^2e^{-x} - 2xe^{-x} - 2e^{-x})\Big|_0^\infty = 0 - (-2) = 2$$

$$E(y) = \int_y yf_Y(y)dy = \int_0^\infty ye^{-y}dy = (-ye^{-y} - e^{-y})\Big|_0^\infty = 0 - (-1) = 1$$

$$E(x-y) = E(x) - E(y) = 2 - 1 = 1$$

註：本題亦可由 $E(x-y) = \int_0^\infty \int_0^x (x-y)f(x,y)dydx$ 求出期望值，請自行嘗試。

例 34

假設 X 表某銀行第一年的可能年利率，$x = 9\%, 10\%, 11\%$；Y 表此銀行第二年的可能年利率，$y = 9\%, 10\%, 11\%$。若 X,Y 之聯合機率分配表如下所示：

		y		
		9%	10%	11%
	9%	0.1	0.1	0
x	10%	0.1	0.3	0.2
	11%	0	0.1	0.1

某人打算第一年存入本金 1 百萬元，然後再將第一年的本利和繼續存入此銀行，假設 Z 表示二年後的本利和，試求第二年後本利和的期望值。

解

根據題意，本題即求 $E(z)$

第一年的本利和為 $1 \times (1+x)$

第二年的本利和為 $1 \times (1+x)(1+y)$　　$\Rightarrow$ 故 $z = (1+x)(1+y) = 1 + x + y + xy$

$E(z) = E(1 + x + y + xy) = 1 + E(x) + E(y) + E(xy)$

其中 $E(x) = \displaystyle\sum_x \sum_y xf(x,y) = \sum_{x=0.09}^{0.11} x \sum_{y=0.09}^{0.11} f(x,y)$

$$= \sum_{x=0.09}^{0.11} x[f(x,0.09) + f(x,0.1) + f(x,0.11)]$$

$$= 0.09[f(0.09,0.09) + f(0.09,0.1) + f(0.09,0.11)] +$$

$$0.1[f(0.1,0.09) + f(0.1,0.1) + f(0.1,0.11)] +$$

$$0.11[f(0.11,0.09) + f(0.11,0.1) + f(0.11,0.11)]$$

$$= 0.09(0.1 + 0.1 + 0) + 0.1(0.1 + 0.3 + 0.2) + 0.11(0 + 0.1 + 0.1)$$

$$= 0.1$$

同理 $E(y) = \displaystyle\sum_x \sum_y yf(x,y) = 0.101$

$E(xy) = \displaystyle\sum_x \sum_y xyf(x,y) = 0.01012$

故期望值為 $E(z) = 1 + E(x) + E(y) + E(xy) = 1 + 0.1 + 0.101 + 0.01012$

$$= 1.21112 \text{ 百萬}$$

註： 求 $E(x)$ 與 $E(y)$ 用邊際機率去計算，速度較快，本題故意以雙重Σ展開，藉此介紹雙重Σ的計算法則。

例 35

假設隨機變數 X 與 Y 獨立，機率密度函數分別為

$f_X(x) = 4x^3, \quad 0 < x < 1$ 與 $f_Y(y) = 3y^2, \quad 0 < y < 1$

求 $E(\dfrac{x}{y})$。

解

方法一：

$E(\dfrac{x}{y}) = \displaystyle\iint_{x\,y} \frac{x}{y} f(x,y)dydx$

因為 X 與 Y 獨立，所以 $f(x,y) = f_X(x)f_Y(y) = 12x^3y^2$ 代入上式

$E(\dfrac{x}{y}) = \displaystyle\int_0^1 \int_0^1 12x^4 ydydx = 12\int_0^1 x^4 dx \times \int_0^1 ydy = \frac{6}{5}x^5 \Big|_0^1 \times y^2\Big|_0^1 = \frac{6}{5}$

方法二：

因為 X 與 Y 獨立，故本題也可以利用 $E(\dfrac{x}{y}) = E(x)E(\dfrac{1}{y})$ 求解

其中 $E(x) = \int\limits_{x} x f_X(x)dx = \int\limits_{0}^{1} x \times 4x^3 dx = \dfrac{4}{5}x^5 \Big|_{0}^{1} = \dfrac{4}{5}$

$E(\dfrac{1}{y}) = \int\limits_{y} \dfrac{1}{y} f_Y(y)dy = \int\limits_{0}^{1} 3y dy = \dfrac{3}{2}y^2 \Big|_{0}^{1} = \dfrac{3}{2}$

$E(\dfrac{x}{y}) = E(x)E(\dfrac{1}{y}) = \dfrac{4}{5} \times \dfrac{3}{2} = \dfrac{6}{5}$

6.5.3 聯合機率分配函數的變異數

在第五章中我們曾經介紹了單隨機變數的變異數為 $V(x) = E\left[(x - E(x))^2\right]$ 或 $V(x) = E(x^2) - \left[E(x)\right]^2$。至於二元隨機變數的變異數定義與單隨機變數的變異數完全一樣，唯一的差別在於二元隨機變數由於有兩個變數，因此需用到雙重Σ以及重積分進行計算，它的定義如下：

1. 離散型隨機變數的變異數

若 X 與 Y 為離散型隨機變數，則隨機變數 X 與 Y 的變異數定義為：

$$V(x) = E\left[(x - E(x))^2\right] = \sum_x \sum_y [x - E(x)]^2 f(x,y) = \sum_x [x - E(x)]^2 f_X(x)$$

$$V(y) = E\left[(y - E(y))^2\right] = \sum_x \sum_y [y - E(y)]^2 f(x,y) = \sum_y [y - E(y)]^2 f_Y(y)$$

2. 連續型隨機變數的變異數

若 X 與 Y 為連續型隨機變數，則隨機變數 X 與 Y 的變異數定義為：

$$V(x) = E\left[(x - E(x))^2\right] = \iint\limits_{x\;y} [x - E(x)]^2 f(x,y)dydx = \int\limits_{x} [x - E(x)]^2 f_X(x)dx$$

$$V(y) = E\left[(y - E(y))^2\right] = \iint\limits_{x\;y} [y - E(y)]^2 f(x,y)dydx = \int\limits_{y} [y - E(y)]^2 f_Y(y)dy$$

除非期望值 $E(x) = 0$ 或 $E(y) = 0$，大部分的情況下我們很少直接使用定義求變異數，若進一步將上式進行推導，可以推導出與第五章相同的公式，通常使用下面的公式計算變異數會覺得較容易計算，公式如下所示：

$$V(x) = E(x^2) - [E(x)]^2$$

$$V(y) = E(y^2) - [E(y)]^2$$

上面兩個公式的計算方法，例如其中的 $E(x^2)$，可直接利用聯合機率函數去推導，也可以經由邊際機率去求值，即

$$E(x^2) = \sum_x \sum_y x^2 f(x,y) = \sum_x x^2 f_X(x)$$

或　　$E(x^2) = \iint\limits_{x \ y} x^2 f(x,y)dydx = \int_x x^2 f_X(x)dx$，

至於採用哪種方式較容易且快速，沒有一定的準則，通常跟著題意走是較佳的方法。同樣的，二元隨機變數的變異數可進一步的擴充，我們可以很容易的定義出隨機變數 $g(x,y)$ 的變異數為

$$V[g(x,y)] = E\left\{ [g(x,y) - E(g(x,y))]^2 \right\}$$

$$= E\left[g^2(x,y) \right] - [E(g(x,y))]^2$$

上式若 X，Y 為離散型隨機變數，使用加總的方式進行計算，即

$$V[g(x,y)] = \sum_x \sum_y \left\{ g(x,y) - E[g(x,y)] \right\}^2 f(x,y)$$

若 X，Y 為連續型隨機變數，則使用積分的方式進行計算，即

$$V[g(x,y)] = \iint\limits_{x \ y} \left\{ g(x,y) - E[g(x,y)] \right\}^2 f(x,y)dydx$$

事實上，廣義變異數的記憶十分簡單。已知變異數的定義為 $V(x) = E(x^2) - [E(x)]^2$，把左式的 x 以 $g(x,y)$ 取代之後，就成為廣義的變異數公式了。

例 36

假設二元隨機變數 X，Y，其聯合機率質量函數為：

y \ x	1	2	3
1	0.2	0.2	0
2	0.1	0.3	0.2

求(1) $E(x), E(y)$。　　(2) $V(x), V(y)$。

解

本題因為同時求期望值與變異數，皆可透過邊際機率求值，故先求出邊際機率比較容易計算

y \ x	1	2	3	$f_Y(y)$
1	0.2	0.2	0	0.4
2	0.1	0.3	0.2	0.6
$f_X(x)$	0.3	0.5	0.2	

(1) $E(x) = \sum_{x=1}^{3} x f_X(x) = 1 \times 0.3 + 2 \times 0.5 + 3 \times 0.2 = 1.9$

$E(y) = \sum_{y=1}^{2} y f_Y(y) = 1 \times 0.4 + 2 \times 0.6 = 1.6$

(2) $\because E(x^2) = \sum_{x=1}^{3} x^2 f_X(x) = 1^2 \times 0.3 + 2^2 \times 0.5 + 3^2 \times 0.2 = 4.1$

$\therefore V(x) = E(x^2) - \left[E(x) \right]^2 = 4.1 - 1.9^2 = 0.49$

$E(y^2) = \sum_{y=1}^{2} y^2 f_Y(y) = 1^2 \times 0.4 + 2^2 \times 0.6 = 2.8$

$\therefore V(y) = E(y^2) - \left[E(y) \right]^2 = 2.8 - 1.6^2 = 0.24$

例 37

假設二元隨機變數 X，Y，其聯合機率密度函數為：

$f(x,y) = 8xy, \quad 0 < y < x < 1$

求 X 的平均數與變異數。

解

先求 X 的邊際機率函數： $f_X(x) = \int_y f(x,y)dy = \int_0^x 8xy\,dy = 4x^3$

平均數： $E(x) = \int_x xf_X(x)dx = \int_0^1 x \cdot 4x^3 dx = \dfrac{4}{5}$

$E(x^2) = \int_x x^2 f_X(x)dx = \int_0^1 x^2 \cdot 4x^3 dx = \dfrac{2}{3}$

故變異數： $V(x) = E(x^2) - \left[E(x)\right]^2 = \dfrac{2}{3} - (\dfrac{4}{5})^2 = \dfrac{2}{75}$

例 38

假設 X 與 Y 為獨立隨機變數，已知 $E(x) = V(x) = 1$ 且 $E(y) = V(y) = 4$ ，試求 $V(xy)$。

解

根據變異數的定義(把 xy 視作一個變數)，

$V(xy) = E\left[(xy)^2\right] - \left[E(xy)\right]^2$

因為 X 與 Y 為獨立隨機變數 $\Rightarrow E(xy) = E(x)E(y)$

故 $V(xy) = E(x^2)E(y^2) - \left[E(x)E(y)\right]^2$

其中 $E(x^2) = V(x) + \left[E(x)\right]^2, V(y^2) = V(y) + \left[E(y)\right]^2$ 代回原式

$\therefore V(xy) = \left[V(x) + (E(x))^2\right]\left[V(y) + (E(y))^2\right] - \left[E(x)E(y)\right]^2$

$= (1 + 1^2)(4 + 4^2) - (1 \times 4)^2 = 24$

6.5.4 聯合機率分配的條件期望值

所謂條件期望值，簡單來說就是把母體按某個種類切割成若干個小母體，分別計算這些小母體的期望值。舉例來說，假設兩個隨機變數 X 表血型、Y 表統計學成績，$f(x,y)$ 表 X,Y 的聯合機率函數，我們可以依照血型分類，然後探討某一血型的統計學平均成績，如 $E(y|x=A型血)$ 表示血型 A 型的統計學平均成績。這種把某類變數固定住(如血型固定)去求另一個變數(統計學成績)的平均數，即稱為條件期望值。

假設 X，Y 表兩隨機變數，則在 y 固定的條件下 x 的條件期望值為：

$$E(x|y) = \sum_x xf(x|y) \qquad 當\ X，Y\ 為離散型隨機變數$$

$$= \int_x xf(x|y)dx \qquad 當\ X，Y\ 為連續型隨機變數$$

而在 x 固定的條件下 y 的條件期望值為：

$$E(y|x) = \sum_y yf(y|x) \qquad 當\ X，Y\ 為離散型隨機變數$$

$$= \int_y yf(y|x)dy \qquad 當\ X，Y\ 為連續型隨機變數$$

上面式子不要強記，我們可以由期望值的定義去聯想條件期望值。期望值的定義為：$E(x) = \sum_x xf(x)$，條件期望值只是多加了條件的限制，因此 y 固定的條件下條件期望值就寫成：$E(x|y) = \sum_x xf(x|y)$。條件符號「$|y$」只能加在機率函數、期望值與變異數內。有一點必須特別注意：$E(x|y)$ 為 y 的函數(因為對 x 進行加總或積分)，而 $E(y|x)$ 則為 x 的函數。若隨機變數本身亦為函數，那麼我們可以進一步定義廣義的條件期望值。

假設 $g(x,y)$ 為隨機變數 X，Y 所對應的實數函數，且 $f(x|y)$ 表示在 y 固定的條件下的條件機率函數。則在 y 固定的條件下，$g(x,y)$ 的條件期望值為：

$$E\big[g(x,y)|y\big] = \sum_x g(x,y)f(x|y) \qquad 當\ X，Y\ 為離散型隨機變數$$

$$= \int_x g(x,y)f(x|y)dx \qquad 當\ X，Y\ 為連續型隨機變數$$

同樣道理在 x 固定的條件下，$g(x,y)$ 的條件期望值為：

$$E\big[g(x,y)|x\big] = \sum_y g(x,y)f(y|x) \qquad 當\ X，Y\ 為離散型隨機變數$$

$$= \int_y g(x,y)f(y|x)dy \qquad 當\ X，Y\ 為連續型隨機變數$$

例 39

承例題 36，試分別求在 $x = 1, 2, 3$ 時 Y 的條件期望值。

解

由例題 36 知，聯合機率分配表與邊際機率如下表所示：

y \ x	1	2	3	$f_Y(y)$
1	0.2	0.2	0	0.4
2	0.1	0.3	0.2	0.6
$f_X(x)$	0.3	0.5	0.2	

$$E(y|x=1) = \sum_y yf(y|1) = \sum_{y=1}^{2} y \cdot \frac{f(1,y)}{f_X(1)} = 1 \cdot \frac{0.2}{0.3} + 2 \cdot \frac{0.1}{0.3} = \frac{4}{3}$$

$$E(y|x=2) = \sum_y yf(y|2) = \sum_{y=1}^{2} y \cdot \frac{f(2,y)}{f_X(2)} = 1 \cdot \frac{0.2}{0.5} + 2 \cdot \frac{0.3}{0.5} = \frac{8}{5}$$

$$E(y|x=3) = \sum_y yf(y|3) = \sum_{y=1}^{2} y \cdot \frac{f(3,y)}{f_X(3)} = 1 \cdot \frac{0}{0.2} + 2 \cdot \frac{0.2}{0.2} = 2$$

例 40

假設某班級共有 12 位學生，下表為此 12 位學生的統計學期中考成績：

成績	90	60	80	60	80	70	70	90	60	80	70	90
性別	男	女	女	女	男	女	男	女	女	男	女	女

現假設隨機變數 X 表示性別，$x=1$ 表男生，$x=2$ 表女生；Y 表統計學成績，試求 $E(y|x=1), E(y|x=2)$。

解

本題先做列聯表，再根據列聯表做聯合機率分配表與邊際機率

次數		分數			
		60	70	80	90
性別	男	0	1	2	1
	女	3	2	1	2

聯合機率分配表與邊際機率

x \ y	60	70	80	90	$f_X(x)$
1	0	1/12	2/12	1/12	4/12
2	3/12	2/12	1/12	2/12	8/12
$f_Y(y)$	3/12	3/12	3/12		

$$E(y|x=1) = \sum_y yf(y|x=1) = \sum_y y\frac{f(y,1)}{f_X(1)}$$

$$= 60 \cdot \frac{0}{4/12} + 70 \cdot \frac{1/12}{4/12} + 80 \cdot \frac{2/12}{4/12} + 90 \cdot \frac{1/12}{4/12} = 80$$

$$E(y|x=2) = \sum_y yf(y|x=2) = \sum_y y\frac{f(y,2)}{f_X(2)}$$

$$= 60 \cdot \frac{3/12}{8/12} + 70 \cdot \frac{2/12}{8/12} + 80 \cdot \frac{1/12}{8/12} + 90 \cdot \frac{2/12}{8/12} = 72.5$$

註：若我們直接以敘述統計的方式來計算男生的平均分數為：

$\frac{70+80+80+90}{4} = 80$ ，正好等於 $E(y|x=1)$ 。

同樣的若直接以敘述統計的方式來計算女生的平均分數則為 72.5 正好等於 $E(y|x=2)$ ，由此可知條件期望值的意義是：依照某個變數進行分類後，計算另一個變數的平均數。

例 41

求證 $E[E(y|x)] = E(y)$ 。

證明

本題的意義在說明條件期望值的平均數恰等於原資料之平均數

以例題 40 來看，在男生條件下的條件期望值為 80，在女生條件下的條件期望值為 72.5，而這兩個條件期望值的平均數為 $80 \times \frac{4}{12} + 72.5 \times \frac{8}{12} = 75$ ，很顯然的 75 分剛好是這 12 位同學的總平均。現在我們正式的證明這個式子，我們將以離散型隨機變數來證明。

$$E[E(y|x)] = \sum_x E(y|x)f_X(x) = \sum_x \sum_y yf(y|x)f_X(x) = \sum_x \sum_y y\frac{f(x,y)}{f_X(x)}f_X(x)$$

$$= \sum_x \sum_y yf(x,y) = \sum_y y\sum_x f(x,y) = \sum_y yf_Y(y) = E(y)$$

例 42

假設 $f(x,y)=21x^2y^3, 0<x<y<1$，求條件期望值 $E(x|y=\frac{1}{3})$。

解

$$f_Y(y)=\int_0^y 21x^2y^3dx=7y^6, \quad 0<y<1$$

$$f(x|y)=\frac{f(x,y)}{f_Y(y)}=\frac{21x^2y^3}{7y^6}=\frac{3x^2}{y^3}$$

$$\therefore E(x|y)=\int_0^y xf(x|y)dx=\int_0^y x\cdot\frac{3x^2}{y^3}dx=\frac{3}{4}y, \quad 0<y<1$$

$$\Rightarrow E(x|y=\frac{1}{3})=\frac{3}{4}\times\frac{1}{3}=\frac{1}{4}$$

本題亦可直接把 $y=\frac{1}{3}$ 代入條件期望值中計算，

即 $E(x|y=\frac{1}{3})=\int_0^y xf(x|y)dx=\int_0^{\frac{1}{3}} x\cdot\frac{3x^2}{(\frac{1}{3})^3}dx=3^4\times\frac{1}{4}x^4\Big|_0^{\frac{1}{3}}=\frac{1}{4}$

例 43

參考例題 24，已知隨機變數 X 與 Y 的聯合機率密度函數如下：

$$f(x,y)=\begin{cases}\frac{1}{2}ye^{-xy}, & 0<x<\infty, 0<y<2\\ 0, & o.w.\end{cases}$$

求 $E(e^{\frac{x}{2}}|y=1)$。

解

由例題 24 知 $f(x|y=1)=e^{-x}, \quad 0<x<\infty$

$$E(e^{\frac{x}{2}}|y=1)=\int_x e^{\frac{x}{2}}f(x|y=1)dx=\int_0^\infty e^{\frac{x}{2}}\times e^{-x}dx=\int_0^\infty e^{-\frac{x}{2}}dx=-2e^{-\frac{x}{2}}\Big|_0^\infty=2$$

6.5.5 條件期望值的性質

條件期望值所具有的性質與期望值一模一樣,皆具線性運算的特性,唯一的差別在於多了條件這個限制,故它具有下列運算性質:

1. $E(ax|z) = aE(x|z)$

2. $E\big[(x+y)|z\big] = E(x|z) + E(y|z)$

3. $E\big[(ax+by)|z\big] = aE(x|z) + bE(y|z)$

4. $E\big[E(y|x)\big] = E(y)$ 且 $E\big[E(x|y)\big] = E(x)$

5. $E\big[E(y^2|x)\big] = E(y^2)$ 且 $E\big[E(x^2|y)\big] = E(x^2)$

6. 若 X、Y 為獨立隨機變數,則 $E(x|y) = E(x)$ 且 $E(y|x) = E(y)$

例 44

已知 $E(y|x) = 2 + 3x, E(x|y) = 6 + 8y$,試求 $E(x)$ 與 $E(y)$ 。

解

$\because E\big[E(y|x)\big] = E(2+3x) \Rightarrow E(y) = 2 + 3E(x)$ ......①

$E\big[E(x|y)\big] = E(6+8y) \Rightarrow E(x) = 6 + 8E(y)$ ......②

由①②解聯立方程式得

$E(x) = -\dfrac{22}{23}, E(y) = -\dfrac{20}{23}$

6.5.6 聯合機率分配的條件變異數

條件變異數的意義與條件期望值一樣,就是把母體依照某個變數切割成若干小母體,再分別計算這些小母體的變異數。就如同條件期望值所舉的例子,我們可以把統計學成績按照血型去分類,然後計算某種血型的條件下統計學成績的變異數。在正式介紹條件變異數前,讓我們試著回想在單隨機變數中的變異數定義為:

$$V(x) = E\Big[\big(x - E(x)\big)^2\Big] \text{ 或 } V(x) = E(x^2) - \big[E(x)\big]^2$$

現在我們加上「$|y$」的條件之後，上式變成：

$$V(x|y) = E\left[\left(x - E(x|y)\right)^2\right] \text{ 或 } V(x|y) = E(x^2|y) - \left[E(x|y)\right]^2$$

我們可以看出變異數與條件變異數之間的關聯，兩者只差在是否有條件「$|y$」這一項。在前面我們已經提醒過，「$|y$」只能加在期望值、變異數與機率函數內，其他的地方則不能夠任意加入「$|y$」這個符號。下面是條件變異數的正式定義：

假設 X,Y 為隨機變數，聯合機率分配函數為 $f(x,y)$，則聯合機率分配條件變異數的定義為：

$$V(x|y) = E\left[x - E(x|y)\right]^2 = E(x^2|y) - \left[E(x|y)\right]^2$$

$$V(y|x) = E\left[y - E(y|x)\right]^2 = E(y^2|x) - \left[E(y|x)\right]^2$$

其中 $E(x^2|y) = \sum_x x^2 f(x|y), E(y^2|x) = \sum_y y^2 f(y|x)$ 離散型隨機變數

$$E(x^2|y) = \int_x x^2 f(x|y)dx, E(y^2|x) = \int_y y^2 f(y|x) \qquad 連續型隨機變數$$

在計算條件變異數時，一般而言比較常用公式 $V(x|y) = E(x^2|y) - \left[E(x|y)\right]^2$ 與 $V(y|x) = E(y^2|x) - \left[E(y|x)\right]^2$。雖然式子看起來比較長，但大部分的題目，通常在求條件變異數前，會先要求求出條件期望值；此外，一個龐大的式子拆解成若干部分分批處理，往往比一次計算完畢感覺上比較容易。

例 45

參考例題 42，假設 $f(x,y) = 21x^2y^3, 0 < x < y < 1$，試求：$V(x|y = \frac{1}{3})$。

解

由例題 42 知：$E(x|y) = \int_0^y x f(x|y)dx = \int_0^y x \cdot \frac{3x^2}{y^3} dx = \frac{3}{4}y$

$$V(x|y) = E(x^2|y) - \left[E(x|y)\right]^2 = \int_x x^2 f(x|y)dx - \left[\int_x x f(x|y)dx\right]^2$$

其中 $E(x^2|y) = \int\limits_0^y x^2 f(x|y)dx = \int\limits_0^y x^2 \cdot \dfrac{3x^2}{y^3}dx = \dfrac{3}{5}y^2$

$\therefore V(x|y) = E(x^2|y) - \left[E(x|y)\right]^2 = \dfrac{3}{5}y^2 - (\dfrac{3}{4}y)^2 = \dfrac{3}{80}y^2$

故 $V(x|y = \dfrac{1}{3}) = \dfrac{3}{80}(\dfrac{1}{3})^2 = \dfrac{1}{240}$

例 46

已知隨機變數 X,Y 的聯合機率分配表如下：

x \ y	0	1	2	3
0	1/8	2/8	1/8	0
1	0	1/8	2/8	1/8

試求條件變異數 $V(x|y = 1)$。

解

先求邊際機率

x \ y	0	1	2	3	$f_X(x)$
0	1/8	2/8	1/8	0	4/8
1	0	1/8	2/8	1/8	4/8
$f_Y(y)$	1/8	3/8	3/8	1/8	

$\because V(x|y=1) = E(x^2|y=1) - \left[E(x|y=1)\right]^2$

$$= \sum_x x^2 f(x|y=1) - \left[\sum_x xf(x|y=1)\right]^2$$

其中 $\displaystyle\sum_x x^2 f(x|y=1) = \sum_{x=0}^1 x^2 \dfrac{f(x,1)}{f_Y(1)} = 0 + 1^2 \cdot \dfrac{1/8}{3/8} = \dfrac{1}{3}$

$\displaystyle\sum_x xf(x|y=1) = \sum_{x=0}^1 x \dfrac{f(x,1)}{f_Y(1)} = 0 + 1 \cdot \dfrac{1/8}{3/8} = \dfrac{1}{3}$

故 $V(x|y=1) = \dfrac{1}{3} - (\dfrac{1}{3})^2 = \dfrac{2}{9}$

例 47

假設 X, Y 為二隨機變數，求證：$V(y) = V\left[E(y|x)\right] + E\left[V(y|x)\right]$。

證明

本題為一定理，這個式子在說明，變異數可以按屬性變數 X 分解成 k 個子母體平均數的變異數+k 個子母體變異數的平均數。

$$\because E\left[V(y|x)\right] = E\left[E(y^2|x) - \left(E(y|x)\right)^2\right] = E\left[E(y^2|x)\right] - E\left[\left(E(y|x)\right)^2\right]$$

$$= E(y^2) - E\left[\left(E(y|x)\right)^2\right] = \left\{E(y^2) - \left[E(y)\right]^2\right\} - \left\{E\left[\left(E(y|x)\right)^2\right] - \left[E(y)\right]^2\right\}$$

$$= V(y) - \left\{E\left[\left(E(y|x)\right)^2\right] - \left[E\left(E(y|x)\right)\right]^2\right\} = V(y) - V\left[E(y|x)\right]$$

移項可得 $V(y) = V\left[E(y|x)\right] + E\left[V(y|x)\right]$

其中：$V\left[E(y|x)\right] = \sum_{i=1}^{k}(\mu_i - \mu)^2 f_X(x) = \frac{1}{N}\sum_{i=1}^{k}(\mu_i - \mu)^2 f_i$ ，當資料型態為次數分配表時

$f_X(x) = \dfrac{f_i}{N}$ (該組機率即等於該組次數除以全體次數)。

$$E\left[V(y|x)\right] = \sum_{i=1}^{k}\sigma_i^2 f_X(x) = \frac{1}{N}\sum_{i=1}^{k}\sigma_i^2 f_i$$

例 48

設有 A,B 二班，其統計學平均成績、標準差與人數如下所示：

$$N_1 = 20, \mu_1 = 85, \sigma_1 = 5$$

$$N_2 = 30, \mu_2 = 80, \sigma_2 = 3$$

請利用例題 47 的原理計算兩班全體同學之統計學標準差。

解

本題請參考第三章例題 31，全體同學之統計學變異數為 $\sigma^2 = 21.4$

變異數可分解成 k 個子母體平均數的變異數+k 個子母體變異數的平均數，$k = 2$

$$\mu = \frac{20\mu_1 + 30\mu_2}{50} = 82$$

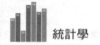
	$\mu_1 = 85, \sigma_1 = 5$	$\mu_2 = 80, \sigma_2 = 3$
次數	20	30

2 個子母體平均數的變異數

$$V\left[E(y|x)\right] = \frac{1}{50}\sum_{i=1}^{2}(\mu_i - \mu)^2 f_i = \frac{1}{50}\left[(85-82)^2 \times 20 + (80-82)^2 \times 30\right] = 6$$

2 個子母體變異數的平均數

$$E\left[V(y|x)\right] = \frac{25 \times 20 + 9 \times 30}{50} = 15.4$$

故變異數 $V(x) = V\left[E(y|x)\right] + E\left[V(y|x)\right] = 6 + 15.4 = 21.4$

答案與第三章例題 31 完全一樣。

 ## 6.6 共變異數與相關係數

共變異數與相關係數可用來衡量兩變數間的直線相關情形，在本節中我們將介紹導入隨機變數後，共變異數以及相關係數的定義與它們的相關應用。

6.6.1 共變異數

在第三章我們曾經定義過共變異數 (covariance)，其定義為 $\sigma_{xy} = \frac{1}{N}\sum_{i=1}^{N}(x_i - \mu_x)(y_i - \mu_y)$。其中 $\frac{1}{N}$ 正好是每一成對資料 (x_i, y_i) 出現的機率，故上式可改寫成 $\sigma_{xy} = \sum_{i=1}^{N}(x_i - \mu_x)(y_i - \mu_y)f(x_i, y_i)$，其中 $\mu_x = E(x), \mu_y = E(y)$，接著再利用期望值符號的特性 $E(\bigstar) = \sum \bigstar f(x)$，我們可以將共變異數改寫成：

$$\sigma_{xy} = E\left[(x - E(x))(y - E(y))\right]$$

接下來我們正式的定義共變異數。

假設二元隨機變數 X, Y 的聯合機率函數為 $f(x, y)$，則定義 X, Y 的共變異數為

$$Cov(x, y) = E\left[(x - E(x))(y - E(y))\right]$$
$$= E(xy) - E(x)E(y)$$

在一般的情況下，採用第二個定義式計算較為方便。共變異數用於衡量兩變數之間的直線相關性，簡單來說就是資料 (x_i, y_i) 標示在座標平面上，成一條直線的強度，因此它無法用來衡量其他的相關情形，例如 (x_i, y_i) 滿足曲線 $y = \sqrt{1-x^2}$，事實上 x 與 y 是具有完全的關聯性，但共變異數無法衡量出這種關係。由於共變異數會受資料的單位所影響，因此數值的大小並不具實質上的意義，也就是說共變異數有較大的值，不一定直線的相關性較強。當然若在單位相同的情況下，共變異數的數值越大，則兩變數的直線相關性越強。

例 49

試證明：$E\left[(x - E(x))(y - E(y))\right] = E(xy) - E(x)E(y)$。

證明

證明本題首先將 $E(x), E(y)$ 以另一個符號 μ_x, μ_y 取代，期望值表平均數，故

μ_x, μ_y 為一常數

$E\left[(x - E(x))(y - E(y))\right] = E\left[(x - \mu_x)(y - \mu_y)\right] = E(xy - x\mu_y - \mu_x y + \mu_x \mu_y)$

$= E(xy) - \mu_y E(x) - \mu_x E(y) + \mu_x \mu_y = E(xy) - \mu_y \mu_x - \mu_x \mu_y + \mu_x \mu_y$

$= E(xy) - \mu_y \mu_x = E(xy) - E(x)E(y)$

例 50

下表為兩離散隨機變數 X 和 Y 在 $-1, 0, 1$ 的聯合機率分配表

y \ x	-1	0	1
-1	1/18	1/9	1/6
0	1/9	0	1/6
1	1/6	1/9	1/9

試求 X 和 Y 的共變異數 $Cov(x, y)$。

解

$\because Cov(x, y) = E(xy) - E(x)E(y)$，需先計算 X 和 Y 的期望值，而求期望值需用到邊際機率，邊際機率如下表所示

x \ y	−1	0	1	$f_Y(y)$
−1	1/18	1/9	1/6	6/18
0	1/9	0	1/6	5/18
1	1/6	1/9	1/9	7/18
$f_X(x)$	6/18	4/18	8/18	

$$E(x) = \sum_{x=-1}^{1} x f_X(x) = -1 \times \frac{6}{18} + 0 \times \frac{4}{18} + 1 \times \frac{8}{18} = \frac{1}{9}$$

$$E(y) = \sum_{y=-1}^{1} y f_Y(y) = -1 \times \frac{6}{18} + 0 \times \frac{5}{18} + 1 \times \frac{7}{18} = \frac{1}{18}$$

$$E(xy) = \sum_{x=-1}^{1} \sum_{y=-1}^{1} xy f(x, y)$$

$$= (-1)(-1)\frac{1}{18} + 0 + (-1)(1)(\frac{1}{6}) + 0 + 0 + 0 + (1)(-1)(\frac{1}{6}) + 0 + (1)(1)\frac{1}{9}$$

$$= -\frac{1}{6}$$

故共變異數：$Cov(x, y) = E(xy) - E(x)E(y) = -\frac{1}{6} - \frac{1}{9} \times \frac{1}{18} = -\frac{14}{81}$

例 51

若 X,Y 的聯合機率密度函數如下：

$$f(x, y) = \begin{cases} 2, & 0 < x < y, 0 < y < 1 \\ 0, & o.w. \end{cases}$$

試求共變異數。

解

$$f_X(x) = \int_y f(x, y) dy = \int_x^1 2 dy = 2(1 - x)$$

$$f_Y(y) = \int_x f(x, y) dx = \int_0^y 2 dx = 2y$$

$$E(x) = \int_0^1 x f_{\underline{x}}(x) dx = \int_0^1 x \cdot 2(1 - x) dx = \frac{1}{3}$$

$$E(y) = \int_0^1 y f_{\bar{y}}(y) dy = \int_0^1 y \cdot 2y \, dy = \frac{2}{3}$$

$$E(xy) = \int_0^1 \int_0^y xy f(x,y) dx dy = \int_0^1 \int_0^y xy \cdot 2 dx dy = \frac{1}{4}$$

故共變異數為：$Cov(x,y) = E(xy) - E(x)E(y) = \frac{1}{4} - \frac{1}{3} \times \frac{2}{3} = \frac{1}{36}$

6.6.2 共變異數的性質

假設 X, Y, Z, W 為隨機變數 a, b, c, d 為常數，共變異數具有下列之性質：

1. 隨機變數與任意常數或常數與常數之共變異數為 0，即

$$Cov(x,a) = 0, \quad Cov(a,a) = 0$$

　　其中 a 為任意實數。

2. 隨機變數自己與自己之共變異數恰等於變異數，即

$$Cov(x,x) = V(x)$$

3. 共變異數具有交換率，即

$$Cov(x,y) = Cov(y,x)$$

4. 共變異數的分解

　　這個性質有點類似乘法分配律，若從乘法分配律去聯想，這個性質就很容易記起來。

　　(1) $Cov(x \pm y, z) = Cov(x,z) \pm Cov(y,z)$

　　(2) $Cov(x+y, z-w) = Cov(x,z) - Cov(x,w) + Cov(y,z) - Cov(y,w)$

5. 某隨機變數放大 a 倍，共變異數放大 a 倍；一隨機變數放大 a 倍，另一隨機變數放大 b 倍，共變異數放大 $a \times b$ 倍，即

　　(1) $Cov(ax,y) = a \cdot Cov(x,y)$

　　(2) $Cov(ax,by) = ab \cdot Cov(x,y)$

6. 變異數的展開，這個性質有點類似乘法公式 $(a \pm b)^2$ 的展開式，可利用此公式協助記憶，或利用第 4 個性質推導亦可。

$$V(ax \pm by) = a^2 V(x) \pm 2ab Cov(x,y) + b^2 V(y)$$

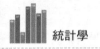

上式中的 $V(x) = Cov(x,x), V(y) = Cov(y,y)$ ，自己與自己的共變異數恰等於變異數，這個式子要牢牢記住，因為在後面單元有關線性組合的信賴區間或假設檢定，在推導變異數時需要用到這個特性。

7. 若兩隨機變數 X、Y 獨立，則 $Cov(x,y) = 0$ 。但逆定理不成立，也就是說若 $Cov(x,y) = 0$ ，隨機變數 X、Y 不一定獨立

例 52

試證明：$V(ax \pm by) = a^2V(x) \pm 2abCov(x,y) + b^2V(y)$ 。

證明

先證明 $V(ax + by) = a^2V(x) + 2abCov(x,y) + b^2V(y)$

$\because V(x) = E\left[(x - (E(x))^2\right]$ ，把 x 用 $ax + by$ 取代，代入左式中，得

$$V(ax + by) = E\left[((ax + by) - E(ax + by))^2\right] = E\left[(a(x - E(x)) + b(y - E(y)))^2\right]$$

$$= E\left[a^2(x - E(x))^2 + 2ab(x - E(x))(y - E(y)) + b^2(y - E(y))^2\right]$$

$$= E\left[a^2(x - E(x)^2)\right] + E\left[2ab(x - E(x))(y - E(y))\right] + E\left[b^2(y - E(y))^2\right]$$

$$= a^2E\left[(x - E(x)^2)\right] + 2abE\left[(x - E(x))(y - E(y))\right] + b^2E\left[(y - E(y))^2\right]$$

$$= a^2V(x) + 2abCov(x,y) + b^2V(y)$$

同理可證 $V(ax - by) = a^2V(x) - 2abCov(x,y) + b^2V(y)$

例 53

若兩隨機變數 X、Y 獨立，試證明 $Cov(x,y) = 0$ 。

證明

$Cov(x,y) = E(xy) - E(x)E(y)$

$\because X$、Y 獨立，$\therefore E(xy) = E(x)E(y)$ ，代回上式得

$Cov(x,y) = E(xy) - E(x)E(y) = E(x)E(y) - E(x)E(y) = 0$

例 54

已知 X_1, X_2, X_3 為三個獨立隨機變數，且 $V(x_1) = V(x_2) = V(x_3) = \sigma^2$ ，

$E(x_1) = \mu_1, E(x_2) = \mu_2, E(x_3) = \mu_3$ ，求

(1) $X_1 + X_2$ 與 $X_1 - X_2$ 之共變異數。

(2) $X_1 + X_2$ 與 $X_2 + X_3$ 之共變異數。

解

(1) $Cov(x_1 + x_2, x_1 - x_2) = V(x_1) - Cov(x_1, x_2) + Cov(x_2, x_1) - V(x_2)$

$= V(x_1) - V(x_2) = \sigma^2 - \sigma^2 = 0$

(2) $Cov(x_1 + x_2, x_2 + x_3) = Cov(x_1, x_2) + Cov(x_1, x_3) + V(x_2) + Cov(x_2, x_3)$

$= 0 + 0 + \sigma^2 + 0 = \sigma^2$

6.6.3 共變異數的優缺點

由共變異數的定義公式，可以看出共變異數具有下列的優缺點。

1.　利用共變異數可看出兩隨機變數的相關性。

(1)　若 $Cov(x, y) > 0$ ，兩隨機變數 X, Y 呈正相關。

(2)　若 $Cov(x, y) = 0$ ，兩隨機變數 X, Y 呈零相關。

(3)　若 $Cov(x, y) < 0$ ，兩隨機變數 X, Y 呈負相關。

請注意 $Cov(x, y) = 0$ 稱為零相關，我們只能說不具直線相關，不代表兩隨機變數 X, Y 無關或獨立。

2.　共變異數的範圍介於正負無窮大之間，即：$-\infty < Cov(x, y) < \infty$ ，會受單位影響數值大小，因此無法根據共變異數的大小判斷其直線相關強度。因此，若兩隨機變數的單位不同時，欲比較兩變數的直線相關強度，須改用相關係數進行比較。

6.6.4 相關係數

共變異數大小會受單位所影響，若欲比較數組隨機變數的相關強度，必須將隨機變數的單位去除，去除單位最簡單的方式就是將隨機變數轉換成 Z 分數之後再計算它們的共變異數，此數值稱為皮爾生積差相關係數(Pearson product moment correlation coefficient)，簡稱相關係數，通常以符號 ρ_{xy} 表母體相關係數， γ_{xy} 表樣本相關係數，$Corr(x, y)$ 表導入隨機變數後之相關係數符號。

假設二元隨機變數 X, Y 的共變異數為 $Cov(x, y)$ ，X, Y 之變異數分別為 $V(x), V(y)$ 則定義 X, Y 的相關係數為(correlation coefficient)

$$Corr(x, y) = \frac{Cov(x, y)}{\sqrt{V(x)V(y)}} = \frac{E(xy) - E(x)E(y)}{\sqrt{V(x)V(y)}}$$

上式的定義與第三章所介紹的相關係數公式是完全相同的，唯一的差別在於此公式加入了隨機變數觀念。相關係數與共變異數都可以用來衡量兩變數間的關係，但只有相關係數可以用來比較相關程度的大小。請特別注意，共變異數與相關係數都只能用來衡量兩變數間的直線相關情形，無法衡量曲線關係。因此相關係數等於 0，只能說兩變數間不具直線相關，但不能說兩變數無關。有學者將相關係數依照其數值大小進行相關程度的區分，其區分情形如下：

1. $Corr(x, y) = 1$ ：稱為完全正相關。

2. $Corr(x, y) = -1$ ：稱為完全負相關。

3. $Corr(x, y) = 0$ ：稱為零相關。

4. $0 < |Corr(x, y)| < 0.3$ 表低度相關。

5. $0.3 \leq |Corr(x, y)| \leq 0.7$ 表中度相關。

6. $0.7 < |Corr(x, y)| < 1$ 表高度相關。

6.6.5 共變異數與相關係數的比較

共變異數與相關係數都是用來衡量兩變數間的直線相關情形，在進階課程中有關「變異-共變數分析」或「相關係數矩陣分析」扮演十分重要的角色。雖然兩個定義公式差異不大，但在進階統計應用上，使用共變異數或相關係數進行分析時，往往會得到不同的結果，因此瞭解它們兩者之間的特性十分重要。它們具有下列之性質：

1. 共變異數的範圍介於正負無窮大之間，即： $-\infty < Cov(x, y) < \infty$ ，而相關係數數值範圍從 -1 到 1，也就是說 $-1 \leq Corr(x, y) \leq 1$ 。

2. 共變異數的單位為 X 的單位乘 Y 的單位，而相關係數不具單位。因此共變異數大小會因單位不同而得到不同的答案，相關係數則不會受衡量單位所影響。

3. 共變異數只能衡量兩變數的相關方向為正向、負向或零相關；而相關係數不僅可衡量相關方向，同時也可以比較相關程度。

4. 若 X, Y 為獨立隨機變數，則 $\Rightarrow Corr(x, y) = 0 \Leftrightarrow Cov(x, y) = 0 \Leftrightarrow E(xy) = E(x)E(y)$。也就是說兩變數獨立，則相關係數必為 0 且共變異數亦為 0 且期望值亦獨立。但相反則未必成立，也就是說相關係數等於 0，X, Y 不一定獨立

其中「$\Rightarrow$」表：若.....則.....，「$\Leftrightarrow$」表：若且唯若....則.....。

5. 相關係數不等於 0，則兩變數必定不獨立。

在這裡要做個小提醒，獨立與零相關之一些特性如下：

兩變數獨立必定零相關，但零相關未必獨立，有關必定不獨立。在初統裡面有關判斷兩變數間是否獨立，有下列四種：

1. 兩事件獨立：$P(A|B) = A$ 或 $P(A \cap B) = P(A)P(B)$

2. 兩隨機變數之獨立：$f(x|y) = f(x)$ 或 $f(x, y) = f(x)f(y)$

3. 期望值之獨立：$E(x|y) = E(x)$ 或 $E(y|x) = E(y)$ 或 $E(xy) = E(x)E(y)$

4. 母體分配未知之兩變數獨立檢定：卡方獨立檢定

例 55

參考例題 50，下表為兩離散隨機變數 X 和 Y 在 $-1, 0, 1$ 的聯合機率分配表：

y \ x	-1	0	1
-1	1/18	1/9	1/6
0	1/9	0	1/6
1	1/6	1/9	1/9

試求 X 和 Y 的相關係數 $Corr(x, y)$，並藉此判斷 X 和 Y 是否為獨立隨機變數。

解

邊際機率分配表如下所示

y \ x	-1	0	1	$f_Y(y)$
-1	1/18	1/9	1/6	6/18
0	1/9	0	1/6	5/18
1	1/6	1/9	1/9	7/18
$f_X(x)$	6/18	4/18	8/18	

由例題 50 知： $E(x) = \dfrac{1}{9}, E(y) = \dfrac{1}{18}, Cov(x,y) = -\dfrac{14}{81}$

又 $E(x^2) = \displaystyle\sum_{x=-1}^{1} x^2 f_x(x) = (-1)^2 \times \dfrac{6}{18} + 0^2 \times \dfrac{4}{18} + 1^2 \times \dfrac{8}{18} = \dfrac{14}{18}$

$E(y^2) = \displaystyle\sum_{y=-1}^{1} y^2 f_Y(y) = (-1)^2 \times \dfrac{6}{18} + 0^2 \times \dfrac{5}{18} + 1^2 \times \dfrac{7}{18} = \dfrac{13}{18}$

$\therefore V(x) = E(x^2) - \left[E(x)\right]^2 = \dfrac{14}{18} - (\dfrac{1}{9})^2 = \dfrac{62}{81}$

$V(y) = E(y^2) - \left[E(y)\right]^2 = \dfrac{13}{18} - (\dfrac{1}{18})^2 = \dfrac{233}{324}$

故相關係數為： $Corr(x,y) = \dfrac{Cov(x,y)}{\sqrt{V(x)V(y)}} = \dfrac{-\dfrac{14}{81}}{\sqrt{\dfrac{62}{81} \times \dfrac{233}{324}}} \approx -0.233$

因為相關係數 $Corr(x,y) \neq 0$ 故 X,Y 不獨立。

例 56

參考例題 51，若 X,Y 的聯合機率密度函數如下：

$f(x,y) = \begin{cases} 2, & 0 < x < y, 0 < y < 1 \\ 0, & o.w. \end{cases}$

試求相關係數，並請問 X,Y 是否獨立。

解

由例題 51 知： $E(x) = \dfrac{1}{3}, E(y) = \dfrac{2}{3}, Cov(x,y) = \dfrac{1}{36}, f_X(x) = 2(1-x), f_Y(y) = 2y$

又 $E(x^2) = \displaystyle\int_0^1 x^2 f_X(x)dx = \int_0^1 x^2 \cdot 2(1-x)dx = \dfrac{1}{6}$

$E(y^2) = \displaystyle\int_0^1 y^2 f_Y(y)dt = \int_0^1 y^2 \cdot 2y\,dy = \dfrac{1}{2}$

$\therefore V(x) = E(x^2) - \left[E(x)\right]^2 = \dfrac{1}{6} - (\dfrac{1}{3})^2 = \dfrac{3}{54}$

$V(y) = E(y^2) - \left[E(y)\right]^2 = \dfrac{1}{2} - (\dfrac{2}{3})^2 = \dfrac{1}{18}$

故相關係數為：$Corr(x,y) = \dfrac{Cov(x,y)}{\sqrt{V(x)V(y)}} = \dfrac{\dfrac{1}{36}}{\sqrt{\dfrac{3}{54} \times \dfrac{1}{18}}} = 0.5$

$\because Corr(x,y) \neq 0$，故 X,Y 不獨立

例 57

假設 x_1, x_2, x_3 為獨立隨機變數且具有相同之變異數 σ^2，試求 $x_1 + x_2$ 和 $x_2 + x_3$ 的相關係數為多少？

解

$Corr(x_1 + x_2, x_2 + x_3) = \dfrac{Cov(x_1 + x_2, x_2 + x_3)}{\sqrt{V(x_1 + x_2)}\sqrt{V(x_2 + x_3)}}$

$= \dfrac{Cov(x_1, x_2) + Cov(x_1, x_3) + Cov(x_2, x_2) + Cov(x_2, x_3)}{\sqrt{V(x_1) + V(x_2)}\sqrt{V(x_2) + V(x_3)}}$

$= \dfrac{0 + 0 + V(x_2) + 0}{\sqrt{V(x_1) + V(x_2)}\sqrt{V(x_2) + V(x_3)}} = \dfrac{\sigma^2}{\sqrt{\sigma^2 + \sigma^2}\sqrt{\sigma^2 + \sigma^2}} = \dfrac{1}{2}$

6.7 馬可夫不等式與柴比雪夫不等式

　　馬可夫不等式(Markov Inequality)與柴比雪夫不等式(Chebyshev Inequality)可用來估計當母體分配未知的時候某區間內所涵蓋的機率。本節將介紹這兩個不等式，以及如何使用這兩個不等式來進行估計。

6.7.1 馬可夫不等式

　　馬可夫不等式可用來估計母體平均數已知的情況下，隨機變數在某範圍的機率。其定義如下：

　　假設 X 為一正值隨機變數，且平均數 $\mu > 0$，則存在任意常數 $c > 0$ 使得下列不等式成立：

$$P(x \geq c\mu) \leq \frac{1}{c}$$

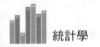

或

$$P(x \le c\mu) \ge 1 - \frac{1}{c}$$

馬可夫不等式只能使用在隨機變數為正數的情況下，並且母體平均數必須已知才能夠使用，若以圖形的方式表示如下圖所示：

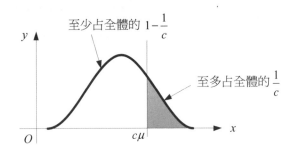

在絕大部分的情況下，進行估計時，通常依照題意列出來的式子大都為 $P(x \ge a)$ 或 $P(x \le b)$ 的型式。故在應用上，可令 $a = c\mu$，則馬可夫不等式可改寫成

$$P(x \ge a) \le \frac{\mu}{a} \quad 或 \quad P(x \le a) \ge 1 - \frac{\mu}{a}$$

使用馬可夫不等式進行估計，誤差頗大，除非不得已(例如知道母體訊息過少，只能使用馬可夫不等式)，通常我們會使用較精準的估計式進行估計。觀察上式，當 $a \le \mu$ 的時候，馬可夫不等式會得到 $P(x \ge a) \le 1$ 或 $p(x \le a) \ge$ 負數，這兩個不等式簡直是個垃圾不等式，因此馬克夫不等式只有在 $a > \mu$ 時，才具有使用上的價值。儘管它估計的誤差頗大，但在完全不知道任何訊息的情況下，仍然可提供一些數據供決策者參考。

例 58

試證明馬可夫不等式：$P(x \ge c\mu) \le \frac{1}{c}$。

證明

(1) 當 X 為連續型隨機變數時

$$\because \mu = E(x) = \int_0^\infty xf(x)dx = \int_0^{c\mu} xf(x)dx + \int_{c\mu}^\infty xf(x)dx \ge \int_{c\mu}^\infty xf(x)dx$$

$\because x \ge c\mu$（題意）

$$\therefore \mu \geq \int_{c\mu}^{\infty} xf(x)dx \geq \int_{c\mu}^{\infty} c\mu f(x)dx = c\mu \int_{c\mu}^{\infty} f(x)dx = c\mu P(x \geq c\mu)$$

把上式最左與最右兩式同時除以 $c\mu$ 可得： $P(x \geq c\mu) \leq \dfrac{1}{c}$

(2) 當 X 為離散型隨機變數時

$$\therefore \mu = E(x) = \sum_{x=0}^{\infty} xf(x) = \sum_{x=0}^{\mu c-1} xf(x) + \sum_{x=\mu c}^{\infty} xf(x) \geq \sum_{x=\mu c}^{\infty} xf(x)$$

$$\therefore x \geq c\mu$$

$$\therefore \mu \geq \sum_{x=\mu c}^{\infty} xf(x) \geq \sum_{x=\mu c}^{\infty} \mu cf(x) = \mu c \sum_{x=\mu c}^{\infty} f(x) = \mu c P(x \geq \mu c)$$

上式同時除以 $c\mu$ ，可得： $P(x \geq c\mu) \leq \dfrac{1}{c}$

例 59

一群人排隊買車票，假設平均每個人等待 10 分鐘就可以買到車票，令隨機變數 X 表某人排隊的時間，試求某人至少排 30 分鐘以上才能購買到車票的機率為何？

解

由馬可夫不等式： $P(x \geq a) \leq \dfrac{\mu}{a}$

$P(x \geq 30) \leq \dfrac{10}{30} = \dfrac{1}{3}$

故某人至少排 30 分鐘以上才能購買到車票的機率不會超過 $\dfrac{1}{3}$

6.7.2 柴比雪夫不等式

在第三章中我們曾經簡單介紹過柴比雪夫不等式(Chebyshev Inequality)，在本節中，我們將更進一步的介紹，同時證明這個不等式。柴比雪夫將馬可夫不等式中的變數做變數變換之後再進一步的推導出柴比雪夫不等式。柴比雪夫不等式的適用性比馬可夫不等式更廣，它的隨機變數可以為任意的實數，估計的精確度也較馬可夫不等式高，下面是柴比雪夫不等式的定義。

已知隨機變數 X 之平均數為 μ，標準差為 σ，則必存在一數 $k>1$ 使得下面的式子成立：

$$P(|x-\mu| \le k\sigma) \ge 1-\frac{1}{k^2}$$

或

$$P(|x-\mu| \ge k\sigma) \le \frac{1}{k^2}$$

上面的不等式就稱為柴比雪夫不等式。柴比雪夫不等式可在母體分配未知，但母體平均數與變異數已知時，估計隨機變數在某範圍內的機率。

例 60

試證明柴比雪夫不等式：$P(|x-\mu| \ge k\sigma) \le \frac{1}{k^2}$。

證明

由馬可夫不等式：$P(x \ge c\mu) \le \frac{1}{c}$

令 $x=(y-\mu)^2, c=k^2$，同時 $\mu=E(x)=E\left[(y-\mu)^2\right]$ 代入上式可得

$P((y-\mu)^2 \ge k^2 E\left[(y-\mu)^2\right]) \le \frac{1}{k^2}$，其中 $E\left[(y-\mu)^2\right]=\sigma^2$

$\Rightarrow P(|y-\mu| \ge k\sigma) \le \frac{1}{k^2}$

接著上式再把 y 換成 x，可得：$P(|x-\mu| \ge k\sigma) \le \frac{1}{k^2}$

註：若推導時使用的是：$P(x \le c\mu) \ge 1-\frac{1}{c}$，那麼就會導出 $P(|x-\mu| \le k\sigma) \ge 1-\frac{1}{k^2}$

6.7.3 柴比雪夫不等式的變形

有關柴比雪夫不等式的應用，在後面區間估計單元中還會進一步介紹。在本節我們先將它的一些變形式寫出來，後面的單元會用得到。在進行區間估計時，若母體分配未知，小樣本情況下，只要知道母體變異數，就可以利用柴比雪夫不等式推求信賴區間。柴比雪夫不等式的變形式大同小異，只有標準差會隨著抽樣分配的不同而有所不同，下面是它的一些變形式。

1. $P(|x - \mu| \le c) \ge 1 - \dfrac{\sigma^2}{c^2}$ 或 $P(|x - \mu| \ge c) \le \dfrac{\sigma^2}{c^2}$

   這個式子是令 $k\sigma = c$ 代入柴比雪夫不等式所推導出的變形式，這個不等式的好處是不用去推導 k 等於多少，只要根據題意列出欲求變數的範圍，直接代入右式即可求出機率值。

2. $P(|\bar{x} - \mu| \le k\sqrt{\dfrac{\sigma^2}{n}}) \ge 1 - \dfrac{1}{k^2}$

   這個式子是使用在樣本平均數的抽樣分配，當母體分配未知且為小樣本時的機率估計或區間估計。

例 61

假設 X 為一隨機變數，已知 $E(x) = 4$，$E(x^2) = 25$，試利用柴比雪夫不等式求 $P(-1 \le x \le 9)$ 的機率。

解

本題我們使用柴比雪夫的變形式：$P(|x - \mu| \le c) \ge 1 - \dfrac{\sigma^2}{c^2}$ 解題，用傳統的柴比雪夫不等式請自行做一遍檢查答案是否相同。

先求變異數：$\sigma^2 = V(x) = E(x^2) - [E(x)]^2 = 25 - 4^2 = 9$

由 $P(-1 \le x \le 9) = P(-5 \le x - 4 \le 5) = P(|x - 4| \le 5) \ge 1 - \dfrac{9}{5^2} = \dfrac{16}{25}$

例 62

已知資料如下所示：

3.97	4.09	4.18	4.25	4.26
3.98	4.10	4.22	4.25	4.27
4.00	4.10	4.24	4.25	4.28
4.08	4.14	4.24	4.26	4.36

且已知上述資料之平均數與變異數分別為 4.176 與 0.011774

(1) 請以馬可夫不等式求 $P(x \ge 4.21)$ 的機率，並驗證看是否與實際相符。

(2) 請以柴比雪夫不等式求 $P(4.0 \le x \le 4.352)$ 的機率，並驗證看是否與實際相符。

解

(1) 由馬可夫不等式：$P(x \geq a) \leq \dfrac{\mu}{a}$

$$\therefore P(x \geq 4.21) \leq \frac{4.176}{4.21} = 0.99$$

實際上大於 4.21 的資料有 11 筆，故機率為 $\dfrac{11}{20} = 0.55$，與實際相符。

(2) 由柴比雪夫不等式：$P(|x - \mu| \leq c) \geq 1 - \dfrac{\sigma^2}{c^2}$

$$P(4.0 \leq x \leq 4.352) = P(-0.176 \leq x - 4.176 \leq 0.176) = P(|x - 4.176| \leq 0.176)$$

$$\geq 1 - \frac{0.011774}{0.176^2} = 0.38$$

實際上 $4.0 \leq x \leq 4.352$ 的資料有 17 筆，故機率為 $\dfrac{17}{20} = 0.85$，與實際相符。

註：雖然兩個不等式所估計出的機率與實際相符，但皆十分粗糙且誤差頗大，故非不得已，盡量不要用此二不等式進行估計。

例 63

已知 $E(x) = 17, E(x^2) = 298$，請利用柴比雪夫不等式估計 $P(10 < x < 24)$。

解

$$\sigma^2 = E(x^2) - [E(x)]^2 = 298 - 289 = 9$$

$$P(10 < x < 24) = P(|x - 17| < 7) \geq 1 - \frac{9}{49} = \frac{40}{49}$$

1. 試寫出下列隨機變數之可能值？

   (1) X 代表擲三枚硬幣正面出現的次數。

   (2) 投擲兩粒骰子，令 Y 代表兩粒骰子點數之差。

   (3) 某路口架設一超速照相機，令 Z 表每日被拍到之超速車子數目。

   (4) T 代表某十字路口平均拍到違規車輛的間隔時間。

2. 設 X 為擲二公正骰子之點數差，試分別用機率分配函數、機率分配線條圖、機率分配列舉表，求 X 的機率分配。

3. 已知 $f(x) = C_x^{10}(0.4)^x(0.6)^{10-x}, x = 0,1,2,\cdots,10$，請問 $f(x)$ 是否為一離散型的機率分配函數？

4. 說明以下的函數是否可以作為機率密度函數，如果可以，請找出適當的 c 值。

   (1) $f(x) = \begin{cases} cx, & 0 \le x \le 2 \\ 0, & x < 0 \text{ or } x > 2 \end{cases}$

   (2) $f(x) = cx^2 e^{-cx}, x > 0$

5. 請證明：$f(x) = \begin{cases} \dfrac{m^x e^{-m}}{x!}, & x = 0,1,2,3,\cdots \\ 0, & o.w. \end{cases}$ ，$m > 0$ 為一機率值量函數。

6. 設 $f(x)$ 為一機率值量函數，且

   $f(x) = \begin{cases} cx, & x = 1,2 \\ c(x-1), & x = 3,4 \\ c^2(x-4), & x = 5,6 \\ c + 7c^2, & x = 7 \\ 0, & o.w. \end{cases}$ ，求 c。

7. (1) 已知 $f(x) = 1, x = 2$，試求累積分配函數 $F(x)$。

   (2) 已知 $f(x) = \dfrac{x}{15}, x = 1,2,3,4,5$，試求累積分配函數 $F(x)$。

8. 假設隨機變數 X 之機率分配為：$f(1) = 0.2, f(2) = 0.3$，其餘機率是連續且均勻分配於 1 與 2 之間：

   (1) 試求 X 的累積分配函數並畫圖。

   (2) 試求 X 之中位數及平均數(期望值)。

9. 已知隨機變數 X 為非負整數，其累積分配函數為：

   $F(x) = \begin{cases} 1 - (\dfrac{1}{2})^{x+1}, & x = 0,1,2,3,\cdots \\ 0, & o.w. \end{cases}$

   (1) 求 X 的機率值量函數。

   (2) 求 $P(10 < x \le 20)$

10. 已知機率密度函數：$f(x) = \begin{cases} \dfrac{1}{x^2}, & 1 < x < \infty \\ 0, & o.w. \end{cases}$

    求累積分配函數。

11. 假設 X 之累積分配函數為：$F(x) = \begin{cases} 0, & x < 1 \\ \dfrac{x^2 - 1}{8}, & 1 \le x \le 3 \\ 1, & x > 3 \end{cases}$

    (1) 求 X 之機率密度函數。

    (2) 求 $f(2 < x \le 3)$。

    (3) 求中位數。

12. 已知 X 為連續型隨機變數，若機率密度函數為：$f(x) = \begin{cases} 1, & 0 \le x \le k \\ 0, & o.w. \end{cases}$。

    (1) 求 k。　(2) 求 $f(k)$。　(3) 求 $f(\dfrac{k}{3} < x < \dfrac{k}{2})$。　(4) 求 X 之累積分配函數。

13. 某種易壞的食品每天需求量為 4、5、6 的機率分別為 0.1、0.4、0.5，假設購入成本每件 100 元，而以 200 元賣出，當天未賣出的必須拋棄。

    (1) 若每天購入 6 件的平均利潤是多少？

    (2) 每天購入幾件，才能獲得最大利潤？

14. 已知隨機變數 X 之機率函數為：$f(x) = \dfrac{1}{3}(\dfrac{2}{3})^x, x = 0, 1, 2, \cdots$。求隨機變數 X 的期望值。

15. 已知隨機變數 X 之機率函數為：$f(x) = \dfrac{1}{5}e^{-\frac{x}{5}}, x \ge 0$，求隨機變數 X 的期望值。

16. 為比較台灣勞工與日本勞工之薪水必須將薪資折合相同貨幣，已知台灣的勞工每月平均薪資為新台幣 19000 元，每月薪資之變異數為新台幣 10000 元，假如新台幣 1 元等於日幣 4 元，試問台灣勞工每月平均薪資及標準差，以日幣表示各為多少？

17. 根據某年台灣地區人口資料顯示，在有子女的家庭中，依子女人數分類之家庭分配比例如下表所示：

子女人數	1	2	3	4	5
家庭比例	0.05	0.1	0.2	0.35	0.30

試求台灣家庭子女平均數與變異數。

18. 已知隨機變數 X 之累積分配函數為：$F(x) = \begin{cases} 1 - \dfrac{2}{3}e^{-x}, & x \ge 0 \\ 0, & o.w. \end{cases}$

    試求期望值與變異數。

19. 若隨機變數 X 之 pdf 在 $x = -2, 0, 2$ 為正數，其他為 0，已知 $f(0) = \dfrac{1}{2}$，求 $E(x^2)$。

20. 設 X 為正值隨機變數，試證：$E(x) = \displaystyle\int_0^\infty [1 - F(x)]dx$

21. 假設機率密數函數如下：

$$f(x) = \begin{cases} kx(1-x), & 0 < x < 1 \\ 0, & o.w. \end{cases} \quad \text{求}$$

   (1) $k = ?$ (2) 累積分配函數。   (3) $f(x > \dfrac{1}{4})$ (4) 中位數。

22. 已知機率密度函數如下所示：

$$f(x) = \begin{cases} cx(1-x), & 0 < x < 1 \\ 0, & o.w. \end{cases}$$

   其中 c 為常數，試求下列各小題：

   (1) c。   (2) 期望值 $E(x)$。   (3) 變異數 $V(x)$。   (4) 中位數 η。

   (5) 眾數 Mo。   (6) $f(\mu - 2\sigma \le x \le \mu + 2\sigma)$。

23. 若小家電之壽命為 X，且已知 X 之累積分配函數為 $F(x) = 1 - e^{-x}, x > 0$，求 X 之偏態係數，請分別以動差法與 Pearson 法求之。

24. 某十字路口之紅綠燈設計為，紅燈時間固定 60 秒，綠燈固定 40 秒，假設無黃燈，試求每部車經過此十字路口等候的平均時間與變異數。

25. 有一隻老鼠誤闖人類所設的迷宮陷阱，這隻老鼠只能選擇向左走或者向右走。若選擇向右走，3 分鐘後會回到原來的位置；若選擇向左走，則有 $\dfrac{1}{3}$ 的機會於 2 分鐘後離開迷宮，但有 $\dfrac{2}{3}$ 的機會 5 分鐘之後回到原來的位置。請問這隻老鼠平均大約多久能夠走出此迷宮？

26. 設 X 與 Y 為兩個離散型隨機變數，其聯合機率質量函數為：

$$f(x, y) = \begin{cases} k(x^2 + y^2), & x = 1, 3; y = -1, 1, 2 \\ 0, & o.w. \end{cases}$$

   (1) 求 k 值。

   (2) 分別求出 X 與 Y 的之邊際機率。

   (3) 求 $E(y|x = 1)$。

27. 設 X 和 Y 的聯合機率密度函數如下：

$$f(x, y) = \frac{3x + 2y}{k}, x = 1, 2; y = 1, 2$$

   試求：(1)常數 k 值。   (2)X 的邊際機率密度函數。   (3)求 $P(y \ge x)$ (4)求 $P(2x = y)$。

28. 假設已知 X 與 Y 的聯合機率函數為：

$$f(x,y) = \begin{cases} 2, & 0 < x < y, 0 < y < 1 \\ 0, & o.w. \end{cases}$$

試求：(1) $P(\frac{1}{4} < x < \frac{1}{2} \mid y = \frac{3}{4})$。　(2) $E(x \mid y)$。　(3) $V(x \mid y)$。　(4) X 與 Y 是否獨立。

29. 已知隨機變數 X 與 Y 的聯合機率密度函數如下：

$$f(x,y) = \begin{cases} \frac{2}{5}(x + 2y), & 0 < x < 1, 0 < y < 1 \\ 0, & o.w. \end{cases}$$

求在 $y = \frac{1}{2}$ 的條件下，X 的條件變異數。

30. 已知隨機變數 X 與 Y 的聯合機率密度函數如下：

$$f(x,y) = \begin{cases} x^2 + \frac{xy}{3}, & 0 \le x \le 1, 0 \le y \le 2 \\ 0, & o.w. \end{cases}$$

假設 $B = \{x + y \ge 1\}$，求 $P(B)$。

31. 設 X 與 Y 的聯合機率函數為

$$f(x,y) = 0.75(3x^2 + y^2), \quad 0 \le x, y \le 1$$

求 $P(x > 0.75 \mid y < 0.1)$。

32. 假設台北車站春假台鐵火車列車預售票的購票者自進入等候區至買車票離開，需時 X 分鐘；而排隊等候至輪到他購買車票時，需時 Y 分鐘。現已知 X 和 Y 的聯合機率分函數配函數如下所示：

$$f(x,y) = \begin{cases} e^{-x}, & 0 < y < x < \infty \\ 0, & o.w. \end{cases}$$

試求台北車站春假台鐵列車預售票的購票者的平均被服務時間。

33. 已知隨機變數 X、Y 的聯合機率密度函數為：

$$f(x,y) = \begin{cases} cx, & 0 < x < 1, x < y < x + 1 \\ 0, & o.w. \end{cases}$$

(1) 求 c。　(2) 求機率 $P(x < 0.5)$。　(3) 求 $E(y \mid x)$。　(4) 求 $V(y \mid x)$。

34. 從一含有編號 1,2,3 三球之袋中，以不放回方式抽取樣本數為 2 的樣本。令 X 表示第一次抽出的球號；Y 表示抽出兩球中較大的號碼，試求：

(1) 求 X 與 Y 的聯合機率分配函數。

(2) 求 $P(x = 1 \mid y = 3)$。

(3) 求 $Cov(x, y)$。

35. 假設隨機變數 X、Y 的聯合機率密度函數為

$f(x,y)=1, \quad -x<y<x, 0<x<1$

求條件期望值 $E(y|x)$。

36. 假設隨機變數分別 X、Y 表示從某大學隨機選出一位學生統計學期末報告與期末考成績(1 分為滿分)，以供下學年度教師教學之參考。其聯合機率密度函數為

$$f(x,y)=\begin{cases} \dfrac{2}{5}(2x+3y), & 0 \le x \le 1, 0 \le y \le 1 \\ 0, & o.w. \end{cases}$$

(1) 求 X 的邊際機率。

(2) 求 $E(x), E\left[(x-\mu)^2\right]$。

(3) 請利用柴比雪夫不等式求至少涵蓋全體 $\dfrac{5}{9}$ 機率之 X 的區間範圍。

(4) 求第(3)小題在此區間範圍內，實際的機率值。

37. 已知 X、Y 為兩隨機變數，平均數分別為 μ_x, μ_y；變異數分別為 σ_x, σ_y。假設

$z_x=\dfrac{x-\mu_x}{\sigma_x}, z_y=\dfrac{y-\mu_y}{\sigma_y}$。試證明：$Cov(z_x, z_y)=Corr(x,y)$。

38. 某班有 50 人，假設甲生期中考統計學成績 80 分；期末考成績 65 分。又統計學期中考全班平均 85 分標準差 4 分；期末考全班平均 70 分標準差 5 分。

(1) 甲生在那一次考試成績表現較突出？

(2) 請估計期末考全班至少有多少人成績介於 60 分到 80 分之間？

39. 已知剛畢業的大學生平均起薪 25000 元，標準差 2000 元。請用柴比雪夫不等式估計大約有多少比率的大學畢業生起薪在 21000 元到 29000 元之間？

40. 假設隨機變數 X 的平均數為 μ，且 $E(x-\mu)^{2k}$ 存在，試證明 $P(|x-\mu| \ge d) \le E\left[(x-\mu)^{2k}\right]d^{-2k}$

41. 已知隨機變數 X，$E(x)=10, P(x \le 7)=0.2$ 且 $P(x \ge 13)=0.3$，試求 $V(x)$ 的最小值為何？

42. 已知隨機變數 X、Y 的聯合機率質量函數為：

y \ x	0	1	2
0	0	1/4	0
1	1/4	0	1/4
2	0	1/4	0

試求：(1) $Cov(x,y)$　　(2) X、Y 是否獨立？

43. 假設 $X_1, X_2, \cdots, X_{10}$ 為隨機變數，變異數皆為 σ^2，且 $Cov(x_i, x_j) = \dfrac{1}{3}\sigma^2, i \neq j$。求 $\dfrac{1}{10}(X_1 + X_2 + \cdots + X_{10})$ 的變異數。

44. 假設 X 為一隨機變數，且 $E(x) = 3, E(x^2) = 18$。若另一隨機變數 Y 滿足 $y = 3x - 1$，試求 $Corr(x, y)$。

45. 假設隨機變數 X、Y 之聯合機率密度函數為：

$f(x, y) = x + ay + b, \quad 0 < x < 1, 0 < y < 1$

且 $E(y) = \dfrac{5}{12}$，試求 (1)a, b。 (2)$Cov(x, y)$。 (3)$Corr(x, y)$。

46. 已知隨機變數 X、Y 的機率密度函數為：

$f(x, y) = x + y \qquad , 0 \leq x \leq 1, 0 \leq y \leq 1$

若隨機變數 W 滿足 $w = 3x + 2y$，求 $E(w)$。

47. 已知有 $2n-1$ 個獨立常態隨機變數 $X_1, X_2, \ldots, X_{2n-1}$，$E(x_i) = \mu, V(x_i) = \sigma^2$，令 $Y = X_1 + X_2 + \ldots + X_n, W = X_n + X_{n+1} + \ldots + X_{2n-1}$，求共變異數 $Cov(y, w)$ 與相關係數 $Corr(y, w)$。

48. 已知 $E(x) = 5, E(y) = 10, V(x) = 9, V(y) = 16, Cov(x, y) = 5$，試求

(1) $E(2x + 4y)$。 (2) $V(2x + 4y)$。 (3) $Corr(2x, 5y)$。

49. 假設 X 及 Y 的聯合機率密度函數表示如下：

x \ y	0	1	2	3
0	0.1	0.2	0	0
1	0.05	0.1	0.25	0.1
2	0	0.05	0.025	0.05
3	0.025	0	0.025	0.025

(1) 求 X 的邊際密度函數。

(2) 計算 $E(y)$。

(3) 計算 $f(x \mid y = 0)$。

(4) 計算 $E(x \mid y)$。

(5) 計算 $P(|y - x| = 2)$。

50. 投擲兩個正四面體各面分別標示 1,2,3,4。X 表示兩個四面體向下的那一面中數字較小者，Y 表示兩個四面體向下的那一面的數字中為奇數者的個數，試求：

(1) X, Y 的聯合機率分配表。

(2) $E(x), V(x)$。

(3) $E(y), V(y)$。

(4) $Cov(x, y)$。

51. 已知隨機變數 X、Y 的聯合機率密度函數為：

$f(x, y) = k(2x + y), \quad 0 \le x \le 2, 2 \le y \le 3$

求 k 之值。

52. 假設 X，Y 的聯合機率密度函數為：

$f(x, y) = \begin{cases} 3(1 - y), & 0 \le y \le x \le 1 \\ 0, & o.w. \end{cases}$

(1) 求 $P(x \le \dfrac{3}{4}, y \ge \dfrac{1}{2})$ 。　　(2) 求 $f_X(x)$ 與 $f_Y(y)$ 。　　(3) 求 $E(x \mid y)$ 。

筆記頁

隨機變數函數之
機率分配

在本章中將介紹隨機變數的轉換。所謂隨機變數的轉換是指，從一個已知隨機變數 X 的機率分配函數 $f(x)$，透過 x 與 y 的關係去推導出未知隨機變數 Y 的機率分配函數 $f(y)$。如何從已知的 X 機率分配函數 $f(x)$ 去推導出 Y 的機率函數 $f(y)$，是本章介紹的重點。

隨機變數的變換在統計學相關理論推導扮演十分重要的角色，在後面章節中將會介紹卡方分配、F 分配與 t 分配，這些分配的機率函數都是透過隨機變數變換推導出來的。本章所介紹內容需要一些數學底子，數學基礎能力不好的人，在學習上可能會感到十分吃力。因此，我們盡量用較簡易的方式介紹一些常用的變數轉換法。希望藉由本書引領初學者入門，若想更進一步的深入瞭解，可至數學系或應用數學系選修「機率論」這門課。

離散型隨機變數的轉換

在本節中將介紹離散型隨機變數，單隨機變數以及雙隨機變數間的轉換關係。離散型單隨機變數的轉換，比較常用的方法有：直接代入法與變數變換法。

7.1.1 單變數—直接代入法

直接代入法就是直接把 x 值代入機率函數 $f(x)$ 以及 x 與 y 的關係式中，然後再將其 y 值對應的機率值彙整起來，即可求出隨機變數 y 的機率分配。在彙整時要注意，相同的 y 值所對應的機率必須加總合併(相當於同類項合併)。通常離散型隨機變數的數量不大時，使用機率分配表進行計算比較容易。下面用實際的例子說明計算過程。

例 1

已知隨機變數 X 的機率分配如下表所示：

x	0	1	2	3	4	5
$f(x)$	$\frac{1}{12}$	$\frac{1}{6}$	$\frac{1}{3}$	$\frac{1}{12}$	$\frac{2}{9}$	$\frac{1}{9}$

若 Y 亦為一隨機變數，且滿足 $y = 2x + 1$，求 Y 的機率分配。

解

$\because y = 2x + 1$，分別把 $x = 0, 1, 2, 3, 4, 5$ 代入此關係式，並以表格方式呈現，如下所示：

x	0	1	2	3	4	5
$y = 2x + 1$	1	3	5	7	9	11
$f(x)$	$\frac{1}{12}$	$\frac{1}{6}$	$\frac{1}{3}$	$\frac{1}{12}$	$\frac{2}{9}$	$\frac{1}{9}$

$\Rightarrow$ Y 的機率分配

將上表整理，並將 $f(x)$ 改成 $f(y)$，Y 的機率分配為：

y	1	3	5	7	9	11
$f(y)$	$\frac{1}{12}$	$\frac{1}{6}$	$\frac{1}{3}$	$\frac{1}{12}$	$\frac{2}{9}$	$\frac{1}{9}$

上表若使用函數的方式呈現，可寫成：

$$f(y) = \begin{cases} \dfrac{1}{12}, & y = 1, 7 \\[2mm] \dfrac{1}{6}, & y = 3 \\[2mm] \dfrac{1}{3}, & y = 5 \\[2mm] \dfrac{2}{9}, & y = 9 \\[2mm] \dfrac{1}{9}, & y = 11 \end{cases}$$

例 2

上題若 $y = (x-2)^2$，求此時 Y 的機率分配。

解

x	0	1	2	3	4	5
$y = (x-2)^2$	4	1	0	1	4	9
$f(x)$	$\frac{1}{12}$	$\frac{1}{6}$	$\frac{1}{3}$	$\frac{1}{12}$	$\frac{2}{9}$	$\frac{1}{9}$

同樣的 y 值，機率值需合併

其中 $y = 1$ 的機率為 $\dfrac{1}{6} + \dfrac{1}{12} = \dfrac{1}{4}$ ， $y = 4$ 的機率為 $\dfrac{1}{12} + \dfrac{2}{9} = \dfrac{11}{36}$

將上表重新整理，可得 Y 的機率分配為：

Y	0	1	4	9
$f(y)$	$\frac{1}{3}$	$\frac{1}{4}$	$\frac{11}{36}$	$\frac{1}{9}$

7.1.2 單變數─變數變換法

所謂變數變換就是由 $y = g(x)$ 的函數關係式中的 x 用 y 來表示(即求 $g(x)$ 的反函數 $g^{-1}(x)$),然後再代入 $f(x)$ 中,即可求出 Y 的機率分配函數,記得要把 x 代入 $y = g(x)$ 中求出 y 的可能值。通常若 X 的機率分配以函數的方式呈現時,採用這種方法比較快速。我們用下面的例子來說明這個計算過程。

例 3

假設隨機變數 X 之機率質量函數如下:

$$f(x) = \begin{cases} \dfrac{x}{8}|x-3|, & x = 0,1,2,3,4 \\ 0, & o.w. \end{cases}$$

試求隨機變數 $y = 3x+1$ 的機率質量函數。

解

$\because y = 3x+1 \;\Rightarrow x = \dfrac{1}{3}(y-1)$,將左式代入 $\dfrac{x}{8}|x-3|$ 中,可得 $\dfrac{y-1}{24}\left|\dfrac{y-1}{3}-3\right| = \dfrac{y-1}{24}\left|\dfrac{y-10}{3}\right|$,

此式即為隨機變數 y 的機率質量函數。

再令 $x = 0,1,2,3,4$ 分別代入 $y = 3x+1$ 中,得 $y = 1,4,7,10,13$,整理得

Y 之機率質量函數為 $f(y) = \begin{cases} \dfrac{y-1}{24}\left|\dfrac{y-10}{3}\right|, & y = 1,4,7,10,13 \\ 0, & o.w. \end{cases}$

註:本題也可以使用機率分配表的方式求解。將 $x = 0,1,2,3,4$ 分別代入 $y = 3x+1$ 與 $f(x)$ 中,並將獲得的數值整理如下表:

x	0	1	2	3	4
$y = 3x+1$	1	4	7	10	13
$f(x)$	0	$\dfrac{2}{8}$	$\dfrac{2}{8}$	0	$\dfrac{4}{8}$

再將上表重新整理即可求出 y 的機率分配表為

y	1	4	7	10	13
$f(y)$	0	$\dfrac{2}{8}$	$\dfrac{2}{8}$	0	$\dfrac{4}{8}$

7.1.3 雙變數—直接代入法

雙變數機率函數的解題方法與單變數相似,有直接代入法與變數變換兩種。直接代入法是利用聯合機率分配表,將變數的數值代入關係式中,以及將其對應的機率表列出來,最後再將聯合機率分配表內的舊變數去除掉,重新整理之後就是新變數的聯合機率。我們舉實際的例子進行說明。

例 4

假設隨機變數 X_1, X_2 之聯合機率為:

$$f(x_1, x_2) = \begin{cases} \dfrac{1}{21}(x_1 + x_2), & x_1 = 1, 2; x_2 = 1, 2, 3 \\ 0, & o.w. \end{cases}$$

若 $y_1 = x_1 + x_2, y_2 = x_1 - x_2$,試求 Y_1, Y_2 之聯合機率。

解

先列出 $f(x_1, x_2)$ 之聯合機率分配表,同時計算出 y_1, y_2 的值,如下表所示:

x_1	1	1	1	2	2	2
x_2	1	2	3	1	2	3
$f(x_1, x_2)$	2/21	3/21	4/21	3/21	4/21	5/21
$y_1 = x_1 + x_2$	2	3	4	3	4	5
$y_2 = x_1 - x_2$	0	-1	-2	1	0	-1

將舊變數 x_1, x_2 所在列去除, y_1 的值有 2,3,4,5 , y_2 的值有 $-2, -1, 0, 1$

再將 y_1, y_2 與所對應的機率以二維表格重新整理

故 (Y_1, Y_2) 之聯合機率分配 $f(y_1, y_2)$ 如下表所示:

y_1 \ y_2	-2	-1	0	1
2	0	0	2/21	0
3	0	3/21	0	3/21
4	4/21	0	4/21	0
5	0	5/21	0	0

例 5

已知 X、Y 為隨機變數，其聯合機率分配表如下表所示：

x＼y	0	1	2
0	0.42	0.12	0.06
1	0.21	0.06	0.03
0	0.07	0.02	0.01

若 $z = x + y$，試求隨機變數 Z 的機率分配。

解

X、Y 的配對一共有 $3 \times 3 = 9$ 種情況，將題目之聯合機率分配表重新整理，如下表所示：

x	0	0	0	1	1	1	2	2	2
y	0	1	2	0	1	2	0	1	2
$f(x,y)$	0.42	0.21	0.07	0.12	0.06	0.02	0.06	0.03	0.01
z	0	1	2	1	2	3	2	3	4

再將上表同樣的 z 值機率加總起來，整理成下表，下表即為 Z 的機率分配

z	0	1	2	3	4
$f(z)$	0.42	0.33	0.19	0.05	0.01

7.1.4 雙變數—變數變換法

使用變數變換法的步驟陳述如下：

假設 X_1, X_2 之聯合機率分配質量函數為 $f(x_1, x_2)$，若隨機變數 Y_1, Y_2 與 X_1, X_2 存在關係：$y_1 = g_1(x_1, x_2), y_2 = g_2(x_1, x_2)$，且 x_1, x_2 與 y_1, y_2 間存在一對一之轉換。先求解聯立方程式組 $\begin{cases} y_1 = g_1(x_1, x_2) \\ y_2 = g_2(x_1, x_2) \end{cases}$，可得唯一解 $\begin{cases} x_1 = h_1(y_1, y_2) \\ x_2 = h_2(y_1, y_2) \end{cases}$，然後再將 $x_1 = h_1(y_1, y_2), x_2 = h_2(y_1, y_2)$ 代入聯合機率分配質量函數 $f(x_1, x_2)$ 中，即可求出 Y_1 與 Y_2 之聯合機率分配，即

$$f(y_1, y_2) = f_{X_1, X_2}(h_1(y_1, y_2), h_2(y_1, y_2))$$

下面我們用實際的範例進行說明。

例 6

假設二離散型隨機變數 X_1, X_2 之聯合機率分配為：

$$f(x_1, x_2) = \begin{cases} \dfrac{1}{21}(x_1 + x_2), & x_1 = 1,2; x_2 = 1,2,3 \\ 0, & o.w. \end{cases}$$

若 $y_1 = x_1 + x_2, y_2 = x_1 - x_2$，試求 Y_1, Y_2 之聯合機率分配函數 $f(y_1, y_2)$。

解

由 $\begin{cases} y_1 = x_1 + x_2 \\ y_2 = x_1 - x_2 \end{cases}$，求解左式之聯立方程式可得 x_1 與 x_2 的解為

$x_1 = \dfrac{y_1 + y_2}{2}, x_2 = \dfrac{y_1 - y_2}{2}$ 將此解代入 $f(x_1, x_2) = \dfrac{1}{21}(x_1 + x_2)$ 中，並將符號

$f(x_1, x_2)$ 改為 $f(y_1, y_2)$ 可得：

$$f(y_1, y_2) = \frac{1}{21}(\frac{1}{2}(y_1 + y_2) + \frac{1}{2}(y_1 - y_2)) = \frac{1}{21}y_1$$

又 $y_1 = x_1 + x_2 = 2,3,4,5$， $y_2 = x_1 - x_2 = -2,-1,0,1$

故 Y_1, Y_2 之聯合機率分配函數 $f(y_1, y_2)$ 為

$$\therefore f(y_1, y_2) = \begin{cases} \dfrac{1}{21}y_1, & y_1 = 2,3,4,5; y_2 = -2,-1,0,1 \\ 0, & o.w. \end{cases}$$

 ## 連續型隨機變數的轉換

連續型隨機變數的轉換通常有 CDF 法與 Jacobian 法兩種方法。在進行隨機變數的轉換時要特別注意轉換後，同樣隨機變數的數值所對應的機率值必須進行加總合併。此外，在某些情況需分段討論，轉換過程與作法在本節中會有詳盡的介紹。

7.2.1 單變數─CDF

所謂 CDF 法就是利用舊隨機變數 X 的機率分配函數去求出新變數 Y 的累積分配函數 $F(y)$，接著再利用 $f_Y(y) = \dfrac{dF(y)}{dy}$，求出 y 的機率分配函數。利用 CDF 法要特別注意，

若 x 與 y 的對應關係為多對一與一對一同時存在時，必須進行切割，將多對一與一對一的部份分開計算。此外，遇到相同的 y 值其機率值必須加總合併，原因我們會在範例中說明。

7.2.2 單變數—Jacobian 法

Jacobian 法適用於 x 與 y 的對應關係為一對一對應。因此遇到多對一的情況時，需進行切割，將 x 與 y 的對應關係控制在一對一的範圍內。Jacobian 法的推導源自於 CDF 法，因為涉及到較多的數學知識，因此我們並不打算證明它。

利用 Jacobian 法求隨機變數的變換十分簡單，第一個步驟由 X,Y 的函數關係 $y = g(x)$ 求解出 $x = h(y)$，然後再代入隨機變數 X 的機率函數 $f(x)$ 中，後面再多乘一項 $|J|$，$|J|$ 就稱為 Jacobian，即

$$f_Y(y) = f_X(h(y)) \cdot |J|$$

其中 $|J| = \left| \dfrac{dx}{dy} \right|$，也就是說把 x 對 y 微分後取絕對值。我們舉幾個例子來說明這兩種方法的計算過程。

例 7

已知隨機變數 X 的機率密度函數為 $f(x) = 2x, 0 < x < 1$, 隨機變數 Y 與 X 存在關係 $y = 6x + 1$，試求 y 的機率密度函數。

解

本題 x,y 為一對一對應，故不需切割計算

方法一：CDF 法

$\because 0 < x < 1, y = 6x + 1 \Rightarrow 1 < y < 7$

先求隨機變數 Y 的累積分配函數

$$F(y) = f_X(Y \le y) = f_X(6x + 1 \le y) = f_X\left(x \le \frac{y-1}{6}\right) = \int_0^{\frac{y-1}{6}} f(x)dx$$

$$= \int_0^{\frac{y-1}{6}} 2x\,dx = \frac{(y-1)^2}{36}$$

接著對 Y 的累積分配函數微分

$$\therefore f_Y(y) = \frac{d}{dy}F(y) = \frac{y-1}{18}, \quad 1 < y < 7$$

方法二：Jocabian 法

由 $y = 6x + 1 \quad \Rightarrow x = \frac{y-1}{6}$，代入 $f(x)$ 中得

$$f_X(\frac{y-1}{6}) = 2 \cdot \frac{y-1}{6} = \frac{y-1}{3}$$

$$|J| = \left|\frac{dx}{dy}\right| = \frac{1}{6}$$

$$\therefore f_Y(y) = (\frac{y-1}{3})(\frac{1}{6}) = \frac{y-1}{18}, \quad 1 < y < 7$$

例 8

已知連續隨機變數 X 之機率密度函數為

$$f(x) = \begin{cases} \dfrac{x^2+1}{12}, & 0 \le x \le 3 \\ 0, & o.w. \end{cases}$$

若 $y = 2x^2 - 1$，試求隨機變數 Y 之機率密度函數。

解

本題 x, y 在 $0 \le x \le 3$ 之對應關係為一對一對應，故不需切割計算

方法一：CDF 法

$$\because 0 \le x \le 3, \quad y = 2x^2 - 1 \quad \therefore -1 \le y \le 17$$

$$F(y) = f_X(Y \le y) = f_X(2x^2 - 1 \le y) = f_X(x^2 \le \frac{y+1}{2})$$

$$= f_X(-\sqrt{\frac{y+1}{2}} \le x \le \sqrt{\frac{y+1}{2}}) = f_X(0 \le x \le \sqrt{\frac{y+1}{2}})$$

(題目 x 的範圍是從 0 開始)

$$= \frac{1}{12}\int_0^{\sqrt{\frac{y+1}{2}}}(x^2+1)dx = \frac{1}{12}(\frac{1}{3}x^3 + x)\Big|_0^{\sqrt{\frac{y+1}{2}}}$$

$$= \frac{y+1}{72}\sqrt{\frac{y+1}{2}} + \frac{1}{12}\sqrt{\frac{y+1}{2}}$$

$$\therefore f_Y(y) = \frac{dF(y)}{dy} = \frac{1}{72}\sqrt{\frac{y+1}{2}} + \frac{y+1}{72}\cdot\frac{1}{4}\sqrt{\frac{2}{y+1}} + \frac{1}{12}\cdot\frac{1}{4}\sqrt{\frac{2}{y+1}}$$

$$= \frac{\sqrt{2}}{144}\frac{y+1}{\sqrt{y+1}} + \frac{\sqrt{2}(y+1)}{288}\cdot\frac{1}{\sqrt{y+1}} + \frac{\sqrt{2}}{48}\frac{1}{\sqrt{y+1}}$$

$$= \frac{\sqrt{2}}{96}(\frac{y+3}{\sqrt{y+1}}), \quad -1 \le y \le 17$$

方法二：Jocabian 法

$$\because y = 2x^2 - 1 \implies x = \sqrt{\frac{y+1}{2}} \text{ (負不合)}$$

$$|J| = \left|\frac{dx}{dy}\right| = \frac{\sqrt{2}}{4\sqrt{y+1}}$$

$$\therefore f_Y(y) = f_X(\sqrt{\frac{y+1}{2}})|J| = \frac{1}{12}(\frac{y+1}{2}+1)\cdot\frac{\sqrt{2}}{4\sqrt{y+1}} = \frac{\sqrt{2}}{96}(\frac{y+3}{\sqrt{y+1}})$$

$$\therefore f_Y(y) = \begin{cases} \frac{\sqrt{2}}{96}(\frac{y+3}{\sqrt{y+1}}), & -1 \le y \le 17 \\ 0, & o.w. \end{cases}$$

例 9

假設隨機變數 X 之機率密度函數為：

$$f(x) = \begin{cases} \frac{x+2}{18}, & -2 \le x \le 4 \\ 0, & o.w. \end{cases}$$

若 $y = x^2$，試求 Y 之機率密度函數。

解

方法一：CDF 法

因為 x 與 y 的對應關係為多對一，故必須分段，CDF 法以產生相同的 y 值進行切割，故切成 $-2 \le x \le 2, 2 < x \le 4$ 兩段(如圖所示)

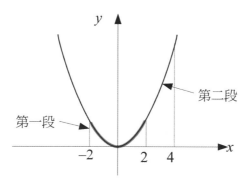

(1) 先求第一段：$-2 \le x \le 2 \Rightarrow 0 \le y \le 4$

$$F(y) = f_X(Y \le y) = f_X(x^2 \le y) = f_X(-\sqrt{y} \le x \le \sqrt{y}) = \int_{-\sqrt{y}}^{\sqrt{y}} (\frac{x}{18} + \frac{1}{9})dx$$

$$= 2\int_0^{\sqrt{y}} \frac{1}{9}dx = \frac{2}{9}x\Big|_0^{\sqrt{y}} = \frac{2\sqrt{y}}{9} = F(y) \quad (F(4) = \frac{4}{9}，此數值後面會用到)$$

$$\therefore f_Y(y) = \frac{dF(y)}{dy} = \frac{1}{9\sqrt{y}} \quad , 0 \le y \le 4$$

(2) 第二段：$2 < x \le 4 \Rightarrow 4 < y \le 16$

$$F(y) = f_X(Y \le y) = f_X(x^2 \le y) = f_X(-\sqrt{y} \le x \le \sqrt{y})$$

(註：第二段 y 的範圍從 4 開始)

$$= f_X(4 \le x \le \sqrt{y}) + F(4)$$

(註：累積分配函數記得必須把前一組的機率值加進來，雖然微分後不會影響最後答案，但有加此項代表觀念清楚)

$$= \int_4^{\sqrt{y}} (\frac{x}{18} + \frac{1}{9})dx + \frac{4}{9} = (\frac{1}{36}x^2 + \frac{1}{9}x)\Big|_4^{\sqrt{y}} + \frac{4}{9} = \frac{1}{36}y + \frac{1}{9}\sqrt{y} - \frac{4}{9}$$

$$\therefore f_Y(y) = \frac{dF(y)}{dy} = \frac{1}{36} + \frac{1}{18\sqrt{y}} = \frac{\sqrt{y}+2}{36\sqrt{y}} \quad , 4 < y \le 16$$

最後整理得 $f(y) = \begin{cases} \dfrac{1}{9\sqrt{y}}, & 0 \le y \le 4 \\ \dfrac{2+\sqrt{y}}{36\sqrt{y}}, & 4 < y \le 16 \end{cases}$

方法二：Jocabian 法

$\because y = x^2$，為多對一函數，在 $x = 0$ 時產生極值，故必須以 0 為分界點切割成兩段，分別為：$-2 \leq x \leq 0$ 與 $0 < x \leq 4$

(1) 當 $-2 \leq x \leq 0$ 時

由 $y = x^2 \Rightarrow x = -\sqrt{y}$ (注意，此段 x 值為負值)

$$|J| = \left| \frac{dx}{dy} \right| = \frac{1}{2\sqrt{y}}$$

$$f_Y(y) = f_X(-\sqrt{y}) \cdot |J| = \frac{-\sqrt{y}+2}{18} \cdot (\frac{1}{2\sqrt{y}}) = \frac{2-\sqrt{y}}{36\sqrt{y}} \quad , 0 \leq y \leq 4$$

(2) 當 $0 < x \leq 4$ 時

$$x = \sqrt{y}$$

$$|J| = \left| \frac{dx}{dy} \right| = \frac{1}{2\sqrt{y}}$$

$$f_Y(y) = f_X(\sqrt{y}) \cdot |J| = \frac{\sqrt{y}+2}{18}(\frac{1}{2\sqrt{y}}) = \frac{2+\sqrt{y}}{36\sqrt{y}} \quad , 0 < y \leq 16$$

注意上式 y 的範圍為 $0 < y \leq 16$，其中 $0 < y \leq 4$ 與第一段的 y 值相同，此段機率兩組必須合併，即 $\frac{2-\sqrt{y}}{36\sqrt{y}} + \frac{2+\sqrt{y}}{36\sqrt{y}} = \frac{1}{9\sqrt{y}}, 0 \leq y \leq 4$

故 $f(y) = \begin{cases} \dfrac{1}{9\sqrt{y}}, & 0 \leq y \leq 4 \\ \dfrac{2+\sqrt{y}}{36\sqrt{y}}, & 4 < y \leq 16 \end{cases}$

這裡說明一下，為何 y 值相同必須把機率值合併相加，假設有一個機率分配表如下：

y	1	2	3	1	4
$f(y)$	0.1	0.3	0.3	0.1	0.2

上面的機率分配表中 $y = 1$ 時的機率分散兩地，因此我們重新整理表格時，這兩組會合併成一組，即

y	1	2	3	4
	0.2	0.3	0.3	0.2

這樣應該能瞭解為何要把相同 y 值對應的機率加總的原因了吧！

7.2.3 二對二的變換

雙變數隨機變數的變換可分為二對二與二對一兩種，其推導方法不只一種，在此我們僅介紹 Jocabian 法，至於其他方法如變數變換法，動差法等，請自行參考機率論之相關書籍。下面為二對二的變換方法。

假設二隨機變數 X_1, X_2，聯合機率密度函數為 $f(x_1, x_2)$，若有另二隨機變數 Y_1, Y_2 與 X_1, X_2 存在一對一函數關係：$y_1 = g(x_1, x_2), y_2 = g(x_1, x_2)$，且解聯立方程式 $\begin{cases} y_1 = g(x_1, x_2) \\ y_2 = g(x_1, x_2) \end{cases}$ 可得 $x_1 = h_1(y_1, y_2), x_2 = h_2(y_1, y_2)$，則 Y_1, Y_2 之聯合機率密度函數為：

$$f(y_1, y_2) = f_{X_1, X_2}(h_1(y_1, y_2), h_2(y_1, y_2))|J|$$

其中 $|J| = \left\| \dfrac{\partial(x_1, x_2)}{\partial(y_1, y_2)} \right\| = \left\| \begin{matrix} \dfrac{\partial x_1}{\partial y_1} & \dfrac{\partial x_1}{\partial y_2} \\ \dfrac{\partial x_2}{\partial y_1} & \dfrac{\partial x_2}{\partial y_2} \end{matrix} \right\|$，這裡有兩層 $|\ |$ 符號，內層表示行列式，外層表示取絕對值。

簡單來說，求二對二的隨機變數變換，先從兩隨機變數的關係式：

$\begin{cases} y_1 = g(x_1, x_2) \\ y_2 = g(x_1, x_2) \end{cases}$，把 x_1, x_2 視作未知數，求解聯立方程式得到解為：$\begin{cases} x_1 = h_1(y_1, y_2) \\ x_2 = h_2(y_1, y_2) \end{cases}$，再將左式代入 $f(x_1, x_2)$ 中之後再乘以 $|J|$，即可求出隨機變數 Y_1, Y_2 的聯合機率密度函數。並非所有的關係式都能夠轉換，當 $|J| = 0$，或 x_1, x_2 對 y_1, y_2 的一階偏導函數不存在時，則轉換不存在，下面以實際的例子進行說明。

例 10

已知二隨機變數 X_1, X_2，聯合機率密度函數為：

$f(x_1, x_2) = \begin{cases} 1, & 0 < x_1 < 1; 0 < x_2 < 1 \\ 0, & o.w. \end{cases}$

令 $y_1 = x_1 + x_2, y_2 = x_1 - x_2$，試求 Y_1, Y_2 之聯合機率密度函數。

解

解聯立方程式 $\begin{cases} y_1 = x_1 + x_2 \\ y_2 = x_1 - x_2 \end{cases}$

得：$x_1 = \dfrac{1}{2}(y_1 + y_2), x_2 = \dfrac{1}{2}(y_1 - y_2)$　　代入 $f(x_1, x_2)$ 中

$$f_{X_1,X_2}(\frac{y_1+y_2}{2},\frac{y_1-y_2}{2})=1$$

$$J=\begin{Vmatrix}\dfrac{\partial x_1}{\partial y_1} & \dfrac{\partial x_1}{\partial y_2}\\[2mm]\dfrac{\partial x_2}{\partial y_1} & \dfrac{\partial x_2}{\partial y_2}\end{Vmatrix}=\begin{Vmatrix}\dfrac{1}{2} & \dfrac{1}{2}\\[2mm]\dfrac{1}{2} & -\dfrac{1}{2}\end{Vmatrix}=\left|-\dfrac{1}{2}\right|=\dfrac{1}{2}$$

故 $f(y_1,y_2)=f_{X_1,X_2}(\dfrac{y_1+y_2}{2},\dfrac{y_1-y_2}{2})\cdot|J|=1\times\dfrac{1}{2}=\dfrac{1}{2}$

又 $0<x_1<1,0<x_2<1 \Rightarrow 0<\dfrac{1}{2}(y_1+y_2)<1,0<\dfrac{1}{2}(y_1-y_2)<1$

$\therefore 0<y_1+y_2<2;0<y_1-y_2<2$

整理得：$f(y_1,y_2)=\begin{cases}\dfrac{1}{2}, & 0<y_1+y_2<2;0<y_1-y_2<2\\ 0, & o.w.\end{cases}$

例 11

假設二隨機變數 X_1,X_2，其聯合機率密度函數為：

$$f(x_1,x_2)=\begin{cases}4x_1x_2, & 0<x_1<1,0<x_2<1\\ 0, & o.w.\end{cases}$$

令 $y_1=\dfrac{1}{x_1x_2},y_2=\dfrac{1}{x_1}$，試求 Y_1,Y_2 之聯合機率密度函數。

解

解聯立方程式 $\begin{cases}y_1=\dfrac{1}{x_1x_2}\\[2mm]y_2=\dfrac{1}{x_1}\end{cases}$ 得 $x_1=\dfrac{1}{y_2},x_2=\dfrac{1}{x_1y_1}=\dfrac{y_2}{y_1}$

$$J=\begin{Vmatrix}\dfrac{\partial x_1}{\partial y_1} & \dfrac{\partial x_1}{\partial y_2}\\[2mm]\dfrac{\partial x_2}{\partial y_1} & \dfrac{\partial x_2}{\partial y_2}\end{Vmatrix}=\begin{Vmatrix}0 & -\dfrac{1}{y_2^2}\\[2mm]-\dfrac{y_2}{y_1^2} & \dfrac{1}{y_1}\end{Vmatrix}=\dfrac{1}{y_1^2 y_2}$$

$\because y_1=\dfrac{1}{x_1x_2},y_2=\dfrac{1}{x_1}\Rightarrow y_1$ 與 y_2 有關，故 y_1,y_2 不獨立，決定 y_1,y_2 範圍時須注意。由

$0<x_1<1\Rightarrow 1<y_2<\infty$

又 $y_1 = \dfrac{1}{x_1 x_2} = \dfrac{1}{x_1} \cdot \dfrac{1}{x_2} = y_2 \cdot \dfrac{1}{x_2} > y_2 \Rightarrow y_2 < y_1 < \infty$

故 $f(y_1, y_2) = f_{X_1, X_2}(\dfrac{1}{y_2}, \dfrac{y_2}{y_1}) \cdot |J| = 4 \dfrac{1}{y_2} \cdot \dfrac{y_2}{y_1} \cdot \dfrac{1}{y_1^2 y_2} = \dfrac{4}{y_1^3 y_2}$

最後整理得 $f(y_1, y_2) = \begin{cases} \dfrac{4}{y_1^3 y_2}, & 1 < y_2 < y_1 < \infty \\ 0, & o.w. \end{cases}$

7.2.4 二對一的變換

所謂二對一的變換，是指由二個隨機變數轉換成一個隨機變數的變換。二對一的變換法與二對二的求法十分近似，首先任意指定另一個隨機變數等於原隨機變數中的任一個，將二對一轉換成二對二。接下來的推導過程與上一節完全相同，唯一不同的地方在於所求出的二元聯合機率分配函數，必須再利用邊際機率把新增加的變數去除。所以二對一的變數轉換比二對二的轉換多了一道求邊際機率的步驟。這部分比較需要一些數學底子，因此我們不打算說明原因，底下就直接以範例來說整個推導過程。

例 12

設二隨機變數 X, Y，其聯合機率密度函數為：

$$f(x, y) = \begin{cases} xe^{-x(1+y)}, & x > 0, y > 0 \\ 0, & o.w. \end{cases}$$

假設 U 為一隨機變數，且 $u = xy$，試求隨機變數 U 的機率分配函數 $f(u)$。

解

首先須把二對一的轉換關係換成二對二，故任意令 $v = x$

解聯立方程式 $\begin{cases} u = xy \\ v = x \end{cases}$，得 $x = v, y = \dfrac{u}{x} = \dfrac{u}{v}$

又 $x > 0, y > 0 \Rightarrow u > 0, v > 0$

$J = \begin{Vmatrix} \dfrac{\partial x}{\partial u} & \dfrac{\partial x}{\partial v} \\ \dfrac{\partial y}{\partial u} & \dfrac{\partial y}{\partial v} \end{Vmatrix} = \begin{Vmatrix} 0 & 1 \\ \dfrac{1}{v} & -\dfrac{u}{v^2} \end{Vmatrix} = \dfrac{1}{v}$

$$f(u,v) = f_{X,Y}\left(v, \frac{u}{v}\right) \cdot |J| = ve^{-v\left(1+\frac{u}{v}\right)} \cdot \frac{1}{v} = e^{-v-u}$$

接著求 U 的邊際機率 $f_U(u)$，根據邊際機率的定義得

$$f_U(u) = \int_v f(u,v)dv = \int_0^\infty e^{-v-u}dv = e^{-u}\int_0^\infty e^{-v}dv = e^{-u}\left(-e^{-v}\right)\Big|_0^\infty = e^{-u}$$

故 U 的機率分配函數 $f(u) = \begin{cases} e^{-u}, & u > 0 \\ 0, & o.w. \end{cases}$

例 13

假設二隨機變數 X, Y，其聯合機率密度函數為：

$$f(x,y) = \begin{cases} 1, & 0 < x < 1; 0 < y < 1 \\ 0, & o.w. \end{cases}$$

假設 U 為一隨機變數，且 $u = x + y$，試求隨機變數 U 的機率分配函數 $f(u)$。

解

令 $v = x$

解聯立方程式 $\begin{cases} u = x + y \\ v = x \end{cases}$，得 $x = v, y = u - x = u - v$

$\because 0 < x < 1 \Rightarrow 0 < v < 1$，　$\because 0 < y < 1 \Rightarrow 0 < u - v < 1$

$$J = \begin{Vmatrix} \dfrac{\partial x}{\partial u} & \dfrac{\partial x}{\partial v} \\ \dfrac{\partial y}{\partial u} & \dfrac{\partial y}{\partial v} \end{Vmatrix} = \begin{Vmatrix} 0 & 1 \\ 1 & -1 \end{Vmatrix} = 1$$

故 $f(u,v) = f_{X,Y}(v, u-v) \cdot |J| = 1$

接著求 U 的邊際機率 $f_U(u)$，根據邊際機率的定義得 $f_U(u) = \int_v f(u,v)dv$，本題需注意積分範圍的選取，由 $0 < v < 1, 0 < u - v < 1$，積分區域如右圖所示：

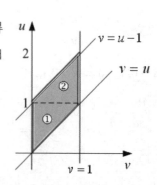

灰色部分為積分區域，本題需分成兩段積分(對 v 取積分範圍是由左至右選取邊界)。

(1) 當 $0 \leq u \leq 1$ 時

$$f_U(u) = \int_v f(u,v)dv = \int_0^u 1dv = u$$

(2) 當 $1 < u \leq 2$ 時

$$f_U(u) = \int_v f(u,v)dv = \int_{u-1}^1 1dv = 2-u$$

最後整理得隨機變數 U 的機率分配函數 $f(u) = \begin{cases} u, & 0 \leq u \leq 1 \\ 2-u, & 1 < u \leq 2 \\ 0, & o.w. \end{cases}$

1. 已知隨機變數 X 的機率質量函數為 $f(x) = \dfrac{1}{5}, x = -2, -1, 0, 1, 2$。假設 Y 亦為一隨機變數，且 $y = x^2 + 1$，求 Y 的機率質量函數。

2. 已知隨機變數 X, Y 之聯合機率質量函數為：
$$f(x, y) = \frac{1}{31}(x^2 + y^2), x = 1, 2, 3; y = -1, 0$$
試求下列各小題：
   (1) 若 $w = 3x + 5y$，求 w 之機率分配。
   (2) 若 $z = \min(x, y)$，求 z 之機率分配與期望值。

3. 假設 X, Y 為二獨立隨機變數，已知其機率質量函數分別為：
$$f(x) = \frac{x}{6}, x = 1, 2, 3; \quad f(y) = \frac{y + 2}{10}, y = -1, 2, 3$$
令 $w = x - y$，求 W 之機率分配。

4. 設隨機變數 X 之機率質量函數如下所示：
$$f_X(x) = \begin{cases} \dfrac{x}{8}|x - 3|, & x = 0, 1, 2, 3, 4 \\ 0, & o.w. \end{cases}$$
試求隨機變數 $y = \dfrac{1}{2}x + 1$ 的機率質量函數。

5. 已知隨機變數 X 其機率密度函數為：$f(x) = 1, 0 < x < 1$，假設 $y = x^2$，求 Y 之機率密度函數。

6. 已知 X, Y 為二獨立隨機變數，其機率密度函數分別為：
$$f(x) = 1, 0 < x < 1; \quad f(y) = 1, 0 < y < 1$$
$u = x + y$，求 U 之機率密度函數。

7. 設二隨機變數 X_1, X_2，其聯合機率密度函數為：
$$f(x_1, x_2) = \begin{cases} 4x_1 x_2, & 0 < x_1 < 1, 0 < x_2 < 1 \\ 0, & o.w. \end{cases}$$
令 $y_1 = \dfrac{x_1}{x_2}, y_2 = x_1 x_2$，試求 Y_1, Y_2 之聯合機率密度函數。

8. 已知隨機變數 X 之機率密度函數為：$f(x) = \dfrac{8}{x^3}, 2 \le x \le \infty$，令 $y = 1 + \dfrac{1}{x}$，求 Y 之機率密度函數。

9. 已知隨機變數 X 之機率密度函數為：$f(x) = 1, 0 \le x \le 1$，令 $y = -\dfrac{1}{\lambda}\ln(1 - x), \lambda > 0$，求 Y 之機率密度函數。

10. 已知隨機變數 X 之機率密度函數為：

$$f(x) = \begin{cases} \dfrac{e^x}{2}, & x \le 0 \\[2mm] \dfrac{e^{-x}}{2}, & x > 0 \end{cases}$$

令 $y = x^2$，求 Y 之機率密度函數。

11. 已知隨機變數 X 之機率密度函數為：

$$f(x) = \begin{cases} \dfrac{xe^{-\frac{x}{2}}}{4}, & x > 0 \\[2mm] 0, & o.w. \end{cases}$$

試求下列各隨機變數之機率密度函數。

(1) $y = \alpha x + \beta$。　　(2) $z = e^x$。　　(3) $y = \dfrac{1}{x}$　　(4) $z = \sqrt{x}$。

12. 設隨機變數 X 的機率質量函數為：

$$f(x) = \begin{cases} \dfrac{x}{8}|x-3|, & x = 0,1,2,3,4 \\[2mm] 0, & o.w. \end{cases}$$

若 $y = \dfrac{1}{2}x + 1$，求 Y 之機率質量函數 ？

13. 假設 X、Y 為隨機變數，已知機率質量函數分別為：

$$f(x)\dfrac{x+2}{6}, x = -1,0,1 \quad f(y) = \dfrac{y^2+1}{7}, y = 1,2$$

(1) 若 $z_1 = x^2$，求 $f(z_1)$。　　(2) 若 $z_2 = xy$，求 $f(z_2)$。　　(3) 求 $f(z_1, x)$。

14. 已知隨機變數 X 的機率分配如下表所示：

x	-1	0	1	2
$f(x)$	1/3	1/6	1/6	1/3

令 $z = x^3, y = x^2$，求 Y, Z 的聯合機率分配函數 $f(y,z)$

15. 投擲一公正硬幣 3 次，令表正面出現次數，Y 表反面出現次數，試求 $|x-y|$ 的機率密度函數。

16. 已知隨機變數 X、Y 的聯合機率密度函數為：

$$f(x,y) = \begin{cases} 4xy, & 0 < x < 1, 0 < y < 1 \\ 0, & o.w. \end{cases}$$

假設 $u = 2x, v = 2y$，試求 U、V 的聯合機率密度函數。

17. 已知隨機變數 X、Y 的聯合機率密度函數為：

$$f(x,y) = \begin{cases} 1, & 0 < x < 1, 0 < y < 1 \\ 0, & o.w. \end{cases}$$

假設 $z = x + y$，試求 Z 機率密度函數。

18. 已知隨機變數 X、Y 的聯合機率密度函數為：

$$f(x,y) = \begin{cases} e^{-(x+y)}, & x > 0, y > 0 \\ 0, & o.w. \end{cases}$$

假設 $w = \dfrac{x}{x+y}$，試求 W 機率密度函數。

19. 假設 $f(x) = 1, 0 < x < 1$，令 $y = 8x - 2$，試求 Y 的機率密度函數。

20. 已知隨機變數 X 的機率密度函數為：$f(x) = \dfrac{x^2}{3}, -1 < x < 2$。若隨機變數 Y 與 X 存在關係式 $y = x^2$，求隨機變數 y 的機率密度函數。

21. 已知隨機變數 X 的機率密度函數為：$f(x), x > 0$。又隨機變數 Y 滿足 $y = ax^2 + b$，且 $a > 0$，試求 Y 的機率密度函數。

22. 已知隨機變數 X 的機率密度函數為：$f(x) = \dfrac{5x^4}{64}, -2 \leq x \leq 2$。假設 $u = x^2$，求 U 的機率密度函數。

23. 已知隨機變數 X_1, X_2 的機率密度函數為：

$$f(x_1, x_2) = e^{-(x_1+x_2)}, 0 \leq x_1 < \infty; 0 \leq x_2 < \infty$$

假設 $y_1 = x_1 + x_2, y_2 = \dfrac{x_1}{x_1 + x_2}$，求 y_1, y_2 的聯合機率密度函數。

24. 已知隨機變數 X、Y 的聯合機率密度函數為：

$$f(x,y) = 1, \quad \theta - \frac{1}{2} \leq x \leq \theta + \frac{1}{2}, \theta - \frac{1}{2} \leq y \leq \theta + \frac{1}{2}$$

若 $w = x - y$，求隨機變數 W 的機率密度函數。

CHAPTER

動差與母函數

　　本章將介紹動差與動差母函數,在第三章中我們已經瞭解到動差(moment)與平均數、變異數、偏態係數與峰度係數之間的關聯,因此只要能夠求出動差,自然就能夠求出期望值、變異數等母體參數了。而動差母函數(moment generating function, M.G.F.也有人翻譯為動差生成函數)則可用來推導出所有的動差以及期望值、變異數等。雖然動差可以求出平均數、變異數等,但過程十分繁瑣,若利用由動差母函數來推求平均數與變異數,會使原本繁瑣複雜的式子變得較為容易。此外,由於不同的機率分配有不同的動差母函數,因此藉由動差母函數可判斷機率函數屬於哪一種分配。

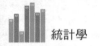

 動差

在本小節中我們將介紹導入隨機變數後的動差表示法以及計算方法。由次數分配表所定義出的動差到導入隨機變數後所定義的動差，兩者間的關係與期望值、變異數導入隨機變數的過程相同，因此就不再冗述。

8.1.1 r 階原動差

原動差依照隨機變數為離散型或連續型可分成兩種定義方式，離散型採加總而連續型則採用積分的方式定義。

1. 離散型隨機變數 r 階原動差的定義

假設 X 為離散型隨機變數，其機率質量函數為 $f(x)$，r 為正整數，則定義 X 的 r 階原動差(zero moment)為：

$$E(x^r) = \sum_x x^r f(x)$$

2. 連續型隨機變數 r 階原動差的定義

假設 X 為連續型隨機變數，其機率密度函數為 $f(x)$，令 r 為正整數，則定義 X 的 r 階原動差為：

$$E(x^r) = \int_x x^r f(x)dx$$

例 1

已知隨機變數 X，其機率質量函數為 $f(x), x = -1, 0, 1$，已知 $f(0) = 0.5$，求隨機變數 X 的二階原動差與四階原動差。

解

根據題意隨機變數 X 為離散型隨機變數

$\because f(-1) + f(0) + f(1) = 1 \quad \therefore f(-1) + f(1) = 0.5$

$E(x^2) = \sum_{x=-1}^{1} x^2 f(x) = (-1)^2 \times f(-1) + 0^2 \times f(0) + 1^2 \times f(1) = f(-1) + f(1) = 0.5$

$$E(x^4) = \sum_{x=-1}^{1} x^4 f(x) = (-1)^4 \times f(-1) + 0^4 \times f(0) + 1^4 \times f(1) = f(-1) + f(1) = 0.5$$

例 2

已知隨機變數 X，其機率密度函數為 $f(x) = \dfrac{1}{4} x e^{-\frac{x}{2}}, 0 < x < \infty$，求隨機變數 X 的一階原動差與二階原動差。

解

$$E(x) = \int_0^\infty \frac{1}{4} x^2 e^{-\frac{x}{2}} dx = \frac{1}{4} e^{-\frac{x}{2}} (-2x^2 - 8x - 16) \bigg|_0^\infty = 4$$

$$E(x^2) = \int_0^\infty \frac{1}{4} x^3 e^{-\frac{x}{2}} dx = \frac{1}{4} e^{-\frac{x}{2}} (-2x^3 - 12x^2 - 48x - 96) \bigg|_0^\infty = 24$$

8.1.2 r 階主動差

r 階主動差是指隨機變數減去期望值後 r 次方的期望值，離散型隨機變數與連續型隨機變數的 r 階主動差定義分別為：

1. 離散型隨機變數 r 階主動差的定義

假設 X 為離散型隨機變數，其機率質量函數為 $f(x)$，期望值為 μ，r 為正整數，則定義 X 的 r 階主動差(central moment)為：

$$E\left[(x - \mu)^r\right] = \sum_x (x - \mu)^r f(x)$$

2. 連續型隨機變數 r 階主動差的定義

假設 X 為連續隨機變數，其機率密度函數為 $f(x)$，期望值為 μ，r 為正整數，則定義 X 的 r 階主動差為：

$$E\left[(x - \mu)^r\right] = \int_x (x - \mu)^r f(x) dx$$

例 3

已知隨機變數 X 其機率函數為 $f(x), x = -1, 0, 1$，已知 $f(0) = 0.5, f(1) = 0.3$，求隨機變數 X 的一階主動差與二階主動差。

解

$$\mu = E(x) = \sum_x xf(x) = -1 \times f(-1) + 0 \times f(0) + 1 \times f(1)$$

$$= -1 \times 0.2 + 0 \times 0.5 + 1 \times 0.3 = 0.1$$

$$\therefore E(x - \mu) = E(x - 0.1) = \sum_x (x - 0.1) f(x)$$

$$= (-1 - 0.1) f(-1) + (0 - 0.1) f(0) + (1 - 0.1) f(1)$$

$$= -1.1 \times 0.2 - 0.1 \times 0.5 + 0.9 \times 0.3 = 0$$

註：所有的資料減掉平均數之後的期望值必定等於 0

$$E\left[(x - \mu)^2\right] = E\left[(x - 0.1)^2\right] = \sum_x (x - 0.1)^2 f(x)$$

$$= (-1.1)^2 \times 0.2 + (0.1)^2 \times 0.5 + (0.9)^2 \times 0.3 = 0.49$$

註：二階主動差恰等於變異數，故本題亦可利用 $E\left[(x - \mu)^2\right] = E(x^2) - \left[E(x)\right]^2$ 求值。

 例 4

假設產品之壽命 X 為一隨機變數，且已知 X 的累積分配函數為：$F(x) = 1 - e^{-x}$，求 X 之四階主動差？

解

四階主動差為：$E\left[(x - \mu)^4\right] = \int_x (x - \mu)^4 f(x) dx$

先求機率密度函數 $f(x)$：$f(x) = F'(x) = \dfrac{d}{dx}(1 - e^{-x}) = e^{-x}, x > 0$

再求期望值：$\mu = E(x) = \int_x xf(x) dx = \int_0^\infty xe^{-x} dx = 1$

$\therefore E\left[(x - \mu)^4\right] = \int_0^\infty (x - \mu)^4 f(x) dx = \int_0^\infty (x - 1)^4 e^{-x} dx = 9$。

8.1.3 階乘動差

階乘動差(factorial moment)主要用在推導含組合公式 C_x^n 之機率分配函數的母體變異數、偏態係數、峰度係數等。例如二項分配機率函數 $f(x) = C_x^n p^x q^x$，這類機率函數，在求變異數時使用階乘動差去推求，在計算上會比較容易，當然對數學功力夠深厚的人，直接使用變異數定義公式推求變異數亦可。下面分別是離散型與連續型隨機變數的階乘動差定義。

1. 離散型隨機變數的階乘動差定義

假設 X 為離散型隨機變數，機率質量函數為 $f(x)$，則 X 的第 r 階階乘動差定義為：

$$E\left[x(x-1)(x-2)\cdots(x-r+1)\right] = \sum_x x(x-1)(x-2)\cdots(x-r+1)f(x)$$

2. 連續型隨機變數的階乘動差定義

假設 X 為連續型隨機變數，機率密度函數為 $f(x)$，則 X 的第 r 階階乘動差定義為：

$$E\left[x(x-1)(x-2)\cdots(x-r+1)\right] = \int_x x(x-1)(x-2)\cdots(x-r+1)f(x)dx$$

階乘動差可用來協助推求含組合公式之機率分配的變異數，根據變異數的定義為：$V(x) = E(x^2) - \left[E(x)\right]^2$，其中 $E(x^2) = E\left[x(x-1)+x\right] = E\left[x(x-1)\right] + E(x)$，故變異數與階乘動差之關係為：

$$V(x) = E[x(x-1)] + E[x] - [E(x)]^2$$

簡單來說就是，變異數等於二階階乘動差加期望值再減期望值的平方。此外，在進行二階階乘動差計算時需要用到下列公式，此公式的目的是為了把組合公式變形，以便抵銷階乘動差所產生的 $x(x-1)$ 項，此公式為：

$$C_x^n = \frac{n}{x}C_{x-1}^{n-1} = \frac{n(n-1)}{x(x-1)}C_{x-2}^{n-2}$$

例 5

已知二項分配機率函數為：$f(x) = C_x^n p^x q^{n-x}, \quad x = 0, 1, 2, \cdots, n$，試以階乘動差法求證：

(1) $E(x) = np$。 (2) $V(x) = npq$。

證明

本題證明需要用到二項展開式：$\sum_{k=0}^{n} C_k^n x^{n-k} y^k = (x+y)^n$

與公式 $C_x^n = \dfrac{n}{x} C_{x-1}^{n-1} = \dfrac{n(n-1)}{x(x-1)} C_{x-2}^{n-2}$

(1) $E(x) = \sum_x x f(x) = \sum_{x=0}^{n} x C_x^n p^x q^{n-x} = \sum_{x=0}^{n} x \dfrac{n}{x} C_{x-1}^{n-1} p^x q^{n-x}$

$= n \sum_{x=0}^{n} C_{x-1}^{n-1} p \cdot p^{x-1} q^{n-x} = np \sum_{x=0}^{n} C_{x-1}^{n-1} p^{x-1} q^{n-x} = np(p+q)^{n-1} = np$

(2) $V(x) = E(x^2) - [E(x)]^2$

其中 $E(x^2) = E[x(x-1)+x] = E[x(x-1)] + E(x)$

又 $E[x(x-1)] = \sum_x x(x-1) f(x) = \sum_{x=0}^{n} x(x-1) C_x^n p^x q^{n-x}$

$= \sum_{x=0}^{n} x(x-1) \dfrac{n(n-1)}{x(x-1)} C_{x-2}^{n-2} p^x q^{n-x} = n(n-1) \sum_{x=0}^{n} C_{x-2}^{n-2} p^2 \cdot p^{x-2} q^{n-x}$

$= n(n-1) p^2 \sum_{x=0}^{n} C_{x-2}^{n-2} p^{x-2} q^{n-x} = n(n-1) p^2 (p+q)^{n-2} = n(n-1) p^2$

$\therefore V(x) = E[x(x-1)] + E(x) - [E(x)]^2 = n(n-1)p^2 + np - (np)^2$

$= np - np^2 = np(1-p) = npq$

註：有些書本在推導時會進行 Σ 上下標調整，事實上這道手續是多餘的，因為 $C_{-1}^{n-1} = 0$ 會自動滿足二項式展開公式，只要學過微分方程級數解法的人都瞭解這種技巧。

8.2 母函數

母函數(generating function)也有人稱為生成函數，常見之母函數有動差母函數(moment generating function, MGF)、機率母函數(Factorirl MGF)、累積母函數(cumulant generating function)、特性母函數(Characteristic Function)以及聯合動差母函數(Joint MGF)等五種，它們的定義如下所示。

1. 動差母函數

$$M_X(t) = E[e^{tx}]$$

2. 機率母函數

$$P_X(t) = E[t^x]$$

3. 累積母函數

$$G_X(t) = \ln M_x(t)$$

4. 特性母函數

$$\phi_X(t) = E[e^{itx}]$$

5. 聯合動差母函數

$$M_{XY} = E[e^{t_1 x + t_2 y}]$$

由於累積母函數、特性母函數與聯合動差母函數需用到較深的數學觀念，較適合數學類的學生學習，因此本書不予介紹，有興趣的讀者可自行參考機率論相關書籍。

8.2.1 動差母函數

在五種母函數中，動差母函數最為重要。所謂動差母函數，簡單來說就是所有的 r 階原動差的總集合。動差母函數的主要用途有下列三個。

1. 可用來求期望值、變異數、偏態係數與峰態係數。

2. 可判斷母體的機率函數為何種分配。

3. 隨機變數的轉換。

由於每一種母體分配有其特定的動差母函數，因此可利用動差母函數來判斷隨機變數服從何種分配，但前提是必須把各種分配的動差母函數背起來。例如常態分配之動差母函數為 $e^{\mu t + \frac{1}{2}\sigma^2 t^2}$，因此若某隨機變數的動差母函數為 e^{3t+5t^2}，那麼根據動差母函數可以判斷此隨機變數服從常態分配，且平均數等於 3，變異數等於 10。下面是有關離散型與連續型隨機變數動差母函數的定義。

1. 離散型隨機變數的動差母函數

假設 X 為離散隨機變數，若 $E(e^{tx})$ 存在，則隨機變數 X 的動差母函數定義為：

$$M(t) = E(e^{tx}) = \sum_x e^{tx} f(x)$$

考慮特殊情況，若隨機變數 X 的範圍為：$x = 0, 1, 2, 3, \cdots$，代入上式展開後可得

$$M(t) = \sum_x e^{tx} f(x) = f(0) + f(1)e^t + f(2)e^{2t} + f(3)e^{3t} + \cdots$$

觀察上式，由上式可以發現自然指數 e 的次方上 t 的係數正好等於隨機變數的值，而 e 的係數則等於隨機變數所對應的機率值。故從離散型隨機變數的動差母函數可以觀察出隨機變數的機率分配情形。

2. 連續型隨機變數的動差母函數

假設 X 為一連續隨機變數，若 $E(e^{tx})$ 存在，則隨機變數 X 的動差母函數定義為：

$$M(t) = E(e^{tx}) = \int_x e^{tx} f(x)dx$$

故不論是離散型隨機變數或連續型隨機變數，動差母函數的定義皆為 $M(t) = E(e^{tx})$。接下來我們要說明為何動差母函數是所有的 r 階原動差的總集合，在正式說明前，我們先介紹自然指數函數的馬克勞林級數(Macluaurin series)，因為需要用到這個級數展開式，下面為 e^x 的馬克勞林級數：

$$e^x = \sum_{r=0}^{\infty} \frac{x^r}{r!} = 1 + x + \frac{x^2}{2!} + \frac{x^3}{3!} + \cdots + \frac{x^n}{n!} + \cdots$$

把馬克勞林級數代入動差母函數中，可得：

$$M(t) = E(e^{tx}) = E(\sum_{r=0}^{\infty} \frac{(tx)^r}{r!}) = \sum_{r=0}^{\infty} \frac{t^r}{r!} E(x^r)$$

$$= E(1) + \frac{t}{1}E(x) + \frac{t^2}{2!}E(x^2) + \frac{t^3}{3!}E(x^3) + \frac{t^4}{4!}E(x^4) + \cdots$$

把上式兩邊對 t 微分一次，然後令 $t = 0$，可得：

$$\frac{d}{dt}M(t) = E(x) + tE(x^2) + \frac{t^2}{2!}E(x^3) + \frac{t^3}{3!}E(x^4) + \cdots \bigg|_{t=0} = E(x)$$

繼續把動差母函數 $M(t)$ 對 t 再微分一次，然後令 $t = 0$，可得

$$\frac{d^2}{dt^2}M(t) = E(x^2) + tE(x^3) + \frac{t^2}{2!}E(x^4) + \cdots \bigg|_{t=0} = E(x^2)$$

由上面兩個式子可以推出動差母函數與 r 階原動差間的關係為：

$$E(x^r) = \frac{d^r}{dt^r}M(t)\bigg|_{t=0}$$

故利用動差母函數可以導出期望值、變異數等母體參數，也就是說：

$$\mu = E(x) = \frac{d}{dt}M(t)\bigg|_{t=0}$$

$$V(x) = E(x^2) - \left[E(x)\right]^2 \quad \Rightarrow \quad V(x) = \frac{d^2}{dt^2}M(t)\bigg|_{t=0} - \left(\frac{d}{dt}M(t)\bigg|_{t=0}\right)^2$$

由上面兩個式子，我們瞭解到藉由對動差母函數對 t 微分再令 $t = 0$，可推求出隨機變數的期望值與變異數。但有些隨機變數的動差母函數呈指數型態或乘積型態，如 Poisson 分配、指數分配等，若直接對 t 微分十分複雜。針對這種型態的動差母函數，求期望值與變異數時，可以把動差母函數取對數後再對 t 微分，然後令 $t = 0$，即

$$E(x) = \frac{d}{dt}\ln\left(M(t)\right)\bigg|_{t=0} \quad , \quad V(x) = \frac{d^2}{dt^2}\ln\left(M(t)\right)\bigg|_{t=0}$$

動差母函數的第三個用途是隨機變數的變換，但使用此法的缺點是必須事先知道此隨機變數的動差母函數，因此有關隨機變數的變換，使用直接代入法或變數變換法推導比較適合。我們會舉一個例子來說明，如何使用動差母函數來推導隨機變數的變換。

例 6

已知 $M(t) = E(e^{tx})$，試證明：

$$E(x) = \frac{d}{dt}\ln\big(M(t)\big)\Big|_{t=0} \text{ 以及 } V(x) = \frac{d^2}{dt^2}\ln\big(M(t)\big)\Big|_{t=0} \text{。}$$

證明

動差母函數的馬克勞林級數為

$$M(t) = E(1) + \frac{t}{1}E(x) + \frac{t^2}{2!}E(x^2) + \frac{t^3}{3!}E(x^3) + \frac{t^4}{4!}E(x^4) + \cdots$$

將上式兩邊取對數

$$\ln\big[M(t)\big] = \ln\left[E(1) + \frac{t}{1}E(x) + \frac{t^2}{2!}E(x^2) + \frac{t^3}{3!}E(x^3) + \frac{t^4}{4!}E(x^4) + \cdots \right]$$

兩邊同時對 t 微分，並令 $t = 0$

$$\frac{d}{dt}\ln\big(M(t)\big) = \frac{E(x) + tE(x^2) + \dfrac{t^2}{2!}E(x^3) + \cdots}{E(1) + \dfrac{t}{1}E(x) + \dfrac{t^2}{2!}E(x^2) + \dfrac{t^3}{3!}E(x^3) + \dfrac{t^4}{4!}E(x^4) + \cdots}\Bigg|_{t=0}$$

$$= \frac{E(x)}{E(1)} = E(x)$$

上式再對 t 微分一次，並令 $t = 0$

$$\frac{d}{dt}\ln\big(M(t)\big) =$$

$$\frac{(E(x^2) + tE(x^3) + \cdots)(E(1) + tE(x) + \cdots) - (E(x) + tE(x^2) + \cdots)(E(x) + tE(x^2) + \cdots)}{\left[E(1) + \dfrac{t}{1}E(x) + \dfrac{t^2}{2!}E(x^2) + \dfrac{t^3}{3!}E(x^3) + \dfrac{t^4}{4!}E(x^4) + \cdots \right]^2}\Bigg|_{t=0}$$

$$= E(x^2) - \big[E(x)\big]^2 = V(x)$$

例 7

已知二項分配 $f(x) = C_x^n p^x q^{n-x}$, $x = 0,1,2,\cdots,n$。

(1)試求二項分配的動差母函數。

(2)試利用動差母函數求二項分配的期望值與變異數。

解

(1) $M(t) = E(e^{tx}) = \sum_x e^{tx} f(x) = \sum_{x=0}^n e^{tx} C_x^n p^x q^{n-x} = \sum_{x=0}^n C_x^n (pe^t)^x q^{n-x} = (pe^t + q)^n$

(2) $E(x) = \dfrac{d}{dt} M(t) \Big|_{t=0} = n(pe^t + q)^{n-1} pe^t \Big|_{t=0} = n(p+q)^{n-1} p = np$

$E(x^2) = \dfrac{d^2}{dt^2} M(t) \Big|_{t=0}$

$= np(n-1)(pe^t + q)^{n-2} pe^t \cdot e^t + np(pe^t + q)^{n-1} \cdot e^t \Big|_{t=0} = n(n-1)p^2 + np$

$\therefore V(x) = E(x^2) - \left[E(x) \right]^2 = n(n-1)p^2 + np - (np)^2$

$= -np^2 + np = np(1-p) = npq$

 例 8

假設隨機變數 X 的動差母函數為：

$M(t) = 0.1e^t + 0.3e^{2t} + 0.4e^{5t} + 0.2e^{6t}$

請利用動差母函數，求機率質量函數、期望值與變異數。

解

由動差母函數知隨機變數 X 的機率分配如下表所示：

x	1	2	5	6
$f(x)$	0.1	0.3	0.4	0.2

$E(x) = \dfrac{d}{dt} M(t) \Big|_{t=0} = 0.1e^t + 0.6e^{2t} + 2e^{5t} + 1.2e^{6t} \Big|_{t=0} = 3.9$

$E(x^2) = \dfrac{d^2}{dt^2} M(t) \Big|_{t=0} = 0.1e^t + 1.2e^{2t} + 10e^{5t} + 7.2e^{6t} \Big|_{t=0} = 18.5$

$\therefore V(x) = E(x^2) - \left[E(x) \right]^2 = 18.5 - 3.9^2 = 3.29$

例 9

已知隨機變數 X 的 r 階原動差為：

$E(x^r) = 8^r, r = 1, 2, 3, \cdots$

(1)求隨機變數 X 的動差母函數。

(2)根據動差母函數，求隨機變數 X 的機率分配 $f(x)$。

解

(1) 由動差母函數的定義：

$$M(t) = E(e^{tx}) = E[\sum_{k=0}^{\infty} \frac{(tx)^k}{k!}] = \sum_{k=0}^{\infty} E\left[\frac{(tx)^k}{k!}\right] = \sum_{k=0}^{\infty} \frac{t^k}{k!} E[x^k]$$

$$= \sum_{k=0}^{\infty} \frac{t^k}{k!} \cdot 8^k = \sum_{k=0}^{\infty} \frac{(t8)^k}{k!} = e^{8t}$$

上面我們用到了幾個觀念： 1. 自然指數 e^x 的馬克勞林級數

2. 對期望值 $E(x)$ 而言，除 x 外其餘皆視為常數。

(2) 根據(1)的答案，由離散型隨機變數的動差母函數與機率函數的關係知

$$f(x) = \begin{cases} 1, & x = 8 \\ 0, & o.w. \end{cases}$$

例 10

假設隨機變數 X 為連續型隨機變數，且機率密度函數為：

$f(x) = 0.002e^{-0.002x}, x > 0$

(1)求隨機變數之動差母函數。

(2)請利用動差母函數求隨機變數 X 的期望值與變異數。

解

(1) $M(t) = E(e^{tx}) = \int_x e^{tx} f(x) dx = \int_0^{\infty} e^{tx} 0.002 e^{-0.002x} dx = \frac{0.002}{0.002 - t}, \quad t < 0.002$

(2) $E(x) = \frac{d}{dt} M(t)\Big|_{t=0} = \frac{0.002}{(0.002 - t)^2}\Big|_{t=0} = \frac{1}{0.002}$

$$E(x^2) = \frac{d^2}{dt^2} M(t)\bigg|_{t=0} = \frac{0.002 \times 2(0.002 - t)}{(0.002 - t)^4}\bigg|_{t=0} = \frac{2}{0.002^2}$$

$$\therefore V(x) = E(x^2) - \left[E(x)\right]^2 = \frac{2}{0.002^2} - (\frac{1}{0.002})^2 = \frac{1}{0.000004}$$

例 11

已知 Poisson 分配機率質量函數為：

$$f(x) = \frac{e^{-\lambda} \lambda^x}{x!}, x = 0, 1, 2, 3, \cdots$$

試求：(1)Poisson 分配的動差母函數。

(2)根據動差母函數，試利用對數微分法求期望值與變異數。

解

(1) $M(t) = E(e^{tx}) = \sum_{x=0}^{\infty} e^{tx} f(x) = \sum_{x=0}^{\infty} e^{tx} \frac{e^{-\lambda} \lambda^x}{x!} = e^{-\lambda} \sum_{x=0}^{\infty} \frac{(e^t \lambda)^x}{x!} = e^{-\lambda} e^{\lambda e^t} = e^{\lambda(e^t - 1)}$

(2) $\ln M(t) = \ln e^{\lambda(e^t - 1)} = \lambda(e^t - 1)$

$$E(x) = \frac{d}{dt} \ln M(t)\bigg|_{t=0} = \frac{d}{dt}\Big[\lambda(e^t - 1)\Big]\bigg|_{t=0} = \lambda e^t\big|_{t=0} = \lambda$$

$$V(x) = \frac{d^2}{dt^2} \ln M(t)\bigg|_{t=0} = \frac{d}{dt}\Big[\lambda e^t\Big]\bigg|_{t=0} = \lambda e^t\big|_{t=0} = \lambda$$

例 12

假設隨機變數 X 與 Y 為獨立隨機變數，且其機率質量函數分別為：

$$f_X(x) = \frac{e^{-3} 3^x}{x!}, x = 0, 1, 2, \cdots; f_Y(y) = \frac{e^{-5} 3^y}{y!}, y = 0, 1, 2, \cdots$$

假設有另一隨機變數 Z 存在 $z = x + y$ 的關係，試利用動差母函數，求隨機變數 Z 的機率分配。

解

使用動差母函數法求隨機變數的轉換，前提必須知道該機率分配之動差母函數，本題之隨機變數 X 與 Y 其機率函數服從 Poisson 分配(見第九章)

Poisson 分配的機率函數為 $f(x) = \dfrac{e^{-\lambda}\lambda^x}{x!}, x = 0, 1, 2, 3, \cdots$

且動差母函數為 $M_X(t) = e^{\lambda(e^t - 1)}$

故隨機變數 Z 的動差母函數為

$M_Z(t) = E(e^{tz}) = E(e^{t(x+y)}) = E(e^{tx} \cdot e^{ty}) = E(e^{tx}) \cdot E(e^{ty}) = e^{3(e^t - 1)} e^{5(e^t - 1)} = e^{8(e^t - 1)}$

故由 Poisson 分配的動差母函數知，隨機變數 Z 為服從 $\lambda = 8$ 之 Poisson 分配，

所以 $f_Z(z) = \dfrac{e^{-8} 8^z}{z!}, z = 0, 1, 2, 3, \cdots$

8.2.2 機率母函數

機率母函數(Probability Generating function)又稱為階乘動差母函數，機率母函數可以推導出一系列的階乘動差，機率母函數的定義為：

$$P_X(t) = E[t^x]$$

在介紹機率母函數與階乘動差這兩者之間的關係前，我們要先介紹泰勒級數(Taylor series)。假設函數 $f(x)$ 在 $x = a$ 之鄰域 n 階可微分，則 $f(x)$ 在 $x = a$ 的泰勒展開式為：

$$f(x) = \sum_{k=0}^{n} \frac{f^{(k)}(a)}{k!}(x - a)^k$$

$$= f(a) + f'(a)(x - a) + \frac{f''(a)}{2!}(x - a)^2 + \frac{f'''(a)}{3!}(x - a)^3 + \cdots$$

其中：a 稱為展開中心。

故 $f(t) = t^x$ 以 $t = 1$ 為展開中心的泰勒展開式為(x 視作常數)：

$$f(t) = t^x = 1 + x(t - 1) + \frac{x(x - 1)}{2!}(t - 1)^2 + \frac{x(x - 1)(x - 2)}{3!}(t - 1)^3 + \cdots$$

故機率母函數可表示成：

$$P_X(t) = E[t^x] = E[1 + x(t - 1) + \frac{x(x - 1)}{2!}(t - 1)^2 + \frac{x(x - 1)(x - 2)}{3!}(t - 1)^3 + \cdots]$$

把上式對 t 微分一次，令 $t = 1$ 代入可得：

$$\frac{d}{dt}P_X(t) = E[x + x(x - 1)(t - 1) + \frac{x(x - 1)(x - 2)}{2!}(t - 1)^2 + \cdots]\bigg|_{t=1} = E(x)$$

把上式再對 t 微分一次，令 $t=1$ 代入可得：

$$\frac{d^2}{dt^2}P_X(t) = E[x(x-1) + x(x-1)(x-2)(t-1) + \cdots]\big|_{t=1} = E[x(x-1)]$$

由上面兩個式子可觀察出，機率母函數與階乘動差間存在下列之關係：

$$\frac{d^n P_X(t)}{dt^n}\bigg|_{t=1} = E[x(x-1)\cdots(x-n+1)]$$

當推導期望值或變異數，若隨機變數為離散型時，通常以機率母函數或階乘動差法會比較容易推導；而連續型隨機變數則採用動差母函數推導期望值與變異數較為方便。

例 13

已知 Poisson 分配的機率質量函數如下：

$$f(x) = \begin{cases} \dfrac{e^{-\lambda}\lambda^x}{x!}, & x = 0,1,2,\cdots;\lambda > 0 \\ 0, & o.w. \end{cases}$$

試求機率母函數，並利用機率母函數求期望值與變異數。

解

$$P_X(t) = E(t^x) = \sum_x t^x f(x) = \sum_{x=0}^{\infty} t^x \frac{\lambda^x e^{-\lambda}}{x!} = e^{-\lambda}\sum_{x=0}^{\infty}\frac{(t\lambda)^x}{x!} = e^{-\lambda}e^{t\lambda} = e^{\lambda(t-1)}$$

$$E(x) = \frac{d}{dt}P_X(t)\bigg|_{t=1} = \lambda e^{\lambda(t-1)}\big|_{t=1} = \lambda$$

$$E[x(x-1)] = \frac{d^2}{dt^2}P_X(t)\bigg|_{t=1} = \lambda^2 e^{\lambda(t-1)}\big|_{t=1} = \lambda^2$$

$$\therefore V(x) = E[x(x-1)] + E(x) - [E(x)]^2 = \lambda^2 + \lambda - \lambda^2 = \lambda$$

1. 假設產品之壽命 X 為為一隨機變數,且已知 X 的累積分配函數為:
   $F(x) = 1 - e^{-x}, x \geq 0$。求 X 動差偏態係數、峰度係數與 Person 偏態係數?

2. 若 X 的動差母函數為:$\frac{2}{5}e^t + \frac{1}{5}e^{2t} + \frac{2}{5}e^{3t}$,求 X 的平均數,變異數與機率質量函數。

3. 假設隨機變數 X 之 k 階原動差為:$E(x^k) = p, k = 1, 2, 3, \cdots$。試求 X 之動差母函數,
   並求 X 之期望值與變異數。

4. 假設已知隨機變數 X 之動差母函數,求下列各題的平均數與變異數。

   (1) $M(t) = \dfrac{0.25e^t}{1 - 0.75e^t}$, $t < -\ln 0.75$。

   (2) $M(t) = (0.3 + 0.7e^t)^{10}$。

   (3) $M(t) = e^{50t + 50t^2}$。

5. 已知隨機變數 X 之動差母函數為:$M(t) = \dfrac{1}{4}(3e^t + e^{-t})$,試求 X 之機率質量函數、
   期望值與變異數。

6. 已知隨機變數 X, Y 的動差母函數分別為:$M_X(t) = \dfrac{1}{4}(e^t + e^{2t} + e^{3t} + e^{4t})$,
   $M_Y(t) = \dfrac{1}{3}(e^t + e^{2t} + e^{3t})$,令 $w = x + y$。試求 W 的機率質量函數與動差母函數。

7. 假設 X 為一隨機變數,n 為正整數,求證:若 $E(x^n)$ 存在,則 $E(x^k), k = 1, 2, \cdots, n-1$
   必存在。

8. 請問是否有隨機變數其一階動差存在,但二階動差卻不存在,請你舉一個例子說明。

9. 若隨機變數 X 的動差母函數為:$M(t) = \dfrac{e^{2t}}{3 - 3e^{3t} - e^{5t}}$,求:

   (1) 期望值 $E(x)$。   (2) $P(x = 10)$。

10. 若隨機變數 X 的動差母函數為:$M(t) = \dfrac{2e^{2t}}{3 - e^{3t}}, t < 0$。試求 X 的機率質量函數。

11. 已知 $f(x) = \dfrac{1}{4}(\dfrac{3}{4})^{x-1}, x = 1, 2, 3, \cdots$。求隨機變數 X 的一階與二階原動差。

12. 已知隨機變數 X 的機率值量函數為:$f(x) = pq^{x-1}, x = 1, 2, 3, \cdots$,且 $P + q = 1$。

    (1) 求 X 的動差母函數。   (2) 利用動差母函數求期望值。

13. 已知隨機變數 X 的動差母函數為:$M(t) = e^{-t}$,試求下列各小題:

    (1) 一階原動差。   (2) 二階原動差。   (3) 三階原動差。   (4) n 階原動差。

14. 已知隨機變數 X 的動差母函數前三項為 $1 - t + t^2$,求 $1 - X$ 的動差母函數的前三項。

15. 已知隨機變數 X 的動差母函數為 $M_X(t) = \dfrac{1}{4}(e^t + e^{2t} + e^{3t} + e^{4t})$；$Y$ 的動差母函數為

    $M_Y(t) = \dfrac{1}{3}(e^t + e^{2t} + e^{3t})$。若有另一隨機變數 W，滿足 $w = x + y$。

    (1) 求 W 的機率值量函數。　　　(2) 求 W 的動差母函數。

16. 假設隨機變數 X 的機率密度函數為：$f(x) = \dfrac{1}{x^2}, x \geq 1$。試證明 X 的動差母函數不存在。

17. 假設隨機變數 X 的動差母函數為：$M_X(t) = (\dfrac{2}{2-t})^2$，試求：

    (1) $E(x)$。　　(2) $V(x)$。

18. 假設隨機變數 X 的動差母函數為：$M_X(t) = \dfrac{\lambda}{\lambda - t}$, $t < \lambda$。試求 $E(x^n)$。

19. 假設隨機變數 X 的動差母函數為：$M_X(t) = e^{\frac{t^2}{2}}$。試求 $E(x^n)$。

筆記頁

常用的離散型機率分配

在本章中將介紹一些常用的離散型機率分配函數，這些機率函數有離散均勻分配、二項分配、百努力分配、超幾何分配、Poisson 分配、多項分配、負二項分配、多維超幾何分配與幾何分配。

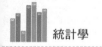

9.1 均勻分配

我們在日常生活中經常遇到均勻分配的例子，例如投擲一粒骰子，各點數出現的機率，以亂數表產生 0-9 的數字，這些隨機變數所形成的分配皆屬於均勻分配。

9.1.1 均勻分配的機率質量函數

所謂均勻分配(uniform distribution)是指不論隨機變數如何變化，其機率值永遠為固定常數。例如投擲一粒骰子一次，X 表骰子出現的點數，不論出現的點數 X 為何，機率值永遠都是 $\frac{1}{6}$，符合這種特性的分配就稱為均勻分配。

假設 X 為離散型隨機變數，若機率質量函數滿足下列函數之定義：

$$f(x) = \begin{cases} \dfrac{1}{n}, & x = 1,2,3,\dots,n \\ 0, & o.w. \end{cases}$$

則稱 $f(x)$ 為均勻分配，通常以符號 $X \sim U(1,n)$ 表示，其中括號內的數字 $(1,n)$ 表示，$x = 1,2,3,\cdots,n$，圖形如下圖所示：

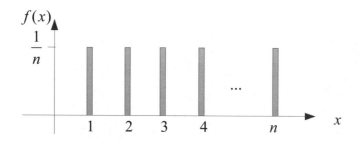

9.1.2 均勻分配的重要母體參數

均勻分配的期望值、變異數與動差母函數可透過它們的定義去推導，不需要死背。若 X 為離散型隨機變數，且 $X \sim U(1,n)$，則隨機變數 X 的期望值、變異數以及動差母函數分別為：

1. 期望值

$$E(x) = \frac{n+1}{2}$$

2. 變異數

$$V(x) = \frac{n^2 - 1}{12}$$

3. 動差母函數

$$M(t) = \frac{e^t(1 - e^{nt})}{n(1 - e^t)}, \quad t \neq 0$$

例 1

已知隨機變數 X 之機率質量函數為：$f(x) = \frac{1}{n}, x = 1,2,3,\cdots,n$。試證明：

(1) $E(x) = \frac{n+1}{2}$。　　(2) $V(x) = \frac{n^2-1}{12}$。　　(3) $M(t) = \frac{e^t(1-e^{nt})}{n(1-e^t)}, \quad t \neq 0$。

證明

(1) $E(x) = \sum_x xf(x) = \sum_{x=1}^{n} x \cdot \frac{1}{n} = \frac{1}{n}\sum_{x=1}^{n} x = \frac{1}{n} \times \frac{n(n+1)}{2} = \frac{n+1}{2}$

(2) $E(x^2) = \sum_x x^2 f(x) = \sum_{x=1}^{n} x^2 \frac{1}{n} = \frac{1}{n} \times \frac{n(n+1)(2n+1)}{6} = \frac{(n+1)(2n+1)}{6}$

$\therefore V(x) = E(x^2) - \left[E(x)\right]^2 = \frac{(n+1)(2n+1)}{6} - (\frac{n+1}{2})^2 = \frac{n^2-1}{12}$

(3) $M(t) = E(e^{tx}) = \sum_{x=1}^{n} e^{tx} \times \frac{1}{n} = \frac{1}{n}\sum_{x=1}^{n} e^{tx} = \frac{1}{n} \times (e^t + e^{2t} + \cdots + e^{nt})$

$= \frac{e^t(1 - e^{nt})}{n(1 - e^t)}, \quad t \neq 0$

例 2

丟一公正骰子，求出現點數的　(1)期望值。　　(2)變異數。　　(3)動差母函數。

解

丟一粒骰子出現點數的機率函數為

$$f(x) = \begin{cases} \dfrac{1}{6}, & x = 1, 2, 3, 4, 5, 6 \\ 0, & o.w. \end{cases}$$

(1) $\therefore E(x) = \displaystyle\sum_{i=1}^{6} xf(x) = 1 \cdot \dfrac{1}{6} + 2 \cdot \dfrac{1}{6} + 3 \cdot \dfrac{1}{6} + 4 \cdot \dfrac{1}{6} + 5 \cdot \dfrac{1}{6} + 6 \cdot \dfrac{1}{6} = \dfrac{21}{6} = 3.5$

(2) $E(x^2) = \displaystyle\sum_{x=1}^{6} x^2 f(x) = 1^2 \cdot \dfrac{1}{6} + 2^2 \cdot \dfrac{1}{6} + 3^2 \cdot \dfrac{1}{6} + 4^2 \cdot \dfrac{1}{6} + 5^2 \cdot \dfrac{1}{6} + 6^2 \cdot \dfrac{1}{6} = \dfrac{91}{6}$

$\therefore V(x) = E(x^2) - \left[E(x)\right]^2 = \dfrac{91}{6} - (3.5)^2 = \dfrac{35}{12}$

(3) $M(t) = \displaystyle\sum_{x} e^{tx} f(x) = e^t \cdot \dfrac{1}{6} + e^{2t} \cdot \dfrac{1}{6} + e^{3t} \cdot \dfrac{1}{6} + e^{4t} \cdot \dfrac{1}{6} + e^{5t} \cdot \dfrac{1}{6} + e^{6t} \cdot \dfrac{1}{6}$

$= \dfrac{e^t(1 - e^{6t})}{6(1 - e^t)}, \quad t \neq 0$

例 3

投擲一粒骰子，若點數出現 x 點可獲得 x^2 元，求投擲一粒骰子平均可獲得多少錢？

解

根據題意列出機率分配函數以及對應獲得的價值，如下表：

x	1	2	3	4	5	6
獲利	1	4	9	16	25	36
$f(x)$	$\dfrac{1}{6}$	$\dfrac{1}{6}$	$\dfrac{1}{6}$	$\dfrac{1}{6}$	$\dfrac{1}{6}$	$\dfrac{1}{6}$

故期望值 $= \dfrac{1}{6}(1 + 4 + 9 + 16 + 25 + 36) = \dfrac{91}{6}$ 元

 9.2 二項分配

　　二項分配在日常生活應用上十分廣泛，例如電話市調對縣長施政是否滿意、對某位候選人是否支持，是否同意政府興建蘇花高速公路等，皆屬於二項分配。本節將介紹二項分配的相關理論與性質。

9.2.1 二項試驗

所謂二項分配(binomial distribution)是指在只有成功與失敗兩種情況,且成功與失敗的機率皆維持不變的情況下,不斷地重複二項試驗(binomial experiment)所得到的機率分配函數。這裡所指的二項試驗必須滿足下列四個條件:

1. 重複進行 n 次相同的試驗。

2. 每一次試驗僅有成功與失敗兩種結果(outcome),。

3. 每一次試驗中,出現成功的機率永遠固定為 p,失敗機率為 q,且滿足 $p+q=1$。

4. 每一次試驗均為獨立事件,不受其他次數試驗所影響。

9.2.2 二項分配的機率函數

二項分配取名為二項分配之原因在於,二項分配的機率函數與二項式展開十分相似,下面我們用一個實例來推出二項分配的機率函數。

假設有一箱子裝有 3 個紅球與 7 個白球,從此箱中以放回抽樣方式抽出 3 個球,令 X 表示抽出的紅球個數,試求 X 的機率分配。

假設 W 表示取出白球的事件,R 表示取出紅球的事件,下表為隨機變數 X 的機率分配表。

隨機變數 X	樣本空間	$f(x)$
0	WWW	$f(0) = (0.7)^3 = C_0^3(0.3)^0(0.7)^3$
1	WWR WRW RWW	$f(1) = \dfrac{3!}{2!1!} \times (0.3)^1(0.7)^2 = C_1^3(0.3)^1(0.7)^2$
2	WRR RWR RRW	$f(2) = \dfrac{3!}{2!1!} \times (0.3)^2(0.7)^1 = C_2^3(0.3)^2(0.7)^1$
3	RRR	$f(3) = (0.3)^3 = C_3^3(0.3)^3(0.7)^0$

上面表格內的機率可用一個通式來表示,即:

$$f(x) = C_x^3(0.3)^x(0.7)^{3-x}, \quad x = 0, 1, 2, 3$$

將上面通式擴充至 n 次相同的試驗，那麼可推得二項分配通式為 $f(x) = C_x^n p^x q^{n-x}$，接下來我們以數學方式正式的下定義。

假設進行 n 次相同的試驗，每次試驗成功機率均為 p，隨機變數 X 表 n 次試驗中成功之次數，則稱隨機變數 X 為二項隨機變數(binomial random variable)，其機率分配稱為二項分配，通常以符號 $X \sim B(n, p)$ 表示。若二項隨機變數 X 之機率函數為 $f(x)$，則二項分配為：

$$f(x) = C_x^n p^x q^{n-x}, \quad x = 0, 1, 2, \cdots, n$$

其中：n 為試驗次數，x 為成功次數，p 為成功機率，$q = 1 - p$ 為失敗機率。

例 4

由以往記錄可知博碩科技公司第一工廠之研磨機製造產品之缺點平均數為 20%，現隨機選取 10 個產品，試問下列各題之機率為何？

(1)恰有 2 個缺點。　　(2)2 個及 2 個以上缺點。

解

假設 X 表取出產品的缺點數，$X \sim B(10, 0.2)$，且 $f(x) = C_x^{10}(0.2)^x(0.8)^{10-x}$

(1) $f(2) = C_2^{10} 0.2^2 \times 0.8^8 \approx 0.302$

(2) $f(x \geq 2) = 1 - f(0) - f(1) = 1 - C_0^{10} 0.2^0 \times 0.8^{10} + C_1^{10} 0.2^1 \times 0.8^9 \approx 0.6242$

例 5

某人考試全憑猜測作答(不考慮不作答)。在一份有 10 題是非題的試卷中，假設此人答對的題數為隨機變數 X，試求：

(1)X 分配的機率模型為何？　　(2)此人恰答對 5 題的機率？

解

(1) X 服從二項分配，$X \sim B(10, 0.5)$，機率函數為

$$f(x) = C_x^{10}(0.5)^x(0.5)^{10-x}, \quad x = 0, 1, 2, \cdots, 10$$

(2) 恰答對 5 題的機率：$f(5) = C_5^{10}(0.5)^5(0.5)^5 \approx 0.246$

9.2.3 二項分配的重要母體參數

二項分配的期望值、變異數等重要的母體參數可利用本身的定義或動差母函數推導出來,這些重要的參數分別為:

1. 期望值

$$E(x) = np$$

2. 變異數

$$V(x) = npq$$

3. 動差母函數

$$M(t) = (pe^t + q)^n$$

4. 偏態係數

$$\beta_1 = \frac{q - p}{\sqrt{npq}}$$

由二項分配的偏態係數可知,當 $q - p > 0$ 時為正偏分配;當 $q - p = 0$ 時為對稱分配;當 $q - p < 0$ 為負偏分配。又 $p + q = 1$ 故,二項分配的偏斜情形為:

(1) $p < 0.5$:正偏分配(右偏分配)。

(2) $p = 0.5$:對稱分配。

(3) $p > 0.5$:負偏分配(左偏分配)。

5. 峰度係數

$$\beta_2 = 3 + \frac{1 - 6pq}{npq}$$

當峰度係數等於 3 時稱為常態峰,故當 $1 - 6pq > 0$ 時稱為高狹峰;$1 - 6pq < 0$ 時稱為低闊峰,下面是它們的分界情形:

(1) 若 $pq > \dfrac{1}{6}$ 則為低闊峰。

(2) 若 $pq = \dfrac{1}{6}$ 則為常態峰

(3) 若 $pq < \dfrac{1}{6}$ 則為高狹峰

例 6

擲一公正骰子 5 次

(1)求恰好出現 3 次 2 點的機率。

(2)求期望值、變異數與標準差。

解

(1) 假設隨機變數 X 為出現 2 點的次數，且 $X \sim B(5, \dfrac{1}{6})$ ， $f(x) = C_x^5 (\dfrac{1}{6})^x (\dfrac{5}{6})^{5-x}$

$$f(3) = C_3^5 (\dfrac{1}{6})^3 (\dfrac{5}{6})^2 \approx 0.032$$

(2) $E(x) = np = 5 \times \dfrac{1}{6} = \dfrac{5}{6}$

$$V(x) = npq = 5 \times \dfrac{1}{6} \times \dfrac{5}{6} = \dfrac{25}{36}$$

$$\sigma = \sqrt{V(x)} = \sqrt{\dfrac{25}{36}} = \dfrac{5}{6}$$

例 7

已知某人投籃的命中率為 20%，在某次比賽中此人一共投了 100 次籃，請估計這次比賽他平均有幾次投籃成功？

解

$E(x) = np = 100 \times 0.2 = 20$

此次比賽他平均有 20 次投籃成功

9.2.4 二項分配的圖形

二項分配的機率質量函數為 $f(x) = C_x^n p^x q^{n-x}$ ，給定 n 與 p 之後即可繪出不同的 x 值所對應的機率值。下面為試驗次數 $n = 10$ ，在不同成功機率下二項分配的圖形。

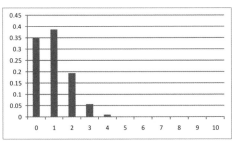

成功機率 p=0.1

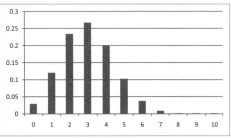

成功機率 p=0.3

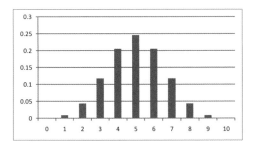

成功機率 p=0.5

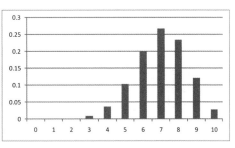

成功機率 p=0.7

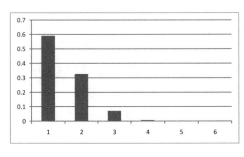

成功機率 p=0.9

由上面五個圖形可以看出當成功機率 $p=0.5$ 時為對稱分配,當 $p>0.5$ 時呈現左偏分配, $p<0.5$ 則呈現右偏分配。接下來再觀察成功機率 $p=0.1$ 固定的條件下,不同試驗次數二項分配的圖形。

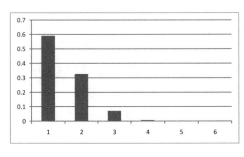

n=5

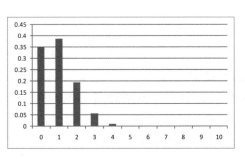

n=10

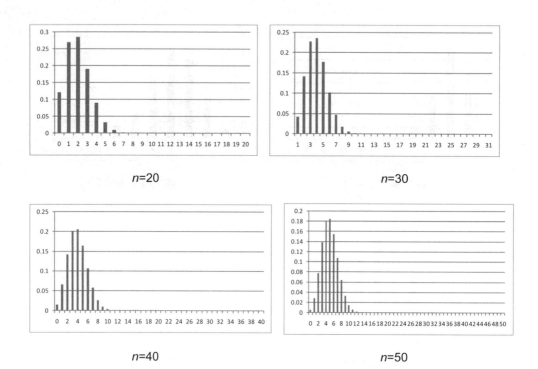

由上面六個圖形大致可以看出來，隨著樣本數的增加，二項分配會趨近於對稱分配(常態分配)，在下一章中我們會進一步介紹二項分配與常態分配間的關係以及相關應用。

9.2.5 二項分配的再生性

所謂再生性(reproductively)是指數個服從同樣分配的隨機變數加總後，所形成的機率分配，仍然服從原機率分配，具有這種性質者稱為再生性。假設兩獨立隨機變數 X，Y 其機率分配皆為二項分配，若 $X \sim B(n_1, p)$ ， $Y \sim B(n_2, p)$ ，則

$$X + Y \sim B(n_1 + n_2, p)$$

由再生性的定義可以看出來，如果分別進行兩個成功機率相同的二項試驗，其中一個進行 n_1 次試驗，另一個進行 n_2 次試驗所得到的結果，相當於把兩個試驗合併在一起，進行 $n_1 + n_2$ 次試驗。舉實際例子來說明：已知甲公司產品的不良率為 0.1，乙公司產品的不良率亦為 0.1；現從甲公司取出 5 件產品之後，再從乙公司取出 10 件產品，此 15 件產品中不良品個數所形成的機率分配，等於把甲乙兩公司視作一個公司，直接從甲公司或乙公司取出 15 件產品，此 15 件產品中不良品個數所形成的機率分配。後面我們會用一個實際的範例進行說明。

例 8

試 證 二 項 分 配 具 有 再 生 性 。 也 就 是 說 若 $X \sim B(n_1, p)$ ， $Y \sim B(n_2, p)$ ，則 $X + Y \sim B(n_1 + n_2, p)$ 。

證明

隨機變數 X, Y 的機率質量函數分別為

$$f_X(x) = C_x^{n_1} p^x q^{n_1-x}, f_Y(y) = C_y^{n_2} p^y q^{n_2-y}$$

令 $z = x + y$

$$M_Z(t) = E(e^{tz}) = E\left[e^{t(x+y)}\right] = E(e^{tx}e^{ty}) = E(e^{tx})E(e^{ty})$$

$$= M_X(t)M_Y(t) = (q + pe^t)^{n_1} \cdot (q + pe^t)^{n_2} = (q + pe^t)^{n_1+n_2}$$

由動差母函數知，隨機變數 Z 之機率函數為

$$f_Z(z) = C_z^{n_1+n_2} p^z q^{n_1+n_2-z} \quad ，故 Z = X + Y \sim B(n_1 + n_2, p)$$

註：本題亦可使用第七章變數變換法進行證明。

例 9

假設甲工廠自 A、B 兩個供應商購買零件，已知兩個供應商零件的不良率均為 0.1。 若該工廠自 A、B 兩個供應商分別購買 5 個和 10 個零件，試求 15 件零件中，不良品 的平均數、變異數？又這 15 個零件中不良品超過 1 件的機率為何？

解

根據二項分配的再生性，本題相當於從一家供應商買 15 件零件，假設隨機變數 X 表 不良品的個數，故 $f(x) = C_x^{15}(0.1)^x(0.9)^{15-x}$

不良品的平均數：$E(x) = np = 15 \times 0.1 = 1.5$ 件

不良品的變異數：$V(x) = npq = 15 \times 0.1 \times 0.9 = 1.35$

不良品超過 1 件之機率：

$$f(x > 1) = 1 - f(0) - f(1) = 1 - C_0^{15}(0.1)^0(0.9)^{15} - C_1^{15}(0.1)^1(0.9)^{14} \approx 0.451$$

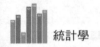

 百努力試驗

當進行二項試驗不論成功或失敗，只試驗一次時 $(n=1)$，稱為百努力試驗(Bernoulli trials)，又稱為點二項試驗(point binomial trials)，故百努力試驗可以說是二項試驗的特例。百努力試驗的機率分配為：

$$f(x) = C_x^1 p^x q^{1-x} = p^x q^{1-x}, \quad x = 0,1$$

若隨機變數 X 服從百努力分配，我們以符號 $X \sim Ber(p)$ 表示，百努力分配的圖形如右圖所示：

求百努力分配的相關母體參數，只要將二項分配中的公式，令 $n=1$ 代入即可求得，故百努力分配的重要參數如下所示：

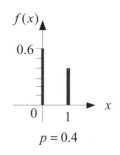

$p = 0.4$

1. 期望值

$$E(x) = p$$

2. 變異數

$$V(x) = pq$$

3. 動差母函數

$$M(t) = pe^t + q$$

例 10

已知隨機變數 X 的動差母函數為： $M_X(t) = 0.45 + ce^t$，求

(1) c 的值。　　(2) 求隨機變數 X 的機率質量函數。

解

(1) 由百努力的動差母函數知成功機率 $p = c$，失敗機率 $q = 0.45$

∵ $p + q = 1 \Rightarrow c + 0.45 = 1$ ∴ $c = 0.55$

(2) $f(x) = (0.55)^x (0.45)^{1-x}, x = 0,1$

超幾何分配

在高中時代的機率課程中,我們曾經計算從一副撲克牌以取出不放回的方式任意抽出 5 張,求取出 2 張 A,3 張 K 的機率,這就是屬於超幾何機率分配的一種,在本節中將詳細的介紹超幾何分配的定義以及它與二項分配間的關聯性。

9.4.1 超幾何試驗

若進行一個試驗滿足下列三個條件就稱為超幾何試驗:

1. 從一含有 N 物的有限母體中,採不放回方式抽樣隨機抽出 n 個樣本。
2. N 物分成兩個類別,有 S 個成功,$N-S$ 個失敗。
3. n 個樣本中有 x 個成功。

簡單來說,某袋裝有 N 個球,其中有 S 個紅球 $N-S$ 個綠球,從此袋隨機抽出 n 個球,記錄抽出的 n 個球中有 x 個紅球的試驗,就稱為超幾何試驗。

超幾何試驗中成功個數 X 稱為超幾何隨機變數(hyper geometric random variable),X 的機率分配稱為超幾何分配(hyper geometric distribution),通常以符號 $X \sim HG(N,S,n)$ 表示。

9.4.2 超幾何分配的機率函數

由於超幾何分配採取出不放回的方式抽取樣本,故每次試驗成功的機率會受前次結果所影響,因此每次試驗為非獨立試驗。下面我們用一個簡單的例子進行說明,並藉此推出超幾何分配的機率函數。

假設有一箱子裝有 13 個球,其中有 3 個紅球 10 個白球,自此箱中以不放回抽樣隨機抽出 5 個球,求恰取出 2 個紅球的機率?

根據高中的組合公式與古典機率定理知,取出 2 個紅球的機率為:$f(2) = \dfrac{C_2^3 C_3^{10}}{C_5^{13}}$。現在把數字全部以符號取代,假設箱子全部有 N 個球,其中有 S 個紅球,有 $N-S$ 個白球,從箱子中取出 n 個球,那麼恰取出 x 個紅球的機率為何?觀察 $f(2) = \dfrac{C_2^3 C_3^{10}}{C_5^{13}}$ 這個式子相互對應,把 $3 \rightarrow S$、$2 \rightarrow x$、$10 \rightarrow N-S$、$3 \rightarrow n-x$、$13 \rightarrow N$、$5 \rightarrow n$,原式就被改寫成:

$$f(x) = \frac{C_x^S C_{n-x}^{N-S}}{C_n^N}$$

上式就稱為超幾何分配，接下來以較嚴謹方式針對超幾何分配下定義。

假設全部有 N 個物品，其中某一種類的個數為 S 個，屬於另一種類的的個數有 $N-S$ 個。從此 N 個物品以取出不放回的方式隨機選取 n 個物品，若此 n 個物品中含有第一個種類個數為 x 個的機率可表示為：

$$f(x) = \frac{C_x^S C_{n-x}^{N-S}}{C_n^N}, \quad 0 \le x \le \min(n, S)$$

滿足上式機率函數之分配稱為超幾何分配。

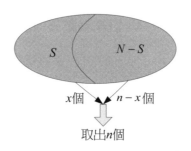

例 11

從 6 男 3 女中隨機抽出 4 人組成委員會，求此委員會中男性人數的機率分配。

解

假設 X 表委員會中男性人數

$$f(x) = \frac{C_x^6 C_{4-x}^3}{C_4^9}, \quad x = 1, 2, 3, 4$$

例 12

一批產品共有 10 件，其中含有 2 件不良品，今隨機抽取 3 件，求均為良品的機率。

解

令 X 表不良品件數，其機率函數為 $f(x) = \dfrac{C_x^2 C_{3-x}^8}{C_3^{10}}, \quad x = 0, 1, 2$

所求 $= f(0) = \dfrac{C_0^2 C_3^8}{C_3^{10}} = \dfrac{42}{90} \approx 0.467$

9.4.3 超幾何分配的重要參數

假設 X 為超幾何隨機變數，則 X 之期望值與變異數分別為：

1. 期望值

$$E(x) = np$$

2. 變異數

$$V(x) = np(1-p) \cdot \frac{N-n}{N-1}$$

其中：$p = \dfrac{S}{N}$，$\dfrac{N-n}{N-1}$ 稱為有限母體校正因子(finite population correction)

由於超幾何試驗採取出不放回的方式抽樣，因此每次抽取的機率都會受前一次結果所影響。從超幾何分配的變異數公式中可以看出來，當母體總數 N 趨近於無窮大的時候，$\dfrac{N-n}{N-1}$ 會趨近於 1，即 $\displaystyle\lim_{N\to\infty}\dfrac{N-n}{N-1}=1$。故只要母體足夠大，那麼每次抽樣成功的機率可視作定值，此時超幾何分配會近似於二項分配，變異數 $V(x) \approx npq$。大部分的統計學教科書建議，當母體與樣本數的比值 $\dfrac{n}{N} \le 0.05$ 時，$\dfrac{N-n}{N-1}$ 可以忽略不計。

例 13

已知隨機變數 X 的機率分配為 $f(x) = \dfrac{C_x^S C_{n-x}^{N-S}}{C_n^N}, 0 \le x \le \min(n,S)$，試證明

(1) $E(x) = np$。 (2) $V(x) = np(1-p) \cdot \dfrac{N-n}{N-1}$，其中 $p = \dfrac{S}{N}$。

證明

$$E(x) = \sum_x xf(x) = \sum_x x \cdot \frac{C_x^S C_{n-x}^{N-S}}{C_n^N} = \sum_x x \cdot \frac{\frac{S}{x}C_{x-1}^{S-1} C_{n-x}^{N-S}}{C_n^N} = S\sum_x \frac{C_{x-1}^{S-1} C_{n-x}^{N-S}}{C_n^N}$$

$$= S\sum_x \frac{C_{x-1}^{S-1} C_{n-x}^{N-S}}{\frac{N}{n}C_{n-1}^{N-1}} = \frac{nS}{N}\sum_x \frac{C_{x-1}^{S-1} C_{n-x}^{N-S}}{C_{n-1}^{N-1}} = n\frac{S}{N}\times 1 = np$$

其中 $\displaystyle\sum_x \frac{C_{x-1}^{S-1} C_{n-x}^{N-S}}{C_{n-1}^{N-1}}$ 相當於從個數為 $N-1$ 的母體中取出 $n-1$ 個物體的超幾何

分配之機率總和，故 $\sum_x \dfrac{C_{x-1}^{S-1}C_{n-x}^{N-S}}{C_{n-1}^{N-1}} = 1$ [1] 。

$$E[x(x-1)] = \sum_x x(x-1)\frac{C_x^S C_{n-x}^{N-S}}{C_n^N} = \sum_x x(x-1)\frac{\dfrac{S(S-1)}{x(x-1)}C_{x-2}^{S-2}C_{n-x}^{N-S}}{C_n^N}$$

$$= S(S-1)\sum_x \frac{C_{x-2}^{S-2}C_{n-x}^{N-S}}{\dfrac{N(N-1)}{n(n-1)}C_{n-2}^{N-2}} = \frac{S(S-1)n(n-1)}{N(N-1)}\sum_x \frac{C_{x-2}^{S-2}C_{n-x}^{N-S}}{C_{n-2}^{N-2}}$$

$$= \frac{S(S-1)n(n-1)}{N(N-1)}$$

$$V(x) = E(x^2) - [E(x)]^2 = E[x(x-1)] + E(x) - [E(x)]^2$$

$$= \frac{S(S-1)n(n-1)}{N(N-1)} + n\frac{S}{N} - (n\frac{S}{N})^2 = \frac{N-n}{N-1}\cdot n\cdot\frac{S}{N}\cdot(1-\frac{S}{N}) = npq\frac{N-n}{N-1}$$

例 14

設有一箱子裝有 3 個紅球與 7 個白球，今從此箱中以不放回抽樣抽出 3 個球，令 X 表所抽出的紅球個數，求期望值與變異數，並驗證公式。

解

$f(x) = \dfrac{C_x^3 C_{3-x}^7}{C_3^{10}}, x = 0,1,2,3$ ，將 x 值代入左式製作機率分配表，如下所示：

x	0	1	2	3
$f(x)$	$\dfrac{7}{24}$	$\dfrac{21}{40}$	$\dfrac{7}{40}$	$\dfrac{1}{120}$

期望值：$E(x) = \sum_x xf(x) = 0\times\dfrac{7}{24} + 1\times\dfrac{21}{40} + 2\times\dfrac{7}{40} + 3\times\dfrac{1}{120} = \dfrac{9}{10}$

驗證公式：$E(x) = n\dfrac{S}{N} = 3\times\dfrac{3}{10} = \dfrac{9}{10}$ ，故公式正確

$E(x^2) = \sum x^2 f(x) = 0^2\times\dfrac{7}{24} + 1^2\times\dfrac{21}{40} + 2^2\times\dfrac{7}{40} + 3^2\times\dfrac{1}{120} = \dfrac{13}{10}$

變異數：$V(x) = E(x^2) - [E(x)]^2 = \dfrac{13}{10} - (\dfrac{9}{10})^2 = \dfrac{49}{100}$

---

[1] 大部分的書籍都進行變數變換，其實是多餘的。這是數學上的一種證明技巧，因為組合公式自行會控制機率值，如 $C_{-1}^{10} = 0, C_{11}^{10} = 0$ 。

驗證公式：$V(x) = \dfrac{N-n}{N-1} \times n \times \dfrac{S}{N} \times (1 - \dfrac{S}{N}) = \dfrac{10-3}{10-1} \times 3 \times \dfrac{3}{10} \times (1 - \dfrac{3}{10}) = \dfrac{49}{100}$

例 15

某公司有 10 名員工，其中 6 位男性 4 位女性。現從此公司隨機選取 3 位員工，令 X 表示選出 3 位員工中女性員工的個數。

(1)試求 X 的期望值與變異數。

(2)求選出 3 位員工中，沒有半個女性的機率。

(3)求選出 3 位員工中，恰包含 2 位女性的機率。

解

(1) 根據題意知：$X \sim HG(10, 4, 3)$

$$E(x) = np = 3 \times \dfrac{4}{10} = 1.2$$

$$V(x) = npq \times \dfrac{N-n}{N-1} = 3 \times \dfrac{4}{10} \times \dfrac{6}{10} \times \dfrac{10-3}{10-1} = 0.56$$

(2) $f(0) = \dfrac{C_0^4 C_3^6}{C_3^{10}} = \dfrac{1}{6}$

(3) $f(2) = \dfrac{C_2^4 C_1^6}{C_3^{10}} = \dfrac{3}{10}$

9.4.4 超幾何分配與二項分配之比較

由於二項試驗必須滿足成功的機率維持不變，因此在抽樣時需以取後放回的方式進行抽樣，或者母體的個數遠大於取樣數。進行二項試驗時，每次試驗均為獨立事件，超幾何試驗則否，它的出現結果會受前面出現結果所影響。二項分配與超幾何分配兩者間的比較彙整於下表。

	二項分配	超幾何分配
選取方式	取後放回	取後不放回
是否獨立	是	否
期望值	np	np
變異數	npq	$npq \dfrac{N-n}{N-1}$

例 16

設一袋中有 10 個球,其中 4 個紅球,6 個黑球,今做一試驗如下:

「自此袋中隨機抽取一球,連抽四次」,令隨機變數 X 為試驗做完後,紅球之個數。
考慮下列二種抽法:

(1)抽了放回

❶ 求 X 之機率分配;

❷ 求至少有二個紅球的機率;

❸ 計算 X 之期望值與變異數。

(2)若抽了不放回,重做上面三小題。

解

(1) 抽了放回⇒二項分配

❶ $f(x) = C_x^4 (0.4)^x (0.6)^{4-x}, \quad x = 0,1,2,3,4$

❷ $f(x \geq 2) = \sum_{x=2}^{4} f(x)$

$$= C_2^4 (0.4)^2 (0.6)^2 + C_3^4 (0.4)^3 (0.6)^1 + C_4^4 (0.4)^4 (0.6)^0 = 0.5248$$

❸ $E(x) = np = 4 \times \dfrac{4}{10} = 1.6$

$V(x) = npq = 4 \times \dfrac{4}{10} \times \dfrac{6}{10} = 0.96$

(2) 抽了不放回⇒超幾何分配

❶ $f(x) = \dfrac{C_x^4 C_{4-x}^6}{C_4^{10}}, \quad x = 0,1,2,3,4$

❷ $f(x \geq 2) = f(2) + f(3) + f(4) = \dfrac{C_2^4 C_2^6}{C_4^{10}} + \dfrac{C_3^4 C_1^6}{C_4^{10}} + \dfrac{C_4^4 C_0^6}{C_4^{10}} \approx 0.5476$

❸ $E(x) = n\dfrac{S}{N} = np = 4 \times \dfrac{4}{10} = 1.6$

$V(x) = n \cdot \dfrac{S}{N} \cdot (1 - \dfrac{S}{N}) \cdot \dfrac{N-S}{N-1} = 4 \times \dfrac{4}{10} \times \dfrac{6}{10} \times \dfrac{10-4}{10-1} = 0.64$

9.4.5 以二項分配近似超幾何分配

由 9.4.3 節知超幾何分配的期望值 $E(x)=np$、變異數 $V(x)=npq(\dfrac{N-n}{N-1})$。當母體數 $N\to\infty$ 時，$\dfrac{N-n}{N-1}\to 1$，此時超幾何分配與二項分配十分接近。在實用上當 $\dfrac{n}{N}\le 0.05$ 時，就可使用二項分配來近似超幾何分配。

$$\text{超幾何分配} \xrightarrow[\text{趨近於}]{\frac{n}{N}\le 0.05} \text{二項分配}$$

$$f(x)=\frac{C_x^S C_{n-x}^{N-S}}{C_n^N} \qquad\qquad f(x)=C_x^n p^x q^{n-x}, p=\frac{S}{N}$$

例 17

由一副 52 張的撲克牌中任意抽出 5 張，假設隨機變數 X 表抽出的梅花張數，試求下列各小題：

(1)恰選出 3 張梅花的機率。

(2)所選出的 5 張撲克牌中至多 3 張梅花的機率。

(3)若現在從 1000 副撲克牌中任選 5 張，重做第(2)小題。

解

$$\because X\sim HG(52,13,5) \quad\therefore f(x)=\frac{C_x^{13} C_{5-x}^{39}}{C_5^{52}}$$

(1) $f(3)=\dfrac{C_3^{13} C_2^{39}}{C_5^{52}}\approx 0.0815$

(2) $f(x\le 3)=1-f(x\ge 4)=1-f(4)-f(5)=1-\dfrac{C_4^{13} C_1^{39}}{C_5^{52}}-\dfrac{C_5^{13} C_0^{39}}{C_5^{52}}\approx 0.989$

(3) 1000 副撲克牌共 52000 張，其中有 13000 張梅花，因此選出 5 張至多含 3 張梅花的機率為

$$f(x\le 3)=1-f(x\ge 4)=1-f(4)-f(5)=1-\frac{C_4^{13000} C_1^{39000}}{C_5^{52000}}-\frac{C_5^{13000} C_0^{39000}}{C_5^{52000}}$$

很顯然上面的式子很難計算

$\because \dfrac{n}{N} = \dfrac{5}{52000} \le 0.05$ ，故本題可用二項分配近似，即 $f(x) = C_x^n p^x q^{n-x}$

$p = \dfrac{S}{N} = \dfrac{1}{4}$ (因為梅花占全體的 $\dfrac{1}{4}$)

$f(x \le 3) = 1 - f(x \ge 4) = 1 - f(4) - f(5)$

$= 1 - C_4^5 (\dfrac{1}{4})^4 (\dfrac{3}{4}) - C_5^5 (\dfrac{1}{4})^5 (\dfrac{3}{4})^0 \approx 0.984$

9.5 Poisson 分配

Poisson 分配主要用來描述一個特定空間或特定時間內發生次數的現象，例如：十字路口 1 小時內發生車禍的次數、某銀行 10 分鐘內進入之客戶數等，皆可用 Poisson 分配來描述。

9.5.1 Poisson 試驗

在某一連續的區間內(例如：時間、長度、面積)，觀察某一事件的發生次數，若此試驗滿足下列四個條件，則此試驗為 Poisson 試驗。

1. 任兩不重疊的區間內，事件發生的次數為獨立事件。
2. 在每一單位區間內，事件發生的機率很小且發生的機率維持不變。
3. 在每一單位區間內，事件發生次數為二次或二次以上的的機率微乎其微，視作 0。
4. 事件發生之平均次數與區間長度成正比。

9.5.2 Poisson 分配的機率質量函數

Poisson 分配的機率質量函數源自於二項分配。假設隨機變數 X 服從二項分配，且機率函數為 $f(x) = C_x^n p^x q^{n-x}, x = 0,1,2,\cdots,n$。若有一正數 $\lambda = np > 0$ 為一常數，令 $n \to \infty$ 並將 $p = \dfrac{\lambda}{n}$ 代入二項分配機率質量函數可得：

$$f(x) = \lim_{n \to \infty} C_x^n (\dfrac{\lambda}{n})^x (1 - \dfrac{\lambda}{n})^{n-x} = \lim_{n \to \infty} \dfrac{n!}{x!(n-x)!} (\dfrac{\lambda}{n})^x (1 - \dfrac{\lambda}{n})^{n-x}$$

$$= \dfrac{\lambda^x}{x!} \lim_{n \to \infty} \dfrac{n(n-1)\cdots(n-x+1)}{n^x} (1 - \dfrac{\lambda}{n})^n (1 - \dfrac{\lambda}{n})^{-x}$$

其中：$\lim\limits_{n\to\infty} \dfrac{n(n-1)\cdots(n-x+1)}{n^x} = \lim\limits_{n\to\infty} \dfrac{n}{n} \times \dfrac{n-1}{n} \times \cdots \times \dfrac{(n-x+1)}{n} = 1$

$$\lim_{n\to\infty}(1-\frac{\lambda}{n})^n = e^{-\lambda}, \lim_{n\to\infty}(1-\frac{\lambda}{n})^{-x} = 1\,^2$$

代回原式可得 $f(x) = \dfrac{e^{-\lambda}\lambda^x}{x!}$，故 Poisson 分配機率質量函數為：

$$f(x) = \frac{e^{-\lambda}\lambda^{x}}{x!}, \quad x = 0, 1, 2, \cdots$$

通常我們以符號 $X \sim Poi(\lambda)$，表示隨機變數 X 服從平均數為 λ 的 Poisson 分配。

Poisson 分配推導過程若以圖形的方式來說明，可假設某個單位區間內平均發生 λ 次，此單位區間被切成 $n(n \to \infty)$ 個不重疊的小區間，如右圖所示：

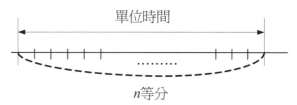

每一小區間的發生次數可視為 $\dfrac{\lambda}{n}$。假想每個小區間視作一次試驗，n 個小區間相當於作了 n 次試驗，每個小區間的成功機率為 $\dfrac{\lambda}{n}$。若 n 次的試驗中成功 x 次，則其機率分配為：$f(x) = \lim\limits_{n\to\infty} C_x^n (\dfrac{\lambda}{n})^x (1-\dfrac{\lambda}{n})^{n-x} = \dfrac{e^{-\lambda}\lambda^x}{x!}$。

例 18

假設某商店之服務員對上門詢問之顧客，具有 50%的銷售能力，且假設該專櫃平均每小時有 3 位顧客上門。請問此商店平均每小時有 5 名顧客蒞臨的機率為何？(假設上門詢問的顧客人數呈 Poisson 分配)

解

假設隨機變數 X 表上門詢問的顧客數

$X \sim Poi(3), \lambda = 3\,/\text{小時}$，$f(x) = \dfrac{e^{-\lambda}\lambda^x}{x!}$

$f(5) = \dfrac{e^{-3}3^5}{5!} \approx 0.101$

 2　極限的求法，請讀者自行翻閱微積分教科書。

> **例 19**
>
> 假設某公司電話交換機上打來電話數 X，為 1 每小時 $\lambda = 60$ 通電話之 Poisson 隨機變數，求以下各事件之機率。
>
> (1)在 1 分鐘內，沒有電話進來之機率。
>
> (2)在半個鐘頭內，至少有 3 通電話之機率。

解

Poisson 分配為 $f(x) = \dfrac{e^{-\lambda}\lambda^{x}}{x!}$, $\quad x = 0,1,2,\cdots$, $\quad \lambda = 60/hr$

(1) 1 分鐘 $\lambda = 1/\min$, $\qquad \therefore f(0) = \dfrac{e^{-1}1^0}{0!} = e^{-1}$

(2) 半個鐘頭 $\lambda = 30/30\min$

  至少有 3 通電話 $= f(x \geq 3) = 1 - f(x \leq 2) = 1 - f(0) - f(1) - f(2)$

$$= 1 - \frac{e^{-30}(30)^0}{0!} - \frac{e^{-30}(30)^1}{1!} - \frac{e^{-30}(30)^2}{2!} = 1 - 481e^{-30}$$

> **例 20**
>
> 假設單位時間內進入加油站的汽車數服從 Poisson 分配，平均每小時有 6 輛車。試問：
>
> (1)1 小時之內有 2 輛或 2 輛以上車子進入的機率？
>
> (2)半小時之內剛好有 3 輛車子進入的機率？
>
> (3)20 分鐘之內沒有車子進入的機率？
>
> (4)過去已經有 1 小時沒有車子進入，則接下來的 20 分鐘，仍然沒有車子進入的機率？

解

$f(x) = \dfrac{e^{-\lambda}\lambda^{x}}{x!}$, $\quad x = 0,1,2,\cdots, \lambda = 6$ 輛/小時

(1) $f(x \geq 2) = 1 - f(x \leq 1) = 1 - f(0) - f(1) = 1 - \dfrac{e^{-6}6^0}{0!} - \dfrac{e^{-6}6^1}{1!} = 1 - 7e^{-6}$

(2) $\lambda = 3$ 輛/0.5 小時 $\quad \therefore f(3) = \dfrac{e^{-3}3^3}{3!} = \dfrac{9}{2}e^{-3}$

(3) $\lambda = 2$ 輛/20 分 $\qquad \therefore f(0) = \dfrac{e^{-2}2^0}{0!} = e^{-2}$

(4) 因為 Poisson 分配假設每個區間彼此獨立,故其發生的機率與前面的 1 小時無關, 故本題答案與第(3)題一樣為 e^{-2}。

9.5.3 Poisson 分配的圖形

由 Poisson 分配的機率密度函數 $f(x) = \dfrac{e^{-\lambda} \lambda^x}{x!}$,只要給定 λ 值,就可以順利畫出 Poisson 分配的圖形,它的圖形如下所示:

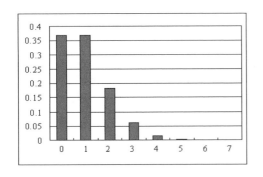

$\lambda = 1$

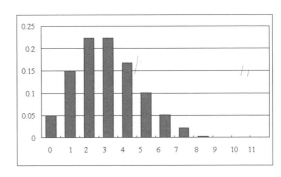

$\lambda = 3$

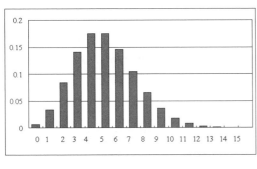

$\lambda = 5$

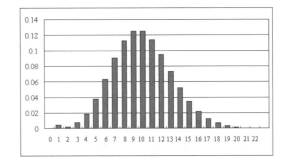

$\lambda = 10$

觀察上面四個圖形,我們可以發現 Poisson 分配呈現右偏分配,且隨著 λ 值的增加會趨近於對稱(常態)分配,在第十章中我們會進一步介紹 Poisson 分配與常態分配間的關係。

9.5.4 Poisson 分配的重要參數

Poisson 分配的一些重要參數如下所示:

1. 期望值

$$E(x) = \lambda$$

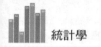

2. 變異數

$$V(x) = \lambda$$

3. 動差母函數

$$M_X(t) = e^{\lambda(e^t-1)}$$

4. 偏態係數

$$\beta_1 = \frac{1}{\sqrt{\lambda}}$$

5. 峰度係數

$$\beta_2 = 3 + \frac{1}{\lambda}$$

由偏態係數可知 $\beta_1 = \frac{1}{\sqrt{\lambda}} > 0$，故 Poisson 為一右偏分配，且當 $\lambda \to \infty$ 時，$\beta_1 \to 0, \beta_2 \to 3$，與常態分配的偏態及峰度係數一樣。故在當 $\lambda \to \infty$ 時，Poisson 分配可用常態分配去近似模擬，在下一個章節中我們會進一步介紹兩者間的應用。

例 21

已知 Poisson 分配的機率質量函數為 $f(x) = \dfrac{e^{-\lambda}\lambda^x}{x!}$，試證明：

(1)動差母函數 $M_X(t) = e^{\lambda(e^t-1)}$。　　(2)期望值 $E(x) = \lambda$。　　(3)變異數 $V(x) = \lambda$。

證明

(1) $M_X(t) = E(e^{tx}) = \displaystyle\sum_{x=0}^{\infty} e^{tx} \times \frac{e^{-\lambda}\lambda^x}{x!} = e^{-\lambda}\sum_{x=0}^{\infty}\frac{(e^t\lambda)^x}{x!} = e^{-\lambda} \times e^{e^t\lambda} = e^{\lambda(e^t-1)}$

(2) $\ln M_X(t) = \lambda(e^t - 1)$

$\quad E(x) = \dfrac{d}{dt}\ln(M_X(t))\Big|_{t=0} = \dfrac{d}{dt}\Big[\lambda(e^t-1)\Big]\Big|_{t=0} = \lambda e^t\Big|_{t=0} = \lambda$

(3) $V(x) = \dfrac{d^2}{dt^2}\ln\big(M(t)\big)\Big|_{t=0} = \dfrac{d}{dt}(\lambda e^t)\Big|_{t=0} = \lambda e^t\Big|_{t=0} = \lambda$

9.5.5 Poisson 分配的再生性

因 Poisson 分配源自於二項分配，故 Poisson 分配與二項分配同樣都具有再生性。假設兩獨立隨機變數 X,Y 服從 Poisson 分配，且 $X \sim Poi(\lambda_1), Y \sim Poi(\lambda_2)$ ，則

$$X + Y \sim Poi(\lambda_1 + \lambda_2)$$

上面的式子十分合理，因為若 $X \sim Poi(\lambda_1)$ 表示單位區間長度內平均發生次數為 λ_1，而 $Y \sim Poi(\lambda_2)$ 表示單位區間長度內平均發生次數為 λ_2。$X + Y$ 則表示二個單位區間長，故其平均發生次數為 $\lambda_1 + \lambda_2$。

> **例 22**
>
> 假設兩獨立隨機變數 X,Y 服從 Poisson 分配，且 $X \sim Poi(\lambda_1), Y \sim Poi(\lambda_2)$，求證 $X + Y \sim Poi(\lambda_1 + \lambda_2)$。

證明

令隨機變數 $Z = X + Y$

$$M_Z(t) = E(e^{tz}) = E\left[e^{t(x+y)}\right] = E(e^{tx}e^{ty}) = E(e^{tx})E(e^{ty})$$

$$= e^{\lambda_1(e^t-1)} \cdot e^{\lambda_2(e^t-1)} = e^{(\lambda_1+\lambda_2)(e^t-1)}$$

故由動差母函數知 $Z = X + Y \sim Poi(\lambda_1 + \lambda_2)$

9.5.6 以 Poisson 分配近似二項分配

由於 Poisson 分配源自於二項分配，令 $\lambda = np$ 且 $n \to \infty$ 推導而來的，因此當二項分配 $n \to \infty$ 時，二項分配會趨近於 Poisson 分配。由於 Poisson 分配的機率計算較二項分配簡單，所以二項分配的題目，只要 $n \to \infty$ 或 $p \to 0$ 時，我們可以用 Poisson 分配來求機率的近似值。至於 n 要多大 p 要多小才能使用近似分配，這沒有一定的原則，有些教科書建議當 $n \geq 100$ 且 $p \leq 0.1$ 或 $n > 20$ 且 $p \leq 0.05$ 就可以使用，不過還是要以題意為主。近似分配的推導是由於早期科技不發達，沒有計算機與電腦等工具協助計算，所有的計算都必須用人工手解的方式求解，故遇到較複雜的問題，科學家都會想辦法將數學模型予以簡化，先求得近似解。現今電腦普及，且有各類軟體協助計算，因此除非題目指定，不然大部分的題目都可以利用工程計算機求出答案。

例 23

假設某工廠生產的不良品比率為 0.001，隨機抽取 4 個，請分別以二項分配(真實分配)與 Poisson 分配模擬，求全部皆為良品的機率？並比較兩種不同的方法所計算出的答案，請問本題是否適合用 Poisson 分配求近似機率？

解

假設 X 表取出不良品的個數，本題因取出情況只有良品、不良品兩種，故屬於二項分配

$$f(0) = C_0^4 (0.001)^0 (0.999)^4 \approx 0.996$$

以 Poisson 分配推求：

$\lambda = np = 4 \times 0.001 = 0.004$ 代入 Poisson 機率質量函數

$$f(0) = \frac{e^{-0.004} (0.004)^0}{0!} \approx 0.996$$

由本題可以看出，因為 $p \to 0$ 時，二項分配很接近 Poisson 分配，故本題適合用 Poisson 分配求近似機率。

 多項分配

多項分配(multinomial distribution)相當於二項分配的延伸，二項分配是把母體分成二種類別，而多項分配則將母體分類超過兩個以上。事實上，我們在高中數學就已經接觸多項分配了。例如連續投一粒骰子 10 次，求 1 點出現 3 次，2 點出現 5 次，3 點出現 2 次的機率，這種題目就屬於多項分配的題型。

9.6.1 多項試驗

若進行一個試驗滿足下列四個條件，就稱為多項試驗。

1. 母體分成 k 個類別，$k \geq 3$。

2. 進行 n 次相同的試驗且以取出放回的方式進行(或母體個數趨近於無窮大)，每次試驗皆獨立。

3. 每次試驗皆有 k 種結果(outcome)。

4. k 個類別的成功機率分別為 $p_1, p_2, \cdots, p_k$，且維持固定不變。

9.6.2 多項分配的機率質量函數

在正式介紹多項分配的機率質量函數前，我們先看一個高中的機率問題。連續投擲一粒骰子 20 次，求 1 點出現 2 次、2 點出現 5 次、3 點出現 4 次、4 點出現 3 次、5 點出現 3 次、6 點出現 3 次的機率。在解這道題目時，我們先考慮一種特殊情形，這 20 次骰子出現的點數恰為：11222223333444555666。求出這一種情況的機率之後再考慮排列數，就可以求出這道問題的機率，故這個問題的機率為：$(\frac{1}{6})^2(\frac{1}{6})^5(\frac{1}{6})^4(\frac{1}{6})^3(\frac{1}{6})^3(\frac{1}{6})^3 \frac{20!}{2!5!4!3!3!3!}$。如果把每個骰子出現的點數機率改成 $p_1, p_2, \cdots,$ 各點出現的次數改成 $x_1, x_2, \cdots,$ 所形成的式子就是多項分配的機率質量函數，下面我們就正式對多項分配下定義。

在重複相同的 n 次隨機試驗中，若每次試驗有 k 種不同的結果(outcome)，且每一種結果成功的機率分別為 $p_1, p_2, ..., p_k$，$p_1 + p_2 + ... + p_k = 1$，$x_k$ 為各種結果出現的次數，則其機率分配質量函數為：

$$f(x_1, x_2, \cdots, x_k) = \frac{n!}{x_1! x_2! \cdots x_k!} p_1^{x_1} p_2^{x_2} \cdots p_k^{x_k}$$

上式稱為隨機變數 X 具參數 $(n, p_1, p_2, ..., p_k)$ 的多項分配，通常以符號 $X \sim MN(n, p_1, p_2, ..., p_k)$ 表示。其中 $\frac{n!}{x_1! x_2! \cdots x_k!} = C_{x_1, x_2, ..., x_k}^n$，故多項分配的機率函數可進一步改寫成下列模式：

$$f(x_1, x_2, \cdots, x_k) = C_{x_1, x_2, \cdots, x_k}^n p_1^{x_1} p_2^{x_2} \cdots p_k^{x_k}$$

例 24

連續投擲一粒骰子 8 次，求點數 1 出現 2 次，2 出現 1 次，3 出現 1 次，4 出現 2 次，5 出現 1 次，6 出現 1 次的機率。

解

此題雖為多項分配的題型，但不一定要套入多項分配的定義公式中，直接使用高中數學的方法，一樣可以求出答案。

所求 $= \frac{8!}{2!1!1!2!1!1!}(\frac{1}{6})^2(\frac{1}{6})^1(\frac{1}{6})^1(\frac{1}{6})^2(\frac{1}{6})^1(\frac{1}{6})^1 \approx 0.006$

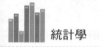

例 25

假設台灣的高速公路所發生的車禍中，平均有 52% 屬於小擦撞，30%為嚴重車禍，18%為致命車禍。假設某天高速公路一共發生 10 次車禍，求這 10 次車禍中恰好發生 7 次小擦撞、2 次嚴重車禍以及 1 次致命車禍的機率。

解

所求 $= \dfrac{10!}{2!1!7!}(0.52)^7(0.3)^2(0.18)^1 \approx 0.06$

9.6.3 多項分配的重要參數

多項分配的母體重要參數如下所示：

1. 期望值

$$E(x_i) = np_i$$

2. 變異數

$$V(x_i) = np_iq_i$$

3. 動差母函數

(1) $M_{x_1}(t) = (p_1e^{t_1} + q_1)^n$

(2) $M_{x_2}(t) = (p_2e^{t_2} + q_2)^n$

(3) $M(t_1, t_2, ..., t_k) = (p_1e^{t_1} + p_2e^{t_2} + ... + p_ke^{t_k})^n$

4. 共變異數

$$Cov(x_i, x_j) = -np_ip_j \quad , i \neq j$$

由於多項分配的隨機變數不只一個且同時彼此相關，因此除了變異數之外尚有共變數的存在。在敘述統計中我們曾經介紹過 $V(x) = Cov(x, x)$，由多項分配的變異數公式 $V(X) = np_iq_i$，不難想像共變數的樣子為 $Cov(x_i, x_j) = -np_ip_j$，其中負號的原因在於所有類別機率總和為 1，即 $p_1 + p_2 + ... + p_k = 1$。因此當某一個隨機變數的機率增加時，另一個隨機變數的機率會減少，故任兩個隨機變數呈負相關。

5. 相關係數

$$\rho_{x_ix_j} = -\sqrt{\frac{p_ip_j}{q_iq_j}}$$

上面的公式的推導十分容易，不用死背，根據相關係數定義知：

$$Corr(x_i x_j) = \frac{Cov(x_i, x_j)}{\sigma_{x_i} \sigma_{x_j}} = \frac{-np_i p_j}{\sqrt{np_i q_i}\sqrt{np_j q_j}} = -\sqrt{\frac{p_i p_j}{q_i q_j}}$$

例 26

設 X 與 Y 為三項分配(trinomial distribution)，其機率密度函數為：

$$f(x, y) = \frac{n!}{x!\,y!\,(n-x-y)!} p_1^x p_2^y (1-p_1-p_2)^{n-x-y}$$

$x = 0, 1, 2, \cdots, n;\ y = 0, 1, 2, \cdots, n;\ 0 \le x+y \le n$

(1)證明 $\sum\sum f(x,y) = 1$。

(2)請寫出 X，Y 之邊際機率分配。

(3)請寫出 X，Y 之期望值、變異數與動差母函數。

證明

(1) $\because \dfrac{n!}{x!\,y!\,(n-x-y)!} = \dfrac{n!}{x!\,(n-x)!} \cdot \dfrac{(n-x)!}{y!\,(n-x-y)!} = C_x^n C_y^{n-x}$

故原式 $= \displaystyle\sum_{x=0}^{n}\sum_{y=0}^{n-x} C_x^n C_y^{n-x} p_1^x p_2^y (1-p_1-p_2)^{n-x-y}$

$\qquad\quad = \displaystyle\sum_{x=0}^{n} C_x^n p_1^x \left[\sum_{y=0}^{n-x} C_y^{n-x} p_2^y (1-p_1-p_2)^{n-x-y} \right]$

$\qquad\quad = \displaystyle\sum_{x=0}^{n} C_x^n p_1^x (p_2+1-p_1-p_2)^{n-x} = \sum_{x=0}^{n} C_x^n p_1^x (1-p_1)^{n-x}$

$\qquad\quad = (p_1+1-p_1)^n = 1$

(2) X 的邊際機率

在求邊際機率分配時要注意加總符號上下限的值

$\because x+y=n \quad \therefore 0 \le y \le n-x$

$f_X(x) = \displaystyle\sum_{y=0}^{n-x} C_x^n C_y^{n-x} p_1^x p_2^y (1-p_1-p_2)^{n-x-y} = C_x^n p_1^x \sum_{y=0}^{n-x} C_y^{n-x} p_2^y (1-p_1-p_2)^{n-x-y}$

$\qquad = C_x^n p_1^x (p_2+1-p_1-p_2)^{n-x} = C_x^n p_1^x (1-p_1)^{n-x} = C_x^n p_1^x q_1^{n-x} \quad , x = 0, 1, 2, \cdots, n$

從上式可以看出來多項分配的 X 邊際機率正好等於 X 的二項分配，其成功機率為 p_1 失敗機率為 q_1。

Y 的邊際機率：

求 Y 的邊際機率時我們必須將 $\dfrac{n!}{x!\,y!\,(n-x-y)!}$ 改寫，不然計算會十分困難

$$\frac{n!}{x!\,y!\,(n-x-y)!} = \frac{n!}{y!\,(n-y)!} \times \frac{(n-y)!}{x!\,(n-y-x)!} = C_y^n C_x^{n-y}$$

$$f_Y(x) = \sum_{x=0}^{n-y} C_y^n C_x^{n-y} p_1^x p_2^y (1-p_1-p_2)^{n-x-y} = C_y^n p_2^y \sum_{x=0}^{n-y} C_x^{n-y} p_1^x (1-p_1-p_2)^{n-x-y}$$

$$= C_y^n p_2^y (p_1 + 1 - p_1 - p_2)^{n-y} = C_y^n p_2^y (1-p_2)^{n-y} = C_y^n p_2^y q_2^{n-y}, \quad y = 0,1,2,\cdots,n$$

同樣的 Y 的邊際機率相當於 Y 的二項分配。

(3) $E(x) = np_1$， $V(x) = np_1(1-p_1)$， $M_X(t) = \left[p_1 e^t + (1-p_1) \right]^n$

$\quad\ E(y) = np_2$， $V(y) = np_2(1-p_2)$， $M_Y(t) = \left[p_2 e^t + (1-p_2) \right]^n$

例 27

設 X 與 Y 為三項分配(trinomial distribution)，其機率質量函數為：

$$f(x,y) = \frac{n!}{x!\,y!\,(n-x-y)!} p_1^x p_2^y (1-p_1-p_2)^{n-x-y}$$

試證明：

(1) $Cov(x,y) = -np_1p_2$。　　(2) $Corr(x,y) = -\sqrt{\dfrac{p_1p_2}{q_1q_2}}$。　　(3) $M_X(t) = (p_1 e^t + q_1)^n$。

證明

(1)　$E(xy) = \displaystyle\sum_{x=0}^{n} \sum_{y=0}^{n-x} xy \times \frac{n!}{x!\,y!\,(n-x-y)!} p_1^x p_2^y (1-p_1-p_2)^{n-x-y}$

$\qquad\quad = \displaystyle\sum_{x=0}^{n} \sum_{y=0}^{n-x} \frac{n!}{(x-1)!\,(y-1)!\,(n-x-y)!} p_1^x p_2^y (1-p_1-p_2)^{n-x-y}$

$\qquad\quad = \displaystyle\sum_{x=0}^{n} \sum_{y=0}^{n-x} \frac{(n-2)!}{(x-1)!\,(y-1)!\,(n-x-y)!} p_1^{x-1} p_2^{y-1} (1-p_1-p_2)^{n-x-y} \times n(n-1)p_1p_2$

$\qquad\quad = (1 - p_1 - p_2 + p_1 + p_2)^{n-2} n(n-1)p_1p_2 = n(n-1)p_1p_2$

$$Cov(x,y) = E(xy) - E(x)E(y) = n(n-1)p_1p_2 - n^2p_1p_2 = -np_1p_2$$

(2) $Corr(x,y) = \dfrac{Cov(x,y)}{\sqrt{V(x)V(y)}} = \dfrac{-np_1p_2}{\sqrt{np_1q_1 \times np_2q_2}} = -\sqrt{\dfrac{p_1p_2}{q_1q_2}}$

(3) 由例題 26 知 $f_X(x) = C_x^n p_1^x q_1^{n-x}$

$$M_X(t) = E(e^{tx}) = \sum_{x=0}^{n} e^{tx} C_x^n p_1^x q_1^{n-x} = \sum_{x=0}^{n} C_x^n (p_1 e^t)^x q_1^{n-x} = (p_1 e^t + q_1)^n$$

例 28

已知某倉庫存放有 40%的紅球、50%的綠球、10%的黑球，現從此倉庫中任取 5 球，試求下列各小題：

(1)恰 1 個紅球 2 個綠球 2 個黑球的機率？

(2)恰 2 個紅球的機率？

(3)假設隨機變數 X,Y,Z 分別表取出紅球、綠球與黑球的個數，求 X 的邊際機率 $f_X(x)$、Y 的邊際機率 $f_Y(y)$、Z 的邊際機率 $f_Z(z)$。

(4)求 $E(x),E(y),E(z)$ 以及 $V(x),V(y),V(z)$。

解

(1) 此題屬於三項分配，假設 X 表取出紅球個數，Y 表綠球個數，Z 表黑球個數，因此機率函數為 $f(x,y,z) = \dfrac{5!}{x!y!z!}(0.4)^x(0.5)^y(0.1)^z$

故所求為：$f(1,2,2) = \dfrac{5!}{1!2!2!}(0.4)(0.5)^2(0.1)^2 = 0.03$

(2) 本題若以三項分配解答會十分複雜，因為必須考慮綠球與黑球的個數情形。因本題僅考慮取出 2 個紅球的機率，可以把所有的球分成兩類，一類紅球 40%，另一類非紅球 60%，改以二項分配解答就不需要考慮綠球與黑球的個數。故所求為：

$f(2) = C_2^5(0.4)^2(0.6)^3 \approx 0.346$

(3) 由例題 26 知，多項分配的邊際機率相當於二項分配，故 X 的邊際機率相當於把球分成紅球與非紅球兩種情況，取出紅球的機率為 0.4(成功機率)，非紅球機率 0.6(失敗機率)故

$f_X(x) = C_x^5(0.4)^x(0.6)^{5-x}$

同理 $f_Y(y) = C_y^5(0.5)^y(0.5)^{5-y}$，$f_Z(z) = C_z^5(0.1)^z(0.9)^{5-z}$

(4) 由(3)可知，求紅球、綠球、黑球的期望值與標準差直接套用二項分配的公式即可，故

$$E(x) = np_1 = 5 \times 0.4 = 2; \quad V(X) = np_1q_1 = 5 \times 0.4 \times 0.6 = 1.2$$

$$E(y) = np_2 = 5 \times 0.5 = 2.5; \quad V(X) = np_2q_2 = 5 \times 0.5 \times 0.5 = 1.25$$

$$E(z) = np_3 = 5 \times 0.1 = 0.5; \quad V(X) = np_3q_3 = 5 \times 0.1 \times 0.9 = 0.45$$

 ## 9.7 多維超幾何分配

多維超幾何分配(multihypergeometric distribution)相當於超幾何分配的延伸，就如同多項分配一般，這種分配在高中數學我們就曾經做過相關題型了。多維超幾何分配最著名的題目就是有關撲克牌的選取機率計算，例如：從一副撲克牌中抽取 5 張，求取出 tow pairs(型如 $xxyyz$)的機率…等。它和多項分配最大的差別在於多項分配為取出放回的方式抽取樣本，每一種類別的機率值永遠固定不變；而多維超幾何則為取出不放回的方式抽取樣本，因此每一種類別的機率值會受前面出現的結果所影響。多維超幾何分配和超幾何分配最大的不同則在於對於母體分類方式，超幾何分配僅將母體區分成兩類，而多維超幾何分配則將母體分成 k 個類別。故若熟悉多項分配與二項分配之關係，那麼超幾何分配與多維超幾何分配間的關係就不難理解，例如多維超幾何分配某變數的邊際機率就相當該變數的超幾何分配等。下面我們將更詳細的介紹多維超幾何分配。

9.7.1 多維超幾何試驗

若某試驗滿足下列條件，則此試驗稱為多維超幾何試驗。

1. 進行 n 次相同的試驗。
2. 每次試驗皆採取出不放回的方式進行，故每次試驗皆不為獨立事件。
3. 每次試驗皆有 k 種結果。
4. 母體總數為 N，k 種類別的每一類個數分別為 $N_1, N_2, \cdots, N_k$，且 $N_1 + N_2 + \cdots + N_k = N$

9.7.2 多維超幾何分配的機率函數

假設隨機變數 $X_1, X_2, \cdots, X_k$ 具有分配機率函數：

$$f(x_1, x_2, \cdots, x_k) = \frac{C_{x_1}^{N_1} C_{x_2}^{N_2} \cdots C_{x_k}^{N_k}}{C_n^N}$$

其中 $x_1 + x_2 + \cdots + x_k = n$，且 $N_1 + N_2 + \cdots + N_k = N$，則稱隨機變數 $X_1, X_2, \cdots, X_k$ 服從多維超幾何分配，通常以符號 $X_1, X_2, \cdots, X_k \sim MHG(n; N_1, N_2, \cdots, N_k)$ 表示。

> **例 29**
>
> 已知選修李老師統計學的學生一共有 100 人，其中有 50 位本地生，30 位大陸學生，20 位外籍學生。試求：
>
> (1)李老師從此班學生隨機選出 30 人，恰有 10 位本地生、10 位大陸學生、10 位外籍學生的機率。
>
> (2)承上題若選出的 30 人中恰 12 位大陸學生的機率。

解

(1) 所求 $= \dfrac{C_{10}^{50} C_{10}^{30} C_{10}^{20}}{C_{30}^{100}} \approx 0.001941$

(2) 所求 $= \dfrac{C_{18}^{70} C_{12}^{30}}{C_{30}^{100}} \approx 0.06831$

9.7.3 多維超幾何分配的重要參數

多維超幾何分配的重要參數如下所示。

1. 期望值

$$E(x_i) = n\frac{N_i}{N} = np_i$$

2. 變異數

$$V(x_i) = n \cdot \frac{N_i}{N} \cdot (1 - \frac{N_i}{N}) \cdot \frac{N-n}{N-1} = n_i p_i q_i \frac{N-n}{N-1}$$

3. X_i 的邊際機率

$$f_{X_i}(x_i) = \frac{C_{x_i}^{N_i} C_{n-x_i}^{N-N_i}}{C_n^N}, \quad 0 \le x_i \le Min(n, N_i)$$

　　觀察上面三個式子不難發現，多維超幾何分配的公式與超幾何分配十分相似。兩者間的關聯性原理非常簡單，當我們要探討的主要目標為母體中某一特定類別的機率時，剩下其他的類別可歸總於一類，故當母體被分成兩類的多維超幾何分配正好等於超幾何分配。下面我們以實際的例子來說明多維超幾何與超幾何分配兩者之間的關係。

例 30

自一副撲克牌中隨機以不放回方式抽出 5 張牌，令 X 表"A"被抽中的張數，Y 表"Queens"被抽中的張數，Z 表"Kings"被抽中的張數。

(1)試寫出 X,Y,Z 之聯合機率分配 $f(x,y,x)$，並請問此分配的名稱為何？

(2)計算取出的五張撲克牌中恰 2 張"A"、2 張"Queens"、1 張"Kings"的機率。

(3)計算 $f(x \geq 2)$。

(4)計算 $f(x = 2$ 或 $y = 2)$。

(5)計算 $f(x + y = 3)$。

(6)求 $E(x), E(y), E(z)$。

解

(1) $f(x,y,z) = \dfrac{C_x^4 C_y^4 C_z^4 C_{5-x-y-z}^{40}}{C_5^{52}}, x, y, z = 0,1,2,3,4; 0 \leq x+y+z \leq 5$

　　此分配為多維超幾何分配。

(2) $f(2,2,1) = \dfrac{C_2^4 C_2^4 C_1^4 C_0^{40}}{C_5^{52}} \approx 0.0000554$

(3) 本題可將多維超幾何分配轉換成超幾何分配，即改成自一副撲克牌中隨機抽出 5 張，至少有 2 張 A 的機率。故所求為

$f_X(x) = \dfrac{C_x^4 C_{5-x}^{48}}{C_5^{52}}, x = 0,1,2,3,4$

$f_X(x \geq 2) = 1 - f_X(x \leq 1) = 1 - f_X(0) - f_X(1) = 1 - \dfrac{C_0^4 C_5^{48}}{C_5^{52}} - \dfrac{C_1^4 C_4^{48}}{C_5^{52}} \approx 0.0417$

(4) 本題相當於求，抽出的五張牌中恰有 2 張 A 或 2 張 Q 的機率，故所求=恰兩張 A 的機率+恰兩張 Q 機率 − 恰兩張 A 且兩張 Q 的機率

$= \dfrac{C_2^4 C_3^{48}}{C_5^{52}} + \dfrac{C_2^4 C_3^{48}}{C_5^{52}} - \dfrac{C_2^4 C_2^4 C_1^{44}}{C_5^{52}} \approx 0.0793$

(5) 本題可將撲克牌中 A 與 "Queens" 合併成一類，剩下的當成另一類故本題等於從 A 與 "Queens" 共 8 張牌中任選 3 張，然後再從剩下的 44 張牌中任選 2 張

$$f(x+y=3) = \frac{C_3^8 C_2^{44}}{C_5^{52}} \approx 0.0204$$

(6) $E(x) = n\frac{N_1}{N} = np_1 = 5 \times \frac{4}{52} = \frac{5}{13}$

$E(y) = n\frac{N_2}{N} = np_2 = 5 \times \frac{4}{52} = \frac{5}{13}$

$E(z) = n\frac{N_3}{N} = np_3 = 5 \times \frac{4}{52} = \frac{5}{13}$

由上面的解題過程不難發現，不需要有多維超幾何分配的概念，憑著高中時代所學的排列組合與機率觀念即可求出正確的答案。

9.8 幾何分配

所謂幾何分配(geometric distribution)是指不斷地進行百努力試驗，直到第 1 次成功為止所需試驗次數之機率函數。這種類型的題目在高中時代就已經接觸過。例如求連續投擲一骰子直到第 5 次才出現 1 點的機率為多少？諸如此類的問題，就屬於幾何分配的題型。下面我們將針對幾何分配做更詳細的介紹。

9.8.1 幾何分配的機率函數

在百努力試驗過程中，令隨機變數 X 為直到第一次成功所需的次數，p 為成功機率，q 表失敗機率，則 X 的機率分配函數為：

$$f(x) = q^{x-1}p, \quad x = 1,2,3,\cdots$$

上式稱為幾何分配機率函數，通常以符號 $X \sim G(p)$ 表示。

有關幾何分配機率函數的推導十分簡單，由於只有第 x 次試驗是成功的，前面 $x-1$ 次皆失敗，即 $\underbrace{qq \cdots q}_{x-1} p$，故機率為 $q^{x-1}p$。幾何分配還有另一種定義方式，它是以失敗次數當成隨機變數，也就是在第 1 次成功前失敗 y 次，故全部試驗 $y+1$ 次，即 $\underbrace{qq \cdots q}_{y} p$。

若以失敗次數當成隨機變數，那麼幾何分配的機率函數就變成：

$$f(y) = q^y p, \quad y = 0,1,2,\cdots$$

上式與 $f(x) = q^{x-1}p, \quad x = 1, 2, 3, \cdots$ 的關係，只是隨機變數的變換關係而已，即 $y = x - 1$。

> **例 31**
>
> 已知某棒球選手的打擊率為 0.25，請問此棒球選手第 3 次才打出安打的機率為何？

解

$$P = 0.75^2 \times 0.25 = \frac{9}{64}$$

9.8.2 幾何分配的圖形

由幾何分配的機率函數 $f(x) = q^{x-1}p$，分別令成功機率 $p = 0.1, 0.3, 0.5$ 以及 0.9，可分別繪出幾何分配的圖形，如下所示：

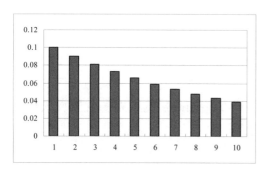

$p = 0.1$

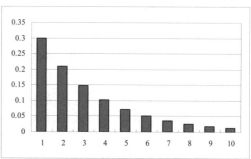

$p = 0.3$

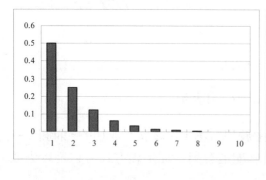

$p = 0.5$

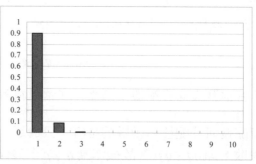

$p = 0.9$

觀察上面四個圖形，可以發現幾何分配呈右偏分配，且偏斜程度隨著成功機率增加而增加。

9.8.3 幾何分配的重要統計參數

幾何分配的重要參數如下所示。

1. 期望值

$$E(x) = \frac{1}{p}$$

幾何分配的隨機變數 X 表第 1 次成功所需的試驗次數，因此假設若某人考上研究所的機率為 0.2，那麼平均而言此人欲考上研究所需考 $\frac{1}{0.2} = 5$ 次，也就是說平均每考 5 間研究所會有一間考上。從這個角度思考不難想像幾何分配的期望值為何為 $\frac{1}{p}$。

2. 變異數

$$V(x) = \frac{q}{p^2}$$

3. 動差母函數

$$M(t) = \frac{pe^t}{1 - qe^t}, \quad t < -\ln q$$

例 32

已知幾何分配機率函數為：$f(x) = pq^{x-1}, x = 1, 2, 3, \dots$。試求出幾何分配的動差母函數，並利用動差法求出期望值與變異數。

解

動差母函數：

$$M(t) = E(e^{xt}) = \sum_x e^{xt} f(x) = \sum_{x=1}^{\infty} e^{xt} pq^{x-1} = \frac{p}{q} \sum_{x=1}^{\infty} (e^t q)^x = \frac{p}{q} \left[(e^t q)^1 + (e^t q)^2 + \cdots \right]$$

$$= \frac{pe^t}{1 - qe^t}, qe^t < 1$$

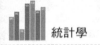

期望值：

$$E(x) = \frac{d}{dt} M(t)\bigg|_{t=0} = \frac{pe^t(1-qe^t) + qe^t pe^t}{(1-qe^t)^2} = \frac{pe^t}{(1-qe^t)^2}\bigg|_{t=0} = \frac{p}{(1-q)^2} = \frac{1}{p}$$

變異數：

$$E(x^2) = \frac{d^2}{dt^2} M(t)\bigg|_{t=0} = \frac{pe^t(1-qe^t)^2 + 2q(1-qe^t)pe^t}{(1-qe^t)^4}\bigg|_{t=0} = \frac{p+2q}{p^2}$$

$$\therefore V(x) = E(x^2) - \left[E(x)\right]^2 = \frac{p+2q}{p^2} - \frac{1}{p^2} = \frac{q}{p^2}$$

例 33

某製造過程中，已知平均每 100 個產品中有一個不良品。那麼在一個不良品發現之前　(1)檢驗 5 個產品的機率為何？　(2)期望值為何？　(3)其意義為何？

解

令 X 代表發現一個不良品所需檢驗的次數，本題為幾何分配

(1) **方法一**：套用幾何分配機率函數：

$$f(5) = (0.99)^4 (0.01)^1 \approx 0.0096$$

方法二：以排列組合觀念推求

檢驗 5 次，恰巧在第 5 次發現不良品，假設 p 表發現不良品機率，故檢驗情形為 $qqqqp \Rightarrow$ 發生機率為 $q^4 p = (0.99)^4 (0.01) \approx 0.0096$

(2) $E(x) = \dfrac{1}{p} = \dfrac{1}{0.01} = 100$

(3) 表示平均檢驗 100 個產品會發現一個不良品。

例 34

某單位正在做一項試驗，該項試驗要一直做到成功為止。假設所有的試驗之間彼此獨立(independent)，且每次試驗需花費$100,000，但是若試驗失敗了，則該單位需要額外支出 $ 20,000 來準備下一個試驗。假設在單一試驗中，其成功機率為 0.12，試問該單位執行此項試驗時，其成本的期望值為何？

解

假設總共做了 x 次實驗，最後一次成功，機率函數為

$$f(x) = (0.88)^{x-1}(0.12) \quad , x = 1, 2, 3, \cdots$$

$$E(x) = \frac{1}{p} = \frac{1}{0.12}$$

成本=x 次實驗花費的費用+失敗 $x-1$ 次的額外支出，故

成本： $y = 100000x + 20000(x-1) = 120000x - 20000$

所以成本期望值：

$$E(y) = E(120000x - 20000) = 120000E(x) - 20000 = 120000 \times \frac{1}{0.12} - 20000$$
$$= 980000$$

9.8.4 幾何分配的性質

由 9.8.2 節幾何分配的圖形可以看出，不論成功機率為何，幾何分配恆為右偏分配。此外，幾何分配具有無記憶性(memory-less)。所謂無記憶性，是指若有一分配滿足下列之特性，則稱此分配具無記憶性：

$$f(x \geq s + t \mid x > s) = f(x \geq t) \quad , s > 0, t > 0$$

舉個簡單的例子來說，若有一電子產品已經使用了數年，它可以繼續使用 2 年以上的機率，與全新的產品可以使用 2 年以上的機率一樣，具有這種特質的就稱為無記憶性。若以幾何分配的角度來看，則表示假設前面已經失敗 s 次，接著再做 t 次才成功的機率，和一開始做 t 次才成功的機率相同。許多電子產品都具備這種特性，如隨身碟這類產品，廠商之所以提出終身保固，正因為它具備無記憶性的特質。

例 35

假設隨機變數 X 服從幾何分配，其機率函數為 $f(x) = pq^{x-1}, x = 1, 2, 3, \cdots$，試證：$f(x \geq s + t \mid x > s) = f(x \geq t) \quad , s > 0, t > 0$。

證明

根據條件機率 $f(x \geq s + t \mid x > s) = \dfrac{f(x \geq s + t)}{f(x > s)}$

其中 $f(x > s) = \displaystyle\sum_{x=s+1}^{\infty} f(x) = \sum_{x=s+1}^{\infty} pq^{x-1} = p(q^s + q^{s+1} + q^{s+2} + \cdots) = p \cdot \dfrac{q^s}{1-q} = q^s$

$$f(x \geq s+t) = \sum_{x=s+t}^{\infty} pq^{x-1} = p(q^{s+t-1} + q^{s+t} + q^{s+t+1} + \cdots) = p \cdot \frac{q^{s+t-1}}{1-q} = q^{s+t-1}$$

$$故 \ f(x \geq s+t | x > s) = \frac{f(x \geq s+t)}{f(x>s)} = \frac{q^{s+t-1}}{q^s} = q^{t-1}$$

$$又 \ f(x \geq t) = \sum_{x=t}^{\infty} pq^{x-1} = p(q^{t-1} + q^t + q^{t+1} + \cdots) = p\frac{q^{t-1}}{1-q} = q^{t-1}$$

$$\therefore f(x \geq s+t | x > s) = f(x \geq t)$$

例 36

假設某人參加汽車駕照考試及格率為 0.7，且每次考試都獨立，試求

(1)第 3 次才考上駕照的機率？

(2)考第 4 次以前即可通過的機率？

(3)假設此人參加考試的次數已經超過 3 次了，請問從現在起他要再考 3 次才能考上的機率？

解

假設 X 表考試的次數，X 服從幾何分配，則機率函數為

$$f(x) = (0.3)^{x-1}(0.7) \quad , x = 1, 2, 3, \cdots$$

(1) 第 3 次才考上的機率為 $f(3) = (0.3)^2(0.7) = 0.063$

(2) 第 4 次以前即可通過的機率為

$$f(x < 4) = f(1) + f(2) + f(3) = (0.3)^0(0.7) + (0.3)^1(0.7) + (0.3)^2(0.7) = 0.973$$

(3)因為幾何分配具無記憶性，故與前面考試無關，故本題答案與第(1)題一樣為 0.063

9.9 負二項分配

　　負二項分配(negative binomial distribution)是用來描述第 r 次成功所需試驗的次數。舉個例子來說，假設某人玩射氣球遊戲，求射第 10 次飛鏢時恰好射破 3 個氣球的機率，這類問題即屬於負二項分配。

9.9.1 負二項試驗

若一試驗滿足下列條件，則稱此試驗為負二項試驗。

1. 每次試驗皆為百努力試驗。
2. 每次試驗的成功機率皆固定為 p，失敗機率為 q，且 $p+q=1$。
3. 每次試驗均為獨立試驗。
4. 試驗一直進行到第 r 次成功才停止試驗，故試驗的總次數不固定。

9.9.2 負二項分配的機率函數

假設隨機變數 X 表示第 r 次事件發生時所需試驗的次數，p 表成功機率，q 表失敗機率，則 X 的機率函數為：

$$f(x) = C_{r-1}^{x-1} p^r q^{x-r}, x = r, r+1, r+2, \ldots$$

通常以符號 $X \sim NB(r, p)$ 表示。上面的機率函數推導如下：

全部試驗 x 次，最後一次為第 r 次成功，故前面有 $r-1$ 次成功，$x-r$ 次失敗。考慮試驗其中一種特殊的情況如下所示：

$$\underbrace{pp\cdots p}_{r-1}\underbrace{qq\cdots q}_{x-r}\,p$$

此情況發生的機率為 $p^{r-1}q^{x-r}p = p^r q^{x-r}$。除最後一次之外，其餘順序可交換，故全部機率為 $\dfrac{(x-1)!}{(r-1)!(x-r)!}p^r q^{x-r} = C_{r-1}^{x-1}p^r q^{x-r}$。

事實上如果對排列組合原理十分熟悉的話，並不需要特別記憶負二項分配的機率函數。觀察負二項分配的機率函數，當 $r=1$ 時，表示試驗 x 次只成功一次，故當 $r=1$ 時的負二項分配恰等於幾何分配，幾何分配可以說是負二項分配的一個特例。

負二項分配也可以從另一個角度下定義。假設隨機變數 Y 表示第 r 次成功時失敗的次數，考慮其中一種特殊情形：$\underbrace{pp\cdots p}_{r-1}\underbrace{qq\cdots q}_{y}\,p$，除最後一次外，其餘可交換順序，故以失敗次數 Y 當隨機變數的負二項分配機率函數為：

$$f(y) = p^{r-1}q^y p \frac{(y+r-1)!}{y!(r-1)!} = C_y^{y+r-1}p^r q^y, y = 0, 1, 2, \cdots$$

例 37

某人丟一骰子，求在第 7 回得到第 3 次點數為 1 的機率。

解

方法一：以排列組合觀念解答

本題為負二項分配，但並不需要套用公式即可求得，假設骰子出現的情形為 11××××1

$\Rightarrow$ 機率為：$(\frac{1}{6})^2(\frac{5}{6})^4(\frac{1}{6})$，考慮次序交換，注意最後一個 1 不可調換次序，故機率為：

$(\frac{1}{6})^2(\frac{5}{6})^4(\frac{1}{6})\frac{6!}{2!4!} = C_2^6(\frac{1}{6})^2(\frac{5}{6})^4(\frac{1}{6}) \approx 0.0335$

方法二：套用負二項分配函數

$X \sim NB(3,\frac{1}{6})$ ， $f(x) = C_{r-1}^{x-1}p^r q^{x-r}$

$f(7) = C_{r-1}^{x-1}p^r q^{x-r} = C_2^6(\frac{1}{6})^3(\frac{5}{6})^4 \approx 0.0335$

9.9.3 負二項分配的重要參數

負二項分配的重要參數如下所示。

1. 期望值

$$E(x) = \frac{r}{p}$$

2. 變異數

$$V(x) = \frac{rq}{p^2}$$

3. 動差母函數

$$M(t) = (\frac{pe^t}{1-qe^t})^r, t < -\ln q$$

證明負二項分配的動差母函數需要用到下面兩個工具。

工具 1： $C_n^{n+r-1} = (-1)^n C_n^{-r}$。

工具 2： $C_r^n = C_{n-r}^n$。

工具 3(廣義二項式定理)： $(x+y)^{-r} = \sum_{n=0}^{\infty} C_n^{-r} x^n y^{-r-n}$。

　　在證明工具 1 之前，我們先介紹廣義的組合公式。我們直接用實際的例子來說明組合公式的展開。

【說例 1】

$$C_2^5 = \frac{5\times 4}{1\times 2}; C_4^{50} = \frac{50\times 49\times 48\times 47}{1\times 2\times 3\times 4}; C_2^{-5} = \frac{(-5)(-6)}{1\times 2}; C_4^{-50} = \frac{(-50)(-51)(-52)(-53)}{1\times 2\times 3\times 4}$$

證明：

$$C_n^{n+r-1} = \frac{(n+r-1)!}{n!(r-1)!} = \frac{(n+r-1)\cdots(r+1)r(r-1)!}{n!(r-1)!} = \frac{(n+r-1)\cdots(r+1)r}{n!}$$

$$= \frac{(-n-r+1)\cdots(-r-1)(-r)}{n!}(-1)^n = (-1)^n C_n^{-r}$$

例 38

已知隨機變數 X 服從負二項分配，且機率函數為：

$f(x) = C_{r-1}^{x-1} p^r q^{x-r}, x = r, r+1, r+2, \ldots$

試求動差母函數、期望值與變異數。

解

$$M(t) = E(e^{tx}) = \sum_x e^{tx} f(x) = \sum_{x=r}^{\infty} e^{tx} C_{r-1}^{x-1} p^r q^{x-r}$$

令 $y = x-r \Rightarrow x = y+r$，當 $x = r$ 時 $y = 0$；當 $x = \infty$ $y = \infty$，代入上式

$$原式 = \sum_{y=0}^{\infty} e^{t(y+r)} \cdot C_{r-1}^{y+r-1} p^r q^y = p^r e^{tr} \sum_{y=0}^{\infty} C_{r-1}^{y+r-1} e^{ty} q^y = p^r e^{tr} \sum_{y=0}^{\infty} C_y^{y+r-1} (e^t q)^y$$

$$= p^r e^{tr} \sum_{y=0}^{\infty} C_y^{-r} (-1)^y (e^t q)^y = p^r e^{tr} \sum_{y=0}^{\infty} C_y^{-r} (-e^t q)^y (1)^{-r-y} = (pe^t)^r (1 - qe^t)^{-r}$$

$$= (\frac{pe^t}{1-qe^t})^r, \quad t < -\ln q$$

$$\because \ln M(t) = \ln(\frac{pe^t}{1-qe^t})^r = r\left[\ln p + t - \ln(1-qe^t)\right]$$

$$\therefore E(x) = \frac{d}{dt}\ln M(t)\Big|_{t=0} = r[1 - \frac{-qe^t}{1-qe^t}]\Big|_{t=0} = r(1+\frac{q}{1-q}) = \frac{r}{p}$$

$$V(x) = \frac{d^2}{dt^2}M(t)\Big|_{t=0} = r \cdot \frac{qe^t(1-qe^t)-(-qe^t)(qe^t)}{(1-qe^t)^2}\Big|_{t=0} = r \cdot \frac{q(1-q)+q^2}{(1-q)^2} = \frac{rq}{p^2}$$

例 39

已知某籃球國手自由球的命中率為 80%，假設每一次投籃皆為獨立的百努力試驗。令隨機變數 X 表示此選手投進 10 球所需投的最小總投球次數。

(1) 求 X 的機率分配函數。.

(2) 求 X 的期望值、變異數與標準差。

(3) 求 $f(x \le 12), f(x \ge 15), f(17)$。

解

(1) 考慮其中一種情形：$\overbrace{\underbrace{pp\cdots p}_{9}\underbrace{qq\cdots q}_{x-10} p}^{x}$，故機率函數為：

$$f(x) = (0.8)^9(0.2)^{x-10}(0.8)\frac{(x-1)!}{9!(x-10)!} = C_9^{x-1}(0.8)^{10}(0.2)^{x-10} \quad , x = 10,11,12,\cdots$$

(2) 本題為負二項分配

故期望值：$E(x) = \dfrac{r}{p} = \dfrac{10}{0.8} = 12.5$

變異數：$V(x) = \dfrac{rq}{p^2} = \dfrac{10 \times 0.2}{(0.8)^2} = 3.125$

標準差：$\sigma = \sqrt{3.125} \approx 1.768$

(3) $f(x \le 12) = f(10) + f(11) + f(12)$

$$= C_9^{10-1}(0.8)^{10}(0.2)^{10-10} + C_9^{11-1}(0.8)^{10}(0.2)^{11-10} + C_9^{12-1}(0.8)^{10}(0.2)^{12-10} \approx 0.5583$$

$$f(x \geq 15) = 1 - f(x \leq 14)$$

$$= 1 - \left[f(10) + f(11) + f(12) + f(13) + f(14) \right] \approx 0.1299$$

$$f(17) = C_9^{17-1}(0.8)^{10}(0.2)^7 \approx 0.0157$$

例 40

已知甲、乙兩班統計期中考有 53%的同學及格，某日王老師在走廊上遇到甲、乙兩班的同學，隨機問了同學統計是否及格。

(1)假設 X 表示王老師問到第 1 個及格同學之前不及格的人數

❶ 請寫出 X 的機率分配；

❷ 求 $E(x)$；

❸ 試求王老師遇到第 4 個同學才問到第 1 個及格的機率。

(2)假設 Y 表王老師問到第 3 個及格同學之前的不及格人數

❶ 請寫出 Y 的機率函數；

❷ 試求王老師問到第 3 個及格同學之前，已問了 10 個不及格同學的機率。

解

(1) 假設 p 表及格，q 表不及格 $\Rightarrow \underbrace{qq \cdots q}_{x} p$，其排列數只有一種情形，故機率函數為：

❶ $f(x) = (0.47)^x (0.53)$ ，$x = 0, 1, 2, 3, \cdots$

❷ $E(x) = \sum_{x=0}^{\infty} x(0.47)^x (0.53)$

$\qquad = (0.47)(0.53) + 2(0.47)^2(0.53) + 3(0.47)^3(0.53) + \cdots$ ①

解本題需用到移位消去法，兩邊同乘 0.47，得

$0.47E(x) = (0.47)^2(0.53) + 2(0.47)^3(0.53) + 3(0.47)^4(0.53) + \cdots$ ②

①－②得：

$0.53E(x) = (0.47)(0.53) + (0.47)^2(0.53) + (0.47)^3(0.53) + \cdots$

$\qquad\qquad = \dfrac{(0.47)(0.53)}{1 - 0.47} = 0.47$

故期望值 $E(x) = \dfrac{0.47}{0.53} \approx 0.8868$

❸ 問到第 4 個才問到及格 $\Rightarrow x = 3$

故機率為 $f(3) = (0.47)^3 (0.53) \approx 0.055$

(2)考慮其中一種情況： $pp \underbrace{qq\cdots q}_{y} p$

❶ $f(y) = p^2 q^y p \dfrac{(y+2)!}{2! y!} = C_y^{y+2} p^3 q^y = C_y^{y+2} (0.47)^y (0.53)^3$ ， $y = 0,1,2,3,\cdots$

❷ $f(10) = C_{10}^{12} (0.47)^{10} (0.53)^3 \approx 0.00517$

9.9.4 負二項分配的再生性

負二項分配和二項分配一樣具有再生性。若兩獨立隨機變數 X， Y 服從負二項分配， $X \sim NB(r_1, p), Y \sim NB(r_2, p)$ ，則 $X + Y \sim NB(r_1 + r_2, p)$ 。

故在處理二個服從負二項分配的隨機變數時，若兩個隨機變數具有相同的成功機率，則可利用再生性的特性將兩個隨機變數合併成單一的隨機變數。

例 41

假設二獨立隨機變數 X, Y 服從負二項分配 $X \sim NB(r_1, p), Y \sim NB(r_2, p)$ ，試證負二項分配具再生性，即 $X + Y \sim NB(r_1 + r_2, p)$ 。

解

$M_X(t) = (\dfrac{pe^t}{1 - qe^t})^{r_1}, M_Y(t) = (\dfrac{pe^t}{1 - qe^t})^{r_2}$

$M_{X+Y}(t) = E(e^{t(x+y)}) = E(e^{tx}) E(e^{ty}) = (\dfrac{pe^t}{1 - qe^t})^{r_1} (\dfrac{pe^t}{1 - qe^t})^{r_2} = (\dfrac{pe^t}{1 - qe^t})^{r_1 + r_2}$

故由動差母函數法知 $X + Y \sim NB(r_1 + r_2, p)$ ，負二項分配具再生性

例 42

有甲、乙二人進行射擊練習，已知兩人的命中率皆為 0.2。現在兩人輪流對同一個靶進行射擊，每人各射擊 5 發子彈，求此靶在第 10 次射擊時，剛好被命中第 4 次的機率為何？

解

本題為負二項分配，因為兩人的命中率相等，根據負二項分配的再生性，兩

人輪流射擊與從頭到尾皆由一人射擊結果相同

考慮特殊情況 ○○○✗✗✗✗✗✗○ ，前面 9 次可交換順序

故所求 $= \dfrac{9!}{3!6!}(0.2)^3(0.8)^6(0.2) \approx 0.0352$

總整理

種類	機率函數 $f(x)$	期望值	變異數	動差母函數	再生性	無記憶性
均勻	$\dfrac{1}{n}$	$\dfrac{n+1}{2}$	$\dfrac{n^2-1}{12}$	$\dfrac{e^t(1-e^{nt})}{n(1-e^t)}$	✗	✗
百努力	$p^x q^{1-x}$	p	pq	(pe^t+q)	✗	✗
二項	$C_x^n p^x q^{n-x}$	np	npq	$(pe^t+q)^n$	○	✗
多項	$C_{x_1,x_2,\cdots,x_k}^n p_1^{x_1} p_2^{x_2} \cdots k^{x_k}$	np_i	$n\dfrac{k}{N}\cdot\dfrac{N-k}{N}\cdot\dfrac{N-n}{N-1}$	$(p_1e^{t_1}+p_2e^{t_2}+ \dots + p_ke^{t_k})^n$	✗	✗
超幾何	$\dfrac{C_x^S C_{n-x}^{N-S}}{C_n^N}$	np	$npq\cdot\dfrac{N-n}{N-1}$		✗	✗
幾何	$q^{x-1}p$	$\dfrac{1}{p}$	$\dfrac{q}{p^2}$	$\dfrac{pe^t}{1-qe^t}$	✗	○
負二項	$C_{r-1}^{x-1} p^r q^{x-r}$	$\dfrac{r}{p}$	$\dfrac{rq}{p^2}$	$\left(\dfrac{pe^t}{1-qe^t}\right)^r$	○	✗
Poisson	$\dfrac{e^{-\lambda}\lambda^x}{x!}$	λ	λ	$e^{\lambda(e^t-1)}$	○	✗
多維超幾何	$\dfrac{C_{x_1}^{N_1} C_{x_2}^{N_2} \cdots C_{x_k}^{N_k}}{C_n^N}$	np_i	$np_iq_i\cdot\dfrac{N-n}{N-1}$		✗	✗

1. 假設隨機變數 X 在 $\{1,2,3,\cdots,n\}$ 呈均勻分配。若另一隨機變數 Y，滿足 $y = k + lx$，試求隨機變數 Y 的期望值與變異數。

2. 假設隨機變數 X 在 $\{1,2,3,\cdots,N\}$ 呈均勻分配，試求隨機變數 X 的期望值與變異數。

3. 假設感染某疾病痊癒的機率為 0.4 且服從二項分配，已知現在有 15 個人罹患此疾病，求

   (1) 至少 10 人痊癒的機率？

   (2) 正好 5 人痊癒的機率？

4. 丟二公正骰子，求出現兩點數差的絕對值之 (1)期望值。 (2)變異數。

5. 一袋中有編號 1 到 10 號的球，現隨機自袋中抽取一球，求取出球號碼的期望值與變異數。

6. 已知一袋中有 20% 的紅球，現隨機選取 10 個球，試求下列各題機率為何？

   (1) 恰取出兩個紅球。 (2) 至少取出兩個紅球。

7. 假設工廠每日上、下午各隨機抽驗產品 25 件，若產品不良率一直保持為 0.02，令每日抽驗產品中所含不良品件數 X 為隨機變數，則 X 分配的期望值 $E(x)$ 及變異數 $V(x)$ 各為何？

8. 一袋中共有 9 個球，其中有 4 個紅球，現在從此袋中以取出不放回方式取出 3 個球，求恰取出 1 個紅球的機率？

9. 一袋中共有 14 個球，分別為 3 白球、6 紅球、5 黑球，假設 X 與 Y 分別表示取出白球與黑球的個數。現在以取出放回的方式隨機從袋中選取 6 個球，求在 $y = 3$ 的條件下，X 的機率函數為何？

10. 假設 x,y 服從三項分配，且已知機率質量函數為：

$$f(x,y) = \frac{n!}{x!\,y!\,(n-x-y)!} p_1^x p_2^y (1 - p_1 - p_2)^{n-x-y}, x, y = 1, 2, 3, ..., n; 0 \le x + y \le n$$

   試求：(1)Y 的邊際機率 (2)令隨機變數 $z = x + y$，求 Z 之機率函數？

        (3)求 $f(x|x+y=z)$

11. 假設某籃球選手自由球命中率為 60%，令隨機變數 X 表示此選手投進 10 球自由球所需最小投球數，試求：

   (1) X 的機率質量函數。

   (2) 期望值 $E(x)$，請問期望值代表什麼含意？

   (3) 變異數 $V(x)$。

   (4) 若此選手連續投 16 球，求剛好投第 16 球時投進第 10 球的機率為何？

12. 投擲一公正骰子。

   (1) 求丟第 5 次時正好出現 3 次么點的機率。

   (2) 平均每丟幾次會出現 1 次么點？

13. 連續投擲一公正骰子，直到出現么點為止，試求：

    (1) 最多需投擲 5 次之機率？

    (2) 欲使出現么點的機率最多為 0.5，則至少應投擲幾次骰子？

    (3) 投擲 3 次仍未出現么點，需至少再投擲 10 次以上才出現么點之機率為何？

14. 同時投擲 2 粒骰子，直到出現 1 或 6 點即停止，試求所需投擲次數的期望值為何？

15. 假設有一隻啄木鳥，平均每鑽 100 個洞，可以發現有蟲可以吃。若現在這隻啄木鳥鑽了 20 個洞，請問至少有 2 個洞可以發現蟲可以吃的機率為何？請分別以二項分配與 Poisson 分配求解。

16. 某次考試共有 10 題單選題，每題有 5 個選項，只有 1 個答案是正確的。若有一考生全部用猜的方式作答。假設 X 表示此考生答對的題數。

    (1) 試求隨機變數 X 的機率分配函數。

    (2) 此考生最多猜對兩題的機率？

    (3) 求 X 的期望值與變異數。

17. 已知隨機變數 X 的機率質量函數為：$f(x) = C_x^5 (0.4)^x (0.6)^{5-x}, x = 0, 1, 2, \cdots, 5$，試求：
    (1) $E(2x+1)$。　　(2) $V(3x+2)$。

18. 根據調查顯示大約有 5%的旅客訂了飛機票之後卻沒有到機場搭飛機，因此航空公司對於旗下只有 50 個座位的飛機共出售了 52 張票，請問搭這家航空公司的旅客每個人都有座位的機率為何？

19. 由一副 52 張的撲克牌中隨機抽取 5 張，取出不放回，試求

    (1) 恰含 3 張紅心的機率。

    (2) 至少 3 張紅心的機率。

    (3) 若題目改成由 100 副撲克牌，請以二項分配近似法求至少 3 張紅心的機率。

20. 某人打靶的命中率為 0.4，假設此人每次打靶的結果不互相影響，試求他至少要射擊幾次，才能保證至少命中一次的機率大於 0.77？

21. 某汽車業務員的銷售成功率為 0.3，現在他手頭有三部庫存車要賣，試求此業務員僅需與五位以下的顧客推銷，便能把這三部汽車賣掉的機率？

22. 投擲一枚公正骰子 n 次，令隨機變數 X 表示出現么點的次數。

    (1) 求隨機變數 X 的機率質量函數。

    (2) 若 $n = 5$，試求 $P(x \le 1$ 或 $x \ge 5)$。

    (3) 若 $n = 30$，求 $f(5)$。

23. 設某公司電話交換機上打來電話數 X 為一每小時 $\lambda = 60$ 通電話之 Poisson 變數，求以下各事件之機率：

    (1) 在一分鐘內，沒有電話進來之機率。

    (2) 在半個鐘頭內，至少有 3 通電話之機率。

24. 假定到達醫院的病患人數符合 Poisson 過程，且平均每小時有 1 人到達，試問：

    (1) 1 小時內沒有病患到達的機率。

    (2) 1 小時內到達的病患少於 4 人的機率。

    (3) 2 小時內沒有病患到達的機率。

25. 假設 10 個小孩的家庭中，男生的機率為 0.6，試求

    (1) 此家庭恰有 2 位男孩的機率？

    (2) 此家庭至少有 2 位男孩的機率？

    (3) 此家庭之平均男孩數為何？

26. 假設隨機變數 X 的機率滿足 $f(0) = p^2, f(1) = p$。

    (1) 若 $f(x)$ 為一機率密度函數，求 p 值。

    (2) 請問 X 是否服從百努力分配？

27. 從某工廠隨機抽取 n 件成品，令 X 表其中有瑕疵的件數，p 表此工廠產品的瑕疵率，已知 X 的平均數為 90，標準差為 9，試求 p 與 n 之值。

28. 某大學生尋找暑期工讀機會，他申請了 6 個相似但統計獨立的工作。他有 40%機會得到每一個工作，且每一工作可賺 12000 元。試求

    (1) 此大學生預期可得到幾個工作？

    (2) 此大學生預期的收入為何？

29. 假設某製造廠所生產的產品，每個產品的缺陷數服從平均數為 0.4 的 Poisson 分配，現在從此製造廠隨機選出 5 個產品，求這 5 個產品全部缺陷數至少 6 個以上的機率為何？

30. 一家賣種子的公司向消費者保證，購買該公司種子之發芽率若小於 90%時，則退還消費者購買種子的費用。李太太購買一盒種子，內有 10 顆種子，若每顆種子發芽率皆為 0.9，請問李太太不會獲得公司退費的機率為何？

31. 數學班有 15 位同學，其中 10 位同學習慣課前預習，另外 5 位則無此習慣。現在李老師在班上隨機抽取 5 位學生，請問當中至少有 2 位做過課前預習的機率為何？

32. 甲電子公司徵才，由 5 個應徵者選出 2 人，恰好選到 2 個最差的應徵者之一的機率為何？

33. 某研究機構對國內技術創業者做調查，主題是「創業最重要的因素」。調查結果認為「管理團隊」最重要的佔 30%，「對產業的瞭解」佔 20%，「人脈關係」占 25%，「財務健全」占 35%，其他 5%。某研究生根據以上結果，隨機訪問南部 6 家最近兩年內創業之技術創業者，沒有任何一位創業者認為「人脈關係」最重要的機率為何？

34. 以目前風行的公益彩券為例，在目前 42 個號碼中，你所選的 6 個號碼全部槓龜的機率為多少？亦即你所選的 6 個號碼與開獎的 6 個正式號碼沒有一個相同。

35. 有一射手平均每射 5 發子彈命中 3 發，試求

    (1) 此射手連射 n 發子彈，沒有任何一顆子彈命中的機率？

    (2) 該射手至少有一發子彈命中的機率大於 0.999 時，至少需射擊幾發子彈？(已知 $\log 2 = 0.3010$)

36. 某農民種植短期蔬菜，假設其能夠賺取超額利潤的機率為 1/4，則

    (1) 請問此農民到第 3 次才賺得超額利潤之機率？

    (2) 若此農民運氣很不好，連續種五次短期蔬菜，均無法賺得超額利潤，則請問此農民再種 2 次後才賺到超額利潤之機率？

    (3) 此農民 2 次無法賺得超額利潤後才賺到超額利潤之機率？

37. 已知二項分配 $f(x) = C_x^n p^x q^{n-x}, \quad x = 0, 1, 2, \cdots, n$ ，試證明

    (1) 動差母函數： $M(t) = (pe^t + q)^n$

    (2) $E(x) = np$ (3) $V(x) = npq$ 。

筆記頁

常見的連續型
機率分配

　　在第九章中我們介紹了常見的離散型機率分配,在本章中我們將介紹連續型機率分配,這些分配包含均勻分配、常態分配、指數分配、F分配、卡方分配等。因連續型的機率分配以面積來定義機率值,故進入本章前必須熟悉各種積分技巧。

10.1 連續均勻分配

若隨機變數在某連續區間$[a,b]$內所發生的機率皆相同時,其機率分配稱為均勻分配。例如等待公車到達機率、或者約會碰面機率等都可視作一種均勻分配。

10.1.1 均勻分配的機率密度函數

假設隨機變數X在區間(a,b)具有機率密度函數為:

$$f(x) = \frac{1}{b-a}, \quad a \leq x \leq b$$

則稱隨機變數X服從均勻分配,通常以符號$X \sim U(a,b)$表示,其機率密度函數圖形如下所示:

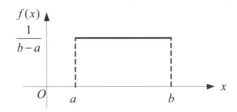

從上圖可以看出,均勻分配之機率密度函數為一條水平線段,下方面積大小即代表機率值。若欲求$f(c < x < d)$,只要求出$x = c$與$x = d$間所圍的面積即可,如下圖陰影部分。

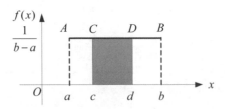

我們可以直接利用矩形面積公式求機率,即$f(c < x < d) = \frac{1}{b-a} \times (d-c)$,也可以透過積分:$f(c < x < d) = \int_c^d f(x)dx = \int_c^d \frac{1}{b-a} dx$求機率值。但最快的方法是將連續均勻分配轉換成幾何型態,把均勻分配視作一度空間的幾何,$\overline{AB}$視作母體,故$f(c < x < d) = \frac{d-c}{b-a} = \frac{\overline{CD}}{\overline{AB}}$,利用此觀念,在計算均勻分配的機率就不需要進行積分了。

10.1.2 均勻分配的重要參數

均勻分配的一些重要參數如下所示：

1. 期望值

$$E(x) = \frac{a+b}{2}$$

2. 變異數

$$V(x) = \frac{(b-a)^2}{12}$$

3. 動差母函數

$$M(t) = \frac{e^{bt} - e^{at}}{(b-a)t}$$

例 1

已知隨機變數 X 服從均勻分配，其機率密度函數為：$f(x) = \dfrac{1}{b-a}, \quad a \le x \le b$

試求 $E(x), V(x)$ 與動差母函數。

解

因均勻分配較為簡單，因此推導期望值與變異數直接利用定義推導即可，不需透過動差母函數。

期望值：$E(x) = \int_a^b xf(x)dx = \int_a^b x \cdot \frac{1}{b-a}dx = \frac{1}{b-a} \cdot \frac{1}{2}x^2 \Big|_a^b = \frac{b^2-a^2}{2(b-a)} = \frac{a+b}{2}$

變異數：$E(x^2) = \int_a^b x^2 f(x)dx = \frac{1}{b-a}\int_a^b x^2 dx = \frac{1}{b-a} \cdot \frac{1}{3}x^3 \Big|_a^b = \frac{a^2+ab+b^2}{3}$

$\therefore V(x) = E(x^2) - [E(x)]^2 = \frac{a^2+ab+b^2}{3} - (\frac{a+b}{2})^2 = \frac{(b-a)^2}{12}$

動差母函數：$M(t) = E(e^{tx}) = \int_x e^{tx} f(x)dx = \int_a^b e^{tx}\frac{1}{b-a}dx = \frac{1}{b-a}\frac{1}{t}e^{tx}\Big|_a^b = \frac{e^{tb}-e^{ta}}{(b-a)t}$

例2

已知台北捷運系統大約每隔 5 分鐘發一班車,且為均勻分配。某人欲到站搭乘捷運,若此人完全不知道任何列車到站的時間訊息,請問:

(1)此人等待時間小於 2 分鐘的機率?

(2)此人至少等待 3 分鐘以上的機率?

(3)此人等待時間介於 1 分鐘到 4 分鐘的機率?

(4)此人平均等待時間為何?

解

(1) **方法 1**:因為每 5 分鐘發一班車,故密度函數:$f(x) = \dfrac{1}{5}$, $0 \le x \le 5$

此人等待小於 2 分鐘的機率:$f(x \le 2) = \displaystyle\int_0^2 \dfrac{1}{5}\, dx = \dfrac{2}{5}$

方法 2:以幾何機率求解

每 5 分鐘發一班車,假設某人在 A 時間到站,A 到 B 為車子可能到站時間,故母體之線段長為 5。等待時間小於 2 分鐘,表示車子必須於 A 到 C 間任一時間到站,如下圖所示:

$$A \qquad\qquad C \qquad\qquad\qquad B$$

故等待小於兩分鐘的機率為:$\dfrac{\overline{AC}}{\overline{AB}} = \dfrac{2}{5}$

皆下來的(2)(3)題,我們皆使用幾何原理解題。

(2) 如下圖所示:

$$A \qquad\qquad\qquad D \qquad\qquad B$$

至少等待 3 分鐘以上的機率為:$\dfrac{\overline{DB}}{\overline{AB}} = \dfrac{2}{5}$

(3) 如下圖所示:

$$A \quad C \qquad\qquad\qquad D \quad B$$

等待時間介於 1 分鐘到 4 分鐘的機率為:$\dfrac{\overline{CD}}{\overline{AB}} = \dfrac{3}{5}$

(4) 平均等待時間:$E(x) = \dfrac{a+b}{2} = \dfrac{0+5}{2} = \dfrac{5}{2}$ 分鐘。

> **例 3**
>
> 假設某辦公大樓的電梯等待時間服從均勻分配且其期望值為 3 分鐘。
>
> (1)試求等待時間超過 4 分鐘之機率。
>
> (2)試求等待時間的變異數。

解

(1) $\because E(x) = \dfrac{a+b}{2} = \dfrac{0+b}{2} = 3 \Rightarrow b = 6$，$\therefore f(x) = \dfrac{1}{6}$，$0 \leq x \leq 6$，如下圖所示：

$$A \qquad\qquad\qquad C \qquad B$$

故等待時間超過 4 分鐘機率為：$\dfrac{\overline{CB}}{\overline{AB}} = \dfrac{2}{6} = \dfrac{1}{3}$

(2) 等待時間的變異數為：$V(x) = \dfrac{(b-a)^2}{12} = \dfrac{(6-0)^2}{12} = 3$

10.2 常態分配

在連續型的機率分配模型中，常態分配(normal distribution)最為重要且用途最廣，大凡描述存在於大自然間的各種現象或狀態，如人類的身高、體重、智商等，我們都可以大膽假設母體為常態分配。常態分配的機率函數曲線呈鐘型(bell shaped)，我們稱此曲線為常態曲線(normal curve)。常態分配具有良好的特性，因分配圖形呈鍾型分配，故非常適合以平均數來代表母體的中央集中趨勢，因此在母數統計分析上扮演著極重要的角色。

10.2.1 常態分配的機率密度函數

常態曲線最早由法國數學家 De Moiver 於 1773 年提出，隨後高斯(Carl Gauss, 1777-1855)在重複測量的誤差研究中，亦導出此曲線的方程式，故有人將常態分配稱為高斯分配。常態分配之機率密度函數為：

$$f(x) = \frac{1}{\sqrt{2\pi}\sigma} e^{-\frac{1}{2}\frac{(x-\mu)^2}{\sigma^2}}, \quad -\infty < x < \infty$$

其中：μ 為常態分配的平均數，σ 為標準差。通常以符號 $X \sim N(\mu, \sigma^2)$ 表示隨機變數 X 為具平均數 μ、標準差 σ 之常態分配。常態分配具有良好的性質，從常態分配機率密度函數可以看出，對於一個母體只要知道它的平均數以及變異數，那麼機率密度函數就可以寫出來，同時可以算出任何的統計測量數。母數統計皆假設母體呈常態分配，這也是為何在母數統計裡面特別著重於平均數與標準差(或變異數)的原因了。

10.2.2 常態曲線的特性

由常態分配的機率密度函數，給定平均數與變異數之後，便可描點繪出它的圖形。由常態分配機率密度函數以及圖形，可以得到它具有下列之性質：

1. 常態分配曲線與 x 軸所圍面積等於 1，即：

$$\int_{-\infty}^{\infty} \frac{1}{\sqrt{2\pi}\sigma} e^{-\frac{1}{2}\frac{(x-\mu)^2}{\sigma^2}} dx = 1$$

上式的積分，解析解(手解方式)有六、七種方法可求出積分值，有興趣的讀者可翻閱微積分相關書籍。但若求某範圍的機率時，例如求：$f(a \le x \le b) = \int_{a}^{b} \frac{1}{\sqrt{2\pi}\sigma} e^{-\frac{(x-\mu)^2}{2\sigma^2}} dx$，左式必須使用數值解的方法去求解，才能夠算出答案，但商管類的學生並非人人都學過數值方法。因此，為了讓不懂數值方法的人也能順利算出答案，數學家想出了變數變換的技巧，把常態分配標準化，轉換成標準常態分配，將不同的隨機變數值所對應的機率求出來並整理成表格，讓每個人都能利用這個表求出常態隨機變數在某範圍的機率。後面我們會介紹如何查表。

2. 常態曲線對稱於 $x = \mu$，μ 為常態分配之母體平均數。

3. 常態曲線以 μ 為中心，兩邊加減一個標準差之處，$(\mu + \sigma, f(\mu + \sigma))$ 與 $(\mu - \sigma, f(\mu - \sigma))$ 恰為常態曲線的兩個反曲點(infection point)。

4. 常態隨機變數 X 的範圍為 $-\infty < x < \infty$，並以 x 軸為漸近線。

5. 常態分配曲線為單峰對稱分配，平均數、中位數、眾數三個數值相等。

6. 常態曲線以 μ 為中心，左右各加減 1 個標準差的區間 $[\mu - \sigma, \mu + \sigma]$ 約占全體的 68.3%；左右各加減 2 個標準差區間 $[\mu - 2\sigma, \mu + 2\sigma]$ 約占全體的 95.4%；左右各加減 3 個標準差區間 $[\mu - 3\sigma, \mu + 3\sigma]$ 約占全體的 99.7%。故經驗法則為常態分配之近似值。

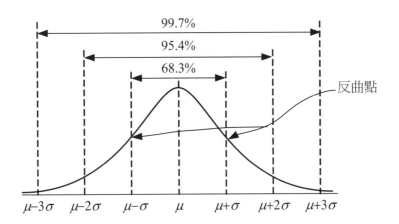

7. 常態分配的偏態係數等於 0，峰度係數等於 3。

8 常態分配的 μ 表示分配的中央位置，μ 越大表示圖形越靠右側。而 σ 表分配的集中程度，σ 越小代表越集中。

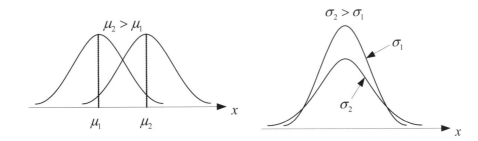

例 4

已知 $\displaystyle\int_{-\infty}^{\infty} \frac{1}{\sqrt{2\pi}\sigma} e^{-\frac{1}{2}\frac{(x-\mu)^2}{\sigma^2}} dx = 1$，試求 $\displaystyle\int_{0}^{\infty} e^{-3x^2} dx$。

解

由 $\displaystyle\int_{-\infty}^{\infty} \frac{1}{\sqrt{2\pi}\sigma} e^{-\frac{1}{2}\frac{(x-\mu)^2}{\sigma^2}} dx = 1$，比較待求式子 e 的指數部分

令 $-\dfrac{1}{2}(\dfrac{x-\mu}{\sigma})^2 = -3y^2 \Rightarrow \sqrt{\dfrac{1}{2}}\dfrac{x-\mu}{\sigma} = \sqrt{3}y$　　兩邊同時微分得

$\sqrt{\dfrac{1}{2}}\dfrac{1}{\sigma}dx = \sqrt{3}dy \Rightarrow dx = \sigma\sqrt{6}dy$　　代入原式

原式可改寫成：$\displaystyle\int_{-\infty}^{\infty} \frac{1}{\sqrt{2\pi}\sigma} e^{-3y^2} \sigma\sqrt{6}dy = 1 \Rightarrow 2\sqrt{\dfrac{3}{\pi}}\int_{0}^{\infty} e^{-3y^2} dy = 1$

$$\therefore \int_0^\infty e^{-3y^2}dy = \frac{1}{2}\sqrt{\frac{\pi}{3}} \quad,\quad 即 \int_0^\infty e^{-3x^2}dx = \frac{1}{2}\sqrt{\frac{\pi}{3}}$$

10.2.3 常態分配的重要統計參數

有關常態分配常用到的一些重要統計參數如下所示。

1. 期望值

$$E(x) = \mu$$

2. 變異數

$$V(x) = \sigma^2$$

3. 動差母函數

$$M_X(t) = e^{\mu t + \frac{\sigma^2}{2}t^2}$$

例 5

已知常態分配機率密度函數為：

$$f(x) = \frac{1}{\sqrt{2\pi}\sigma}e^{-\frac{1}{2}\frac{(x-\mu)^2}{\sigma^2}}, \quad -\infty < x < \infty$$

求(1)動差母函數。　　(2)期望值。　　(3)變異數。

解

(1) 本題需要利用常態分配總機率和等於 1 的性質，即 $\int_{-\infty}^\infty \frac{1}{\sqrt{2\pi}\sigma}e^{-\frac{(x-\mu)^2}{2\sigma^2}}dx = 1$，故 e 的

指數部分必須利用配方法配成完全平方式。實際推導過程如下：

$$M_X(t) = E(e^{tx}) = \int_x e^{tx}f(x)dx = \int_{-\infty}^\infty e^{tx}\frac{1}{\sqrt{2\pi}\sigma}e^{-\frac{(x-\mu)^2}{2\sigma^2}}dx = \int_{-\infty}^\infty \frac{1}{\sqrt{2\pi}\sigma}e^{-\frac{(x-\mu)^2}{2\sigma^2}+tx}dx$$

其中 e 的指數部分為：

$$-\frac{(x-\mu)^2}{2\sigma^2} + tx = -\frac{x^2 - (2\mu + 2t\sigma^2)x + \mu^2}{2\sigma^2}$$

$$= -\frac{x^2 - (2\mu + 2t\sigma^2)x + (\mu + t\sigma^2)^2 - (\mu + t\sigma^2)^2 + \mu^2}{2\sigma^2}$$

$$= -\frac{\left[x - (\mu + t\sigma^2)\right]^2 - 2\mu t\sigma^2 + t^2\sigma^4}{2\sigma^2} = -\frac{\left[x - (\mu + t\sigma^2)\right]^2}{2\sigma^2} + \mu t - \frac{t^2\sigma^2}{2}$$

代回原積分式可得

$$M_X(t) = \int_{-\infty}^{\infty} \frac{1}{\sqrt{2\pi}\sigma} e^{-\frac{\left[x-(\mu+t\sigma^2)\right]^2}{2\sigma^2}} \cdot e^{\mu t - \frac{t^2\sigma^2}{2}} dx = e^{\mu t - \frac{t^2\sigma^2}{2}} \int_{-\infty}^{\infty} \frac{1}{\sqrt{2\pi}\sigma} e^{-\frac{\left[x-(\mu+t\sigma^2)\right]^2}{2\sigma^2}} dx$$

其中 $f(x) = \dfrac{1}{\sqrt{2\pi}\sigma} e^{-\frac{\left[x-(\mu+t\sigma^2)\right]^2}{2\sigma^2}}$ 表平均數為 $\mu + t\sigma^2$，變異數為 σ^2 之常態分配，故

$\displaystyle\int_{-\infty}^{\infty} \frac{1}{\sqrt{2\pi}\sigma} e^{-\frac{\left[x-(\mu+t\sigma^2)\right]^2}{2\sigma^2}} dx = 1$，所以最後可得常態分配的動差母函數為

$$M_X(t) = e^{\mu t + \frac{\sigma^2}{2}t^2}$$

(2) 因為動差母函數呈指數型態，故我們將動差母函數取對數微分求期望值與變異數
較為簡單，$\ln M_X(t) = \mu t + \dfrac{\sigma^2}{2}t^2$

期望值：$E(x) = \dfrac{d}{dt} \ln M_X(t) \Big|_{t=0} = \mu + \sigma^2 t \Big|_{t=0} = \mu$

變異數：$V(x) = \dfrac{d^2}{dt^2} \ln M_X(t) \Big|_{t=0} = \sigma^2 \Big|_{t=0} = \sigma^2$

10.2.4 常態分配的再生性

常態分配和二項分配一樣具有再生性。若隨機變數 X, Y 服從常態分配，且
$X \sim N(\mu_x, \sigma_x^2), Y \sim N(\mu_y, \sigma_y^2)$，則

$$X + Y \sim N(\mu_x + \mu_y, \sigma_x^2 + \sigma_y^2)$$

在估計常態母體參數時，經常會使用到這個性質，例如：常態隨機變數 X 表汽車
輪框半徑，而常態隨機變數 Y 表汽車輪胎高度，若欲估計整個輪子的半徑(輪框半徑+

輪胎高度)在某個範圍內的機率時,就會用到這個性質。至於如何計算常態分配下各種情形的機率,後面會有詳細的介紹。

> **例 6**
>
> 若兩獨立隨機變數 X,Y 服從常態分配,且 $X \sim N(\mu_1, \sigma_1^2), Y \sim N(\mu_2, \sigma_2^2)$,求證:$X + Y \sim N(\mu_1 + \mu_2, \sigma_1^2 + \sigma_2^2)$。

證明

本題將採用動差法進行推導

$$\because M_X(t) = e^{\mu_1 t + \frac{\sigma_1^2}{2} t^2}, M_Y(t) = e^{\mu_2 t + \frac{\sigma_2^2}{2} t^2}$$

$$M_{X+Y}(t) = E(e^{t(x+y)}) = E(e^{tx} e^{ty}) = E(e^{tx}) E(e^{ty})$$

$$= e^{\mu_1 t + \frac{\sigma_1^2}{2} t^2} e^{\mu_2 t + \frac{\sigma_2^2}{2} t^2} = e^{(\mu_1 + \mu_2) t + \frac{(\sigma_1^2 + \sigma_2^2)}{2} t^2}$$

故由動差母函數知 $X + Y \sim N(\mu_1 + \mu_2, \sigma_1^2 + \sigma_2^2)$

10.2.5 常態變數的線性變換與加法原理

若隨機變數 X 服從常態分配 $X \sim N(\mu, \sigma^2)$,有另一隨機變數 $Y = aX + b$,則

$$Y \sim N(a + b\mu, b^2 \sigma^2)$$

上面的轉換可應用於例如:服從常態分配條件下,估計某人的財富,將原來的幣值使用另一個幣值呈現時;或者估計某個區域的氣溫,將攝氏溫度轉換成華氏溫度。除線性變換的性質外,常態分配還有一個定理也常被使用。

若隨機變數 X,Y 服從常態分配,且 $X_1 \sim N(\mu_1, \sigma_1^2), X_2 \sim N(\mu_2, \sigma_2^2)$,則

$$Y = c_1 X_1 + c_2 X_2 \sim N(c_1 \mu_1 + c_2 \mu_2, c_1^2 \sigma_1^2 + c_2^2 \sigma_2^2)$$

上式稱為常態分配的加法原理。常態分配的加法原理可應用於例如:服從常態分配條件下,估計洗衣機清洗衣服 3 次+脫水 2 次花費的時間,4 個蘋果+3 個梨子裝在一個盒子裡的總重量。

例 7

已知蘋果和梨子每粒的重量服從常態分配，蘋果每粒平均每顆重 300g，標準差 50g；梨子每粒平均重 350g，標準差 30g。現在隨機選取 3 粒蘋果 3 粒梨子裝成一盒，試求此盒水果重量的期望值以及變異數。

解

根據常態分配的加法原理知，每盒水果

平均重量 $= 300 \times 3 + 350 \times 3 = 1950\,g$

變異數 $= 3^2 \times 50^2 + 3^2 \times 30^2 = 30600$

 標準常態分配

如果我們要求常態分配的機率，就必須對常態分配機率密度函數利用數值方法進行積分。儘管有許多數值方法可以求出積分值，但並非每個人都學過數值分析。為了讓每個人都能夠順利求出常態分配的機率，數學家想出了一種方法，可以針對不同平均數與標準差的常態分配，不需經過複雜的積分運算就能輕鬆的利用查表的方式求出所對應的機率值。這種方法是利用變數變換的技巧，將常態分配轉換成標準常態分配 (standard normal distribution)，然後再針對標準常態分配的各種不同變數情況所對應的機率值做成表格，這種表格類似我們高中時代所學的對數表與三角函數表一樣，但查表前必須先將原數值轉換成表格所需的形式方可查表。查常態分配表前必須先將隨機變數標準化，所謂標準化就是將隨機變數 x 減去平均數再除以標準差，即

$$z = \frac{x - \mu}{\sigma}$$

上面的公式雖然和 Z 分數一模一樣，但意義完全不同。Z 分數是衡量某個變數值與母體平均數的接近程度，而這裡的目的是為了建立標準常態機率分配表，以計算各種常態分配的機率值。

10.3.1 標準常態分配的機率函數

將常態隨機變數透過變數變換，令 $z = \frac{x - \mu}{\sigma}$ 可將常態分配機率密度函數轉換成標準常態分配機率密度函數，標準常態分配的機率密度函數為：

$$f(z) = \frac{1}{\sqrt{2\pi}} e^{-\frac{z^2}{2}}, \quad -\infty < z < \infty$$

隨機變數 Z 稱為標準常態隨機變數。標準常態分配的的期望值為 0，標準差為 1。下圖為常態隨機變數 X 轉換成標準常態隨機變數 Z 之關係。

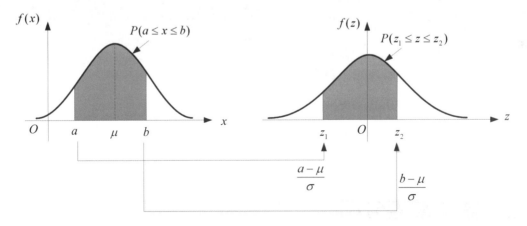

上面左、右兩個圖形陰影部分面積(機率)是完全相同的，標準常態分配圖只是把原常態分配圖進行平移 μ 單位，再將橫座標值縮小 σ 倍。

10.3.2 標準常態分配的特性與查表

標準常態分配表的呈現大致可分成二大類三種：第一類表稱為半表，它是從原點出發，由 y 軸與 $Z=z$ 所圍的面積代表其機率。第二類稱為全表，全表可分為以上累積分配表與以下累積分配表兩種。以下累積分配表是從 $Z=-\infty$ 到 $Z=z$ 所圍的面積代表其機率；而以上累積分配表則正好相反，從 $Z=\infty$ 到 $Z=z$ 所圍的面積代表其機率。這三種表格都有人使用，其中以半表最為精簡，而大部分的統計套裝軟體採用以下累積分配表居多。

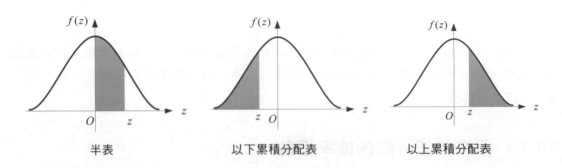

半表　　　　　　　以下累積分配表　　　　　　　以上累積分配表

為了和後面章節介紹的假設檢定能夠相互連貫，以及與隨後的 t 分配、F 分配與卡方分配符號一致，本書的符號將採用以上累積分配表與以下累積分配表混用模式，故符號規定如下圖所示：

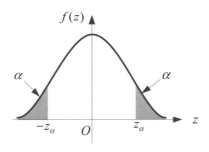

有關標準常態分配的查表十分簡單，表格的設計，最左一列與最上一行合起來表示橫座標的 z 值，而表格內的數值表示機率值。由於連續型機率函數，圖形下的面積表示機率，故查表時需用到面積切割與組合的性質。以半表為例，標準常態分配表各數值與隨機變數、機率之間的關係如下圖所示。例如要查 $P(0 \le z \le 1.96)$ 的機率，首先由第一行找到 1.9 這個數字，然後再看第一列找到 0.06，兩個數字交會處 0.4750，即為 $z=1.96$ 與 y 軸所圍面積，記做 $P(0 \le z \le 1.96) = 0.4750$，或者以符號 $z_{0.025} = 1.96$ 表示。符號 $z_{0.025} = 1.96$ 表示在 $z=1.96$ 右邊的機率(或面積)等於 0.025。反查表的順序正好相反，先從表格中間部分找到機率值，然後再看該機率值最左與最上方對應的數字，兩者組合起來即為 z 值(或橫座標值)。

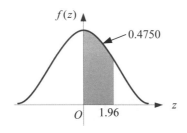

z	0.00	0.01	0.02	0.03	0.04	0.05	0.06	0.07	0.08	0.09
0.0	0.0000	0.0040	0.0080	0.0120	0.0160	0.0199	0.0239	0.0279	0.0319	0.0359
0.1	0.0398	0.0438	0.0478	0.0517	0.0557	0.0596	0.0636	0.0675	0.0714	0.0753
0.2	0.0793	0.0832	0.0871	0.0910	0.0948	0.0987	0.1026	0.1064	0.1103	0.1141
1.7	0.4554	0.4564	0.4573	0.4582	0.4591	0.4599	0.4608	0.4616	0.4625	0.4633
1.8	0.4641	0.4649	0.4656	0.4664	0.4671	0.4678	0.4686	0.4693	0.4699	0.4706
1.9	0.4713	0.4719	0.4726	0.4732	0.4738	0.4744	0.4750	0.4756	0.4761	0.4767
2.0	0.4772	0.4778	0.4783	0.4788	0.4793	0.4798	0.4803	0.4808	0.4812	0.4817
2.1	0.4821	0.4826	0.4830	0.4834	0.4838	0.4842	0.4846	0.4850	0.4854	0.4857
2.2	0.4861	0.4864	0.4868	0.4871	0.4875	0.4878	0.4881	0.4884	0.4887	0.4890

由於標準常態分配為對稱分配，因此查表時，有時候需用到對稱性質。下面的查表練習，皆使用半表。

例 8

試利用標準常態分配表求下列各小題之機率：

(1) $P(z > 1.25)$。　　(2) $P(z < 2.12)$。　　(3) $P(z > -1.46)$。　　(4) $P(z < -0.59)$。

(5) $P(-1 < z < 2)$。

解

(1)　$P(z > 1.25) = 0.5 - 0.3944 = 0.1056$

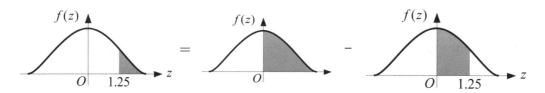

(2)　$P(z < 2.12) = 0.5 + 0.4830 = 0.9830$

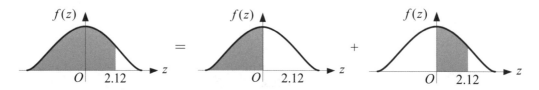

(3) $P(z > -1.46) = 0.4279 + 0.5 = 0.9279$

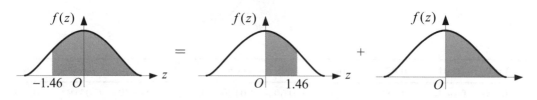

(4)　$P(z < -0.59) = 0.5 - 0.2224 = 0.2776$

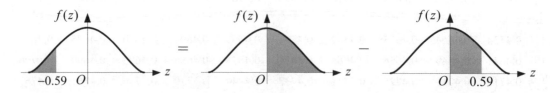

(5) $P(-1 < z < 2) = 0.3413 + 0.4772 = 0.8185$

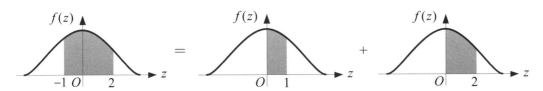

例 9

試利用標準常態分配表求下列各小題之 a 值。

(1) $P(z > a) = 0.0778$ 。　　(2) $P(z > a) = 0.8238$ 。　　(3) $P(z < a) = 0.0749$ 。

(4) $P(z < a) = 0.8023$ 。　　(5) $p(-a < z < a) = 0.95$ 。

解

(1)　$a = 1.42$

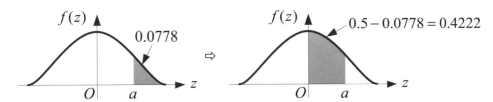

(2)　$a = -0.93$

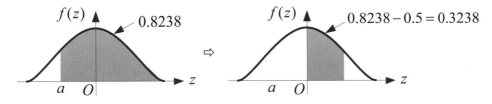

(3)　$a = -1.44$

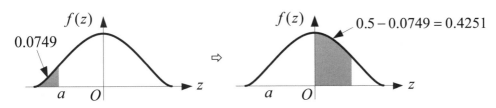

(4) $a = 0.85$

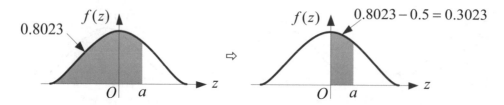

(5) $a = 1.96$

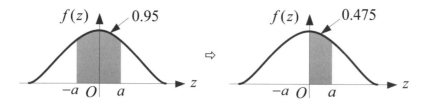

10.3.3 標準常態分配的相關應用

有關求解常態分配的題目，大致上可分成下列三個步驟：

1. 列式(或者畫圖)：依題意列出算式或者畫出輔助圖形。假設列出的算式型如 $P(a \leq x \leq b)$。

2. 標準化：將隨機變數減掉平均數再除以標準差。大部分的情形這兩個母體參數題目會直接給定，也可能需要推導，例如用到加法原理或再生性等性質。標準化後的算式變成：$P(\frac{a-\mu}{\sigma} \leq z \leq \frac{b-\mu}{\sigma})$。

3. 查表：根據第 2 個步驟查標準常態分配表中的機率值，某些題目需反向查表。

下列為檢定系統中常用到的查表數值，尤其第一個被使用到最廣，不妨記憶下來。

1. $z_{0.025} = 1.96$。

2. $z_{0.05} = 1.645$。

3. $z_{0.1} = 1.28$。

例 10

已知某機器所生產之產品重量分配為一常態分配，平均重 200 公克，標準差 4 公克。

(1)若此產品的規格要求重量必須在 195 到 203 公克之間，超出此範圍皆不合格，試問此機器所生產的產品不合格率為多少？

(2)若標準差維持 4 公克，欲使其重量超過 210 公克之機率等於 5%，則平均重量應訂多少？

解

(1) 不合格率 $= P(x < 195) + P(x > 203) = P(z < \dfrac{195 - 200}{4}) + P(z > \dfrac{203 - 200}{4})$

$= P(z < -1.25) + P(z > 0.75) = 0.1056 + 0.2266 = 0.3322$

註：本題亦可計算合格率 $P(195 \le z \le 203)$，再用 1 去減合格率。

(2) 假設平均重量為 μ，依題意可列式：

$P(x > 210) = 0.05 \Rightarrow P(z > \dfrac{210 - \mu}{4}) = 0.05$

反查表知 $P(z > 1.645) = 0.05$

故 $\dfrac{210 - \mu}{4} = 1.645 \Rightarrow \mu = 203.42$ 公克

例 11

假設某次統計學考試成績服從常態分配，全班的平均分數是 70 分，標準差是 5 分。某一學生至少要考幾分才能落在班上的 5%的高分群內？(取至整數)

解

假設必須考 a 分才能落在班上 5%以內

由題意可知：$P(x > a) = 0.05 \Rightarrow P(z > \dfrac{a - 70}{5}) = 0.05$

由查表知 $P(z > 1.645) = 0.05$，$\therefore \dfrac{a - 70}{5} = 1.645$

$\therefore a = 70 + 5 \times 1.645 = 78.225$

故必須考 79 分以上才能落在班上的 5%的高分群內。

註：本題亦可從低分群方向計算，即 $P(x \le a) = 0.95$。

例 12

某性向測驗之成績呈常態分配，其 $\mu = 506, \sigma = 81$，試求

(1)分數低於 574 者佔全體之比例。　　(2)第 30 個百分位數。

解

假設隨機變數 X 表測驗成績，故 $X \sim N(506, 81^2)$

(1) 依題意可列式： $P(x < 574) = P(z < \dfrac{574 - 506}{81}) \approx P(z < 0.84) = 0.7995$

(2) 假設第 30 個百分位數為 P_{30}，表示低於此分數者占全體 30%，故

$$P(x < P_{30}) = 0.3$$

$$\Rightarrow P(z < \frac{P_{30} - 506}{81}) = 0.3 \quad 反向查表得 P(z < -0.52) \approx 0.3$$

$$故 \frac{P_{30} - 506}{81} = -0.52 \quad \Rightarrow P_{30} = 463.88$$

 例 13

成功手工洗車廠的洗車服務，洗一部小汽車分為三個階段：洗車、擦乾及打蠟，若該廠三階段的服務時間皆為常態分配且彼此互相獨立，且洗車、擦乾、打蠟的平均服務時間分別為 10，3，15 分鐘，標準差分別為 6，2，3 分鐘。今有一部小汽車進入該廠洗車，試求

(1)洗好該部小汽車費時超過 35 分鐘的機率為何？

(2)若該車主要求只要洗車及擦乾就好，問該廠在 10 分鐘內洗好該部車的機率又為何？

解

假設 X_1, X_2, X_3 分別表示洗車、擦乾及打蠟時間，且 $X_1 \sim N(10, 36)$；$X_2 \sim N(3, 4)$；$X_3 \sim N(15, 9)$

(1) 本題即為常態分配加法原理的應用，根據加法原理

$$X_1 + X_2 + X_3 \sim N(10 + 3 + 15, 36 + 4 + 9) = N(28, 49)$$

故洗好該部汽車超過 35 分鐘的機率為

$$P(x_1 + x_2 + x_3 > 35) = P(z > \frac{35 - 28}{\sqrt{49}}) = P(z > 1) = 0.1587$$

(2) 洗車及擦乾：$X_1 + X_2 \sim N(13, 40)$

$$P(x_1 + x_2 < 10) = P(z < \frac{10-13}{\sqrt{40}}) \approx P(z < -0.47) = 0.3192$$

例 14

已知台北到基隆行車時間服從 $N(50, 50)$，若已知每十分鐘發一班車，試問後車比前車先到的機率。

解

假設 X_1, X_2 分別表示前車與後車的行駛時間，後車比前車先到表示前車行駛時間比後車多十分鐘以上，即 $X_1 > X_2 + 10 \Rightarrow X_1 - X_2 > 10$

根據加法原理 $c_1 X_1 + c_2 X_2 \sim N(c_1 \mu_1 + c_2 \mu_2, c_1^2 \sigma_1^2 + c_2^2 \sigma_2^2)$

$\because X_1 - X_2 \sim N(50 - 50, 50 + 50) = N(0, 100)$

$\therefore P(x_1 - x_2 > 10) = P(z > \frac{10-0}{\sqrt{100}}) = P(z > 1) = 0.1587$

例 15

某食品公司生產罐裝茶葉，已知每罐的重量呈常態分配，平均重量 180 公克，標準差 10 公克。假設每 6 罐茶葉裝成一箱出售，求下列各小題的答案。

(1)若規定每箱重量不足 1 公斤時可退貨，請問被退貨的機率？

(2)若該食品公司希望退貨機率小於 10%，那麼應規定每箱重量少於多少時才允許退貨？

(3)若規定每罐重量不足 170 公克時可退貨，請問任選 1 罐茶葉，被退貨的機率為何？

(4)若規定一箱中有 3 罐(含)以上重量不足 170 公克時可整箱退貨，請問被退貨的機率為何？

解

本題結合常態分配與常態分配加法原理及二項分配。

假設 $X_1, X_2, \cdots, X_6$ 分別表示一箱中的 6 罐茶葉重量，根據題意

$X_i \sim N(180, 10^2), \quad i = 1, 2, \cdots, 6$

(1) 假設 Y 表每箱的重量，6 罐裝成一箱，根據加法原理每箱重量服從常態分配

$Y = X_1 + X_2 + \cdots + X_6 \sim N(180 \times 6, 10^2 \times 6) = N(1080, 600)$

依題意可列式： $P(y < 1000) = P(z < \dfrac{1000-1080}{\sqrt{600}}) \approx P(z < -3.27) \approx 0$

(2) 依題意可列式： $P(y < a) = 0.1 \Rightarrow P(z < \dfrac{a-1080}{\sqrt{600}}) = 0.1$

$\because P(z < -1.28) = 0.1$ ， $\therefore \dfrac{a-1080}{\sqrt{600}} = -1.28 \Rightarrow a \approx 1048.65$

故應規定每箱重量少於 1048.65 公克方可退貨。

(3) $\because X_i \sim N(180, 10^2), \quad i = 1, 2, \cdots, 6$

故每罐重量不足 170 公克的機率為 $P(x < 170) = P(z < \dfrac{170-180}{10}) = P(z < -1) = 0.1587$

(4) 此題屬於二項分配，假設 X 表每箱中不足 170 公克的罐頭數，已知每罐被退貨的機率為 0.1587，故被退貨的機率為

$f(x \geq 3) = f(3) + f(4) + f(5) + f(6)$

$= C_3^6 (0.1587)^3 (0.8413)^3 + C_4^6 (0.1587)^4 (0.8413)^2 + C_5^6 (0.1587)^5 (0.8413)^1$

$+ C_6^6 (0.1587)^6 (0.8413)^0 \approx 0.0549$

10.3.4 二項分配的常態分配近似法

在第九章中曾經提到二項分配的圖形，當成功機率 $p < \dfrac{1}{2}$ 呈現右偏分配， $P > \dfrac{1}{2}$ 呈現左偏分配， $p = \dfrac{1}{2}$ 時二項分配呈現對稱分配。此外，隨著試驗的次數 n 增加時，二項分配會逐漸趨近常態分配，此時可使用常態分配來近似二項分配。下圖為成功機率 $p = 0.3$ 在不同 n 值的機率分配情形，由圖形可發現隨著 n 值增加，圖形會逐漸趨近於常態分配。

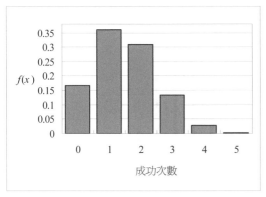

n=5

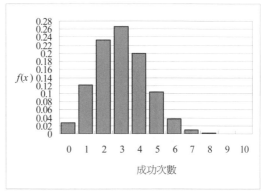

n=10

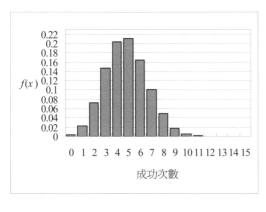

n=15

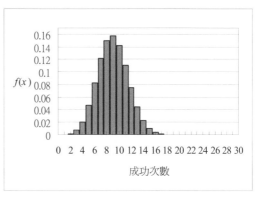

n=30

　　需要多大的 n，二項分配才可利用常態分配來近似並無定論，在實際的應用上只要二項分配滿足 $np \geq 5$ 且 $nq \geq 5$，就可利用常態分配來近似了，故當 $np \geq 5$ 且 $nq \geq 5$ 時：

$$B(n; p) \sim N(\mu = np, \sigma^2 = npq)$$

　　由於二項分配為離散型機率分配，而常態分配為連續型機率分配，因此若利用常態分配來近似二項分配必須加上連續修正因子，這裡所謂的連續修正因子與第二章所介紹的連續修正因子是相同的，透過「$+\frac{1}{2}$最小單位」或「$-\frac{1}{2}$最小單位」後，就可以利用常態分配來近似二項分配的機率值了，此連續修正法稱為「Yate's 連續修正」。觀察下面兩個圖，假設求 $P(2 \leq x \leq 4)$ 的機率，在二項分配中只要計算 $f(2) + f(3) + f(4)$ 即可求出 $P(2 \leq x \leq 4)$ 的機率。但改用連續分配模型 $P(2 \leq x \leq 4)$ 相當於右下圖從 1.5 到 4.5 間的三塊矩形面積的加總。

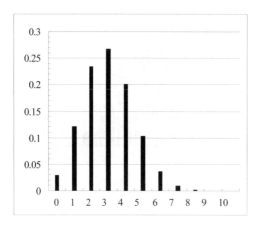
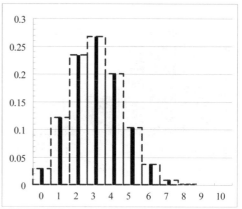

$$p = 0.3, n = 10$$ 加上連續修正因子後的圖形

使用常態分配來近似離散型的機率分配時，必須注意原分配的機率是否包含邊界，因為在離散型的機率分配模型，$P(a \le x \le b)$ 與 $P(a < x < b)$ 答案是截然不同的，但在連續型的機率分配模型，是否有等號不會影響答案。因此，在加入連續修正因子時必須注意原分配是否包含邊界，再利用「$+\frac{1}{2}$ 單位」或「$-\frac{1}{2}$ 單位」作連續性的調整。下表為原機率模型與連續修正因子間的關聯，以及轉換成常態分配後的一覽表。

原機率模型	加入連續修正因子	轉換成常態分配
$P(a \le x \le b)$	$P(a - \frac{1}{2} \le x \le b + \frac{1}{2})$	$P(\dfrac{a - \frac{1}{2} - np}{\sqrt{npq}} \le z \le \dfrac{b + \frac{1}{2} - np}{\sqrt{npq}})$
$P(a \le x < b)$	$P(a - \frac{1}{2} \le x \le b - \frac{1}{2})$	$P(\dfrac{a - \frac{1}{2} - np}{\sqrt{npq}} \le z \le \dfrac{b - \frac{1}{2} - np}{\sqrt{npq}})$
$P(a < x \le b)$	$P(a + \frac{1}{2} \le x \le b + \frac{1}{2})$	$P(\dfrac{a + \frac{1}{2} - np}{\sqrt{npq}} \le z \le \dfrac{b + \frac{1}{2} - np}{\sqrt{npq}})$
$P(a < x < b)$	$P(a + \frac{1}{2} \le x \le b - \frac{1}{2})$	$P(\dfrac{a + \frac{1}{2} - np}{\sqrt{npq}} \le z \le \dfrac{b - \frac{1}{2} - np}{\sqrt{npq}})$

若上述的表格的關聯性記不住，可將原分配機率求值範圍以數線的方式呈現，使用常態分配近似時，僅需注意是否需要涵蓋兩側端點即可。

原機率模型	取值範圍	加入連續修正因子
$P(a \leq x \leq b)$	$a \qquad b$	$P(a - \frac{1}{2} \leq x \leq b + \frac{1}{2})$
$P(a \leq x < b)$	$a \qquad b$	$P(a - \frac{1}{2} \leq x \leq b - \frac{1}{2})$
$P(a < x \leq b)$	$a \qquad b$	$P(a + \frac{1}{2} \leq x \leq b + \frac{1}{2})$
$P(a < x < b)$	$a \qquad b$	$P(a + \frac{1}{2} \leq x \leq b - \frac{1}{2})$

例 16

假設輪胎公司所生產的輪胎有 5% 的輪胎壽命低於 6 個月，現在有一汽車出租公司買了 20 個輪胎，請問這 20 個輪胎中若壽命低於 6 個月的至多 2 個，試分別以下列方式計算其機率值：

(1) 真實的機率分配模式。

(2) 以 Poisson 分配近似，請問是否適合以 Poisson 分配近似。

(3) 以常態分配近似，請問是否適合以常態分配近似。

解

設 X 表購買 20 個輪胎中，壽命小於 6 個月之個數

(1) 真實分配為二項分配，故機率為

$$P(x \leq 2) = \sum_{x=0}^{2} C_x^{20} (0.05)^x (0.95)^{20-x}$$

$$= C_0^{20} 0.95^{20} + C_1^{20} 0.05 \times 0.95^{19} + C_2^{20} 0.05^2 \times 0.95^{18} \approx 0.9245$$

(2) $\lambda = np = 20 \times 0.05 = 1$

$$P(x \leq 2) = \sum_{x=0}^{2} \frac{e^{-1} \cdot 1^x}{x!} = 0.9197$$

本題誤差為 $0.9197 - 0.9245 = -0.0075$，可以使用。

(3) $\mu = np = 20 \times 0.05 = 1, \sigma^2 = npq = 20 \times 0.05 \times 0.95 = 0.95$

$$P(x \leq 2) = \underbrace{P(x \leq 2.5)}_{Yate's\ 校正} = P(z \leq \frac{2.5 - 1}{\sqrt{0.95}}) \approx P(z \leq 1.54) = 0.9382$$

本題誤差為 $0.9382 - 0.9245 = 0.0137$，$\because np = 20 \times 0.05 = 1 < 5$，誤差明顯比 Poisson 分配模擬大，本題未滿足常態分配近似之要求，故較不適合以常態分配近似。

註：若真實分配機率值很小時，改用相對誤差衡量是否適用較為恰當。

例 17

某製造廠所製造之產品不良率為 2%。若由此製造廠製造的產品中，隨機抽取 100 件產品，求此 100 件產品中，3 件或 3 件以下不良品的機率為何？本題請用常態分配求近似機率。

解

假設隨機變數 X 表不良品個數

$X \sim B(100, 0.02)$，$n = 100, p = 0.02$

$E(x) = np = 100 \times 0.02 = 2$，$V(x) = npq = 100 \times 0.02 \times 0.98 = 1.96$

$$P(x \le 3) = \underbrace{P(x \le 3.5)}_{Yate's \text{ 校正}} = P(z \le \frac{3.5 - 2}{\sqrt{1.96}}) \approx P(z \le 1.07) = 0.8577$$

10.3.5 Poisson 分配的常態分配近似法

當 λ 很大時，Poisson 分配會趨近於近似常態分配，即：

$$Pio(\lambda) \overset{\lambda \to \infty}{\sim} N(\mu = \lambda, \sigma^2 = \lambda)$$

至於 λ 要多大，並無特別的限制，端賴研究者自行決定。Poisson 分配為一離散型機率分配，因此以常態分配近似模擬時，亦必須加入連續修正因子。

例 18

假設某網站上網人數服從 Poisson 分配，平均上網人數為每 5 分鐘 20 人。假設該網站若在 1 分鐘之內進入的人數超過 8 人，該網站就會產生網路壅塞的現象。請問若你現在進入該網站，請分別以 Poisson 分配與常態分配近似，計算你會碰到網路壅塞的機率為何？

解

(1) 每 5 分鐘 20 人，故 $\lambda = \dfrac{20}{5} = 4$ 人/分鐘，機率函數為 $f(x) = \dfrac{e^{-4} 4^x}{x!}$

$$P(x > 8) = 1 - P(x \le 8) = 1 - f(0) - f(1) - f(2) - \ldots - f(8)$$

$$= 1 - \frac{e^{-4} 4^0}{0!} - \frac{e^{-4} 4^1}{1!} - \frac{e^{-4} 4^2}{2!} - \cdots - \frac{e^{-4} 4^8}{8!} \approx 0.0214$$

(2) 以常態分配近似，$X \sim N(\lambda, \lambda) = N(4, 4)$

$$P(x > 8) = \underbrace{P(x > 8.5)}_{Yate's\ 校正} = P(z > \frac{8.5 - 4}{\sqrt{4}}) = P(z > 2.25) = 0.0122$$

 **指數分配**

指數隨機變數所描述的情況恰與 Poisson 隨機變數相反，Poisson 隨機變數描述某一特定時間內某事件發生的次數，而指數隨機變數則描述連續兩件事發生的間隔時間。這兩種分配稱為共軛分配(conjugate distribution)，兩種分配可以彼此互相轉換，也就是說指數分配的問題可用 Poisson 分配去計算機率，同樣的 Poisson 分配的問題亦可用指數分配求解。下表為 Poisson 隨機變數與指數隨機變數間的關聯。

Poisson 隨機變數	指數隨機變數
1 小時內，平均 20 部車子開進停車場($\lambda = 20$ 輛/1 小時)	平均每隔 3 分鐘有 1 部車子開進停車場($\beta = 3$ 分鐘/輛)
高速公路上每 1 公里平均種 10 棵樹($\lambda = 10$ 棵/1 公里)	高速公路上平均每隔 100 公尺有 1 棵樹($\beta = 100$ 公尺/棵)
血液中每 1 cm^3 中有 1000 個紅血球($\lambda = 1000$ 個/cm^3)	血液中每 0.001 cm^3 中有 1 個紅血球($\beta = 0.001$ cm^3/個)

10.4.1 指數分配的機率密度函數

從前述的表格，我們可以發現 Poisson 分配的平均數 λ 恰為指數分配的平均數 β 的倒數，因此存在 $\lambda = \frac{1}{\beta}$ 或 $\beta = \frac{1}{\lambda}$ 的關係，指數分配可由 Poisson 分配的觀念推導出來。

已知 Poisson 分配為 $f(x) = \dfrac{e^{-\lambda} \lambda^x}{x!}$，現在假設隨機變數 X 表兩事件發生之間隔時間，因此，$X > x$ 表示兩事件發生的間隔超過 x。故 $f(X > x)$ 表示在 0 到 x 的時間內此事件未發生的機率。若假設每單位時間平均發生 λ 次，根據 Poisson 分配機率函數可得：

$$f_{NE}(X > x) = f_{Pio}(在 (0, x) 的時間內未發生) = \frac{e^{-\lambda x}(\lambda x)^0}{0!} = e^{-\lambda x}$$

其中下標符號 NE 表指數分配，其累積分配函數為：$F_{NE}(X) = f_{NE}(X \leq x) = 1 - f_{NE}(X > x) = 1 - e^{-\lambda x}$，故機率密度函數為：

$$f_{NE}(x) = \frac{d}{dx}F_{NE}(X) = \frac{d}{dx}(1 - e^{-\lambda x}) = \lambda e^{-\lambda x} = \frac{1}{\beta}e^{-\frac{x}{\beta}}$$

上式所推導出的機率密度函數稱為指數分配，即

若隨機變數 X 服從指數分配，通常以符號 $X \sim NE(\beta)$ 表示，其機率密度函數為：

$$f(x) = \frac{1}{\beta}e^{-\frac{x}{\beta}}, \quad x > 0$$

其中：β 表事件發生的平均時間。

x 表第一次發生事件所需時間。

10.4.2 常用之指數分配計算公式

由於計算指數分配的機率值必須用到積分運算，為了避免在學習時感到恐慌，在此介紹一個十分有用的公式，藉此公式便可以解出所有的指數分配機率問題，此公式為：

$$P(x > a) = \int_{a}^{\infty}\frac{1}{\beta}e^{-\frac{x}{\beta}}dx = e^{-\frac{a}{\beta}}$$

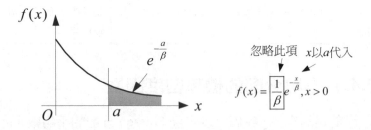

欲求 $x = a$ 右側的機率，只要令 $x = a$ 代入指數分配機率函數中，並忽略前面的係數即為機率值。瞭解這個公式後，就可以省略積分過程，直接求出指數分配的各種問題的機率值了，例如：

1. $P(x < a) = 1 - e^{-\frac{a}{\beta}}$

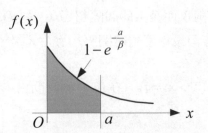

2. $P(a < x < b) = e^{-\frac{a}{\beta}} - e^{-\frac{b}{\beta}}$

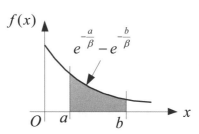

例 19

假設某一廠牌彩色電視機其壽命時間呈指數分配,且平均壽命為 10 年。試求下列各題之機率。

(1)壽命長達 12 年以上。

(2)1 年內即發生故障而報廢。

(3)壽命時間介於 2 至 10 年。

解

假設 X 表該電視機之壽命時間,且平均壽命 $\beta = 10$

由指數分配知機率密度函數為: $f(x) = \frac{1}{10} e^{-\frac{x}{10}}, \quad x > 0$

(1) $f(x > 12) = \int_{12}^{\infty} \frac{1}{10} e^{-\frac{x}{10}} dx = e^{-\frac{12}{10}} = e^{-\frac{6}{5}}$

(2) $f(x < 1) = \int_{0}^{1} \frac{1}{10} e^{-\frac{x}{10}} dx = 1 - e^{-\frac{1}{10}}$

(3) $f(2 < x < 10) = \int_{2}^{10} \frac{1}{10} e^{-\frac{x}{10}} dx = e^{-\frac{2}{10}} - e^{-\frac{10}{10}} = e^{-\frac{1}{5}} - e^{-1}$

 例 20

假設台灣地區發生地震的次數呈 Poisson 分配，且平均每天發生 2 次地震，求下列各題之機率：

(1)求未來兩天內地震發生至少 3 次的機率。

(2)求從現在起直到下一次發生地震的時間機率分配函數。

解

(1) 設 X 表在未來兩天發生地震的次數， $\lambda = 2$ 次/天 $\Rightarrow \lambda = 4$ 次/2 天

Poisson 機率分配函數為 $f(x) = \dfrac{e^{-\lambda}\lambda^x}{x!} = \dfrac{e^{-4}4^x}{x!}$

$\therefore f(x \geq 3) = 1 - f(x \leq 2) = 1 - f(0) - f(1) - f(2) = 1 - \displaystyle\sum_{x=0}^{2}\dfrac{e^{-4}4^x}{x!} = 1 - 13e^{-4}$

(2) **方法 1**：由題意知此機率分配模型為指數分配，且 $\beta = \dfrac{1}{\lambda} = \dfrac{1}{2}$

故時間機率分配函數為 $f(x) = \dfrac{1}{\beta}e^{-\frac{x}{\beta}} = 2e^{-2x}, x > 0$

方法 2：本題亦可由 Poisson 分配求解

設 X 表示從現在開始下次地震發生所需之時間，因此在這段期間內發生地震 0 次，由 $\lambda = 2$ 次/天 $\Rightarrow \lambda = 2x$ 次/x 天

$f(X > x) = f(0)\big|_{Poi} = \dfrac{(2x)^0 e^{-2x}}{0!} = e^{-2x}$

$F(x) = f(X \leq x) = 1 - f(X > x) = 1 - e^{-2x}$

$\therefore f(x) = \dfrac{d}{dx}F(x) = 2e^{-2x} \quad, x > 0$

10.4.3 指數分配的重要參數

有關指數分配的一些重要參數分別為

1. 期望值

$$E(x) = \beta$$

2. 變異數

$$V(x) = \beta^2$$

3. 動差母函數

$$M(t) = \frac{1}{1-\beta t}$$

例 21

已知隨機變數 X 服從指數分配，且機率密度函數為 $f(x) = \frac{1}{\beta} e^{-\frac{x}{\beta}}, x > 0$，試求隨機變數 X 的動差母函數、期望值與變異數。

解

動差母函數：

$$M(t) = E(e^{tx}) = \int_0^\infty e^{tx} \cdot \frac{1}{\beta} e^{-\frac{1}{\beta}x} dx = \frac{1}{\beta} \int_0^\infty e^{(t-\frac{1}{\beta})x} dx = \frac{1}{\beta} \frac{\beta}{\beta t - 1} e^{(t-\frac{1}{\beta})x} \Big|_0^\infty = \frac{1}{1-\beta t}$$

期望值：本題直接使用期望值定義求解，動差母函數法請自行嘗試

$$E(x) = \int_0^\infty x \cdot \frac{1}{\beta} e^{-\frac{1}{\beta}x} dx = \frac{1}{\beta} (-x\beta e^{-\frac{1}{\beta}x} - \beta^2 e^{-\frac{1}{\beta}x}) \Big|_0^\infty = \beta$$

變異數：

$$E(x^2) = \int_0^\infty x^2 \cdot \frac{1}{\beta} e^{-\frac{1}{\beta}x} dx = \frac{1}{\beta} (-x^2\beta e^{-\frac{1}{\beta}x} - 2x\beta^2 e^{-\frac{1}{\beta}x} - 2\beta^3 e^{-\frac{1}{\beta}x}) \Big|_0^\infty = 2\beta^2$$

$$\therefore V(x) = E(x^2) - [E(x)]^2 = 2\beta^2 - \beta^2 = \beta^2$$

10.4.4 指數分配的無記憶性

指數分配和幾何分配一樣具有無記憶性，故若隨機變數 X 服從指數分配，則滿足：

$$P(x > s + t \,|\, x > t) = P(x > s), \quad s > 0; t > 0$$

例 22

已知隨機變數 X 服從指數分配，且機率密度函數為 $f(x) = \dfrac{1}{\beta} e^{-\frac{x}{\beta}}, x > 0$ ，求證：

$P(x > s + t \mid x > t) = P(x > s), \quad s > 0; t > 0$

證明

右式 $= P(x > s) = \displaystyle\int_s^\infty \frac{1}{\beta} e^{-\frac{x}{\beta}} dx = \frac{1}{\beta}(-\beta e^{-\frac{x}{\beta}}) \Big|_s^\infty = e^{-\frac{s}{\beta}}$

左式 $= P(x > s + t \mid x > t) = \dfrac{P((x > s+t) \cap (x > t))}{P(x > t)} = \dfrac{P(x > s + t)}{P(x > t)} = \dfrac{e^{-\frac{s+t}{\beta}}}{e^{-\frac{t}{\beta}}} = e^{-\frac{s}{\beta}}$

左式=右式，故得證。

例 23

某郵局 10:00-10:30 有 45 人進入，假設人數服從 Poisson 分配，求

(1)10:30-11:30 無人進入的機率。

(2)某人於 10:30 進入，則下一位 10:45 後才進入的機率。

(3)11:30 有 1 人進入郵局，直到 12:30 才有人進入的機率。

上面 3 題請分別以 Poisson 分配與指數分配各做一次。

解

(1) 以 Poisson 分配解題，機率函數為： $f(x) = \dfrac{e^{-\lambda} \lambda^x}{x!}$

$\lambda = 45$ 人/30 分 $\quad \Rightarrow \lambda = 90$ 人/60 分，故無人進入的機率為

$f(0) = \dfrac{e^{-90}(90)^0}{0!} = e^{-90}$

以指數分配解題，機率函數為： $f(x) = \dfrac{1}{\beta} e^{-\frac{x}{\beta}}$

10:00-10:30 有 45 人進入，表每 $\beta = \dfrac{30}{45} = \dfrac{2}{3}$ 分鐘有 1 人進入，10:30-11:30 無人進

入，表示至少要 60 分鐘以上才有 1 人進入，故機率為：

$$f(x > 60) = \int_{60}^{\infty} \frac{3}{2} e^{-\frac{x}{2/3}} dx = e^{-90}$$

(2) 以 Poisson 分配解題：$\lambda = 22.5$ 人/15 分，10:45 後才進入表示 15 分鐘內無人進入，

故所求為： $f(0) = \dfrac{e^{-22.5}(22.5)^0}{0!} = e^{-22.5}$

以指數分配解題，表示至少要 15 分鐘以上才有 1 人進入，故機率為：

$$f(x > 15) = \int_{15}^{\infty} \frac{3}{2} e^{-\frac{x}{2/3}} dx = e^{-22.5}$$

(3) 因為每個時間區段皆獨立，故本題與(1)一樣。

 Gamma 分配

　　Gamma 分配主要用在描述第 α 次事件發生所需的時間，而指數分配是在描述第一次發生所需的時間，故 Gamma 分配可以說是指數分配的延伸，或者說指數分配為 Gamma 分配的特例。Gamma 分配在工業上的用途十分廣泛，例如為了增加系統的可靠度，在設計系統時為了延長系統的壽命，經常會設計 $\alpha - 1$ 個備份元件，當運作中的元件損壞時，備份元件可以立刻遞補以維持系統的正常運作。這 $\alpha - 1$ 個元件會依序遞補，直到所有的元件都損壞系統才停止運作，這種直到第 α 次事件發生(損壞)所需的時間便服從 Gamma 隨機變數。

　　在正式介紹 Gamma 分配前，我們要先介紹 Gamma 函數(Gamma function)，由於 Gamma 分配包含 Gamma 函數，故命名為 Gamma 分配。

10.5.1 Gamma 函數的定義與特性

　　Gamma 函數公式是由 Laugwitz 和 Rodewald 所提出，Gamma 函數把階乘從非負整數的範圍進一步擴充到負數域，故也有人稱它為階乘函數。Gamma 函數的定義為：

$$\Gamma(\alpha) = \int_{0}^{\infty} x^{\alpha-1} e^{-x} dx$$

Gamma 函數具有下列的性質：

1.　遞迴性質：$\Gamma(\alpha + 1) = \alpha\Gamma(\alpha)$

2.　$\Gamma(\alpha + 1) = \alpha!$

3.　$\Gamma(\frac{1}{2}) = \sqrt{\pi}$

上面三個性質在統計學的應用上以第二個性質最為重要，例如：$\Gamma(5) = 4!, \Gamma(101) = 100!$。而第三個性質是常用的特殊 Gamma 函數值，它有點類似特殊角的三角函數值。

例 24

已知 $\Gamma(\alpha) = \int_0^\infty x^{\alpha-1} e^{-x} dx$，試證明：$\Gamma(\alpha + 1) = \alpha\Gamma(\alpha)$。

證明

$$\because \Gamma(\alpha + 1) = \int_0^\infty x^\alpha e^{-x} dx = \lim_{t \to \infty} \int_0^t x^\alpha e^{-x} dx$$

$$
\begin{array}{cc}
\text{微} & \text{積} \\
x^\alpha & \oplus & e^{-x} \\
\alpha x^{\alpha-1} & \ominus & -e^{-x}
\end{array}
$$

$$= \lim_{t \to \infty} (-x^\alpha e^{-x})\Big|_0^t + \alpha \int_0^\infty x^{\alpha-1} e^{-x} dx = 0 + \alpha \int_0^\infty x^{\alpha-1} e^{-x} dx = \alpha\Gamma(\alpha)$$

10.5.2 Gamma 分配

若隨機變數 X 具有下列之機率密度函數，則稱隨機變數 X 服從 Gamma 分配，通常以符號 $X \sim G(\alpha, \beta)$ 表示。

$$f(x) = \frac{1}{\beta\Gamma(\alpha)}(\frac{x}{\beta})^{\alpha-1} e^{-\frac{x}{\beta}}, \quad 0 < x < \infty; \alpha > 0, \beta > 0$$

其中 X 表發生 α 次所需的時間，β 表發生一次所需的時間。

Gamma 分配的推導與指數分配相仿，都是由 Poisson 所推導出來的。指數分配是在 t 時間內事件沒有發生半次(因為至少經過 t 時間才發生一次)；而 Gamma 分配隨機

變數 X 表示事件第 α 次發生所需的時間，因此若「 $X > t$ 」表示事件第 α 次發生至少需要 t 個時間單位，換個角度來看表示在 t 時間內事件至多發生 $\alpha - 1$ 次，故超過 t 時間發生第 α 次事件的機率等於 t 時間內事件至多發生 $\alpha - 1$ 次的機率。根據 Poisson 分配，假設單位時間內平均發生次數為 λ，故 t 時間內平均發生次數為 $t\lambda$：

$$f_G(x > t) = f_{Poi}(0) + f_{Poi}(1) + \cdots + f_{Poi}(\alpha - 1) = \sum_{x=0}^{\alpha-1} \frac{e^{-\lambda t}(\lambda t)^x}{x!}$$

其中：$f_G(x)$ 表 Gamma 分配機率函數，$f_{Poi}(x)$ 表 Poisson 分配機率函數。

其累積分配函數：$F_G(t) = f_G(x \le t) = 1 - f_G(x > t) = 1 - \sum_{x=0}^{\alpha-1} \frac{e^{-\lambda t}(\lambda t)^x}{x!}$

故機率密度函數為：

$$f_G(t) = \frac{d}{dt}F_G(t) = \frac{d}{dt}\left[1 - \sum_{x=0}^{\alpha-1} \frac{e^{-\lambda t}(\lambda t)^x}{x!}\right] = -\sum_{x=0}^{\alpha-1} \frac{-\lambda e^{-\lambda t}(\lambda t)^x + e^{-\lambda t}x(\lambda t)^{x-1}\lambda}{x!}$$

$$= \sum_{x=0}^{\alpha-1}\left[\frac{\lambda e^{-\lambda t}(\lambda t)^x}{x!} - \frac{\lambda e^{-\lambda t}(\lambda t)^{x-1}}{(x-1)!}\right] = \left(\frac{\lambda e^{-\lambda t}}{0!} - 0\right) + \left(\frac{\lambda e^{-\lambda t}(\lambda t)}{1!} - \frac{\lambda e^{-\lambda t}}{0!}\right) +$$

$$\left(\frac{\lambda e^{-\lambda t}(\lambda t)^2}{2!} - \frac{\lambda e^{-\lambda t}(\lambda t)}{1!}\right) + \cdots + \left(\frac{\lambda e^{-\lambda t}(\lambda t)^{\alpha-1}}{(\alpha-1)!} - \frac{\lambda e^{-\lambda t}(\lambda t)^{\alpha-2}}{(\alpha-2)!}\right) = \frac{\lambda e^{-\lambda t}(\lambda t)^{\alpha-1}}{(\alpha-1)!}$$

$$= \frac{\lambda e^{-\lambda t}(\lambda t)^{\alpha-1}}{\Gamma(\alpha)}$$

再令 $t = x, \beta = \frac{1}{\lambda}$ 代入上式即可求出 Gamma 分配之機率密度函數為：

$$f(x) = \frac{1}{\beta\Gamma(\alpha)}\left(\frac{x}{\beta}\right)^{\alpha-1}e^{-\frac{x}{\beta}}, \quad x > 0$$

觀察上式當 $\alpha = 1$ 時，$f(x) = \frac{1}{\beta}e^{-\frac{x}{\beta}}$ 正好等於指數分配，故指數分配為 Gamma 分配之特例。計算 Gamma 分配的機率函數需進行積分，若對積分感到恐懼的人，可以使用下面的公式：

$$f(x \ge a) = \int_a^\infty \frac{1}{\beta\Gamma(\alpha)}\left(\frac{x}{\beta}\right)^{\alpha-1}e^{-\frac{x}{\beta}}dx = \sum_{\alpha=1}^{\alpha}\frac{1}{\Gamma(\alpha)}\left(\frac{a}{\beta}\right)^{\alpha-1}e^{-\frac{a}{\beta}}$$

上面的公式十分容易記住，將分母的 β 去掉，再將 x 以 a 取代然後把 α 值從 1 變化至 α 所得到的式子加總起來即可。若求 $f(x \le a)$ 的機率，則用 1 減去 $f(x \ge a)$ 即可，也就是說 $f(x \le a) = 1 - f(x \ge a)$。

例 25

假設進入郵局的人數呈 Poisson 分配，已知 10:00-10:30 有 45 人進入該郵局，請問：

(1)第 5 位進入的客戶離第 3 位進入的客戶時間在 10 分鐘以上的機率？

(2)11:00-11:10 至多有 1 位客戶進入郵局的機率？

解

(1) 本題可用 Poisson 分配解題，亦可使用 Gamma 分配解題

方法 1：以 Poisson 分配解題

$\lambda = 45$ 人/30 分 $\Rightarrow \lambda = 15$ 人/10 分，$f(x) = \dfrac{e^{-15}15^x}{x!}$

本題若以 Poisson 分配思考，表示 10 分鐘內有 0 或 1 人進入郵局，故所求

$= f(0) + f(1) = \dfrac{e^{-15}15^0}{0!} + \dfrac{e^{-15}15^1}{1!} = 16e^{-15}$

方法 2：以 Gamma 分配解題

$\beta = \dfrac{30}{45} = \dfrac{2}{3}$ 分/人，$\alpha = 2$，$f(x) = \dfrac{1}{\beta\Gamma(\alpha)}\left(\dfrac{x}{\beta}\right)^{\alpha-1}e^{-\frac{x}{\beta}}$，以 Gamma 分配思考，表示有

2 個人進入郵局至少要 10 分鐘以上的機率

故所求 $= f(x > 10) = \displaystyle\int_{10}^{\infty} \dfrac{1}{(\frac{2}{3})^2\Gamma(2)}(x)^{2-1}e^{-\frac{x}{3}}dx = (\dfrac{3}{2})^2\int_{10}^{\infty} xe^{-\frac{3}{2}x}dx = 16e^{-15}$

(2) 11:00-11:10 至多有 1 位客戶進入郵局，表示 10 分鐘以內有 0 或 1 人進入郵局，故本題答案與(1)相同，機率 $= 16e^{-15}$

例 26

假設某汽車工廠平均組裝一個輪胎需 4 分鐘，假設組裝輪胎的時間呈指數分配，求

(1)8 分鐘以內組裝好 2 個輪胎的機率？

(2)組裝 3 個輪胎至少要 12 分鐘的機率？

解

事件發生次數超過一次的指數分配即為 Gamma 分配，假設隨機變數 X 服從 Gamma

分配，其機率函數為：$f(x) = \dfrac{1}{\beta\Gamma(\alpha)}\left(\dfrac{x}{\beta}\right)^{\alpha-1}e^{-\frac{x}{\beta}}$

(1) $X \sim G(2,4)$，我們就以這個例子來套用課文介紹的積分公式，但我們也把積分式列出來，採用直接積分者請自行計算並驗證是否答案相同。

$$f(x \le 8) = \int\limits_x^8 f(x)dx = \int\limits_0^8 \frac{1}{4\Gamma(2)}(\frac{x}{4})e^{-\frac{x}{4}}dx = 1 - f(x \ge 8)$$

$$= 1 - \left[\frac{1}{\Gamma(1)}(\frac{8}{4})^{1-1}e^{-\frac{8}{4}} + \frac{1}{\Gamma(2)}(\frac{8}{4})^{2-1}e^{-\frac{8}{4}}\right] = 1 - 3e^{-2}$$

其中： $\Gamma(1) = 0! = 1, \Gamma(2) = 1! = 1$

(2) $X \sim G(3,4)$

$$f(x \ge 12) = \int\limits_x f(x)dx = \int\limits_{12}^{\infty} \frac{1}{4\Gamma(3)}(\frac{x}{4})^2 e^{-\frac{x}{4}}dx$$

$$= \frac{1}{\Gamma(1)}(\frac{12}{4})^{1-1}e^{-\frac{12}{4}} + \frac{1}{\Gamma(2)}(\frac{12}{4})^{2-1}e^{-\frac{12}{4}} + \frac{1}{\Gamma(3)}(\frac{12}{4})^{3-1}e^{-\frac{12}{4}} = \frac{17}{2}e^{-3}$$

例 27

某裝置假設有一重要元件，若此元件壞掉整個系統就毀損，為了提高系統的可靠度，因此設立了 3 個完全相同且操作獨立的備份元件。當正在使用的元件毀損，備份元件其中之一會自動接替。假設此元件的壽命服從指數分配，且已知每個平均壽命 3 小時，求整個系統壽命至少 18 小時的機率為何？

解

假設隨機變數 X 表壽命，3 個備份元件加原本之元件，共有 4 個元件，由題意知 X 服從 Gamma 分配， $X \sim G(4,3)$ ，且 $f(x) = \frac{1}{\beta\Gamma(\alpha)}(\frac{x}{\beta})^{\alpha-1}e^{-\frac{x}{\beta}}$ ，系統壽命至少 18 小時的機率為：

$$f(x \ge 18) = \int\limits_{18}^{\infty} \frac{1}{3\Gamma(4)}(\frac{x}{3})^{4-1}e^{-\frac{x}{3}}dx$$

$$= \frac{1}{\Gamma(1)}(\frac{18}{3})^{1-1}e^{-\frac{18}{3}} + \frac{1}{\Gamma(2)}(\frac{18}{3})^{2-1}e^{-\frac{18}{3}} + \frac{1}{\Gamma(3)}(\frac{18}{3})^{3-1}e^{-\frac{18}{3}} + \frac{1}{\Gamma(4)}(\frac{18}{3})^{4-1}e^{-\frac{18}{3}}$$

$$= 61e^{-6}$$

10.5.3 Gamma 分配的重要參數

Gamma 分配的重要母體參數如下所示。

1. 期望值

$$E(x) = \alpha\beta$$

2. 變異數

$$V(x) = \alpha\beta^2$$

3. 動差母函數

$$M_X(t) = (\frac{1}{1-\beta t})^{\alpha}$$

例 28

已知隨機變數 X 服從 Gamma 分配，其機率密度函數如下所示：

$$f(x) = \frac{1}{\beta\Gamma(\alpha)}(\frac{x}{\beta})^{\alpha-1}e^{-\frac{x}{\beta}}, 0 < x < \infty, \alpha > 0, \beta > 0$$

試求動差母函數、期望值與變異數。

解

動差母函數：本題需用到 Gamma 函數 $\Gamma(\alpha) = \int_0^{\infty} x^{\alpha-1}e^{-x}dx$

$$M_X(t) = E(e^{tx}) = \int_0^{\infty} e^{tx} \frac{1}{\beta^{\alpha}\Gamma(\alpha)} x^{\alpha-1} e^{-\frac{x}{\beta}} dx = \frac{1}{\beta^{\alpha}\Gamma(\alpha)} \int_0^{\infty} x^{\alpha-1} e^{-(\frac{1}{\beta}-t)x} dx$$

令 $(\frac{1}{\beta}-t)x = y \Rightarrow x = \frac{\beta}{1-\beta t}y; \quad dx = \frac{\beta}{1-\beta t}dy$ 代入上式得

$$\frac{1}{\beta^{\alpha}\Gamma(\alpha)} \int_0^{\infty} (\frac{\beta}{1-\beta t}y)^{\alpha-1} e^{-y} \frac{\beta}{1-\beta t} dy = \frac{1}{\beta^{\alpha}\Gamma(\alpha)} (\frac{\beta}{1-\beta t})^{\alpha} \int_0^{\infty} y^{\alpha-1} e^{-y} dy$$

$$= \frac{1}{\beta^{\alpha}\Gamma(\alpha)} (\frac{\beta}{1-\beta t})^{\alpha} \Gamma(\alpha) = (\frac{1}{1-\beta t})^{\alpha}$$

期望值：$\ln M(t) = \ln(\frac{1}{1-\beta t})^\alpha = -\alpha \ln(1-\beta t)$

$$\therefore E(x) = \frac{d}{dt} \ln M(t)\Big|_{t=0} = \frac{\alpha\beta}{1-\beta t}\Big|_{t=0} = \alpha\beta$$

變異數：$V(x) = \frac{d^2}{dt^2} \ln M(t)\Big|_{t=0} = \frac{\alpha\beta^2}{(1-\beta t)^2}\Big|_{t=0} = \alpha\beta^2$

例 29

已知隨機變數 X 服從 Gamma 分配，其機率密度函數如下所示：

$$f(x) = \frac{1}{\beta\Gamma(\alpha)}(\frac{x}{\beta})^{\alpha-1} e^{-\frac{x}{\beta}}, 0 < x < \infty, \alpha > 0, \beta > 0$$

試求 $E(\frac{1}{x})$。

解

$$E(\frac{1}{x}) = \int_0^\infty x^{-1} \frac{1}{\beta\Gamma(\alpha)}(\frac{x}{\beta})^{\alpha-1} e^{-\frac{x}{\beta}} dx = \frac{1}{\beta(\alpha-1)} \int_0^\infty \frac{1}{\beta\Gamma(\alpha-1)}(\frac{x}{\beta})^{(\alpha-1)-1} e^{-\frac{x}{\beta}} dx$$

其中 $\int_0^\infty \frac{1}{\beta\Gamma(\alpha-1)}(\frac{x}{\beta})^{(\alpha-1)-1} e^{-\frac{x}{\beta}} dx \sim G(\alpha-1, \beta) \Rightarrow \int_0^\infty \frac{1}{\beta\Gamma(\alpha-1)}(\frac{x}{\beta})^{(\alpha-1)-1} e^{-\frac{x}{\beta}} dx = 1$

故 $E(\frac{1}{x}) = \frac{1}{\beta(\alpha-1)}$

10.5.4 Gamma 分配的再生性

Gamma 分配具有再生性，假設兩獨立隨機變數 X, Y 服從 Gamma 分配，$X \sim G(\alpha, \beta), Y \sim G(\gamma, \beta)$，則

$$X + Y \sim G(\alpha + \gamma, \beta)$$

例 30

假設兩獨立隨機變數 X,Y 服從 Gamma 分配，$X \sim G(\alpha,\beta), Y \sim G(\gamma,\beta)$。試證明：
$X + Y \sim G(\alpha+\gamma,\beta)$。

證明

$$M_{X+Y}(t) = E(e^{t(x+y)}) = E(e^{tx}e^{ty}) = E(e^{tx})E(e^{ty})$$

$$= (\frac{1}{1-\beta t})^{\alpha} \times (\frac{1}{1-\beta t})^{\gamma} = (\frac{1}{1-\beta t})^{\alpha+\gamma} \sim G(\alpha+\gamma,\beta)$$

10.6 卡方分配

卡方分配在推論統計中佔有很重要的地位，它的應用十分廣泛，在後面的抽樣分配理論中會有詳細的介紹，本節僅就卡方分配的機率函數與其重要參數做簡單的介紹。

10.6.1 卡方分配的機率密度函數

假設隨機變數 X 為連續隨機變數，若其機率密度函數為：

$$f(x) = \frac{1}{2\Gamma(\frac{v}{2})}(\frac{x}{2})^{\frac{v}{2}-1} e^{-\frac{x}{2}}, \quad x > 0$$

則稱隨機變數 X 服從卡方分配，通常以符號 $X \sim \chi^2(v)$ 或 $X \sim \chi_v^2$ 表示，其中 v 稱為卡方分配的自由度。

觀察卡方分配與 Gamma 分配可知，當 Gamma 分配中的 $\alpha = \frac{v}{2}, \beta = 2$ 的時候即為卡方分配，故卡方分配為 Gamma 分配的特例，其機率密度函數可直接由 Gamma 分配求得。卡方分配除了可由 Gamma 分配導出外，亦可由標準常態隨機變數的平方導出，即
$\chi_n^2 = \sum_{i=1}^{n} z_i^2$。

例 31

假設 $Z_1, Z_2, \cdots, Z_n$ 為獨立隨機變數，且服從標準常態分配，試證明 $\displaystyle\sum_{i=1}^{n} z_i^2$ 服從自由度 n 之卡方分配。

註：廣義微積分第一基本定理：$\displaystyle\frac{d}{dx}\int_{a}^{A(x)} f(t)dt = f(A(x)) \times A'(x)$

證明

$$F_{Z_1^2}(x) = P(z_1^2 \le x) = P(-\sqrt{x} \le z_1 \le \sqrt{x}) = 2P(0 \le z_1 \le \sqrt{x}) = \frac{2}{\sqrt{2\pi}}\int_{0}^{\sqrt{x}} e^{-\frac{z^2}{2}} dz$$

$$f_{Z_1^2}(x) = \frac{d}{dx} F_{Z_1^2}(x) = \frac{d}{dx}\left(\frac{2}{\sqrt{2\pi}}\int_{0}^{\sqrt{x}} e^{-\frac{z^2}{2}} dz\right) = \frac{2}{\sqrt{2\pi}} \times e^{-\frac{x}{2}} \times \frac{1}{2\sqrt{x}}$$

$$= \frac{1}{2^{\frac{1}{2}}\Gamma\left(\frac{1}{2}\right)} x^{\frac{1}{2}-1} e^{-\frac{x}{2}} = \frac{1}{2\Gamma\left(\frac{1}{2}\right)}\left(\frac{x}{2}\right)^{\frac{1}{2}-1} e^{-\frac{x}{2}} \sim \chi_1^2$$

同理 $Z_2 \sim \chi_1^2, Z_3 \sim \chi_1^2, \cdots, Z_n \sim \chi_1^2$

又 $\chi_1^2 \sim G(\frac{1}{2}, 2)$，根據 Gamma 分配的再生性知

故 $Z_1^2 + Z_2^2 + \cdots + Z_n^2 \sim \chi_1^2 + \chi_1^2 + \cdots + \chi_1^2 \sim G(\frac{n}{2}, 2)$

故 $\displaystyle\sum_{i=1}^{n} z_i^2$ 服從自由度 n 之卡方分配

10.6.2 卡方分配的重要參數

由於卡方分配是 Gamma 分配的特例，因此卡方分配的期望值、變異數與動差母函數皆可由 Gamma 分配推導出來，只要令 Gamma 分配中的 $\alpha = \frac{v}{2}, \beta = 2$ 代入即可求出卡方分配的相關參數。卡方分配的重要參數有：

1. 期望值

$$E(x) = v$$

2. 變異數

$$V(x) = 2v$$

3. 動差母函數

$$M(t) = (\frac{1}{1-2t})^{\frac{v}{2}}$$

10.6.3 卡方分配的再生性

假設兩獨立隨機變數 X，Y 服從卡方分配，$X \sim \chi^2(v_1), Y \sim \chi^2(v_2)$，則

$$X + Y \sim \chi^2(v_1 + v_2) \circ$$

卡方分配的再生性可藉由 Gamma 分配推導得到，在範例 31 題中我們已經用到了這個性質。這個性質十分重要，在第十五章所介紹的獨立樣本 t 檢定，在母體變異數相等的條件下，自由度為 $n_1 + n_2 - 2$，就是利用此性質所推導出來的。

10.6.4 標準常態隨機變數與卡方變數的關係

若隨機變數 Z 服從標準常態隨機變數，$Z \sim N(0,1)$，由範例 31 題可知 Z^2 會服從自由度為 1 之卡方分配，亦即 $Z^2 \sim \chi_1^2$，下面我們會用動差母函數再證明一次。這個性質在抽樣分配理論中十分的重要，請記住這個特性，後面的章節我們會再用到這個性質。

連續型的機率分配除了上述介紹之外，還有其他種類，如：Beta 分配、Cauchy 分配、Weibull 分配、對數常態分配、二元指數分配、Logistic 分配、Pareto 分配等等，因為後面有關應用統計的單元用不到，因此本書不做介紹，有興趣的讀者可自行參考數學系或應用數學系所用的機率論相關教科書。還有另外兩個在商管應用十分重要的分配：F 分配與 t 分配，我們放在下一章節中會做詳細的介紹。

例 32

假設隨機變數 Z 服從標準常態隨機變數，$Z \sim N(0,1)$，求證 $Z^2 \sim \chi_1^2$。

證明

本題屬於隨機變數變換，在此我們採用動差母函數法證明

$$M(t) = E(e^{tz^2}) = \int_x e^{tz^2} f(x)dx = \int_{-\infty}^{\infty} e^{tz^2} \frac{1}{\sqrt{2\pi}} e^{-\frac{z^2}{2}} dz = \int_{-\infty}^{\infty} \frac{1}{\sqrt{2\pi}} e^{-\frac{(1-2t)z^2}{2}} dz$$

令 $(1-2t)z^2 = u^2 \Rightarrow z = \frac{u}{\sqrt{1-2t}} \therefore dz = \frac{1}{\sqrt{1-2t}} du$ 代入原式

$$\int_{-\infty}^{\infty} \frac{1}{\sqrt{2\pi}} e^{-\frac{(1-2t)z^2}{2}} dz = \int_{-\infty}^{\infty} \frac{1}{\sqrt{2\pi}} e^{-\frac{u^2}{2}} \frac{1}{\sqrt{1-2t}} du = \frac{1}{\sqrt{1-2t}} \int_{-\infty}^{\infty} \frac{1}{\sqrt{2\pi}} e^{-\frac{u^2}{2}} du$$

$$= \frac{1}{\sqrt{1-2t}} = (\frac{1}{1-2t})^{\frac{1}{2}}$$，故由動差母函數知 $Z^2 \sim \chi_1^2$

註：$\int_{-\infty}^{\infty} \frac{1}{\sqrt{2\pi}} e^{-\frac{u^2}{2}} du = 1$，標準常態分配機率總和為 1。

總整理

1. 連續型機率函數的重要參數

分配	機率函數	期望值	變異數	動差母函數
均勻	$f(x) = \dfrac{1}{b-a}$	$\dfrac{a+b}{2}$	$\dfrac{(b-a)^2}{12}$	$\dfrac{e^{bt} - e^{at}}{t(b-a)}, t \neq 0$
常態	$f(x) = \dfrac{1}{\sqrt{2\pi}\sigma} e^{-\frac{1}{2}\frac{(x-\mu)^2}{\sigma^2}}$	μ	σ^2	$e^{\mu t + \frac{\sigma^2}{2}t^2}$
標準常態	$f(z) = \dfrac{1}{\sqrt{2\pi}} e^{-\frac{z^2}{2}}$	0	1	$e^{\frac{t^2}{2}}$
指數	$f(x) = \dfrac{1}{\mu} e^{-\frac{x}{\mu}}$	μ	μ^2	$\dfrac{1}{1-\mu t}$
Gamma	$f(x) = \dfrac{1}{\beta\Gamma(\alpha)}\left(\dfrac{x}{\beta}\right)^{\alpha-1} e^{-\frac{x}{\beta}}$	$\alpha\beta$	$\alpha\beta^2$	$\left(\dfrac{1}{1-\beta t}\right)^{\alpha}$
卡方	$f(x) = \dfrac{1}{2\Gamma(\frac{v}{2})}\left(\dfrac{x}{2}\right)^{\frac{v}{2}-1} e^{-\frac{x}{2}}$	v	$2v$	$\left(\dfrac{1}{1-2t}\right)^{\frac{v}{2}}$

2. 各種分配之關係

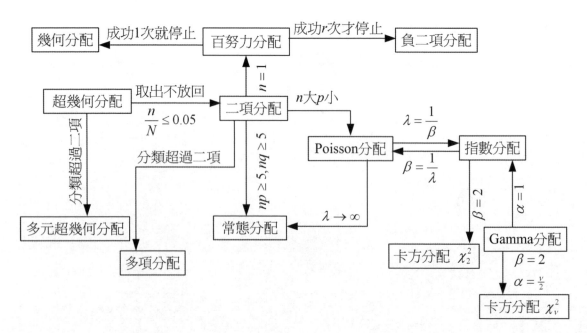

3. 各種分配之加法性

$$Y = X_1 + X_2 + \cdots + X_n$$

X_i 之分配	Y 之分配	限制條件	加法性
百努力 $Ber(1, p)$	$B(n, p)$		無
二項 $B(n_i, p)$	$B(\sum_{i=1}^{n} n_i, p)$	p 相同	有
幾何 $G(p)$	$NB(n, p)$		無
負二項 $NB(n_i, p)$	$NB(\sum_{i=1}^{n} n_i, p)$	p 相同	有
Poisson $Pio(\lambda_i)$	$Pio(\sum_{i=1}^{n} \lambda_i)$	無限制	有
常態 $N(\mu_i, \sigma_i^2)$	$N(\sum_{i=1}^{n} \mu_i, \sum_{i=1}^{n} \sigma_i^2)$	無限制	有
指數 $Exp(\beta)$	$Gamma(n, \beta)$		無
Gamma $G(\alpha_i, \beta)$	$G(\sum_{i=1}^{n} \alpha_i, \beta)$	β 相同	有
卡方 $\chi_{v_i}^2$	$\chi_{\sum_{i=1}^{n} v_i}^2$	無限制	有

4. 無記憶性

只有幾何分配與指數分配具有無記憶性的特質，其餘分配皆不具無記憶性。

1. 假設台北捷運系統每隔 10 分鐘會有一班車到站載運旅客，假設某人並不知道這個訊息，現在此人欲搭乘捷運，求

   (1) 此人等待時間小於 2 分鐘的機率。

   (2) 此人等待時間介於 3 到 7 分鐘的機率。

   (3) 此人平均需等待幾分鐘可搭上捷運。

2. 已知隨機變數 X 服從均勻分配，其機率密度函數為 $f(x) = \dfrac{1}{20}$, $0 \le x \le 20$。試求 $E(x), V(x)$ 與動差母函數。

3. 已知隨機變數 X 服從均勻分配，其機率密度函數為 $f(x) = \dfrac{1}{20}$, $120 \le x \le 140$ 試求 $V(x)$。

4. 已知隨機變數 X 為一連續型均勻分配且 $0 \le x \le 5$，求：

   (1) $P(x = 3)$。　(2) $P(2 \le x \le 3.5)$　(3) $P(x \le 1.5)$。　(4) $P(x \ge 2.4)$

5. 已知隨機變數 X 為一連續型均勻分配且介於 10—20 之間，求

   (1) $P(x \le 15)$。　(2) $E(x), V(x)$

6. 某生產機器製造一件物品所需時間 X 服從均勻分配，已知生產一件時間介於 150 分鐘與 250 分鐘之間。(1)試求 $f(x)$。　(2)試求此機器生產一件物品時間在 200 分鐘到 220 分鐘內之機率為何？　(3)試求此機器生產一件物品時間恰好等於 180 分鐘的機率為何？

7. 假定某班火車抵達車站的時間在 8 點至 8 點 20 分之間，且在此時段中任何時刻到站的可能性均相同。試求

   (1) 某乘客在 8 點 10 分抵達車站，可搭上火車的機率？

   (2) 某乘客在 8 點 10 分抵達車站，火車已開走的機率？

   (3) 求期望值與變異數，並解釋期望值意義。

8. 假設隨機變數 X 為介於 $[0,2]$ 之均勻分配，求下列各小題。

   (1) 求 X 之累積分配函數 $F(x)$。

   (2) 求 $P(\dfrac{1}{2} \le x \le \dfrac{3}{2})$

   (3) 求 X 之中位數。

9. 小明與小英在週末約好雙方在下午 6 點半到 7 點間在真善美電影院門口見面，假設兩人到達的時間服從均勻分配，試求先到達的人等待至少 10 分鐘的機率？

10. 假設 Z 為標準常態分配，利用常態機率分配表，試求下列之機率值。

    (1) $P(0 \le z \le 1)$。　(2) $P(z \ge 1)$。　(3) $P(-2 \le z \le 0)$。　(4) $P(z \le -2)$。

    (5) $P(-2.1 \le z \le 1.2)$。　(6) $P(z \ge -1.5)$。　(7) $P(z \le 2.2)$。

11. 假設 Z 為標準常態分配，利用常態機率分配表，試求下列之 a 值。

    (1) $P(0 \leq z \leq a) = 0.475$。　　(2) $P(z \geq a) = 0.1314$。

    (3) $P(z \leq a) = 0.67$。　　(4) $P(z \leq a) = 0.2119$。

    (5) $P(z \geq a) = 0.6915$。　　(6) $P(-a \leq z \leq a) = 0.903$。

    (7) $P(-a \leq z \leq a) = 0.2052$。

12. 某公司有數萬名員工，所有的員工體重成常態分配，平均體重 60 公斤，標準差 5 公斤，試回答下列各題。

    (1) 若該公司電梯設計超過 750 公斤就會鈴響，試問 12 位員工搭乘時，遇到響鈴的機率是多少？

    (2) 若員工甲的體重為 70 公斤，他與 11 位同事一起搭乘電梯，試問電梯鈴響的機率為何？

    (3) 若要使 12 人的搭乘電梯使鈴聲響的機率小於 0.01，請問電梯應設計超過多少公斤以上才響鈴。

13. 某研究所招收研究所學生，分成筆試與面試兩個階段。第一階段筆試共考兩科，滿分 200 分，然後以筆試分數高低決定是否可進入第二個階段。假設此次考試學生得分服從常態分配，且該研究所預定從筆試分數中選出最好的 24 人面試，若此次報考學生人數有 150 人，平均成績為 120 分、標準差分 15 分。試求：

    (1) 要取得面試資格至少要考幾分以上(取整數)？

    (2) 某位考生考試分數為 150 分，請你估計他的分數至少名列第幾？

14. 某品牌家電用品的使用壽命服從平均數 4.5 年，標準差 1 年的常態分配，若保證期為 2 年，試問退貨比例為多少？

15. 假設某人每日收到的電子郵件數近於常態分配，若已知每日平均 80 封，且超過 120 封的機率為 0.1。試問標準差為何？

16. 假設平均有 30% 的學生戴眼鏡，求在一個 20 人的班級中，試分別以下列兩種方法，求至少有 10 個學生戴眼鏡的機率為何？

    (1) 使用真實分配計算。

    (2) 使用常態分配近似模擬。

17. 已知某工廠所生產的燈泡平均壽命為 200 小時，變異數是 300 平方小時。

    (1) ❶ 若燈泡壽命均勻分配在 (a,b)，求 a,b。

    　　❷ 若某人買了一個此工廠所生產的燈泡，請問此燈泡壽命不到 180 小時的機率為何？

    (2) 若燈泡壽命服從常態分配，則此人買到的燈泡壽命不到 180 小時的機率為何？

(3) 若不知道燈泡壽命服從何種分配，則此人買到的燈泡壽命不到 180 小時的機率為何？

18. 假設某地區的人年齡服從常態分配，已知年紀小於 18 歲者佔 20%，年紀介於 18 歲至 60 歲之間者佔 70%，年紀大於 60 歲者佔 10%，試求該地區的人平均年齡。

19. 假設某次研究所考試共有 4000 人參加，成績服從常態分配，若第 2 及第 3 四分位數 $Q_2 = 63.25, Q_3 = 72.31$，試求

    (1) 這 4000 人的平均數分數　　(2) 標準差　　(3) 第 1 四分位數

    (4) 大約有多少學生成績高於 80 分？

20. 已知隨機變數 X 之動差母函數為：$M(t) = e^{6t + \frac{25t^2}{2}}$，$t \in R$。

    (1) 請問隨機變數 X 服從何種分配？平均數與變異數為何？

    (2) 求 $P(x \geq 6)$。

21. 已知隨機變數 X 之機率密度函數為：$f(x) = \dfrac{1}{\sqrt{0.5\pi}} e^{-2x^2 + 8x - 8}, -\infty < x < \infty$，試求：

    (1) $f(-5 \leq x \leq -2)$。　　(2) $f(|x + 3| \leq 1)$。

22. 已知隨機變數 X、Y 服從常態分配，滿足：$X \sim N(4,9), Y \sim N(10,16)$。試求 $P(x + y \leq 20)$。

23. 某汽車公司每天早晨 8：30 準時由 A 市經甲道路到 B 市；再由 B 市經乙道路到達 C 市。由 A 市到 B 市所需時間為 X，由 B 市到 C 市所需時間為 Y，且 $X \sim N(5, 0.25), Y \sim N(1.5, 0.12)$，中途午餐休息 1 小時。求下午 5 點到達 C 市的機率。

24. 投擲一枚公正骰子 30 次，令隨機變數 x 表示出現 1 點的次數，試以 Poisson 分配與常態分配近似，求 1 點出現 5 次的機率。

25. 已知隨機變數 X 的動差母函數為：$M(t) = (\dfrac{1}{4} + \dfrac{3}{4} e^t)^{48}$，求 $P(31 \leq x \leq 40)$。

26. 假設進入銀行的客戶服從 Poisson 分配，平均每小時有 49 人，試求一小時內進入此銀行的客戶人數在 45 人到 60 人之間的機率為何，請以常態分配求解。

27. 假設隨機變數 X 服從指數分配，且機率密度函數為：

    $$f(x) = \begin{cases} \lambda e^{-\lambda x}, & x > 0 \\ 0, & x \leq 0 \end{cases}$$

    (1) 求 X 的累積分配函數。

    (2) 利用(1)試證：$P(X > x + x_0 | X > x_0) = P(X > x)$，$x_0$ 為任意正數。

28. 假設某燈泡的壽命呈指數分配，且機率密度函數為：$f(x) = \dfrac{1}{50} e^{-\frac{x}{50}}$

    (1) 求此燈泡的平均壽命。

    (2) 求此燈泡的壽命超過 100 的機率為何？

29. 試利用標準常態分配表求下列各小題之機率：

   (1) $P(z > 1.2)$。　　(2) $P(z < 2)$。　　(3) $P(z > -1)$。　　(4) $P(z < -0.5)$。

   (5) $P(-1 < z < 2)$。

30. 已知某工程已完工的進度為 95%。假設每天的施工進度成常態分配。晴天時，平均進度為 1%，施工進度的變異係數為 10%；雨天時，平均進度為 0.5%，施工進度的變異係數為 40%。

   (1) 若明天是晴天和雨天的機會均等，試問明天的施工進度超過 1%的機率？

   (2) 若未來一週有 5 個晴天和 2 個雨天，試問完工日期在一週內的機率？

31. 台北有 80%的上班族坐捷運通勤上班。求隨機抽取之 100 位上班族，求恰有 85 位使用自己的交通工具之機率？(以常態分配近似)

32. 假設隨機變數 X 服從指數分配，且滿足 $P(X \leq x) = 1 - e^{-\lambda x}$，$x > 0$。試證明：$E(x) = \dfrac{1}{\lambda}$。

33. 高鐵每 20 分鐘發車一次，某人隨機到高鐵站等待。試求

   (1) 若等待時間為 X，試求 X 的機率函數。

   (2) 等待 10 分鐘上的機率。

34. 已知 $\Gamma(\alpha) = \displaystyle\int_0^\infty x^{\alpha-1} e^{-x} dx$。試證明：$\Gamma(\dfrac{1}{2}) = \sqrt{\pi}$。

35. 若 A 地每小時平均 4 輛車到達，求第 3 輛車在半小時後到達之機率？

筆記頁

抽樣與抽樣分配

在本章中將介紹抽樣方法以及抽樣分配的相關理論，從本章開始就正式進入應用統計的範圍了。

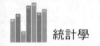
 抽樣的基本概念

　　身處在現今的社會中，不論是商業上的行銷、管理策略或是政府施政的方針，都需要相關數據協助企業作決策或者讓政府了解民眾對某項政策的滿意程度，取得這些數據的有效方法之一便是透過抽樣調查。所謂抽樣(sampling)就是指自母體取得樣本的程序或方法。因此抽樣過程不僅需要注意進行的程序之外，還必須探討抽樣方法。常見的抽樣方法，若是以樣本是否可算出被選到的機率，可分為隨機抽樣法(random sampling)與非隨機抽樣法(non-random sampling)。所謂「隨機」必須滿足下列三個條件：

1. 母體中的任一元素皆有被抽出的可能性。

2. 任一組樣本被抽出的機率皆為已知的(或可以計算)。

3. 各組樣本被抽出的過程是獨立的。

　　常見的隨機抽樣方法有：簡單隨機抽樣(sample random sampling)、系統抽樣(systematic sampling)、分層抽樣(stratified sampling)與部落抽樣(cluster sampling)等四種，至於非隨機抽樣方法常見的有：方便抽樣(convenience sampling)、判斷抽樣(judgment sampling)與滾雪球抽樣(snowball sampling)等三種。下面我們就針對這幾種抽樣方法逐一介紹。

11.1.1 方便抽樣

　　方便抽樣也有人稱為便利抽樣。所謂方便抽樣是指樣本的選取，只考慮取樣的便利性。例如調查全國大專學生信用卡使用情形，調查者為博碩大學的學生，直接以博碩大學的學生為抽樣對象，甚至只請自己認識的同學協助填寫問卷。採用此種方法所得到的結果通常與真實情況差距很大，但某些研究上因為樣本取得困難，不得不採用方便抽樣。例如研究貓熊的行為模式，孕婦產後對哺乳的認知行為等，這種受限於樣本取得的困難以及經費上的不足，往往只能就現有資料進行蒐集。

11.1.2 判斷抽樣法

　　所謂判斷抽樣法是根據研究者主觀意識來判斷如何選擇樣本。判斷抽樣調查法又稱為立意式抽樣法，在抽樣方法中被廣為使用的方法之一。例如調查國小高年級資訊素養，研究者以以彰化縣的國小學生進行抽樣，並將母體按照智、仁、勇進行分類，分別抽取若干樣本。

11.1.3 滾雪球抽樣

在某些情況下，調查的對象本身稀少，只知道少數樣本的存在，其餘樣本不曉得在何處？例如原住民的研究或者有關同性戀者的研究，這類樣本大都不曉得哪些是符合研究所設定的對象。此時，可以利用已知的少數樣本，再從這些樣本所提供的訊息取得其他樣本，就如同滾雪球般越滾越大。

11.1.4 簡單隨機抽樣

簡單隨機抽樣的方法是利用亂數表抽取樣本，因此母體中的每個元素被抽中的機率皆相等，由於樣本的選取是利用亂數表的方式產生，因此使用簡單隨機抽樣通常必須擁有母體名冊。例如民意調查，利用亂數表產生電話號碼，再依亂數表所選出的電話號碼進行電話訪談。

11.1.5 系統抽樣

系統抽樣調查法的實施方式是將母體中所有樣本依序排列，以等距或等間隔方式抽取樣本。例如欲調查公路上汽車的排放廢氣是否符合標準，可以每隔 50 部車或 100 部車攔下來臨檢。系統抽樣的優點在於：使用方便，尤其特別適用於具有通訊錄或電話簿的抽樣。若選取的間隔過大，尚未選取足夠的樣本就已經超過母體最大編號，此時可將母體排成一圈，繼續選取樣本直到選出足夠的樣本為止。此種抽樣法的缺點則有：(1)若採取出放回的抽樣方式不適合此法。(2)母體具週期性時，會造成嚴重的偏差，例如小學生的座號若以身高排列，以系統抽樣調查法調查小學生的身高，抽取每班的 1 號，就會造成嚴重的偏差。(3)無完整的母體名冊較不適合此法。

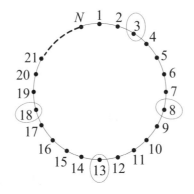

以 3 為起始點，每間隔 5 抽取一個樣本

11.1.6 分層抽樣

分層抽樣調查法必須先將母體依某些標準區分成若干不重疊的層,再從各分層中隨機抽取若干樣本,最後再由各層所取得的樣本集合成一個總樣本。而分層原則應按「層內差異小,層間差異大」之原則來分層。例如有關教育研究方面,可按升學班與技能班區分兩個層別,採用分層抽樣法抽取樣本。分層抽樣的優點有:(1)可以方便比較各層間的差異,亦可獲得有關各層的資訊。(2)可提高估計的精確度。主要缺點則為作業及計算比較複雜一些。

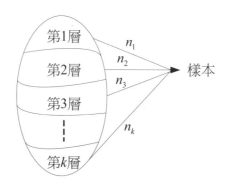

至於每一層應該取樣多少,並無最好的定論,下列有三種方法是最常被採用的方法:

1. 比例配置法(proportional allocation)

也有人稱為 Fisher 抽樣法。由於分層時,每一層的個數不盡相同,因此個數較多的層抽取較多的樣本,而個數少的層則抽取較少的樣本,各層所抽取的樣本數,與每一層之個數成正比。若每一層的個數分別為 $N_1, N_2, \cdots, N_k$,則每一層依照 $N_1 : N_2 : \cdots : N_k$ 的比例抽取樣本,故每一層應抽取的樣本數為:

$$n_i = \frac{N_i}{N} \times n, \quad i = 1, 2, ..., k$$

其中:N 為母體總數, N_i 為第 i 層個數,n 選取之樣本數。

2. 非比例配置法(disproportional allocation)

也有人稱此抽樣法為 Neyman 抽樣。非比例配置法是將各層的標準差考慮進去,差異程度小之層,因為資料較為一致,因此少量的樣本即可代表該層的母體情形。故標準差越小的層抽出樣本可以較少些,差異程度大之層,因為資料較為分散,因此需要抽取較多的樣本。簡而言之,每一層抽取的樣本依照 $N_i \times \sigma_i$ 的比例抽取樣本,也就是說每一層選取的樣本數按 $N_1\sigma_1 : N_2\sigma_2 : \cdots : N_k\sigma_k$ 的比例抽取,故每一層抽取樣本數的公式定義如下:

$$n_i = (\frac{N_i \sigma_i}{\sum_{j=1}^{k} N_j \sigma_j}) \times n \quad , i = 1, 2, 3, ..., k$$

其中 σ_i 表第 i 層的標準差。

3. Deming 配置法

Deming 配置法除了上述所考慮的因素之外，另外將成本因素考慮進去。若花費成本較高的可以考慮減少抽取樣本數，而花費較少的樣本可以多取一些，故選取的樣本數和花費成反比。但因為費用的因素不是那麼重要，因此 Deming 配置法將費用開根號後再合併上述兩種方法抽取樣本，即按照 $\frac{N_i \sigma_i}{\sqrt{C_i}}$ 的比例抽取樣本，也就是說每一層選取的樣本數按 $\frac{N_1 \sigma_1}{\sqrt{C_1}} : \frac{N_2 \sigma_2}{\sqrt{C_2}} : \cdots : \frac{N_k \sigma_k}{\sqrt{C_k}}$ 的比例抽取樣本，故每一層需要抽取樣本數公式定義如下：

$$n_i = (\frac{\frac{N_i \sigma_i}{\sqrt{C_i}}}{\sum_{j=1}^{k} \frac{N_j \sigma_j}{\sqrt{C_j}}}) \times n \quad , i = 1, 2, 3, ..., k$$

其中 C_i 表抽取第 i 層樣本所需的費用。

11.1.7 部落抽樣法

部落抽樣法是先將母體分成若干群，接著利用隨機亂數抽取其中一群或數群為樣本。分群原則為「群與群之間差異儘量小，而群內之個別資料差異大」。例如有關教育研究方面的抽樣，若為常態編班的學校可採用此法進行抽樣。

例 1

教育部為瞭解並研究大學教育問題，於是在台灣地區以隨機抽樣法選取 1000 名學生作為樣本。蒐集到的資料整理如下表所示：

年級	大一	大二	大三	大四
人數	22000	19500	16300	15000
學業成績平均	85	82	80	78
學業成績變異數	16	25	36	49
單位調查費用	100	225	400	625

試求下列各小題：

(1)以比例配置法選取樣本，各年級應抽取多少人？

(2)以 Neyman 配置法選取樣本，各年級應抽取多少人？

(3)以 Deming 配置法選取樣本，各年級應抽取多少人？

解

(1) 母體總數：$N = 22000 + 19500 + 16300 + 15000 = 72800$

比例配置法每層按 $22000 : 19500 : 16300 : 15000 = 220 : 195 : 163 : 150$ 抽取樣本，分母為 $220 + 195 + 163 + 150 = 728$ 故每一年級需取樣

大一：$\dfrac{220}{728} \times 1000 \approx 302$ 人

大二：$\dfrac{195}{728} \times 1000 \approx 268$ 人

大三：$\dfrac{163}{728} \times 1000 \approx 224$ 人

因前三個年級選取人數經四捨五入，為滿足全部樣本數為 1000，故四年級選取人數為：

大四：$1000 - 302 - 268 - 224 = 206$ 人

(2) Neyman 配置法需考慮標準差，故每一年級按

$22000 \times \sqrt{16} : 19500 \times \sqrt{25} : 16300 \times \sqrt{36} : 15000 \times \sqrt{49} = 880 : 975 : 978 : 1050$

選取樣本，分母為：$880 + 975 + 978 + 1050 = 3883$

每一年級需取樣：

大一：$\dfrac{880}{3883} \times 1000 \approx 227$ 人

大二：$\dfrac{975}{3883} \times 1000 \approx 251$ 人

大三：$\dfrac{978}{3883} \times 1000 \approx 252$ 人

大四：$1000 - 227 - 251 - 252 = 270$ 人

(3) Deming 配置法除考慮上兩因素外，另外考慮費用，故每一年級按

$\dfrac{22000 \times \sqrt{16}}{\sqrt{100}} : \dfrac{19500 \times \sqrt{25}}{\sqrt{225}} : \dfrac{16300 \times \sqrt{36}}{\sqrt{400}} : \dfrac{15000 \times \sqrt{49}}{\sqrt{625}} = 88 : 65 : 48.9 : 42$ 選取樣本，分母

為：$88 + 65 + 48.9 + 42 = 243.9$，每一年級需取樣：

大一：$\dfrac{88}{243.9} \times 1000 \approx 361$ 人

大二：$\dfrac{65}{243.9} \times 1000 \approx 267$ 人

大三：$\dfrac{48.9}{243.9} \times 1000 \approx 200$ 人

大四：$1000 - 361 - 267 - 200 = 172$ 人

例 2

某項調查欲以隨機抽樣的方式，調查某國中學生之平均身高，請問下列進行的方式是屬於哪種隨機抽樣方法？

(1)於上學時間時，在校門口任意選出 50 個學生。

(2)選取每班學號最後兩位數為 20 的學生。

(3)任意選出 2 個班級學生。

(4)分別從一到三年級各選出 30、40、50 位學生。

解

(1)簡單隨機抽樣。　　(2)系統抽樣。　　(3)部落抽樣。　　(4)分層抽樣。

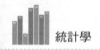

11.2 母體分配、樣本分配與抽樣分配

在本節中將介紹母體分配、樣本分配與抽樣分配三者間的差異。在統計的應用上以抽樣分配相關理論最為重要。

11.2.1 母體分配

母體分配是指母體所有資料的機率分配，通常以機率分配表、機率分配圖或機率函數等方式呈現。若隨機變數為離散型，由相對次數分配表所做出來的長條圖或線條圖，即為離散型隨機變數的機率分配圖。而連續型的隨機變數通常以函數或者圖形來呈現母體分配，若以表格的方式為之，通常以組距型的相對次數分配表呈現。常見的母體分配有常態分配、二項分配、均勻分配、Poisson 分配、指數分配等。在第九章與第十章所介紹的機率函數皆為母體機率分配函數。在統計的應用上，絕大部分情況並不知道母體分配，故母體分配通常都屬於數學上的模型。

11.2.2 樣本分配

樣本分配是指從母體中抽取若干樣本，再將這些樣本以相對次數分配表或者圖形的方式呈現，故樣本資料的機率分配即稱為樣本分配。若取樣得宜，通常樣本分配會趨近於母體分配的形狀。

11.2.3 抽樣分配

抽樣分配係指樣本統計量的機率分配。所謂樣本統計量是指描述樣本資料特性或用來推論母體參數的實數函數，抽樣分配的資料是透過統計公式計算得到的。例如：從母體隨機抽取 100 筆資料並計算此 100 筆資料的平均數 $\bar{x}$，如此不斷地反覆抽取 100 筆資料，然後計算平均數，重複 1000 次 100 筆的抽樣，就可以計算出 1000 個樣本平均數 $\bar{x}$，把這 1000 個計算出來的 $\bar{x}$ 值整理統計，並以相對次數直方圖的方式呈現其分配形狀，像這種做出 $\bar{x}$ 的分配情形就是抽樣分配的一種。

由於我們採隨機選取的方式抽取樣本，所以每一次取出的 100 筆資料所計算出的平均數不一定相同，因此樣本平均數 $\bar{x}$ 也是隨機變數的一種。故由 $\bar{x}$ 所形成的抽樣分配也是機率函數的一種，它可以用函數 $y = f(\bar{x})$ 的方式呈現，也可以使用圖形或機率分配表的方式呈現。

母體分配、樣本分配與抽樣分配三者間的關係，簡單來說，母體分配與樣本分配只是描述資料的機率分配情形，而抽樣分配則為樣本統計量(資料是經過計算得到的)的機率分配情形。常見的重要抽樣分配有：Z 分配、卡方分配(χ^2 distribution)、t 分配(student's t distribution)與 F 分配(Fisher's distribution)四種。後面我們會陸續的介紹這幾種分配的基本性質與用途。

11.2.4 影響抽樣分配的因素

影響抽樣分配的因素有下列三種：

1. 母體本身的分配形狀。母體本身的分配形狀會影響到抽樣分配的形狀，特別是小樣本抽樣，往往不同母體所得到的抽樣分配就不相同。

2. 所採用的樣本統計量。樣本統計量有樣本平均數、樣本標準差、樣本全距等。使用不同的統計公式，所得到的數值便不相同，分配自然也不同。

3. 樣本大小。不同的樣本數也會造成不同的抽樣分配，例如樣本平均數的抽樣分配，會隨著樣本數增加而趨近於常態分配。

11.2.5 抽樣分配的推導

抽樣分配的推導，依樣本數的大小或者母體分配是否已知，可分成下列三大類：

1. 母體及抽樣的樣本數不大時

當母體個數不大且抽樣個數很小時，可採列表的方式推導出抽樣分配，其推導的步驟約可分成下列三個步驟：

(1) 列出所有可能出現的樣本結果。

(2) 計算每一組可能的樣本結果及對應統計量的值。

(3) 將第 2 步驟所計算出的統計量整理，做出相對次數分配表或者相對次數分配圖即為所求。

2. 母體個數龐大或抽樣個數很大時

當所計算的樣本數量過於龐大時，可採用概似函數(likelihood function)來推求抽樣分配，此方法在後面的單元會舉例說明。

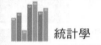
3. 母體分配已知時

若母體分配已知的情況下，欲推求抽樣分配，一般而言有變數變換法、Jacobin 法、動差母函數法。這三種方法在第七章以及第十章已經介紹過了。

由於抽樣分配為樣本統計量所計算出來的所有結果之機率分配函數。藉由抽樣分配我們可測量統計推論中不確定性程度的大小，同時我們可利用抽樣分配的相關理論來衡量統計推論之可靠度。區間估計與假設檢定就是利用抽樣分配理論所發展出來的一套主觀機率理論。

11.3 Z 分配

本章介紹的重點為四大抽樣分配，分別為 Z 分配、卡方分配、F 分配與 t 分配。凡是探討有關平均數的問題大都屬於 Z 分配或者 t 分配，Z 分配與 t 分配最大的差別在於：Z 分配使用在母體常態且母體變異數已知(大小樣本皆可)，或者大樣本且母體變異數已知(母體變異數未知亦可使用)的情況。t 分配則使用在母體常態且母體變異數未知的情況下(小樣本或大樣本皆可使用，但前提是 t 分配表可以查得到)。至於卡方分配則主要探討單母體變異數的相關問題，F 分配則主要用於兩母體變異數比的相關問題。當然除了上述的主要用途之外，這四種分配還有其他功用，後面我們會逐一介紹。

11.3.1 Z 分配的原理

當母體服從常態分配情況下，許多種類的抽樣分配皆可轉換成 Z 分配，甚至在大樣本情況下，不論母體呈現何種分配，某些抽樣分配經過某些轉換程序也能轉換成 Z 分配。例如樣本平均數的抽樣分配、樣本和的抽樣分配、兩母體樣本平均數差的抽樣分配等，皆可轉換成 Z 分配。請注意，本單元所說的 Z 分配與母體標準常態分配在意義上是不同的，這裡的 Z 分配是一種抽樣分配，資料是經過計算產生的，然後再透過轉換過程所形成的分配，其機率函數正好與標準常態分配的機率函數是相同的。例如樣本平均數的抽樣分配經過下式的轉換即可轉換成 Z 分配。

$$z = \frac{\overline{x} - \mu}{\sigma_{\overline{x}}} = \frac{\overline{x} - \mu}{\sqrt{\dfrac{\sigma^2}{n}}}$$

下面為樣本平均數的抽樣分配轉換成 Z 分配的示意圖。

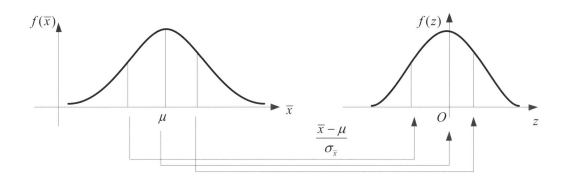

接下來將陸續介紹可轉換成 Z 分配的一些常見抽樣分配，這些抽樣分配有：樣本平均數($\bar{x}$)的抽樣分配、樣本和(S)的抽樣分配、樣本比例 ($\hat{p}$) 的抽樣分配、兩獨立樣本平均數差 $(\bar{x}_1 - \bar{x}_2)$ 的抽樣分配以及兩獨立樣本比例差 $(\hat{p}_1 - \hat{p}_2)$ 的抽樣分配等。

 ## 樣本平均數的抽樣分配

在本節中將介紹如何推導樣本平均數的抽樣分配，我們一共介紹兩種方法，一種是小母體小樣本時採用直接表列法，另一種方法則為最大概似法，此法用在大樣本情況。

11.4.1 以表列法求樣本平均數的抽樣分配

樣本平均數的抽樣分配又稱為 $\bar{x}$ 的抽樣分配。假設母體隨機變數 X，其機率函數為 $f(x)$，母體總數 N。現自母體中隨機抽取 n 個元素為一組樣本。令 $\bar{x} = \sum_{i=1}^{n} \dfrac{x_i}{n}$，因每次抽取所求得之平均數不一定相等，故 $\bar{x}$ 亦為一隨機變數，其機率分配函數為 $f(\bar{x})$，此機率函數的分佈情形，即稱為樣本平均數的抽樣分配。簡單而言，$\bar{x}$ 的抽樣分配就是所有 n 個元素為一組樣本的平均數之分配情形。抽取樣本依是否可重複選取，可區分為取出不放回與取出放回兩種抽樣方式。下圖為取出不放回的樣本平均數示意圖。

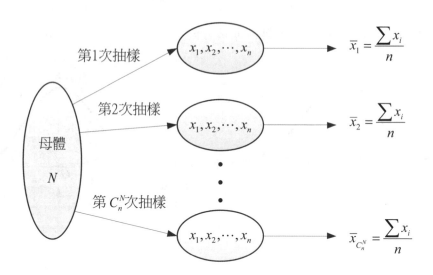

若求出的樣本平均數數量不大時，可採用表列的方式求出 $\bar{x}$ 的抽樣分配。表列法十分簡單，把所有可能的樣本平均數求出，然後再製作相對次數分配表即為 $\bar{x}$ 的抽樣分配。

例 3

投擲骰子 2 次(等於抽取樣本數為 2 的樣本)，令 x_i 表示第 i 次骰子出現的點數，$i=1,2$，則樣本平均數為 $\bar{x} = \dfrac{x_1 + x_2}{2}$ ，試求 $\bar{x}$ 的抽樣分配，$\bar{x}$ 的期望值與變異數。

解

(1) 全部有 $6^2 = 36$ 種情形，把這 36 種情形全部列出，並計算每一種情形的平均數，再按照平均數大小整理，求出每一種情形的相對次數，如下表所示，粗線框部分即為本題之解答。

樣本	$\bar{x}$	$f(\bar{x})$
(1,1)	1	1/36
(1,2)(2,1)	3/2	2/36
(1,3)(3,1)(2,2)	2	3/36
(1,4)(4,1)(2,3)(3,2)	5/2	4/36
(1,5)(5,1)(2,4)(4,2)(3,3)	2	5/36
(1,6)(6,1)(2,5)(5,2)(3,4)(4,3)	7/2	6/36
(2,6)(6,2)(3,5)(5,3)(4,4)	4	5/36
(3,6)(6,3)(4,5)(5,4)	9/2	4/36
(4,6)(6,4)(5,5)	5	3/36
(5,6)(6,5)	11/2	2/36
(6,6)	6	1/36

(2) $E(\overline{x}) = \sum \overline{x} f(\overline{x}) = 1 \times \dfrac{1}{36} + \dfrac{3}{2} \times \dfrac{2}{36} + 2 \times \dfrac{3}{36} + \cdots + 6 \times \dfrac{1}{36} = \dfrac{7}{2}$

(3) $V(\overline{x}) = \sum [\overline{x} - E(\overline{x})]^2 f(\overline{x})$

$= (1 - \dfrac{7}{2})^2 \times \dfrac{1}{36} + (\dfrac{3}{2} - \dfrac{7}{2})^2 \times \dfrac{2}{36} + (2 - \dfrac{7}{2})^2 \times \dfrac{3}{36} + \cdots + (6 - \dfrac{7}{2})^2 \times \dfrac{1}{36}$

$= 1.458$

例 4

已知 5 名學生統計學考試成績分別為：30，50，60，60，80。自其中隨機抽取 2 名學生(不放回)，試求平均成績的抽樣分配，並求平均成績的期望值與變異數。

解

(1) 全部情形有 $C_2^5 = 10$ 種

可能樣本	$\overline{x}$	可能樣本	$\overline{x}$
(30,50)	40	(50,60)	55
(30,60)	45	(50,80)	65
(30,60)	45	(60,60)	60
(30,80)	55	(60,80)	70
(50,60)	55	(60,80)	70

整理上面表格並做成相對次數分配表，故 $\overline{x}$ 的機率分配為：

$\overline{x}$	40	45	55	60	65	70
$f(\overline{x})$	1/10	2/10	3/10	1/10	1/10	2/10

(2) 期望值：$E(\overline{x}) = \sum \overline{x} f(\overline{x}) = 40 \times \dfrac{1}{10} + 45 \times \dfrac{2}{10} + \cdots + 70 \times \dfrac{2}{10} = 56$

(3) 變異數：$V(\overline{x}) = \sum [\overline{x} - E(\overline{x})]^2 f(\overline{x})$

$= (40 - 56)^2 \times \dfrac{1}{10} + (45 - 56)^2 \times \dfrac{2}{10} + \cdots + (70 - 56)^2 \times \dfrac{2}{10} = 99$

11.4.2 概似函數

在正式介紹最大概似法求抽樣分配時，我們先來認識何謂概似函數。假設隨機變數 X 為連續型隨機變數，若其機率密度函數為 $f(x;\theta_1,\theta_2,\cdots,\theta_l)$，其中 $\theta_1,\theta_2,\cdots,\theta_l$ 為等待估計的母體參數。若 $x_1,x_2,\cdots,x_n$ 是來自 X 的一組樣本，則 $x_1,x_2,\cdots,x_n$ 的聯合機率密度函數為：

$$f(x_1;\theta_1,\theta_2,\cdots,\theta_l) \cdot f(x_2;\theta_1,\theta_2,\cdots,\theta_l) \cdots f(x_n;\theta_1,\theta_2,\cdots,\theta_l) = \prod_{i=1}^{n} f(x_i;\theta_1,\theta_2,\cdots,\theta_l)$$

其中：Π 稱為連乘符號。它和連加符號 Σ 很類似，不同處是 Π 用乘號把每一項乘在一起。對於給定的一組樣本 $x_1,x_2,\cdots,x_n$ 我們定義：

$$L(x_1,x_2,\cdots,x_n;\theta_1,\theta_2,\cdots,\theta_l) = \prod_{i=1}^{n} f(x_i;\theta_1,\theta_2,\cdots,\theta_l)$$

上式稱為樣本的概似函數。

上面的式子不需要把它想得太過複雜，回想聯合機率密度函數，若隨機變數 X_1,X_2 獨立，那麼其聯合機率密度函數與邊際機率會滿足 $f(x_1,x_2)=f_{X_1}(x_1)f_{X_2}(x_2)$；若有 n 個獨立隨機變數，則可擴充成 $f(x_1,x_2,\cdots,x_n)=f(x_1)f(x_2)\cdots f(x_n)=\prod_{i=1}^{n} f(x_i)$。概似函數與聯合機率分配函數的差異，只在於把聯合機率分配函數加入等待估計的母體參數 θ_i，通常 θ_i 為母體平均數、母體比例或者母體變異數等，在第十二章中我們會進一步的介紹。在此處我們並不需要估計母體參數，因此概似函數寫成：

$$L(x_1,x_2,\cdots,x_n) = f(x_1,x_2,\cdots,x_n) = \prod_{i=1}^{n} f(x_i)$$

11.4.3 以最大概似法求樣本平均數的抽樣分配

當抽樣的全部情形數量很大時，若採取表列的方式十分耗時，此時可利用概似函數來推導抽樣分配。由上一小節中可知每一個樣本點的聯合機率分配函數為：$f(x_1,x_2,\cdots,x_n)=\prod_{i=1}^{n} f(x_i)$。利用此性質，可依照樣本統計量的數值分類，然後再利用上面的式子把每一個樣本統計量所對應的機率值求出，即可推得該樣本統計量的機率分配了，下面我們實際舉一個例子來說明此過程。

例 5

假設四個隨機變數 X_1, X_2, X_3 及 X_4 互相獨立且具有相同的機率分配如下：

x	1	2
$f(x)$	0.4	0.6

試導出樣本平均數 $\bar{x} = \dfrac{x_1 + x_2 + x_3 + x_4}{4}$ 之抽樣分配。

解

本題並未說明母體個數，屬於無限母體，故本題採用概似函數法求解

按樣本平均數的數值分成五類，分別計算此它們的機率，得

$$(1,1,1,1) \Rightarrow \bar{x} = \frac{1+1+1+1}{4} = 1, \quad f(\bar{x}) = (0.4)^4 = 0.0256$$

$$(2,1,1,1) \Rightarrow \bar{x} = \frac{2+1+1+1}{4} = 1.25, \quad f(\bar{x}) = (0.4)^3(0.6)\frac{4!}{3!} = 0.1536$$

$$(2,2,1,1) \Rightarrow \bar{x} = \frac{2+2+1+1}{4} = 1.5, \quad f(\bar{x}) = (0.4)^2(0.6)^2\frac{4!}{2!2!} = 0.3456$$

$$(2,2,2,1) \Rightarrow \bar{x} = \frac{2+2+2+1}{4} = 1.75, \quad f(\bar{x}) = (0.4)(0.6)^3\frac{4!}{3!} = 0.3456$$

$$(2,2,2,2) \Rightarrow \bar{x} = \frac{2+2+2+2}{4} = 2, \quad f(\bar{x}) = (0.6)^4 = 0.1296$$

$\bar{x}$	1	1.25	1.5	1.75	2
$f(x)$	0.0256	0.1536	0.3456	0.3456	0.1296

11.4.4 $\bar{x}$ 抽樣分配的期望值與變異數

從例題 3 與例題 4 兩個例子可以看出來，如果只是單純的想要計算樣本平均數的期望值與變異數，若每次都得先推導出機率分配，那將是一份十分繁瑣的工作。因此在本節將介紹 $E(\bar{x})$、$V(\bar{x})$ 和母體平均數與母體變異數之關係。首先看樣本平均數的期望值，根據樣本平均數的定義，代入期望值內可得：

$$E(\bar{x}) = E(\frac{1}{n}\sum_{i=1}^{n}x_i) = \frac{1}{n}E(\sum_{i=1}^{n}x_i) = \frac{1}{n}\left[E(x_1) + E(x_2) + \cdots + E(x_n)\right]$$

$$= \frac{1}{n}[\mu + \mu + \cdots + \mu] = \frac{1}{n}\times n\mu = \mu$$

其中：$E(x_1)$表示抽取 n 個樣本中，第 1 個樣本的平均數，$E(x_2)$表示抽取 n 個樣本中，第 2 個樣本的平均數，…依此類推。我們以例題 4 來說明，從 5 名學生選出 2 名學生，故 $n = 2$，第 1 個被選出來的學生統計學考試成績可能為 $30, 50, 60, 80$ 中任一個數值，這 4 個數值被選中當成第 1 個樣本的機率分別為 $\frac{1}{5}, \frac{1}{5}, \frac{2}{5}, \frac{1}{5}$，因此

$$E(x_1) = \sum x_1 f(x_1) = 30 \times \frac{1}{5} + 50 \times \frac{1}{5} + 60 \times \frac{2}{5} + 80 \times \frac{1}{5} = 56 = \mu$$；同理 $E(x_2) = 56$。若抽出 n 個樣本，則有 $E(x_1) = E(x_2) = \cdots = E(x_n) = \mu$，故樣本平均數的期望值恰等於母體平均數，即

$$E(\overline{x}) = \mu$$

樣本平均數的變異數推導方式和上面的原理一樣，根據變異數的定義：

$$V(\overline{x}) = V(\sum_{i=1}^{n} \frac{x_i}{n}) = \frac{1}{n^2} V(\sum_{i=1}^{n} x_i) = \frac{1}{n^2} V(x_1 + x_2 + \cdots + x_n)$$

$$= \frac{1}{n^2} \left[\sum_{i=1}^{n} V(x_i) + 2 \sum \sum_{i \neq j} Cov(x_i, x_j) \right]$$

$$= \frac{1}{n^2} \left[\sigma^2 + \sigma^2 + \cdots + \sigma^2 + 2 \times 0 \right] = \frac{1}{n^2} \left[n\sigma^2 \right] = \frac{\sigma^2}{n}$$

故樣本平均數的變異數為：

$$\sigma_{\overline{x}}^2 = V(\overline{x}) = \frac{\sigma^2}{n}$$

將上式開根號，即：

$$\sigma_{\overline{x}} = \sqrt{V(\overline{x})} = \sqrt{\frac{\sigma^2}{n}}$$

$\sigma_{\overline{x}}$ 稱為樣本平均數的標準誤(standard error)。

上面所推導出來的變異數是採「取出放回方式」抽取樣本，或者母體為「無限母體」的時候。若抽取樣本時採「取出不放回」的方式且母體為「有限母體」時，變異數必須加上有限母體修正因子，亦即：

$$\sigma_{\overline{x}}^2 = V(\overline{x}) = \frac{\sigma^2}{n} \cdot \frac{N-n}{N-1}$$

其中 $\dfrac{N-n}{N-1}$ 稱為有限母體修正因子(finite population correction factor)，同理，此時樣本平均數的標準誤則為：

$$\sigma_{\overline{x}} = \sqrt{\frac{\sigma^2}{n} \cdot \frac{N-n}{N-1}}$$

例 6

在例題 3 中，請驗證公式：$E(\overline{x}) = \mu, V(\overline{x}) = \dfrac{\sigma^2}{n}$。

解

母體平均數 $\mu = \dfrac{1+2+3+4+5+6}{6} = 3.5 = E(\overline{x})$，與例題 3 答案相同。

骰子的 6 個點數母體變異數為 $\sigma^2 = \dfrac{1}{6}(1^2 + 2^2 + \cdots + 6^2) - 3.5^2 = 2.9167$

$\dfrac{\sigma^2}{n} = \dfrac{2.9167}{2} = 1.458 = V(\overline{x})$，與例題 3 答案相同。

例 7

在例題 4 中，請驗證公式：$E(\overline{x}) = \mu, V(\overline{x}) = \dfrac{\sigma^2}{n} \cdot \dfrac{N-n}{N-1}$。

解

5 名學生平均分數 $\mu = \dfrac{30+50+60+60+80}{5} = 56 = E(\overline{x})$，與例題 4 答案相同。

5 名學生分數的變異數為 $\sigma^2 = \dfrac{1}{5}(30^2 + 50^2 + 60^2 + 60^2 + 80^2) - 56^2 = 264$

$\dfrac{\sigma^2}{n} \cdot \dfrac{N-1}{N-n} = \dfrac{264}{2} \cdot \dfrac{5-1}{5-2} = 99 = V(\overline{x})$，與例題 4 答案相同。

例 8

已知某廠牌梯子 100 個,其高度為隨機變數,平均高度為 200 公分,標準差為 5 公分。某人購買 10 個梯子,請問這 10 個梯子平均高度之期望值與變異數為何?

解

期望值: $E(\overline{x}) = \mu = 200$ 公分

$\because \dfrac{n}{N} = \dfrac{10}{100} = 0.1 > 0.05$　　為有限母體

故變異數: $V(\overline{x}) = \dfrac{\sigma^2}{n} \cdot \dfrac{N-n}{N-1} = \dfrac{5^2}{10} \times \dfrac{100-10}{100-1} \approx 2.273$

例 9

已知隨機變數與其機率分配如下表所示:

x	0	1	2
$f(x)$	0.2	0.5	0.3

現從此隨機變數中任取二個樣本 x_1, x_2,並定義 $\overline{x} = \dfrac{x_1 + x_2}{2}$,試求 $E(\overline{x})$ 及 $V(\overline{x})$。

解

本題機率為固定值,屬無限母體,故變異數不需要加有限母體修正因子

$\mu = E(x) = \displaystyle\sum_{x=0}^{2} xf(x) = 0 \times .2 + 1 \times 0.5 + 2 \times 0.3 = 1.1$

$\sigma^2 = V(x) = E(x^2) - \left[E(x)\right]^2 = \displaystyle\sum_{x=0}^{2} x^2 f(x) - 1.1^2$

$\quad = (0^2 \times 0.2 + 1^2 \times 0.5 + 2^2 \times 0.3) - 1.1^2 = 0.49$

$\therefore E(\overline{x}) = \mu = 1.1$

$V(\overline{x}) = \dfrac{\sigma^2}{n} = \dfrac{0.49}{2} = 0.245$

11.4.5 大數法則

在前面介紹有關樣本平均數的抽樣分配，並沒有特別強調母體分配為何種分配，也未強調樣本數的大小關係。當樣本數很大時，計算樣本平均數的抽樣分配會變得十分複雜，不過不要緊，數學家已經幫我們找到大樣本情況下，抽樣分配的相關定理，它們分別是大數法則(law of large number)與中央極限定理(central limit theorem, C.L.T.)。

所謂大數法則是指，從一母體平均數為 μ 的母體中隨機抽取 n 個樣本，當樣本數 $n \to \infty$ 時，則樣本平均數會趨近於母體平均數，即

$$P(|\overline{x} - \mu| < \varepsilon) = 1$$

其中 ε 表任意小的正數。上式的意義代表當 $n \to \infty$ 時 $\overline{x}$ 與 μ 的誤差趨近於 0 的機率等於 1，簡單來說就是：

$$\overline{x} = \frac{x_1 + x_2 + \cdots + x_n}{n} \approx \mu$$

大數法則主要的含意代表著，當抽樣的樣本數愈多，結果愈趨近於母體，相對也較可靠。

例 10

當 $n \to \infty$ 時，試證明：$P(|\overline{x} - \mu| < \varepsilon) = 1$。

證明

觀察題目，它與柴比雪夫不等式有點像

根據柴比雪夫不等式：$P(|\overline{x} - \mu| \le k\sigma_{\overline{x}}) \ge 1 - \dfrac{1}{k^2}$

令 $\varepsilon = k\sigma_{\overline{x}} = k\sqrt{\dfrac{\sigma^2}{n}}$ $\Rightarrow k = \dfrac{\varepsilon\sqrt{n}}{\sigma}$，代入柴比雪夫不等式，可得

$P(|\overline{x} - \mu| \le \varepsilon) \ge 1 - \dfrac{1}{(\dfrac{\varepsilon\sqrt{n}}{\sigma})^2} = 1 - \dfrac{\sigma^2}{\varepsilon^2 n}$ 。

令 $n \to \infty$，$P(|\overline{x} - \mu| \le \varepsilon) \ge \lim\limits_{n \to \infty}(1 - \dfrac{\sigma^2}{\varepsilon^2 n}) = 1$

故當 $n \to \infty$ 時，$P(|\bar{x} - \mu| < \varepsilon) = 1$

11.4.6 中央極限定理

中央極限定理是指，若有一母體的平均數為 μ，變異數為 σ^2，自該母體隨機抽取 n 個樣本，當樣本數 n 夠大時，則樣本平均數 $\bar{x}$ 的抽樣分配會近似常態分配，即

$$\bar{x} \sim N(\mu, \frac{\sigma^2}{n}) \quad 或 \quad z = \frac{\bar{x} - \mu}{\sqrt{\dfrac{\sigma^2}{n}}} \sim N(0,1)$$

此定理適用於任何分配形狀的母體，若母體分配為常態分配時，則不論 n 的大小，$\bar{x}$ 的抽樣分配皆為常態分配。在實用上當樣本數 $n \geq 30$ 時，則中央極限定理便成立。

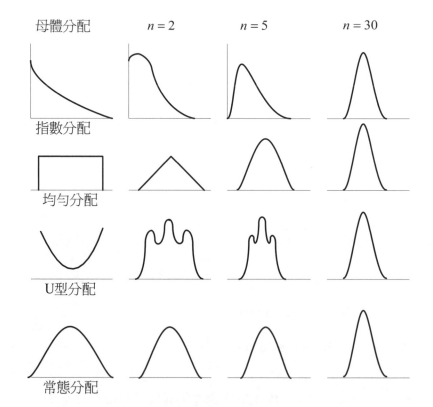

在大樣本 $(n \geq 30)$ 情況下，若母體變異數未知，可用樣本變異數取代母體變異數，即

$$z = \frac{\bar{x} - \mu}{\sqrt{\dfrac{s^2}{n}}} \sim N(0,1)$$

11.4.7 $\bar{x}$ 的抽樣分配相關問題求解工具

　　根據中央極限定理，當樣本數 $n \geq 30$ 時被稱為大樣本，$\bar{x}$ 的抽樣分配會趨近於常態分配，此時可利用常態分配求解 $\bar{x}$ 的抽樣分配相關問題。至於小樣本 $(n < 30)$ 的情況，若母體變異數已知時，可利用柴比雪夫不等式求解相關問題。但若小樣本且母體變異數未知時，$\bar{x}$ 的抽樣分配就會受母體分配與樣本數所影響，此時須利用 11.4.1 與 11.4.3 節所介紹的方法，把所有可能之樣本平均數全部計算出來，後再計算其對應的機率值。下面的表格為有關樣本平均數的抽樣分配在各種情況下所對應的解題方法。由於尚未介紹 t 分配，介紹完 t 分配後，會做最後的彙整。

樣本	母體分配	抽樣分配	
		母體變異數已知	母體變異數未知
大樣本 $n \geq 30$	任意	$\bar{x} \sim N(\mu, \frac{\sigma^2}{n})$	$\bar{x} \sim N(\mu, \frac{s^2}{n})$
小樣本 $n < 30$	常態	$\bar{x} \sim N(\mu, \frac{\sigma^2}{n})$	使用 t 分配
	非常態	使用柴比雪夫不等式	表列法或概似函數法

註：若母體為有限母體，且 $\frac{n}{N} > 0.05$，則變異數部分需加上有限母體修正因子，即 $\frac{\sigma^2}{n}$ 需改用 $\frac{\sigma^2}{n} \cdot \frac{N-n}{N-1}$。

例 11

假設某產地的蘋果重量服從常態分配，平均每顆重量為 300 公克，變異數 160 公克。有一水果批發商欲購買 1000 箱蘋果，在購買前進行抽樣，隨機抽取 10 個蘋果，則 10 個蘋果平均重量介於 292 到 308 公克間的機率為何？若蘋果的重量不服從常態分配，則機率為何？

解

(1) 本題為樣本平均數的抽樣，根據題意 $\bar{x} \sim N(300, \frac{160}{10})$

平均重量介於 292 到 308 公克間的機率為：

$$P(292 < \bar{x} < 308) = P(\frac{292-300}{\sqrt{\frac{160}{10}}} < z < \frac{308-300}{\sqrt{\frac{160}{10}}}) = P(-2 < z < 2) = 0.9544$$

(2) 母體非常態且小樣本，需改用柴比雪夫不等式求解

已知樣本平均數的抽樣分配 $E(\bar{x}) = \mu = 300, \sigma_{\bar{x}}^2 = \dfrac{\sigma^2}{n} = \dfrac{160}{10} = 16$

根據柴比雪夫不等式

$$P(|\bar{x} - \mu| \le c) \ge 1 - \frac{\sigma_{\bar{x}}^2}{c^2}$$

$$P(292 \le \bar{x} \le 308) = P(|\bar{x} - 300| \le 8) \ge 1 - \frac{16}{8^2} = 0.75$$

故機率至少為 0.75

例 12

假設某廠牌的罐裝奶粉每罐平均重量為 500 公克，變異數為 120，現品管人員抽取 30 罐檢驗其重量，試問：

(1)抽取之 30 罐的樣本平均重量與母體平均重量之差在 3 公克之內的機率為何？

(2)以母體平均重量為中心，涵蓋 95%的樣本平均數的區間為何？

(3)若抽取 25 罐，請重算第(2)題。

解

樣本數 $n = 30$ ，根據中央極限定理 $\bar{x} \sim N(500, \dfrac{120}{30})$

(1) $P(497 \le \bar{x} \le 503) = P(\dfrac{497 - 500}{\sqrt{\dfrac{120}{30}}} \le z \le \dfrac{503 - 500}{\sqrt{\dfrac{120}{30}}})$

$$= P(-1.5 \le z \le 1.5) = 0.8664$$

(2) $P(\mu - a \le \bar{x} \le \mu + a) = 0.95$

標準化 $\Rightarrow P(\dfrac{500 - a - 500}{\sqrt{\dfrac{120}{30}}} \le z \le \dfrac{500 + a - 500}{\sqrt{\dfrac{120}{30}}}) = 0.95$

查表得 $P(-1.96 \le z \le 1.96) = 0.95$

$\therefore \dfrac{a}{\sqrt{\dfrac{120}{30}}} = 1.96 \Rightarrow a = 3.92$

$\therefore 500 - 3.92 \le \bar{x} \le 500 + 3.92 \Rightarrow 496.08 \le \bar{x} \le 503.92$

(3) 樣本數 $n = 25$ ，母體分配未知但母體變異數已知，採用柴比雪夫不等式

$$E(\overline{x}) = \mu = 500, \sigma_{\overline{x}}^2 = \frac{\sigma^2}{n} = \frac{120}{25} = 4.8$$

根據柴比雪夫不等式 $P(|\overline{x} - \mu| \le c) \ge 1 - \dfrac{\sigma_{\overline{x}}^2}{c^2}$

$$1 - \frac{\sigma_{\overline{x}}^2}{c^2} = 0.95 \ \Rightarrow 1 - \frac{4.8}{c^2} = 0.95 \ \Rightarrow c = \sqrt{96} \ \text{代入上式}$$

$$|\overline{x} - \mu| \le c \ \Rightarrow |\overline{x} - 500| \le \sqrt{96} \ \therefore 490.202 \le \overline{x} \le 509.798$$

例 13

已知每顆蘋果的重量呈常態分配，每顆蘋果的平均重量為 500 g 標準差 20 g。現從一箱裝有 100 顆蘋果的箱中隨機取出 10 顆蘋果，求這 10 顆蘋果平均重量超過 505 g 的機率為何？

解

$\because \dfrac{n}{N} = \dfrac{10}{100} > 0.05$ ，故需加上有限母體修正因子

$$E(\overline{x}) = \mu = 500, \sigma_{\overline{x}}^2 = \frac{\sigma^2}{n} \cdot \frac{N-n}{N-1} = \frac{20^2}{100} \cdot \frac{100-10}{100-1} \approx 3.636$$

$$P(\overline{x} > 505) = P(z > \frac{505 - 500}{3.636}) \approx P(z > 1.38) = 0.0838$$

例 14

已知某無窮母體的標準差為 3，現自此母體隨機抽取 225 個樣本來估計此母體平均數，試求樣本平均數與母體平均數差在 0.25 以內的機率為何？

(1)使用柴比雪夫不等式。

(2)使用中央極限定理。

(3)從(1)(2)小題的答案中，你有何結論？使用哪種方式估計才合理？

解

(1) 根據柴比雪夫不等式：$P(|\overline{x} - \mu| \le c) \ge 1 - \dfrac{\sigma_{\overline{x}}^2}{c^2}$

$$P(|\bar{x} - \mu| \le 0.25) \ge 1 - \frac{\dfrac{3^2}{225}}{0.25^2} = 0.36$$

樣本平均數與母體平均數差在 0.25 以內的機率大於 0.36

(2) $P(|\bar{x} - \mu| \le 0.25) = P(|z| \le \dfrac{0.25}{\sqrt{\dfrac{3^3}{225}}}) = P(|z| \le 1.25) = 0.7888$

(3) 一般而言，樣本數 225 已經可以使用中央極限定理了，故 0.7888 為較合理的近似值，而由柴比雪夫不等式所求出的機率 0.36 為下限值，較為粗略，以實用層面而言，應採用第 2 小題之答案。

11.4.8 樣本和的抽樣分配

所謂樣本和的抽樣分配是指從母體中取出 n 個樣本，這 n 個樣本總和的機率分配。樣本和的抽樣分配通常使用在物品裝箱後，以一箱為單位進行估計；或者考生 9 科成績總分的估計。故本節中將介紹樣本和之抽樣分配。

假設自某母體中隨機抽取 n 個獨立樣本 $x_1, x_2, \cdots, x_n$，已知母體平均數為 μ，變異數為 σ^2，假設 S 為這 n 個樣本的總和，即：$S = x_1 + x_2 + \cdots + x_n$，當母體服從常態分配或樣本數 $n \ge 30$ 時，則隨機變數 S 的抽樣分配會服從常態分配

$$S \sim N(\mu_s, \sigma_s^2)$$

其中：$\mu_s = n\mu, \sigma_s^2 = n\sigma^2$。也就是說樣本和的期望值為 $E(S) = n\mu$；樣本和的變異數為 $\sigma_S^2 = n\sigma^2$。若母體為有限母體且取出不放回，則樣本和的變異數同樣必須再加上有限母體修正因子，也就是說：$\sigma_S^2 = n\sigma^2 \cdot \dfrac{N-n}{N-1}$。

有關樣本和的期望值與變異數可由期望值與變異數的性質獲得證明，即

$$E(S) = E(x_1 + x_2 + \cdots + x_n) = E(x_1) + E(x_2) + \cdots + E(x_n) = n\mu$$

$\sigma_S^2 = V(S) = V(x_1 + x_2 + \cdots + x_n) = V(x_1) + V(x_2) + \cdots + V(x_n) = \sigma^2 + \sigma^2 + \cdots + \sigma^2 = n\sigma^2$ 下圖為樣本平均數的抽樣分配與樣本和的抽樣分配示意圖：

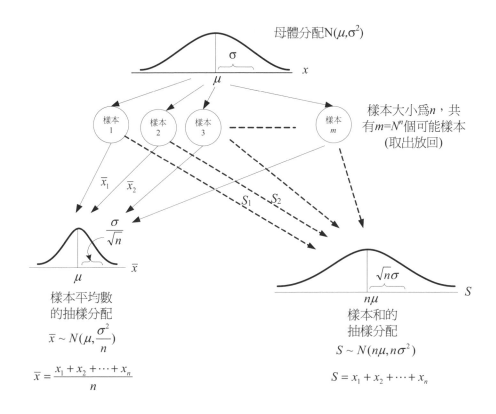

母體分配$N(\mu,\sigma^2)$

樣本大小為n，共有$m=N^n$個可能樣本（取出放回）

樣本平均數的抽樣分配

$\bar{x} \sim N(\mu, \frac{\sigma^2}{n})$

$\bar{x} = \dfrac{x_1 + x_2 + \cdots + x_n}{n}$

樣本和的抽樣分配

$S \sim N(n\mu, n\sigma^2)$

$S = x_1 + x_2 + \cdots + x_n$

例 15

X_1, X_2, X_3 來自以下之分配：

x	0	1
$f(x)$	1/3	2/3

試求 $S = X_1 + X_2 + X_3$ 之分配。

解

全部有 $2 \times 2 \times 2 = 8$ 種情形

	S	$f(S)$
$(0,0,0)$	0	$\dfrac{1}{3} \times \dfrac{1}{3} \times \dfrac{1}{3} = \dfrac{1}{27}$
$(0,0,1)$	1	$\dfrac{1}{3} \times \dfrac{1}{3} \times \dfrac{2}{3} = \dfrac{2}{27}$
$(0,1,0)$	1	$\dfrac{1}{3} \times \dfrac{2}{3} \times \dfrac{1}{3} = \dfrac{2}{27}$
$(1,0,0)$	1	$\dfrac{2}{3} \times \dfrac{1}{3} \times \dfrac{1}{3} = \dfrac{2}{27}$

	S	$f(S)$
$(0,1,1)$	2	$\dfrac{1}{3}\times\dfrac{2}{3}\times\dfrac{2}{3}=\dfrac{4}{27}$
$(1,0,1)$	2	$\dfrac{2}{3}\times\dfrac{1}{3}\times\dfrac{2}{3}=\dfrac{4}{27}$
$(1,1,0)$	2	$\dfrac{2}{3}\times\dfrac{2}{3}\times\dfrac{1}{3}=\dfrac{4}{27}$
$(1,1,1)$	3	$\dfrac{2}{3}\times\dfrac{2}{3}\times\dfrac{2}{3}=\dfrac{8}{27}$

將上面表格相同的 S 值進行合併，重新整理即為 S 的抽樣分配

S	0	1	2	3
$f(S)$	$\dfrac{1}{27}$	$\dfrac{6}{27}$	$\dfrac{12}{27}$	$\dfrac{8}{27}$

例 16

已知某食品公司生產的食品罐頭重量服從常態分配 $N(180,10^2)$ (單位：公克)，每盒由生產線上隨機取樣 6 罐組成

(1)規格上說明每盒重量不足 1 公斤時可退貨，試問此產品被退貨的機率是多少？

(2)如公司希望被退貨的機率小於 1%，求應規定每盒總重量少於多少時才允許退貨？

(3)如規定一盒中有 3 罐或以上重量不足 170 公克時，便可整盒退貨，試問被退貨的機率是多少？

解

(1) 每盒有 6 罐，故 6 罐的重量和：$S \sim N(6\times180,6\times10^2) = N(1080,600)$ 根據題意，不足 1 公斤可列式：

$$P(S < 1000) = P(z < \frac{1000-1080}{\sqrt{600}}) \approx P(z < -3.27) \approx 0$$

(2) 假設規定每盒總重量少於 k 公克可退貨

$$P(S < k) = 0.01 \Rightarrow P(z < \frac{k-1080}{\sqrt{600}}) = 0.01$$

反向查表得 $P(z < -2.33) = 0.01$ $\quad \therefore \dfrac{k-1080}{\sqrt{600}} = -2.33 \quad \Rightarrow k \approx 1022.93$

故應規定每盒重量小於 1022.93 公克

(3) 每罐被退貨的機率為

$$P(x < 170) = P(z < \frac{170-180}{\sqrt{100}}) = P(z < -1) = 0.1587$$

假設隨機變數 W 表每箱不足 170 公克的罐頭數，$W \sim B(6, 0.1587)$

$$f(w) = C_z^n (0.1587)^z (0.8413)^{n-z}$$

被退貨機率：

$$f(w \geq 3) = 1 - f(0) + f(1) + f(2)$$

$$= 1 - C_0^6 (0.1587)(0.8413)^6 - C_1^6 (0.1587)^1 (0.8413)^5 - C_2^6 (0.1587)^2 (0.8413)^4$$

$$\approx 0.353$$

註：本題與第十章例題 15 完全一樣，引用的觀念不同，但結果一樣，其原因為樣本和的抽樣分配是透過常態分配的加法性所導出的，因此從二個觀點出發解題皆可。

11.5 樣本比例的抽樣分配

樣本比例的抽樣分配的使用十分廣泛，例如候選人的支持率調查，某種疫苗的有效保護率等，皆屬於樣本比例抽樣分配的應用。

11.5.1 母體比例與樣本比例

所謂母體比例是指某類別總數在母體中所佔的比例，稱為此類別的母體比例。假設母體總數為 N，若某類別個數為 K，則此類別的母體比例為：

$$p = \frac{K}{N}$$

而樣本比例是某類別在抽取的樣本中所佔的比例，假設抽取樣本數為 n，在此 n 個樣本中，此類別個數為 k，則樣本比例為：

$$\hat{p} = \frac{k}{n}$$

11.5.2 抽樣誤差

抽樣誤差的定義為樣本比例與母體比例差的絕對值,即

$$抽樣誤差 = |\hat{p} - p|$$

例 17

假設台灣區男女生的比例為 5:4,以隨機取樣的方式抽取 100 人,這 100 人中有 40 位女性。試問台灣區女性的母體比例為何?樣本比例又為何?抽樣誤差為何?

解

女性的母體比例為 $p = \dfrac{4}{9}$

女性的樣本比例為 $\hat{p} = \dfrac{k}{n} = \dfrac{40}{100} = \dfrac{2}{5}$

抽樣誤差為 $|p - \hat{p}| = \left| \dfrac{4}{9} - \dfrac{2}{5} \right| = \dfrac{2}{45}$

11.5.3 樣本比例的抽樣分配─取出放回或無限母體

所謂樣本比例的抽樣分配是指,從一母體比例為 p 的母體中隨機取出 n 個樣本,假設 n 個樣本中 A 類佔了 x 個,根據二項分配取出 n 個樣本中含 x 個 A 類的機率為 $f(x) = C_x^n p^x q^{n-x}$,而樣本比例為 $\hat{p} = \dfrac{x}{n}$,由此可得 $x = n\hat{p}$,代入二項分配機率函數即可獲得樣本比例抽樣分配的機率質量函數為:

$$f(\hat{p}) = C_{n\hat{p}}^n p^{n\hat{p}} q^{n-n\hat{p}}, \quad \hat{p} = 0, \frac{1}{n}, \frac{2}{n}, ..., 1$$

樣本比例抽樣分配的期望值為:

$$E(\hat{p}) = p$$

樣本比例抽樣分配的變異數為:

$$V(\hat{p}) = \sigma_{\hat{p}}^2 = \frac{pq}{n}$$

例 18

已知 $f(\hat{p}) = C_{n\hat{p}}^{n} p^{n\hat{p}} q^{n-n\hat{p}}$，$\hat{p} = 0, \dfrac{1}{n}, \dfrac{2}{n}, ..., 1$，試證明：

(1) $E(\hat{p}) = p$。　　(2) $V(\hat{p}) = \dfrac{pq}{n}$。

證明

(1) $\because E(\hat{p}) = E(\dfrac{x}{n}) = \dfrac{1}{n} E(x) = \dfrac{1}{n}(np) = p$

(2) $V(\hat{p}) = V(\dfrac{x}{n}) = \dfrac{1}{n^2} V(x) = \dfrac{1}{n^2}(npq) = \dfrac{pq}{n}$

 例 19

假設一母體包含 5 個球，其中 3 個白球，2 個紅球。現採放回抽樣抽出 2 個球，試求出紅球比例的抽樣分配，並利用其機率函數求期望值與變異數，然後再利用公式再求一次，驗證公式是否正確。

解

所有可能樣本情形有 $5^2 = 25$ 種，假設 x 表取出紅球的個數

$x = 0 \Rightarrow 3^2 = 9$ 種，　$\hat{p} = 0$

$x = 1 \Rightarrow 2 \times 3 \times 2! = 12$ 種，　$\hat{p} = \dfrac{1}{2}$

$x = 2 \Rightarrow 2^2 = 4$ 種，　$\hat{p} = 1$

故紅球比例的抽樣分配為：

$\hat{p}$	0	1/2	1
$f(\hat{p})$	9/25	12/25	4/25

期望值：$E(\hat{p}) = \sum\limits_{\hat{p}} \hat{p} f(\hat{p}) = 0 \times \dfrac{9}{25} + \dfrac{1}{2} \times \dfrac{12}{25} + 1 \times \dfrac{4}{25} = \dfrac{2}{5} = p$

$E(\hat{p}^2) = \sum\limits_{\hat{p}} \hat{p}^2 f(\hat{p}) = 0^2 \times \dfrac{9}{25} + (\dfrac{1}{2})^2 \times \dfrac{12}{25} + 1^2 \times \dfrac{4}{25} = \dfrac{7}{25}$

故 $V(\hat{p}) = E(\hat{p}^2) - [E(\hat{p})]^2 = \dfrac{7}{25} - (\dfrac{2}{5})^2 = \dfrac{3}{25}$

利用公式：$V(\hat{p}) = \dfrac{pq}{n} = \dfrac{(\frac{2}{5})(\frac{3}{5})}{2} = \dfrac{3}{25}$

11.5.4 樣本比例的抽樣分配—取出不放回且有限母體

由超幾何分配知，從一總數為 N 的母體，採取出不放回的方式抽樣，取出 n 個樣本中含 x 個 A 類的機率為：$f(x) = \dfrac{C_x^k C_{n-x}^{N-k}}{C_n^N}$，再根據上一小節知 $x = n\hat{p}$，故樣本比例的抽樣分配其機率質量函數為：

$$f(\hat{p}) = \frac{C_{n\hat{p}}^k C_{n-n\hat{p}}^{N-k}}{C_n^N}, \quad \hat{p} = 0, \frac{1}{n}, \frac{2}{n}, \cdots, 1$$

期望值為：

$$E(\hat{p}) = p$$

根據超幾何分配可知，樣本比例抽樣分配的變異數為：

$$V(\hat{p}) = \frac{pq}{n} \cdot \frac{N-n}{N-1}$$

例 20

假設一母體包含 5 個球，其中 3 個白球，2 個紅球。現採不放回抽樣，抽出 2 個球，試求出紅球比例的抽樣分配，並利用其機率函數求期望值與變異數，然後再利用公式求一次驗證公式是否正確。

解

所有可能樣本點有 $C_2^5 = 10$ 種

$x = 0 \Rightarrow C_2^3 = 3$ 種

$x = 1 \Rightarrow C_1^2 C_1^3 = 6$ 種

$x = 2 \Rightarrow C_2^2 = 1$ 種

x	0	1	2
$\hat{p}$	0	1/2	1
$f(\hat{p})$	3/10	6/10	1/10

期望值：$E(\hat{p}) = \sum_{\hat{p}} \hat{p}f(\hat{p}) = 0 \times \frac{3}{10} + \frac{1}{2} \times \frac{6}{10} + 1 \times \frac{1}{10} = \frac{2}{5} = p$

$$E(\hat{p}^2) = \sum_{\hat{p}} \hat{p}^2 f(\hat{p}) = 0^2 \times \frac{3}{10} + (\frac{1}{2})^2 \times \frac{6}{10} + 1^2 \times \frac{1}{10} = \frac{5}{20}$$

故 $V(\hat{p}) = E(\hat{p}^2) - [E(\hat{p})]^2 = \frac{5}{20} - (\frac{2}{5})^2 = \frac{9}{100}$

由公式 $V(\hat{p}) = \frac{pq}{n} \cdot \frac{N-n}{N-1} = \frac{(\frac{2}{5})(\frac{3}{5})}{2} \times \frac{5-2}{5-1} = \frac{9}{100}$

11.5.5 大樣本時的樣本比例抽樣分配

當取出的樣本數很大時（$np \geq 5$ 且 $nq \geq 5$），根據中央極限定理，樣本比例的抽樣分配會趨近於常態分配，可由常態分配近似模擬，即

$$\hat{p} \sim N(p, \frac{pq}{n})$$

若採取出不放回式抽樣且為有限母體（$\frac{n}{N} > 0.05$)時，其變異數必須再乘以有限母體修正因子，即

$$\hat{p} \sim N(p, \frac{pq}{n} \cdot \frac{N-n}{N-1})$$

這裡尚須注意一點，由於二項分配與超幾何分配為離散型分配，而常態分配為連續型分配，故一般建議，當 $n < 100$ 時，利用常態分配近似求機率值時，必須做連續性調整，即

$$P(a \leq \hat{p} \leq b) \Rightarrow P(\frac{a-p-\frac{1}{2n}}{\sqrt{\frac{pq}{n}}} \leq z \leq \frac{b-p+\frac{1}{2n}}{\sqrt{\frac{pq}{n}}})$$

↑ 真實分配　　↑ 常態分配近似

若採取出不放回式抽樣且為有限母體時，則為

$$P(a \leq \hat{p} \leq b) \Rightarrow P(\frac{a-p-\frac{1}{2n}}{\sqrt{\frac{pq}{n} \cdot \frac{N-n}{N-1}}} \leq z \leq \frac{b-p+\frac{1}{2n}}{\sqrt{\frac{pq}{n} \cdot \frac{N-n}{N-1}}})$$

其中 $\dfrac{1}{n}$ 為 $\hat{p}$ 之單位。若記不住何時可以不用補連續修正因子，那麼就不用去死記。

只要記得凡是離散型的隨機變數以常態分配模擬近似時，加上連續修正因子準沒錯。連續修正因子何時該加、何時該用減，這部份請參考第十章。

例 21

某燈泡製造商宣稱其產品之瑕疵率為 0.1，某建築公司訂購了 1000 個燈泡。雙方約定於驗貨時，採簡單隨機抽樣隨機抽取 50 個，若發現瑕疵產品比例大於 0.15 時則退貨，問此批燈泡被退貨的機率為何？

解

$\because \dfrac{n}{N} = \dfrac{50}{1000} \le 0.05 \Rightarrow$ 為無限母體

$np = 50 \times 0.1 \ge 5$ 且 $nq = 50 \times 0.9 \ge 5 \Rightarrow$ 為大樣本，故可以常態分配近似

又 $n < 100 \Rightarrow$ 需做連續性調整

$$P(\hat{p} > 0.15) = P(z > \dfrac{0.15 - 0.1 + \dfrac{1}{2 \cdot 50}}{\sqrt{\dfrac{0.1 \times 0.9}{50}}}) \approx P(z > 1.41) = 0.0793$$

例 22

根據一項調查顯示，台灣地區約有 15%的人反對興建核四，若現在再次抽樣調查是否興建核四，隨機抽取 200 個人，則在此 200 人中反對的比例在 16%~20%的機率為何？

解

母體總數未知，此題屬無限母體

$np = 200 \times 0.15 \ge 5$ 且 $nq = 200 \times 0.85 \ge 5$ 為大樣本，故可以常態分配近似

因 $n > 100 \Rightarrow$ 可以不用做連續性調整

$$P(0.16 \le \hat{p} \le 0.2) = P(\dfrac{0.16 - 0.15}{\sqrt{\dfrac{0.15 \times 0.85}{200}}} \le z \le \dfrac{0.2 - 0.15}{\sqrt{\dfrac{0.15 \times 0.85}{200}}})$$

$$\approx P(0.4 \le z \le 1.98) = 0.3207$$

例 23

假設某工廠生產的產品瑕疵率為 15%，現自工廠所生產的產品中隨機取出 50 個，假設 $\hat{p}$ 表樣本的瑕疵率。

(1)請問 $\hat{p}$ 的抽樣分配呈何種型態的分配。

(2)求此 50 個產品的瑕疵率與母體瑕疵率之差，不超過 ±0.03 的機率。

解

(1) $\because np \geq 5, nq \geq 5$ 為大樣本抽樣，根據中央極限定理： $\hat{p} \sim N(0.15, \dfrac{0.15 \times 0.85}{50})$

(2) $P(0.12 \leq \hat{p} \leq 0.18) = P(\dfrac{0.12 - \dfrac{1}{2 \times 50} - 0.15}{\sqrt{\dfrac{0.15 \times 0.85}{50}}} \leq z \leq \dfrac{0.18 + \dfrac{1}{2 \times 50} - 0.15}{\sqrt{\dfrac{0.15 \times 0.85}{50}}})$

$$\approx P(-0.79 \leq z \leq 0.79) = 0.5704$$

例 24

假設某班級 50 位學生中有 30 位男生 20 位女生，現在從這個班級中隨機抽取 10 人，試求女生樣本比例的期望值與變異數為多少？

解

$\because \dfrac{n}{N} = \dfrac{10}{50} = 0.2 > 0.05$　　為有限母體

樣本比例的期望值為： $E(\hat{p}) = p = \dfrac{2}{5}$

樣本比例的變異數為： $V(\hat{p}) = \dfrac{0.4 \times 0.6}{10} \times \dfrac{50 - 10}{50 - 1} \approx 0.0196$

11.5.6 兩樣本平均數差的抽樣分配

在統計應用上，我們經常需要檢驗兩母體的平均數是否相等。若能事先瞭解兩樣本平均數差的抽樣分配，藉由此分配便能發展兩母體平均數差的推論方法，故在本單元中將介紹兩樣本平均數差的抽樣分配。

分別自二母體隨機抽取兩獨立的隨機樣本分別為 $x_{11}, x_{12}, ..., x_{1n_1}$ 與 $x_{21}, x_{22}, ..., x_{2n_2}$，若二母體平均數分別為 μ_1, μ_2，變異數為 σ_1^2, σ_2^2。令 $\overline{x}_1 = \dfrac{x_{11} + x_{12} + ... + x_{1n_1}}{n_1}$，

$\overline{x}_2 = \dfrac{x_{21} + x_{22} + ... + x_{2n_2}}{n_2}$，則 $\overline{x}_1 - \overline{x}_2$ 的抽樣分配的期望值為

$$E(\overline{x}_1 - \overline{x}_2) = E(\overline{x}_1) - E(\overline{x}_2) = \mu_1 - \mu_2$$

$\overline{x}_1 - \overline{x}_2$ 的抽樣分配的變異數為

$$\sigma_{\overline{x}_1 - \overline{x}_2}^2 = V(\overline{x}_1 - \overline{x}_2) = V(\overline{x}_1) - 2Cov(\overline{x}_1, \overline{x}_2) + V(\overline{x}_2) = V(\overline{x}_1) + V(\overline{x}_2) = \frac{\sigma_1^2}{n_1} + \frac{\sigma_2^2}{n_2}$$

又根據中央極限定理，當樣本數為大樣本時 $(n_1 \geq 30, n_2 \geq 30)$，樣本平均數差的抽樣分配會趨近於常態分配，即

$$\overline{x}_1 - \overline{x}_2 \sim N(\mu_1 - \mu_2, \frac{\sigma_1^2}{n_1} + \frac{\sigma_2^2}{n_2})$$

若抽樣的方法為取出不放回且為有限母體時，變異數必須加上有限母體修正因子，即

$$\overline{x}_1 - \overline{x}_2 \sim N(\mu_1 - \mu_2, \frac{\sigma_1^2}{n_1} \cdot \frac{N_1 - n_1}{N_1 - 1} + \frac{\sigma_2^2}{n_2} \cdot \frac{N_2 - n_2}{N_2 - 1})$$

例 25

設現有兩個母體，第一個母體數值為 3、4、5，第二個母體數值為 0、3。若以歸還式抽樣法，在第一母體與第二母體中分別抽取 2 個及 3 個為一組隨機樣本，試求 $\overline{x} - \overline{y}$ 的抽樣分配、期望值與變異數並驗證兩樣本平均數差的期望值與變異數公式是否正確。

解

第一母體：

(x_1, x_2)	(3,3)	(3,4)	(3,5)	(4,3)	(4,4)	(4,5)	(5,3)	(5,4)	(5,5)
$\overline{x}$	3	3.5	4	3.5	4	4.5	4	4.5	5

第二母體：

(y_1, y_2, y_3)	(0,0,0)	(0,0,3)	(0,3,0)	(3,0,0)	(0,3,3)	(3,0,3)	(3,3,0)	(3,3,3)
$\overline{y}$	0	1	1	1	2	2	2	3

二獨立樣本平均數差整理如下表所示

$\overline{x} - \overline{y}$		$\overline{x}$								
		3	3.5	4	3.5	4	4.5	4	4.5	5
$\overline{y}$	0	3	3.5	4	3.5	4	4.5	4	4.5	5
	1	2	2.5	3	2.5	3	3.5	3	3.5	4
	1	2	2.5	3	2.5	3	3.5	3	3.5	4
	1	2	2.5	3	2.5	3	3.5	3	3.5	4
	2	1	1.5	2	1.5	2	2.5	2	2.5	3
	2	1	1.5	2	1.5	2	2.5	2	2.5	3
	2	1	1.5	2	1.5	2	2.5	2	2.5	3
	3	0	0.5	1	0.5	1	1.5	1	1.5	2

全部共有 72 種情形，故 $\overline{x} - \overline{y}$ 的機率分配為：

$\overline{x} - \overline{y}$	0	0.5	1.0	1.5	2.0	2.5	3.0	3.5	4.0	4.5	5.0
$f(\overline{x} - \overline{y})$	$\frac{1}{72}$	$\frac{2}{72}$	$\frac{6}{72}$	$\frac{8}{72}$	$\frac{13}{72}$	$\frac{12}{72}$	$\frac{13}{72}$	$\frac{8}{72}$	$\frac{6}{72}$	$\frac{2}{72}$	$\frac{1}{72}$

期望值：$E(\overline{x} - \overline{y}) = 0 \times \frac{1}{72} + 0.5 \times \frac{2}{72} + \cdots + 5 \times \frac{1}{72} = 2.5$

變異數：$V(\overline{x} - \overline{y}) = 0^2 \times \frac{1}{72} + 0.5^2 \times \frac{2}{72} + \cdots + 5^2 \times \frac{1}{72} - (2.5)^2 \approx 1.0835$

公式驗證：

$$\mu_1 = \frac{3+4+5}{3} = 4 \ , \ \mu_2 = \frac{0+3}{2} = \frac{3}{2} \Rightarrow \mu_1 - \mu_2 = 4 - \frac{3}{2} = 2.5 = E(\overline{x} - \overline{y})$$

$$\sigma_1^2 = 0.667, \sigma_2^2 \approx 2.25 \Rightarrow \frac{\sigma_1^2}{n_1} + \frac{\sigma_2^2}{n_2} = \frac{0.667}{2} + \frac{2.25}{3} = 1.0835 = V(\overline{x} - \overline{y})$$

例 26

若 A 廠牌每支的燈管壽命均服從於平均數 7.2 月，標準差為 3 月之均勻分配。B 廠牌每支燈管壽命則服從於平均數 7 月，標準差為 4 月之指數分配。且 A、B 兩廠牌燈管壽命獨立。今某人若購買 A 廠牌 81 支、B 廠牌 100 支。求：

(1)此人所購買 B 廠牌燈管之平均壽命至少為 7.2 月的機率為何？

(2)A 廠牌樣本比 B 廠牌樣本平均壽命長 0.1 個月以上的機率為何？

(3)A、B 至少有一廠牌的平均壽命超過 7.4 月的機率為何？

解

本題為大樣本抽樣，根據中央極限定理知趨近於常態分配

假設 $\bar{x}_A, \bar{x}_B$ 分別表 A、B 兩廠牌之平均壽命

$\bar{x}_A \sim N(7.2, \frac{9}{81}), \bar{x}_B \sim N(7, \frac{16}{100})$

$\therefore \bar{x}_A - \bar{x}_B \sim N(7.2 - 7, \frac{9}{81} + \frac{16}{100}) \approx N(0.2, 0.271)$

(1) $P(\bar{x}_B \geq 7.2) = P(z \geq \dfrac{7.2 - 7}{\sqrt{\dfrac{16}{100}}}) = P(z \geq 0.5) = 0.3085$

(2) $P(\bar{x}_A - \bar{x}_B > 0.1) = P(z > \dfrac{0.1 - 0.2}{\sqrt{0.271}}) \approx P(z > -0.19) = 0.5753$

(3) $P(\bar{x}_A > 7.4 \cup \bar{x}_B > 7.4)$

$= P(\bar{x}_A > 7.4) + P(\bar{x}_B > 7.4) - P(\bar{x}_A > 7.4 \cap \bar{x}_B > 7.4)$

$= P(z > \dfrac{7.4 - 7.2}{\sqrt{\dfrac{9}{81}}}) + P(z > \dfrac{7.4 - 7}{\sqrt{\dfrac{16}{81}}}) - P(z > \dfrac{7.4 - 7.2}{\sqrt{\dfrac{9}{81}}}) \cdot P(z > \dfrac{7.4 - 7}{\sqrt{\dfrac{16}{81}}})$

$= P(z > 0.6) + P(z > 1) - P(z > 0.6)P(z > 1) = 0.3895$

例 27

某次考試全校平均 70 分，標準差 10 分，現隨機抽取兩組學生人數分別為 30 人與 50 人，求此兩組學生的平均分數差超過 4.62 分的機率為何？

解

本題為大樣本抽樣，故由中央極限定理知：$\bar{x}_1 \sim N(70, \frac{100}{30}), \bar{x}_2 \sim N(70, \frac{100}{50})$

故 $\bar{x}_1 - \bar{x}_2 \sim N(0, \frac{100}{30} + \frac{100}{50})$ ，根據題意可列式：

$P(|\bar{x}_1 - \bar{x}_2| > 4.62) = P(\bar{x}_1 - \bar{x}_2 > 4.62) + P(\bar{x}_1 - \bar{x}_2 < -4.62)$

$= P(z > \dfrac{4.62 - 0}{\sqrt{\dfrac{100}{30} + \dfrac{100}{50}}}) + P(z < \dfrac{-4.62 - 0}{\sqrt{\dfrac{100}{30} + \dfrac{100}{50}}})$

$\approx P(z > 2) + P(z < -2) = 0.0456$

11.5.7 兩樣本比例差的抽樣分配—大樣本

在本節中將介紹兩樣本比例差的抽樣分配。已知兩母體比例分別為 p_1, p_2，自二個母體分別抽取 n_1 及 n_2 個隨機樣本，假設兩組樣本成功的比例分別為 $\hat{p}_1$ 與 $\hat{p}_2$。若 $n_1 p_1 \geq 5, n_1 q_1 \geq 5$ 且 $n_2 p_2 \geq 5, n_2 q_2 \geq 5$，則根據中央極限定理知：

$$\hat{p}_1 \sim N(p_1, \frac{p_1 q_1}{n_1}), \hat{p}_2 \sim N(p_2, \frac{p_2 q_2}{n_2})$$

由常態分配的加法性可得 $\hat{p}_1 - \hat{p}_2$ 的抽樣分配會服從：

$$\hat{p}_1 - \hat{p}_2 \sim N(p_1 - p_2, \frac{p_1 q_1}{n_1} + \frac{p_2 q_2}{n_2})$$

同理若抽樣的方式採取出不放回且為有限母體時，必須再加上有限母體修正因子，即：

$$\hat{p}_1 - \hat{p}_2 \sim N(p_1 - p_2, \frac{p_1 q_1}{n_1} \cdot \frac{N_1 - n_1}{N_1 - 1} + \frac{p_2 q_2}{n_2} \cdot \frac{N_2 - n_2}{N_2 - 1})$$

例 28

假設 A 工廠所生產的電視映像管不良率為 0.07，B 工廠所生產的電視映像管不良率為 0.05。現自兩個工廠分別抽出 100 支映像管，試問 A 工廠的映像管不良率大於 B 工廠映像管 0.01 以上的機率為何？兩工廠所生產的映像管不良率相差在 0.01 以上的機率又為何？

解

本題滿足大樣本，根據中央極限定理知 $\hat{p}_1 - \hat{p}_2 \sim N(p_1 - p_2, \frac{p_1 q_1}{n_1} + \frac{p_2 q_2}{n_2})$

(1) $P(\hat{p}_1 - \hat{p}_2 > 0.01) = P(z > \dfrac{0.01 - (0.07 - 0.05)}{\sqrt{\dfrac{0.07 \times 0.93}{100} + \dfrac{0.05 \times 0.95}{100}}})$

$\approx P(z > -0.3) = 0.6179$

(2) $P(|\hat{p}_1 - \hat{p}_2| > 0.01) = P(\hat{p}_1 - \hat{p}_2 > 0.01) + P(\hat{p}_2 - \hat{p}_1 > 0.01)$

$= P(z > -0.3) + P(z > \dfrac{0.01 - (0.05 - 0.07)}{\sqrt{\dfrac{0.05 \times 0.95}{100} + \dfrac{0.07 \times 0.93}{100}}})$

$\approx P(z > -0.3) + P(z > 0.89) = 0.8046$

11.5.8 其他型式的抽樣分配

抽樣分配是由樣本統計量所形成的機率分配，除樣本平均數、樣本比例外，樣本變異數、樣本中位數、樣本全距…等都屬於樣本統計量，也可形成一個抽樣分配。為了進一步瞭解抽樣分配的推導過程，在本節中我們將舉兩個例子來說明抽樣分配的推導過程，這兩個例子分別為樣本全距的抽樣分配與樣本變異數的抽樣分配。

例 29

假設有一母體資料為：$\{8,9,9,11,12,12\}$，現以取出不放回的方式取出兩個樣本，試求此兩個樣本全距 $\hat{r}$ 的抽樣分配，並求期望值與變異數。

解

全部抽取情形共 $C_2^6 = 15$ 種，此 15 種情形如下表所示：

可能樣本	全距
(8,9)	1
(8,9)	1
(8,11)	3
(8,12)	4
(8,12)	4
(9,9)	0
(9,11)	2
(9,11)	2

可能樣本	全距
(9,12)	3
(9,12)	3
(9,12)	3
(9,12)	3
(11,12)	1
(11,12)	1
(12,12)	0

故全距 $\hat{r} = x_{\max} - x_{\min}$ 的抽樣分配為：

$\hat{r}$	0	1	2	3	4
$f(\hat{r})$	2/15	4/15	2/15	5/15	2/15

期望值：$E(\hat{r}) = 0 \times \dfrac{2}{15} + 1 \times \dfrac{4}{15} + 2 \times \dfrac{2}{15} + 3 \times \dfrac{5}{15} + 4 \times \dfrac{2}{15} = \dfrac{31}{15}$

$E(\hat{r}^2) = 0^2 \times \dfrac{2}{15} + 1^2 \times \dfrac{4}{15} + 2^2 \times \dfrac{2}{15} + 3^2 \times \dfrac{5}{15} + 4^2 \times \dfrac{2}{15} = \dfrac{89}{15}$

故變異數 $V(\hat{r}) = E(\hat{r}^2) - \left[E(\hat{r})\right]^2 = \dfrac{89}{15} - (\dfrac{31}{15})^2 = \dfrac{374}{225}$

例 30

假設有一母體資料為：{1,2,3}，現自母體以取出放回的方式隨機抽取 2 個樣本，求樣本變異數 s^2 的抽樣分配。

解

全部情形共有 $3^2 = 9$ 種，分別計算此 9 種情況的樣本變異數，如下表所示：

樣本	(1,1)	(1,2)	(1,3)	(2,1)	(2,2)	(2,3)	(3,1)	(3,2)	(3,3)
s^2	0	0.5	2	0.5	0	0.5	2	0.5	0

將上表格整理，得 s^2 的抽樣分配為：

s^2	0	0.5	2
$f(s^2)$	3/9	4/9	2/9

11.6 卡方分配

在第十章有關連續型態的機率分配，我們曾經介紹過卡方分配(chi-square distribution)，在本節中將介紹單母體樣本變異數的抽樣分配與卡方分配之關係，並介紹如何利用卡方分配表查表。在眾多衡量常態母體分配的參數中，最重要的參數為母體平均數與母體變異數，因為只要知道這兩個參數，常態分配的機率函數就可以順利寫出，並且可藉由機率函數估計資料的分配情形。我們已經介紹了樣本平均數的抽樣分配，藉由樣本平均數的抽樣分配可發展出估計母體平均數的統計方法。而母體變異數則在衡量分配的集中程度，若用於工廠的生產機器，由變異數或標準差可估計機器製造的穩定度；若用於教育上，可估計班上學生成績差異情形。故樣本變異數的抽樣分配和樣本平均數的抽樣分配是同等重要。我們知道根據中央極限定理，在大樣本情況下，樣本平均數的抽樣分配可轉換成 Z 分配，同樣的樣本變異數的抽樣分配透過某種轉換關係可轉換成卡方分配，藉由卡方分配可發展出有關母體變異數的推論統計方法。在本節中我們會先介紹卡方分配與樣本變異數的抽樣分配間的關係，接著再介紹一些相關應用。

11.6.1 卡方分配與樣本變異數的抽樣分配

在第十章，我們曾經介紹卡方分配的機率密度函數為：

$$f(x) = \frac{1}{2\Gamma(\frac{\nu}{2})}(\frac{x}{2})^{\frac{\nu}{2}-1} e^{-\frac{x}{2}}, \quad x > 0$$

其中 ν 稱為卡方分配的自由度。

假設有 n 個獨立之常態隨機變數 $x_1, x_2, \cdots, x_n$，其平均數分別為 $\mu_1, \mu_2, \cdots, \mu_n$，變異數為 $\sigma_1^2, \sigma_2^2, \ldots, \sigma_n^2$，根據卡方的再生性與 Z 分配之關係(見第十章)，可得

$$\chi_n^2 = z_1^2 + z_2^2 + \cdots + z_n^2$$

再根據標準常態分配 $z = \frac{x-\mu}{\sigma^2}$，上式可改寫成

$$\chi_n^2 = \sum_{i=1}^{n} \left(\frac{x_i - \mu_i}{\sigma_i} \right)^2$$

若此 n 個樣本是來自同一個常態母體 $N \sim (\mu, \sigma^2)$，則上式變成：

$$\chi_n^2 = \sum_{i=1}^{n} \left(\frac{x_i - \mu}{\sigma} \right)^2$$

由於每次取出的 n 個樣本不盡相同，因此 χ^2 變數亦為隨機變數，且與樣本大小有關，因此我們稱此抽樣分配為具自由度 n 之卡方分配，其抽樣分配的示意圖如下圖所示：

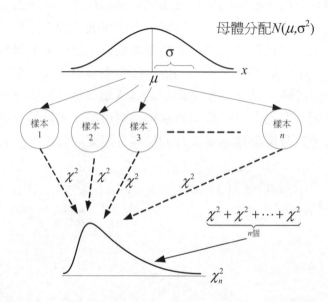

在實際的應用上，由於母體平均數大都為未知，故以樣本平均數 $\bar{x}$ 來取代母體平均數，此時自由度少 1，於是卡方分配可進一步改寫成：

$$\chi_{n-1}^2 = \sum_{i=1}^{n} \left(\frac{x_i - \bar{x}}{\sigma} \right)^2$$

又已知樣本變異數 $s^2 = \frac{1}{n-1} \sum_{i=1}^{n} (x_i - \bar{x})$，代入上式，最後可得：

$$\chi_{n-1}^2 = \frac{(n-1)s^2}{\sigma^2}$$

上式稱為具自由度 $n-1$ 的卡方分配。一般而言，在實用上 $\chi_{n-1}^2 = \frac{(n-1)s^2}{\sigma^2}$ 的定義較常被使用，利用此式可發展出單母體變異數或標準差的統計估計。此外，從一連串的推導過程，不難看出卡方分配也可以用來進行多母體的統計估計，故卡方分配有許多的變形式，應用範圍十分廣泛，在第二十章無母數統計單元會進一步介紹它的變形式，以及對應的相關應用。

11.6.2 卡方分配的性質

根據卡方分配的機率密度函數可知，卡方分配具有下列性質：

1. 卡方分配的期望值恰等於其自由度，即 $E(\chi^2) = \nu$，而變異數等於自由度的 2 倍，即 $V(\chi^2) = 2\nu$。

2. 卡方分配為右偏分配曲線，偏態係數 $\beta_1 = \sqrt{\frac{8}{\nu}}$，其中 ν 為自由度。

3. 卡方分配的峰度係數 $\beta_2 = 3 + \frac{12}{\nu}$。

4. 卡方值必為非負實數，即 $\chi^2 \geq 0$。

5. χ^2 曲線隨著自由度的增加，變異數會逐漸增大，且會逐漸趨近於常態分配。

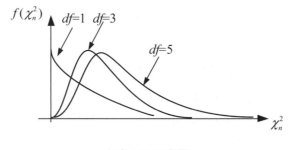

卡方分配示意圖

6. 若 k 個常態母體具有相同的變異數(pooled variance)σ^2。自第一個母體取出 n_1 個樣本，第二個母體取出 n_2 個樣本，...，第 k 個母體取出 n_k 個樣本，則根據卡方分配的再生性(加法性)，可得

$$\frac{(n_1-1)s_1^2}{\sigma^2}+\frac{(n_2-1)s_2^2}{\sigma^2}+\cdots+\frac{(n_k-1)s_k^2}{\sigma^2}=\frac{\sum_{j=1}^{k}(n_j-1)s_j^2}{\sigma^2}=\frac{\dfrac{\sum_{j=1}^{k}(n_j-1)s_j^2}{n_T-k}}{\dfrac{\sigma^2}{n_T-k}}$$

$$=\frac{(n_T-k)s_p^2}{\sigma^2}=\chi_{n_T-k}^2$$

其中：$n_T=n_1+n_2+\cdots+n_k=\sum_{j=1}^{k}n_j$ 為總樣本數，$s_p^2=\dfrac{\sum_{j=1}^{k}(n_j-1)s_j^2}{n_T-k}$ 。

上式原理十分簡單，每一組樣本所產生的卡方自由度為 $n_i-1, i=1,2,\cdots,k$ ，根據卡方分配的再生性，把所有自由度加總起來即為組合後的卡方自由度。s_p^2 稱為共同樣本變異數，在第十五章會再遇到這個符號，請把這個符號記住，特別是只有兩個母體的情形：

$$s_p^2=\frac{(n_1-1)s_1^2+(n_1-1)s_2^2}{n_1+n_2-2}$$

7. 當 $n\rightarrow\infty$ 時，$\sqrt{2\chi^2}$ 之分配趨近於常態分配，即

$$\sqrt{2\chi^2}\rightarrow N(\sqrt{2n-1},1)$$

此式之證明需用到進一步的數學定理與理論，對於推導有興趣的人可參考數學系所用的機率論書籍。

11.6.3 卡方分配的用途

卡方分配除常見的實用公式外，它具有許多型態的變形，因此用途十分廣泛，在大學部商管科系所學習的統計學領域內，卡方分配具有下列之主要用途：

1. 卡方分配可進行單一常態母體變異數 σ^2 的統計推論。

2. 可用來做適合度檢定(goodness-of-fit test)、獨立性檢定(test of independence)與變異數齊一性檢定(test of homogeneity)，此三種檢定在第二十章會再詳細的介紹。

11.6.4 卡方分配的查表法

由於每本教科書所提供的表格不完全相同，但查表方式大同小異。卡方查表要先找自由度，鎖定自由度後，最上一列數值代表卡方分配右邊陰影部分面積，也就是陰影部分的機率，而表格內部的數字代表橫座標所對應的卡方變數值，如下圖所示。符號 $\chi^2_{0.1,5} = 9.2364$ 表示自由度 5，在橫座標 9.2364 右邊的機率等於 0.1，以機率表示為 $P(\chi^2_5 \geq 9.2364) = 0.1$，連續型隨機變數是否包含等號不會影響答案。

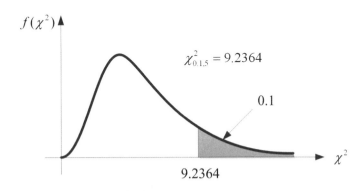

自由度	0.995	0.99	0.975	0.95	0.90	0.10	0.05	0.025	0.01	0.005
1	3.927E-05	0.000157	0.000982	0.003932	0.015791	2.705543	3.841459	5.023886	6.634897	7.879439
2	0.0100251	0.020101	0.050636	0.102587	0.210721	4.60517	5.991465	7.377759	9.21034	10.59663
3	0.0717	0.1148	0.2158	0.3518	0.5844	6.2514	7.8147	9.3484	11.3449	12.8382
4	0.2070	0.2971	0.4844	0.7107	1.0636	7.7794	9.4877	11.1433	13.2767	14.8603
5	0.4117	0.5543	0.8312	1.1455	1.6103	9.2364	11.0705	12.8325	15.0863	16.7496
6	0.6757	0.8721	1.2373	1.6354	2.2041	10.6446	12.5916	14.4494	16.8119	18.5476
7	0.9893	1.2390	1.6899	2.1673	2.8331	12.0170	14.0671	16.0128	18.4753	20.2777
8	1.3444	1.6465	2.1797	2.7326	3.4895	13.3616	15.5073	17.5345	20.0902	21.9550
9	1.7349	2.0879	2.7004	3.3251	4.1682	14.6837	16.9190	19.0228	21.6660	23.5894
10	2.1559	2.5582	3.2470	3.9403	4.8652	15.9872	18.3070	20.4832	23.2093	25.1882
11	2.6032	3.0535	3.8157	4.5748	5.5778	17.2750	19.6751	21.9200	24.7250	26.7568
12	3.0738	3.5706	4.4038	5.2260	6.3038	18.5493	21.0261	23.3367	26.2170	28.2995

例 31

請利用卡方分配表，求滿足下列條件之機率：

(1) $P(\chi_5^2 > 11.0705)$。

(2) $P(\chi_{30}^2 < 13.7867)$。

(3) $P(2.55821 < \chi_{10}^2 < 15.9871)$。

解

(1) $P(\chi_5^2 > 11.0705) = 0.05$

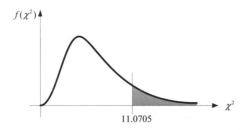

(2) $P(\chi_{30}^2 < 13.7867) = 1 - 0.995 = 0.005$

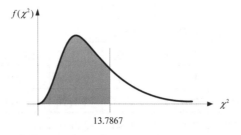

(3) $P(2.55821 < \chi_{10}^2 < 15.9871) = 0.99 - 0.1 = 0.89$

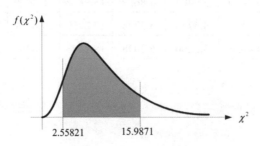

例 32

請利用卡方分配表，求下列各小題。

(1) $P(\chi^2_{12} > a) = 0.95$，求 $a=$?

(2) $P(\chi^2_{15} < b) = 0.9$，求 $b=$?

解

(1) $P(\chi^2_{12} > a) = 0.95 \Rightarrow a = 5.22603$

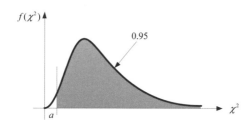

(2) $P(\chi^2_{15} < b) = 0.9 \Rightarrow b = 22.3072$

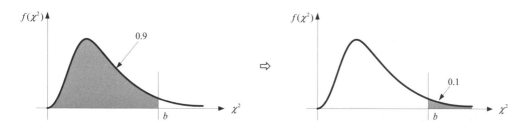

例 33

在卡方分配中，求

(1) $P(\chi^2_{250} < 200)$。

(2) $P(\chi^2_{300} < a) = 0.98$ 求 $a=$?

解

(1) 本題自由度為 250，屬大樣本抽樣，故 $\sqrt{2\chi^2} \sim N(\sqrt{2n-1}, 1) = N(\sqrt{499}, 1)$

$$P(\chi^2_{250} < 200) = P(\sqrt{2\chi^2_{250}} < \sqrt{400}) = P(z < \frac{\sqrt{400} - \sqrt{499}}{1})$$

$$\approx P(z < -2.34) = 0.0096$$

(2) $P(\chi^2_{300} < a) = 0.98 \Rightarrow P(\sqrt{2\chi^2_{300}} < \sqrt{2a}) = 0.98$

$\Rightarrow P(z < \dfrac{\sqrt{2a} - \sqrt{599}}{1}) = 0.98$

又 $P(z < 2.054) = 0.98$ (註：2.054 是由線性內插獲得)

$\therefore \sqrt{2a} - \sqrt{599} = 2.054 \Rightarrow a = \dfrac{1}{2}(2.054 + \sqrt{599})^2 \approx 351.88$

註：線性內插

2.05	0.9798
2.05 + x	0.98
2.06	0.9803

$\dfrac{2.05 + x - 2.05}{2.06 - 2.05} = \dfrac{0.98 - 0.9798}{0.9803 - 0.9798} \Rightarrow x = 0.004$

例 34

假設母體為常態分配 $N(\mu, 6)$，現隨機抽取 25 個樣本，求：

(1)樣本變異數會超過 9.1 的機率為多少？

(2)樣本變異數介於 3.462 與 10.745 之間的機率為多少？

解

(1) 根據題意可以列式：

$$P(s^2 > 9.1) = P(\dfrac{(n-1)s^2}{\sigma^2} > \dfrac{(25-1) \times 9.1}{6}) = P(\chi^2_{24} > 36.4) \approx 0.05$$

(2) $P(3.462 < s^2 < 10.745) = P(\dfrac{(25-1) \times 3.462}{6} < \chi^2_{24} < \dfrac{(25-1) \times 10.745}{6})$

$$= P(13.848 < \chi^2_{24} < 42.98) \approx 0.95 - 0.01 = 0.94$$

例 35

假設 $x_1, x_2, \cdots, x_{16}$ 是從一常態母體 $N(50,100)$ 中抽取的隨機樣本，試求

(1) $P(796 < \sum_{i=1}^{16}(x_i - 50)^2 < 2630)$ 。　　(2) $P(726 < \sum_{i=1}^{16}(x_i - \bar{x})^2 < 2500)$ 。

解

(1) 因為本題使用母體平均數，沒有限制條件，故卡方分配之自由度為 16

根據卡方的定義 $\chi_n^2 = \sum_{i=1}^{n}\left(\frac{x_i - \mu}{\sigma}\right)^2$ ，故

$$P(796 < \sum_{i=1}^{16}(x_i - 50)^2 < 2630) = P(\frac{796}{100} < \sum_{i=1}^{16}\left(\frac{x_i - 50}{10}\right)^2 < \frac{2630}{100})$$

$$= P(7.96 < \chi_{16}^2 < 26.3) \approx 0.95 - 0.05 = 0.9$$

(2) 本題使用樣本平均數，故自由度 $= 16 - 1 = 15$

根據卡方的定義 $\chi_{n-1}^2 = \sum_{i=1}^{n}\left(\frac{x_i - \bar{x}}{\sigma}\right)^2$ ，故

$$P(726 < \sum_{i=1}^{16}(x_i - \bar{x})^2 < 2500) = P(\frac{726}{100} < \sum_{i=1}^{16}\left(\frac{x_i - \bar{x}}{10}\right)^2 < \frac{2500}{100})$$

$$= P(7.26 < \chi_{15}^2 < 25) \approx 0.95 - 0.05 = 0.9$$

 *F* 分配

在前一節中我們介紹了可用來推論單一母體樣本變異數的統計工具─卡方分配。然而在實際的應用上，有時候可能需要比較來自兩母體變異數的情況。例如某公司欲比較兩種不同品牌製造機的穩定度。因此在本單元中將介紹與兩母體變異數比有關的抽樣分配─*F* 分配。

11.7.1 *F* 分配的原理

F 分配又稱為 Fisher 分配。*F* 分配是由兩個卡方統計量的比值所形成的抽樣分配，可用來估計兩母體變異數比的相關問題。假設有兩個不同的常態母體，分別自兩母體

隨機抽取樣本，樣本數大小分別為 n_1, n_2，然後分別計算來自兩母體的卡方統計量 $\chi^2_{1,n_1-1} = \dfrac{(n_1-1)s_1^2}{\sigma_1^2}$, $\chi^2_{2,n_2-1} = \dfrac{(n_2-1)s_2^2}{\sigma_2^2}$ ，令

$$F = \frac{\chi_1^2/v_1}{\chi_2^2/v_2}$$

其中 $v_1 = n_1 - 1, v_2 = n_2 - 1$。上式稱具分子自由度 v_1 分，母自由度 v_2 之 F 分配，通常以符號 $F \sim F_{v_1,v_2}$ 或 $F(v_1,v_2)$ 表示。下圖則為 F 分配之抽樣示意圖：

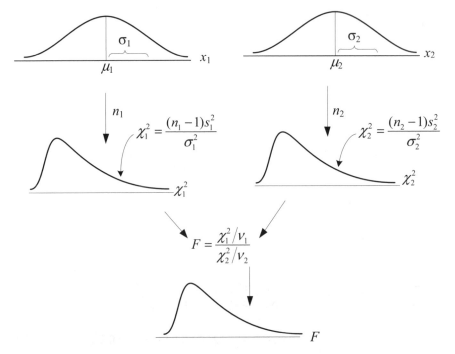

一般在實務上很少使用上式之定義進行推論。根據卡方的定義：$\chi_1^2 = \dfrac{(n_1-1)s_1^2}{\sigma_1^2}$，

$\chi_2^2 = \dfrac{(n_2-1)s_2^2}{\sigma_2^2}$ 代入 F 分配的定義式中，可化簡得：

$$F_{v_1,v_2} = \frac{s_1^2/\sigma_1^2}{s_2^2/\sigma_2^2}$$

由上式可知，藉由 F 分配去推導有關兩母體變異數關係之統計估計。至於 F 分配之機率密度函數為：

$$f(x) = \frac{\Gamma(\frac{n_1+n_2}{2})}{\Gamma(\frac{n_1}{2})\Gamma(\frac{n_2}{2})} \frac{(\frac{n_1}{n_2})^{\frac{n_1}{2}} x^{\frac{n_1}{2}-1}}{(1+\frac{n_1}{n_2}x)^{\frac{n_1+n_2}{2}}}, \quad x \geq 0 \quad ,x = F$$

若對 F 分配推導有興趣的同學可參考本章節後面習題。

11.7.2 F 分配的查表法

有關 F 分配表的設計一般可分成兩類，一類按機率分類，另一種則將自由度、機率等彙總在同一個表格中。不論採用哪種表格，查表的方式大同小異，這裡我們以按機率分類的表格來做說明。F 分配表只能求特殊的機率值，求機率時需針對分子、分母的自由度以及 F 值進行跨頁尋找對應的機率值。若求 F 值則較為單純，找到對應的機率再依照分子、分母自由度即可找到 F 值。

符號 $F_{0.05,8,6} = 4.15$ 表示分子自由度 8、分母自由度 6，在 F 變數 4.15 右邊的機率為 0.05，若以機率方式則表示為 $P(F_{8,6} > 4.15) = 0.05$，它們之間的關係如下圖所示：

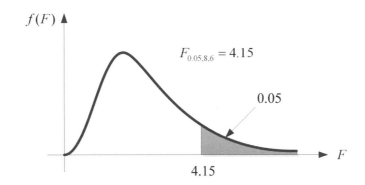

$F_{0.05}$													
分母自由度	分子自由度												
	1	2	3	4	5	6	7	8	9	10	12	15	20	24
1	161.45	199.50	215.71	224.58	230.16	233.99	236.77	238.88	240.54	241.88	243.91	245.95	248.01	249.05
2	18.51	19.00	19.16	19.25	19.30	19.33	19.35	19.37	19.38	19.40	19.41	19.43	19.45	19.45
3	10.13	9.55	9.28	9.12	9.01	8.94	8.89	8.85	8.81	8.79	8.74	8.70	8.66	8.64
4	7.71	6.94	6.59	6.39	6.26	6.16	6.09	6.04	6.00	5.96	5.91	5.86	5.80	5.77
5	6.61	5.79	5.41	5.19	5.05	4.95	4.88	4.82	4.77	4.74	4.68	4.62	4.56	4.53
6	5.99	5.14	4.76	4.53	4.39	4.28	4.21	4.15	4.10	4.06	4.00	3.94	3.87	3.84
7	5.59	4.74	4.35	4.12	3.97	3.87	3.79	3.73	3.68	3.64	3.57	3.51	3.44	3.41
8	5.32	4.46	4.07	3.84	3.69	3.58	3.50	3.44	3.39	3.35	3.28	3.22	3.15	3.12
9	5.12	4.26	3.86	3.63	3.48	3.37	3.29	3.23	3.18	3.14	3.07	3.01	2.94	2.90
10	4.96	4.10	3.71	3.48	3.33	3.22	3.14	3.07	3.02	2.98	2.91	2.85	2.77	2.74
11	4.84	3.98	3.59	3.36	3.20	3.09	3.01	2.95	2.90	2.85	2.79	2.72	2.65	2.61
12	4.75	3.89	3.49	3.26	3.11	3.00	2.91	2.85	2.80	2.75	2.69	2.62	2.54	2.51
13	4.67	3.81	3.41	3.18	3.03	2.92	2.83	2.77	2.71	2.67	2.60	2.53	2.46	2.42

例 36

利用 F 分配表求下列各值。

(1) $F_{0.05,10,12}$ 。　　(2) $F_{0.05,2,6}$ 。

解

(1) $F_{0.05,10,12} = 2.75$

(2) $F_{0.05,2,6} = 5.14$

例 37

利用 F 分配表求下列各值。

(1)已知 $P(F_{8,9} > a) = 0.05$ ，求 $a = ?$

(2)已知 $P(F_{15,10} < b) = 0.9$ ，求 $b = ?$

解

(1)　$a = 3.23$

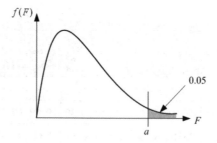

(2)　$P(F_{15,10} < b) = 0.9 \Rightarrow P(F_{15,10} \geq b) = 0.1 \quad \therefore b = 2.24$

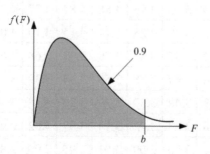

11.7.3 F 分配的重要相關性質

假設隨機變數 X 為具有自由度 v_1 及 v_2 的 F 分配，則具有下列之性質：

1. 期望值

$$E(x) = \frac{v_2}{v_2 - 1}, \quad v_2 > 2$$

2. 變異數

$$V(x) = \frac{2v_2^2(v_1 + v_2 - 2)}{v_1(v_2 - 2)^2(v_2 - 4)}, \quad v_2 > 4$$

3. 重要查表性質

$$F_{\alpha, v_1, v_2} = \frac{1}{F_{1-\alpha, v_2, v_1}}$$

4. F 分配為右偏分配

第 3 個性質與 F 分配的查表有關，由於 F 分配有兩個自由度，一個是分母的自由度，另一個是分子的自由度，因此 F 分配表無法把全部的自由度考慮進來。當對應的自由度查不到表時，但自由度交換時可以查得到表，便可利用這個公式計算出所需要的機率值了。

例 38

已知 $X \sim F(\alpha; v_1, v_2), Y = \dfrac{1}{X}$ ，試證 $Y \sim F(1-\alpha; v_2, v_1)$ 。

證明

本題即證明查表公式：$F_{\alpha, v_1, v_2} = \dfrac{1}{F_{1-\alpha, v_2, v_1}}$

$\because x = \dfrac{\chi_1^2/v_1}{\chi_2^2/v_2} \quad \therefore y = \dfrac{\chi_2^2/v_2}{\chi_1^2/v_1}$

令 $a = F_{\alpha, v_1, v_2}; b = F_{1-\alpha, v_2, v_1}$

由 $P(x \geq a) = \alpha \implies P(\dfrac{1}{x} \leq \dfrac{1}{a}) = \alpha$

$$\because y = \frac{1}{x} \text{ , 再令 } b = \frac{1}{a} \text{ 代入上式得}$$

$$P(y \le b) = \alpha \quad \Rightarrow P(y \ge b) = 1 - \alpha$$

$$\text{故 } F(\alpha; v_1, v_2) = \frac{1}{F(1-\alpha; v_2, v_1)}$$

例 39

利用 F 分配表求 $F_{0.95,10,15}$。

解

$$F_{0.95,10,15} = \frac{1}{F_{0.05,15,10}} = \frac{1}{2.85} \approx 0.35$$

11.7.4 F 分配的重要用途

F 分配的主要用途在估計兩母體變異數的比值，除了前述用途外，利用 F 分配可進行：

1. 變異數分析。

2. 迴歸分析中的整體檢定。

3. 檢定兩個常態母體變異數是否相等。

4. 代替二項分配做母體比例的推論。

有關上述的用途，在後面的單元中，將會逐一的介紹。

例 40

設 s_1^2, s_2^2 分別是由常態分配 $N(\mu_1, 10), N(\mu_2, 16)$ 隨機抽出之兩組獨立樣本的樣本變異數，其樣本大小分別為 $n_1 = 31, n_2 = 41$，試求：

(1) s_1^2 / s_2^2 會超過 1.09 的機率？

(2) s_1^2 / s_2^2 介於 1.21 與 1.38 之間的機率？

解

根據題意可列式：

(1) $P(\dfrac{s_1^2}{s_2^2} > 1.09) = P(\dfrac{s_1^2/\sigma_1^2}{s_2^2/\sigma_2^2} > \dfrac{1.09/\sigma_1^2}{1/\sigma_2^2}) = P(F_{30,40} > \dfrac{1.09/10}{1/16})$

$\approx P(F_{30,40} > 1.74) = 0.05$

(2) $P(1.21 < \dfrac{s_1^2}{s_2^2} < 1.38) = P(\dfrac{1.21/\sigma_1^2}{1/\sigma_2^2} < \dfrac{s_1^2/\sigma_1^2}{s_2^2/\sigma_2^2} < \dfrac{1.38/\sigma_1^2}{1/\sigma_2^2})$

$= P(\dfrac{1.21/10}{1/16} < F_{30,40} < \dfrac{1.38/10}{1/16}) \approx P(1.94 < F_{30,40} < 2.20)$

$= 0.015$

11.8 t 分配

t 分配(student-t distribution)是在 1908 年由英格蘭化學家 W. S. Gosset 所提出，他將 Z 分配與卡方分配結合創造出 t 分配。由於在大部分的情況下，我們並不知道母體變異數的情形，因此使用 Z 分配時母體變異數的值通常使用經驗法則預估，或者利用全距大約等於 4 倍標準差(採保守估計)來估計母體變異數。但 Gosset 認為 Z 分配的原理有問題，由公式 $z = \dfrac{\bar{x} - \mu}{\sqrt{\dfrac{\sigma^2}{n}}}$ 可知，若母體平均數未知，通常母體變異數亦無法求得，

因此無法由 Z 分配來估計母體平均數。故 Gosset 針對此一問題提出 t 分配，t 分配的出現正好解決 Z 分配的問題。但由於 t 分配與自由度有關，必須針對不同的自由度建立不同的表以供查表，因此一般在初等統計學，可以利用中央極限定理，當樣本數大於等於 30 時，即使母體變異數未知，仍然可以使用 Z 分配來近似估計母體平均數。

11.8.1 t 分配的原理

t 分配是透過變數變換的方式推導出來的，它的目的是為了消除 Z 分配已知母體變異數的不合理現象。Gosset 利用了 Z 分配與卡方分配的組合以達到消除母體變異數的目的。由 $z = \dfrac{\bar{x} - \mu}{\sqrt{\dfrac{\sigma^2}{n}}}, \chi_{n-1}^2 = \dfrac{(n-1)s^2}{\sigma^2}$，他將兩個隨機變數做下面的處理，並令形成的新隨

機變數為 t，即

$$t_v = \dfrac{z}{\sqrt{\dfrac{\chi_v^2}{v}}}$$

上式稱為具自由度 v 之 t 分配，下圖為 t 分配之抽樣示意圖：

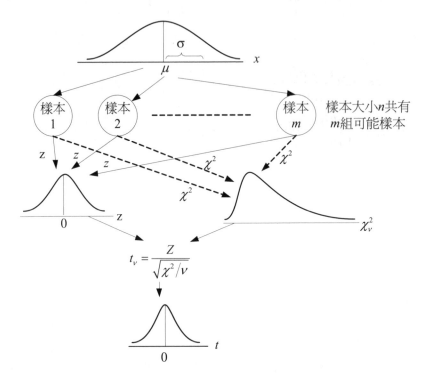

11.8.2 t 分配的機率密度函數

t 分配的機率密度函數可透過變數變換的方式推導出來，其機率密度函數為

$$f(t) = \frac{\Gamma(\frac{n+1}{2})}{\sqrt{n\pi}\,\Gamma(\frac{n}{2})}(1+\frac{t^2}{n})^{-\frac{n+1}{2}} \quad,-\infty < t < \infty$$

其中：n 表示樣本數。有關 t 分配的機率密度函數的推導，有興趣的讀者可參考本章的習題。

11.8.3 t 分配的實用公式

t 分配的定義公式必須分別先求出 Z 值與卡方變數值方能求出 t 值，在計算上十分複雜。因此在一般實用上將 $z = \dfrac{\bar{x}-\mu}{\sqrt{\dfrac{\sigma^2}{n}}}, \chi_v^2 = \dfrac{(n-1)s^2}{\sigma^2}$，代入 t 分配的定義式中，獲得另一個較實用的公式，即

$$t_{n-1} = \frac{\bar{x}-\mu}{\sqrt{\dfrac{s^2}{n}}}$$

上式稱為具自由度 $n-1$ 之 t 分配。由上式可以看出來，t 分配與 Z 分配最大的不同在於：Z 分配使用母體變異數，而 t 分配使用樣本變異數。因此在實用的價值上，t 分配更具實用性。

11.8.4 t 分配的重要相關參數

假設隨機變數 X 為具自由度 ν 之 t 分配，則

1. t 分配的期望值

$$E(x) = 0, \nu > 1$$

2. t 分配的變異數：由變異數的公式可知，自由度越大 t 分配越集中，當自由度 $\nu \to \infty$ 時，變異數等於 1。

$$V(x) = \frac{\nu}{\nu - 2}, \nu > 2$$

3. 偏態係數：t 分配呈中央對稱分配。

$$\beta_1 = 0$$

4. 峰度係數：但當自由度 $\nu \to \infty$ 時，$\beta_2 = 3$ 與常態分配的峰度係數相同，這裡要提醒讀者特別注意一件事，峰度係數並非衡量分配的高低，故儘管 t 分配屬高峽峰，但分配的圖形高度卻比常態分配低，其原因在於 t 分配較為分散。

$$\beta_2 = \frac{3(\nu - 2)}{\nu - 4}, \nu > 4$$

5. 當 $n \to \infty$ 時，t 分配趨近於標準常態分配 $N(0,1)$。

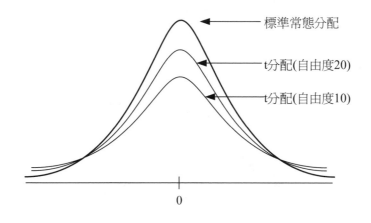

t 分配與 Z 分配的相關參數整理如下表所示：

	t 分配	Z 分配
定義域	$-\infty < t < \infty$	$-\infty < z < \infty$
期望值	0	0
變異數	$\dfrac{v}{v-2}, v > 2$	1
偏態係數	0	0
峰態係數	$\beta_2 = \dfrac{3(v-2)}{v-4}, v > 4$	3

11.8.5 t 分配的用途與使用時機

當樣本取自常態母體，且母體變異數未知時，可利用 t 分配來估計母體平均數方面的問題，t 分配的主要用途有下列幾項：

1.　用來發展當常態母體變異數未知的情況下，平均數 μ 的推論方法。

2.　用來發展當兩個常態母體變異數未知，且樣本皆為小樣本情況下，兩母體平均數差 $\mu_1 - \mu_2$ 的推論方法。

3.　可用於變異數分析之事後檢定，以及相關分析、迴歸係數之統計推論。

有關 t 分配的使用時機與方法，在後面的單元中會逐一介紹。

11.8.6 t 分配的查表

t 分配表大部分為以上累積分配表，這種表格常用於檢定系統。t 分配的最左一行為自由度，最上一列數字代表陰影的面積，即機率，中央部分則代表橫座標變數的值。由於 t 分配會受自由度所影響，因此查表時必須先決定自由度，接著再查出變數值或者機率值。若以符號表示為：$t_{0.025,5} = 2.5706$，代表自由度 5，在 t 變數 2.5706 右邊的機率為 0.025，若以機率表示則為 $P(t_5 > 2.5706) = 0.025$。

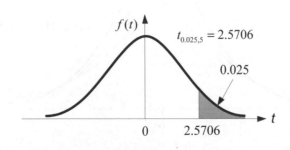

自由度	0.2	0.15	0.1	0.05	0.025	0.01	0.005
1	1.3764	1.9626	3.0777	6.3138	12.7062	31.8205	63.6567
2	1.0607	1.3862	1.8856	2.9200	4.3027	6.9646	9.9248
3	0.9785	1.2498	1.6377	2.3534	3.1824	4.5407	5.8409
4	0.9410	1.1896	1.5332	2.1318	2.7764	3.7469	4.6041
5	0.9195	1.1558	1.4759	2.0150	2.5706	3.3649	4.0321
6	0.9057	1.1342	1.4398	1.9432	2.4469	3.1427	3.7074
7	0.8960	1.1192	1.4149	1.8946	2.3646	2.9980	3.4995
8	0.8889	1.1081	1.3968	1.8595	2.3060	2.8965	3.3554
9	0.8834	1.0997	1.3830	1.8331	2.2622	2.8214	3.2498
10	0.8791	1.0931	1.3722	1.8125	2.2281	2.7638	3.1693

例 41

請利用 t 分配表求下列各值。

(1) 自由度 $=10, P(t < a) = 0.05$，求 $a = ?$

(2) 自由度 $=20, P(-b < t < b) = 0.90$，求 $b = ?$

解

(1) $a = -t_{0.05,10} = -1.8125$

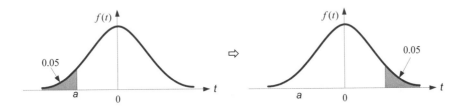

(2) $b = t_{0.05,20} = 1.7247$

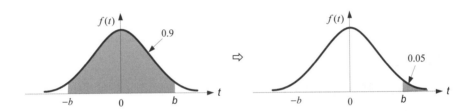

例 42

求滿足下列條件之 a 值。

(1) $n = 350, P(t < a) = 0.01$，求 $a = ?$

(2) $n = \infty, P(t < a) = 0.1$，求 $a = ?$

解

(1) 本題為大樣本情況，若 t 分配表沒有提供訊息，可改用標準常態分配表，即

$P(t < a) = 0.01 \Rightarrow P(z < a) = 0.01$，經由常態分配表可得 $a = -2.33$

(2) $P(t < a) = 0.1 \Rightarrow P(z < a) = 0.1$，經由常態分配表可得 $a = -1.28$

例 43

假設 X 代表某班級統計學成績，已知為常態分配，全班平均 80 分。現自該班級抽出 10 位學生，此 10 位學生成績標準差等於 8.63 分，求此 10 位學生之平均成績在 85 分以上的機率是多少？

解

本題母題常態，母體變異數為知且為小樣本抽樣，故需使用 t 分配求值

$$P(\bar{x} > 85) = P\left(t_9 > \frac{85 - 80}{\sqrt{\frac{8.63^2}{10}}}\right) \approx P(t_9 > 1.83) \approx 0.05$$

11.8.7 卡方分配、F 分配、t 分配的共同特性

卡方分配、F 分配、t 分配三者皆為小樣本分配且皆為連續分配，同時三者所來自的母體皆為常態分配，且三者的母數皆與自由度有關，即

1. 皆為小樣本分配。

2. 皆為連續分配。

3. 三者所來自的母體皆為常態分配。

4. 三者的母數皆與自由度有關。

5. 三者皆能在某些條件下轉換成標準常態分配。

   (1) $n \to \infty$ 時，$\sqrt{2\chi^2} \sim N(\sqrt{2n-1}, 1)$。

   (2) $n \to \infty$ 時，$t \sim N(0,1)$。

   (3) $n_1 = 1, n_2 \to \infty$ 時，$\sqrt{F} \sim N(0,1)$。

   下表為三者之定義公式與實用公式之整理：

統計量	定義公式	實用公式
卡方	$\chi_v^2 = \sum_{i=1}^{n} (\frac{x_i - \mu}{\sigma})^2$	$\chi_{n-1}^2 = \frac{(n-1)s^2}{\sigma^2}$
F	$F_{v_1, v_2} = \frac{\chi_1^2 / v_1}{\chi_2^2 / v_2}$	$F_{n_1-1, n_2-1} = \frac{s_1^2 / \sigma_1^2}{s_2^2 / \sigma_2^2}$
t	$t_v = \frac{z}{\sqrt{\dfrac{\chi_v^2}{v}}}$	$t_{n-1} = \frac{\overline{x} - \mu}{\sqrt{\dfrac{s^2}{n}}}$

11.8.8 以 F 統計量為主，Z、卡方、t 與 F 的關係

由 F 分配的定義 $F = \dfrac{\chi_1^2 / v_1}{\chi_2^2 / v_2}$ 可知，F 分配包含了 Z 分配、卡方以及 t 分配。故由 F 分配可以轉換成其他三種分配，簡單來說就是藉由 F 表即可查出其他三種分配的機率值。在推導轉換關係前，我們要先介紹三個式子。這三個式子如下所示：

1. $\chi_1^2 = z^2$

2. $\dfrac{z}{\sqrt{\chi^2 / v}} = t_v$

3. $\displaystyle \lim_{v \to \infty} \dfrac{\chi_v^2}{v} = 1$

由於第 3 個式子前面並未提及，因此我們現在來證明第 3 個式子。

$$\lim_{v \to \infty} \frac{\chi_v^2}{v} = \lim_{v \to \infty} \frac{(n-1)s^2 / \sigma^2}{v} = \lim_{v \to \infty} \frac{s^2}{\sigma^2} = 1 \ , \ \text{註：} v = n-1$$

現在我們分別來看 F、Z、卡方、t 分配之間的轉換關係。

1.　當 $\nu_1 = \nu_2 = 1$ 時

$$F = \frac{\chi_1^2/1}{\chi_2^2/1} = \frac{\chi_1^2}{\chi_2^2} = \frac{z_1^2}{z_2^2}$$

2.　當 $\nu_2 = 1$ 時

$$F = \frac{\chi_1^2/\nu_1}{\chi_2^2/1} = \frac{\chi_1^2/\nu_1}{z_2^2} = \frac{1}{(\frac{z_2}{\sqrt{\chi_1^2/\nu_1}})^2} = \frac{1}{t_{\nu_1}^2}$$

3.　當 $\nu_1 = \infty, \nu_2 = 1$ 時

$$F = \frac{\chi_1^2/\nu_1}{\chi_2^2/1} = \frac{1}{z_2^2}$$

下表為分子、分母在不同自由度情況下，F 分配與另外三個分配間的轉換關係。

分母 ν_2 ＼ 分子 ν_1	1	ν_1	∞
1	$\dfrac{z_1^2}{z_2^2}$	$\dfrac{1}{t_{\nu_1}^2}$	$\dfrac{1}{z^2}$
ν_2	$t_{\nu_2}^2$	F_{ν_1,ν_2}	$\dfrac{\nu_2}{\chi_{\nu_2}^2}$
∞	z^2	$\dfrac{\chi_{\nu_1}^2}{\nu_1}$	1

例 44

試判斷下列之抽樣分配屬於何種分配，若有自由度的話，請註明自由度。

(1)若 $x_1, x_2, ..., x_n \sim N(\mu, \sigma^2)$ ，求 $\dfrac{\sum\limits_{i=1}^{n} x_i - n\mu}{\sqrt{ns}}$ 服從何種分配？

(2)若 $z_i \sim N(0,1), i = 1,2,3,4$ ，求 $\dfrac{z_1 + z_2}{\sqrt{z_3^2 + z_4^2}}$ 服從何種分配？

(3) $\dfrac{2\chi_{10}^2}{\chi_{20}^2}$ 服從何種分配？

(4)若 $x_i \sim N(0,1), i = 1,2,\cdots,n$ ，求 $n\bar{x}^2$ 服從何種分配？

解

(1) $\dfrac{\sum\limits_{i=1}^{n} x_i - n\mu}{\sqrt{ns}} = \dfrac{\left.\sum\limits_{i=1}^{n} x_i - n\mu \right/ n}{\sqrt{ns}/n} = \dfrac{\bar{x} - \mu}{\dfrac{s}{\sqrt{n}}} \sim t_{n-1}$

(2) $\because z_1 + z_2 \sim N(0,2)$ ， $z_3^2 \sim \chi_1^2, z_4^2 \sim \chi_1^2 \Rightarrow z_3^2 + z_4^2 \sim \chi_2^2$

$\therefore \dfrac{z_1 + z_2}{\sqrt{z_3^2 + z_4^2}} = \dfrac{z_1 + z_2}{\sqrt{\chi_2^2}} = \dfrac{\dfrac{(z_1 + z_2) - 0}{\sqrt{2}}}{\sqrt{\dfrac{\chi_1^2 + \chi_1^2}{2}}} = \dfrac{z}{\sqrt{\dfrac{\chi_2^2}{2}}} \sim t_2$

(3) $\dfrac{2\chi_{10}^2}{\chi_{20}^2} = \dfrac{2\chi_{10}^2/20}{\chi_{20}^2/20} = \dfrac{\chi_{10}^2/10}{\chi_{20}^2/20} \sim F_{10,20}$

(4) $n\bar{x}^2 = \dfrac{\bar{x}^2}{1/n} = \left(\dfrac{\bar{x} - 0}{1/\sqrt{n}}\right)^2 = z^2 \sim \chi_1^2$

11.8.9 以 F 統計量為主，查表轉換公式

1. 由 $F_{1,\infty} = z^2$ ，可得 $z = \sqrt{F_{1,\infty}}$

2. 由 $F_{1,v} = t_v^2$ ，可得 $t_v = \sqrt{F_{1,v}}$

3. 由 $F_{v,\infty} = \dfrac{\chi_v^2}{v}$ ，可得 $\chi_v^2 = v \cdot F_{v,\infty}$

其機率關係對照圖，如下圖所示，利用 F 分配表求 Z 分配與 t 分配時，必須把 Z 分配與 t 分配的右尾面積放大兩倍。有了上面三個關係式以及下圖機率間的關係，那麼就可以使用 F 分配表去求另三種分配情況的機率值。

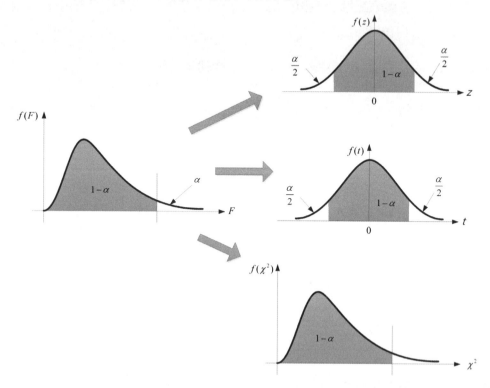

例 45

試利用 F 分配表查出下列各值

(1) $t_{0.05,17}$ 。　　(2) $z_{0.005}$ 。　　(3) $\chi^2_{0.05,6}$ 。

解

(1) $t_{0.05,17} = \sqrt{F_{0.1,1,17}} = \sqrt{3.03} \approx 1.741$

(2) $z_{0.005} = \sqrt{F_{0.01,1,\infty}} = \sqrt{6.63} \approx 2.575$

(3) $\chi^2_{0.05,6} = 6F_{0.05,6,\infty} = 6 \times 2.10 = 12.6$

1. 教育部為瞭解並研究大學教育問題，於是決定在台灣地區以隨機抽樣法選取 500 名學生作為樣本。若已知大學生中各年級之人數及其餘資料如下表：

年級	大一	大二	大三	大四
人數	24000	21000	18000	15000
學業成績平均	75	80	85	90
學業成績標準差	3	4	5	6
單位調查費用(萬元)	4	49	25	9

試問：

(1) 以比例配置法選取樣本，各年級應抽取多少人？

(2) 以 Neyman 配置法選取樣本，各年級抽取多少人？

(3) 以 Deming 配置法選取樣本，各年度應抽取多少人？

2. 假設隨機變數 X 服從均勻分配，且機率質量函數為

$$f(x) = \frac{1}{4}, \quad x = 0,1,2,3$$

現採取出放回的方式隨機抽取兩個樣本，試求

(1) 樣本空間。

(2) $\overline{x}$ 的抽樣分配。

(3) $E(\overline{x})$ 與 $V(\overline{x})$。

3. 已知母體服從均勻分配，其機率質量函數為：$f(x) = \frac{1}{4}, x = 2,4,6,8$，現自此母體隨機抽取 n 個樣本，試問當 (1) $n = 1$ (2) $n = 2$ (3) $n = 4$ (4) $n = 30$ 時，樣本平均數的抽樣分配的形狀為何？請由下面的八種形狀中選出。

(A)
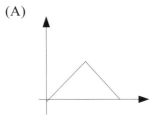

(B)
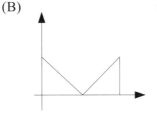

(C)
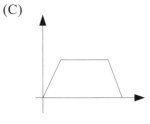

(D)
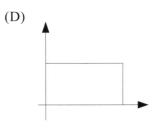

(E)
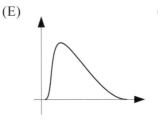

(F)
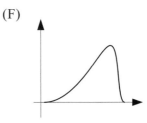

(G) (H)

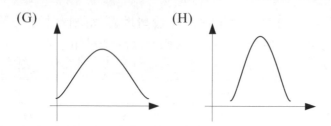

4. 投擲骰子三次，求點數平均數的期望值與變異數。

5. 若某工廠所生產的磁磚平均重量 1.74 公斤，標準差 0.03 公斤。

   (1) 若隨機抽取 9 塊此工廠所生產的磁磚，請問樣本平均數的期望值與變異數為多少？

   (2) 若隨機抽取 50 塊此工廠所生產的磁磚，請問樣本平均數的期望值與變異數為多少？

   (3) 若隨機抽取 50 塊此工廠所生產的磁磚，請問這 50 塊磁磚的平均重量超過 1.745 公斤的機率？

   (4) 若隨機抽取 50 塊此工廠所生產的磁磚，請問這 50 塊磁磚的平均重量在 1.74 ± 0.005 公斤的機率？

6. 某進口商固定進口某項產品，由一批貨櫃內隨機抽驗 36 個產品，其樣本平均重量為 $\bar{x}$，根據過去檢驗記錄知有 5%的 $\bar{x}$ 超過 2.1 磅；有 5%的 $\bar{x}$ 低於 1.9 磅，試求此產品的平均重量及標準差。

7. 假設某產地的蘋果重量服從常態分配，平均每顆重量為 300 公克，標準差 30 公克。有一水果批發商欲購買 1000 箱蘋果，在購買前進行抽樣。

   (1) 隨機抽取一個蘋果，該蘋果重量超過 330 公克的機率為何？

   (2) 若隨機抽取 12 個蘋果，則 12 個蘋果平均重量超過 310 公克的機率為何？

   (3) 若將 12 個蘋果裝成一盒，則一盒蘋果重量不足 3.5 公斤的機率為何？

8. 假設 $x_1, x_2, \cdots, x_{36}$ 為隨機取自母體機率密度函數為 $f(x) = \dfrac{3}{2}x^2, -1 < x < 1$ 之一組樣本，令 $y = \displaystyle\sum_{i=1}^{36} x_i$ 試求：

   (1) 期望值 $E(y)$ 與變異數 $V(y)$。

   (2) 樣本平均數 $\bar{x}$ 大於 0.05 之機率。

9. 已知母體分配的機率密度函數為：$f(x) = (\dfrac{1}{4})^{x-1}(\dfrac{3}{4}), x = 1, 2, 3, \cdots$。若 $x_1, x_2, \cdots, x_{36}$ 為取自此母體之一組隨機樣本。試求：

   (1) $P(46 \leq \displaystyle\sum_{i=1}^{36} x_i \leq 49)$。　　　(2) $P(1.25 \leq \bar{x} \leq 1.5)$。

10. 假設從台北開車到台南火車站所花的時數服從常態分配,平均 5 小時標準差 1 小時,根據此條件請回答下列問題:

   (1) 隨機抽取 100 位從台北開車到台南火車站,求平均時間超過 5.1 小時的機率。

   (2) 假設這 100 位當中,超過 5.1 小時人數為一隨機變數,求期望值與變異數?

   (3) 若某些開車族到台南火車站後,會到安平。假設從台南火車站到安平所需時間服從常態分配,平均 0.5 小時,標準差 0.5 小時。同時假設兩個路程是獨立的。現隨機抽一位開車族,求從臺北到安平,所需時間超過 5.5 小時,但未超過 6 小時的機率?

11. 已知台灣地區年滿 50 歲的人口比例約占全體的 47%,若現在隨機抽取 400 居住在台灣的人,則此 400 人中年滿 50 歲的比例在 50%~60%的機率為何?

12. 一項針對是否贊成建蘇花高的民意調查,發現有 60%的民眾贊成建造。現在隨機抽取 30 位民眾,求此 30 位民眾贊成興建蘇花高的比例在 1/2~2/3 的機率為何?

13. 假設 $\bar{x}_n, \bar{y}_n$ 分別表示兩組來自相同母體的 n 個獨立樣本的平均數,已知母體平均數為 μ,母體變異數為 σ^2,試求

   (1) $\bar{x}_n - \bar{y}_n$ 的平均數。

   (2) $\bar{x}_n - \bar{y}_n$ 的標準差。

   (3) 求滿足 $P(|\bar{x}_n - \bar{y}_n| \leq \frac{\sigma}{2}) = 0.98$,所需樣本數。

14. 已知 A 廠牌的電視映像管平均壽命 6.5 年,標準差 0.9 年,B 廠牌的電視映像管平均壽命 6 年,標準差 0.8 年。現自 A 廠牌隨機抽取 36 隻映像管,B 廠牌 49 隻映像管,求 A 廠牌映像管平均壽命比 B 廠牌映像管平均壽命至少超過一年的機率?

15. 分別自兩常態母體隨機抽取 4 個樣本,假設 $\bar{x}$ 為來自母體 $N(4,9)$ 的 4 個樣本平均數,$\bar{y}$ 為來自母體 $N(7,16)$ 的 4 個樣本平均數,試求 $\bar{x} < \bar{y}$ 的機率。

16. 已知某校大四畢業生的畢業成績服從常態分配,現從該校大四畢業生中隨機抽取 16 位學生之畢業成績。

   (1) 試求此 16 位學生之平均畢業成績與全部大四畢業生之平均成績差,不超過該校全部大四畢業生成績標準差一半的機率。

   (2) 假設已知該校畢業生畢業成績標準差為 10 分,若以此 16 位學生之平均成績估計該校全體畢業生的平均成績,其誤差不超過 4.38 分的機率為何?

   (3) 若大四畢業成績沒有服從常態分配,則此 16 位學生之平均成績與該校全部大四畢業生的平均成績差,不超過全體成績 0.5 個標準差的機率為何?

17. 求下列有關 t 分配的機率。

   (1) $P(t_{12} < 1.782)$。   (2) $P(t_{12} > -1.365)$。   (3) $P(-2.179 \leq t_{12} \leq 1.782)$。

18. 求下列之 a 值。

    (1) $P(t_{18} > a) = 0.05$。   (2) $P(t_{22} < a) = 0.1$。   (3) $P(t_{20} > a) = 0.90$。

    (4) $P(-a \le t_{28} \le a) = 0.95$。

19. 試求下列之卡方值。

    (1) $\chi^2_{0.05,5}$。   (2) $\chi^2_{0.01,10}$。   (3) $\chi^2_{0.975,20}$。   (4) $\chi^2_{0.95,18}$。

20. 試求下列之 F 值。

    (1) $F_{0.05,12,10}$。   (2) $F_{0.025,20,15}$。   (3) $F_{0.975,10,20}$。   (4) $F_{0.95,10,20}$。

21. 設 $x_i \sim N(\mu_i, \sigma_i^2), i = 1,2,3,\cdots,n$。

    (1) 試判斷 $\sum_{i=1}^{n} (\frac{x_i - \mu_i}{\sigma_i})^2$ 服從何種分配，並求 $E\left[\sum_{i=1}^{n} (\frac{x_i - \mu_i}{\sigma_i})^2\right]$ 與 $V\left[\sum_{i=1}^{n} (\frac{x_i - \mu_i}{\sigma_i})^2\right]$。

    (2) 當 $n \to \infty$，$\sum_{i=1}^{n} (\frac{x_i - \mu_i}{\sigma_i})^2$ 的極限分配為何？

22. 假設 $x_1, x_2, \cdots, x_n$ 是來自於常態母體 $N(\mu, \sigma^2)$ 的 n 個樣本，令 $\bar{x}_n = \frac{1}{n}\sum_{i=1}^{n} x_i, s_n^2 = \frac{1}{n}\sum_{i=1}^{n} (x_i - \bar{x})^2$，令 x_{n+1} 為第 $n+1$ 個樣本，若 $\frac{k(\bar{x}_n - x_{n+1})}{s_n}$ 服從 t 分配，試求 k 值。

23. 假設 $x_1, x_2, \cdots, x_5$ 是來自於常態母體 $N(0, \sigma^2)$ 的 5 個樣本，若 $\frac{c(x_1 - x_2)}{\sqrt{x_3^2 + x_4^2 + x_5^2}}$ 服從 t 分配，試求 c 值。

24. 試判斷下列之抽樣分配屬於何種分配，若需要自由度的話，請註明自由度。

    (1) 若 $x_1, x_2, \ldots, x_n \sim N(\mu, \sigma^2)$，求 $\frac{1}{\sqrt{ns}}\sum_{i=1}^{n} x_i - n\mu$ 服從何種分配？

    (2) $x_1, x_1, \ldots, x_4 \sim N(0,1); y = \frac{x_1 + x_2}{\sqrt{x_3^2 + x_4^2}}$，求 y 服從何種分配？

    (3) $x_1, x_2 \sim N(1,1), z_1, z_2 \sim N(0,1); y = \frac{z_1 + z_2}{\sqrt{\frac{(x_2 - x_1)^2}{2} + \frac{(z_1 - z_2)^2}{2}}}$，求 y 服從何種分配？

    (4) $x_1, x_2, \ldots, x_{10} \sim N(0,5); y = \frac{\sqrt{90}\bar{x}}{\sqrt{\sum_{i=1}^{10} (x_i - \bar{x})^2}}$，求 y 服從何種分配？

    (5) $x \sim \chi^2_{10}, z \sim \chi^2_{20}; y = \frac{2x}{z}$，求 y 服從何種分配？

    (6) $x \sim t_v; y = \frac{1}{x^2}$，求 y 服從何種分配？

(7) $x_1, x_2, ..., x_n \sim N(0, \sigma^2); y = \dfrac{1}{\sigma^2} \sum\limits_{i=1}^{n} x_i^2$，求 y 服從何種分配？

(8) $x_1, x_1, ..., x_n \sim N(0,1); y = n\bar{x}^2$，求 y 服從何種分配？

(9) $x_1, x_2 \sim N(0,1); y = \dfrac{(x_1 + x_2)^2}{(x_1 - x_2)^2}$，求 y 服從何種分配？

25. 試利用 F 分配表，求下列各值。

(1) $\chi^2_{0.95,15}$。　　(2) $t_{0.025,11}$。

26. 從某公司 4 位(2 男 2 女)業務員中抽出 2 人，藉由其年度業績估計全體之平均業績。已知此公司 4 位業務員之業績分別為：

女性：120 萬元、140 萬元；男性：170 萬元、190 萬元

(1) 若採簡單隨機抽樣，請列出所有可能樣本。

(2) 若依照比例配置之分層隨機抽樣法，請列出所有可能樣本。

(3) 求(1)之樣本平均數之抽樣分配

(4) 求(3)樣本平均數的期望值與變異數。

27. 一袋中裝有 4 個球，編號 1、2、4、5，隨機抽出 2 球，編號分別為 x_1, x_2，假設 $\bar{x} = \dfrac{x_1 + x_2}{2}$。

(1) 若取出放回，試求 $\bar{x}$ 的抽樣分配，$E(\bar{x}), V(\bar{x})$。

(2) 若取出不放回，試求 $\bar{x}$ 的抽樣分配，$E(\bar{x}), V(\bar{x})$。

28. 假設有一母體機率分配如下表所示：

x	0	3	12
$f(x)$	1/3	1/3	1/3

自該母體以抽出不放回的方式隨機抽出 3 個樣本，分別為 x_1, x_2, x_3。令 $\bar{x} = \dfrac{x_1 + x_2 + x_3}{3}$，$\eta$ 表 x_1, x_2, x_3 的中位數。

(1) 試求 $\bar{x}$ 的抽樣分配。

(2) 試求 η 的抽樣分配。

29. 從母體機率分配 $f(x) = (\dfrac{2}{3})^x (\dfrac{1}{3})^{1-x}, x = 0,1$，隨機抽出 2 個樣本 x_1, x_2，令 $\bar{x} = \dfrac{x_1 + x_2}{2}$，求 $\bar{x}$ 的抽樣分配，$E(\bar{x})$ 與 $V(\bar{x})$。

30. 已知卡方分配機率密度函數為 $f(x) = \dfrac{1}{2\Gamma(\dfrac{v}{2})}(\dfrac{x}{2})^{\frac{v}{2}-1} e^{-\frac{x}{2}}, \ x > 0$，$X, Y$ 為卡方獨立隨機變數，令 $f = \dfrac{x/n}{y/m}$。試證明隨機變數 F 的機率密度函數為：

$$f(F) = \frac{\Gamma(\frac{n_1 + n_2}{2})}{\Gamma(\frac{n_1}{2})\Gamma(\frac{n_2}{2})} \frac{(\frac{n_1}{n_2})^{\frac{n_1}{2}} F^{\frac{n_1}{2}-1}}{(1+\frac{n_1}{n_2}F)^{\frac{n_1+n_2}{2}}}, \quad F \geq 0$$

31. 已知卡方分配機率密度函數為：$f(x) = \dfrac{1}{2\Gamma(\frac{v}{2})}(\dfrac{x}{2})^{\frac{v}{2}-1} e^{-\frac{x}{2}}, \quad x > 0$；$Z$ 分配機率密度函

數為：$f(z) = \dfrac{1}{\sqrt{2\pi}} e^{-\frac{z^2}{2}}, \quad -\infty < z < \infty$。假設隨機變數 X 為卡方隨機變數，Z 為 Z 分

配隨機變數，令隨機變數 $t = \dfrac{z}{\sqrt{\dfrac{x}{n}}}$。試證明 t 的機率密度函數為：

$$f(t) = \frac{\Gamma(\frac{n+1}{2})}{\sqrt{n\pi}\,\Gamma(\frac{n}{2})}(1+\frac{t^2}{n})^{-\frac{n+1}{2}} \quad , -\infty < t < \infty \text{。}$$

CHAPTER

估計 12

在本章中將介紹點估計式的概念,並且介紹點估計式的四大評斷標準,以及如何尋找點估計式。學習完本章節後,可以明瞭除了算術平均數之外還有其他方法可以估計母體平均數,以及為何樣本變異數除以 $n-1$ 而不是除以 n,以及這兩種定義式有何差別。

12.1 點估計

估計的表示方法有點估計(point estimation)與區間估計(interval estimation)兩種，在本節中將介紹點估計的意義以及進行點估計的步驟。在日常生活中我們經常使用點估計去估計母體參數，例如某候選人的支持率預估為 80%，101 學年度大學聯考錄取率約 98%等，這些都是點估計的實際應用例子。

12.1.1 點估計的概念

估計(estimation)也有人稱為為推估，所謂估計是指利用樣本統計量來推測母體中未知母數的方法。而點估計是指，由母體抽取一組樣本數為 n 的隨機樣本，並計算此 n 個樣本的統計量，如樣本平均數、樣本標準差等，並以此統計量的數值做為母體參數的估計值。顧名思義，點估計為單一的數值。例如，抽取 10 個樣本來估計母體平均數，假設這 10 個樣本的平均數為 80，那麼 80 就是母體平均數的點估計值。

12.1.2 估計式

估計式 (estimator)也有人稱為估計子。所謂估計式是指用來估計母體參數的樣本統計量，通式以 $\hat{\theta}$ 表示。例如：以樣本平均數 $\bar{x}$ 估計母體平均數 μ，則 $\bar{x}$ 即為 μ 之估計式；以樣本標準差 s 估計母體標準差 σ，則 s 即為 σ 之估計式。將樣本觀察值代入估計式中所求得的數值，稱為估計值(estimate)，通常以 $\hat{\theta}_0$ 表示。

12.1.3 點估計的步驟

點估計的步驟一般可以分成下列四個步驟：

步驟 1： 抽取具代表性的樣本。適當的樣本可以更準確的估計母體參數。

步驟 2： 選擇一個較佳的樣本統計量作為估計式。例如估計母體變異數時，可以利用公式 $\hat{\sigma}^2 = \dfrac{1}{n}\sum_{i=1}^{n}(x_i - \bar{x})^2$ 去估計，也可以使用 $s^2 = \dfrac{1}{n-1}\sum_{i=1}^{n}(x_i - \bar{x})^2$ 去估計。估計母體平均數時可以利用公式 $\bar{x} = \dfrac{x_1 + x_2 + \cdots + x_n}{n}$ 進行估計，也可以利用公式 $G = \sqrt[n]{x_1 x_2 \cdots x_n}$ 進行估計。好的估計式可以更有效的估計母體參數，不好的估計式可能所得到的結果與實際差異很大。

步驟 3： 計算樣本統計量的值。選好估計式之後，將收集到的樣本觀察值代入估計式中計算求得估計值。

步驟 4： 最後以樣本統計量的值來推論母體參數值，並做決策。

例 1

某候選人在選舉前舉辦民意調查，隨機抽選 1000 位選民當樣本，詢問選民對自己的支持度，詢問的結果有 350 位的選民願意支持該候選人，請問該候選人的支持率的點估計值為多少？

解

$\hat{p} = \dfrac{350}{1000} = 35\%$，該候選人的民意支持率的點估計值為 35%

12.1.4 估計式的評斷標準

點估計的主要目的在於以樣本統計量來估計母體參數，但估計式的選取方式並不是唯一。例如我們可以隨機抽取 5 個樣本，以 $\bar{x} = \dfrac{x_1 + x_2 + x_3 + x_4 + x_5}{5}$ 的方式來估計母體平均數，也可以使用 $\bar{x} = \dfrac{x_1 + 2x_2 + 2x_3 + 2x_4 + x_5}{8}$ 的方式來估計母體平均數。但上面兩個估計式哪一種比較好呢？需有一些評量標準，就好比選美比賽需有評分標準一樣。一般在統計上衡量估計式的好壞有下列四個重要準則，其中以不偏性與有效性被使用最多，這四個衡量準則分別為：

1. **不偏性** (unbiasedness)

   (1) 最小變異不偏性 (best unbiasedness)

   (2) 漸進不偏性 (asymptotic unbiasedness)

2. **有效性** (efficiency)

   (1) 絕對有效性

   (2) 相對有效性

3. **一致性** (consistency)

4. **充分性** (sufficiency)

12.2 不偏性

衡量估計式是否能準確命中母體參數,大致可用精確度與準確度兩個大方向進行衡量,不偏性相當於衡量估計式的準確度,而有效性相當於衡量估計式的精確度。

12.2.1 不偏性的意義

當使用樣本統計量來估計母體參數時,由樣本推出的估計值與母體參數間會有某種程度上的差異,有時可能高估,有時可能低估。觀察下面圖形,以 $\hat{\theta}_1$ 來估計母體參數 θ 比 $\hat{\theta}_2$ 來估計母體參數要佳,因為 $\hat{\theta}_1$ 的期望值恰等於母體參數,我們稱 $\hat{\theta}_1$ 具有不偏性 (unbiasedness),所用的估計式稱為為不偏估計式;至於 $\hat{\theta}_2$ 則稱為具偏誤性 (biasedness),其估計式為一偏誤估計式。

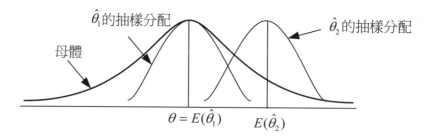

故不偏性的定義為:假設 θ 為隨機變數的母體參數,$\hat{\theta}$ 表 θ 的估計式,若估計式的期望值等於母體參數值,則稱此估計式為該母體參數之不偏估計式,否則稱偏誤估計式,即

$E(\hat{\theta}) = \theta$,$\hat{\theta}$ 為 θ 的不偏估計式

$E(\hat{\theta}) \neq \theta$,$\hat{\theta}$ 為 θ 的偏誤估計式

其中偏誤的定義為:$Bias(\hat{\theta}) = E(\hat{\theta}) - \theta$,即估計式的期望值與母體參數之差。若 $Bias(\hat{\theta}) > 0$ 表正偏估計式,此時 $\hat{\theta}$ 高估母體參數,若 $Bias(\hat{\theta}) < 0$ 表負偏估計式,此時 $\hat{\theta}$ 低估母體參數。不偏性的定義為樣本統計量的期望值等於母體參數,因期望值為平均數之概念,故不偏性與樣本的多寡無關。有一點必須注意的是,並非所有母體皆存在不偏估計式,例如均勻分配即不存在不偏估計式。但若某一母體參數存在不偏估計式,不偏估計式的數量可能不只一個,例如:$\bar{x} = \dfrac{x_1 + x_2 + x_3 + x_4 + x_5}{5}$ 與 $\bar{x} = \dfrac{x_1 + 2x_2 + 2x_3 + 2x_4 + x_5}{8}$,皆具不偏性。

不偏估計式只是一種評斷標準的方式，並不一定是最優良的估計式。因為有時候不偏估計式所估計出來的準確性不一定比具偏誤估計式所估計出來的準確。在本節結束前要特別提醒讀者，誤差和偏誤是不一樣的概念，誤差 $=\left|\hat{\theta}-\theta\right|$，而偏誤為：$Bias(\hat{\theta})=E(\hat{\theta})-\theta$。下表為估計式估計母體參數是否具不偏性的整理。

	樣本取出放回	樣本取出不放回
$\overline{x}$ 估計 μ	不偏	不偏
s^2 估計 σ^2	不偏	偏誤
s 估計 σ	偏誤	偏誤
$\hat{p}$ 估計 p	不偏	不偏
$\hat{p}\hat{q}$ 估計 pq	偏誤	偏誤
$\hat{p}_1-\hat{p}_2$ 估計 p_1-p_2	不偏	不偏

在本小節結束前，我們以實際的應用範例來說明不偏性。例如骰子么點出現的機率為 $\frac{1}{6}$，$\frac{1}{6}$ 為母體比例。現在投擲 100 次骰子若出現 x 次么點，以 $\frac{x}{100}$ 來估計么點出現機率。不斷地重複投擲 100 次骰子，並計算出每次得到的 $\frac{x}{100}$ 值，如果重複無窮多次試驗，把得到無窮多個的 $\frac{x}{100}$ 值加總後取平均，我們會發現得到的這個平均值正好等於 $\frac{1}{6}$，那麼 $\frac{x}{100}$ 這個估計式就稱為不偏估計式。

例 2

假設已知全國成年男子平均身高為 170 公分，某研究機構欲調查國內成年男子平均身高，隨機抽取 1000 個樣本，得樣本平均身高為 174 公分，請問估計誤差為多少？偏誤為多少？是否高估了母體參數？

解

估計誤差：$\left|\overline{x}-\mu\right|=\left|174-170\right|=4$ 公分

因樣本平均數為母體平均數之不偏估計式，故偏誤：$E(\overline{x})-\mu=0$

故沒有高估亦沒有低估母體參數。

例 3

試證 $\overline{x}$ 是 μ 的不偏估計式。

證明

欲證明 $\overline{x}$ 是 μ 的不偏估計式，只要證明 $E(\overline{x}) = \mu$ 即可。

$$\because E(\overline{x}) = E\left(\frac{1}{n}\sum_{i=1}^{n} x_i\right) = \frac{1}{n}E\left(\sum_{i=1}^{n} x_i\right) = \frac{1}{n}\sum_{i=1}^{n} E(x_i) = \frac{1}{n}\sum_{i=1}^{n}\mu = \frac{1}{n}(n\mu) = \mu$$

故 $\overline{x}$ 是 μ 的不偏估計式

例 4

試證 $s^2 = \dfrac{1}{n-1}\sum_{i=1}^{n}(x_i - \overline{x})^2$ 為 σ^2 的不偏估計式。

證明

方法 1：

$$E(s^2) = \frac{1}{n-1}E\left(\sum_{i=1}^{n}(x_i - \overline{x})^2\right) = \frac{1}{n-1}E\left(\sum_{i=1}^{n} x_i^2 - n\overline{x}^2\right)$$

$$= \frac{1}{n-1}\left\{E\left[\sum_{i=1}^{n}(x_i^2)\right] - nE(\overline{x}^2)\right\}$$

$$= \frac{1}{n-1}\left\{\sum_{i=1}^{n} E(x_i^2) - nE(\overline{x}^2)\right\}$$

$$= \frac{1}{n-1}\left\{\sum_{i=1}^{n}\left[V(x_i) + [E(x_i)]^2\right] - n\left[V(\overline{x}) + (E(\overline{x}))^2\right]\right\}$$

$$= \frac{1}{n-1}\left\{\sum_{i=1}^{n}\left[\sigma_i^2 + \mu_i^2\right] - n\left[\frac{\sigma^2}{n} + \mu^2\right]\right\}$$

$$= \frac{1}{n-1}\left\{n\sigma^2 + n\mu^2 - \sigma^2 - n\mu^2\right\} = \frac{1}{n-1}\left\{(n-1)\sigma^2\right\} = \sigma^2$$

故 s^2 為 σ^2 的不偏估計式

本題證明亦可利用卡方分配的性質來證明，速度較快

方法 2：

$$E(s^2) = E(\frac{(n-1)s^2}{\sigma^2} \cdot \frac{\sigma^2}{n-1}) = \frac{\sigma^2}{n-1}E(\frac{(n-1)s^2}{\sigma^2}) = \frac{\sigma^2}{n-1}E(\chi_{n-1}^2)$$

$$= \frac{\sigma^2}{n-1} \cdot (n-1) = \sigma^2 \quad (\text{卡方分配的期望值等於自由度})。$$

註 1.：本題需用到變異數公式：$V(x) = E(x^2) - [E(x)]^2 \Rightarrow E(x^2) = V(x) + [E(x)]^2$

註 2：由本題可知若變異數採用 $\hat{\sigma}^2 = \frac{1}{n}\sum_{i=1}^{n}(x_i - \overline{x})^2$，取期望值後可得

$E(\hat{\sigma}^2) = \frac{n-1}{n}\sigma^2$，為一偏誤估計式，故一般我們比較常用 s^2 來估計母體變異數，若樣本數 $n \to \infty$，兩者皆具不偏性。

例 5

試證 $\hat{\sigma}^2 = \frac{1}{n}\sum_{i=1}^{n}(x_i - \overline{x})^2$ 為 σ^2 的偏誤估計式。

證明

本題我們直接利用卡方分配證明

$$E(\hat{\sigma}^2) = E(\frac{n\hat{\sigma}^2}{\sigma^2} \cdot \frac{\sigma^2}{n}) = \frac{\sigma^2}{n}E(\frac{n\hat{\sigma}^2}{\sigma^2}) = \frac{\sigma^2}{n}E(\chi_{n-1}^2) = \frac{\sigma^2}{n}(n-1) \neq \sigma^2$$

故 $\hat{\sigma}^2$ 為 σ^2 的偏誤估計式

例 6

從平均數為 μ，變異數為 σ^2 的母體中，隨機抽取 n 個樣本 $x_1, x_2, ..., x_n$ $(n > 4)$，假設 $T_1 = \frac{x_1 + 2x_2 + x_3}{4}$，$T_2 = \frac{1}{4}x_1 + \frac{x_2 + \cdots + x_{n-1}}{2(n-2)} + \frac{1}{4}x_n$，$T_3 = \frac{x_1 + x_2 + \cdots + x_n}{n}$ 為 μ 的三個估計式，請問此三個估計式是否皆為不偏估計式？

解

$$E(T_1) = E(\frac{x_1 + 2x_2 + x_3}{4}) = \frac{1}{4}E(x_1) + \frac{2}{4}E(x_2) + \frac{1}{4}E(x_3) = \frac{1}{4}\mu + \frac{2}{4}\mu + \frac{1}{4}\mu = \mu$$

$$E(T_2) = E\left[\frac{1}{4}x_1 + \frac{x_2 + \cdots + x_{n-1}}{2(n-2)} + \frac{1}{4}x_n\right]$$

$$= \frac{1}{4}E[x_1] + \frac{E(x_2) + \cdots + E(x_{n-1})}{2(n-2)} + \frac{1}{4}E(x_n) = \frac{1}{4}\mu + \frac{(n-2)\mu}{2(n-2)} + \frac{1}{4}\mu = \mu$$

$$E(T_3) = E(\overline{x}) = \mu$$

故此三個估計式均為不偏估計式。

例 7

假設隨機變數 X 服從二項分配 $X \sim B(n, p)$，試證：$\dfrac{x(n-x)}{n(n-1)}$ 為 pq 的不偏估計式。

證明

本題只要能夠證明出 $E\left[\dfrac{x(n-x)}{n(n-1)}\right] = pq$ 即得証

$\because X \sim B(n, p)$ $\therefore E(x) = np, V(x) = npq$

故 $E\left[\dfrac{x(n-x)}{n(n-1)}\right] = \dfrac{1}{n(n-1)}E(nx - x^2) = \dfrac{1}{n(n-1)}\left[nE(x) - E(x^2)\right]$

又 $V(x) = E(x^2) - \left[E(x)\right]^2 \Rightarrow E(x^2) = V(x) + \left[E(x)\right]^2$ 代入上式得

$E\left[\dfrac{x(n-x)}{n(n-1)}\right] = \dfrac{1}{n(n-1)}\left[nE(x) - V(x) - \left(E(x)\right)^2\right]$

$\qquad = \dfrac{1}{n(n-1)}\left[n \cdot np - npq - n^2 p^2\right] = \dfrac{1}{n(n-1)}\left[n^2 p(1-p) - npq\right]$

$\qquad = \dfrac{1}{n(n-1)}\left[n^2 pq - npq\right] = \dfrac{1}{n(n-1)} \cdot npq(n-1) = pq$

註：由本題可以看出，$\hat{p}\hat{q}$ 並非為 pq 的不偏估計式，其中：$\hat{p} = \dfrac{x}{n}$。

例 8

假設隨機變數 X 服從二項分配 $X \sim B(n, p)$，試證明樣本比例 $\hat{p}$ 為母體比例的不偏估計式。

證明

實驗 n 次成功 x 次，樣本比例的定義為 $\hat{p} = \dfrac{x}{n}$

$E(\hat{p}) = E(\dfrac{x}{n}) = \dfrac{1}{n}E(x) = \dfrac{1}{n} \cdot np = p$

故樣本比例 $\hat{p}$ 為母體比例的不偏估計式

例 9

請利用點估計，估計下列二小題之母體參數。

(1)有一箱子內有 N 個球，分別編上 1 到 N 號，現隨機抽出 40 個球，已知此 40 個球的編號平均數為 500，試求箱內共有幾個球？

(2)現有一池塘，欲估計此池塘內共有多少條魚。首先自池塘內捕獲 20 條魚做記號後放回，再自池塘內捉出 50 條魚，發現其中有 2 條做記號，請問這個池塘大約有多少條魚？

解

(1) 因為樣本平均數為母體平均數的不偏估計式，故 $\bar{x} \approx \mu$

$$\mu = \frac{1 + 2 + \cdots + N}{N} = \frac{N+1}{2}$$

$\because \dfrac{N+1}{2} \approx 500$ $\therefore N \approx 999$，故箱內共有 999 個球

(2) 因為樣本比例為母體比例的不偏估計式，故 $p \approx \hat{p}$，假設池塘有 N 條魚

$$\frac{20}{N} \approx \frac{2}{50} \quad \therefore N = 500 \text{ 條魚。}$$

12.2.2 漸近不偏性

如果在小樣本時無法滿足不偏性，但若偏誤會隨著取樣數增加而減少，此估計式也可當成一個良好的估計母體工具。隨著樣本增加，偏誤會減少的性質稱為漸近不偏性(asymptotic unbiased)，它的定義如下：

假設 $\hat{\theta}_n$ 為樣本數 n 時之 θ 估計式，若滿足

$$\lim_{n \to \infty} E(\hat{\theta}_n) = \theta \qquad \text{或} \qquad \lim_{n \to \infty} \left[E(\hat{\theta}_n) - \theta \right] = 0$$

則稱 $\hat{\theta}_n$ 為 θ 之漸近不偏估計式。

由定義式可以看出具漸近不偏性的估計式，其偏誤大小會隨著樣本數的增加而減小，故若有一估計式在小樣本情況已經滿足不偏性，那麼此估計式在大樣本的情況下必然具不偏性。

 例 10

設 $\hat{\mu} = \dfrac{1}{n+1}\displaystyle\sum_{i=1}^{n} x_i$ 為母體參數 μ 的估計式，試問 $\hat{\mu}$ 為 μ 的漸近不偏估計式嗎？

解

$\because E(\hat{\mu}) = E(\dfrac{1}{n+1}\displaystyle\sum_{i=1}^{n} x_i) = \dfrac{1}{n+1}E(\displaystyle\sum_{i=1}^{n} x_i) = \dfrac{1}{n+1}\cdot n\mu = \dfrac{n\mu}{n+1}$

又 $\displaystyle\lim_{n\to\infty} E(\hat{\mu}) = \lim_{n\to\infty}\dfrac{n\mu}{n+1} = \mu$

故 $\hat{\mu}$ 為 μ 的漸近不偏估計式

註：$\hat{\mu}$ 雖然為 μ 的漸近不偏估計式，但不具不偏性。

 例 11

設 $x_i, i = 1, 2, \cdots, n$ 服從常態分配 $x_i \sim N(\mu, \sigma^2)$ ，請問 $\bar{x}^2$ 是否為 μ^2 的漸近不偏估計式？

解

本題只要證明出 $\displaystyle\lim_{n\to\infty} E(\bar{x}^2) = \mu^2$ 即得證

$V(\bar{x}) = V(\dfrac{x_1 + x_2 + ... + x_n}{n}) = \dfrac{1}{n^2}V(x_1 + x_2 + ... + x_n)$

$\qquad = \dfrac{1}{n^2}\big[V(x_1) + V(x_2) + ... + V(x_n)\big] = \dfrac{1}{n^2}(\sigma^2 + \sigma^2 + ... + \sigma^2)$

$\qquad = \dfrac{\sigma^2}{n}$

又 $V(\bar{x}) = E(\bar{x}^2) - \big[E(\bar{x})\big]^2$

$\therefore E(\bar{x}^2) = V(\bar{x}) + \big[E(x)\big]^2 = \dfrac{\sigma^2}{n} + \mu^2$

又 $\displaystyle\lim_{n\to\infty} E(\bar{x}^2) = \lim_{n\to\infty}(\dfrac{\sigma^2}{n} + \mu^2) = \mu^2$

故 $\bar{x}^2$ 為 μ^2 的漸近不偏估計式

12.2.3 不偏估計式的性質

不偏估計式必須滿足估計式的期望值等於母體參數，它具有下列之特性：

1. 若 $\hat{\theta}$ 為 θ 的不偏估計式，則 $a\hat{\theta}+b$ 必為 $a\theta+b$ 的不偏估計式。

2. 具有不偏性的估計式，與樣本數無關。

3. 並非所有的母體參數都可以找得到不偏估計式。例如連續均勻分配 $f(x)=\dfrac{1}{b-a}, a<x<b$，找不到估計母體參數 a 與 b 的不偏估計式。

4. 某些母體的偏誤估計式經過調整後，可化成不偏估計式。但不是所有的偏誤估計式皆可調整成不偏估計式。

5. 若某母體參數存在不偏估計式，不偏估計式不一定唯一，也就是說可能可以找到其他估計此母體參數的不偏估計式。

6. 不偏估計式相當於估計母體參數的效度衡量指標，但滿足不偏性，不代表此估計是就是最好的估計式。

7. 若 $h(x_1, x_2, x_3, \cdots, x_n)$ 為母體參數 θ 的估計式，且 $E[h(x_1, x_2, x_3, \cdots, x_n)] = g(\theta)$，則稱 $h(x_1, x_2, x_3, \cdots, x_n)$ 為 $g(\theta)$ 的不偏估計式。

例 12

假設從機率密度函數 $f(x) = \dfrac{1}{\sqrt{2\pi}} e^{\frac{(x-\mu)^2}{2}}, -\infty < x < \infty, \mu > 0$ 之母體隨機選出樣本 $x_1, x_2, x_3, \cdots, x_n$，試求常數 c 使估計式 $c\bar{x} \cdot \sum\limits_{i=1}^{n}(x_i - \bar{x})^2$ 為母體參數 μ 之不偏估計式。

解

由機率密度函數知 $X \sim N(\mu, 1), \quad \therefore \sigma^2 = 1$

$$E\left[c\bar{x} \cdot \sum_{i=1}^{n}(x_i - \bar{x})^2\right] = cE\left[(n-1)\bar{x} \cdot \frac{1}{n-1}\sum_{i=1}^{n}(x_i - \bar{x})^2\right] = c(n-1)E\left[\bar{x} \cdot s^2\right]$$

$$= c(n-1)E[\bar{x}]E[s^2] = c(n-1) \cdot \mu \cdot \sigma^2 = c(n-1) \cdot \mu$$

因為滿足不偏性 $\therefore E\left[c\bar{x} \cdot \sum\limits_{i=1}^{n}(x_i - \bar{x})^2\right] = \mu \implies c(n-1)\mu = \mu$

故 $c = \dfrac{1}{n-1}$

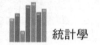

註：由例題 3 知 $\overline{x}$ 為 μ 之不偏估計式，由本題得 $\dfrac{\overline{x}}{n-1} \cdot \sum_{i=1}^{n}(x_i - \overline{x})^2$ 為 $\sigma^2 = 1$ 之常態分配 μ 之不偏估計式，故不偏估計式不唯一。

12.3 有效性

由於不偏估計式不具唯一性，若想從數個不偏估計式中挑選一個較佳的估計式來估計母體參數，須再利用其它的準則來衡量。在眾多準則中，除了不偏性之外，有效性亦是被廣為使用的準則之一。觀察下圖，$\hat{\theta}_1, \hat{\theta}_2$ 兩個抽樣分配皆具不偏性，但 $\hat{\theta}_1$ 較為集中，相較於 $\hat{\theta}_2$，使用 $\hat{\theta}_1$ 進行估計會有較小的誤差。故在同樣具不偏性的估計式中，選擇分配較集中的估計式會較佳。衡量抽樣分配集中程度的準則稱為有效性。

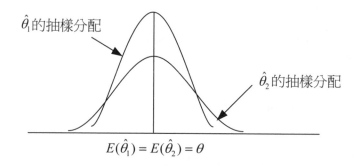

有效性可分成絕對有效性與相對有效性。

12.3.1 絕對有效性

假設 $\hat{\theta}$ 為 θ 之估計式，若 $\hat{\theta}$ 的平均平方差 $MSE(\hat{\theta}) = E[(\hat{\theta} - \theta)^2]$，為所有估計式中最小者，則稱 $\hat{\theta}$ 在估計 θ 時具絕對有效性。若令 $\hat{\theta} = \overline{x}, \theta = \mu$ 代入 $MSE(\hat{\theta})$ 的定義式中可得：

$$MSE(\hat{\theta}) = MSE(\overline{x}) = E[(\hat{\theta} - \theta)^2] = E\left[(\overline{x} - \mu)^2\right] = V(\overline{x})$$

由上式可看出 MSE 是用來衡量 $\overline{x}$ 與 μ 的接近程度，因為 $\overline{x}$ 為不偏估計式，故 $MSE(\overline{x}) = V(\overline{x})$，正好為 $\overline{x}$ 抽樣分配的變異數。

例 13

假設有兩個估計式，g_1 與 g_2。g_1 的觀察值離 θ 較為分散，但是 $E(g_1)=\theta$，g_2 的觀察值離 θ 較為集中，但是 $E(g_2)=\theta+\varepsilon$，請問在尋求 θ 的估計式時，你會選擇哪一個估計式。

解

一般在選取估計式時會以具不偏性的估計式優先選取，但不偏估計式所估計出來的母體參數未必較準確，若 ε 是一個很小的數，表示 g_2 的偏誤可以忽略時我們可進一步比較兩者有效性。

$\because MSE(\hat{\theta}) = V(\hat{\theta}) + [Bias(\hat{\theta})]^2$

$\therefore MSE(g_1) = V(g_1) + 0^2 = V(g_1)$

$MSE(g_2) = V(g_2) + \varepsilon^2$

當 $V(g_2) + \varepsilon^2 < V(g_1) \Rightarrow MSE(g_2) < MSE(g_1)$，　　此時選 g_2

當 $V(g_2) + \varepsilon^2 > V(g_1) \Rightarrow MSE(g_2) > MSE(g_1)$，　　此時選 g_1

12.3.2 相對有效性

比較兩正數的大小，除了利用 $a-b$ 的正負情形來決定大小外，在某些情況下，利用 $\dfrac{a}{b}$ 是否大於 1 來判斷 a、b 大小比使用相減的方式來得容易，特別是當兩數趨近於 0 或無窮大的情況下，可利用羅必達法則(L'Hospital rule)求出 $\dfrac{a}{b}$ 的極限值，協助判斷兩變數 a、b 的大小。所謂相對有效性是指：假設 $\hat{\theta}_1, \hat{\theta}_2$ 均為 θ 的估計式，若 $\hat{\theta}_1$ 的平均平方差相對 $\hat{\theta}_2$ 的平均平方差小，即

$$\frac{MSE(\hat{\theta}_1)}{MSE(\hat{\theta}_2)} < 1$$

則稱 $\hat{\theta}_1$ 比 $\hat{\theta}_2$ 具相對有效性。

平均平方差恰等於估計式的變異數 $V(\hat{\theta})$ 加上估計式的偏誤的平方，即

$$MSE(\hat{\theta}) = V(\hat{\theta}) + [bias(\hat{\theta})]^2$$

下面是它的證明：

$$MSE(\hat{\theta}) = E[(\hat{\theta} - \theta)^2] = E(\hat{\theta}^2 - 2\hat{\theta}\theta + \theta^2) = E(\hat{\theta}^2) - 2\theta E(\hat{\theta}) + \theta^2$$

$$= V(\hat{\theta}) + \{[E(\hat{\theta})]^2 - 2\theta E(\hat{\theta}) + \theta^2\} = V(\hat{\theta}) + [E(\hat{\theta}) - \theta]^2$$

$$= V(\hat{\theta}) + [Bias(\hat{\theta})]^2$$

由於不偏估計式的偏誤 $Bias(\hat{\theta}) = 0$ ，因此對一個已經具不偏性的估計式而言，$MSE(\hat{\theta}) = V(\hat{\theta})$ ，故在證明相對有效性的時候可以化簡成：

若 $\dfrac{V(\hat{\theta}_1)}{V(\hat{\theta}_2)} < 1$ ，則 $\hat{\theta}_1$ 比 $\hat{\theta}_2$ 具相對有效性。

例 14

從平均數 μ ，變異數 σ^2 的母體中，隨機抽取 n 個樣本 $x_1, x_2, \ldots, x_n$ ，（$n > 4$），若 $T_1 = \dfrac{x_1 + 2x_2 + x_3}{4}$ ，$T_2 = \dfrac{1}{4}x_1 + \dfrac{x_2 + \cdots + x_{n-1}}{2(n-2)} + \dfrac{1}{4}x_n$ ，$T_3 = \dfrac{x_1 + \cdots + x_n}{n}$ ，為 μ 的三個估計式，問此三個估計式何者最具有效性？

解

由例題 6 知三者均為不偏估計式，故只要比較變異數大小即可決定何者最具有效性

$$V(T_1) = V(\frac{x_1 + 2x_2 + x_3}{4}) = \frac{1}{16}[V(x_1) + 4V(x_2) + V(x_3)] = \frac{1}{16} \cdot 6\sigma^2 = \frac{3}{8}\sigma^2$$

$$V(T_2) = V\left[\frac{1}{4}x_1 + \frac{x_2 + \cdots + x_{n-1}}{2(n-2)} + \frac{1}{4}x_n\right] = \frac{\sigma^2}{16} + \frac{(n-2)\sigma^2}{4(n-2)^2} + \frac{\sigma^2}{16} = \frac{1}{8}\sigma^2 + \frac{\sigma^2}{4(n-2)}$$

$$V(T_3) = V(\frac{x_1 + x_2 + \cdots + x_n}{n}) = \frac{n\sigma^2}{n^2} = \frac{\sigma^2}{n}$$

$$\therefore \frac{V(T_3)}{V(T_1)} = \frac{8}{3n} < 1, \quad (n > 4) \Rightarrow V(T_3) < V(T_1)$$

又 $V(T_2) - V(T_3) = \dfrac{(n-4)^2\sigma^2}{8n(n-2)} > 0, \quad (n > 4) \Rightarrow V(T_3) < V(T_2)$

故 T_3 最具有效性

12.3.3 最小變異不偏性

由前面得知當估計式本身已經滿足不偏性時，只要比較變異數大小便可獲知哪個估計式最具有效性。因此，假設 $\hat{\theta}_1$ 為參數 θ 之不偏估計式，而 $\hat{\theta}_2$ 則為 θ 之其他任意不偏估計式，若滿足：

$$V(\hat{\theta}_1) \leq V(\hat{\theta}_2)$$

則稱 $\hat{\theta}_1$ 為參數 θ 之最小變異不偏估計式(minimal variance unbiased estimator, MVUE)，也有人稱為最佳不偏估計式(best unbiased estimator, BUE)。簡單來說，若某個不偏估計式，它的變異數是所有不偏估計式中最小的，則稱此估計式為最小變異不偏估計式，也就是說若 $\hat{\theta}$ 滿足下列兩個條件：

1. $E(\hat{\theta}) = \theta$
2. $V(\hat{\theta})$ 小於其他不偏估計式的變異數

則稱 $\hat{\theta}$ 為最小變異不偏估計式。簡單而言，若某個估計式同時滿足不偏性，以及變異數是所有估計式中最小的，那麼此估計式就是最佳的不偏估計式。

欲證明某不偏估計式的變異數為所有估計式中最小的，需要用到 Cramer-Rao 不等式，利用此不等式即可證明估計式的變異數是否最小。

假設 $(x_1, x_2, ..., x_n)$ 為抽自母體 $f(x;\theta)$ 之一組隨機樣本，其中 θ 為母體參數，若 $\hat{\theta}$ 為為 θ 的不偏估計式，則 $\hat{\theta}$ 的變異數會滿足：

$$V(\hat{\theta}) \geq \frac{1}{nE\left[\left(\dfrac{\partial}{\partial \theta}\ln f(x;\theta)\right)^2\right]}$$

或

$$V(\hat{\theta}) \geq \frac{1}{-nE\left[\dfrac{\partial^2}{\partial \theta^2}\ln f(x;\theta)\right]}$$

由於 Cramer-Rao 不等式的證明需用到額外的數學定理，故請讀者自行參考數理統計相關書籍，我們僅就其應用介紹。從上面兩個性質可知 Cramer-Rao 不等式的下界(CRLB, Cramer ratio lower bound)為

$$CRLB = \frac{1}{nE\left[\left(\dfrac{\partial}{\partial \theta} \ln f(x;\theta)\right)^2\right]}$$

或

$$CRLB = \frac{1}{-nE\left[\dfrac{\partial^2}{\partial \theta^2} \ln f(x;\theta)\right]}$$

根據 Cramer-Rao 不等式，凡估計式的變異數一定會大於或等於 $CRLB$，也就是說，若某個估計式的變異數正好等於 $CRLB$，那麼就表示此估計式的變異數為所有估計式中最小者，故最小變異不偏估計式之證明步驟可分為三個步驟：

1. 先證明估計式具不偏性：$E(\hat{\theta}) = \theta$

2. 求 $CRLB$ 與 $V(\hat{\theta})$

3. 驗證 $V(\hat{\theta}) = CRLB$

下面我們舉二個實際的例子來說明證明過程。

例 15

假設 $(x_1, x_2, ..., x_n)$ 為抽自 Poisson 分配之一組隨機樣本，試證明 $\bar{x}$ 為參數 λ 之 MVUE。

證明

Poisson 的母體平均數為 λ，故本題即證明 $\bar{x}$ 為母體平均數之最小變異不偏估計式。

1. $E(\bar{x}) = E(\dfrac{\sum x_i}{n}) = \dfrac{1}{n}\left[E(x_1) + E(x_2) + ... + E(x_n)\right] = \dfrac{1}{n} \cdot n\lambda = \lambda$

   $\therefore \bar{x}$ 具不偏性

2. Poisson 之機率函數為 $f(x;\lambda) = \dfrac{e^{-\lambda}\lambda^x}{x!}$，這裡的 λ 為未知，等待被估計的母體參數，故 $f(x)$ 寫成 $f(x;\lambda)$ 的型式。

$$E\left[\left(\frac{\partial}{\partial \lambda} \ln f(x;\lambda)\right)^2\right] = E\left[\left(\frac{\partial}{\partial \lambda} \ln \frac{e^{-\lambda}\lambda^x}{x!}\right)^2\right] = E\left[\left(\frac{\partial}{\partial \lambda}(-\lambda + x\ln\lambda - \ln x!)\right)^2\right]$$

$$= E\left[(-1+\frac{x}{\lambda})^2 \right] = E[\frac{1}{\lambda^2}(x-\lambda)^2]$$

$$= \frac{1}{\lambda^2} E[(x-\lambda)^2] = \frac{1}{\lambda^2} V(x) = \frac{1}{\lambda^2} \cdot \lambda = \frac{1}{\lambda}$$

$$\Rightarrow CRLB = \frac{1}{nE\left[\left(\frac{\partial}{\partial \lambda} \ln f(x;\lambda) \right)^2 \right]} = \frac{1}{n \times \frac{1}{\lambda}} = \frac{\lambda}{n}$$

$$又\ V(\overline{x}) = V(\frac{\sum x_i}{n}) = \frac{1}{n^2}\left[V(x_1) + V(x_2) + ... + V(x_n) \right] = \frac{1}{n^2} \cdot n\lambda = \frac{\lambda}{n}$$

3. $\because V(\overline{x}) = CRLB$，故 $\overline{x}$ 為參數 λ 之 MVUE。

例 16

設 $(x_1, x_2, ..., x_n)$ 為抽自指數分配之一組隨機樣本，試證明 $\overline{x}$ 為參數 β 之 MVUE。

證明

指數分配的機率函數為 $f(x;\beta) = \frac{1}{\beta}e^{-\frac{x}{\beta}}$ ，母體平均數為 β

1. $E(\overline{x}) = E(\frac{\sum x_i}{n}) = \frac{1}{n}\left[E(x_1) + E(x_2) + ... + E(x_n) \right] = \frac{1}{n} \cdot n\beta = \beta$

2. $\ln f(x;\beta) = \ln(\frac{1}{\beta}e^{-\frac{1}{\beta}x}) = \ln\frac{1}{\beta} + \ln e^{-\frac{1}{\beta}x} = -\ln\beta - \frac{x}{\beta}$

   本題必須微分二次，方可求出 $CRLB = V(\hat{\theta})$

$$V(\overline{x}) = V(\frac{\sum x_i}{n}) = \frac{1}{n^2}\left[V(x_1) + V(x_2) + ... + V(x_n) \right] = \frac{1}{n^2} \cdot n\beta^2 = \frac{\beta^2}{n}$$

$$\frac{\partial}{\partial \beta} \ln f(x;\beta) = \frac{\partial}{\partial \beta}(-\ln\beta - \frac{x}{\beta}) = -\frac{1}{\beta} + \frac{x}{\beta^2}$$

$$\frac{\partial^2}{\partial \beta^2} \ln f(x;\beta) = \frac{\partial}{\partial \beta}(-\frac{1}{\beta} + \frac{x}{\beta^2}) = \frac{1}{\beta^2} + \frac{-x(2\beta)}{\beta^4} = \frac{1}{\beta^2} - \frac{2x\beta}{\beta^4}$$

$$\Rightarrow CRLB = \frac{1}{-nE\left[\frac{\partial^2}{\partial \beta^2} \ln f(x;\beta) \right]} = \frac{1}{-nE(\frac{1}{\beta^2} - \frac{2x\beta}{\beta^4})} = \frac{1}{-n\left[\frac{1}{\beta^2} - \frac{2\beta E(x)}{\beta^4} \right]}$$

$$= \frac{1}{-n\left[\dfrac{1}{\beta^2} - \dfrac{2\beta \cdot \beta}{\beta^4}\right]} = \frac{\beta^2}{n}$$

3. 由上可知 $V(\bar{x}) = CRLB$，故 $\bar{x}$ 為參數 β 之 MVUE。

12.3.4 不偏估計式的選擇

估計式的選擇最重要的目的是為了能夠更精準的估中母體參數，不偏性是在無限次取樣後由估計式所求出的估計值的平均要剛好等於母體參數。不偏性就好比 12.2.1 節所介紹丟骰子求么點出現的機率，這種無窮次取樣的方式僅適合用電腦模擬的方式進行，在實際應用層面上，大部分的研究通常只做一次取樣，因此同樣具不偏性的估計式會因其他因素而影響母體參數的命中率。12.2.3 節介紹的最小變異不偏性是從同樣具不偏性的估計式中選出較佳估計式的方法之一，除此之外，我們也可以用不偏估計式的效率來選擇估計式。所謂不偏估計式的效率是指：

假設 $\hat{\theta}$ 為 θ 的不偏估計式，則 $\hat{\theta}$ 的效率定義為：

$$\frac{CRLB}{V(\hat{\theta})}$$

因為 $V(\hat{\theta}) \geq CRLB$，故 $\dfrac{CRLB}{V(\hat{\theta})} \leq 1$。當 $V(\hat{\theta})$ 越小時則 $\dfrac{CRLB}{V(\hat{\theta})}$ 越大，表示越具最小變異不偏性，若 $\dfrac{CRLB}{V(\hat{\theta})} = 1$，則表示 $\hat{\theta}$ 為最小變異不偏估計式，故不偏估計式的效率愈接近 1，則表示此估計式愈具最小變異不偏性。

12.3.5 漸進有效估計式

若一不偏估計式 $\hat{\theta}$ 滿足

$$\lim_{n \to \infty} V(\hat{\theta}) = CRLB$$

則稱 $\hat{\theta}$ 為 θ 的漸進有效估計式(Asymptotic Efficiency Estimator)，從上式的定義中可以看出，漸進有效估計式是發生在大樣本的情況下，也就是說若取樣數越多，估計式的變異數有越小的趨勢，那麼這個估計式就具備漸進有效估計式。

12.3.6 效率與偏誤之選擇：$MSE(\hat{\theta})$準則

若有兩個估計式$\hat{\theta}_1$與$\hat{\theta}_2$，其中一具個不偏性但變異數很大，另一個偏誤但變異數較小，此時可利用 $MSE(\hat{\theta})$準則判斷，$MSE(\hat{\theta})$越小代表為其較佳之估計式。我們用下圖的三個抽樣分配來看，$\hat{\theta}_1$為不偏估計式，$\hat{\theta}_2, \hat{\theta}_3$則為偏誤估計式。雖然估計式$\hat{\theta}_1$具不偏性，但因為$\hat{\theta}_2$的變異數遠小於$\hat{\theta}_1$，儘管有偏誤，但偏誤不太嚴重。而$\hat{\theta}_3$縱使變異數較小，但偏誤過大，因此以此三個估計式而言$\hat{\theta}_2$為較佳的估計式。

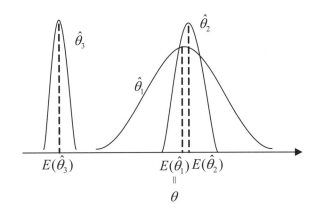

結論：如果有某個估計式同時滿足不偏性以及最小變異不偏性，那麼這個估計式就是最佳不偏估計式。在此我們用比較生活化的例子來說明，某個女孩擇偶條件希望是個帥哥，可是當帥哥不只一位時，可再採用第二個擇偶準則，他的富有程度，當然在眾帥哥中最富有(最小變異不偏性)的那一位就是最佳帥哥。如果不知道誰最富有，那可藉由比較目前現有的帥哥他們間哪個較富有(絕對有效性、相對有效性)，如果目前知道哪個帥哥最富有，可是他不在擇偶行列內，那就以現有的帥哥和他進行比較看誰的富有程度和他最接近(不偏估計式的效率)，如果現在眾帥哥的富有程度相同，那就看未來他們的財富發展(漸進有效性)。

12.4 一致性

所謂一致性是指：當樣本增加時，估計式所產生之估計值接近母體參數的機率會相對的提高，具備此性質之估計式稱為一致(consistent)估計式。例如連續投擲一枚硬幣，當投擲的次數越大其正面出現的機率會越接近 0.5，這就是一致性的概念。也許有人會質疑，不是樣本數越大樣本統計量會越接近母體參數嗎？未必然，例如以樣本眾數來估計母體眾數，就不一定會隨樣本數增加而估計越準確。對於一致性的要求可分成兩種：一種不允許有誤差，稱為強則；一種允許些微誤差，稱為弱則。

12.4.1 一致性的強則

假設 $\hat{\theta}_n$ 為樣本數 n 時之 θ 估計式，若滿足

$$P(\lim_{n \to \infty} \hat{\theta}_n = \theta) = 1$$

則稱 $\hat{\theta}_n$ 為 θ 之一致估計式。上面的式子表示當樣本數 $n \to \infty$ 時，估計式 $\hat{\theta}_n = \theta$ 的機率為 1。簡單來說就是當 $n \to \infty$ 時，$\hat{\theta}_n$ 的極限值會等於 θ。

12.4.2 一致性的弱則

設 $\hat{\theta}_n$ 為樣本數 n 時之 θ 估計式，若

$$\lim_{n \to \infty} P(\left| \hat{\theta}_n - \theta \right| < \varepsilon) = 1, \forall \varepsilon > 0$$

$\hat{\theta}_n$ 為 θ 之一致估計式，其中 ε 為給定的任意小誤差。

從弱則的定義式可以看出來，一致性的弱則允許估計誤差，此誤差為給定的任意很小的正數，至於誤差允許多少，端賴研究者自行決定。此外，一致性與樣本大小有關且為大樣本時才具有的性質，故一致性與不偏性沒有任何關聯性。因為不偏性與樣本大小無關，符合不偏性的估計式不一定滿足一致性，反之亦然。一般我們若用一致性的定義去證明某估計式是否具一致性十分困難，接下來我們要介紹兩個定理，協助證明估計式是否具有一致性。

12.4.3 一致性的相關定理

要證明某估計式是否具備一致性，不論使用強則或是弱則證明，都是一件十分困難的事。因此，在本小節將介紹兩個定理協助證明一致性的證明。

定理一

若 $\hat{\theta}_n$ 為 θ 之估計式，若

$$\lim_{n \to \infty} MSE(\hat{\theta}_n) = \lim_{n \to \infty} E\left[(\hat{\theta}_n - \theta)^2 \right] = 0$$

則 $\hat{\theta}_n$ 為 θ 的一致估計式(或稱均方差一致性)

這個定理的證明十分容易，下面是有關此定理的證明。

證明

根據馬可夫不等式：$P(x \geq c) \leq \dfrac{E(x)}{c}$

令 $x = \left| \hat{\theta}_n - \theta \right|, c = \varepsilon$ 代入馬可夫不等式兩邊同時平方，可得

$$P\left(\left| \hat{\theta}_n - \theta \right| \geq \varepsilon \right) = P\left((\hat{\theta}_n - \theta)^2 \geq \varepsilon^2 \right) \leq \frac{E\left[(\hat{\theta}_n - \theta)^2 \right]}{\varepsilon^2}$$ ....①

再根據一致性的定義：$\displaystyle\lim_{n \to \infty} P\left(\left| \hat{\theta}_n - \theta \right| < \varepsilon \right) = 1 \;\Rightarrow\; \lim_{n \to \infty} P\left(\left| \hat{\theta}_n - \theta \right| \geq \varepsilon \right) = 0$ ....②

把②兩邊平方可得 $\displaystyle\lim_{n \to \infty} P\left((\hat{\theta}_n - \theta)^2 \geq \varepsilon^2 \right) = 0$ ....③

觀察①式可知當 $E\left[(\hat{\theta}_n - \theta)^2 \right] = 0$ 時會滿足第③式

故當 $E\left[(\hat{\theta}_n - \theta)^2 \right] = 0$ 的時候，$\hat{\theta}_n$ 為 θ 之一致估計式

定理一的證明適用於任何的估計式，若某估計式已經事先知道具有不偏性或漸進不偏性時，可進一步將定理一簡化，讓證明過程變得更簡單，也就是接下來介紹的定理二。

定理二

若 $\hat{\theta}_n$ 為不偏估計式或漸近不偏估計式，且當 n 趨於無窮大時，其變異數趨近於 0，即

$$\lim_{n \to \infty} V(\hat{\theta}_n) = 0$$

則 $\hat{\theta}_n$ 為 θ 的一致估計式。

同樣的要證明這個定理也十分容易，因為 $MSE(\hat{\theta}_n) = V(\hat{\theta}_n) + [Bias(\hat{\theta}_n)]^2$。若 $\hat{\theta}_n$ 本身即為不偏估計式，即 $Bias(\hat{\theta}_n) = 0$，再根據定理一，若 $\displaystyle\lim_{n \to \infty} MSE(\hat{\theta}_n) = 0$，$\hat{\theta}_n$ 為 θ 的一致估計式，也就是說 $\displaystyle\lim_{n \to \infty} V(\hat{\theta}_n) = 0$。

故若要證明某估計式是否具一致性，先看此估計式是否為不偏估計式，若為不偏估計式，則利用定理二證明，若不知是否為不偏估計式，則利用定理一證明。

例 17

試證明 $\bar{x}_n = \dfrac{x_1 + x_2 + \cdots + x_n}{n}$ 與 $s_n^2 = \dfrac{1}{n-1}\sum_{i=1}^{n}(x_i - \bar{x})^2$ 分別為 μ, σ^2 的一致估計式。

證明

$\because \bar{x}$ 為 μ 的不偏估計式,故可以用定理二來證明

又知 $V(\bar{x}_n) = \dfrac{\sigma^2}{n}$

$\therefore \lim_{n \to \infty} V(\bar{x}_n) = \lim_{n \to \infty} \dfrac{\sigma^2}{n} = 0$

故 $\bar{x}_n$ 為 μ 的一致估計式

同理:$\because s^2$ 為 σ^2 的不偏估計式

又 $V(s_n^2) = V\left(\dfrac{(n-1)s_n^2}{\sigma^2} \cdot \dfrac{\sigma^2}{n-1}\right) = \dfrac{\sigma^4}{(n-1)^2} V\left(\dfrac{(n-1)s_n^2}{\sigma^2}\right) = \dfrac{\sigma^4}{(n-1)^2} V(\chi_{n-1}^2)$

$= \dfrac{\sigma^4}{(n-1)^2} \cdot 2(n-1) = \dfrac{2\sigma^4}{n-1}$ (卡方的變異數等於自由度的 2 倍)

$\therefore \lim_{n \to \infty} V(s_n^2) = \lim_{n \to \infty} \dfrac{2\sigma^4}{n-1} = 0$

故 s_n^2 為 σ^2 的一致估計式

例 18

若隨機變數 $X \sim N(\mu, \sigma^2)$,由此母體隨機抽樣選出 n 個獨立變量 $x_1, x_2, ..., x_n$ 為一組樣本,並推得二個估計式:

$\bar{x}_1 = \dfrac{nx_1}{2n-1} + \sum_{i=2}^{n} \dfrac{x_i}{2n-1}$, $\bar{x}_2 = \sum_{i=1}^{n-1} \dfrac{x_i}{n+1} + \dfrac{x_n}{n+1}$

試問 $\bar{x}_1$ 與 $\bar{x}_2$ 是否為 μ 之一致性估計式。

解

$\because E(\bar{x}_1) = E\left(\dfrac{nx_1}{2n-1} + \sum_{i=2}^{n} \dfrac{x_i}{2n-1}\right) = \dfrac{n}{2n-1} E(x_1) + \dfrac{1}{2n-1} \sum_{i=2}^{n} E(x_i)$

$$= \frac{n}{2n-1} \cdot \mu + \frac{1}{2n-1} \cdot (n-1)\mu = \mu \text{ , 故 } \bar{x}_1 \text{ 具不偏性}$$

同理 $\bar{x}_2$ 也具不偏性，故可利用定理二證明一致性

$$V(\bar{x}_1) = V(\frac{nx_1}{2n-1} + \sum_{i=2}^{n} \frac{x_i}{2n-1}) = \frac{n^2}{(2n-1)^2} V(x_1) + \frac{1}{(2n-1)^2} V(\sum_{i=2}^{n} x_i)$$

$$= \frac{n^2}{(2n-1)^2} \cdot \sigma^2 + \frac{1}{(2n-1)^2} \cdot (n-1)\sigma^2 = \frac{(n^2+n-1)\sigma^2}{(2n-1)^2}$$

$$\because \lim_{n \to \infty} V(\bar{x}_1) = \lim_{n \to \infty} = \frac{(n^2+n-1)\sigma^2}{(2n-1)^2} = \frac{\sigma^2}{4} \neq 0 \text{ , 故 } \bar{x}_1 \text{ 不是 } \mu \text{ 之一致性估計式。}$$

$$V(\bar{x}_2) = V(\sum_{i=1}^{n-1} \frac{x_i}{n+1} + \frac{x_n}{n+1}) = \frac{1}{(n+1)^2} \left[V(\sum_{i=1}^{n-1} x_i) + V(x_n) \right]$$

$$= \frac{1}{(n+1)^2} \left[(n-1)\sigma^2 + \sigma^2 \right] = \frac{n}{(n+1)^2} \sigma^2$$

$$\because \lim_{n \to \infty} V(\bar{x}_2) = \lim_{n \to \infty} \frac{n}{(n+1)^2} \sigma^2 = 0 \text{ , 故 } \bar{x}_2 \text{ 是 } \mu \text{ 之一致性估計式。}$$

12.5 充分性

　　本單元十分的數學，所以非數學系的讀者，讀起來可能會感到非常吃力，因此本節會盡量以非數學的語言來介紹充分性，在介紹充分估計式前我們先介紹充分統計量。

12.5.1 充分統計量

　　假設 $x_1, x_2, \cdots, x_n$ 為一組樣本，若 $x_1, x_2, \cdots, x_n$ 的分配與母體參數無關，那麼由這組樣本所求得的統計量稱為充分統計量(sufficient statistic)。我們就拿樣本平均數來說明，假設 $x_1, x_2, \cdots, x_n$ 為來自母體平均數為 μ 的樣本，其樣本平均數為：$\bar{x} = \frac{x_1 + x_2 + \cdots + x_n}{n}$ ，它的值並不會因為 μ 較大而變大或變小，因此我們就稱樣本平均數是一個估計母體 μ 的充分統計量。

12.5.2 充分估計式

假設 $x_1, x_2, \cdots, x_n$ 為自 $f(x;\theta)$ 抽出之一組隨機樣本，若滿足 $f(x_1, x_2, ..., x_n|\hat{\theta})$ 與參數 θ 無關，則稱 $\hat{\theta}$ 為 θ 之充分估計式(sufficient estimator)。其中 $f(x;\theta)$ 表示裡面有等待估計母體參數 θ 的機率函數。

在此舉一個實際的例子來說明上面的定義，例如：欲估計一枚硬幣正面出現的機率 p，現在隨意投擲一枚硬幣 4 次，假設結果出現 2 次正面 2 次反面，若$(1,1,0,0)$表示前 2 次出現正面，後 2 次出現反面。那麼母體比例 p 的估計式定義為 $\hat{p} = \dfrac{2}{4} = 0.5$。把 $\hat{p} = \dfrac{2}{4} = 0.5$ 代入充分估計式的定義中可得：

$$f((1,1,0,0)|\hat{p}=0.5) = \frac{f((1,1,0,0) \cap \hat{p}=0.5)}{P(\hat{p}=0.5)} = \frac{p^2 q^2}{C_2^4 p^2 q^2} = \frac{1}{C_2^4}$$

若投擲出來的情形為$(1,0,1,0)$，$(0,1,1,0)$.....，把這些情況代入充分估計式的定義中得到的答案皆為 $\dfrac{1}{C_2^4}$ 與母體比例無關，我們就稱 $\hat{p}$ 為母體比例 p 的充分估計式。這個概念其實是很簡單的，以上面投硬幣的例子來說，欲估計母體比例，只要投擲某硬幣數次計算正面到底占總投擲次數的比例是多少，就可以利用 $\hat{p} = \dfrac{\text{正面出現次數}}{\text{總投擲次數}}$ 來估計母體比例。後面的驗證 $f((1,1,0,0)|\hat{p}=0.5)$，表示不論實際上母體比例為何，估計式只與樣本出現的情況有關，完全不受母體真實的比例所影響。這種具有不受母體參數所影響的估計式，就稱為充分估計式。

若要證明某估計式是否具充分性，利用定義證明十分困難，原因在於證明充分性前須先找到 $\hat{\theta}$ 的抽樣分配，像上面的例子必須要先知道投擲硬幣出現正面的比例 $\hat{p}$ 服從二項分配。儘管尋找 $\hat{\theta}$ 的抽樣分配可利用第十一章介紹的方法求得，但不一定可以很容易的推導出來，故在接下來的單元我們將介紹紐曼分解定理，利用此定理來證明充分性比直接使用定義證明來得簡單。

12.5.3 紐曼分解定理

假設 $x_1, x_2, \cdots, x_n$ 為來自母體機率函數 $f(x;\theta)$ 所抽出的一組隨機樣本，若其聯合機率分配函數可分解成 $f(x_1, x_2, ..., x_n;\theta) = g(\hat{\theta};\theta) \cdot h(x_1, x_2, ..., x_n)$，且 $h(x_1, x_2, ..., x_n)$ 與 θ 無關，則稱 $\hat{\theta}$ 為 θ 之充分估計式。

至於為何紐曼分解定理(Neyman factorization theorem)可以用來證明充分性，因牽涉更多令人頭昏的數學推導過程，有興趣的讀者請自行翻閱數理統計。也許有些讀者

對於數學符號開始感到有些混淆了，其實 $f(x;\theta)$ 和 $f(x)$ 是一樣的，都是機率函數，$f(x;\theta)$ 的寫法表示母體參數目前不知道為何，它等待被估計出來。例如以常態分配來說，若 $f(x)$ 表常態分配的機率函數，那麼 $f(x;\mu)$ 則表示這個常態分配的平均數為 μ，但不知道它的值是多少；而 $f(x;\sigma)$ 則表示母體 σ 未知等待被估計；$f(x;\mu,\sigma)$ 則表示母體 μ 與 σ 皆未知等待被估計，如此而已。

> **例 19**
>
> 設 $x_1, x_2, \cdots, x_n$ 為自 $B(1,p)$ 抽出之一組隨機樣本，試證明 $y = \sum_{i=1}^{n} x_i$ 為參數 p 之充分統計量。

證明

本例因為已知抽樣分配服從二項分配，故可直接用定義證明

根據加法性 $\because x_i \sim B(1,p) \Rightarrow y = \sum_{i=1}^{n} x_i \sim B(n,p)$，這裡 y 表示二項試驗的成功次數，根據充分性的定義：

$$P(x_1, x_2, ..., x_n | y) = \frac{P((x_1, x_2, ..., x_n) \cap y)}{P(y)}$$

因為 $x_1, x_2, ..., x_n$ 為 $y = \sum_{i=1}^{n} x_i$ 之某一部份集合，所以

$$P((x_1, x_2, ..., x_n) \cap y) = P(x_1, x_2, ..., x_n)$$

$$\Rightarrow P(x_1, x_2, ..., x_n | y) = \frac{P(x_1, x_2, ..., x_n)}{P(y)} = \frac{p^{x_1} q^{1-x_1} \cdot p^{x_2} q^{1-x_2} \cdot \ldots \cdot p^{x_2} q^{1-x_2}}{C_y^n p^y q^{n-y}}$$

$$= \frac{p^{x_1+x_2+...+x_n} q^{n-(x_1+x_2+...+x_n)}}{C_y^n p^{x_1+x_2+...+x_n} q^{n-(x_1+x_2+...+x_n)}} = \frac{1}{C_y^n}$$

與 p 無關，故 $y = \sum_{i=1}^{n} x_i$ 為參數 p 之充分統計量

注意：$y = \sum_{i=1}^{n} x_i$ 為 p 之充分統計量，但 $\frac{1}{n}\sum_{i=1}^{n} x_i$ 亦為 p 的充分統計量，由充分統計量所推得之式子依然為充分統計量，但一般我們皆以 $\frac{1}{n}\sum_{i=1}^{n} x_i$ 來估計母體比例 p，主要原因是由於 $\frac{1}{n}\sum_{i=1}^{n} x_i$ 滿足的準則較多。

例 20

假設 $x_1, x_2, ..., x_n \sim N(\mu, 1)$，試證 $\bar{x}$ 為 μ 之充分估計式。

證明

本題使用紐曼分解定理證明

$$f(x_1, x_2, ..., x_n; \mu) = f(x_1; \mu) \cdot f(x_2; \mu) \cdot ... \cdot f(x_n; \mu)$$

$$= (\frac{1}{\sqrt{2\pi}} e^{-\frac{(x_1 - \mu)^2}{2}})(\frac{1}{\sqrt{2\pi}} e^{-\frac{(x_2 - \mu)^2}{2}}) \cdot ... \cdot (\frac{1}{\sqrt{2\pi}} e^{-\frac{(x_n - \mu)^2}{2}})$$

$$= (\frac{1}{\sqrt{2\pi}})^n e^{-\frac{\sum_{i=1}^{n}(x_i - \mu)^2}{2}}$$

其中 $\sum_{i=1}^{n}(x_i - \mu)^2 = \sum_{i=1}^{n}[(x_i - \bar{x}) + (\bar{x} - \mu)]^2$

$$= \sum_{i=1}^{n}(x_i - \bar{x})^2 + 2(\bar{x} - \mu)\sum_{i=1}^{n}(x_i - \bar{x}) + \sum_{i=1}^{n}(\bar{x} - \mu)^2$$

$$= \sum_{i=1}^{n}(x_i - \bar{x})^2 + n(\bar{x} - \mu)^2 \quad , \; 註 : \sum_{i=1}^{n}(x_i - \bar{x}) = 0$$

$$\Rightarrow f(x_1, x_2, ..., x_n; \mu) = (\frac{1}{\sqrt{2\pi}})^n e^{-\frac{\sum_{i=1}^{n}(x_i - \bar{x})^2 + n(\bar{x} - \mu)^2}{2}} = (\frac{1}{\sqrt{2\pi}})^n e^{-\frac{n(\bar{x} - \mu)^2}{2}} e^{-\frac{\sum_{i=1}^{n}(x_i - \bar{x})^2}{2}}$$

$$= g(\bar{x}; \mu) h(x_1, x_2, ..., x_n)$$

其中： $h(x_1, x_2, ..., x_n) = e^{-\frac{\sum_{i=1}^{n}(x_i - \bar{x})^2}{2}}$

$\because h(x_1, x_2, ..., x_n)$ 與 μ 無關，故 $\bar{x}$ 為 μ 之充分估計式

12.6 最小平方法

在前面我們介紹了四種評斷估計式的準則,但如何尋找最佳的估計式?常用的估計方法有:最小平方法(least squares method)、動差法(method of moments)、最大概似法(maximum likelihood method)與貝氏法(method of Bayesian)。貝氏法與風險函數(risk function)有關,由於在前面的章節我們沒有介紹風險函數,故貝氏法求點估計式在本書不予介紹。

12.6.1 最小平方估計式

最小平方法(least squares method)在迴歸分析中扮演極重要的角色,它是推導樣本迴歸方程的一種方法,在簡單線性迴歸中我們會再介紹一次。最小平方估計式的原理十分簡單,它利用估計式與被估計的母體參數之間的誤差平方和為最小的原理來求出估計式。它的定義如下:

假設 $(x_1, x_2, \cdots, x_n)$ 為一組隨機樣本,使 x_i 的觀察值與母體參數值差的平方和為最小的方法,稱為最小平方法,大部分的情況下被估計的母體參數皆為母體平均數 μ。簡單的說就是,使估計值與被估計的母體參數誤差的平方和最小的方法。由最小平方法所求得之估計式稱為最小平方估計式(least squares estimator, LSE),故估計式的誤差平方和可表示成:

$$SSE = \sum_{i=1}^{n} e_i^2 = \sum_{i=1}^{n} (x_i - \hat{\theta})^2 = min \sum_{i=1}^{n} (x_i - E(x|\theta))^2$$

其中 e_i 稱為殘差(residual),而最小平方法則是求當 $\hat{\theta}$ 為多少時,會使得 SSE 有最小值,簡單而言就是當使 SSE 發生最小的 θ 即為估計式 $\hat{\theta}$。上式 $E(x|\theta)$ 稱為條件期望值,表示欲估計母體參數的平均數,例如欲估計二項分配的母體比例,則 $E(x|\theta) = np$,欲估計常態分配的平均數,則 $E(x|\theta) = \mu$。有關極大值極小值的求法,詳細的說明請翻閱微積分,我們僅作大略性的求解步驟描述。最小平方法求解的步驟大約可分成下列三個步驟:

1. 令 $L(\theta) = \sum_{i=1}^{n} (x_i - E(x|\theta))^2$

2. 令 $\dfrac{dL}{d\theta} = 0$,求解 θ,若被估計母體參數為多變數則取偏微分。

3. 檢查 $\dfrac{d^2 L}{d\theta^2}$ 是否大於 0,若大於 0,即得 θ 之 LSE 估計式 $\hat{\theta}$。

12.6.2 最小平方估計式的性質

LSE 估計式具不偏性、一致性，且為最佳線性不偏估計式(best linear unbiased estimator, BLUE)，所謂最佳線性不偏估計式是指所有線性不偏估計式中，變異數最小的估計式。而線性估計式則指估計式為樣本之線性組合，即 $\hat{\theta} = \sum\limits_{i=1}^{n} a_i x_i$，這個部分在線性迴歸單元中會進一步介紹，此外在生物、農業或醫學上估計式的線性組合用途也很廣，例如把 3g 的氮肥、2g 的鉀肥與 5g 的磷肥混合在一起。最小平方法的優點是不需知道母體的機率分配即可求出估計式。

例 21

請利用最小平方法求母體平均數 μ 的最小平方估計式。

解

令 $L(\mu) = \sum\limits_{i=1}^{n} \left[x_i - E\big((x|\mu)\big) \right]^2 = \sum\limits_{i=1}^{n} (x_i - \mu)^2$

$\dfrac{dL}{d\mu} = -2\sum\limits_{i=1}^{n}(x_i - \mu) = 0 \Rightarrow \sum\limits_{i=1}^{n}(x_i - \mu) = 0 \Rightarrow \sum\limits_{i=1}^{n} x_i - \sum\limits_{i=1}^{n} \mu = 0$

$\Rightarrow \sum\limits_{i=1}^{n} x - n\mu = 0 \Rightarrow \mu = \dfrac{1}{n}\sum\limits_{i=1}^{n} x_i = \overline{x}$

又 $\dfrac{d^2 L}{d\mu^2} = 2n > 0$，故母體平均數 μ 的最小平方估計式為 $\overline{x}$。

例 22

已知 $x_1, x_2, ..., x_n \sim B(1, p)$，試求母體比例 p 之最小平方估計式。

解

令 $L(p) = \sum\limits_{i=1}^{n} \left[x_i - E(x|p) \right]^2 = \sum\limits_{i=1}^{n} (x_i - p)^2$

$\dfrac{dL}{dp} = -2\sum\limits_{i=1}^{n}(x_i - p) = 0 \Rightarrow \sum\limits_{i=1}^{n}(x_i - p) = 0$

$$\therefore \sum_{i=1}^{n} x_i - np = 0 \quad \Rightarrow p = \frac{1}{n}\sum_{i=1}^{n} x_i = \bar{x}$$

又 $\dfrac{d^2 L}{dp^2} = 2n > 0$，故 $\bar{x}$ 為母體比例的最小平方估計式

> **例 23**
>
> 已知 $x_1, x_2, ..., x_n \sim Pio(\lambda)$，試求母體平均數 λ 之最小平方估計式。

解

$$令 L(\lambda) = \sum_{i=1}^{n}\Big[x_i - E(x|\lambda) \Big]^2 = \sum_{i=1}^{n}(x_i - \lambda)^2$$

$$\frac{dL}{d\lambda} = -2\sum_{i=1}^{n}(x_i - \lambda) = 0 \quad \Rightarrow \sum_{i=1}^{n}(x_i - \lambda) = 0$$

$$\therefore \sum_{i=1}^{n} x_i - n\lambda = 0 \quad \Rightarrow \lambda = \frac{1}{n}\sum_{i=1}^{n} x_i = \bar{x}$$

又 $\dfrac{d^2 L}{d\lambda^2} = 2n > 0$，故 $\bar{x}$ 為母體平均數 λ 的最小平方估計式

12.7 動差法

　　利用樣本 r 階原動差 m_r 估計母體 r 階原動差 μ_r，以獲得母體參數 θ 的估計式的方法稱為動差法(method of moment)，而求得之估計式稱為動差估計式(moment estimator, MME)。它的原理是利用樣本動差與母體動差的方式產生估計式，一個良好的估計式由樣本所得到的樣本動差應該與母體動差相等。母體與樣本的 r 階原差定義分別為：

1. 母體 r 階原動差

$$\mu_r = E(x^r) \quad , r = 1, 2, 3, \cdots$$

2. 樣本 r 階原動差

$$m_r = \frac{1}{n}\sum_{i=1}^{n} x_i^r \quad , r = 1, 2, 3, \cdots$$

其中：母體 r 階原動差是透過母體的機率函數求得。樣本 r 階原動差則是透過樣本求得。

大部分的書籍都僅介紹利用原動差去求動差估計式，但在某些情況我們也可以利用主動差來推導動差估計式。

12.7.1 動差法求估計式的步驟

利用動差法求估計式一般可分成下列兩個步驟：

步驟 1： 求母體動差與樣本動差，若欲估計的母體參數有 p 個，則需分別求出母體與樣本的 1 階到 p 階原動差。

步驟 2： 令 $m_r = \mu_r$ ，$r = 1, 2, 3, \cdots, p$ 。

p 表示欲估計的母體參數數量，針對欲估計的母體參數求解聯立方程式，此解便是所求之動差估計式。

12.7.2 動差估計式的性質

由動差法所推導出來的估計式，具有下列之特性：

1. 動差估計式必為一致性估計式。
2. 由中央極限定理知，在一般情況下，動差估計式的抽樣分配當 $n \to \infty$ 時會趨近常態分配。
3. 動差估計式通常不具漸近有效性，但不一定具備不偏性。
4. 動差法必須知道母體分配 $f(x;\theta)$，方可求得估計式，因為若不知母體分配，則無法求出母體動差。

例 24

設 $X \sim N(\mu, \sigma^2)$，自 X 中隨機抽取 $(x_1, x_2, \cdots, x_n)$ 為一組隨機樣本，試利用動差法求 μ 與 σ^2 的估計式。

解

因為要估計兩個母體參數：μ 與 σ^2，故需建立二個方程式：一階與二階樣本原動差與母體原動差

母體一階原動差：$\mu_1 = E(x) = \mu$

母體二階原動差：$\mu_2 = E(x^2) = \sigma^2 + \mu^2$ (註：$\sigma^2 = E(x^2) - \mu^2$)

樣本一階原動差：$m_1 = \dfrac{1}{n}\displaystyle\sum_{i=1}^{n} x_i = \overline{x}$，樣本二階原動差：$m_2 = \dfrac{1}{n}\displaystyle\sum_{i=1}^{n} x_i^2$

令 $\mu_1 = m_1, \mu_2 = m_2$，解聯立方程式：

$$\Rightarrow \begin{cases} \mu = \overline{x} ....① \\ \sigma^2 + \mu^2 = \dfrac{1}{n}\sum x_i^2 ....② \end{cases}$$

解上式聯立方程式得：

$$\mu = \overline{x} \ , \ \sigma^2 = \dfrac{1}{n}\sum_{i=1}^{n} x_i^2 - \overline{x}^2 = \dfrac{1}{n}\sum_{i=1}^{n}(x_i - \overline{x})^2$$

故母體平均數的估計式為：$\mu = \overline{x} = \dfrac{1}{n}\displaystyle\sum_{i=1}^{n} x_i$

母體變異數的估計式為：$\sigma^2 = \dfrac{1}{n}\displaystyle\sum_{i=1}^{n} x_i^2 - \overline{x}^2 = \dfrac{1}{n}\displaystyle\sum_{i=1}^{n}(x_i - \overline{x})^2$

註：1. 由母體變異數的估計式可知，由動差法求得知估計式不一定具不偏性。

2. 因為本題已知常態分配之平均數與變異數，否則母體動差必須由定義求得。即 $\mu_r = E(x^r) = \displaystyle\sum_x x^r f(x)$ 或 $= \displaystyle\int_x x^r f(x)dx$，下面我們會舉一題必須由定義推導的題型。

例 25

已知 $x_1, x_2, ..., x_n \sim Pio(\lambda)$，試利用動差法求母體平均數 λ 之估計式。

解

母體一階原動差：$\mu_1 = E(x) = \lambda$

樣本一階原動差：$m_1 = \dfrac{1}{n}\displaystyle\sum_{i=1}^{n} x_i = \dfrac{x_1 + x_2 + ... + x_n}{n} = \overline{x}$

令 $\mu_1 = m_1 \ \Rightarrow \lambda = \overline{x}$

例 26

假設 (x_1, x_2) 為獨立隨機樣本，已知母體機率密度函數如下：

$$f(x;\theta) = \frac{2}{\theta^2}(\theta - x)I_{(0,\theta)}(x) \quad ,\theta > 0$$

其中：$I_{(0,\theta)} = \begin{cases} 1, & 0 < x < \theta \\ 0, & o.w \end{cases}$

試以動差法求母體參數 θ 之估計式。

解

根據題意，機率密度函數為 $f(x;\theta) = \begin{cases} \dfrac{2}{\theta^2}(\theta - x), & 0 < x < \theta \\ 0, & o.w. \end{cases}$

母體一階原動差為：$\mu_1 = E(x) = \int_x x f(x) dx = \int_0^\theta x \cdot \frac{2(\theta - x)}{\theta^2} dx = \frac{\theta}{3}$

樣本一階原動差為：$m_1 = \frac{1}{n}\sum_{i=1}^{n} x_i = \frac{1}{2}\sum_{i=1}^{2} x_i = \frac{1}{2}(x_1 + x_2)$

令 $\mu_1 = m_1 \Rightarrow \frac{\theta}{3} = \frac{1}{2}(x_1 + x_2) \Rightarrow \theta = \frac{3}{2}(x_1 + x_2)$

故 θ 之動差估計式為 $\hat{\theta} = \frac{3}{2}(x_1 + x_2)$

例 27

假設某袋中共有 N 個號碼球，其編號從 1 號到 N 號，現從此袋中隨機抽取 5 個球，發現此 5 個球的號碼分別為 $500, 70, 400, 80, 420$，請用動差法估計在這個袋子中大約有幾個球？

解

母體為離散型均勻分配，故母體一階原動差 $\mu_1 = E(x) = \frac{N+1}{2}$

樣本一階原動差：$m_1 = \frac{1}{n}\sum_{i=1}^{n} x_i = \frac{500 + 70 + 400 + 80 + 420}{5} = 294$

令 $\mu_1 = m_1 \Rightarrow \frac{N+1}{2} = 294 \Rightarrow N = 587$，故大約有 587 個球。

12.8 最大概似法

最小平方法和最大概似法是推導估計式中最常被使用的兩種方法，目前市面上最熱門的兩套軟體，SPSS 套裝軟體在推導迴歸方程時使用的是最小平方法，而 AMOS 內定使用的是最大概似法。使用不同的方法所得到的估計式不一定相同，進行的統計推論結果也不一定相同，各有其優缺點。

12.8.1 概似函數

所謂概似函數 (likelihood function) 是指，假設 $(x_1, x_2, \cdots, x_n)$ 為從已知母體 $f(x; \theta_1, \theta_2, \cdots, \theta_l)$ 隨機抽出之一組獨立隨機樣本，$(x_1, x_2, \cdots, x_n)$ 為其樣本觀察值，$\theta_1, \theta_2, \cdots, \theta_l$ 表未知且等待估計的母體參數，概似函數定義為：

$$L(\theta_1, \theta_2, \cdots, \theta_l) = f(x_1; \theta_1, \theta_2, \cdots, \theta_l) f(x_2; \theta_1, \theta_2, \cdots, \theta_l) \cdots f(x_n; \theta_1, \theta_2, \cdots, \theta_l)$$

$$= \prod_{i=1}^{n} f(x_i; \theta_1, \theta_2, \cdots, \theta_l)$$

由定義可以看出來，概似函數為一聯合機率函數，因取出之樣本 $x_1, x_2, \cdots, x_n$ 為獨立變數，故聯合機率函數為取出樣本之機率之乘積。概似函數和聯合機率函數的差別僅在於一個含有待估計的母體參數，而另一個則沒有。概似函數在大部分的情況下，被估計的母體參數只有一個，故上式可改寫成：

$$L(\theta) = f(x_1; \theta) f(x_2; \theta) \cdots f(x_n; \theta)$$

$$= \prod_{i=1}^{n} f(x_i; \theta)$$

概似函數是待估母體參數 $\theta_1, \theta_2, \cdots, \theta_l$ 的函數，根據經驗，機率大的事件比機率小的事件容易發生，已知 $(x_1, x_2, \cdots, x_n)$ 為一組樣本值，它是已經發生的一組隨機事件，之所以會取到這組樣本，表示此組樣本組合起來會產生較大的機率，也就是說概似函數 $L(\theta_1, \theta_2, \cdots, \theta_l)$ 的機率值應該會產生最大值。因此會讓隨機樣本 $(x_1, x_2, \cdots, x_n)$ 被取得的機率最大時的估計式，我們認為它可以當作估計式的一種，這種由最大概似函數所推導出來的估計式，被稱為最大概似估計式(maximum likelihood estimator, MLE)。故最大概似估計式就是找到某一估計母體參數 θ 之估計式 $\hat{\theta}$，並使 $L(\theta)$ 為最大。

12.8.2 最大概似估計式(MLE)之求法

在微積分裡面有一種微分法稱為對數微分法，它特別適用於乘積型函數與指數型函數的微分，而最大概似函數屬於乘積型函數，故取對數後再微分會比直接微分來得容易。由於概似函數為非負實數，故當 $L(\theta)$ 最大時 $\ln L(\theta)$ 也為最大，因此求何時 $L(\theta)$ 產生最大值與何時 $\ln L(\theta)$ 產生最大值是一樣的。利用概似函數求估計式的步驟可分為下列二個步驟：

步驟 1： 求概似函數 $L(x_1, x_2, \cdots, x_n; \theta_1, \theta_2, \cdots, \theta_l) = \prod_{i=1}^{n} f(x_i; \theta_1, \theta_2, \cdots, \theta_l)$

步驟 2： 取對數並分別對 $\theta_i, i = 1, 2, \cdots, l$ 微分，令其值等於 0，得到 l 個聯立方程式：

$$\begin{cases} \dfrac{\partial}{\partial \theta_1} \ln L = 0 \\ \dfrac{\partial}{\partial \theta_2} \ln L = 0 \\ \quad \cdots \\ \dfrac{\partial}{\partial \theta_l} \ln L = 0 \end{cases}$$

求解聯立方程式得 $\theta_i, \quad i = 1, 2, \cdots, l$

步驟 3： 檢查 $\dfrac{\partial^2 L(\theta)}{\partial \theta_i^2} < 0, \quad i = 1, 2, \cdots, l$

若滿足步驟 3，則 $\theta_i, i = 1, 2, \cdots, l$ 即為最大概似估計式。

實際上我們必須判斷所求出來的 $\theta_i, i = 1, 2, \cdots, l$ 是否會使原式產生最大值，因為牽涉到許多微積分相關定理。一般而言，在商管統計學不會遇到如微積分課程裡面的複雜極值問題。有關雙變數以上的極值問題以及判斷法則，請自行參考微積分相關書籍。在本節中我們僅介紹只有一個被估計母體參數的情況，即若滿足：

$$\frac{\partial^2 L(\theta)}{\partial \theta^2} < 0$$

則概似函數有最大值。

例 28

假設 $x_1, x_2, \cdots, x_n$ 為自幾何分配抽出之一組樣本,且已知幾何分配的機率密度函數為:
$f(x) = p(1-p)^{x-1}, x = 1, 2, \cdots$,試求母體比例的最大概似估計式。

解

步驟 1: 求概似函數

$$L(p) = \prod_{i=1}^{n} f(x_i; \theta) = f(x_1; p) \cdots \cdot f(x_n; p) = p(1-p)^{x_1-1} \cdots \cdot p(1-p)^{x_n-1}$$

$$= p^n (1-p)^{\sum_{i=1}^{n} x_i - n}$$

步驟 2: 對概似函數取對數並微分

$$\ln L(p) = n \ln p + (\sum_{i=1}^{n} x_i - n) \ln(1-p)$$

令 $\dfrac{d \ln L(p)}{dp} = \dfrac{n}{p} + \dfrac{\sum_{i=1}^{n} x_i - n}{1-p}(-1) = 0$

去分母可得 $n(1-p) - p(\sum_{i=1}^{n} x_i - n) = 0$

求解上面方程式得 $p = \dfrac{n}{\sum_{i=1}^{n} x_i} = \dfrac{1}{\bar{x}}$

步驟 3: 檢查 $\dfrac{\partial^2 L(\theta)}{\partial \theta_i^2}$

$$\frac{d^2}{dp^2} \ln L(p) = \frac{d}{dp} \left(\frac{n}{p} - \frac{\sum_{i=1}^{n} x_i - n}{1-p} \right) = \frac{-n}{p^2} - \frac{(\sum_{i=1}^{n} x_i - n)}{(1-p)^2}$$

$\because \left. \dfrac{d^2}{dp^2} \ln L(p) \right|_{p=\frac{1}{\bar{x}}} < 0$,故參數 p 之 MLE 為 $\hat{p} = \dfrac{1}{\bar{x}}$

註: 通常在初等統計學裡面,第 2 個步驟解出來若只有一解,此解即為最大概似估計式。

例 29

假設 $(x_1, x_2, \cdots, x_n)$ 為自常態母體抽出之一組樣本，已知常態分配之機率密度函數為：

$$f(x) = \frac{1}{\sqrt{2\pi}\sigma} e^{\frac{(x-\mu)^2}{2\sigma^2}}, \quad -\infty < x < \infty$$

試求常態母體之平均數 μ 與變異數 σ^2 之最大概似估計式。

解

步驟 1： 求大概似函數

$$L(\mu, \sigma^2) = \prod_{i=1}^{n} f(x_i; \mu, \sigma^2) = \frac{1}{\sqrt{2\pi}\sigma} e^{-\frac{(x_1-\mu)^2}{2\sigma^2}} \cdot \frac{1}{\sqrt{2\pi}\sigma} e^{-\frac{(x_2-\mu)^2}{2\sigma^2}} \cdots \frac{1}{\sqrt{2\pi}\sigma} e^{-\frac{(x_n-\mu)^2}{2\sigma^2}}$$

$$= \left(\frac{1}{\sqrt{2\pi}\sigma} \right)^n e^{-\frac{1}{2\sigma^2}\sum_{i=1}^{n}(x_i-\mu)^2}$$

步驟 2： 對概似函數取對數並微分

$$\ln L(\mu, \sigma^2) = -\frac{n}{2}\ln(2\pi) - \frac{n}{2}\ln\sigma^2 - \frac{1}{2\sigma^2}\sum_{i=1}^{n}(x_i-\mu)^2$$

令 $\dfrac{\partial \ln L(\mu, \sigma^2)}{\partial \mu} = \dfrac{1}{\sigma^2}\displaystyle\sum_{i=1}^{n}(x_i-\mu) = 0 \Rightarrow \displaystyle\sum_{i=1}^{n}(x_i-\mu) = 0$

$$\Rightarrow \sum_{i=1}^{n} x_i - n\mu = 0, \quad \therefore \mu = \frac{1}{n}\sum_{i=1}^{n} x_i = \overline{x}$$

故母體平均數的最大概似估計式為 $\dfrac{1}{n}\displaystyle\sum_{i=1}^{n} x_i = \overline{x}$

令 $\dfrac{\partial \ln L(\mu, \sigma^2)}{\partial (\sigma^2)} = -\dfrac{n}{2\sigma^2} + \dfrac{1}{2\sigma^4}\displaystyle\sum_{i=1}^{n}(x_i-\mu)^2 = 0$ (注意：微分時 σ^2 視成一個變數)

去分母：$\Rightarrow -n\sigma^2 + \displaystyle\sum_{i=1}^{n}(x_i-\mu)^2 = 0 \qquad \therefore \sigma^2 = \dfrac{1}{n}\displaystyle\sum_{i=1}^{n}(x_i-\mu)^2$

故母體變異數的最大概似估計式為 $\dfrac{1}{n}\displaystyle\sum_{i=1}^{n}(x_i-\mu)^2 = \hat{\sigma}^2$

【註】若對 σ^2 微分感到困難，可令 $x = \sigma^2$，把原式改寫如下：

$$\ln L(\mu, x) = -\frac{n}{2}\ln(2\pi) - \frac{n}{2}\ln x - \frac{1}{2x}\sum_{i=1}^{n}(x_i-\mu)^2$$

那麼 $\dfrac{\partial \ln L(\mu,\sigma^2)}{\partial(\sigma^2)}=\dfrac{\partial \ln L(\mu,x)}{\partial x}=-\dfrac{n}{2x}+\dfrac{1}{2x^2}\sum_{i=1}^{n}(x_i-\mu)^2=0$ ，再將 $x=\sigma^2$ 代回即可。

例 30

某電子零件之壽命(小時)服從機率密度函數：$f(x)=\dfrac{1}{\theta^2}xe^{-\frac{x}{\theta}}, x>0$，令 $\hat{\theta}$ 為 θ 之最大概似估計式，今若分別獨立地檢驗三個此種零件，測得其壽命分別為 123、128 及 133 小時，試求母數 θ 之最大概似估計值。

解

欲求最大概似估計值必須先求出最大概似估計式，然後再將樣本代入即得

步驟 1： 求概似函數

$$L(\theta)=\prod_{i=1}^{n}f(x_i;\theta)=\prod_{i=1}^{n}\frac{1}{\theta^2}x_i e^{-\frac{x_i}{\theta}}=(\frac{1}{\theta})^{2n}(\prod_{i=1}^{n}x_i)e^{-\frac{1}{\theta}\sum_{i=1}^{n}x_i}$$

步驟 2： 對概似函數取對數並微分

$$\ln L(\theta)=-2n\ln\theta+\sum_{i=1}^{n}\ln x_i-\frac{1}{\theta}\sum_{i=1}^{n}x_i$$

$$令\ \frac{d}{d\theta}\ln L(\theta)=-\frac{2n}{\theta}+\frac{1}{\theta^2}\sum_{i=1}^{n}x_i=0 \quad，去分母：-2n\theta+\sum_{i=1}^{n}x_i=0$$

$$\Rightarrow \theta=\frac{1}{2n}\sum_{i=1}^{n}x_i，故\ \theta\ 之最大概似估式為\ \frac{1}{2n}\sum_{i=1}^{n}x_i$$

所以最大似估計值 $=\dfrac{1}{2\times 3}(123+128+133)=64$

12.8.3 最大概似估計式的性質

由最大概似法所求出來的估計式具有下列之特性：

1. 最大概似估計式必為一致估計式且具漸近不偏性，但不一定是不偏估計式。
2. 最大概似估計式具漸近有效性。
3. 最大概似估計式必須知道母體分配才能求算，且求解過程較複雜。
4. 最大概似估計式比較適合大樣的情況。

最後要提醒的是，由不同方法所推導出來的估計式不一定相同，且具有的性質也不盡相同，由哪一種方法所求得的估計式較佳，端賴研究的對象，見仁見智。除了本書本所介紹的四種判斷估計式的準則外，事實上還有其他的判斷準則。這有點像選美一般，大會會提供一些選美準則供評審參考，但經由這些準則所選出來的佳麗未必真的是最好、最美麗的佳麗，這還得看選美大會的主軸核心是什麼，可能選出的美女未來要當親善大使，也可能選出來的是要幫忙代言水果等。但是絕對不能沒有準則，否則選美大會無法順利選出優勝者，估計式的判斷準則亦是如此。

例 31

有一野生動物保育工作者至阿里山上對某一種野生動物進行族群調查。假設阿里山上某一種野生動物之總頭數為 N，此保育工作者前次曾經在阿里山上捕獲 n_1 頭，在做上記號後將其放生，此次捕獲之頭數為 n_2 頭，其中已有記號者有 m 頭，試問在阿里山上此野生動物之總數的最大概似估計量為何？

解

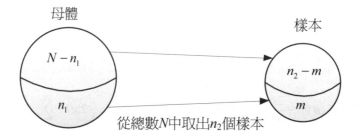

從總數N中取出n_2個樣本

本題採取不放回方式抽樣，故屬於超幾何分配

根據超幾何分配，機率密度函數為：$f(n_2) = \dfrac{C_m^{n_1} C_{n_2-m}^{N-n_1}}{C_{n_2}^{N}}$

概似函數是聯合機率函數中包含待估計的母體參數，故本題之概似函數可寫

成：$L(N) = \displaystyle\prod_{i=1}^{n_2} f(x_i; N) = \dfrac{C_m^{n_1} C_{n_2-m}^{N-n_1}}{C_{n_2}^{N}}$

離散型隨機變數求極值需採用兩面逼近法，即 $L(N) \geq L(N-1)$

且 $L(N) \geq L(N+1)$

由 $L(N) \geq L(N-1) \Rightarrow \dfrac{C_m^{n_1} C_{n_2-m}^{N-n_1}}{C_{n_2}^{N}} \geq \dfrac{C_m^{n_1} C_{n_2-m}^{N-1-n_1}}{C_{n_2}^{N-1}}$

$$\Rightarrow (N-n_2)(N-n_1) \ge N(N-n_1-n_2+m) \Rightarrow N \le \frac{n_1 n_2}{m} \quad\text{.................................} ①$$

同理由 $L(N) \ge L(N+1) \Rightarrow N \ge \frac{n_1 n_2}{m} - 1 \quad\text{.................................} ②$

由①②可得 $\frac{n_1 n_2}{m} - 1 \le N \le \frac{n_1 n_2}{m}$

$\therefore N = [\frac{n_1 n_2}{m}]$，[ ]表高斯符號

故若已知 m, n_1, n_2 代入上式中，即可大約推估此種野生動物的大約總數量

例 32

有 $N+1$ 人參加旅遊，名牌號碼分別為 $0,1,2,...,N$，今隨機抽 5 個名牌，其號碼為 $37,16,44,43,22$

(1)試用 MLE 來估計 N

(2)改用動差法來估計 N

解

(1) 本題每人被抽出的機率相等，屬於離散型均勻分配，機率函數為：

$$f(x) = \frac{1}{N+1}, N = 0,1,2,...,N$$

$$L(N) = \prod_{i=1}^{5} f(x_i) = (\frac{1}{N+1})^5$$

$\because L(N)$ 要最大，$\therefore N$ 越小越好，但 N 不能小於所抽出的號碼牌，即 $x_i \le N$

$\therefore N = Max\{37,16,44,43,22\} = 44$

(2) 母體一階原動差：$\mu_1 = E(x) = \sum_{i=0}^{N} x_i f(x_i) = \frac{1}{N+1}(0+1+2+...+N) = \frac{N}{2}$

樣本一階原動差：$m_1 = \frac{1}{n}\sum_{i=1}^{n} x_i = \frac{1}{5}(37+16+44+43+22) = 32.4$

$\because \mu_1 = m_1 \Rightarrow \frac{N}{2} = 32.4 \quad \therefore N = 64.8 \approx 65$

總整理

點估計式尋找方法的性質

	不偏性	最小變異不偏性	漸進不偏性	一致性	有效性	充分性	需已知母體分配
最小平方法	✓	✓(線性)		✓			✗
動差估計式				✓			✓
最大概似法			✓	✓	✓(漸進)		✓

註：最大概似法的意義

　　詢問學過統計的人，什麼是最大概似法？大都能回答出：「最大概似法就是利用最大概似函數的極值去推導母體參數的估計式。」可是若進一步再詢問，為什麼可利用概似函數的極值推出母體參數的估計式，絕大部分的人回答不出來，在此我們將為讀者解答這個疑惑。首先看概似函數的定義：

$$L(\theta) = \prod_{i=1}^{n} f(x_i; \theta)$$

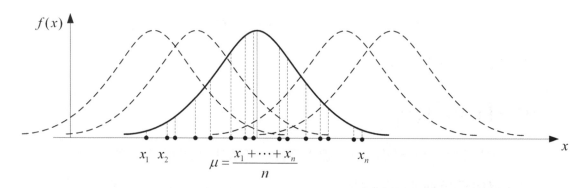

$$\mu = \frac{x_1 + \cdots + x_n}{n}$$

　　為了能讓大家更容易理解，我們就拿常態分配來舉例說明，如上圖所示，假設隨機抽取 n 個樣本，這 n 個樣本分別為 $x_1, x_2, \cdots, x_n$。如果要求母體平均數與變異數的估計式，必須把這 n 個樣本代入概似函數中，接著對欲估計的參數 μ 與 σ^2 進行偏微分。當概似函數對 μ 微分時，σ^2 視作常數。若我們 σ^2 固定為某數值，那麼母體分配會像上面的圖形，中心點尚未確定但經平移後會重合的分配圖形。我們不曉得哪一個才是樣本 $x_1, x_2, \cdots, x_n$ 的來源母體，上面的無窮多個分配圖形皆有可能。概似函數正好等於每一個點所對應分配機率值的乘積，若以上圖實線分配而言，概似函數值等於所有鉛直虛線段長的乘積。從上面的圖形可以看出來，當分配正好是實線分配時，所有的鉛直虛線段乘積為最大。若為虛線情況，會因過多的樣本點位分配左側或右側而導致機率乘積變小，故利用最大概似法可以預估母體的中央趨勢。

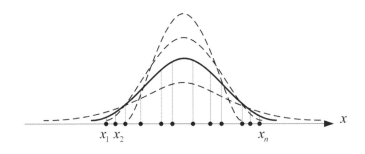

同樣的若考慮變異數的話，對變異數偏微分，相當於把 μ 視作常數，因此上述中央點會落於同一點。與推導平均數相同的概念，上述的無窮多個圖形中，正好會有一個使概似函數產生最大值。所以為何利用概似函數可以推導出母體參數估計式的原理就在於此。

不偏估計式估的較準嗎？由下面的圖形您覺得估計式 $\hat{\theta}_1$ 與 $\hat{\theta}_2$ 那個估計母體參數 θ 較準？雖然 $\hat{\theta}_1$ 具不偏性但較分散，$\hat{\theta}_2$ 具偏誤但較集中，通常我們做研究只進行一次抽樣，因此樣本數不多的情況下，顯然 $\hat{\theta}_2$ 比較容易估中 θ，但當樣本數增加後，特別是非常大的樣本，顯然 $\hat{\theta}_1$ 比較占優勢。為何特別重視不偏性，其原因乃在於大樣本可以克服分配不夠集中的缺點，而偏誤估計式則無法利用增加樣本數來克服偏誤的缺陷。

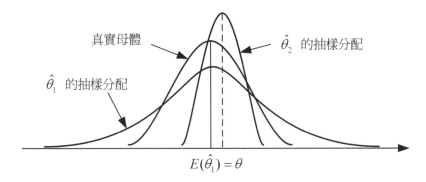

1. 政府為瞭解民眾對於健保漲價的支持率，於是隨機抽選 1000 位民眾當樣本，詢問是否支持保費上漲，結果詢問的結果有 220 位民眾支持該政策，請問民眾對於贊成健保上漲的支持率的點估計值為多少？

2. 假設已知全國平均每戶家庭人口數為 5.1 人，某研究機構欲調查國內每戶家庭平均人口數，隨機抽取 1000 個樣本，得樣本平均為每戶 4.7 人，請問估計誤差為多少？偏誤為多少？是否高估了母體參數？

3. 假設 $\{y_1, y_2, y_3\}$ 為自母體為指數分配所抽出的隨機樣本，且已知母體平均數為 θ，考慮底下的四個估計式用來估計母體平均數 θ：

   $$\hat{\theta} = y_1, \hat{\theta}_2 = \frac{y_1 + y_2}{2}, \hat{\theta}_3 = \frac{y_1 + 2y_2}{3}, \hat{\theta}_4 = \frac{y_1 + y_2 + y_3}{3}$$

   請問哪一個估計式具有不偏性？

4. 何謂不偏估計式？

5. 假設 $x_1, x_2, \cdots, x_n$ 為來自於機率密度函數為 $f(x) = \frac{1}{\sqrt{2\pi\theta}} e^{-\frac{x^2}{2\theta}}$ 之一組隨機樣本，試證明：$d(x) = \frac{1}{n} \sum_{i=1}^{n} x_i^2$ 為 θ 的不偏估計式。

6. 假設 $x_1, x_2, \cdots, x_n$ 為來自於機率密度函數為 $f(x) = \frac{1}{\sqrt{2\pi}} e^{-\frac{(x-\mu)^2}{2}}, -\infty < x < \infty,$ 之一組隨機樣本，若 $c\bar{x} \sum_{i=1}^{n} (x_i - \bar{x})^2$ 為 μ 的不偏估計式，試求 c。

7. 假設 $x_1, x_2, \cdots, x_n$ 為取自母體分配為：$f(x; \theta) = \frac{x}{\theta} e^{-\frac{x^2}{2\theta}}, \quad x > 0$ 之隨機樣本。

   (1) 試證明 $E(x^2) = 2\theta$。　　(2) 求 θ 的不偏估計式。

8. 假設由一常態母體 $N(\mu, \sigma^2)$ 隨機抽取 n 個樣本，令 $s^2 = \frac{1}{n} \sum_{i=1}^{n} (x_i - \bar{x})^2$ 試求：

   (1) s^2 的平均數與變異數。

   (2) $\lim_{n \to \infty} E(s^2)$。

9. 假設 $x_1, x_2, \cdots, x_n$ 為來自機率質量函數 $f(x) = p(1-p)^x, x = 0, 1, 2, 3, \cdots$ 的隨機樣本，試求 p 的最大概似估計式。

10. 假設 $x_1, x_2, \cdots, x_n$ 為抽自母體分配為 $f(x) = \begin{cases} \theta^x (1-\theta)^{1-x}, & x = 0, 1; 0 \leq \theta \leq 1 \\ 0, & o.w. \end{cases}$ 之一組隨機樣本。

   (1) 試求 θ 的最大概似估計式。

   (2) 假設抽出的一組樣本為 $x_1 = 1, x_2 = 0, x_3 = 1, x_4 = 0, x_5 = 1, x_6 = 1$，試利用(1)之估計式，計算 θ 的估計值。

11. 假設 $x_1, x_2, \cdots, x_n$ 為抽自母體分配為常態分配 $N(\mu, \sigma^2)$ 之一組隨機樣本。若有三個估計式：

$$\hat{\mu}_1 = \frac{1}{n} \sum_{i=1}^{n} x_i, \hat{\mu}_2 = x_1, \hat{\mu}_3 = \frac{x_1}{2} + \frac{1}{2(n-1)}(x_2 + x_3 + \cdots + x_n)$$

試問：

(1) 上面三個估計式哪一個具不偏性？

(2) 哪一個具一致性？

(3) 分別求 $\hat{\mu}_1$ 對 $\hat{\mu}_2$，$\hat{\mu}_1$ 對 $\hat{\mu}_3$，$\hat{\mu}_2$ 對 $\hat{\mu}_3$ 之相對效率。

12. 假設 $\hat{\theta}_1, \hat{\theta}_2$ 互相獨立，且均為 θ 之不偏估計式，若 $V(\hat{\theta}_1) = \sigma_1^2, V(\hat{\theta}_2) = \sigma_2^2$。現在我們利用 $\hat{\theta}_1, \hat{\theta}_2$ 另外推導出一個 θ 之不偏估計式：$\hat{\theta}_3 = a\hat{\theta}_1 + (1-a)\hat{\theta}_2$，若欲使 $\hat{\theta}_3$ 的變異數為最小，求 a。

13. 假設 $x_1, x_2, \cdots, x_n$ 為抽自母體分配為常態分配 $N(\mu, \sigma^2)$ 之一組隨機樣本，若 $\hat{\sigma}_1^2 = \frac{1}{n-1} \sum_{i=1}^{n} (x_i - \overline{x})^2, \hat{\sigma}_2^2 = \frac{1}{2}(x_1 - x_2)^2$。

(1) $\hat{\sigma}_1^2$ 與 $\hat{\sigma}_2^2$ 何者為 σ^2 的不偏估計式？

(2) 試求 $\hat{\sigma}_1^2$ 相對於 $\hat{\sigma}_2^2$ 的效率。

14. 假設 $x_1, x_2, \cdots, x_n$ 為抽自母體分配為 $f(x) = \begin{cases} \dfrac{1}{\Gamma(\alpha)\theta^\alpha} x^{\alpha-1} e^{-\frac{x}{\theta}}, & x > 0 \\ 0, & o.w. \end{cases}$，試求 θ 的最大概似估計式。

假設 $f(x) = \theta x^{\theta-1}, 0 < x < 1, \theta > 0$，若 $x_1, x_2, \cdots, x_n$ 為自此分配中所抽出的一組隨機樣本，試求：

(1) θ 的最大概似估計式。

(2) 若自此母體抽出 10 個樣本如下所示：

| 0.0256 | 0.3051 | 0.0278 | 0.8971 | 0.0739 |
| 0.3191 | 0.7379 | 0.3671 | 0.9763 | 0.0102 |

利用(1)求 θ 的估計值。

(3) 請改用動差法求 θ 的估計式，並將上題以此估計式計算 θ 的估計值。

16. 假設 x, y 為獨立隨機變數，已知 $E(x) = 1, E(y) = 2, V(x) = V(y) = \sigma^2$，若 $k(x^2 - y^2) + y^2$ 為 σ^2 之不偏估計式，試求 k 之值。

17. 假設 $x_1, x_2, \cdots, x_n$ 為抽自母體分配為 $f(x) = \frac{1}{\Gamma(\alpha)\beta^\alpha} x^{\alpha-1} e^{-\frac{x}{\beta}}$ 之一組樣本，試以動差法求 α, β 的估計式。

18. 已知母體分配為 $f(x) = (\frac{2}{3})^x (\frac{1}{3})^{1-x}, x = 0,1$。現自此母體隨機抽出一組樣本 x_1, x_2, x_3，

    並分別組成樣本統計量 $\bar{x}$ 與 s^2，其中 $\bar{x} = \frac{x_1 + x_2 + x_3}{3}, s^2 = \frac{1}{3}\sum_{i=1}^{3}(x_i - \bar{x})^2$。

    (1) 寫出此組隨機樣本的概似函數。

    (2) 列出樣本統計量 $\bar{x}$ 的抽樣分配，並求 $E(\bar{x})$ 與 $V(\bar{x})$。

    (3) 列出樣本統計量 s^2 的抽樣分配，並求 $E(s^2)$ 與 $V(s^2)$。

19. 若 $x \sim B(n, p)$。

    (1) 試證 $\hat{p} = \frac{x}{n}$ 為 p 之不偏估計式。

    (2) $n\hat{p}(1 - \hat{p})$ 是否為 $V(x)$ 之不偏估計式？若否，試求 $V(x)$ 之不偏估計式。

20. 假設 x_1, x_2, x_3 為抽自母體分配為百努力分配之隨機樣本，若 $\hat{\theta}_1 = x_1 + x_2 + x_3, \hat{\theta}_2 = x_1 + x_2 \cdot x_3$，試證 $\hat{\theta}_1$ 為 p 之充分統計量，$\hat{\theta}_2$ 則不為 p 之充分統計量。

21. 一池塘中有若干魚，今抓 7 尾魚做記號後放回，為了估計池塘中到底有多少條魚，於是再抓數尾，發現其中有 3 尾有做記號，試用最大概似法估計池塘中的魚有幾條？

22. 假設台北捷運到站時間兩車間隔時間成指數分配：$f(x) = \frac{1}{\lambda} e^{-\frac{x}{\lambda}}$。現在隨機在台北

    火車站進行測量，發現每車間隔時間分別為：

    | 2 | 3 | 6 | 10 | 5 | 2 | 7(分) |

    試求平均間隔時間 λ 的最大似估計值。

23. 已知隨機變數 X 之機率密度函數為：

    $$f(x) = \frac{x}{\theta^2} e^{-\frac{x}{\theta}}, \quad t > 0$$

    試求 θ 之最大概似估計式。

24. 已知隨機變數 X 之機率密度函數為：

    $$f(x) = \frac{1}{\Gamma(\alpha)\beta^\alpha} x^{\alpha-1} e^{-\frac{x}{\beta}}, \quad x > 0; \alpha > 0, \beta > 0$$

    試求 β 之最大概似估計式。

25. 從平均數為 θ 變異數為 σ^2 之母體，隨機選出樣本 $x_1, x_2, x_3, \cdots, x_n$，欲使估計式 $\sum_{i=1}^{n} a_i x_i$ 為 θ 之不偏估計式，請問 a_i 要如何選？

CHAPTER

區間估計 13

在本章中將介紹區間估計(interval estimation)，所謂區間估計是指以樣本估計母體時，所產生的估計值為一個區間的形式。在日常生活中我們經常可以看到區間估計的實例，例如人類血壓的舒張壓與收縮壓、氣溫以及預產期的預測等都屬於區間估計。由於點估計無法準確估中母體參數，因此保險的作法就是利用抽取的樣本計算出樣本統計量再加減一個數形成一個區間，這樣涵蓋母體參數的機率會比單一的數值來得大。但如何形成一個估計的區間呢？後面會詳細的介紹。在本章中將會介紹單一母體下的母體平均數、母體比例、母體變異數的信賴區間，同時也會介紹兩母體情況下的母體平均數差、母體比例差與母體變異數比的信賴區間。

本章的內容如下：

■ 單母體

　● 母體平均數的信賴區間

　● 母體比例的信賴區間

　● 母體變異數的信賴區間

■ 兩母體

　● 兩母體平均數差的信賴區間(獨立樣本)

　● 兩母體平均數差的信賴區間(成對樣本)

　● 兩母體比例差的信賴區間

　● 兩母體變異數比的信賴區間

 左尾信賴區間
右尾信賴區間
雙尾信賴區間

 信賴水準與信賴區間

在本節中將初步介紹區間估計的形成原理以及區間形成的型態。

13.1.1 區間的型態

所謂區間估計是指對一母體隨機抽取一組樣本，然後利用此組隨機樣本的統計量(如樣本平均數、樣本標準差等)形成一個區間(L,U)來估計母體參數，(L,U)稱為母體參數θ的區間估計量。區間估計是以點估計為基礎所建構出一個具上限或下限的區間，它的形式有兩種，第一種為對稱型態，以樣本統計量為中心加減一數而形成區間，例如母體平均數的信賴區間、母體比例的信賴區間等，它的區間型態如下所示：

$$點估計值-誤差 \leq 母體參數 \leq 點估計值+誤差$$

第二種為非對稱型態，它是利用點估計值乘或除以某數之後形成區間，例如母體變異數的信賴區間、二母體變異數比的信賴區間，它的區間型態如下所示：

$$\frac{點估計值}{係數\ 1} \leq 母體參數 \leq \frac{點估計值}{係數\ 2}$$

至於加減某數或乘以某數要如何決定，端賴研究者期望此區間估中母體參數的可靠度來決定，這個可靠度稱為信賴水準(confidence level)。

13.1.2 信賴水準

所謂信賴水準是指區間估計所形成的區間，包含母體參數的信心或可靠度。信賴水準的大小等於$1-\alpha$，此數值研究者可以任意給定，端賴研究的對象與期望的可靠度，其中α稱為顯著水準(significance level)。信賴水準$1-\alpha$的意義為：從一個母體不斷地反覆抽取n個樣本，並利用此n個樣本形成之區間，平均大約有$1-\alpha$的區間會包含母體參數。舉個實際例子來說明，假設重複抽樣100次，利用樣本統計量形成100個信賴區間，若信賴水準為95%，那麼這100個信賴區間，平均約有95個會包含母體參數。

13.1.3 信賴區間

　　所謂信賴區間(confidence interval, C.I.)是指，在一個給定的信賴水準$(1-\alpha)$下所構成的一個區間。它是由樣本統計量以及抽樣誤差所構成的一個包含上限、下限的區間，而且它的誤差與信賴水準有關，故取名為信賴區間。它的其中一種形式如下所示：

樣本統計量±誤差

　　其中誤差由與信賴水準有關之係數與標準誤所組合而成。$1-\alpha$的信賴區間示意圖如下圖所示：

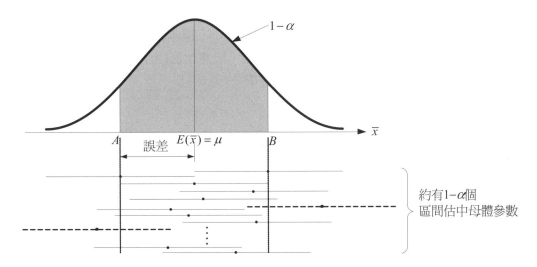

　　觀察上面有關樣本平均數的抽樣分配圖，灰色部分占全體面積的$1-\alpha$。根據中央極限定理$E(\bar{x})=\mu$，正中央的橫座標軸正好為母體平均數。由於灰色部分占全體的$1-\alpha$，故平均大約有$1-\alpha$的機會所抽出的樣本平均數位於灰色區域。小黑點表示由母體抽出n個樣本求得的樣本平均數，若由小黑點向左、右延伸的區間長正好等於$\overline{AB}$的話，那麼此區間將有$1-\alpha$的機率包含正中央的母體平均數。也就是說，只要抽出的樣本所計算出來的平均數剛好位於灰色區域，然後再由此平均數構成一個長度等於$\overline{AB}$的區間，那麼這個區間必定包含母體平均數，而由樣本所計算出的平均數會落在灰色區域的機率為$1-\alpha$，這就是$1-\alpha$的信賴區間之源由，故$1-\alpha$的信賴區間是在進行非常多次取樣後包含母體參數的可靠度。有些教科書解釋$1-\alpha$的信賴區間是指取樣 1 次後計算樣本統計量，由此樣本統計量所形成的區間，將有$1-\alpha$的機率會包含母體參數，這種解釋是錯誤的。我們用一個很簡單的實例來說明這種解釋錯誤的原因。例如一個袋中有 10 個球，其中有 1 個紅球，現在從此袋中取出 1 球，此球是紅色的機率為何？答案是 0 或 100%，就如同你買了一張樂透彩券，那麼你手中這張彩券只有中獎與不中獎兩種情況一樣。上面的問題如果改成，一個袋中有 10 個球，其中有 1 個紅球，請問取

出紅球的機率是多少？答案是 0.1。是否有看出這兩個題目的差異，一個題目是已經把球取出來了，另一個還沒有。

信賴區間又可分為單尾信賴區間與雙尾信賴區間兩種，隨後章節會詳細介紹。

13.1.4 信賴區間的種類

區間估計若按母體數區分，可分成單一母體區間估計與二母體區間估計及多母體區間估計等三種。若以區間涵蓋的範圍，可分為雙尾信賴區間(two-tailed confidence interval)與單尾信賴區間(one-tailed confidence interval)二種，其中單尾信賴區間又可分成左尾信賴區間與右尾信賴區間。若按抽樣分配的形狀又可分成對稱型的信賴區間與非對稱型的信賴區間，其中對稱型的信賴區間型如：「樣本統計量±誤差」的形式。本節將介紹單一母體的區間估計，包括母體平均數、母體比例(上兩類為對稱形態)、母體變異數(非對稱型態)等三種母體參數的信賴區間。

 一個母體平均數的信賴區間

假設要預估台灣地區全體大學生平均身高，可隨機抽出 200 位學生並計算這 200 位學生的平均身高，然後再利用此平均值加減誤差形成一個信賴區間，來估計全體大學生平均身高。單母體平均數的估計在實際應用上十分廣泛，除了上述身高例子外，例如估計大學畢業生平均起薪、國人每日平均睡眠時間、國小學童每日平均上網時間等，皆屬於一個母體平均數的估計。

13.2.1 雙尾信賴區間的產生

假設樣本 $x_1, x_2, \cdots, x_n$ 取自於平均數為 μ、變異數為 σ^2 之常態母體，若為大樣本取樣，根據中央極限定理知，樣本平均數的抽樣分配服從 $\bar{x} \sim N(\mu, \dfrac{\sigma^2}{n})$。

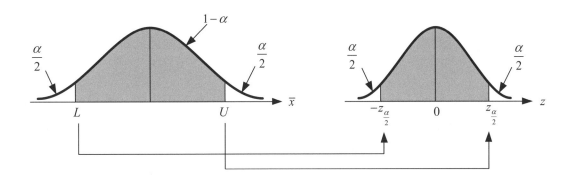

　　左上圖為樣本平均數抽樣分配的示意圖，由 13.1.3 節知，當所抽取的樣本平均數落在灰色區域時，所形成的區間稱為 $1-\alpha$ 的信賴區間。以數學式子可以表示成：

$$P(L \leq \bar{x} \leq U) = 1 - \alpha$$

將上式標準化後可得：

$$P(\frac{L-\mu}{\sqrt{\dfrac{\sigma^2}{n}}} \leq \frac{\bar{x}-\mu}{\sqrt{\dfrac{\sigma^2}{n}}} \leq \frac{U-\mu}{\sqrt{\dfrac{\sigma^2}{n}}}) = 1 - \alpha$$

上式對應至標準常態分配符號可改寫成：

$$P(-z_{\frac{\alpha}{2}} \leq \frac{\bar{x}-\mu}{\sqrt{\dfrac{\sigma^2}{n}}} \leq z_{\frac{\alpha}{2}}) = 1 - \alpha$$

求解不等式 $-z_{\frac{\alpha}{2}} \leq \dfrac{\bar{x}-\mu}{\sqrt{\dfrac{\sigma^2}{n}}} \leq z_{\frac{\alpha}{2}}$ 可得：

$$\bar{x} - z_{\frac{\alpha}{2}}\sqrt{\frac{\sigma^2}{n}} \leq \mu \leq \bar{x} + z_{\frac{\alpha}{2}}\sqrt{\frac{\sigma^2}{n}}$$

　　上式即為母體平均數 $1-\alpha$ 的雙尾信賴區間，其中 $\sqrt{\dfrac{\sigma^2}{n}}$ 稱為標準誤(standard error)。我們可將母體平均數 $1-\alpha$ 的雙尾信賴區間進一步改寫成較精簡的模式：

$$\mu = \bar{x} \pm z_{\frac{\alpha}{2}}\sqrt{\frac{\sigma^2}{n}}$$

觀察上式可知信賴區間由「樣本統計量±誤差」所形成，其中誤差部分包含了信賴度與標準誤。有關誤差以及影響信賴區間長度的因素，在後面的單元會進一步的介紹。

根據抽樣分配理論，母體是否常態分配、母體變異數是否已知、是否為大樣本以及是否取出放回等不同條件，會導致有不同的抽樣分配，故隨後的單元將針對各種不同情況下，樣本平均數的信賴區間進行詳細的介紹。

13.2.2 使用 z 分配求平均數的信賴區間

當滿足下列兩種情況任一種，計算母體平均數的信賴區間時，需使用 z 分配。

1. 母體為常態分配且母體變異數已知。
2. 母體非常態，且為大樣本 $(n \geq 30)$，母體變異數已知或未知皆可。

則母體平均數的信賴區間為：

$$\mu = \overline{x} \pm z_{\frac{\alpha}{2}} \sqrt{\frac{\sigma^2}{n}}$$

若母體變異數未知時，使用樣本變異數 s^2 取代母體變異數，即：

$$\mu = \overline{x} \pm z_{\frac{\alpha}{2}} \sqrt{\frac{s^2}{n}}$$

請注意，若採取出不放回抽樣，且母體為有限母體需加入有限母體修正因子，即：

$$\mu = \overline{x} \pm z_{\frac{\alpha}{2}} \sqrt{\frac{\sigma^2}{n} \cdot \frac{N-n}{N-1}} \qquad \text{或} \qquad \mu = \overline{x} \pm z_{\frac{\alpha}{2}} \sqrt{\frac{s^2}{n} \cdot \frac{N-n}{N-1}}$$

例 1

某校統計學期中考成績假設服從常態分配，且已知全校成績的變異數 $\sigma^2 = 76.667$ 分，現自此校學生隨機抽取 6 位學生成績如下：

$70，90，80，65，80，75$

試求平均成績之 95%信賴區間？

解

母體常態，且母體標準差已知 $\Rightarrow$ 使用 z 分配，$\alpha = 0.05$

$$\overline{x} = \frac{70+90+80+65+80+75}{6} \approx 76.667$$

故平均成績之 95%信賴區間：

$$\mu = \overline{x} \pm z_{\frac{\alpha}{2}} \sqrt{\frac{\sigma^2}{n}} = 76.667 \pm 1.96 \sqrt{\frac{76.667}{6}} \approx [69.661, 83.673]$$

$$\Rightarrow 69.661 \le \mu \le 83.673 (分)$$

例 2

某班級共 40 人，某次統計學期中考成績若服從常態分配，且知其母體標準差 $\sigma_x = 10$ 分，經抽樣結果知部份學生成績如下：

70，90，80，65，80，75

試求平均成績之 95%信賴區間？

解

本題和例題 1 數據完全一樣，唯一不同處在於本題告知母體總數，因為採取出不放回抽樣，故必須檢查是否為有限母體。

$$\frac{n}{N} = \frac{6}{40} = 0.15 > 0.05 ，故為有限母體，\overline{x} = 76.667$$

平均成績之 95%信賴區間：

$$\mu = \overline{x} \pm z_{\frac{\alpha}{2}} \sqrt{\frac{\sigma^2}{n} \cdot \frac{N-n}{N-1}} = 76.667 \pm 1.96 \sqrt{\frac{10^2}{6} \cdot \frac{40-6}{40-1}} \approx [69.196, 84.138]$$

$$\Rightarrow 69.196 \le \mu \le 84.138 (分)$$

由例題 1、2 可以看出，在同一條件下，有限母體所獲得的信賴區間長較無限母體小，其原因在於母體數愈少，相同樣本數條件下愈容易接近母體參數。

13.2.3 使用 t 分配求平均數的信賴區間

若滿足母體為常態分配且母體變異數未知的情況，$\overline{x}$ 的抽樣分配會服從自由度 $n-1$ 的 t 分配，此時使用 t 分配來估計母體平均數的信賴區間，即

$$\mu = \overline{x} \pm t_{\frac{\alpha}{2}, n-1} \sqrt{\frac{s^2}{n}}$$

但因為 t 分配與自由度有關，一般 t 分配表無法提供足夠的自由度所對應的 t 值，因此一般而言只要 t 分配表查不到，或者滿足大樣本，根據中央極限定理，可改用 z 分配來近似估計。

同樣要注意，若採取出不放回抽樣，且母體為有限母體需加入有限母體修正因子，即：

$$\mu = \bar{x} \pm t_{\frac{\alpha}{2}, n-1} \sqrt{\frac{s^2}{n} \cdot \frac{N-n}{N-1}}$$

例 3

某校統計學期中考成績假設服從常態分配，現自此校隨機抽取 6 位學生成績如下：

70，90，80，65，80，75

試求平均成績之 95% 信賴區間？

解

本題和例題 1 一模一樣，唯一的差別在於不知道母體變異數，因母體常態，小樣本且母體變異數未知⇒採用 t 分配，$\alpha = 0.05$，$\bar{x} = 76.667, s^2 = 76.667$

故平均成績之 95% 信賴區間：

$$\mu = \bar{x} \pm t_{0.025,5} \sqrt{\frac{s^2}{n}} = 76.667 \pm 2.5706 \sqrt{\frac{76.667}{6}} \approx [67.478, 85.856]$$

$\Rightarrow 67.478 \le \mu \le 85.856$（分）

註：由例題 1 與本題可知，當條件相同時，採用 z 分配所得到的信賴區間長度較短，也就是說母體知道的訊息愈多，相較之下估計會越精準。

例 4

某班級人數為 50 人，某次統計學期中考成績假設服從常態分配，隨機抽查 10 名學生得到成績分別為：70,50,30,80,75,95,50,60,75,60，試求平均成績之 95% 信賴區間？

解

因為母體呈常態，母體變異數未知，小樣本⇒採用 t 分配

又 $\frac{n}{N} = \frac{10}{50} > 0.05$　為有限母體，需加有限母體修正因子

$$\overline{x} = \frac{1}{10}(70 + 50 + \cdots + 60) = 64.5$$

$$s^2 = \frac{1}{10-1}\sum_{i=1}^{10}(x_i - \overline{x})^2 \approx 341.39$$

$$\mu = \overline{x} \pm t_{0.025,9}\sqrt{\frac{s^2}{n}\cdot\frac{N-n}{N-1}} = 64.5 \pm 2.2622\sqrt{\frac{341.39}{10}\cdot\frac{50-10}{50-1}} \approx [52.558, 76.442]$$

$$\Rightarrow 52.558 \le \mu \le 76.442 \quad (\text{分})$$

13.2.4 利用柴比雪夫不等式求平均數的信賴區間

若母體分配未知但母體變異數已知時，可採用柴比雪夫不等式來估計母體平均數的信賴區間。根據柴比雪夫不等式：$P(|\overline{x} - \mu| \le k\sigma_{\overline{x}}) \ge 1 - \frac{1}{k^2}$。若中央涵蓋的範圍至少到達 $1 - \alpha$ 的信賴水準時，上式可表示成：$P(|\overline{x} - \mu| \le k\sigma_{\overline{x}}) \ge 1 - \frac{1}{k^2} = 1 - \alpha$，求解方程式 $1 - \frac{1}{k^2} = 1 - \alpha$，可得 $k = \sqrt{\frac{1}{\alpha}}$。代入 $|\overline{x} - \mu| \le k\sigma_{\overline{x}}$，其中 $\sigma_{\overline{x}} = \sqrt{\frac{\sigma^2}{n}}$，即可求由柴比雪夫不等式所推出的信賴區間為：

$$\mu = \overline{x} \pm \sqrt{\frac{1}{\alpha}}\sqrt{\frac{\sigma^2}{n}}$$

下圖為求母體平均數的信賴區間使用方法的總整理。

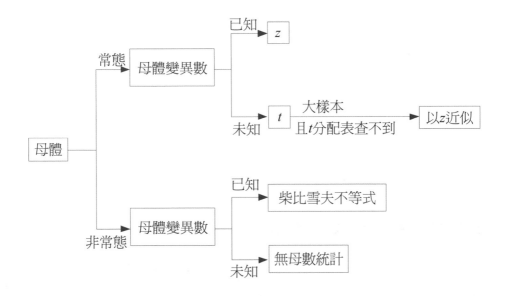

例 5

某公司生產的花生糖包裝袋標示重量為 200 公克，標準差 10 公克。現隨機抽取 10 包後秤重，得平均重量為每包 195 公克，試求花生糖平均重量 95% 的信賴區間為何？

解

母體分配未知，小樣本，母體變異數已知⇒採用柴比雪夫不等式，$\alpha = 0.05$

$$k = \sqrt{\frac{1}{\alpha}} = \sqrt{\frac{1}{0.05}} = \sqrt{20}$$

$$\Rightarrow \mu = \bar{x} \pm k\sigma_{\bar{x}} = 195 \pm \sqrt{20}\sqrt{\frac{10^2}{10}} \approx [180.858, 209.142]$$

$$\Rightarrow 180.858 \leq \mu \leq 209.142 \text{ 公克}$$

13.2.5 誤差與信賴區間長

由一個母體平均數的雙尾信賴區間 $\mu = \bar{x} \pm z_{\frac{\alpha}{2}}\sqrt{\frac{s^2}{n}}$ 或 $\mu = \bar{x} \pm t_{\frac{\alpha}{2}, n-1}\sqrt{\frac{s^2}{n}}$ 可知

以 $\bar{x}$ 估計 μ，在 $1-\alpha$ 信賴水準下最大誤差為：

$$E = |\bar{x} - \mu| = z_{\frac{\alpha}{2}}\sqrt{\frac{\sigma^2}{n}} \qquad \text{或} \qquad E = |\bar{x} - \mu| = t_{\frac{\alpha}{2}, n-1}\sqrt{\frac{s^2}{n}}$$

而信賴區間長的定義為：「信賴區間上限 − 信賴區間下限」，因此信賴區間長度恰等於 2 倍誤差，即

$$\text{信賴區間長} = 2E = 2z_{\frac{\alpha}{2}}\sqrt{\frac{\sigma^2}{n}} \qquad \text{或} \qquad 2E = 2t_{\frac{\alpha}{2}, n-1}\sqrt{\frac{s^2}{n}}$$

若為有限母體且採「取出不放回」的方式抽樣時，要記得把有限母體修正因子考慮進去。

13.2.6 影響信賴區間長的因素

由信賴區間長的公式可看出，影響區間長的主要因素有下面三個：

1. 信賴水準：信賴水準越大，區間長越長。雖然區間越長，估中母體參數的機率越大，但過長的信賴區間是無意義的，例如估計成年人的平均身高介於 0 − 300 公分

之間，信賴度趨近於 100%，但卻沒有意義，因此好的估計式應該符合高信賴度且信賴區間小。

2.　樣本數：由信賴區間長的公式可以看出，樣本數越大信賴區間越小。也就是說較多的樣本較能符合實際的情形，但受限於經費、時間等因素下，不可能做全面性的普查。為提高精確度，可以從抽樣方法以及較佳的估計式去改善，使用較好、較合適的抽樣方法與估計式，可改善估計的精確度。

3.　估計式的選擇：好的估計式可以有效的估計母數，如同第 11 章所介紹的，在估計母體平均數時，可以使用樣本平均數，也可使用加權樣本平均數，這兩種估計式所估計出來的信賴區間長截然不同，若要改善估計的精確度，應選擇較好的估計式。

13.2.7　抽樣數的估計

每次在選舉前我們經常會從報章雜誌看到，根據蓋洛普民意調查，在 ±3% 的條件下抽取 1000 位....，其中 ±3% 就是誤差。因此在進行一項研究調查前，通常會先控制誤差在某個條件下，然後再決定取樣數。

根據最大誤差公式：$E = z_{\frac{\alpha}{2}} \sqrt{\dfrac{\sigma^2}{n}}$，可求得樣本數為：

$$n = (z_{\frac{\alpha}{2}} \frac{\sigma}{E})^2$$

若有小數，必須無條件進 1。因為 t 分配與自由度有關，必須採用數值方法透過電腦運算，這對大部分非數學相關科系的學生而言是件困難的事。因此在實務上大都直接假設取樣為大樣本。取樣數的公式中包含著母體變異數，但實際上，我們經常不知道母體變異數是多少，但知道全距的大小，例如知道全世界最高、最矮的人身高是多少。此時可以用全距÷4 來近似母體標準差，即

$$\sigma \approx \frac{R}{4}$$

國內有些教科書使用 $\sigma \approx \dfrac{R}{6}$ 來近似母體標準差(因為單峰對稱分配平均數左右各 3 個標準差佔全體的 99.7%)，但以保守估計的角度而言，這個近似值並不理想。因為樣本數越多越好，越能滿足我們所設定的容許誤差，因此以 $\sigma \approx \dfrac{R}{4}$ 來近似母體標準差較佳。若不知道全距，在應用層面上，母體變異數可改用樣本變異數取代，即 $n = (z_{\frac{\alpha}{2}} \dfrac{s}{E})^2$。

例 6

已知某大學有 8000 位學生,根據過去的一項調查,發現這些學生每月平均零用錢為 8200 元,標準差為 1200 元。現欲進行抽樣調查,要求誤差在 95%的信賴水準下,不超過 ±5%的時候,至少應選取多少樣本數?

解

母體平均數 95%信賴區間:8200±5%,5%為相對誤差,須轉換成絕對誤差

故 $E = 8200 \times 0.05 = 410$, $\alpha = 0.05$

$$n = (z_{\frac{\alpha}{2}} \cdot \frac{\sigma}{E})^2 = (1.96 \times \frac{1200}{410})^2 \approx 32.9 \approx 33$$

至少取樣 33 個

例 7

有一消費團體針對基本配備的個人電腦調查其價格,他們發現這些電腦的價格在美金 260 元到 380 元之間,假設電腦價格呈常態分配。現欲進行抽樣調查,要求誤差在 95%的信賴水準下,不超過美金 10 元的時候,至少應抽選多少樣本數?

解

本題不知道母體或樣本變異數,但已知全距,故以全距來計算變異數

$$\sigma \approx \frac{R}{4} = \frac{380 - 260}{4} = 30 \quad , \quad \alpha = 0.05$$

$$n = (z_{\frac{\alpha}{2}} \frac{\sigma}{E})^2 = (1.96 \times \frac{30}{10})^2 \approx 34.57 \approx 35$$

至少取樣 35 個

例 8

某項調查大學生平均身高,隨機抽取 n 位大學生,並利用樣本平均數 $\bar{x}$ 估計母體平均數 μ。已知估計誤差為 $|\bar{x} - \mu|$,若打算重新調查,其餘條件不變的情況下,欲使誤差縮小為原來的一半,請問樣本大小 n 應為原來的幾倍?

解

由誤差公式:$E = z_{\frac{\alpha}{2}}\sqrt{\dfrac{\sigma^2}{n}}$ 可知,當 $E \to \dfrac{E}{2}$ 時,$n \to 4n$

故 n 必須為原來的 4 倍

例 9

某研究者想估計台灣地區大學生的壓力指數為何?他採用 5 點李克特量表,設計了 30 道問項,請問若研究結果要求估計出來的壓力指數,在 95%的信賴水準下,誤差不超 3 時,至少應抽選多少樣本數?

解

本題沒有任何母體訊息,故可採用全距來預估母體標準差

30 道問項五點李克特量表數值範圍為:30-150

全距 $= 150 - 30 = 120$

故標準差 $\sigma \approx \dfrac{R}{4} = \dfrac{120}{4} = 30$

$$n = (z_{\frac{\alpha}{2}}\frac{\sigma}{E})^2 = (1.96 \times \frac{30}{3})^2 = 384.16 \approx 385$$

13.2.8 單尾信賴區間

在某些研究或調查可能只關心母體參數的上限或下限,例如:民國 120 年經濟成長率至少 5%、某罐裝飲料填充機器填充標準差小於 5 cc、某未婚女性的結婚條件為每月收入超過 10 萬元…等,像這種情形我們可以利用單尾信賴區間來估計母體參數。若信賴區間只有上限或者只有下限稱為單尾信賴區間,單尾信賴區間又可分為左尾信賴區間與右尾信賴區間。只存在下限的信賴區間稱為左尾信賴區間,下圖灰色區域為左尾信賴區間,即

$$\bar{x} - z_\alpha \sqrt{\frac{\sigma^2}{n}} \leq \mu$$

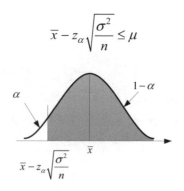

同樣的原理，若只存在上限的信賴區間稱為右尾信賴區間，即

$$\mu \leq \bar{x} + z_\alpha \sqrt{\frac{\sigma^2}{n}}$$

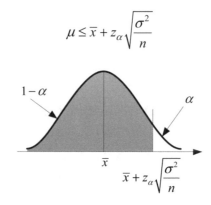

　　左右尾的判斷並非看信賴區間位置，而是看區間存在上限或下限，若以圖形來看，顧名思義，左尾表示尾巴在左邊，所以左尾的圖形左側的區域較小，而右尾的圖形右側的區域較小。單尾信賴區間的計算方式與雙尾完全相同，何時該用 z 分配、何時該用 t 分配、何時該加有限母體修正因子，其判斷法則完全一樣，在此不再冗述。唯一要特別注意的是，雙尾區間是用 $\frac{\alpha}{2}$ 去查表，而單尾信賴區間改用 α 去查表。

　　註：絕大部分的人文社會學研究皆為雙尾檢定，因為許多人文社會學者誤認為雙尾檢定較為嚴謹，因此採用雙尾。事實不然，不論雙尾或單尾只要在同一個信賴水準下，可靠度是相同的。在實務上，生物、化學、醫學、農業經常只用到單尾信賴區間。

例 10

有一個生產數百萬支燈泡的工廠,假設所生產的燈泡壽命呈常態分配,且平均壽命 14000 小時,標準差 2000 小時。現在從一個新的製造中隨機抽取 25 個樣本,這 25 個樣本的平均壽命 $\bar{x} = 14740$ 小時,標準差不變,仍然 2000 小時,請建立母體平均數 單尾的 95％信賴區間,以表現此一新的製造過程有較長的平均壽命。

解

母體呈常態分配,母體變異數已知 ⇒採用 z 分配

因為要表現較佳的平均壽命 ⇒左尾信賴區間

$$\mu \geq \bar{x} - z_\alpha \sqrt{\frac{\sigma^2}{n}} = 14740 - 1.645\sqrt{\frac{2000^2}{25}} = 14082 \text{ 小時}$$

13.2.9 某變數的預測區間

前面探討的是一個母體平均數的信賴區間,假設我們現在有興趣的是一個新的觀 測值的預測。例如已知博碩大學學生平均身高的信賴區間,如果現在重新隨機選取一 位學生,那麼這位學生身高的範圍將會是多少?這種針對某變數的預測範圍稱為預測 區間。這部分在迴歸單元中會再探討一次,在此先行介紹讓讀者瞭解信賴區間與預測 區間的不同處。

若母體為常態分配 $N(\mu, \sigma^2)$,樣本平均數的抽樣分配會服從 $\bar{x} \sim N(\mu, \frac{\sigma^2}{n})$。現在重 新自母體選取出某一樣本 x_0,因 x_0 來自母體,故服從母體分配 $x_0 \sim N(\mu, \sigma^2)$。根據常態 分配的加法性知 $\bar{x} - x_0 \sim N(\mu - \mu, \frac{\sigma^2}{n} + \sigma^2)$,假設預測區間的信賴水準為 $1 - \alpha$,那麼可列 式 $P(L \leq \bar{x} - x_0 \leq U) = 1 - \alpha$,將左式標準化轉成常態分配則可表示成(原理與母體平均數 的信賴區間相同):

$$P\left(-z_{\frac{\alpha}{2}} \leq \frac{(\bar{x} - x_0) - 0}{\sqrt{(1 + \frac{1}{n})\sigma^2}} \leq z_{\frac{\alpha}{2}}\right) = 1 - \alpha$$

求解不等式 $-z_{\frac{\alpha}{2}} \leq \frac{(\bar{x} - x_0) - 0}{\sqrt{(1 + \frac{1}{n})\sigma^2}} \leq z_{\frac{\alpha}{2}}$,即可求出新觀測值的預測區間為:

$$x_0 = \bar{x} \pm z_{\frac{\alpha}{2}}\sqrt{(1 + \frac{1}{n})\sigma^2}$$

從上式可看出，預測區間較信賴區間大，其變異數 $\frac{1}{n}$ 前面多加了「1」，其餘與母體平均數的信賴區間完全一樣，這部分與迴歸單元中的預測區間概念完全相同。也就是說，迴歸的預測區間其變異數同樣也比信賴區間變異數部分多加了「1」。若母體變異數未知時，記得改用 t 分配取代 z 分配，即

$$x_0 = \overline{x} \pm t_{n-1,\frac{\alpha}{2}} \sqrt{(1+\frac{1}{n})s^2}$$

例 11

在例題 3 中，若從該校學生隨機抽取 1 人，求此人成績的 95%預測區間。

解

根據例題 3，$\overline{x} = 76.667, s^2 = 76.667$

$$x_0 = \overline{x} \pm t_{0.025,5} \sqrt{(1+\frac{1}{n})s^2} = 76.667 \pm 2.5706 \sqrt{(1+\frac{1}{6})76.667} \approx [52.355, 100.978]$$

$52.355 \le x_0 \le 100.978$ 分

13.3 一個母體比例的區間估計

在本節中將介紹一個母體比例的區間估計，母體比例的估計常用於藥物的治癒率、失業率、或預報降雨率等。在前面章節中曾經介紹有關母體比例的點估計式，區間估計即利用點估計值加減誤差製造出一個範圍，誤差項包含著可靠度，這個範圍就稱為母體比例的信賴區間，原理與母體平均數的信賴區間大同小異。

13.3.1 一個母體比例的信賴區間

樣本比例的抽樣分配其變異數會受抽樣時是否放回所影響，因此信賴區間可區分成取出放回與取出不放回兩種模式，若按抽取樣本數又可分成大樣本抽樣與小樣本抽樣，因小樣本抽樣需藉由電腦數值方式或 F 分配求解，較為複雜，因此本書不做小樣本抽樣的介紹。

當樣本數 $n \to \infty$ 時，根據中央極限定理知，樣本比例 $\hat{p}$ 的抽樣分配會趨近於常態分配，即

$$\hat{p} \sim N(p, \frac{pq}{n})$$

一般在實用上，只要滿足 $np \geq 5$ 且 $nq \geq 5$ 即可使用常態分配近似。母體比例的信賴區間推導過程與母體平均數的信賴區間十分相似。其推導過程如下：

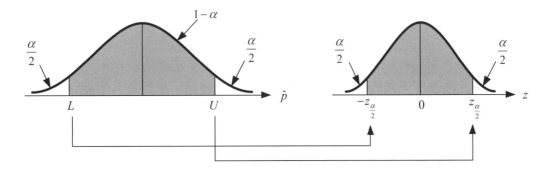

觀察上圖陰影部分占全體的 $1 - \alpha$，以數學式子可表為 $P(L \leq \hat{p} \leq U) = 1 - \alpha$，標準化後可得：

$$P(\frac{L-p}{\sqrt{\dfrac{pq}{n}}} \leq \frac{\hat{p}-p}{\sqrt{\dfrac{pq}{n}}} \leq \frac{U-p}{\sqrt{\dfrac{pq}{n}}}) = 1 - \alpha$$

上式與標準常態分配的符號對應，可寫成：

$$P(-z_{\frac{\alpha}{2}} \leq \frac{\hat{p}-p}{\sqrt{\dfrac{pq}{n}}} \leq z_{\frac{\alpha}{2}}) = 1 - \alpha$$

求解不等式：$-z_{\frac{\alpha}{2}} \leq \dfrac{\hat{p}-p}{\sqrt{\dfrac{pq}{n}}} \leq z_{\frac{\alpha}{2}}$，即可獲得母體比例的信賴區間為：

$$p \leq \hat{p} \pm z_{\frac{\alpha}{2}} \sqrt{\frac{pq}{n}}$$

但問題來了，在大部分情況下母體變異數為未知(若已知就不需要估計了，因為知道變異數就可以求出母體比例)，此時上式可用樣本變異數來取代母體變異數，即

$$\hat{p} - z_{\frac{\alpha}{2}} \sqrt{\frac{\hat{p}\hat{q}}{n}} \leq p \leq \hat{p} + z_{\frac{\alpha}{2}} \sqrt{\frac{\hat{p}\hat{q}}{n}}$$

上式稱為大樣本情況下，母體比例的信賴區間，其中 $\sqrt{\dfrac{\hat{p}\hat{q}}{n}}$ 稱為樣本比例的標準誤。

若採取出不放回的方式進行抽樣，且母體為有限母體，變異數部分必須加上有限母體修正因子，在這種情況下母體比例的 $1-\alpha$ 信賴區間為：

$$p = \hat{p} \pm z_{\frac{\alpha}{2}} \sqrt{\frac{\hat{p}\hat{q}}{n} \cdot \frac{N-n}{N-1}}$$

例 12

已知某罐頭填充機器在填充罐頭時，會有部分罐頭沒有正確的填充，但不曉得比例為何。現從此機器所填充的罐頭中，隨機抽取 80 個罐頭，發現有 9 個沒有正確的填充，試求此機器未填充比例的 99%信賴區間。

解

$\hat{p} = \dfrac{9}{80}$ ，$\because n\hat{p} = 9 \geq 5$ 且 $n\hat{q} = 71 \geq 5$ 為大樣本 $\Rightarrow$ 採用 z 分配

查表得 $z_{\frac{\alpha}{2}} = z_{0.005} \approx 2.57$

$$p = \hat{p} \pm z_{\frac{\alpha}{2}} \sqrt{\frac{\hat{p}(1-\hat{p})}{n}} = \frac{9}{80} \pm 2.57 \sqrt{\frac{\frac{9}{80}(1-\frac{9}{80})}{80}} \approx [0.022, 0.203]$$

故未填充比例的 99%信賴區間為： $0.022 \leq p \leq 0.203$

例 13

假設有一批產品共 600 個，現採取出不放回抽樣抽取 60 個檢驗，發現不良品有 6 個，試求此批產品不良率之 95%信賴區間。

解

本題採取出不放回抽樣，且 $\dfrac{n}{N} = \dfrac{60}{600} = 0.1 > 0.05$ 為有限母體，故本題需加上有限母體修正因子

$\because np = 60 \times 0.1 \geq 5$ 且 $nq = 60 \times 0.9 \geq 5$ ，大樣本 $\Rightarrow$ 採用 z 分配

$\hat{p} = \dfrac{6}{60} = 0.1, z_{\frac{\alpha}{2}} = z_{0.025} = 1.96$

$$p = \hat{p} \pm z_{\frac{\alpha}{2}} \sqrt{\frac{\hat{p}\hat{q}}{n} \cdot \frac{N-n}{N-1}} = 0.1 \pm 1.96 \sqrt{\frac{0.1 \times 0.9}{60} \cdot \frac{600-60}{600-1}} \approx [0.028, 0.172]$$

故不良率之 95%信賴區間為： $0.028 \le p \le 0.172$

13.3.2 最大誤差與區間長

信賴區間的最大誤差定義為：

$$E = z_{\frac{\alpha}{2}} \sqrt{\frac{\hat{p}\hat{q}}{n}}$$

區間長的定義為信賴區間的上限與下限之差，故信賴區間長度恰等於 2 倍的誤差，即

$$區間長 = 2E = 2z_{\frac{\alpha}{2}} \sqrt{\frac{\hat{p}\hat{q}}{n}}$$

這裡同樣要注意檢查是否需要再加上有限母體修正因子。

例 14

假設現在欲以樣本比例 $\hat{p}$ 估計母體比例，隨機抽取 100 個樣本，試求在 95%的信賴水準下，其估計所產生的最大誤差為多少？其信賴區間最長為多少？

解

本題即求誤差： $E = z_{\frac{\alpha}{2}} \sqrt{\frac{\hat{p}\hat{q}}{n}}$ 的最大值，$\because \hat{p} + \hat{q} = 1$ ，故當 $\hat{p} = \hat{q} = \frac{1}{2}$ 時，$\hat{p}\hat{q}$ 有最大值，

故最大誤差為： $E_{\max} = z_{\frac{\alpha}{2}} \sqrt{\frac{\hat{p}\hat{q}}{n}} = 1.96 \sqrt{\frac{0.5 \times 0.5}{100}} = 0.098$

最大區間長 $= 2E_{\max} = 2 \times 0.098 = 0.196$

13.3.3 估計 p 所需樣本數

在大部分的情況下，隨機抽取樣本數與母體總數比較起來，可視母體為無限母體。

故由 $E = z_{\frac{\alpha}{2}} \sqrt{\frac{pq}{n}}$ 求解樣本數 n ，根據左式在給定誤差 E 的條件下，所需的樣本數至少為：

$$n = \frac{z_{\frac{\alpha}{2}}^2 pq}{E^2}$$

　　若母體比例不知道，可用樣本比例 $\hat{p}$ 取代，若樣本比例也未知，可採保守估計，取樣數越多越好。因為 $p + q = 1$，當 $p = q = \dfrac{1}{2}$ 時，pq 有最大值，故可令 $p = q = \dfrac{1}{2}$ 代入估計樣本公式中，即可求出至少取樣的個數。因此欲估計取樣數公式中的比例決定順序為：

1. 母體比例 pq。
2. 樣本比例 $\hat{p}\hat{q}$。
3. 令 $p = q = \dfrac{1}{2}$ 代入。

　　注意：有為數不少人文社會學者所編寫的應用統計進階書籍，文中採用此公式預估取樣個數。此公式僅適用於二項分配母體，故量表的選項只有是與否兩種情況供施測者勾選，李克特量表採用此公式預估所需取樣個數是錯誤的。

例 15

某食品公司企劃部門的主管，受命主持一市場調查，以瞭解公司某一新產品之顧客偏好率，若此主管擬採用隨機抽樣法，並希望根據所得到之樣本比率推估該新產品之真正顧客偏好率，假設要求誤差在 3%內之機率為 0.99 時，請你建議這位主管樣本大小應為何？

解

∵ p 與 $\hat{p}$ 皆未知，故本題採保守估計令 $p = q = \dfrac{1}{2}, \alpha = 0.01$

$$n = \frac{z_{\frac{\alpha}{2}}^{2}\, pq}{E^{2}} = \frac{(2.57)^{2} \times \dfrac{1}{2} \times \dfrac{1}{2}}{(0.03)^{2}} = 1834.6 \approx 1835$$

故至少需抽取 1835 個樣本

例 16

(1) 某校依照過去經驗知，大約有 10%的學生反對學費上漲，現欲抽樣以確認反對學費上漲的比例，試問希望誤差在 5%以內的機率為 0.99 時，至少應抽取幾個樣本？

(2) 在上題中，若無任何有關反對的資訊時，那麼這時候應取樣多少，才可滿足上題誤差之條件？

解

(1) $\alpha = 0.01$，根據誤差之定義：$E = z_{\frac{\alpha}{2}} \sqrt{\frac{pq}{n}}$ $\Rightarrow 0.05 = 2.57 \sqrt{\frac{0.1 \times 0.9}{n}}$

解上列之方程式得 $n = (\frac{2.57}{0.05})^2 \times 0.1 \times 0.9 \approx 237.8$

至少取樣 238 個樣本。

(2) 無任何資訊時，採用保守估計，另 $p = q = \frac{1}{2}$

故取樣 $n = (\frac{2.57}{0.05})^2 \times 0.5 \times 0.5 \approx 660.5$

至少取樣 661 個樣本。

13.4 一個母體變異數之區間估計

由於常態分配只需要知道母體平均數與母體變異數，就可以瞭解內部所有資料的分佈情形。因此，母數統計幾乎都把重點放在母體平均數與母體變異數的估計。即便母體非常態分配，也有柴比雪夫定理協助估計。在本節中將介紹單母體變異數的區間估計。

13.4.1 母體變異數的信賴區間一小樣本

變異數主要在衡量一組資料的集中程度，若變異數值小，表示資料大部分集中在平均數附近；變異數大則表示資料較分散。若資料為股票價格，那麼變異數可用來衡量股價的波動大小，若資料為某廠牌燈泡壽命，那麼變異數可用來衡量此產品的穩定度。若資料表示成績，那麼變異數可用來衡量這個班級的教學挑戰性，因此，變異數的用途十分廣泛。

單母體變異數的區間估計是利用卡方分配推導出來的。假設隨機樣本 $x_1, x_2, \cdots, x_n$ 來自母體變異數 σ^2 未知的常態母體，根據卡方分配知 $\chi^2_{n-1} = \frac{(n-1)s^2}{\sigma^2}$。左下圖為樣本變異數的抽樣分配，灰色的區域占全體的 $1-\alpha$，以數學方式可表示成 $P(L \le s^2 \le U) = 1-\alpha$

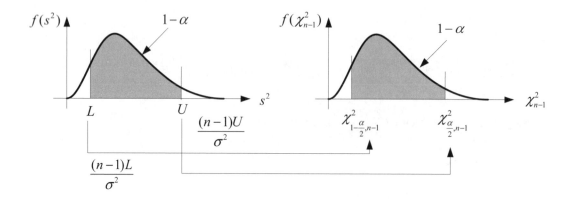

將不等式部分同乘以 $\dfrac{n-1}{\sigma^2}$，可得 $P(\dfrac{(n-1)L}{\sigma^2} \le \dfrac{(n-1)s^2}{\sigma^2} \le \dfrac{(n-1)U}{\sigma^2}) = 1-\alpha$，左式剛好對

應卡方分配 $P(\chi^2_{1-\frac{\alpha}{2},n-1} \le \dfrac{(n-1)s^2}{\sigma^2} \le \chi^2_{\frac{\alpha}{2},n-1}) = 1-\alpha$，求解不等式：$\chi^2_{1-\frac{\alpha}{2},n-1} \le \dfrac{(n-1)s^2}{\sigma^2} \le \chi^2_{\frac{\alpha}{2},n-1}$，

可得 σ^2 的 $1-\alpha$ 信賴區間為：

$$\dfrac{(n-1)s^2}{\chi^2_{\frac{\alpha}{2},n-1}} \le \sigma^2 \le \dfrac{(n-1)s^2}{\chi^2_{1-\frac{\alpha}{2},n-1}}$$

由母體變異數的信賴區間公式可知，母體變異數的信賴區間相當於利用樣本變異數乘以係數所形成的一個區間，且此係數包含著可靠度。由於卡方為非對稱分配，故不能表示成「$s^2 \pm$ 誤差」的形式。欲求母體標準差的信賴區間，只需將變異數的信賴區間開根號即可，即：

$$\sqrt{\dfrac{(n-1)s^2}{\chi^2_{\frac{\alpha}{2},n-1}}} \le \sigma \le \sqrt{\dfrac{(n-1)s^2}{\chi^2_{1-\frac{\alpha}{2},n-1}}}$$

若母體平均數已知，則計算樣本變異數使用的定義為 $\hat{\sigma}^2 = \dfrac{1}{n}\sum_{i=1}^{n}(x_i - \mu)^2$，此時自由度為 n，母體變異數的信賴區間則為：

$$\dfrac{n\hat{\sigma}^2}{\chi^2_{\frac{\alpha}{2},n}} \le \sigma^2 \le \dfrac{n\hat{\sigma}^2}{\chi^2_{1-\frac{\alpha}{2},n}}$$

例 17

隨機抽取 5 位學生的統計學成績如下所示：

70, 80, 60, 90, 75

請根據這五個樣本估計，統計學成績變異數 95% 的信賴區間。

解

$$\because \frac{(n-1)s^2}{\chi^2_{\frac{\alpha}{2},n-1}} \le \sigma^2 \le \frac{(n-1)s^2}{\chi^2_{1-\frac{\alpha}{2},n-1}}$$

$$\bar{x} = \frac{70+80+60+90+75}{5} = 75$$

$$s^2 = \frac{1}{n-1}\sum_{i=1}^{5}(x_i-\bar{x})^2 = \frac{1}{4}\left[(70-75)^2+(80-75)^2+\cdots+(75-75)^2\right] = 125$$

$$\frac{(n-1)s^2}{\chi^2_{0.025,4}} \le \sigma^2 \le \frac{(n-1)s^2}{\chi^2_{0.975,4}} \quad \Rightarrow \frac{4\times125}{11.1433} \le \sigma^2 \le \frac{4\times125}{0.484419}$$

$$\therefore 44.87 \le \sigma^2 \le 1032.16$$

例 18

抽驗 20 罐茶葉，發現每罐含水量的樣本標準差為 0.32 公克，據此推測每罐茶葉含水量之母體標準差 95% 信賴區間為何？

解

$$\because \frac{(n-1)s^2}{\chi^2_{0.025,19}} \le \sigma^2 \le \frac{(n-1)s^2}{\chi^2_{0.975,19}}$$

$$\frac{19\times0.32^2}{32.8523} \le \sigma^2 \le \frac{19\times0.32^2}{8.90655} \quad \Rightarrow 0.0592 \le \sigma^2 \le 0.2184$$

$$\therefore \sqrt{0.0592} \le \sigma \le \sqrt{0.2184} \quad \Rightarrow 0.243 \le \sigma \le 0.467$$

故標準差的信賴區間為 $0.243 \le \sigma \le 0.467$ 公克

> **例 19**
>
> 某公司進口鎳合金一批,每桶標示淨重 200 公斤。現隨機抽取 4 桶秤重,其重量分別為:202　201　196　194
>
> 假設標示重量為母體平均重量。試求母體變異數 95%的信賴區間。

解

本題母體平均數 μ 已知,故計算變異數時,母體平均數要優先使用

$$\hat{\sigma}^2 = \frac{1}{n}\sum(x_i - \mu)^2 = \frac{1}{4}\Big[(202-200)^2 + (201-200)^2 + (196-200)^2 + (194-200)^2\Big]$$

$$= 14.25$$

$$\because \frac{n\hat{\sigma}^2}{\chi^2_{0.025,4}} \le \sigma^2 \le \frac{n\hat{\sigma}^2}{\chi^2_{0.975,4}} \Rightarrow \frac{4\times14.25}{11.1433} \le \sigma^2 \le \frac{4\times14.25}{0.484419}$$

$$\therefore 5.12 \le \sigma^2 \le 117.67$$

13.4.2 母體變異數的信賴區間─大樣本

當樣本數 n 趨近於無窮大時, χ^2_{n-1} 的抽樣分配會趨近於常態分配,其平均數 $E(\chi^2_{n-1}) = n-1$, 變異數 $V(\chi^2_{n-1}) = 2(n-1)$, 即 $\chi^2_{n-1} \sim N(n-1, 2n-2)$ 。由上一小節知: $P(\chi^2_{1-\frac{\alpha}{2},n-1} \le \frac{(n-1)s^2}{\sigma^2} \le \chi^2_{\frac{\alpha}{2},n-1}) = 1-\alpha$,將左式標準化轉成 z 分配,全部減 $n-1$,再除以 $\sqrt{2n-2}$,即

$$P\left(\frac{\chi^2_{1-\frac{\alpha}{2},n-1} - (n-1)}{\sqrt{2n-2}} \le \frac{\frac{(n-1)s^2}{\sigma^2} - (n-1)}{\sqrt{2n-2}} \le \frac{\chi^2_{\frac{\alpha}{2},n-1} - (n-1)}{\sqrt{2n-2}}\right) = 1-\alpha$$

上式機率值對應標準常態分配可寫成:

$$P\left(-z_{\frac{\alpha}{2}} \le \frac{\frac{(n-1)s^2}{\sigma^2} - (n-1)}{\sqrt{2n-2}} \le z_{\frac{\alpha}{2}}\right) = 1-\alpha$$

求解不等式：$-z_{\frac{\alpha}{2}} \leq \dfrac{\dfrac{(n-1)s^2}{\sigma^2} - (n-1)}{\sqrt{2n-2}} \leq z_{\frac{\alpha}{2}}$，即可求出大樣本情況下母體變異數的

$1-\alpha$ 信賴區間為：

$$\dfrac{s^2}{1 + z_{\frac{\alpha}{2}}\sqrt{\dfrac{2}{n-1}}} \leq \sigma^2 \leq \dfrac{s^2}{1 - z_{\frac{\alpha}{2}}\sqrt{\dfrac{2}{n-1}}}$$

同理，當計算變異數時，若已知母體平均數，則自由度變成 n，僅需把上式中的 $n-1$ 改成 n 即可，如下所示：

$$\dfrac{\hat{\sigma}^2}{1 + z_{\frac{\alpha}{2}}\sqrt{\dfrac{2}{n}}} \leq \sigma^2 \leq \dfrac{\hat{\sigma}^2}{1 - z_{\frac{\alpha}{2}}\sqrt{\dfrac{2}{n}}}$$

註：若有提供對應自由度的卡方值時，在大樣本情況，仍然應以卡方分配優先使用。

例 20

(1) 某公司編號 15 的螺絲其標準直徑為 3.5cm。現抽取 150 個做精密度檢驗，得樣本變異數 $\hat{\sigma}^2$ 為 $27.85mm^2$。問母體變異數 95% 的信賴區間為何？

(2) 若已知 $\chi^2_{0.025,150} = 185.8004, \chi^2_{0.975,150} = 117.9845$，請重新計算一次。

(3) 若螺絲標準直徑不知道，但知道樣本變異數 $s^2 = 27.85mm^2$，請再重新計算一次。

解

(1) $n=150 \to \infty$，且母體平均數已知，故 $\chi^2_{150} \sim N(150, 2\times 150) = n(150, 300)$

$$\dfrac{\hat{\sigma}^2}{1 + z_{\frac{\alpha}{2}}\sqrt{\dfrac{2}{n}}} \leq \sigma^2 \leq \dfrac{\hat{\sigma}^2}{1 - z_{\frac{\alpha}{2}}\sqrt{\dfrac{2}{n}}}$$

$$\Rightarrow \dfrac{27.85}{1 + 1.96\sqrt{\dfrac{2}{150}}} \leq \sigma^2 \leq \dfrac{27.85}{1 - 1.96\sqrt{\dfrac{2}{150}}}$$

故母體變異數的 95% 信賴區間為：$22.710 \leq \sigma^2 \leq 35.997$

(2) $\dfrac{n\hat{\sigma}^2}{\chi^2_{0.025,150}} \le \sigma^2 \le \dfrac{n\hat{\sigma}^2}{\chi^2_{0.975,150}}$ $\Rightarrow \dfrac{150 \times 27.85}{185.8004} \le \sigma^2 \le \dfrac{150 \times 27.85}{117.9845}$

$\Rightarrow \quad 22.484 \le \sigma^2 \le 35.407$

由本題可知，真實分配估計較近似分配佳，因為在同樣信賴水準下，由真實分配所估計出來的信賴區間較短

(3) 若 μ 未知，此時自由度$=149$，$\chi^2_{149} \sim N(149, 2 \times 149)$

$\because \dfrac{s^2}{1 + z_{\frac{\alpha}{2}}\sqrt{\dfrac{2}{n-1}}} \le \sigma^2 \le \dfrac{s^2}{1 - z_{\frac{\alpha}{2}}\sqrt{\dfrac{2}{n-1}}}$

$\Rightarrow \dfrac{27.85}{1 + 1.96\sqrt{\dfrac{2}{149}}} \le \sigma^2 \le \dfrac{27.85}{1 - 1.96\sqrt{\dfrac{2}{149}}}$

$\Rightarrow 22.696 \le \sigma^2 \le 36.032$

由本題可知，知道母體訊息越多，在相同信賴水準下，得到的信賴區間較短，比較精確。

13.5 兩母體平均數差之信賴區間—獨立樣本

在人文社會的研究中，經常需要比較或估計來自兩個母體平均數間差異，例如在數學學習上是否會受到性別因素所影響？甲製造廠生產的機器平均壽命是否比乙製造廠長？男性和女性平均壽命的差異是多少？在本節中將介紹兩母體平均數差的信賴區間，上述問題皆可藉此原理進行估計或推論。

當分別從兩個不同母體中取出若干樣本時，由於取樣的過程是否獨立會影響統計結果，因此這兩種情況必須分開討論。

本節先針對獨立樣本進行介紹，後面再介紹成對樣本的情形。

13.5.1 兩母體平均數差的 $1-\alpha$ 信賴區間推導

在本節將介紹兩母體平均數差的 $1-\alpha$ 信賴區間推導過程。假設有兩個常態母體，相關樣本統計量如下所示：

第一個母體： $x_1 \sim N(\mu_1, \sigma_1^2)$

樣本數：n_1

樣本平均數：$\overline{x}_1$

樣本變異數：$s_1^2 = \dfrac{1}{n_1 - 1}\displaystyle\sum_{i=1}^{n_1}(x_{1i} - \overline{x}_1)^2$

第二個母體： $x_2 \sim N(\mu_2, \sigma_2^2)$

樣本數：n_2

樣本平均數：$\overline{x}_2$

樣本變異數：$s_2^2 = \dfrac{1}{n_2 - 1}\displaystyle\sum_{i=1}^{n_2}(x_{2i} - \overline{x}_2)^2$

根據期望值的特性，兩獨立樣本平均數差的期望值為：

$$E(\overline{x}_1 - \overline{x}_2) = E(\overline{x}_1) - E(\overline{x}_2) = \mu_1 - \mu_2$$

樣本平均數差的變異數為：

$$V(\overline{x}_1 - \overline{x}_2) = V(\overline{x}_1) - 2Cov(\overline{x}_1, \overline{x}_2) + V(\overline{x}_2) = \frac{\sigma_1^2}{n_1} + \frac{\sigma_2^2}{n_2}, \quad Cov(\overline{x}_1, \overline{x}_2) = 0$$

故兩樣本平均數差的抽樣分配符合期望值為 $\mu_1 - \mu_2$，變異數為 $\dfrac{\sigma_1^2}{n_1} + \dfrac{\sigma_2^2}{n_2}$ 之常態分配，即：

$$\overline{x}_1 - \overline{x}_2 \sim N(\mu_1 - \mu_2, \frac{\sigma_1^2}{n_1} + \frac{\sigma_2^2}{n_2})$$

參考下圖，假設陰影部分占全體的 $1 - \alpha$，若以數學方式可表示成：

$$P(L \le \overline{x}_1 - \overline{x}_2 \le U) = 1 - \alpha$$

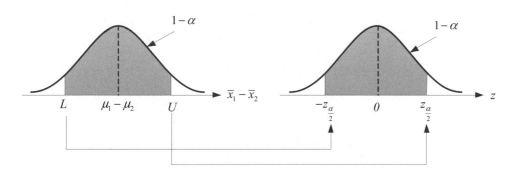

標準化後可得：

$$P(-z_{\frac{\alpha}{2}} \le \frac{(\overline{x}_1 - \overline{x}_2) - (\mu_1 - \mu_2)}{\sqrt{\frac{\sigma_1^2}{n_1} + \frac{\sigma_2^2}{n_2}}} \le z_{\frac{\alpha}{2}}) = 1 - \alpha$$

求解不等式：$-z_{\frac{\alpha}{2}} \le \dfrac{(\overline{x}_1 - \overline{x}_2) - (\mu_1 - \mu_2)}{\sqrt{\frac{\sigma_1^2}{n_1} + \frac{\sigma_2^2}{n_2}}} \le z_{\frac{\alpha}{2}}$，即可求得兩母體平均數差的 $1 - \alpha$ 信賴

區間為：

$$\mu_1 - \mu_2 = (\overline{x}_1 - \overline{x}_2) \pm z_{\frac{\alpha}{2}} \sqrt{\frac{\sigma_1^2}{n_1} + \frac{\sigma_2^2}{n_2}}$$

13.5.2 獨立樣本的區間估計—使用 z 分配進行估計

當滿足下列任一條件時，採用 z 分配去推導兩獨立母體平均數差的信賴區間。

1. 母體為常態分配且變異數已知。

2. 大樣本($n_1 \ge 30$ 且 $n_2 \ge 30$)。

根據 13.5.1 節的推導，$\mu_1 - \mu_2$ 的 $1 - \alpha$ 信賴區間為：

$$\mu_1 - \mu_2 = (\overline{x}_1 - \overline{x}_2) \pm z_{\frac{\alpha}{2}} \sqrt{\frac{\sigma_1^2}{n_1} + \frac{\sigma_2^2}{n_2}}$$

以上式進行估計時最大誤差為：

$$E = z_{\frac{\alpha}{2}} \sqrt{\frac{\sigma_1^2}{n_1} + \frac{\sigma_2^2}{n_2}}$$

信賴區間長為：

$$2E = 2z_{\frac{\alpha}{2}} \sqrt{\frac{\sigma_1^2}{n_1} + \frac{\sigma_2^2}{n_2}}$$

若為大樣本 $(n_1 \ge 30, n_2 \ge 30)$，當母體變異數未知時，可用樣本變異數取代母體變異數，即：

$$\mu_1 - \mu_2 = (\overline{x}_1 - \overline{x}_2) \pm z_{\frac{\alpha}{2}} \sqrt{\frac{s_1^2}{n_1} + \frac{s_2^2}{n_2}}$$

使用上式要特別注意，當母體為常態、且母體變異數未知時，若 t 分配可以求出(查得到表)應以 t 分配優先使用。此外若母體為有限母體且採取出不放回的方式抽樣，須加上有限母體修正因子，即：

$$\mu_1 - \mu_2 = (\overline{x}_1 - \overline{x}_2) \pm z_{\frac{\alpha}{2}} \sqrt{\frac{\sigma_1^2}{n_1}\frac{N_1-n_1}{N_1-1} + \frac{\sigma_2^2}{n_2}\frac{N_2-n_2}{N_2-1}}$$

例 21

假設 A 同學每日消費金額服從常態分配 $N(200,25)$，B 同學每日消費金額亦服從常態分配 $N(180,81)$。現隨機抽取 A 及 B 各 20 天之消費金額，已知 $\overline{x}_A = 195$（元），$\overline{x}_B = 185$（元），試求 $\mu_A - \mu_B$ 的 95% 信賴區間？

解

母體常態分配且母體變異數已知，採 z 分配進行估計，$\alpha = 0.05$

$$\mu_1 - \mu_2 = (\overline{x}_1 - \overline{x}_2) \pm z_{\frac{\alpha}{2}} \sqrt{\frac{\sigma_1^2}{n_1} + \frac{\sigma_2^2}{n_2}}$$

$$\mu_A - \mu_B = (195 - 185) \pm 1.96 \sqrt{\frac{25}{20} + \frac{81}{20}} \approx [5.488, 14.512]$$

故 $\mu_A - \mu_B$ 的 95% 信賴區間為：$5.488 \le \mu_A - \mu_B \le 14.512$（元）

例 22

現有 A、B 兩個學校，分別自兩校各抽取 100 名學生測試統計學成績，已知兩校 100 名學生統計學的平均分數與標準差結果如下：.

	$\overline{x}$	s
A 校	530	60
B 校	550	80

試求 A、B 兩校統計學平均分數差的 95% 信賴區間。

解

本題為大樣本，故不論母體何種分配，母體變異數是否已知皆採 z 分配進行

估計，$\alpha = 0.05$

$$\because \mu_A - \mu_B = (\overline{x}_A - \overline{x}_B) \pm z_{\frac{\alpha}{2}} \sqrt{\frac{s_A^2}{n_A} + \frac{s_B^2}{n_B}}$$

$$\Rightarrow \mu_A - \mu_B = (530 - 550) \pm 1.96 \sqrt{\frac{60^2}{100} + \frac{80^2}{100}} \approx [-39.6, -0.4]$$

故兩校平均分數差的 95%信賴區間為：$-39.6 \le \mu_A - \mu_B \le -0.4$(分)

註：若推導的是 $\mu_B - \mu_A$ 的信賴區間，將上面答案變號即可，即 $0.4 \le \mu_B - \mu_A \le 39.6$，因本題未説明求 $\mu_A - \mu_B$ 或 $\mu_B - \mu_A$，故兩個答案皆可。

13.5.3 獨立樣本的區間估計—採 t 分配

當滿足母體為常態分配，且母體變異數未知時，採用 t 分配進行兩母體平均數差的區間估計。t 分配又可分成兩種情況，第一種為母體變異數未知但已知相等，第二種則為母體變異數未知且不相等。下面我們就針對這兩種情況做詳細的介紹。

1. 母體變異數相等

若母體為常態分配，母體變異數未知但已知相等時，以 s_p^2 替代 s_1^2, s_2^2。有關 s_p^2 的推導請翻閱本書第十一章，隨後會再進行解釋。$s_p^2 = \dfrac{(n_1-1)s_1^2 + (n_2-1)s_2^2}{n_1 + n_2 - 2}$，稱為共同樣本變異數(pooled sample variance)。這個公式有點像取兩樣本變異數之平均值，自由度為 $n_1 + n_2 - 2$，此情況下兩母體平均數差的 $1 - \alpha$ 信賴區間為：

$$\mu_1 - \mu_2 = (\overline{x}_1 - \overline{x}_2) \pm t_{\frac{\alpha}{2}, n_1 + n_2 - 2} \sqrt{\frac{s_p^2}{n_1} + \frac{s_p^2}{n_2}}$$

其最大誤差為：

$$E = t_{\frac{\alpha}{2}, n_1 + n_2 - 2} \sqrt{\frac{s_p^2}{n_1} + \frac{s_p^2}{n_2}}$$

區間長度為：

$$2E = 2 t_{\frac{\alpha}{2}, n_1 + n_2 - 2} \sqrt{\frac{s_p^2}{n_1} + \frac{s_p^2}{n_2}}$$

請翻閱 11.5.2 的單元，有段數學式子：$\dfrac{(n_T-k)s_p^2}{\sigma^2}=\chi^2_{n_T-k}$，在此處 $n_T=n_1+n_2$，為

總樣本數，而 $k=2$ 為母體個數，故卡方分配可以寫成 $\dfrac{(n_1+n_2-2)s_p^2}{\sigma^2}=\chi^2_{n_1+n_2-2}$。又

$z=\dfrac{(\overline{x}_1-\overline{x}_2)-(\mu_1-\mu_2)}{\sqrt{\dfrac{\sigma_1^2}{n_1}+\dfrac{\sigma_2^2}{n_2}}}$，已知 $\sigma_1^2=\sigma_2^2=\sigma^2$，根據 t 分配的定義：$t_\nu=\dfrac{z}{\sqrt{\dfrac{\chi_\nu^2}{\nu}}}$，把 z 與 $\chi^2_{n_1+n_2-2}$

代入 t 分配中化簡可得：

$$t_{n_1+n_2-2}=\frac{(\overline{x}_1-\overline{x}_2)-(\mu_1-\mu_2)}{\sqrt{\dfrac{s_p^2}{n_1}+\dfrac{s_p^2}{n_2}}}$$

至於信賴區間的推導過程與前面的推導過程相同，請自行推導。

例 23

假設 $x_1,x_2,...,x_4$ 與 $y_1,y_2,...,y_9$ 為自兩母體隨機抽取之獨立樣本，假設 X,Y 分別服從常態分配 $X\sim N(\mu_x,\sigma_x^2)$，$Y\sim(\mu_y,\sigma_y^2)$，且 μ_x,μ_y,σ_x^2 與 σ_y^2 皆未知，但已知 $\sigma_x^2=\sigma_y^2$。若兩組樣本的平均數與變異數分別為：$\overline{x}=60,\overline{y}=58$，$s_x^2=9,s_y^2=16$。試求

(1) $\mu_x-\mu_y$ 的 98%信賴區間。　　(2)最大誤差與信賴區間長。

解

(1) 本題為常態母體、母體變異數未知，採 t 分配進行估計

　　又已知母體變異數相等，故使用共同樣本變異數進行估計

$$s_p^2=\frac{(n_1-1)s_1^2+(n_2-1)s_2^2}{n_1+n_2-2}=\frac{3\times9+8\times16}{11}\approx14.09$$

　　$\mu_x-\mu_y$ 的 98%信賴區間為

$$\mu_x-\mu_y=(\overline{x}_1-\overline{x}_2)\pm t_{0.01,11}\sqrt{\frac{s_p^2}{n_1}+\frac{s_p^2}{n_2}}$$

$$\mu_x-\mu_y=(60-58)\pm2.718\sqrt{\frac{14.09}{4}+\frac{14.09}{9}}\approx[-4.131,8.131]$$

　　$\therefore -4.131\le\mu_x-\mu_y\le8.131$

(2) 最大誤差 $E=\dfrac{8.131-(-4.131)}{2}=6.131$

　　信賴區間長 $=2E=12.262$

2. 母體變異數不相等

當兩母體不具同質性(變異數不相等)時，自由度需透過下列公式計算，相關證明請自行參閱高等統計[1]方面書籍。

$$自由度\ \nu = \frac{(s_{\bar{x}_1}^2 + s_{\bar{x}_2}^2)^2}{\frac{(s_{\bar{x}_1}^2)^2}{n_1-1} + \frac{(s_{\bar{x}_2}^2)^2}{n_2-1}}$$

其中：$s_{\bar{x}_1}^2 = \frac{s_1^2}{n_1}, s_{\bar{x}_2}^2 = \frac{s_2^2}{n_2}$。自由度需採無條件捨去法取到整數，故 $\mu_1 - \mu_2$ 的 $1-\alpha$ 信賴區間為：

$$\mu_1 - \mu_2 = (\bar{x}_1 - \bar{x}_2) \pm t_{\frac{\alpha}{2}, \nu} \sqrt{\frac{s_1^2}{n_1} + \frac{s_2^2}{n_2}}$$

最大誤差為：

$$E = t_{\frac{\alpha}{2}, \nu} \sqrt{\frac{s_1^2}{n_1} + \frac{s_2^2}{n_2}}$$

信賴區間長度為：

$$2E = 2t_{\frac{\alpha}{2}, \nu} \sqrt{\frac{s_1^2}{n_1} + \frac{s_2^2}{n_2}}$$

例 24

從甲工廠隨機取樣 20 個冷軋鋼樣本進行試驗，得到平均強度為 $\bar{x}_1 = 29.8$ ksi，再從此工廠隨機取樣 25 個雙面鍍鋅鋼樣本進行試驗，得到平均強度為 $\bar{x}_2 = 34.7$ ksi，假設二者之強度皆為常態分配，前者樣本標準差為 4.0，後者為 5.0，若 $\sigma_1 \neq \sigma_2$，試求 $\mu_1 - \mu_2$ 的 95%信賴區間？

解

母體為常態，且母體變異數未知，採 t 分配進行估計，又母體變異數不相等

---

[1]　Kendall, "The Advance Theory of Statistics, Vol II"

$$v = \frac{(s_{\overline{x}_1}^2 + s_{\overline{x}_2}^2)^2}{\frac{(s_{\overline{x}_1}^2)^2}{n_1 - 1} + \frac{(s_{\overline{x}_2}^2)^2}{n_2 - 1}} = \frac{(\frac{4^2}{20} + \frac{5^2}{25})^2}{\frac{(\frac{4^2}{20})^2}{20 - 1} + \frac{(\frac{5^2}{25})^2}{25 - 1}} = 42.99 \approx 43$$

$$\mu_1 - \mu_2 = (\overline{x}_1 - \overline{x}_2) \pm t_{0.025,43}\sqrt{\frac{s_1^2}{n_1} + \frac{s_2^2}{n_2}}$$

$$\mu_1 - \mu_2 = (29.8 - 34.7) \pm 2.0167\sqrt{\frac{16}{20} + \frac{25}{25}} \approx [-7.61, -2.19]$$

故信賴區間為：$-7.61 \le \mu_1 - \mu_2 \le -2.19$

例 25

隨機從兩個常態母體各取出 20 與 25 個樣本，其資料如下：

樣本 1	樣本 2
$n_1 = 20$	$n_2 = 25$
$\overline{x}_1 = 29.8$	$\overline{x}_2 = 34.7$
$s_1 = 4$	$s_2 = 5$

試求 $\mu_1 - \mu_2$ 的 95% 的信賴區間。

解

常態分配，母體變異數未知，採用 t 分配進行估計

本題未告知母體變異數是否相等，故在做本題前，應檢定母體變異數是否相等，再決定 t 分配的自由度。因為尚未介紹如何檢定兩母體變異數是否相等，故本題暫時以母體變異數不相等情況來解題。

自由度 $$v = \frac{(s_{\overline{x}_1}^2 + s_{\overline{x}_2}^2)^2}{\frac{(s_{\overline{x}_1}^2)^2}{n_1 - 1} + \frac{(s_{\overline{x}_2}^2)^2}{n_2 - 1}} = \frac{(\frac{4^2}{20} + \frac{5^2}{25})^2}{\frac{(\frac{4^2}{20})^2}{20 - 1} + \frac{(\frac{5^2}{25})^2}{25 - 1}} = 42.99 \approx 42$$

$$\mu_1 - \mu_2 = (\overline{x}_1 - \overline{x}_2) \pm t_{2.025,42}\sqrt{\frac{s_1^2}{n_1} + \frac{s_2^2}{n_2}}$$

$$\mu_1 - \mu_2 = (29.8 - 34.7) \pm 2.0181\sqrt{\frac{16}{20} + \frac{25}{25}} \approx [-7.608, -2.192]$$

故信賴區間為：$-7.608 \le \mu_1 - \mu_2 \le -2.192$

註：本題因為自由度 42.99 非常接近 43，故取 43 亦無不妥，但若採保守估計宜捨去
小數，取自由度 42，以確保信賴水準至少有 95%以上。本題與例題 24 一模一
樣，由本題可知自由度取 42 得到的信賴區間比自由度取 43 長。由此可知，欲
確保信賴水準至少 95%以上，自由度應採小數點無條件捨去。

13.5.4 多母體平均數線性組合之區間估計

當我們在進行某主題的研究時，除了上述兩母體平均數差的估計外，在某些應用
層面會估計多個母體的線性組合。像大學聯考某些系所的計分方式，是採用加權計分，
例如：總分 = 2×國文 +2×數學 +1.5×英文+歷史+地理；或洗衣時間 = 2×清洗時間 +2×脫
水時間 +1×烘乾時間。如上面例子，估計 $a_1\mu_1 + a_2\mu_2 + \cdots + a_k\mu_k$ 的信賴區間，就稱為多母
體平均數線性組合之區間估計。

假設有 k 個常態母體，若 $\bar{x}_1, \bar{x}_2, \cdots, \bar{x}_k$ 分別來自此 k 個常態母體，且滿足

$$\bar{x}_1 \sim N(\mu_1, \frac{\sigma_1^2}{n_1}), \bar{x}_2 \sim N(\mu_2, \frac{\sigma_2^2}{n_2}), \cdots, \bar{x}_k \sim N(\mu_k, \frac{\sigma_k^2}{n_k})$$。根據常態分配的加法性，其線性組

合會滿足：$a_1\bar{x}_1 + a_2\bar{x}_2 + \cdots + a_k\bar{x}_k \sim N(a_1\mu_1 + a_2\mu_2 + \cdots + a_k\mu_k, \frac{a_1^2\sigma_1^2}{n_1} + \frac{a_2^2\sigma_2^2}{n_2} + \cdots + \frac{a_k^2\sigma_k^2}{n_k})$

因此根據前述信賴區間的原理，母體線性組合的 $1-\alpha$ 信賴區間可表示成：

$$a_1\mu_1 + a_2\mu_2 + \cdots + a_k\mu_k = \left(a_1\bar{x}_1 + a_2\bar{x}_2 + \cdots + a_k\bar{x}_k \right) \pm z_{\frac{\alpha}{2}} \sqrt{\frac{a_1^2\sigma_1^2}{n_1} + \frac{a_2^2\sigma_2^2}{n_2} + \cdots + \frac{a_k^2\sigma_k^2}{n_k}}$$

上式即為母體線性組合的 $1-\alpha$ 信賴區間公式。

例 26

某自動洗車機，洗一部小汽車分為二個階段：先來回洗車三次、接著吹乾。若該洗
車機的二階時間皆為常態分配且彼此互相獨立，現抽取 100 部汽車發現洗車機洗一
次平均時間 3 分鐘，其母體標準差為 1 分鐘。接著再隨機抽取 81 部汽車發現洗車機
平均花 2 分鐘的時間進行吹乾，其母體標準差為 0.5 分鐘，試求該洗車機洗一部汽車
花費時間的 95%信賴區間。

解

假設 X 表機器洗一次花費時間，Y 表吹乾花費時間

根據題意 $X \sim N(3,1), Y \sim N(2,0.25)$，本題即求 $3\mu_x + \mu_y$ 的信賴區間

由 $3\mu_x + \mu_y = (3\overline{x} + \overline{y}) \pm z_{\frac{\alpha}{2}} \sqrt{\dfrac{9\sigma_1^2}{n_1} + \dfrac{\sigma_2^2}{n_2}}$

$3\mu_x + \mu_y = (9+2) \pm 1.96 \sqrt{\dfrac{9 \times 1}{100} + \dfrac{0.25}{81}} \approx [10.402, 11.598]$

故 95%信賴區間為：$10.402 \le 3\mu_x + \mu_y \le 11.598$ 分

13.6 兩個母體平均數差的區間估計──成對樣本

　　成對樣本(paired samples)又稱為相依樣本(dependent samples)，是指兩組樣本間存在某種關聯。這種關聯可能是時間先後次序關係、也可能是左右對稱關係、也可能是本身來源即存在之關係。樣本與樣本間彼此兩兩配對，因此兩組成對樣本的樣本數必定相同。例如：研究主管領導與部屬創意的關係，主管的領導與部屬的創意即為成對樣本；研究父母管教型態對小孩電腦態度的影響，父母管教型態與小孩電腦態度即為成對樣本；研究每天運動一小時，是否真能有效減輕體重，實施運動前與運動後體重即為成對樣本。故樣本本身來源也可能是促成與使用成對樣本分析技術的原因之一，就如同上述父母與小孩間的若干研究。成對樣本由於其變異數存在共變異數，因此利用成對樣本進行母體平均數差的區間估計時，必須將共變異數考慮進去，故估計公式與獨立樣本有些許的差異。

13.6.1 成對樣本的母體平均數差信賴區間推導

　　根據變異數的特性，成對樣本平均數差的變異數會有共變異數的產生，即

$$V(\overline{x} - \overline{y}) = V(\overline{x}) - 2Cov(\overline{x}, \overline{y}) + V(\overline{y})$$

　　若採用上述公式進行信賴區間的估計，會使公式變得較為複雜，因此大部分的作法是將兩組變數相減後所形成的單一數值，再求此單一數值的變異數，這種技巧求出來的答案和使用 $V(\overline{x}) - 2Cov(\overline{x}, \overline{y}) + V(\overline{y})$ 結果是相同的。有人採用符號 σ_d^2 表示成對母體平均數差的變異數，以符號 s_d^2 表示成對樣本平均數差的變異數。而符號 $V(\overline{x} - \overline{y})$ 則是 σ_d^2 與 s_d^2 的通用符號，沒有特別指明母體或樣本。接下來介紹成對樣本的母體平均數差的信賴區間推導。

　　假設成對樣本的觀測值為：$(x_1, y_1), (x_2, y_2), \ldots, (x_n, y_n)$。

　　令 $d_i = x_i - y_i, i = 1, 2, 3, \cdots, n$：稱為樣本成對差。

　　$\mu_d = \mu_1 - \mu_2$：稱為母體平均數的成對差，其中 μ_1 與 μ_2 分別為兩個母體平均數。

樣本成對差的平均數為：$\bar{d} = \dfrac{1}{n}\sum\limits_{i=1}^{n} d_i$。簡而言之，$\bar{d}$ 為 d_i 的平均數。

樣本成對差的變異數為：$s_d^2 = \dfrac{1}{n-1}\sum\limits_{i=1}^{n}(d_i - \bar{d})^2$。

上述公式中，平均數與變異數，其計算過程與一般資料完全相同。根據中央極限定理，當 $n \geq 30$，$\bar{d}$ 的抽樣分配會趨近於常態分配，即 $\bar{d} \sim N(\mu_d, \sigma_d^2)$。觀察下圖：

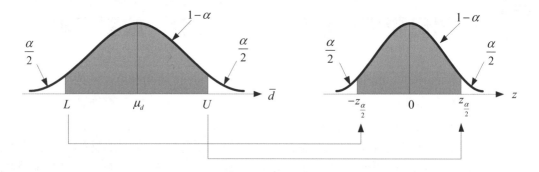

陰影部分為 $1-\alpha$ 的信賴區間，以數學符號表示成：

$$P(L \leq \bar{d} \leq U) = 1-\alpha$$

標準化後可得：

$$P\left(-z_{\frac{\alpha}{2}} \leq \dfrac{\bar{d} - \mu_d}{\sqrt{\dfrac{\sigma_d^2}{n}}} \leq z_{\frac{\alpha}{2}}\right) = 1-\alpha$$

解不等式 $-z_{\frac{\alpha}{2}} \leq \dfrac{\bar{d} - \mu_d}{\sqrt{\dfrac{\sigma_d^2}{n}}} \leq z_{\frac{\alpha}{2}}$，即可求得成對樣本，兩母體平均數差的信賴區間為：

$$\mu_d = \bar{d} \pm z_{\frac{\alpha}{2}}\sqrt{\dfrac{\sigma_d^2}{n}}$$

絕大部分的情形，母體平均數差的變異數 σ_d^2 是未知的，此時可使用樣本成對差的變異數來取代，故在實用上，大樣本情況時，可使用下式來計算成對樣本，母體平均數差的信賴區間，即：

$$\mu_d = \bar{d} \pm z_{\frac{\alpha}{2}}\sqrt{\dfrac{s_d^2}{n}}$$

13.6.2 成對樣本母體平均數差的信賴區間—使用 t 分配

當母體為常態分配，且母體平均數差的變異數 σ_d^2 未知時，以 t 分配進行 μ_d 的區間估計，故 μ_d 的 $1-\alpha$ 信賴區間為：

$$\mu_d = \overline{d} \pm t_{\frac{\alpha}{2}, n-1} \sqrt{\frac{s_d^2}{n}}$$

若遇到大樣本情況且無法求出對應自由度的 t 值時，可採用 z 分配求近似解。簡單而言，只要常態母體的變異數未知時，估計母體平均數需以 t 分配優先使用，當提供的 t 分配表無法求出對應自由度的 t 值時，才能改用 z 分配。由於最近的電腦技術十分成熟，因此不論自由度為何，各種分配皆可透過電腦軟體進行求值。因此在實際的應用層面上，許多統計軟體在部分計算層面上，只提供 t 分配的計算程序，而沒有 z 分配的計算程序。

例 27

有一個汽車製造商發明了一種汽車省油裝置，為了要瞭解這種省油裝置的裝設是否確實有省油的功效，隨機抽出 8 輛有裝設這種省油裝置的汽車，並記錄他們裝設這種省油裝置前後行駛 100 公里的耗油量如下(單位：加侖)

車輛編號	1	2	3	4	5	6	7	8
裝設前	3.2	4.6	3.6	5.3	6.2	3.2	3.6	4.5
裝設後	2.9	4.7	3.2	5.0	5.7	3.3	3.4	4.3

假設每輛汽車耗油量皆呈常態分配，求裝設這種省油裝置之前與之後行駛 100 公里平均耗油量差的 90% 信賴區間。

解

本題不知道母體變異數的訊息，故採用 t 分配進行估計

步驟 1： 先將成對的資料相減，如下表所示

x_i	3.2	4.6	3.6	5.3	6.2	3.2	3.6	4.5
y_i	2.9	4.7	3.2	5.0	5.7	3.3	3.4	4.3
d_i	0.3	-0.1	0.4	0.3	0.5	-0.1	0.2	0.2

步驟 2： 根據上表計算出：$\overline{d} = 0.2125, s_d^2 = 0.0470$

步驟 3： 套入信賴區間公式

$$\mu_d = \overline{d} \pm t_{0.05,7}\sqrt{\frac{s_d^2}{n}}$$

$$\mu_d = 0.2125 \pm 1.8946\sqrt{\frac{0.0470}{8}} \approx [0.0673, 0.3577]$$

故 90%的信賴區間為：$0.0673 \leq \mu_d \leq 0.3577$ 加侖

註：一般未指明如何進行資料相減時，可以前面的資料減後面的資料，亦可相反。也就是說，若本題步驟 1 的資料相減是採 $y_i - x_i$，那麼求出來的信賴區間正好與採 $x_i - y_i$，差一個負號，即 $-0.3577 \leq \mu_d \leq -0.0673$。通常大部分的教科書計算方式都是採左減右、上減下的方式進行計算。

13.6.3 信賴區間長與最大估計誤差

由上一小節信賴區間的公式可知，其最大誤差為：

$$E = z_{\frac{\alpha}{2}}\sqrt{\frac{s_d^2}{n}} \qquad 或 \qquad E = t_{\frac{\alpha}{2},n-1}\sqrt{\frac{s_d^2}{n}}$$

而信賴區間長則為：

$$2E = 2z_{\frac{\alpha}{2}}\sqrt{\frac{s_d^2}{n}} \qquad 或 \qquad 2E = 2t_{\frac{\alpha}{2},n-1}\sqrt{\frac{s_d^2}{n}}$$

13.7 兩個獨立母體比例差之區間估計

在統計應用層面上，除了比較兩母體平均數外，母體比例也是經常被使用。例如研究某一種感冒藥的療效，使用在男、女的有效比率差異為何？兩種不同的生產製造機器瑕疵率差異為何？故在本節中將探討兩獨立母體比例差的區間估計。

13.7.1 信賴區間的推導

假設分別從二個母體隨機抽取 2 組獨立樣本，個數分別為 n_1, n_2，母體比例分別為 p_1, p_2，樣本比例分別為 $\hat{p}_1, \hat{p}_2$。則根據中央極限定理，當 $n_1 p_1 \geq 5, n_1 q_1 \geq 5$ 且 $n_2 p_2 \geq 5, n_2 q_2 \geq 5$ 時稱為大樣本，$\hat{p}_1 - \hat{p}_2$ 的抽樣分配會趨近於常態分配，即

$$\hat{p}_1 - \hat{p}_2 \sim (p_1 - p_2, \frac{p_1 q_1}{n_1} + \frac{p_2 q_2}{n_2})$$

由前面幾節的觀念可知，涵蓋 $\hat{p}_1 - \hat{p}_2$ 抽樣分配 $1 - \alpha$ 的區域若以數學方式可表為：

$$P(L \le \hat{p}_1 - \hat{p}_2 \le U) = 1 - \alpha$$

將上式標準化後可得：

$$P(-z_{\frac{\alpha}{2}} \le \frac{(\hat{p}_1 - \hat{p}_2) - (p_1 - p_2)}{\sqrt{\dfrac{p_1 q_1}{n_1} + \dfrac{p_2 q_2}{n_2}}} \le z_{\frac{\alpha}{2}}) = 1 - \alpha$$

求解不等式 $-z_{\frac{\alpha}{2}} \le \dfrac{(\hat{p}_1 - \hat{p}_2) - (p_1 - p_2)}{\sqrt{\dfrac{p_1 q_1}{n_1} + \dfrac{p_2 q_2}{n_2}}} \le z_{\frac{\alpha}{2}}$，即得 $p_1 - p_2$ 的 $1 - \alpha$ 信賴區間為：

$$p_1 - p_2 = (\hat{p}_1 - \hat{p}_2) \pm z_{\frac{\alpha}{2}} \sqrt{\frac{p_1 q_1}{n_1} + \frac{p_2 q_2}{n_2}}$$

但在實際的應用上，我們並不知道母體比例是多少，因此上式變異數的部分使用樣本比例來取代母體比例，即

$$p_1 - p_2 = (\hat{p}_1 - \hat{p}_2) \pm z_{\frac{\alpha}{2}} \sqrt{\frac{\hat{p}_1 \hat{q}_1}{n_1} + \frac{\hat{p}_2 \hat{q}_2}{n_2}}$$

上式稱為 $p_1 - p_2$ 的 $1 - \alpha$ 信賴區間。

13.7.2 $p_1 \ne p_2$ 的區間估計

兩母體比例差的信賴區間會因母體變異數是否相等，在進行估計時會有對應的不同公式。由於樣本比例的抽樣分配變異數為 $\dfrac{pq}{n}$，因此兩母體比例是否相等決定了變異數是否相等的條件，故區間估計公式會因兩母體比例是否相等而有所不同。當兩母體變異數不相等時，$p_1 - p_2$ 的 $1 - \alpha$ 信賴區間為：

$$p_1 - p_2 = (\hat{p}_1 - \hat{p}_2) \pm z_{\frac{\alpha}{2}} \sqrt{\frac{\hat{p}_1 \hat{q}_1}{n_1} + \frac{\hat{p}_2 \hat{q}_2}{n_2}}$$

估計的最大誤差為：

$$E = z_{\frac{\alpha}{2}} \sqrt{\frac{\hat{p}_1 \hat{q}_1}{n_1} + \frac{\hat{p}_2 \hat{q}_2}{n_2}}$$

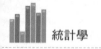

區間長度則為:

$$2E = 2z_{\frac{\alpha}{2}}\sqrt{\frac{\hat{p}_1\hat{q}_1}{n_1} + \frac{\hat{p}_2\hat{q}_2}{n_2}}$$

例 28

某大製藥廠欲比較兩種藥錠被接受的程度,此二種藥錠使用相同的有效劑量,但其大小、形狀、附加內容物質不同,從兩種藥錠各抽出 100 錠為樣本,樣本實驗結果被分為接受與不接受兩種結果,調查後的結果如下表,利用此實驗結果計算 $p_1 - p_2$ 的 95%信賴區間。

藥錠	接受數	不接受數	樣本數
1	84	16	100
2	96	4	100

解

已知 $n_1 = n_2 = 100, \hat{p}_1 = \frac{84}{100} = 0.84, \hat{p}_2 = \frac{96}{100} = 0.96$

$\because n_1 p_1 \geq 5, n_1 q_1 \geq 5$ 且 $n_2 p_2 \geq 5, n_2 q_2 \geq 5$ 為大樣本抽樣,故採用 z 分配

$$p_1 - p_2 = (\hat{p}_1 - \hat{p}_2) \pm z_{\frac{\alpha}{2}}\sqrt{\frac{\hat{p}_1\hat{q}_1}{n_1} + \frac{\hat{p}_2\hat{q}_2}{n_2}}$$

$$= (0.84 - 0.96) \pm 1.96\sqrt{\frac{0.84 \times 0.16}{100} + \frac{0.96 \times 0.04}{100}}$$

$$-0.2015 \leq \hat{p}_1 - \hat{p}_2 \leq -0.0385$$

13.7.3 $p_1 = p_2$ 的區間估計

若兩母體變異數相等(相當於 $p_1 = p_2$),則在計算變異數時,採用共同樣本比例 $\overline{p} = \frac{n_1\hat{p}_1 + n_2\hat{p}_2}{n_1 + n_2}$ 來取代個別的樣本比例。由共同樣本比例公式可以發現,它的公式相當於取兩樣本比例之加權平均數。故兩母體變異數相等的情況下, $p_1 - p_2$ 的 $1 - \alpha$ 信賴區間為:

$$p_1 - p_2 = (\hat{p}_1 - \hat{p}_2) \pm z_{\frac{\alpha}{2}}\sqrt{\frac{\overline{p}\,\overline{q}}{n_1} + \frac{\overline{p}\,\overline{q}}{n_2}}$$

此時最大誤差為：

$$E = z_{\frac{\alpha}{2}} \sqrt{\frac{\overline{p}\,\overline{q}}{n_1} + \frac{\overline{p}\,\overline{q}}{n_2}}$$

信賴區間長為：

$$2E = 2z_{\frac{\alpha}{2}} \sqrt{\frac{\overline{p}\,\overline{q}}{n_1} + \frac{\overline{p}\,\overline{q}}{n_2}}$$

　　一般初學者在計算有關母體比例的區間估計，或下一章節的假設檢定時，經常不曉得何時使用母體比例，何時使用樣本比例。下面提供一個使用法則，依循下列法則就不會發生錯誤：

1.　若母體比例已知，母體比例第一優先使用。

2.　若母體比例未知，第二順位則以樣本比例取代母體比例。

3.　若母體與樣本比例皆未知，則採保守估計，直接令 $p = \frac{1}{2}$。

例 29

某項研究針對國內男女性別抽煙比例進行調查，隨機抽取 200 位女性以及 300 位男性，發現有 20 位女性及 45 位男性吸煙，假設已知抽煙人口變異數男女性別相等，試求女性與男性抽煙比例差的 95%信賴區間。

解

女性抽煙比例：$\hat{p}_1 = \dfrac{20}{200} = 0.1$，男性抽煙比例：$\hat{p}_2 = \dfrac{45}{300} = 0.15$

$\because n_1 p_1 \geq 5, n_1 q_1 \geq 5$ 且 $n_2 p_2 \geq 5, n_2 q_2 \geq 5$，為大樣本抽樣，採 z 分配

又已知母體變異數相等，需使用共同樣本比例

$\overline{p} = \dfrac{n_1 \hat{p}_1 + n_2 \hat{p}_2}{n_1 + n_2} = \dfrac{200 \times 0.1 + 300 \times 0.15}{200 + 300} = 0.13$

$p_1 - p_2$ 的 95%信賴區間為

$$p_1 - p_2 = (\hat{p}_1 - \hat{p}_2) \pm z_{\frac{\alpha}{2}} \sqrt{\left(\frac{\overline{p}\,\overline{q}}{n_1} + \frac{\overline{p}\,\overline{q}}{n_2}\right)}$$

$$= (0.1 - 1.15) \pm 1.96 \sqrt{\frac{0.13 \times 0.87}{200} + \frac{0.13 \times 0.87}{300}}$$

$$\therefore -0.010 \le p_1 - p_2 \le 0.110$$

註：求共同樣本比例時，亦可由：「吸煙總數/總人數」求得，即 $\bar{p} = \dfrac{20+45}{200+300} = 0.13$

13.8 兩個母體變異數比的區間估計

變異數主要在衡量資料的集中程度，代表資料的穩定度。若欲比較兩母體資料的穩定程度比，可利用兩母體變異數比的區間估計來進行預估。穩定度同時也代表風險，因此我們可以利用變異數比的區間估計來衡量兩組資料的風險。

假設有二母體為常態分配，分別服從 $N(\mu_1, \sigma_1^2), N(\mu_2, \sigma_2^2)$，分別自此兩母體隨機抽取 n_1 與 n_2 個樣本，根據 F 的抽樣分配知：

$$\frac{s_1^2/\sigma_1^2}{s_2^2/\sigma_2^2} \sim F_{n_1-1, n_2-1}$$

下圖為 s_1^2/s_2^2 抽樣分配。

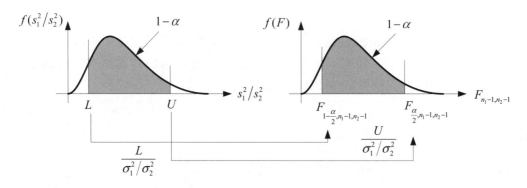

假設陰影部分占全體的 $1-\alpha$，以數學式可表示成：

$$P\left(L \le \frac{s_1^2}{s_2^2} \le U\right) = 1-\alpha$$

將不等式部分同時除以 σ_1^2/σ_2^2 可得：

$$P\left(F_{1-\alpha/2, n_1-1, n_2-1} \le \frac{s_1^2/\sigma_1^2}{s_2^2/\sigma_2^2} \le F_{\alpha/2, n_1-1, n_2-1}\right) = 1-\alpha$$

求解不等式 $F_{1-\alpha/2,n_1-1,n_2-1} \leq \dfrac{s_1^2/\sigma_1^2}{s_2^2/\sigma_2^2} \leq F_{\alpha/2,n_1-1,n_2-1}$，即可求得兩母體變異數比的 $1-\alpha$ 信賴區間為：

$$\frac{s_1^2/s_2^2}{F_{\alpha/2,n_1-1,n_2-1}} \leq \frac{\sigma_1^2}{\sigma_2^2} \leq \frac{s_1^2/s_2^2}{F_{1-\alpha/2.n_1-1,n_2-1}}$$

由上式可看出，兩母體變異數比 σ_1^2/σ_2^2 的信賴區間，是由樣本變異數比 s_1^2/s_2^2 去除以某係數($F_{\alpha/2,n_1-1,n_2-1}$ 與 $F_{1-\alpha/2,n_1-1,n_2-1}$)所形成的區間。

例 30

隨機抽取 A 公司 10 個樣本，得其平均收入 10 萬元，標準差 15 萬元；接著再隨機抽取 B 公司 15 個樣本，得其平均收入 16 萬元，標準差 10 萬元，試求 $\dfrac{\sigma_A^2}{\sigma_B^2}$ 的 95%信賴區間。設兩樣本獨立，且收入為常態分配，已知：$F_{0.025,14,9}=3.81$。

解

$\because \dfrac{s_A^2}{s_B^2} \dfrac{1}{F_{n_1-1,n_2-1,\alpha/2}} \leq \dfrac{\sigma_A^2}{\sigma_B^2} \leq \dfrac{s_A^2}{s_B^2} \dfrac{1}{F_{n_1-1,n_2-1,1-\alpha/2}}$

$\Rightarrow \dfrac{15^2/10^2}{F_{0.025,9,14}} \leq \dfrac{\sigma_A^2}{\sigma_B^2} \leq \dfrac{15^2/10^2}{F_{0.975,9,14}}$

$\dfrac{15^2/10^2}{3.21} \leq \dfrac{\sigma_A^2}{\sigma_B^2} \leq \dfrac{15^2/10^2}{1/3.81} \quad \Rightarrow 0.7 \leq \dfrac{\sigma_A^2}{\sigma_B^2} \leq 8.57$

例 31

檢查 A、B 兩個生產線隨機抽取之產品，已知資料如下所示：

$\bar{x}_A = 260, s_A^2 = 250, \bar{x}_B = 240, s_B^2 = 160, n_A = n_B = 25$

假設兩母體皆為常態分配。

(1)試求 $\dfrac{\sigma_A^2}{\sigma_B^2}$ 之 95%信賴區間。

(2)若 $\sigma_A^2 = \sigma_B^2$，試求 $\mu_A - \mu_B$ 之 95%信賴區間。

(3)若 $\sigma_A^2 = 256, \sigma_B^2 = 196$，試求 $\mu_A - \mu_B$ 之 95%信賴區間。

解

(1) 由 $\dfrac{s_A^2/s_B^2}{F_{\alpha/2,n_1-1,n_2-1}} \le \dfrac{\sigma_A^2}{\sigma_B^2} \le \dfrac{s_A^2/s_B^2}{F_{1-\alpha/2.n_1-1,n_2-1}}$

$\Rightarrow \dfrac{250/160}{F_{0.025,24,24}} \le \dfrac{\sigma_A^2}{\sigma_B^2} \le \dfrac{250/160}{F_{0.975,24,24}}$

$\dfrac{250/160}{2.27} \le \dfrac{\sigma_A^2}{\sigma_B^2} \le \dfrac{250/160}{1/2.27}$

故 $\dfrac{\sigma_A^2}{\sigma_B^2}$ 之 95%信賴區間為： $0.6883 \le \dfrac{\sigma_A^2}{\sigma_B^2} \le 3.5469$

(2) $\because \sigma_A^2 = \sigma_B^2$ ，需採用共同樣本變異數，又因小樣本採用 t 分配

$s_p^2 = \dfrac{(25-1) \times 250 + (25-1) \times 160}{25 + 25 - 2} = 205$

$\mu_A - \mu_B$ 之 95%信賴區間為

$\mu_A - \mu_B = (260 - 240) \pm t_{0.025,48} \sqrt{\dfrac{205}{25} + \dfrac{205}{25}} = (260 - 240) \pm 2.0106 \sqrt{\dfrac{205}{25} + \dfrac{205}{25}}$

化簡上式可得： $11.858 \le \mu_A - \mu_B \le 28.142$

(3) $\mu_A - \mu_B = (\bar{x}_A - \bar{x}_B) \pm z_{\frac{\alpha}{2}} \sqrt{\dfrac{\sigma_A^2}{n_A} + \dfrac{\sigma_B^2}{n_B}}$

$= (260 - 240) \pm 1.96 \sqrt{\dfrac{256}{25} + \dfrac{196}{25}} = [11.666, 28.334]$

故 $\mu_A - \mu_B$ 之 95%信賴區間為： $11.666 \le \mu_A - \mu_B \le 28.334$

1. 某校統計學期中考成績假設服從常態分配,且已知其全校平均分數的標準差 $\sigma_x = 10$ 分,現自此校隨機抽取 6 位學生成績如下:

   70,60,80,60,70,50

   試求平均成績之 95%信賴區間?

2. 某大學為瞭解該校學生的智力商數,隨機抽取 8 人進行智力商數測驗,得此 8 人的智商分別為:95,100,102,124,96,99,102,105。假設該校的學生智力商數服從常態分配,試求該校學生智商的 95%信賴區間。

3. 某班級共 50 人,某次統計學期中考成績若服從常態分配,且知其母體標準差 $\sigma_x = 9$ 分,經抽樣結果知部份學生成績如下:

   90,70,85,66,82,77 70 50 80

   試求平均成績之 95%信賴區間?

4. 隨機抽取 30 歲以下的 20 個年青人,每週吃速食的平均次數為:$\bar{x} = 1.82$。求 30 歲以下的年青人每週吃速食平均次數的 95%信賴區間為何(假設母體為常態分配,$\sigma = 0.96$)?

5. 假設已知台灣地區每人每個月的薪水服從常態分配,其標準差為 500 元。若現在欲調查每人每個月的平均薪水的 99%信賴區間,希望誤差控制在 60 元以內,則至少需抽取多少樣本?

6. 某日光燈製造公司生產的燈管壽命呈常態分配,已知標準差為 100 小時。消基會人員隨機抽取該公司所生產的 32 枝燈管,測試其壽命得每支平均 1200 小時,試求下列各小題:

   (1) 該公司生產的燈管平均壽命的點估計值。

   (2) 該公司生產的燈管平均壽命的 95%信賴區間,以及估計的最大誤差為何?

   (3) 若希望最大誤差控制在 20 小時以內,請問應該再抽多少枝的燈管?

7. 某大學為瞭解該校學生平均一週在校上機的時間有多少,以便安排開放時間。假設根據過去的經驗顯示,學生在校上機時間的標準差為 3.5 個小時。隨機抽取 30 位學生得知他們平均一週在校上機 8 小時,標準差是 3 小時,試求出該校學生平均一週在校上機時間之 95%的信賴區間。

8. 為求得鋼鐵工廠所生產的高碳鋼強度,檢驗人員隨機抽取四個鋼條作測試,量得其強度分別為 844,847,845,844。假設鋼條的強度呈常態分配,試求該工廠所生產的鋼條平均強度的 95%信賴區間。

9. 抽樣調查台中市 100 戶,結果有 25 戶空屋,試求台中市空屋率的 95%信賴區間。

10. 某項研究欲調查台灣地區年滿 25 歲以上女性結婚比例,隨機抽取 225 位女性,結果有 90 位已婚,試求台灣地區 25 歲以上女性結婚比例的 95%信賴區間。

11. 估計母體比例時,若欲使母體比例的 95%信賴區間長度在 0.01 以下,試求樣本數至少要多少?

12. 某國手投三分球 100 次，一共命中 38 次

    (1) 試估計此國手三分球的命中率是多少？

    (2) 試求此國手三分球的命中率的 95%信賴區間。

    (3) 若在 95%的信賴水準下，欲估計此國手命中率的誤差不超過 2%，試問此國手至少需投球幾次？

13. 某市調公司估計支持酒醉駕車連坐法的比例為 p，若此市調公司希望估計的誤差不超過 0.05 的機率為 0.95，請問在下面三種情況下，應抽取多少樣本？

    (1) 根據過去資料顯示，p 大約為 0.45。

    (2) 先抽 50 人，贊成者有 18 人。

    (3) p 未知。

14. 某商店門前擺了一台杯式咖啡販賣機，為了估計此販賣機填充咖啡的穩定度，隨機觀察由這部機器所填充的 25 杯咖啡，結果平均每杯有 300.2cc 的咖啡量，標準差為 2.5cc。

    (1) 試求此台機器所填充的咖啡變異數點估計值。

    (2) 試求此台機器所填充的咖啡變異數 95%信賴區間。

    (3) 試求此台機器所填充的咖啡標準差 95%信賴區間。

15. 已知母體為常態分配，其機率密度函數為：$f(x) = \dfrac{1}{\sqrt{2\pi}\sigma} e^{-\frac{(x-10)^2}{2\sigma^2}}$，現自此母體隨機抽取 20 個樣本 $x_1, x_2, \cdots, x_{20}$，已知 $\displaystyle\sum_{i=1}^{20} x_i = 180, \sum_{i=1}^{20} x_i^2 = 2000$，試求母體變異數的 90%信賴區間。

16. 欲了解兩家保險公司對保全車險客戶平均理賠金額的差異情況。現在從甲公司抽出 10 位客戶，得其平均理賠金額為 45000 元，標準差為 6000 元。從乙公司抽出 12 位客戶，得其平均理賠金額為 38900 元，標準差為 5000 元。假設理賠金額服從常態分配。假設 μ_1 為甲公司的平均理賠金額，μ_2 為乙公司的平均理賠金額，求 $\mu_1 - \mu_2$ 的 95%信賴區間。

17. X 理論和 Y 理論是管理的重要理論，A 公司總經理為瞭解何種理論較有效隨機選取 16 位員工分成 I，II 兩組，其中 I 組施以 X 理論的環境，II 組施以 Y 理論的環境，最後在年終給予員工績效評分如下：

	1	2	3	4	5	6	7	8	$\bar{x}$	s^2
I	86	82	84	83	84	83	85	87	84.25	2.786
II	83	81	84	72	79	85	78	86	81	21.143

求兩母體平均數差的 95%信賴區間(假設母體變異數不相等)。

18. 由兩個常態母體 $N(\mu_1,1)$ 與 $N(\mu_1,3)$ 中分別抽出大小為 n_1 及 n_2 的兩個獨立樣本。

    (1) 假設樣本平均數分別為 $\bar{x}_1$ 與 $\bar{x}_2$，試求 $\mu_1 - \mu_2$ 的 95%信賴區間。

    (2) 若 $n_1 + n_2 = 50$ 時，為使(1)中所求出的信賴區間長度為最短，則 n_1 及 n_2 應該各取多少？

19. 某省油裝置宣稱可以有效的增加汽車的行駛里程數，於是隨機抽取 9 部汽車進行實驗，得資料如下表所示：(公里)

汽車	1	2	3	4	5	6	7	9
裝設前	380	230	350	410	440	290	370	310
裝設後	450	250	310	380	500	330	360	430

試求裝設前後之平均行使里程數差的 95%信賴區間。

20. 一項關於台灣地區治安的調查，分別自北部、中部與南部以隨機抽樣的方式分別選取 300 人，詢問對治安的滿意度，其結果如下表所示：

	北部	中部	南部
滿意	40%	33%	57%
不滿意	56%	63%	42%
無意見	4%	4%	1%

試求下列各小題：

    (1) 北部與中部對治安的滿意度比例差的 95%信賴區間。

    (2) 北部與南部對治安的滿意度比例差的 95%信賴區間。

21. 假設某常態母體平均數 $\mu = 8$,標準差為 σ，現自此母體隨機抽取 9 個樣本，得資料如下所示：

    8.6　7.9　8.3　6.4　8.4　9.8　7.2　7.8　7.5

    請根據此樣本資料求 σ^2 之 90%的信賴區間。

22. 下列資料為抽查兩家醫院就醫人數：

醫院 1	102	92	86	100	96		
醫院 2	98	95	113	97	100	96	105

假設就醫人數呈常態分配，試求兩家醫院就醫人數變異數比的 90%信賴區間。

23. 某系 A、B 兩班的統計學成積分別呈常態分配 $N(\mu_A,\sigma_A^2)$ 與 $N(\mu_B,\sigma_B^2)$。其中 $\mu_A,\mu_B,\sigma_A^2,\sigma_B^2$ 均未知，現自 A 班隨機抽取 16 位學生，得樣本平均數為 75.2 分，樣本變異數為 8.64；自 B 班隨機抽取 10 位學生，得樣本平均數為 78.6 分，樣本變異數為 7.88。

    (1) 試求 $\dfrac{\sigma_A^2}{\sigma_B^2}$ 的 90%信賴區間。（$\alpha = 0.1$）

    (2) 假設母體變異數相等，求 $\mu_A - \mu_B$ 的 90%信賴區間。

24. 某校統計學舉行期中考，現自此校學生隨機抽取 40 位學生成績如下：

90	50	66	87	56	85	22	34	92	65
66	98	78	91	62	36	41	30	22	18
55	87	49	76	38	95	64	53	51	78
10	56	87	55	36	98	54	63	78	83

    試求該校統計學平均成績之 90%信賴區間？

25. 已知四個觀測值： 2, 5, 3, 8 來自常態母體

    (1) 求樣本平均數與變異數

    (2) 假設這四個觀測值是從一個具平均數 μ 、變異數 σ^2 的隨機樣本，試利用這四個樣本求母體平均數 90%的信賴區間。

    (3) 若已知母體變異數為 7，請利用上述四個樣本重新計算母體平均數 90%的信賴區間。

    (4) 觀察(2)(3)題的結果，你有何結論？

26. 某研究隨機抽取若干樣本求得母體平均數 95%的信賴區間為 220 到 228，已知此次抽樣之樣本平均數為 224，樣本標準差為 20，請問此研究抽取多少樣本？

27. 假設兩常態母體變異數 σ_1^2, σ_2^2 已知，分別自二母體各抽出 n_1, n_2 ($n_1, n_2 \geq 30$) 個獨立樣本，試求 $3\mu_1 - 2\mu_2$ 之 95%信賴區間。

14

單母體的假設檢定

　　假設檢定的檢定理論源自於信賴區間，統計學家由信賴區間法進一步推導，發展出另外三種檢定法，故一共有四種檢定法。這四種檢定法只是數學式的變形，原理相同。熟讀本章與下一章，可徹底瞭解四種檢定法之間的關聯。由於假設檢定需介紹的單元十分多，因此我們依檢定的母體個數區分成兩章節，本章介紹假設檢定的基本理論與單母體的假設檢定，下一章則介紹兩母體的假設檢定。

14.1 假設檢定的基本概念

　　絕大部分的人文社會學研究都是透過抽樣取得樣本，再利用樣本統計量去推論母體參數。由於抽樣會產生誤差，因此我們不能夠直接以樣本的平均數大小來比較母體平均數的大小。例如調查不同性別對咖啡的喜好程度(五點李克特量表)，假設隨機抽樣獲得女性對咖啡喜好的平均數為 3，男性為 3.1，我們不能夠就此判定男生對咖啡的喜好程度大於女性，必須透過嚴謹的統計檢定才能夠下結論，本節將介紹檢定的基本理論。

14.1.1 基本觀念

　　推論統計一般可分成三大類：估計、檢定、分類與選擇。其中假設檢定可追溯至十九世紀末期高爾頓爵士(Sir Francis Galton, 1822~1911)和卡爾‧皮爾生(Karl Pearson, 1857~1936)的論述做為起點。所謂假設檢定，它包含了兩個動作：一為「假設」，二為「檢定」。我們必須針對欲驗證的訊息做出假設，接著再利用樣本訊息去檢定所設立的假設是否成立。假設檢定是對母體參數提出一個二分法的假設，再利用樣本的訊息配合機率的理論，以決定該假設是否成立的統計方法。所謂二分法的假設，是指由研究者事先提出一對彼此互斥的假設，這兩個假設分別稱為虛無假設(null hypothesie)與對立假設(alternative hypothesie)。至於如何設立假設，如何做檢定，後面會做詳細的介紹。

14.1.2 假設的種類

　　「假設」可分成兩種：簡式假設(simple hypothesis)與複式假設(composite hypothesis)。簡式假設是指虛無假設與對立假設只包含單一特定的數值，寫法型如：$H_0 : \mu = 3, H_1 : \mu = 4$。其中 H_0 稱為虛無假設，H_1 稱為對立假設，這種類型的假設比較少人使用。另一種複式假設，是把一連串的簡式假設集合在一起，寫成不等式的形式，例如：$H_0 : \mu \geq 3, H_1 : \mu < 3$，這種假設法是目前使用最多的假設法之一。除此之外，還有一種假設寫法，就是只陳述對立假設，把一連串的對立假設寫在一起然後再逐一檢定，這種寫法在學術論文上被廣泛的使用，而在大學初統的教科書大都僅介紹簡式假設與複式假設兩種，因此本書僅就這兩種假設寫法進行介紹。

14.1.3 假設檢定的步驟

假設檢定包含著兩個程序：1. 設立假設。 2. 檢定假設的真偽。假設檢定一般可區分成下列五個步驟(以標準檢定法為例)：

1. 設立兩個假設。根據研究的目的與探討的對象，設立虛無假設與對立假設。

2. 計算檢定統計量。根據蒐集到的樣本資料計算檢定統計量，這裡指的檢定統計量，在隨後的單元中會陸續介紹

3. 設立顯著水準的大小，建立拒絕域與不拒絕域。顯著水準的大小並沒有特別規定大小為何？人文社會學者大都採用 0.05。不拒絕域也有人稱為接受域，但在數學邏輯上，使用「不拒絕」較為適當，而拒絕域與不拒絕域間的界線值，有人稱為臨界值。

4. 比較檢定統計量與臨界值大小，判斷檢定統計量落於拒絕域或不拒絕域內。

5. 下結論並做決策或推論。

事實上在進行計算時，可將此五個步驟精簡成三個步驟，後面我們會介紹如何進行檢定。

14.1.4 虛無假設與對立假設

上一小節中曾提到兩個專有名詞：虛無假設與對立假設。其定義分述於下：

1. 虛無假設：所謂虛無假設(null hypothesie)是研究者或檢定者主張錯誤或希望被否定的假設。例如：研究者認為台灣成年人的身高高於 175 公分，那麼虛無假設就寫成：台灣成年人平均身高小於或等於 175 公分。虛無假設通常以符號 H_0 表示。

2. 對立假設：所謂對立假設(altinative hypothesie)是指研究者或檢定者主張對的假設。故以上述而言，對立假設要寫成：台灣成年人的身高高於 175 公分。對立假設通常以 H_1 表示。

就數學邏輯而言，虛無假設是不存在的假設，或暫時性的假設，故取名為虛無，之所以使用符號 H_0，0 表示假的意思。而對立假設使用符號 H_1，1 表示真的意思。假設檢定的過程有點類似數學的反證法，例如欲證明質數的個數有無限多個。在證明時我們先假設質數的個數為有限個，接著利用數學定理或性質進行推導，並推翻質數的個數為有限個的假設，進而獲得質數的個數有無限多個是正確的，故在整個推導過程都是暫時主張質數的個數為有限個。假設檢定也是利用這種原理，先假設 H_0 是正確的，然後再透過機率(統計沒有定理與性質協助證明)看是否可以否定 H_0，來驗證 H_1 的

主張是被支持的。因此，假設檢定整個檢定過程都是在檢定虛無假設，與對立假設無關。如果瞭解質數個數有無限多個的證明流程，那麼就能夠明瞭假設檢定的流程。

14.1.5 單尾檢定與雙尾檢定

根據對立假設的寫法，可分成單尾檢定與雙尾檢定兩種，其中單尾檢定又可區分成右尾檢定與左尾檢定，故一共有三種寫法。左尾檢定的對立假設數學符號為「<」、右尾檢定數學符號為「>」，雙尾檢定數學符號則為「≠」。分別如下所示：

1.　左尾檢定：$\begin{cases} H_0 : \mu \geq \mu_0 \\ H_1 : \mu < \mu_0 \end{cases}$　　或 $\begin{cases} H_0 : \mu = \mu_0 \\ H_1 : \mu < \mu_0 \end{cases}$

2.　右尾檢定：$\begin{cases} H_0 : \mu \leq \mu_0 \\ H_1 : \mu > \mu_0 \end{cases}$　　或 $\begin{cases} H_0 : \mu = \mu_0 \\ H_1 : \mu > \mu_0 \end{cases}$

3.　雙尾檢定：$\begin{cases} H_0 : \mu = \mu_0 \\ H_1 : \mu \neq \mu_0 \end{cases}$

左尾檢定與右尾檢定虛無假設中的「<」與「>」可省略不寫，因為檢定過程是在檢定虛無假設中的「=」，後面會說明原因。由於統計學缺乏如數學般的定理，因此假設的寫法是採取左尾、右尾或雙尾，必須根據樣本的訊息，這裡的樣本訊息是指少量的、事前的訊息。例如樣本訊息顯示市面 1 公斤罐裝奶粉重量不足，那麼檢測人員可設立假設：H_0:平均重量≥1 公斤；H_1:平均重量<1 公斤。有一種情況設立假設是多餘的且無效的，例如樣本訊息顯示市面上 1 公斤罐裝奶粉重量超過 1 公斤，檢測人員設立假設：H_0:平均重量≥1 公斤；H_1:平均重量<1 公斤。至於如何推翻虛無假設，那麼需要利用機率來協助判斷，如果沒有足夠的機率傾向於支持拒絕 H_0，那麼便不能說有顯著證據支持 H_1。正因為假設檢定是使用機率進行決策，而機率具有不確定性，因此人文社會學的研究，經常發生同一份研究有截然不同的研究結果。因此，人文社會的研究理論是否成立要看絕大多數的研究者所得到的結論是否傾向同一個答案，但也有可能一開始就被誤導，導致全部的研究趨向一個錯誤的結果，在科學領域裡經常發生一個人推翻全世界。

14.1.6 拒絕域與不拒絕域

在前一小節中，我們提到的拒絕虛無假設以及不拒絕虛無假設兩個專有名詞。由於假設檢定是將母體數值進行二分之後，再利用樣本訊息輔以機率進行判斷，因此整個分配被切成拒絕域與不拒絕域兩個區域。左尾檢定的拒絕域在左側、右尾在右側而雙尾檢定的拒絕域在兩側，如下圖所示。

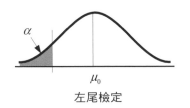

左尾檢定

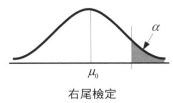

右尾檢定

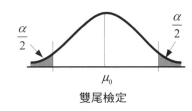

雙尾檢定

　　灰色區域為拒絕域，代表有充分的證據可以拒絕虛無假設。從圖形中可以看出來拒絕域的大小與給定的顯著水準 α 的大小有關。顯著水準越大，拒絕域相對較大，越容易拒絕虛無假設，通常在檢定策略上，為了避免太容易拒絕 H_0 導致觸犯 α 錯誤(又稱為型 I 錯誤)，對於拒絕域皆採嚴謹的角度。醫學統計顯著水準通常採用 $\alpha = 0.01$；人文社會學研究採用 $\alpha = 0.05$。

　　由於統計學上的假設檢定是利用機率來決定是否拒絕 H_0，因此為了確保研究的主張可靠度較高，因此拒絕域要遠比不拒絕域小才行，但實際的情況，母體會傾向於站在正確的一方，原因後面會介紹。

　　也有人利用法官判案來說明為何拒絕域不能太大的原因，當法官在審理犯人時，根據檢察官所提供的訊息，他會假設犯人有罪，這是對立假設；而虛無假設則主張犯人無罪。在審案過程中，法官會充分利用檢察官所提供的訊息來決定此犯人是否應判刑，為避免冤獄的產生做出嚴重的錯誤決定，因此法官在審判時也是採取寬鬆認定政策，也就是說必須要有足夠的證據，才能夠推翻犯人無罪的假設，進一步將犯人判刑。

　　假設的寫法，「等號」一定要放在虛無假設中。以左尾檢定來說，虛無假設為 $H_0 : \mu \geq \mu_0$，這是一種複式假設法，把所有大於或等於 μ_0 的可能情形放在一起。因此根據 H_0 的假設所建立的分配有無限多個，如下圖所示：

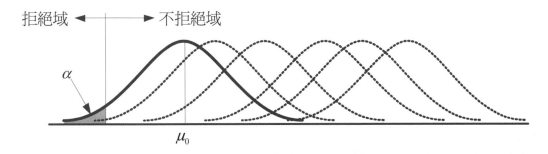

　　由上圖可看出，當最左邊的分配，也就是 $\mu = \mu_0$ 的情形被拒絕時，其他的分配也都會被拒絕。但如果反過來，等號放在對立假設的話，那麼虛無假設就沒有邊界，也就是說不知道拒絕哪個數值？因進行檢定過程是在檢定上圖中實線的分配，當此分配被拒絕，它的右側其他分配也必定被拒絕。故進行檢定時，只要檢定虛無假設等號的部分，僅就 $\mu = \mu_0$ 部分進行檢定即可。所以虛無假設 $H_0 : \mu \geq \mu_0$，也有人寫成 $H_0 : \mu = \mu_0$。

14.1.7 檢定的方法

進行檢定前,必須先設定顯著水準 α 的數值,然後再進行檢定。檢定的方法共可分為下面四種方法。四種方法的原理與來源都相同,故彼此間可互通。大部分統計軟體會提供標準檢定法、信賴區間法與 P 值法。這四種方法分別為:

1. 信賴區間法

所謂信賴區間法是指,在給定的信賴水準下,利用樣本統計量求出信賴區間,然後檢查此區間是否包含虛無假設值,若沒有包含虛無假設值,則結論為拒絕虛無假設;相反若包含虛無假設,則結論為不拒絕虛無假設。

2. 臨界值法

臨界值法是由信賴區間法變形推導出來的判斷法,在給定的顯著水準下,計算出臨界值,決定拒絕域與不拒絕域,再檢查樣本統計量落在哪個區域,進而決定拒絕或不拒絕虛無假設的方法。

3. 標準檢定法

標準檢定法也有人稱為公式法,它是將臨界值法進一步推導後所得到的方法,先求出檢定統計量,再檢查檢定統計量位於拒絕域或不拒絕域的方法。

4. P 值法

P 值法是將檢定統計量改用機率表示後,再和顯著水準比較大小,進而決定拒絕或不拒絕虛無假設的方法。由於 P 值法必須查表,對於某些情況下教科書所提供的表不一定可以查到對應的機率值,故 P 值法較適合使用電腦套裝軟體求解。

單母體平均數的假設檢定

單母體平均數的假設檢定應用十分廣泛,例如:市售 500cc 罐裝咖啡容量是否等於 500cc;國立大學的畢業學生起薪是否至少三萬元?台灣地區每人每天飲用咖啡是否低於 4 杯。上述問題皆屬於單母體平均數的假設檢定。單母體平均數的檢定方法會因為母體是否為常態分配、母體變異數是否已知、是否為大樣本而有所差異,該使用哪一種方法需將各關聯性熟記,這樣才不會用錯檢定方法。由於人文社會學的研究對象

大都以人為主，全部的母體總數與抽取樣本比較起來，可視做無限母體，故接下來的假設檢定皆假設母體為無限母體。若為有限母體，則只要將標準誤部分加入有限母體修正因子即可，此原理和第十三章的信賴區間是相同的。

14.2.1 以 z 檢定進行單母體平均數的檢定

當滿足下列條件之一時使用 z 檢定：

1. 母體為常態分配且母體變異數已知。

2. 母體非常態分配、大樣本，母體變異數已知或未知皆可。

由於依照拒絕域的位置可分為左尾檢定、右尾檢定以及雙尾檢定，此外檢定法共有四種方法，為避免篇幅過長，因此我們僅就右尾檢定進行詳細的理論推導，其餘二種可依此類推。

1. 右尾檢定

右尾檢定的兩個假設寫法為：$\begin{cases} H_0 : \mu \le \mu_0 \\ H_1 : \mu > \mu_0 \end{cases}$，下面是四種檢定法的推導過程。

(1) 臨界值法

進行檢定時是暫時先主張虛無假設是正確的，前面我們已經提到過，進行檢定時是在檢定是否能夠拒絕虛無假設中的等號，也就是檢定 $\mu = \mu_0$ 是否成立。若 $\mu = \mu_0$ 成立，那麼根據抽樣分配理論，全部所有可能的樣本平均數的平均數正好等於母體平均數，即 $E(\bar{x}) = \mu_0$，所有樣本平均數的可能情形如下圖所示：

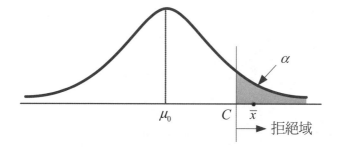

所謂臨界值是指拒絕域與不拒絕域的分界點，臨界值法需先求出臨界值 C，然後再抽取樣本檢查樣本平均數落於哪個區域，若樣本平均數 $\bar{x} > C$，則拒絕虛無假設 H_0，否則不拒絕虛無假設。至於臨界值 C 可利用機率求得，由於上圖拒絕域(即灰色區域)的機率為 α，以數學可表示成：$P(\bar{x} > C) = \alpha$。將左式標準化轉成標準

常態可得：$P(z > \frac{C - \mu_0}{\sqrt{\frac{\sigma^2}{n}}}) = \alpha$。又已知標準常態隨機變數 $P(z > z_\alpha) = \alpha$，兩式是相

等的，求解方程式 $\frac{C - \mu_0}{\sqrt{\frac{\sigma^2}{n}}} = z_\alpha$，即可求得臨界值 $C = \mu_0 + z_\alpha\sqrt{\frac{\sigma^2}{n}}$。故以臨界值法

進行檢定可分成兩個步驟：

步驟 1：求臨界值

$$C = \mu_0 + z_\alpha\sqrt{\frac{\sigma^2}{n}}$$

步驟 2：比較 $\bar{x}$ 與 C

右尾檢定時，當 $\bar{x} > C$ 則結論為拒絕虛無假設。

(2) 標準檢定法

標準檢定法可由臨界值法推導出來，由臨界值法，當 $\bar{x} > C$ 時拒絕虛無假設，把

臨界值 $C = \mu_0 + z_\alpha\sqrt{\frac{\sigma^2}{n}}$ 代入不等式中，得 $\bar{x} > \mu_0 + z_\alpha\sqrt{\frac{\sigma^2}{n}}$，將左式移項可得

$\frac{\bar{x} - \mu_0}{\sqrt{\frac{\sigma^2}{n}}} > z_\alpha$，令 $z^* = \frac{\bar{x} - \mu_0}{\sqrt{\frac{\sigma^2}{n}}}$，則臨界值法進一步變成當 $z^* > z_\alpha$ 時，結論為拒絕虛無

假設，其中 z^* 稱為檢定統計量。下圖為臨界值法與標準檢定法之間的關聯，左側
圖形為臨界值法，右側圖形為標準檢定法。由圖形可知臨界值法是以原始資料進
行檢定，而標準檢定法是將臨界值法中的數值標準化後，轉換成 z 值之後再進行
檢定。

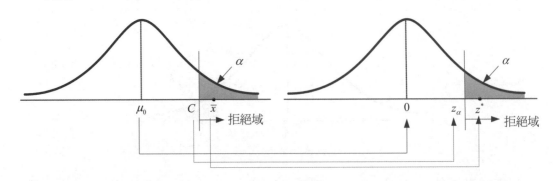

故標準檢定法可分成二個步驟：

步驟 1：求檢定統計量

$$z^* = \frac{\overline{x} - \mu_0}{\sqrt{\dfrac{\sigma^2}{n}}}$$

步驟 2：比較 z^* 與 z_α 的大小

(3) P 值法

P 值法是由標準檢定法推導出來的方法，差別在於標準檢定法是以常態分配圖的橫座標值進行檢定，而 P 值法則採用機率進行檢定。根據標準檢定法，當 $z^* > z_\alpha$ 時拒絕虛無假設，將左式改用機率方式呈現可寫成 $P(z > z^*) < P(z > z_\alpha)$。其中 $P(z > z_\alpha) = \alpha$，令 $P-value = P(z > z^*)$。故可得當 $P-value < \alpha$ 時，結論為拒絕虛無假設。P 值法與標準檢定法之間的關係如下圖所示，斜線部分的機率等於 $P-value$，陰影部分的機率則等於 α。由圖形可知，標準檢定法是以橫座標值進行檢定，而 P 值法則改用機率的方式進行檢定。雖然 P 值法與其他方法比較起來較為麻煩，但它的好處是不論是右尾檢定、左尾檢定或是雙尾檢定，拒絕虛無假設的判斷法則皆相同。

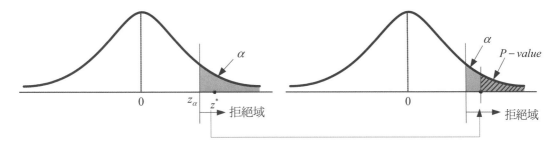

故 P 值法可分成下列三個步驟：

步驟 1：求 z^*。

步驟 2：查表。查 z^* 右側的機率，即 $P-value$，若以數學方式可寫成 $P-value = P(z > z^*)$。

步驟 3：比大小：把查表獲得的機率值($P-value$)與 α 比較，當 $P-value < \alpha$ 時，拒絕虛無假設。

(4) 信賴區間法

所謂信賴區間是指利用樣本統計量配合機率所形成用來估計母體參數的區間。前面介紹的三種方法都是暫時主張 H_0 為真的情況下推導出來的判斷法則，相當於數學的反正法；而信賴區間法正好相法，它是主張 H_1 為真，相當於數學的直接證明法。根據 H_1 的假設知 $\mu > \mu_0$，主張母體平均數具有下限值。故母體平均數的

信賴區間為 $\mu \geq \bar{x} - z_\alpha \sqrt{\dfrac{\sigma^2}{n}}$。信賴區間法可經由臨界值推導出來，由臨界值法知，

當 $\bar{x} > \mu_0 + z_\alpha \sqrt{\dfrac{\sigma^2}{n}}$ 時，拒絕虛無假設。將此式進行移項可得，當 $\mu_0 < \bar{x} - z_\alpha \sqrt{\dfrac{\sigma^2}{n}}$ 時

拒絕虛無假設。比較 $\mu_0 < \bar{x} - z_\alpha \sqrt{\dfrac{\sigma^2}{n}}$ 與 $\mu \geq \bar{x} - z_\alpha \sqrt{\dfrac{\sigma^2}{n}}$ 可知，當 μ_0 沒有落入信賴區

間內時，結論為拒絕虛無假設。下圖為臨界值法與信賴區間法之關聯，上面的圖
形為臨界值法，而下面的圖形則為信賴區間法。由圖形可知，信賴區間法是將臨
界值法的分配圖中心點由 μ_0 平移至 $\bar{x}$。由於標準常態分配為對稱分配，故經過平
移後，μ_0 與 $\bar{x}$ 的位置正好反轉，因此檢定結果不會因圖形平移導致檢定結果不同。

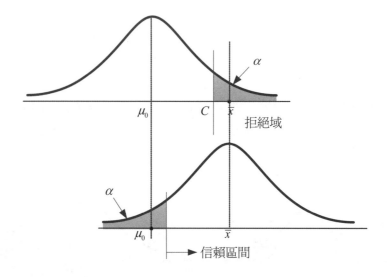

故以信賴區間法進行檢定可分成兩個步驟：

步驟 1： 計算信賴區間

$$\mu \geq \bar{x} - z_\alpha \sqrt{\frac{\sigma^2}{n}}$$

步驟 2： 檢查 μ_0 是否滿足上式。若不滿足上式，則結論為拒絕虛無假設。

上述四種檢定法若遇到有限母體時，進行檢定時，要將 $\sqrt{\dfrac{\sigma^2}{n}}$ 改成 $\sqrt{\dfrac{\sigma^2}{n} \times \dfrac{N-n}{N-1}}$。

例 1

已知母體變異數 $\sigma^2 = 36$，隨機抽取 40 個樣本，樣本平均數 $\bar{x} = 26.4$，試分別以四種
方法檢定 $H_0 : \mu \leq 25, H_1 : \mu > 25$，顯著水準 $\alpha = 0.05$。

解

(1) 臨界值法

步驟 1： 求臨界值

$$C = \mu_0 + z_\alpha \sqrt{\frac{\sigma^2}{n}} = 25 + 1.645 \sqrt{\frac{36}{40}} \approx 26.561$$

步驟 2： 比較 $\bar{x}$ 與 C 之大小

$\because \bar{x} = 26.4 < C = 26.561 \Rightarrow$ 不拒絕虛無假設

(2) 標準檢定法

步驟 1： 求檢定統計量

$$z^* = \frac{\bar{x} - \mu_0}{\sqrt{\frac{\sigma^2}{n}}} = \frac{26.4 - 25}{\sqrt{\frac{36}{40}}} \approx 1.48$$

步驟 2： 比較 z^* 與 z_α 之大小

$\because z^* = 1.48 < z_{0.05} = 1.645$ ，故結論為不拒絕虛無假設

(3) P 值法

步驟 1： 求 z^*

由(2)知 $z^* = 1.48$

步驟 2： 查表，查 z^* 右側機率

$P - value = P(z > z^*) = P(z > 1.48) \approx 0.0694$

步驟 3： 比較 $P - value$ 與 α 之大小

$\because P - value = 0.0694 > \alpha = 0.05$ ，故結論為不拒絕虛無假設

(4) 信賴區間法

步驟 1： 求信賴區間

$$\mu > \bar{x} - z_\alpha \sqrt{\frac{\sigma^2}{n}} = 26.4 - 1.645 \sqrt{\frac{36}{40}} \approx 24.84$$

步驟 2： 檢查 $\mu_0 = 25$ 是否滿足信賴區間

$\because \mu_0 = 25$ 落在信賴區間內，故結論為不拒絕虛無假設

> **例 2**
>
> 若已知母體總數為 400，請重作上一題。

解

$\because \dfrac{n}{N} = \dfrac{40}{400} = 0.1 > 0.05$ ，進行檢定時需加上有限母體修正因子

(1) 臨界值法

臨界值： $C = \mu_0 + z_\alpha \sqrt{\dfrac{\sigma^2}{n} \cdot \dfrac{N-n}{N-1}} = 25 + 1.645 \sqrt{\dfrac{36}{40} \cdot \dfrac{400-40}{400-1}} \approx 26.482$

$\because \bar{x} = 26.4 < C = 26.482$ ，結論為不拒絕虛無假設

(2) 標準檢定法：

檢定統計量： $z^* = \dfrac{\bar{x} - \mu_0}{\sqrt{\dfrac{\sigma^2}{n} \cdot \dfrac{N-n}{N-1}}} = \dfrac{26.4 - 25}{\sqrt{\dfrac{36}{40} \cdot \dfrac{400-40}{400-1}}} \approx 1.554$

$\because z^* = 1.554 < z_{0.05} = 1.645$ ，結論為不拒絕虛無假設

(3) P 值法：

$P - value = P(z > z^*) = P(z > 1.554) > P(z > 1.56) \approx 0.0594$

$\because P - value = 0.0594 > \alpha = 0.05$ ，結論為不拒絕虛無假設

(4) 信賴區間法：

信賴區間： $\mu > \bar{x} - z_\alpha \sqrt{\dfrac{\sigma^2}{n} \cdot \dfrac{N-n}{N-1}} = 26.4 - 1.645 \sqrt{\dfrac{36}{40} \cdot \dfrac{400-40}{400-1}} \approx 24.918$

$\because \mu_0 = 25$ 落在信賴區間內，結論為不拒絕虛無假設

註： $P(z > 1.554)$ 一般書籍皆採四捨五入取至第二位，即 $P(z > 1.55)$ 再查表也可以，因
為統計容許一些誤差。

2. 左尾檢定

左尾檢定的兩個假設寫法為： $\begin{cases} H_0 : \mu \geq \mu_0 \\ H_1 : \mu < \mu_0 \end{cases}$ ，左尾檢定的原理和右尾檢定的原理相
同，故不再進行詳細的推導。

(1) 臨界值法

步驟 1：計算臨界值

$$C = \mu_0 - z_\alpha \sqrt{\frac{\sigma^2}{n}}$$

步驟 2：比較 $\bar{x}$ 與臨界值 C 的大小。若 $\bar{x} < C$ 則結論為拒絕 H_0，否則結論為不拒絕 H_0。

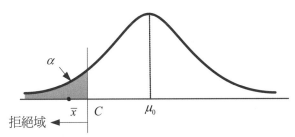

(2) 標準檢定法

步驟 1：求檢定統計量。

$$z^* = \frac{\bar{x} - \mu_0}{\sqrt{\dfrac{\sigma^2}{n}}}$$

步驟 2：比較 z^* 與 z_α 的大小

若 $z^* < -z_\alpha$，結論為拒絕 H_0。

註：標準檢定法左尾檢定求出來的 z^* 必定為負值。

(3) P 值法

步驟 1：求 z^*。

步驟 2：查表。查 z^* 左側的機率，即 $P-value$，若以數學方式可寫成 $P-value = P(z < z^*)$。

步驟 3：比大小。把查表獲得的機率值($P-value$)與 α 比較，當 $P-value < \alpha$ 時，拒絕 H_0，否則不拒絕 H_0。

(4) 信賴區間法

步驟 1：計算信賴區間

$$\mu \le \bar{x} + z_\alpha \sqrt{\frac{\sigma^2}{n}}$$

步驟 2：檢查 μ_0 是否滿足上式。若不滿足上式，則結論為拒絕 H_0，否則不拒絕 H_0。

例 3

已知母體變異數 $\sigma^2 = 4$，隨機抽取 50 個樣本，樣本平均數 $\bar{x} = 19.4$，試分別以四種方法檢定 $H_0 : \mu \geq 20, H_1 : \mu < 20$，顯著水準 $\alpha = 0.05$。

解

(1) 臨界值法

　　步驟 1： 求臨界值 C

$$C = \mu_0 - z_\alpha \sqrt{\frac{\sigma^2}{n}} = 20 - 1.645 \sqrt{\frac{4}{50}} \approx 19.535$$

　　步驟 2： 比較 $\bar{x}$ 與 C 的大小

$\because \bar{x} = 19.4 < C = 19.535$，故結論為拒絕虛無假設

(2) 標準檢定法

　　步驟 1： 求檢定統計量

$$z^* = \frac{\bar{x} - \mu_0}{\sqrt{\frac{\sigma^2}{n}}} = \frac{19.4 - 20}{\sqrt{\frac{4}{50}}} \approx -2.12$$

　　步驟 2： 比較 z^* 與 z_α 的大小

$\because z^* = -2.12 < -z_{0.05} = -1.645$，故結論為拒絕虛無假設

(3) P 值法

　　步驟 1： 求 z^*

　　　　由(2)知 $z^* = -2.12$

　　步驟 2： 查表。查 z^* 左側的機率

　　　　$P - value = P(z < z^*) = P(z < -2.12) = 0.017$

　　步驟 3： 比大小。把查表獲得的機率值($P - value$)與 α 比較

$\because P - value = 0.017 < \alpha = 0.05$，故結論為拒絕虛無假設

(4) 信賴區間法

　　步驟 1：　求信賴區間

$$\mu < \bar{x} + z_\alpha \sqrt{\frac{\sigma^2}{n}} = 19.4 + 1.645\sqrt{\frac{4}{50}} \approx 19.865$$

　　步驟 2：檢查 μ_0 是否滿足上式

　　∵ $\mu_0 = 20$ 沒有落在信賴區間內，結論為拒絕虛無假設

3. 雙尾檢定

　　雙尾檢定的兩個假設寫法為：$\begin{cases} H_0 : \mu = \mu_0 \\ H_1 : \mu \neq \mu_0 \end{cases}$。雙尾檢定的拒絕域在兩側，故取名為「雙尾」。由 H_0 的假設知，欲拒絕 H_0，只要能驗證出顯著的 $\mu > \mu_0$ 或 $\mu < \mu_0$，那麼就可以下拒絕 H_0 的結論，因此拒絕域位在 μ_0 的左右兩側。由於在右尾檢定我們已經進行四種方法的推導，雙尾檢定與右尾檢定的差別在於拒絕域有兩個，因此需同時推導出左、右兩側的拒絕域，當臨界值被推導出來後，其他三種方法的推導過程和右尾完全相同，為避免佔據過大的篇幅，故我們僅就臨界值法進行推導。

(1)　臨界值法

　　不論右尾、左尾或雙尾檢定，顯著水準皆等於 α。而雙尾檢定有兩個拒絕域，由於常態分配為對稱分配，故左、右兩側的拒絕域機率為 $\frac{\alpha}{2}$，同時有兩個臨界值，分別為 C_L 與 C_U。

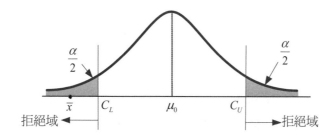

　　觀察上圖，由於 C_L 左側面積等於 $\frac{\alpha}{2}$，以數學符號可表示成 $P(\bar{x} < C_L) = \frac{\alpha}{2}$，將左式標準化可得 $P(\frac{\bar{x} - \mu}{\sqrt{\frac{\sigma^2}{n}}} < \frac{C_L - \mu}{\sqrt{\frac{\sigma^2}{n}}}) = \frac{\alpha}{2}$，即 $P(z < \frac{C_L - \mu}{\sqrt{\frac{\sigma^2}{n}}}) = \frac{\alpha}{2}$。再根據標準常態分配

符號知 $P(z < -z_{\frac{\alpha}{2}}) = \frac{\alpha}{2}$，比較兩式可得 $\frac{C_L - \mu}{\sqrt{\frac{\sigma^2}{n}}} = -z_{\frac{\alpha}{2}}$，故由左式可推得左側的臨界

值為 $C_L = \mu_0 - z_{\frac{\alpha}{2}}\sqrt{\dfrac{\sigma^2}{n}}$。同理可推得右側的臨界值為 $C_U = \mu_0 + z_{\frac{\alpha}{2}}\sqrt{\dfrac{\sigma^2}{n}}$。當樣本平均數 $\bar{x}$ 落入拒絕域內,即可獲得拒絕虛無假設的結論,故雙尾檢定臨界值法可分成下列兩個步驟:

步驟 1:求左右兩側臨界值。

$$C_L = \mu_0 - z_{\frac{\alpha}{2}}\sqrt{\frac{\sigma^2}{n}} \quad , \quad C_U = \mu_0 + z_{\frac{\alpha}{2}}\sqrt{\frac{\sigma^2}{n}}$$

步驟 2:把 $\bar{x}$ 和 C_L 或 C_U 比較大小。若 $\bar{x} < C_L$ 或 $\bar{x} < C_U$,那麼結論為拒絕 H_0,否則不拒絕 H_0。

事實上,當我們在進行雙尾檢定時,並不需要同時求出 C_L 與 C_U,觀察上面臨界值法的圖形,由圖形可知,當樣本平均數 $\bar{x} < \mu_0$ 時,只要求出 C_L 即可;同樣的當樣本平均數 $\bar{x} > \mu_0$ 時,只要求出 C_U 即可。

(2) 標準檢定法

雙尾檢定的檢定統計量 z^* 可能為正值亦可能為負值,若 z^* 為正值則與 $z_{\frac{\alpha}{2}}$ 比較;若 z^* 為負值則與 $-z_{\frac{\alpha}{2}}$ 比較;也有人把 z^* 取絕對值之後與 $z_{\frac{\alpha}{2}}$ 比較,在此我們採用絕對值的方式,好處是不用理會 z^* 的正負情形。標準檢定法一共可分成兩個步驟。

步驟 1:求檢定統計量。

$$z^* = \frac{\bar{x} - \mu_0}{\sqrt{\dfrac{\sigma^2}{n}}}$$

步驟 2:比較 $|z^*|$ 與 $z_{\frac{\alpha}{2}}$ 之大小。若 $|z^*| > z_{\frac{\alpha}{2}}$,則結論為拒絕 H_0,否則不拒絕 H_0。

(3) P 值法

雙尾檢定有兩個拒絕域,因此一般 P 值檢定法都將斜線部分面積乘以 2 之後再與顯著水準 α 比較,若以數學方式可寫成 $P-value = 2P(z > |z^*|)$,如下圖所示。此做法的好處是決策法則和單尾檢定法相同。

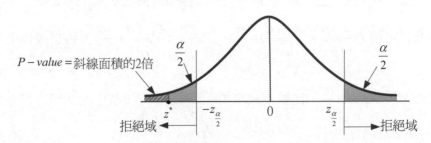

P 值法可分成下列 3 個步驟。

步驟 1：求檢定統計量 z^*。

步驟 2：查表。查 $|z^*|$ 的右側機率值，再乘以 2，即 $P-value$，以數學符號表示成

$$P-value = 2P(z > |z^*|)。$$

步驟 3：比大小。把 $P-value$ 與 α 比較，當 $P-value < \alpha$ 時拒絕 H_0，否則不拒絕 H_0。

(4) 信賴區間法

雙尾檢定的信賴區間法，可利用臨界值法推導出來，這部分請讀者自行仿照右尾檢定法推導。信賴區間法的檢定步驟可分成二個步驟。

步驟 1：求信賴區間。

$$\bar{x} - z_{\frac{\alpha}{2}}\sqrt{\frac{\sigma^2}{n}} \le \mu \le \bar{x} + z_{\frac{\alpha}{2}}\sqrt{\frac{\sigma^2}{n}}$$

步驟 2：檢查 μ_0 是否滿足上式。若不滿足上式，則結論為拒絕 H_0，否則不拒絕 H_0。

上述之所有檢定過程，若抽樣方式採用取出不放回，且為有限母體 ($\frac{n}{N} > 0.05$)，則變異數的部分必須再加上有限母體修正項。全部檢定式中的 $\sqrt{\frac{\sigma^2}{n}}$ 必須改用 $\sqrt{\frac{\sigma^2}{n} \cdot \frac{N-n}{N-1}}$ 取代，其餘部分則完全一樣。

例 4

已知某母體之標準差為 21，現隨機自此母體抽取 50 個樣本，已知樣本平均數為 875。請以上述資料檢定母體平均數是否等於 880，顯著水準 $\alpha = 0.05$，請你分別用四種方法進行檢定。

解

根據題意設立兩個假設：$\begin{cases} H_0 : \mu = 880 \\ H_1 : \mu \ne 880 \end{cases}$

(1) 臨界值法

因為樣本平均數 $\bar{x} = 875 < 880$，故只需檢查臨界值下限即可

臨界值下限：$C_L = \mu_0 - z_{\frac{\alpha}{2}}\sqrt{\frac{\sigma^2}{n}} = 880 - 1.96\sqrt{\frac{21^2}{50}} = 874.179$

$\because \bar{x} > C_L$，未落入拒絕域，故不拒絕虛無假設

(2) 標準檢定法

檢定統計量：$z^* = \dfrac{\bar{x} - \mu_0}{\sqrt{\dfrac{s^2}{n}}} = \dfrac{875 - 880}{\sqrt{\dfrac{21^2}{50}}} \approx -1.684$

$\because \left| z^* \right| = 1.684 < z_{0.025} = 1.96$，結論為不拒絕虛無假設

(3) P 值法

$P - value = 2P(z > \left| z^* \right|) = 2P(z > 1.6836) \approx 2 \times 0.0465 = 0.093$

$\because P - value = 0.093 > \alpha = 0.05$，故結論為不拒絕虛無假設

(4) 信賴區間法：

信賴區間：$\mu = \bar{x} \pm z_{\frac{\alpha}{2}} \sqrt{\dfrac{s^2}{n}} = 875 \pm 1.96 \sqrt{\dfrac{21^2}{50}} \approx [869.179, 880.821]$

$\because \mu_0 = 880 \in [869.179, 880.821]$，位於信賴區間內，故不拒絕虛無假設

例 5

假設隨機變數 X 服從常態分配 $N(\mu, 140^2)$，已知虛無假設與對立假設分別為 $H_0 : \mu = 715$ 與 $H_1 : \mu < 715$。現採用臨界值檢定法進行檢定，隨機抽取 25 個樣本，若決策法則為：$\bar{x} < 668.94$ 則拒絕虛無假設。根據上述條件，求下列各小題。

(1)檢定時所採用的顯著水準為多少？

(2)若抽取的 25 個樣本資料如下所示，請問檢定結果為何？

| 425 | 535 | 710 | 573 | 661 | 421 | 664 | 657 | 732 | 725 | 714 |

| 653 | 934 | 874 | 761 | 791 | 744 | 721 | 405 | 849 | 537 | 567 |

| 602 | 468 | 975 |

(3)請你用 P 值法再重做上一小題。

解

(1) 母體為常態且母體變異數已知，故需使用 z 檢定

根據題意，臨界值 $C = 668.94$

$$\because C = \mu_0 - z_\alpha \sqrt{\frac{\sigma^2}{n}} \quad \Rightarrow 668.94 = 715 - z_\alpha \sqrt{\frac{140^2}{25}} \Rightarrow z_\alpha = 1.645$$

查表得： $\alpha = 0.05$

(2) $\bar{x} = \dfrac{1}{25} \sum\limits_{i=1}^{25} x_i = \dfrac{1}{25}(425 + 535 + \cdots + 975) = 667.92$

$\because \bar{x} = 667.92 < C = 668.94$，故拒絕 H_0

(3) $z^* = \dfrac{667.92 - 715}{\sqrt{\dfrac{140^2}{25}}} \approx -1.68$

$P-value = P(z < -1.68) = 0.0465$

$\because P-value = 0.0465 < \alpha = 0.05$，故拒絕 H_0

例 6

一投幣式的紙杯式液態咖啡販賣機製造廠商宣稱其所製造之販賣機每杯咖啡的填充量至少 7 盎司，標準差為 0.4 盎司。消基會的稽查員隨機抽檢 16 台由該製造廠所生產的咖啡販賣機，發現每杯咖啡重量平均為 6.8 盎司，試問該公司宣稱是否屬實？假設填充重量成常態分配，顯著水準 $\alpha = 0.05$。

解

因為母體呈常態分配且母體變異數已知，故採用 z 檢定

本題以標準檢定法進行檢定，根據題意設立兩個假設： $\begin{cases} H_0 : \mu \geq 7 \\ H_1 : \mu < 7 \end{cases}$

檢定統計量 $z^* = \dfrac{\bar{x} - \mu_0}{\sqrt{\dfrac{\sigma^2}{n}}} = \dfrac{6.8 - 7}{\dfrac{0.4}{\sqrt{16}}} = -2$

$\because z^* = -2 < -z_{0.05} = -1.645$，拒絕 H_0

故在 $\alpha = 0.05$ 的條件下，平均每杯飲料重量顯著少於 7 盎司，該公司宣稱不實。

註：若不清楚如何設立假設，在此教授讀者一個小訣竅，本題 $\bar{x} = 6.8 < 7$，故根據樣本訊息，對立假設應假設為 $\mu < 7$，採左尾檢定法。

14.2.2 以 t 檢定進行單一母體平均數的檢定

當 t 分配被推導出來後,在應用層面上取代了 z 分配,其原因在於抽樣過程中,絕大部分的情況是不知道母體變異數的大小。因此,有關母體平均數的檢定,大部分的統計套裝軟體,僅提供 t 檢定。符合母體常態分配且母體變異數未知時,單一母體平均數的檢定使用 t 檢定。但若手寫題目時,當 t 分配表查不到對應的數值時,可改用 z 檢定求近似值。

t 檢定的主要用途是當母體變異數未知時取代 z 檢定,所以 t 檢定與 z 檢定的原理完全一樣,因此本節僅就檢定方法進行介紹。

1. 右尾檢定

(1) 臨界值法

步驟 1:求臨界值

$$C = \mu_0 + t_{\alpha, n-1} \sqrt{\frac{s^2}{n}}$$

步驟 2:比較 $\bar{x}$ 與臨界值大小。若 $\bar{x} > C$ 結論為拒絕 H_0,否則不拒絕 H_0。

(2) 標準檢定法

步驟 1:求檢定統計量

$$t^* = \frac{\bar{x} - \mu_0}{\sqrt{\frac{s^2}{n}}}$$

步驟 2:比較 t^* 與 $t_{\alpha, n-1}$ 大小。若 $t^* > t_{\alpha, n-1}$ 結論為拒絕 H_0,否則不拒絕 H_0。

(3) 信賴區間法

步驟 1:求信賴區間

$$\mu \geq \bar{x} - t_{\alpha, n-1} \sqrt{\frac{s^2}{n}}$$

步驟 2:檢查 μ_0 是否滿足上式。若 μ_0 落在信賴區間外,結論為拒絕 H_0,否則不拒絕 H_0。

(4) P 值法

步驟 1:求檢定統計量 t^*。

步驟 2:查表。求出 t_{n-1}^* 右側機率,即 $P-value$,若以數學符號表示成 $P-value = P(t_{n-1} > t^*)$。

步驟 3：比大小。比較 $P-value$ 與 α 的大小，若 $P-value < \alpha$ 結論為拒絕 H_0，否則不拒絕 H_0。

例 7

假設台灣地區幼稚園學生身高服從常態分配，平均為 120 公分。現在隨機從台北市抽出 9 名學童，得此 9 名學童平均身高為 130 公分且變異數為 225。請檢定台北市幼稚園學生的平均身高是否顯著高於台灣區同年齡層之學童身高？請你分別以臨界值法、標準檢定法、P 值法以及信賴區間法進行檢定，顯著水準 0.05。

解

母體常態且母體變異數未知，故使用 t 檢定。

根據題意樣本平均身高 130 公分，大於宣稱之母體身高，故採右尾檢定

設立兩個假設：$\begin{cases} H_0 : \mu \le 120 \\ H_1 : \mu > 120 \end{cases}$

(1) 臨界值法

$$C = \mu_0 + t_{0.05,8}\sqrt{\frac{s^2}{n}} = 120 + 1.8595\sqrt{\frac{225}{9}} \approx 129.298$$

$\because \bar{x} = 130 > C = 129.298$，拒絕 H_0

故台北學童身高顯著高於台灣地區學童平均身高

(2) 標準檢定法

檢定統計量：$t^* = \dfrac{\bar{x} - \mu_0}{\sqrt{\dfrac{s^2}{n}}} = \dfrac{130 - 120}{\sqrt{\dfrac{225}{9}}} = 2$

$\because t^* = 2 > t_{0.05,8} = 1.8595$，拒絕 H_0

(3) P 值法

$P-value = P(t_8 > 2) < P(t_8 > 1.8595) = 0.05 = \alpha$，故拒絕 H_0

(4) 信賴區間法

信賴區間：$\mu \ge \bar{x} - t_{0.05,8}\sqrt{\dfrac{s^2}{n}} = 130 - 1.8595\sqrt{\dfrac{225}{9}} \approx 120.703$

$\because \mu_0 = 120$ 不在信賴區間內，故拒絕 H_0

2. 左尾檢定

(1) 臨界值法

步驟 1：求臨界值

$$C = \mu_0 - t_{\alpha, n-1} \sqrt{\frac{s^2}{n}}$$

步驟 2：比較 $\bar{x}$ 與臨界值大小。若 $\bar{x} < C$ 結論為拒絕 H_0，否則不拒絕 H_0。

(2) 標準檢定法

步驟 1：求檢定統計量

$$t^* = \frac{\bar{x} - \mu_0}{\sqrt{\dfrac{s^2}{n}}}$$

步驟 2：比較 t^* 與 $-t_{\alpha, n-1}$ 之大小。若 $t^* < -t_{\alpha, n-1}$ 結論為拒絕 H_0，否則不拒絕 H_0。

(3) 信賴區間法

步驟 1：求信賴區間

$$\mu \le \bar{x} + t_{\alpha, n-1} \sqrt{\frac{s^2}{n}}$$

步驟 2：檢查 μ_0 是否滿足上式。若 μ_0 落在信賴區間外，結論為拒絕 H_0，否則不拒絕 H_0。

(4) P 值法

步驟 1：求檢定統計量 t^*。

步驟 2：查表。求出 t_{n-1}^* 左側機率，即 $P-value$，若以數學符號表示成 $P-value = P(t_{n-1} < t^*)$。

步驟 3：比大小。比較 $P-value$ 與 α 的大小，若 $P-value < \alpha$ 結論為拒絕 H_0，否則不拒絕 H_0。

例 8

隨機從台北到嘉義旅客中抽出 25 個行李秤重，得行李平均重量為 43.5 磅，標準差 6 磅，假設從台北到嘉義的旅客行李重呈常態分配，在顯著水準 $\alpha = 0.05$ 下，請問平均行李重是否低於 45 磅重？請你分別以信賴區間法、臨界值法與標準檢定法進行檢定。

解

母體常態且變異數未知，故使用 t 檢定

根據樣本訊息，樣本平均重為 43.5<45 磅，故採用左尾檢定

設立兩個假設：$\begin{cases} H_0 : \mu \geq 45 \\ H_1 : \mu < 45 \end{cases}$

(1) 信賴區間法

信賴區間：$\mu \leq \bar{x} + t_{0.05,24}\sqrt{\dfrac{s^2}{n}}$ $\Rightarrow \mu \leq 43.5 + 1.7109\sqrt{\dfrac{6^2}{25}}$ $\Rightarrow \mu \leq 45.553$

$\because \mu_0 = 45$ 落在信賴區間內，不拒絕 H_0

故在 $\alpha = 0.05$ 下，旅客行李平均重量沒有明顯低於 45 磅

(2) 臨界值法

臨界值：$C = \mu_0 - t_{0.05,24}\sqrt{\dfrac{s^2}{n}} = 45 - 1.7109\sqrt{\dfrac{6^2}{25}} \approx 42.947$

$\because \bar{x} = 43.5 > C = 42.947$，故不拒絕 H_0

(3) 標準檢定法

檢定統計量：$t^* = \dfrac{\bar{x} - \mu_0}{\sqrt{\dfrac{s^2}{n}}} = \dfrac{43.5 - 45}{\sqrt{\dfrac{6^2}{25}}} \approx -1.25$

$\because t^* = -1.25 > -t_{0.05,24} = -1.7109$　故不拒絕 H_0

3. 雙尾檢定

(1) 臨界值法

步驟 1：求左右兩側臨界值。

$$C_L = \mu_0 - t_{\frac{\alpha}{2},n-1}\sqrt{\dfrac{s^2}{n}} \ , \ C_U = \mu_0 + t_{\frac{\alpha}{2},n-1}\sqrt{\dfrac{s^2}{n}}$$

步驟 2：把 $\bar{x}$ 和 C_L 或 C_U 比較大小。若 $\bar{x} < C_L$ 或 $\bar{x} < C_U$，那麼結論為拒絕 H_0，否則不拒絕 H_0。

t 檢定和 z 檢定的原理大同小異，若 $\bar{x} < \mu_0$ 時，只要求出 C_L 即可；同理當 $\bar{x} > \mu_0$ 時，只要求出 C_U 即可。

(2) 標準檢定法

步驟 1：求檢定統計量。

$$t^* = \frac{\bar{x} - \mu_0}{\sqrt{\dfrac{s^2}{n}}}$$

步驟 2：比較 $\left|t^*\right|$ 與 $t_{\frac{\alpha}{2}, n-1}$ 之大小。若 $\left|t^*\right| > t_{\frac{\alpha}{2}, n-1}$，則結論為拒絕 H_0，否則不拒絕 H_0。

(3) 信賴區間法

步驟 1：求信賴區間。

$$\bar{x} - t_{\frac{\alpha}{2}, n-1}\sqrt{\frac{s^2}{n}} \leq \mu \leq \bar{x} + t_{\frac{\alpha}{2}, n-1}\sqrt{\frac{s^2}{n}}$$

步驟 2：檢查 μ_0 是否滿足上式。若不滿足上式，則結論為拒 H_0，否則不拒絕 H_0。

(4) P 值法

步驟 1：求檢定統計量 t^*。

步驟 2：查表。查 $\left|t^*\right|$ 的右側機率值，再乘以 2，即 $P - value$。以數學符號表示成 $P - value = 2P(t_{n-1} > \left|t^*\right|)$。

步驟 3：比大小。把 $P - value$ 與 α 比較，當 $P - value < \alpha$ 時拒絕 H_0，否則不拒絕 H_0。

但採用 t 檢定時幾乎無法以手算的方式求出 P 值法，其原因在於一般教科書的 t 分配表僅提供幾個特定的機率值，故通常會限制使用 P 值法進行檢定的題目，數據大都設計過。

綜合上述不難發現，以標準檢定法而言，當檢定統計量為正數時，必須比查表獲得的數值還大，即可拒絕虛無假設；若檢定統計量為負數時，查表所得的數值需配合檢定統計量取負數，當檢定統計量比查表得到的數值(取負)還小時，即可拒絕虛無假設。

例9

某學者宣稱居住在寒帶國家的人平均體溫為華氏 98.6 度。現隨機抽取 8 位居住在寒帶國家的人，測量他們的體溫分別為：

98.4, 97.8, 98.6, 98.3, 97.9, 98.4, 98.7, 98.0

請問根據這 8 個樣本是否有足夠的證據顯示，居住在寒帶國家的人其平均體溫為 98.6 度。假設母體為常態分配，顯著水準 $\alpha=0.05$，請分別使用信賴區間法、臨界值法與標準檢定法檢定。(已知此 8 人之平均體溫為 98.2625 度，標準差 0.329 度)

解

母體常態且母體變異數未知採用 t 檢定

根據題意「體溫為 98.6 度」，使用雙尾檢定

設立兩個假設：$\begin{cases} H_0 : \mu = 98.6 \\ H_1 : \mu \neq 98.6 \end{cases}$

(1) 信賴區間法：

$$\bar{x} - t_{0.025,7}\sqrt{\frac{s^2}{n}} \leq \mu \leq \bar{x} + t_{0.025,7}\sqrt{\frac{s^2}{n}}$$

$$98.2625 - 2.3646\sqrt{\frac{0.329^2}{8}} \leq \mu \leq 98.2625 + 2.3646\sqrt{\frac{0.329^2}{8}}$$

$$\Rightarrow 97.9875 \leq \mu \leq 98.5375$$

$\because \mu_0 = 98.6$ 不在信賴區間內，拒絕虛無假設，無顯著證據證明平均溫度為 98.6 度

(2) 臨界值法

因為本題之樣本平均數為 98.2625<98.6，只要找臨界值下限即可

$$C_L = \mu_0 - t_{0.025,7}\sqrt{\frac{s^2}{n}} = 98.6 - 2.3646\sqrt{\frac{0.329^2}{8}} \approx 98.325$$

$\because \bar{x} = 98.2625 < C_L = 98.325$，故拒絕虛無假設

(3) 標準檢定法：

$$t^* = \frac{\bar{x} - \mu}{\sqrt{\frac{s^2}{n}}} = \frac{98.2625 - 98.6}{\sqrt{\frac{0.329^2}{8}}} = -2.9$$

$\because |t^*| = 2.9 > t_{0.025,7} = 2.3646$，故拒絕虛無假設

14.2.3 以柴比雪夫不等式進行單母體平均數的檢定

t 檢定必須滿足母體為常態分配的情況下，而 z 檢定則需滿足母體常態或者大樣本情況。若母體分配未知，但母體變異數已知且為小樣本時，則可改用柴比雪夫不等式進行檢定。使用柴比雪夫不等式進行檢定時，常用方法有臨界值法以及標準檢定法二種方法，至於 P 值法與信賴區間法請讀者自行推導，本教科書就不再冗述了。由於前面章節介紹柴比雪夫不等式的型式為：$P(|\bar{x} - \mu_0| \le k\sqrt{\dfrac{\sigma^2}{n}}) \ge 1 - \dfrac{1}{k^2}$，故我們以雙尾檢定進行推導，至於單尾檢定只要將雙尾檢定的拒絕域改在左側或右側，並將雙尾的 $\dfrac{\alpha}{2}$ 改成 α 即可推導出來。

1. 雙尾檢定

(1) 臨界值法

已知柴比雪夫不等式為：

$$P(|\bar{x} - \mu_0| \le k\sqrt{\frac{\sigma^2}{n}}) \ge 1 - \frac{1}{k^2}$$

將柴比雪夫不等式中的絕對值展開可得 $P(-k\sqrt{\dfrac{\sigma^2}{n}} \le \bar{x} - \mu_0 \le k\sqrt{\dfrac{\sigma^2}{n}}) \ge 1 - \dfrac{1}{k^2}$。觀察下圖：

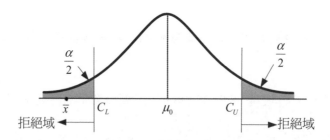

灰色區域面積占全體的 $1 - \alpha$，可列式：$P(C_L \le \bar{x} \le C_U) = 1 - \alpha$，將左式同時減 μ_0 可得 $P(C_L - \mu_0 \le \bar{x} - \mu_0 \le C_U - \mu_0) = 1 - \alpha$，將此式與柴比雪夫不等式比較可得三個式子：$C_L - \mu_0 = -k\sqrt{\dfrac{\sigma^2}{n}}$、$C_U - \mu_0 = k\sqrt{\dfrac{\sigma^2}{n}}$ 與 $\dfrac{1}{k^2} = \alpha$(註：檢定是在檢定不等式中的等於)，求解這三個方程式可得臨界值上限與臨界值下限分別為：$C_L = \mu_0 - k\sqrt{\dfrac{\sigma^2}{n}}, C_U = \mu_0 + k\sqrt{\dfrac{\sigma^2}{n}}$，以及 $k = \sqrt{\dfrac{1}{\alpha}}$。接著抽取樣本，若樣本平均數 $\bar{x}$ 落

於拒絕域，即 $\bar{x} < C_L$ 或 $\bar{x} > C_U$，結論為拒絕虛無假設。故臨界值法可分成兩個步驟。

步驟 1：求臨界值

$$C_L = \mu_0 - k\sqrt{\frac{\sigma^2}{n}}, \quad C_U = \mu_0 + k\sqrt{\frac{\sigma^2}{n}}$$

步驟 2：比較 $\bar{x}$ 與 C_L 或 C_U 的大小。當 $\bar{x} < C_L$ 或 $\bar{x} > C_U$，結論為拒絕 H_0，否則不拒絕 H_0。

同樣的，以柴比雪夫不等式進行雙尾檢定，並不需要同時求出 C_L 與 C_U，當 $\bar{x} < \mu_0$ 時只要求 C_L 即可；同理當 $\bar{x} > \mu_0$ 時，只要求 C_U 即可。

(2) 標準檢定法

一般雙尾在進行檢定時，大都將檢定統計量取絕對值後再進行判斷，因此考慮右側的拒絕域進行推導即可。根據臨界值法知當 $\bar{x} > C_U$ 時，拒絕虛無假設，由 $\bar{x} > C_U$ 可得 $\bar{x} > \mu_0 + k\sqrt{\frac{\sigma^2}{n}}$，左式可進一步轉換成 $\dfrac{\bar{x} - \mu_0}{\sqrt{\dfrac{\sigma^2}{n}}} > k$，其中 $k = \sqrt{\dfrac{1}{\alpha}}$，令 $k^* = \dfrac{\bar{x} - \mu_0}{\sqrt{\dfrac{\sigma^2}{n}}}$

稱為檢定統計量，故最後可得：當 $k^* > k$ 時拒絕虛無假設。若推導過程改用臨界值下限，那麼 k^* 必須加絕對值，才能和臨界值上限共用同一個決策法則。故標準檢定法可分成二個步驟：

步驟 1：求檢定統計量

$$k^* = \frac{\bar{x} - \mu_0}{\sqrt{\dfrac{\sigma^2}{n}}}$$

步驟 2：比較 $\left|k^*\right|$ 和 $\sqrt{\dfrac{1}{\alpha}}$ 之大小。當 $\left|k^*\right| > \sqrt{\dfrac{1}{\alpha}}$ 時，結論為拒絕 H_0，否則為不拒絕 H_0。

2. 左尾檢定

(1) 臨界值法

以柴比雪夫不等式進行檢定，其左尾檢定和雙尾檢定和前面的原理相同。左尾檢定只有臨界值下限。觀察下圖：

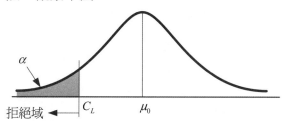

灰色區域以數學符號表示成： $P(C_L \leq \overline{x}) = 1 - \alpha$ ，與柴比雪夫不等式的左半部比較

可解得臨界值 $C_L = \mu_0 - k\sqrt{\dfrac{\sigma^2}{n}}$ ，但此時 $k = \sqrt{\dfrac{1}{2\alpha}}$ 。故左尾檢定的步驟為：

步驟 1：求臨界值

$$C_L = \mu_0 - k\sqrt{\frac{\sigma^2}{n}}$$

步驟 2：比較 $\overline{x}$ 與 C_L 的大小。當 $\overline{x} < C_L$ 時，結論為拒絕 H_0 ，否則為不拒絕 H_0 。

(2) 標準檢定法

步驟 1：求檢定統計量

$$k^* = \frac{\overline{x} - \mu_0}{\sqrt{\dfrac{\sigma^2}{n}}}$$

步驟 2：比較 k^* 與 $-k$ 大小。若 $k^* < -k$ ，結論為拒絕 H_0 ，否則為不拒絕 H_0 。

3. 右尾檢定

(1) 臨界值法

步驟 1：求臨界值

$$C_U = \mu_0 + k\sqrt{\frac{\sigma^2}{n}} , \quad k = \sqrt{\frac{1}{2\alpha}} 。$$

步驟 2：比較 $\overline{x}$ 與 C_L 的大小。當 $\overline{x} > C_U$ 時，結論為拒絕 H_0 ，否則為不拒絕 H_0 。

(2) 標準檢定法

步驟 1：求檢定統計量

$$k^* = \frac{\overline{x} - \mu_0}{\sqrt{\dfrac{\sigma^2}{n}}}$$

步驟 2：比較 k^* 與 k 大小。若 $k^* > k$ ，結論為拒絕 H_0 ，否則為不拒絕 H_0 。

例 10

設某電扇製造商宣稱其製造的電扇保用一萬小時,但經某消費團體測試 12 隻電扇, 得其平均使用壽命為 9785 小時。另由該製造商公佈的資料知,電扇使用時數的標準 差為 164 小時。試問製造商的廣告是否誇大不實?已知兩個假設如下(顯著水準 $\alpha=0.05$):

$H_0 : \mu \geq 10000$(廠商的宣稱真實,使用年限超過 10000 小時)。

$H_1 : \mu < 10000$(廠商的宣稱不真實,使用年限小於 10000 小時)。

解

母體分配未知,小樣本且母體標準差已知,故採用柴比雪夫不等式進行檢定

(1) 臨界值法

$$k = \sqrt{\frac{1}{0.1}} = \sqrt{10}$$

$$C_L = \mu_0 - k\sqrt{\frac{\sigma^2}{n}} = 10000 - \sqrt{10}\sqrt{\frac{164^2}{12}} \approx 9850.289$$

$\because \bar{x} = 9785 < C_L = 9850.289$,拒絕虛無假設,故廠商的宣稱不真實,使用年限顯著 小於 10000 小時

(2) 標準檢定法

檢定統計量: $k^* = \dfrac{\bar{x} - \mu_0}{\sqrt{\dfrac{\sigma^2}{n}}} = \dfrac{9785 - 10000}{\sqrt{\dfrac{164^2}{12}}} = -4.54$

$\because k^* = -4.54 < -k = -\sqrt{10} \approx -3.16$,拒絕虛無假設

例 11

某學者宣稱居住在寒帶國家的人平均體溫為華氏 98.6 度。現隨機抽取八位居住在寒 帶國家的人,測量他們的體溫分別為:

98.4, 97.8, 98.6, 98.3, 97.9, 98.4, 98.7, 98.0

若已知母體標準差為 0.329 度,請問根據這八個樣本是否有足夠的證據顯示,居住在 寒帶國家的人其平均體溫為 98.6 度,顯著水準 $\alpha=0.05$。

解

母體分配未知，小樣本且變異數已知，故採用柴比雪夫不等式進行檢定

根據題意為雙尾檢定，兩個假設為：$\begin{cases} H_0 : \mu = 98.6 \\ H_1 : \mu \neq 98.6 \end{cases}$

樣本平均數：$\bar{x} = 98.2625$，$k = \sqrt{\dfrac{1}{\alpha}} = \sqrt{\dfrac{1}{0.05}} \approx 4.472$

(1) 臨界值法

於本題樣本平均數為 98.2625<98.6，故只要求臨界值下限即可

$$C_L = \mu_0 - k\sqrt{\frac{\sigma^2}{n}} = 98.6 - 4.472\sqrt{\frac{0.329^2}{8}} \approx 98.08$$

$\because \bar{x} = 98.2625 > C_L = 98.08$，不拒絕虛無假設，故有足夠證據顯示平均體溫為 98.6 度

(2) 標準檢定法

$$k^* = \frac{\bar{x} - \mu}{\sqrt{\dfrac{\sigma^2}{n}}} = \frac{98.2625 - 98.6}{\sqrt{\dfrac{0.329^2}{8}}} = -2.9$$

$\because \left| k^* \right| = 2.9 < k = 4.472$，不拒絕虛無假設

14.3 錯誤與檢定力函數

　　在進行檢定時，結論只有兩種，分別為拒絕虛無假設或不拒絕虛無假設。母體參數是存在的事實，但卻不知道真實數值為何，因此我們只能利用樣本訊息協助判斷虛無假設的真偽。而樣本訊息是否能反應母體參數，與抽樣是否產生偏差有關。因此在進行決策時，我們有可能做出正確的決策也可能判斷錯誤。在本節中將探討檢定過程中可能犯的錯誤以及如何衡量犯錯的機率。

14.3.1 錯誤

　　當利用樣本訊息去推論母體參數時，若抽樣過程產生偏差，導致決策錯誤的風險稱為錯誤(error)。由於檢定結論只有兩種：拒絕或不拒絕虛無假設，故進行檢定時所產生的錯誤有下列兩種。

1. 型 I 的錯誤(type I error)

當 H_0 為真(H_1 為偽)，拒絕 H_0 所犯的錯誤，稱為型 I 的錯誤(type I error)。犯型 I 錯誤的最大機率稱為 α 錯誤，也有人稱為 α 風險或顯著水準(significant level)，即：

$$\alpha = \max P(拒絕 H_0 | H_0 為真)$$

以左尾檢定來看，虛無假設寫成 $H_0 : \mu \geq \mu_0$，為一複式假設法，此種假設法包含所有大於等於 μ_0 的一切母體可能情形。觀察下圖，當 $\mu = \mu_0$ 時灰色區域機率最大(其餘虛線分配的陰影面積較小)，若樣本落於此區域，結論為拒絕 H_0，若決策錯誤，則會犯型 I 錯誤，且錯誤機率為最大，恰等於 α，故犯型 I 錯誤的最大機率等於 α。

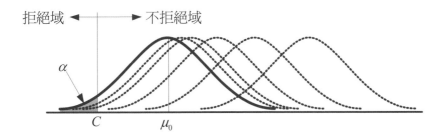

2. 型 II 的錯誤(type II error)

當 H_0 為偽(H_1 為真)，不拒絕 H_0 所發生的錯誤，稱為型 II 的錯誤(type II error)，又稱為 β 錯誤、 β 風險，其值等於 β，即

$$\beta = P(拒絕 H_1 | H_1 為真)$$

從上面的定義可以看出來，只有在 H_0 為真的情況下才會犯型 I 錯誤，同樣的只有在 H_1 為真的情況下才會犯型 II 錯誤。因此欲判斷所犯錯誤為何種型態，只要判斷真實情況 H_0 與 H_1 何者為真即可，當然前提是得犯了錯誤才會有型 I 或型 II 的錯誤產生。在進行假設檢定時，我們是先設立犯最大型 I 錯誤機率 α (或稱顯著水準)之後再進行檢定，主要原因在於檢定過程是在檢定 H_0，然後再抽樣利用樣本訊息判斷是否可拒絕 H_0，故型 I 錯誤的最大機率可由研究者根據自己對檢定的嚴謹度可任意指定 α 的大小， α 不宜取太大，以免檢定過程容易觸犯型 I 錯誤。表為型 I 與型 II 錯誤的整理：

真實狀況	決策	
	不拒絕 H_0	拒絕 H_0
H_0 真	正確　機率： $1-\alpha$	型 I 錯誤　機率： α
H_0 偽	型 II 錯誤　機率： β .	正確　機率： $1-\beta$

> **例 12**
>
> 有一強烈颱風正迅速接近台灣，但不確定是否會登陸，彰化縣長需要決定明天是否放颱風假，於是他設立了兩個假設，其假設為 H_0：颱風會經過彰化縣，H_1：颱風不會經過彰化縣。若型 I 錯誤(Type I Error)以 α 表示，而型 II 錯誤(Type II Error)以 β 表示，試求下列各小題。
>
> (1)「該放而不放假」犯何種型態錯誤。
>
> (2)「不該放而放假」犯何種型態錯誤？
>
> (3)「寧可放錯假」，請問 α 增加或減少？β 增加或減少？

解

欲判斷犯哪一種型態的錯誤，只要知道真實情況是屬於 H_0 或 H_1

(1) 「該放」表示颱風會經過彰化縣，故真實情況是站在 H_0 的假設上，而「不放假」表示有錯誤產生，H_0 為真的情況下所犯的錯誤為型 I 錯誤。

(2) 「不該放」表示颱風不會經過彰化縣，故真實情況是站在 H_1 的假設上。而「放假」表示有錯誤產生，H_1 為真的情況下所犯的錯誤為型 II 錯誤。

(3) 「寧可放錯假」表示「不該放而放假」為犯型 II 錯誤，故增加 β，與 α 無關。

14.3.2 型 II 錯誤的推導

　　檢定過程錯誤的產生，主要來自於錯誤的樣本訊息或者錯誤的假設，在本節中我們將分別探討左尾、右尾以及雙尾三種假設的型 II 錯誤機率推導。型 II 錯誤是在 H_0 為偽(即 H_1 為真)的情況下，不拒絕 H_0 下發生的。由此可知，欲求所犯型 II 錯誤的機率，必須知道真正的母體平均數為何。就如同我們用肉眼觀察一支原子筆的長度為何，如果不曉得原子筆真正的長度，我們永遠不知道估計值是高估或低估。大部分情況，研究者並不知道真實母體平均數的數值，故型 II 錯誤是數學家假想的數值，在後面的單元中，會介紹型 II 錯誤與檢定力的關係，故數學家定義型 II 錯誤的目的之一，是用來檢測某種檢驗法的檢定力強弱。

1. 左尾檢定

左尾檢定的兩個假設為：$\begin{cases} H_0 : \mu \geq \mu_0 \\ H_1 : \mu < \mu_0 \end{cases}$。假設母體真實的平均數為 μ_1，檢定過程中，暫時先根據虛無假設建立抽樣分配，然後再抽取樣本進行檢定，而樣本是來自於真實的母體。假設虛無假設與真實母體所產生的抽樣分配如下圖所示：

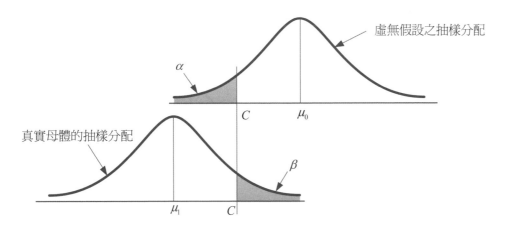

上圖中左下方為真實母體的分配情形，隨機取出的樣本是來自於真實母體，若抽中下圖陰影部分的樣本，則在我們所設立的虛無母體中(研究者只知道虛無母體)，會讓研究者做出不拒絕 H_0 的結論，但真實母體的平均數是符合 H_1 的假設。簡單來說就是以上圖而言，若萬一抽中的是下圖陰影部分的資料，那麼就會導致研究者下錯誤的結論，犯了型 II 錯誤。真實母體陰影部分所佔的機率以 β 表示。為何會發生這種情況呢？我們用一個實際的例子來說明。如果虛無假設為台灣地區成年男子平均身高大於等於 180 公分，對立假設小於 180 公分，實際上真正情況是平均身高等於 175 公分。隨機抽取 100 人，但很不幸的這 100 個恰巧都抽中籃球選手，這 100 位選手平均身高 202 公分，那對研究者而言，根據樣本訊息會做出不拒絕虛無假設的結論，這就是導致犯了型 II 錯誤的原因。

由於不論真實母體為何，當虛無假設一旦被建立之後，決策法則便固定住，故臨界值 C 不會因真實母體情形而改變(我們並不知道真實母體情況)。因此虛無假設與真實母體是共用相同的臨界值，即

$$C = \mu_0 - z_\alpha \sqrt{\frac{\sigma^2}{n}} = \mu_1 + z_\beta \sqrt{\frac{\sigma^2}{n}}$$

利用上式求出 z_β 後再查表即可求出型 II 誤差 β。由上圖我們亦可以看出，當臨界值變動時，α, β 互為消長，因此 α 越小(連接通過 C 的直線往左移動)，所犯的 β 錯誤越大。後面會再進一步介紹 α, β 的消長關係。

2. 右尾檢定

右尾檢定的兩個假設為 $\begin{cases} H_0 : \mu \le \mu_0 \\ H_1 : \mu > \mu_0 \end{cases}$。假設母體真實的平均數為 μ_1，由虛無假設之母體與真實母體所產生的抽樣分配如下圖所示：

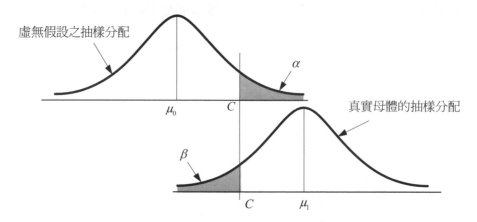

利用臨界值相等，可列出方程式：

$$C = \mu_0 + z_\alpha \sqrt{\frac{\sigma^2}{n}} = \mu_1 - z_\beta \sqrt{\frac{\sigma^2}{n}}$$

求解上式之 z_β 再查表即可求出型 II 錯誤 β 的機率。

3. 雙尾檢定

雙尾檢定的兩個假設為 $\begin{cases} H_0 : \mu = \mu_0 \\ H_1 : \mu \ne \mu_0 \end{cases}$。假設母體真實的平均數為 μ_1，由於真實母體平均數可能大於 μ_0 也可能小於 μ_0，故有兩種情形，由虛無假設與真實母體所產生的抽樣分配如下圖所示：

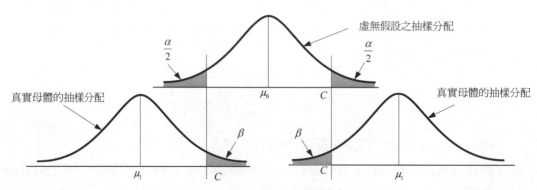

由臨界值相等可列出方程式：

$$C = \mu_0 + z_{\frac{\alpha}{2}}\sqrt{\frac{\sigma^2}{n}} = \mu_1 - z_\beta\sqrt{\frac{\sigma^2}{n}}$$

或

$$C = \mu_0 - z_{\frac{\alpha}{2}}\sqrt{\frac{\sigma^2}{n}} = \mu_1 + z_\beta\sqrt{\frac{\sigma^2}{n}}$$

利用上式求出 z_β，再查表即可求出型 II 錯誤 β 的機率。

例 13

考慮兩個假設：$\begin{cases} H_0 : \mu \geq 10 \\ H_1 : \mu < 10 \end{cases}$。已知樣本數 120，母體變異數 25，顯著水準 $\alpha = 0.05$。若已知真實母體平均數為 9，請問在這種假設情況下，檢定時會犯型 II 錯誤機率為何？

解

臨界值 $C = \mu_0 - z_\alpha\sqrt{\frac{\sigma^2}{n}} = \mu_1 + z_\beta\sqrt{\frac{\sigma^2}{n}}$

$10 - 1.645\sqrt{\frac{25}{120}} = 9 + z_\beta\sqrt{\frac{25}{120}}$

$\Rightarrow z_\beta \approx 0.55$，查表得 $\beta = 0.2912$

例 14

考慮兩個假設：$\begin{cases} H_0 : \mu = 20 \\ H_1 : \mu \neq 20 \end{cases}$。已知樣本數 200，母體變異數 100，顯著水準 $\alpha = 0.05$。若已知真實母體平均數為 18，請問在這種假設情況下，檢定時會犯型 II 錯誤的機率為何？

解

臨界值 $C = \mu_0 - z_{\frac{\alpha}{2}}\sqrt{\frac{\sigma^2}{n}} = \mu_1 + z_\beta\sqrt{\frac{\sigma^2}{n}}$

$20 - 1.96\sqrt{\frac{100}{200}} = 18 + z_\beta\sqrt{\frac{100}{200}}$

$\Rightarrow z_\beta \approx 0.86$，查表得 $\beta = 0.1949$

例 15

樂透建設公司認為他們的工人每人每天休息時間應少於 72 分鐘。現隨機抽取 36 名工人，發現平均每人每天休息時間為 80 分鐘，樣本標準差為 20 分鐘。

(1)在 0.05 的顯著水準下，檢定 $H_0 : \mu \leq 72$，檢定結果是否推翻虛無假說？為什麼？

(2)若母體平均的休息時間為 80 分鐘，求犯型 II 錯誤機率為何？

解

(1) 設立兩個假設：$\begin{cases} H_0 : \mu \leq 72 \\ H_\alpha : \mu > 72 \end{cases}$

　　檢定統計量：$z^* = \dfrac{\bar{x} - \mu_0}{\sqrt{\dfrac{s^2}{n}}} = \dfrac{80 - 72}{\sqrt{\dfrac{20^2}{36}}} = 2.4$

　　$\because z^* = 2.4 > z_{0.05} = 1.645$，結論為拒絕 H_0

　　故休息時間顯著的超過 72 分鐘。

(2) 臨界值 $C = \mu_0 + z_\alpha \sqrt{\dfrac{\sigma^2}{n}} = \mu_1 - z_\beta \sqrt{\dfrac{\sigma^2}{n}}$

　　$72 + 1.645 \sqrt{\dfrac{20^2}{36}} = 80 - z_\beta \sqrt{\dfrac{20^2}{36}} \Rightarrow z_\beta = 0.755 \approx 0.76$，查表得 $\beta = 0.2236$

例 16

為檢定所設立的兩個假設 $\begin{cases} H_0 : \mu = 1000 \\ H_1 : \mu \neq 1000 \end{cases}$。現在隨機抽取 100 個樣本，已知母體變異數為 2250，若決策法則為：當 $\bar{x} > 1008$ 或 $\bar{x} < 992$ 時拒絕虛無假設，求下列各題。

(1)求犯型 I 錯誤的最大機率為何？。

(2)若真實母體平均數為 1005，求犯型 II 錯誤機率為何？.

解

(1) 由題意可知本題採臨界值法進行檢定，即 $C_L = 992, C_U = 1008$

　　欲求 α 值，僅需利用 C_L 或 C_U 其中之一即可。

$$\because C_U = \mu_0 + z_{\frac{\alpha}{2}} \sqrt{\frac{\sigma^2}{n}} \quad \Rightarrow 1008 = 1000 + z_{\frac{\alpha}{2}} \sqrt{\frac{2250}{100}} \quad \Rightarrow z_{\frac{\alpha}{2}} = 1.69$$

查表得 $\dfrac{\alpha}{2} = 0.0455, \quad \therefore \alpha = 0.091$

(2) 求解本題時要特別小心,因為真實母體的中央位置在虛無假設臨界值上限的左方,下圖中陰影部分為 β 值,故列式的時候要格外小心。

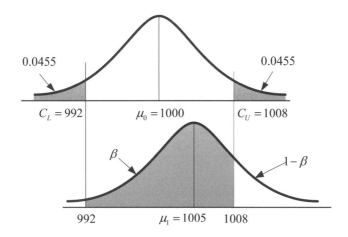

由臨界值 $C_U = \mu_0 + z_{\frac{\alpha}{2}} \sqrt{\dfrac{\sigma^2}{n}} = \mu_1 + z_{1-\beta} \sqrt{\dfrac{\sigma^2}{n}}$

$$1000 + 1.69\sqrt{\frac{2250}{100}} = 1005 + z_{1-\beta}\sqrt{\frac{2250}{100}} \quad \Rightarrow z_{1-\beta} = 0.6359 \approx 0.64$$

查表得 $1 - \beta = 0.2611 \quad \therefore \beta = 0.7389$

註:在真實母體的左側白色區域,因為機率值非常的小,一般可以忽略不計,不用特別扣除此處之機率。但是若此機率不可忽略時,那麼下圖中灰色部分的機率值需可利用下面的方法求出,即

$$P(992 \le \overline{x} \le 1008) = P\left(\frac{992 - 1005}{\sqrt{\dfrac{2250}{100}}} \le z \le \frac{1008 - 1005}{\sqrt{\dfrac{2250}{100}}}\right)$$

$$\approx P(-2.74 \le z \le 0.64) = 0.7538$$

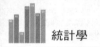

例 17

某人參加研究所口試，口試委員問了 4 題是非題，為判斷該生是否用猜的，口試委員使用如下的方法：如果 3 題或 3 題以上答對則認為考生不是用猜的，若答對的題數少於 3 題則認為考生用猜的，請問口試委員會犯型 I 錯誤的機率是多少？

解

設立兩個假設： $\begin{cases} H_0 : 考生用猜的 \\ H_1 : 考生不是用猜的 \end{cases}$

用猜的故答對、答錯機率皆為 0.5，設 X 表答對題數

x	0	1	2	3	4
$f(x)$	0.0625	0.25	0.375	0.25	0.0625

其中 $f(x) = C_x^4 (0.5)^x (0.5)^{4-x}$

當虛無假設為真卻拒絕虛無假設，此時會犯型 I 錯誤，表示學生用猜的但卻答對 3 題或 3 題以上，故

$\alpha = f(3) + f(4) = 0.25 + 0.0625 = 0.3125$

例 18

已知隨機變數 X 之機率密度數為 $f(x) = \dfrac{1}{\theta}, 0 \le x \le \theta$，現在設立兩個假設： $H_0 : \theta = 1$ 與 $H_1 : \theta = 4$。假設隨機變數 x 為任意一個觀察值。

(1)若決策法則為：觀察值 $x > 0.5$ 時則拒絕虛無假設，試求所犯型 I 與型 II 之錯誤機率為何？

(2)若決策法則為：觀察值 $x > 1.5$ 時則拒絕虛無假設，試求所犯型 I 與型 II 之錯誤機率為何？

解

本題因為直接給機率密度函數，故求解本題需從型 I 與型 II 錯誤的定義出發

$\alpha = \max P(拒絕\ H_0 | H_0\ 為真)$ ， $\beta = P(拒絕\ H_1 | H_1\ 為真)$

(1) 犯型 I 錯誤：表 H_0 為真 $\therefore \theta = 1$ 且拒絕，所以 $x > 0.5$ ，故

$\alpha = f(x > 0.5 | \theta = 1) = \int_{0.5}^{1} 1 dx = 0.5$

犯型 II 錯誤：表 H_1 為真 $\therefore \theta = 4$ 且拒絕 H_1(不拒絕 H_0)，所以 $x \leq 0.5$，故

$$\beta = f(x \leq 0.5 | \theta = 4) = \int_0^{0.5} \frac{1}{4} dx = \frac{1}{8}$$

(2) $\alpha = f(x > 1.5 | \theta = 1) = \int_{1.5}^1 0 dx = 0$ (不可能發生 $\because 0 \leq x \leq \theta$, $\therefore 0 \leq x \leq 1$)

$$\beta = f(x \leq 1.5 | \theta = 4) = \int_0^{1.5} \frac{1}{4} dx = \frac{3}{8}$$

例 19

假設一個箱子中裝有 4 個球，其中有 θ 個白球 $4-\theta$ 個黑球。現在設立兩個假設：$H_0 : \theta = 2$ 與 $H_1 : \theta \neq 2$。現從此箱中以取出放回的方式隨機抽取兩球以檢定兩個假設，若決策法則為：取出的兩球若皆為相同顏色，則拒絕 H_0，否則不拒絕 H_0。

(1)試求所犯型 I 錯誤的機率為何？

(2)請計算在每一種情況下所犯型 II 錯誤的機率為何？

解

(1) 犯型 I 錯誤，表 H_0 為真 $\therefore \theta = 2$，卻拒絕 H_0，故取出兩球皆為相同顏色

因此犯型 I 錯誤，表取出兩球為：(白白)或(黑黑)

因為 $\theta = 2$，表示箱子中有 2 白球 2 黑球，故

$$\alpha = \frac{2}{4} \times \frac{2}{4} + \frac{2}{4} \times \frac{2}{4} = \frac{1}{2}$$

(2) 犯型 II 錯誤表 H_1 為真 $\Rightarrow \theta \neq 2(\theta = 0,1,3,4)$，卻拒絕 H_1，故取出兩球皆不同色

① 當 $\theta = 0$ 時 $\Rightarrow$ 表箱中有 0 白球 4 黑球

$\beta = $ 取出兩球皆不同色=(白黑)+(黑白)$= 0 \times 1 + 1 \times 0 = 0$

② 當 $\theta = 1$ 時 $\Rightarrow$ 表箱中有 1 白球 3 黑球

$\beta = $ 取出兩球皆不同色=(白黑)+(黑白)$= \frac{1}{4} \times \frac{3}{4} + \frac{3}{4} \times \frac{1}{4} = \frac{3}{8}$

③ 當 $\theta = 3$ 時 $\Rightarrow$ 表箱中有 3 白球 1 黑球

$\beta = $ 取出兩球皆不同色=(白黑)+(黑白)$= \frac{3}{4} \times \frac{1}{4} + \frac{1}{4} \times \frac{3}{4} = \frac{3}{8}$

④ 當 $\theta = 4$ 時 $\Rightarrow$ 表箱中有 4 白球 0 黑球

$\beta = $ 取出兩球皆不同色=(白黑)+(黑白)$= 0 \times 1 + 1 \times 0 = 0$

例 20

假設一箱子內含有 7 個球，已知其中有 θ 個紅球，其它皆為藍球。現在設立兩個假設： $H_0 : \theta = 2$ 與 $H_1 : \theta = 4$，現從此箱中以取出不放回的方式隨機抽取兩球，以檢定兩個假設。決策法則為：若抽取的兩個球皆為紅色則拒絕虛無假設，試求所犯型 I 與型 II 的錯誤機率分別為何？

解

(1) 犯型 I 錯誤表示 H_0 為真，$\theta = 2$ (箱中有 2 紅球 5 藍球)，卻拒絕 H_0 (抽取的兩個球皆為紅色)

故 α = 取到兩紅球的機率 = $\dfrac{C_2^2 C_0^5}{C_2^7} = \dfrac{1}{21}$

(2) 犯型 II 錯誤表示 H_1 為真，$\theta = 4$ (箱中有 4 紅球 3 藍球)，卻拒絕 H_1 (抽取的兩個球不皆為紅色)

故 β = 取到 1 紅 1 藍+2 藍的機率 = $\dfrac{C_1^4 C_1^3}{C_2^7} + \dfrac{C_0^4 C_2^3}{C_2^7} = \dfrac{5}{7}$

14.3.3 給定 α、β 的條件下，所需樣本數

當研究者利用樣本訊息進行檢定時，受限於抽樣方法的好壞，難免會產生偏差。一般而言犯型 I 錯誤的機率與犯型 II 錯誤的機率互為消長，也就是當犯型 II 錯誤機率變小時，通常會造成犯型 I 錯誤的機率變大。正常情況，我們並不曉得真實母體情況，因此無法得知犯型 II 的錯誤機率為何，這也就是為何在檢定時只給定型 I 錯誤而未指定型 II 錯誤的原因，故在檢定時大都先控制型 I 錯誤機率在合理的範圍之內再進行檢定。有一種方法可同時讓犯兩種錯誤的機率同時減小，那就是增加樣本數，因為樣本數越大，抽樣分配越集中，兩個型態誤差機率會同時減小。如下圖所示：

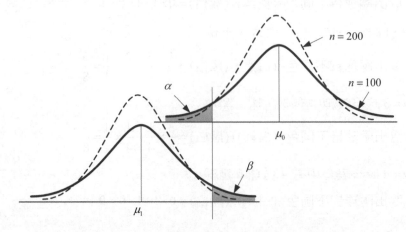

一般而言，研究者重視的是研究結果的可靠度，當然越多的樣本所能提供的訊息越多，結果相對可靠，但受限於經濟上的限制、或研究時間的限制等因素，通常研究者會希望將錯誤控制在某個合理範圍內，也就是說將犯型 I 與型 II 錯誤的機率控制在某個範圍內，再決定取樣數，所需抽取樣本個數的計算如下：

1. 左尾檢定

利用虛無假設所設立的抽樣分配與真實母體的抽樣分配，其臨界值相同，即 $C = \mu_0 - z_\alpha \sqrt{\dfrac{\sigma^2}{n}} = \mu_1 + z_\beta \sqrt{\dfrac{\sigma^2}{n}}$ ，求解左式，可得所需樣本數為：

$$n = \frac{\sigma^2 (z_\alpha + z_\beta)^2}{(\mu_1 - \mu_0)^2}$$

為了控制在指定的錯誤機率範圍內，若計算出來含有小數的話，需採無條件進 1。

2. 右尾檢定

利用臨界值相等可列式：$C = \mu_0 + z_\alpha \sqrt{\dfrac{\sigma^2}{n}} = \mu_1 - z_\beta \sqrt{\dfrac{\sigma^2}{n}}$ ，求解左式可得所需樣本數為：

$$n = \frac{\sigma^2 (z_\alpha + z_\beta)^2}{(\mu_1 - \mu_0)^2}$$

3. 雙尾檢定

利用臨界值相等可列式：$C_L = \mu_0 - z_{\frac{\alpha}{2}} \sqrt{\dfrac{\sigma^2}{n}} = \mu_1 + z_\beta \sqrt{\dfrac{\sigma^2}{n}}$ 或 $C_U = \mu_0 + z_{\frac{\alpha}{2}} \sqrt{\dfrac{\sigma^2}{n}} = \mu_1 - z_\beta \sqrt{\dfrac{\sigma^2}{n}}$ ，求解此兩方程式得到的答案皆相同，所需樣本數為：

$$n = \frac{\sigma^2 (z_{\frac{\alpha}{2}} + z_\beta)^2}{(\mu_1 - \mu_0)^2}$$

例 21

已知某工廠生產的螺絲直徑成常態分配，標準差為 0.001 英吋，現隨機抽取 10 個螺絲其平均直徑為 0.2546 英吋。

(1)請你利用這 10 個樣本檢定螺絲的平均直徑是否等於 0.255，顯著水準 $\alpha = 0.05$。

(2)假設螺絲的母體平均直徑為 0.2552 英吋，若希望把犯型 II 錯誤機率控制在 0.1 以內，請問至少需抽幾個樣本？

解

(1) 根據題意設立雙尾檢定：$\begin{cases} H_0 : \mu = 0.255 \\ H_1 : \mu \neq 0.255 \end{cases}$

檢定統計量：$z^* = \dfrac{\overline{x} - \mu_0}{\sqrt{\dfrac{\sigma^2}{n}}} = \dfrac{0.2546 - 0.255}{\sqrt{\dfrac{0.001^2}{10}}} \approx -1.265$

$\because \left| z^* \right| = 1.265 < z_{0.025} = 1.96$，結論為不拒絕 H_0，故無法拒絕螺絲的平均直徑等於 0.255。

(2) 根據題意知：$\alpha = 0.05, \beta = 0.1$

$$n = \frac{(z_{\frac{\alpha}{2}} + z_\beta)^2 \sigma^2}{(\mu_1 - \mu_0)^2} = \frac{(1.96 + 1.28)^2 (0.001)^2}{(0.2552 - 0.255)^2} = 262.44 \approx 263$$

故樣本至少取 263 個螺絲。

例 22

考慮下列個假設：$H_0 : \mu \geq 10, H_1 : \mu < 10$。

已知母體變異數為 25，現隨機抽取 120 個樣本，若已知母體平均數是 9，在顯著水準 $\alpha=0.05$ 時，型 II 錯誤機率 $\beta = 0.2912$。若現在欲降低型 II 錯誤機率至 0.1，請問需再抽取幾個樣本？

解

$$n = \frac{(z_\alpha + z_\beta)^2 \sigma^2}{(\mu_1 - \mu_0)^2} = \frac{(1.645 + 1.28)^2 \times 25}{(10 - 9)^2} \approx 214$$

故需再抽取 $214 - 120 = 94$ 個樣本。

14.3.4 檢定力函數

當我們在作檢定的時候，不論拒絕虛無假設或不拒絕虛無假設都有可能產生錯誤。由於型 II 錯誤的機率計算需知道真正的母體平均數，故絕大部分的情形，研究者皆以固定的顯著水準 α 去作檢定。因此在 α 固定的條件下，β 越小就代表犯型 II 錯誤的機率越小，相對的 $1-\beta$ 也就越大，越容易拒絕 H_0，如下圖所示：

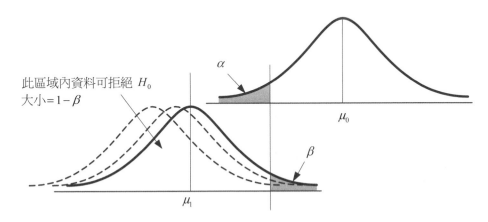

上圖為左尾假設，$H_0: \mu \geq \mu_0, H_1: \mu < \mu_0$。當下方真實母體平均數越小(圖形往左移動)時 β 越小，相當於 $1-\beta$ 愈大，越容易拒絕 H_0。故我們可以利用 $1-\beta$ 的大小來衡量檢定力的強弱。因此定義檢定力函數(power function of test)為：

$$檢定力 = 1 - \beta$$

所謂檢定力函數是指，在 α 固定的情況下，將所有可能的真實母體平均數，所對應的 $1-\beta$ 值所形成的函數，稱為檢定力函數，即：

$$f(\theta) = 1 - \beta(\theta)$$

其中 θ 為母體參數。而由檢定力函數所繪製出的曲線則稱為檢定力曲線(power function cure, PFC)。簡單來說，就是以母體參數(一般皆用平均數進行說明)為橫座標，$1-\beta$ 為縱座標所繪製出的曲線。

例 23

承例題 15，樂透建設公司認為他們的工人每人每天休息時間應少於 72 分鐘。現隨機抽取 36 名工人，發現平均每人每天休息時間為 80 分鐘，樣本標準差為 20 分鐘。當母體平均的休息時間為 80 分鐘，試求檢定力是多少？

解

根據例題 15，已知 $\beta = 0.2236$，故檢定力 $= 1 - \beta = 0.7764$

14.3.5 影響檢定力的因素

影響檢定力大小有下列幾種因素：

1. 樣本大小：當樣本數增加時，抽樣分配會更集中，可使型犯型 II 錯誤機率 β 減小，故樣本數越大，檢定力越大。

2. 顯著水準：在一般的情況下，α 越大則 β 越小，相對檢定力越大。

3. 檢定統計量的選擇：不同的檢定量其檢定力亦不同，例如以樣本中位數來檢定母體平均(常態母體的中位數與平均數相等)，會產生不同的檢定力。

4. 假設的設立：設立假設的精準度也會影響到檢定力的強弱，例如真實母體平均數大於 50，若對立假設寫母體平均數大於 48、或大於 45，也會造成不同的檢定力。

14.3.6 作業特性曲線

所謂作業特性曲線(operation characteristic cure, OCC)，是指在所有可能的母體參數(可能是母體平均數或母體比例等)之下，將其對應所犯型 II 錯誤的機率 β 繪成的曲線，此曲線稱為作業特性曲線，此曲線所對應的函數稱為作業特性函數(operation characteristic function)。簡單來講，就是以母體參數為橫座標，β 為縱座標，所繪製出的曲線。故作業特性曲線與檢定力曲線在同一個橫座標值下，所對應的縱座標值和等於 1。作業特性曲線與檢定力曲線只要其中一個知道，就可以繪製出另一個曲線。底下是針對左尾、右尾與雙尾所繪製出來的檢定力曲線與作業特性曲線示意圖。

1. 右尾檢定 $H_0 : \theta \leq \theta_0, H_1 : \theta > \theta_0$

下面圖是一組改變真實母體平均數下所對應的 β 圖形。最上面的那個圖為虛無假設所假設的抽樣分配，接下來的五個圖形則為真實母體平均數(真實母體平均數是未知的)由大到小改變，所對應的 β 情形。根據圖形我們可以發現在右尾檢定的情況下，若真實母體平均數越大則所犯型 II 錯誤的機率越小，越容易拒絕虛無假設，也就是說真

實母體若站在 H_1 這裡，那麼相對的也就越容易拒絕 H_0。β 所佔的面積介於 0 到 1 之間，0 與 1 為其漸進線。

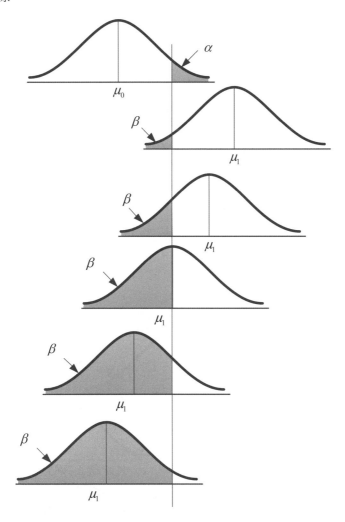

　　由上面的圖形可大略繪製出作業特性曲線，接著再利用作業特性曲線與檢定力曲線和等於 1 的條件繪製出檢定力曲線，其圖形大如下所示(以平均數檢定為例)：

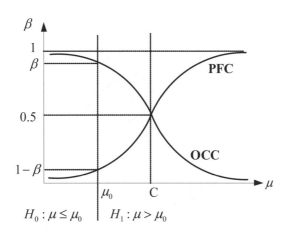

2. **左尾檢定** $H_0 : \theta \geq \theta_0, H_1 : \theta < \theta_0$

左尾檢定的作業特性曲線與檢定力曲線，可仿照右尾檢定的方式，其圖形如下所示：

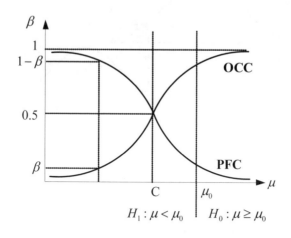

3. **雙尾檢定** $H_0 : \theta = \theta_0, H_1 : \theta \neq \theta_0$

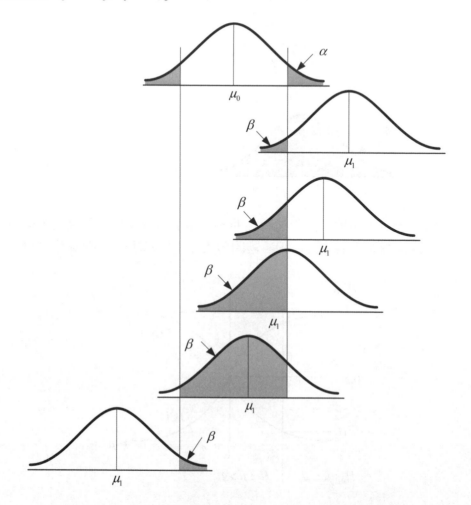

觀察上圖，當真實母體平均數由大變化到小的時候，所犯型 II 錯誤的機率隨之增加，當 $\mu_1 = \mu_0$ 時 β 值到大最大，若母體平均數若繼續減小時，β 會變小最後趨近於 0。故其作業特性曲線與檢定力曲線大致形狀如下圖所示：

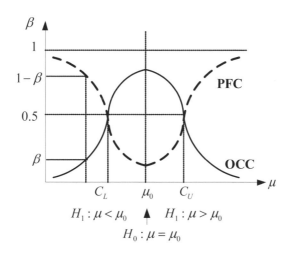

14.3.7 錯誤曲線

　　所謂錯誤曲線(error cure, EC)是指在所有可能母體參數 θ 情況下，可能犯錯機率的曲線(同時考慮型 I 錯誤與型 II 錯誤)，其定義如下：

$$EC = \begin{cases} PFC, & \theta \in H_0 \\ OCC, & \theta \in H_1 \end{cases}$$

　　從上面的定義可知，欲繪製錯誤曲線只要繪出作業特性曲線與檢定力曲線，再分別判斷橫座標軸的範圍是屬於虛無假設或對立假設成立，按定義去取作業特性曲線或檢定力曲線即可做出錯誤曲線。我們把作業特性曲線與檢定力曲線畫在左側，右側則為錯誤曲線讓讀者方便對應。

1. 右尾檢定

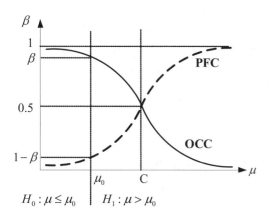 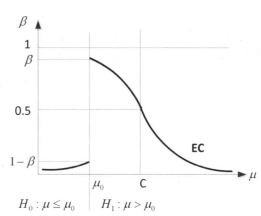

2. 左尾檢定

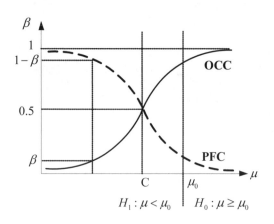

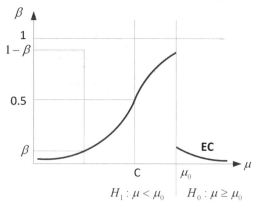

3. 雙尾檢定

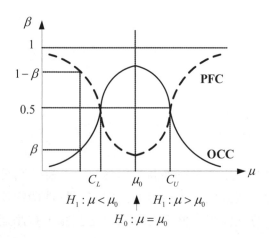

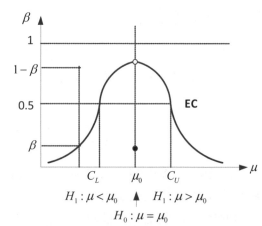

例 24

從一常態母體隨機抽取 100 個樣本欲做檢定，若設立的兩個假設為 $H_0 : \mu \geq 20, H_1 : \mu < 20$，若顯著水準固定為 0.05，且已知母體變異數為 64，若真實母體平均數 $\mu_1 = 17, 17.5, 18, 18.5, 19, 19.5, 20, 20.5, 21$，請分別求出所犯的型 II 錯誤，並請你一此數據繪製檢定力曲線、作業特性曲線與錯誤曲線。

解

臨界值 $C = 20 - 1.645\sqrt{\dfrac{64}{100}} = 18.684$，本題需配合 Excel 計算較為方便

(1) 當 $\mu_1 \leq C = 18.684$ 時

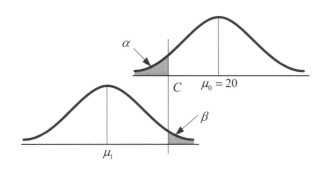

利用臨界值相等，$C = \mu_0 - z_\alpha\sqrt{\dfrac{\sigma^2}{n}} = \mu_1 + z_\beta\sqrt{\dfrac{\sigma^2}{n}}$

$\mu_1 = 17$ 時：$20 - 1.645\sqrt{\dfrac{64}{100}} = 17 + z_\beta\sqrt{\dfrac{64}{100}} \Rightarrow z_\beta = 2.105$

同理可得其他 μ_1 所對應的 z_β 值，列表如下，並且查出所對應的機率值 (β)

μ_1	17	17.5	18	18.5	18.684
z_β	2.105	1.48	0.855	0.23	0
β	0.01765	0.0694	0.1963	0.4090	0.5
$1-\beta$	0.98235	0.9306	0.8037	0.591	0.5

(1) 當 $\mu_1 > C = 18.684$ 時

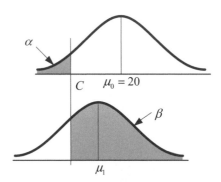

利用臨界值相等，$C = \mu_0 - z_\alpha\sqrt{\dfrac{\sigma^2}{n}} = \mu_1 - z_{1-\beta}\sqrt{\dfrac{\sigma^2}{n}}$

μ_1	19	19.5	20	20.5	21
$z_{1-\beta}$	0.395	1.02	1.645	2.27	2.895
$1-\beta$	0.34645	0.1539	0.05	0.0116	0.0019
β	0.65355	0.8461	0.95	0.9884	0.9981

接著將上兩個表格內的數值，以 μ_1 為橫座標，分別繪製出作業特性曲線與檢定力曲線，如下圖所示：

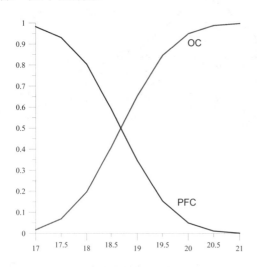

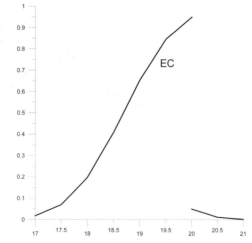

14.4 一個母體比例的假設檢定

若某製造廠想要瞭解該公司生產線的瑕疵率是否低於某個標準；或者某進口商想瞭解某次進貨貨品的損害率是否在允許範圍內。諸如上面所述，想要探知有關比率之問題，可利用母體比例的假設檢定來驗證，當然必須透過抽樣的程序才能進行檢定。樣本比例的抽樣分配其母體來自於點二項分配，小樣本的情形在計算上較為複雜，因此有關母體比例的抽樣分配我們僅就大樣本 $(np \geq 5$ 且 $nq \geq 5)$ 的情況介紹其檢定方法。在本節中將針對左尾、右尾與雙尾三種假設，分別介紹四種檢定法，其相關理論與推導過程與母體平均數的檢定大同小異，故不再浪費篇幅推導，直接敘述檢定方法。

14.4.1 右尾檢定

一個母體比例的右尾檢定，兩個假設寫法為：$\begin{cases} H_0 : p \leq p_0 \\ H_1 : p > p_0 \end{cases}$，檢定的方法可分成臨界值法、標準檢定法、$P$ 值法以及信賴區間法，共四種方法，檢定程序如下所述。

1. 臨界值法

步驟 1：求臨界值。

$$C = p_0 + z_\alpha \sqrt{\frac{p_0 q_0}{n}}$$

步驟 2：比較樣本比例 $\hat{p}$ 與 C 之大小。若 $\hat{p} > C$ 結論為拒絕 H_0，否則為不拒絕 H_0。

2. 標準檢定法

步驟 1：求檢定統計量。

$$z^* = \frac{\hat{p} - \hat{p}_0}{\sqrt{\dfrac{p_0 q_0}{n}}}$$

步驟 2：比較 z^* 與 z_α 之大小。若 $z^* > z_\alpha$ 結論為拒絕 H_0，否則為不拒絕 H_0。

3. P 值法

步驟 1：求 z^*。

步驟 2：查表。求 z^* 右側之機率，即 $P-value$。若以數學符號表示成 $P-vlaue = P(z > z^*)$。

步驟 3：比較 $P-value$ 與 α 之大小。若 $P-value < \alpha$ 結論為拒絕 H_0，否則為不拒絕 H_0。

4. 信賴區間法

步驟 1：求信賴區間

$$p \geq \hat{p} - z_\alpha \sqrt{\frac{\hat{p}\hat{q}}{n}}$$

步驟 2：檢查 p_0 是否滿足上式。若 p_0 落在信賴區間外，結論為拒絕 H_0，否則為不拒絕 H_0。

例 25

隨機抽樣調查台中市 100 戶，結果有 25 戶空屋，請問是否有證據說台中市空屋率超過 20%，顯著水準 $\alpha = 0.05$。請分別使用四種檢定法進行檢定。

解

根據題意設立兩個假設：$\begin{cases} H_0 : p \leq 0.2 \\ H_1 : p > 0.2 \end{cases}$，$\hat{p} = \dfrac{25}{100} = 0.25$

(1) 臨界值法

$$C = p_0 + z_\alpha \sqrt{\frac{p_0 q_0}{n}} = 0.2 + 1.645 \sqrt{\frac{0.2 \times 0.8}{100}} = 0.3316$$

∵ $\hat{p} = 0.25 < C = 0.3316$，不拒絕虛無假設，故沒有顯著的證據證明台中

市空屋率超過 20%

(2) 標準檢定法

檢定統計量： $z^* = \dfrac{\hat{p} - p_0}{\sqrt{\dfrac{p_0 q_0}{n}}} = \dfrac{0.25 - 0.2}{\sqrt{\dfrac{0.2 \times 0.8}{100}}} = 1.25$

∵ $z^* = 1.25 < z_{0.05} = 1.645$ ，不拒絕虛無假設

(3) P 值法

$$P - value = P(z > 1.25) = 0.1056$$

∵ $P - value = 0.1056 > \alpha = 0.05$ ，不拒絕虛無假設

(4) 信賴區間法

$$p \geq \hat{p} - z_\alpha \sqrt{\frac{\hat{p}\hat{q}}{n}} = 0.25 - 1.645 \sqrt{\frac{0.25 \times 0.75}{100}} \approx 0.1788$$

∵ $p_0 = 0.2$ 落在信賴區間內，不拒絕虛無假設

14.4.2 左尾檢定

左尾檢定的兩個假設寫法為： $\begin{cases} H_0 : p \geq p_0 \\ H_1 : p < p_0 \end{cases}$ 。四種檢定法，分述於后。

1. 臨界值法

步驟 1：求臨界值。

$$C = p_0 - z_\alpha \sqrt{\frac{p_0 q_0}{n}}$$

步驟 2：比較樣本比例 $\hat{p}$ 與 C 之大小。若 $\hat{p} < C$ 結論為拒絕 H_0 ，否則為不拒絕 H_0 。

2. 標準檢定法

步驟 1：求檢定統計量。

$$z^* = \frac{\hat{p} - \hat{p}_0}{\sqrt{\dfrac{p_0 q_0}{n}}}$$

步驟 2：比較 z^* 與 $-z_\alpha$ 之大小。若 $z^* < -z_\alpha$ 結論為拒絕 H_0，否則為不拒絕 H_0。

3. P 值法

步驟 1：求 z^*。

步驟 2：查表。求 z^* 左側之機率，即 $P - value$。若以數學符號表示成 $P - vlaue = P(z < z^*)$。

步驟 3：比較 $P - value$ 與 α 之大小。若 $P - value < \alpha$ 結論為拒絕 H_0，否則為不拒絕 H_0。

4. 信賴區間法

步驟 1：求信賴區間

$$p \leq \hat{p} + z_\alpha \sqrt{\frac{\hat{p}\hat{q}}{n}}$$

步驟 2：檢查 p_0 是否滿足上式。若 p_0 落在信賴區間外，結論為拒絕 H_0，否則為不拒絕 H_0。

例 26

某 24 小時購物網站宣傳：每天中午以前的訂貨，至少有 90%以上可以隔天中午以前送達。現隨機檢查 80 件中午以前的交件，發現其中只有 64 件在隔天中午以前送達。請問該公司的廣告是否不實？試在顯著水準 $\alpha = 0.05$ 下檢定之，並請分別使用四種方法進行檢定。

解

$\hat{p} = \dfrac{64}{80} = 0.8$ ，$\because n\hat{p} \geq 5, n\hat{q} \geq 5$ ，使用 Z 檢定

依照題意設立兩個假設：$\begin{cases} H_0 : p \geq 0.9 \\ H_1 : p < 0.9 \end{cases}$

(1) 臨界值法

$$C = p_0 - z_\alpha \sqrt{\frac{p_0 q_0}{n}} = 0.9 - 1.645 \sqrt{\frac{0.9 \times 0.1}{80}} \approx 0.845$$

$\because \hat{p} = 0.8 < C = 0.845$，拒絕虛無假設，故該公司廣告不實

(2) 標準檢定法

$$z^* = \frac{\hat{p} - \hat{p}_0}{\sqrt{\frac{p_0 q_0}{n}}} = \frac{0.8 - 0.9}{\sqrt{\frac{0.9 \times 0.1}{80}}} \approx -2.98$$

$\because z^* = -2.98 < -z_{0.05} = -1.645$，拒絕虛無假設

(3) P 值法

$$P - vlaue = P(z < z^*) = P(z < -2.98) = 0.0014$$

$\because P - vlaue = 0.0014 < \alpha = 0.05$，拒絕虛無假設

(4) 信賴區間法

信賴區間： $p \leq \hat{p} + z_\alpha \sqrt{\frac{\hat{p}\hat{q}}{n}} = 0.8 + 1.645 \sqrt{\frac{0.8 \times 0.2}{80}} \approx 0.874$

$\because p_0 = 0.9$ 不在信賴區間內，拒絕虛無假設

14.4.3 雙尾檢定

雙尾檢定的兩個假設寫法為 $\begin{cases} H_0 : p = p_0 \\ H_1 : p \neq p_0 \end{cases}$。四種檢定法的步驟分別為：

1. 臨界值法

步驟 1：求臨界值。

$$C_L = p_0 - z_{\frac{\alpha}{2}} \sqrt{\frac{p_0 q_0}{n}}, \qquad C_U = p_0 + z_{\frac{\alpha}{2}} \sqrt{\frac{p_0 q_0}{n}}$$

步驟 2：比較樣本比例 $\hat{p}$ 與 C_L 或 C_U 之大小。若 $\hat{p} < C_L$ 或 $\hat{p} > C_U$，結論為拒絕 H_0，否則為不拒絕 H_0。

C_L 與 C_U 並不需要全部求出來，當 $\hat{p} < p_0$ 時求 C_L 即可，同理當 $\hat{p} > p_0$ 時求 C_U 即可。

2. 標準檢定法

步驟 1：求檢定統計量。

$$z^* = \frac{\hat{p} - \hat{p}_0}{\sqrt{\dfrac{p_0 q_0}{n}}}$$

步驟 2：比較 $\left|z^*\right|$ 與 $z_{\frac{\alpha}{2}}$ 之大小。若 $\left|z^*\right| > z_{\frac{\alpha}{2}}$ 結論為拒絕 H_0，否則為不拒絕 H_0。

3. P 值法

步驟 1：求 z^*。

步驟 2：查表。求 $\left|z^*\right|$ 右側機率再乘以 2，即 $P-value$。若以數學符號表示成 $P-vlaue = 2P(z > \left|z^*\right|)$。

步驟 3：比較 $P-value$ 與 α 之大小。若 $P-value < \alpha$ 結論為拒絕 H_0，否則為不拒絕 H_0。

4. 信賴區間法

步驟 1：求信賴區間。

$$\hat{p} - z_{\frac{\alpha}{2}}\sqrt{\frac{\hat{p}\hat{q}}{n}} \leq p \leq \hat{p} + z_{\frac{\alpha}{2}}\sqrt{\frac{\hat{p}\hat{q}}{n}}$$

步驟 2：檢查 p_0 是否滿足上式。若 p_0 落在信賴區間外，結論為拒絕 H_0，否則為不拒絕 H_0。

上述檢定法，若抽樣方式採取出不放回方式且為有限母體時，所有的標準誤 $\sqrt{\dfrac{p_0 q_0}{n}}$ 都必須加上有限母體修正因子，即必須以 $\sqrt{\dfrac{p_0 q_0}{n}\dfrac{N-n}{N-1}}$ 取代 $\sqrt{\dfrac{p_0 q_0}{n}}$。

例 27

某電信公司宣稱，有 65% 的大學生擁有行動電話。有位研究人員欲證實電信公司的宣稱是否屬實，他隨機抽取 80 位大學生，發現有 57 個人擁有行動電話，請問在顯著水準 $\alpha=0.05$ 的條件下，電信公司的宣稱是否正確？請你分別用四種方法進行檢定。

解

根據題意設立兩個假設：$\begin{cases} H_0 : p = 0.65 \\ H_1 : p \neq 0.65 \end{cases}$

(1) 臨界值法

樣本比例：$\hat{p} = \dfrac{57}{80} = 0.7125$，比 0.65 大，故僅需求臨界值上限即可

$$C_U = p_0 + z_{\frac{\alpha}{2}} \sqrt{\frac{p_0 q_0}{n}} = 0.65 + 1.96 \sqrt{\frac{0.65 \times 0.35}{80}} \approx 0.755$$

$\because \hat{p} = 0.7125 < C_U = 0.755$，不拒絕虛無假設，故無法推翻該電信公司的宣稱。

(2) 標準檢定法

檢定統計量：$z^* = \dfrac{0.7125 - 0.65}{\sqrt{\dfrac{0.65 \times 0.35}{80}}} \approx 1.17$

$\because \left| z^* \right| = 1.17 < z_{0.025} = 1.96$，不拒絕虛無假設。

(3) P 值法

$P - value = 2P(z > 1.17) = 0.242$

$\because P - value = 0.242 > \alpha = 0.05$，不拒絕虛無假設。

(4) 信賴區間法

信賴區間 $p = 0.7125 \pm 1.96 \sqrt{\dfrac{0.7125 \times 0.2875}{80}}$

$\Rightarrow 0.6133 \le p \le 0.8117$，$\because p_0 = 0.65$ 在信賴區間內，不拒絕虛無假設。

14.4.4 樣本數的決定

在本節中將介紹單母體比例的假設檢定，在給定型 I 錯誤機率 α 以及型 II 錯誤機率 β 的條件下，至少需抽取多少樣本數。本單元之理論與 14.3.3 節完全相同。

1. 左尾檢定

左尾檢定的兩個假設為：$H_0 : p \geq p_0, H_1 : p < p_0$。假設真實母體比例為 p_1，觀察下圖，由虛無假設所建立的抽樣分配與真實母體的抽樣分配臨界值相同，故可列式：

$C = p_0 - z_\alpha \sqrt{\dfrac{p_0 q_0}{n}} = p_1 + z_\beta \sqrt{\dfrac{p_0 q_0}{n}}$ ，求解左式即可求得所需樣本數為：

$$n = (\frac{z_\alpha \sqrt{p_0 q_0} + z_\beta \sqrt{p_1 q_1}}{p_0 - p_1})^2$$

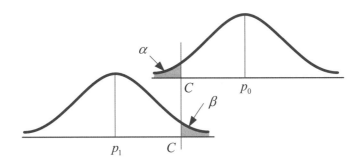

2. 右尾檢定

右尾檢定所得到的樣本數公式與左尾相同，推導原理亦同，所需樣本數為：

$$n = (\frac{z_\alpha \sqrt{p_0 q_0} + z_\beta \sqrt{p_1 q_1}}{p_0 - p_1})^2$$

3. 雙尾檢定

觀察下圖，在雙尾檢定的情況下，真實母體比例 p_1 可能比虛無假設所宣稱的比例 p_0 大，也可能較小，故真實母體的抽樣分配有兩種情況，這兩種情況所推導出來的樣本數公式完全一樣，因此我們僅就 $p_1 < p_0$ 的情況進行推導。由臨界值相等可列式：

$C_L = p_0 - z_{\frac{\alpha}{2}} \sqrt{\dfrac{p_0 q_0}{n}} = p_1 + z_\beta \sqrt{\dfrac{p_1 q_1}{n}}$ ，求解左式即可求得所需樣本數為：

$$n = (\frac{z_{\frac{\alpha}{2}} \sqrt{p_0 q_0} + z_\beta \sqrt{p_1 q_1}}{p_0 - p_1})^2$$

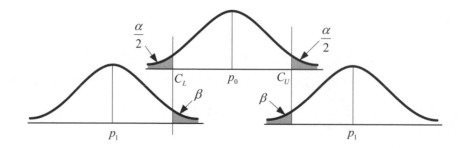

例 28

某公司欲調查其產品的瑕疵率是否等於 0.01，於是做下列的假設檢定：

$H_0 : p = 0.01, H_1 : p \neq 0.01$

假定該公司產品的真正瑕疵率為 0.03 時，希望型 I 與型 II 的誤差控制在 0.05 以內，試問至少需抽取幾個樣本才能符合要求。

解

本題為雙尾檢定

$$n = (\frac{z_{\frac{\alpha}{2}}\sqrt{p_0 q_0} + z_\beta \sqrt{p_1 q_1}}{p_0 - p_1})^2 = (\frac{1.96\sqrt{0.01 \times 0.99} + 1.645\sqrt{0.03 \times 0.97}}{0.03 - 0.01})^2 \approx 565.57$$

樣本數至少需取 566 個。

例 29

博碩出版社委託某研究單位，調查其教科書的佔有率，該研究單位設立了兩個假設：$H_0 : p \geq 0.9, H_1 : p < 0.9$，若實際上博碩出版社的佔有率只有 0.85，該研究單位希望型 I 錯誤與型 II 錯誤分別控制在 0.05 與 0.025 以內，試問至少需抽取幾個樣本才能符合要求。

解

本題為左尾檢定

$$n = (\frac{z_\alpha \sqrt{p_0 q_0} + z_\beta \sqrt{p_1 q_1}}{p_0 - p_1})^2 = (\frac{1.645\sqrt{0.9 \times 0.1} + 1.96\sqrt{0.85 \times 0.15}}{0.9 - 0.85})^2 \approx 569.6$$

樣本數至少需取 570 個。

一個母體變異數之檢定

在實際的應用上，除了母體平均數與母體比例外，母體變異數的相關應用也十分廣泛重要。變異數代表資料的集中程度、穩定度。例如要測量某填充機器的穩定度，或者某股票的波動等，這類問題可利用變異數去衡量。檢定變異數與檢定標準差是相同的概念，因為變異數等於標準差的平方，而標準差等於變異數開根號。在實用上標準差較為合理，因為單位與資料相同，但就某些應用層面而言，特別是需要求極大或極小值時，反而比較常用變異數，其原因在於變異數比標準差容易微分。有關母體變異數的檢定依對立假設可區分成右尾、左尾與雙尾檢定，其檢定方法同樣有臨界值法、標準檢定法、P 值法與信賴區間法四種，這四種方法在本節中將會逐一介紹。

14.5.1 右尾檢定

單母體變異數右尾檢定的兩個假設寫成：$\begin{cases} H_0 : \sigma^2 \leq \sigma_0^2 \\ H_1 : \sigma^2 > \sigma_0^2 \end{cases}$。它的檢定原理和單母體平均數大同小異，下面是四種檢定法。

1. 臨界值法

觀察下圖，灰色區域及拒絕域占全體的 α，以數學符號表示成：$P(\hat{s}^2 > C) = \alpha$，將左式括號內兩邊同乘以 $\dfrac{(n-1)}{\sigma_0^2}$ 可得：$P(\chi_{\alpha,n-1}^2 \leq \dfrac{(n-1)C}{\sigma_0^2}) = \alpha$，求解不等式 $\chi_{\alpha,n-1}^2 \leq \dfrac{(n-1)C}{\sigma_0^2}$，即可求出臨界值 $C = \dfrac{\chi_{\alpha,n-1}^2 \sigma_0^2}{n-1}$。

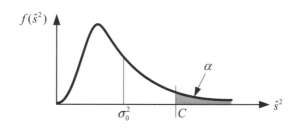

故以臨界值法進行右尾檢定，可分成兩個步驟。

步驟 1： 求臨界值。

$$C = \frac{\chi^2_{\alpha,n-1}\sigma_0^2}{n-1}$$

步驟 2： 比較 s^2 與 C 的大小。若 $s^2 > C$ 結論為拒絕 H_0，否則不拒絕 H_0。

2. 標準檢定法

由臨界法知 $s^2 > C$ 時拒絕 H_0，把 $C = \frac{\chi^2_{\alpha,n-1}\sigma_0^2}{n-1}$ 代入左式可得 $s^2 > \frac{\chi^2_{\alpha,n-1}\sigma_0^2}{n-1}$，移項可得 $\frac{(n-1)s^2}{\sigma_0^2} > \chi^2_{\alpha,n-1}$。令 $\chi^{2*} = \frac{(n-1)s^2}{\sigma_0^2}$，故臨界值法的判斷法則就變成了當 $\chi^{2*} > \chi^2_{\alpha,n-1}$ 時，拒絕 H_0，這種方法稱為標準檢定法，故標準檢定法可分成下列二個步驟。

步驟 1： 求檢定統計量。

$$\chi^{2*} = \frac{(n-1)s^2}{\sigma_0^2}$$

步驟 2： 比較 χ^{2*} 與 $\chi^2_{\alpha,n-1}$ 之大小。若 $\chi^{2*} > \chi^2_{\alpha,n-1}$ 結論為拒絕 H_0，否則不拒絕 H_0。

3. P 值法

單母體變異數的檢定，P 值法和單母體平均數的檢定原理相同。因為 $\chi^{2*} > \chi^2_{\alpha,n-1}$，故 χ^{2*} 右側的機率必然小於 $\chi^2_{\alpha,n-1}$ 右側的機率。而 χ^{2*} 右側的機率稱為 $P-value$，$\chi^2_{\alpha,n-1}$ 右側的機率等於 α，故 P 值法可分成三個步驟。

步驟 1： 求檢定統計量 χ^{2*}。

步驟 2： 求 χ^{2*} 右側面積，即 $P-value$，若以數學符號表示成 $P-value = P(\chi^2_{n-1} > \chi^{2*})$。

步驟 3： 比大小。比較 $P-value$ 與 α 的大小，若 $P-value < \alpha$ 結論為拒絕 H_0，否則不拒絕 H_0。

4. 信賴區間法

由臨界法知當 $s > \frac{\chi^2_{\alpha,n-1}\sigma_0^2}{n-1}$ 時拒絕 H_0，將左式移項可得 $\sigma_0^2 < \frac{(n-1)s^2}{\chi^2_{\alpha,n-1}}$，又已知母體變異數的信賴區間為 $\sigma^2 \geq \frac{(n-1)s^2}{\chi^2_{\alpha,n-1}}$，故若 σ_0^2 不在信賴區間內結論為拒絕 H_0。因此，信賴區間法可分成兩個步驟。

步驟 1：求信賴區間。

$$\sigma^2 \geq \frac{(n-1)s^2}{\chi^2_{\alpha,n-1}}$$

步驟 2：檢查 σ_0^2 是否滿足上式。若 σ_0^2 不在信賴區間內結論為拒絕 H_0，否則不拒絕 H_0。

14.5.2 左尾檢定

左尾檢定的兩個假設寫成：$\begin{cases} H_0 : \sigma^2 \geq \sigma_0^2 \\ H_1 : \sigma^2 < \sigma_0^2 \end{cases}$。左尾檢定的拒絕域在左側，四種檢定方法推導過程與右尾相同，因此不再冗述。

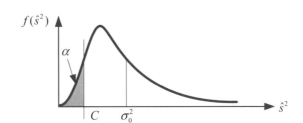

1. 臨界值法

步驟 1：求臨界值。

$$C = \frac{\chi^2_{1-\alpha,n-1}\sigma_0^2}{n-1}$$

步驟 2：比較 s^2 與 C 的大小。若 $s^2 < C$ 結論為拒絕 H_0，否則不拒絕 H_0。

2. 標準檢定法

步驟 1：求檢定統計量。

$$\chi^{2*} = \frac{(n-1)s^2}{\sigma_0^2}$$

步驟 2：比較 χ^{2*} 與 $\chi^2_{\alpha,n-1}$ 之大小。若 $\chi^{2*} < \chi^2_{1-\alpha,n-1}$ 結論為拒絕 H_0，否則不拒絕 H_0。

3. P 值法

步驟 1：求檢定統計量 χ^{2*}。

步驟 2：求 χ^{2*} 左側面積，即 $P-value$，若以數學符號表示成 $P-value = P(\chi_{n-1}^2 < \chi^{2*})$。

步驟 3：比大小。比較 $P-value$ 與 α 的大小，若 $P-value < \alpha$ 結論為拒絕 H_0，否則不拒絕 H_0。

4. 信賴區間法

步驟 1：求信賴區間。

$$\sigma^2 \le \frac{(n-1)s^2}{\chi_{1-\alpha,n-1}^2}$$

步驟 2：檢查 σ_0^2 是否滿足上式。若 σ_0^2 不在信賴區間內結論為拒絕 H_0，否則不拒絕 H_0。

14.5.3 雙尾檢定

雙尾檢定兩個假設寫法為：$\begin{cases} H_0 : \sigma^2 = \sigma_0^2 \\ H_1 : \sigma^2 \ne \sigma_0^2 \end{cases}$。雙尾的拒絕域在兩側，面積各占 $\dfrac{\alpha}{2}$。

四種檢定法分述如下：

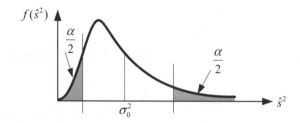

1. 臨界值法

步驟 1：求臨界值。雙尾有兩個臨界值，並不需要兩個都計算出來，若 $s^2 < \sigma_0^2$ 時，只要求臨界值下限即可，同理若 $s^2 > \sigma_0^2$ 時，只要求臨界值下限即可。

$$C_L = \frac{\chi_{1-\frac{\alpha}{2},n-1}^2 \sigma_0^2}{n-1} \quad , \quad C_U = \frac{\chi_{\frac{\alpha}{2},n-1}^2 \sigma_0^2}{n-1}$$

步驟 2：比較 s^2 與 C 的大小。若 $s^2 < C_L$ 或 $s^2 < C_U$ 結論為拒絕 H_0，否則不拒絕 H_0。

2. 標準檢定法

步驟 1：求檢定統計量。

$$\chi^{2*} = \frac{(n-1)s^2}{\sigma_0^2}$$

步驟 2：比較 χ^{2*} 與 $\chi^2_{1-\frac{\alpha}{2},n-1}$ 或 χ^{2*} 與 $\chi^2_{\frac{\alpha}{2},n-1}$ 之大小。若 $\chi^{2*} < \chi^2_{1-\frac{\alpha}{2},n-1}$ 或 $\chi^{2*}_{n-1} > \chi^2_{\frac{\alpha}{2},n-1}$ 時，

結論為拒絕 H_0，否則不拒絕 H_0。

雙尾檢定的標準檢定法和臨界值法一樣，並不需要同時查表求出 $\chi^2_{1-\frac{\alpha}{2},n-1}$ 與

$\chi^2_{\frac{\alpha}{2},n-1}$。若 $s^2 < \sigma_0^2$，只需求 $\chi^2_{1-\frac{\alpha}{2},n-1}$ 即可，同理若 $s^2 > \sigma_0^2$，則需求 $\chi^2_{\frac{\alpha}{2},n-1}$ 即可。

3. P 值法

由於卡方分配的機率表，並非每個卡方以及每個自由度對應的數值皆可查到機率，故單母體變異數的檢定，不鼓勵使用 P 值法。此外由於卡方分配非對稱分配，因此求 P 值需要進行判斷，若 $s^2 > \sigma_0^2$ 時，$P-value$ 等於 χ^{2*} 右側面積的兩倍；若 $s^2 < \sigma_0^2$ 時，$P-value$ 等於 χ^{2*} 左側面積的兩倍。P 值法可分成三個步驟。

步驟 1：求檢定統計量 χ^{2*}。

步驟 2：求 χ^{2*} 左側面積的 2 倍或 χ^{2*} 右側面積的 2 倍。

當 $s^2 > \sigma_0^2$ 時，$P-value = 2P(\chi^2_{n-1} > \chi^{2*})$；

當 $s^2 < \sigma_0^2$ 時，$P-value = 2P(\chi^2_{n-1} < \chi^{2*})$。

步驟 3：比大小。比較 $P-value$ 與 α 的大小，若 $P-value < \alpha$ 結論為拒絕 H_0，否則不拒絕

4. 信賴區間法

步驟 1：求信賴區間。

信賴區間：$\dfrac{(n-1)s^2}{\chi^2_{\frac{\alpha}{2},n-1}} \le \sigma^2 \le \dfrac{(n-1)s^2}{\chi^2_{1-\frac{\alpha}{2},n-1}}$

步驟 2：檢查 σ_0^2 是否滿足上式。若 σ_0^2 不在信賴區間內結論為拒絕 H_0，否則不拒絕 H_0。

有關母體變異數的檢定，一般以手解的方式進行檢定幾乎無法使用 P 值法，除非題目設計過，方可從卡方表中查出對應的機率值，否則幾乎無法使用 P 值法做檢定。當然有些題目雖然無法由卡方表查出對應的機率，但若可以比較 $P-value$ 與顯著水準的大小關係的話，那便可採用 P 值法進行檢定。

例 30

一個螺絲製造工廠，依規定所生產的螺絲與螺帽的變異數不可以超過 0.03 英吋 ^{2}，否則會造成無法鎖緊或無法鎖住的問題。此工廠宣稱他們所生產的螺絲符合這樣的規定，現隨機抽取此工廠所生產的螺絲與螺帽 12 個，發現其變異數為 0.042 英吋 ^{2}。請以顯著水準 $\alpha=0.05$ 的條件檢定此工廠的宣稱是否真實？請分別使用臨界值法、標準檢定法、P 值法與信賴區間法各進行檢定一次。

解

根據題意設立兩個假設：$\begin{cases} H_0 : \sigma^2 \le 0.03 \\ H_1 : \sigma^2 > 0.03 \end{cases}$

(1) 臨界值法

$$C = \frac{\chi^2_{\alpha,n-1}\sigma_0^2}{n-1} = \frac{19.6751 \times 0.03}{12-1} \approx 0.054$$

$\because s^2 = 0.042 < C = 0.054$，結論為不拒絕虛無假設，故無法推翻此工廠的宣稱。

(2) 標準檢定法

檢定統計量：$\chi^{2*} = \frac{(12-1) \times 0.042}{0.03} = 15.4$

$\because \chi^{2*} = 15.4 < \chi^2_{0.05,11} = 19.6751$，不拒絕虛無假設

(3) P 值法

$P-value = P(\chi^2_{0.05,11} > 15.4)$ 查表查不到，可找鄰近之值

$\because P(\chi^2_{0.05,11} > 17.275) = 0.1$

$\therefore P-value = P(\chi^2_{0.05,11} > 15.4) > 0.1 > \alpha = 0.05$，不拒絕虛無假設

(4) 信賴區間法

信賴區間：$\sigma^2 \ge \frac{(n-1)s^2}{\chi^2_{\alpha,n-1}} \Rightarrow \sigma^2 \ge \frac{(12-1) \times 0.042}{19.6751} \Rightarrow \sigma^2 \ge 0.0235$

$\because \sigma_0^2 = 0.03$ 有落在信賴區間內，不拒絕虛無假設

例 31

隨機從一常態母體抽取 16 個樣本，其資料如下：

$$\sum_{i=1}^{16} x_i^2 = 351, \sum_{i=1}^{16} x_i = 36$$

(1)請問母體標準差的 95% 信賴區間為何？

(2)請問是否有充分的證據顯示母體變異數不等於 28？顯著水準 $\alpha = 0.05$。

解

(1) $s^2 = \dfrac{1}{n-1}\sum_{i=1}^{n} x_i^2 - \dfrac{n}{n-1}\bar{x}^2 \Rightarrow (n-1)s^2 = \sum_{i=1}^{n} x_i^2 - n\bar{x}^2$

$(n-1)s^2 = 351 - 16(\dfrac{36}{16})^2 = 270$

σ^2 的 95%信賴區間：

$\dfrac{(n-1)s^2}{\chi^2_{0.025,15}} \le \sigma^2 \le \dfrac{(n-1)s^2}{\chi^2_{0.975,15}}$

$\Rightarrow \dfrac{270}{27.4884} \le \sigma^2 \le \dfrac{270}{6.26214}$

$\Rightarrow 9.822 \le \sigma^2 \le 43.116$

故標準差的 95%信賴區間為：

$\sqrt{9.822} \le \sqrt{\sigma^2} \le \sqrt{43.116} \Rightarrow 3.134 \le \sigma \le 6.566$

(2) 根據題意設立兩個假設：$\begin{cases} H_0 : \sigma^2 = 28 \\ H_1 : \sigma^2 \ne 28 \end{cases}$

本題使用信賴區間法檢定

$\because \sigma_0^2 = 28$ 在信賴區間內，不拒絕 H_0

故無充分的證據顯示母體變異數不等於 28

例 32

從一常態母體 $N(60, \sigma^2)$，抽取 10 個樣本，其資料如下：

$62, 45, 71, 66, 58, 63, 57, 59, 48, 73$

請以此 10 筆資料檢定：$H_0 : \sigma^2 = 64, H_1 : \sigma^2 \neq 64$，顯著水準 $\alpha = 0.05$。

解

本題已知母體平均數，故求樣本變異數時需採用母體平均數，且自由度為 10

$$\hat{\sigma}^2 = \frac{1}{n}\sum_{i=1}^{n}(x_i - \mu)^2 = \frac{1}{10}\Big[(62-60)^2 + (45-60)^2 + \cdots + (73-60)^2\Big] = 72.2$$

檢定統計量：$\chi^{2*} = \frac{ns^2}{\sigma_0^2} = \frac{10 \times 72.2}{64} = 11.281$

因為樣本變異數大於虛無假設所宣稱之值 64，故僅需查右側之值即可(不需要查 $\chi^2_{0.975,10}$)。

$\because \chi^{2*} = 11.281 < \chi^2_{0.025,10} = 20.4831$，結論為不拒絕虛無假設

1. 某校辦理研究所甄試，採用 A 或 B 兩種方案。A 案的結果可能錄取到較不理想的學生，B 案則可能發生優秀的學生被遺漏掉。若從假設檢定的觀念，欲檢定 A 案較佳或 B 案較佳，請問如何建立假設？並說明為什麼？

2. 某公司宣稱其燈泡平均壽命至少為 500 小時，標準差為 40 小時，消費者基金會檢查 30 個燈泡，得其平均壽命為 480 小時：

   (1) 試寫出其檢定假設？

   (2) 以 $\alpha = 0.05$ 檢定公司宣稱是否屬實？

3. 假設隨機變數 X 服從常態分配，$X \sim N(\mu, 500^2)$。現自此母體隨機選取 400 個樣本，得平均數為 5050，請分別使用信賴區間法、臨界值法、標準檢定法與 P 值法檢定母體平均數是否等於 5000，($\alpha = 0.05$)。

4. 假設某一母體的 IQ 分數服從常態分配 $N(\mu, 100)$，為了檢定 $H_0: \mu \leq 110, H_1: \mu > 110$，我們從這個母體抽出樣本數 $n = 16$ 的隨機樣本，得到樣本平均數為 113.5，我們會接受或否定虛無假設($\alpha = 0.05$)，又此檢定的 $P - value$ 等於多少？

5. 某知名教授教學認真，學生反應該老師上課每節課經常超過學校規定的 50 分鐘。為了驗證是否真的如此，隨機記錄六次該教授授每節課時間，其資料為：54 55 50 49 53 51(分鐘)

   試以 $\alpha = 0.05$ 檢定，此教授每節上課是否超過 50 分鐘。假設該教授上課時間呈常態分配。

6. 隨機抽取某大學 36 位學生第一次期中考統計學成績，得平均成績為 67 分，標準差 12 分，學校宣稱全校統計學平均分數為

   (1) 65 分。　　(2) 至少 63 分以上。　　(3) 至多不超過 75 分。

   試寫出上列三種情況的虛無假設與對立假設，並在顯著水準 0.05 的條件下檢定其結果。

7. 假設 X 為某產品的重量，且假設 X 服從常態分配，標準差未知。現隨機抽取此產品 9 個，得重量為：183,179,170,156,187,167,174,156,158。

   (1) 若該產品宣稱產品的平均重量超過 165，請寫出虛無與對立假設。

   (2) 以顯著水準 0.05 檢定上題之假設。

8. 已知某廠牌輪胎使用的標準差為 100 公里，現知 16 個輪胎測試的結果為平均使用距離為 29200 公里，在 $\alpha = 0.05$ 的條件下，是否可認定此廠牌輪胎的耐用距離不足 30000 公里。

9. 在母體為常態分配 $N(\mu, \sigma^2)$ 的假設下，請回答下列有關型 I 錯誤(type I error)與型 II 錯誤(type II error)的問題：

   單尾檢定(one-sidedtest)：$\begin{cases} H_0 : \mu \le 25 \\ H_1 : \mu > 25 \end{cases}$

   樣本數 $n=81$，標準差 $\sigma=18$，當顯著水準(level of significance) α 為 0.1 時，決策規則(decision rule)是：如果 $\bar{x} \le 27.56$，接受 $H_0(\mu \le 25)$；如果 $\bar{x} > 27.56$，拒絕 H_0。

   試問：

   (1) 若 $\mu=24$，根據上述決策規則，犯型 I 誤差之機率為何？

   (2) 若 $\mu=25$，根據上述決策規則，犯型 I 誤差之機率為何？

   (3) 若 $\mu=29$，根據上述決策規則，犯型 II 誤差之機率為何？

10. 假設某一常態母體，其平均數未知，變異數為 25。現自該母體隨機抽取 10 個樣本，若欲檢定 $H_0 : \mu = 65, H_1 : \mu = 70$。

    (1) 若其決策法則為當 $\bar{x} > 67.5$ 時拒絕虛無假設，試求此時的 α 與 β。

    (2) 若其決策法則為當 $\bar{x} > 68$ 時拒絕虛無假設，試求此時的 α 與 β。

11. 某公司生產家庭用電腦，平均每小時生產 100 台，標準差 20 台。該公司為了增加生產量，聘請了某位專家擔任經理。在新任經理管理下，隨機選取 100 個工作小時觀察，發現平均產量增加為每小時 104 台，試用單尾檢定回答下列問題：

    (1) 在 $\alpha = 0.05$ 的顯著水準下，說明此一新任經理管理能力。

    (2) 若新任經理上任後，實際上每小時產量為 105.29 台，結論卻認為新經理管理能力不足，請問犯型 II 錯誤的機率為何？

    (3) 承上題，為了減少 β 勢必增加 α，若 β 減少至 6%時，則 α 增加為多少？

    (4) 承(2)若希望 α 與 β 同時降低，則需增加樣本數，若希望 $\alpha = \beta = 0.05$，則樣本數應增加至多少才夠？

12. 假設我們從一個標準差為 24 的常態母體中選取 16 個樣本，我們發現樣本平均數為 111。

    (1) 試檢定 $H_0 : \mu = 100, H_1 : \mu > 100$。請列出拒絕域，並解釋你所得到的結果。($\alpha = 0.05$)

    (2) 試檢定 $H_0 : \mu = 100, H_1 : \mu \ne 100$。請列出拒絕域，並解釋你所得到的結果。

    (3) 請比較上兩題的結果異同，如果檢定結果不相同(亦即一個拒絕 H_0，一個不拒絕 H_0)，請解釋為何會有此現象。

13. 假設從已知變異數為 25，但平均數未知的常態母體中取出 n 個樣本，在顯著水準 0.05 下欲檢定假設 $H_0 : \mu = 30, H_1 : \mu < 30$。

    (1) 寫出決策法則(任一種檢定法皆可)

    (2) 若樣本數 $n = 16$，求 $\mu = 26.7$ 時的檢定力。

(3) 若希望 $\mu = 26.7$ 時的檢定力達到 0.95，問至少需取幾個樣本？

14. 根據一假設，在全國大選中，男性投票數高於女性。為了驗證此假設，於是隨機抽取 300 個投票者，發現有 165 人是男性，根據此數據，能否說男性投票數高於女性？($\alpha = 0.05$)

15. 某公司宣稱消費者對其生產的兩種香水 A 與 B 有相同的喜好程度，經調查 169 個消費者後，發現有 102 人喜歡 A 香水，試問此公司的宣稱可靠嗎？

16. (1) 某人宣稱 3 分球命中率不低於 3 成，試問他 100 球至少投中幾球才能得到驗證？以 $\alpha = 0.05$ 檢定之。

 (2) 又此人宣稱 3 分球命中率不低於 3 成，其朋友認為他是吹牛，他投 100 球至多中幾球，其朋友才能說此人是吹牛？

17. 某位籃球選手罰球線進球率為 p，$H_0 : p \geq 0.8, H_1 : p < 0.8$ 之檢定拒絕域為：「當他在第 3 次投擲後才首次投進時，我們便拒絕虛無假設」。

 (1) 這個檢定的顯著水準為何？

 (2) 如果他在第 5 次投籃才首次進球，則檢定的 $P - value$ 為何？

 (3) 如果這位選手的進球率為 0.5，則此檢定的型 II 錯誤機率為何？

18. 隨機抽取 10 瓶某工廠某生產線之罐裝汽水，其重量分別為(公克)：

350　355　353　354　348　360　345　358　355　356

假設罐裝汽水的重量呈常態分配，該工廠規定，若變異數超過 25 就必須停止此生產線的生產，試以 $\alpha = 0.05$ 檢定該生產線是否應該停止生產。

19. 某生產過程專門生產手錶的軸心，若生產的軸心斷面直徑之標準差超過 0.0002 公分，即視此生產過程不穩定。現由此生產過程產出的軸心，隨機抽取 30 個，並測量其斷面直徑，得樣本標準差為 0.00028 公分。假設此生產過程產出的軸心斷面直徑呈常態分配，試問由樣本資料是否顯著地顯示此生產過程不穩定，以 $\alpha = 0.05$ 檢定之。

20. 假設某工廠有兩個生產線，假設服從常態分配，現隨機從這兩個生產線選取若干產品得資料如下：

　　　　生產線 A：　$n_A = 10$　　$\bar{x}_A = 14.5$　　　$s_A = 0.8$

　　　　生產線 B：　$n_B = 16$　　$\bar{x}_B = 11.3$　　　$s_B = 0.7$

 (1) 試分別求兩個生產線母體變異數的 95%信賴區間。

 (2) 試分別求兩個生產線母體平均數的 95%信賴區間。

21. 假設螺絲的變異數不能超過 0.03 公分，否則就無法與螺帽配合。某工廠宣稱其生產的螺絲符合規定，但根據傳言顯示此公司的信譽不佳，於是消基會隨機抽取 12 個此公司所生產的螺絲加以檢驗，發現樣本變異數為 0.042，若顯著水準 0.05，請問檢定結果為何？

22. 某補習班宣傳，只要參加他們一個月的魔鬼課程訓練營，至少 90% 以上同學可以考上公立大學。

    (1) 現隨機抽取 80 位學生，發現其中只有 64 位學生考上國立大學，請問該補習班是否廣告不實？($\alpha = 0.01$)。

    (2) 當事實上只有 75% 的學生考上國立大學，我們有 95% 的機會可以推論廣告不實。若顯著水準 α 仍定為 0.01，那麼至少需抽樣多少位學生方可宣稱補習班廣告不實。

23. 某工廠宣稱他們生產的產品不良率最多只有 5%，但消費者團體卻不以為然，因此從產品中抽出 100 個樣本，結果有 10 個樣本為不良品，請問該工廠是否宣稱不實？($\alpha = 0.01$)

24. 假設隨機變數 X 服從 η 分配(註：η 分配為題目自創之分配)，且其機率密度函數為：$f(x) = 1 - |x - 1|, \quad 0 < x < 2$

    (1) 試求計算第 32 百分位數。

    (2) 令某一檢定統計量符合 η 分配，以此檢定統計量進行右尾檢定，若顯著水準取 0.08 時，求拒絕域的臨界值。

    (3) 若改以 0.01 之顯著水準進行雙尾檢定，試求拒絕域為何？

25. 某雜誌報導已婚男性中第一次離婚年齡平均小於 40 歲。現有一位學者想驗證這個報導的正確性，他隨機抽取 20 位剛離婚的男人，發現平均年齡為 38.6 歲，標準差 4 歲。請問他是否有足夠的證據來支持這家雜誌社的報導？假設母體呈常態分配，顯著水準 $\alpha = 0.025$。

26. 某種品牌的口香糖宣稱有 75% 的牙醫推薦他們的病人使用此口香糖，消基會對此宣稱感到懷疑並決定做一檢定，其假設如下：

    $$H_0 : p = 0.75, \quad H_1 : p < 0.75$$

    其中 p 為牙醫中推薦此口香糖的比例。現隨機抽取 390 位牙醫發現其中有 273 位牙醫推薦此口香糖，若顯著水準 $\alpha = 0.05$，請問該廠商宣稱是否屬實。

附註：以 SPSS 進行單母體平均數雙尾檢定報表

檢定五點李克特量表，家庭幸福平均得分是否等於 $3 (\alpha = 0.05)$ 。

$$\begin{cases} H_0 : \mu = 3 \\ H_1 : \mu \neq 3 \end{cases}$$

報表解讀：

報表 1：

單一樣本統計量

	個數	平均數	標準差	平均數的標準誤
家庭幸福	188	3.2011	.40820	.02977

說明：

全部 188 筆資料，平均得分 3.2011，樣本標準差為 0.40820，平均數的標準誤 $\sqrt{\dfrac{s^2}{n}} = \dfrac{0.40820}{\sqrt{188}} = 0.02977$

報表 2：

單一樣本檢定

	檢定值 ＝3					
	t	自由度	顯著性 (雙尾)	平均差異	差異的 95% 信賴區間	
					下界	上界
家庭幸福	6.754	187	.000	.20106	.1423	.2598

說明：

$t^* = \dfrac{\overline{x} - \mu_0}{\sqrt{\dfrac{s^2}{n}}} = \dfrac{3.2011 - 3}{0.02977} = 6.754$ ，$P - value = 0.000$，平均差異 $= \overline{x} - \mu_0 = 3.2011 - 3 = 0.20106$ ，

差異的 95% 信賴區間 $= \overline{x} \pm t_{0.025,186} \sqrt{\dfrac{s^2}{n}} = [0.1423, 0.2598]$

檢定結果拒絕虛無假設。

筆記頁

兩母體的假設檢定

　　本章延續第 14 章之單母體假設檢定，在本章中將介紹兩母體的假設檢定。在統計的世界裡，進行資料分析時，很多情況必須採用相對的角度來檢視資料。例如在大家的眼中林書豪的個子很高，這是對一般成年人而言，但在 NBA 所有籃球選手而言，林書豪可能就不是個高個子。因此在檢定過程中，除了把差異考慮進去外，資料的分配情形也一併被考慮進去了。以第 14 章單母體的假設檢定來說，某人某次考試考了 80 分，全班平均 75 分，你覺得此人成績是否有明顯高於全班平均？如果全班最高 100 分最低 70 分；或者全班最高 85 分最低 20 分，這兩種情況是否會讓你有不同的想法呢？從檢定統計量公式 $z^* = \dfrac{\bar{x} - \mu_0}{\sqrt{\dfrac{\sigma^2}{n}}}$ 中，

就可窺得原理，所謂顯著差異，表示除了差異外，還必須將分配情況考慮進去。本章為兩母體參數的假設檢定，其原理與單母體相同，故只要瞭解單母體的假設檢定，學習本章內容並不會覺得太過艱深。

兩個母體平均數差之假設檢定-獨立樣本

　　在人文社會學、醫學或農業上的研究，經常需要進行兩母體平均數的差異比較。例如男生與女生統計學成績表現是否有顯著差異？家境富裕的小孩與家境貧窮的小孩未來的成就是否有顯著差異？某種減肥藥物對女性及男性的效果上是否有顯著差異？上述問題皆屬於兩母體平均數假設檢定的相關議題。兩母體平均數的檢定主要在檢定兩種不同類別的資料(此資料型態為比例量尺)其母體平均數是否有差異。在人文社會學把這種檢定稱為因果檢定，例如性別對成績的差異性檢定，性別稱為獨立變數(independent variable, IV)扮演「因」的角色，成績稱為依變數(dependent variable, DV)扮演「果」的角色。兩母體平均數差的檢定可分成獨立樣本與成對樣本，在本節中先介紹獨立樣本。

15.1.1 理論推導

　　有關兩母體平均數的假設檢定，其理論源自於兩母體平均數差的抽樣分配，根據抽樣分配理論，若兩母體均為常態分配，且取出樣本為獨立樣本，則兩樣本平均數差的抽樣分配會從常態分配，即 $\bar{x}_1 - \bar{x}_2 \sim N(\mu_1 - \mu_2, \frac{\sigma_1^2}{n_1} + \frac{\sigma_2^2}{n_2})$。接下來我們以右尾假設檢定中的臨界值法進行說明，若假設寫成 $\begin{cases} H_0 : \mu_1 - \mu_2 \le K \\ H_1 : \mu_1 - \mu_2 > K \end{cases}$，在檢定過程中暫時主張 H_0 為真，由第十四章知檢定過程相當於檢定 $\mu_1 - \mu_2 = K$，故根據抽樣分配理論知 $\bar{x}_1 - \bar{x}_2 \sim N(K, \frac{\sigma_1^2}{n_1} + \frac{\sigma_2^2}{n_2})$，$\bar{x}_1 - \bar{x}_2$ 的抽樣分配如下圖所示。

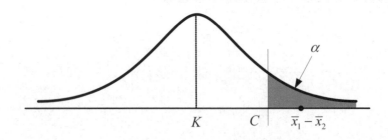

灰色區域的機率為 α，以數學符號可表示成 $P(\overline{x}_1 - \overline{x}_2 > C) = \alpha$，將左式標準化可得

$$P(\frac{(\overline{x}_1 - \overline{x}_2) - K}{\sqrt{\dfrac{\sigma_1^2}{n_1} + \dfrac{\sigma_2^2}{n_2}}} > \frac{C - K}{\sqrt{\dfrac{\sigma_1^2}{n_1} + \dfrac{\sigma_2^2}{n_2}}}) = \alpha \quad , \quad 即 \quad P(z > \frac{C - K}{\sqrt{\dfrac{\sigma_1^2}{n_1} + \dfrac{\sigma_2^2}{n_2}}}) = \alpha \quad 。 又根據標準常態分配知$$

$P(z > z_\alpha) = \alpha$，求解方程式 $\dfrac{C - (\mu_1 - \mu_2)}{\sqrt{\dfrac{\sigma_1^2}{n_1} + \dfrac{\sigma_2^2}{n_2}}} = z_\alpha$，即可求得臨界值 C 為：

$$C = K + z_\alpha \sqrt{\frac{\sigma_1^2}{n_1} + \frac{\sigma_2^2}{n_2}}$$

若抽取的樣本平均數差 $\overline{x}_1 - \overline{x}_2 > C$，即落入拒絕域內，則結論為拒絕虛無假設。其餘三種方法的推導與第十四章相似，就不再冗述。

兩母體平均數差的檢定根據母體的訊息不同，會使用不同的抽樣分配，故檢定可分成 z 檢定與 t 檢定。為了讓讀者能夠熟悉何時該用 z 檢定，何時該用 t 檢定，故我們依照使用的檢定統計量不同做分類介紹。

15.1.2 以 z 檢定兩母體平均數差

當滿足下面任一個條件時，使用 z 檢定。

1. 母體為常態分配，且母體變異數已知。
2. 母體分配未知，且為大樣本 $(n_1 \geq 30, n_2 \geq 30)$ 抽樣。

1. 右尾檢定

右尾檢定的兩個假設寫成 $\begin{cases} H_0 : \mu_1 - \mu_2 \leq K \\ H_1 : \mu_1 - \mu_2 > K \end{cases}$。一般而言，在人文社會學的研究中，

絕大部分的情況 $K = 0$，此時兩個假設亦可寫成 $\begin{cases} H_0 : \mu_1 \leq \mu_2 \\ H_1 : \mu_1 > \mu_2 \end{cases}$。同理在隨後介紹的左尾檢

定與雙尾檢定亦可改寫成這種型式。但在其他領域上，K 往往不等於 0。例如比較兩種不同的處方對某疾病治癒所需天數是否相差在一週以內。

(1) 臨界值法

臨界值法檢定步驟可分為下列兩個步驟：

步驟 1：求臨界值

$$C = K + z_\alpha \sqrt{\frac{\sigma_1^2}{n_1} + \frac{\sigma_2^2}{n_2}}$$

步驟 2：比較 $\overline{x}_1 - \overline{x}_2$ 和 C 的大小。若 $\overline{x}_1 - \overline{x}_2 > C$，結論為拒絕 H_0，否則為不拒絕 H_0。

(2) 標準檢定法

標準檢定法檢定步驟可分為下列兩個步驟：

步驟 1：求檢定統計量。

$$z^* = \frac{(\overline{x}_1 - \overline{x}_2) - K}{\sqrt{\frac{\sigma_1^2}{n_1} + \frac{\sigma_2^2}{n_2}}}$$

步驟 2：比較 z^* 與 z_α 之大小。若 $z^* > z_\alpha$，結論為拒絕 H_0，否則為不拒絕 H_0。

(3) P 值法

P 值法可分成下列三個步驟：

步驟 1：求 z^*。

步驟 2：查表。求 z^* 右側機率，即 $P-value$，以數學符號可寫成 $P-value = P(z > z^*)$。

步驟 3：比較 $P-value$ 與 α 大小。若 $P\text{-value} < \alpha$，結論為拒絕 H_0，否則為不拒絕 H_0。

(4) 信賴區間法

信賴區間法可區分成兩個步驟：

步驟 1：求信賴區間。

$$\mu_1 - \mu_2 \geq (\overline{x}_1 - \overline{x}_2) - z_\alpha \sqrt{\frac{\sigma_1^2}{n_1} + \frac{\sigma_2^2}{n_2}}$$

步驟 2：檢查 K 是否滿足上式。若 K 落在信賴區間外，結論為拒絕 H_0，否則為不拒絕 H_0。

例 1

有一份有關已婚與未婚的有車階級人士的調查報告如下：隨機選取 50 位未婚人士，發現他們平均每週旅行 106 公里標準差 15 公里；65 位已婚人士則平均每週旅行 68 公里，標準差 9 公里。根據樣本的資料，在顯著水準 $\alpha = 0.01$ 下，請問是否單身的人比已婚的人有更多的旅遊里程數？

解

假設 1 表單身，2 表已婚

根據題意設立兩個假設：$\begin{cases} H_0 : \mu_1 - \mu_2 \leq 0 \\ H_1 : \mu_1 - \mu_2 > 0 \end{cases}$，因為大樣本，故可使用 z 檢定

檢定統計量：$z^* = \dfrac{(\overline{x}_1 - \overline{x}_2) - K}{\sqrt{\dfrac{s_1^2}{n_1} + \dfrac{s_2^2}{n_2}}} = \dfrac{(106 - 68) - 0}{\sqrt{\dfrac{15^2}{50} + \dfrac{9^2}{65}}} \approx 15.852$

$\because z^* = 15.852 > z_{0.01} = 2.33$，故拒絕 H_0

故有充分的證據顯示單身的人平均較已婚的人有較多的旅遊。

2. 左尾檢定

左尾檢定的兩個假設寫法為：$\begin{cases} H_0 : \mu_1 - \mu_2 \geq K \\ H_1 : \mu_1 - \mu_2 < K \end{cases}$，左尾檢定的拒絕域在左側，四種檢定法分別為：

(1) 臨界值法

步驟 1：求臨界值

$$C = K - z_\alpha \sqrt{\frac{\sigma_1^2}{n_1} + \frac{\sigma_2^2}{n_2}}$$

步驟 2：比較 $\overline{x}_1 - \overline{x}_2$ 與 C 之大小。若 $\overline{x}_1 - \overline{x}_2 < C$，則結論為拒絕 H_0，否則不拒絕 H_0。

(2) 標準檢定法

步驟 1：求檢定統計量。

$z^* = \dfrac{(\overline{x}_1 - \overline{x}_2) - K}{\sqrt{\dfrac{\sigma_1^2}{n_1} + \dfrac{\sigma_2^2}{n_2}}}$

步驟 2：比較 z^* 與 $-z_\alpha$ 之大小。若 $z^* < -z_\alpha$，結論為拒絕 H_0，否則不拒絕 H_0。

註：只要是左尾檢定，檢定統計量必定為負數。

(3) P 值法

步驟 1：求 z^*。

步驟 2：查表。查 z^* 左側面積，即 $P-value$，若以數學方式表示為：$P-value = P(z < z^*)$。

步驟 3：比大小。比較 $P-value$ 與 α 之大小，若 $P-value < \alpha$ 則結論為拒絕 H_0，否則不拒絕 H_0。

(4) 信賴區間法。

步驟 1：求信賴區間

$$\mu_1 - \mu_2 \le (\bar{x}_1 - \bar{x}_2) + z_\alpha \sqrt{\frac{\sigma_1^2}{n_1} + \frac{\sigma_2^2}{n_2}}$$

步驟 2：檢查 K 是否滿足上式。若 K 落在信賴區間外，結論為拒絕 H_0，否則不拒絕 H_0。

例 2

某學者宣稱利用他所發展的教學法可以讓國中學生的作文成績在半年內明顯的提高至少 2 分以上，某教育團體對該學者的說法質疑，於是該教育團體找了一所國中進行實驗，首先從該校學生隨機抽取 100 位學生進行測驗，此 100 位學生作文平均成績 4.5 分，標準差 1.8 分。接著進行該項教學法，經過半年後再隨機抽取 81 位學生，得其作文平均分數為 5.9 分，標準差 1.9 分。請以顯著水準 0.05 的條件下檢定該教學法是否如該學者所宣稱？

解

本題大樣本，故可採用 z 檢定

假設 μ_1 表試驗前母體平均，μ_2 表試驗後母體平均

根據題意建立兩個假設：$\begin{cases} H_0 : \mu_2 - \mu_1 \ge 2 \\ H_1 : \mu_2 - \mu_1 < 2 \end{cases}$

$$z^* = \frac{(\bar{x}_2 - \bar{x}_1) - (\mu_2 - \mu_1)}{\sqrt{\frac{s_1^2}{n_1} + \frac{s_2^2}{n_2}}} = \frac{(5.9 - 4.5) - (2)}{\sqrt{\frac{1.8^2}{100} + \frac{1.9^2}{81}}} \approx -2.163$$

$\because z^* = -2.163 < -z_{0.05} = -1.645$，結論為拒絕 H_0，表示該教學法沒有顯著的證據可以證明使學生作文進步 2 分以上。

例 3

某麵包工廠有兩台製造麵包的機器，已知第一台機器的變異數為 52，第二台機器變異數為 60。該麵包廠欲比較兩台機器所生產的麵包數量是否有差異，先第一台機器製造麵包，在連續 12 天的操作下，求得每天平均生產 1124.25 箱的麵包。接著再以第二台連續操作 10 天，求得每天平均製造 1138.7 箱的麵包，假設兩台機器所生產的麵包數量呈常態分配。試以顯著水準 $\alpha=0.05$ 檢定是否第二台機器所生產的麵包數量比第一台機器多？試分別以臨界值法、標準檢定法、P 值法與信賴區間法進行檢定。

解

母體為常態分配且母體變異數已知，故採用 z 檢定

根據題意設立兩個假設：$\begin{cases} H_0 : \mu_1 - \mu_2 \geq 0 \\ H_1 : \mu_1 - \mu_2 < 0 \end{cases}$

(1) 臨界值法

臨界值：$C = (\mu_1 - \mu_2) - z_\alpha \sqrt{\dfrac{\sigma_1^2}{n_1} + \dfrac{\sigma_2^2}{n_2}} = 0 - 1.645 \sqrt{\dfrac{52}{12} + \dfrac{60}{10}} \approx -5.288$

$\overline{x}_1 - \overline{x}_2 = 1124.25 - 1138.7 = -14.2 < C = -5.288$，結論為拒絕 H_0

故有充分的證據顯示第二台機器生產的數量較多。

(2) 標準檢定法

檢定統計量：$z^* = \dfrac{(\overline{x}_1 - \overline{x}_2) - K}{\sqrt{\dfrac{\sigma_1^2}{n_1} + \dfrac{\sigma_2^2}{n_2}}} = \dfrac{(1124.25 - 1138.7) - 0}{\sqrt{\dfrac{52}{12} + \dfrac{60}{10}}} = -4.5$

$\because z^* = -4.5 < -z_{0.05} = -1.645$，拒絕 H_0

(3) P 值法

$P - value = P(z < -4.5) \approx 0$

$\because P - value = 0 < \alpha = 0.05$，拒絕 H_0

(4) 信賴區間法

信賴區間：$\mu_1 - \mu_2 \leq (\bar{x}_1 - \bar{x}_2) + z_\alpha \sqrt{\dfrac{\sigma_1^2}{n_1} + \dfrac{\sigma_2^2}{n_2}}$

$\Rightarrow \mu_1 - \mu_2 \leq (1124.25 - 1138.7) + 1.645 \sqrt{\dfrac{52}{12} + \dfrac{60}{10}}$

$\Rightarrow \mu_1 - \mu_2 \leq -9.162$

$\because K = 0$ 沒有落在信賴區間內，故拒絕 H_0

3. 雙尾檢定

雙尾檢定的兩個假設寫法為：$\begin{cases} H_0 : \mu_1 - \mu_2 = K \\ H_1 : \mu_1 - \mu_2 \neq K \end{cases}$。兩母體平均數差的雙尾檢定原理，

和單母體平均數相同，拒絕域分別在左右兩側各佔 $\dfrac{\alpha}{2}$，四種檢定法分別敘述如下。

(1) 臨界值法

步驟 1：求臨界值。

$$C_L = K - z_{\frac{\alpha}{2}} \sqrt{\frac{\sigma_1^2}{n_1} + \frac{\sigma_2^2}{n_2}}, \quad C_U = K + z_{\frac{\alpha}{2}} \sqrt{\frac{\sigma_1^2}{n_1} + \frac{\sigma_2^2}{n_2}}$$

步驟 2：比較 $\bar{x}_1 - \bar{x}_2$ 和 C_L 或 C_U 的大小。若 $\bar{x}_1 - \bar{x}_2 < C_L$ 或 $\bar{x}_1 - \bar{x}_2 > C_U$，結論為拒絕 H_0，否則為不拒絕 H_0。

註： 若 $\bar{x}_1 - \bar{x}_2$ 比 K 小只要求臨界值下限 C_L 即可；同理若 $\bar{x}_1 - \bar{x}_2$ 比 K 大，則求臨界值上限 C_U 即可。

(2) 標準檢定法

步驟 1：求檢定統計量。

$$z^* = \frac{(\bar{x}_1 - \bar{x}_2) - K}{\sqrt{\dfrac{\sigma_1^2}{n_1} + \dfrac{\sigma_2^2}{n_2}}}$$

步驟 2：比較 $|z^*|$ 與 $z_{\frac{\alpha}{2}}$ 之大小。由於雙尾檢定的檢定統計量 z^* 可能為正值亦可能為負值，一般都將 z^* 取絕對值之後在進行比較。若 $|z^*| > z_{\frac{\alpha}{2}}$ 則結論為拒絕 H_0，否則為不拒絕 H_0。

(3) P 值法

步驟 1：求檢定統計量 z^*。

步驟 2：查表。查出 $\left|z^*\right|$ 右側機率值並乘以 2，即 $P-value$。若以數學表示成 $P-value = 2P(z > \left|z^*\right|)$。

步驟 3：比大小。比較 $P-value$ 與 α 之大小，$P-value < \alpha$ 則結論為拒絕 H_0，否則為不拒絕 H_0。

(4) 信賴區間法

步驟 1：求信賴區間。

$$(\overline{x}_1 - \overline{x}_2) - z_{\frac{\alpha}{2}}\sqrt{\frac{\sigma_1^2}{n_1} + \frac{\sigma_2^2}{n_2}} \le \mu_1 - \mu_2 \le (\overline{x}_1 - \overline{x}_2) + z_{\frac{\alpha}{2}}\sqrt{\frac{\sigma_1^2}{n_1} + \frac{\sigma_2^2}{n_2}}$$

步驟 2：檢查 K 是否滿足上式。若 K 落在信賴區間外，結論為拒絕 H_0，否則不拒絕 H_0。

註：上述的檢定法，若母體變異數未知且大樣本情況，以樣本變異數取代即可。

例 4

從兩常態母體中以隨機的方試分別抽取若干樣本，已知樣本資料如下：

樣本數	$n_1 = 50$	$n_2 = 100$
樣本平均數	$\overline{x}_1 = 52.3$	$\overline{x}_2 = 49$
樣本標準差	$s_1 = 6.1$	$s_2 = 7.9$

請你以此資料檢定 $H_0 : \mu_1 = \mu_2, H_1 : \mu_1 \ne \mu_2$，顯著水準 $\alpha = 0.05$，請分別使用臨界值法、標準檢定法、P 值法與信賴區間法進行檢定。

解

本題為大樣本抽樣，故可採用 z 檢定

兩個假設為：$\begin{cases} H_0 : \mu_1 - \mu_2 = 0 \\ H_1 : \mu_1 - \mu_2 \ne 0 \end{cases}$

(1) 臨界值法

$\because \overline{x}_1 - \overline{x}_2 = 52.3 - 49 = 3.3 > \mu_1 - \mu_2 = 0$，故僅需求臨界值上限即可

$$C_U = K + z_{\frac{\alpha}{2}}\sqrt{\frac{s_1^2}{n_1} + \frac{s_2^2}{n_2}} = 0 + 1.96\sqrt{\frac{6.1^2}{50} + \frac{7.9^2}{100}} \approx 2.293$$

$\because \overline{x}_1 - \overline{x}_2 = 3.3 > C_U = 2.293$，結論為拒絕 H_0

(2) 標準檢定法

$$z^* = \frac{(\overline{x}_1 - \overline{x}_2) - (\mu_1 - \mu_2)}{\sqrt{\dfrac{s_1^2}{n_1} + \dfrac{s_2^2}{n_2}}} = \frac{(52.3 - 49) - 0}{\sqrt{\dfrac{6.1^2}{50} + \dfrac{7.9^2}{100}}} \approx 2.82$$

$\because \left| z^* \right| = 2.82 > z_{0.025} = 1.96$，拒絕 H_0

(3) P 值法

$$P - value = 2P(z > \left| z^* \right|) = 2P(z > 2.82) \approx 0.0048 < \alpha = 0.05 \text{，拒絕 } H_0$$

(4) 信賴區間法

信賴區間：$(\overline{x}_1 - \overline{x}_2) - z_{\frac{\alpha}{2}}\sqrt{\dfrac{s_1^2}{n_1} + \dfrac{s_2^2}{n_2}} \leq \mu_1 - \mu_2 \leq (\overline{x}_1 - \overline{x}_2) + z_{\frac{\alpha}{2}}\sqrt{\dfrac{s_1^2}{n_1} + \dfrac{s_2^2}{n_2}}$

$\Rightarrow (52.3 - 49) - 1.96\sqrt{\dfrac{6.1^2}{50} + \dfrac{7.9^2}{100}} \leq \mu_1 - \mu_2 \leq (52.3 - 49) + 1.96\sqrt{\dfrac{6.1^2}{50} + \dfrac{7.9^2}{100}}$

$\Rightarrow 1.007 \leq \mu_1 - \mu_2 \leq 5.593$

$\because K = 0$ 不在信賴區間內，拒絕 H_0

15.1.3 以 t 檢定兩母體平均數差—已知兩母體變異數相等

當母體呈常態分配，且母體變異數 σ_1^2, σ_2^2 未知時，需使用 t 檢定來檢定兩母體平均數差。但若大樣本情況 ($n_1 \geq 30$ 且 $n_2 \geq 30$)，當 t 分配表查不到對應的數值時，可改用 z 檢定近似。通常研究者進行抽樣調查，在一般情況並不曉得母體變異數的數值，因此大部分的統計套裝軟體，在兩母體平均數差的檢定中，僅提供 t 檢定沒有提供 z 檢定。但是當自由度增加時，t 分配與 z 分配十分接近，因此在大樣本情況下，手解題目在查不到 t 分配表時，允許使用 z 檢定。

兩樣本平均數差的抽樣分配，會受兩母體變異數是否相等而有所不同。故使用 t 檢定檢定兩母體平均數差，可分成母體變異數相等以及母體變異數不相等兩種情況，在本節先介紹母體變異數相等的情況。在進行獨立樣本 t 檢定檢定前，必須先進行母體變異數相等的檢定，但由於兩母體變異數是否相等的檢定我們安排在後面的單元中，因此在本節中的所有題目都事先假設母體滿足變異數相等的假設。

根據抽樣分配理論知，當兩母體變異數相等時，需以共同樣本變異數 s_p^2 來取代原有的樣本變異數 s_1^2, s_2^2。共同樣本變異數定義為：

$$s_p^2 = \frac{(n_1 - 1)s_1^2 + (n_2 - 1)s_2^2}{n_1 + n_2 - 2}$$

相關理論的推導與採用 z 檢定之過程相同，故在本節中予以省略。

1. 右尾檢定

右尾檢定的兩個假設寫成：$\begin{cases} H_0 : \mu_1 - \mu_2 \leq K \\ H_1 : \mu_1 - \mu_2 > K \end{cases}$。四種檢定法分別為：

(1) 臨界值法

步驟 1：求臨界值。

$$C = K + t_{\alpha, n_1 + n_2 - 2} \sqrt{\frac{s_p^2}{n_1} + \frac{s_p^2}{n_2}}$$

步驟 2：比較 $\overline{x}_1 - \overline{x}_2$ 與 C 之大小。若 $\overline{x}_1 - \overline{x}_2 > C$，結論為拒絕 H_0，否則為不拒絕 H_0。

(2) 標準檢定法

步驟 1：求檢定統計量。

$$t^* = \frac{(\overline{x}_1 - \overline{x}_2) - K}{\sqrt{\frac{s_p^2}{n_1} + \frac{s_p^2}{n_2}}}$$

步驟 2：比較 t^* 與 $t_{\alpha, n_1 + n_2 - 2}$ 之大小。若 $t^* > t_{\alpha, n_1 + n_2 - 2}$，結論為拒絕 H_0，否則為不拒絕 H_0。

(3) P 值法

步驟 1：求 t^*。

步驟 2：查表。求 t^* 右側機率，即 $P-value$，以數學符號可寫成 $P-value = P(t_{n_1 + n_2 - 2} > t^*)$。

步驟 3：比較 $P-value$ 與 α 大小。若 $P\text{-value} < \alpha$，結論為拒絕 H_0，否則為不拒絕 H_0。

(4) 信賴區間法

步驟 1：求信賴區間。

$$\mu_1 - \mu_2 \geq (\overline{x}_1 - \overline{x}_2) - t_{\alpha, n_1+n_2-2}\sqrt{\frac{s_p^2}{n_1} + \frac{s_p^2}{n_2}}$$

步驟 2：檢查 K 是否滿足上式。若 K 落在信賴區間外，結論為拒絕 H_0，否則為不拒絕 H_0。

2. 左尾檢定

左尾檢定的兩個假設寫成：$\begin{cases} H_0: \mu_1 - \mu_2 \geq K \\ H_1: \mu_1 - \mu_2 < K \end{cases}$。四種檢定法分述於后。

(1) 臨界值法

步驟 1：求臨界值

$$C = K - t_{\alpha, n_1+n_2-2}\sqrt{\frac{s_p^2}{n_1} + \frac{s_p^2}{n_2}}$$

步驟 2：比較 $\overline{x}_1 - \overline{x}_2$ 與 C 之大小。若 $\overline{x}_1 - \overline{x}_2 < C$，則結論為拒絕 H_0，否則不拒絕 H_0。

(2) 標準檢定法

步驟 1：求檢定統計量。

$$t^* = \frac{(\overline{x}_1 - \overline{x}_2) - K}{\sqrt{\frac{s_p^2}{n_1} + \frac{s_p^2}{n_2}}}$$

步驟 2：比較 t^* 與 $-t_{\alpha, n_1+n_2-2}$ 之大小。若 $t^* < -t_{\alpha, n_1+n_2-2}$，結論為拒絕 H_0，否則不拒絕 H_0。

(3) P 值法

步驟 1：求 t^*。

步驟 2：查表。查 t^* 左側面積，即 $P-value$，若以數學方式表示為：
$P-value = P(t_{n_1+n_2-2} < t^*)$

步驟 3：比大小。比較 $P-value$ 與 α 之大小，若 $P-value < \alpha$ 則結論為拒絕 H_0，否則不拒絕 H_0。

(4) 信賴區間法

步驟 1：求信賴區間

$$\mu_1 - \mu_2 \le (\overline{x}_1 - \overline{x}_2) + t_{\alpha, n_1 + n_2 - 2} \sqrt{\frac{s_p^2}{n_1} + \frac{s_p^2}{n_2}}$$

步驟 2：檢查 K 是否滿足上式。若 K 落在信賴區間外，結論為拒絕 H_0，否則不拒絕 H_0。

3. 雙尾檢定

雙尾檢定的兩個假設寫成：$\begin{cases} H_0 : \mu_1 - \mu_2 = K \\ H_1 : \mu_1 - \mu_2 \ne K \end{cases}$。四種檢定法分述於后。

(1) 臨界值法

步驟 1：求臨界值。

$$C_L = K - t_{\frac{\alpha}{2}, n_1 + n_2 - 2} \sqrt{\frac{s_p^2}{n_1} + \frac{s_p^2}{n_2}} \quad , \quad C_U = K + t_{\frac{\alpha}{2}, n_1 + n_2 - 2} \sqrt{\frac{s_p^2}{n_1} + \frac{s_p^2}{n_2}}$$

步驟 2：比較 $\overline{x}_1 - \overline{x}_2$ 和 C_L 或 C_U 的大小。若 $\overline{x}_1 - \overline{x}_2 < C_L$ 或 $\overline{x}_1 - \overline{x}_2 > C_U$，結論為拒絕 H_0，否則為不拒絕 H_0。

註： 若 $\overline{x}_1 - \overline{x}_2$ 比 K 小只要求臨界值下限 C_L 即可；同理若 $\overline{x}_1 - \overline{x}_2$ 比 K 大，則求臨界值上限 C_U 即可。

(2) 標準檢定法

步驟 1：求檢定統計量

$$t^* = \frac{(\overline{x}_1 - \overline{x}_2) - K}{\sqrt{\frac{s_p^2}{n_1} + \frac{s_p^2}{n_2}}}$$

步驟 2：比較 $|t^*|$ 與 $t_{\frac{\alpha}{2}, n_1 + n_2 - 2}$ 之大小。若 $|t^*| > t_{\frac{\alpha}{2}, n_1 + n_2 - 2}$ 則結論為拒絕 H_0，否則為不拒絕 H_0。

(3) P 值法

步驟 1：求檢定統計量 t^*。

步驟 2：查表。查出 $|t^*|$ 右側機率值並乘以 2，即 $P - value$。若以數學表示成
$$P - value = 2P(t_{n_1 + n_2 - 2} > |t^*|)$$

步驟 3：比大小。比較 $P-value$ 與 α 之大小，$P-value < \alpha$ 則結論為拒絕 H_0，否則為不拒絕 H_0。

(4) 信賴區間法

步驟 1：求信賴區間。

$$(\bar{x}_1 - \bar{x}_2) - t_{\frac{\alpha}{2}, n_1+n_2-2}\sqrt{\frac{s_p^2}{n_1} + \frac{s_p^2}{n_2}} \leq \mu_1 - \mu_2 \leq (\bar{x}_1 - \bar{x}_2) + t_{\frac{\alpha}{2}, n_1+n_2-2}\sqrt{\frac{s_p^2}{n_1} + \frac{s_p^2}{n_2}}$$

步驟 2：檢查 K 是否滿足上式。若 K 落在信賴區間外，結論為拒絕 H_0，否則不拒絕 H_0。

例 5

從兩獨立之常態分配 $N(\mu_1, \sigma^2), N(\mu_2, \sigma^2)$ 中取樣如下：

樣本數	$n_1=20$	$n_2=12$
樣本平均值	$\bar{x}_1=24.5$	$\bar{x}_2=28.7$
樣本偏差值	$s_1=8$	$s_2=7$

是否有足夠資料顯示 $\mu_1 < \mu_2 (\alpha = 0.05)$？請分別以臨界值法、標準檢定法、$P$ 值法與信賴區間法分別進行檢定。

解

母體常態、小樣本、母體變異數未知但相等，故使用 t 檢定

根據題意設立兩個假設：$\begin{cases} H_0 : \mu_1 - \mu_2 \geq 0 \\ H_1 : \mu_1 - \mu_2 < 0 \end{cases}$

$$s_p^2 = \frac{(n_1-1)s_1^2 + (n_2-1)s_2^2}{n_1+n_2-2} = \frac{19 \times 8^2 + 11 \times 7^2}{30} = 58.5$$

(1) 臨界值法

$$C = K - t_{\alpha, n_1+n_2-2}\sqrt{\frac{s_p^2}{n_1} + \frac{s_p^2}{n_2}} = 0 - 1.6973\sqrt{\frac{58.5}{20} + \frac{58.5}{12}} \approx -4.74$$

$\because \bar{x}_1 - \bar{x}_2 = 24.5 - 28.7 = -4.2 > C = -4.74$，結論為不拒絕 H_0

沒有足夠證據顯示 $\mu_1 < \mu_2$。

(2) 標準檢定法

　　檢定統計量：$t^* = \dfrac{(\overline{x_1} - \overline{x_2}) - K}{\sqrt{\dfrac{s_p^2}{n_1} + \dfrac{s_p^2}{n_2}}} = \dfrac{(24.5 - 28.7) - 0}{\sqrt{\dfrac{58.5}{20} + \dfrac{58.5}{12}}} \approx -1.5$

　　$\because t^* = -1.5 > -t_{0.05,30} = -1.6973$，不拒絕 H_0

(3) P 值法

　　$\because (t_{30} < -1.6973) = 0.05$

　　$\therefore P\text{-value} = P(t_{n_1+n_2-2} < t^*) = P(t_{30} < -1.5) > 0.05 \Rightarrow$ 不拒絕 H_0

(4) 信賴區間法

　　信賴區間：$\mu_1 - \mu_2 \leq (\overline{x_1} - \overline{x_2}) + t_{\alpha, n_1+n_2-2}\sqrt{\dfrac{s_p^2}{n_1} + \dfrac{s_p^2}{n_2}}$

　　$\Rightarrow \mu_1 - \mu_2 \leq (24.5 - 28.7) + 1.6973\sqrt{\dfrac{58.5}{20} + \dfrac{58.5}{12}}$

　　$\Rightarrow \mu_1 - \mu_2 \leq 0.540$

　　$\because K = 0$ 沒有落在信賴區間內，不拒絕 H_0

例 6

兩獨立樣本其樣本平均數，樣本變異數及樣本大小如下所示：

$\overline{x_1} = 30 \qquad s_1^2 = 8 \qquad n_1 = 21$

$\overline{x_2} = 35 \qquad s_2^2 = 10 \qquad n_2 = 20$

假設已知兩母體為常態分配且母體變異數相等，試以顯著水準 0.05 的條件下，檢定兩母體平均數是否相等？試以臨界值法與標準檢定法進行檢定。

解

母體常態、小樣本且母體變異數未知，使用 t 檢定

因為母體變異數相等 $\therefore s_p^2 = \dfrac{(21-1)\times 8 + (20-1)\times 10}{21 + 20 - 2} \approx 8.974$

根據題意設立兩個假設：$\begin{cases} H_0 : \mu_1 - \mu_2 = 0 \\ H_1 : \mu_1 - \mu_2 \neq 0 \end{cases}$

(1) 臨界值法

$\because \overline{x}_1 - \overline{x}_2 = 30 - 35 = -5 < \mu_1 - \mu_2 = 0$ ，故求臨界值下限即可

$$C_L = K - t_{\frac{\alpha}{2}, n_1 + n_2 - 2}\sqrt{\frac{s_p^2}{n_1} + \frac{s_p^2}{n_2}} = 0 - 2.0227\sqrt{\frac{8.974}{21} + \frac{8.974}{20}} \approx -1.893$$

$\because \overline{x}_1 - \overline{x}_2 = -5 < C_L = -1.893$ ，結論為拒絕 H_0

有足夠的證據顯示兩母體平均數不相等。

(2) 標準檢定法

$$t^* = \frac{(\overline{x}_1 - \overline{x}_2) - K}{\sqrt{\frac{s_p^2}{n_1} + \frac{s_p^2}{n_2}}} = \frac{(30 - 35) - 0}{\sqrt{\frac{8.974}{21} + \frac{8.974}{20}}} \approx -5.342$$

$\because t^* = -5.342 < -t_{0.025, 39} = -2.0277$ ，拒絕 H_0

15.1.4 t 檢定兩母體平均數差—兩母體變異數不相等

當母體變異數不相等時，自由度需用下列公式計算：

$$\nu = \frac{(s_1^2 + s_2^2)^2}{\dfrac{(s_1^2)^2}{n_1 - 1} + \dfrac{(s_2^2)^2}{n_2 - 1}}$$

其中 $s_1^2 = \dfrac{s_1^2}{n_1}, s_2^2 = \dfrac{s_2^2}{n_2}$ ，若有小數需採無條件捨去法取至整數位。兩母體變異數不相等的檢定法則與兩母體變異數相等完全相同，唯一不同的地方只有在變異數部分，上一小節中的變異數使用 s_p^2 ，而在本節則使用自己的樣本變異數 s_1^2, s_2^2 。

1. 右尾檢定

(1) 臨界值法

步驟 1：求臨界值。

$$C = K + t_{\alpha, \nu}\sqrt{\frac{s_1^2}{n_1} + \frac{s_2^2}{n_2}}$$

步驟 2：比較 $\overline{x}_1 - \overline{x}_2$ 與 C 之大小。若 $\overline{x}_1 - \overline{x}_2 > C$ ，結論為拒絕 H_0 ，否則為不拒絕 H_0 。

(2) 標準檢定法

步驟 1：求檢定統計量。

$$t^* = \frac{(\overline{x}_1 - \overline{x}_2) - K}{\sqrt{\dfrac{s_1^2}{n_1} + \dfrac{s_2^2}{n_2}}}$$

步驟 2：比較 t^* 與 $t_{\alpha, n-1}$ 之大小。若 $t^* > t_{\alpha, n-1}$，結論為拒絕 H_0，否則為不拒絕 H_0。

(3) P 值法

步驟 1：求 t^*。

步驟 2：查表。求 t^* 右側機率，即 $P-value$，以數學符號可寫成 $P-value = P(t_v > t^*)$。

步驟 3：比較 $P-value$ 與 α 大小。若 $P\text{-value} < \alpha$，結論為拒絕 H_0，否則為不拒絕 H_0。

(4) 信賴區間法

步驟 1：求信賴區間。

$$\mu_1 - \mu_2 \geq (\overline{x}_1 - \overline{x}_2) - t_{\alpha, v}\sqrt{\frac{s_1^2}{n_1} + \frac{s_2^2}{n_2}}$$

步驟 2：檢查 K 是否滿足上式。若 K 落在信賴區間外，結論為拒絕 H_0，否則為不拒絕 H_0。

2. 左尾檢定

(1) 臨界值法

步驟 1：求臨界值

$$C = K - t_{\alpha, v}\sqrt{\frac{s_1^2}{n_1} + \frac{s_2^2}{n_2}}$$

步驟 2：比較 $\overline{x}_1 - \overline{x}_2$ 與 C 之大小。若 $\overline{x}_1 - \overline{x}_2 < C$，則結論為拒絕 H_0，否則不拒絕 H_0。

(2) 標準檢定法

步驟 1：求檢定統計量。

$$t^* = \frac{(\overline{x}_1 - \overline{x}_2) - K}{\sqrt{\dfrac{s_1^2}{n_1} + \dfrac{s_2^2}{n_2}}}$$

步驟 2：比較 t^* 與 $-t_{\alpha, v}$ 之大小。若 $t^* < -t_{\alpha, v}$，結論為拒絕 H_0，否則不拒絕 H_0。

(3) P 值法

步驟 1：求 t^*。

步驟 2：查表。查 t^* 左側面積，即 $P-value$，若以數學方式表示為：
$P-value = P(t_v < t^*)$

步驟 3：比大小。比較 $P-value$ 與 α 之大小，若 $P-value < \alpha$ 則結論為拒絕 H_0，否則不拒絕 H_0。

(4) 信賴區間法

步驟 1：求信賴區間

$$\mu_1 - \mu_2 \le (\overline{x}_1 - \overline{x}_2) + t_{\alpha,v}\sqrt{\frac{s_1^2}{n_1} + \frac{s_2^2}{n_2}}$$

步驟 2：檢查 K 是否滿足上式。若 K 落在信賴區間外，結論為拒絕 H_0，否則不拒絕 H_0。

3. 雙尾檢定

(1) 臨界值法

步驟 1：求臨界值。

$$C_U = K + t_{\frac{\alpha}{2},v}\sqrt{\frac{s_1^2}{n_1} + \frac{s_2^2}{n_2}}, C_L = K - t_{\frac{\alpha}{2},v}\sqrt{\frac{s_1^2}{n_1} + \frac{s_2^2}{n_2}}$$

步驟 2：比較 $\overline{x}_1 - \overline{x}_2$ 和 C_L 或 C_U 的大小。若 $\overline{x}_1 - \overline{x}_2 < C_L$ 或 $\overline{x}_1 - \overline{x}_2 > C_U$，結論為拒絕 H_0，否則為不拒絕 H_0。

註： 若 $\overline{x}_1 - \overline{x}_2$ 比 K 小只要求臨界值下限 C_L 即可；同理若 $\overline{x}_1 - \overline{x}_2$ 比 K 大，則求臨界值上限 C_U 即可。

(2) 標準檢定法

步驟 1：求檢定統計量

$$t^* = \frac{(\overline{x}_1 - \overline{x}_2) - K}{\sqrt{\frac{s_1^2}{n_1} + \frac{s_2^2}{n_2}}}$$

步驟 2：比較 $\left|t^*\right|$ 與 $t_{\frac{\alpha}{2},n-1}$ 之大小。若 $\left|t^*\right| > t_{\frac{\alpha}{2},n-1}$ 則結論為拒絕 H_0，否則為不拒絕 H_0。

(3) P 值法

步驟 1：求檢定統計量 t^*。

步驟 2：查表。查出 $\left|t^*\right|$ 右側機率值並乘以 2，即 $P-value$。若以數學表示成

$$P-value = 2P(t_v > \left|t^*\right|)$$

步驟 3：比大小。比較 $P-value$ 與 α 之大小，$P-value < \alpha$ 則結論為拒絕 H_0，否則為不拒絕 H_0。

(4) 信賴區間法

步驟 1：求信賴區間。

$$(\overline{x_1} - \overline{x_2}) - t_{\frac{\alpha}{2},v}\sqrt{\frac{s_1^2}{n_1} + \frac{s_2^2}{n_2}} \leq \mu_1 - \mu_2 \leq (\overline{x_1} - \overline{x_2}) + t_{\frac{\alpha}{2},v}\sqrt{\frac{s_1^2}{n_1} + \frac{s_2^2}{n_2}}$$

步驟 2：檢查 K 是否滿足上式。若 K 落在信賴區間外，結論為拒絕 H_0，否則不拒絕 H_0。

例 7

已知兩母體服從常態分配 $X_1 \sim N(\mu_1,\sigma_1^2)$，$X_2 \sim (\mu_2,\sigma_2^2)$，現從兩母體隨機抽取兩組獨立樣本，其資料如下表所示：

樣本 1	樣本 2
$n_1 = 20$	$n_2 = 15$
$\overline{x_1} = 123$	$\overline{x_2} = 116$
$s_1^2 = 31.3$	$s_2^2 = 120.1$

試以顯著水準 $\alpha = 0.05$ 檢定兩母體平均數是否相等？試分別以臨界值法、標準檢定法、P 值法與信賴區間法檢定之。

解

母體常態且母體變異數未知，使用 t 檢定

根據題意設立兩個假設：$\begin{cases} \mu_1 - \mu_2 = 0 \\ \mu_1 - \mu_2 \neq 0 \end{cases}$

又母體變異數不相等，故自由度為：

$$v = \frac{(\frac{s_1^2}{n_1} + \frac{s_2^2}{n_2})^2}{\frac{(\frac{s_1^2}{n_1})^2}{n_1 - 1} + \frac{(\frac{s_2^2}{n_2})^2}{n_2 - 1}} = \frac{(\frac{31.3}{20} + \frac{120.1}{15})^2}{\frac{(\frac{31.3}{20})^2}{19} + \frac{(\frac{120.1}{15})^2}{14}} = 19.5 \approx 19$$

(1) 臨界值法

$\because \bar{x}_1 - \bar{x}_2 = 123 - 116 = 7$，故僅需求臨界值上限即可

$$C_U = K + t_{\frac{\alpha}{2}, v} \sqrt{\frac{s_1^2}{n_1} + \frac{s_2^2}{n_2}} = 0 + 2.093\sqrt{\frac{31.3}{20} + \frac{120.1}{15}} \approx 6.475$$

$\because \bar{x}_1 - \bar{x}_2 = 7 > C_U = 6.475$，結論為拒絕 H_0

故兩母體平均數有顯著的差異

(2) 標準檢定法

檢定統計量：$t^* = \frac{(\bar{x}_1 - \bar{x}_2) - K}{\sqrt{\frac{s_1^2}{n_1} + \frac{s_2^2}{n_2}}} = \frac{(123 - 116) - 0}{\sqrt{\frac{31.3}{20} + \frac{120.1}{15}}} \approx 2.26$

$|t^*| = 2.26 > t_{0.025, 19} = 2.093$，拒絕 H_0

(3) P 值法

$\because 2P(t_{19} > 2.093) = 0.05$

$\therefore P - value = 2P(t_{19} > 2.26) < \alpha = 0.05$，拒絕 H_0

(4) 信賴區間法

$$(\bar{x}_1 - \bar{x}_2) - t_{\frac{\alpha}{2}, v}\sqrt{\frac{s_1^2}{n_1} + \frac{s_2^2}{n_2}} \leq \mu_1 - \mu_2 \leq (\bar{x}_1 - \bar{x}_2) + t_{\frac{\alpha}{2}, v}\sqrt{\frac{s_1^2}{n_1} + \frac{s_2^2}{n_2}}$$

$\Rightarrow 0.525 \leq \mu_1 - \mu_2 \leq 13.475$

$\because K = 0$ 沒有在信賴區間內，拒絕 H_0

例 8

已知 X 理論和 Y 理論是管理控制的重要理論，A 公司總經理為了解何種理論較有效，隨機選擇了 16 位員工分成 I、II 組，其中 I 組施以 X 理論的環境；II 組給予 Y 理論的環境，然在年終給予員工績效評分如下：$\alpha = 0.05$

	1	2	3	4	5	6	7	8	$\overline{x}_i$	s_i^2
I	86	82	84	83	84	83	85	87	84.25	2.786
II	83	81	84	72	79	85	78	86	81	21.143

檢定 $\mu_1 - \mu_2$ 之效果？(假設母體呈常態分配且變異數不相等)

解

$\because \overline{x}_1 - \overline{x}_2 = 84.25 - 81 > 0$，由樣本訊息知需進行右尾檢定

設立兩個假設：$\begin{cases} \mu_1 - \mu_2 \leq 0 \\ \mu_1 - \mu_2 > 0 \end{cases}$

檢定統計量 $t^* = \dfrac{(\overline{x}_1 - \overline{x}_2) - K}{\sqrt{\dfrac{s_1^2}{n_1} + \dfrac{s_2^2}{n_2}}} = \dfrac{(84.25 - 81) - 0}{\sqrt{\dfrac{2.786}{8} + \dfrac{21.143}{8}}} \approx 1.879$

自由度：$\nu = \dfrac{(\dfrac{s_1^2}{n_1} + \dfrac{s_2^2}{n_2})^2}{\dfrac{(\dfrac{s_1^2}{n_1})^2}{n_1 - 1} + \dfrac{(\dfrac{s_2^2}{n_2})^2}{n_2 - 1}} = \dfrac{(\dfrac{2.786}{8} + \dfrac{21.143}{8})^2}{\dfrac{(\dfrac{2.786}{8})^2}{7} + \dfrac{(\dfrac{21.143}{8})^2}{7}} = 8.813 \approx 8$

$\because t^* = 1.879 > t_{0.05,8} = 1.8595$，拒絕 H_0

表示 $\mu_1 - \mu_2 > 0$，故 X 理論較有效。

例 9

有甲、乙兩校因升學競爭激烈，最近的一次模擬考，甲校宣稱該校的學生總平均比乙校高至少 5 分以上。現隨機從甲、乙兩校以隨機取樣的方式皆抽取 20 個學生，經計算甲校的 20 個學生平均成績為 80 分變異數 36，而乙校的 20 個學生平均成績 76 分變異數 25，請問甲校的宣稱是否正確？假設兩校學生成績呈常態分配，且變異數不相等，請以顯著水準 0.05 進行檢定。

解

母體為常態且母體變異數未知，使用 t 檢定

根據樣本訊息建立兩個假設 $\begin{cases} H_0 : \mu_1 - \mu_2 \geq 5 \\ H_1 : \mu_1 - \mu_2 < 5 \end{cases}$

自由度：$v = \dfrac{(\dfrac{s_1^2}{n_1} + \dfrac{s_2^2}{n_2})^2}{\dfrac{(\dfrac{s_1^2}{n_1})^2}{n_1 - 1} + \dfrac{(\dfrac{s_2^2}{n_2})^2}{n_2 - 1}} = \dfrac{(\dfrac{36}{20} + \dfrac{25}{20})^2}{\dfrac{(\dfrac{36}{20})^2}{19} + \dfrac{(\dfrac{25}{20})^2}{19}} = 36.8 \approx 36$

檢定統計量：$t^* = \dfrac{(\bar{x}_1 - \bar{x}_2) - K}{\sqrt{\dfrac{s_1^2}{n_1} + \dfrac{s_2^2}{n_2}}} = \dfrac{(80 - 76) - 5}{\sqrt{\dfrac{36}{20} + \dfrac{25}{20}}} = -0.573$

$\because |t^*| = 0.573 < t_{0.05, 36} = 1.6883$，結論為不拒絕 H_0

故無顯著證據證明甲校宣稱不實。

 15.2 兩母體平均數差的假設檢定-成對樣本 t 檢定

　　所謂成對樣本(paired or matched samples)也有人稱為配對樣本或相依樣本。所謂成對樣本是指兩個觀測值來自同一個元素，而此元素有時間先後次序關係；或樣本與樣本間存在某種關聯，如左右之間的關係或者配對的關係等。例如減肥前減肥後是屬於來自同一元素前後時間之關係；兩種不同品牌的鞋子分別穿在左右腳是來自不同元素，屬左右對稱之關係；來自同一個家庭的兄妹或父子，是屬於配對關係，如上述之樣本皆屬於成對樣本。成對樣本不一定來自成對母體，例如不同廠牌鞋子耐磨試驗，隨機穿在左右腳，這種情況就不是成對母體。下面是有關進行成對樣本 t 檢定需認識的一些符號。

假設 x_{1i} 為來自第一個母體的觀察值，x_{2i} 為來自第二個母體的觀察值，下列為檢定所需之相關符號定義：

$d_i = x_{1i} - x_{2i}$：成對樣本觀測值差。

$\mu_d = \mu_1 - \mu_2$：成對母體平均數的差。

$\overline{d} = \dfrac{1}{n}\sum_{i=1}^{n} d_i$：成對樣本差的平均數。

$s_d^2 = \dfrac{1}{n-1}\sum_{i=1}^{n}(d_i - \overline{d})^2 = \dfrac{1}{n-1}\sum_{i=1}^{n} d_i^2 - \dfrac{n}{n-1}\overline{d}^2$：成對樣本差的變異數。

有關以成對樣本 t 檢定，其原理來自於成對樣本差的抽樣分配，相關理論的推導與單母體平均數檢定大同小異，為減少篇幅我們予以省略。

1. 右尾檢定

右尾檢定兩個假設寫法為：$\begin{cases} H_0 : \mu_d \le K \\ H_1 : \mu_d > K \end{cases}$，也有人寫成：$\begin{cases} H_0 : \mu_1 - \mu_2 \le K \\ H_1 : \mu_1 - \mu_2 > K \end{cases}$。寫成第二種形式時，需看題意判斷檢定應該採用獨立樣本或成對樣本進行檢定。四種檢定法分述於后：

(1) 臨界值法

    步驟 1：求臨界值。

$$C = K + t_{\alpha,n-1}\sqrt{\dfrac{s_d^2}{n}}$$

    步驟 2：比較 $\overline{d}$ 與 C 之大小。若 $\overline{d} > C$，結論為拒絕 H_0，否則為不拒絕 H_0。

(2) 標準檢定法

    步驟 1：求檢定統計量。

$$t^* = \dfrac{\overline{d} - K}{\sqrt{\dfrac{s_d^2}{n}}}$$

    步驟 2：比較 t^* 與 $t_{\alpha,n-1}$ 之大小。若 $t^* > t_{\alpha,n-1}$，結論為拒絕 H_0，否則為不拒絕 H_0。

(3) P 值法

步驟 1： 求 t^*。

步驟 2： 查 表 。 求 t^* 右 側 機 率 ， 即 $P-value$ ， 以 數 學 符 號 可 寫 成 $P-value = P(t_{n-1} > t^*)$。

步驟 3： 比較 $P-value$ 與 α 大小。若 $P\text{-value} < \alpha$，結論為拒絕 H_0，否則為不拒絕 H_0。

(4) 信賴區間法

步驟 1： 求信賴區間。

$$\mu_d \geq \overline{d} - t_{\alpha, n-1} \sqrt{\frac{s_d^2}{n}}$$

步驟 2： 檢查 K 是否滿足上式。若 K 落在信賴區間外，結論為拒絕 H_0，否則為不拒絕 H_0。

2. 左尾檢定

左尾檢定兩個假設寫成：$\begin{cases} H_0 : \mu_d \geq K \\ H_1 : \mu_d < K \end{cases}$。四種檢定法分別為：

(1) 臨界值法

步驟 1： 求臨界值

$$C = K - t_{\alpha, n-1} \sqrt{\frac{s_d^2}{n}}$$

步驟 2： 比較 $\overline{d}$ 與 C 之大小。若 $\overline{d} < C$，則結論為拒絕 H_0，否則不拒絕 H_0。

(2) 標準檢定法

步驟 1： 求檢定統計量。

$$t^* = \frac{\overline{d} - K}{\sqrt{\dfrac{s_d^2}{n}}}$$

步驟 2： 比較 t^* 與 $-t_{\alpha, n-1}$ 之大小。若 $t^* < -t_{\alpha, n-1}$，結論為拒絕 H_0，否則不拒絕 H_0。

(3) P 值法

步驟 1： 求 t^*。

步驟 2： 查表。查 t^* 左側面積，即 $P-value$，若以數學方式表示為： $P-value = P(t_{n-1} < t^*)$

步驟 3：比大小。比較 $P-value$ 與 α 之大小，若 $P-value < \alpha$ 則結論為拒絕 H_0，否則不拒絕 H_0。

(4) 信賴區間法

步驟 1：求信賴區間

$$\mu_d \le \bar{d} + t_{\alpha, n-1}\sqrt{\frac{s_d^2}{n}}$$

步驟 2：檢查 K 是否滿足上式。若 K 落在信賴區間外，結論為拒絕 H_0，否則不拒絕 H_0。

3. 雙尾檢定

雙尾檢定的兩個假設寫成：$\begin{cases} H_0 : \mu_d = K \\ H_1 : \mu_d \ne K \end{cases}$。四種檢定法分別為：

(1) 臨界值法

步驟 1：求臨界值。

$$C_L = K - t_{\frac{\alpha}{2}, n-1}\sqrt{\frac{s_d^2}{n}}, C_U = K + t_{\frac{\alpha}{2}, n-1}\sqrt{\frac{s_d^2}{n}}$$

步驟 2：比較 $\bar{d}$ 和 C_L 或 C_U 的大小。若 $\bar{d} < C_L$ 或 $\bar{d} > C_U$，結論為拒絕 H_0，否則為不拒絕 H_0。

註：若 $\bar{d}$ 比 K 小只要求臨界值下限 C_L 即可；同理若 $\bar{d}$ 比 K 大，則求臨界值上限 C_U 即可。

(2) 標準檢定法

步驟 1：求檢定統計量

$$t^* = \frac{\bar{d} - K}{\sqrt{\frac{s_d^2}{n}}}$$

步驟 2：比較 $\left|t^*\right|$ 與 $t_{\frac{\alpha}{2}, v}$ 之大小。若 $\left|t^*\right| > t_{\frac{\alpha}{2}, v}$ 則結論為拒絕 H_0，否則為不拒絕 H_0。

決策法則：若 $\left|t^*\right| > t_{\frac{\alpha}{2}, n-1} \Rightarrow$ 拒絕 H_0

(3) P 值法

步驟 1：求檢定統計量 t^*。

步驟 2：查表。查出 $\left|t^*\right|$ 右側機率值並乘以 2，即 $P-value$。若以數學表示成

$$P-value = 2P(t_{n-1} > \left|t^*\right|)$$

步驟 3：比大小。比較 $P-value$ 與 α 之大小，若 $P-value < \alpha$ 則結論為拒絕 H_0，否則為不拒絕 H_0。

(4) 信賴區間法

步驟 1：求信賴區間。

$$\bar{d} - t_{\frac{\alpha}{2},n-1}\sqrt{\frac{s_d^2}{n}} \leq \mu_d \leq \bar{d} + t_{\frac{\alpha}{2},n-1}\sqrt{\frac{s_d^2}{n}}$$

步驟 2：檢查 K 是否滿足上式。若 K 落在信賴區間外，結論為拒絕 H_0，否則不拒絕 H_0。

例 10

某鞋廠欲測試兩種材料(A 與 B)的強度，測試方法為隨機選 8 名運動員，在其左右腳各穿上 A 及 B 的鞋一隻，測量值為損壞的時間(天)，得出以下結果。

運動員	1	2	3	4	5	6	7	8
A 材料	126	117	115	118	118	128	125	120
B 材料	130	118	125	120	121	125	130	120

若損壞的時間為常態分配，檢定兩種材料是否有差異($\alpha=0.05$)。請分別以臨界值法、標準檢定法、P 值法與信賴區間法進行檢定。

解

根據題意設立兩個假設：$\begin{cases} H_0 : \mu_d = 0 \\ H_1 : \mu_d \neq 0 \end{cases}$

x_{1i}	126	117	115	118	118	128	125	120
x_{2i}	130	118	125	120	121	125	130	120
d_i	−4	−1	−10	−2	−3	3	−5	0

$$\bar{d} = \frac{1}{8}\sum_{i=1}^{8} d_i = -2.75, \quad s_d = \sqrt{\frac{1}{8-1}\sum_{i=1}^{8}(d_i - \bar{d})^2} = 3.845$$

(1) 臨界值法

$\because \overline{d} < 0$，故僅需計算臨界值下限即可

$$C_L = K - t_{\frac{\alpha}{2}, n-1} \sqrt{\frac{s_d^2}{n}} = 0 - 2.3646\sqrt{\frac{3.845^2}{8}} \approx -3.214$$

$\because \overline{d} = -2.75 > C_L = -3.214$，結論為不拒絕 H_0

故 A、B 兩種材料無明顯差異。

(2) 標準檢定法

檢定統計量：$t^* = \dfrac{\overline{d} - K}{\sqrt{\dfrac{s_d^2}{n}}} = \dfrac{-2.75 - 0}{\sqrt{\dfrac{3.845^2}{8}}} \approx -2.02$

$\because |t^*| = 2.02 < t_{0.025, 7} = 2.3646$，不拒絕 H_0

(3) P 值法

$P - value = 2P(t_7 > 2.02) > 2P(t_7 > 2.3646) = 0.05$

$\because P - value > 0.05$，不拒絕 H_0

(4) 信賴區間法

$$\overline{d} - t_{\frac{\alpha}{2}, n-1}\sqrt{\frac{s_d^2}{n}} \le \mu_d \le \overline{d} + t_{\frac{\alpha}{2}, n-1}\sqrt{\frac{s_d^2}{n}}$$

$$\Rightarrow -2.75 - 2.3646\sqrt{\frac{3.845^2}{8}} \le \mu_d \le -2.75 + 2.3646\sqrt{\frac{3.845^2}{8}}$$

$$\Rightarrow -5.964 \le \mu_d \le 0.464$$

$\because K = 0$ 落在信賴區間內，不拒絕 H_0

例 11

某訓練計畫，隨機抽樣 5 個樣本，測量其訓練前後的成績如下：(α=0.05)

訓練前	85	94	78	87	68
訓練後	92	88	80	90	69

(1)檢定訓練計畫前後 "平均成績" 是否有 "顯著進步" ？說明採用的檢定方法：
"假設條件" 及檢定結果。(註：已知 $\bar{d} = -1.4, s_d = 4.72$)

(2)在α=0.05，平均每個人訓練後要 "大於" 訓練前多少分，其訓練結果才能稱為 "有
顯著進步"

解

(1) 假設條件：母體為常態分配

設 x_1 表訓練前， x_2 表訓練後

根據題意設立兩個假設： $\begin{cases} H_0 : \mu_d \geq 0 \\ H_1 : \mu_d < 0 \end{cases}$

檢定統計量： $t^* = \dfrac{\bar{d} - K}{\sqrt{\dfrac{s_d^2}{n}}} = \dfrac{-1.4 - 0}{\dfrac{4.72}{\sqrt{5}}} \approx -0.663$

$\because t^* = -0.663 > -t_{0.05,4} = -2.1318$ ，結論為不拒絕 H_0

故沒有顯著進步。

(2) 欲達顯著水準拒絕虛無假設，檢定統計量必須滿足

$t^* < -t_{0.05,4} \quad \Rightarrow \quad \dfrac{\bar{d} - 0}{\dfrac{4.72}{\sqrt{5}}} < -2.1318$

求解上式可得 $\Rightarrow \bar{d} < -4.50$

故必須大於訓練前至少 4.50 分才可宣稱為有顯著進步

兩獨立母體比例差的假設檢定

由樣本比例的抽樣分配知，當大樣本情況，$\hat{p}$ 的抽樣分配會滿足常態分配，即 $\hat{p} \sim N(p, \frac{pq}{n})$，由左式可知 $\hat{p}$ 的變異數為 $V(\hat{p}) = \frac{pq}{n}$。由此可知當母體比例相同時，會有相同的變異數。因此，有關兩母體比例的假設檢定，根據虛無假設的設立情形，可分為母體變異數相等以及母體變異數不相等兩種情況。若虛無假設為：$H_0 : p_1 - p_2 = K$，這種假設表示兩母體變異數不相等。若虛無假設為：$H_0 : p_1 - p_2 = 0$，則表示虛無假設宣告兩母體變異數相等，此種情況在檢定時需採用共同樣本變異數。故在本節中，我們按虛無假設的情況分成兩種情形討論其檢定的方法。

15.3.1 兩母體比例差的檢定—兩母體變異數相等

在 11.5.7 節中已經介紹過兩樣本比例差的抽樣分配，在大樣本情況下會服從常態分配 $\hat{p}_1 - \hat{p}_2 \sim N(p_1 - p_2, \frac{p_1 q_1}{n_1} + \frac{p_2 q_2}{n_2})$，故在進行大樣本的檢定時，可使用 z 檢定進行檢定。由於原理與前面幾節的檢定方法相同，故本節不再進行相關理論推導與介紹，直接介紹檢定方法。

在本節中所介紹的內容，虛無假設皆寫成 $p_1 - p_2 \leq 0$、$p_1 - p_2 \geq 0$ 或 $p_1 - p_2 = 0$ 的型式。在前面的介紹我們已經瞭解到，不論是左尾、右尾或是雙尾檢定，都是在檢定虛無假設中的等號，即 $p_1 - p_2 = 0$，且一開始是站在虛無假設為真的情況下進行檢定，因此當 $p_1 - p_2 = 0$ 時，相當於宣告兩母體變異數相等。因此我們必須利用共同樣本比例來求變異數，所謂共同樣本比例為：

$$\overline{p} = \frac{n_1 \hat{p}_1 + n_2 \hat{p}_2}{n_1 + n_2}$$

1. 右尾檢定

右尾檢定的兩個假設寫成 $\begin{cases} H_0 : p_1 - p_2 \leq 0 \\ H_1 : p_1 - p_2 > 0 \end{cases}$。四種檢定法分別為：

(1) 臨界值法

步驟 1：求臨界值。

$$C = z_\alpha \sqrt{\frac{\overline{p}(1 - \overline{p})}{n_1} + \frac{\overline{p}(1 - \overline{p})}{n_2}}$$

步驟 2：比較 $\hat{p}_1 - \hat{p}_2$ 與 C 之大小。若 $\hat{p}_1 - \hat{p}_2 > C$，結論為拒絕 H_0，否則為不拒絕 H_0。

(2) 標準檢定法

步驟 1：求檢定統計量。

$$z^* = \frac{\hat{p}_1 - \hat{p}_2}{\sqrt{\dfrac{\overline{p}(1-\overline{p})}{n_1} + \dfrac{\overline{p}(1-\overline{p})}{n_2}}}$$

步驟 2：比較 z^* 與 z_α 之大小。若 $z^* > z_\alpha$，結論為拒絕 H_0，否則為不拒絕 H_0。

(3) P 值法

步驟 1：求 z^*。

步驟 2：查表。求 z^* 右側機率，即 $P-value$，以數學符號可寫成 $P-value = P(z > z^*)$。

步驟 3：比較 $P-value$ 與 α 大小。若 $P\text{-value} < \alpha$，結論為拒絕 H_0，否則為不拒絕 H_0。

(4) 信賴區間法

步驟 1：求信賴區間。

$$(p_1 - p_2) \ge (\hat{p}_1 - \hat{p}_2) - z_\alpha \sqrt{\frac{\overline{p}(1-\overline{p})}{n_1} + \frac{\overline{p}(1-\overline{p})}{n_2}}$$

步驟 2：檢查 0 是否滿足上式。若 0 落在信賴區間外，結論為拒絕 H_0，否則為不拒絕 H_0。

2. 左尾檢定

左尾檢定的兩個假設寫法為：$\begin{cases} H_0 : p_1 - p_2 \ge 0 \\ H_1 : p_1 - p_2 < 0 \end{cases}$。四種檢定法分別為：

(1) 臨界值法

步驟 1：求臨界值。

$$C = -z_\alpha \sqrt{\frac{\overline{p}(1-\overline{p})}{n_1} + \frac{\overline{p}(1-\overline{p})}{n_2}}$$

步驟 2：比較 $\hat{p}_1 - \hat{p}_2$ 與 C 之大小。若 $\hat{p}_1 - \hat{p}_2 < C$，則結論為拒絕 H_0，否則不拒絕 H_0。

(2) 標準檢定法

步驟 1：求檢定統計量。

$$z^* = \frac{\hat{p}_1 - \hat{p}_2}{\sqrt{\frac{\overline{p}(1-\overline{p})}{n_1} + \frac{\overline{p}(1-\overline{p})}{n_2}}}$$

步驟 2：比較 z^* 與 $-z_\alpha$ 之大小。若 $z^* < -z_\alpha$，結論為拒絕 H_0，否則不拒絕 H_0。

(3) P 值法

步驟 1：求 z^*。

步驟 2：查表。查 z^* 左側面積，即 $P-value$，若以數學方式表示為：$P-value = P(z < z^*)$。

步驟 3：比大小。比較 $P-value$ 與 α 之大小，若 $P-value < \alpha$ 則結論為拒絕 H_0，否則不拒絕 H_0。

(4) 信賴區間法

步驟 1：求信賴區間。

$$(p_1 - p_2) \le (\hat{p}_1 - \hat{p}_2) + z_\alpha \sqrt{\frac{\overline{p}(1-\overline{p})}{n_1} + \frac{\overline{p}(1-\overline{p})}{n_2}}$$

步驟 2：檢查 0 是否滿足上式。若 0 落在信賴區間外，結論為拒絕 H_0，否則不拒絕 H_0。

3. 雙尾檢定

雙尾檢定的兩個假設寫成 $\begin{cases} H_0 : p_1 - p_2 = 0 \\ H_1 : p_1 - p_2 \ne 0 \end{cases}$。四種檢定法分別為：

(1) 臨界值法

步驟 1：求臨界值。

$$C_L = -z_{\frac{\alpha}{2}} \sqrt{\frac{\overline{p}(1-\overline{p})}{n_1} + \frac{\overline{p}(1-\overline{p})}{n_2}} \quad , \quad C_U = z_{\frac{\alpha}{2}} \sqrt{\frac{\overline{p}(1-\overline{p})}{n_1} + \frac{\overline{p}(1-\overline{p})}{n_2}}$$

步驟 2：比較 $\hat{p}_1 - \hat{p}_2$ 和 C_L 或 C_U 的大小。若 $\hat{p}_1 - \hat{p}_2 < C_L$ 或 $\hat{p}_1 - \hat{p}_2 > C_U$，結論為拒絕 H_0，否則為不拒絕 H_0。

註： 若 $\hat{p}_1 - \hat{p}_2$ 比 0 小只要求臨界值下限 C_L 即可；同理若 $\hat{p}_1 - \hat{p}_2$ 比 0 大，則求臨界值上限 C_U 即可。

(2) 標準檢定法

步驟 1：求檢定統計量。

$$z^* = \frac{\hat{p}_1 - \hat{p}_2}{\sqrt{\dfrac{\overline{p}(1-\overline{p})}{n_1} + \dfrac{\overline{p}(1-\overline{p})}{n_2}}}$$

步驟 2：比較 $\left| z^* \right|$ 與 $z_{\frac{\alpha}{2}}$ 之大小。若 $\left| z^* \right| > z_{\frac{\alpha}{2}}$ 則結論為拒絕 H_0，否則為不拒絕 H_0。

(3) P 值法

步驟 1：求檢定統計量 z^*。

步驟 2：查表。查出 $\left| z^* \right|$ 右側機率值並乘以 2，即 $P-value$。若以數學表示成 $P-value = 2P(z > \left| z^* \right|)$。

步驟 3：比大小。比較 $P-value$ 與 α 之大小，若 $P-value < \alpha$ 則結論為拒絕 H_0，否則為不拒絕 H_0。

(4) 信賴區間法

步驟 1：求信賴區間。

$$(p_1 - p_2) = (\hat{p}_1 - \hat{p}_2) \pm z_{\frac{\alpha}{2}} \sqrt{\frac{\overline{p}(1-\overline{p})}{n_1} + \frac{\overline{p}(1-\overline{p})}{n_2}}$$

步驟 2：檢查 0 是否滿足上式。若 0 落在信賴區間外，結論為拒絕 H_0，否則不拒絕 H_0。

例 12

某銀行針對已婚及未婚的男士在購車時是否貸款作一份調查，調查結果如下所示：

婚姻狀態	抽樣人數	貸款人數
已婚	413	29
未婚	537	47

試以顯著水準 $\alpha=0.10$ 的條件，檢定已婚與未婚男士購車的貸款人數比例是否相同？請分別以臨界值法、標準檢定法、P 值法與信賴區間法進行檢定。

解

假設 1：表已婚，2：表未婚

根據題意設立兩個假設： $\begin{cases} H_0 : p_1 - p_2 = 0 \\ H_1 : p_1 - p_2 \neq 0 \end{cases}$

樣本比例： $\hat{p}_1 = \dfrac{29}{413}, \hat{p}_2 = \dfrac{47}{537}$

共同樣本比例： $\bar{p} = \dfrac{29 + 47}{413 + 537} = \dfrac{76}{950} = 0.08$

$\because n_1 p_1 \geq 5, n_1 q_1 \geq 5; n_2 p_2 \geq 5, n_2 q_2 \geq 5$ ，為大樣本，使用 z 檢定

(1) 臨界值法

$\because \hat{p}_1 - \hat{p}_2 = \dfrac{29}{413} - \dfrac{47}{537} = -0.0173 < 0$ ，僅需求臨界值下限即可

$C_L = -z_{\frac{\alpha}{2}} \sqrt{\dfrac{\bar{p}(1-\bar{p})}{n_1} + \dfrac{\bar{p}(1-\bar{p})}{n_2}}$

$= -1.645 \sqrt{\dfrac{0.08 \times 0.92}{413} + \dfrac{0.08 \times 0.92}{537}} \approx -0.0292$

$\because \hat{p}_1 - \hat{p}_2 = -0.0173 > -0.0292$ ，結論為不拒絕 H_0

故已婚和未婚的貸款人數比例沒有明顯的不同

(2) 標準檢定法

檢定統計量： $z^* = \dfrac{\hat{p}_1 - \hat{p}_2}{\sqrt{\dfrac{\bar{p}(1-\bar{p})}{n_1} + \dfrac{\bar{p}(1-\bar{p})}{n_2}}} = \dfrac{\dfrac{29}{413} - \dfrac{47}{537}}{\sqrt{\dfrac{0.08 \times 0.92}{413} + \dfrac{0.08 \times 0.92}{537}}} \approx -0.97$

$\because |z^*| = 0.97 < z_{0.05} = 1.645$ ，不拒絕 H_0

(3) P 值法

$P - valeu = 2P(z > |z^*|) = 2P(z > 0.97) = 0.332$

$\because P - value = 0.32 > \alpha = 0.1$ ，不拒絕 H_0

(4) 信賴區間法

$p_1 - p_2 = -0.0173 \pm 1.645 \sqrt{\dfrac{0.08 \times 0.92}{413} + \dfrac{0.08 \times 0.92}{537}}$

$\Rightarrow -0.0465 \leq p_1 - p_2 \leq 0.0119$ ，0 落入信賴區間內，故不拒絕 H_0

例 13

某牙膏製造商固定在其牙膏添加特定的化學成分，並宣稱其公司的牙膏比一般的牙膏更有效預防蛀牙。為了驗證此公司的牙膏是否如他們所宣稱的能有效預防蛀牙，於是隨機選取 150 名兒童使用該公司的牙膏刷牙，同時另外隨機選取 100 名兒童使用一般的牙膏刷牙。經過六個月的實驗，發現使用該公司牙膏的兒童有 32 位發生蛀牙情形，而使用一般牙膏的兒童則有 28 位發生蛀牙。由此實驗結果，請問該公司的牙膏與一般牙膏在預防蛀牙上是否有顯著的差異？請分別使用信賴區間法與 P 值法檢驗之，顯著水準 $\alpha = 0.1$。

解

假設 1 表添加化學物牙膏，2 表一般牙膏

根據題意設立兩個假設：$\begin{cases} H_0 : p_1 - p_2 = 0 \\ H_1 : p_1 - p_2 \neq 0 \end{cases}$

樣本比例：$\hat{p}_1 = \dfrac{32}{150}, \hat{p}_2 = \dfrac{28}{100}$

共同樣本比例 $\overline{p} = \dfrac{32 + 28}{150 + 100} = 0.24$

(1) 信賴區間法

90%信賴區間為：

$$p_1 - p_2 = (\frac{32}{150} - \frac{28}{100}) \pm 1.645 \sqrt{\frac{0.24(1-0.24)}{150} + \frac{0.24(1-0.24)}{100}}$$

$$\Rightarrow -0.158 \leq p_1 - p_2 \leq 0.024$$

因為 0 在信賴區間內，結論為不拒絕 H_0

故兩種牙膏無明顯差異

(2) P 值法

檢定統計量：$z^* = \dfrac{\dfrac{32}{150} - \dfrac{28}{100}}{\sqrt{\dfrac{0.24(1-0.24)}{150} + \dfrac{0.24(1-0.24)}{100}}} \approx 1.20$

$P - value = 2P(z \geq |z^*|) = 2P(z > 1.20) = 0.2302$

$\because P - value = 0.2302 > \alpha = 0.1$，不拒絕 H_0

例 14

瓷王公司為一瓷磚製造廠，它共有二個瓦斯窯，在某次生產過程中，新窯的 200 塊瓷磚中有 20 塊有裂痕，而舊窯的 300 瓷磚中有 45 塊有裂痕，請檢定是否新窯的不良率較舊窯低？(α=0.05)

解

假設 1 表新窯，2 表舊窯

根據題意設立兩個假設：$\begin{cases} H_0 : p_1 - p_2 \geq 0 \\ H_1 : p_1 - p_2 < 0 \end{cases}$

樣本比例：$\hat{p}_1 = \dfrac{20}{200} = 0.1, \hat{p}_2 = \dfrac{45}{300} = 0.15$

共同樣本比例：$\bar{p} = \dfrac{20 + 45}{200 + 300} = 0.13$

檢定統計量：$z^* = \dfrac{0.1 - 0.15}{\sqrt{\dfrac{0.13 \times 0.87}{200} + \dfrac{0.13 \times 0.87}{300}}} \approx -1.629$

$\because z^* = -1.629 > -z_{0.05} = -1.645 \Rightarrow$ 不拒絕 H_0

故無充分的證據證明新窯的不良率較舊窯低。

15.3.2 兩母體比例差的檢定—兩母體變異數不相等

若虛無假設寫成 $p_1 - p_2 \leq K$、$p_1 - p_2 \geq K$ 或 $p_1 - p_2 = K, K \neq 0$，上述三種寫法相當於宣告兩母體變異數不相等。因此在檢定時，直接使用各自的樣本變異數進行檢定即可，不需要求算共同樣本比例。相關的檢定方法敘述於下：

1. 右尾檢定

右尾檢定的兩個假設寫成：$\begin{cases} H_0 : p_1 - p_2 \leq K \\ H_1 : p_1 - p_2 > K \end{cases}$，四種檢定法分別為：

(1) 臨界值法

　　步驟 1：求臨界值。

$$C = K + z_\alpha \sqrt{\dfrac{\hat{p}_1(1 - \hat{p}_1)}{n_1} + \dfrac{\hat{p}_2(1 - \hat{p}_2)}{n_2}}$$

步驟 2：比較 $\hat{p}_1 - \hat{p}_2$ 與 C 之大小。若 $\hat{p}_1 - \hat{p}_2 > C$，結論為拒絕 H_0，否則為不拒絕 H_0。

(2) 標準檢定法

步驟 1：求檢定統計量。

$$z^* = \frac{(\hat{p}_1 - \hat{p}_2) - K}{\sqrt{\dfrac{\hat{p}_1(1 - \hat{p}_1)}{n_1} + \dfrac{\hat{p}_2(1 - \hat{p}_2)}{n_2}}}$$

步驟 2：比較 z^* 與 z_α 之大小。若 $z^* > z_\alpha$，結論為拒絕 H_0，否則為不拒絕 H_0。

(3) P 值法

步驟 1：求 z^*。

步驟 2：查表。求 z^* 右側機率，即 $P-value$，以數學符號可寫成 $P-value = P(z > z^*)$。

步驟 3：比較 $P-value$ 與 α 大小。若 $P\text{-value} < \alpha$，結論為拒絕 H_0，否則為不拒絕 H_0。

(4) 信賴區間法

步驟 1：求信賴區間。

$$(p_1 - p_2) \geq (\hat{p}_1 - \hat{p}_2) - z_\alpha \sqrt{\frac{\hat{p}_1(1 - \hat{p}_1)}{n_1} + \frac{\hat{p}_2(1 - \hat{p}_2)}{n_2}}$$

步驟 2：檢查 K 是否滿足上式。若 K 落在信賴區間外，結論為拒絕 H_0，否則為不拒絕 H_0。

2. 左尾檢定

左尾檢定的兩個假設寫成：$\begin{cases} H_0 : p_1 - p_2 \geq K \\ H_1 : p_1 - p_2 < K \end{cases}$，四種檢定法分別為：

(1) 臨界值法

步驟 1：求臨界值。

$$C = K - z_\alpha \sqrt{\frac{\hat{p}_1(1 - \hat{p}_1)}{n_1} + \frac{\hat{p}_2(1 - \hat{p}_2)}{n_2}}$$

步驟 2：比較 $\hat{p}_1 - \hat{p}_2$ 與 C 之大小。若 $\hat{p}_1 - \hat{p}_2 < C$，則結論為拒絕 H_0，否則不拒絕 H_0。

(2) 標準檢定法

步驟 1：求檢定統計量。

$$z^* = \frac{(\hat{p}_1 - \hat{p}_2) - K}{\sqrt{\dfrac{\hat{p}_1(1 - \hat{p}_1)}{n_1} + \dfrac{\hat{p}_2(1 - \hat{p}_2)}{n_2}}}$$

步驟 2：比較 z^* 與 $-z_\alpha$ 之大小。若 $z^* < -z_\alpha$，結論為拒絕 H_0，否則不拒絕 H_0。

(3) P 值法

步驟 1：求 z^*。

步驟 2：查表。查 z^* 左側面積，即 $P-value$，若以數學方式表示為：$P-value = P(z < z^*)$。

步驟 3：比大小。比較 $P-value$ 與 α 之大小，若 $P-value < \alpha$ 則結論為拒絕 H_0，否則不拒絕 H_0。

(4) 信賴區間法

步驟 1：求信賴區間。

$$p_1 - p_2 \le (\hat{p}_1 - \hat{p}_2) + z_\alpha \sqrt{\frac{\hat{p}_1(1 - \hat{p}_1)}{n_1} + \frac{\hat{p}_2(1 - \hat{p}_2)}{n_2}}$$

步驟 2：檢查 K 是否滿足上式。若 K 落在信賴區間外，結論為拒絕 H_0，否則不拒絕 H_0。

3. 雙尾檢定

雙尾檢定的兩個假設寫成：$\begin{cases} H_0 : p_1 - p_2 = K \\ H_1 : p_1 - p_2 \ne K \end{cases}$，四種檢定法分別為：

(1) 臨界值法

步驟 1：求臨界值。

$$C_L = K - z_{\frac{\alpha}{2}} \sqrt{\frac{\hat{p}_1(1 - \hat{p}_1)}{n_1} + \frac{\hat{p}_2(1 - \hat{p}_2)}{n_2}} \quad , \quad C_U = K + z_{\frac{\alpha}{2}} \sqrt{\frac{\hat{p}_1(1 - \hat{p}_1)}{n_1} + \frac{\hat{p}_2(1 - \hat{p}_2)}{n_2}}$$

步驟 2：比較 $\hat{p}_1 - \hat{p}_2$ 和 C_L 或 C_U 的大小。若 $\hat{p}_1 - \hat{p}_2 < C_L$ 或 $\hat{p}_1 - \hat{p}_2 > C_U$，結論為拒絕 H_0，否則為不拒絕 H_0。

註： 若 $\hat{p}_1 - \hat{p}_2$ 比 K 小只要求臨界值下限 C_L 即可；同理若 $\hat{p}_1 - \hat{p}_2$ 比 K 大，則求臨界值上限 C_U 即可。

(2) 標準檢定法

步驟 1：求檢定統計量。

$$z^* = \frac{(\hat{p}_1 - \hat{p}_2) - K}{\sqrt{\dfrac{\hat{p}_1(1 - \hat{p}_1)}{n_1} + \dfrac{\hat{p}_2(1 - \hat{p}_2)}{n_2}}}$$

步驟 2：比較 $\left|z^*\right|$ 與 $z_{\frac{\alpha}{2}}$ 之大小。若 $\left|z^*\right| > z_{\frac{\alpha}{2}}$ 則結論為拒絕 H_0，否則為不拒絕 H_0。

(3) P 值法

步驟 1：求檢定統計量 z^*。

步驟 2：查表。查出 $\left|z^*\right|$ 右側機率值並乘以 2，即 $P-value$。若以數學表示成 $P-value = 2P(z > \left|z^*\right|)$。

步驟 3：比大小。比較 $P-value$ 與 α 之大小，$P-value < \alpha$ 則結論為拒絕 H_0，否則為不拒絕 H_0

(4) 信賴區間法

步驟 1：求信賴區間。

$$(\hat{p}_1 - \hat{p}_2) - z_{\frac{\alpha}{2}}\sqrt{\frac{\hat{p}_1(1 - \hat{p}_1)}{n_1} + \frac{\hat{p}_2(1 - \hat{p}_2)}{n_2}} \le (p_1 - p_2) \le (\hat{p}_1 - \hat{p}_2) + z_{\frac{\alpha}{2}}\sqrt{\frac{\hat{p}_1(1 - \hat{p}_1)}{n_1} + \frac{\hat{p}_2(1 - \hat{p}_2)}{n_2}}$$

步驟 2：檢查 K 是否滿足上式。若 K 落在信賴區間外，結論為拒絕 H_0，否則不拒絕 H_0。

例 15

某研究機構宣稱女性使用化妝品的比例大於男性 20%以上，現隨機抽取男性 200 人女性 300 人，發現有 40 位男性 135 位女性使用化妝品，請根據此樣本資料，檢定該研究機構宣稱是否正確？顯著水準 0.05，請分別以臨界值法、標準檢定法、P 值法與信賴區間法進行檢定。

解

假設 1 表女性，2 表男性

$$\hat{p}_1 = \frac{135}{300} = 0.45, \hat{p}_2 = \frac{40}{200} = 0.2$$

根據題意設立兩個假設：$\begin{cases} H_0 : \hat{p}_1 - \hat{p}_2 \le 0.2 \\ H_1 : \hat{p}_1 - \hat{p}_2 > 0.2 \end{cases}$

(1) 臨界值法

$$C = K + z_\alpha \sqrt{\frac{\hat{p}_1(1-\hat{p}_1)}{n_1} + \frac{\hat{p}_2(1-\hat{p}_2)}{n_2}}$$

$$= 0.2 + 1.645\sqrt{\frac{0.45 \times 0.55}{300} + \frac{0.2 \times 0.8}{200}} \approx 0.2663$$

$\hat{p}_1 - \hat{p}_2 = 0.45 - 0.2 = 0.25 < C = 0.2663$，結論為不拒絕 H_0

故沒有足夠的證據顯示女性使用化妝品比例大於男性 20%以上

(2) 標準檢定法

$$z^* = \frac{(\hat{p}_1 - \hat{p}_2) - K}{\sqrt{\frac{\hat{p}_1(1-\hat{p}_1)}{n_1} + \frac{\hat{p}_2(1-\hat{p}_2)}{n_2}}} = \frac{(0.45 - 0.2) - 0.2}{\sqrt{\frac{0.45 \times 0.55}{300} + \frac{0.2 \times 0.8}{200}}} \approx 1.24$$

$\because z^* = 1.24 < z_{0.05} = 1.645$，不拒絕 H_0

(3) P 值法

$$P - value = P(z > z^*) = P(z > 1.24) = 0.1075$$

$\because P - value = 0.1075 > \alpha = 0.05$，不拒絕 H_0

(4) 信賴區間法

$$(p_1 - p_2) \geq (\hat{p}_1 - \hat{p}_2) - z_\alpha \sqrt{\frac{\hat{p}_1(1-\hat{p}_1)}{n_1} + \frac{\hat{p}_2(1-\hat{p}_2)}{n_2}}$$

$$\Rightarrow (p_1 - p_2) \geq (0.45 - 0.2) - 1.645\sqrt{\frac{0.45 \times 0.55}{300} + \frac{0.2 \times 0.8}{200}}$$

$$\Rightarrow (p_1 - p_2) \geq 0.1837$$

$\because K = 0.2$ 位於信賴區間內，不拒絕 H_0

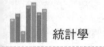

 兩獨立母體變異數之檢定

有關兩母體變異數的假設檢定，其理論源自於兩樣本變異數比的抽樣分配。下面我們將介紹其檢定方法與各檢定方法間之關聯性。受限於篇幅的關係，我們僅就右尾檢定介紹，至於左尾與雙尾檢定，讀者可依循右尾檢定的推導過程自行推導看看。

1. 右尾檢定

右尾檢定的兩個假設寫法有兩種，分別為：$\begin{cases} H_0 : \sigma_1^2 \le \sigma_2^2 \\ H_1 : \sigma_1^2 > \sigma_2^2 \end{cases}$ 或 $\begin{cases} H_0 : \sigma_1^2 / \sigma_2^2 \le 1 \\ H_1 : \sigma_1^2 / \sigma_2^2 > 1 \end{cases}$。

所以檢定 $H_0 : \sigma_1^2 \le \sigma_2^2$ 相當於檢定 σ_1^2 / σ_2^2 比值是否等於 1。

(1) 臨界值法

若欲推導兩母體變異數的檢定理論，假設必須採用第二種寫法，即 $H_0 : \sigma_1^2 / \sigma_2^2 \le 1, H_1 : \sigma_1^2 / \sigma_2^2 > 1$。根據兩樣變異數比的抽樣分配理論，如下圖所示：

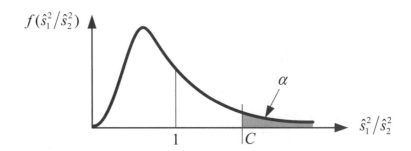

灰色區域占全體機率的 α，若以數學式子可以表示成 $P(\dfrac{s_1^2}{s_2^2} > C) = \alpha$，將左式括號內兩邊同時乘以 $\dfrac{\sigma_2^2}{\sigma_1^2}$ 可得：$P(F_{n_1-1,n_2-1} > C \cdot \dfrac{\sigma_2^2}{\sigma_1^2}) = \alpha$，又從 F 分配已知 $P(F_{n_1-1,n_2-1} > F_{\alpha,n_1-1,n_2-1}) = \alpha$，比較左右兩式可得 $C \cdot \dfrac{\sigma_2^2}{\sigma_1^2} = F_{\alpha,n_1-1,n_2-1}$，求解方程式可得臨界值 $C = \dfrac{\sigma_1^2}{\sigma_2^2} \times F_{\alpha,n_1-1,n_2-1}$。又根據虛無假設 $\dfrac{\sigma_1^2}{\sigma_2^2} = 1$ [1]，故臨界值可改寫成：$C = F_{\alpha,n_1-1,n_2-1}$。因此臨界值法的檢定步驟可分為 2 個步驟。

---

[1] 複式假設法，只要拒絕虛無假設中的「＝」，其餘皆被拒絕。

步驟 1：求臨界值。

$$C = F_{\alpha, n_1-1, n_2-1}$$

步驟 2：比較 $\dfrac{s_1^2}{s_2^2}$ 和 C 的大小。若 $\dfrac{s_1^2}{s_2^2} > C$，結論為拒絕 H_0，否則為不拒絕 H_0。

(2)　標準檢定法

根據臨界值法，若令 $\dfrac{s_1^2}{s_2^2} = F^*$，故由臨界值法 $\dfrac{s_1^2}{s_2^2} > C$ 時拒絕 H_0，可進一步改寫成

若 $F^* > F_{\alpha, n_1-1, n_2-1}$ 則拒絕虛無假設。故標準檢定法的檢定步驟為：

步驟 1：求檢定統計量。

$$F^* = \frac{s_1^2}{s_2^2}$$

步驟 2：比較 F^* 與 F_{α, n_1-1, n_2-1} 之大小。若 $F^* > F_{\alpha, n_1-1, n_2-1}$，結論為拒絕 H_0，否則為不拒絕 H_0。

(3)　P 值法

由於 P 值法之原理與其他型態的檢定法相同，故不再介紹其推導過程。

步驟 1：求 F^*。

步驟 2：查表。查 F^* 右側之機率，即為 $P-value$。若以數學符號表示成：
$$P-value = P(F_{n_1-1, n_2-1} > F^*)$$

步驟 3：比大小。比較 $P-value$ 與 α 之大小，若 $P-value < \alpha$，結論為拒絕 H_0，否則為不拒絕 H_0

(4)　信賴區間法

根據標準檢定法當 $F^* = \dfrac{s_1^2}{s_2^2} > F_{\alpha, n_1-1, n_2-1}$ 時，拒絕虛無假設。左式可得改寫成

$\dfrac{s_1^2}{s_2^2} \dfrac{1}{F_{\alpha, n_1-1, n_2-1}} > 1$，也就是說當 $1 < \dfrac{s_1^2}{s_2^2} \dfrac{1}{F_{\alpha, n_1-1, n_2-1}}$ 時，拒絕虛無假設，又已知其信賴區

間為 $\dfrac{\sigma_1^2}{\sigma_2^2} \geq \dfrac{s_1^2}{s_2^2} \dfrac{1}{F_{\alpha, n_1-1, n_2-1}}$，故其決策法則為：當 1 不在信賴區間內則拒絕虛無假設，

將上面的過程重新整理，故信賴區間檢定法的程序為：

步驟 1：求信賴區間

$$\frac{\sigma_1^2}{\sigma_2^2} \geq \frac{s_1^2}{s_2^2} \frac{1}{F_{\alpha, n_1-1, n_2-1}}$$

步驟 2：檢查 1 是否滿足上式。若 1 不在信賴區間內，結論為拒絕 H_0，否則為不拒絕 H_0

2. 左尾檢定

左尾檢定假設的寫法為：$\begin{cases} H_0 : \sigma_1^2 \geq \sigma_2^2 \\ H_1 : \sigma_1^2 < \sigma_2^2 \end{cases}$ 或 $\begin{cases} H_0 : \sigma_1^2 / \sigma_2^2 \geq 1 \\ H_1 : \sigma_1^2 / \sigma_2^2 < 1 \end{cases}$ 。四種檢定法分別為：

(1) 臨界值法

步驟 1：求臨界值。

$$C = F_{1-\alpha, n_1-1, n_2-1}$$

步驟 2：比較 $\dfrac{s_1^2}{s_2^2}$ 和 C 的大小。若 $\dfrac{s_1^2}{s_2^2} < C$，結論為拒絕 H_0，否則為不拒絕 H_0。

(2) 標準檢定法

步驟 1：求檢定統計量。

$$F^* = \frac{s_1^2}{s_2^2}$$

步驟 2：比較 F^* 與 $F_{1-\alpha, n_1-1, n_2-1}$ 之大小。若 $F^* < F_{1-\alpha, n_1-1, n_2-1}$，結論為拒絕 H_0，否則為不拒絕 H_0。

(3) P 值法

步驟 1：求 F^*。

步驟 2：查表。查 F^* 左側之機率，即為 $P-value$。若以數學符號表示成：
$$P-value = P(F_{n_1-1, n_2-1} < F^*)$$

步驟 3：比大小。比較 $P-value$ 與 α 之大小，若 $P-value < \alpha$，結論為拒絕 H_0，否則為不拒絕 H_0

(4) 信賴區間法

步驟 1：求信賴區間。

$$\frac{\sigma_1^2}{\sigma_2^2} \leq \frac{s_1^2}{s_2^2} \frac{1}{F_{1-\alpha, n_1-1, n_2-1}}$$

步驟 2：檢查 1 是否滿足上式。若 1 不在信賴區間內，結論為拒絕 H_0，否則為不拒絕 H_0

3. 雙尾檢定

雙尾檢定的兩個假設寫成：$\begin{cases} H_0 : \sigma_1^2 = \sigma_2^2 \\ H_1 : \sigma_1^2 \neq \sigma_2^2 \end{cases}$ 或 $\begin{cases} H_0 : \sigma_1^2 / \sigma_2^2 \leq 1 \\ H_1 : \sigma_1^2 / \sigma_2^2 > 1 \end{cases}$。四種檢定法分別為：

(1) 臨界值法

步驟 1：求臨界值。

$$C_L = F_{1-\frac{\alpha}{2}, n_1-1, n_2-1}, C_U = F_{\frac{\alpha}{2}, n_1-1, n_2-1}$$

步驟 2：比較 $\frac{s_1^2}{s_2^2}$ 和 C_L 或 C_U 的大小。若 $\frac{s_1^2}{s_2^2} < C_L$ 或 $\frac{s_1^2}{s_2^2} > C_U$，結論為拒絕 H_0，否則為不拒絕 H_0。

註：若 $\frac{s_1^2}{s_2^2} < 1$ 只要求臨界值下限即可，同理若 $\frac{s_1^2}{s_2^2} > 1$ 則只要求臨界值上限即可。

(2) 標準檢定法

步驟 1：求檢定統計量。

$$F^* = \frac{s_1^2}{s_2^2}$$

步驟 2：比較 F^* 與 $F_{\frac{\alpha}{2}, n_1-1, n_2-1}$ 或 $F_{1-\frac{\alpha}{2}, n_1-1, n_2-1}$ 之大小。若 $F^* > F_{\frac{\alpha}{2}, n_1-1, n_2-1}$ 或 $F^* < F_{1-\frac{\alpha}{2}, n_1-1, n_2-1}$，結論為拒絕 H_0，否則為不拒絕 H_0。

註： 若 $F^* < 1$，只要和 $F_{1-\frac{\alpha}{2}, n_1-1, n_2-1}$ 進行比較即可，同理若 $F^* > 1$，則和 $F_{\frac{\alpha}{2}, n_1-1, n_2-1}$ 進行比較即可。

(3) P 值法

步驟 1：求 F^*。

步驟 2：查表。查 F^* 左側之機率或右側機率的 2 倍，即為 $P-value$。若以數學符號表示成：$P-value = 2P(F_{n_1-1, n_2-1} < F^*)$ 或 $P-value = 2P(F_{n_1-1, n_2-1} > F^*)$

步驟 3：比大小。比較 $P-value$ 與 α 之大小，若 $P-value < \alpha$，結論為拒絕 H_0，否則為不拒絕 H_0

註： 若 $F^* < 1$，則 $P-value = 2P(F_{n_1-1, n_2-1} < F^*)$；若 $F^* > 1$，則 $P-value = 2P(F_{n_1-1, n_2-1} > F^*)$

(4) 信賴區間法

步驟 1：求信賴區間。

$$\frac{s_1^2}{s_2^2} \frac{1}{F_{\frac{\alpha}{2}, n_1-1, n_2-1}} \le \frac{\sigma_1^2}{\sigma_2^2} \le \frac{s_1^2}{s_2^2} \frac{1}{F_{1-\frac{\alpha}{2}, n_1-1, n_2-1}}$$

步驟 2：檢查 1 是否滿足上式。若 1 不在信賴區間內，結論為拒絕 H_0，否則為不拒絕 H_0

例 16

現有一淨水器宣稱可以過濾化學雜質，在裝設前隨機抽取 10 組樣本測得水質資料為：$\bar{x}_1 = 9.85$，$s_1^2 = 81.73$。裝設這種淨水器後再隨機抽取 8 組樣本測得水質資料為：$\bar{x}_2 = 8.08$，$s_2^2 = 78.46$。根據這些資料，請問裝設淨水器之後水中雜質的變異數是否有明顯的不同，雜質的平均數是否有顯著的減少？顯著水準 $\alpha = 0.1$。兩母體變異數的檢定請分別以臨界值法、標準檢定法、P 值法與信賴區間法進行檢定。(已知母體呈常態分配)

解

根據題意設立兩個假設：$\begin{cases} H_0 : \sigma_1 = \sigma_2 \\ H_1 : \sigma_1 \ne \sigma_2 \end{cases}$

1. 兩母體變異數比的檢定

    (1) 臨界值法

    $\because \dfrac{s_1^2}{s_2^2} = \dfrac{81.73}{78.46} > 1$，故求臨界值上限即可

    $C_U = F_{\frac{\alpha}{2}, n_1-1, n_2-1} = F_{0.05, 9, 7} = 3.68$

    $\because \dfrac{s_1^2}{s_2^2} = \dfrac{81.73}{78.46} \approx 1.04 < F_{0.05, 9, 7} = 3.68$，結論為不拒絕 H_0

    故水中雜質的變異無明顯的不同

    (2) 標準檢定法

    檢定統計量：$F^* = \dfrac{s_1^2}{s_2^2} = \dfrac{81.73}{78.46} \approx 1.04$

    $F^* = 1.04 < F_{0.05, 9, 7} = 3.68$，不拒絕 H_0

(3) P 值法

$$P - value = 2P(F_{n_1-1,n_2-1} > F^*) = 2P(F_{9,7} > 1.04) > 2P(F_{9,7} > 3.68) = 0.1$$

$\because P - value > 0.1$ ，不拒絕 H_0

(4) 信賴區間法

信賴區間： $\dfrac{s_1^2}{s_2^2} \dfrac{1}{F_{\frac{\alpha}{2},n_1-1,n_2-1}} \leq \dfrac{\sigma_1^2}{\sigma_2^2} \leq \dfrac{s_1^2}{s_2^2} \dfrac{1}{F_{1-\frac{\alpha}{2},n_1-1,n_2-1}}$

$\Rightarrow \dfrac{81.73}{78.46} \dfrac{1}{3.68} \leq \dfrac{\sigma_1^2}{\sigma_2^2} \leq \dfrac{81.73}{78.46} \dfrac{1}{0.304} \Rightarrow 0.283 \leq \dfrac{\sigma_1^2}{\sigma_2^2} \leq 3.427$

$\because 1$ 在信賴區間內 $\Rightarrow$ 不拒絕 H_0

2. 兩母體平均數差的檢定

因本題兩母體變異數的檢定無顯著差異，故以獨立樣本 t 檢定進行兩母體平均數是否有差異時，需使用共同樣本變異數。

$$s_p^2 = \dfrac{9 \times 81.73 + 7 \times 78.46}{10 + 8 - 2} \approx 80.299$$

根據題意設立兩個假設： $\begin{cases} H_0 : \mu_1 - \mu_2 \leq 0 \\ H_1 : \mu_1 - \mu_2 > 0 \end{cases}$

$$t^* = \dfrac{(\overline{x}_1 - \overline{x}_2) - K}{\sqrt{\dfrac{s_p^2}{n_1} + \dfrac{s_p^2}{n_2}}} = \dfrac{(9.85 - 8.08) - 0}{\sqrt{\dfrac{80.299}{10} + \dfrac{80.299}{8}}} \approx 0.416$$

$\because t^* = 0.416 < t_{0.1,16} = 1.337$ ，不拒絕 H_0

表未裝置淨水器前雜質並未較裝置後多，故裝淨水器後的雜質並未顯著的減少。

例 17

某交通官員宣稱國道 1 號高速公路車速的變異大於國道 2 號高速公路。為了驗證他的說法，於是分別觀察兩條高速公路車速各 10 天。根據他的觀察結果發現，國道 1 號高速公路車速的變異為 6.3，國道 1 號高速公路則為 2.8。在顯著水準 $\alpha=0.05$ 的條件下，請問這位交通官員的說法是否正確？

解

根據題意設立兩個假設：$\begin{cases} H_0 : \sigma_1^2 \leq \sigma_2^2 \\ H_1 : \sigma_1^2 > \sigma_2^2 \end{cases}$

檢定統計量：$F^* = \dfrac{s_1^2}{s_2^2} = \dfrac{6.3^2}{2.8^2} \approx 5.06$

$\because F^* = 5.06 > F_{0.05,9,9} = 3.18$，拒絕 H_0

故國道 1 號車速的變異數明顯地較國道 2 號大，無顯著的證據可推翻此官員的說法。

例 18

假設樣本 $x_1, x_2, \cdots, x_n$ 來自常態母體 $N(\mu_x, \sigma_x^2)$，$y_1, y_2, \cdots, y_m$ 來自常態母體 $N(\mu_y, \sigma_y^2)$。已知 $n = 25, \sum_{i=1}^{25} x_i = 845, \sum_{i=1}^{25} x_i^2 = 28678$；$m = 29, \sum_{i=1}^{29} y_i = 918, \sum_{i=1}^{25} y_i^2 = 29231$，求下列各題：

(1)檢定 $H_0 : \dfrac{\sigma_x^2}{\sigma_y^2} = 1, H_1 : \dfrac{\sigma_x^2}{\sigma_y^2} \neq 1$，顯著水準 0.02。

(2)檢定 $H_0 : \mu_x = \mu_y, H_1 : \mu_x > \mu_y$，顯著水準 0.01。（$F_{0.01,24,28} = 2.52, F_{0.01,28,24} = 2.61$）

解

(1) 本題為雙尾檢定

$$s_x^2 = \frac{1}{n-1} \sum_{i=1}^{25} x_i^2 - \frac{n}{n-1} \bar{x}^2 = \frac{1}{24}(28678) - \frac{25}{24} (\frac{845}{25})^2 \approx 4.875$$

$$s_y^2 = \frac{1}{m-1} \sum_{i=1}^{25} y_i^2 - \frac{n}{n-1} \bar{y}^2 = \frac{1}{28}(29231) - \frac{29}{28} (\frac{918}{29})^2 \approx 6.127$$

檢定統計量 $F^* = \dfrac{s_x^2}{s_y^2} = \dfrac{4.875}{6.127} \approx 0.796$

$F_{0.99,24,28} = \dfrac{1}{F_{0.01,28,24}} \approx \dfrac{1}{2.61} = 0.383$, $F_{0.01,24,28} = 2.52$

$\because F_{0.99,24,28} < F^* < F_{0.01,24,28} \Rightarrow$ 不拒絕虛無假設，故兩母體變異數無顯著差異。

(2) $H_0 : \mu_x = \mu_y = 0, H_1 : \mu_x - \mu_y > 0$ 本題為右尾檢定

由(1)知兩母體變異數無顯著差異，即 $\sigma_x^2 = \sigma_y^2$，故需以共同樣本變異數進行檢定，

小樣本 $\Rightarrow$ 採用 t 檢定。

$s_p^2 = \dfrac{24 \times 4.875 + 28 \times 6.127}{52} \approx 5.549$ ， $\overline{x} = \dfrac{845}{25} = 33.8, \overline{y} = 31.655$

檢定統計量 $t^* = \dfrac{33.8 - 31.655}{\sqrt{\dfrac{5.549}{25} + \dfrac{5.549}{29}}} \approx 3.337$

$\because t^* = 3.337 > t_{0.05,52} = 1.6747$ ，拒絕虛無假，故 μ_x 顯著地大於 μ_y

1. 隨機抽取 8 名學生，得其統計期中考與期末考成績如下：

學生	1	2	3	4	5	6	7	8
期中考	82	99	87	70	55	82	75	80
期末考	90	93	96	62	60	71	79	85

假設統計學成績服從常態分配，請以 $\alpha = 0.05$ 檢定期末考成績是否有進步？

2. 某種有氧運動宣稱在半年內可以有效的降低體內的膽固醇，為了驗證此宣稱，於是隨機選取 15 位年齡在 35 到 50 歲之間的成年人，施以此有氧運動，經過半年後紀錄其前後的體內膽固醇量，其資料如下表所示：

受測者	1	2	3	4	5	6	7	8	9	10	11	12	13	14	15
測試前	265	240	258	295	251	245	287	314	260	279	283	240	238	225	247
測試後	229	231	227	240	238	241	234	256	247	239	246	218	219	226	233

根據上述之實驗資料，是否有顯著的證據證明此有氧運動能有效降低膽固醇。假設膽固醇含量服從常態分配，試以顯著水準 0.05 檢定之。

3. 為比較 A 廠牌與 B 廠牌輪胎的耐磨程度，隨機選取 10 部汽車，同時將 A、B 兩廠牌的輪胎分別置於汽車的後輪中，經過一千公里的行駛後，記錄兩個輪胎的磨損程度如下表所示：

受測者	1	2	3	4	5	6	7	8	9	10
測試前	265	240	258	295	251	245	287	314	260	279
測試後	229	231	227	240	238	241	234	256	247	239

試以顯著水準 $\alpha = 0.1$ 檢定，A 廠牌輪胎的磨損是否大於 B 廠牌輪胎的磨損。

4. 某研究員欲檢定某治療頭痛之藥丸是否會有改變血壓之副作用，於是分別記錄 14 名頭痛患服用藥丸前後之血壓，其資料為：

編號	1	2	3	4	5	6	7	8	9	10	11	12	13	14
服用前	70	80	72	76	76	76	72	78	84	80	92	68	55	71
服用後	67	80	68	71	76	77	66	73	82	79	94	64	59	66

假設母體為常態分，請問此藥丸是否有改變血壓之副作用？ ($\alpha = 0.05$)

5. 某大學為瞭解管理學院學生與工學院學生在微積分的學習成效上是否有顯著差異，於是從管理學院中隨機抽取 200 位學生，工學院 150 位學生，進行微積分測驗，得資料如下所示：

管理學院　　$\bar{x}_1 = 85$　　　　$s_1^2 = 100$

工學院　　　$\bar{x}_2 = 88$　　　　$s_2^2 = 150$

試以顯著水準 0.05 檢定管理學院與工學院的學生，微積分的學習成效上是否有顯著差異？

6. 某保險公司對於單身與已婚的保險客戶進行抽樣調查,並紀錄過去二年間曾經要求保險賠償的客戶人數,其資料如下表所示:

	單身保險客戶	已婚保險客戶
抽樣人數	400	900
曾要求賠償人數	76	90

試以 $\alpha = 0.05$ 檢定是否單身和已婚投保客戶的賠償比例有顯著的不同?

7. 甲原子筆廠商宣稱,購買其原子筆女學生多於男學生至少 10%。隨機抽取 200 個女學生中有 50 人使用,在另 120 個男學生中有 19 人使用,試以 $\alpha = 0.05$ 檢定廠商宣稱是否正確?

8. 假設統計學分數服從常態分配,其中資管系分數標準差為 4 分,統計系分數標準差為 6 分。現分別自兩系隨機抽取 4 名及 6 名學生的統計分數為:

資管系: 86 78 80 76

統計系: 80 68 74 75 69 81

(1) 授課老師認為兩系平均分數相同,請設立虛無與對立假設。

(2) 請以 $\alpha = 0.05$ 檢定(1)之假設。

(3) 在 $\alpha = 0.05$ 下,若資管系與統計系平均分數差為 4 分時,檢定力為何?

(4) 假設若兩系的母體標準差未知,請在 $\alpha = 0.1$ 下,檢定資管系的平均分數是否高於統計系平均分數 3 分以上。

9. 為評估一研究中之新藥其治癒某種疾病所需之時間為何?藥是否有效?研究該不該繼續?藥政處利用一個 15 人之樣本來作實驗,然後以實驗之結果藉統計檢定方法來決定是否繼續該研究或是停止,藥政處希望當新藥較目前使用之藥物在治療時間的縮短上,平均而言至少是兩天時,會繼續該研究。假設治療時間服從常態分配, ($\alpha = 0.01$)

(1) 請寫出對立假設。

(2) 如果由樣本算出新藥較舊藥治療時間之平均值縮短為 2.2 天,又標準差為 0.5 天,請問藥政處的決定應該為何?應繼續或是停止研究?

10. 為調查父母對玩具是否標示安全玩具之看法,並選擇了某一玩具調查了十對父母,其中五對有標示安全玩具,五對未標示,並分別詢問父與母對該玩具之購買意願,1 表意願很低,5 表意願很高,資料如下:

樣本	1	2	3	4	5	6	7	8	9	10
安全玩具	1	1	1	1	1	0	0	0	0	0
父親	5	4	3	4	4	3	2	4	2	1
母親	4	4	5	5	3	3	4	3	2	2

其中安全玩具項目：1 表有標示，0 未表示標示

(1) 是否標示安全玩具對父母購買意願是否有顯著差異？

(2) 父親與母親的購買意願是否有顯著差異？

11. 某公司行銷部經理認為旗下的某產品，不會因為南北地區不同而產生不同的接受度，於是他找人在這兩個地區進行簡單隨機抽樣調查。發現在北部的 400 個樣本中，有 40 個人喜歡該公司的產品，而南部的 300 個樣本中有 81 個喜歡該公司的產品。

(1) 請以 $\alpha = 0.05$ 檢定是否南北地區對此產品的喜好比率是否相同？

(2) 試求南北兩地區對此產品的喜好比率差的 95% 信賴區間。

12. 某工廠有甲、乙兩種不同品牌的機器，為了檢定這兩種品牌機器所製造出產品瑕疵率是否相同，隨機從 A 機器所生產的產品選出 200 個，發現有 30 個缺陷。由 B 機器所生產的產品選出 250 個，發現有 50 個缺陷。根據上述資料，試以 $\alpha = 0.05$ 檢定由這兩個機器所製造出的產品瑕疵率是否相同，請以 P 值法進行檢定。

13. 某工廠有兩個生產線，為比較此兩個生產線的每小時平均產量是否相同，於是分別自兩生產線各隨機抽取 16 小時的生產情況，得資料如下：

生產線 1　　　$\bar{x}_1 = 40$　　　　$s_1^2 = 2.3$

生產線 2　　　$\bar{x}_2 = 50$　　　　$s_2^2 = 5.4$

假設兩個生產線的產量數呈常態分配。

(1) 在顯著水準為 0.05 的條件下，試檢定此兩生產線的變異數是否相等？

(2) 在顯著水準為 0.05 的條件下，試檢定此兩生產線每小時的平均產量是否相同？

14. 已知 X 理論和 Y 理論是管理控制的重要理論，A 公司總經理為了解何種理論較有效，隨機選擇了 16 位員工分成 I、II 組，其中 I 組施以 X 理論的環境；II 組給予 Y 理論的環境，然在年終給予員工績效評分如下：$\alpha = 0.05$

	1	2	3	4	5	6	7	8	$\bar{x}_i$	s_i^2
I	86	82	84	83	84	83	85	87	84.25	2.786
II	83	81	84	72	79	85	78	86	81	21.143

檢定 $\mu_1 - \mu_2$ 之效果？(假設績效分數呈常態分配)

15. 假設某電子公司兩生產線每日生產產品中不良品個數服從常態分配，由經驗知兩生產線的標準差不相等，現隨機自兩生產線抽取若干資料，得不良品個數資料如下：

生產線 1：250　246　280　242　256　275

生產線 2：251　262　248　254　247

試以 $\alpha = 0.05$ 檢定生產線 1 的不良品個數是否多於生產線 2 的不良品個數。

16. 從兩母體以隨機取樣的方式抽取若干樣本,已知資料如下所示:

樣本 1　　$n_1 = 31$　　$s_1^2 = 25$

樣本 2　　$n_2 = 25$　　$s_1^2 = 12$

若已知 $F_{0.05,30,24} = 1.94, F_{0.95,30,24} = 0.53$,試以 $\alpha = 0.05$ 檢定兩母體變異數是否相等?

17. 假設民國 101 年與 102 年度每月失業率平均數為 2.3% 與 2.8%。根據主計處統計資料知,失業率的變動標準差為 0.2%。試以 $\alpha = 0.05$ 下,檢定兩年的失業率是否有顯著的改變。(假設每月失業率彼此獨立)

18. 某晶圓代工公司品管主任欲瞭解兩生產線產品不良率的差異程度。現自第一個生產線隨機取出 1200 個晶圓,發現有 30 個不良品,第二個生產線隨機取出 1200 個晶圓,發現有 36 個不良品。在 $\alpha = 0.05$ 下,是否第一個生產線的不良率較第二個生產線的不良率低?

19. 某公司為了瞭解有經驗員工與無經驗的臨時工,組裝速度是否相同,於是隨機分別抽取 10 位有經驗的員工與無經驗的臨時工進行試驗,得每日的平均組裝數量與變異數如下所示:

無經驗臨時工　　$\bar{x}_1 = 30.003$　　　　$s_1^2 = 0.00081$

有經驗員工　　　$\bar{x}_2 = 30.035$　　　　$s_2^2 = 0.00142$

假設組裝數量服從常態分配,試以 $\alpha = 0.05$ 檢定兩者間是否有顯著差異。

20. 消基會欲比較 A、B 兩種廠牌的香煙尼古丁的含量的多寡,於是隨機選取 A 廠牌的香煙 5 包與 B 廠牌的香煙 6 包進行分析,結果資料如下所示:

A 廠牌　　22　　20　　21　　19　　18

B 廠牌　　21　　29　　23　　31　　20　　32

假設尼古丁的含量服從常態分配,請問是否 A 廠牌香煙尼古丁的含量比 B 廠牌少?($\alpha = 0.05$)

21. 環保局為瞭解各區家庭住戶每日產生的垃圾量,於是對各區進行簡單隨機抽樣調查,得下列部份資料:

	第 I 區	第 II 區
抽樣戶數	$n_1 = 13$	$n_2 = 13$
每日平均垃圾量	$\bar{x}_1 = 6.5$ 公斤	$\bar{x}_2 = 7.2$ 公斤
標準差	$s_1 = 2$ 公斤	$s_2 = 1.5$ 公斤

假設垃圾量服從常態分配,給定 $\alpha = 0.05$

(1) 檢定兩地區的變異數是否相等?

(2) 上述資料是否足以證實第 II 區的每日每戶平均垃圾量大於第 I 區。

22. 教育部針對甲乙兩個學校學生的打字速度進行測試，分別自兩個學校隨機抽取若干人，得資料如下：

    甲校　　　$n_1 = 10$　　$s_1^2 = 100$

    乙校　　　$n_2 = 10$　　$s_2^2 = 150$

    請以 $\alpha = 0.05$ 檢定 $H_0 : \sigma_1^2 = \sigma_2^2, H_1 : \sigma_1^2 < \sigma_2^2$。

23. 已知下列資料為一組成對樣本資料：

    樣本 1：　6.1　9.2　4.1　10.2　9.6　7.6　8.7

    樣本 2：　4.8　7.4　4.2　8.9　8.6　6.4　7.1

    假設母體成常態分配。請以 P 值法檢定 $H_0 : \mu_d = 0, H_1 : \mu_d \neq 0$。 ($\alpha = 0.05$)

24. 根據研究顯示，某公司欲具有國際競爭力，則必須和他國之公司合作營運。今有某投資銀行欲檢定是否海外投資事業之報酬率會大於國內投資事業之報酬率。下列為 12 家已經與他國公司合作之銀行其在海外與國內投資事業之報酬率。

    國內% 　10　12　14　12　12　　17　9　　15　8.5　　11　7　15

    國外% 　11　14　15　11　12.5　16　10　13　10.5　17　9　19

    請問此投資銀行是否可以根據上述之資料認為海外投資事業之報酬率高於國內投資事業之報酬率而決定擴展國際合作計畫。 ($\alpha = 0.05$)

25. 假設每日超商的銷售額為常態分配，X 超商的標準差為 20，Y 超商的標準差為 30。若隨機抽取 30 天，得 X 超商的日平均銷售額為 200，Y 超商為 400(單位：千元)。在 $\alpha = 0.05$ 下，試檢定 Y 超商的日平均銷售額是否為 X 超商的 2 倍。

26. 假設國中生男女身高的標差未知，但已知相等。現由某國中調查男、女身高的資料如下所示：

    男：　$n_1 = 46$　　$\bar{x}_1 = 150$　　$s = 15$

    女：　$n_2 = 42$　　$\bar{x}_2 = 144$　　$s = 12$　　　(單位公分)

    有人認為國中男生與女生平均身高的差距至少為 7 公分，在 $\alpha = 0.05$ 下，此宣稱可信嗎？

27. 假設統計學分數服從常態分配，其中資管系分數標準差為 4 分，統計系分數標準差為 6 分。現分別自兩系隨機抽取 4 名及 6 名學生的統計分數為：

    資管系：　86　78　80　76

    統計系：　80　68　74　75　69　81

    (1) 試以 $\alpha = 0.05$ 檢定兩系的統計學分數標準差是否相等？

    (2) 有老師認為統計系的變異數，不超過資管系的 2 倍，在 $\alpha = 0.05$ 下，你的看法為何？

28. 今由甲供應商所提供之零件中隨機抽查 200 件，得不良品 17 件。另由乙供應商所提供之同種零件中隨機抽查 150 件，得不良品 8 件。請問在 5%顯著水準下是否可認為甲供應商所提供之零件不良率高於乙供應商，且超過 3 個百分點？

29. A、B 兩家電腦經銷商皆販賣同一品牌電腦，總公司想瞭解哪家經銷商的的銷售量較佳，於是分別抽取 A 經銷商 5 天的銷售量，以及 B 經銷商 8 天的銷售量，並依照蒐集到的資料計算結果如下：

	平均數	變異數	樣本數
A	23.8	8.04	5
B	35.25	7.85	8

假設兩家每日電腦銷售量服從常態分配，試問兩家經銷商銷售電腦數量是否相等？$(\alpha = 0.05)$

附註：以 SPSS 進行獨立樣本雙尾 t 檢定報表

檢定男女的網路使用行為是否有差異

$$\begin{cases} H_0 : \mu_{男} = \mu_{女} \\ H_1 : \mu_{男} \neq \mu_{女} \end{cases}$$

報表解讀：

報表 1：

組別統計量

	性別	個數	平均數	標準差	平均數的標準誤
網路使用行為	男性	90	17.1681	2.94182	.31010
	女性	98	16.1483	3.03038	.30611

說明：

有 90 位男性 98 位女性，男性網路使用行為平均數 17.1681 女性平均 16.1483，男性網路使用行為標準差等於 2.94182 女性 3.03038。男性平均數的標準誤 $\sqrt{\dfrac{s_{男}^2}{n_{男}}} = \dfrac{2.94182}{\sqrt{90}} = 0.31010$，女性平均數的標準誤 $\sqrt{\dfrac{s_{女}^2}{n_{女}}} = \dfrac{3.03038}{\sqrt{98}} = 0.30611$。

報表 2：

獨立樣本檢定

		變異數相等的 Levene 檢定		平均數相等的 t 檢定						
		F 檢定	顯著性	t	自由度	顯著性 (雙尾)	平均 差異	標準誤 差異	差異的 95% 信賴區間	
									下界	上界
網路 使用 行為	假設變異數 相等	.153	.696	2.338	186	.020	1.01985	.43629	.15914	1.88056
	不假設變異 數相等			2.341	185.419	.020	1.01985	.43573	.16021	1.87948

說明：

變異數相等的 Levene 檢定 $P-vlaue = 0.696 > 0.05$，故不拒絕變異數相等的假設。t 檢定報表需看上列數值。 $t^* = \dfrac{\overline{x}_男 - \overline{x}_女}{\sqrt{\dfrac{s_p^2}{n_男} + \dfrac{s_p^2}{n_女}}} = 2.338$ ， 自由度 $= n_男 + n_女 - 2 = 186$ ，

$P-value = 0.020$，平均差異 $= \overline{x}_男 - \overline{x}_女 = 1.01985$，標準誤差異 $= \sqrt{\dfrac{s_p^2}{n_男} + \dfrac{s_p^2}{n_女}} = 0.43629$ ，差

異的 95% 信賴區間 $= (\overline{x}_男 - \overline{x}_女) \pm t_{0.025,186}\sqrt{\dfrac{s_p^2}{n_男} + \dfrac{s_p^2}{n_女}} = [0.15914, 1.88056]$ 。

檢定結果拒絕虛無假設。

變異數分析

　　在本章中將介紹多母體平均數的假設檢定，由於是多母體，因此檢定過程可分成兩個部分，第一部份為整體性檢定，第二部分則為兩兩間的差異性檢定。有人把整體性檢定稱為事前檢定，而兩兩間的差異檢定稱為事後檢定。由於各學派的觀點與論點上的差異，導致事後檢定的方法與理論不只一種，在本教科書中，會介紹其中幾個較常見的事後檢定法。

16.1 基本概念

　　所謂變異數分析是指，同時檢定三個或三個以上的母體平均數是否相等的檢定方法，或檢定因子對依變數是否有影響的統計方法。在前面兩個章節中我們探討了有關單母體與二個母體的假設檢定，若欲檢定三個或三個以上母體平均數是否相等時，若使用前述方法，採用 t 檢定或 z 檢定進行兩兩檢定時，一共要檢定 C_2^k 次，其中 k 表示母體個數。但隨著檢定次數的增加，會導致犯型 I 錯誤的機率增大。因此，在檢定三個或三個以上的母體平均數時，統計學家採取的策略是所有的母體同時一起做一次檢定，以避免錯誤的累積。欲檢定三個以上母體平均數是否相等的檢定技術，相當於檢定變異數是否有差異，故稱為變異數分析，如何推導與證明，隨後會做詳細的說明。變異數分析在人文社會的研究中是一個十分重要統計分析工具，因此務必將觀念弄清楚，以免用錯統計分析方法，導致錯誤的研究結論。在正式介紹變異數分析前我們先針對變異數分析的相關名詞進行簡介。

16.1.1 因子

　　引起資料發生差異的原因稱為因子(factor)，亦稱獨立變數、自變數、實驗變數等。在人文社會探討因果關係的研究中，因子扮演「因」的角色，它屬於名義量尺。例如：探討不同家庭背景是否會造成統計學成績上的差異，家庭背景就是因子；不同教學法是否對學生學習成效會產生差異，教學法就是因子。以家庭背景而言，若區分成雙親、單親、他人撫養等三種，則這三種區分我們稱為衡量水準(treatment levels)，故有三個衡量水準，也有人稱處理、處方。變異數分析依據因子的數目可區分為：單因子變異數分析(one way ANOVA)、雙因子變異數分析(two way ANOVA)與三因子變異數分析(three way ANOVA)等。至於四因子以上，則屬於垃圾檢定，因為統計技術還沒辦法精確的分析四個因子以上的檢定，就如同現在的電腦辨識技術尚無法準確的辨識一張人類手寫的草稿紙內容般，過於複雜的資料，科學家還在努力想辦法找出更好更精準的技術。

16.1.2 依變數

　　依變數是指(dependent variable)研究者欲觀察的反應變數，通常在人文社會學的因果關係研究中，扮演「果」的角色，它屬於比例量尺。例如：不同的教學法對學生學習成績是否產生差異，成績就是依變數；不同的減肥方法是否對減輕體重有顯著差異，體重就是依變數。變異數分析主要目的在檢定某因子狀況下，不同衡量水準下依變數的平均數是否相等。

16.1.3 變異數分析的基本假設

在推導變異數分析過程中,為了讓檢定統計量滿足 F 分配,因此它必須滿足下列三個假設:

1. 常態性假設:每個衡量水準下母體分配均服從常態分配。

2. 同質(homogeneity)性假設:不同衡量水準下的母體分配,變異數彼此相等。

3. 獨立性假設:各常態母體中之資料彼此間相互獨立,抽樣需採單隨機抽樣。

因此,在進行變異數分析前應先檢定各母體是否服從常態分配,是否滿足變異數相等以及樣本間是否具有獨立性。上述某些檢定屬於研究所課程,故本書在後面僅就某一小部分做介紹。

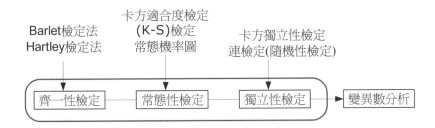

16.1.4 變異數分析的步驟

變異數分析主要的功用在檢定三個以上的母體,平均數是否相等。因此,變異數分析也屬於假設檢定中的一員,其檢定步驟大致可分成下列三個步驟。

1. 設立兩個假設

$$\begin{cases} H_0 : \mu_1 = \mu_2 = \mu_3 = \cdots \\ H_1 : \mu_1, \mu_2, \mu_3, \cdots,\text{不全相等} \end{cases}$$

當 H_0 為真時,樣本平均數的抽樣分配期望值會非常接近,即 $E(\bar{x}_1) = E(\bar{x}_2) = E(\bar{x}_3) = \mu$,如下圖所示:

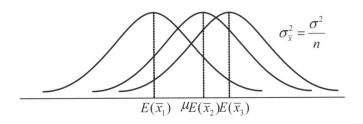

當 H_0 為真時,樣本平均數的抽樣分配

當 H_0 為偽時，樣本平均數的抽樣分配期望值相距較遠。

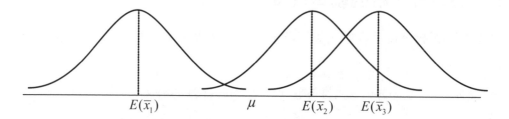

當 H_0 為偽時，樣本平均數的抽樣分配

2. 建立變異數分析表(ANOVA table)。

在進行變異數分析時，由於需進行十分繁瑣的計算過程，其最終目的是求出檢定統計量：$F^* = \dfrac{MSF}{MSE}$。變異數分析表的目的是讓這個繁瑣過程變得較為簡單，其實它只是一個障眼法，因為它把一個複雜的計算程序切割成若干個小程序，最後再組起來，讓計算的人感到比較容易記憶各步驟的公式。

3. 決策下結論。由於 F 分配表所提供的機率值有限，因此以手解的方式大都採用標準檢定法。若 $F^* > F_{\alpha, k-1, n_T - k}$，結論為拒絕 H_0，否則不拒絕 H_0。

16.2 單因子變異數分析—完全隨機試驗

單因子變異數分析可區分成完全隨機試驗與隨機集區設計，其中集區設計與雙因子未重複試驗計算程序完全相同，在後面的單元會逐一介紹。

16.2.1 單因子變異數分析的基本觀念

假設某因子含有 k 種衡量水準(如血型含有四種衡量水準)，這 k 個衡量水準構成 k 個小母體。現從這 k 個小母體隨機抽取若干樣本，假設抽取的樣本資料格式如下表所示(每個小母體可抽取不同的樣本數)：

觀測值	母體 1	母體 2	...	母體 j	...	母體 k	總平均
樣本 1	x_{11}	x_{12}	...	x_{1j}	...	x_{1k}	
樣本 2	x_{21}	x_{22}	...	x_{2j}	...	x_{2k}	
⋮	⋮	⋮	⋮	⋮	⋮	⋮	
樣本 i	x_{i1}	x_{i2}	...	x_{ij}	...	x_{ik}	$\bar{\bar{x}}$
⋮	⋮	⋮	⋮	⋮	...	⋮	
	$x_{n_1 1}$	$x_{n_{22}}$	...	$x_{n_{jj}}$	...	$x_{n_k k}$	
平均數	$\bar{x}_1$	$\bar{x}_2$	...	$\bar{x}_j$	...	$\bar{x}_k$	
變異數	s_1^2	s_2^2	...	s_j^2	...	s_k^2	

上面表格內的符號分別為：

x_{ij} :第 j 個母體中的第 i 個樣本觀測值。

n_j :第 j 個母體的取樣個數。

$\bar{x}_j$:第 j 個母體的樣本平均數(相當於每行資料的平均數)。

$$\bar{x}_j = \frac{1}{n_j}\sum_{i=1}^{n_j} x_{ij}$$

s_j^2 :第 j 個母體的樣本變異數(相當於每行資料的變異數)。

$$s_j^2 = \frac{1}{n_j - 1}\sum_{i=1}^{n_j}(x_{ij} - \bar{x}_j)^2$$

$\bar{\bar{x}}$:全體觀測值之總平均。

$$\bar{\bar{x}} = \frac{1}{n_T}\sum_{j=1}^{k}\sum_{i=1}^{n_j} x_{ij} = \frac{1}{n_T}\sum_{j=1}^{k} n_j \bar{x}_j$$

n_T :全體觀測值個數。

$$n_T = n_1 + n_2 + \cdots + n_k = \sum_{j=1}^{k} n_j$$

假設所有的小母體皆為常態母體，即：$x_{ij} \sim N(\mu_i, \sigma^2)$，隨機誤差項定義為：$\varepsilon_{ij} = x_{ij} - \mu_i$，即每個樣本與該樣本來源的母體平均數差。因 $x_{ij} \sim N(\mu_i, \sigma^2)$，因此誤差服從平均數為 0 的常態分配，即 $\varepsilon_{ij} \sim N(0, \sigma^2)$。

16.2.2 變異的分解與計算公式

我們先以三個小母體的情形來說明，再推廣至 k 個小母體，觀察下圖：

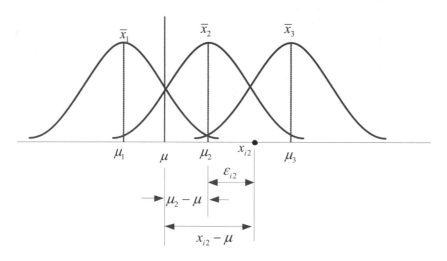

假設 x_{i2} 是來自第 2 個小母體的第 i 個樣本，誤差定義為：「樣本與母體平均數的差」。根據虛無假設，我們可以將 x_{i2} 所造成的誤差分解成：

$$x_{i2} - \mu = (\mu_2 - \mu) + (x_{i2} - \mu_2) = (\mu_2 - \mu) + \varepsilon_{i2}$$

其中：

$\varepsilon_{i2} = x_{i2} - \mu_2 =$ 樣本－樣本來源之母體平均數：稱為隨機誤差，也有人稱為組內誤差。

$\mu_2 - \mu =$ 樣本來源之母體平均數－全體資料總平均：稱為因子誤差，也有人稱為組間誤差。

由上面可得：樣本造成誤差=因子所引起的誤差+隨機誤差。

將其擴充，因此來自第 j 個母體的第 i 個樣本所造成的誤差可表示成：

$$x_{ij} - \mu = (\mu_j - \mu) + (x_{ij} - \mu_j)$$

由於母體平均數未知，故以全體樣本平均數取代母體平均數，上式可改成：

$$x_{ij} - \overline{\overline{x}} = (\overline{x}_j - \overline{\overline{x}}) + (x_{ij} - \overline{x}_j)$$

若將上式中的每個樣本所造成的誤差加總起來，就可以求出總誤差，但誤差不可以相互抵銷，為除去正負號相互抵銷的影響，將上式取平方和，取平方之後的誤差稱為變異，因此總變異為：

$$\sum_{j=1}^{k}\sum_{i=1}^{n_j}(x_{ij}-\bar{\bar{x}})^2 = \sum_{j=1}^{k}\sum_{i=1}^{n_j}\left[(\bar{x}_j-\bar{\bar{x}})+(x_{ij}-\bar{x}_j)\right]^2$$

將上式以完全平方和公式展開可得：

$$\sum_{j=1}^{k}\sum_{i=1}^{n_j}(x_{ij}-\bar{\bar{x}})^2 = \sum_{j=1}^{k}\sum_{i=1}^{n_j}(\bar{x}_j-\bar{\bar{x}})^2 + 2\sum_{j=1}^{k}\sum_{i=1}^{n_j}(\bar{x}_j-\bar{\bar{x}})(x_{ij}-\bar{x}_j) + \sum_{j=1}^{k}\sum_{i=1}^{n_j}(x_{ij}-\bar{x}_j)^2$$

其中：$\displaystyle\sum_{j=1}^{k}\sum_{i=1}^{n_j}(\bar{x}_j-\bar{\bar{x}})(x_{ij}-\bar{x}_j) = \sum_{j=1}^{k}\left[(\bar{x}_j-\bar{\bar{x}})\sum_{i=1}^{n_j}(x_{ij}-\bar{x}_j)\right] = \sum_{j=1}^{k}(\bar{x}_j-\bar{\bar{x}})\times 0 = 0$

最後可得總變異公式如下所示：

$$\sum_{j=1}^{k}\sum_{i=1}^{n_j}(x_{ij}-\bar{\bar{x}})^2 = \sum_{j=1}^{k}\sum_{i=1}^{n_j}(\bar{x}_j-\bar{\bar{x}})^2 + \sum_{j=1}^{k}\sum_{i=1}^{n_j}(x_{ij}-\bar{x}_j)^2$$

上式公式若以中文名稱表示成：

總變異＝因子變異(組間變異，因子變異，處理變異)＋隨機變異(組內變異)

若以符號表示為：

$$SST(SSTO)=SSA(SSB,SSF,SSTR)+ SSE(SSW)$$

　　由於各教科書對於上面的公式各部分名稱沒有統一(包含原文書)，故我們將一般教科書常用的名稱寫在括弧內供讀者參考。本書的編排為求符號一致，採用 $SST = SSA + SSE$ 符號，也就是說本書採用的符號系統為：

$$SST = SSA+SSE$$

總變異＝A 因子變異＋隨機變異

　　這種符號安排法的好處是在隨後的單元可以連貫。接下來我們將進一步推導這些變異公式的其他表示方式，以方便讀者可以快速計算出各種變異。

16.2.3 各種變異之快速計算法

1. 總變異

總變異可進一步處理成較精簡的模式，推導過程如下：

$$SST = \sum_{j=1}^{k}\sum_{i=1}^{n_j}(x_{ij}-\overline{\overline{x}})^2 = \sum_{j=1}^{k}\sum_{i=1}^{n_j}x_{ij}^2 - n_T\overline{\overline{x}}^2 = n_T \cdot \left(\frac{1}{n_T}\sum_{j=1}^{k}\sum_{i=1}^{n_j}(x_{ij}-\overline{\overline{x}})^2\right) = n_T \cdot \sigma_T^2$$

故 SST 的快速計算法為：

$$SST = n_T\sigma_T^2$$

註：SST 亦可採用公式 $SST=(n_T-1)s_T^2$ 計算，但我們選擇採用 $n_T \cdot \sigma_T^2$，原因是這個公式更精簡。

總變異，顧名思義為全體的變異，故總變異亦可由：(總樣本數×全體資料的母體變異數)求得，而變異數的計算若使用如 CASIO 350MS 計算機，將資料輸入計算機後就可輕鬆的求出變異數。本書附錄有教授讀者如何使用 CASIO 350MS 計算機。

2. 因子變異

SSA 的計算可分成兩種情形，第一種情形是每個小母體抽取的樣本數不相同時，第二種情形是每個小母體抽取的樣本數相同時。我們先看每個小母體抽取的樣本數不相同時的作法。

$$SSA = \sum_{j=1}^{k}\sum_{i=1}^{n_j}(\overline{x}_j-\overline{\overline{x}})^2 = \sum_{j=1}^{k}n_j\overline{x}_j^2 - n_T\overline{\overline{x}}^2 = SST - SSE$$

我們給讀者的建議是，如果每個小母體抽樣數不相同時，利用 $SSA = SST - SSE$ 求 SSA 較為簡單(可使用統計用計算機前提下)。

若每一個小母體所抽取的樣本數皆相同時，SSA 可再進一步化簡，即

$$SSA = \sum_{j=1}^{k}n_j\overline{x}_j^2 - n_T\overline{\overline{x}}^2 = \sum_{j=1}^{k}n\overline{x}_j^2 - n\times k\cdot\overline{\overline{x}}^2 = n\left(\sum_{j=1}^{k}\overline{x}_j^2 - k\cdot\overline{\overline{x}}^2\right)$$

$$= n\times k\times\left(\frac{1}{k}\sum_{j=1}^{k}\overline{x}_j^2 - \overline{\overline{x}}^2\right) = n_T\times\sigma_{\overline{A}_j}^2$$

其中 $\sigma_{\overline{A}_j}^2$ 為每個小母體樣本平均數的變異數。

3. 隨機變異

隨機變異的精簡過程如下所示：

$$SSE = \sum_{j=1}^{k}\sum_{i=1}^{n_j}(x_{ij}-\overline{x}_j)^2 = \sum_{j=1}^{k}\sum_{i=1}^{n_j}(x_{ij}-\overline{x}_j)^2 = \sum_{j=1}^{k}(n_j-1)\left[\frac{1}{n_j-1}\sum_{i=1}^{n_j}(x_{ij}-\overline{x}_j)^2\right] = \sum_{j=1}^{k}(n_j-1)s_j^2$$

亦即

$$SSE = \sum_{j=1}^{k}(n_j-1)s_j^2$$

若只有兩個小母體時，上式中的 $\sum_{j=1}^{k}(n_j-1)s_j^2$ 與混合樣本變異 s_p^2 的分子部分相等。

故若 A 因子的分類水準只有兩個時，單因子變異數分析所得到的結果與二獨立母體平均數的檢定(需已知母體變異數相等)是相同的。

因此在此處我們給讀者的建議是，先求出 SST，接著分兩種情況：

情況 I：　每個母體取樣個數相同：

　　　　　先求 SSA 再利用 $SSE = SST - SSA$

情況 II：　每個母體取樣個數不同：

　　　　　先求 SSE 再利用 $SSA = SST - SSE$

16.2.4 母體變異數估計值

1. A 因子變異數之估計(MSA)

一般書籍稱為樣本間均方(mean square between)，從公式定義可以看出 MSA 為因子 A 所造成的平均變異，符號 MSA 中的 M 表示平均數的意思，等於 SSA 除以自由度。$\overline{x}_j$ 為抽樣自各小母體的樣本平均數，由於每次抽樣所得到的平均數不同，故為一隨機變數，k 個小母體就有 k 個隨機變數 $\overline{x}_j$，因為使用了 $\overline{\overline{x}}$ 這個限制式，所以自由度少 1 變成 $k-1$，故 MSA 的定義為：

$$MSA = \frac{\sum_{j=1}^{k}\sum_{i=1}^{n_j}(\overline{x}_j - \overline{\overline{x}})^2}{k-1} = \frac{SSA}{k-1}$$

2. 誤差變異數之估計(MSE)

一般書本稱為樣本內均方(mean square within)，等於 SSE 除以自由度。公式中 x_{ij} 為樣本，全體共抽出 n_T 個樣本，故隨機變數有 n_T 個，但公式中使用了 k 個 $\overline{x}_j$，因此自由度少 k，故自由度為 $n_T - k$。

$$MSE = \frac{\sum_{j=1}^{k}\sum_{i=1}^{n_j}(x_{ij} - \overline{x}_j)^2}{n_T - k} = \frac{SSE}{n_T - k}$$

3. $\frac{MSA}{MSE}$ 的抽樣分配

當 H_0 為真時，$\frac{MSA}{MSE}$ 的抽樣分配為一自由度 $k-1$ 與 $n_T - k$ 的 F 分配，即

$$\frac{MSA}{MSE} \sim F_{k-1, n_T-1}$$

我們先暫時瞭解如何進行變異數分析，上面的式子在後面單元中會證明。

4. 變異數分析表

一般在進行多個母體平均數檢定時，會將上面公式所求出的數值整理在一個表格中，這個表格稱為變異數分析表，以協助記憶、計算與檢定。單因子變異數分析一般為一個 5 行 5 列的表格，表格的內容如下表所示：

變異來源	平方和(SS)	自由度(DF)	平均平方和(MS)	(檢定統計量)F
A 因子(組間)	SSA	$k-1$	$MSA = \dfrac{SSA}{k-1}$	$F^* = \dfrac{MSA}{MSE}$
隨機(組內)	SSE	$n_T - k$	$MSE = \dfrac{SSE}{n_T - k}$	
總和	SST	$n_T - 1$		

在此教授讀者自由度的記憶要訣：A 因子自由度=類別數 -1，總和之自由度=全體資料數 -1，接著利用 A 因子自由度+隨機之自由度=總和之自由度，求出隨機之自由度，隨後之單元自由度求法與此處之記憶法相同。

檢定結果為：若 $F^* > F_{\alpha, k-1, n_T - k}$　或 $P - value = P(F_{k-1, n_T - k} > F^*) < \alpha$ 時，結論為拒絕 H_0，否則為不拒絕 H_0。

註：當 $k = 2$ (A 因子的衡量水準只有 2 個)時，變異數分析的結果與兩獨立母體之平均數檢定相同(需假設兩母體變異數相等)。故當 $k = 2$ 時，除非特別指定使用變異數分析檢定，一般使用獨立樣本 t 檢定較為簡單。在兩獨立母體之平均數檢定時使用的共同樣本變異數，恰等於變異數分析中的 MSE，即

$$s_p^2 = \frac{(n_1 - 1)s_1^2 + (n_2 - 1)s_2^2}{n_1 + n_2 - 2} = MSE = \frac{SSE}{n_1 + n_2 - 2}$$

例 1

隨機從三個母體各取出五個樣本，資料如下表所示：

編號	樣本 1	樣本 2	樣本 3
1	32	44	33
2	30	43	36
3	30	44	35
4	26	46	36
5	32	48	40
樣本平均數	30	45	36
樣本變異數	3.00	4.00	6.50

(1)求因子 A 所造成的變異(組間變異)。

(2)求隨機變異(組內變異)。

(3)建構變異數分析表。

(4)在顯著水準 $\alpha = 0.05$ 的條件下，請檢定三個母體平均數是否相等？

解

(1) 總平均：$\bar{\bar{x}} = \dfrac{30 \times 5 + 45 \times 5 + 36 \times 5}{15} = 37$

因子變異：因子變異是指由每一組平均數所產生之變異，每一母體之取樣數相同，故本題可採用快速計算公式，即計算 30,45,36 三個數字之變異數再乘以總樣本數，即

$$SSA = n_T \sigma_{\bar{x}}^2 = n_T \times \left[\frac{1}{k} \sum_{j=1}^{k} \bar{x}_j^2 - \bar{\bar{x}}^2 \right]$$

$$= 15 \times \left[\frac{1}{3}\left(30^2 + 45^2 + 36^2\right) - 37^2 \right] = 570$$

(2) 隨機變異： $SSE = \sum_{j=1}^{k}(n_j - 1)s_j^2 = (5-1)6 + (5-1)4 + (5-1)6.5 = 66$

(3) $MSA = \dfrac{SSA}{k-1} = \dfrac{570}{3-1} = 285$

$MSE = \dfrac{SSE}{n_T - k} = \dfrac{66}{15-3} = 5.5$

$SST = SSA + SSE = 570 + 66 = 636$

檢定統計量： $F^* = \dfrac{MSA}{MSE} = \dfrac{285}{5.5} = 51.82$

故變異數分析表如下所示：

變異來源	平方和	自由度	平均平方和	F
因子	570	2	285	
隨機	66	12	5.5	51.82
總和	636	14		

(4) 設立兩個假設： $\begin{cases} H_0 : \mu_1 = \mu_2 = \mu_3 \\ H_1 : \mu_1, \mu_2, \mu_3 \text{不全相等} \end{cases}$

$\because F^* > F_{0.05, 2, 12} = 3.89$ ，結論為拒絕 H_0

故三個母體平均數有顯著差異。

例 2

某項為瞭解台灣地區稻米的產量是否會因北、中、南產生差異，於是自北、中、南隨機抽取若干樣本，得到資料如下所示：(單位：公噸/公畝)

	產量			
北部	1	3	2	
中部	3	2	4	2
南部	7	6	4	

假設母體滿足變異數分析之假設，請你利用上述資料檢定，台灣區稻米的產量是否會因北、中、南產生差異。 ($\alpha = 0.05$)

解

假設 1,2,3 分別代表北部、中部、南部

設立兩個假設： $\begin{cases} H_0 : \mu_1 = \mu_2 = \mu_3 \\ H_1 : \mu_1, \mu_2, \mu_3 \text{不全相等} \end{cases}$

相關計算資料：

	產量				
北部	1	3	2		$s_1^2 = 1$
中部	3	2	4	2	$s_2^2 = 0.917$
南部	7	6	4		$s_3^2 = 2.333$

$\overline{\overline{x}} = 3.4, \sigma_T^2 = 3.24$

$SST = n_T \sigma_T^2 = 10 \times 3.24 = 32.4$

$SSE = \sum_{j=1}^{k} (n_j - 1)s_j^2 = 2 \times 1 + 3 \times 0.917 + 2 \times 2.333 = 9.417$

$SSA = SST - SSE = 32.4 - 9.417 = 22.983$

建立 ANOVA 表

變異來源	平方和	自由度	平均平方和	F
因子	22.983	2	11.492	8.544
隨機	9.417	7	1.345	
總和	32.4	9		

$\because F^* = 8.544 > F_{0.05,2,7} = 4.74$ ，結論為拒絕虛無假設

故北、中、南三區的稻米產量有顯著的差異。

例 3

假設對統計的喜好程度分為：非常喜歡、喜歡、不喜歡、很不喜歡四組，現隨機從各組抽取若干樣本進行測驗，各組人數以及統計測驗的平均成績和變異數如下表所示：

	組別			
	非常喜歡	喜歡	不喜歡	很不喜歡
人數	50	100	100	50
平均分數	60	60	50	50
變異數	100	100	80	80

(1)假設母體符合變異數分析之假設，請問統計學成績是否會因喜好程度產生差異？
($F_{0.05,3,296} = 2.635$)

(2)若將非常喜歡、喜歡二組合併為感興趣組，不喜歡、很不喜歡二組合併為不感興趣組。請你重新檢定這兩組的統計學成績是否相等？

解

(1) 假設 1,2,3,4 分別代表非常喜歡、喜歡、不喜歡、很不喜歡四組

設立兩個假設：$\begin{cases} H_0 : \mu_1 = \mu_2 = \mu_3 = \mu_4 \\ H_1 : \mu_1, \mu_2, \mu_3, \mu_4 \text{不全相等} \end{cases}$

本題因來自每個小母體樣本數不同，故 SSA 需以基本定義求出

$$\overline{\overline{x}} = \frac{1}{300}(50 \times 60 + 100 \times 60 + 100 \times 50 + 50 \times 50) = 55$$

$$SSA = \sum_{j=1}^{k} \sum_{i=1}^{n_j} (\overline{x}_j - \overline{\overline{x}})^2 = \sum_{j=1}^{k} n_j \overline{x}_j^2 - n_T \overline{\overline{x}}^2$$

$$= \left(50 \times 60^2 + 100 \times 60^2 + 100 \times 50^2 + 50 \times 50^2\right) - 300 \times 55^2 = 7500$$

$$SSE = \sum_{j=1}^{k} (n_j - 1)s_j^2$$

$$= (50-1)100 + (100-1)100 + (100-1)80 + (50-1)80 = 26640$$

$$SST = SSA + SSE = 7500 + 26640 = 34140$$

建立 ANOVA 表

變異來源	平方和	自由度	平均平方和	F
因子	7500	3	2500	
隨機	26640	296	90	27.778
總和	34140	299		

$\because F^* = 27.778 > F_{0.05,3,296} = 2.635$，結論為拒絕虛無假設

故統計學成績會因喜好程度產生顯著差異。

(2) 合併成兩組，此時需改用 z 檢定(大樣本)，本題必須先求出合併後的變異數。

假設 1,2 分別代表感興趣組與不感興趣組

設立兩個假設：$\begin{cases} H_0 : \mu_1 - \mu_2 = 0 \\ H_1 : \mu_1 - \mu_2 \neq 0 \end{cases}$

由樣本變異數公式：

$$s^2 = \frac{1}{n-1}\sum_{i=1}^{n} x_i^2 - \frac{n}{n-1}\overline{x}^2 \Rightarrow \sum_{i=1}^{n} x_i^2 = (n-1)\left[s^2 + \frac{n}{n-1}\overline{x}^2\right] = (n-1)s^2 + n\overline{x}^2$$

非常喜歡：$\sum_{i=1}^{50} x_i^2 = 49 \times 100 + 50 \times 60^2 = 184900$

喜歡：$\sum_{i=1}^{100} x_i^2 = 99 \times 100 + 100 \times 60^2 = 369900$

合併後之平均數 $\overline{x}_1 = \dfrac{50 \times 60 + 100 \times 60}{150} = 60$

故 $s_1^2 = \dfrac{1}{150-1}(184900 + 369900) - \dfrac{150}{150-1} \times 60^2 = 99.329$

不喜歡 $\sum_{i=1}^{100} x_i^2 = 99 \times 80 + 100 \times 50^2 = 257920$

很不喜歡：$\sum_{i=1}^{50} x_i^2 = 49 \times 80 + 50 \times 50^2 = 128920$

合併後之平均數 $\overline{x}_2 = \dfrac{100 \times 50 + 50 \times 50}{150} = 50$

故 $s_2^2 = \dfrac{1}{150-1}(257920 + 128920) - \dfrac{150}{150-1} \times 50^2 = 79.463$

$$\text{檢定統計量 } z^* = \frac{60 - 50}{\sqrt{\dfrac{99.329}{150} + \dfrac{79.463}{150}}} \approx 9.159$$

$\because z^* = 9.159 > z_{0.025} = 1.96$，結論為拒絕 H_0

故此兩組統計學成績有顯著的差異

例 4

在單因子變異數分析中，若衡量水準只有兩個，即檢定 $\begin{cases} H_0 : \mu_1 = \mu_2 \\ H_1 : \mu_1 \neq \mu_2 \end{cases}$，試證明：

$$F^* = \frac{MSA}{MSE} = (t^*)^2 = \left(\frac{\overline{x}_1 - \overline{x}_2}{\sqrt{\dfrac{s_p^2}{n_1} + \dfrac{s_p^2}{n_2}}}\right)^2 \text{。}$$

證明

因為衡量水準只有兩個 $(k = 2)$，表示只有兩個小母體，$\overline{\overline{x}} = \dfrac{n_1 \overline{x}_1 + n_2 \overline{x}_2}{n_1 + n_2}$

$$MSE = \frac{SSE}{n_T - k} = \frac{(n_1 - 1)s_1^2 + (n_2 - 1)s_2^2}{n_1 + n_2 - 2} = s_p^2$$

$$MSA = \frac{SSA}{k - 1} = SSA = \sum_{j=1}^{k} n_j (\overline{x}_1 - \overline{\overline{x}})^2$$

$$= n_1 (\overline{x}_1 - \frac{n_1 \overline{x}_1 + n_2 \overline{x}_2}{n_1 + n_2})^2 + n_2 (\overline{x}_2 - \frac{n_1 \overline{x}_1 + n_2 \overline{x}_2}{n_1 + n_2})^2 = \frac{n_1 n_2}{n_1 + n_2} (\overline{x}_1 - \overline{x}_2)^2$$

$$\text{故 } F^* = \frac{MSA}{MSE} = \frac{\dfrac{n_1 n_2}{n_1 + n_2} (\overline{x}_1 - \overline{x}_2)^2}{s_p^2} = \frac{(\overline{x}_1 - \overline{x}_2)^2}{\dfrac{n_1 + n_2}{n_1 n_2} \cdot s_p^2} = \frac{(\overline{x}_1 - \overline{x}_2)^2}{(\dfrac{1}{n_1} + \dfrac{1}{n_2}) s_p^2}$$

$$= \left(\frac{\overline{x}_1 - \overline{x}_2}{\sqrt{\dfrac{s_p^2}{n_1} + \dfrac{s_p^2}{n_2}}}\right)^2 = (t^*)^2$$

由此證明可知當衡量水準只有兩個時，單因子變異數分析與變異數未知，但已知相等的兩母體平均數差的獨立樣本 t 檢定，是等效的檢定。

16.2.5 變異數分析之檢定原理

在本節中我們將介紹變異數分析法的來龍去脈，為何不是使用 z 檢定或 t 檢定，卻是使用 F 檢定，本節需要用到一些數學運算性質。在推導前我們要先介紹幾個性質。

性質 1. $E(MSE) = \sigma^2$ 。

證明

$$E(MSE) = E(\frac{SSE}{n_T - k}) = E\left[\frac{1}{n_T - k}\sum_{j=1}^{n}(n_j - 1)s_j^2\right] = E\left[\frac{\sum_{j=1}^{n}(n_j - 1)s_j^2}{\sigma^2}\right] \times \frac{\sigma^2}{n_T - k}$$

$$= E(\chi_{n_T-k}^2)\frac{\sigma^2}{n_T - k} = (n_T - k) \times \frac{\sigma^2}{n_T - k} = \sigma^2$$

性質 2. $E(MSA) = \sigma^2 + \dfrac{1}{k-1}\sum_{j=1}^{k} n_j(\mu_j - \mu)^2$ 。

證明：

$$E(MSA) = E(\frac{SSA}{k-1}) = \frac{1}{k-1}E(\sum_{j=1}^{k} n_j \overline{x}_j^2 - n_T \overline{\overline{x}}^2) = \frac{1}{k-1}\left[\sum_{j=1}^{k} n_j E(\overline{x}_j^2) - n_T E(\overline{\overline{x}}^2)\right]$$

$$= \frac{1}{k-1}\left[\sum_{j=1}^{k} n_j(\frac{\sigma^2}{n_j} + \mu_j^2) - n_T(\frac{\sigma^2}{n_T} + \mu^2)\right]$$

$$= \frac{1}{k-1}\left[\sum_{j=1}^{k}\sigma^2 + \sum_{j=1}^{k} n_j\mu_j^2 - \sigma^2 - n_T\mu^2\right]$$

$$= \frac{1}{k-1}\left[k\sigma^2 - \sigma^2 + \left(\sum_{j=1}^{k} n_j\mu_j^2 - n_T\mu^2\right)\right]$$

$$= \frac{1}{k-1}\left[(k-1)\sigma^2 + \sum_{j=1}^{k} n_j(\mu_j - \mu)^2\right]$$

$$= \sigma^2 + \frac{1}{k-1}\sum_{j=1}^{k} n_j(\mu_j - \mu)^2$$

上面的推導過程中有幾個關鍵的式子我們另外加以解釋，在上面我們用到變異數的公式，即 $V(\overline{x}) = E(\overline{x}^2) - [E(\overline{x})]^2 \Rightarrow \dfrac{\sigma^2}{n} = E(\overline{x}^2) - \mu^2$，故 $E(\overline{x}^2) = \dfrac{\sigma^2}{n} + \mu^2$。因此推導過程中有兩個地方應用到這個性質，即 $E(\overline{x}_j^2) = \dfrac{\sigma^2}{n_j} + \mu_j^2$ 以及 $E(\overline{\overline{x}}^2) = \dfrac{\sigma^2}{n_T} + \mu^2$ (變異數分析假設每個母體變異數均相等)。接著我們再來看 $\displaystyle\sum_{j=1}^{k} n_j \mu_j^2 - n_T \mu^2 = \sum_{j=1}^{k} n_j (\mu_j - \mu)^2$ 這個式子，μ_j 表示第 j 個母體平均數，μ 表全體資料之總平均。從左式到右式證明似乎看起來比較難，所以我們反過來證明看它。

$$\sum_{j=1}^{k} n_j (\mu_j - \mu)^2 = \sum_{j=1}^{k} n_j (\mu_j^2 - 2\mu_j \mu + \mu^2) = \sum_{j=1}^{k} (n_j \mu_j^2 - 2n_j \mu_j \mu + n_j \mu^2)$$

$$= \sum_{j=1}^{k} n_j \mu_j^2 - 2\mu \sum_{j=1}^{k} n_j \mu_j + \mu^2 \sum_{j=1}^{k} n_j = \sum_{j=1}^{k} n_j \mu_j^2 - 2\mu \cdot n_T \mu + \mu^2 \cdot n_T = \sum_{j=1}^{k} n_j \mu_j^2 - n_T \mu^2$$

接著回到我們的主題中，因為 $E(MSE) = \sigma^2, E(MSA) = \sigma^2 + \dfrac{1}{k-1} \displaystyle\sum_{j=1}^{k} n_j (\mu_j - \mu)^2$，由此兩式可知當 $\mu_1 = \mu_2 = \cdots = \mu_k = \mu$ 時，$E(MSA) = E(MSE)$，否則 $E(MSA) > E(MSE)$，故檢定 $\mu_1 = \mu_2 = \cdots = \mu_k = \mu$ 就相當於檢定 $\begin{cases} H_0 : E(MSA) = E(MSE) \\ H_1 : E(MSA) > E(MSE) \end{cases}$，為右尾檢定。左式又可改寫成 $\begin{cases} H_0 : \dfrac{E(MSA)}{E(MSE)} = 1 \\ H_1 : \dfrac{E(MSA)}{E(MSE)} > 1 \end{cases}$，推導到這裡有點像 $\begin{cases} H_0 : \dfrac{\sigma_1^2}{\sigma_2^2} = 1 \\ H_0 : \dfrac{\sigma_1^2}{\sigma_2^2} > 1 \end{cases}$ 的檢定，已經有點 F 分配的味道了，只欠 $\dfrac{MSA}{MSE} = F_{k-1, n_T - k}$ 這個條件了。為了證明左式，我們還需要下列三個性質：

性質 3. $\dfrac{(k-1)MSA}{\sigma^2} = \chi_{k-1}^2$

性質 4. $\dfrac{(n_T - k)MSE}{\sigma^2} = \chi_{n_T - k}^2$

性質 5. $\dfrac{\chi_{k-1}^2 / k - 1}{\chi_{n_T - k}^2 / n_T - k} = F_{k-1, n_T - 1}$

我們先來看第 3 個性質：

$$\frac{(k-1)MSA}{\sigma^2} = \frac{SSA}{\sigma^2} = \frac{1}{\sigma^2}\sum_{j=1}^{k}\sum_{i=1}^{n_j}(\overline{x}_j - \overline{\overline{x}})^2 = \frac{1}{\sigma^2}\sum_{j=1}^{k}n_j(\overline{x}_j - \overline{\overline{x}})^2 = \frac{1}{\sigma^2}\sum_{j=1}^{k}n_j\left[(\overline{x}_j - \mu) - (\overline{\overline{x}} - \mu)\right]^2$$

$$= \frac{1}{\sigma^2}\left[\sum_{j=1}^{k}n_j(\overline{x}_j - \mu)^2 - n_T(\overline{\overline{x}} - \mu)^2\right] = \sum_{j=1}^{k}(\frac{\overline{x}_j - \mu}{\sqrt{\sigma^2/n_j}})^2 - (\frac{\overline{\overline{x}} - \mu}{\sqrt{\sigma^2/n_T}})^2 = \chi_k^2 - \chi_1^2 = \chi_{k-1}^2$$

接著看第 4 個性質：

$$\frac{(n_T - k)MSE}{\sigma^2} = \frac{SSE}{\sigma^2} = \frac{\displaystyle\sum_{j=1}^{k}(n_j - 1)s_j^2}{\sigma^2} = \frac{(n_1 - 1)s_1^2}{\sigma^2} + \frac{(n_2 - 1)s_2^2}{\sigma^2} + \cdots + \frac{(n_k - 1)s_k^2}{\sigma^2}$$

$$= \chi_{n_1 - 1}^2 + \chi_{n_2 - 1}^2 + \cdots + \chi_{n_k - 1}^2 = \chi_{n_T - k}^2$$

最後再根據第 5 個性質：

$$\frac{\chi_{k-1}^2 / k - 1}{\chi_{n_T - k}^2 / n_T - k} = \frac{(k-1)MSA/\sigma^2 / k - 1}{(n_T - k)MSE/\sigma^2 / (n_T - k)} = \frac{MSA}{MSE} = F_{k-1, n_T - 1}$$

因此檢定多個母體平均數是否相等是使用 F 分配且為右尾檢定，在推導過程中我們使用了母體變異數相等的條件，因此若母體不滿足變異數相等的條件，那麼變異數分析就不存在，當然統計學家早已經針對這個問題找到處理的方式，這部分是屬於進階課程，有興趣的讀者可翻閱統計方面的進階書籍。

16.3 多重比較程序

在進行變異數分析時，若檢定結果為拒絕虛無假設，那麼表示各小母體平均數有顯著的差異，但並非全部具顯著差異，因此不知道造成差異的原因是由那幾個小母體所造成。故需進一步檢定任兩個小母體間的差異，找出是由哪幾個小母體的平均數不相等，導致整體檢定產生顯著差異，並藉由兩兩檢定，可將各小母體之平均數的大小關係排列出來。這種兩兩相互檢定的分析方法稱為多重比較法，又稱為事後檢定 (posterior test)。

一般常見的多重比較法(multiple comparision)有：Fisher 最小顯著差異法、Bonferroni 聯合信賴區間、Scheffe 聯合信賴區間、Tukey's Honestly 顯著差異檢定法與 Tukey-Kramert 程序等等。這些方法哪一個最好並沒有確切的定論，因此一般統計套裝軟體都會提供數十種事後檢定的方法，有興趣的讀者可自行參考軟體操作手冊或相關之期刊論文。[1]

16.3.1 傳統信賴區間

回顧前面章節有關兩獨立母體平均數差的信賴區間，若假設變異數相等，則信賴區間為：

$$(\overline{x}_1 - \overline{x}_2) - t_{\frac{\alpha}{2}, n_1+n_2-2} \sqrt{\frac{s_p^2}{n_1} + \frac{s_p^2}{n_2}} \leq \mu_1 - \mu_2 \leq (\overline{x}_1 - \overline{x}_2) + t_{\frac{\alpha}{2}, n_1+n_2-2} \sqrt{\frac{s_p^2}{n_1} + \frac{s_p^2}{n_2}}$$

若三個母體以上時則將上式中的變異數 s_p^2 以 MSE 取代即可，故 $\mu_i - \mu_j$ 的 $1-\alpha$ 信賴區間為：

$$\mu_i - \mu_j = (\overline{x}_i - \overline{x}_j) \pm t_{\frac{\alpha}{2}, n_T-k} \sqrt{\frac{MSE}{n_i} + \frac{MSE}{n_j}}$$

一般若沒有特別指定使用何種方法推導信賴區間，使用上式推求即可。事後檢定我們也可以使用信賴區間法進行檢定，也就是檢查 0 是否有落在信賴區間中，利用上式公式求出來的信賴區間進行檢定，與下一小節介紹的 LSD 法是一模一樣的。同理若只針對單一母體進行信賴區間的估計時，同樣使用 MSE 取代個別的變異數。故 μ_i 的 $1-\alpha$ 信賴區間為：

$$\mu_i = \overline{x}_i \pm t_{\frac{\alpha}{2}, n_T-k} \sqrt{\frac{MSE}{n_i}}$$

---

[1] 若整體檢定有顯著差異，但某些事後檢定法卻找不到任兩個間有何差異，這是正常的，因為某些檢定法為了減少犯型 I 錯誤(採保守檢定策略)，削弱了檢定力。

例 5

為瞭解三種不同形式機器生產某種產品平均重量是否有差異，今自各機器所生產之產品中隨機抽取樣本整理如下

	n_i	$\overline{x}_i$	s_i^2
甲	5	20	10
乙	8	22	8
丙	6	25	12

(1)試以 $\alpha = 0.05$ 檢驗三種機器所生產的產品平均重量是否有差異。

(2)求 μ_2 之 95%的信賴區間。

(3)求 $\mu_1 - \mu_3$ 之 95%的信賴區間。

解

(1) 設立兩個假設 $\begin{cases} H_0 : \mu_1 = \mu_2 = \mu_3 \\ H_0 : \mu_1, \mu_2, \mu_3 \text{不完全相等} \end{cases}$

總平均： $\overline{\overline{x}} = \dfrac{5(20) + 8(22) + 6(25)}{5 + 8 + 6} \approx 22.421$

隨機變異： $SSE = \displaystyle\sum_{i=1}^{k} (n_i - 1)s_i^2 = (5-1)(10) + (8-1)(8) + (6-1)(12) = 156$

因子引起變異： $SSA = \displaystyle\sum_{i=1}^{k} n_i(\overline{x}_i - \overline{\overline{x}})^2$

$$= 5(20 - 22.421)^2 + 8(22 - 22.421)^2 + 6(25 - 22.421)^2$$

$$\approx 70.632$$

ANOVA 表：

變異來源	平方和	自由度	平均平方和	F
因子(組間)	70.632	2	35.316	
隨機(組內)	156	16	9.75	3.622
總和	226.632	18		

$\because F^* = 3.622 < F_{0.05,2,16} = 3.63$ ，結論為不拒絕 H_0

表示三種機器生產平均數沒有顯著的不同

(2) $\because MSE = 9.75$

已知單一母體的信賴區間為：

$$\mu_i = \overline{x}_i \pm t_{\frac{\alpha}{2}, n_T - k} \sqrt{\frac{MSE}{n_i}}$$

$$\Rightarrow \mu_2 = 22 \pm 2.12 \sqrt{\frac{9.75}{8}} \approx [19.66, 24.34]$$

(3) 已知傳統信賴區間為：

$$\mu_i - \mu_j = (\overline{x}_i - \overline{x}_j) \pm t_{\frac{\alpha}{2}, n_T - k} \sqrt{\frac{MSE}{n_i} + \frac{MSE}{n_j}}$$

$$\mu_1 - \mu_3 = (20 - 25) \pm 2.1199 \sqrt{\frac{9.75}{5} + \frac{9.75}{6}} \approx [-9.008, -0.992]$$

16.3.2 Fisher 最小顯著差異法

最小顯著差異法(least significant difference)簡稱 LSD 法，它是最早發被發展出來的方法，檢定時所犯的型 I 錯誤較大，因此檢定力不弱，較容易拒絕虛無假設。因為簡單易懂，故直到現在仍有不少人使用它進行事後檢定。LSD 的原理十分簡單，當進行兩兩比對檢定時，兩個假設為：$H_0 : \mu_i = \mu_j, H_1 : \mu_i \neq \mu_j$，檢定統計量 $t^* = \dfrac{\overline{x}_i - \overline{x}_j}{\sqrt{\dfrac{MSE}{n_i} + \dfrac{MSE}{n_j}}}$，

決策法則為：當 $\left| t^* \right| > t_{\frac{\alpha}{2}, n_T - k}$ 時拒絕虛無假設，此時表示 μ_i, μ_j 有顯著差異，將檢定統計量 t^* 代入決策法則中。得 $\left| t^* \right| = \dfrac{\left| \overline{x}_i - \overline{x}_j \right|}{\sqrt{\dfrac{MSE}{n_i} + \dfrac{MSE}{n_j}}} > t_{\frac{\alpha}{2}, n_T - 1}$，兩邊同乘 $\sqrt{\dfrac{MSE}{n_i} + \dfrac{MSE}{n_j}}$，於是決策法則變成了：當 $\left| \overline{x}_i - \overline{x}_j \right| > t_{\frac{\alpha}{2}, n_T - 1} \sqrt{\dfrac{MSE}{n_i} + \dfrac{MSE}{n_j}}$ 時拒絕虛無假設，在此定義 LSD 為：

$$LSD = t_{\frac{\alpha}{2}, n_T - k} \sqrt{\frac{MSE}{n_i} + \frac{MSE}{n_j}}$$

這時候進行檢定時，只要比較 $\left| \overline{x}_i - \overline{x}_j \right|$ 與 LSD 的大小即可，即：若 $\left| \overline{x}_i - \overline{x}_j \right| > LSD$，則拒絕 H_0，表示 μ_i 與 μ_j 有顯著差異。從上面的推導過程中，不難看出 LSD 僅為傳統檢定法的改良版，僅在各母體抽取樣本數相同時，才能得到計算上的方便，若樣本數皆不同時，它並未比傳統檢定法快，但畢竟它改良了傳統檢定法，只要有若干母體抽出的本數相同，它的計算效率就比傳統法佳。

16.3.3 聯合信賴區間

LSD 的檢定過程是採用傳統信賴區間，此種方法有個缺點，也就是每次比較時會造成型 I 錯誤機率膨脹。假設每次檢定的過程都彼此獨立，使用 $\alpha = 0.05$ 進行檢定，若有三個小母體需做事後檢定則需進行三次兩兩比較。當我們進行三次檢定，三次均不犯型 I 錯誤的機率為 $0.95^3 = 0.8574$，因此至少犯一次型 I 錯誤的機率則為 $1 - 0.8574 = 0.1426$，此種錯誤稱為全體型 I 錯誤(overall type I error)亦有人稱為實驗型 I 錯誤(experimentwise type I error)，通常以符號 α_{EW} 表示。但實際上所犯型 I 錯誤可能遠大於 0.1426，因為三個小母體共用相同的變異數，表示三個小母體間並非是完全獨立的。因此有學者主張應對此現象進行調整，這種調整方式可以使各區間同時正確的機率正好是 $1 - \alpha$，我們稱這種調整後的信賴區間為聯合信賴區間(simultaneous confidence intervals)，接下來我們要介紹一些常見的聯合信賴區間檢定法，它是屬於信賴區間檢定法的一種。

註： 當檢定結果出來後，只有二種情形：預測正確與預測錯誤。上面的機率估計是在進行檢定前的估計。

16.3.4 Bonferroni 多重比較法

Bonferroni 多重比較是以聯合信賴區間的方式來檢定母體平均數是否有差異，屬於信賴區間法檢定的一種。它的兩個假設為：$H_0 : \mu_i = \mu_j, H_1 : \mu_i \neq \mu_j$ 或 $H_0 : \mu_i - \mu_j = 0, H_1 : \mu_i - \mu_j \neq 0$。Bonferroni 認為假設每次檢定所犯的型 I 錯誤為 α，若有 k 個小母體，每次檢定 2 個，需檢定 $m = C_2^k$ 次。因此會造成型 I 錯誤的膨脹，使得型 I 錯誤累積達到 $m\alpha$。為避免這個問題，他事先將型 I 錯誤除以檢定次數，使檢定 m 次後所累積的誤差恰符合顯著水準等於 α 的要求。故 m 個母體平均數差的 $1 - \alpha$ 的聯合信賴區間為：

$$\mu_i - \mu_j = (\overline{x}_i - \overline{x}_j) \pm t_{n_T - k, \frac{\alpha}{2m}} \sqrt{\frac{MSE}{n_i} + \frac{MSE}{n_j}}$$

由上式我們可以看出 Bonferroni 聯合信賴區間，僅就傳統信賴區間法的顯著水準進行修改，其餘與傳統信賴區間一樣。其決策法則為：

1. 若 $\mu_i - \mu_j$ 之聯合信賴區間包含 0，則不拒絕虛無假設。

2. 若 $\mu_i - \mu_j$ 之聯合信賴區皆為負值，則表示 $\mu_i < \mu_j$。

3. 若 $\mu_i - \mu_j$ 之聯合信賴區皆為正值，則表示 $\mu_i > \mu_j$。

註：以機率角度而言，Bonferroni 所計算的型 I 錯誤累積為 $m\alpha$ 是錯誤的答案。但以統計的角度而言，並不需要估計得這麼精準，因此檢定法使用者十分廣泛。

16.3.5 Scheffe 多重比較法

Scheffe 將傳統信賴區間法中的 t 分配改用 F 分配，由前面的章節中知到 t 分配與 F 分配存在 $t_{\frac{\alpha}{2},n} = \sqrt{F_{\alpha,1,n}}$ 的關係。Scheffe 同樣的為了避免顯著水準的膨脹，因此在 F 的前面加個調整係數 $(k-1)$，使信賴區間加大來達成縮小型 I 錯誤的目的。故若有 k 個小母體，則可求出 C_2^k 個母體平均數差之 $1-\alpha$ 的聯合信賴區間為：

$$\mu_i - \mu_j = (\bar{x}_i - \bar{x}_j) \pm \sqrt{(k-1)F_{\alpha,k-1,n_T-k}} \sqrt{\frac{MSE}{n_i} + \frac{MSE}{n_j}}$$

Scheffe 多重比較法因為過於保守，其調整係數雖然有效的降低了顯著水準 α，卻造成了有較高的型 II 錯誤，同時削弱了檢定力。故使用 Scheffe 多重比較法會經常發生整體檢定為拒絕虛無假設，但 Scheffe 多重比較法檢定結果卻無法找到哪兩個小母體間有差異。故進行事後檢定，作者比較不建議採用此法，此法比較適用於非成對處理之檢定，例如虛無假設為 $H_0 : c_1\mu_1 + c_2\mu_2 + \cdots + c_k\mu_k = 0$ 這種型態的檢定，其判斷判斷準則與 Bonferroni 之聯合信賴區間相同：

1. 若 $\mu_i - \mu_j$ 之聯合信賴區間包含 0，則不拒絕虛無假設。
2. 若 $\mu_i - \mu_j$ 之聯合信賴區皆為負值，則表示 $\mu_i < \mu_j$。
3. 若 $\mu_i - \mu_j$ 之聯合信賴區皆為正值，則表示 $\mu_i > \mu_j$。

16.3.6 Tukey 公正顯著差異法

Tukey 公正顯著差異法(Tukey honest significant difference, HSD)也有人稱為 Tukey's T 法。此檢定法與 LSD 法很類似，唯一不同的是 LSD 是使用 t 分配進行檢定，而 HSD 則使用 t 全距分配 q_{a,k,n_T-k} (studentized range distribution)。t 全距分配的定義如下：

假設 $x_1, x_2, \cdots, x_k$ 為服從常態分配 $N(\mu, \sigma^2)$ 之隨機變數，則 t 全距分配為：

$$q_{k,n_T-k} = \frac{R}{s}$$

其中 $R = \max_i x_i - \min_i x_i$，$s$ 為樣本標準差。

全距分配的查表方式與 F 分配很類似，具有兩個自由度。有關全距分配詳細的推導過程，有興趣的讀者請自行翻閱相關書籍。HSD 多重比較法其缺點是必須在各組樣本數相同時才可進行檢定。採用此法之 $\mu_i - \mu_j$ 的聯合信賴區間為：

$$\mu_i - \mu_j = (\overline{x}_i - \overline{x}_j) \pm q_{\alpha, k, n_T - k} \sqrt{\frac{MSE}{n} + \frac{MSE}{n}}$$

其決策法則為：

1. 若 $\mu_i - \mu_j$ 之聯合信賴區間包含 0，則不拒絕虛無假設。

2. 若 $\mu_i - \mu_j$ 之聯合信賴區皆為負值，則表示 $\mu_i < \mu_j$。

3. 若 $\mu_i - \mu_j$ 之聯合信賴區皆為正值，則表示 $\mu_i > \mu_j$。

將聯合區間仿照傳統信賴區間法，令 $HSD = q_{\alpha, k, n_T - k} \sqrt{\frac{MSE}{n} + \frac{MSE}{n}}$，可導出另一個與 LSD 相似的判斷法則：若 $\left| \overline{x}_i - \overline{x}_j \right| > HSD$，則拒絕虛無假設

16.3.7 Tukey-Karamer 檢定程序

由於 HSD 法有抽樣數必須相同的限制，因此 C.Y. Kramer 將此檢定程序改良，使它不受樣本數需相同之限制。他將 HSD 法中的 $q_{\alpha, k, n_T - k}$ 改用 $\dfrac{q_{\alpha, k, n_T - k}}{\sqrt{2}}$ 取代，因此其信賴區間為：

$$\mu_i - \mu_j = (\overline{x}_i - \overline{x}_j) \pm \frac{q_{\alpha, k, n_T - k}}{\sqrt{2}} \sqrt{\frac{MSE}{n_i} + \frac{MSE}{n_j}}$$

決策法則為：

1. 若 $\mu_i - \mu_j$ 之聯合信賴區間包含 0，則不拒絕虛無假設。

2. 若 $\mu_i - \mu_j$ 之聯合信賴區皆為負值，則表示 $\mu_i < \mu_j$。

3. 若 $\mu_i - \mu_j$ 之聯合信賴區皆為正值，則表示 $\mu_i > \mu_j$。

令 $\omega = \dfrac{q_{\alpha, k, n_T - k}}{\sqrt{2}} \sqrt{\dfrac{MSE}{n_i} + \dfrac{MSE}{n_j}}$，其決策法則變成：當 $\left| \overline{x}_i - \overline{x}_j \right| > \omega$ 則拒絕虛無假設。

例 6

承例題 1，請分別使用傳統信賴區間、Fisher 最小顯著差異法、Bonferroni 聯合信賴區間、Scheffe 聯合信賴區間、Tukey 聯合信賴區間、Tukey's Honestly 顯著差異檢定法與 Tukey-Kramert 法進行事後檢定，其中若以信賴區間法檢定者，請順便依檢定結果列出母體大小順序。

註：$\alpha = 0.05, t_{\frac{0.05}{6},12} = 2.779$

解

三個假設 $\begin{cases} H_0 : \mu_1 - \mu_2 = 0 \\ H_1 : \mu_1 - \mu_2 \neq 0 \end{cases}, \begin{cases} H_0 : \mu_2 - \mu_3 = 0 \\ H_1 : \mu_2 - \mu_3 \neq 0 \end{cases}, \begin{cases} H_0 : \mu_3 - \mu_1 = 0 \\ H_1 : \mu_3 - \mu_1 \neq 0 \end{cases}$

(1) 傳統信賴區間

由例題 1 已知 $\overline{x}_1 = 30, \overline{x}_2 = 45, \overline{x}_3 = 36, MSE = 5.5$，已知傳統信賴區間

$$\mu_i - \mu_j = (\overline{x}_i - \overline{x}_j) \pm t_{0.025,12} \sqrt{\frac{MSE}{n_i} + \frac{MSE}{n_j}}$$

$$\Rightarrow \mu_1 - \mu_2 = (30 - 45) \pm 2.1788 \sqrt{\frac{5.5}{5} + \frac{5.5}{5}}$$

$$\Rightarrow -18.232 \leq \mu_1 - \mu_2 \leq -11.768 \text{，拒絕虛無假設，且 } \mu_1 < \mu_2 \quad\text{.....................} ①$$

$$\mu_2 - \mu_3 = (45 - 36) \pm 2.1788 \sqrt{\frac{5.5}{5} + \frac{5.5}{5}}$$

$$\Rightarrow 5.768 \leq \mu_2 - \mu_3 \leq 12.232 \text{，拒絕虛無假設，且 } \mu_3 < \mu_2 \quad\text{.................} ②$$

$$\mu_3 - \mu_1 = (36 - 30) \pm 2.1788 \sqrt{\frac{5.5}{5} + \frac{5.5}{5}}$$

$$\Rightarrow 2.768 \leq \mu_3 - \mu_1 \leq 9.232 \text{，拒絕虛無假設，且 } \mu_1 < \mu_3 \quad\text{.................} ③$$

由①②③可知 $\mu_1 < \mu_2 < \mu_3$

(2) *LSD* 法：

$$LSD = t_{0.025,12} \sqrt{\frac{MSE}{n_i} + \frac{MSE}{n_j}} = 2.1788 \sqrt{\frac{5.5}{5} + \frac{5.5}{5}} \approx 3.232$$

$\because |\overline{x}_1 - \overline{x}_2| = |30 - 45| = 15 > LSD \Rightarrow$ 拒絕虛無假設

$$\because \left| \overline{x}_2 - \overline{x}_3 \right| = \left| 45 - 36 \right| = 9 > LSD \Rightarrow \text{拒絕虛無假設}$$

$$\because \left| \overline{x}_3 - \overline{x}_1 \right| = \left| 36 - 30 \right| = 6 > LSD \Rightarrow \text{拒絕虛無假設}$$

(3) Bonferroni 聯合信賴區間

$$\mu_i - \mu_j = (\overline{x}_i - \overline{x}_j) \pm t_{n_T - k, \frac{\alpha}{2m}} \sqrt{\frac{MSE}{n_i} + \frac{MSE}{n_j}}$$

$$m = C_2^3 = 3 \Rightarrow \frac{\alpha}{2m} = \frac{0.05}{6}$$

$$\mu_1 - \mu_2 = (30 - 45) \pm 2.779 \sqrt{\frac{5.5}{5} + \frac{5.5}{5}}$$

$\Rightarrow -19.122 \le \mu_1 - \mu_2 \le -10.878$，拒絕虛無假設，且 $\mu_1 < \mu_2$ ....①

$$\mu_2 - \mu_3 = (45 - 36) \pm 2.779 \sqrt{\frac{5.5}{5} + \frac{5.5}{5}}$$

$\Rightarrow 4.878 \le \mu_2 - \mu_3 \le 13.122$，拒絕虛無假設，且 $\mu_3 < \mu_2$ ....②

$$\mu_3 - \mu_1 = (36 - 30) \pm 2.779 \sqrt{\frac{5.5}{5} + \frac{5.5}{5}}$$

$\Rightarrow 1.878 \le \mu_3 - \mu_1 \le 10.122$，拒絕虛無假設，且 $\mu_1 < \mu_3$ ....③

由①②③可知 $\mu_1 < \mu_2 < \mu_3$

(4) Scheffe 聯合信賴區間

$$\mu_i - \mu_j = (\overline{x}_i - \overline{x}_j) \pm \sqrt{(k-1)F_{\alpha, k-1, n_T - k}} \sqrt{\frac{MSE}{n_i} + \frac{MSE}{n_j}}$$

$$\mu_1 - \mu_2 = (30 - 45) \pm \sqrt{2 \times 3.89} \sqrt{\frac{5.5}{5} + \frac{5.5}{5}}$$

$\Rightarrow -19.137 \le \mu_1 - \mu_2 \le -10.862$，拒絕虛無假設，且 $\mu_1 < \mu_2$ ....①

$$\mu_2 - \mu_3 = (45 - 36) \pm \sqrt{2 \times 3.89} \sqrt{\frac{5.5}{5} + \frac{5.5}{5}}$$

$\Rightarrow 4.863 \le \mu_2 - \mu_3 \le 13.137$，拒絕虛無假設，且 $\mu_3 < \mu_2$ ....②

$$\mu_3 - \mu_1 = (36 - 30) \pm \sqrt{2 \times 3.89} \sqrt{\frac{5.5}{5} + \frac{5.5}{5}}$$

$\Rightarrow 1.863 \le \mu_3 - \mu_1 \le 10.137$，拒絕虛無假設，且 $\mu_1 < \mu_3$ ....③

由①②③可知 $\mu_1 < \mu_2 < \mu_3$

(5) Tukey 聯合信賴區間

$$\mu_i - \mu_j = (\overline{x}_i - \overline{x}_j) \pm q_{\alpha, k, n_T - k} \sqrt{\frac{MSE}{n} + \frac{MSE}{n}}$$

$$\mu_1 - \mu_2 = (30 - 45) \pm 3.77 \sqrt{\frac{5.5}{5} + \frac{5.5}{5}}$$

$\Rightarrow -20.592 \leq \mu_1 - \mu_2 \leq -9.408$，拒絕虛無假設，且 $\mu_1 < \mu_2$ .... ①

$$\mu_2 - \mu_3 = (45 - 36) \pm 3.77 \sqrt{\frac{5.5}{5} + \frac{5.5}{5}}$$

$\Rightarrow 3.408 \leq \mu_2 - \mu_3 \leq 14.592$，拒絕虛無假設，且 $\mu_3 < \mu_2$ .... ②

$$\mu_3 - \mu_1 = (36 - 30) \pm 3.77 \sqrt{\frac{5.5}{5} + \frac{5.5}{5}}$$

$\Rightarrow 0.408 \leq \mu_3 - \mu_1 \leq 11.592$，拒絕虛無假設，且 $\mu_1 < \mu_3$ .... ③

由①②③可知 $\mu_1 < \mu_2 < \mu_3$

(6) Tukey's Honestly 顯著差異檢定法

$$HSD = q_{0.05, 3, 12} \sqrt{\frac{MSE}{n} + \frac{MSE}{n}} = 3.77 \sqrt{\frac{5.5}{5} + \frac{5.5}{5}} \approx 5.592$$

① $\because |\overline{x}_1 - \overline{x}_2| = |30 - 45| = 15 > HSD \Rightarrow$ 拒絕虛無假設

② $\because |\overline{x}_2 - \overline{x}_3| = |45 - 36| = 9 > HSD \Rightarrow$ 拒絕虛無假設

③ $\because |\overline{x}_3 - \overline{x}_1| = |36 - 30| = 6 > HSD \Rightarrow$ 拒絕虛無假設

(7) Tukey-Kramert 法

$$\omega = \frac{q_{0.05, 3, 12}}{\sqrt{2}} \sqrt{\frac{MSE}{n_i} + \frac{MSE}{n_j}} = \frac{3.77}{\sqrt{2}} \sqrt{\frac{5.5}{5} + \frac{5.5}{5}} \approx 3.954$$

① $\because |\overline{x}_1 - \overline{x}_2| = |30 - 45| = 15 > \omega \Rightarrow$ 拒絕虛無假設

② $\because |\overline{x}_2 - \overline{x}_3| = |45 - 36| = 9 > \omega \Rightarrow$ 拒絕虛無假設

③ $\because |\overline{x}_3 - \overline{x}_1| = |36 - 30| = 6 > \omega \Rightarrow$ 拒絕虛無假設

例 7

已知下列資料：（$\alpha = 0.1$）

樣本 1	樣本 2	樣本 3
10	6	14
8	9	13
5	8	10
12	13	17
14		16
11		

假設三組樣本來自三個不同的母體，且母體滿足變異數分析之要求。

(1)試建構變異數分析表，並檢定三個母體平均數是否相等。（$F_{0.1,2,12} = 2.81$）

(2)請使用最小顯著差異法(LSD)針對每個處理，作母體平均數的檢定。

解

(1) 設立兩個假設：$\begin{cases} H_0 : \mu_1 = \mu_2 = \mu_3 \\ H_1 : \mu_1, \mu_2, \mu_3 \text{不全相等} \end{cases}$

$\bar{x}_1 = 10, s_1^2 = 10; \bar{x}_2 = 9, s_2^2 = 8.667; \bar{x}_3 = 14, s_3^2 = 7.5; n_T = 15, k = 3, \sigma_T^2 = 11.529$

$$SST = \sum_{i=1}^{n_i} \sum_{j=1}^{k} (x_{ij} - \bar{\bar{x}})^2 = n_T \sigma_T^2 = 15 \times 11.529 = 172.935$$

$$SSE = \sum_{j=1}^{k} (n_j - 1) s_j^2 = 5 \times 10 + 3 \times 8.667 + 4 \times 7.5 = 106.001$$

$$SSA = SST - SSE = 66.934$$

ANOVA 表：

變異來源	平方和	自由度	平均平方和	F
因子	66.934	2	33.467	
隨機)	106.001	12	8.833	3.789
總和	172.935	14		

$\because F^* = 3.789 > F_{0.1,2,12} = 2.81$，故拒絕虛無假設，三個母體平均數有顯著差異。

(2) 設立三組假設：$\begin{cases} H_0 : \mu_1 - \mu_2 = 0 \\ H_1 : \mu_1 - \mu_2 \neq 0 \end{cases}, \begin{cases} H_0 : \mu_2 - \mu_3 = 0 \\ H_1 : \mu_2 - \mu_3 \neq 0 \end{cases}, \begin{cases} H_0 : \mu_3 - \mu_1 = 0 \\ H_1 : \mu_3 - \mu_1 \neq 0 \end{cases}$

$$LSD = t_{\frac{\alpha}{2}, n_T - k} \sqrt{\frac{MSE}{n_i} + \frac{MSE}{n_j}}$$

$\overline{x}_1 = 10, \overline{x}_2 = 9, \overline{x}_3 = 14$

1 $\begin{cases} H_0 : \mu_1 = \mu_2 \\ H_1 : \mu_1 \neq \mu_2 \end{cases}$

$$LSD = 1.7823 \sqrt{\frac{8.833}{6} + \frac{8.833}{4}} \approx 3.419$$

$\because \left| \overline{x}_1 - \overline{x}_2 \right| = 1 < LSD$，　$\therefore$不拒絕 H_0，μ_1, μ_2 無顯著差異，

2 $\begin{cases} H_0 : \mu_3 = \mu_2 \\ H_1 : \mu_3 \neq \mu_2 \end{cases}$

$$LSD = 1.7823 \sqrt{\frac{8.833}{5} + \frac{8.833}{4}} \approx 3.553$$

$\because \left| \overline{x}_3 - \overline{x}_2 \right| = 5 > LSD$，　$\therefore$拒絕 H_0，μ_3, μ_2 有顯著差異。

3 $\begin{cases} H_0 : \mu_1 = \mu_3 \\ H_1 : \mu_1 \neq \mu_3 \end{cases}$

$$LSD = 1.7823 \sqrt{\frac{8.833}{6} + \frac{8.833}{5}} \approx 3.208$$

$\because \left| \overline{x}_1 - \overline{x}_2 \right| = 4 > LSD$，　$\therefore$拒絕 H_0，μ_1, μ_3 有顯著差異

例 8

為瞭解傳統教學、錄影帶教學與多媒體教學對學生的學習成效是否有差異，隨機將 18 個學生分派至三種不同教學法課程，每種教學法各 6 名學生。在課程結束後針對這 18 個學生舉行期末測驗，成績結果如下表所示：

編號	教學法		
	傳統教學	錄影帶教學	多媒體教學
1	86	78	90
2	82	70	79
3	94	65	88
4	77	74	87
5	86	63	96
6	80	76	85

(1) 假設符合變異數分析的條件，試以顯著水準 $\alpha = 0.05$ 檢定三種教學法的成果是否相同？（$t_{\frac{0.05}{6},15} = 2.694$）

(2) 試以 Bonferonni 法求 $\mu_1 - \mu_2, \mu_2 - \mu_3, \mu_1 - \mu_3$ 之聯合信賴區間，並檢定兩兩母體的平均數是否相同？並依檢定結果排列母體平均數大小順序。

解

(1) 根據題意設立兩個假設：$\begin{cases} H_0 : \mu_1 = \mu_2 = \mu_3 \\ H_1 : \mu_1, \mu_2, \mu_3 不全相等 \end{cases}$

計算各組之平均數與變異數

編號	傳統教學	錄影帶教學	多媒體教學
1	86	78	90
2	82	70	79
3	94	65	88
4	77	74	87
5	86	63	96
6	80	76	85
$\overline{x}_j$	84.167	71	87.5
s_j^2	35.367	36.8	31.5

$$\overline{\overline{x}} = 80.889, \sigma_T^2 = 79.543$$

$$SST = n_T \sigma_T^2 = 18 \times 79.543 = 1431.774$$

$$SSE = \sum_{i=1}^{3} (n_j - 1)s_j^2 = 5(35.367 + 36.8 + 31.5) = 518.335$$

$$SSA = SST - SSE = 1431.774 - 518.335 = 913.439$$

$$MSE = \frac{SSE}{15} = \frac{518.335}{15} \approx 34.556, MSA = \frac{913.439}{2} \approx 456.72$$

檢定統計量： $F^* = \dfrac{MSA}{MSE} = \dfrac{456.72}{34.556} \approx 13.217$

$$\because F^* = 13.217 > F_{0.05,2,15} = 3.68 \quad \Rightarrow 拒絕\ H_0$$

(2) 設立組個假設： $\begin{cases} H_0 : \mu_1 - \mu_2 = 0 \\ H_1 : \mu_1 - \mu_2 \neq 0 \end{cases}, \begin{cases} H_0 : \mu_2 - \mu_3 = 0 \\ H_1 : \mu_2 - \mu_3 \neq 0 \end{cases}, \begin{cases} H_0 : \mu_3 - \mu_1 = 0 \\ H_1 : \mu_3 - \mu_1 \neq 0 \end{cases}$

利用 Bonferonni 法求聯合信賴區間

$$m = C_2^3 = 3$$

$$\mu_i - \mu_j = (\overline{x}_i - \overline{x}_j) \pm t_{\frac{0.05}{6}, 15} \sqrt{\frac{MSE}{n_i} + \frac{MSE}{n_j}}$$

$\mu_1 - \mu_2$:

$$\mu_1 - \mu_2 = (84.167 - 71) \pm 2.694 \sqrt{\frac{34.556}{6} + \frac{34.556}{6}}$$

$\Rightarrow 4.024 \leq \mu_1 - \mu_2 \leq 22.31$，故 μ_1, μ_2 具顯著差異且 μ_1 優於 μ_2，表傳統教學法的成果優於錄影帶教學。

同理 $-25.331 \leq \mu_2 - \mu_3 \leq -7.669$，故 μ_3, μ_2 具顯著差異且 μ_3 優於 μ_2，表多媒體教學法的成果優於錄影帶教學。

$-12.164 \leq \mu_1 - \mu_3 \leq 5.498$，表 μ_1, μ_3 無顯著差異，表無法證明多媒體教學優於傳統教學。

故三個母體平均數大小為： $\mu_1 = \mu_3 > \mu_2$

例 9

消費者基金會欲瞭解市面上三種主要品牌之電池平均壽命是否有顯著差異，今從三種品牌之電池抽樣檢驗，其壽命資料如下(單位：小時)

品牌 1	品牌 2	品牌 3
20	30	22
15	33	24
23	28	20
17	25	
	20	

(1)試以顯著水準 .05 檢定三種主要品牌之電池平均壽命是否有顯著差異？

(2)試利用 Scheffe 多重比較法，求 95%聯合信賴區間，檢定是否有顯著差異，並依檢定結果將母體平均數排序。

解

(1) 設立兩個假設：$\begin{cases} H_0 : \mu_1 = \mu_2 = \mu_3 \\ H_1 : \mu_1, \mu_2, \mu_3 \text{不全相等} \end{cases}$

	品牌 1	品牌 2	品牌 3
	20	30	22
	15	33	24
	23	28	20
	17	25	
		20	
$\overline{x}_j$	18.75	27.2	22
s_j^2	12.25	24.7	4

$\overline{\overline{x}} = 23.083, \sigma_T^2 = 25.576$

$SST = n_T \sigma_T^2 = 12 \times 25.576 = 306.912$

$SSE = \sum_{i=1}^{3}(n_j - 1)s_j^2 = 3 \times 12.5 + 4 \times 24.7 + 2 \times 4 = 144.3$

$SSA = SST - SSE = 306.912 - 144.3 = 162.612$

$MSE = \dfrac{144.3}{9} \approx 16.033, MSA = \dfrac{162.612}{2} = 81.306$

$$F^* = \frac{MSA}{MSE} = \frac{81.306}{16.033} \approx 5.081$$

$$\because F^* = 5.081 > F_{0.05,2,9} = 4.26 \text{，結論為拒絕 } H_0$$

表三種品牌之電池平均壽命有顯著差異

(2) 設立三個假設：$\begin{cases} H_0 : \mu_1 - \mu_2 = 0 \\ H_1 : \mu_1 - \mu_2 \neq 0 \end{cases}, \begin{cases} H_0 : \mu_2 - \mu_3 = 0 \\ H_1 : \mu_2 - \mu_3 \neq 0 \end{cases}, \begin{cases} H_0 : \mu_3 - \mu_1 = 0 \\ H_1 : \mu_3 - \mu_1 \neq 0 \end{cases}$

$$\mu_i - \mu_j = (\bar{x}_i - \bar{x}_j) \pm \sqrt{(k-1)F_{\alpha,k-1,n_T-k}} \sqrt{\frac{MSE}{n_i} + \frac{MSE}{n_j}}$$

其中：$\sqrt{(k-1)F_{\alpha,k-1,n_T-1}} = \sqrt{(3-1)F_{0.05,2,9}} = \sqrt{2 \times 4.26} \approx 2.919$

$$\therefore \mu_1 - \mu_2 = (18.75 - 27.2) \pm 2.919 \sqrt{\frac{16.033}{4} + \frac{16.033}{5}} \Rightarrow -16.291 \leq \mu_1 - \mu_2 \leq -0.609 \text{，}$$

表 μ_1, μ_2 具顯著差異且 $\mu_1 < \mu_2$

$$\mu_2 - \mu_3 = (27.2 - 22) \pm 2.919 \sqrt{\frac{16.033}{5} + \frac{16.033}{3}}$$

$\Rightarrow -3.336 \leq \mu_2 - \mu_3 \leq 13.736$，表 $\mu_2 = \mu_3$，μ_2, μ_3 無顯著差異

$$\mu_1 - \mu_3 = (18.75 - 22) \pm 2.919 \sqrt{\frac{16.033}{4} + \frac{16.033}{3}} \Rightarrow -12.177 \leq \mu_1 - \mu_3 \leq 5.677 \text{ 表 } \mu_1 = \mu_3 \text{，}$$

μ_1, μ_3 無顯著差異

故三個母體平均數由小到大排列：$\underline{\mu_1 \quad \mu_3 \quad \mu_2}$，註：底線表示沒有顯著差異。

16.3.8 對比估計

所謂對比(contrast)估計是指，母體平均數線性組合之估計。在實際應用上，如某糖廠的包裝有一公斤裝與兩公斤裝兩種，兩包一公斤裝的包裝與一包兩公斤裝的包裝重量是否有差異；或者如大學成績的加權計分，比較男女生成績是否有差異；維他命一天分三次吃，一次吃 $\frac{1}{3}$ 和一天一次吃一顆對身體的幫助是否有顯著差異，上述例子皆屬於對比估計。對比估計假設的寫法寫成：

$$H_0 : \sum_{i=1}^{k} c_i \mu_i = 0, H_1 : \sum_{i=1}^{k} c_i \mu_i \neq 0$$

估計母體平均數之線性組合：$L = \sum_{i=1}^{k} c_i \mu_i$，可用樣本平均數之線性組合：$\hat{L} = \sum_{i=1}^{k} c_i \overline{x}_i$ 進行估計。假設每個小母體均服從常態分配 $N(\mu_i, \sigma^2)$，根據抽樣分配理論可知 $\hat{L} \sim N(L, \sum_{i=1}^{k} \frac{c_i^2 \sigma^2}{n_i})$，因為 $\sum_{i=1}^{k} \frac{c_i^2 \cdot MSE}{n_i}$ 為 $\sum_{i=1}^{k} \frac{c_i^2 \sigma^2}{n_i}$ 之不偏估計式，故進行對比區間估計或檢定時以 $\sum_{i=1}^{k} \frac{c_i^2 \cdot MSE}{n_i}$ 取代母體變異數。由 t 分配的定義知：

$$t = \frac{z}{\sqrt{\frac{\chi^2}{\nu}}} = \frac{\dfrac{\hat{L} - L}{\sqrt{\sum_{i=1}^{k} \dfrac{c_i^2 \sigma^2}{n_i}}}}{\sqrt{\dfrac{\dfrac{SSE}{\sigma^2}}{n_T - k}}} = \frac{\hat{L} - L}{\sqrt{\sum_{i=1}^{k} \dfrac{c_i^2}{n_i} MSE}}$$

因信賴區間占全體之 $1-\alpha$，故可列式：$P(-t_{\frac{\alpha}{2}, n_T - k} \leq \dfrac{\hat{L} - L}{\sqrt{\sum_{i=1}^{k} \dfrac{c_i^2}{n_i} MSE}} \leq t_{\frac{\alpha}{2}, n_T - k}) = 1 - \alpha$，求解括號內的不等式即可求出 L 之 $1-\alpha$ 信賴區間為：

$$L = \hat{L} \pm t_{\frac{\alpha}{2}, n_T - k} \sqrt{MSE \sum_{i=1}^{k} \frac{c_i^2}{n_i}}$$

上面的式子和前面的式子差不多，唯一的差別在於變異數部分，因隨機變數放大 c 倍則變異數會放大 c^2 倍。因此若欲估計 $3\mu_1 + 2\mu_2 - 4\mu_3$ 的信賴區間，則為：

$$3\mu_1 + 2\mu_2 - 4\mu_3 = (3\overline{x}_1 + 2\overline{x}_2 - 4\overline{x}_3) \pm t_{\frac{\alpha}{2}, n_T - k} \sqrt{\frac{9 \cdot MSE}{n_1} + \frac{4 \cdot MSE}{n_2} + \frac{16 \cdot MSE}{n_3}}$$

若假設寫成：$\begin{cases} H_0 : L = L_0 \\ H_1 : L \neq L_0 \end{cases}$，以信賴區間法進行檢定，當 L_0 不在信賴區間內，結論為拒絕虛無假設。若以標準檢定法，檢定統計量為：

$$t^* = \frac{\hat{L} - L_0}{\sqrt{\sum_{i=1}^{k} \dfrac{c_i^2}{n_i} MSE}}$$

決策法則為：當 $\left| t^* \right| > t_{\frac{\alpha}{2}, n_T - k}$ 時拒絕虛無假設。至於右尾檢定與左尾檢定則與前面之觀念相同，請讀者自行推導。

例 10

某蔬果供應商的袋裝紅蘿蔔有兩種包裝：1 公斤裝及 2 公斤裝。假設從兩種袋裝的紅蘿蔔中，獨立地個別隨機抽樣，並計算樣本平均數及標準差得：

1 公斤裝：$n_1=12$ 袋　　$\overline{x}_1=1.01$　　$s_1=0.05$

2 公斤裝：$n_2=10$ 袋　　$\overline{x}_2=2.12$　　$s_2=0.10$

假設兩種袋裝紅蘿蔔的重量均服從常態分配且變異數相等 $(\sigma_1^2=\sigma_2^2)$。令 μ_1 與 μ_2 分別表示 1 公斤裝與 2 公斤裝之母體平均數，若 $\mu_2=2\mu_1$ 則表示 1 袋 2 公斤裝與 2 袋 1 公斤裝紅蘿蔔的母體平均數無差異。試在顯著水準 $\alpha=0.10$ 下檢定 $H_0:\mu_2=2\mu_1, H_1:\mu_2\neq 2\mu_1$。

解

(1) $\begin{cases} H_0:\mu_2-2\mu_1=0 \\ H_1:\mu_2-2\mu_1\neq 0 \end{cases}$

$$MSE=s_p^2=\frac{11\times 0.05^2+9\times 0.1^2}{20}=0.005875$$

檢定統計量：$t^*=\dfrac{(\overline{x}_2-2\overline{x}_1)-0}{\sqrt{\dfrac{s_p^2}{n_2}+\dfrac{4s_p^2}{n_1}}}=\dfrac{2.12-2(1.10)}{\sqrt{\dfrac{0.005875}{10}+\dfrac{4\times 0.005875}{12}}}\approx -1.5855$

$\because |t^*|=1.5855<t_{0.05,20}=1.7247$　　$\Rightarrow$ 不拒絕 H_0

 例 11

某次大學聯考的成績計算方式為 2×數學 +1.5×英文+國文，已知數學、英文與國文成績呈常態分配且母體變異數相等，現從這次考試的學生中以隨機的方式分別抽出 11,12,13 等三組樣本人數，詢問其數學、英文與國文的成績，得平均數與變異數分別為 $\overline{x}_1=63, s_1^2=10; \overline{x}_2=46, s_2^2=12; \overline{x}_3=72, s_3^2=14$，下標 1,2,3 分別代表數學、英文與國文，試求這次大學聯考學生成績的 95%信賴區間。

解

$$MSE=\frac{(n_1-1)s_1^2+(n_2-1)s_2^2+(n_3-1)s_3^2}{n_1+n_2+n_3-3}$$

$$=\frac{10\times 10+11\times 12+12\times 14}{33}\approx 12.121$$

$$2\mu_1 + 1.5\mu_2 + \mu_3 = (2 \times 63 + 1.5 \times 46 + 72)$$

$$\pm t_{0.025,33} \sqrt{\frac{2^2 \times 12.121}{11} + \frac{1.5^2 \times 12.121}{12} + \frac{12.121}{13}}$$

$$\Rightarrow 261.387 \leq 2\mu_1 + 1.5\mu_2 + \mu_3 \leq 272.613 \quad 分$$

例 12

隨機從三個常態母體 $N(\mu_x, \sigma^2), N(\mu_y, \sigma^2), N(\mu_t, \sigma^2)$ 中分別抽取 n_x, n_y, n_t 個樣本,已知樣本變異數與樣本平均數分別為 s_x^2, s_y^2, s_t^2 與 $\overline{x}, \overline{y}, \overline{t}$,試求下列各小題。

(1) $\mu_x + \mu_y - \mu_t$ 的點估計值。

(2) 若母體變異數未知,且為小樣本抽樣,請推導 $\mu_x + \mu_y - \mu_t$ 的區間估計。

(3) 假設根據樣本訊息我們已經求出 $\mu_x + \mu_y - \mu_t$ 的 95%信賴區間為 $[-16, 27]$

①試求 $\mu_x + \mu_y - \mu_t$ 落入信賴區間的機率為何?

②請你檢定 $\begin{cases} H_0 : \mu_x + \mu_y - \mu_t \geq 0 \\ H_1 : \mu_x + \mu_y - \mu_t < 0 \end{cases}$,並說明理由。

解

(1) 因樣本平均數為母體平均數的不偏估計式,故 $\mu_x + \mu_y - \mu_t$ 的點估計值為 $\overline{x} + \overline{y} - \overline{t}$

(2) 因母體變異數相等,故必須使用共同樣本變異數進行區間估計,假設顯著水準 $= \alpha$

共同樣本變異數 $MSE = s_p^2 = \dfrac{(n_x - 1)s_x^2 + (n_y - 1)s_y^2 + (n_t - 1)s_t^2}{n_x + n_y + n_t - 3}$

故 $1 - \alpha$ 的信賴區間為 $\mu_x + \mu_y - \mu_t = \left(\overline{x} + \overline{y} - \overline{t} \right) \pm t_{\frac{\alpha}{2}, n_x + n_y + n_t - 3} \sqrt{\dfrac{MSE}{n_x} + \dfrac{MSE}{n_y} + \dfrac{MSE}{n_t}}$

(3) ①機率為 1 或 0,因為母體平均數落入信賴區間只有兩種情形,落入與不落入。

②因為 0 落入信賴區間 $[-16, 27]$ 內,故不拒絕 H_0。

16.3.9 k 個常態母體之共同變異數 σ^2 之估計

在本節中我們將介紹共同母體變異數之區間估計。共同母體變異數的信賴區間與單一母體信賴區間十分相近，在前面我們已經學習過單一母體變異數的信賴區間為：

$$\frac{(n-1)s^2}{\chi^2_{\frac{\alpha}{2},n-1}} \le \sigma^2 \le \frac{(n-1)s^2}{\chi^2_{1-\frac{\alpha}{2},n-1}}$$

因 MSE 為共同母體變異數的不偏估計式，故共同母體變異數的信賴區間樣本變異數則以 MSE 取代即可，此時 k 個常態母體之共同變異數 σ^2 之 $1-\alpha$ 信賴區間為：

$$\frac{(n_T-k)MSE}{\chi^2_{\frac{\alpha}{2},n_T-k}} \le \sigma^2 \le \frac{(n_T-k)MSE}{\chi^2_{1-\frac{\alpha}{2},n_T-k}}$$

又 $MSE = \frac{SSE}{n_T-k}$，故共同母體變異數的信賴區間亦可由下試求得：

$$\frac{SSE}{\chi^2_{\frac{\alpha}{2},n_T-k}} \le \sigma^2 \le \frac{SSE}{\chi^2_{1-\frac{\alpha}{2},n_T-k}}$$

上兩式即為 k 個常態母體之共同變異數 σ^2 之 $1-\alpha$ 信賴區間。

例 13

現有 A、B、C 三家汽車裝配廠，欲檢定三家汽車裝配廠所生產汽車缺點是否相同，分別隨機從三家裝配廠抽出若干樣本檢定，分別獲得缺點數如下表所示：試以 0.05 為檢定之顯著水準

(1)檢定各種車型之缺點之平均數是否相等。

(2)求共同變異數 σ^2 的 95% 信賴區間。

(3)求 μ_B 之 95% 信賴區間。

車型	A	B	C
輛數	4	6	5
平均缺點數	5.75	3.50	7.20
變異數	1.1875	1.9167	2.1600

其中 $s^2 = \frac{1}{n-1}\sum_{i=1}^{n}(x_i-\overline{x})^2$

解

(1) 設立兩個假設：$\begin{cases} H_0 : \mu_A = \mu_B = \mu_C \\ H_1 : \mu_A, \mu_B, \mu_C \text{ 不全相等} \end{cases}$

總平均：$\bar{\bar{x}} = \dfrac{4 \times 5.75 + 6 \times 3.5 + 5 \times 7.2}{15} \approx 5.33$

$SSA = 4(5.75 - 5.33)^2 + 6(3.5 - 5.33)^2 + 5(7.2 - 5.33)^2 \approx 38.28$

$MSA = \dfrac{SSA}{2} = \dfrac{38.28}{2} = 19.14$

$SSE = 3(1.1875) + 5(1.9167) + 4(2.16) = 21.786$

$MSE = \dfrac{SSE}{12} = \dfrac{21.786}{12} \approx 1.8155$

檢定統計量：$F^* = \dfrac{MSA}{MSE} = \dfrac{19.14}{1.8155} \approx 10.543$

$\because F^* = 10.543 > F_{0.05,2,12} = 3.89 \qquad \Rightarrow$ 拒絕 H_0

故三家裝配廠所生產的汽車缺點平均數不完全相等。

(2) $\dfrac{SSE}{\chi^2_{\frac{\alpha}{2}, n_T - k}} \leq \sigma^2 \leq \dfrac{SSE}{\chi^2_{1-\frac{\alpha}{2}, n_T - k}} \Rightarrow \dfrac{SSE}{\chi^2_{0.025,12}} \leq \sigma^2 \leq \dfrac{SSE}{\chi^2_{0.975,12}}$

$\dfrac{21.786}{23.3367} \leq \sigma^2 \leq \dfrac{21.786}{4.40379} \Rightarrow 0.934 \leq \sigma^2 \leq 4.947$

(3) $\bar{x}_B - t_{\frac{\alpha}{2}, n_T - k} \sqrt{\dfrac{MSE}{n_B}} \leq \mu_B \leq \bar{x}_B + t_{\frac{\alpha}{2}, n_T - k} \sqrt{\dfrac{MSE}{n_B}}$

$\Rightarrow 3.50 - 2.1788 \sqrt{\dfrac{1.8155}{6}} \leq \mu_B \leq 3.50 + 2.1788 \sqrt{\dfrac{1.8155}{6}}$

$\Rightarrow 2.3014 \leq \mu_B \leq 4.6986$

16.3.10 多個母體變異數之檢定

　　變異數分析必須滿足常態性、變異數齊一性與獨立性三個假設。因此一個嚴謹的研究，在進行變異數分析之前，應先進行常態性檢定、變異數齊一性檢定與獨立性檢定。在本單元中我們將介紹兩種檢定多母體變異數是否相等的檢定方法。這兩種方法分別為 Hartley 檢定法以及 Bartlett 檢定法。

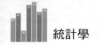

1. Hartley 檢定法

Hartley 檢定法為檢定 k 個母體變異數是否相等中最簡單的一種方法，但使用此方法必須滿足每個小母體抽樣的樣本數相同，即 $n_1 = n_2 = \cdots = n_k$。它的兩個假設為：

$$\begin{cases} H_0 : \sigma_1^2 = \sigma_2^2 = \cdots = \sigma_k^2 \\ H_1 : \sigma_i^2, i = 1, 2, \cdots, k\, 不全相等 \end{cases}$$

它的原理是利用 k 個母體中，最大的變異數與最小變異數的比值來判斷。當比值越接近 1 代表最大的變異數與最小的變異數接近相等，亦即其他母體變異數差異不大。因此我們可利用此比值的大小來判斷 k 個母體變異數是否相等，當比值超過某一個容忍值後，我們就可以拒絕虛無假設。其檢定步驟為：

步驟 1：求檢定統計量

$$H^* = \frac{\max s_i^2}{\min s_i^2}$$

步驟 2：比較 H^* 與 $H_{\alpha,k,n}$ 大小。若 $H^* > H_{\alpha,k,n}$，結論為拒絕 H_0，否則不拒絕 H_0。因此欲進行變異數分析，Hartley 的檢定結論必須為不拒絕 H_0。

2. Bartlett 檢定法

Bartlett 檢定法是利用算術平均數與幾何平均數比值所發展出來的一種檢定法。在高中時代數學課本曾經介紹過算術平均($A.P.$)數大於等於幾何平均數($G.P.$)，即

$$\frac{x_1 + x_2 + \cdots + x_n}{n} \ge \sqrt[n]{x_1 x_2 \cdots x_n}$$

上式當 $x_1 = x_2 = \cdots = x_n$ 時，等號成立。若 $x_1, x_2, \cdots, x_n$ 的差異越小時，算術平均數與幾何平均數的差異越小。也就是說 $\frac{A.P.}{G.P.}$ 越靠近 1，亦即表示 $x_1, x_2, \cdots, x_n$ 的差異越小，相當於 $x_1 = x_2 = \cdots = x_n$ 的機會越大，Bartlett 檢驗法便是利用這個原理所發展出來的一套檢驗法。

假設各組樣本資料的變異數為 $s_1^2, s_2^2, \cdots, s_k^2$，我們先來看 MSE：

$$MSE = \frac{SSE}{n_T - k} = \frac{\displaystyle\sum_{i=1}^{k}(n_i - 1)s_i^2}{n_T - k}$$

觀察上式，不難看出來 *MSE* 相當於各組樣本變異數之加權平均數[2]，而樣本變異數的幾何平均數可以寫成：

$$GMSE = \sqrt[n_T-k]{(s_1^2)^{n_1-1}(s_2^2)^{n_2-1}\cdots(s_k^2)^{n_k-1}}$$

因此，若 $\dfrac{MSE}{GMSE}$ 比值接近 1 時，則表示 k 個母體變異數相等；若 $\dfrac{MSE}{GMSE} >> 1$ 時，則表示 k 個母體變異數不相等。Bartlett 檢驗法檢定之觀念即利用 $\dfrac{MSE}{GMSE}$ 比值所發展出來的一套檢定法。將其取對數之後，$\log\dfrac{MSE}{GMSE}$ 會近似於自由度 $k-1$ 之卡方分配，故其檢定方法為：

步驟 1：求檢定統計量

$$B = \frac{2.3026}{C}(n_T-k)(\log\frac{MSE}{GMSE})$$

其中：$C = 1 + \dfrac{1}{3(k-1)}\left(\displaystyle\sum_{i=1}^{k}\frac{1}{n_i-1} - \frac{1}{n_T-k}\right)$

步驟 2：比較 B 與 $\chi^2_{\alpha,k-1}$ 之大小。若 $B > \chi^2_{\alpha,k-1}$，結論為拒絕 H_0，否則為不拒絕 H_0。
同樣的欲進行變異數分析，Bartlett 檢定必須不拒絕 H_0。

在 SPSS 這套軟體中，進行獨立樣本 t 檢定或變異數分析前，軟體會自動進行變異數同質性檢定。SPSS 採用 Levene 檢定法來檢定變異數是否相等。Levene 檢定法的檢定統計量為：

$$W = \frac{(n_T-k)\displaystyle\sum_{j=1}^{k}n_j(\overline{z}_j - \overline{\overline{z}})^2}{(k-1)\displaystyle\sum_{j=1}^{k}\sum_{i=1}^{n_j}(z_{ij} - \overline{z}_j)^2}$$

其中：$z_{ij} = |x_{ij} - \overline{x}_j|$，$n_T$ 表全部資料筆數，k 表母體個數，$\overline{z}_j$ 表每個小母體 z_{ij} 的平均，$\overline{\overline{z}}$ 表全體 z_{ij} 的平均。當 $W > F_{\alpha,k-1,n_T-k}$ 時，結論為拒絕 H_0。

當母體遠離常態分配時，Levene 檢定法和 Bartlett 檢定法比較起來，較不受影響。但是如果有十分強烈的證據顯示每個小母體均服從常態分配時，使用 Bartlett 檢定法會比使用 Levene 檢定法佳。對 Levene 檢定法有興趣的讀者可自行翻閱進階書籍。

---

[2]　加權平均數是算術平均數的一種特例，你可以把加權想像成資料重複筆數。

例 14

某公司在日本、台灣、美國及歐洲皆有銷售服飾，想瞭解各地區人民每年花費在服飾的費用是否有顯著差異，從各地區隨機抽樣，其人數、每年每人服飾平均消費額及標準差如下表：

	人數	平均消費額(美元)	標準差(美元)
日本	60	1000	300
台灣	60	500	240
美國	60	600	250

試分別以 Hartley 與 Bartleet 法檢定此 4 地區的每年每人服飾消費額的變異數是否相等？($\alpha = 0.05$)，註：$H_{0.05,4,61}$ 以 $H_{0.05,4,60}$ 近似。

解

兩個假設：$\begin{cases} H_0 : \sigma_1^2 = \sigma_2^2 = \sigma_3^2 = \sigma_4^2 \\ H_1 : \sigma_i^2, i = 1,2,3,4, \text{不全相等} \end{cases}$

(1) 檢定統計量：$H^* = \dfrac{\max s_i^2}{\min s_i^2} = \dfrac{300^2}{240^2} = 1.5625$

∵ $H^* = 1.5625 < H_{0.05,4,60} = 1.96$ 結論為不拒絕 H_0，故四個地區消費額變異數無顯著差異。

(2) $MSE = \dfrac{1}{n_T - k} \sum_{i=j}^{k} (n_j - 1)s_j^2$

$= \dfrac{1}{236}\Big[(60-1)300^2 + (60-1)240^2 + (60-1)250^2 + (60-1)280^2\Big] = 72125$

$GMSE = \sqrt[236]{(300^2)^{59}(240^2)^{59}(250^2)^{59}(280^2)^{59}}$

$= (300 \times 240 \times 250 \times 280)^{\frac{108}{236}} \approx 27548.333$

$C = 1 + \dfrac{1}{3(k-1)}\left(\sum_{i=1}^{k} \dfrac{1}{n_i - 1} - \dfrac{1}{n_T - k}\right)$

$= 1 + \dfrac{1}{3(4-1)}\left[\left(\dfrac{1}{59} + \dfrac{1}{59} + \dfrac{1}{59} + \dfrac{1}{59}\right) - \dfrac{1}{236}\right] \approx 1.007$

檢定統計量：

$$B = \frac{2.3026}{C}(n_T - k)(\log \frac{MSE}{GMSE}) = \frac{2.3026}{1.007}(40-4)\log \frac{72125}{27548.333} \approx 34.408$$

$\because B = 34.408 > \chi_{0.05,3}^2 = 7.81473$，結論為拒絕 H_0，故四個地區消費額變異數具顯著差異。

註：Hartley 檢定法較為粗糙。

例 15

統計老師為了要瞭解其所教各系學生期末考試成績變異程度是否相同，於是對其所教三班不同科系學生各抽出一組資料，經計算結果如下所示：

	企管	資管	國貿
個數	12	15	13
變異數	343.9	327.97	414.60

試以 $\alpha = 0.05$ 利用 Bartlett 檢定法，檢定之期末考成績變異程度是否相同？

解

設立兩個假設：$\begin{cases} H_0 : \sigma_1^2 = \sigma_2^2 = \sigma_3^2 \\ H_1 : \sigma_i^2, i = 1,2,3,\text{不全相等} \end{cases}$

$$MSE = \frac{1}{n_T - k}\sum_{j=1}^{k}(n_j - 1)s_j^2 = \frac{(11)(343.9) + (14)(327.97) + (12)(414.6)}{40 - 3} \approx 360.802$$

$$GMSE = \sqrt[37]{(343.9)^{11}(327.97)^{14}(414.6)^{12}} \approx 358.899$$

$$C = 1 + \frac{1}{3(k-1)}\left(\sum_{i=1}^{k}\frac{1}{n_i - 1} - \frac{1}{n_T - k}\right) = 1 + \frac{1}{3(3-1)}(\frac{1}{12-1} + \frac{1}{15-1} + \frac{1}{13-1} - \frac{1}{40-3}) \approx 1.036$$

檢定統計量：

$$B = \frac{2.3026}{C}(n_T - k)(\log \frac{MSE}{GMSE}) = \frac{2.3026}{1.036}(40-3)\log \frac{360.802}{358.899} \approx 0.189$$

$\because B = 0.189 < \chi_{0.05,2}^2 = 5.99$，結論為不拒絕 H_0，故三者變異數無顯著差異

16.4 單因子變異數分析—隨機集區設計

　　大部分情況下，隨機抽樣比非隨機抽樣進行統計分析，結果較為可靠。但「隨機」包含著不確定性，因此只要是隨機，都有機會發生不可預期的結果，為了避免非預期結果，在進行抽樣時，可事先用人為的方式將母體進行分區之後再進行隨機抽樣，以確保母體每個範圍的樣本都有被選取的機會。這種將母體分區的實驗設計法，稱為集區實驗設計。

16.4.1 基本概念

　　隨機集區設計的目的在於控制外在因素所造成的變異，以消除 MSE 項所產生的錯誤。隨機集區設計可提供較佳估計值，使假設檢定更具檢定力。在抽取樣本前先將母體分為若干集區。分區的原則為：「每一集區內之變異差異小，但集區與集區間之變異大」，接著再按每一集區隨機抽取樣本進行檢定。例如，欲探討台灣地區的大二學生，血型因素是否會影響統計學成績，可將樣本按地區分成北、中、南三個區塊，再針對此三個區塊作隨機取樣，這種分區取樣的方法便稱為隨機集區設計。此方所計算出的法 ANOVA 表與二因子未重複試驗之 ANOVA 表完全相同。事實上，集區也可視作影響因子，若將集區視作一個因子，那麼就成為二因子未重複試驗。要注意的是雖然此法稱為隨機集區，但並非是完全隨機試驗，因為我們作了人為的分組。集區試驗的好處在於可以降低誤差項所產的變異，使檢定結果比較容易到達顯著水準，拒絕虛無假設。如下圖所示：若無集區項(即 $B_1,..,B_4$)，總變異分解成 $SST = AAS + SSE$。若一模一樣的資料多了集區項之後，則總變異被分解成 $SST = AAS + SSB + SSE$。前後兩個式子的 SST 與 SSA 完全相同，也就是說單因子變異數分析中的 SSE，在隨機集區試驗中被拆成 $SSB + SSE$。

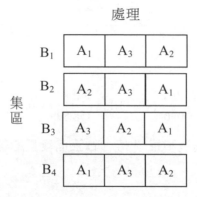

單因子變異數分析：　　　$SST=SSA+SSE$

隨機集區：　　　　　　　$SST=SSA+SSB+SSE$

16.4.2 隨機集區設計之變異分解與 ANOVA 表

假設隨機集區的資料格式如下表所示，其中 $\overline{A}_j$ 表因子衡量水準之平均數(行平均)，$\overline{B}_i$ 表各集區之平均數(列平均)。

集區	因子(處理)				
	A_1	A_2	...	A_c	平均
B_1	x_{11}	x_{12}	...	x_{1c}	$\overline{B}_1$
B_2	x_{21}	x_{22}	...	x_{2c}	$\overline{B}_2$
$\vdots$	$\vdots$	$\vdots$	...	$\vdots$	$\vdots$
B_r	x_{r1}	x_{r2}	...	x_{rc}	$\overline{B}_r$
平均	$\overline{A}_1$	$\overline{A}_2$	...	$\overline{A}_c$	$\overline{\overline{x}}$

延續前一節的觀念，我們可以將誤差分解成：因子誤差+集區誤差+隨機誤差，即

$$x_{ij} - \overline{\overline{x}} = (\overline{A}_j - \overline{\overline{x}}) + (\overline{B}_i - \overline{\overline{x}}) + (x_{ij} - \overline{A}_j - \overline{B}_i + \overline{\overline{x}})$$

兩邊平方後誤差即成為變異，故總變異為

$$\sum_{i=1}^{r}\sum_{j=1}^{c}(x_{ij} - \overline{\overline{x}})^2 = \sum_{i=1}^{r}\sum_{j=1}^{c}(\overline{A}_j - \overline{\overline{x}})^2 + \sum_{i=1}^{r}\sum_{j=1}^{c}(\overline{B}_i - \overline{\overline{x}})^2 + \sum_{i=1}^{r}\sum_{j=1}^{c}(x_{ij} - \overline{A}_j - \overline{B}_i + \overline{\overline{x}})^2$$

若以符號可表示成： $SST = SSA + SSB + SSE$

其中：

總變異 $SST = \displaystyle\sum_{i=1}^{r}\sum_{j=1}^{c}(x_{ij} - \overline{\overline{x}})^2 = \sum_{i=1}^{r}\sum_{j=1}^{c}x_{ij}^2 - n_T\overline{\overline{x}}^2 = n_T\sigma_T^2$

因子變異 $SSA = \displaystyle\sum_{i=1}^{r}\sum_{j=1}^{c}(\overline{A}_j - \overline{\overline{x}})^2 = \sum_{i=1}^{r}\sum_{j=1}^{c}\overline{A}_j^2 - n_T\overline{\overline{x}}^2 = r\sum_{j=1}^{c}\overline{A}_j^2 - n_T\overline{\overline{x}}^2 = n_T\sigma_{\overline{A}_j}^2$

集區間變異 $SSB = \displaystyle\sum_{i=1}^{r}\sum_{j=1}^{c}(\overline{B}_i - \overline{\overline{x}})^2 = \sum_{i=1}^{r}\sum_{j=1}^{c}\overline{B}_i^2 - n_T\overline{\overline{x}}^2 = c\sum_{i=1}^{r}\overline{B}_i^2 - n_T\overline{\overline{x}}^2 = n_T\sigma_{\overline{B}_i}^2$

隨機變異 $SSE = \displaystyle\sum_{i=1}^{r}\sum_{j=1}^{c}(x_{ij} - \overline{A}_j - \overline{B}_i + \overline{\overline{x}})^2 = SST - SSA - SSB$

本書本的符號系統，下標 i 表示列方向，故 $\overline{B}_i, i=1$ 表第一列之平均數，下標 j 表示行方向，$\overline{A}_j, j=3$ 表第三行之平均數。

其中： $\sigma_{\overline{A}_j}^2$:為 $\overline{A}_j$ 之變異數。

$\sigma_{\overline{B}_i}^2$:為 $\overline{B}_i$ 之變異數。

上面每一個式子的最後面，則是此定義式的最快速計算方法(需配合計算機)。因隨機集區設計主要目的是為了減少由 SSE 所產生的變異，故一般不去探討集區的作用，除非集區亦視為一個因子，此時稱為雙因子變異數分析。

從上面的定義式可以看出在計算 SSA 時，相當於每一行的資料皆以該行的平均數取代，即

集區	因子(處理)				
	A_1	A_2	...	A_c	平均
B_1	$\overline{A}_1$	$\overline{A}_2$	...	$\overline{A}_c$	$\overline{B}_1$
B_2	$\overline{A}_1$	$\overline{A}_2$	...	$\overline{A}_c$	$\overline{B}_2$
$\vdots$	$\vdots$	$\vdots$	...	$\vdots$	$\vdots$
B_r	$\overline{A}_1$	$\overline{A}_2$	...	$\overline{A}_c$	$\overline{B}_r$
平均	$\overline{A}_1$	$\overline{A}_2$	...	$\overline{A}_c$	$\overline{\overline{x}}$

同樣的計算集區的變異時，則每列的資料皆以該列的平均數取代，即

集區	因子(處理)				
	A_1	A_2	...	A_c	平均
B_1	$\overline{B}_1$	$\overline{B}_1$	...	$\overline{B}_1$	$\overline{B}_1$
B_2	$\overline{B}_2$	$\overline{B}_2$	...	$\overline{B}_2$	$\overline{B}_2$
$\vdots$	$\vdots$	$\vdots$	...	$\vdots$	$\vdots$
B_r	$\overline{B}_r$	$\overline{B}_r$	...	$\overline{B}_r$	$\overline{B}_r$
平均	$\overline{A}_1$	$\overline{A}_2$	...	$\overline{A}_c$	$\overline{\overline{x}}$

隨機集區之設計假設只有一組，兩個假設寫成：$\begin{cases} H_0 : \mu_{A_1} = \mu_{A_2} = \ldots = \mu_{A_c} \\ H_0 : \mu_{A_1}, \mu_{A_2}, \ldots, \mu_{A_c} \text{不全相等} \end{cases}$，其

餘觀念與單因子變異數分析相同，故可建立變異數分析表如下表所示：

變異來源	平方和	自由度	平均平方和	F 值
A 因子	SSA	$c-1$	$MSA = \dfrac{SSA}{c-1}$	$F_A^* = \dfrac{MSA}{MSE}$
集區	SSB	$r-1$	$MSB = \dfrac{SSB}{r-1}$	
隨機	SSE	$(c-1)(r-1)$	$MSE = \dfrac{SSE}{(c-1)(r-1)}$	
總變異	SST	$n_T - 1$		

有關自由度的記法，建議讀者按：A 因子自由度等於 A 因子處理數減 1，集區自由度等於集區個數減 1，總自由度等於總樣本數減 1，接著利用全部的自由度加總起來等於總自由度推算隨機變異之自由度的順序記憶。

決策法則為：若 $F^* > F_{\alpha, (c-1), (c-1)(r-1)}$，則拒絕 H_0，否則不拒絕 H_0。

例 16

為了比較 A、B 兩種汽油，隨機選出 10 輛車子。先讓每一輛車子加入一加侖的 A 汽油，記錄每輛車跑的英哩數，再讓每一輛車子加入一加侖的 B 汽油，記錄每輛車跑的英哩數。結果資料如下(假設常態且變異數相等)

A 汽油	14	21	19	11	15	16	8	32	37	10
B 汽油	16	24	20	15	17	19	10	33	39	11

(1)試以 $\alpha = 0.05$ 利用 t 分配檢定：A、B 兩種汽油的效率是否相同。

(2)上述問題如果用變異數分析(ANOVA)，是屬於何種實驗設計？請寫出變異數分析表，並以此表再檢定一次，看結果是否相同？

解

(1) 因每部車先後加 A、B 兩種汽油，故此樣本為成對樣本

設立兩個假設：$\begin{cases} H_0 : \mu_1 = \mu_2 \\ H_1 : \mu_1 \neq \mu_2 \end{cases}$

A 汽油	14	21	19	11	15	16	8	32	37	10
B 汽油	16	24	20	15	17	19	10	33	39	11
di	-2	-3	-1	-4	-2	-3	-2	-1	-2	-1

成對樣本差的平均數：$\bar{d} = \dfrac{(-2)+(-3)+\cdots+(-1)}{10} = -2.1$

變異數：$s_d^2 = \dfrac{1}{10-1}\Big[(-2-(-2.1)^2)+(-3-(-2.1)^2)+\cdots+(-1-(-2.1))^2\Big] \approx 0.9889$

檢定統計量：$t^* = \dfrac{-2.1-0}{\sqrt{\dfrac{0.9889}{10}}} \approx -6.6782$

$\because \left|t^*\right| = 6.6782 > t_{0.025,9} = 2.2622$　　$\Rightarrow$ 拒絕 H_0，表示 A、B 兩種汽油效率顯著的不同

(2) 此設計為隨機區集設計，因本題探討不同汽油效率，故汽油為因子，10 部車為集區。

汽車	1	2	3	4	5	6	7	8	9	10	平均 $\bar{A}_j$
A 汽油	14	21	19	11	15	16	8	32	37	10	18.3
B 汽油	16	24	20	15	17	19	10	33	39	11	20.4
平均 $\bar{B}_i$	15	22.5	19.5	13	16	17.5	9	32.5	38	10.5	

$SST = n_T \times \sigma_T^2 = 20 \times 80.3275 = 1606.55$

$\bar{\bar{x}} = \dfrac{\bar{A}_1 + \bar{A}_2}{2} = 19.35$

$SSA = n_T \times \sigma_{\bar{A}_j}^2 = 20 \times \dfrac{1}{2}\Big[(18.3-19.35)^2 + (20.4-19.35)^2\Big] = 22.05$

同理可得：

$SSB = n_T \times \sigma_{\bar{B}_i}^2 = 20 \times 79.0025 = 1580.05$

故 $SSE = SST - SSA - SSB = 4.45$

ANOVA 表：

變異來源	平方和	自由度	平均平方和	F 值
A 因子	22.05	1	22.05	44.6
集區	1580.0	9	175.561	
隨機	4.45	9	0.4944	
總變異	1606.55	19		

$\because F^* = 44.6 > F_{0.05,1,9} = 5.12$，結論為拒絕 H_0

由本題可以看出，當變異數分析的因子只有兩個衡量水準時(在本題為汽油 A、B)單因子隨機集區設計之變異數分析檢定相當於成對樣本 t 檢定。且 $(t^*)^2 = 6.6782^2 = F^* = 44.6$。除非題目特別要求，不然這類型的題目，以成對樣本 t 檢定來作檢定較為簡單。

例 17

某單因子實驗，已知共有 4 個衡量水準，且被區分成 8 個集區。下表為懶惰的大明只完成部分的變異數分析表，請你協助他完成變異數分析表，並進一步檢定因子對依變數是否有影響？顯著水準 $\alpha = 0.05$。

變異來源	平方和	自由度	平均平方和	F 值
A 因子	900			
集區	400			
隨機				
總變異	1800			

解

4 個衡量水準、8 個集區，故全體資料筆數：$n_T = 4 \times 8 = 32$

先求自由度： A 因子自由度 $= c - 1 = 4 - 1 = 3$

集區自由度 $= r - 1 = 8 - 1 = 7$

總自由度 $= n_T - 1 = 32 - 1 = 31$

隨機自由度 $31 - 7 - 3 = 21$

接著再由自由度求出平均平方和，即可完成整個變異數分析表，如下表所示：

變異來源	平方和	自由度	平均平方和	F 值
A 因子	900	3	300	12.6
集區	400	7	57.143	
隨機	500	21	23.8095	
總變異	1800	31		

設立兩個假設： $\begin{cases} H_0 : \mu_1 = \mu_2 = \mu_3 = \mu_4 \\ H_0 : \mu_1 = \mu_2 = \mu_3 = \mu_4 \text{不全相等} \end{cases}$

$\because F^* = 12.6 > F_{0.05, 3, 21} = 3.07 \quad \Rightarrow$ 拒絕 H_0

故 A 因子的不同衡量水準對實驗有顯著的差異

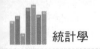
 雙因子變異數分析-未重複實驗

雙因子變異數分析依照取樣的情況,可區分成未重複實驗以及重複實驗。雙因子未重複實驗的變異分解,與單因子隨機集區實驗設計完全相同。唯一的不同在於解釋上,在單因子變異數分析中,集區可視作控制變數,控制抽樣的方法,所以只有一個解釋變數;而雙因子則有兩個解釋變數。若將集區也視作解釋變數,那麼單因子隨機集區實驗設計與雙因子未重複實驗是完全相同的。

16.5.1 雙因子變異數分析的種類

所謂雙因子變異數分析係指探討兩個分類性的解釋變數對依變數之間的影響。例如研究不同血型與不同性別對統計學成績是否有影響,血型與性別就稱因子,因為有兩個因子故稱為雙因子;而血型又可分成 A、B、O、AB 四種血型,這四種血型就稱為 A 因子的衡量水準;男、女則為性別的衡量水準。雙因子變異數分析又可區分為重複試驗與未重複試驗。所謂未重複試驗是指在抽樣時每個因子配對的衡量水準下只抽取一個樣本。以血型與性別為例,血型與性別總共可以配對成 (A 型,男)、(B 型,男)、(O 型,男)、……、(AB 型,女)共八種,每一種僅抽取一個樣本觀察,故總共抽取 8 個樣本。而重複試驗則每個配對的樣本數超過 2(含)個以上,每個配對樣本數則稱為重複次數。因此一般若以問卷方式進行調查,欲做雙因子變異數分析,絕大部分都是屬於重複試驗。

16.5.2 重複實驗之雙因子變異數分析

未重複實驗之雙因子變異數分析的變異數分析表與單因子隨機集區完全一樣。雙因子未重複實驗之資料格式如下表所示:

B 因子	A 因子				平均
	A_1	A_2	...	A_c	
B_1	x_{11}	x_{12}	...	x_{1c}	$\overline{B}_1$
B_2	x_{21}	x_{22}	...	x_{2c}	$\overline{B}_2$
⋮	⋮	⋮	...	⋮	⋮
B_r	x_{r1}	x_{r2}	...	x_{rc}	$\overline{B}_r$
平均	$\overline{A}_1$	$\overline{A}_2$	...	$\overline{A}_c$	$\overline{\overline{x}}$

其中：

$$\bar{A}_j = \frac{1}{c}\sum_{j=1}^{c} x_{ij}$$ ：A 因子第 j 組的平均數(行方向)

$$\bar{B}_i = \frac{1}{r}\sum_{i=1}^{r} x_{ij}$$ ：B 因子第 i 組的平均數(列方向)

$$\bar{\bar{x}} = \frac{1}{r \times c}\sum_{i=1}^{r}\sum_{j=1}^{c} x_{ij} = \frac{1}{n_T}\sum_{i=1}^{r}\sum_{j=1}^{c} x_{ij}$$ ：總平均

在計算雙因子變異數分析時，經常會把兩個因子弄顛倒，在此教授讀者一個小技巧，當計算行平均時，看上方的標題是哪一個因子(假設為 A)，那麼由此平均數所計算出來的變異就是 SSA。同樣的在計算列平均數時，則看左方的標題是哪個因子，由此平均數所求出來的變異就歸類於該因子之變異。

雙因子變異數分析主要在探討 A、B 兩個因子對依變數是否會造成顯著的差異，兩組假設的寫法如下：

1. A 因子的假設：$\begin{cases} \text{H}_0 : \mu_{A_1} = \mu_{A_2} = \cdots = \mu_{A_c} \\ \text{H}_1 : \mu_{A_1}, \mu_{A_2}, \cdots, \mu_{A_c} \text{ 不全相等} \end{cases}$

2. B 因子的假設：$\begin{cases} \text{H}_0 : \mu_{B_1} = \mu_{B_2} = \cdots = \mu_{B_c} \\ \text{H}_1 : \mu_{B_1}, \mu_{B_2}, \cdots, \mu_{B_r} \text{ 不全相等} \end{cases}$

16.5.3 變異的分解

雙因子未重複實驗的變異分解與單因子隨機集區完全一樣，總變異可分解成：

$$\sum_{i=1}^{r}\sum_{j=1}^{c}(x_{ij} - \bar{\bar{x}})^2 = \sum_{i=1}^{r}\sum_{j=1}^{c}(\bar{A}_j - \bar{\bar{x}})^2 + \sum_{i=1}^{r}\sum_{j=1}^{c}(\bar{B}_i - \bar{\bar{x}})^2 + \sum_{i=1}^{r}\sum_{j=1}^{c}(x_{ij} - \bar{A}_j - \bar{B}_i + \bar{\bar{x}})^2$$

上式以符號可表示成：$SST = SSA + SSB + SSE$，且可再進一步化簡成下列的速算公式：

$$SST = \sum_{i=1}^{r}\sum_{j=1}^{c}(x_{ij} - \bar{\bar{x}})^2 = \sum_{i=1}^{r}\sum_{j=1}^{c}x_{ij}^2 - n_T\bar{\bar{x}}^2 = n_T\sigma_T^2$$

$$SSA = \sum_{i=1}^{r}\sum_{j=1}^{c}(\bar{A}_j - \bar{\bar{x}})^2 = \sum_{i=1}^{r}\sum_{j=1}^{c}\bar{A}_j^2 - n_T\bar{\bar{x}}^2 = r\sum_{j=1}^{c}\bar{A}_j^2 - n_T\bar{\bar{x}}^2 = n_T\sigma_{\bar{A}_j}^2$$

$$SSB = \sum_{i=1}^{r}\sum_{j=1}^{c}(\overline{B}_i - \overline{\overline{x}})^2 = \sum_{i=1}^{r}\sum_{j=1}^{c}\overline{B}_i^2 - n_T\overline{\overline{x}}^2 = c\sum_{i=1}^{r}\overline{B}_i^2 - n_T\overline{\overline{x}}^2 = n_T\sigma_{\overline{B}_i}^2$$

$$SSE = SST - SSA - SSB$$

$$n_T = rc$$

將上面公式計算得到的結果可整理成雙因子變異數分析表：

變異來源	平方和	自由度	平均平方和	F 值
A 因子	SSA	$c-1$	$MSA = \dfrac{SSA}{c-1}$	$F_A^* = \dfrac{MSA}{MSE}$
B 因子	SSB	$r-1$	$MSB = \dfrac{SSB}{r-1}$	$F_B^* = \dfrac{MSB}{MSE}$
隨機	SSE	$(c-1)(r-1)$	$MSE = \dfrac{SSE}{(c-1)(r-1)}$	
總變異	SST	n_T-1		

上表共有兩個檢定，分別為檢定 A 因子對依變數的影響，以及 B 因子對依變數的影響。就檢定 A 因子而言，若 $F_A^* > F_{\alpha,(c-1),(r-1)(c-1)}$，結論為拒絕 H_0，表示 A 因子對依變數有顯著的影響；而就 B 因子而言，若 $F_B^* > F_{\alpha,(r-1),(r-1)(c-1)}$，結論為拒絕 H_0，表示 B 因子對依變數有顯著的影響。一旦有某個因子檢定結論為拒絕 H_0 的話，那麼記得還必須針對該因子進行事後檢定。事後檢定法與 16.3 節所介紹的方法一模一樣。

例 18

設有甲、乙、丙三種不同品種的稻米，分別使用 X、Y、Z、W 四種不同的肥料。今隨機選擇面積等條件相同的 12 塊田地做實驗，得到收穫量(以千公斤計)如下表：

肥料 ＼ 品種	甲	乙	丙
X	8	3	7
Y	10	4	8
Z	6	5	6
W	8	4	7

試分別檢定(1)不同品種(2)不同肥料，所得到的平均收穫量有無顯著差異。(假設收穫量呈常態分配，且變異數相同，$\alpha = 0.05$)

解

假設 A 表品種、B 表肥料，分別計算行與列之平均

肥料 ＼ 品種	甲	乙	丙	平均
X	8	3	7	6
Y	10	4	8	22/3
Z	6	5	6	17/3
W	8	4	7	19/3
平均	8	4	7	$\overline{\overline{x}} = 19/3$

$$SST = \sum_{i=1}^{r}\sum_{j=1}^{c}(x_{ij} - \overline{\overline{x}})^2 = \sum_{i=1}^{r}\sum_{j=1}^{c}x_{ij}^2 - n_T\overline{\overline{x}}^2 = 528 - 12(\frac{19}{3})^2 \approx 46.667$$

$$SSA = \sum_{i=1}^{r}\sum_{j=1}^{c}(\overline{A}_j - \overline{\overline{x}})^2 = \sum_{i=1}^{r}\sum_{j=1}^{c}\overline{A}_j^2 - n_T\overline{\overline{x}}^2 = r\sum_{j=1}^{c}\overline{A}_j^2 - n_T\overline{\overline{x}}^2$$

$$= 4(8^2 + 4^2 + 7^2) - 12(\frac{19}{3})^2 \approx 34.667$$

$$SSB = \sum_{i=1}^{r}\sum_{j=1}^{c}(\overline{B}_i - \overline{\overline{x}})^2 = \sum_{i=1}^{r}\sum_{j=1}^{c}\overline{B}_i^2 - n_T\overline{\overline{x}}^2 = c\sum_{i=1}^{r}\overline{B}_j^2 - n_T\overline{\overline{x}}^2$$

$$= 3\left[6^2 + (\frac{22}{3})^2 + (\frac{17}{3})^2 + (\frac{19}{3})^2\right] - 12(\frac{19}{3})^2 \approx 4.667$$

$$SSE = SST - SSA - SSB = 7.333$$

建立 ANOVA 表

變異	平方和	自由度	平均平方和	F
品種	34.667	2	17.334	14.185
肥料	4.667	3	1.556	1.273
隨機	7.333	6	1.222	
總變異	46.667	11		

(1) 設立兩個假設：$\begin{cases} H_0 : \mu_甲 = \mu_乙 = \mu_丙 \\ H_1 : \mu_甲 = \mu_乙 = \mu_丙 不全相等 \end{cases}$

∵ $F_A^* = 14.185 > F_{0.05,2,6} = 5.14$，結論為拒絕 H_0

表示不同品種平均收穫量有顯著差異

(2) 設立兩個假設：$\begin{cases} H_0 : \mu_X = \mu_Y = \mu_Z = \mu_W \\ H_1 : \mu_X, \mu_Y, \mu_Z, \mu_W 不全相等 \end{cases}$

$\because F_B^* = 1.273 < F_{0.05,3,6} = 4.76$ 結論為不拒絕 H_0

故不同肥料其平均收穫無顯著差異

例 19

博碩輪胎公司目前所生產的輪胎，原料來自 5 家不同的供應商。為了測試輪胎在不同速度下的耐磨程度，以及各家供應商所提供的原料是否有差異，博碩公司將每家供應商所提供的原料及所製成的輪胎在不同的速度下分別跑 1 萬公理，並測量其磨損程度，資料整理如下表所示：

原料供應商	速度			平均
	低速	中速	高速	
1	3.7	4.5	3.1	3.77
2	3.4	3.9	2.8	3.37
3	3.5	4.1	3.0	3.53
4	3.2	3.5	2.6	3.10
5	3.9	4.8	3.4	4.03
平均	3.54	4.16	2.98	$\overline{\overline{x}} = 3.56$

若上述資料經計算各變異的來源，得變異數分析表如下所示：

變異	平方和	自由度	平均平方和
速度	3.484	2	1.72
供應商	1.546	4	0.387
隨機	0.143	8	0.018
總和	5.176	14	

(1)請問根據上述資料檢定輪胎耐磨程度是否會因速度以及供應商之不同而有所不同？$\alpha = 0.05$

(2)若供應商為集區實驗設計，現在把供應商忽略，請問變異數分析表會變成什麼樣子？變異數分析表會產生什麼樣的變化？為什麼？

解

(1) 建立變異數分析表

變異	平方和	自由度	平均平方和	F
速度	3.484	2	1.72	95.556
供應商	1.549	4	0.387	21.5
隨機	0.143	8	0.018	
總和	5.176	14		

檢定速度之影響：

設立兩個假設：$\begin{cases} H_0：速度不會使耐磨程度產生差異 \\ H_1：速度會使耐磨程度產生差異 \end{cases}$

$\because F^* = 95.556 > F_{0.05,2,8} = 4.46$，拒絕 H_0

故速度會使耐磨程度產生顯著的差異

供應商之檢定：

設立兩個假設：$\begin{cases} H_0：耐磨程度不會因原料供應商產生差異 \\ H_1：耐磨程度會因供原料應商產生差異 \end{cases}$

$\because F^* = 21.5 > F_{0.05,4,8} = 3.84$，拒絕 H_0

故耐磨程度會因原料供應商產生顯著差異

(2) 若供應商忽略不計，那麼由供應商所產生的變異會匯入隨機變異中，故新的 $SSE = 1.549 + 0.143 = 1.689$，此時變異數分析表變成：

變異	平方和	自由度	平均平方和	F
速度	3.484	2	1.72	12.199
隨機	1.689	12	0.141	
總和	5.176	14		

$\because F^* = 12.199 > F_{0.05,2,12} = 3.89$，雖然結論仍然拒絕 H_0，但檢定統計量小許多，因此若忽略集區的作用，會比較不容易拒絕虛無假設。

16.6 雙因子變異數分析-重複實驗

重複實驗之雙因子變異數分析是指，每個處理均需做 2(含)次以上的實驗，其基本原理與未重複實驗之雙因子變異數分析相同，唯一不同者多了 AB 因子之交互效果。重

複實驗除了 A 因子與 B 因子可產生平均值外，另外 A 因子的 c 個衡量水準與 B 因子的 r 個衡量水準所產生 $r \times c$ 種不同的組合，每一種組合皆有 n(重複數)個觀察值，這 n 個觀察值所計算出來的平均數稱為細格平均數(cell means)。這 $r \times c$ 個細格平均數所產生的變異造成了交互效果的作用。而由 A 因子所產生的變異稱為 A 因子的主要效果，由 B 因子所產稱的變異稱為 B 因子的主要效果，而雙因子重複實驗即檢定 A、B 兩種主效果與交互效果是否到達顯著水準。其資料格式如下表所示：

	因素 A						因素 B 平均值
	x_{111}	x_{121}	…	x_{1j1}	…	x_{1c1}	
	x_{112}	x_{122}	…	x_{1j2}	…	x_{1c2}	
	⋮	⋮	…	⋮	…	⋮	$\overline{B_1}$
	x_{11n}	x_{12n}	…	x_{1jn}	…	x_{1cn}	
	$\overline{B_1 A_1}$	$\overline{B_1 A_2}$	…	$\overline{B_1 A_j}$	…	$\overline{B_1 A_c}$	
	x_{211}	x_{221}	…	x_{2j1}	…	x_{2c1}	
	x_{212}	x_{222}	…	x_{2j2}	…	x_{2c2}	
	⋮	⋮	…	⋮	…	⋮	$\overline{B_2}$
	x_{21n}	x_{22n}	…	x_{2jn}	…	x_{2cn}	
	$\overline{B_2 A_1}$	$\overline{B_2 A_2}$	…	$\overline{B_2 A_j}$	…	$\overline{B_2 A_c}$	
因素 B	⋮	⋮	⋮	⋮	⋮	⋮	⋮
	x_{i11}	x_{i21}	…	x_{ij1}	…	x_{ic1}	
	x_{i12}	x_{i22}	…	x_{ij2}	…	x_{ic2}	
	⋮	⋮	…	⋮	…	⋮	$\overline{B_i}$
	x_{i1n}	x_{i2n}	…	x_{ijn}	…	x_{icn}	
	$\overline{B_i A_1}$	$\overline{B_i A_2}$	…	$\overline{B_i A_j}$	…	$\overline{B_i A_c}$	
	⋮	⋮	⋮	⋮	⋮	⋮	⋮
	x_{r11}	x_{r21}	…	x_{rj1}	…	x_{rc1}	
	x_{r12}	x_{r22}	…	x_{rj2}	…	x_{rc2}	
	⋮	⋮	…	⋮	…	⋮	$\overline{B_r}$
	x_{r1n}	x_{r2n}	…	x_{rjn}	…	x_{rcn}	
	$\overline{B_r A_1}$	$\overline{B_r A_2}$	…	$\overline{B_r A_j}$	…	$\overline{B_r A_c}$	
因素 A 平均值	$\overline{A_1}$	$\overline{A_2}$	…	$\overline{A_j}$	…	$\overline{A_c}$	總平均 $\overline{x}$

每列皆有 $c \times n$ 筆資料

每行皆有 $r \times n$ 筆資料

符號說明：

c=因素 A 的處理數，相當於資料表中的行數

r=因數 B 的處理數，相當於資料表中的列數

n=重複數

n_T=總樣本數

x_{ijk}=因素 A 的第 j 個水準，因素 B 的第 i 個水準的第 k 個筆資料值。

$\overline{A}_j$=因素 A 第 j 個水準之樣本平均數，即第 j 行的總平均。

$\overline{B}_i$=因素 B 第 i 個水準之樣本平均數，即第 i 列的總平均。

$\overline{B_i A_j}$=因素 A 第 j 個水準與因素 B 第 i 個水準之處理組合的樣本平均數，即細格平均數。

$\overline{\overline{x}}$=所有觀測值之平均數

　　從上面的表個我們可以很清楚的看出，$\overline{A}_j$ 為將其所在行上方的所有資料取平均，即每行資料之平均值；$\overline{B}_i$ 則將其所在列左方的所有資料取平均，即每列資料之平均值；$\overline{B_i A_j}$ 則為每一個小格子內數字之平均值。

16.6.1 變異數之分解

　　根據前面的觀念，雙因子重複實驗可以將總變異分解成 A 因子引起的變異+B 因子引起的變異+AB 因子交互作用引起的變異+隨機變異。以數學符號可表示成：

$$SST = SSA + SSB + SSAB + SSE$$

其中：

$$SST = \sum_{i=1}^{r}\sum_{j=1}^{c}\sum_{k=1}^{n}(x_{ijk} - \overline{\overline{x}})^2 = \sum_{i=1}^{r}\sum_{j=1}^{c}\sum_{k=1}^{n}x_{ijk}^2 - n_T\overline{\overline{x}}^2 = n_T\sigma_T^2$$

$$SSA = rn\sum_{j=1}^{c}(\overline{A}_j - \overline{\overline{x}})^2 = rn\sum_{j=1}^{c}\overline{A}_j^2 - n_T\overline{\overline{x}} = n_T\sigma_{\overline{A}_j}^2$$

$$SSB = cn\sum_{i=1}^{r}(\overline{B}_i - \overline{\overline{x}})^2 = cn\sum_{i=1}^{r}\overline{B}_i^2 - n_T\overline{\overline{x}} = n_T\sigma_{\overline{B}_i}^2$$

$$SSE = \sum_{i=1}^{r}\sum_{j=1}^{c}\sum_{k=1}^{n}(x_{ijk} - \overline{A_jB_i})^2 = \sum_{i=1}^{r}\sum_{j=1}^{c}\sum_{k=1}^{n}x_{ijk}^2 - n\sum_{i=1}^{r}\sum_{j=1}^{c}\overline{A_jB_i}^2$$

$$SSAB = \sum_{i=1}^{r}\sum_{j=1}^{c}\sum_{k=1}^{n}(\overline{A_jB_i} - \overline{A_j} - \overline{B_i} + \overline{\overline{x}})^2 = SST - SSA - SSB - SSE$$

16.6.2 檢定流程

上面的計算過程十分繁瑣且花時間，即便使用工程用計算機也要花費不少時間，因此大部分皆以套裝軟體進行運算。在附錄單元中我們會以實際範例，教授讀者計算機的使用方法與計算過程。

在雙因子重複試驗的檢定過程中，正確的檢定流程應該如下圖所示：

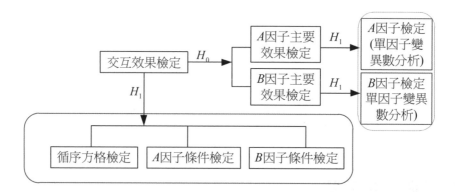

首先必須先檢定交互效果，若交互效果沒有拒絕虛無假設，則進行 A 因子與 B 因子之主要效果檢定，若 A 或 B 因子主要效果檢定到達顯著水準，拒絕虛無假設，則再轉成單因子變異數分析[3]。若一開始的交互效果到達顯著水準，那麼可再進一步進行循序方格檢定或條件因子檢定。上圖中以線框框住的地方屬於研究所課程，在初統中僅就交互效果檢定與 A、B 兩因子的主要效果進行檢定，因此線框內的部分讀者可留至碩士班多變量分析課程或實驗設計等課程再進一步深入瞭解即可。

16.6.3 假設的寫法

在初統有關雙因子重複實驗之變異數分析中，一共有三個假設必須進行檢定，這三個檢定分別為：A 因子之主要效果檢定、B 因子主要效果檢定與 AB 交互效果之檢定。他們的假設寫法如下所示：

---

[3] 若主要效果未達顯著，則單因子檢定必定不會達顯著，若主要效果達顯著，但單因子不一定達顯著，故必須再進一步檢定單因子，讀者可嘗試從變異的分解思考原因，這部分留給讀者自行探索。

1. A 因子之主要效果檢定

$$\begin{cases} H_0 : \mu_{A_1} = \mu_{A_2} = \cdots = \mu_{A_c} \\ H_1 : \mu_{A_1}, \mu_{A_2}, \cdots, \mu_{A_c} \text{不全相等} \end{cases}$$

2. B 因子之主要效果檢定

$$\begin{cases} H_0 : \mu_{B_1} = \mu_{B_2} = \cdots = \mu_{B_c} \\ H_1 : \mu_{B_1}, \mu_{B_2}, \cdots, \mu_{B_r} \text{不全相等} \end{cases}$$

3. AB 交互效果檢定

$$\begin{cases} H_0 : A，B \text{因子不具交互影響} \\ H_1 : A，B \text{因子具交互影響} \end{cases}$$

16.6.4 雙因子重複實驗變異數分析表

我們可將 16.6.1 節所求得的變異，仿照雙因子變異數分析般地整理成變異數分析表，如下表所示：

變異來源	平方和	自由度	平均平方和	F
A 因子	SSA	$c-1$	$MSA = \dfrac{SSA}{c-1}$	$F_A^* = \dfrac{MSA}{MSE}$
B 因子	SSB	$r-1$	$MSB = \dfrac{SSB}{r-1}$	$F_B^* = \dfrac{MSB}{MSE}$
交互作用	$SSAB$	$(c-1)(r-1)$	$MSAB = \dfrac{SSAB}{(c-1)(r-1)}$	$F_{AB}^* = \dfrac{MSAB}{MSE}$
隨機	SSE	$rc(n-1)$	$MSE = \dfrac{SSE}{rc(n-1)}$	
總變異	SST	$n_T -1$		

上表的自由度的記憶要訣如同前面一樣十分簡單。A 因子自由度：A 類別數 -1；B 因子自由度：B 類別數 -1；交互作用自由度：A 因子自由度 $\times B$ 因子自由度；總自由度：總樣本數 -1，接著再利用所有的自由度總和等於總自由度求出隨機變異所產生的自由度。

雙因子重複實驗設計一共要進行三個不同的檢定，分別為 A 因子主要效果檢定、B 因子主要效果檢定以及 A 因子與 B 因子交互影響效果檢定。檢定的決策法則如下：

1. 檢定 A 因子對依變數是否有影響

   若 $F_A^* > F_{\alpha,(c-1),rc(n-1)}$ ，結論為拒絕 H_0。表示 A 因子對依變數具有顯著的影響。

2. 檢定 B 因子是對依變數否有影響

   若 $F_B^* > F_{\alpha,(r-1),rc(n-1)}$ ，結論為拒絕 H_0。表示 B 因子對依變數具有顯著的影響。

3. 檢定 A 因子與 B 因子對依變數是否有交互影響

   若 $F_{AB}^* > F_{\alpha,(r-1)(c-1),rc(n-1)}$ ，結論為拒絕 H_0。表示 A 因子與 B 因子對依變數具有顯著的交互作用。

註：有關交互作用

所謂交互作用，我們舉一個簡單的例子來說明，會比用數學方式更能讓讀者瞭解。假設有份研究家庭背景與居住地是否會影響學生的學習成績。若將抽樣所獲得的樣本平均數依居住地分類標示在座標平面上，並且以線段將平均數連接起來，若所獲得的圖形如右圖所示：

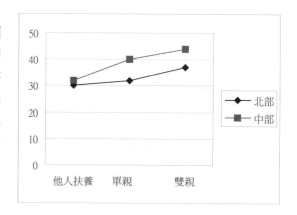

由上圖我們可以發現不論住在北部或者中部，樣本平均數都是增加的趨勢，這代表不同家庭背景學生的學習成績並不會受居住地所影響，因此居住地與家庭背景對於學習成績就沒有交互作用。接下來再看下一個圖形：

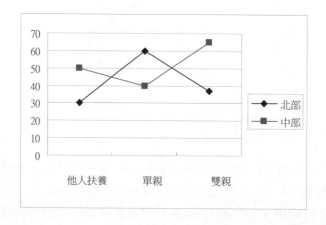

上圖中我們發現，若以平均數而言，中部地區他人扶養與雙親家庭的學習成績較北部高，而單親家庭則相反，這表示除家庭背景外居住地區也會影響學生成績，因此以上圖而言，就表示居住地與家庭背景對學生的學習成績有交互影響。

例 20

某工廠隨機選取三名操作人員，針對四種不同品牌的機器各操作兩次，測得資料如下表所示：

		機器			
		甲	乙	丙	丁
操作員	1	109	110	108	110
		110	115	110	106
	2	110	110	112	114
		112	111	109	112
	3	116	112	114	120
		114	115	119	117

(1)請建立變異數分析表。

(2)試檢定機器與操作員間對產品的產量是否有交互影響？

(3)不同操作員對產量是否有影響？

(4)不同機器對產量是否有影響？

解

設機器為因子 A，操作員為因子 B，分別計算行、列平均與細格平均

	機器				列平均
	甲	列平均	丙	丁	
1	109	110	108	110	$\overline{B_1} = 109.75$
	110	115	110	106	
	$\overline{B_1 A_1} = 109.5$	$\overline{B_1 A_2} = 112.5$	$\overline{B_1 A_3} = 109$	$\overline{B_1 A_4} = 108$	
2	110	110	112	114	$\overline{B_2} = 111.25$
	112	111	109	112	
	$\overline{B_2 A_1} = 111$	$\overline{B_2 A_2} = 110.5$	$\overline{B_2 A_3} = 110.5$	$\overline{B_2 A_4} = 113$	
3	116	112	114	120	$\overline{B_3} = 115.875$
	114	115	119	117	
	$\overline{B_3 A_1} = 115$	$\overline{B_3 A_2} = 113.5$	$\overline{B_3 A_3} = 116.5$	$\overline{B_3 A_4} = 118.5$	
行平均	$\overline{A_1} = 111.833$	$\overline{A_2} = 112.167$	$\overline{A_3} = 112$	$\overline{A_4} = 113.167$	$\overline{\overline{x}} = 112.29$

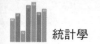
$$\sigma_T^2 = 11.54$$

$$SST = n_T \sigma_T^2 = 24 \times 11.54 = 276.96$$

$$SSA = n_T \sigma_{\bar{A}_j}^2 = 24 \times 0.27 = 6.463$$

$$SSB = n_T \sigma_{\bar{B}_j}^2 = 24 \times 6.795 = 163.083$$

$$SSE = \sum_{i=1}^{r} \sum_{j=1}^{c} \sum_{k=1}^{n} x_{ijk}^2 - n \sum_{i=1}^{r} \sum_{j=1}^{c} \overline{A_j B_i}^2$$

$$= 302903 - 2(109.5^2 + 112.5^2 + 109.5^2 + \ldots + 118.5^2) = 55.5$$

$$SSAB = \sum_{i=1}^{r} \sum_{j=1}^{c} \sum_{k=1}^{n} (\overline{A_j B_i} - \overline{A}_j - \overline{B}_i + \overline{\overline{x}})^2 = SST - SSA - SSB - SSE = 51.914$$

$$MSA = \frac{SSA}{c-1} = \frac{6.463}{3} \approx 2.1543, MSB = \frac{SSB}{r-1} = \frac{163.083}{2} = 81.5415$$

$$MSAB = \frac{SSAB}{(r-1)(c-1)} = \frac{51.914}{6} \approx 8.625, MSE = \frac{SSE}{rc(n-1)} = \frac{55.5}{12} \approx 4.625$$

$$F_A^* = \frac{2.1543}{4.625} \approx 0.466, F_B^* \approx \frac{81.5415}{4.625} = 17.63, F_{AB}^* \approx \frac{8.652}{4.625} = 1.87$$

(1) 變異數分析表

變異來源	平方和	自由度	平均平方和	F 值
機器	6.463	3	2.1543	0.466
操作員	163.083	2	81.5415	17.63
交互作用	51.914	6	8.652	1.87
隨機	55.5	12	4.625	
總變異	276.96	23		

(2) 設立兩個假設：$\begin{cases} H_0 : 機器與操作員間對產量無交互作用 \\ H_1 : 機器與操作員間對產量有交互作用 \end{cases}$

  $\because F_{AB}^* = 1.87 < F_{0.05, 6, 12} = 3.00$，不拒絕虛無假設

  故機器與操作員間無充分證據證明對產量具交互影響

(3) 設立兩個假設：$\begin{cases} H_0 : 不同操作員對產量無影響 \\ H_1 : 不同操作員對產量有影響 \end{cases}$

  $\because F_B^* = 17.63 > F_{0.05, 2, 12} = 3.89$，拒絕虛無假設

  故不同操作員對產量具顯著影響

(4) 設立兩個假設：$\begin{cases} H_0 : \text{不同機器對產量無影響} \\ H_1 : \text{不同機器對產量有影響} \end{cases}$

$\because F_A^* = 0.466 < F_{0.05,3,12} = 3.49$，不拒絕虛無假設

故不同機器對產品產量無充分證據證明有影響。

例 21

某公司欲探討該公司產品的四種包裝與三家商店是否對產品銷售量有影響，假設經過抽樣調查已經獲得下列之變異數分析表：

變異來源	平方和	自由度	平均平方和	F 值
包裝				
商店	400			
交互作用			10	
隨機	180		5	
總變異	1000			

請你幫他完成此變異數分析表，並檢定

(1)包裝對銷售量有無影響？

(2)商店對銷售量有無影響？

(3)包裝與商店對銷售量有無交互影響？（$\alpha = 0.05$）

解

變異數分析表如下所示：

變異來源	平方和	自由度	平均平方和	F 值
包裝	360	3	120	24
商店	400	2	200	40
交互作用	60	6	10	2
隨機	180	36	5	
總變異	1000	47		

(1) 兩個假設：$\begin{cases} H_0 : \text{包裝不會影響銷售量} \\ H_1 : \text{包裝會影響銷售量} \end{cases}$

$\because F^* = 24 > F_{0.05,3,36} = 2.84$，拒絕 H_0，故包裝會顯著影響到銷售量

(2) 兩個假設：$\begin{cases} H_0: 商店不會影響銷售量 \\ H_1: 商店會影響銷售量 \end{cases}$

$\because F^* = 40 > F_{0.05,2,36} = 3.23$，拒絕 H_0，故商店會顯著影響到銷售量

(3) 兩個假設：$\begin{cases} H_0: 包裝與商店對銷售量沒有交互作用 \\ H_1: 包裝與商店對銷售量有交互作用 \end{cases}$

$\because F^* = 2 < F_{0.05,6,36} = 2.34$，不拒絕 H_0，包裝與商店對銷售量沒有顯著的交互作用

1. 下列為未完成之變異數分析表：

變異來源	平方和	自由度	平均平方和	F
因子(組間)	12280.36			
隨機(組內)				$\frac{4}{8}$
總和	40715.43			

已知此檢定的虛無假設為：$H_0 : \mu_1 = \mu_2 = \mu_3 = \mu_4$，顯著水準 $\alpha = 0.05$，且決策法則為：當 $F^* > F_{0.05,3,24} = 3.01$ 時拒絕虛無假設，請完成此變異數分析表，並檢定結果。

2. 隨機抽取 15 位學生分成三組，分別使用三種不同教學法教授同一科目，在學期結束前測驗這 15 位學生的成績如下所示：

教學法 A	教學法 B	教學法 C
87	82	97
92	78	90
61	41	83
83	65	92
47	63	91

試問在顯著水準 $\alpha = 0.05$ 下，這三種教學法對學生的成績是否有顯著的差異？

3. 為分析甲、乙、丙、丁等四品牌輪胎的耐用程度，分別以 16 輛車子進行測試可行駛的公里數，分析結果整理如下變異數分析表：

變異來源	平方和	自由度	平均平方和	F
組間			80	
組內	560			
總和				

(1) 請完成變異數分析表。

(2) 在 5%顯著水準下，是否有足夠證據，可以證明「不同品牌輪胎的耐用程度不同」？

4. 某咖啡製造商根據不同職業別，針對台灣區作一對咖啡偏好強度的調查，得資料如下所示：

編號	1	2	3	4	5	6	7	8	9	10
職業	2	5	5	5	4	1	4	3	5	4
強度	61.25	27.38	27.38	27.38	78.41	61.25	66.57	86.88	27.38	65.57
編號	11	12	13	14	15	16	17	18	19	20
職業	3	3	2	5	2	2	1	4	1	1
強度	78.41	82.06	27.38	46.42	27.38	32.21	32.21	66.57	32.21	32.21

其中職業欄：1 表藍領，2 表學生，3 表白領，4 表企業負責人，5 表其他。

強度單位：「分」，是否有證據顯示不同的職業別，對咖啡偏好的強度有顯著的不同？($\alpha = 0.05$)

5. 大華公司之企畫部經理，希望研究五位銷售員(甲、乙、丙、丁、戊)在三個不同區域之銷售能力。某週五人在三區之銷售額(萬元)如下表所示：今若 x_{ij} 為獨立常態變數，具共同變異數 σ^2，且兩因子間無交互作用。並求得

總平方和 $SST=224$

因子 A 平方和 $SSA= 72$(銷售員)

因子 B 平方和 $SSB=130$(區域)

區域 銷售員	東區	南區	北區	$\overline{x}_i$
甲	53	61	51	55
乙	47	55	51	51
丙	46	52	49	49
丁	50	58	54	54
戊	49	54	50	51
$\overline{x}_j$	49	56	51	$\overline{\overline{x}} = 52$
總和				

(1) SSA 係如何求得？請寫出其算式。

(2) 請你以 $\alpha = 0.05$ 檢定銷售額是否因銷售員而有所不同？是否因地區而有所不同？

6. 博碩市調公司接受一委託案，調查市面上相同屬性的四種不同品牌飲料，其銷售情形是否有顯著差異。該公司乃選擇 20 個消費傾向類似的地區，且每一品牌飲料隨機指定其中五個不重複的地區做調查。下列資料是每一品牌飲料在各該地區平均每一千人口的銷售箱數：

品牌	銷售箱數 X_i					樣本數	樣本和	樣本平均數
甲	31	28	30	27	29	5	145	29
乙	26	28	25	29	27	5	135	27
丙	31	29	32	32	31	5	155	31
丁	27	25	28	24	26	5	130	26

(1) 該公司研究人員擬以變異變異數分析方法衡量該問題，試問應有哪些前提假設？

(2) 下表是不完整之 ANOVA 表，試對表中有編號之空格，依序填寫適當之數值。

變異來源	平方和(SS)	自由度(df)	均方(MS)	F
品牌	(a)	(c)	(f)	(g)
誤差	(b)	(d)	2.25	
總變異	109.75	(e)		
總和	40715.43			

(3) 根據(2)之結果，說明此種品牌飲料的平均銷售量是否有顯著差異，取顯著水準 $\alpha=0.05$。

7. 下表為未完成之變異數分析表：

變異來源	平方和(SS)	自由度(df)	均方(MS)	F
因子	16.9	6	(c)	(e)
誤差	(a)	(b)	(d)	
總變異	45.2	41		

(1) 請你完成這個變異數分析表。

(2) 根據這個表，請問此次實驗共有幾個衡量水準？

(3) 是否有顯著的證據顯示這些母體平均數有顯著的差？。（$\alpha = 0.1, F_{0.1,6,35}=1.95$）

(4) 若已知 $\bar{x}_1 = 3.7, \bar{x}_2 = 4.1$，且每個衡量水準皆有 7 個觀測值，請問 μ_1, μ_2 是否有顯著的差異？（$\alpha = 0.1$）

(5) 試求 $\mu_1 - \mu_2$ 的 90% 信賴區間。

(6) 試求 μ_1 的 90% 信賴區間。

8. 據說高價汽車於裝配時特別小心，低價者不同。為證實此項傳說，至某生產公司之展示室，檢視 A，B，C 三種車型之缺點，A 型最貴，B 型次之，C 型最廉。三種車型之缺點如表所列，試以 0.05 為檢定之顯著水準

(1) 檢定各種車型之缺點之平均數是否相等。

(2) 求共同變異數 σ^2 的 95% 信賴區間。

(3) 求 μ_B 之 95% 信賴區間。

車型	A	B	C
輛數	4	6	5
平均數	5.75	3.50	7.20
變異數	1.1875	1.9167	2.1600

其中 $s^2 = \dfrac{1}{n}\sum_{i=1}^{n}(x_i - \bar{x})^2$。

9. 欲比較三個鋼鐵工廠生產的鋼條強度，隨機分別自三個鋼鐵工廠抽取若干樣本進行測試，得資料如下所示：

	強度			
工廠 1	5	6	4	2
工廠 2	4	9	7	6
工廠 3	6	3	4	2

(1) 假設適合進行變異數分析，試以顯著水準 0.01 檢定三個工廠生產的鋼條強度是否相同？

(2) 試求母體變異數的點估計值。

10. 已知：s_i^2 : 50 40 30 52 60

   n_i : 5 5 4 6 8

這些樣本來自相同變異數的 5 個獨立常態母體，試求共同變異數 σ^2 之 98% 信賴區間。

11. 有三個常態母體，母體變異數皆相同，分別由各母體中隨機抽取 6 個樣本，已知樣本變異數分別為 4、3.6、3.5，求母體變異數的 95% 信賴區間。

12. 已知兩獨立樣本，資料如下：

   $\bar{x}_1 = 3.27, s_1^2 = 1.698, n_1 = 21; \bar{x}_2 = 2.53, s_2^2 = 1.353, n_2 = 25$

(1) 請問在何種情況下，可以使用變異數分析法檢定，若虛無假設為：$\mu_1 = \mu_2$。

(2) 根據給定的樣本資料，試建立變異數分析表。

13. 從四個常態母體中隨機抽取若干樣本，其資料如下所示：

	母體 1	母體 2	母體 3	母體 4
$\bar{x}_i$	12	17	16	15
s_i^2	9.5	10	2	2.8
n_i	5	4	7	6

試利用 Bartlett 檢定法，檢定四個母體變異數是否相等。（$\alpha = 0.05$）

14. 欲比較三個鋼鐵工廠生產的鋼條強度，隨機分別自三個鋼鐵工廠抽取若干樣本進行測試，得資料如下所示：

	強度			
工廠 1	5	6	4	2
工廠 2	4	9	7	6
工廠 3	6	3	4	2

試求三個鐵工廠平均強度差的 95%聯合信賴區間,請分別以 Scheffe 與 Bonferroni 求之。($F_{0.05,2,9} = 4.26, t_{\frac{0.025}{3},9} = 2.933$)

15. 現有 A、B、C、D 四種不同的機油與六種不同品牌的汽車,以隨機取樣的方式, 進行耗油試驗,下表為每 10 公升汽油所行駛的里程數(單位:公里):

	1	2	3	4	5	6
A	95	96	92	90	94	97
B	90	95	95	92	96	96
C	88	95	90	92	92	95
D	91	94	91	90	94	92

假設此資料適合進行變異數分析,根據上表資料試檢定。

(1) 不同品牌的機油對汽車行駛的里程數是否會產生顯著差異?($\alpha = 5\%$)?

(2) 耗油量是否因汽車品牌而產生顯著差異?($\alpha = 5\%$)?

16. 如下表之資料所示,請建立變異數分析表:

		因素 B:大學學院		
		商學	工學	藝術與社會
因素 A: 準備課程	三小時複習	500 580	540 460	480 400
	一天課程	460 540	560 620	420 480
	十週課程	560 600	600 580	480 410

17. 若兩因子 A,B 各有 3 個水準(level),且每一配對的衡量水準(treatment)都做二次 實驗(全部實驗次數 18 次),經計算得出下列平方和

$SSA=6100$,$SSB=45300$,$SSAB=11200$,$SST=82450$;

(1) 求 MSE。

(2) 在 $\alpha = 0.05$ 下檢定 A,B 有無交互作用。

(3) 在 $\alpha = 0.05$ 下檢定因素 B 的主要效果是否顯著。

18. 下表為某研究機構針對三種不同年齡層的人每週上網時數調查表:

地點	年齡層				
	16 歲以下	16 至 19 歲	20 至 25 歲	25 歲以上	合計
北	7	12	22	27	68
中	5	12	19	22	58
南	5	11	13.5	25	54.5
合計	17	35	54.5	74	180.5

(1) 試檢定不同年齡層每週上網時數是否相同？$(\alpha = 0.05)$

(2) 北、中、南每週上網時數是否相同？$(\alpha = 0.05)$

(3) 前兩小題中，若達顯著水準，請以 Tukey 法進行事後檢定。

19. 某人欲比較五種牌子的 2A、3A、4A 電池，看其壽命長短有無差異。他把每種牌子的每類電池隨機抽取 25 個來試驗，計算得下列之變異數分析表：

變異來源	平方和	自由度	平均平方和
電池品牌	218		
電池種類	89		
交互作用	756		
隨機			
總合	5059		

(1) 試完成上表。

(2) 試檢定品牌對電池壽命有無影響$(\alpha = 5\%)$？

(3) 試檢定電池種類對電池壽命有無影響$(\alpha = 5\%)$？

(4) 試檢定品牌與電池種類間有無交互影響$(\alpha = 5\%)$？

20. 某廠商研究 4 種不同包裝設計與 2 種不同行銷策略對某種產品的銷售量是否有影響。隨機抽樣 40 家便利商店，對包裝與策略的每種水準組合各在 5 家便利商店銷售做實驗，記錄一週後銷售量，得到下列部分報表如下所示：

變異來源	平方和	自由度	平均平方和	F
設計				10
策略	60			
交互作用	18			
誤差			3	
總和	264			

(1) 寫出完整的 ANOVA 表。

(2) 在 $\alpha = 0.05$ 下，請檢定包裝設計與行銷策略對銷售量是否有交互作用？

(3) 在 $\alpha = 0.05$ 下，請檢定 4 種不同包裝設計是否對銷售量有影響？

(4) 在 $\alpha = 0.05$ 下，請檢定 2 種行銷策策是否會影響銷售量？

21. 假設有 A 與 B 二個因子，A 因子有 3 個衡量水準，B 因子有 2 個衡量水準，每個衡量水準下皆有 2 個實驗單位，請依據上述資料完成下列 ANOVA 表：

變異來源	平方和	自由度	平均平方和	F
A 因子	1742	2	871	113.61
B 因子	3	1	3	0.39
交互作用	18	2	9	1.17
誤差	46	6	7.67	
總合	1809	11		

附註：以 SPSS 進行變異數分析報表

檢定休閒型態對網路成癮的影響

$$\begin{cases} H_0 : \text{休閒型態對網路成癮無影響} \\ H_1 : \text{休閒型態對網路成癮有影響} \end{cases}$$

報表解讀：

報表 1：

組別統計量

網路成癮

	平方和	自由度	平均平方和	F	顯著性
組間	980.447	4	245.112	.981	.419
組內	45719.910	183	249.836		
總和	46700.356	187			

$P - value = 0.419$

檢定結果不拒絕虛無假設

17

簡單線性迴歸與相關分析

迴歸分析在統計分析上扮演著極重要的角色，迴歸分析主要的用途在於利用一套數學方法，尋找變數間的關係，故在人文社會學因果關係的研究中經常被使用。除此之外，迴歸分析也可以用來進行變數的預測以及資料的插補，例如預測颱風未來一小時的路徑、股票指數未來幾天的走勢，或者在資料蒐集時，有部分資料空缺，也可利用迴歸方程進行空缺資料的插補。而相關分析一般是在進行迴歸分析前的分析工具，利用相關分析可以初步探知變數間是否存在兩兩關係。

簡單線性迴歸分析

在本節中將介紹一個 x 與一個 y 且變數的次數為 1 次的迴歸分析，在人文社會學的研究中，簡單線性迴歸分析，通常用於檢定單因單果間的因果關係是否成立。

17.1.1 迴歸分析的用途

獨立樣本 t 檢定或者變異數分析都是探討自變數對依變數是否有影響(或造成差異)的統計方法，其中自變數必須為類別變數(名義量尺)，依變數必須為連續變項(比率量尺)。但是若探討的自變數與依變數都是連續變項時，上述方法就不適用了，需改用其他的統計方法來分析兩連續變數間的關係，迴歸分析就是用來衡量兩連續變數之間關係的統計方法。

我們經常聽到個頭矮小的人常自我安慰的一句話：「腦袋越接近地心的人越聰明。」，到底有沒有根據？是否真的個子矮的人成績較高？此外我們也經常聽到父母親告誡小孩要用功讀書，用功讀書成績一定比較好，讀書時間與成績真的存在這樣的關係嗎？有人說買一棟 500 萬的房子平均需要連續不吃不喝 10 年，那麼如果想買 600 萬的房子大概要奮鬥幾年才能如願以償？諸如此類的問題，皆可透過迴歸分析進行檢定或預測。在建立迴歸模型之前，我們先認識一些迴歸分析會提到的專有名詞。

17.1.2 自變數

所謂自變數(independent variable)是指用來解釋所造成影響的變數，又稱為解釋變數(explanatory variable)。在人文社會的「因果」關係研究中，它扮演「因」的角色。如：探討矮個子的人成績較高，身高就是自變數；如：花在書本的時間越多成績也越好，讀書時間就是自變數，在簡單線性迴歸中的自變數必須為連續變項，通常我們以符號 X 表示自變數的總集合。這裡要特別提醒，我們無法由統計方法來反推因果關係的成立，因果關係的設立是靠人類的邏輯思維，統計是協助驗證的一種工具。所以因果關係是由研究者所設立，並非由統計方法反推獲得。

17.1.3 依變數

依變數(dependent variable)是隨自變數變動而變動的數，又稱為應變數(response variable)。如：探討矮個子的成績較高，成績就是依變數；如：擁有較高身高的人體重越重，體重就是依變數。依變數也必須為連續變項，通常我們以符號 Y 表示依變數的總集合。自變數與依變數在某些情況界定非常明顯，但有時候很難界定。例如探討身

高與體重的關係，到底是身高影響體重？還是體重決定身高？所以自變數與依變數的安排有時候需要視研究主題去界定。

17.1.4 迴歸分析的種類

迴歸分析(regression analysis)主要用來分析一個或數個自變數與依變數間的關係，並以自變數來描述、預測依變數的一種統計方法。像上面提到的幾個問題我們都可以利用簡單線性迴歸分析來進行檢定或預測。

迴歸分析一般可按自變數、依變數的多寡，以及自變數與依變數間是否存在線性關係分成兩大類：

若依照自變數與依變數的數目一般可區分成下列四種：

1. 簡單迴歸分析(simple regression analysis)

   只有一個自變數(X)與一個依變數(Y)。若以數學模型可寫成 $y = f(x)$ 的型式。

2. 多元迴歸分析(multiple regression analysis)

   多個自變數(X)與一個依變數(Y)。若以數學模型可寫成 $y = f(x_1, x_2, \cdots, x_n)$ 的型式。有些教科書特別把二元迴歸再獨立出來，實際上如何區分並沒有明顯的分界。就如同單向式、二項式、三項式與多項式，都可以統稱為多項式般。

3. 多變量迴歸分析(multivariate regression analysis)

   一個或多個自變數(X)與多個依變數(Y)，若以數學模型可寫成 $(y_1, y_2, \cdots, y_m) = f(x_1, x_2, \cdots, x_n)$ 的型式。

4. 複迴歸(complex regression analysis)

   除了自變數 X 與依變數 Y 之外，尚存在類別變項(A)，若以數學模型可寫成 $y = f(x_1, x_2, \cdots, x_n, A_1, A_2, \cdots, A_k)$ 的型式。複迴歸和多元迴歸是有差異的，有不少教科書將複迴歸合併在多元迴歸中，這種作法並不恰當。因為複迴歸是複合型的迴歸，若以圖形表示，複迴歸的迴歸線不止一條，而多元迴歸線必定只有一條。

若依照自變數與依變數之關係型態可分成下列兩種：

1. 線性(linear)迴歸

   自變數與依變數的次數皆為一次方，稱為線性迴歸。

2. 非線性(nonlinear)迴歸

   自變數或依變數的次數在 2(含)次方以上。

17.1.5 簡單線性迴歸模型之建立

在正式介紹簡單線性迴歸模型前，有五個有關迴歸的重要相關式子必須要先認識，這五個式子分別為：

1. 數學迴歸模型：$y = E(y|x) + \varepsilon = \mu_{y|x} + \varepsilon = \alpha + \beta x + \varepsilon$

2. 母體迴歸線：$E(y|x) = \mu_{y|x} = \alpha + \beta x$

3. 誤差：$\varepsilon = y - E(y|x) = y - \mu_{y|x} = y - \alpha - \beta x$

4. 樣本迴歸線：$\hat{y} = \hat{\alpha} + \hat{\beta} x$

5. 殘差：$e = y - \hat{y} = y - \hat{\alpha} - \hat{\beta} x$

其中 $\mu_{y|x}$ 稱為條件期望值或條件平均數，也有人表示成 $E(y|x)$，其意義為把 x 值固定，所有對應 y 的平均值。舉例來說，假設 x 表體重 y 表身高，$\mu_{y|50}$ 就是母體中所有體重 50 公斤的人之平均身高。數學模型是指所有的 y 值皆可透過 $\alpha + \beta x$ 和誤差項 ε 求得。如下圖所示，P 點的 y 座標可透過直線方程上的 y 座標再加上誤差值。因此數學模型對任意點均成立。

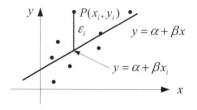

母體迴歸線則是由全體資料透過最小平方法、或最大概似法所得出的直線方程式。樣本迴歸線則是利用樣本資料透過最小平方法或最大概似法所求得之迴歸方程式。誤差(ε)定義為實際資料的 y 值與母體迴歸線所對應的 y 值之差；殘差(e)是指樣本資料的 y 值與樣本迴歸線所對應的 $\hat{y}$ 值之差。我們只要瞭解樣本迴歸線與殘差即可，因為母體迴歸線在正常情況是無法得知的。故迴歸分析是指利用樣本迴歸線來對母體作推論或預測的一種統計分析方法。

17.1.6 簡單線性迴歸模型的基本假設

在正式介紹樣本迴歸線之前，我們先來看母體迴歸線。舉個例子來說明，假設自變數 X 表示體重，依變數 Y 表示身高，若我們將全體資料標示在座標平面上。若以三度空間表示，其分配大約如下圖所示：

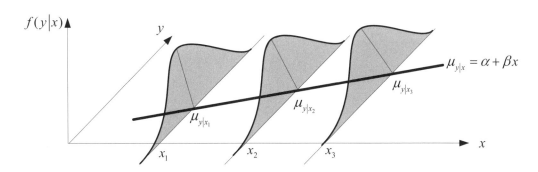

以體重 50 公斤的人來說明，有人比較瘦因此比較高，有人比較胖所以比較矮，但大部分的人都會集中在某一個身高範圍內，特別高或特別矮的人會比較少，其分配就如同上圖所示，上圖中的斜直線稱為母體迴歸線，正好通過每一個分配的平均數，當然要符合這樣的特性必須要有下列幾個假設：

1.　常態性假設

　　每一個 x 值所對應的 y 的分配必須符合常態分配。

2.　變異數齊一性(homocedasticity)

　　每一個 x 值所對應的 y 的分配其變異數必須相等，每一個 x 值所對應的 y 的分配曲線若經過平移會重合，簡單來說，就是上面的分配經過平移後會完全重合。以數學方式可表示成：

$$V(y) = \sigma^2_{y|x_1} = \sigma^2_{y|x_2} = \cdots = \sigma^2_{y|x_n} = \sigma^2$$

3.　所有小母體分配的平均數 $\mu_{y|x_i}$ 均落母體迴歸線上。簡單的說母體迴歸線即是所有小母體平均數通過的直線，故母體迴歸線可用直線方程式：$\mu_{y|x} = \alpha + \beta x$ 來表示，其中 α, β 稱為母體迴歸係數。

4.　不同 X 下的 Y 彼此獨立。

　　不同的 X 下各有其自己所對應的 Y 分配，彼此獨立互不影響。

5.　誤差遵循常態分配彼此獨立且期望值為 0，即

　　$\varepsilon_i \sim N(0, \sigma^2)$ 且 $Cov(\varepsilon_i, \varepsilon_j) = 0$

　　誤差是指實際資料的 y 值與對應母體迴歸線上 y 的值之差。例如某人體重 50 公斤，身高 167 公分，而全體 50 公斤的人平均身高是 155 公分，則此人的身高誤差為 $167 - 55 = 12$ 公分。

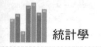
上面的幾個假設有些教科書將其濃縮成三個假設，分別為：

1. $E(\varepsilon_i) = 0$

2. $V(\varepsilon_i) = \sigma^2$

3. $Cov(\varepsilon_i, \varepsilon_j) = 0$

又上面第 1 與 2 個假設可寫成 $\varepsilon_i \sim N(0, \sigma^2)$，故線性迴歸的基本假設最簡潔的寫法為，滿足 $Cov(\varepsilon_i, \varepsilon_j) = 0$ 與 $\varepsilon_i \sim N(0, \sigma^2)$ 即可。

例 1

假設 X, Y 之聯合機率分配 $f(x,y) = \begin{cases} e^{-2x}, & 0 < y < x < \infty \\ 0, & o.w. \end{cases}$，試求 Y 對 X 之線性迴歸方程式為何？

解

本題因為沒有作抽樣的動作，故所求為母體迴歸線。

已知母體迴歸線為 $E(y|x) = \mu_{y|x} = \alpha + \beta x$，故只要求出 $E(y|x)$ 即為所求

由條件機率的定義知 $E(y|x) = \int_y yf(y|x)dy = \int_y y \cdot \dfrac{f(x,y)}{f_X(x)}dy$

其中：$f_X(x) = \int f(x,y)dy = \int_0^x e^{-2x}dy = y\,e^{-2x}\Big|_0^x = xe^{-2x}$ ，$0 < x < \infty$

$f(y|x) = \dfrac{f(x,y)}{f_X(x)} = \dfrac{e^{-2x}}{xe^{-2x}} = \dfrac{1}{x}$

故迴歸方程為：$E(y|x) = \int_y yf(y|x)dy = \int_0^x y \cdot \dfrac{e^{-2x}}{xe^{-2x}}dy = \dfrac{x}{2}$

17.2 樣本迴歸方程的推導

大部分的情況下我們不曉得母體分配情況(實驗室或數學模擬例外)，母體迴歸線僅是數學上的定義，我們僅能利用樣本資料來推求迴歸線，利用樣本資料所求出的迴歸方程稱為樣本迴歸方程。

　　樣本迴歸線要如何尋找呢？原理很簡單，只要讓全體所造成的總誤差最小就是一個好的迴歸線估計式，要達成這個目的一般有兩種方法較常用：最小平方法(ordianry least squares method, OLS)與最大概似估計法(maximum likelihood method, ML)。不論用最小平方法或最大概似法所推導出來的簡單線性迴歸方程式是一模一樣的。

17.2.1 以最小平方法求迴歸方程

　　假設 $\hat{y} = \hat{\alpha} + \hat{\beta}x$ 是我們找到的最佳迴歸估計式，x,y 為實際的樣本資料。根據前面的定義，殘差為：實際樣本資料 y 值與迴歸直線所得的 $\hat{y}$ 值的差。例如迴歸線為 $\hat{y} = 1 + 2x$，若其中一個樣本資料為 $(2, 6.5)$，實際的樣本資料為 $y = 6.5$，令 $x = 2$ 代入迴歸方程中得到 $\hat{y} = 5 = 5$，故殘差為 $e = 6.5 - 5 = 1.5$。由於誤差不可以相互抵銷，因此我們把殘差取平方並加總。而所謂最小平方法就是找到一條直線使所有的殘差的平方和為最小。若以圖形表示，如下圖所示，黑點表示樣本資料，由最小平方法所求出的迴歸線，會使得所有的鉛直虛線長度的平方和為最小值。

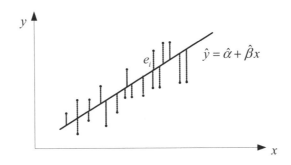

　　以數學方式表示，所有的殘差平方和為：

$$\sum e_i^2 = SSE = \sum (y_i - \hat{y}_i)^2 = \sum (y_i - \hat{\alpha} - \hat{\beta}x_i)^2$$

　　殘差的平方和以符號 SSE 表之，這裡的 SSE 與前述變異數分析中的 SSE 概念是一樣的。目標是找到 $\hat{\alpha}, \hat{\beta}$ 得值使 SSE 為最小，故將殘差分別對 $\hat{\alpha}, \hat{\beta}$ 取一階偏導數，並令其值為 0，此概念與單變數求極值的概念相同，即

$$\begin{cases} \dfrac{\partial SSE}{\partial \hat{\alpha}} = 0 \\ \dfrac{\partial SSE}{\partial \hat{\beta}} = 0 \end{cases} \Rightarrow \begin{cases} \sum 2(y_i - \hat{\alpha} - \hat{\beta}x_i)(-1) = 0 \\ \sum 2(y_i - \hat{\alpha} - \hat{\beta}x_i)(-x_i) = 0 \end{cases}$$

整理得

$$\begin{cases} n\hat{\alpha} + \hat{\beta}\sum x_i = \sum y_i \text{...................} (1) \\ \hat{\alpha}\sum x_i + \hat{\beta}\sum x_i^2 = \sum x_i y_i \text{............}(2) \end{cases}$$

上面聯立方程式稱為標準方程式(normal equation)，解聯立方程式可得：

$$\hat{\beta} = \frac{\sum_{i=1}^{n}(x_i - \overline{x})(y_i - \overline{y})}{\sum_{i=1}^{n}(x_i - \overline{x})^2}$$

$$\hat{\alpha} = \frac{\sum_{i=1}^{n}y_i \sum_{i=1}^{n}x_i^2 - \sum_{i=1}^{n}x_i \sum_{i=1}^{n}x_i y_i}{n\sum_{i=1}^{n}x_i^2 - (\sum_{i=1}^{n}x_i)^2}$$

上面的公式不容易記憶，一般建議先記 $\hat{\beta}$，接著將 $\hat{\beta}$ 代入 $\sum y_i = n\hat{\alpha} + \hat{\beta}\sum x_i$ 中可得 $\hat{\alpha} = \dfrac{\sum y - \hat{\beta}\sum x}{n} = \overline{y} - \hat{\beta}\overline{x}$。故求 $\hat{\alpha}$ 只要將 $\hat{\beta}$ 代入樣本迴歸線 $\hat{y} = \hat{\alpha} + \hat{\beta}x$ 中，並將 x 及 y 取平均值，移項即得，即

$$\hat{\alpha} = \overline{y} - \hat{\beta}\overline{x}$$

此外有關 $\hat{\beta}$ 的其他相關算式如下所示：

$$\hat{\beta} = \frac{\sum_{i=1}^{n}(x_i - \overline{x})(y_i - \overline{y})}{\sum_{i=1}^{n}(x_i - \overline{x})^2} = \frac{\sum_{i=1}^{n}x_i y_i - n\overline{xy}}{\sum_{i=1}^{n}x_i^2 - n\overline{x}^2} = \frac{\sum_{i=1}^{n}(x_i - \overline{x})y_i}{\sum_{i=1}^{n}x_i^2 - n\overline{x}^2} = \frac{\sum_{i=1}^{n}x_i(y_i - \overline{y})}{\sum_{i=1}^{n}(x_i - \overline{x})x_i} = \frac{s_{xy}}{s_x^2}$$

其中 s_{xy} 表 X 與 Y 的樣本共變異數，和前面章節採用符號 $Cov(x, y)$ 是完全相同的，s_x^2 表 X 的樣本變異數。

17.2.2 最小平方估計式的性質

利用最小平方法得到的迴歸方程式具有下列性質：

1. $\hat{\alpha}, \hat{\beta}$ 為 α, β 的不偏估計式，滿足不偏性的要求，即：$E(\hat{\alpha}) = \alpha, E(\hat{\beta}) = \beta$

2. $\hat{\alpha}, \hat{\beta}$ 的變異數 $V(\hat{\alpha}), V(\hat{\beta})$ 與母體變異數 σ^2 間具下列之關係：

$$V(\hat{\alpha}) = \frac{\sum x^2}{n\sum(x - \overline{x})^2}\sigma^2 \quad , \quad V(\hat{\beta}) = \frac{\sigma^2}{\sum(x - \overline{x})^2}$$

上面的式子不太容易記憶，建議先記住 $V(\hat{\beta})$，然後由 $V(\hat{\alpha}) = V(\hat{\beta}) \cdot \dfrac{\sum x^2}{n}$ 去推得 $V(\hat{\alpha})$。

3. 根據上面兩個性質，又因為 $\hat{\alpha}, \hat{\beta}$ 呈常態分配，故 $\hat{\alpha}, \hat{\beta}$ 服從下列之分配：

$$\hat{\alpha} \sim N(\alpha, \frac{\sum x^2}{n \sum (x - \overline{x})^2} \sigma^2) \quad , \quad \hat{\beta} \sim N(\beta, \frac{\sigma^2}{\sum (x - \overline{x})^2})$$

4. 根據高斯—馬可夫(Gauss-Markov)定理，若母體滿足下列條件：

(1) $E(\varepsilon_i) = 0$

(2) $V(\varepsilon_i) = \sigma^2$

(3) $Cov(\varepsilon_i, \varepsilon_j) = 0$

(4) $Cov(\varepsilon_i, x) = 0$

則利用最小平方法求得之估計式為一最佳線性不偏估計式，故 $\hat{\alpha}, \hat{\beta}$ 均為最佳線性不偏估計式。有關此敘述之證明，請讀者自行參考數理統計。

例 2

隨機抽樣 5 個人，得其身高與體重資料如下所示：

y(身高)	162	170	158	172	166
x(體重)	62	75	50	56	70

請你使用最小平方法的定義求身高與體重的線性迴歸方程式，接著再利用公式求迴歸方程式，檢驗兩者是否相同。

解

假設迴歸方程式為：$\hat{y} = \hat{\alpha} + \hat{\beta}x$

(1)

y	162	170	158	172	166
x	62	75	50	56	70
$\hat{y}$	$\hat{\alpha} + 62\hat{\beta}$	$\hat{\alpha} + 75\hat{\beta}$	$\hat{\alpha} + 50\hat{\beta}$	$\hat{\alpha} + 56\hat{\beta}$	$\hat{\alpha} + 70\hat{\beta}$

$$SSE = \sum e_i^2 = [(162 - \hat{\alpha} - 62\hat{\beta})^2 + (170 - \hat{\alpha} - 75\hat{\beta})^2 + (158 - \hat{\alpha} - 50\hat{\beta})^2$$

$$+ (172 - \hat{\alpha} - 56\hat{\beta})^2 + (166 - \hat{\alpha} - 70\hat{\beta})^2]$$

$$\frac{SSE}{\partial \hat{\alpha}} = 2(162 - \hat{\alpha} - 62\hat{\beta}) \cdot (-1) + 2(170 - \hat{\alpha} - 75\hat{\beta}) \cdot (-1) + 2(158 - \hat{\alpha} - 50\hat{\beta}) \cdot (-1)$$

$$+ 2(172 - \hat{\alpha} - 56\hat{\beta})(-1) + 2(166 - \hat{\alpha} - 70\hat{\beta})(-1) = 0$$

$$5\hat{\alpha} + 313\hat{\beta} = 828 \quad\text{·····························} \text{①}$$

$$\frac{SSE}{\partial\hat{\beta}} = 2(162 - \hat{\alpha} - 62\hat{\beta})(-62) + 2(170 - \hat{\alpha} - 75\hat{\beta})(-75) + 2(158 - \hat{\alpha} - 50\hat{\beta})(-50)$$

$$+ 2(172 - \hat{\alpha} - 56\hat{\beta})(-56) + 2(166 - \hat{\alpha} - 70\hat{\beta})(-70) = 0$$

$$313\hat{\alpha} + 20005\hat{\beta} = 51946 \quad\text{···························} \text{②}$$

由①②可得 $\hat{\alpha} = 148.367, \hat{\beta} = 0.275$

故線性迴歸方程為 $\hat{y} = 148.367 + 0.2753x$

(2) 直接套用公式

$$\hat{\beta} = \frac{\displaystyle\sum_{i=1}^{n} x_i y_i - n\overline{xy}}{\displaystyle\sum_{i=1}^{n} x_i^2 - n\overline{x}^2} = \frac{51946 - 5\times 62.6\times 165.6}{20005 - 5\times 62.6^2} = 0.2753$$

$$\hat{\alpha} = \overline{y} - \hat{\beta}\overline{x} = 165.6 - 0.2753\times 62.6 = 148.366$$

故線性迴歸方程為 $\hat{y} = 148.366 + 0.2753x$

註：由於計算過程中不少地方採四捨五入，故會產生些許誤差。

例 3

試證：$E(\hat{\beta}) = \beta$，$V(\hat{\beta}) = \dfrac{\sigma^2}{\sum (x - \overline{x})^2}$

證明

$$(1) \quad E(\hat{\beta}) = E\left[\frac{\displaystyle\sum_{i=1}^{n}(x_i - \overline{x})y_i}{\displaystyle\sum_{i=1}^{n}(x - \overline{x})^2}\right] = \left[\frac{\displaystyle\sum_{i=1}^{n}(x_i - \overline{x})}{\displaystyle\sum_{i=1}^{n}(x - \overline{x})^2}\right]E(y_i) = \left[\frac{\displaystyle\sum_{i=1}^{n}(x_i - \overline{x})}{\displaystyle\sum_{i=1}^{n}(x - \overline{x})^2}\right](\alpha + \beta x_i)$$

$$= \frac{1}{\displaystyle\sum_{i=1}^{n}(x - \overline{x})^2}\left[\sum_{i=1}^{n}(x_i - \overline{x})\alpha + \beta\sum_{i=1}^{n}(x_i - \overline{x})x_i\right] = \frac{1}{\displaystyle\sum_{i=1}^{n}(x - \overline{x})^2}\left[0 + \beta\sum_{i=1}^{n}(x_i - \overline{x})x_i\right]$$

$$= \frac{1}{\displaystyle\sum_{i=1}^{n}(x - \overline{x})^2}\left[\beta\sum_{i=1}^{n}(x_i - \overline{x})^2\right] = \beta$$

(2) $V(\hat{\beta}) = V\left[\dfrac{\displaystyle\sum_{i=1}^{n}(x_i - \overline{x})y_i}{\displaystyle\sum_{i=1}^{n}(x - \overline{x})^2}\right] = \dfrac{1}{\left[\displaystyle\sum_{i=1}^{n}(x - \overline{x})^2\right]^2}V\left[\displaystyle\sum_{i=1}^{n}(x_i - \overline{x})y_i\right]$

其中 $V\left[\displaystyle\sum_{i=1}^{n}(x_i - \overline{x})y_i\right] = V\left[(x_1 - \overline{x})y_1 + (x_2 - \overline{x})y_2 + \cdots + (x_n - \overline{x})y_n\right]$

$= (x_1 - \overline{x})^2 V(y_1) + (x_2 - \overline{x})^2 V(y_2) + \cdots + (x_n - \overline{x})^2 V(y_n)$

$= (x_1 - \overline{x})^2 \sigma^2 + (x_2 - \overline{x})^2 \sigma^2 + \cdots + (x_n - \overline{x})^2 \sigma^2 = \displaystyle\sum_{i=1}^{n}(x_i - \overline{x})^2 \sigma^2$

將上式代回即得 $V(\hat{\beta}) = \dfrac{\sigma^2}{\sum(x - \overline{x})^2}$

例 4

試利用標準方程式 $\begin{cases} n\hat{\alpha} + \hat{\beta}\sum x_i = \sum y_i \text{.................. (1)} \\ \hat{\alpha}\sum x_i + \hat{\beta}\sum x_i^2 = \sum x_i y_i \text{...........(2)} \end{cases}$ 求證：$\sum e_i = 0$、$\sum \hat{y}_i e_i = 0$、

$\sum \hat{y}_i = \sum y_i$ 與 $\sum x_i e_i = 0$。

證明

① $\sum e_i = 0$：

由樣本迴歸線：$y = \hat{\alpha} + \hat{\beta}x + e \Rightarrow \sum y_i = \sum \hat{\alpha} + \hat{\beta}\sum x_i + \sum e_i$

又由(1)式知 $n\hat{\alpha} + \hat{\beta}\sum x_i = \sum y_i$ 代入上式，即得 $\sum e_i = 0$

② $\sum \hat{y}_i = \sum y_i$：

$y = \hat{\alpha} + \hat{\beta}x + e \Rightarrow \sum y_i = \sum \hat{\alpha} + \hat{\beta}\sum x_i + \sum e_i = \sum \hat{\alpha} + \hat{\beta}\sum x_i$

又 $\hat{y} = \hat{\alpha} + \hat{\beta}x \Rightarrow \sum \hat{y}_i = \sum \hat{\alpha} + \hat{\beta}\sum x_i$

故 $\sum \hat{y}_i = \sum y_i$

③ $\sum x_i e_i = 0$：

由樣本迴歸線：$y = \hat{\alpha} + \hat{\beta}x + e \Rightarrow xy = \hat{\alpha}x + \hat{\beta}x^2 + ex$

$\Rightarrow \sum x_i y_i = \hat{\alpha}\sum x_i + \hat{\beta}\sum x_i^2 + \sum e_i x_i$

由標準方程式(2)知：$\hat{\alpha}\sum x_i + \hat{\beta}\sum x_i^2 = \sum x_i y_i$

故 $\sum x_i e_i = 0$

④　$\sum \hat{y}_i e_i = 0$：

$\because \sum \hat{y}_i e_i = \sum (\hat{\alpha} + \hat{\beta}x_i)e_i = \hat{\alpha}\sum e_i + \hat{\beta}\sum x_i e_i = 0$

17.2.3 最小平方法之母體變異數 σ^2 的估計式與信賴區間

根據最小平方法的基本假設，母體變異數 σ^2 等於母體殘差項 ε_i 的變異數，故

$$\sigma^2 = V(\varepsilon_i) = \frac{1}{N}\sum_{j=1}^{N}\left[\varepsilon_{ij} - E(\varepsilon_i)\right]^2 = \frac{1}{N}\sum_{j=1}^{N}\varepsilon_{ij}^2 \quad (\because E(\varepsilon_i) = 0)$$

但母體變異數通常未知，因此在估計 σ^2 時可利用殘差 $e_i = y_i - \hat{\alpha} - \hat{\beta}x_i$ 來估計，故 σ^2 的估計式為：

$$s_{y|x}^2 = \frac{\sum_{i=1}^{n} e_i^2}{n-2} = \frac{\sum_{i=1}^{n}(y_i - \hat{y}_i)^2}{n-2} = \frac{\sum_{i=1}^{n}(y_i - \hat{\alpha} - \hat{\beta}x_i)^2}{n-2} = \frac{SSE}{n-2} = MSE$$

上式需牢記起來，在隨後的單元，有關迴歸的各種檢定幾乎都會用到它。自由度之所以少 2，是因為在推導 $s_{y|x}^2$ 時我們用了 $\hat{\alpha}$ 與 $\hat{\beta}$ 兩個限制式，故自由度為 $n-2$。在絕大部分的教科書採用 $s_{y|x}^2$ 這個符號，其實它和前面章節所用到的符號 MSE 與 s_p^2 在意義上是一樣的。故在迴歸分析中母體變異數的點估計與變異數分析一樣皆等於 MSE，且母體變異數的 $1-\alpha$ 信賴區間公式也和變異數分析完全相同，即：

$$\frac{SSE}{\chi_{n-2,\frac{\alpha}{2}}^2} \le \sigma^2 \le \frac{SSE}{\chi_{n-2,1-\frac{\alpha}{2}}^2}$$

在後面迴歸模型適合度的檢定中我們會進一步介紹 SSE 的快速運算法。

例 5

承例題 2，試估計母體變異數的點估計值與 95% 的信賴區間。

解

由例題 2 知，迴歸方程為：$\hat{y} = 148.366 + 0.2753x$

y	162	170	158	172	166
x	62	75	50	56	70
$\hat{y}$	165.435	169.014	162.131	163.783	167.637
$|e_i|$	3.435	0.986	4.131	8.217	1.637

$$\because SSE = \sum e_i^2 = 3.435^2 + 0.986^2 + 4.131^2 + 8.217^2 + 1.637^2 \approx 100.035$$

故母體變異數的點估計值為 $MSE = \dfrac{SSE}{5-2} \approx 33.345$

95%的信賴區間為：

$$\frac{SSE}{\chi^2_{n-2,\frac{\alpha}{2}}} \leq \sigma^2 \leq \frac{SSE}{\chi^2_{n-2,1-\frac{\alpha}{2}}} \Rightarrow \frac{100.035}{9.348} \leq \sigma^2 \leq \frac{100.035}{0.216}$$

故母體變異數的 95%的信賴區間為：$10.701 \leq \sigma^2 \leq 463.125$

17.2.4 以最大概似法求線性迴歸方程

在本節中我們將要介紹使用最大概似法推導迴歸方程，最大概似法唯一的缺點是必須知道母體的機率分配，否則無法使用。假設依變數 Y 服從常態分配 $Y \sim N(\alpha + \beta X, \sigma^2)$，待估計的參數有 α, β 與 σ^2，故最大概似函數為：

$$L(\alpha, \beta, \sigma^2) = \prod_{i=1}^{n} \frac{1}{\sqrt{2\pi}\sigma} e^{-\frac{(y_i - \alpha - \beta x_i)^2}{2\sigma^2}} = (\frac{1}{\sqrt{2\pi}\sigma})^n e^{-\frac{\sum_{i=1}^{n}(y_i - \alpha - \beta x_i)^2}{2\sigma^2}}$$

將上式兩邊同時取對數得：

$$\ln L(\alpha, \beta, \sigma^2) = -\frac{n}{2}\ln 2\pi - \frac{n}{2}\ln(\sigma^2) - \frac{\sum(y_i - \alpha - \beta x_i)^2}{2\sigma^2}$$

分別對 α, β, σ^2 微分

$$\begin{cases} \dfrac{\partial \ln L}{\partial \alpha} = \dfrac{1}{\sigma^2}(\sum y_i - n\alpha - \beta \sum x_i) = 0 \\[2mm] \dfrac{\partial \ln L}{\partial \beta} = \dfrac{1}{\sigma^2}(\sum x_i y_i - \alpha \sum x_i - \beta \sum x_i^2) = 0 \\[2mm] \dfrac{\partial \ln L}{\partial \sigma^2} = -\dfrac{n}{2}\dfrac{1}{\sigma^2} + \dfrac{\sum(y_i - \alpha - \beta)^2}{2\sigma^4} = 0 \end{cases}$$

求解聯立方程式可得：

$$\hat{\alpha} = \frac{\sum y_i \sum x_i^2 - \sum x_i \sum x_i y_i}{n \sum x_i^2 - (\sum x_i)^2}$$

$$\hat{\beta} = \frac{n \sum x_i y_i - \sum x_i \sum y_i}{n \sum x_i^2 - (\sum x_i)^2} = \frac{\sum (x_i - \overline{x})(y_i - \overline{y})}{\sum (x_i - \overline{x})^2}$$

$$\hat{\sigma}^2 = \frac{1}{n} \sum (y_i - \hat{\alpha} - \hat{\beta} x_i)^2$$

從上式可以看出來，當 y_i 或 ε_i 為常態分配時最小平方法與最大概似法所求出的迴歸方程式完全一樣，但母體變異數 σ^2 的點估計式 $\hat{\sigma}^2$ 與最小平方法所求出的點估計式 $s_{y|x}^2$ 不相同。故由最小平方法所推導出來的迴歸方程和由最大概似法推導出來的迴歸方程，具有的性質不完全相同，這兩種估計式各有其優點與缺點，皆有學者採用。

17.2.5 最大概似估計法與最小平方法的性質比較

由最大概似法推導出來的迴歸方程具有下列之性質：

1. 最大概似估計式具一致性。
2. 最大概似估計式具漸進有效性。

而最小平方法與最大概似法所推導出來的迴歸方程進行比較，它們之間具有下列之異同：

1. 最小平方法在 Gauss-Markov 定理下為一最佳線性不偏估計式。
2. 若殘差為常態分配，最小平方法為一最小變異不偏估計式。
3. 最大概似估計式具一致性與漸進有效性，但不一定為不偏估計式。
4. 最小平方法不需事先知道殘差的分配即能求得迴歸方程，但最大概似法必須知道殘差的機率分配才能求得迴歸方程。
5. 當殘差為常態分配時，兩者所推導出的迴歸係數完全一樣。

例 6

假設下列資料為某公司近 5 年的投資金額：

x_i　　1　2　3　4　5………..(年)

y_i　　1　1　3　4　6　　　　(單位千元)

(1)請繪 X、Y 的散佈圖，並請你依散佈圖的情形大約畫出迴歸線。

(2)試求迴歸方程式。

(3)請你利用(2)所求出的迴歸方程式來預測此公司第 7 年度的投資金額大約是多少？

解

(1)
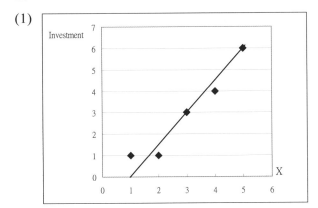

本題迴歸線大約如上圖所示，本題無標準答案，只要偏差不要太大即可。

(2) $\sum x_i = 1+2+3+4+5 = 15$，$\sum x_i^2 = 1^2 + 2^2 + 3^2 + 4^2 + 5^2 = 55$

$\sum y_i = 1+1+3+4+6 = 15$，$\sum y_i^2 = 1^2 + 1^2 + 3^2 + 4^2 + 6^2 = 63$

$\sum x_i y_i = 1\cdot 1 + 2\cdot 1 + 3\cdot 3 + 4\cdot 4 + 5\cdot 6 = 58$

$\overline{x} = \dfrac{1}{5}\sum x_i = \dfrac{15}{5} = 3$，$\overline{y} = \dfrac{1}{5}\sum y_i = \dfrac{15}{5} = 3$

$\therefore \hat{\beta} = \dfrac{\sum x_i y_i - n\overline{xy}}{\sum x_i^2 - n\overline{x}^2} = \dfrac{58 - 5\times 3\times 3}{55 - 5\times (3)^2} = 1.3$

$\hat{\alpha} = \overline{y} - \hat{\beta}\overline{x} = 3 - 1.3\times 3 = -0.9$

故迴歸線為：$\hat{y} = -0.9 + 1.3x$

(3) 當 $x=7$ 時，預測投資金額為 $\hat{y} = -0.9 + 1.3\times 7 = 8.2$（千元）

例 7

一消費性產品之市場調查隨機抽取四位受訪者之資料顯示：

編號	使用頻率	每月所得
1	4	6
2	1	1
3	3	5
4	2	3

令 Y=使用頻率，衡量每週使用量，X=每月所得(單位：萬元)。

(1)若欲以簡單線性迴歸方程式，表示使用頻率與每月所得之關係，下列三個方程式中，哪一條較為適當？並簡述選取之理由？

　　① $y = 3 + 2x$　　② $y = 5 + 3x$　　③ $y = 1 + 2x$

(2)試利用上表資料，求迴歸方程式。

解

(1) 殘差越小表示迴歸線越適合，故比較每個方程式的殘差

　　　殘差公式為：$\sum e^2 = SSE = \sum (y - \hat{y})^2 = \sum (y - \hat{\alpha} - \hat{\beta}x)^2$

$$SSE_1 = \sum_{i=1}^{4} (y_i - 3 - 2x_i)^2 = (4 - 3 - 2 \times 6)^2 + (1 - 3 - 2 \times 1)^2$$
$$+ (3 - 3 - 2 \times 5)^2 + (2 - 3 - 2 \times 3)^2 = 286$$

　　　同理可得

$$SSE_2 = \sum_{i=1}^{4} (y_i - 5 - 3x_i)^2 = 843$$

$$SSE_3 = \sum_{i=1}^{4} (y_i - 1 - 2x_i)^2 = 174$$

　　　$\because SSE_3$ 最小，故選③ $\Rightarrow y = 1 + 2x$

(2) $\sum xy = 6 \times 4 + 1 \times 1 + 5 \times 3 + 3 \times 2 = 46$，

　　　$\bar{x} = \dfrac{1}{4}(6 + 1 + 5 + 3) = 3.75, \bar{y} = \dfrac{1}{4}(4 + 1 + 3 + 2) = 2.5$

　　　$\sum x^2 = 6^2 + 1^2 + 5^2 + 3^2 = 71$

$$\therefore \hat{\beta} = \frac{\sum xy - n\overline{x}\ \overline{y}}{\sum x^2 - n\overline{x}^2} = \frac{46 - 4 \times 3.75 \times 2.5}{71 - 4 \times 3.75^2} = 0.5763$$

$$\hat{\alpha} = \overline{y} - \hat{\beta}\overline{x} = 2.5 - 0.5763 \times 3.75 = 0.3389$$

故迴歸方程式為：$\hat{y} = 0.3389 + 0.5763x$

簡單線性迴歸模型配適度的評斷

由前一小節知，我們可以利用最小平方法或最大概似法推導出迴歸方程，就數學的角度而言，只要不會產生無意義，資料進去就一定有答案，但問題是我們推導出來的迴歸方程是否能夠有效的解釋這群資料？如何衡量這個迴歸方程是合適的？有關迴歸模型適合度的檢定共可分成整體性檢定與個別變數的檢定二大類。

所謂整體性檢定是以全體資料的觀點來看，例如迴歸方程假設為：身高=$\hat{\alpha} + \hat{\beta_1}$ 體重+$\hat{\beta_2}$ 智商。整體性的檢定就是檢定，把體重與智商代入迴歸方程後得到的身高數值，與實際蒐集到的資料身高相差程度。迴歸模型的整體性適合度判斷有：判定係數 (coefficient of determination)。以及 F 檢定兩種。

而個別變數的檢定則在檢定個別變數對依變數的影響力是否有顯著影響，以上例來說。檢定體重是否對身高有顯著影響；或檢定智商是否對身高有顯著影響，就稱為個別變數的檢定。接下來我們就介紹整體性檢定以及個別變數的檢定。

17.3.1 簡單線性迴歸模型的配適度的判別

簡單線性迴歸模型的配適度，可利用判定係數 R^2 與 F 檢定兩種方式衡量。R^2 僅能作初步判斷用，實用上大都以 F 檢定來檢定迴歸模型的整體適合度。R^2 與 F 檢定兩者具高度的關聯性，因為 F 檢定就在檢定 R^2 是否為 0。下面我們就針對判定係數與 F 檢定作詳細的介紹。

判定係數可用來衡量迴歸方程式的適合度，同時可衡量迴歸方程式的解釋變異的能力。何謂解釋變異能力，在後面會進一步介紹。首先觀察下面圖形。假設 (x_i, y_i) 為所蒐集資料中的一個樣本點，由圖形顯示誤差部分可分解成：可解釋誤差(迴歸方程所產生之誤差)+不可解釋誤差(隨機誤差)，即：

$$y_i - \overline{y} = (\hat{y}_i - \overline{y}) + (y_i - \hat{y}_i)$$

其中：

$y_i - \overline{y}$ 稱為誤差；$\hat{y}_i - \overline{y}$ 稱為可解釋誤差；$y_i - \hat{y}_i$ 稱為不可解釋誤差

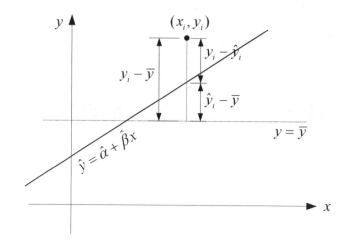

整個推導過程與變異數分析相類似，將上式兩邊平方並加總得：

$$\sum_{i=1}^{n}(y_i - \overline{y})^2 = \sum_{i=1}^{n}\left[(\hat{y}_i - \overline{y}) + (y_i - \hat{y}_i)\right]^2$$

等號右式利用完全平方和公式展開後可得：

$$\sum_{i=1}^{n}(y_i - \overline{y})^2 = \sum_{i=1}^{n}(\hat{y}_i - \overline{y})^2 + \sum_{i=1}^{n}(y_i - \hat{y}_i)^2$$

其中：

$\displaystyle\sum_{i=1}^{n}(y_i - \overline{y})^2$ 稱為總變異，通常以符號 SST 表之。

$\displaystyle\sum_{i=1}^{n}(\hat{y}_i - \overline{y})^2$ 稱為可解釋變異，為迴歸線上的點所造成的變異，通常以符號 SSR 表之。

$\displaystyle\sum_{i=1}^{n}(y_i - \hat{y}_i)^2$ 稱為不可解釋變異，又稱為隨機變異，通常以符號 SSE 表之。

即

$$SST = SSR + SSE$$

下面我們介紹一些有關 SST、SSR、SSE 的其他計算公式，這些公式供讀者們參考用，不需死記。

$$SST = \sum_{i=1}^{n}(y_i - \overline{y})^2 = \sum_{i=1}^{n}y_i^2 - n\overline{y}^2$$

$$= (n-1)\frac{1}{n-1}\sum_{i=1}^{n}(y_i - \overline{y})^2 = (n-1)s_y^2$$

$$= n\frac{1}{n}\sum_{i=1}^{n}(y_i - \overline{y})^2 = n\hat{\sigma}_y^2$$

其中：s_y^2 表由依變數資料 y 採用樣本變異數公式所計算出來的值。故 SST 等於資料 y 的樣本變異數乘以自由度。

$$SSR = \sum_{i=1}^{n}(\hat{y}_i - \overline{y})^2 = \sum_{i=1}^{n}(\hat{\alpha} + \hat{\beta}x_i - \overline{y})^2 = \sum_{i=1}^{n}(\overline{y} - \hat{\beta}\overline{x} + \hat{\beta}x_i - \overline{y})^2$$

$$= \hat{\beta}^2\sum_{i=1}^{n}(x_i - \overline{x})^2 = \hat{\beta}^2\left(\sum_{i=1}^{n}x_i^2 - n\overline{x}^2\right)$$

$$= \hat{\beta}^2(n-1)\frac{1}{n-1}\sum_{i=1}^{n}(x_i - \overline{x})^2 = \hat{\beta}^2(n-1)s_x^2$$

註： SSR 亦可推導成 $SSR = n\hat{\beta}^2\hat{\sigma}_x^2$， $\hat{\sigma}_x^2 = \frac{1}{n}\sum_{i=1}^{n}(x_i - \overline{x})^2$。

其中：s_x^2 表由自變數資料 x 採用樣本變異數公式所計算出來的值。故 SSR 等於資料 x 的樣本變異數乘以自由度再乘以斜率項的平方，或 x 的母體變異數乘以樣本數再乘以斜率項的平方。

$$SSE = \sum_{i=1}^{n}(y_i - \hat{y}_i)^2 = \sum_{i=1}^{n}e_i^2 = \sum_{i=1}^{n}e_i \cdot e_i = \sum_{i=1}^{n}e_i \cdot (y_i - \hat{y}_i) = \sum_{i=1}^{n}e_i \cdot y_i - \sum_{i=1}^{n}e_i \cdot \hat{y}_i = \sum_{i=1}^{n}e_i \cdot y_i$$

$$= \sum_{i=1}^{n}(y_i - \hat{\alpha} - \hat{\beta}x_i) \cdot y_i = \sum_{i=1}^{n}y_i^2 - \hat{\alpha}\sum_{i=1}^{n}y_i - \hat{\beta}\sum_{i=1}^{n}x_iy_i$$

有關 SSE 的計算上式的最後一項建議讀者不妨記下來，因為有些升學考試題目所給的資料型態為依變數的平方和、總和等型態。當然若已經知道 SST 與 SSR，那麼利用 $SST = SSR + SSE$ 的關係求 SSE 的速度最快。

接著繼續觀察下圖，我們希望大部分的點都能盡量的落在迴歸線上，SSE 為所有的點與迴歸線鉛直距離和的平方，因此當 SSE 越小表示整體的資料點越靠近迴歸線。但是樣本點越多相對的 SSE 值通常也會越大，為了必免資料筆數的影響，故採用相對值 $\frac{SSE}{SST}$ 來衡量迴歸線的適合度。然而這種定義有個缺點，數值越大表示適合度越差，

我們希望衡量的標準是數值越大適合度越好，又 $0 \le \dfrac{SSE}{SST} \le 1$，故可用 1 去減 $\dfrac{SSE}{SST}$，此時就符合數值越大適合度越佳的要求，此即所謂的判定係數，故判定係數的定義如下：

$$R^2 = 1 - \frac{SSE}{SST} = \frac{SSR}{SST}$$

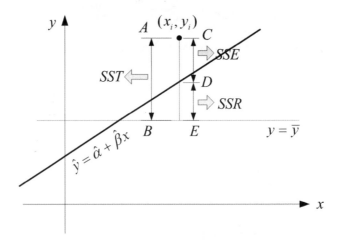

判定係數除了上式的定義之外，下面是其它的表示法。

$$R^2 = \frac{SSR}{SST} = \frac{\sum (\hat{y}_i - \overline{y})^2}{\sum (y_i - \overline{y})^2} = \frac{\sum (\hat{\alpha} + \hat{\beta} x_i - \overline{y})^2}{\sum (y_i - \overline{y})^2} = \frac{\sum (\overline{y} - \hat{\beta}\overline{x} + \hat{\beta} x_i - \overline{y})^2}{\sum (y_i - \overline{y})^2}$$

$$= \frac{\hat{\beta}^2 \sum (x_i - \overline{x})^2}{\sum (y_i - \overline{y})^2} = \frac{\hat{\beta}^2 \dfrac{1}{n-1} \sum (x_i - \overline{x})^2}{\dfrac{1}{n-1} \sum (y_i - \overline{y})^2} = \hat{\beta}^2 \cdot \frac{s_x^2}{s_y^2}$$

註：R^2 亦可推導成 $R^2 = \hat{\beta}^2 \cdot \dfrac{\hat{\sigma}_x^2}{\hat{\sigma}_y^2}$ 或 $R^2 = \dfrac{s_{\hat{y}}^2}{s_y^2}$。

　　故 R^2 亦可由迴歸方程的斜率項的平方乘以 x 的變異數與 y 的變異數比值。因此 R^2 與斜率項 $\hat{\beta}^2$ 存在一個比值關係，亦即 R^2 與 $\hat{\beta}^2$ 成正比關係，故 R^2 的檢定與 $\hat{\beta}$ 的檢定意義是相同的。除了上面推導過程外，R^2 亦可進行下面的公式轉換求得，即

$$R^2 = \frac{SSR}{SST} = \frac{\sum (\hat{y}_i - \overline{y})^2}{\sum (y_i - \overline{y})^2} = \frac{\dfrac{1}{n-1} \sum (\hat{y}_i - \overline{y})^2}{\dfrac{1}{n-1} \sum (y_i - \overline{y})^2} = \frac{s_{\hat{y}}^2}{s_y^2}$$

　　由上式可看出 R^2 的另一種意涵，R^2 等於由迴歸方程所求出的 y 值變異數與原始資料的 y 值變異數比。故 R^2 除了可以看出迴歸線的適合情形之外，亦可判斷迴歸線對全

體樣本資料的變異解釋能力。簡而言之，R^2 越大表示迴歸模型的解釋變異能力越強，配適度越大。

17.3.2 迴歸分析的 ANOVA 表

判定係數固然可以判斷迴歸方程的配適度，卻無標準可依循，判定係數越接近 1 表示配適度越佳，越小則表示越差，但要多小才能捨棄所假設的迴歸方程並無一定的依據，因此必須發展如前面章節之檢定理論，來協助研究者判斷迴歸方程的配適度。在正式介紹迴歸分析的變異數分析原理時，要先證明幾個定理。

定理 17.1： $\hat{\beta} = \beta + \dfrac{\sum (x_i - \overline{x})\varepsilon_i}{\sum (x_i - \overline{x})^2}$ 。

證明： $\hat{\beta} = \dfrac{\displaystyle\sum_{i=1}^{n}(x_i - \overline{x})(y_i - \overline{y})}{\displaystyle\sum_{i=1}^{n}(x_i - \overline{x})^2} = \dfrac{\displaystyle\sum_{i=1}^{n}(x_i - \overline{x})y_i}{\displaystyle\sum_{i=1}^{n}(x_i - \overline{x})^2} - \dfrac{\overline{y}\displaystyle\sum_{i=1}^{n}(x_i - \overline{x})}{\displaystyle\sum_{i=1}^{n}(x_i - \overline{x})^2}$

$\because \sum (x_i - \overline{x}) = 0$ ，故上式變成

$$\hat{\beta} = \dfrac{\displaystyle\sum_{i=1}^{n}(x_i - \overline{x})y_i}{\displaystyle\sum_{i=1}^{n}(x_i - \overline{x})^2} = \dfrac{\displaystyle\sum_{i=1}^{n}(x_i - \overline{x})(\alpha + \beta x_i + \varepsilon_i)}{\displaystyle\sum_{i=1}^{n}(x_i - \overline{x})^2}$$

$$= \dfrac{\alpha\displaystyle\sum_{i=1}^{n}(x_i - \overline{x})}{\displaystyle\sum_{i=1}^{n}(x_i - \overline{x})^2} + \dfrac{\beta\displaystyle\sum_{i=1}^{n}(x_i - \overline{x})x_i}{\displaystyle\sum_{i=1}^{n}(x_i - \overline{x})^2} + \dfrac{\displaystyle\sum_{i=1}^{n}(x_i - \overline{x})\varepsilon_i}{\displaystyle\sum_{i=1}^{n}(x_i - \overline{x})^2}$$

$$= \dfrac{\beta\displaystyle\sum_{i=1}^{n}(x_i - \overline{x})x_i}{\displaystyle\sum_{i=1}^{n}(x_i - \overline{x})^2} + \dfrac{\displaystyle\sum_{i=1}^{n}(x_i - \overline{x})\varepsilon_i}{\displaystyle\sum_{i=1}^{n}(x_i - \overline{x})^2}$$

又 $\displaystyle\sum_{i=1}^{n}(x_i - \overline{x})x_i = \sum_{i=1}^{n}(x_i - \overline{x})^2$ ，代回上式得

$$\hat{\beta} = \dfrac{\beta\displaystyle\sum_{i=1}^{n}(x_i - \overline{x})^2}{\displaystyle\sum_{i=1}^{n}(x_i - \overline{x})^2} + \dfrac{\displaystyle\sum_{i=1}^{n}(x_i - \overline{x})\varepsilon_i}{\displaystyle\sum_{i=1}^{n}(x_i - \overline{x})^2} = \beta + \dfrac{\displaystyle\sum_{i=1}^{n}(x_i - \overline{x})\varepsilon_i}{\displaystyle\sum_{i=1}^{n}(x_i - \overline{x})^2}$$

定理 17.2：在線性迴歸模式的假設條件下 $\dfrac{SSE}{\sigma^2} \sim \chi^2_{n-2}$。

證明： $\dfrac{SSE}{\sigma^2} = \dfrac{\sum(y_i - \hat{y}_i)^2}{\sigma^2}$

其中 $\sum(y_i - \hat{y}_i)^2 = \sum(\alpha + \beta x_i + \varepsilon_i - \hat{\alpha} - \hat{\beta} x_i)^2$

$$= \sum\left[-(\hat{\alpha} - \alpha) - (\hat{\beta} - \beta)x_i + \varepsilon_i\right]^2 \dotfill ①$$

又已知母體迴歸方程：$y_i = \alpha + \beta x_i + \varepsilon_i \Rightarrow \overline{y} = \alpha + \beta\overline{x} + \overline{\varepsilon} \dotfill ②$

樣本迴歸方程：$\hat{y}_i = \hat{\alpha} + \hat{\beta} x_i \Rightarrow \overline{y} = \hat{\alpha} + \hat{\beta}\overline{x} \dotfill ③$

由②③可得

$-(\hat{\alpha} - \alpha) = -(\hat{\beta} - \beta)\overline{x} - \overline{\varepsilon}$ 代回①式可得

$$\sum(y_i - \hat{y}_i)^2 = \sum\left[(\hat{\beta} - \beta)\overline{x} - (\hat{\beta} - \beta)x_i + (\varepsilon_i - \overline{\varepsilon})\right]^2$$

$$= \sum\left[-(\hat{\beta} - \beta)(x_i - \overline{x}) + (\varepsilon_i - \overline{\varepsilon})\right]^2$$

$$= (\hat{\beta} - \beta)^2\sum(x_i - \overline{x})^2 - 2(\hat{\beta} - \beta)\sum(x_i - \overline{x})(\varepsilon_i - \overline{\varepsilon}) + \sum(\varepsilon_i - \overline{\varepsilon})^2 \dotfill ④$$

其中 $\sum(x_i - \overline{x})(\varepsilon_i - \overline{\varepsilon}) = \sum(x_i - \overline{x})\varepsilon_i - \overline{\varepsilon}\sum(x_i - \overline{x}) = \sum(x_i - \overline{x})\varepsilon_i$

由定理 17.1 知 $\sum(x_i - \overline{x})\varepsilon_i = (\hat{\beta} - \beta)\sum(x_i - \overline{x})^2$ 代回④式，故得

$$\sum(y_i - \hat{y}_i)^2 = -(\hat{\beta} - \beta)^2\sum(x_i - \overline{x})^2 + \sum(\varepsilon_i - \overline{\varepsilon})^2$$

因此 $\dfrac{SSE}{\sigma^2} = \dfrac{\sum(y_i - \hat{y}_i)^2}{\sigma^2} = \dfrac{-(\hat{\beta} - \beta)^2\sum(x_i - \overline{x})^2 + \sum(\varepsilon_i - \overline{\varepsilon})^2}{\sigma^2}$

$$= \dfrac{-(\hat{\beta} - \beta)^2\sum(x_i - \overline{x})^2}{\sigma^2} + \dfrac{\sum\varepsilon_i^2 - n\overline{\varepsilon}^2}{\sigma^2}$$

$$= -\dfrac{(\hat{\beta} - \beta)^2}{V(\hat{\beta})} + \dfrac{\sum(\varepsilon_i - 0)^2}{\sigma^2} + \dfrac{(\overline{\varepsilon} - 0)^2}{\sigma^2/n}$$

$$= -\left(\dfrac{\hat{\beta} - \beta}{\sqrt{V(\hat{\beta})}}\right)^2 + \sum\left(\dfrac{\varepsilon_i - 0}{\sigma}\right)^2 + \left(\dfrac{\overline{\varepsilon} - 0}{\sqrt{\sigma^2/n}}\right)^2 = -\chi^2_1 + \chi^2_n - \chi^2_1 = \chi^2_{n-2}$$

定理 17.3： 在線性迴歸模式的假設條件下，若 $\beta = 0$，則 $\dfrac{SSR}{\sigma^2} \sim \chi_1^2$。

證明： $\because \dfrac{SSR}{\sigma^2} = \dfrac{\hat{\beta}^2 \displaystyle\sum_{i=1}^{n}(x_i - \bar{x})^2}{\sigma^2} = \dfrac{\hat{\beta}^2 - 0}{\sigma^2 \Big/ \displaystyle\sum_{i=1}^{n}(x_i - \bar{x})^2} = \left(\dfrac{\hat{\beta} - 0}{\sqrt{V(\hat{\beta})}} \right)^2 = \chi_1^2$

定理 17.4： $\dfrac{MSR}{MSE} \sim F_{1,n-2}$

證明： $\because \dfrac{MSR}{MSE} = \dfrac{SSR/1}{SSE/n-2} = \dfrac{\dfrac{SSR}{\sigma^2}\Big/1}{\dfrac{SSE}{\sigma^2}\Big/n-2} = \dfrac{\chi_1^2/1}{\chi_{n-2}^2/n-2} = F_{1,n-2}$

　　上面四個定理中，前面三個定理是為了證明定理 17.4，驗證迴歸的檢定是採用 F 檢定。迴歸方程的適合度檢定有點類似變異數分析，所以迴歸方程的檢定也可以建立如變異數分析的 ANOVA 表。它的兩個假設為：

$$\begin{cases} H_0 : \beta = 0(或回歸方程不具解釋力;或x不可解釋y) \\ H_1 : \beta \neq 0(或回歸方程具解釋力;或x可解釋y) \end{cases}$$

　　迴歸的變異數分析可依變異數分析的原理，可將總變異分解成 $SST=SSR+SSE$，並依此建立簡單線性迴歸的變異數分析表，如下表所示：

變異來源	平方和	自由度	平均平方和	F
迴歸	SSR	1	$MSR = \dfrac{SSR}{1}$	$F^* = \dfrac{MSR}{MSE}$
誤差	SSE	$n-2$	$MSE = \dfrac{SSE}{n-2}$	
總和	SST	$n-1$		

　　決策法則為：若檢定統計量 $F^* > F_{1,n-2,\alpha}$，結論為拒絕 H_0，否則不拒絕 H_0。

　　從檢定統計量 $F^* = \dfrac{MSR}{MSE}$ 我們可以看出，當 MSR 越大表示越容易拒絕虛無假設，也就是說迴歸方程式具解釋力。而當 MSR 越大則 SSR 也會越大，故判定係數 R^2 也會越大。所以判定係數越大，則在 F 檢定中越容易拒絕虛無假設。由此可知 F 與 R^2 間存在某種關係，其關係推導如下：

$$F^* = \frac{MSR}{MSE} = \frac{\dfrac{SSR}{1}}{\dfrac{SSE}{n-2}} = \frac{\dfrac{SSR}{SST}}{\dfrac{SSE}{(n-2)SST}} = \frac{\dfrac{SSR}{SST}}{\dfrac{1}{n-2} \cdot \dfrac{SST-SSR}{SST}} = \frac{\dfrac{SSR}{SST}}{\dfrac{1}{n-2} \cdot (1-\dfrac{SSR}{SST})} = \frac{\dfrac{R^2}{1}}{\dfrac{1-R^2}{n-2}}$$

亦即

$$F^* = \frac{\dfrac{R^2}{1}}{\dfrac{1-R^2}{n-2}}$$

有一點讀者必須特別注意，雖然 R^2 越大越容易拒絕虛無假設，但也有可能 R^2 很大，F 檢定卻檢定出迴歸方程不具解釋力；或者 R^2 很小 F 檢定卻檢定出迴歸方程具解釋力。會造成這種原因從 R^2 與 F 的關係式中很容易看出來，樣本數的大小會左右檢定的結果，此外抽樣的偏差也會造成這種情形。故即使 R^2 非常小，只要足夠的樣本，就一定可以達到顯著水準[1](拒絕虛無假設)。國內有部分中文書籍指出當強調預測則應以 R^2 為主，變數間是否有影響則以 F 檢定為主。這個論點作者不認同，因為在許多情況下即便 R^2 很高，若以散佈圖去觀察資料，可能資料雜亂無章。在多元迴歸分析中經常會發生 R^2 非常的高，卻毫無預測力可言的情況。因此，若在研究過程中發現上述問題建議重新抽樣取出更具代表性的樣本或者重新建構迴歸模型或者這些變數並不適合採用迴歸分析。

例 8

某飲料公司欲知各商店所裝設的自動販賣機數 X 與每個月所販賣的罐裝飲料數 Y 間的關係，隨機選取 8 家商店，其資料如下：

x	1	1	1	2	4	4	5	6
y	568	577	652	657	755	759	840	832

(1)試求迴歸直線 $\hat{y} = \hat{\alpha} + \hat{\beta}x$。

(2)試列出迴歸變異數分析表，並利用此表檢定迴歸模型是否適合 $(\alpha = 0.05)$。

(3)求判定係數 R^2。

解

(1) $\bar{x} = \dfrac{1+1+\cdots+6}{8} = 3, \bar{y} = \dfrac{568+577+\cdots+832}{8} = 705$

---

[1] 會造成這種原因乃人文社會研究所用的量表不符合常態分配的變數範圍 $-\infty < x < \infty$。

$$\sum x_i^2 = 1^2 + 1^2 + \cdots + 6^2 = 100, \sum y_i^2 = 568^2 + 577^2 + \cdots + 832^2 = 4056236$$

$$\sum x_i y_i = 1 \times 568 + 1 \times 577 + \cdots + 6 \times 832 = 18359 \text{ 。}$$

$$\hat{\beta} = \frac{\sum x_i y_i - n\overline{xy}}{\sum x_i^2 - n\overline{x}^2} = \frac{18359 - 8(3)(705)}{100 - 8(9)} \approx 51.393$$

$$\hat{\alpha} = \overline{y} - \hat{\beta}\overline{x} = 705 - 51.393(3) = 550.82$$

故迴歸方程為：$\hat{y} = 550.82 + 51.393x$ 。

(2) 設立兩個假設：$\begin{cases} H_0 : x對y不具解釋力 \\ H_1 : x對y具有解釋力 \end{cases}$

$$SST = n\hat{\sigma}_y^2 = \sum_{i=1}^{n}(y_i - \overline{y})^2 = \sum_{i=1}^{n} y_i^2 - n\overline{y}^2 = 4056236 - 8 \times 705^2 = 80036$$

$$SSR = \hat{\beta}^2 \cdot n\hat{\sigma}_x^2 = \hat{\beta}^2 \left(\sum_{i=1}^{n} x_i^2 - n\overline{x}^2 \right) = 51.393^2 (100 - 8 \times 3^2) = 73954$$

$$SSE = SST - SSR = 6082$$

變異來源	平方和	自由度	平均平方和	F
迴歸	73954	1	73954	72.96
誤差	6082	6	1014	
總和	80036	7		

∵ $F^* = 72.96 > F_{0.05,1,6} = 5.99$ ，拒絕 H_0 ，故此迴歸模型適合，即 X 對 Y 具解釋力。

(3) $R^2 = \dfrac{SSR}{SST} = \dfrac{73954}{80036} = 0.924$

例 9

假設自變數 X 表廣告費用，依變數 Y 表銷售量，現隨機抽取 10 個樣本，經計算得下列資料：

$$\sum x_i = 140, \sum y_i = 1300, \sum x_i y_i = 21040, \sum x_i^2 = 2528, \sum y_i^2 = 184730$$

試求簡單線性迴歸方程與判定係數 R^2 。

解

(1) $\overline{x} = \dfrac{1}{n}\sum x_i = \dfrac{140}{10} = 14, \overline{y} = \dfrac{1}{n}\sum y_i = \dfrac{1300}{10} = 130$

$$\hat{\beta} = \frac{\sum (x_i - \overline{x})(y_i - \overline{y})}{\sum (x_i - \overline{x})^2} = \frac{\sum x_i y_i - n\overline{xy}}{\sum x_i^2 - n\overline{x}^2} = \frac{21040 - 10 \times 14 \times 130}{2528 - 10 \times 14^2} = 5$$

$$\hat{\alpha} = \overline{y} - \hat{\beta}\overline{x} = 130 - 5 \times 14 = 60$$

故迴歸方程為：$\hat{y} = 60 + 5x$

(2) $SST = n\hat{\sigma}_y^2 = \sum_{i=1}^{n}(y_i - \overline{y})^2 = \sum_{i=1}^{n} y_i^2 - n\overline{y}^2 = 184730 - 10 \times 130^2 = 15730$

$$SSR = \hat{\beta}^2 \cdot n\hat{\sigma}_x^2 = \hat{\beta}^2 \left(\sum_{i=1}^{n} x_i^2 - n\overline{x}^2 \right) = 5^2 (2528 - 10 \times 14^2) = 14200$$

$$R^2 = \frac{SSR}{SST} = \frac{14200}{15730} \approx 0.903$$

例 10

為研究學齡前孩童的智商是否可經訓練而提高，隨機抽選 6 名 6 至 7 歲的孩童參加 6 個月的智力訓練。假設每位孩童參加前的智商成績(X)與參加後的智商成績(Y)如下所示：(假設智商成常態分配且符合下列題目檢定之條件)

| x | 100 | 110 | 90 | 110 | 125 | 130 |
| y | 103 | 112 | 92 | 113 | 121 | 125 |

(1) 試檢定此訓練是否有顯著的提升孩童智商($\alpha = 0.05$)。

(2) 上題可否採用變異數分析的方法進行檢定，為何？若欲以變異數分析的方式檢定，假設應如何修改？應採用哪一種形式的檢定？(單因子變異數分析、單因子集區、雙因子變異數分析、雙因子重複試驗)

(3) 試求 X、Y 的迴歸方程。(假設可進行迴歸分析)

(4) 請檢定 X 是否可以預測 Y？

(5) 請問本題採用迴歸方程進行分析是否合適？

解

(1) 本題屬於成對樣本 t 檢定，$\overline{d} = 0.1667, s_d = 3.656$，註：$di$ 表參加後減參加前成績

設立兩個假設 $\begin{cases} H_0 : \mu_d \leq 0 \\ H_1 : \mu_d > 0 \end{cases}$

檢定統計量 $t^* = \dfrac{\overline{d}}{\sqrt{\dfrac{s_d^2}{n}}} = \dfrac{0.1667}{\dfrac{3.656}{\sqrt{6}}} \approx 0.112$

$\because t^* = 0.112 < t_{0.05,5} = 2.015$，不拒絕虛無假設，故沒有充分的證據顯示可提升孩童的智商

(2) 第(1)小題不能使用變異數分析，因變異數分析僅能檢定平均數是否相等(雙尾檢定)，無法檢定大小關係。因此若欲以變異數分析的方法進行檢定假設應改為 $\begin{cases} H_0 : \mu_d = 0 \\ H_1 : \mu_d \neq 0 \end{cases}$，即檢定訓練是否會使智商產生顯著的差異。

(3) $\sum x_i = 665, \sum x_i^2 = 74825, \sum y_i = 666, \sum y_i^2 = 74652, \sum x_i y_i = 74705$

$\bar{x} = 110.833, \bar{y} = 111$

$$\hat{\beta} = \frac{\sum (x_i - \bar{x})(y_i - \bar{y})}{\sum (x_i - \bar{x})^2} = \frac{\sum x_i y_i - n\bar{x}\bar{y}}{\sum x_i^2 - n\bar{x}^2} = \frac{74705 - 6 \times 110.833 \times 111}{74825 - 6 \times 110.833^2} \approx 0.794$$

$\hat{\alpha} = \bar{y} - \hat{\beta}\bar{x} = 111 - 0.794 \times 110.833 = 22.999$

故迴歸方程為：$\hat{y} = 22.999 + 0.794x$

(4) 設立兩個假設 $\begin{cases} H_0 : \beta = 0 \\ H_1 : \beta \neq 0 \end{cases}$

$$SST = n\hat{\sigma}_y^2 = \sum_{i=1}^{n} (y_i - \bar{y})^2 = \sum_{i=1}^{n} y_i^2 - n\bar{y}^2 = 74652 - 6 \times 111^2 = 726$$

$$SSR = \hat{\beta}^2 \cdot n\hat{\sigma}_x^2 = \hat{\beta}^2 \left(\sum_{i=1}^{n} x_i^2 - n\bar{x}^2 \right) = 0.794^2 (74825 - 6 \times 110.833^2) = 706.893$$

$SSE = SST - SSR = 19.107$

變異來源	平方和	自由度	平均平方和	F
迴歸	706.893	1	706.893	147.978
誤差	19.107	4	4.777	
總和	726	5		

$\because F^* = 147.978 > F_{0.05,1,4} = 7.71 \Rightarrow$ 拒絕 H_0，故此迴歸模型適合，即 X 對 Y 具預測力(解釋力)。

(5) 迴歸分析的目的有二，一為以自變數解釋依變數，其次為進行預測。本題雖然迴歸方程檢定為適合的，但在觀念上是錯誤的，因為我們不能用學習前的智商去解釋學習後的智商，這兩個變數是同屬一種概念，故本題不適合以迴歸分析來作預測或解釋。

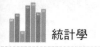

 17.4 斜率項與截距項的檢定與區間估計

在迴歸分析中，F 檢定是用來衡量迴歸模型的整體適合度，整理適合度達顯著水準，並不代表每個解釋變數對依變數皆具有預測力，故進行整體檢定達顯著水準後，還要進一步進行個別變數的檢定。個別變數的檢定主要在檢定自變數前的迴歸係數是否等於 0。但對於簡單線性迴歸而言，整體性檢定、個別變數的斜率項檢定(必須是雙尾檢定)以及後面的相關係數檢定(必須是雙尾檢定)，三者屬於同義檢定，因為它們彼此間可以互相轉換。

從迴歸方程中可以看出斜率項 β 為增加 X 一單位後 Y 的改變量，因此若 $\beta = 0$ 則表示 X 對 Y 無解釋力，也就是說迴歸模型不適合。國內某些中文書籍說 β 檢定可檢定 X 對 Y 具線性影響，這是不對的。我們舉個例子來說明為何斜率項檢定或者相關檢定無法檢定兩變數間具有線性關係。如下圖為雙曲線的一支，假設樣本資料來自於此雙曲線，若我們以簡單線性迴歸建構模型，檢定的結果必然高度相負相關且接受 $\beta \neq 0$ 假設，然而兩變數的關係並非呈直線相關。故欲檢定兩變數是否呈現某種分配，我們應該用適合度檢定才正確。而迴歸分析檢定是否服從線性，則需使用缺適度檢定，這部分在後面的單元中會介紹。

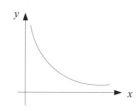

17.4.1 斜率項的檢定

$\hat{\beta}$ 是迴歸方程式的斜率，表示每變動 1 單位的 X，$\hat{Y}$ 將變動 $\hat{\beta}$ 單位。斜率項的檢定可分成雙尾檢定與單尾檢定，其中雙尾檢定與迴歸變異數分析表所使用的 F 檢定結果完全一樣。底下是有關斜率項的檢定方法。

雙尾檢定 $\begin{cases} H_0 : \beta = 0 \\ H_1 : \beta \neq 0 \end{cases}$ $\implies$ F 檢定 t 檢定

單尾檢定 $\begin{cases} H_0 : \beta \leq 0 \\ H_1 : \beta > 0 \end{cases}$ 或 $\begin{cases} H_0 : \beta \geq 0 \\ H_1 : \beta < 0 \end{cases}$ $\implies$ t 檢定

接下來我們就正式介紹有關斜率項的檢定與信賴區間。

1. 雙尾檢定

雙尾檢定的兩個假設為：$\begin{cases} H_0 : \beta = 0 \\ H_1 : \beta \neq 0 \end{cases}$

已知 $\hat{\beta} \sim N(\beta, \dfrac{\sigma^2}{\sum(x_i - \overline{x})^2})$，其檢定法則與第十四章的原理相同，在此我們僅介紹標準檢定法，其餘三種方法請仿照十四章的方法自行融會貫通。由於母體變異數 σ^2 未知，故我們以其不偏估計式 MSE 取代。

檢定統計量為：

$$t^* = \frac{\hat{\beta} - \beta_0}{s_{\hat{\beta}}} = \frac{\hat{\beta}}{\sqrt{\dfrac{MSE}{\sum(x_i - \overline{x})^2}}}$$

當 $\left| t^* \right| > t_{\frac{\alpha}{2}, n-2}$ 時，結論為拒絕虛無假設，表自變數 X 對 Y 具顯著的解釋力。而 β 的 $1 - \alpha$ 信賴區間則為：

$$\beta = \hat{\beta} \pm t_{\frac{\alpha}{2}, n-2} \sqrt{\frac{MSE}{\sum(x_i - \overline{x})^2}}$$

2. 右尾檢定

右尾檢定的兩個假設為：$\begin{cases} H_0 : \beta \leq 0 \\ H_1 : \beta > 0 \end{cases}$。

檢定統計量為：

$$t^* = \frac{\hat{\beta} - \beta_0}{s_{\hat{\beta}}} = \frac{\hat{\beta}}{\sqrt{\dfrac{MSE}{\sum(x_i - \overline{x})^2}}}$$

當 $t^* > t_{\alpha, n-2}$ 時，結論為拒絕虛無假設，表示自變數 X 對依變數 Y 具有顯著的正向影響，也就是說當 X 增加時依變數 Y 亦隨之增加。這裡要特別提醒讀者留意，若單尾檢定結果為顯著的，整體性檢定不一定會顯著。為何會如此呢？其原因在單尾檢定的顯著水準 α，相當於雙尾檢定的 2α。簡單線性迴歸的整體性 F 檢定與斜率的雙尾檢定相同，因此在同樣的顯著水準下，若單尾檢定拒絕 H_0 時，整體檢定不一定會拒絕 H_0。

知名統計軟體 SPSS 迴歸分析中的斜率項檢定報表為雙尾檢定，因此若假設為單尾時，記得要將報表中的 $P-value$(顯著性)除以 2，才是單尾檢定的 $P-value$。

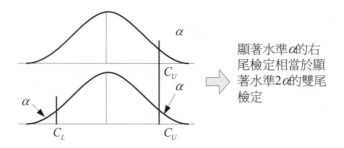

顯著水準 α 的右尾檢定相當於顯著水準 2α 的雙尾檢定

3. 左尾檢定

左尾檢定的兩個假設為：$\begin{cases} H_0 : \beta \geq 0 \\ H_1 : \beta < 0 \end{cases}$。

檢定統計量為：

$$t^* = \frac{\hat{\beta} - \beta_0}{s_{\hat{\beta}}} = \frac{\hat{\beta}}{\sqrt{\dfrac{MSE}{\sum (x_i - \overline{x})^2}}}$$

當 $t^* < -t_{\alpha, n-2}$ 時，結論為拒絕虛無假設，此時表自變數 X 對依變數 Y 有顯著的負向影響，也就是說當 X 增加時依變數 Y 會減少。

17.4.2 截距項的檢定

$\hat{\alpha}$ 是迴歸方程的常數項(截距項)，表示當 $x = 0$ 時 $\hat{y}$ 的值。一般而言截距項的檢定較不具實質上的意義，尤其在多元迴歸中，每個自變數的單位並不相同，故在建構迴歸模型時經常會先將變數標準化，標準化後截距項必定等於 0，故無截距項的檢定。但在某方面的應用上，截距項又顯得十分重要，故在此我們也一併介紹截距項的檢定與信賴區間。由前面的推導知：$\hat{\alpha} \sim N(\alpha, \dfrac{\sum x_i^2}{n \sum (x_i - \overline{x})^2} \sigma^2)$，欲檢定截距項是否等於 0，它

兩個假設寫法為：$\begin{cases} H_0 : \alpha = 0 \\ H_1 : \alpha \neq 0 \end{cases}$。

檢定統計量為： $t^* = \dfrac{\hat{\alpha} - \alpha_0}{s_{\hat{\alpha}}} = \dfrac{\hat{\alpha}}{\sqrt{\dfrac{\sum x_i^2}{n} \cdot \dfrac{MSE}{\sum (x_i - \overline{x})^2}}}$, $\quad \alpha_0 = 0$

上面有關檢定統計量故意將分母根號內部分成兩個部分，主要的用意在方便讀者記憶檢定斜率項與截距項時所採用的標準誤公式不同處。當 $\left| t^* \right| > t_{\frac{\alpha}{2}, n-2}$ 時，結論為拒絕虛無假設，表示迴歸方程沒有通過原點。至於截距項的左尾檢定與右尾檢定，與斜率項檢定是大同小異的，就請讀者自行轉換。而 α(此處 α 指迴歸截距項)的 $1-\alpha$(此處 α 指顯著水準)信賴區間為：

$$\alpha = \hat{\alpha} \pm t_{\frac{\alpha}{2}, n-2} \sqrt{\frac{\sum x_i^2}{n} \cdot \frac{MSE}{\sum (x_i - \overline{x})^2}}$$

例 11

已知某旅館的住屋率 X 與每天每間客房的成本 Y 如下表所示：

x	100	75	65	55	50
y	1900	2400	2700	3150	3500

(1)試求線性迴歸方程。

(2)試檢定此迴歸直線的斜率與截距是否為零，顯著水準 $\alpha = 5\%$。

(3)求斜率項 β 與截距項 α 的 95%信賴區間？

解

(1) $\overline{x} = 69, \overline{y} = 2730, \sum x_i^2 = 25375, \sum y_i = 13650, \sum y_i^2 = 38832500,$

$\sum x_i y_i = 893750$

$\hat{\beta} = \dfrac{\sum x_i y_i - n\overline{x}\overline{y}}{\sum x_i^2 - n\overline{x}^2} = \dfrac{893750 - 5(69)(2730)}{25375 - 5(69)^2} = \dfrac{-48100}{1570} \approx -30.637$

$\hat{\alpha} = \overline{y} - \hat{\beta}\overline{x} = 2730 - (-30.637)(69) = 4843.95$

故迴歸方程為：$\hat{y} = 4843.95 - 30.637x$

(2) ① 設立兩個假設：$\begin{cases} H_0 : \beta = 0 \\ H_1 : \beta \neq 0 \end{cases}$

$SSE = \sum_{i=1}^{n} y_i^2 - \hat{\alpha} \sum_{i=1}^{n} y_i - \hat{\beta} \sum_{i=1}^{n} x_i y_i$

$= 38832500 - (4843.95)(13650) - (-30.637)(893750) = 94401.25$

$$MSE = \frac{SSE}{n-2} = \frac{94401.25}{5-2} \approx 31467.083$$

檢定統計量：$t^* = \dfrac{\hat{\beta}}{\sqrt{\dfrac{MSE}{\sum x_i^2 - n\overline{x}^2}}} = \dfrac{-30.637}{\sqrt{\dfrac{31467.083}{25375 - 5 \times 69^2}}} \approx -6.843$

$\because |t^*| = 6.843 > t_{0.025,3} = 3.1825$

拒絕虛無假設，故有顯著的證據證明斜率不為零。

② 設立兩個假設：$\begin{cases} H_0 : \alpha = 0 \\ H_1 : \alpha \neq 0 \end{cases}$

檢定統計量：$t^* = \dfrac{\hat{\alpha}}{\sqrt{\dfrac{\sum x_i^2}{n} \cdot \dfrac{MSE}{\sum (x_i - \overline{x})^2}}} = \dfrac{4843.95}{\sqrt{\dfrac{25375}{5} \cdot \dfrac{31467.083}{25375 - 5 \times 69^2}}} = 15.188$

$\because |t^*| = 15.188 > t_{0.025,3} = 3.1825$

拒絕虛無假設，故有顯著證據證明截距項不為 0。

(3) ① $\beta = \hat{\beta} \pm t_{\frac{\alpha}{2}, n-2} \sqrt{\dfrac{MSE}{\sum x_i^2 - n\overline{x}^2}}$

$\beta = -30.637 \pm 3.1825 \sqrt{\dfrac{31467.083}{25375 - 5 \times 69^2}}$

$\therefore -44.883 \leq \beta \leq -16.391$

② $\alpha \leq \hat{\alpha} \pm t_{\frac{\alpha}{2}, n-2} \sqrt{\dfrac{\sum x_i^2}{n} \cdot \dfrac{MSE}{\sum (x_i - \overline{x})^2}}$

$\Rightarrow \alpha = 4843.95 \pm 3.1825 \sqrt{\dfrac{25375}{5} \cdot \dfrac{31467.083}{25375 - 5 \times 69^2}}$

$\therefore 3829.112 \leq \alpha \leq 5858.788$

例 12

某飲料公司想瞭解廣告費用(X)與飲料的銷售量(Y)之間的關係，於是進行實驗，每個月打一次廣告，總共進行十個月的實驗，並記錄每個月的飲料銷售情形，經整理資料如下所示：

$$\sum_{i=1}^{10} x_i = 28, \sum_{i=1}^{10} x_i^2 = 303.4, \sum_{i=1}^{10} y_i = 75, \sum_{i=1}^{10} y_i^2 = 598.5, \sum_{i=1}^{10} x_i y_i = 237,$$

(1)試求迴歸方程。

(2)試求判定係數。

(3)是否廣告的花費，對飲料的銷售量會產生影響($\alpha = 5\%$)？

解

(1) $\bar{x} = \dfrac{\sum x_i}{n} = \dfrac{28}{10} = 2.8, \bar{y} = \dfrac{\sum y_i}{n} = \dfrac{75}{10} = 7.5$

$\hat{\beta} = \dfrac{\sum x_i y_i - n\bar{x}\bar{y}}{\sum x_i^2 - n\bar{x}^2} = \dfrac{237 - 10 \times 2.8 \times 7.5}{303.4 - 10 \times 2.8^2} \approx 0.12$

$\hat{\alpha} = \bar{y} - \hat{\beta}\bar{x} = 7.5 - 0.12 \times 2.8 = 7.164$

故迴歸方程為：$\hat{y} = 7.164 + 0.12x$

(2) 判定係數：

$$R^2 = \hat{\beta}^2 \cdot \frac{\hat{\sigma}_x^2}{\hat{\sigma}_y^2} = \hat{\beta}^2 \cdot \frac{\frac{1}{n}\sum x_i^2 - \bar{x}^2}{\frac{1}{n}\sum y_i^2 - \bar{y}^2} = \hat{\beta} \cdot \frac{\sum x_i^2 - n\bar{x}^2}{\sum y_i^2 - n\bar{y}^2}$$

$$= 0.12^2 \cdot \frac{303.4 - 10 \times 2.8^2}{598.5 - 10 \times 7.5^2} \approx 0.3$$

(3) 設立兩個假設：$\begin{cases} H_0 : \beta = 0 \\ H_1 : \beta \neq 0 \end{cases}$

$$SSE = \sum_{i=1}^{n} y_i^2 - \hat{\alpha}\sum_{i=1}^{n} y_i - \hat{\beta}\sum_{i=1}^{n} x_i y_i = 598.5 - 7.164 \times 75 - 0.12 \times 237 = 32.76$$

$$MSE = \frac{SSE}{n-2} = \frac{32.76}{10-2} = 4.095$$

檢定統計量：$t^* = \dfrac{\hat{\beta}}{\sqrt{\dfrac{MSE}{\sum x_i^2 - n\bar{x}^2}}} = \dfrac{0.12}{\sqrt{\dfrac{4.095}{303.4 - 10 \times 2.8}}} \approx 0.984$

$\therefore |t^*| = 0.984 < t_{8,0.025} = 2.306$

不拒絕虛無假設，故廣告的花費對飲料的銷售量無顯著的影響。

註：本題亦可使用 F 檢定檢定兩變數間是否有影響，請讀者自行參考前面有關迴歸
分析的 ANOVA

例 13

調查 6 位學生研究讀書時間與考試分數之關係得到下列資料：

考試分數 y	60	72	74	78	80	82
讀書時間 x	2	2	3	3	4	4

(1)試問讀書時間能否解釋考試分數，請同時求算斜率的信賴區間。（$\alpha = 0.05$）

(2)根據(1)的檢定結果，上述資料是否支持 X 與 Y 成直線關係？

解

(1) $\sum x_i = 18, \sum x_i^2 = 58, \sum y_i = 446, \sum y_i^2 = 33468, \sum x_i y_i = 1368$

$\bar{x} = \dfrac{18}{6} = 3, \bar{y} = \dfrac{446}{6} = 74.333$

$\hat{\beta} = \dfrac{\sum x_i y_i - n\overline{xy}}{\sum x_i^2 - n\bar{x}^2} = \dfrac{1368 - 6 \times 3 \times 74.333}{58 - 6 \times 3^2} \approx 7.502$

$\hat{\alpha} = \bar{y} - \hat{\beta}\bar{x} = 74.333 - 7.502 \times 3 = 51.827$

$MSE = \dfrac{SSE}{n-2} = \dfrac{\displaystyle\sum_{i=1}^{n} y_i^2 - \hat{\alpha}\sum_{i=1}^{n} y_i - \hat{\beta}\sum_{i=1}^{n} x_i y_i}{n-2}$

$= \dfrac{33468 - 51.827 \times 446 - 7.502 \times 1368}{6-2} = 22.606$

設立兩個假設：$\begin{cases} H_0 : \beta = 0 \\ H_1 : \beta \neq 0 \end{cases}$

檢定統計量：$t^* = \dfrac{\hat{\beta}}{\sqrt{\dfrac{MSE}{\sum x_i^2 - n\bar{x}^2}}} = \dfrac{7.502}{\sqrt{\dfrac{22.606}{58 - 6 \times 3^2}}} \approx 3.156$

$\left| t^* \right| = 3.156 > t_{0.025,4} = 2.7764$，拒絕虛無假設，故讀書時間可以顯著地解釋考試分數。

斜率的信賴區間

$$\hat{\beta} - t_{\frac{\alpha}{2},n-2} \sqrt{\frac{MSE}{\sum x_i^2 - n\bar{x}^2}} \leq \beta \leq \hat{\beta} + t_{\frac{\alpha}{2},n-2} \sqrt{\frac{MSE}{\sum x_i^2 - n\bar{x}^2}}$$

$$\Rightarrow 7.502 - 2.7764 \sqrt{\frac{22.606}{58 - 6 \times 3^2}} \leq \beta \leq 7.502 + 2.7764 \sqrt{\frac{22.606}{58 - 6 \times 3^2}}$$

$$\Rightarrow 0.903 \leq \beta \leq 14.101$$

(2) 我們無法利用 $\beta = 0$ 的檢定檢定兩變數間是否具直線關係，欲檢定兩變數間是否成直線關係，應該採用缺適度(lack of fit)檢定。

例 14

某家具製造商希望研究全國收入 X 及購買家具之金額 Y 之關係，此家具製造商將過去五年之資料(百萬元)輸入統計套裝軟體得到如下表之迴歸分析表：

參數	估計值	標準誤	檢定值	P 值
截距	-0.74	0.28	-2.62	0.079
斜率	0.39	0.02	17.81	0.000

(1)試求 Y 對 X 的迴歸方程。

(2)請預測年收入 2 千萬元之家具購買金額。

(3)試求斜率項與截距項的 95%信賴區間。

(4)試檢定 $\begin{cases} H_0 : \beta = 0 \\ H_0 : \beta \neq 0 \end{cases}$

(5)試檢定 $\begin{cases} H_0 : \alpha = 0 \\ H_0 : \alpha \neq 0 \end{cases}$

解

(1) 根據軟體執行的結果知迴歸方程為 $\hat{y} = -0.74 + 0.39x$

(2) 2 千萬=20 百萬元，故令 $x = 20$ 代入上式得

$\hat{y} = -0.74 + 0.39 \times 20 = 7.06$ 百萬元

(3) $\hat{\beta} - t_{\frac{\alpha}{2}, n-2} \sqrt{\dfrac{MSE}{\sum x_i^2 - n\overline{x}^2}} \leq \beta \leq \hat{\beta} + t_{\frac{\alpha}{2}, n-2} \sqrt{\dfrac{MSE}{\sum x_i^2 - n\overline{x}^2}}$

其中 $\sqrt{\dfrac{MSE}{\sum x_i^2 - n\overline{x}^2}} = 0.28$ ，故斜率項的 95%信賴區間為

$0.39 - 3.1825 \times 0.28 \leq \beta \leq 0.39 + 3.1825 \times 0.28 \Rightarrow -0.5011 \leq \beta \leq 1.2811$

又 $\hat{\alpha} - t_{\frac{\alpha}{2}, n-2} \sqrt{\dfrac{\sum x_i^2}{n} \dfrac{MSE}{\sum (x_i - \overline{x})^2}} \leq \alpha \leq \hat{\alpha} + t_{\frac{\alpha}{2}, n-2} \sqrt{\dfrac{\sum x_i^2}{n} \dfrac{MSE}{\sum (x_i - \overline{x})^2}}$

其中 $\sqrt{\dfrac{\sum x_i^2}{n} \dfrac{MSE}{\sum (x_i - \overline{x})^2}} = 0.02$ ，故截距項的 95%信賴區間為

$-0.74 - 3.1825 \times 0.02 \leq \alpha \leq -0.74 + 3.1825 \times 0.02 \Rightarrow -0.804 \leq \alpha \leq -0.676$

(4) $\because P - value = 0.079 > 0.05$ ，不拒絕虛無假設。

(5) $\because P - value = 0.000 < 0.05$ ，拒絕虛無假設。

17.5 依變數的信賴區間與預測區間

　　所謂依變數的信賴區間，是指在給定自變數 X 值的條件下，母體迴歸線 Y 的期望值的信賴區間。預測區間則是指，給定自變數 X 值的條件下，依變數 Y 的信賴區間。在迴歸分析中的信賴區間一般指 Y 的期望值區間，而預測區間則為個別變數 Y 的區間，在迴歸分析中信賴區間與預測區間是不同的。舉個實際的例子來說明兩者間的不同：假設 Y 表身高，X 表體重。令 $x = 50$ ，信賴區間則代表所有體重 50 公斤的人其平均身高範圍，若現在有某一個人他的體重正好等於 50 公斤，猜測此人的身高範圍，此範圍稱為預測區間。

17.5.1 信賴區間

　　在正式介紹迴歸方程的信賴區間前，我們先複習一下單母體平均數的信賴區間。假設隨機變數 $X \sim N(\mu, \sigma^2)$ ，那麼 $\overline{x} \sim N(\mu, \dfrac{\sigma^2}{n})$ ，其母體平均數的信賴區間為

$\mu = \overline{x} \pm z_{\frac{\alpha}{2}}\sqrt{\dfrac{\sigma^2}{n}}$。由此可知若要推導出 $E(y_0|x_0)$ [2] 的信賴區間必須先知道

$\hat{y}_0 \sim N(E(\hat{y}_0), \sigma^2_{\hat{y}_0})$，故下面我們將推導 $\hat{y}$ 的期望值 $E(\hat{y}_0)$ 與變異數 $\sigma^2_{\hat{y}_0}$。

說明：抽樣分配表示法與信賴區間之關聯性

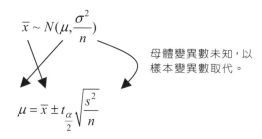

母體變異數未知，以樣本變異數取代。

定理 17.5 $E(\hat{y}_0) = \alpha + \beta x_0 = E(y|x_0)$

證明： $E(\hat{y}_0) = E(\hat{\alpha} + \hat{\beta}x_0) = E(\hat{\alpha}) + x_0 E(\hat{\beta}) = \alpha + \beta x_0$

定理 17.6 $V(\hat{y}_0) = \sigma^2_{\hat{y}_0} = \left[\dfrac{1}{n} + \dfrac{(x_0 - \overline{x})^2}{\sum(x_i - \overline{x})^2}\right]\sigma^2$

證明： $V(\hat{y}_0) = V(\hat{\alpha} + \hat{\beta}x_0) = V(\hat{\alpha}) + 2x_0 Cov(\hat{\alpha},\hat{\beta}) + x_0^2 V(\hat{\beta})$ .... ①

已知 $V(\hat{\alpha}) = \dfrac{\sum x_i^2}{n\sum(x_i - \overline{x})^2}\sigma^2, V(\hat{\beta}) = \dfrac{1}{\sum(x_i - \overline{x})^2}\sigma^2$ .... ②

故原式只剩 $Cov(\hat{\alpha},\hat{\beta})$ 未知，其中

$Cov(\hat{\alpha},\hat{\beta}) = E\left[(\hat{\alpha} - E(\hat{\alpha}))(\hat{\beta} - E(\hat{\beta}))\right] = E\left[(\hat{\alpha} - \alpha)(\hat{\beta} - \beta)\right]$

又 $(\hat{\alpha} - \alpha) = -(\hat{\beta} - \beta)\overline{x} + \overline{\varepsilon}$，故 （見定理 17.2 的推導過程）

$Cov(\hat{\alpha},\hat{\beta}) = E\left[(-(\hat{\beta} - \beta)\overline{x} + \overline{\varepsilon})(\hat{\beta} - \beta)\right] = E\left[-(\hat{\beta} - \beta)^2\overline{x}\right] + E\left[\overline{\varepsilon}(\hat{\beta} - \beta)\right]$

$= -\overline{x}E\left[(\hat{\beta} - \beta)^2\right] + \overline{\varepsilon}E(\hat{\beta} - \beta) = -\overline{x}V(\hat{\beta}) = -\dfrac{\overline{x}}{\sum(x_i - \overline{x})^2}\sigma^2$ .... ③

---

[2] 有些書本以符號 $\mu_{y|x_0}$

將②③代入①中可得

$$V(\hat{y}_0) = \frac{\sum x_i^2}{n\sum(x_i - \overline{x})^2}\sigma^2 - 2x_0\frac{\overline{x}}{\sum(x_i - \overline{x})^2}\sigma^2 + x_0^2\frac{1}{\sum(x_i - \overline{x})^2}\sigma^2$$

$$= \frac{\sigma^2}{n\sum(x_i - \overline{x})^2}(\sum x_i^2 - 2nx_0\overline{x} + nx_0^2)$$

$$= \frac{\sigma^2}{n\sum(x_i - \overline{x})^2}\left[\left(\sum x_i^2 - n\overline{x}^2\right) + \left(n\overline{x}^2 - 2nx_0\overline{x} + nx_0^2\right)\right]$$

$$= \frac{\sigma^2}{n\sum(x_i - \overline{x})^2}\left[\sum(x_i - \overline{x})^2 + n(\overline{x} - x_0)^2\right] = \left[\frac{1}{n} + \frac{(x_0 - \overline{x})^2}{\sum(x_i - \overline{x})^2}\right]\sigma^2$$

註：$E(\hat{\beta} - \beta) = E(\hat{\beta}) - E(\beta) = \beta - \beta = 0, E\left[(\hat{\beta} - \beta)^2\right] = V(\hat{\beta})$

故由定理 17.5 與定理 17.6 知 $\hat{y}_0 \sim N(E(y|x_0), \left[\frac{1}{n} + \frac{(x_0 - \overline{x})^2}{\sum(x_i - \overline{x})^2}\right]\sigma^2)$，又在絕大部分的情況下母體變異數 σ^2 未知，故以其不偏估計量 MSE 取代，即

$$\hat{y}_0 \sim N\left(E(y|x_0), \left[\frac{1}{n} + \frac{(x_0 - \overline{x})^2}{\sum(x_i - \overline{x})^2}\right]MSE\right)$$

仿照單一母體平均數的信賴區間之概念，我們可容易可以理解 $E(y|x_0)$ 的信賴區間為：

$$E(y|x_0) = \hat{y}_0 \pm t_{\frac{\alpha}{2}, n-2}\sqrt{MSE\left[\frac{1}{n} + \frac{(x_0 - \overline{x})^2}{\sum(x_i - \overline{x})^2}\right]}$$

其中：$\hat{y}_0 = \hat{\alpha} + \hat{\beta}x_0$，$x_0$ 為給定的自變數值。

17.5.2 預測區間

所謂預測區間是指某依變數 y_0 的信賴區間，而 y_0 是指在 $x = x_0$ 的條件下，母體迴歸線的 y 座標值。根據迴歸方程的基本假設，依變數 y 服從常態分配，且 $\varepsilon_i \sim N(0, \sigma^2)$，因此 $y_0 = \alpha + \beta x_0 + \varepsilon_0 \sim N(\alpha + \beta x_0, \sigma^2)$。欲推導 y_0 的預測區間可藉由 $y_0 - \hat{y}_0$ 的抽樣分配來推導，故在此處需要知道 $y_0 - \hat{y}_0 \sim N(E(y_0 - \hat{y}_0), V(y_0 - \hat{y}_0))$ 中的兩個參數，這兩個參數分別為期望值與變異數。

定理 17.7 $E(y_0 - \hat{y}_0) = 0$

證明： $E(y_0 - \hat{y}_0) = E(y_0) - E(\hat{y}_0) = E(\alpha + \beta x_0) - E(\hat{\alpha} + \hat{\beta} x_0)$

$\qquad\qquad = E(\alpha) + x_0 E(\beta) - E(\hat{\alpha}) - x_0 E(\hat{\beta}) = 0$

定理 17.8 $V(y_0 - \hat{y}_0) = \left[1 + \dfrac{1}{n} + \dfrac{(x_0 - \overline{x})^2}{\sum(x_i - \overline{x})^2}\right]$

證明： $V(y_0 - \hat{y}_0) = V(y_0) - 2Cov(y_0, \hat{y}_0) + V(\hat{y}_0) = V(y_0) + V(\hat{y}_0)$

$$= \sigma^2 + \left[\frac{1}{n} + \frac{(x_0 - \overline{x})^2}{\sum(x_i - \overline{x})^2}\right]\sigma^2 = \left[1 + \frac{1}{n} + \frac{(x_0 - \overline{x})^2}{\sum(x_i - \overline{x})^2}\right]\sigma^2$$

故根據定理 17.7 與定理 17.8 可知 $y_0 - \hat{y}_0 \sim N(0, \left[1 + \dfrac{1}{n} + \dfrac{(x_0 - \overline{x})^2}{\sum(x_i - \overline{x})^2}\right]\sigma^2)$，在根據前

一小節中分配與信賴區間的關係可推得

$$(y_0 - \hat{y}_0) - t_{\frac{\alpha}{2}, n-2}\sqrt{\left[1 + \frac{1}{n} + \frac{(x_0 - \overline{x})^2}{\sum(x_i - \overline{x})^2}\right]\sigma^2} \leq 0 \leq (y_0 - \hat{y}_0) + t_{\frac{\alpha}{2}, n-2}\sqrt{\left[1 + \frac{1}{n} + \frac{(x_0 - \overline{x})^2}{\sum(x_i - \overline{x})^2}\right]\sigma^2}$$

因母體變異數未知，故上式以 MSE 取代 σ^2，同時減 y_0 並變號，即可推得 y_0 的預
測區間為：

$$y_0 = \hat{y}_0 \pm t_{\frac{\alpha}{2}, n-2}\sqrt{\left[1 + \frac{1}{n} + \frac{(x_0 - \overline{x})^2}{\sum(x_i - \overline{x})^2}\right]MSE}$$

由上面公式可知，簡單線性迴歸的信賴區間與預測區間，兩個公式僅在中括弧內
差個 1，其餘皆相同。

17.5.3 影響信賴區間與預測區間長度的因素

從上一小節信賴區間的公式中很容易看出，影響區間長度的因素有顯著水準、
MSE、樣本數與自變數 x_0，其影響的情形分述如下：

1. 顯著水準越大 t 值越小，故信賴區間越短。

2. MSE 越大則信賴區間越長。

3. x_0 離 $\overline{x}$ 越遠，信賴區間越長。

4. 樣本數 n 越大，信賴區間越短。

在相同的 x_0 條件下，信賴區間比預測區間短，且兩者皆隨距離 $\bar{x}$ 越遠其長度越長，當 $x = \bar{x}$ 時，信賴區間與預測區間的長度為最小。也就是說越接近平均數的位置，迴歸方程預測越準確，隨著遠離平均數，則預測越不準確，因此使用迴歸方程式不宜作 x 大範圍的預測。

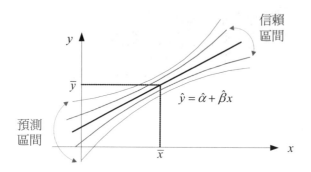

例 15

某人想瞭解書本的定價是否受書的頁數所影響，於是他隨機選取 10 本書，記錄其頁數與定價，如下表所示：

頁數(x)	390	700	760	500	560	600	440	500	360	280
定價(y)	280	480	650	320	380	500	200	200	230	130

(1)試求迴歸方程式。

(2)是否書本的頁數越多其定價越高？顯著水準 $\alpha = 5\%$。

(3)若某本書頁數是 450 頁，求同樣 450 頁的書籍平均定價的 95%信賴區間。

(4)若此人欲購買了一本新書，其頁數為 450 頁，求此本書定價的 95%預測區間。

解

(1) $\bar{x} = 509$，$\bar{y} = 337$，$\sum x_i^2 = 2794900$，$\sum y_i = 3370$，$\sum y_i^2 = 1377900$，

$$\sum x_i y_i = 1919200$$

$$\hat{\beta} = \frac{\sum x_i y_i - n\bar{x}\bar{y}}{\sum x_i^2 - n\bar{x}^2} = \frac{1919200 - 10(509)(337)}{2794900 - 10(509)^2} \approx 0.9989$$

$$\hat{\alpha} = \bar{y} - \hat{\beta}\bar{x} = 337 - 0.9989 \times 509 = -171.45$$

故迴歸方程式為：$\hat{y} = -171.45 + 0.9989x$。

(2) 根據題意為右尾檢定，兩個假設為：$\begin{cases} H_0 : \beta \le 0 \\ H_1 : \beta > 0 \end{cases}$

$$MSE = \frac{SSE}{n-2} = \frac{\sum\limits_{i=1}^{n} y_i^2 - \hat{\alpha}\sum\limits_{i=1}^{n} y_i - \hat{\beta}\sum\limits_{i=1}^{n} x_i y_i}{n-2}$$

$$= \frac{1377900 - (-171.45)(3370) - (0.9989)(1919200)}{10-2} = 4824.702$$

檢定統計量：$t^* = \dfrac{\hat{\beta}}{\sqrt{\dfrac{MSE}{\sum x_i^2 - n\overline{x}^2}}} = \dfrac{0.9989}{\sqrt{\dfrac{4824.702}{2794900 - 10 \times 509^2}}} = 6.497$

$\because t^* = 6.497 > t_{8,0.05} = 1.8595$

拒絕虛無假設，故有顯著的證據書本的頁數越多，定價越高。

(3) 本題為求迴歸方程式信賴區間，已知 $x_0 = 450$

$\hat{y}_0 = -171.45 + 0.9989 \times 450 = 278.06$

$$又 \sqrt{MSE\left[\frac{1}{n} + \frac{(x_0 - \overline{x})^2}{\sum x_i^2 - n\overline{x}^2}\right]} = \sqrt{4824.702(\frac{1}{10} + \frac{(450-509)^2}{2794900 - 10 \times 509^2})} \approx 23.765$$

故平均定價的 95%信賴區間為：

$$E(y|x_0 = 450) = \hat{y}_0 \pm t_{\frac{\alpha}{2}, n-2}\sqrt{MSE\left[\frac{1}{n} + \frac{(x_0 - \overline{x})^2}{\sum (x - \overline{x})^2}\right]}$$

$= 278.06 \pm 2.036 \times 23.765 \approx [229.674, 326.446]$

(4) 本題為求預測區間

$$\sqrt{MSE\left[1 + \frac{1}{n} + \frac{(x_0 - \overline{x})^2}{\sum x_i^2 - n\overline{x}^2}\right]} = \sqrt{4824.702(1 + \frac{1}{10} + \frac{(450-509)^2}{2794900 - 10 \times 509^2})} \approx 73.413$$

故此 450 頁的書本定價的 95%信賴區間為

$$y|(x_0 = 450) = \hat{y}_0 \pm t_{\frac{\alpha}{2}, n-2}\sqrt{MSE\left[1 + \frac{1}{n} + \frac{(x_0 - \overline{x})^2}{\sum (x - \overline{x})^2}\right]}$$

$= 278.06 \pm 2.036 \times 73.413 \approx [128.59, 427.56]$

註：本題以計算機內建功能按出答案，故與讀者求得答案可能會有些許誤差

17.6 資料尺度的轉換

在一般的人文社會研究中，在建構迴歸模型時，經常會遇到衡量變數的單位不一致。因此有許多的研究在建構迴歸模型時會將所有的資料轉成 Z 分數之後，再推導迴歸方程，目的是為了把每個變數的單位消除掉。Z 分數的轉換公式在第三章已經介紹過了，即 $z_i = \dfrac{x_i - \bar{x}}{s}$。由於母體參數未知，因此轉換時皆以樣本統計量去取代。$z_i = \dfrac{x_i - \bar{x}}{s}$ 的轉換式中包含了兩種變換，一為平移變換，二為尺度的縮放。在本節中我們將要介紹平移與尺度的縮放對迴歸方程所造成的影響。

17.6.1 平移變換

若原迴歸方程式為 $\hat{y} = \hat{\alpha} + \hat{\beta}x$，平移後的迴歸方程式為 $y' = \hat{\alpha}' + \hat{\beta}'x'$。

假設 $x' = x - h, y' = \hat{y} - k$，代入原迴歸方程變後得：$y' = (\hat{\alpha} + \hat{\beta}h - k) + \hat{\beta}x'$，將左式與 $y' = \hat{\alpha}' + \hat{\beta}'x'$ 比較，可得變換後的斜率項與截距項與原迴歸方程之關係為：$\begin{cases} \hat{\beta}' = \hat{\beta} \\ \hat{\alpha}' = \hat{\alpha} + \hat{\beta}h - k \end{cases}$

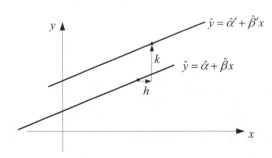

上述的平移變換不需要死記，因為推導十分簡單，由 $x' = x - h, y' = \hat{y} - k$ 可得 $x = x' + h, \hat{y} = y' + k$ 把左式代入原迴歸方程式 $\hat{y} = \hat{\alpha} + \hat{\beta}x$，可得 $y' + k = \hat{\alpha} + \hat{\beta}(x' + h)$，經整理即可獲得平移後的新迴歸方程式 $y' = (\hat{\alpha} + \hat{\beta}h - k) + \hat{\beta}x'$，再改回一般慣用的表示法 $\hat{y} = (\hat{\alpha} + \hat{\beta}h - k) + \hat{\beta}x$，左式即為平移後的新迴歸方程式。故平移不會影響迴歸方程的斜率項，僅會影響截距項。

17.6.2 尺度縮放

假設 $x' = \dfrac{x}{a}, y' = \dfrac{\hat{y}}{b}$，則表示原迴歸方程式圖形水平方向放大 a 倍且鉛直方向放大 b 倍。其新的迴歸方程式推導過程亦十分簡單，由 $x' = \dfrac{x}{a}, y' = \dfrac{\hat{y}}{b}$ 可得 $x = ax', \hat{y} = by'$ 代入原

迴歸方程式中,可得 $by' = \hat{\alpha} + \hat{\beta}ax'$ 經整理可得新的迴歸方程為 $y' = \dfrac{1}{b}\hat{\alpha} + \dfrac{a}{b}\hat{\beta}x'$。由右式可以看出,經過尺度縮放後的斜率項與截距項與原迴歸方程之關係為:

$$\begin{cases} \hat{\beta}' = \dfrac{a}{b}\hat{\beta} \\ \hat{\alpha}' = \dfrac{1}{b}\hat{\alpha} \end{cases}$$

17.6.3 平移且尺度縮放

本小節將介紹迴歸方程經過平移之後再作尺度縮放後所得到的新迴歸方程如何推導。假設 $x' = \dfrac{x-h}{a}, y' = \dfrac{\hat{y}-k}{b}$,由左式可得新舊變數之關係為 $x = ax'+h, \hat{y} = by'+k$,將其代入原迴歸方程可得經平移且縮放後的迴歸方程為

$$y' = \frac{\hat{\alpha} + h\hat{\beta} - k}{b} + \frac{a}{b}\hat{\beta}x'$$

觀察變化後的新迴歸方程,我們可以明顯的看出,平移不會影響迴歸方程的斜率項,且當變數 $x \to \dfrac{x}{a}$ 時,斜率項會變成原來的 a 倍,而 $\hat{y} \to \dfrac{\hat{y}}{b}$ 時,斜率項會變成原來的 $\dfrac{1}{b}$ 倍。

例 16

某五星級大飯店的住屋率(%)(X)與每天每間客房的成本(元)(Y)如下:

x	100	75	65	55	50
y	1900	2400	2700	3150	3500

(1)試求迴歸直線 $\hat{y} = \hat{\alpha} + \hat{\beta}x$。

(2)試檢定此迴歸直線的斜率是否為零($\alpha = 5\%$)?

(3)若將 Y 的單位換成千元,試求此新的迴歸直線,並檢定其斜率是否為零($\alpha = 5\%$)?

(4)若 Y 的單位仍為元,但將 X 以小數點表示(如 75% 表為 0.75),求此新的迴歸直線,並檢定其斜率是否為零($\alpha = 5\%$)?

(5)請你將兩個變數轉換成 Z 分數之後再求迴歸方程式,並請你利用以上 4 小題的答案推論,若將自變數或依變數的單位改變或是標準化後,是否會影響斜率項的檢定?

解

(1) $\bar{x} = 69$，$\bar{y} = 2730$，$\sum x_i = 345$，$\sum y_i = 13650$，$\sum x_i^2 = 25375$，$\sum y_i^2 = 38832500$

$\sum x_i y_i = 893750$

$$\hat{\beta} = \frac{\sum x_i y_i - n\bar{x}\bar{y}}{\sum x_i^2 - n\bar{x}^2} = \frac{893750 - 5(69)(2730)}{25375 - 5(69)^2} = \frac{-48100}{1570} \approx -30.637$$

$$\hat{\alpha} = \bar{y} - \hat{\beta}\bar{x} = 2730 - (-30.637)(69) = 4843.949$$

故迴歸直線為：$\hat{y} = 4843.949 - 30.637x$

(2) 設立兩個假設：$\begin{cases} H_0 : \beta = 0 \\ H_1 : \beta \neq 0 \end{cases}$

$$MSE = \frac{SSE}{n-2} = \frac{\sum_{i=1}^{n} y_i^2 - \hat{\alpha}\sum_{i=1}^{n} y_i - \hat{\beta}\sum_{i=1}^{n} x_i y_i}{n-2}$$

$$= \frac{38832500 - 4843.949 \times 13650 - (-30.637) \times 893750}{5-2} \approx 31471.633$$

檢定統計量：$t^* = \dfrac{\hat{\beta}}{\sqrt{\dfrac{MSE}{\sum x_i^2 - n\bar{x}^2}}} = \dfrac{-30.637}{\sqrt{\dfrac{31471.633}{25375 - 5 \times 69^2}}} \approx -6.843$

$\because \left| t^* \right| = 6.843 > t_{0.025,3} = 3.1825$，拒絕虛無假設，故斜率不為零。

(3) 當 Y 換成千元時，表示依變數 $y' = \dfrac{\hat{y}}{1000}$ 縮小 1000 倍

故斜率項與截距項皆為原來之 $\dfrac{1}{1000}$

因此新的迴歸方程為 $\hat{y} = 4.843949 - 0.030637x$

再由 MSE 的公式 $MSE = \dfrac{\sum_{i=1}^{n} y_i^2 - \hat{\alpha}\sum_{i=1}^{n} y_i - \hat{\beta}\sum_{i=1}^{n} x_i y_i}{n-2}$ 知，分子部分變成原來的 $\dfrac{1}{1000^2}$，

故 $MSE = 0.031471633$

再看檢定統計量公式 $t^* = \dfrac{\hat{\beta}}{\sqrt{\dfrac{MSE}{\sum x_i^2 - n\bar{x}^2}}}$，分子與分母皆為原來的 $\dfrac{1}{1000}$，故檢定統

計量維持不變，即 $t^* = -6.843$

故檢定結果仍為拒絕虛無假設，斜率不為零。

(4) 因為自變數變為原來的 $\frac{1}{100}$，即 $x' = \frac{x}{100}$，故斜率項會放大 100 倍而截距項不變，故新的迴歸方程為 $\hat{y} = 4843.949 - 3063.7x$。

$\bar{x} = 0.69$，$\bar{y} = 2730$，$\sum x_i = 3.45$，$\sum y_i = 13650$，$\sum x_i^2 = 2.5375$，

$\sum y_i^2 = 38832500$，$\sum x_i y_i = 8937.50$

$$MSE = \frac{\sum_{i=1}^{n} y_i^2 - \hat{\alpha}\sum_{i=1}^{n} y_i - \hat{\beta}\sum_{i=1}^{n} x_i y_i}{n-2}$$

$$= \frac{38832500 - 4843.949 \times 13650 - (-3063.7) \times 8937.5}{5-2} \approx 31471.633$$

檢定統計量：$t^* = \dfrac{\hat{\beta}}{\sqrt{\dfrac{MSE}{\sum x_i^2 - n\bar{x}^2}}} = \dfrac{-3063.7}{\sqrt{\dfrac{31471.633}{2.5375 - 5 \times 0.69^2}}} \approx -6.843$

故檢定結果仍為拒絕虛無假設，斜率不為零。

(5) 資料轉成 Z 分數，即 $y_i' = \dfrac{y_i - \bar{y}}{s_y}$，$x_i' = \dfrac{x_i - \bar{x}}{s_x}$

$s_x = 19.812$，$s_y = 626.099$

標準化後的截距項 $\hat{\alpha}' = \dfrac{\hat{\alpha} + h\hat{\beta} - k}{b} = \dfrac{4843.949 + 69 \times (-30.637) - 2730}{626.099} = 0$

斜率項為 $\beta' = \dfrac{a}{b}\hat{\beta} = \dfrac{19.812}{626.099}(-30.637) = 0.969$

故資料標準化後之迴歸方程為：$\hat{y} = 0.969x$

當自變數或依變數的單位改變時，斜率的檢定統計量之值不會變，因為其分子與分母的變化會相互抵消掉，故不影響斜率的檢定。

註：1. 資料標準化後所求出來的斜率項恰等於 X 與 Y 的相關係數。

2. 本題直接以計算機內建功能鍵求出答案，故答案可能與讀者求出來的有些許差距。

17.7 相關分析

　　一般而言，人文社會學研究在進行迴歸分析前，大都會先進行相關分析，以初步檢視自變數與依變數間是否存在關聯，此外也可透過相關分析瞭解自變數與自變數間是否產生高度的相關，導致未來進行迴歸分析時，產生嚴重的共線性。共線性在多元迴歸中，我們會進行介紹，在本節我們先介紹相關分析。

17.7.1　母體相關係數

　　相關分析主要是用來衡量兩個隨機變數間相關程度與變化的方向趨勢，所謂變化的方向趨勢是指當其中一個變數增加時，另一個變數呈現增加或減少？請特別注意，相關分析只能判斷兩變數間是否相關，正向相關或負向相關，以及可以用來當作衡量兩變數具備線性關係的強度的參考指標，但不具備判斷兩變數間是否存在線性關係的能力。舉個例子來說，假設某物理實驗收集到一組資料來自於下列之圖形，若我們以相關分析來檢視兩變數間的相關情形，答案肯定是具高度正相關。如果再進一步檢定相關係數是否等於 0，不需要檢定單從圖形的趨勢便可判斷檢定結果必定接受不為 0 的假設，然而事實上兩變數並不具備線性關係。故相關係數的檢定可獲得的結論為：

$\rho_{xy} = 0$　　⇒兩變數不具線性關係，

$\rho_{xy} \neq 0$　　⇒無法判斷兩變數是否具線性關係

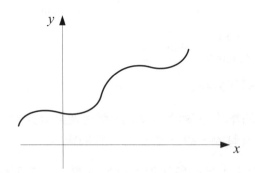

17.7.2　母體相關係數

　　在第三章我們就已經瞭解母體相關係數的定義為：

$$\rho_{xy} = \frac{E\left[(x - \mu_x)(y - \mu_y)\right]}{\sigma_x \sigma_y} = \frac{Cov(x,y)}{\sigma_x \sigma_y} = \frac{\sigma_{xy}}{\sigma_x \sigma_y}$$

相關係數的範圍為：$-1 \le \rho_{xy} \le 1$。欲證明左式，有許多方法，其中以向量的方式證明最具幾何意義，故下面證明採用向量的觀念來證明。

假設兩向量 $\vec{a} = (x_1 - \mu_x, x_2 - \mu_x, \cdots, x_N - \mu_x)$，$\vec{b} = (y_1 - \mu_y, y_2 - \mu_y, \cdots, y_N - \mu_y)$，這兩個向量夾角的餘弦為：

$$\cos\theta = \frac{\vec{a} \cdot \vec{b}}{|\vec{a}||\vec{b}|} = \frac{((x_1 - \mu_x)(y_1 - \mu_y) + (x_2 - \mu_x)(y_2 - \mu_y) + \cdots + (x_N - \mu_x)(y_N - \mu_y))}{\sqrt{(x_1 - \mu_x)^2 + \cdots + (x_N - \mu_x)^2}\sqrt{(y_1 - \mu_y)^2 + \cdots + (y_N - \mu_y)^2}}$$

$$= \frac{\sum_{i=1}^{n}(x_i - \mu_x)(y_i - \mu_y)}{\sqrt{\sum_{i=1}^{n}(x_i - \mu_x)^2}\sqrt{\sum_{i=1}^{n}(y_i - \mu_y)^2}} = \frac{\frac{1}{n}\sum_{i=1}^{n}(x_i - \mu_x)(y_i - \mu_y)}{\sqrt{\frac{1}{n}\sum_{i=1}^{n}(x_i - \mu_x)^2}\sqrt{\frac{1}{n}\sum_{i=1}^{n}(y_i - \mu_y)^2}}$$

$$= \frac{E\left[(x - \mu_x)(y - \mu_y)\right]}{\sigma_x \sigma_y} = \rho_{xy}$$

$\because -1 \le \cos\theta \le 1$，故相關係數的範圍為：

$$-1 \le \rho_{xy} \le 1$$

除了上述方法外，利用柯西不等式也可以獲得同樣的結果，在此我們另外介紹一個快捷的證明法。假設隨機變數 X、Y 為標準化後之變數，因為變異數必大於等於 0，即

$$V(x \pm y) \ge 0 \Rightarrow V(x) \pm 2Cov(x, y) + V(y) = 1 \pm 2\rho_{xy} + 1 = 2(1 \pm \rho_{xy}) \ge 0$$

$$\Rightarrow 1 \pm \rho_{xy} \ge 0 \quad \therefore -1 \le \rho_{xy} \le 1$$

17.7.3 相關係數的性質

根據相關係數的定義公式可之，它具有下列之性質：

1. $\rho_{xy} = 0$ 表 X，Y 無線性相關，但不一定獨立。例如均勻分佈在一個圓周上的點其相關係數為 0(注意：必須均勻分佈在圓周上，否則相關係數可能正也可能負)，但 X、Y 卻不獨立，因兩變數間存在圓方程式的關係。

2. 若 X，Y 獨立，則 $\rho_{xy} = 0$。

3. $\rho_{xy} = 1$，稱為「完全正相關」。

4. $\rho_{xy} = -1$，稱為「完全負相關」。

5. 當 $\rho_{xy} = 1$ 或 $\rho_{xy} = -1$ 時，則 X，Y 的函數關係為一線型函數，但 X，Y 的函數關係為線型函數時，相關係數未必等於 1 或 -1(常數函數相關係數等於 0)。

17.7.4 相關係數的估計

在絕大部分的情形我們無法或不需要調查全體的資料，此時可利用樣本來估計母體參數，因此當母體相關係數未知時，可利用樣本相關係數來估計母體相關係數。樣本相關係數的定義如下：

$$r_{xy} = \frac{s_{xy}}{s_x s_y} = \frac{\dfrac{1}{n-1}\sum (x_i - \overline{x})(y_i - \overline{y})}{\sqrt{\dfrac{1}{n-1}\sum (x_i - \overline{x})^2}\sqrt{\dfrac{1}{n-1}\sum (y_i - \overline{y})^2}} = \frac{\sum (x_i - \overline{x})(y_i - \overline{y})}{\sqrt{\sum (x_i - \overline{x})^2}\sqrt{\sum (y_i - \overline{y})^2}}$$

由 17.2.1 節知簡單線性迴歸方程的斜率項為 $\hat{\beta} = \dfrac{s_{xy}}{s_x^2}$。將分子母同時乘以 s_y，得 $\hat{\beta} = \dfrac{s_{xy}}{s_x s_y} \times \dfrac{s_y}{s_x} = r_{xy}\dfrac{s_y}{s_x}$。故斜率項 $\hat{\beta}$ 與樣本相關係數 r_{xy} 存在下列之關係：

$$r_{xy} = \hat{\beta}\frac{s_x}{s_y}$$

若在建構迴歸模型時，以標準化資料去建構簡單線性迴歸方程。由於標準化後的資料標準差等於 1，即 $s_x = s_y = 1$，因此以標準化的資料去建構簡單線型迴歸模型，其斜率項與樣本相關係數相等。

此外，根據 17.3.1 節，已知判定係數 $R^2 = \hat{\beta}^2 \cdot \dfrac{s_x^2}{s_y^2} = (\hat{\beta}\dfrac{s_x}{s_y})^2 = r_{xy}^2$，故相關係數與判定係數存在下列之關係：

$$r_{xy} = \pm\sqrt{R^2}$$

其正負號與斜率項相同，當 $\hat{\beta} > 0$ 時，上式取正號；當 $\hat{\beta} < 0$ 時，上式取負號。

例 17

假設已知 X 對 Y 的迴歸方程式為：$\hat{y} = -0.61 + 0.0138x$，且 $s_x = 270.83$，$s_y = 4.39$，試求 X，Y 之相關係數與判定係數。

解

判定係數：

$$\because R^2 = \left(\hat{\beta}\frac{s_x}{s_y}\right)^2 = (0.0138 \times \frac{270.83}{4.39})^2 \approx 0.725$$

$$\because \hat{\beta} > 0 \Rightarrow r_{xy} > 0$$

故相關係數 $r_{xy} = \sqrt{R^2} = \sqrt{0.725} \approx 0.851$

17.7.5 母體相關係數 ρ_{xy} 的統計推論

有關母體相關係數的檢定可分成單尾檢定與雙尾檢定，其中單尾檢定又可分成左尾檢定與右尾檢定。在正式介紹相關係數的檢定與信賴區間前，要認識樣本相關係數 r_{xy} 的抽樣分配，r_{xy} 的抽樣分配有兩種情況。

情況 I： 若母體相關係數 $\rho_{xy} = 0$，那麼 $E(r_{xy}) = \rho_{xy} = 0$，$V(r_{xy}) = \dfrac{1}{n-2}$，且呈對稱分配。

情況 II： 若母體相關係數 $\rho_{xy} \neq 0$，則 r_{xy} 的抽樣分配為偏斜分配，必須透過 Fisher 轉換法將其轉換成常態分配。

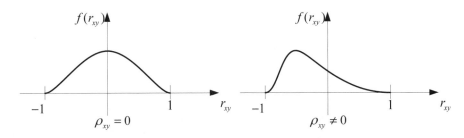

1. 虛無假設 $\rho_{xy} = 0$ 情況下的統計推論

由上一小節我們知道樣本相關係數與斜率項存在 $r_{xy} = \hat{\beta}\dfrac{s_x}{s_y}$ 之關係，故若為簡單線性迴歸，下列三種型態母體相關係數的檢定與斜率項的檢定是等效的(多元迴歸斜率項檢定與相關係數檢定不是等效檢定)。

1. $\begin{cases} H_0 : \rho_{xy} = 0 \\ H_1 : \rho_{xy} \neq 0 \end{cases}$ $\Rightarrow \begin{cases} H_0 : \beta = 0 \\ H_1 : \beta \neq 0 \end{cases}$

2. $\begin{cases} H_0 : \rho_{xy} \geq 0 \\ H_1 : \rho_{xy} < 0 \end{cases}$ $\Rightarrow \begin{cases} H_0 : \beta \geq 0 \\ H_1 : \beta < 0 \end{cases}$

3. $\begin{cases} H_0 : \rho_{xy} \leq 0 \\ H_1 : \rho_{xy} > 0 \end{cases}$ $\Rightarrow \begin{cases} H_0 : \beta \leq 0 \\ H_1 : \beta > 0 \end{cases}$

故相關係數的檢定,可利用檢定斜率項的檢定統計量 $t^* = \dfrac{\hat{\beta}}{\sqrt{\dfrac{MSE}{\sum x_i^2 - n\bar{x}^2}}}$ 推導出母體

相關係數的檢定統計量 $t^* = \dfrac{r_{xy}}{\sqrt{\dfrac{1 - r_{xy}^2}{n-2}}}$。因證明過程需要較大的篇幅推導,故有興趣的讀

者請自行翻閱數理統計方面的書籍。

(1) 雙尾檢定

雙尾檢定的兩個假設寫法為: $\begin{cases} H_0 : \rho_{xy} = 0 \\ H_1 : \rho_{xy} \neq 0 \end{cases}$

檢定統計量: $t^* = \dfrac{r_{xy}}{\sqrt{\dfrac{1 - r_{xy}^2}{n-2}}}$

決策法則:當 $|t^*| > t_{\frac{\alpha}{2}, n-2}$ 時,結論為拒絕 H_0,否則不拒絕 H_0。

(2) 右尾檢定

右尾檢定的兩個假設寫法為: $\begin{cases} H_0 : \rho_{xy} \leq 0 \\ H_1 : \rho_{xy} > 0 \end{cases}$

檢定統計量: $t^* = \dfrac{r_{xy}}{\sqrt{\dfrac{1 - r_{xy}^2}{n-2}}}$

決策法則:當 $t^* > t_{\alpha, n-2}$ 時,結論為拒絕 H_0,否則不拒絕 H_0。

(3) 左尾檢定

左尾檢定的兩個假設寫法為: $\begin{cases} H_0 : \rho_{xy} \geq 0 \\ H_1 : \rho_{xy} < 0 \end{cases}$

檢定統計量：$t^* = \dfrac{r_{xy}}{\sqrt{\dfrac{1-r_{xy}^2}{n-2}}}$

決策法則：當 $t^* < -t_{\alpha, n-2}$ 時，結論為拒絕 H_0，否則不拒絕 H_0。

例 18

隨機選取 10 個人，其年資(X)與薪水(Y)如下表如下表所示：

x	8	6.2	7.1	7.55	8.75	8.15	10.25	9.6	11.3	7.7
y	18	33	48	50	54	56	62	65	71	83

假設資料符合迴歸分析的假設。

(1)試求迴歸方程式。

(2)求 X、Y 的相關係數，並檢定 X、Y 是否具相關性，顯著水準 $\alpha = 5\%$。

解

(1) $\bar{x} = 8.46$，$\bar{y} = 54$，$\sum x_i^2 = 737.04$，$\sum y_i^2 = 32268$，$\sum x_i y_i = 4696.7$

$s_x = 1.539$，$s_y = 18.583$

$\hat{\beta} = \dfrac{\sum x_i y_i - n\overline{xy}}{\sum x_i^2 - n\bar{x}^2} = \dfrac{4696.7 - 10(8.46)(54)}{737.04 - 10(8.46)^2} \approx 6.017$

$\hat{\alpha} = \bar{y} - \hat{\beta}\bar{x} = 54 - 6.017(8.46) = 3.096$

故迴歸方程式為：$\hat{y} = 3.096 + 6.017x$

(2) 根據題意設立兩個假設：$\begin{cases} H_0 : \rho_{xy} = 0 \\ H_1 : \rho_{xy} \neq 0 \end{cases}$

$r_{xy} = \hat{\beta}\dfrac{s_x}{s_y} = 6.017 \times \dfrac{1.539}{18.583} \approx 0.498$

檢定統計量：$t^* = \dfrac{r_{xy}}{\sqrt{\dfrac{1-r_{xy}^2}{n-2}}} = \dfrac{0.498}{\sqrt{\dfrac{1-0.498^2}{10-2}}} \approx 1.624$

$\because t^* = 1.624 < t_{0.025, 8} = 2.306$

不拒絕虛無假設，故無足夠的證據證明 X、Y 具相關性。

註：若單以相關係數 $r_{xy} = 0.498$ 而言，應該接受對立假設才對，但檢定的結果卻相反，其原因在於樣本數不夠多。從檢定統計量的公式可以看當樣本數 $n \to \infty$ 時，分母 $\to 0$，因此只要分子為有限小，檢定統計量 $t^* \to \infty$，結論必定拒絕虛無假設。因此，必須謹記檢定顯著謹代表統計上顯著，並不代表事實，欲求證事實，必須經過不斷地重複抽樣驗證或不斷地重複實驗，才有可能較精準的推估實際的情形。

例 19

隨機抽取 10 組資料，已知 X，Y 的資料如下表所示：

x	1	2	3	4	5	6	7	8	9	10
y	3	5	4	6	4	7	9	6	8	5

(1) 試求 X，Y 的相關係數。

(2) 試檢定相關係數是否大於 0，顯著水準 $\alpha = 5\%$。

解

(1) $\bar{x} = 5.5, \bar{y} = 5.7, \sum x_i^2 = 385, \sum y_i^2 = 357, \sum x_i y_i = 344$

$$r_{xy} = \frac{\sum (x_i - \bar{x})(y_i - \bar{y})}{\sqrt{\sum (x_i - \bar{x})^2}\sqrt{\sum (y_i - \bar{y})^2}} = \frac{\sum x_i y_i - n\bar{x}\bar{y}}{\sqrt{\sum x_i^2 - n\bar{x}^2}\sqrt{\sum y_i^2 - n\bar{y}^2}}$$

$$= \frac{344 - 10 \times 5.5 \times 5.7}{\sqrt{385 - 10 \times 5.5^2}\sqrt{357 - 10 \times 5.7^2}} \approx 0.593$$

(2) 設立兩個假設：$\begin{cases} H_0 : \rho_{xy} \leq 0 \\ H_1 : \rho_{xy} > 0 \end{cases}$

檢定統計量：$t^* = \dfrac{r_{xy}}{\sqrt{\dfrac{1 - r_{xy}^2}{n-2}}} = \dfrac{0.593}{\sqrt{\dfrac{1 - 0.593^2}{10-2}}} \approx 2.083$

$\because t^* = 2.083 > t_{0.05,8} = 1.8595$，拒絕虛無假設，故有足夠的證據顯示相關係數大於 0。

2. 虛無假設 $\rho_{xy} = \rho_0$, $\rho_0 \neq 0$ 情況下的統計推論

R. Fisher 利用變數變換的技巧，發現當樣本數很大時，$\frac{1}{2}\ln(\frac{1+r_{xy}}{1-r_{xy}})$ 會服從常態分配，即 $\frac{1}{2}\ln(\frac{1+r_{xy}}{1-r_{xy}}) \sim N\left(\frac{1}{2}\ln(\frac{1+\rho_{xy}}{1-\rho_{xy}}), \frac{1}{n-3}\right)$

此部分的檢定原理與單母體平均數的檢定原理是相同的，其檢定方法如下所示：

(1) 雙尾檢定

雙尾檢定的兩個假設寫法為：$\begin{cases} H_0 : \rho_{xy} = \rho_0 \\ H_1 : \rho_{xy} \neq \rho_0 \end{cases}$

檢定統計量：$z^* = \dfrac{\dfrac{1}{2}\ln(\dfrac{1+r_{xy}}{1-r_{xy}}) - \dfrac{1}{2}\ln(\dfrac{1+\rho_0}{1-\rho_0})}{\sqrt{\dfrac{1}{n-3}}}$

有關上面的檢定統計量，部分中文書籍進一步化簡成 $z^* = \dfrac{\sqrt{n-3}}{2}\ln\left[\dfrac{(1+r_{xy})(1-\rho_0)}{(1-r_{xy})(1+\rho_0)}\right]$。

雖然看起來較簡短，但卻失去了統計上的意涵，無法與前面的檢定方法結合。若單純應付考試，可自行選擇記憶哪個式子。

決策法則：當 $\left|z^*\right| > z_{\frac{\alpha}{2}}$ 時，結論為拒絕 H_0，否則不拒絕 H_0。

(2) 右尾檢定

右尾檢定的兩個假設寫法為：$\begin{cases} H_0 : \rho_{xy} \leq \rho_0 \\ H_1 : \rho_{xy} > \rho_0 \end{cases}$

檢定統計量：$z^* = \dfrac{\dfrac{1}{2}\ln(\dfrac{1+r_{xy}}{1-r_{xy}}) - \dfrac{1}{2}\ln(\dfrac{1+\rho_0}{1-\rho_0})}{\sqrt{\dfrac{1}{n-3}}}$

決策法則：當 $z^* > z_\alpha$ 時，結論為拒絕 H_0，否則不拒絕 H_0。

(3) 左尾檢定

左尾檢定的兩個假設寫法為：$\begin{cases} H_0 : \rho_{xy} \geq \rho_0 \\ H_1 : \rho_{xy} < \rho_0 \end{cases}$

$$檢定統計量：z^* = \frac{\frac{1}{2}\ln(\frac{1+r_{xy}}{1-r_{xy}}) - \frac{1}{2}\ln(\frac{1+\rho_0}{1-\rho_0})}{\sqrt{\frac{1}{n-3}}}$$

決策法則：當 $z^* < -z_\alpha$ 時，結論為拒絕 H_0，否則不拒絕 H_0。

17.7.6 母體相關係數的信賴區間

由於 $\frac{1}{2}\ln(\frac{1+r_{xy}}{1-r_{xy}}) \sim N(\frac{1}{2}\ln(\frac{1+\rho_{xy}}{1-\rho_{xy}}), \frac{1}{n-3})$，根據抽樣分配的理論，可以很輕鬆的想像

出信賴區間寫成下列的形式：

$$\frac{1}{2}\ln(\frac{1+\rho_{xy}}{1-\rho_{xy}}) = \frac{1}{2}\ln(\frac{1+r_{xy}}{1-r_{xy}}) \pm z_{\frac{\alpha}{2}}\sqrt{\frac{1}{n-3}}$$

接著再求解上式即可求出母體相關係數 ρ_{xy} 的信賴區間了。

例 20

隨機抽取 50 個人，得其相關係數 $r_{xy} = -0.5$。

(1)請檢定下列之假設(α=0.05)

$$\begin{cases} H_0 : \rho_{xy} = -0.6 \\ H_1 : \rho_{xy} \neq -0.6 \end{cases}$$

(2)求 ρ_{xy} 的信賴區間？

解

(1) 檢定統計量

$$z^* = \frac{\frac{1}{2}\ln(\frac{1+r_{xy}}{1-r_{xy}}) - \frac{1}{2}\ln(\frac{1+\rho_0}{1-\rho_0})}{\sqrt{\frac{1}{n-3}}} = \frac{\frac{1}{2}\ln(\frac{1-0.5}{1+0.5}) - \frac{1}{2}\ln(\frac{1-0.6}{1+0.6})}{\sqrt{\frac{1}{50-3}}} \approx 0.986$$

其中 $\frac{1}{2}\ln\frac{1+r_{XY}}{1-r_{XY}} = \frac{1}{2}\ln\frac{1-0.5}{1+0.5} \approx -0.549$

$\frac{1}{2}\ln\frac{1+\rho_0}{1-\rho_0} = \frac{1}{2}\ln\frac{1-0.6}{1+0.6} \approx -0.693$

$$\because \left| z^* \right| = 0.987 < z_{0.025} = 1.96 \quad , \text{不拒絕虛無假設}$$

(2) 已知信賴區間：$\dfrac{1}{2}\ln(\dfrac{1+\rho_{xy}}{1-\rho_{xy}}) = \dfrac{1}{2}\ln(\dfrac{1+r_{xy}}{1-r_{xy}}) \pm z_{\frac{\alpha}{2}}\sqrt{\dfrac{1}{n-3}}$

$$\Rightarrow \dfrac{1}{2}\ln(\dfrac{1+\rho_{xy}}{1-\rho_{xy}}) = \dfrac{1}{2}\ln(\dfrac{1-0.5}{1+0.5}) \pm 1.96\sqrt{\dfrac{1}{50-3}} \approx -0.549 \pm 0.286$$

$$\Rightarrow -0.835 \le \dfrac{1}{2}\ln(\dfrac{1+\rho_{xy}}{1-\rho_{xy}}) \le -0.263 \Rightarrow -1.67 \le \ln(\dfrac{1+\rho_{xy}}{1-\rho_{xy}}) \le -0.526$$

兩邊同取指數 $\Rightarrow e^{-1.67} \le \dfrac{1+\rho_{xy}}{1-\rho_{xy}} \le e^{-0.526} \Rightarrow 0.188 \le \dfrac{1+\rho_{xy}}{1-\rho_{xy}} \le 0.591$

利用合比性質：若 $\dfrac{a}{b} = \dfrac{c}{d} \Rightarrow \dfrac{a}{a+b} = \dfrac{c}{d+c}$

$$\Rightarrow \dfrac{0.188}{1+0.188} \le \dfrac{1+\rho_{xy}}{1-\rho_{xy}+1+\rho_{xy}} \le \dfrac{0.591}{1+0.591} \Rightarrow 0.158 \le \dfrac{1+\rho_{xy}}{2} \le 0.371$$

故 ρ_{xy} 的信賴區間為：$-0.684 \le \rho_{xy} \le -0.258$

例 21

假設 X 對 Y 的迴歸方程為：$\hat{y} = -0.61 + 0.0138x$，且已知樣本數 $n = 53$，$s_x = 270.83$，$s_y = 4.39$，$\bar{x} = 695$。

試求母體相關係數的 95%信賴區間。

解

$$r_{xy} = \hat{\beta}\dfrac{s_x}{s_y} = 0.0138 \times \dfrac{270.83}{4.39} = 0.851$$

已知信賴區間：$\dfrac{1}{2}\ln(\dfrac{1+\rho_{xy}}{1-\rho_{xy}}) = \dfrac{1}{2}\ln(\dfrac{1+r_{xy}}{1-r_{xy}}) \pm z_{\frac{\alpha}{2}}\sqrt{\dfrac{1}{n-3}}$

$$\Rightarrow \dfrac{1}{2}\ln(\dfrac{1+\rho_{xy}}{1-\rho_{xy}}) = \dfrac{1}{2}\ln(\dfrac{1+0.851}{1-0.851}) \pm 1.96\sqrt{\dfrac{1}{53-3}} \approx 1.260 \pm 0.277$$

$$\Rightarrow 0.983 \le \dfrac{1}{2}\ln(\dfrac{1+\rho_{xy}}{1-\rho_{xy}}) \le 1.537 \Rightarrow 1.966 \le \ln(\dfrac{1+\rho_{xy}}{1-\rho_{xy}}) \le 3.074$$

兩邊同取指數 $\Rightarrow e^{1.966} \le \dfrac{1+\rho_{xy}}{1-\rho_{xy}} \le e^{3.074} \Rightarrow 7.142 \le \dfrac{1+\rho_{xy}}{1-\rho_{xy}} \le 21.628$

$$\frac{7.142}{8.142} \leq \frac{1+\rho_{xy}}{2} \leq \frac{21.628}{22.628}$$

故母體相關係數的 95%信賴區間為：$0.754 \leq \rho_{xy} \leq 0.912$

 殘差分析

所謂殘差是指實際資料的 y 值和迴歸模型得到的 y 值之間的差，透過殘差分析可以讓研究者初步瞭解資料分佈型態是否適合進行迴歸分析。因此，一個嚴謹的統計分析，在建構迴歸模型前應該進行殘差分析。

17.8.1 簡單線性迴歸模型的建購流程

在本章一開始就介紹簡單線性迴歸必須滿足三個假設：常態性假設 $E(\varepsilon_i)=0$；同質性假設 $V(\varepsilon_i)=\sigma^2$ 與獨立性假設 $Cov(\varepsilon_i, \varepsilon_j)=0$，除此之外還必須滿足線性模式。故建構簡單線性迴歸模型前必須滿足上述之條件，整個建構流程與相關檢定工具如下表所示：

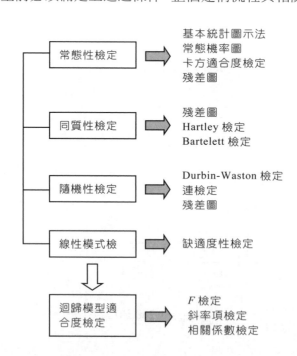

17.8.2 殘差圖

藉由殘差圖可以初步檢視資料是否滿足常態性、同質性以及獨立性三個基本假設。假設迴歸方程為 $\hat{y} = \hat{\alpha} + \hat{\beta} x$，若自變數 x_i 在迴歸方程上對應的依變數值為 $\hat{y}_i = \hat{\alpha} + \hat{\beta} x_i$，而對應實際資料的依變數值為 y_i，則殘差定義為 $e_i = y_i - \hat{y}_i$。所謂殘差圖 (residual plot)是指，將殘差值或標準化殘差值當成 y 座標，以自變數 x 或依變數 $\hat{y}$ 當成橫座標所繪製出來的散佈圖。一般而言有下列幾種常見的殘差圖：

1. $e_i = y_i - \hat{y}_i$ 對 x。

2. $e_i = y_i - \hat{y}_i$ 對 $\hat{y}$。

3. 標準化殘差(standard residual) $\dfrac{e_i}{s_{e_i}}$ 對 x，其中 $s_{e_i} = \sqrt{\left[1 - \dfrac{1}{n} - \dfrac{(x_i - \bar{x})^2}{\sum (x_i - \bar{x})^2} \right] MSE}$

4. 殘差直方圖。

絕大部分的研究，資料量都非常的大，因此殘差圖的繪製較適合以電腦套裝軟體繪製，受限於計算機的能力，我們僅能舉小樣本的例子來說明如何繪製。有關迴歸方程的基本假設與殘差圖的對應關係：$E(\varepsilon_i) = 0$ 表示殘差值應該以橫座標為對稱軸，如此方能符合期望值為 0 的假設；$V(\varepsilon_i) = \sigma^2$ 表示資料以橫座標軸為基準，上下的分散或集中程度要約略相等，也就是說要分佈在某水平範圍內；$Cov(\varepsilon_i, \varepsilon_j) = 0$ 表示殘差圖上標示的點不具任何的規律性。下圖是殘差圖與迴歸基本假設間的對應關係。

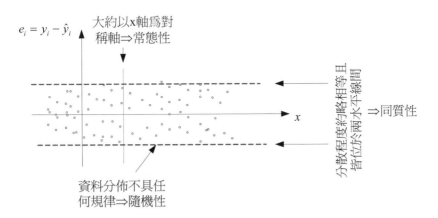

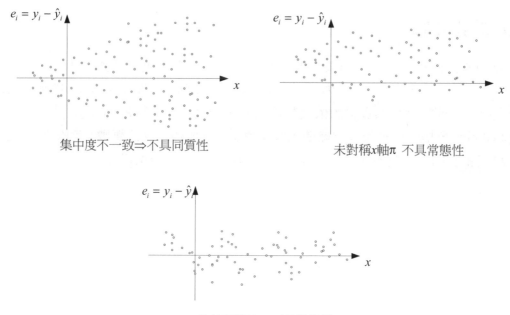

集中度不一致⇒不具同質性

未對稱x軸π 不具常態性

具某種規律♦ 不具隨機性

17.8.3 標準化殘差圖

標準化殘差圖是以 $\dfrac{e_i}{s_{e_i}}$ 為縱座標，x 為橫座標所繪製出的一種特殊散布圖。由於假設殘差服從常態分配，根據常態分配模型，標準化後的殘差值約有 95% 介於 ±2 之間。故若標準化後的殘差圖若絕大部分的點其縱座標分佈於 ±2 之間，那麼可初步判定資料符合常態性假設。

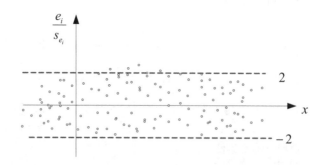

17.8.4 殘差直方圖

殘差直方圖是依殘差值或標準化殘差值分組，依照分組的情況統計落於每一組的殘差次數或相對次數，所做出的直方圖，其製作方式與方法直方圖相同，但通常需要大量的資料才可以看出來殘差是否符合常態分配的假設，若直方圖成對稱分配則可初步判斷滿足常態分配的假設。

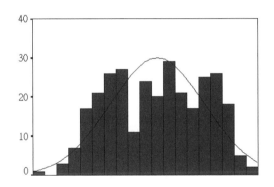

例 22

已知隨機變數 X，Y 的資料如下表所示：

x	2	6	8	8	12	16	20	20	22	26
y	58	105	88	118	117	137	157	169	149	202

且已知其簡單線性迴歸方成為 $\hat{y} = 60 + 5x$，試分別繪製下列殘差圖

(1) $e_i = y_i - \hat{y}_i$ 對 x。

(2) $e_i = y_i - \hat{y}_i$ 對 $\hat{y}$。

(3) 標準化殘差。

解

(1) 將資料代入對應的定義公式中，可得：

x_i	2	6	8	8	12	16	20	20	22	26
y_i	58	105	88	118	117	137	157	169	149	202
$\hat{y}_i$	70	90	100	100	120	140	160	160	170	190
e_i	−12	15	−12	18	−3	−3	−3	9	−21	12

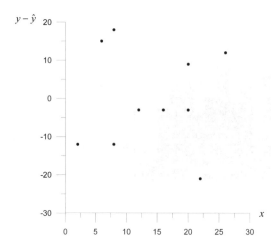

(2)

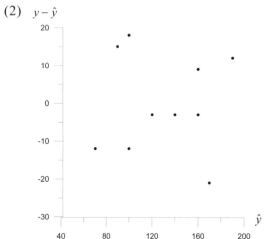

(3) $\bar{x} = 14, \sum y_i = 1300, \sum y_i^2 = 184730, \sum x_i y_i = 21040$

$$MSE = \frac{\sum_{i=1}^{n} y_i^2 - \hat{\alpha}\sum_{i=1}^{n} y_i - \hat{\beta}\sum_{i=1}^{n} x_i y_i}{n-2} = \frac{184730 - 60 \times 1300 - 5 \times 21040}{10-2} = 191.25$$

$$s_{e_i} = \sqrt{\left[1 - \frac{1}{n} + \frac{(x_i - \bar{x})^2}{\sum(x_i - \bar{x})^2}\right] MSE}$$

將所有的 x 值代入上式中可求得對應的 s_{e_i}，接著再求出 $\dfrac{e_i}{s_{e_i}}$，如下表所示

x_i	2	6	8	8	12	16	20	20	22	26
s_{e_i}	11.119	12.271	12.649	12.649	13.068	13.068	12.649	12.649	12.649	11.119
$\dfrac{e_i}{s_{e_i}}$	-1.079	1.222	-0.949	1.423	-0.230	-0.230	-0.237	0.712	-1.711	1.079

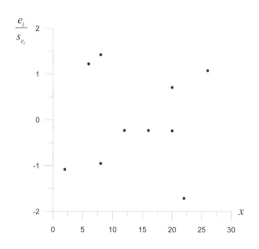

17.9 線性模型缺適度的檢定

在前面曾經提到，無法由斜率項或相關係數的檢定，來判斷迴歸模型是否服從線性的假設。前述的檢定僅能檢定自變數對依變數是否具解釋力或影響力，但不表示兩者間具備顯著的線性的關係。欲檢定兩變數間滿足線性，必須使用缺適度檢定(lack of fit test)。它的兩個假設分別為：

H_0：母體迴歸方程滿足線性模型，H_1：母體迴歸方程不滿足線性模型，若以數學方式表示則為：

$$\begin{cases} H_0 : \mu_{y|x} = \alpha + \beta x \\ H_0 : \mu_{y|x} \neq \alpha + \beta x \end{cases}$$

在此處我們假設滿足所有的迴歸基本假設，唯獨不知道是否滿足線性的假設，故此檢定法命名為缺適度檢定，有點意味「萬事具備只欠東風」。其檢定原理亦十分容易瞭解，首先我們按照自變數項把依變數分成若干個子母體。假設有 k 個自變數 $x_i, i = 1, 2, ..., k$，那麼就有 k 個小母體，每個自變數所對應的依變數值假設如下表所示：

自變數	依變數						平均
x_1	y_{11}	y_{12}	...	y_{1j}	...	y_{1n_1}	$\bar{y}_1$
x_2	y_{21}	y_{22}	...	y_{2j}	...	y_{2n_2}	$\bar{y}_2$
⋮	⋮	⋮	...	⋮	...	⋮	⋮
x_k	y_{k1}	y_{k2}	...	y_{kj}	...	y_{kn_k}	$\bar{y}_k$

其資料若以圖立體圖形來看如下圖所示：

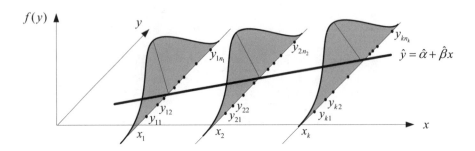

若以平面圖形來看則如下圖所示：

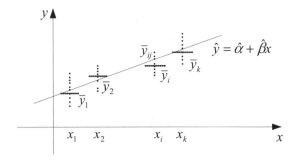

在推導迴歸模型整體適合度時，誤差被分解成迴歸誤差+隨機釋誤差，即 $y_i - \overline{y} = (\hat{y}_i - \overline{y}) + (y_i - \hat{y}_i)$。隨機誤差即為殘差，殘差可進一步再分解成純誤差+缺適性誤差，即

$$y_{ij} - \hat{y}_i = (y_{ij} - \overline{y}_i) + (\overline{y}_i - \hat{y}_i)$$

其中 y_{ij} 表 x_i 值所對應的第 j 個樣本資料 y 值。上圖若以幾何圖形來看，相當於資料點到迴歸線的距離＝資料到平均數的距離+平均數到迴歸線的距離。將上式取平方並加總，可得

$$\sum_{i=1}^{k}\sum_{j=1}^{n_i}(y_{ij} - \hat{y}_i)^2 = \sum_{i=1}^{k}\sum_{j=1}^{n_i}\left[(y_{ij} - \overline{y}_i) + (\overline{y}_i - \hat{y}_i)\right]^2$$

把上式展開可得

$$\sum_{i=1}^{k}\sum_{j=1}^{n_i}(y_{ij} - \hat{y}_i)^2 = \sum_{i=1}^{k}\sum_{j=1}^{n_i}(y_{ij} - \overline{y}_i)^2 + 2\sum_{i=1}^{k}\sum_{j=1}^{n_i}(y_{ij} - \overline{y}_i)(\overline{y}_i - \hat{y}_i) + \sum_{i=1}^{k}\sum_{j=1}^{n_i}(\overline{y}_i - \hat{y}_i)^2$$

其中 $\displaystyle\sum_{i=1}^{k}\sum_{j=1}^{n_i}(y_{ij} - \overline{y}_i)(\overline{y}_i - \hat{y}_i) = \sum_{i=1}^{k}(\overline{y}_i - \hat{y}_i)\sum_{j=1}^{n_i}(y_{ij} - \overline{y}_i) = \sum_{i=1}^{k}(\overline{y}_i - \hat{y}_i)\cdot 0 = 0$

故最後可得：

$$\sum_{i=1}^{k}\sum_{j=1}^{n_i}(y_{ij}-\hat{y}_i)^2 = \sum_{i=1}^{k}\sum_{j=1}^{n_i}(\hat{y}_i-\overline{y}_i)^2 + \sum_{i=1}^{k}\sum_{j=1}^{n_i}(y_{ij}-\overline{y}_i)^2$$

其中：

$\displaystyle\sum_{i=1}^{k}\sum_{j=1}^{n_i}(y_{ij}-\hat{y}_i)^2$ 稱為殘差平方和。 $\displaystyle\sum_{i=1}^{k}\sum_{j=1}^{n_i}(\hat{y}_i-\overline{y}_i)^2$ 稱為缺適性平方和。 $\displaystyle\sum_{i=1}^{k}\sum_{j=1}^{n_i}(y_{ij}-\overline{y}_i)^2$ 稱為純誤差平方和。即：

殘差平方和＝缺適性平方和+純誤差平方和

若以符號可表示成：

$$SSE = SSL + SSPE$$

上式純誤差平方和因計算時使用了 k 個 $\overline{y}_i$，故自由度為 $n-k$，而缺適性平方和計算時使用了 $\hat{y}_i = \hat{\alpha} + \hat{\beta}x_i$，$\hat{\alpha}$ 與 $\hat{\beta}$ 為限制式，故自由度為 $k-2$，因此純誤差平方與缺適性之均方和為：

$$MSPE = \frac{SSPE}{n-k}, MSL = \frac{SSL}{k-2}$$

同時上述兩個式子的期望值分別為：

$$E(MSPE) = \sigma^2, E(MSL) = \sigma^2 + \frac{\displaystyle\sum_{i=1}^{k}n_i(\mu_{y|x_i}-(\alpha+\beta x_i))}{k-2}$$

且可證明 $\dfrac{MSL}{MSPE} \sim F_{k-2,n-k}$，故檢定 $\begin{cases} H_0 : E(MSL)=E(MSPE) \\ H_1 : E(MSL) > E(MSPE) \end{cases}$ 與檢定 $\begin{cases} H_0 : \mu_{y|x} = \alpha+\beta x \\ H_1 : \mu_{y|x} \neq \alpha+\beta x \end{cases}$

是同義的(上述證明請讀者自行參考相關書籍)，因此有關缺適度的檢定我們也可以作成如變異數分析的表格，其變異數分表如下表所示：

變異來源	平方和	自由度	均方和	F
缺適性	SSL	$k-2$	$MSL = \dfrac{SSL}{k-2}$	$F^* = \dfrac{MSL}{MSPE}$
純誤差	$SSPE$	$n-k$	$MSPE = \dfrac{SSPE}{n-k}$	
誤差	SSE	$n-2$		

當時，$F^* > F_{\alpha,k-2,n-k}$ 結論為拒絕 H_0，表示 x，y 不具線性關係。缺適度檢定的原理不難瞭解，因為迴歸模型會通過每個 x 值所對應 y 值的平均，因此在相同 x 值下所對應的 y 值與 y 的平均數差異越小，就代表 y 的座標與迴歸方程越接近，因此所形成的圖形就越接近直線。

最後幫讀者把迴歸的變異分解與缺適性檢定的變異分解作一個總整理，從下述整理中，讀者便可以清楚瞭解之間的關係。

$$SST = SSR + \underbrace{SSE}_{\parallel}$$
$$SSL + SSPE$$

也就是說 $SST = SSR + SSE = SSR + (SSL + SSPE)$。在使用缺適度檢定時，一定要先求出迴歸方程方可求出 SSE，SSL 及 $SSPE$，在此建議讀者先求 SSE 與 $SSPE$，再利用 $SSL = SSE - SSPE$ 求出 SSL，會比較好計算。至於隨機性檢定一般較常採用連檢定(run test) 與杜賓—瓦特森法(Durbin-Watson)，連檢定部分我們在無母數統計中會介紹。

例 23

調查 6 位學生研究讀書時間與考試分數之關係得到下列資料：

考試分數 y	60	72	74	78	80	82
讀書時間 x	2	2	3	3	4	4

上述資料是否支持 X 與 Y 成直線關係？$(\alpha = 0.05)$

解

(1) 根據例題 13 的結果知迴歸方程為：$\hat{y} = 51.827 + 7.502x$

$SSE = MSE \times (n-2) = 22.606 \times (6-2) = 90.424$

按 x 值將 y 分組

x	y	$\bar{y}$
2	60,72	66
3	74,78	76
4	80,82	81

$$SSPE = \sum_{i=1}^{k} \sum_{j=1}^{n_i} (y_{ij} - \bar{y}_i)^2$$

$$= (60-66)^2 + (72-66)^2 + (74-76)^2 + (78-76)^2 + (80-81)^2 + (82-81)^2$$

$$= 82$$

$$SSL = SSE - SSPE = 90.424 - 82 = 8.424$$

設立兩個假設：$\begin{cases} H_0 : X,Y 具線性關係 \\ H_1 : X,Y 不具線性關係 \end{cases}$

建立 ANOVA 表

變異來源	平方和	自由度	均方和	F
缺適性	8.424	1	8.424	
純誤差	82	3	27.333	$F^* = 0.308$
誤差	90.424	4		

$F^* = 0.038 < F_{0.05,1,3} = 10.13$，不拒絕虛無假設，故 X，Y 具線性關係。

 ## Durbin-Watson 自我相關檢定

簡單線性迴歸分析需滿足常態性、變異數同質性以及獨立性等三個假設，滿足條件越多，分析結論越可靠。有關迴歸分析的獨立性假設檢定，通常使用 Durbin-Watson 檢定統計量進行檢定。Durbin-Watson 自我相關原理是採用序列相關 (serial correlation)，簡單來說就是利用相鄰兩項誤差間的相關性來判斷資料是否具有相關性。觀察下面兩個圖形：

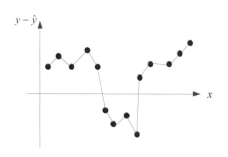

正自我相關

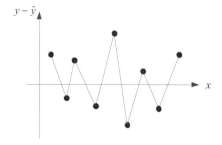

負自我相關

若資料彼此間存在某種關聯性，那麼資料間的誤差也會存在某種關聯。如左上圖，資料的誤差在某一小段資料的誤差皆為正值，某一小段成為負值，故可判定 y 的值存在某種關聯，左上圖稱為正自我相關；而右上圖由某一點的誤差可預測出下一點的誤差正負號相反，像這種情況稱為負自我相關。若某一點的 y 值與下一點的 y 值有關聯稱為一階自我相關；若某一點的 y 值與下二點的 y 值有關聯稱為二階自我相關。若假設誤差彼此間不獨立，Durbin-Watson 認為第 i 點的誤差與第 $i-1$ 點的誤差存在關係式：

$$\varepsilon_i = \rho\varepsilon_{i-1} + \delta_i$$

其中 ρ 為絕對值小於 1 的參數，δ_i 為獨立隨機變數，且滿足 $E(\delta_i) = 0, V(\delta_i) = \sigma^2$，當 $\rho = 0$ 時，則誤差間相關性不存在，因此檢定是否存在自我相關，相當於檢定 $H_0 : \rho = 0, H_1 : \rho \neq 0$。由於母體迴歸方程並不知道，因此以樣本迴歸方程來進行檢定，故使用殘差取代誤差。Durbin-Watson 利用殘差來判斷 $\rho = 0$ 是否存在，根據 Durbin-Watson 所推導出的 Durbin-Watson 檢定統計量為：

$$d = \frac{\sum_{i=2}^{n}(e_i - e_{i-1})^2}{\sum_{i=1}^{n}e_i^2}$$

由上面的正自我相關圖與負自我相關圖，可以發現當發生正自我相關時，殘差較小；發生負自我相關時，殘差較大。Durbin-Watson 檢定統計量從 0 到 4，越接近 0 發生正自我相關性可能性越大，而越接近 4 則發生負自我相關可能性越大。等於 2 的時候則表示沒有發生自我相關。檢定統計量與臨界點的關係如下圖所示：

正自我相關	無法判斷	無顯著證據顯示存在自我相關	無法判斷	負自我相關
0	d_L $\quad$ d_U	2	$4-d_U$ $\quad$ $4-d_L$	4

其中 d_L 與 d_U 是查表得到的數值。使用 Durbin-Watson 檢定自我相關時，樣本數至少需 15 個以上，原因在於 Durbin-Watson 表要大於樣本數 15 以上才查得到，此外統計學家一致認為樣本數至少要 15 以上，Durbin-Watson 檢定才有意義。由於 Durbin-Watson 檢定至少要 15 個樣本以上，因此進行自我相關檢定較適合使用統計軟體進行計算，因此我們僅代觀念，不實際舉範例說明。

結語

簡單線性迴歸分析中有關自變數 X 是否能解釋依變數 Y 或者迴歸方程式否具配適度，下列三種檢定法是同義的，也就是說若沒指定方法，三種檢定法任選一種皆可。但一般在人文社會的研究裡，當欲檢定迴歸方程式否具配適度習慣用 F 檢定，自變數是否可解釋依變數習慣檢定斜率項，兩變數是否具相關性習慣檢定相關係數，之所以會有這種習慣，是因為在多元迴歸時，一定要按上述方式進行檢定，而簡單線性迴歸因三者公式可以互通，故不受此限制。

1. 已知 x 與 y 的關係如下表所示：

x	1	1	2	3	3	4	5	5
y	36	33	31	29	27	25	23	20

    (1) 試求迴歸方程 $\hat{y} = \hat{\alpha} + \hat{\beta}x$。

    (2) 試求判定係數 R^2。

    (3) 請利用變異數分析表檢定此迴歸方程式否合適？($\alpha = 0.05$)

    (4) 試求 $x = 4$ 時 y 的 95% 預測區間。

2. 已知 x 與 y 的關係如下表所示：

x	1	1	2	3	3	4	5	5
y	36	33	31	29	27	25	23	20

    迴歸方程為 $\hat{y} = 37.67 - 3.22x$，請你使用 t 檢定，檢定 $H_0 : \beta = 0, H_1 : \beta \neq 0$

3. 假設自變數 X 表廣告費用，依變數 Y 表銷售量，現隨機抽取 10 個樣本，經計算得下列資料：

    $\sum x_i = 170, \sum y_i = 1110, \sum (x_i - \bar{x})(y_i - \bar{y}) = 16800, \sum (x_i - \bar{x})^2 = 33000,$
    $\sum (y_i - \bar{y})^2 = 8890$

    (1) 試求簡單線性迴歸方程 $\hat{y} = \hat{\alpha} + \hat{\beta}x$。

    (2) 求 $V(\hat{\beta})$

    (3) 求判定係數 R^2 與相關係數 r_{xy}。

4. 下表為尚未完成之簡單線性迴歸變異數分析表。

變異來源	平方和	自由度	平均平方和	F
迴歸				165.21
誤差			9244.95	
總和		19		

    (1) 請你完成上表。

    (2) 根據上表此迴歸方程之判定係數。

5. 假設 x 與 y 的關係如下表所示：

x	9	10	13	15	18	13
y	36	44	48	63	70	45

    (1) 試求 y 對 x 的簡單線性迴歸方程。

    (2) 試求母體變異數的點估計值。(假設符合迴歸方程的要求)

6. 已知 x 與 y 的簡單線性迴歸方程為：$\hat{y} = 12 + 0.8x$，$R^2 = 0.6$，若兩個假設為：

$\begin{cases} H_0 : \beta = 0 \\ H_1 : \beta \neq 0 \end{cases}$，請你分別使用 F 檢定與 t 檢定進行檢定，假設共有 10 個觀察值。

（$F_{0.05,1,8} = 5.32$）

7. 已知簡單線性迴歸模式：

$$y_i = \alpha + \beta x_i + \varepsilon_i, i = 1, 2, 3, \ldots, n$$

符合傳統線性迴歸假設，請回答下列之問題：

(1) 簡述隨機變數的定義，在上式中隨機變數 y_i 與 ε_i 的機率分配為何？

(2) 試求 β 的不偏估計式 $\hat{\beta}$，與其變異數 $V(\hat{\beta})$。

(3) $V(\hat{\beta})$ 的不偏估計式為何？利用其不偏估計試檢定下列之假設：

$\begin{cases} H_0 : \beta = 0 \\ H_1 : \beta \neq 0 \end{cases}$

(4) 請利用上題所提供的資訊，建立 β 的 $1 - \alpha$ 信賴區間。

8. 假設 x 與 y 的關係如下表所示：

x	30	40	40	50	50	60	70	80	80	90
y	1.6	2.1	2.6	3.6	4.2	4.3	4.9	5.5	5.3	6.2

(1) 試求 y 對 x 的簡單線性迴歸方程。

(2) 檢定：$H_0 : \beta = 0, H_1 : \beta \neq 0$ 與 $H_0 : \alpha = 0, H_1 : \alpha \neq 0$，$(\alpha = 0.05)$

(3) β 的 95% 信賴區間。

(4) 當 $x = 85$ 時，y 的點估計值為何？

9. 假設 X、Y 為二獨立隨機變數，且已知 $E(x) = E(y) = 0; V(x) = 5, V(y) = 6$，若有另一隨機變數 W，滿足 $w = 3x + 2y$，求 W 對 X 的迴歸係數與截距。

10. 假設 X、Y、Z 為隨機變數，若 X 與 Y 滿足 $y = a + bx$，請問 γ_{yz} 與 γ_{xz} 是否相等？

11. 某班期中考成績平均分數為 60 分，標準差為 15 分，期末考分數也是如此。已知期中考與期末考成績的相關係數為 0.5。若某位同學期中考成績為 75 分，預測該生期末考的成績。

12. 已知下列資料：

x	1	2	3	4	5	6
y	6	4	3	5	4	2

(1) 以最小平方法求 y 對 x 之迴歸方程式。

(2) 請檢定 x 對 y 是否有顯著的影響。$(\alpha = 0.05)$

(3) 求 β 之 95% 信賴區間。

(4) 求 r_{xy}。

13. 考慮下述之迴歸方程模式：

$$y_i = \alpha + \beta x_i + \varepsilon_i, i = 1, 2, 3, \cdots, n$$

其中 $\varepsilon_i \sim N(0, \sigma^2)$ 且相互獨立，現以樣本數 $n = 25$ 的資料 (x_i, y_i) 估計迴歸直線。若已知 $\bar{x} = 10.5, \bar{y} = 31, \sum_{i=1}^{25}(x_i - \bar{x})^2 = 65, s_y^2 = \frac{1}{24}\sum_{i=1}^{25}(y_i - \bar{y})^2 = 38.4$ ，樣本相關係數 $r_{xy} = 0.54$ ，假設 α 與 β 的估計量分別為 $\hat{\alpha}$ 與 $\hat{\beta}$ 。

(1) 試求 $\hat{\alpha}$ 。

(2) $\hat{\beta}$ 的分配為何？

(3) 試求常數 c 使得 $P(|\hat{\beta} - \beta| \le c\sigma) = 0.95$ 。

14. 欲知工作年資 (x) 與月薪 (y) 之關係，隨機抽取 100 個觀察值，計算得

$$\bar{x} = 12, \bar{y} = 250, s_{xy} = 3, s_x^2 = 4, s_y^2 = 9$$

(1) 假設迴歸模型為：$y_i = \alpha + \beta x_i + \varepsilon_i$ ，試以最大概似法求 α 與 β 的估計值。

(2) 假設迴歸模型為：$y_i - \bar{y} = \gamma + \delta(x_i - \bar{x}) + e_i$ ，試以最大概似法求 γ 與 δ 的估計值。

15. 假設迴歸方程式 $y_i = \alpha + \beta x_i + \varepsilon_i, i = 1, 2, 3, \cdots, n$ ，符合傳統迴歸的各項假設條件，且樣本大小為 n 。

(1) 如果有人提議用 $\bar{\beta} = \dfrac{y_n - y_1}{x_n - x_1}$ 來估計 β ，請證明 $\bar{\beta}$ 為不偏估計式，相對於對小

   平方估計式 $\hat{\beta}$ 而言，$\bar{\beta}$ 不具有效性。註：假設 $(x_n - x_1)^2 < 2\sum_{i=1}^{n}(x_i - \bar{x})^2$

(2) 假設已知 $\alpha = 10$ ，請找出 β 的最大概似估計式。

16. 假設迴歸方程為 $\hat{y} = 0.21 + 0.42x$ ，已知判定係數 $R^2 = 0.78$ ，樣本數 $n = 30$ ，

$$SST = \sum_{i=1}^{30}(y_i - \bar{y})^2 = 45$$ 。

(1) 求 SSR, SSE 。

(2) 請檢定 $\begin{cases} H_0 : \beta = 0 \\ H_1 : \beta \ne 0 \end{cases}$ 。（$\alpha = 0.05$, $F_{0.05, 1, 28} = 4.2$ ）

(3) 求相關係數 r_{xy} 。

17. 博碩出版社目前提供該出版社的歷史銷售資料給兩個研究機構，並委託他們利用簡單線性迴歸分析作未來的銷售預測。這兩個研究機構所做的預測值，經整理如下：(單位百萬元)

年份	公司實際銷售額	預測銷售額	
		研究機構(甲)	研究機構(乙)
1975	217	220	211
1976	123	222	215
1977	126	224	219
1978	220	226	223
1979	219	228	227
1980	240	230	231
1981	235	232	235
1982	235	234	239
1983	245	236	243
1984	250	238	247

如果你是博碩出版社的行銷主管，根據上述資料，你應該使用哪一個研究機構的結果，為什麼？

18. 若將簡單線性迴歸模型中的自變數放大 k 倍之後，請問迴歸方程的斜率項、截距項與判定係數有何影響？

19. 已知 x 與 y 的關係如下表所示：

x	100	95	110	72	86	105	88	94	68	130	84	108	120	90	78
y	70	60	82	50	61	80	65	68	40	96	58	78	90	64	55

試求皮爾森積差相關係數。

20. 隨機抽取 30 個學生，得身高與體重之相關係數 $r_{xy} = 0.6$。

(1) 試求 ρ_{xy} 的 95%信賴區間。

(2) 試以 $\alpha = 0.05$ 檢定 $H_0 : \rho_{xy} = 0.5$

(3) 試以 $\alpha = 0.05$ 檢定 $H_0 : \rho_{xy} = 0$

21. 自一母體 (x, y) 隨機抽出若干樣本，資料如下表所示：

x	-1	-1	0	1	1
y	-4	-1	0	2	3

(1) 試求 x, y 之簡單線性迴歸方程 $\hat{y} = \hat{\alpha} + \hat{\beta} x$。

(2) 試求 r_{xy}。

(3) 若迴歸方程改成，$\hat{x} = \hat{a} + \hat{b} y$，試求 $\hat{\beta} \times \hat{b}$。

22. 已知 $\hat{x} = 3 + 0.5y, r_{xy} = 0.8, \bar{x} = 8$，試問當迴歸方程改為 $\hat{y} = \hat{\alpha} + \hat{\beta} x$ 時，$\hat{\alpha}, \hat{\beta}$ 分別為何？

23. 假設 x, y 的迴歸方程為：$\hat{y} = 40.768 + 0.1283x$，已知 $s_{\hat{\alpha}} = 22.14, s_{\hat{\beta}} = 0.0305$，令 $y^* = \dfrac{y}{10}, x^* = \dfrac{x}{10}$，試求

(1) x^*, y 的迴歸方程與斜率項及截距項的標準差。

(2) x^*, y^* 的迴歸方程與斜率項及截距項的標準差。

24. 隨機收集某公司在 20 個地區的某種產品每個的售價 x(單位:元)與銷售量 y(單位:千個)的資料,經計算得部分資料為:

$n = 20, \sum x_i = 3395, \sum y_i = 1298, \sum x_i y_i = 220347$,而 x 與 y 的標準差分別為:$s_x = 0.8507, s_y = 0.85224$ 。則

(1) 求 x 與 y 的相關係數。

(2) 求 y 對 x 的簡單線性迴歸方程。

(3) 寫出上述迴歸方程的變異數分析表。

若 $x^* = 0.01x, y^* = 1000y$ 試回答下列各小題。

(4) 求 x^*, y^* 的相關係數。

(5) 求 y^* 對 x^* 的簡單線性迴歸方程。

(6) 在 $\alpha = 0.05$ 下,試檢定 $\begin{cases} H_0 : \beta^* = 0 \\ H_1 : \beta^* \neq 0 \end{cases}$,其中 β^* 為(5)的迴歸係數。

25. 調查一組成對資料如下所示:

x	125	100	200	75	150	175	75	175	125	200	100
y	160	112	124	28	152	156	42	124	150	104	136

上述資料是否支持 x 與 y 成直線關係?($\alpha = 0.05$)

附註:以 SPSS 進行迴歸分析報表

檢定網路使用行為對網路成癮的影響

$\begin{cases} H_0 : 休閒型態對網路成癮無影響 \\ H_1 : 休閒型態對網路成癮有影響 \end{cases}$

報表解讀:

報表 1:

模式摘要

模式	R	R 平方	調過後的 R 平方	估計的標準誤
1	.449[a]	.201	.197	14.16040

a. 預測變數:(常數), 網路使用行為

説明：

相關係數 $\gamma_{xy} = 0.449$，判定係數 $R^2 = 0.201$(註：簡單線性迴歸不看調整後 R 平方)，估計的標準誤 $= \sqrt{MSE} = \sqrt{200.517} = 141.6040$。

報表 2：

Anova^a

模式		平方和	df	平均平方和	F	顯著性
1	迴歸	9404.217	1	9404.217	46.900	.000[b]
	殘差	37296.139	186	200.517		
	總數	46700.356	187			

a. 依變數: 網路成癮

b. 預測變數:(常數), 網路使用行為

説明：

$P-value = .000$，檢定結果拒絕虛無假設

報表 3：

Anova^a

模式		未標準化係數		標準化係數	t	顯著性
		B 之估計值	標準誤差	Beta 分配		
1	(常數)	12.925	5.790		2.232	.027
	網路使用行為	2.345	.342	.449	6.848	.000

$$\hat{\beta} = 12.925, s_{\hat{\beta}} = 5.790, t^* = \frac{\hat{\beta}}{s_{\hat{\beta}}} = 2.232, P-value = 0.027$$

$$\hat{\alpha} = 2.345, s_{\hat{\alpha}} = 0.342, t^* = \frac{\hat{\alpha}}{s_{\hat{\alpha}}} = 6.848, P-value = 0.000$$

多元迴歸

在本章節中將介紹多個自變數對一個依變數的迴歸模型相關理論與推導，含有二個以上自變數的迴歸方程稱爲多元迴歸方程(multiple regression equation)。由於多元迴歸需要用到大量的計算過程，比較適合使用統計套裝軟體求解，因此本章僅就觀念上進行介紹，所有的範例皆以二個自變數爲主，三個以上的自變數可仿照二個自變數模式進行推導。

18.1 多元迴歸模型

在人文社會的研究中，欲探討自變數與依變數間的關係，有時候用一個自變數無法進行有效的描述時，除了尋找更有效的自變變數外，考慮使用更多的自變數也是方法之一。例如研究影響學生的成績因素，智商是一個因素，但除了智商以外，讀書時間、學習興趣、焦慮、甚至家庭背景因素等都有可能會影響學生的成績。當安排智商這個解釋變數若解釋力不足時，便可考慮再增加解釋變數。

18.1.1 多元迴歸模型的基本假設

多元迴歸的數學模型如下：

$$y = \alpha + \beta_1 x_1 + \beta_2 x_2 + \cdots + \beta_k x_k + \varepsilon$$

它必須滿足下列條件：

1. 依變數為常態隨機變數。

2. 誤差的期望值為 0，即 $E(\varepsilon_i) = 0$

3. 具變異數齊一性，即 $V(\varepsilon_i) = \sigma^2$ 或 $\sigma^2_{y|x_1, x_2, \cdots, x_k} = \sigma^2$。

4. ε 相互獨立，即 $Cov(\varepsilon_i, \varepsilon_j) = 0, i \neq j$。

5. ε 與自變數 x 無關，即 $Cov(\varepsilon_i, x_j) = 0$。

6. 自變數間不具高度的線性相關。

18.1.2 二元線性迴歸方程的推導

在本節中以二個自變數來探討多元迴歸方程的推導，其推導過程與簡單線性迴歸相同。因最大概似法需用到二元常態分配且推導過程較為複雜，因此我們僅介紹最小平方法來推導二元線型迴歸模型。假設二元迴歸線性迴歸方程如下所示：

$$\hat{y} = \hat{\alpha} + \hat{\beta}_1 x_1 + \hat{\beta}_2 x_2$$

上述為一平面方程式，觀察下圖：

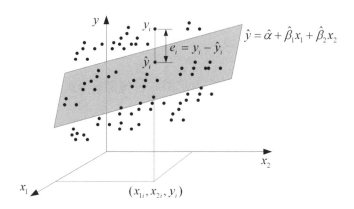

由第十七章知殘差的定義為：$e_i = y_i - \hat{y}_i = y_i - \hat{\alpha} - \hat{\beta}_1 x_{1i} - \hat{\beta}_2 x_{2i}$，因誤差項不能夠彼此抵銷，因此取平方後並將所有的殘差加總起來，稱為 SSE，即

$$SSE = \sum_{i=1}^{n} e_i^2 = \sum_{i=1}^{n} (y_i - \hat{\alpha} - \hat{\beta}_1 x_{1i} - \hat{\beta}_2 x_{2i})^2$$

最適迴歸方程的殘差平方和為最小，故分別將上式對 $\hat{\alpha}, \hat{\beta}_1, \hat{\beta}_2$ 取偏微分，並令其等於 0，可得聯立方程式如下所示：

$$
\begin{cases}
\dfrac{\partial SSE}{\partial \hat{\alpha}} = 2 \sum_{i=1}^{n} (y_i - \hat{\alpha} - \hat{\beta}_1 x_{1i} - \hat{\beta}_2 x_{2i})(-1) = 0 \\[3mm]
\dfrac{\partial SSE}{\partial \hat{\beta}_1} = 2 \sum_{i=1}^{n} (y_i - \hat{\alpha} - \hat{\beta}_1 x_{1i} - \hat{\beta}_2 x_{2i})(-x_{1i}) = 0 \\[3mm]
\dfrac{\partial SSE}{\partial \hat{\beta}_2} = 2 \sum_{i=1}^{n} (y_i - \hat{\alpha} - \hat{\beta}_1 x_{1i} - \hat{\beta}_2 x_{2i})(-x_{2i}) = 0
\end{cases}
$$

將上面聯立方程式整理化簡可得：

$$
\begin{cases}
n\hat{\alpha} + \hat{\beta}_1 \sum_{i=1}^{n} x_{1i} + \hat{\beta}_2 \sum_{i=1}^{n} x_{2i} = \sum_{i=1}^{n} y_i \quad\text{.......................①} \\[3mm]
\hat{\alpha} \sum_{i=1}^{n} x_{1i} + \hat{\beta}_1 \sum_{i=1}^{n} x_{1i}^2 + \hat{\beta}_2 \sum_{i=1}^{n} x_{2i} x_{1i} = \sum_{i=1}^{n} y_i x_{1i} \quad\text{............②} \\[3mm]
\hat{\alpha} \sum_{i=1}^{n} x_{2i} + \hat{\beta}_1 \sum_{i=1}^{n} x_{1i} x_{2i} + \hat{\beta}_2 \sum_{i=1}^{n} x_{2i}^2 = \sum_{i=1}^{n} y_i x_{2i} \quad\text{..........③}
\end{cases}
$$

上面聯立方程式稱為標準方程式，它存在某種規則相當容易記憶，記憶法則可從原始迴歸方程出發，如下所示：

乘以n

$$\hat{y} = \hat{\alpha} + \hat{\beta}_1 x_1 + \hat{\beta}_2 x_2 \implies 獲得第①式$$

此三項加Σ

去掉n加Σ

由第①式　　　$n\hat{\alpha} + \hat{\beta}_1 \sum_{i=1}^{n} x_{1i} + \hat{\beta}_2 \sum_{i=1}^{n} x_{2i} = \sum_{i=1}^{n} y_i \implies 獲得第②　式$

全部乘以x_{1i}

去掉n加Σ

由第①式　　　$n\hat{\alpha} + \hat{\beta}_1 \sum_{i=1}^{n} x_{1i} + \hat{\beta}_2 \sum_{i=1}^{n} x_{2i} = \sum_{i=1}^{n} y_i \implies 獲得第③　式$

全部乘以x_{2i}

求解上面的聯立方程式即，可獲得二元迴歸方程式的各項係數。解法一般有加減消去法、高斯消去法、公式法、反矩陣法、...等。在此我們推薦一種容易記憶且快速計算的方式。先解$\hat{\beta}_1, \hat{\beta}_2$，$\hat{\beta}_1, \hat{\beta}_2$滿足方程式：

$$\begin{cases} S_{11}\hat{\beta}_1 + S_{12}\hat{\beta}_2 = S_{1y} \\ S_{21}\hat{\beta}_1 + S_{22}\hat{\beta}_2 = S_{2y} \end{cases}，若以矩陣的方式可表示成：$$

$$\begin{bmatrix} S_{11} & S_{12} \\ S_{21} & S_{22} \end{bmatrix} \begin{bmatrix} \hat{\beta}_1 \\ \hat{\beta}_2 \end{bmatrix} = \begin{bmatrix} S_{1y} \\ S_{2y} \end{bmatrix}$$

其中：

$$S_{11} = \sum_{i=1}^{n}(x_{1i} - \bar{x}_1)^2 = \sum_{i=1}^{n} x_{1i}^2 - n\bar{x}_1^2 = n\sigma_{x_1}^2，\sigma_{x_1}^2 為自變數 x_1 的資料所求出之變異數。$$

$$S_{22} = \sum_{i=1}^{n}(x_{2i} - \bar{x}_2)^2 = \sum_{i=1}^{n} x_{2i}^2 - n\bar{x}_2^2 = n\sigma_{x_2}^2，\sigma_{x_2}^2 為自變數 x_2 的資料所求出之變異數。$$

$$S_{12} = S_{21} = \sum_{i=1}^{n}(x_{1i} - \bar{x}_1)(x_{2i} - \bar{x}_2) = \sum_{i=1}^{n} x_{1i}x_{2i} - n\bar{x}_1\bar{x}_2 = Cov(x_1, x_2)$$

$$S_{1y} = \sum_{i=1}^{n}(x_{1i} - \overline{x}_1)(y_i - \overline{y}) = \sum_{i=1}^{n} x_{1i}y_i - n\overline{x}_1\overline{y} = Cov(x_1, y)$$

$$S_{2y} = \sum_{i=1}^{n}(x_{2i} - \overline{x}_2)(y_i - \overline{y}) = \sum_{i=1}^{n} x_{2i}y_i - n\overline{x}_2\overline{y} = Cov(x_2, y)$$

解出 $\hat{\beta}_1, \hat{\beta}_2$ 後，就如同簡單線性迴歸方程求截距項般，將迴歸方程的變數轉為平均值，移項把 $\hat{\beta}_1, \hat{\beta}_2$ 代入下事即可求得截距項：

$$\hat{\alpha} = \overline{y} - \hat{\beta}_1\overline{x}_1 - \hat{\beta}_2\overline{x}_2$$

若上面二元一次聯立方程式的係數過於麻煩時，可採用公式法求解，即：

$$\hat{\beta}_1 = \frac{\begin{vmatrix} S_{1y} & S_{12} \\ S_{2y} & S_{22} \end{vmatrix}}{\begin{vmatrix} S_{11} & S_{12} \\ S_{21} & S_{22} \end{vmatrix}}, \hat{\beta}_2 = \frac{\begin{vmatrix} S_{11} & S_{1y} \\ S_{21} & S_{2y} \end{vmatrix}}{\begin{vmatrix} S_{11} & S_{12} \\ S_{21} & S_{22} \end{vmatrix}}$$

例 1

已知資料如下表所示：

y	6	10	10	14	16	20
x_1	1	1	2	2	3	3
x_2	0	1	0	1	0	1

試求迴歸方程 $\hat{y} = \hat{\alpha} + \hat{\beta}_1 x_1 + \hat{\beta}_2 x_2$

解

$\overline{x}_1 = 2, \sum x_{1i}^2 = 28, \overline{x}_2 = 0.5, \sum x_{2i}^2 = 3, \sum x_{1i}x_{2i} = 6, \overline{y} = 12.667, \sum x_{1i}y_i = 172$

$\sum x_{2i}y_i = 44$

$S_{11} = \sum_{i=1}^{n} x_{1i}^2 - n\overline{x}_1^2 = 28 - 6 \times 2^2 = 4$

$S_{22} = \sum_{i=1}^{n} x_{2i}^2 - n\overline{x}_2^2 = 3 - 6 \times 0.5^2 = 1.5$

$S_{12} = S_{21} = \sum_{i=1}^{n} x_{1i}x_{2i} - n\overline{x}_1\overline{x}_2 = 6 - 6 \times 2 \times 0.5 = 0$

$$S_{1y} = \sum_{i=1}^{n} x_{1i} y_i - n\bar{x}_1 \bar{y} = 172 - 6 \times 2 \times 12.667 = 20$$

$$S_{2y} = \sum_{i=1}^{n} x_{2i} y_i - n\bar{x}_2 \bar{y} = 44 - 6 \times 0.5 \times 12.667 = 6$$

$$\therefore \begin{cases} S_{11}\hat{\beta}_1 + S_{12}\hat{\beta}_2 = S_{1y} \\ S_{21}\hat{\beta}_1 + S_{22}\hat{\beta}_2 = S_{2y} \end{cases} \Rightarrow \begin{cases} 4\hat{\beta}_1 + 0\hat{\beta}_2 = 20 \\ 0\hat{\beta}_1 + 1.5\hat{\beta}_2 = 6 \end{cases} \Rightarrow \hat{\beta}_1 = 5, \hat{\beta}_2 = 4$$

$$\hat{\alpha} = 12.667 - 5 \times 2 - 4 \times 0.5 = 0.667$$

故迴歸方程為：$\hat{y} = 0.667 + 5x_1 + 4x_2$

18.2 二元迴歸的統計推論

在本小節中，將介紹二元迴歸模型的適合度檢定與判定係數(coefficient of multiple determination)，同時也介紹個別迴歸係數的檢定，檢定個別自變數對依變數是否具解釋力。

18.2.1 二元迴歸模型的適合度檢定與判定係數

延續第十七章的理論，同樣的也可以把二元迴歸的變異分解成：

$$\sum_{i=1}^{n} (y_i - \bar{y})^2 = \sum_{i=1}^{n} (\hat{y}_i - \bar{y})^2 + \sum_{i=1}^{n} (y_i - \hat{y}_i)^2$$

上式與簡單線性迴歸一模一樣，上述定義有較快速的解法，下面是上述公式的變形，供讀者參考。

$$SST = \sum_{i=1}^{n} (y_i - \bar{y})^2 = \sum_{i=1}^{n} y_i^2 - n\bar{y}^2 = n\hat{\sigma}_y^2 = (n-1)s_y^2$$

$$SSR = \sum_{i=1}^{n} (\hat{y}_i - \bar{y})^2$$

$$= \hat{\beta}_1^2 \sum_{i=1}^{n} (x_{1i} - \bar{x}_1)^2 + 2\hat{\beta}_1\hat{\beta}_2 \sum_{i=1}^{n} (x_{1i} - \bar{x}_1)(x_{2i} - \bar{x}_2) + \hat{\beta}_2^2 \sum_{i=1}^{n} (x_{2i} - \bar{x}_2)^2$$

$$= \hat{\beta}_1 S_{1y} + \hat{\beta}_2 S_{2y} = SST - SSE$$

$$SSE = \sum_{i=1}^{n} (y_i - \hat{y}_i)^2 = \sum_{i=1}^{n} y_i^2 - \hat{\alpha} \sum_{i=1}^{n} y_i - \hat{\beta}_1 \sum_{i=1}^{n} y_i x_{1i} - \hat{\beta}_2 \sum_{i=1}^{n} y_i x_{2i} = SST - SSR$$

二元迴歸方程適合度檢定的兩個假設寫法為：$\begin{cases} H_0 : \beta_1 = \beta_2 = 0 \\ H_1 : \beta_1, \beta_2 \text{不全為} 0 \end{cases}$，或

$\begin{cases} H_0 : \text{迴歸方程不適配} \\ H_1 : \text{迴歸方程適配} \end{cases}$。根據上述變異的分解，可建構二元迴歸的變異數分析表，如下

表所示：

變異來源	平方和	自由度	均方和	F
迴歸	SSR	2	$MSR = \dfrac{SSR}{2}$	$F^* = \dfrac{MSR}{MSE}$
誤差	SSE	$n-3$	$MSE = \dfrac{SSE}{n-3}$	
總和	SST	$n-1$		

決策法則為：當 $F^* > F_{\alpha,2,n-3}$ 時，拒絕虛無假設，表示整體迴歸方程為合適的。但迴歸方程合適，不代表所有的自變數對依變數都具有解釋力，因為在二元迴歸方程中，只要有一個自變數對依變數具有很強的解釋力，那麼整體迴歸方程檢定通常會到達顯著水準。因此除了 F 檢定檢定整體迴歸方程配適度外，還必須針對每一個迴歸係數進行檢定，判斷哪些自變數具解釋力，哪些自變數不具解釋力，這部分隨後會介紹。二元迴歸的判定係數，定義與簡單線性迴歸方程一樣，如下所示：

$$R^2 = \frac{SSR}{SST} = 1 - \frac{SSE}{SST} = \frac{s_{\hat{y}}^2}{s_y^2}$$

R^2 表示迴歸方程可解釋的全體變異量，其範圍從 0 到 1，即 $0 \le R^2 \le 1$。

例 2

已知資料如下：

y	9	10	2	9	20
x_1	3	4	1	2	5
x_2	2	3	2	3	5

且二元迴歸方程為：$\hat{y} = -4.5 + 2x_1 + 2.833x_2$。

(1)試檢定此迴歸方程是否可有效的解釋依變數 y。

(2)試求判定係數。

(3)請問由檢定結果與判定係數可獲得什麼樣的結論？

解

(1) $\bar{x}_1 = 3, \bar{x}_2 = 3, \sum x_{1i}y_i = 187, \sum x_{2i}y_i = 179, \bar{y} = 10, \sum y_i = 50, \sum y_i^2 = 666$

$$SST = \sum_{i=1}^{n} y_i^2 - n\bar{y}^2 = 666 - 5 \times 10^2 = 166$$

$$SSE = \sum_{i=1}^{n} y_i^2 - \hat{\alpha}\sum_{i=1}^{n} y_i - \hat{\beta}_1\sum_{i=1}^{n} y_i x_{1i} - \hat{\beta}_2\sum_{i=1}^{n} y_i x_{2i}$$

$$= 666 - (-4.5)(50) - 2(187) - 2.833(179) = 9.833$$

$$SSR = SST - SSE = 166 - 9.893 = 156.107$$

設立兩個假設：$\begin{cases} H_0 : \beta_1 = \beta_2 = 0 \\ H_1 : \beta_1, \beta_2 \text{不全為} 0 \end{cases}$

建立 ANOVA 表：

變異來源	平方和	自由度	均方和	F
迴歸	156.107	2	78.054	
誤差	9.893	2	4.947	15.778
總和	166	4		

$\because F^* = 15.778 < F_{0.05,2,2} = 19.00$ ，不拒絕虛無假設

故無充分的證據顯示 x_1, x_2 可有效的解釋依變數 y。

(2) $R^2 = \dfrac{SSR}{SST} = \dfrac{156.107}{166} \approx 0.94$

(3) 從迴歸方程係數 $\hat{\beta}_1 = 2, \hat{\beta}_2 = 2.833$ 來看，應該足以拒絕虛無假設才對。同時判定係數 $R^2 = 0.94$ 表示具有非常高的解釋變異能力，但檢定結果卻不拒絕虛無假設。其主要原因在於所抽取的樣本數過少，因為樣本數會左右檢定結果。故此檢定結果僅代表統計上的檢定，但不一定代表事實如此。

註：以 SPSS 統計軟體執行之答案為：$SSR = 156.167, SSE = 9.833, SST = 166, R = 0.941$ ，之所以有差異，是因為 SPSS 採用最大概似法推導迴歸方程。

18.2.2 迴歸係數的統計推論

迴歸分析的 F 檢定主要在作整體性的檢定，若整體性的檢定沒有到達顯著水準，那麼表示迴歸模型的設立有問題，必須重新檢視自變數，是否安排的自變數真的無法有效的解釋依變數。若 F 檢定到達顯著水準，那麼表示整體自變數對依變數具顯著的解釋力，此時必須再進一步檢定每個自變數對於依變數的解釋力，檢定哪幾個變數具

解釋力，哪幾個變數不具解釋力。有關個別變數解釋力的檢定，相當於檢定各變數的斜率項是否等於 0，即檢定：$\begin{cases} H_0 : \beta_1 = 0 \\ H_1 : \beta_1 \neq 0 \end{cases}$ 與 $\begin{cases} H_0 : \beta_2 = 0 \\ H_1 : \beta_2 \neq 0 \end{cases}$。檢定的原理如下：

已知 $\hat{\beta}_1$、$\hat{\beta}_2$ 與 $\hat{\alpha}$ 皆服從常態分配，即

$$\hat{\beta}_1 \sim N(\beta_1, \frac{\sum(x_{2i} - \bar{x}_2)^2}{\sum(x_{1i} - \bar{x}_1)^2 \sum(x_{2i} - \bar{x}_2)^2 - \left[\sum(x_{1i} - \bar{x}_1)(x_{2i} - \bar{x}_2)\right]^2} \sigma^2) = N(\beta_1, \sigma^2_{\hat{\beta}_1})$$

$$\hat{\beta}_2 \sim N(\beta_2, \frac{\sum(x_{1i} - \bar{x}_1)^2}{\sum(x_{1i} - \bar{x}_1)^2 \sum(x_{2i} - \bar{x}_2)^2 - \left[\sum(x_{1i} - \bar{x}_1)(x_{2i} - \bar{x}_2)\right]^2} \sigma^2) = N(\beta_2, \sigma^2_{\hat{\beta}_2})$$

$$\hat{\alpha} \sim N(\alpha, \frac{\bar{x}_1^2 \sum(x_{2i} - \bar{x}_2)^2 - 2\bar{x}_1\bar{x}_2 \sum(x_{1i} - \bar{x}_1)(x_{2i} - \bar{x}_2) + \bar{x}_2^2 \sum(x_{1i} - \bar{x}_1)^2}{\sum(x_{1i} - \bar{x}_1)^2 \sum(x_{2i} - \bar{x}_2)^2 - \left[\sum(x_{1i} - \bar{x}_1)(x_{2i} - \bar{x}_2)\right]^2} \sigma^2) = N(\alpha, \sigma^2_{\hat{\alpha}})$$

上述公式十分複雜，我們採用 18.1.2 節定義的符號，可將上式改如下：

$$\hat{\beta}_1 \sim N(\beta_1, \frac{S_{22}}{S_{11}S_{22} - S_{12}^2} \sigma^2)$$

$$\hat{\beta}_2 \sim N(\beta_2, \frac{S_{11}}{S_{11}S_{22} - S_{12}^2} \sigma^2)$$

$$\hat{\alpha} \sim N\left(\alpha, (\frac{\bar{x}_1^2 S_{22} - 2\bar{x}_1\bar{x}_2 S_{12} + \bar{x}_2^2 S_{11}}{S_{11}S_{22} - S_{12}^2} + \frac{1}{n})\sigma^2\right)$$

上述之證明因為過於繁瑣，請讀者自行參考數理統計。由於母體變異數 σ^2 未知，故以不偏估計式 MSE 取代。迴歸係數與截距項的檢定與信賴區間與前面所學的理論完全相同，故不再冗述，下面是有關斜率項檢定的整理。

1. β_1 的檢定與信賴區間

β_1 的檢定可區分成左尾檢定、右尾檢定以及雙尾檢定，為節省篇幅在此僅介紹雙尾檢定，至於單尾檢定與雙尾檢定之間的關聯性，就在於決策法則中，顯著水準是否要除以 2，其餘皆相同。

(1) 雙尾檢定

- 兩個假設：$\begin{cases} H_0 : \beta_1 = 0 \\ H_1 : \beta_1 \neq 0 \end{cases}$

- 檢定統計量：$t^* = \dfrac{\hat{\beta}_1}{\sqrt{\dfrac{S_{22}}{S_{11}S_{22} - S_{12}^2} MSE}}$

- 決策法則：當 $\left| t^* \right| > t_{\frac{\alpha}{2}, n-3}$ 時，拒絕虛無假設，表示 x_1 對 y 具有顯著的解釋力。

(2) 信賴區間

$$\beta_1 = \hat{\beta}_1 \pm t_{\frac{\alpha}{2}, n-3} \sqrt{\dfrac{S_{22}}{S_{11}S_{22} - S_{12}^2} MSE}$$

2. β_2 的檢定與信賴區間

(1) 雙尾檢定

- 兩個假設：$\begin{cases} H_0 : \beta_2 = 0 \\ H_1 : \beta_2 \neq 0 \end{cases}$

- 檢定統計量：$t^* = \dfrac{\hat{\beta}_2}{\sqrt{\dfrac{S_{11}}{S_{11}S_{22} - S_{12}^2} MSE}}$

- 決策法則：當 $\left| t^* \right| > t_{\frac{\alpha}{2}, n-3}$ 時，拒絕虛無假設，表示 x_2 對 y 具有顯著的解釋力。

(2) 信賴區間

$$\beta_2 = \hat{\beta}_2 \pm t_{\frac{\alpha}{2}, n-3} \sqrt{\dfrac{S_{11}}{S_{11}S_{22} - S_{12}^2} MSE}$$

3. α 的檢定與信賴區間

(1) 雙尾檢定

- 兩個假設：$\begin{cases} H_0 : \alpha = 0 \\ H_1 : \alpha \neq 0 \end{cases}$

- 檢定統計量：$t^* = \dfrac{\hat{\alpha}}{\sqrt{(\dfrac{\overline{x}_1^2 S_{22} - 2\overline{x}_1\overline{x}_2 S_{12} + \overline{x}_2^2 S_{11}}{S_{11}S_{22} - S_{12}^2} + \dfrac{1}{n})MSE}}$

- 決策法則：當 $\left| t^* \right| > t_{\frac{\alpha}{2}, n-3}$，拒絕虛無假設。

(2) 信賴區間

$$\alpha = \hat{\alpha} \pm t_{\frac{\alpha}{2},n-3} \sqrt{(\frac{\overline{x_1}^2 S_{22} - 2\overline{x_1}\overline{x_2}S_{12} + \overline{x_2}^2 S_{11}}{S_{11}S_{22} - S_{12}^2} + \frac{1}{n})MSE}$$

在一般情形下，因為 x_1 與 x_2 的衡量單位不相同，因此大部分的研究會先將資料標準化之後再推導迴歸方程式，此時截距項便不存在，因此一般人文社會學類的期刊論文比較少看到截距項的檢定。

例 3

承例題 2，請分別檢定自變數 x_1 與 x_2 對依變數是否具解釋力 ($\alpha = 0.05$)？並求 β_1, β_2 的 95%信賴區間。

解

由例題 2 知

$\overline{x}_1 = 2, \overline{x}_2 = 0.5, S_{11} = 4, S_{22} = 1.5, S_{12} = S_{21} = 0, MSE = 4.947$

且迴歸方程為：$\hat{y} = -4.5 + 2x_1 + 2.833x_2$

(1) β_1：

設立兩個假設：$\begin{cases} H_0 : \beta_1 = 0 \\ H_1 : \beta_1 \neq 0 \end{cases}$

檢定統計量：$t^* = \dfrac{\hat{\beta}_1}{\sqrt{\dfrac{S_{22}}{S_{11}S_{22} - S_{12}^2}MSE}} = \dfrac{2}{\sqrt{(\dfrac{1.5}{4 \times 1.5 - 0}) \times 4.947}} \approx 1.798$

$\because |t^*| = 1.798 < t_{0.025,2} = 4.3027 \Rightarrow$ 不拒絕虛無假設，表 x_1 對 y 不具解釋力

信賴區間：$\beta_1 = \hat{\beta}_1 \pm t_{\frac{\alpha}{2},n-3} \sqrt{\dfrac{S_{22}}{S_{11}S_{22} - S_{12}^2}MSE}$

$\Rightarrow \beta_1 = 2 \pm 4.3027 \sqrt{(\dfrac{1.5}{4 \times 1.5} - 0) \times 4.947}$

$\therefore -2.785 \leq \beta_1 \leq 6.785$

註：我們也可以從 β_1 的信賴區間看出檢定結果不拒絕 H_0。因為 0 位於信賴區間內，因此無法拒絕 $\beta_1 = 0$ 的假設。

(2) 設立兩個假設：$\begin{cases} H_0 : \beta_2 = 0 \\ H_1 : \beta_2 \neq 0 \end{cases}$

檢定統計量：$t^* = \dfrac{\hat{\beta}_2}{\sqrt{\dfrac{S_{11}}{S_{11}S_{22} - S_{12}^2} MSE}} = \dfrac{2.833}{\sqrt{(\dfrac{4}{4 \times 1.5} - 0) \times 4.947}} \approx 1.560$

$\because \left| t^* \right| = 1.560 < t_{0.025,2} = 4.3027$ ，不拒絕虛無假設，表 x_2 對 y 不具解釋力

信賴區間：$\beta_2 = \hat{\beta}_2 \pm t_{\frac{\alpha}{2}, n-3} \sqrt{\dfrac{S_{11}}{S_{11}S_{22} - S_{12}^2} MSE}$

$\Rightarrow \beta_2 = 2.833 \pm 4.3027 \sqrt{(\dfrac{4}{4 \times 1.5} - 0) \times 4.947}$

$\therefore -4.491 \leq \beta_2 \leq 10.647$

註：本題因 F 檢定沒有到達顯著水準，迴歸係數的檢定是多餘的。本題主要目的在介紹如何進行斜率量的檢定與推導信賴區間。

例 4

假設由某資料求得迴歸方程為 $\hat{y} = \alpha + \beta_1 x_1 + \beta_2 x_2$ ，已知樣本數為 20 ，且 $SST = 200, SSR = 66$ 。

(1) 請建構 ANOVA 表。

(2) 試求判定係數。

(3) 請檢定 $H_0 : \beta_1 = \beta_2 = 0$ ，顯著水準為 0.05。

(4) 假設截距項與兩個迴歸係數的檢定統計量分別為 $t_\alpha^* = 4.3, t_{\hat{\beta}_1}^* = -3.6, t_{\hat{\beta}_2}^* = 0.8$ ，請問兩個自變數分別對依變數是否具有解釋力？請你根據檢定結果判斷迴歸方程應該如何設立比較好？

解

(1) $SSE = SST - SSR = 200 - 66 = 134$

變異來源	平方和	自由度	均方和	F
迴歸	156.107	2	78.054	
誤差	9.893	2	4.947	4.186
總和	166	4		

(2) $R^2 = \dfrac{SSR}{SST} = \dfrac{66}{200} = 0.33$

(3) $\because F^* = 4.186 > F_{0.05,2,17} = 3.59 \Rightarrow$ 拒絕虛無假設，表示迴歸模型適合。

(4) β_1 的檢定

設立兩個假設：$\begin{cases} H_0 : \beta_1 = 0 \\ H_1 : \beta_1 \neq 0 \end{cases}$

$\because \left| t^*_{\hat{\beta}_1} \right| = 3.6 > t_{0.025,17} = 2.11$，拒絕虛無假設，表示 x_1 對 y 具解釋力。

β_2 的檢定

設立兩個假設 $\begin{cases} H_0 : \beta_2 = 0 \\ H_1 : \beta_2 \neq 0 \end{cases}$

$\because \left| t^*_{\hat{\beta}_2} \right| = 0.8 < t_{0.025,17} = 2.1089 \Rightarrow$ 不拒絕虛無假設，表示 x_2 對 y 不具解釋力。

由於 x_2 對依變數不具解釋力，故可將自變數 x_2 從迴歸方程式中剔除，也就是說可重新設立迴歸方程為：$\hat{y} = \alpha + \beta_1 x_1$

18.2.3 依變數的信賴區間與預測區間

二元迴歸依變數的信賴區間與預測區間，原理和簡單線性迴歸完全相同。欲推導信賴區間或進行檢定，必須先知道該隨機變數的抽樣分配，二元迴歸方程在給定 x_{10}, x_{20} 的條件下，$\hat{y}_0$ 會服從常態分配，即：

$$\hat{y}_0 \sim N\left(E(y_0 | x_{10}, x_{20}), \left(\frac{x_{10}^2 S_{22} - 2x_{10}x_{20}S_{12} + x_{20}^2 S_{11}}{S_{11}S_{22} - S_{12}^2} + \frac{1}{n} \right)\sigma^2 \right) = N(\mu_{y_0 | x_{10}, x_{20}}, \sigma_{\hat{y}_0}^2)$$

上式變異數的部分與 $\hat{\alpha}$ 的變異數很相像，只要把 $\sigma_{\hat{\alpha}}^2$ 中平均數的部分以給定的自變數值代入，其餘部分維持不變。同樣的在大部分的情況下母體變異數未知，故以 MSE 取代變異數，因此依變數的 $1-\alpha$ 信賴區間為：

$$\mu_{y_0 | x_{10}, x_{20}} = \hat{y}_0 \pm t_{\frac{\alpha}{2}, n-3} \sqrt{\left(\frac{x_{10}^2 S_{22} - 2x_{10}x_{20}S_{12} + x_{20}^2 S_{11}}{S_{11}S_{22} - S_{12}^2} + \frac{1}{n} \right)MSE}$$

而預測區間則為：

$$y_0 = \hat{y}_0 \pm t_{\frac{\alpha}{2}, n-3} \sqrt{\left(\frac{x_{10}^2 S_{22} - 2x_{10}x_{20}S_{12} + x_{20}^2 S_{11}}{S_{11}S_{22} - S_{12}^2} + \frac{1}{n} + 1 \right)MSE}$$

例 5

承例題 2，求當 $x_{10}=2, x_{20}=1$ 時的 95%信賴區間與預測區間。

解

(1) $\sqrt{(\dfrac{x_{10}^2 S_{22}-2x_{10}x_{20}S_{12}+x_{20}^2 S_{11}}{S_{11}S_{22}-S_{12}^2}+\dfrac{1}{n})MSE}$

$=\sqrt{(\dfrac{2^2\times1.5-2\times2\times1\times0+1^2\times4}{4\times1.5-0}+\dfrac{1}{5})\times4.947}\approx3.039$

已知迴歸方程為：$\hat{y}=-4.5+2x_1+2.833x_2$，將 $x_{10}=2, x_{20}=1$ 代入得

$\hat{y}_0=-4.5+2\times2+2.833\times1=2.333$

故 95%信賴區間為：

$\mu_{2.333|2,1}=2.333\pm4.3027\times3.039\approx[-10.743,15.409]$

(2) $\sqrt{(\dfrac{x_{10}^2 S_{22}-2x_{10}x_{20}S_{12}+x_{20}^2 S_{11}}{S_{11}S_{22}-S_{12}^2}+\dfrac{1}{n}+1)MSE}$

$=\sqrt{(\dfrac{2^2\times1.5-2\times2\times1\times0+1^2\times4}{4\times1.5-0}+\dfrac{1}{5}+1)\times4.947}\approx3.766$

故 95%預測區間為：

$y_0=2.333\pm4.3027\times3.766\approx[-13.871,18.537]$

18.3 k 個自變數的多元迴歸方程

前面單元已經介紹了二元迴歸方程式的推導，接著在本小節中，將進一步介紹 k 個自變數的多元迴歸方程。在本單元中會先介紹最小平方法原理，接著介紹整體迴歸適合度檢定與部分項檢定，最後再介紹個別變數的檢定。

18.3.1 最小平方法

k 個自變數的多元迴歸方程如下所示：

$$\hat{y}=\hat{\alpha}+\hat{\beta}_1 x_1+\hat{\beta}_2 x_2+\cdots+\hat{\beta}_k x_k$$

殘差平方和為 $SSE = \sum_{i=1}^{n} e_i^2 = \sum_{i=1}^{n}(y_i - \hat{\alpha} - \hat{\beta}_1 x_{1i} - \hat{\beta}_2 x_{2i} - \cdots - \hat{\beta}_k x_{ki})^2$，欲使殘差的平方和為最小，分別將上式對 $\hat{\alpha}, \hat{\beta}_1, \hat{\beta}_2, \cdots, \hat{\beta}_k$ 取偏微分，並令其等於 0，即：

$$
\begin{cases}
\dfrac{\partial SSE}{\partial \hat{\alpha}} = 2\sum_{i=1}^{n}(y_i - \hat{\alpha} - \hat{\beta}_1 x_{1i} - \hat{\beta}_2 x_{2i} - \cdots - \hat{\beta}_k x_{ki})(-1) = 0 \\[2mm]
\dfrac{\partial SSE}{\partial \hat{\beta}_1} = 2\sum_{i=1}^{n}(y_i - \hat{\alpha} - \hat{\beta}_1 x_{1i} - \hat{\beta}_2 x_{2i} - \cdots - \hat{\beta}_k x_{ki})(-x_{1i}) = 0 \\[2mm]
\quad\vdots \\[2mm]
\dfrac{\partial SSE}{\partial \hat{\beta}_k} = 2\sum_{i=1}^{n}(y_i - \hat{\alpha} - \hat{\beta}_1 x_{1i} - \hat{\beta}_2 x_{2i} - \cdots - \hat{\beta}_k x_{ki})(-x_{ki}) = 0
\end{cases}
$$

將上式整理可得聯立方程式：

$$
\begin{cases}
n\hat{\alpha} + \hat{\beta}_1 \sum_{i=1}^{n} x_{1i} + \hat{\beta}_2 \sum_{i=1}^{n} x_{2i} + \cdots + \hat{\beta}_k \sum_{i=1}^{n} x_{ki} = \sum_{i=1}^{n} y_i \\[2mm]
\hat{\alpha} \sum_{i=1}^{n} x_{1i} + \hat{\beta}_1 \sum_{i=1}^{n} x_{1i}^2 + \hat{\beta}_2 \sum_{i=1}^{n} x_{2i} x_{1i} + \cdots + \hat{\beta}_k \sum_{i=1}^{n} x_{ki} = \sum_{i=1}^{n} y_i x_{1i} \\[2mm]
\hat{\alpha} \sum_{i=1}^{n} x_{2i} + \hat{\beta}_1 \sum_{i=1}^{n} x_{1i} x_{2i} + \hat{\beta}_2 \sum_{i=1}^{n} x_{2i}^2 + \cdots + \hat{\beta}_k \sum_{i=1}^{n} x_{ki} = \sum_{i=1}^{n} y_i x_{2i} \\[2mm]
\quad\vdots \\[2mm]
\hat{\alpha} \sum_{i=1}^{n} x_{ki} + \hat{\beta}_1 \sum_{i=1}^{n} x_{1i} x_{ki} + \hat{\beta}_2 \sum_{i=1}^{n} x_{2i} + \cdots + \hat{\beta}_k \sum_{i=1}^{n} x_{ki}^2 = \sum_{i=1}^{n} y_i x_{ki}
\end{cases}
$$

求解上面的方程式即可求出迴歸方程的各項係數，由於上面的方程式十分複雜，因此比較適合使用統計套裝軟體進行計算。

18.3.2 整體迴歸適合度的檢定—使用 ANOVA 表

整體迴歸模型的適合度檢定一共有兩種方法，一種透過 ANOVA 表，以 F 檢定來進行整體迴歸模型檢定，絕大部分的軟體都是採用這條路進行檢定。另一種方法，則是透過複相關係數 $r_{y\hat{y}}$，以 t 檢定來進行整體迴歸模型檢定。這兩種檢定彼此之間可以互相轉換，故檢定結果是相同的。接下來我們就介紹這兩種檢定方法，在本小節中先介紹 F 檢定。

k 個自變數的線型迴歸方程在進行整體迴歸方程是否合適，相當於檢定是否所有的迴歸係數是否等於 0，故其兩個假設為：$\begin{cases} H_0 : \beta_1 = \beta_2 = \cdots = \beta_k = 0 \\ H_1 : \beta_1, \beta_2, \cdots, \beta_k \text{不全為} 0 \end{cases}$。就如同前面的理論一樣，我們可以把總變異分解成：

$$\sum_{i=1}^{n}(y_i - \overline{y})^2 = \sum_{i=1}^{n}(\hat{y}_i - \overline{y})^2 + \sum_{i=1}^{n}(y_i - \hat{y}_i)^2$$

若以符號表示成：

$$SST = SSR + SSE$$

接著建構 ANOVA 表，透過 F 檢定來決定整體線性迴歸方程是否具適合度，即

變異來源	平方和	自由度	均方和	F
迴歸	SSR	k	$MSR = \dfrac{SSR}{k}$	$F^* = \dfrac{MSR}{MSE}$
誤差	SSE	$n - k - 1$	$MSE = \dfrac{SSE}{n - k - 1}$	
總和	SST	$n - 1$		

決策法則為：當 $F^* > F_{\alpha, k, n-k-1}$ 時，拒絕虛無假設，表示整體迴歸方程是合適的。

18.3.3 整體迴歸適合度的檢定─使用複相關係數

複相關係數是用來衡量依變數 y 與一組自變數 $x_1, x_2, \cdots, x_k$ 間的相關程度，即 y 與 $\hat{y}$ 的皮爾生積叉相關係數，其定義如下：

$$r_{y\hat{y}} = \frac{\sum(y_i - \overline{y})(\hat{y}_i - \overline{\hat{y}})}{\sqrt{\sum(y_i - \overline{y})^2}\sqrt{\sum(\hat{y}_i - \overline{\hat{y}})^2}}$$

複相關係數與判定係數具有 $r_{y\hat{y}}^2 = R^2$ 的關係，一般而言判定係數越大，表示相關性越高，因此自變數解釋依變數解釋力越強，故進行整體迴歸模型適合度的檢定，亦可使用複相關係數來進行檢定。

複相關係數的兩個假設寫法為：$\begin{cases} H_0 : \rho_{y\hat{y}} = 0 \\ H_1 : \rho_{y\hat{y}} \neq 0 \end{cases}$

檢定統計量：$t^* = \dfrac{r_{y\hat{y}}}{\sqrt{\dfrac{1 - r_{y\hat{y}}^2}{n - k - 1}}}$

決策法則：當 $\left| t^* \right| > t_{\frac{\alpha}{2}, n-k-1}$ 時，拒絕虛無假設，表示整體迴歸模型是合適的。

F 統計量與判定係數及複相關係數具有下列的關係：

$$F^* = \frac{MSR}{MSE} = \frac{\dfrac{SSR}{k}}{\dfrac{SSE}{n-k-1}} = \frac{\dfrac{1}{k} \cdot \dfrac{SSR}{SST}}{\dfrac{1}{n-k-1} \cdot \dfrac{SSE}{SST}} = \frac{\dfrac{R^2}{k}}{\dfrac{1-R^2}{n-k-1}} = \frac{\dfrac{r_{y\hat{y}}^2}{k}}{\dfrac{1-r_{y\hat{y}}^2}{n-k-1}}$$

上面的式子推導，不需死記結果，推導過程十分容易。先把 MSR 與 MSE 還原成 SSR 與 SSE，接著分子、分母同除 SST，即可獲得判定係數的定義式，這部分與簡單線性迴歸完全一樣，唯自由度不同而已。

例 6

承例題 2，請使用 t 檢定，判斷此迴歸方程是否可有效的解釋依變數 y。

解

由例題 2 知：$R^2 = 0.94$

設立兩個假設：$\begin{cases} H_0 : \rho_{y\hat{y}} = 0 \\ H_1 : \rho_{y\hat{y}} \neq 0 \end{cases}$

檢定統計量：$\left| t^* \right| = \dfrac{r_{y\hat{y}}}{\sqrt{\dfrac{1 - r_{y\hat{y}}^2}{n-k-1}}} = \dfrac{\sqrt{0.94}}{\sqrt{\dfrac{1 - 0.94^2}{5 - 2 - 1}}} \approx 4.019$

$\because t^* = 4.019 > t_{0.025,2} = 4.3027$，不拒絕虛無假設，故無充分的證據顯示 x_1, x_2 可有效的解釋依變數 y。

18.3.4 調整判定係數

判定係數 R^2，可以用來判斷迴歸方程對整體變異的解釋能力。但統計學家發現當樣本數太小或自變數增加時，會導致判定係數膨脹，因此 H. Theil 提出了調整判定係數(adjusted coefficient of multiple determination)公式。這個公式的概念十分簡單，他把原來的判定係數定義中的 SSE 與 SST 分別再除以個別的自由度，也就是說

$$R_a^2 = 1 - \frac{SSE/n-k-1}{SST/n-1}$$

接著我們來看調整判定係數和判定係數間的關係：

由 $R^2 = 1 - \dfrac{SSE}{SST} \Rightarrow \dfrac{SSE}{SST} = 1 - R^2$

$\therefore R_a^2 = 1 - \dfrac{SSE/n-k-1}{SST/n-1} = 1 - \dfrac{SSE}{SST} \cdot \dfrac{n-1}{n-k-1} = 1 - (1-R^2)\dfrac{n-1}{n-k-1}$，故調整判定係數與判定

係數存在下列之關係：

$$R_a^2 = 1 - (1-R^2)\frac{n-1}{n-k-1}$$

例 7

承例題 2，試求調整判定係數。

解

由例題 2 已知：$R^2 = 0.94$

$R_a^2 = 1 - (1-R^2)\dfrac{n-1}{n-k-1} = 1 - (1-0.94)\dfrac{5-1}{5-2-1} = 0.88$

例 8

假設已知多元迴歸方程模式為：$\hat{y} = \hat{\alpha} + \hat{\beta}_1 x_1 + \hat{\beta}_2 x_2 + \hat{\beta}_3 x_3 + \hat{\beta}_4 x_4 + \hat{\beta}_5 x_5$，某人計算得部分 ANOVA 表如下表所示：

變異來源	平方和	自由度	均方和	F
迴歸				
誤差	80			
總和	230	45		

(1)請你幫他完成 ANOVA 表。

(2)試求判定係數與調整判定係數。

(3)請檢定整體迴歸是否適合？($\alpha = 0.05$)

解

(1) $SSR = SST - SSE = 230 - 80 = 150$

迴歸自由度：$k = 5$，故誤差自由度：$45 - 5 = 40$，因此完整的 ANOVA 表為：

變異來源	平方和	自由度	均方和	F
迴歸	150	5	30	
誤差	80	40	2	15
總和	230	45		

(2) $R^2 = \dfrac{SSR}{SST} = \dfrac{150}{230} = 0.652$

$R_a^2 = 1 - (1 - R^2)\dfrac{n-1}{n-k-1} = 1 - (1-0.652)\dfrac{45}{40} = 0.609$

(3) 設立兩個假設：$\begin{cases} H_0 : \beta_1 = \beta_2 = \cdots = \beta_5 = 0 \\ H_1 : \beta_1, \beta_2, \cdots, \beta_5 \text{不全為} 0 \end{cases}$

$\because F^* = 15 > F_{0.05,5,40} = 2.45 \Rightarrow$ 拒絕虛無假設，故整體迴歸模型適合。

18.3.5 部分項的檢定

前面所提到的檢定是針對所有自變數對依變數是否具解釋力進行檢定，但有時候我們想瞭解部分的自變數是否對依變數仍然具有解釋力，或者欲比較較多的自變數對依變數解釋力是否會明顯的比原有較少的自變數具解釋力，這時候可採用部分項的檢定。部分項檢定的主要目的是用來檢視不同變數的組合對依變數的解釋力變化情形，最好的迴歸模型是找到最少的解釋變數，且達到最高的解釋力，部分項檢定可協助研究者進行變數對依變數解釋力的探索。人文社會學者常用的層級式迴歸分析，就是屬於部分項檢定的一種。

假設原始迴歸方程的數學模型為：

$$\hat{y} = \hat{\alpha} + \hat{\beta}_1 x_1 + \hat{\beta}_2 x_2 + \cdots + \hat{\beta}_k x_k$$

上式稱為完整模式(Full model)。若現在把自變數縮減成 q 個，則自變數減少後的迴歸方程我們稱為遞減模式(reduces model)，即：

$$\hat{y} = \hat{\alpha} + \hat{\beta}_1 x_1 + \hat{\beta}_2 x_2 + \cdots + \hat{\beta}_q x_q, \quad q < k$$

由於總變異的定義為 $SST = \sum(y_i - \bar{y})^2$，與自變數無關，因此不受自變數減少所影響。為了區別完整模式與遞減模式，規定變異分解的符號如下所示：

完整模式：$SST = SSR_F + SSE_F$

遞減模式：$SST = SSR_R + SSE_R$

有關遞減模式假設的寫法，我們實際舉個例子，其餘請依照此例舉一反三。假設完整模式為：$\hat{y} = \hat{\alpha} + \hat{\beta}_1 x_1 + \hat{\beta}_2 x_2 + \hat{\beta}_3 x_3 + \hat{\beta}_4 x_4 + \hat{\beta}_5 x_5$，而遞減模式為：$\hat{y} = \hat{\alpha} + \hat{\beta}_1 x_1 + \hat{\beta}_3 x_3 + \hat{\beta}_5 x_5$。遞減模式去掉了 x_2, x_4 兩個自變數，故兩個假設的寫法為：$\begin{cases} H_0 : \beta_2 = \beta_4 = 0 \\ H_1 : \beta_2, \beta_4 不全為0 \end{cases}$。這個假設主要的目的在檢定 x_2, x_4 這兩個變數是否應該去除，若結論為不拒絕 H_0，則表示 x_2, x_4 這兩個變數應該去除，若結論為拒絕 H_0，則表示把 x_2, x_4 這兩個變數去除並沒有顯著的讓迴歸模型變得更佳。

針對完整模式與遞減模式我們可以建立兩個 ANOVA 表。

完整模式 ANOVA 表

變異來源	平方和	自由度
迴歸	SSR_F	k
誤差	SSE_F	$n-k-1$
總和	SST	$n-1$

遞減模式 ANOVA 表

變異來源	平方和	自由度
迴歸	SSR_R	q
誤差	SSE_R	$n-q-1$
總和	SST	$n-1$

其偏 F 檢定統計量為：

$$F_p^* = \frac{\dfrac{SSR_F - SSR_R}{q}}{\dfrac{SSE_F}{n-k-1}}$$

決策法則為：當 $F_p^* > F_{\alpha, q, n-k-1}$ 時，拒絕虛無假設。表示遞減模式並未顯著的較完整模式好。從檢定統計量我們可以看出，當檢定統計量 F_p^* 越大越容易拒絕虛無假設，亦即 SSR_F 比 SSR_R 大很多，表示完整模式可解釋的變異顯著大於遞減模式，此時應該用較多的自變數來解釋依變數；同理，若檢定結果沒有拒絕虛無假設，則表示較多的自變數並沒有比較好，此時可採用較少的自變數來解釋依變數即可。

例 9

已知資料如下表所示：

y	15	20	25	24	30	18	28	26
x_1	2	3	4	3	5	4	5	4
x_2	0.2	0.4	0.5	0.3	0.4	0.2	0.5	0.6

已知迴歸方程模式 I 為：$\hat{y} = 6.580 + 2.978x_1 + 14.204x_2$

模式 II 為：$\hat{y} = 8 + 4.067x_1$

請檢定採取哪一種模式比較好？ ($\alpha = 0.05$)

解

模式 I：完整模式

$$\sum x_{1i} = 30, \bar{x}_1 = 3.75, \sum x_{1i}^2 = 120, \sum y_i = 186, \bar{y} = 23.25, \sum y_i^2 = 4510,$$

$$\sum y_i x_{1i} = 728, \sum y_i x_{2i} = 75.9$$

$$SST = \sum_{i=1}^{n} y_i^2 - n\bar{y}^2 = 4510 - 8 \times 23.25^2 = 185.5$$

$$SSE_F = \sum_{i=1}^{n} y_i^2 - \hat{\alpha}\sum_{i=1}^{n} y_i - \hat{\beta}_1 \sum_{i=1}^{n} y_i x_{1i} - \hat{\beta}_2 \sum_{i=1}^{n} y_i x_{2i}$$

$$= 4510 - (6.58)(186) - 2.978(728) - 14.204(75.9) = 40.052$$

$$SSR_F = SST - SSE_F = 185.5 - 40.052 = 145.448$$

模式 II：遞減模式(變異求法，請參考簡單線性迴歸)

$$SSR_R = \hat{\beta}^2 \left(\sum_{i=1}^{n} x_{1i}^2 - n\bar{x}_1^2 \right) = 4.067^2 (120 - 8 \times 3.75^2) = 124.054$$

設立兩個假設：$\begin{cases} H_0 : \beta_2 = 0 \\ H_1 : \beta_2 \neq 0 \end{cases}$

$$F_p^* = \frac{\dfrac{SSR_F - SSR_R}{q}}{\dfrac{SSE_F}{n-k-1}} = \frac{\dfrac{145.448 - 124.054}{1}}{\dfrac{40.052}{8-2-1}} \approx 2.671$$

$\because F_p^* = 2.671 < F_{0.05,1,4} = 7.71$，不拒絕虛無假設，表 $\beta_2 = 0, \therefore x_2$ 不為有效自變數，故採取模式 II 較佳。

例 10

假設某研究員，使用四個自變數 x_1, x_2, x_3, x_4 的不同組合來預測 y 的值。下面是他收集的資料用不同組合的迴歸模型所計算出來的結果。

模式 I(使用 x_1, x_2, x_3, x_4)　　　$SSR=201$

模式 II(使用 x_1, x_2)　　　$SSR=173.4$

模式 III(使用 x_1, x_3, x_4)　　　$SSR=185.5$

模式 IV(使用 x_3, x_4)　　　$SSR=169.1$

模式 V(使用 x_2, x_3, x_4)　　　$SSR=188.3$

模式 VI(使用 x_3)　　　$SSR=147.3$

已知總變異為 231.5，樣本數為 20，試檢定若 x_3 與 x_4 已在多元迴歸式中，若再加入 x_1 與 x_2 於此迴歸式中，試判斷 x_1 與 x_2 是否是 y 的一對有用的自變數。 $(\alpha = 0.05)$

解

解這類題目首先要判斷哪個是完整模式，哪個是遞減模式。

完整模式： $\hat{y} = \hat{\alpha} + \hat{\beta}_1 x_1 + \hat{\beta}_2 x_2 + \hat{\beta}_3 x_3 + \hat{\beta}_4 x_4$

$SSR_F = 201, SSE_F = SST - SSR_F = 231.5 - 201 = 30.5$

遞減模式： $\hat{y} = \hat{\alpha} + \hat{\beta}_3 x_3 + \hat{\beta}_4 x_4$

$SSR_R = 169.1$

設立兩個假設： $\begin{cases} H_0 : \beta_1 = \beta_2 = 0 \\ H_1 : \beta_1, \beta_2 不全為 0 \end{cases}$

$$F_p^* = \frac{\dfrac{SSR_F - SSR_R}{q}}{\dfrac{SSE_F}{n-k-1}} = \frac{\dfrac{201 - 169.1}{2}}{\dfrac{30.5}{20-4-1}} \approx 7.844$$

$\because F_p^* = 7.844 > F_{0.05,2,15} = 3.68$ ，拒絕虛無假設，故 x_1 與 x_2 是一對有用的自變數。

18.3.6 迴歸係數的統計推論

　　多元迴歸係數的檢定，主要在衡量某自變數對依變數 y 是否具有解釋力。因多元迴歸的計算過於複雜，必須利用套裝軟體計算，因此大部分的教科書僅介紹相關理論，

在計算時都會給迴歸係數的抽樣分配標準誤 $s_{\hat{\beta}_i}$ ，故讀者不用擔心計算上的問題。要檢定個別變數對依變數是否具解釋力，需使用 t 檢定，原理與二元迴歸相同。對於任一迴歸係數 β_i 的兩個假設為：

$$\begin{cases} H_0 : \beta_i = 0 \\ H_1 : \beta_i \neq 0 \end{cases}$$

檢定統計量：$t^* = \dfrac{\hat{\beta}_i}{s_{\hat{\beta}_i}}$

決策法則：當 $\left| t^* \right| > t_{\frac{\alpha}{2}, n-k-1}$ 時，拒絕虛無假設，表示該自變數對依變數 y 具解釋力。

至於左尾與右尾檢定，請讀者自行融會貫通。迴歸係數的 $1-\alpha$ 信賴區間可表示成：

$$\hat{\beta}_i - t_{\frac{\alpha}{2}, n-k-1} s_{\hat{\beta}_i} \leq \beta_i \leq \hat{\beta}_i + t_{\frac{\alpha}{2}, n-k-1} s_{\hat{\beta}_i}$$

例 11

假設已知迴歸方程為： $\hat{y} = \underset{(2.11)}{25.18} + \underset{(1.53)}{1.23}x_1 + \underset{(1.22)}{1.04}x_2 - \underset{(0.06)}{0.52}x_3$ ，括號內數字表該係數抽樣分配之標準誤，樣本數 $n = 25$ ，判定係數 $R^2 = 0.64$ ，試求下列各小題。

(1)求 β_1 的 95%信賴區間，並請利用信賴區間檢定 $H_0 : \beta_1 = 0, H_1 : \beta_1 \neq 0$ 。

(2)請在 5%的顯著水準下，檢定 $H_0 : \beta_3 = 0, H_1 : \beta_3 < 0$ 。

(3)請在 5%的顯著水準下，檢定 $H_0 : \beta_2 = 0, H_1 : \beta_2 \neq 0$

(4)請在 5%的顯著水準下，檢定 $H_0 : \beta_1 = \beta_2 = \beta_3 = 0, H_1 : \beta_1, \beta_2, \beta_3$ 不全為0。

解

(1) $\because \hat{\beta}_i - t_{\frac{\alpha}{2}, n-k-1} s_{\hat{\beta}_i} \leq \beta_i \leq \hat{\beta}_i + t_{\frac{\alpha}{2}, n-k-1} s_{\hat{\beta}_i}$

$\therefore 1.23 - 2.0796 \times 1.53 \leq \beta_1 \leq 1.23 + 2.0796 \times 1.53 \Rightarrow -1.952 \leq \beta_1 \leq 4.412$

因為 0 落在信賴區間內，故不拒絕虛無假設，表示 x_1 對依變數不具解釋力

(2) 本題為左尾檢定，檢定統計量：$t^* = \dfrac{\hat{\beta}_3}{\sigma_{\hat{\beta}_3}} = \dfrac{-0.52}{0.06} \approx -8.667$

$\because t^* = -8.667 < -t_{0.05, 21} = -1.7207$ ，拒絕虛無假設，表示 x_3 對依變數具解釋力

(3) 本題為雙尾檢定，檢定統計量：$t^* = \dfrac{\hat{\beta}_2}{\sigma_{\hat{\beta}_2}} = \dfrac{1.04}{1.22} \approx 0.852$

$\because \left| t^* \right| = 0.852 < t_{0.025,21} = 2.0796$，不拒絕虛無假設，表示 x_2 對依變數不具解釋力

(4) 本題為整體迴歸模型適合度的檢定

$$檢定統計量：F^* = \frac{MSR}{MSE} = \frac{\dfrac{R^2}{k}}{\dfrac{1-R^2}{n-k-1}} = \frac{\dfrac{0.64}{3}}{\dfrac{1-0.64}{25-3-1}} \approx 12.44$$

$\because F^* = 12.44 > F_{0.025,3,21} = 3.07$，拒絕虛無假設。

 ## 18.4 偏判定係數與偏相關係數

偏判定係數(partial determination coefficient)主要用來衡量引進某自變數後對依變數的影響力或解釋力，而偏相關係數(partial correlation coefficient)則是把其他自變數固定住，去衡量某自變數與依變數的相關程度。本節將介紹偏判定係數與偏相關係數。

18.4.1 偏判定係數

在正式介紹偏判定係數前，先介紹一些符號，後面推導檢定程序會用到這些符號，請務必要把這些符號系統弄清楚，不然會產生混淆。在正式介紹符號前，先要瞭解如何去辨別這些符號系統。回想條件機率，$P(A|B)$ 表在 B 成立的條件下 A 的機率，接下來的符號系統與條件機率差不多，也就是說分母為條件，所以要由右往左看。下面就開始正式介紹符號。

1. 增量平方和(extras sums of squares)

(1) 符號說明

- $SSR(x_2|x_1)$：在迴歸模式只有一個自變數 x_1 的條件下，增加一個新變數 x_2 後所增加的迴歸變異。

  $SSR(x_1), SSE(x_1)$：迴歸模型為 $\hat{y} = \hat{\alpha} + \hat{\beta}_1 x_1$ 所計算出的 SSR 與 SSE，與簡單線性迴歸計算方法一模一樣。

  $SSR(x_1, x_2), SSE(x_1, x_2)$：迴歸模型為 $\hat{y} = \hat{\alpha} + \hat{\beta}_1 x_1 + \hat{\beta}_2 x_2$ 所計算出的 SSR 與 SSE，與二元迴歸方程計算方法一模一樣。

定義：

$$SSR(x_2|x_1) = SSR(x_1, x_2) - SSR(x_1)$$

不論引進多少自變數，除非依變數有變動，不然總變異是固定的。因此存在

$$\begin{aligned}
SST &= SSR(x_1) + SSE(x_1) \\
&= SSR(x_1, x_2) + SSE(x_1, x_2) \\
&= SSR(x_1, x_2, x_3) + SSE(x_1, x_2, x_3) \\
&= SSR(x_1, x_2, x_3, \cdots x_k) + SSE(x_1, x_2, x_3, \cdots x_k)
\end{aligned}$$

故 $SSR(x_2|x_1)$ 亦可表示成 $SSR(x_2|x_1) = SSE(x_1) - SSE(x_1, x_2)$，建議記住定義式即可，以免產生混淆。同理可推得下面的定義：

- $SSR(x_1, x_2|x_3)$：表原迴歸模型只有 x_3 的條件下，增加自變數 x_1, x_2 後所增加的迴歸變異，故

  $$SSR(x_1, x_2|x_3) = SSR(x_1, x_2, x_3) - SSR(x_3)$$

- $SSR(x_1|x_3, x_2) = SSR(x_1, x_2, x_3) - SSR(x_2, x_3)$

  由上面的符號系統可得符號的規則為：$SSR(左|右) = SSR(全體變數) - SSR(右)$

2. 偏判定係數

平方和的增量表示引進新變數後對迴歸變異的增加量，因此若 $SSR(x_2|x_1)$ 較大時，表示增加自變數 x_2 可以增加對依變數變異的解釋量，其增量的貢獻程度則以偏判定係數來衡量。由於偏判定係數公式會隨引進自變數的數量或種類而不同，因此下面介紹幾個公式的寫法，其餘請讀者自行依此類推。

(1) 二個自變數

$$R_{y2.1}^2 = \frac{SSR(x_2|x_1)}{SSE(x_1)}$$

表示原迴歸方程為 $\hat{y} = \hat{\alpha} + \hat{\beta}_1 x_1$，引進自變數 x_2 後，x_2 對 y 的偏判定係數。

(2) 三個自變數

$$R_{y3.12}^2 = \frac{SSR(x_3|x_1, x_2)}{SSE(x_1, x_2)}$$

表示原迴歸方程為 $\hat{y} = \hat{\alpha} + \hat{\beta}_1 x_1 + \hat{\beta}_2 x_2$，引進自變數 x_3 後，x_3 對 y 的偏判定係數，其餘依此類推。

例 12

已知資料如下表所示：

y	15	20	25	24	30	18	28	26
x_1	2	3	4	3	5	4	5	4
x_2	0.2	0.4	0.5	0.3	0.4	0.2	0.5	0.6

僅考慮自變數 x_1 之迴歸方程為：$\hat{y} = 8 + 4.067x_1$

引進隨機變數 x_2 之迴歸方程為：$\hat{y} = 6.580 + 2.978x_1 + 14.204x_2$

試求 x_2 對 y 的偏判定係數。

解

x_2 對 y 的偏判定係數為：$R^2_{y2.1} = \dfrac{SSR(x_2 \mid x_1)}{SSE(x_1)}$

其中 $SSE(x_1)$ 為迴歸方程 $\hat{y} = 8 + 4.067x_1$，所產生之隨機變異。

$SSR(x_1) = 124.054$（見例題 9，$= SSR_R$）

$SSE(x_1) = SST - SSR(x_1) = 185.5 - 124.054 = 61.446$

$SSR(x_1, x_2)$ 為迴歸方程 $\hat{y} = 6.580 + 2.978x_1 + 14.204x_2$，所產生之迴歸變異。

$SSR(x_1, x_2) = 145.448$（見例題 9 $= SSR_F$）

$SSR(x_2 \mid x_1) = SSR(x_1, x_2) - SSR(x_1) = 145.448 - 124.054 = 21.394$

故 $R^2_{y2.1} = \dfrac{SSR(x_2 \mid x_1)}{SSE(x_1)} = \dfrac{21.394}{61.446} \approx 0.348$

例 13

假設有一組資料 $SST = 1024$，且已知：

$SSR(x_1) = 300, SSR(x_2) = 400, SSR(x_3) = 350,$

$SSR(x_1, x_2) = 450, SSR(x_2, x_3) = 600, SSR(x_1, x_3) = 500, SSR(x_1, x_2, x_3) = 900$，試求下列各小題。

(1) $SSR(x_2 \mid x_1, x_3)$。

(2) $R^2_{y1.2}$。

(3) R^2_{y123}。

解

(1) $SSR(x_2|x_1,x_3) = SSR(x_1,x_2,x_3) - SSR(x_1,x_3) = 900 - 500 = 400$

(2) $R_{y1.2}^2 = \dfrac{SSR(x_1|x_2)}{SSE(x_2)} = \dfrac{SSR(x_1,x_2) - SSR(x_2)}{SST - SSR(x_2)} = \dfrac{450 - 400}{1024 - 400} = 0.08$

(3) $R_{y123}^2 = R^2 = \dfrac{SSR(x_1,x_2,x_3)}{SST} = \dfrac{900}{1024} \approx 0.879$

18.4.2 偏相關係數

偏相關係數主要在衡量固定某自變數的條件下,求另一個自變數與依變數的相關程度,故其定義為:

$$r_{y1.2} = \frac{r_{yx_1} - r_{yx_2} \cdot r_{x_1x_2}}{\sqrt{1 - r_{yx_2}^2}\sqrt{1 - r_{x_1x_2}^2}}$$

上式表示在 x_2 固定的條件下,x_1 與 y 的偏相關係數。其中 $r_{yx_1}, r_{yx_2}, r_{x_1x_2}$ 分別表示 y 與 x_1,y 與 x_2,x_1 與 x_2 的皮爾森積差相關係數。就如同簡單線性迴歸方程般,偏判定係數與偏相關係數存在平方與根號之關係,即

$r_{y1.2} = \pm\sqrt{R_{y1.2}^2}$ (正負號與 $\hat{\beta}_1$ 相同)

$r_{y3.21} = \pm\sqrt{R_{y3.21}^2}$ (正負號與 $\hat{\beta}_3$ 相同)

> **例 14**
>
> 承例題 12,試分別以偏判定係數與偏相關係數的定義,求 x_2 對 y 的偏相關係數。

解

$r_{y2.1} = \sqrt{R_{y2.1}^2} = \sqrt{0.348} = 0.590 \quad (\because \hat{\beta}_2 = 14.204 > 0)$

已知 $r_{yx_2} = 0.7282, r_{yx_1} = 0.8177, r_{x_1x_2} = 0.5444$

$\therefore r_{y2.1} = \dfrac{r_{yx_2} - r_{yx_1} \cdot r_{x_1x_2}}{\sqrt{1 - r_{yx_1}^2}\sqrt{1 - r_{x_1x_2}^2}} = \dfrac{0.7282 - 0.8177 \times 0.5444}{\sqrt{1 - 0.8177^2}\sqrt{1 - 0.5444^2}} \approx 0.586$

註:因四捨五入的關係,使兩種方法計算出來的答案會產生些許的差異。

18.4.3 偏相關係數的檢定

偏相關係數檢定的主要用途在於檢定迴歸方程式，每引進一個新的自變數 x_i 時，檢定 x_i 與依變數是否具有相關性的一種檢定方法，此種檢定法與 18.3.6 中的個別自變數檢定是一樣的，故一般在進行個別變數的檢定多半採用此法較為簡單。偏相關係數檢定的兩個假設為：

$$\begin{cases} H_0 : \rho_{y2.1} = 0 \\ H_1 : \rho_{y2.1} \neq 0 \end{cases}$$

上面的檢定，相當於檢定迴歸係數：

$$\begin{cases} H_0 : \beta_2 = 0 \\ H_1 : \beta_2 \neq 0 \end{cases}$$

其檢定法可採用 F 檢定或 t 檢定。

1. 原迴歸方程為 $\hat{y} = \hat{\alpha} + \hat{\beta}_1 x_1$，引進自變數 x_2 的檢定方法

(1) F 檢定

兩個假設為：$\begin{cases} H_0 : \rho_{y2.1} = 0 \\ H_1 : \rho_{y2.1} \neq 0 \end{cases}$ 或 $\begin{cases} H_0 : \beta_2 = 0 \\ H_1 : \beta_2 \neq 0 \end{cases}$

檢定統計量：$F^* = \dfrac{MSR(x_2 | x_1)}{MSE(x_1, x_2)}$

決策法則：當 $F^* > F_{\alpha, 1, n-3}$ 時，拒絕虛無假設。

註：分母自由度為 $n - k - 1 = n - 2 - 1 = n - 3$

(2) t 檢定

檢定統計量：$t^* = \dfrac{r_{y2.1}}{\sqrt{\dfrac{1 - r_{y2.1}^2}{n-3}}}$ 或 $t^* = \dfrac{\hat{\beta}_2}{s_{\hat{\beta}_2}}$

決策法則：當 $\left| t^* \right| > r_{\frac{\alpha}{2}, n-3}$ 時，拒絕虛無假設。

2. 原迴歸方程為 $\hat{y} = \hat{\alpha} + \hat{\beta}_1 x_1 + \hat{\beta}_2 x_2$，引進自變數 x_3 的檢定方法

(1) F 檢定

兩個假設為：$\begin{cases} H_0 : \rho_{y3.12} = 0 \\ H_1 : \rho_{y3.12} \neq 0 \end{cases}$ 或 $\begin{cases} H_0 : \beta_3 = 0 \\ H_1 : \beta_3 \neq 0 \end{cases}$

檢定統計量：$F^* = \dfrac{MSR(x_3 | x_1, x_2)}{MSE(x_1, x_2, x_3)}$

決策法則：當 $F^* > F_{\alpha, 1, n-4}$ 時拒絕虛無假設。

(2) t 檢定

檢定統計量：$t^* = \dfrac{r_{y3.12}}{\sqrt{\dfrac{1 - r_{y3.12}^2}{n-4}}}$ 或 $t^* = \dfrac{\hat{\beta}_3}{s_{\hat{\beta}_3}}$

決策法則：當 $|t^*| > t_{\frac{\alpha}{2}, n-3}$ 時拒絕虛無假設。

上述所提到的 t 檢定請讀者務必回第十七章，有關簡單線性迴歸相關係數的 t 檢定，並加以比較檢視，就可以找出規則性，相信讀者不難發現整套理論與原理是一樣的。

例 15

假設 y 為依變數，x_1, x_2, x_3 為自變數，以下三個迴歸模型分別由 200 個樣本建立迴歸方程式，得出下列數據：

$SSR(x_1) = 500, SSE(x_1) = 500, SSR(x_1, x_2) = 800, SSR(x_1, x_2, x_3) = 900$，

1. $y = \alpha + \beta_1 x_1 + \varepsilon$

2. $y = \alpha' + \beta_1' x + \beta_2' x_2 + \varepsilon'$

3. $y = \alpha'' + \beta_1'' x + \beta_2'' x_2 + \beta_3'' x_3 + \varepsilon''$

假設迴歸係數皆為正數，試求下列各小題。

(1)求第三個迴歸方程式的判定係數。

(2)求第二個迴歸方程式，解釋變數 x_2 與 y 的偏相關係數。

(3)求出第一個迴歸方程式解釋變數 x_1 與 y 的相關係數。

(4)檢定第一個迴歸方程式中的 β_1 是否為零。($\alpha = 0.05$)

(5)檢定第二個迴歸方程式中的 β_2 是否為零。($\alpha = 0.05$)

解

(1) 本題之判定係數係指複判定係數，即 R^2，若以偏判定係數的符號系統表示，則

$$R^2 = R_{y123}^2 = \frac{SSR(x_1, x_2, x_3)}{SST}$$

其中 SST 不論解釋變數的數量為多少個，其值不變，故可用第一個迴歸方程式求得，即 $SST = SSR(x_1) + SSE(x_1) = 500 + 500 = 1000$

$$R^2 = \frac{900}{1000} = 0.9$$

因此判定係數為

(2) $r_{y2.1} = \sqrt{R_{y2.1}^2} = \sqrt{\frac{SSR(x_2 | x_1)}{SSE(x_1)}} = \sqrt{\frac{SSR(x_1, x_2) - SSR(x_1)}{SSE(x_1)}} = \sqrt{\frac{800 - 500}{500}} \approx 0.775$

(3) 本題即求簡單線性迴歸的相關係數

$$r_{yx_1} = \sqrt{R_{yx_1}^2} = \sqrt{\frac{SSR(x_1)}{SST}} = \sqrt{\frac{500}{1000}} \approx 0.707$$

(4) 本題檢定與簡單線性迴歸檢定完全相同，讀者可使用簡單線性迴歸的 ANOVA 表，利用 F 檢定進行檢定。亦可使用斜率項檢定，也可以使用相關係數檢定，採用 t 檢定。因已有第三小題的答案，故採用相關係數檢定比較方便。

兩個假設：$\begin{cases} H_0 : \beta_1 = 0 \\ H_1 : \beta_1 \neq 0 \end{cases}$

檢定統計量 $t^* = \dfrac{r_{yx_1}}{\sqrt{\dfrac{1 - r_{yx_1}^2}{n - 2}}} = \dfrac{0.707}{\sqrt{\dfrac{1 - 0.5}{200 - 2}}} \approx 14.069$

$\because |t^*| = 14.069 > t_{0.025, 198} \approx z_{0.025} = 1.96$，拒絕虛無假設，故 $\beta_1 \neq 0$

本題因樣本數 200，為大樣本，當 t 分配無法查表查得時，可使用 z 分配表近似。

(5) 兩個假設：$\begin{cases} H_0 : \beta_2' = 0 \\ H_1 : \beta_2' \neq 0 \end{cases}$

檢定統計量：$t^* = \dfrac{r_{y2.1}}{\sqrt{\dfrac{1 - r_{y2.1}^2}{n - 3}}} = \dfrac{0.775}{\sqrt{\dfrac{1 - 0.6}{200 - 3}}} \approx 17.199$

$\because |t^*| = 17.199 > t_{0.025, 197} \approx z_{0.025} = 1.96$，拒絕虛無假設，故 $\beta_2 \neq 0$

註：上面兩小題亦可使用 F 檢定，請讀者自行嘗試。

例 16

調查某貨運公司十天的行車記錄，得行駛哩數(x_1)，貨運數量(x_2)，車種(x_3)，以及行車時間(y)的資料，經輸入電腦而得各變異平方和及自由度如下表所示：

變異來源	平方和	自由度
迴歸	$SSR(x_1, x_2, x_3) = 270$	3
	$SSR(x_1, x_2) = 250$	2
	$SSR(x_3 \mid x_1, x_2) = 20$	1
誤差	$SSE(x_1, x_2, x_3) = 30$	6

求偏相關係數 $r_{y3.12}$，並檢定 x_3 是否值得引入模式中？$(\alpha = 0.05)$

解

(1) $\because SST = SSR(x_1, x_2, x_3) + SSE(x_1, x_2, x_3) = 270 + 30 = 300$

$SSE(x_1, x_2) = SST - SSR(x_1, x_2) = 300 - 250 = 50$

$$R_{y3.12}^2 = \frac{SSR(x_3 \mid x_1, x_2)}{SSE(x_1, x_2)} = \frac{20}{50} = 0.4$$

故偏相關係數 $r_{y3.12} = \pm\sqrt{R_{y3.12}^2} = \pm\sqrt{0.4} = \pm 0.6325$ (正負號與 x_3 係數相同，故負不合)

(2) 設立兩個假設：$\begin{cases} H_0 : \beta_3 = 0 \\ H_1 : \beta_3 \neq 0 \end{cases}$

檢定統計量：$|t^*| = \dfrac{r_{y3.12}}{\sqrt{\dfrac{1 - r_{y3.12}^2}{n - 4}}} = \dfrac{0.6325}{\sqrt{\dfrac{1 - 0.4}{10 - 4}}} = 2$

$\because |t^*| = 2 < t_{0.025,6} = 2.4469$，不拒絕虛無假設，故 x_3 不值得引入模式中。

18.5 虛擬變數

在前面章節中所介紹的自變數都是數值型態的資料，若解釋變數中含有類別型態的資料時，則需使用虛擬變數來建構迴歸方程。本節將介紹含虛擬變數的迴歸方程式的推導。

18.5.1 虛擬變數的設立

　　虛擬變數可以說是一種分類變數，僅有 0 與 1 兩種數值。例如描述性別，可引進一個虛擬變數 d 來區分性別，$d=0$ 表女性，$d=1$ 表男性。若描述季節則可引進三個虛擬變數 d_1, d_2, d_3 來描述春夏秋冬，如下表所示：

	d_1	d_2	d_3
春	1	0	0
夏	0	1	0
秋	0	0	1
冬	0	0	0

　　一般而言若類別變數有 k 種情況，需引進 $k-1$ 個虛擬變數。如上表季節為一類別變數，有春夏秋冬四種狀況故需要 3 個虛擬變數。若同時考慮家庭狀況(雙親、單親、他人扶養)與季節，那麼則需要引進 $(3-1)+(4-1)=5$ 個虛擬變數，故

$$虛擬變數的個數 = 總類別 - 變數個數。$$

　　在從事研究時未必一定要遵循上述之規則，若想瞭解更多有關這方面的知識，可參考研究方法或者多變量統計、迴歸方程等方面的書籍，這些書籍有詳細的介紹。假設虛擬變數為季節，為方便起見假設自變數只有一個，複迴歸方程可表示成：

$$\hat{y} = \hat{\alpha} + \hat{\beta}_1 x + \hat{\beta}_2 d_1 + \hat{\beta}_3 d_2 + \hat{\beta}_4 d_3$$

當 $d_1=1, d_2=d_3=0 \Rightarrow \hat{y} = (\hat{\alpha}+\hat{\beta}_2) + \hat{\beta}_1 x$ ，表春季的迴歸方程。

當 $d_2=1, d_1=d_3=0 \Rightarrow \hat{y} = (\hat{\alpha}+\hat{\beta}_3) + \hat{\beta}_1 x$ ，表夏季的迴歸方程。

當 $d_3=1, d_1=d_2=0 \Rightarrow \hat{y} = (\hat{\alpha}+\hat{\beta}_4) + \hat{\beta}_1 x$ ，表秋季的迴歸方程。

當 $d_1=d_2=d_3=0 \Rightarrow \hat{y} = \hat{\alpha} + \hat{\beta}_1 x$ ，表冬季的迴歸方程。

　　從上面四個迴歸方程式可以看出，為四條斜率相同的平行線。故虛擬變數的主要用途是把數個迴歸方程合成一個方程式，一般在數學上的分法，「多元」是指多個自變數，「複」指的是複合的意思，表示很多條迴歸線「複合」成一個方程式。故多個自變數的迴歸方程我們稱為多元迴歸，引進虛擬變數則稱為複迴歸，但現在大部分的商統教科書都把兩個名稱混用，因此兩個名稱皆可使用。

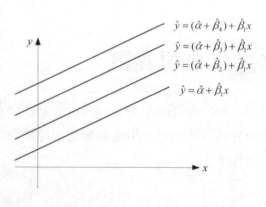

18.5.2 最小平方法推導虛擬迴歸方程

考慮只有一個虛擬變數的迴歸方程，如下所示：

$$\hat{y} = \hat{\alpha} + \hat{\beta}_1 x + \hat{\beta}_2 d, \quad d = 0,1$$

所謂最小平方法，是指使殘差為最小，殘差的定義為：

$$SSE = \sum_{i=1}^{n} e_i^2 = \sum_{i=1}^{n} (y_i - \hat{\alpha} - \hat{\beta}_1 x - \hat{\beta}_2 d)^2$$

上式分別對 $\hat{\alpha}, \hat{\beta}_1, \hat{\beta}_2$ 偏微分並令三個偏微分式等於 0，即可求出複迴歸係數。只有一個虛擬變數的迴歸方程，偏微分後所產生的聯立方程組與二元迴歸方程式一模一樣。故可利用求二元迴歸方程式的快速解法，求含虛擬變數的迴歸方程。若對符號恐懼的人，可將 $\hat{y} = \hat{\alpha} + \hat{\beta}_1 x + \hat{\beta}_2 d$ 改寫成 $\hat{y} = \hat{\alpha} + \hat{\beta}_1 x_1 + \hat{\beta}_2 x_2 \ (x_2 = d)$，即可利用二元迴歸求解係數的快速法求出係數 $\hat{\alpha}, \hat{\beta}_1, \hat{\beta}_2$，求解步驟如下：

步驟 1：先解 $\hat{\beta}_1, \hat{\beta}_2$：

$\hat{\beta}_1, \hat{\beta}_2$ 滿足方程式：

$$\begin{cases} S_{11}\hat{\beta}_1 + S_{12}\hat{\beta}_2 = S_{1y} \\ S_{21}\hat{\beta}_1 + S_{22}\hat{\beta}_2 = S_{2y} \end{cases}, \text{ 若以矩陣的方式可表示成：}$$

$$\begin{bmatrix} S_{11} & S_{12} \\ S_{21} & S_{22} \end{bmatrix} \begin{bmatrix} \hat{\beta}_1 \\ \hat{\beta}_2 \end{bmatrix} = \begin{bmatrix} S_{1y} \\ S_{2y} \end{bmatrix}$$

其中：

$$S_{11} = \sum_{i=1}^{n} (x_{1i} - \overline{x}_1) = \sum_{i=1}^{n} x_{1i}^2 - n\overline{x}_1^2 = n\sigma_{x_1}^2，\sigma_{x_1}^2 \text{ 為自變數 } x_1 \text{ 的資料所求出之變異數。}$$

$$S_{22} = \sum_{i=1}^{n} (x_{2i} - \overline{x}_2) = \sum_{i=1}^{n} x_{2i}^2 - n\overline{x}_2^2 = n\sigma_{x_2}^2，\sigma_{x_2}^2 \text{ 為自變數 } x_2 \text{ 的資料所求出之變異數。}$$

$$S_{12} = S_{21} = \sum_{i=1}^{n} (x_{1i} - \overline{x}_1)(x_{2i} - \overline{x}_2) = \sum_{i=1}^{n} x_{1i}x_{2i} - n\overline{x}_1\overline{x}_2 = Cov(x_1, x_2)$$

$$S_{1y} = \sum_{i=1}^{n} (x_{1i} - \overline{x}_1)(y_i - \overline{y}) = \sum_{i=1}^{n} x_{1i}y_i - n\overline{x}_1\overline{y} = Cov(x_1, y)$$

$$S_{2y} = \sum_{i=1}^{n} (x_{2i} - \overline{x}_2)(y_i - \overline{y}) = \sum_{i=1}^{n} x_{2i}y_i - n\overline{x}_2\overline{y} = Cov(x_2, y)$$

步驟 2：求解截距項：

$$\hat{\alpha} = \overline{y} - \hat{\beta}_1 \overline{x}_1 - \hat{\beta}_2 \overline{x}_2$$

步驟 3：將迴歸方程符號還原成 $\hat{y} = \hat{\alpha} + \hat{\beta}_1 x + \hat{\beta}_2 d$ 。

例 17

已知資料如下表所示：

y	6	10	10	14	16	20
x	1	1	2	2	3	3
d	0	1	0	1	0	1

試求迴歸方程 $\hat{y} = \hat{\alpha} + \hat{\beta}_1 x + \hat{\beta}_2 d$

解

暫時將迴歸方程改成：$\hat{y} = \hat{\alpha} + \hat{\beta}_1 x_1 + \hat{\beta}_2 x_2$

利用二元迴歸方程係數推導公式得：

$$\overline{x}_1 = 2, \sum x_1^2 = 28, \overline{x}_2 = 0.5, \sum x_2^2 = 3, \sum x_{1i} x_{2i} = 6, \overline{y} = 12.667, \sum x_{1i} y_i = 172$$

$$\sum x_{2i} y_i = 44$$

$$S_{11} = \sum_{i=1}^{n} x_{1i}^2 - n\overline{x}_1^2 = 28 - 6 \times 2^2 = 4$$

$$S_{22} = \sum_{i=1}^{n} x_{2i}^2 - n\overline{x}_2^2 = 3 - 6 \times 0.5^2 = 1.5$$

$$S_{12} = S_{21} = \sum_{i=1}^{n} x_{1i} x_{2i} - n\overline{x}_1 \overline{x}_2 = 6 - 6 \times 2 \times 0.5 = 0$$

$$S_{1y} = \sum_{i=1}^{n} x_{1i} y_i - n\overline{x}_1 \overline{y} = 172 - 6 \times 2 \times 12.667 = 20$$

$$S_{2y} = \sum_{i=1}^{n} x_{2i} y_i - n\overline{x}_2 \overline{y} = 44 - 6 \times 0.5 \times 12.667 = 6$$

$$\therefore \begin{cases} S_{11}\hat{\beta}_1 + S_{12}\hat{\beta}_2 = S_{1y} \\ S_{21}\hat{\beta}_1 + S_{22}\hat{\beta}_2 = S_{2y} \end{cases} \Rightarrow \begin{cases} 4\hat{\beta}_1 + 0\hat{\beta}_2 = 20 \\ 0\hat{\beta}_1 + 1.5\hat{\beta}_2 = 6 \end{cases} \Rightarrow \hat{\beta}_1 = 5, \hat{\beta}_2 = 4$$

$$\hat{\alpha} = 12.667 - 5 \times 2 - 4 \times 0.5 = 0.667$$

迴歸方程為：$\hat{y} = 0.667 + 5x_1 + 4x_2$

再將變數轉回：$\hat{y} = 0.667 + 5x + 4d$

18.5.3 含虛擬變數之迴歸統計推論

含虛擬變數的迴歸方程式，其統計推論與多元迴歸的統計推論公式完全一樣，其假設與檢定方法亦相同，故直接以實際的例子進行說明。

例 18

假設有男、女各五人的薪資如下表所示：

男(萬元)	40	10	20	25	30
女(萬元)	20	15	25	5	10

(1)請你建立一條迴歸方程式以估計不同性別對薪資之影響。

(2)請分別利用 t 檢定與 F 檢定，檢定男女薪資是否有差異。（$\alpha = 0.05$）

(假設資料符合迴歸分析所需之條件)

解

(1) 若讀者對虛擬變項感到害怕與陌生，建議讀者直接以一般自變數的假設模式進行，最後再把一般自變數改成虛擬變數。

假設迴歸模型為：$\hat{y} = \hat{\alpha} + \hat{\beta}x$，假設 $x = \begin{cases} 1, 男性 \\ 0, 女性 \end{cases}$，將資料重新整理成：

y	40	10	20	25	30	20	15	25	5	10
x	1	1	1	1	1	0	0	0	0	0

已知 $\sum x_i = 5, \sum x_i^2 = 5, \sum x_i y_i = 125, \sum y_i = 200, \sum y_i^2 = 5000, \overline{x} = 0.5, \overline{y} = 20$

$$\hat{\beta} = \frac{\sum_{i=1}^{n} x_i y_i - n\overline{xy}}{\sum_{i=1}^{n} x_i^2 - n\overline{x}^2} = \frac{125 - 10 \times 0.5 \times 20}{5 - 10 \times 0.5^2} = 10$$

$$\hat{\alpha} = \overline{y} - \hat{\beta}\overline{x} = 20 - 10 \times 0.5 = 15$$

故迴歸方程為：$\hat{y} = 15 + 10x \Rightarrow$ 改寫成虛擬變數形式：$\hat{y} = 15 + 10d$

(2) 設立兩個假設：$\begin{cases} H_0 : \beta_1 = 0 \\ H_1 : \beta_2 \neq 0 \end{cases}$

① t 檢定：

$$SSE = \sum_{i=1}^{n} y_i^2 - \hat{\alpha}\sum_{i=1}^{n} y_i - \hat{\beta}\sum_{i=1}^{n} x_i y_i$$

$$= 5000 - (15)(200) - (10)(125) = 750$$

$$MSE = \frac{SSE}{n-2} = \frac{750}{10-2} = 93.75$$

檢定統計量：$t^* = \dfrac{\hat{\beta}}{\sqrt{\dfrac{MSE}{\sum(x_i-\overline{x})^2}}} = \dfrac{\hat{\beta}}{\sqrt{\dfrac{MSE}{\sum x_i^2 - n\overline{x}^2}}} = \dfrac{10}{\sqrt{\dfrac{93.75}{5-10\times0.5^2}}} \approx 1.633$

$\because |t^*| = 1.633 < t_{0.025,8} = 2.306 \Rightarrow$ 不拒絕虛無假設，故男女薪資無顯著差異。

② F 檢定：

$$SST = \sum_{i=1}^{n} y_i^2 - n\overline{y}^2 = 5000 - 10\times20^2 = 1000$$

ANOVA 表：

變異來源	平方和	自由度	平均平方和	F
迴歸	250	1	250	
誤差	750	8	93.75	2.667
總和	1000	9		

$\because F^* = 2.667 < F_{0.05,1,8} = 5.32$ ，不拒絕虛無假設，故男女薪資無顯著差異。

註：$(t^*)^2 = F^*$

18.5.4 虛擬變數迴歸分析與變異數分析

若迴歸分析的自變數皆為虛擬變數，則迴歸分析的 ANOVA 表與變異數分析的 ANOVA 表完全一樣。下面我們舉一個例子來驗證。

例 19

假設某老師有三套教材(甲、乙、丙)，該老師想比較這三套教材對學生成績的影響，於是隨機選了 12 個學生以此三套教材進行教學後，隨即進行測驗，得成績如下表所示：

教材	成績			
甲	72	89	80	68
乙	84	76	93	54
丙	40	70	68	78

請你分別使用變異數分析法與虛擬變數迴歸分析法，建立 ANOVA 表，檢定此三套教材對學生成績是否會產生顯著的差異？($\alpha = 0.05$)

解

(1) 假設 $\mu_甲, \mu_乙, \mu_丙$ 分別表示甲、乙、丙使用三種教材之學生成績平均

設立兩個假設：$\begin{cases} H_0 : \mu_甲 = \mu_乙 = \mu_丙 \\ H_1 : \mu_甲, \mu_乙, \mu_丙 不完全相等 \end{cases}$

教材	成績				平均
甲	72	89	80	68	77.25
乙	84	76	93	54	76.75
丙	40	70	68	78	64

已知：$\sigma_T^2 = 197.389, \sigma_A^2 = 37.597$

$SST = n_T \sigma_T^2 = 12 \times 197.389 = 2368.668$

$SSA = n_T \sigma_A^2 = 12 \times 37.597 = 451.167$

(本題直接使用計算機功能鍵求出答案，故與式子有些許誤差)

ANOVA 表：

變異來源	平方和	自由度	均方和	F
因子	451.167	2	225.583	
誤差	1917.501	9	213.056	1.0588
總和	2368.668	11		

$\because F^* = 1.0588 < F_{0.05, 2, 9} = 4.26 \Rightarrow$ 不拒絕虛無假設，表示三套教材對學生成績無顯著差異。

(2) 因為有三種分類，故引進二個虛擬變數

假設迴歸方程為：$\hat{y} = \hat{\alpha} + \hat{\beta}_1 x_1 + \hat{\beta}_2 x_2$

其中 $x_1 = \begin{cases} 1, \text{甲教材} \\ 0, \text{其他} \end{cases}$，$x_2 = \begin{cases} 1, \text{乙教材} \\ 0, \text{其他} \end{cases}$

其資料表重新整理為：

y	72	89	80	68	84	76	93	54	40	70	68	78
x_1	1	1	1	1	0	0	0	0	0	0	0	0
x_2	0	0	0	0	1	1	1	1	0	0	0	0

$\sum x_{1i} = 4, \bar{x}_1 = \dfrac{1}{3}, \sum x_{1i}^2 = 4, \sum y_i = 872, \bar{y} = 72\dfrac{2}{3}, \sum y_i^2 = 65734,$

$\sum x_{1i} y_i = 309, \sum x_{1i} = 4, \bar{x}_2 = \dfrac{1}{3}, \sum x_{1i}^2 = 4, \sum x_{2i} y_i = 307, \sum\limits_{i=1}^{n} x_{1i} x_{2i} = 0$

求解複迴歸係數：

$\begin{cases} S_{11}\hat{\beta}_1 + S_{12}\hat{\beta}_2 = S_{1y} \\ S_{21}\hat{\beta}_1 + S_{22}\hat{\beta}_2 = S_{2y} \end{cases}$

其中：$S_{11} = \sum\limits_{i=1}^{n} x_{1i}^2 - n\bar{x}_1^2 = 4 - 12 \times (\dfrac{1}{3})^2 = \dfrac{8}{3}$

$S_{22} = \sum\limits_{i=1}^{n} x_{2i}^2 - n\bar{x}_2^2 = 4 - 12 \times (\dfrac{1}{3})^2 = \dfrac{8}{3}$

$S_{12} = S_{21} = \sum\limits_{i=1}^{n} x_{1i} x_{2i} - n\bar{x}_1\bar{x}_2 = 0 - 12 \times (\dfrac{1}{3})^2 = -\dfrac{4}{3}$

$S_{1y} = \sum\limits_{i=1}^{n} x_{1i} y_i - n\bar{x}_1\bar{y} = 309 - 12 \times \dfrac{1}{3} \times (72\dfrac{2}{3}) = 18\dfrac{1}{3}$

$S_{2y} = \sum\limits_{i=1}^{n} x_{2i} y_i - n\bar{x}_2\bar{y} = 307 - 12 \times \dfrac{1}{3} \times (72\dfrac{2}{3}) = 16\dfrac{1}{3}$

故標準方程式為 $\begin{cases} \dfrac{8}{3}\hat{\beta}_1 - \dfrac{4}{3}\hat{\beta}_2 = 18\dfrac{1}{3} \\ -\dfrac{4}{3}\hat{\beta}_1 + \dfrac{8}{3}\hat{\beta}_2 = 16\dfrac{1}{3} \end{cases}$

解聯立方程式得：$\hat{\beta}_1 = \dfrac{53}{4}, \hat{\beta}_2 = \dfrac{51}{4}$

又 $\hat{\alpha} = \overline{y} - \hat{\beta}_1\overline{x}_1 - \hat{\beta}_2\overline{x}_2 = 72\frac{2}{3} - \frac{53}{4}(\frac{1}{3}) - \frac{51}{4}(\frac{1}{3}) = 64$

故迴歸方程為： $\hat{y} = 64 + \frac{53}{4}x_1 + \frac{51}{4}x_2$

$$SST = \sum_{i=1}^{n} y_i^2 - n\overline{y}^2 = 65734 - 12 \times (72\frac{2}{3})^2 = 2368.667$$

$$SSR = \hat{\beta}_1 S_{1y} + \hat{\beta}_2 S_{2y} = \frac{53}{4} \times 18\frac{1}{3} + \frac{51}{4} \times 16\frac{1}{3} = 451.167$$

ANOVA 表：

變異來源	平方和	自由度	均方和	F
因子	451.167	2	225.583	
誤差	1917.501	9	213.056	1.0588
總和	2368.668	11		

∵ $F^* = 1.0588 < F_{0.05, 2, 9} = 4.26$，不拒絕虛無假設，表示三套教材對學生成績無顯著差異。

　　為了避免過多的四捨五入導致產生誤差，因此在推導迴歸方程式的時候皆以分數表示。很明顯的從上面的例子可以看出，自變數皆為類別型態的複迴歸方程，其迴歸方程的整體性檢定與變異數分析是完全一樣。我們再仔細觀察上面的例子，經由虛擬變數所推導出的迴歸方程式為：$\hat{y} = 64 + \frac{53}{4}x_1 + \frac{51}{4}x_2$。根據虛擬變數的定義，當 $x_1 = x_2 = 0$ 代入迴歸方程式可得 $\hat{y} = 64$，表丙教材，接著我們看變異數分析中丙教材的平均為 64。當 $x_1 = 1, x_2 = 0$ 代入迴歸方程式可得 $\hat{y} = 77.25$，表甲教材，接著我們看變異數分析中甲教材的平均為 77.25。同理 $x_1 = 0, x_2 = 1$ 代入迴歸方程式可得 $\hat{y} = 76.75$，表乙教材，正好等於變異數分析中乙教材的平均數。故若自變數為類別型態的迴歸分析，複迴歸係數的和分別代表變異數分析中每個類別的樣本平均數，將此範例整理成表格可得：

教材	平均成績
甲	$\hat{\alpha} + \hat{\beta}_1$
乙	$\hat{\alpha} + \hat{\beta}_2$
丙	$\hat{\alpha}$

　　有關迴歸我們就介紹到這裡，至於其他有關更進階的迴歸理論，請讀者自行翻閱迴歸方面的專書，裡面會有更深入的介紹。

註：多元迴歸檢定關係

　　驗證性迴歸，主要用在已有理論基礎下所建構的迴歸式，檢定目的主要在於檢視自變數對依變數是否有解釋能力。而探索性迴歸是指尚未有成熟的理論，故以逐步迴歸的方式尋找出可解釋依變數的自變數後，再建構迴歸方程。

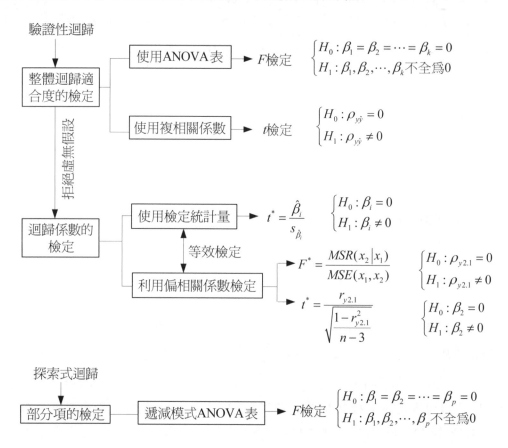

1. 已知資料如下表所示：

y	10	20	30	40
x_1	3	5	9	11
x_2	6	3	10	5

試求迴歸方程 $\hat{y} = \hat{\alpha} + \hat{\beta}_1 x_1 + \hat{\beta}_2 x_2$

2. 已知資料如下表所示：

y	10	20	30	40
x_1	3	5	9	11
x_2	6	3	10	5

且二元迴歸方程為： $\hat{y} = 0.667 + 5x_1 + 4x_2$

(1) 試檢定此迴歸方程是否可有效的解釋依變數 y。 ($\alpha = 0.05$)

(2) 試求判定係數。

3. 承習題 2，請分別檢定自變數 x_1 與 x_2 對依變數是否具解釋力 ($\alpha = 0.05$)？並求 β_1, β_2 的 95%信賴區間。

4. 試證明複判定係數 R^2 一定大於或等於調整判定係數 R_a^2。

5. 假設 y 對 x_1, x_2, x_3, x_4, x_5 作複迴歸，模式為：

模式 I： $\hat{y} = \alpha + \hat{\beta}_1 x_1 + \hat{\beta}_2 x_2 + \hat{\beta}_3 x_3 + \hat{\beta}_4 x_4 + \hat{\beta}_5 x_5$

經計算得到部分的變異數分析表：

變異來源	平方和	自由度	均方和	F
迴歸				
誤差	200			
總和	230	45		

(1) 請完成變異數分析表。

(2) 試求判定係數，並且在 $\alpha = 0.05$ 下，檢定 $H_0 : \beta_1 = \beta_2 = \beta_3 = \beta_4 = \beta_5 = 0$ 是否成立。 ($F_{0.05,5,40} = 2.4495$)

(3) 若 y 對 x_2, x_3, x_4, x_5 作複迴歸，得到 $SSE = 210$，試問對模式 I 中檢定 $H_0 : \beta_1 = 0$ 是否顯著？ ($\alpha = 0.05, F_{0.05,40} = 4.08$)

6. 迴歸模型 $y = a + bz + cq + dw + ex + fr + \varepsilon$ 中， z, q, w, x 與 r 為解釋變數，隨機抽取 26 個樣本建立迴歸方程式後，得出迴歸方程式為：

$$y = 1.2 + 3.0z - 1.5q - 0.9w + 3.5x + 2.6r$$
$$\quad (0.3) \quad (1.3) \quad (0.8) \quad (1.2) \quad (2.3) \quad (0.3)$$

括號內為各迴歸係數之標準誤(Standard error)。已知來自迴歸的變異為 300，來自隨機誤差的變異為 200。試求下列各小題 ($\alpha = 0.05$)：

(1) 檢定此迴歸模型是否合適。

(2) 求複相關、複判定係數與調整判定係數。

(3) 檢定解釋變數 r 之係數 f 是否為 2。

(4) 求解釋變數 q 之係數 c 的 95%信賴區間，並檢定是否為 0。

7. 假設依變數 y 與兩個解釋變數 x_1, x_2 所開列之迴歸方程式如下所示：括號內為各迴歸係數之標準誤(Standard error)，樣本數 $n = 20$。

模式 I：$\hat{y} = 40.4 - 0.208x_1$
$\qquad\qquad$ (0.112)

模式 II：$\hat{y} = 12.2 + 3.22x_2$
$\qquad\qquad$ (0.57)

模式 III：$\hat{y} = 9.14 + 0.0364x_1 + 3.38x_2$
$\qquad\qquad\qquad$ (0.09) $\qquad$ (0.7)

(1) 請問三種模式以哪種模式較佳？

(2) 承上題，所選定的模式若將其中一個自變數維持不變，另一個自變數增加三個單位，請問依變數 y 可增加幾個單位？

8. 依據多年的房屋銷售經驗，博碩房屋仲介公司認為台北市信義區沒有電梯的公寓房價受到該公寓面積及屋齡的影響最大。為了對公寓房價的結構有更進一步的了解，博碩公司利用最近成交之 23 間屋齡 16 年以下房屋的資料，經統計軟體計算，得到下列部份的結果 ($\alpha = 0.05$)：

y：成交房價(單位：10 萬元)

x_1：房屋面積(單位：坪) $\qquad$ x_2：屋齡(單位：年)

Predictor	Coefficient	Standard Error	t statistic	P-Value
Intercept	57.35	10.01	(A)	0.000
x_1	3.54	0.62	(B)	0.000
x_2	-2.22	0.76	(C)	0.008

s=11.96 $\qquad$ R-sq=(D) $\qquad\qquad$ R-sq(adj)=71.5%

Analysis of Variance

Source	Degree of Freedom	Sum of Squares	Mean Sum of Squares	F	P
Regression	2	8189.7	4094.9	(E)	0.0000
Errors	20	2861.0	143.1		
Total	22	11050.7			

(1) 請問請 x_1 對依變數是否有解釋力？x_1 的係數 3.54 的意義為何？

(2) 請解釋 t-statistic 的作用為何？

(3) 請解釋 F 值的作用為何？

(4) 請解釋 P-Value 的意義為何？

(5) 請解釋 $R\text{-sq}$ 的意義為何？

(6) 請問為何有了 $R\text{-sq}$ 還要有 $R\text{-sq(adj)}$？

(7) 請你計算上面表格(A)、(B)、(C)、(D)與(E)的值

(8) 若針對一間 30 坪，屋齡 10 年的舊公寓售價和數十間都是 30 坪，屋齡 10 年的舊公寓之平均售價作預估，何者較為準確？為什麼？

9. 下表為統計軟體針對某迴歸問題所產生的報表：

Predictor	Coefficient	Stdev
Intercept	10.00	2.00
x_1	−2.00	1.50
x_2	6.00	2.00
x_3	−4.00	1.00

變異數分析表

Source of ariation	Degrees of Freedom	Sum of Squares	Mean Square	F
egressino		60		
rrors				
otal19	140			

(1) 根據上表請問一共抽取了幾個樣本？

(2) 請問二元迴歸方程式為何？

(3) 請計算複判定係數與複相關係數。

(4) 求調整判定係數

(5) 試檢定整體迴歸模型是否合適？$(\alpha = 0.05, F_{0.05,3,16} = 2.239)$

(6) 試檢定自變數 x_3 對依變數是否具影響力？$(\alpha = 0.05)$

10. 以最小平方法估測 $y = \beta_0 + \beta_1 x_1 + \beta_2 x_2 + \beta_3 x_3 + \varepsilon$，統計軟體報表結果顯示：

Variable	Estimate	t statistic
Intercept	8.029	4.47
x_1	−0.996	−2.51
x_2	−0.718	−1.66
x_3	0.211	2.22

$R^2 = 0.9775$，$F = 374.5$，$n = 30$

請問：

(1) β_1 之估計值的標準誤為何？

(2) 請檢定 $\begin{cases} H_0 : \beta_0 = 2 \\ H_1 : \beta_0 \neq 2 \end{cases}$。$(\alpha = 0.05)$

11. 針對 10 個觀測值，假設已知其二元迴歸方程如下所示：

$$\hat{y} = 29.3468 + 5.3128x_1 + 3.8344x_2$$
$$\qquad\qquad\quad (0.2285)\qquad (0.4332)$$

括號內為各迴歸係數之標準誤。

經計算得：SST=7447.509，SSR=7373.952

(1) 請建立變異數分析表，並檢定整體迴歸模型是否合適？（$\alpha = 0.05$）

(2) 請檢定自變數 x_1 對依變數是否具解釋力？（$\alpha = 0.05$）

(3) 請檢定自變數 x_2 對依變數是否具解釋力？（$\alpha = 0.05$）

12. 某項針對影響銷售量因素的研究進行迴歸分析，依變數與自變數分別代表如下：y 表銷售金額(百萬元)、x_1 表人口密度(人/平方公里)、x_2 表廣告費用(萬元)、x_3 表銷售區域(0＝北部，1＝南部)、x_4 表競爭者數量(家)、x_5 表銷售員數量(人)。全部共有 100 個樣本，已知由電腦所跑出的部份資料如下所示：參數估計表：

	Coefficients	Standard Error	t statistic	P vaule
Intercept	7.99	2.57	3.10	0.0027
x_1	0.11	0.01	15.51	0.0000
x_2	−1.48	1.47	−1.00	0.3188
x_3	−2.43	1.03	−2.37	0.0205
x_4	3.02	0.25	12.22	0.000
x_5	1.32	1.47	0.90	0.3715

變異數分析表：

	$D.F$	SS	MS	F	P vaule
Regression	5	11892.61			0.0000
Errors					
Total	72	12884.33			

(1) 請完成變異數分析表。

(2) 請問此複迴歸方程式為何？

(3) 請計算複判定係數與複相關係數。

(4) 求調整判定係數

(5) 試檢定整體迴規模型是否合適？（$\alpha = 0.05$）

(6) 請問此迴歸模型引入哪幾個解釋變數即可？（$\alpha = 0.05$）

13. 以下為統計軟體所跑出的結果。依變數與自變數分別代表如下：y 表軟體開發所需時間(月)、x_1 表軟體程式碼行數(千行)、x_2 表專案經理的工作年資(年)、x_3 表舊軟體程式碼的可再用程度(百分比)。

參數估計表：

Variable	Parameter Estimate	Standard error	t statistic	P vaule
Intercept	0.533	1.495	0.357	0.726
x_1	0.112	0.038	2.919	0.010
x_2	0.758	0.286	2.652	0.017
x_3	-0.052	0.020	-2.550	0.021

變異數分析表：

Model	D.F.	SS	MS	F	P vaule
Regression	3	283.048	94.349	15.311	0.001
Errors	16	98.594	6.162		
Total	19	381.642			

試回答下列問題：

(1) 請問樣本數為何？

(2) 請寫出複迴歸方程式？

(3) 請計算複判定係數與調整判定係數？

(4) 請問軟體程式碼行數、專案經理的工作年資、舊軟體程式碼的可再用程度，在顯著水準 0.05 下，三個自變數是否可解釋軟體開發所需時間？

(5) 若自變數 x_2 為第一個被引入迴歸模式中之變數，已知：$SSR(x_1|x_2)=32.895$、$SSE(x_1,x_2)=138.675$、$SSE(x_2,x_3)=151.098$。

請計算軟體開發所需時間(y)與專案經理的工作年資(x_2)迴歸模式的判定係數與調整判定係數

(6) 請利用偏判定係數來說明，軟體程式碼行數(x_1)與舊軟體程式碼的可再用程度(x_3)中，哪個自變數宜先引入？(x_2已事先引入)

14. 假設 $n=15, SSR(x_1,x_2,x_3)=3900, SSR(x_1)=2400$，$SSR(x_2|x_1)=1000$，$SSR(x_3|x_1,x_2)=500$，$SSE(x_1,x_2,x_3)=1100$，試求

(1) R^2_{123} 與 $R^2_{y3.12}$。

(2) 檢定 ρ_{y123} 與 $\rho_{y3.12}$ 是否為 0。($\alpha=0.05$)

15. 已知有 19 筆觀察值，進行迴歸分析，下列為電腦所計算出的部分資料：

變異來源	平方和
迴歸	$SSR(x_1, x_2) = 844$ $SSR(x_1) = 480$ $SSR(x_2\|x_1) = 364$
誤差	$SSE(x_1, x_2) = 156$

試求複相關係數 r_{y12}，偏相關係數 $r_{y2.1}$ 與簡單線性相關係數 r_{y1}。

16. 若母體迴歸方程式為 $y = \beta_1 x_1 + \beta_2 x_2 + \varepsilon$。請用最小平方法求出 β_1 及 β_2 的估計式為何？

類別資料的分析

在第一章曾經介紹過四種衡量變數的量尺，這四個量尺分別為：名義量尺、順序量尺、區間量尺以及比率量尺。從單母體平均數的假設檢定到變異數分析以及迴歸分析所使用的樣本統計量，不外乎平均數與變異數。但對於順序量尺以及名義量尺所衡量的的變數，因不存在平均數與變異數。因此前述所發展的檢定方法，不適用於這兩類的變數，故必須發展另外一套理論來進行此類變數的檢定方法。名義量尺僅具次數關係，故其檢定理論的發展皆以次數為主。而順序量尺則具備大小順序關係與次數關係，故次序量尺的變數其檢定理論則以中位數與次數為主。以順序或者次數所發展出的檢定方法，稱為無母數統計。許多讀者誤會若母體為常態分配或者知道母體參數訊息的統計方法就稱為母數統計或稱為參數統計，這種分類法較粗糙。比較好的分類法應該是以變數的衡量尺度作分類，以比率或區間量尺為主軸所發展的理論稱為母數統計，以順序或名義量尺為主軸所發展的統計理論稱為無母數統計。在本章與下一章將介紹無母數統計，本章先介紹名義量尺的統計量—列聯表分析，下一章則以順序統計量為主。

類別資料的整理—列聯表

所謂類別資料是指只能區分種類的資料，如性別、教育程度、職業等，這些類型的資料皆以名義量尺衡量之。類別型態的資料表通常有次數分配表、相對次數分配表、累積次數分配表等，在本章節中所使用的資料表以列聯表(contingency table)為主。將觀察得到的樣本資料按類別特性，統計各分類次數所得到之次數分配表稱為列聯表，因其具備交叉比對的功能，故也有人稱為交叉表(cross-tabulation)，下表即為列聯表。

教育程度 性別	大學	碩士	博士
男	70	25	5
女	72	27	1

 卡方檢定

卡方分配的定義主要有兩種形式，一為 $\chi^2_{n-1} = \dfrac{(n-1)s^2}{\sigma^2}$，此定義主要用來發展母體變異數的統計推論；而另一個定義式則為 $\chi^2_n = \sum\limits_{i=1}^{n}(\dfrac{x_i - \mu}{\sigma})^2$，這個定義式為本章的重點。但是使用這個定義式，資料型態必須為比率量尺或區間量尺，對於不具平均數的類別型態資料顯然是無法套用在卡方值上面。幸運的是這個問題 Pearson 已經幫我們解決了。根據抽樣分配理論，當觀測次數很大的時候，每個類別的觀測次數 o_i 會服從常態分配，即 $o_i \sim N(e_i, e_i)$，其中 e_i 為該類別的期望觀測次數。因此 $(\dfrac{o_i - e_i}{\sqrt{e_i}})^2 \sim \chi^2$，根據卡方分配的特性，將所有的卡方值加總起來仍然服從卡方分配，即 $\sum\limits_{i=1}^{k}(\dfrac{o_i - e_i}{\sqrt{e_i}})^2 \sim \chi^2$，其自由度為樣本數減限制式的個數。故本章的檢定統計量型態皆為 $(\dfrac{o_i - e_i}{\sqrt{e_i}})^2$ 的加總形式。在後面的單元會見到單Σ與雙重Σ，若資料類別數只有一個為單Σ，若資料類別數有二個則為雙重Σ。

在使用 Pearson 近似卡方進行檢定時必須注意下列幾個事項。

1.　因 Pearson 近似卡方以次數進行檢定，為離散型資料。若自由度等於 1 的時候，必須加上連續修正因子，即

$$\chi^2 = \sum_{i=1}^{k} \frac{(|o_i - e_i| - \frac{1}{2})^2}{e_i}$$

但若 $n \geq 100$ 則此調整可忽略，若該組之 $|o_i - e_i| < \frac{1}{2}$，則該組數值必須視作 0。

2.　當某組期望次數 $e_i < 5$ 時，必須與前一組合併直到 $e_i \geq 5$ 為止，此時組數亦需相對減少。

3.　觀察值次數 o_i 與期望次數 e_i 必須為絕對次數，不能夠採用相對次數進行檢定。

4.　若分組組數太多時，卡方值會變大，通常結果為拒絕虛無假設，故組數太多時採用卡方檢定失敗率極高。

卡方檢定用在類別型態資料的檢定有下列幾種：

1.　母體適合度檢定

檢定母體是否服從某種分配。一般而言，卡方檢定可適用於任何分配形狀的母體，常見的檢定分配有 Poisson 分配、常態分配與指數分配等。

2.　獨立性檢定

卡方檢定可用來檢定兩分類型態的變數是否具相關性，並且衡量相關程度，當然若變數為順序量尺、區間量尺或比率量尺，只要將這三類的量尺降級為名義量尺，也可使用卡方獨立性檢定。例如年齡可降級為兒童、青少年、青年、壯年、老年等，但檢定結果較為粗糙。

3.　卡方齊一性檢定

卡方齊一性檢定用來檢定兩個或兩個以上隨機樣本，是否來自同一個多項分配母體，或百分比一致的統計方法。

4.　改變顯著性檢定

以列聯表的方式，檢定兩相關母體比例差是否相等、大於或等於 0。

接下來我們就針對這四種應用加以介紹。

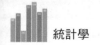

19.3 卡方適合度檢定

所謂適合度檢定(chi-square test for goodness-of-fit)是指利用樣本資料檢定母體分配是否服從某一特定分配的統計方法。其原理十分容易明瞭，卡方檢定法的原理是利用觀察次數與虛無假設之母體分配期望次數的接近程度，來檢定母體分配是否符合虛無假設之母體分配。觀察次數與期望值數相差越小，代表越接近虛無假設所假設的母體分配，相差越大則表示離虛無假設所假設的母體分配越遠，越不符合虛無假設。

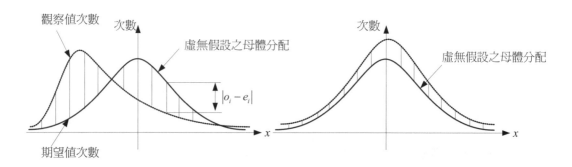

如上圖所示，當所有的鉛直線長度總和越小時，表示越接近虛無假設所假設的母體，故可利用 $\dfrac{(o_i - e_i)^2}{e_i}$ 的總和來衡量樣本與虛無假設母體的接近程度，之所以採用 $\dfrac{(o_i - e_i)^2}{e_i}$ 來衡量是為了套用卡方分配。若觀察組數太多，則表示上圖的鉛直線過多，因此會造成 $\dfrac{(o_i - e_i)^2}{e_i}$ 的總和變大，導致誤判成偏離母體太遠而拒絕虛無假設，故不宜分太多組別。它的兩個假設寫成：$\begin{cases} H_0 : 母體服從某種分配 \\ H_1 : 母體不服從某種分配 \end{cases}$，檢定統計量為：

$$\chi^{2*} = \sum_{i=1}^{k} \frac{(o_i - e_i)^2}{e_i}$$

其中：

O_i： 第 i 組的樣本觀察次數。

e_i： 期望次數。由虛無假設所假設之母體計算出的期望次數，也有人稱為理論次數，
$e_i = N \times f(x_i)$。

k： 組數。

當 $\chi^{2*} > \chi^2_{\alpha, k-m-1}$ 時拒絕 H_0，否則不拒絕 H_0。

其中有關自由度的決定，因 k 組資料中若前面 $k-1$ 組資料已知，則第 k 組資料可由總次數減前面 $k-1$ 組資料求得，故自由度少 1。同時為求期望次數，檢定中若使用了 m 個樣本資訊(如樣本變異數、樣本平均數)去估計未知參數，則自由度再少 m，故自由度為 $k-m-1$。

例 1

某醫院觀察 120 天，記錄每天收到緊急求救電話的次數，其資料如下表所示：

每天呼叫電話次數 x	0	1	2	3	4	5	6	總和
天數	9	12	30	27	22	13	7	120 天

請檢定該醫院每天求救電話次數是否服從 Poisson 分配。 ($\alpha = 0.05$)

解

假設 X 表醫院每天急救電話數

設立兩個假設：$\begin{cases} H_0 : X \text{服從Poisson分配} \\ H_1 : X \text{ 不服從Poisson分配} \end{cases}$

Poisson 分配的機率函數為 $f(x) = \dfrac{e^{-\lambda}\lambda^x}{x!}$

因 Poisson 分配的期望值 λ 未知，故以樣本平均數估計

$$\overline{x} = \frac{(0 \times 9 + 1 \times 12 + \cdots + 6 \times 7)}{120} = 2.9 \qquad \Rightarrow m = 1$$

故在 H_0 成立的條件下，機率函數為： $f(x) = \dfrac{e^{-2.9}(2.9)^x}{x!}, \quad x = 0,1,2,\cdots$

分別令 $x = 0,1,2,3,4,5$ 代入上式得：

$$f(0) = \frac{e^{-2.9}(2.9)^0}{0!} \approx 0.055$$

$$f(1) = \frac{e^{-2.9}(2.9)^1}{1!} \approx 0.160$$

$$f(2) = \frac{e^{-2.9}(2.9)^2}{2!} \approx 0.231$$

$$f(3) = \frac{e^{-2.9}(2.9)^3}{3!} \approx 0.224$$

$$f(4) = \frac{e^{-2.9}(2.9)^4}{4!} \approx 0.162$$

$$f(5) = \frac{e^{-2.9}(2.9)^5}{5!} \approx 0.094$$

$$f(6) = 1 - 0.055 - 0.160 - 0.231 - 0.224 - 0.162 - 0.094 = 0.074$$

$$N = 120$$

計算期望次數

x_i	o_i	$e_i = N \times f(x_i)$	$\dfrac{(o_i - e_i)^2}{e_i}$
0	9	6.6	0.873
1	12	19.2	2.7
2	30	27.72	0.188
3	27	26.88	0.0005
4	22	19.44	0.337
5	13	11.28	0.262
6	7	$120 - \sum\limits_{i=1}^{5} e_i = 8.88$	0.398

註：最後一組次數需使用 120 減前面次數和

檢定統計量：$\chi^{2*} = \sum\limits_{i=1}^{6} \dfrac{(o_i - e_i)^2}{e_i} = 0.873 + 2.7 + \cdots + 0.398 = 4.758$

$$k = 7, m = 1$$

$\because \chi^{2*} = 4.763 < \chi^2_{\alpha, k-m-1} = \chi^2_{0.05,5} = 11.0705$，不拒絕 H_0

故醫院每天急救電話數服從 Poisson 分配

例 2

某醫院觀察 100 天，記錄每天收到緊急求救電話的次數，其資料如下表所示：

每天呼叫電話數 x	0	1	2	3	4	5	6	7	總和
天數	14	18	29	18	10	7	3	1	100 天

請檢定該醫院每天求救電話次數是否服從 Poisson 分配。（$\alpha = 0.05$）

解

假設 X 表醫院每天急救電話數

設立兩個假設：$\begin{cases} H_0 : X 服從 \text{Poisson} 分配 \\ H_1 : X 不服從 \text{Poisson} 分配 \end{cases}$

Poisson 分配的機率函數為 $f(x) = \dfrac{e^{-\lambda}\lambda^x}{x!}$

因 Poisson 分配的期望值 λ 未知，故以樣本平均數估計

$$\bar{x} = \frac{(0 \times 14 + 1 \times 18 + \cdots + 7 \times 1)}{100} = 2.3 \qquad \Rightarrow m = 1$$

在 H_0 成立的條件下，機率函數為： $f(x) = \dfrac{e^{-2.3}(2.3)^x}{x!}, \quad x = 0,1,2,\cdots$

分別令 x=0,1,2,3,4,5,6 代入上式得：

$$f(0) = \frac{e^{-2.3}(2.3)^0}{0!} \approx 0.1$$

$$f(1) = \frac{e^{-2.3}(2.3)^1}{1!} \approx 0.231$$

$$f(2) = \frac{e^{-2.3}(2.3)^2}{2!} \approx 0.265$$

$$f(3) = \frac{e^{-2.3}(2.3)^3}{3!} \approx 0.203$$

$$f(4) = \frac{e^{-2.3}(2.3)^4}{4!} \approx 0.117$$

$$f(5) = \frac{e^{-2.3}(2.3)^5}{5!} \approx 0.054$$

$$f(6) = \frac{e^{-2.3}(2.3)^6}{6!} \approx 0.021$$

$$f(7) = 1 - 0.1 - 0.231 - 0.265 - 0.203 - 0.117 - 0.054 - 0.021 = 0.009$$

$N = 100$

計算期望次數

x_i	o_i	$e_i = N \times f(x_i)$
0	14	10
1	18	23.1
2	29	26.5
3	18	20.3
4	10	11.7
5	7	5.4
6	3	2.1
7	1	0.9

期望次數小於 5 與上組合併，合併後
期望次數=3，繼續與上組合併

合併後之資料：

x_i	o_i	$e_i = N \times f(x_i)$
0	14	10
1	18	23.1
2	29	26.5
3	18	20.3
4	10	11.7
5	11	8.4

檢定統計量：$\chi^{2*} = \sum_{i=1}^{6} \dfrac{(o_i - e_i)^2}{e_i}$

$$= \frac{(14-10)^2}{10} + \frac{(18-23.1)^2}{23.1} + \cdots + \frac{(11-8.4)^2}{8.4} \approx 4.274$$

$k = 6, m = 1$

$\because \chi^{2*} = 4.274 < \chi^2_{\alpha, k-m-1} = \chi^2_{0.05, 4} = 9.488$ ，不拒絕 H_0

故醫院每天急救電話數服從 Poisson 分配

例 3

假設有一亂數產生器可產生 0 到 9 的數字，且每個數字出現的機率皆相等。現利用此亂數產生器產生 10000 個數字，記錄於下表中：

數字	0	1	2	3	4	5	6	7	8	9
次數	967	1008	975	1022	1003	989	1001	981	1043	1011

試檢定此亂數產生器所產生的每個數字機率是否皆相等。 $(\alpha = 0.05)$

解

若每個數字出現的機率皆相等，表示數字出現的次數服從均勻分配

設 x 表 0-9 每一個整數個別出現的次數

設立兩個假設：$\begin{cases} H_0 : x\text{服從均勻分配} \\ H_1 : x\text{不服從均勻分配} \end{cases}$

均勻分配之機率函數為：$f(x) = \dfrac{1}{10}, x = 0, 1, 2, \cdots, 9$,且 $N = 10000$

	0	1	2	3	4	5	6	7	8	9
o_i	967	1008	975	1022	1003	989	1001	981	1043	1011
e_i	1000	1000	1000	1000	1000	1000	1000	1000	1000	1000
$\dfrac{(o_i-e_i)^2}{e_i}$	1.089	0.064	0.625	0.484	0.009	0.121	0.001	0.361	1.849	0.121

$k=10, m=0$

檢定統計量：$\chi^{2*} = \sum_{i=1}^{10} \dfrac{(o_i-e_i)^2}{e_i} = 1.089 + 0.064 + \cdots + 0.121 = 4.724$

$\because \chi^{2*} = 4.724 < \chi^2_{k-m-1,\alpha} = \chi^2_{9,0.05} = 16.919$，不拒絕 H_0

故 0-9 每一個整數個別出現次數服從均勻分配

例 4

某連鎖超級市場針對某項產品自創了四種品牌(A、B、C、D)，為了驗證顧客對此四種品牌的喜好是否有差異，於是隨機抽取 200 個顧客，調查這 200 個顧客對這四種品牌的購買情形，得資料如下表所示：

品牌　　　　A　　B　　C　　D

購買人數　　39　　57　　55　　49

請以顯著水準 0.05 檢定顧客對此四種品牌的偏好是否有顯著的差異？

解

本題為次數分配表，根據題意為檢定四個品牌被選購的比例是否相等，但因同時檢定四種品牌，故必須使用卡方檢定，檢定分配比例是否相等，不可使用 t 檢定，t 檢定只能進行兩者間的差異檢定。

設立兩個假設：$\begin{cases} H_0：喜好四種品牌比例相等 \\ H_1：喜好四種品牌比例不全相等 \end{cases}$

根據 H_0，$p_1 = p_2 = p_3 = p_4 = \dfrac{1}{4}$

品牌	A	B	C	D
o_i	39	57	55	49
e_i	50	50	50	50
$\dfrac{(o_i-e_i)^2}{e_i}$	2.42	0.98	0.5	0.02

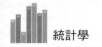
$k = 4, m = 0$

檢定統計量：$\chi^{2*} = \sum_{i=1}^{4} \frac{(o_i - e_i)^2}{e_i} = 2.42 + 0.98 + 0.5 + 0.02 = 3.92$

$\because \chi^{2*} = 3.92 < \chi^2_{\alpha, k-m-1} = \chi^2_{0.05,3} = 7.81473$，不拒絕 H_0

故顧客對此四種品牌的喜好比例無顯著的差異。

例 5

某音樂製作公司經理人認為他們的顧客對音樂喜好的種類轉移年齡為服從平均年齡 15 歲變異數 16 的常態分配。為了驗證他的說法是否正確，他隨機抽取該公司 400 名顧客，詢問該顧客對某個種類的音樂喜好會持續幾年？獲得下表之資料。

年齡	0-9	9-11	11-13	13-15	15-17	17-20	20+
次數	20	80	120	140	20	16	4

請你以顯著水準 0.05 檢定該音樂公司的說法是否正確？

解

設立兩個假設：$\begin{cases} H_0 : 母體為常態分配 \\ H_1 : 母體不為常態分配 \end{cases}$

為求滿足常態分配之期望值次數，我們必須求出每一組所對應的機率值，才能夠計算出期望次數。首先按題意分成 7 組，將常態分成 7 個部分，標準化後查出每個部分所佔的比例。

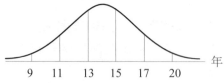

$p_1 = P(x \leq 9) = P(z \leq \frac{9-15}{\sqrt{16}}) = P(z \leq -1.5) = 0.0668$

$p_2 = P(9 \leq x \leq 11) = P(\frac{9-15}{\sqrt{16}} \leq z \leq \frac{11-15}{\sqrt{16}}) = P(-1.5 \leq z \leq -1) = 0.0919$

$p_3 = P(11 \leq x \leq 13) = P(\frac{11-15}{\sqrt{16}} \leq z \leq \frac{13-15}{\sqrt{16}}) = P(-1 \leq z \leq -0.5) = 0.1498$

$p_4 = P(13 \leq x \leq 15) = P(\frac{13-15}{\sqrt{16}} \leq z \leq \frac{15-15}{\sqrt{16}}) = P(-0.5 \leq z \leq 0) = 0.1915$

$p_5 = P(15 \leq x \leq 17) = P(\frac{15-15}{\sqrt{16}} \leq z \leq \frac{17-15}{\sqrt{16}}) = P(0 \leq z \leq 0.5) = 0.1915$

$$p_6 = P(17 \le x \le 20) = P(\frac{17-15}{\sqrt{16}} \le z \le \frac{20-15}{\sqrt{16}}) = P(0.5 \le z \le 1.25) = 0.2029$$

$$p_7 = 1 - p_1 - p_2 - \cdots - p_6 = 0.1056$$

$$e_i = p_i \times 400$$

年齡	0-9	9-11	11-13	13-15	15-17	17-20	20+
o_i	20	80	120	140	20	16	4
e_i	26.72	36.76	59.92	76.6	76.6	81.16	42.24
$\dfrac{(o_i - e_i)^2}{e_i}$	1.69	50.862	64.240	52.475	41.822	53.314	34.619

$$k = 7, m = 0$$

檢定統計量：$\chi^{2*} = \sum_{i=1}^{7} \frac{(o_i - e_i)^2}{e_i} = 1.69 + 50.862 + \cdots + 34.619 = 299.02$

$\because \chi^{2*} = 294 > \chi^2_{\alpha, k-m-1} = \chi^2_{0.05, 6} = 12.5916$，拒絕 H_0，故無足夠證據顯示母體為

常態分配

例 6

門德爾遺傳理論敘述某一類別之豌豆具有以下幾種外型：圓而黃，皺而黃，圓而綠，皺而綠，而其數目應照如下之比例：9：3：3：1。假設 160 個這類豌豆在各外型經栽種實驗觀察之數目分別為 86，35，27 和 12。試問這些資料是否符合遺傳模式？ ($\alpha = 0.05$)

解

設立兩個假設：$\begin{cases} H_0 : 符合遺傳模式 \\ H_1 : 不符合遺傳模式 \end{cases}$

$N = 86 + 35 + 27 + 12 = 160$，按 9：3：3：1 分配，故每組期望次數分別為

90,30,30,10

	圓而黃	皺而黃	圓而綠	皺而綠
o_i	86	35	27	12
e_i	90	30	30	10
$\dfrac{(o_i - e_i)^2}{e_i}$	0.1778	0.8333	0.3	0.4

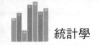

$k = 4, m = 0$

檢定統計量：$\chi^{2*} = \sum_{i=1}^{4} \dfrac{(o_i - e_i)^2}{e_i} = 0.1778 + 0.8333 + 0.3 + 0.4 = 1.7111$

$\because \chi^{2*} = 1.7111 < \chi^2_{\alpha, k-m-1} = \chi^2_{0.05, 3} = 7.81473$，不拒絕 H_0，故這些資料符合遺傳模式

 卡方獨立性檢定

　　卡方獨立性檢定可用來檢定兩個類別變數間是否獨立的統計方法。因在進行分析時，通常會將資料整理成列聯表的形式，故又稱為列聯表檢定。其檢定原理亦是十分的簡單，首先我們來複習一下聯合機率分配表與邊際機率，聯合機率分配表如下表所示：

x ＼ y	y_1	y_2	$\cdots$	y_c	邊際機率	次數
x_1	$f(x_1, y_1)$	$f(x_1, y_2)$	$\cdots$	$f(x_1, y_c)$	$f_X(x_1)$	R_1
x_2	$f(x_2, y_1)$	$f(x_2, y_2)$	$\cdots$	$f(x_2, y_c)$	$f_X(x_2)$	R_2
$\vdots$	$\vdots$	$\vdots$	$\cdots$	$\vdots$	$\vdots$	
x_r	$f(x_r, y_1)$	$f(x_r, y_2)$	$\cdots$	$f(x_r, y_c)$	$f_X(x_r)$	R_r
邊際機率	$f_Y(y_1)$	$f_Y(y_2)$	$\cdots$	$f_Y(y_c)$	1	
次數	C_1	C_2		C_c		總和 N

　　若兩變數 X，Y 獨立，那麼會滿足 $f(x_i, y_j) = f_X(x_i) f_Y(y_j)$，此數值可以想像它為期望機率 $p_{e_{ij}}$，觀測機率 $p_{o_{ij}}$ 定義為該小格的觀測次數除以總次數。若 $(p_{o_{ij}} - p_{e_{ij}})^2$ 越大，那麼表示實際上的觀測值離獨立的條件越遠。接著把全部的 $(p_{o_{ij}} - p_{e_{ij}})^2$ 加總起來，即：$\sum\sum (p_{o_{ij}} - p_{e_{ij}})^2$，利用它的大小來衡量距離獨立條件的遠離程度，當然這可以是一種方法。既然如此，取相對值來衡量應該也不成問題，也就是說利用 $\sum\sum \dfrac{(p_{o_{ij}} - p_{e_{ij}})^2}{p_{e_{ij}}}$ 來衡量獨立的可能性，同樣若此值越大越大表離兩變數獨立的可能性越遙遠，問題是統計量必須能轉換成現有的抽樣分配，不然必須創造新的抽樣分配理論才能進行檢定。由於必須改用次數計算方可將其轉換成卡方分配，故我們可以把 $\sum\sum \dfrac{(p_{o_{ij}} - p_{e_{ij}})^2}{P_{e_{ij}}}$ 中的機率值改成以次數的方式計算。見上表，根據聯合機率的定義：$p_{e_{ij}} = f_X(x_i) f_Y(y_j) = \dfrac{R_i}{N} \times \dfrac{C_j}{N}$。

其中 R_i 為第 i 列總和，C_j 為第 j 行總和。

故該細格(cell)的期望次數為 $e_{ij} = p_{e_{ij}} \times N = \dfrac{R_i \times C_j}{N}$，而觀察次數則為 o_{ij}，於是可得

卡方檢定統計量為 $\chi^2 = \sum_{i=1}^{r} \sum_{j=1}^{c} \dfrac{(o_{ij} - e_{ij})^2}{e_{ij}}$。故卡方獨立性檢定的檢定步驟為：

步驟 1：設立兩個假設：$\begin{cases} H_0 : A類別與B類別無關（獨立） \\ H_1 : A類別與B類別有關 \end{cases}$

步驟 2：求檢定統計量

$$\chi^{2*} = \sum_{i=1}^{r} \sum_{j=1}^{c} \dfrac{(o_{ij} - e_{ij})^2}{e_{ij}}$$

其中：

r：列聯表中列的個數

c：列聯表中行的個數

o_{ij}：第 i 列第 j 行之樣本觀測次數

$e_{ij} = \dfrac{第i列總和 \times 第j列總和}{總樣本數}$：為第 i 列第 j 行的期望次數

步驟 3：比較 χ^{2*} 與 $\chi^2_{\alpha,(c-1)(r-1)}$ 之大小。當 $\chi^{2*} > \chi^2_{\alpha,(c-1)(r-1)}$ 時，結論為拒絕 H_0，否則不拒絕 H_0。

例 7

某工廠為研究時間不同之工作者所生產的產品不良率是否相同，於是進行隨機抽樣得資料如下表所示：

工作時間＼產品	早班	晚班	夜班	總和
不良品	45	55	70	170
良品	905	890	870	2665
總和	950	945	940	2835

試檢定：$(\alpha = 0.05)$

(1)早班之不良率是否較夜班小？

(2)產品不良率與工作時間之不同是否有差異？

解

(1) 本題為兩母體比例差之假設檢定。

假設 p_1, p_2, p_3 分別代表早、晚與夜班之不良品率

$$\hat{p}_1 = \frac{45}{950}, \hat{p}_2 = \frac{55}{945} \ , \ \hat{p}_3 = \frac{70}{940} \ \because 大樣本抽樣 \Rightarrow 採用 z 檢定$$

設立兩個假設： $\begin{cases} H_0 : p_1 - p_3 \geq 0 \\ H_1 : p_1 - p_3 < 0 \end{cases}$

$$\bar{p} = \frac{n_1 \hat{p}_1 + n_2 \hat{p}_3}{n_1 + n_3} = \frac{45 + 70}{950 + 940} = \frac{115}{1890}$$

檢定統計量： $z^* = \dfrac{(\hat{p}_1 - \hat{p}_3) - K}{\sqrt{\dfrac{\bar{p}\ \bar{q}}{n_1} + \dfrac{\bar{p}\ \bar{q}}{n_2}}} = \dfrac{(\dfrac{45}{950} - \dfrac{70}{940}) - 0}{\sqrt{\dfrac{\dfrac{115}{1890} \times \dfrac{1775}{1890}}{950} + \dfrac{\dfrac{115}{1890} \times \dfrac{1775}{1890}}{940}}} \approx -2.464$

$\because z^* = -2.464 < -z_{0.05} = -1.645$ ，拒絕虛無假設，故早班不良率顯著小於夜班之不良率

(2) 本題為比較產品良率與工作時間是否有關，因以列聯表的型態呈現資料，故需採用卡方檢定進行檢定。

設立兩個假設： $\begin{cases} H_0 : p_1 = p_2 = p_3 \\ H_1 : p_1, p_2, p_3 不全相等 \end{cases}$

建立列聯表(括號內為期望次數)

工作時間 產品	早班	晚班	夜班	總和
不良品	45(57)	55(56.7)	70(56.3)	170
良品	905(893)	890(888.3)	870(883.7)	2665
總和	950	945	940	2835

檢定統計量： $\chi^{2*} = \displaystyle\sum_{i=1}^{r} \sum_{j=1}^{c} \frac{(o_{ij} - e_{ij})^2}{e_{ij}}$

$$= \frac{(45 - 57)^2}{57} + \frac{(55 - 56.7)^2}{56.7} + \cdots + \frac{(870 - 883.7)^2}{883.7}$$
$$\approx 6.288$$

$\because \chi^{2*} = 6.288 > \chi^2_{0.05,(3-1)(2-1)} = \chi^2_{0.05,2} = 5.99147$ ，拒絕 H_0

表示產品不良率會因工作時間產生顯著的差異。

註：藉由本題可以清楚的明瞭，檢定兩母體比例差是否相等，可用 z 檢定，當母體數超過三個以上時，則需採用卡方檢定。這與獨立樣本 t 檢定用在二母體平均數之檢定，而變異數分析則用在三母體以上平均數檢定是相同的概念。當然第一小題也可使用卡方檢定，但若使用卡方檢定則歸類於卡方齊一性檢定，它的公式與卡方獨立性檢定完全一樣，後面會介紹。

例 8

有一工廠的員工採用早、中、晚三班制上工，工廠為瞭解產品的不良率是否與早、中，晚班有關，於是隨機於早、中、晚班的產品中各抽驗 950，945，940 件，並就其為合格及不良品分類整理成下表：

品質＼班別	合格品	不良品
早班	900	50
中班	890	55
晚班	860	80

試以 $\alpha = 0.05$，檢定三班制所生產的產品的不良率是否有顯著性差異？

解

設立兩個假設：$\begin{cases} H_0 : \text{不良率與與早、中、晚班無關} \\ H_1 : \text{不良率與早、中、晚班無關} \end{cases}$

	合格品 o_i (e_i)	不良品 o_i (e_i)	總和
早班	900 (888)	50 (62)	950
中班	890 (883.3)	55 (61.7)	945
晚班	860 (878.7)	80 (61.3)	940
總和	2650	180	2835

檢定統計量：$\chi^{2*} = \sum_{i=1}^{3} \sum_{j=1}^{2} \dfrac{(o_{ij} - e_{ij})^2}{e_{ij}}$

$$= \frac{(900 - 888)^2}{888} + \frac{(50 - 62)^2}{62} + \cdots + \frac{(80 - 61.3)^2}{61.3} \approx 9.36$$

$\because \chi^{2*} = 9.36 > \chi^2_{0.05,(3-1)(2-1)} = \chi^2_{0.05,2} = 5.99147$，拒絕 H_0

故產品的不良率與早、中、晚班有關

註：本題之假設亦可寫成例題 7(2)的型式。

例 9

對於某一卡通，學生(分成：小學生、中學生、大學生三類)的喜歡程度(分成：喜歡、普通、不喜歡三種)如下小所示：

	小學生	中學生	大學生	總和
喜歡	40	60	63	163
普通	78	87	88	253
不喜歡	57	63	64	184
總和	175	210	245	600

試以顯著水準 0.05，檢定學生分類與喜歡程度是獨否立？

解

設立兩個假設：$\begin{cases} H_0：學生分類與喜歡程度獨立 \\ H_1：學生分類與喜歡程度不獨立 \end{cases}$

	小學生 o_i (e_i)	中學生 o_i (e_i)	大學生 o_i (e_i)	總和
喜歡	40 (47.54)	60 (57.05)	63 (58.41)	163
普通	78 (73.79)	87 (88.55)	88 (90.66)	253
不喜歡	57 (53.67)	63 (64.40)	64 (65.93)	184
總和	175	210	215	600

檢定統計量：$\chi^{2*} = \sum_{i=1}^{3} \sum_{j=1}^{3} \frac{(o_{ij} - e_{ij})^2}{e_{ij}}$

$$= \frac{(40 - 47.54)^2}{47.54} + \frac{(60 - 57.05)^2}{57.05} + \cdots + \frac{(64 - 65.93)^2}{65.93} \approx 2.348$$

$\because \chi^{2*} = 2.348 < \chi^2_{0.05,(3-1)(3-1)} = \chi^2_{0.05,4} = 9.48773$ ，不拒絕 H_0

故學生分類與喜歡程度獨立

19.4.1 關聯性的衡量

當列聯表獨立性檢定結果為拒絕虛無假設時，則表示兩個變數之間存在相關性。根據卡方檢定統計量知，當卡方值越大表示越容易拒絕虛無假設，同時也離獨立越遠，因此我們可用卡方值的大小來作簡易的相關程度衡量。但分組數的大小也會影響到卡

方檢定量的值，為避免受分組數所影響，因此使用平均數的概念來衡量。目前比較常用的相關性強弱程度衡量公式，一般有下列幾種：

1. φ 相關係數：

   當列聯表為 2×2 時，一般使用 φ 相關係數，其定義如下：

   $$\varphi = \sqrt{\frac{\chi^{2*}}{n}}$$

   其中 χ^{2*} 為檢定統計量，n 為樣本數。

2. 列聯係數：

   當列聯表為 $3 \times 3, 4 \times 4, 5 \times 5, \cdots$，呈方陣形式者，一般使用列聯係數，其定義如下：

   $$C = \sqrt{\frac{\chi^{2*}}{\chi^{2*} + n}}$$

3. Crame's V_c：

   當列聯表的行數與列數不相等時，一般使用 Crame's V_c，其定義如下：

   $$V_c = \sqrt{\frac{\varphi^2}{\min(i-1, j-1)}}$$

   其中 $\min(i-1, j-1)$ 表示(列數 -1)與(行數 -1)取其中較小者。

例 10

下表為隨機抽取 283 名樣本之教育水準與社經水準的列聯表資料，假設 x 表教育程度，y 表社經水準。

y＼x	大學	高中	國中	小學
低	6	15	31	42
中	17	26	34	45
高	20	24	13	10

(1)試檢定教育水準與社經水準有無關聯。

(2)若檢定結果為有關聯，請計算關聯程度？

解

(1) 設立兩個假設：$\begin{cases} H_0 : 教育水準與社經地位無關 \\ H_1 : 教育水準與社經地位有關 \end{cases}$

建立列聯表

y \ x	大學	高中	國中	小學	總和
低	6(14.3)	15(21.6)	31(25.9)	42(32.2)	94
中	17(18.5)	26(28)	34(33.6)	45(41.8)	122
高	20(10.2)	24(15.4)	13(18.5)	10(23)	67
總和	43	65	78	97	283

檢定統計量：$\chi^{2*} = \sum_{i=1}^{r} \sum_{j=1}^{c} \frac{(o_{ij} - e_{ij})^2}{e_{ij}}$

$$= \frac{(6-14.3)^2}{14.3} + \frac{(15-21.6)^2}{21.6} + \cdots + \frac{(10-23)^2}{23} \approx 34.53$$

$\because \chi^{2*} = 34.53 > \chi_{0.05,6}^2 = 12.5916$，拒絕虛無假設，表教育水準與社經水準有關聯。

(2) 本題列聯表之行數與列數不同，一般採用 Crame's V_c 衡量關聯強度。

$$\varphi = \sqrt{\frac{\chi^{2*}}{n}} = \sqrt{\frac{34.53}{283}} = 0.3493$$

$$\therefore V_c = \sqrt{\frac{\varphi^2}{\min(i-1, j-1)}} = \sqrt{\frac{0.3493^2}{\min(3-4, 4-1)}} = \sqrt{\frac{0.3493^2}{2}} = 0.247$$

19.5 卡方齊一性檢定

卡方齊一性檢定(chi-square test for homogeneity)是指，自兩個或兩個以上的母體各抽出一組樣本，且樣本間獨立，進而檢定這些獨立樣本是否來自同一個多項分配母體，或百分比一致的統計方法。若檢定母體只有兩個時，那麼其檢定過程與使用 z 檢定檢定兩母體比例是否相同是等效的檢定程序，對證明過程有興趣的話可參考數理統計。卡方齊一性檢定與卡方獨立性檢定公式完全一樣，但意義不同。卡方獨立性檢定的樣本是來自同一個母體，而卡方齊一性檢定的樣本則是來自不同母體。卡方齊一性檢定的概念是利用假設每個樣本在各細格(cell)中的比例是相同的，利用此相同的比例去計算期望次數，然後再估計觀測次數與期望次數的差，是否大於某個臨界值，若超過臨界值，則代表這些母體在每個細格的比例不同，也就是說其母體分配是不同的，接下來我們來說明卡方齊一性檢定的原理。

假設現在我們要檢定 r 個母體 $(A_1, A_2, \cdots, A_r)$ 的分配是否相同，我們可將這 r 個母體按照某種特性把它切割成 c 個區塊 $(B_1, B_2, \cdots, B_c)$，其資料型態如下表所示：

	B_1	B_2	$\cdots$	B_j	$\cdots$	B_c	總和
A_1	o_{11}	o_{12}	$\cdots$	o_{1j}	$\cdots$	o_{1c}	R_1
A_2	o_{21}	o_{22}	$\cdots$	o_{2j}	$\cdots$	o_{2c}	R_2
$\vdots$	$\vdots$	$\vdots$	$\cdots$	$\vdots$	$\vdots$	$\vdots$	$\vdots$
A_i	o_{i1}	o_{i2}	$\cdots$	o_{ij}	$\cdots$	o_{ic}	R_i
$\vdots$	$\vdots$	$\vdots$	$\cdots$	$\vdots$	$\vdots$	$\vdots$	$\vdots$
A_r	o_{r1}	o_{r2}	$\cdots$	o_{rj}	$\cdots$	o_{rc}	R_r
總和	C_1	C_2	$\cdots$	C_j	$\cdots$	C_c	

若分配相同，則每個行的細格比例皆相同

假設 o_{ij} 為第 i 個母體第 j 個觀測值，R_i 表第 i 個母體樣本數和，C_j 表第 j 個區塊樣本數和。p_{ij} 表第 i 列第 j 行細格，若上表 r 個母體的分配相同，那麼同一行的每個細格的比例應相同。因此檢定：

$$\begin{cases} H_0: A_1, A_2, \cdots, A_r, & r個母體分配相同 \\ H_1: A_1, A_2, \cdots, A_r, & r個母體分配不完全相同 \end{cases}$$

相當於檢定：

$$\begin{cases} H_0: p_{1j} = p_{2j} = \cdots = p_{rj} = p_j, j = 1, 2, \cdots, c \\ H_1: p_{1j}, p_{2j}, \cdots, p_{rj} 不完全相同 \end{cases}$$

其中 p_j 為第 j 行的比例，$p_j = \dfrac{C_1}{n}$，n 為總樣本數。因此每個細格的期望次數為：

$$e_{ij} = p_j \times R_i = \frac{C_j}{n} \times R_i = \frac{第i列總和 \times 第j行總和}{總樣本數}$$

上式期望次數與卡方獨立性檢定完全一樣，因此卡方齊一性檢定與卡方獨立性檢定之檢定統計量完全一樣。由於卡方齊一性檢定的原理是假設每個母體在每一個細格的比例相同，因此當母體數只有二的時候，卡方齊一性檢定的結果與兩母體比例差的檢定是一樣的。卡方齊一性檢定的程序為：

1. 設立兩個假設：$\begin{cases} H_0 : A_1, A_2, \cdots, A_r, & r\text{個母體分配相同} \\ H_1 : A_1, A_2, \cdots, A_r, & r\text{個母體分配不完全相同} \end{cases}$

2. 檢定統計量

$$\chi^{2*} = \sum_{i=1}^{r} \sum_{j=1}^{c} \frac{(o_{ij} - e_{ij})^2}{e_{ij}}$$

其中：

r：列聯表中橫列的個數

c：列聯表中縱行的個數

o_{ij}：第 i 列第 j 行之樣本觀測次數

$e_{ij} = \dfrac{\text{第}i\text{列總和} \times \text{第}j\text{列總和}}{\text{總樣本數}}$：第 i 列第 j 行的估計理論次數或期望次數

3. 決策法則

當 $\chi^{2*} > \chi^2_{\alpha,(c-1)(r-1)} \Rightarrow$ 拒絕 H_0

最後再提醒讀者，獨立性檢定與齊一性檢定的差異為：

1. 獨立性檢定是從同一母體中各抽出一組樣本，檢定這些不同樣本在兩個分類變數上是否獨立。

2. 齊一性檢定是從不同母體中各抽出一組樣本，檢定這些不同樣本所來自的母體分配是否相同。

3. 簡單來說，獨立性檢定的母體只有一個，齊一性檢定的母體至少有二個。

例 11

假設有兩個班級，每班 15 人，已知某次統計學考試兩個班級的成績如下所示：

A   91   42   39   62   55   82   67   44   51   77   61   52   76   41   59

B   80   71   55   67   61   93   49   78   57   88   79   81   63   51   75

現在請你將兩班 30 人按成績的高低分成三組，然後利用卡方齊一性檢定，檢定這兩個班級成績的分配是否相同？顯著水準取 0.05。

解

A、B 兩班人數共 30 人，分成低、中、高三個等級，故每個等級 10 人

先將兩班人數合併在一起，由小到大排列

$39^A,41^A,42^A,44^A,49^B,51^A,51^B,52^A,55^A,55^B, \vert \, 57^B,59^A,61^A,61^B,62^A,63^B,$

$67^A,67^B,71^B,75^B, \vert \, 76^A,77^A,78^B,79^B,80^B,81^B,82^A,88^B,91^A,93^B$

	低	中	高
A 班	39,41,42,44,51,52,55	59,61,62,67	76,77,82,91
B 班	49,51,55	57,61,63,67,71,75	78,79,80,81,88,93

將上表整理成列聯表模式：

	低	中	高
A 班	7	4	4
B 班	3	6	6

設立兩個假設： $\begin{cases} H_0 : A,B$ 兩班成績分配相同 $\\ H_1 : A,B$ 兩班成績分配相同 $\end{cases}$

	低 o_i (e_i)	中 o_i (e_i)	高 o_i (e_i)	總和
A 班	7(5)	4 (5)	4 (5)	15
B 班	3 (5)	6 (5)	6 (5)	15
總和	10	10	10	30

檢定統計量： $\chi^{2*} = \sum_{i=1}^{2} \sum_{j=1}^{3} \dfrac{(o_{ij}-e_{ij})^2}{e_{ij}} = \dfrac{(7-5)^2}{5} + \dfrac{(4-5)^2}{5} + \cdots + \dfrac{(6-5)^2}{5} = 2.4$

$\because \chi^{2*} = 2.4 < \chi^2_{0.05,(3-1)(2-1)} = \chi^2_{0.05,2} = 5.99147 \Rightarrow$ 不拒絕 H_0

故 A、B 兩班成績分配無顯著的不同

例 12

目前市面上有五種品牌罐裝牛肉，為瞭解消費者對這五種品牌的喜好是否有差異，分別自這五種品牌牛肉罐頭隨機選取 24 罐詢問對此種品牌罐頭是否喜歡，統計資料如下表所示：

	品牌 A	B	C	D	E
喜歡	3	10	5	3	9
不喜歡	21	14	19	21	15

請以 $\alpha = 0.05$，檢定消費者對這五種品牌的喜歡是否有顯著差異？

解

本題因兩個變數皆為類別變數，且資料表為次數型態，故不可用變異數分析法進行檢定，應以卡方進行齊一性檢定，喜好是否有差異，相當於檢定對這五種品牌喜好的比例是否一樣。

設立兩個假設：$\begin{cases} H_0: 消費者對五種品牌喜歡無差異 \\ H_1: 消費者對五種品牌喜歡有差異 \end{cases}$

	A	B	C	D	E	總和
接受	3 (6)	10 (6)	5 (6)	3 (6)	9 (6)	30
不接受	21 (18)	14 (18)	19 (18)	21 (18)	15 (18)	90
總和	24	24	24	24	24	120

檢定統計量：$\chi^{2*} = \sum_{i=1}^{2}\sum_{j=1}^{3}\dfrac{(o_{ij}-e_{ij})^2}{e_{ij}}$

$$= \frac{(3-6)^2}{6} + \frac{(10-6)^2}{6} + \cdots + \frac{(15-18)^2}{18} \approx 9.778$$

$\because \chi^{2*} = 9.778 > \chi^2_{0.05,(2-1)(5-1)} = \chi^2_{0.05,4} = 9.48773 \Rightarrow 拒絕 H_0$

故消費者對五種品牌罐頭的喜歡比例具顯著差異

例 13

抽訪南、北兩地農民請其對辦理農民年金制度表示意見，得列聯表為

地區		贊成	不贊成	合計
地區	南	88	12	100
	北	60	40	100

試以 $\alpha = 0.05$，請分別用 z 檢定與卡方檢定，檢定南、北地區農民中贊成者所佔比例 p_1, p_2 是否一致，請問兩種不同檢定法結果是否相同？。

解

(1) 本題為大樣本故可使用 z 檢定

假設 p_1 表南區贊成比例，p_2 表北區贊成比例

設立兩個假設：$\begin{cases} H_0: p_1 = p_2 \\ H_1: p_1 \neq p_2 \end{cases}$

$\hat{p}_1 = 0.88, \hat{p}_2 = 0.6$

$$\overline{p} = \frac{n_1 \hat{p}_1 + n_2 \hat{p}_2}{n_1 + n_2} = \frac{88 + 60}{100 + 100} = 0.74$$

檢定統計量：$z^* = \dfrac{\hat{p}_1 - \hat{p}_2}{\sqrt{\dfrac{\overline{pq}}{n_1} + \dfrac{\overline{pq}}{n_2}}} = \dfrac{0.88 - 0.6}{\sqrt{\dfrac{0.74 \times 0.26}{100} + \dfrac{0.74 \times 0.26}{100}}} = 4.514$

$\because z^* = 4.514 > z_{0.025} = 1.96 \Rightarrow$ 拒絕 H_0

南北兩區的農民贊成所佔的比例有顯著的差異

(2) 卡方檢定

	贊成	反對	總和
南區	88(74)	12 (26)	100
北區	60 (74)	40 (26)	100
總和	148	52	200

檢定統計量：$\chi^{2*} = \displaystyle\sum_{i=1}^{k} \frac{(o_i - e_i)^2}{e_i}$

$$= \frac{(88-74)^2}{74} + \frac{(12-26)^2}{26} + \frac{(60-74)^2}{74} + \frac{(40-26)^2}{26} = 20.374$$

$\because \chi^2 = 18.945 > \chi^2_{0.05,1} = 3.84 \Rightarrow$ 拒絕 H_0

故兩者檢定法結果相同，若讀者再仔細觀察兩種不同方法的檢定統計量，可發現 $(z^*)^2 = \chi^{2*}$，故兩母體比例差的檢定亦可使用卡方檢定。

例 14

健保局想瞭解台灣北部、中部、南部與東部的勞工對參加全民健康保險的意願。分別自北部、中部、南部與東部隨機抽取 200,100,200,100 名勞工，就其參加全民健保的意願程度，調查資料如下表所示：

地區 / 意願	北部	中部	南部	東部
高意願	120	41	112	45
低意願	35	38	36	40
無意願	45	21	52	15
總和	200	100	200	100

試以 $\alpha = 0.05$ 檢定四個不同地區的勞工對參加全民健康保險的意願是否相同？

解

設立兩個假設：$\begin{cases} H_0 : 四個地區保險意願相同 \\ H_1 : 四個地區保險意願不完全相同 \end{cases}$

建立列聯表：

意願＼地區	北部	中部	南部	東部	總和
高意願	120(106)	41(53)	112(106)	45(53)	318
低意願	35(49.67)	38(24.83)	36(49.67)	40(24.83)	149
無意願	45(44.33)	21(22.167)	52(44.33)	15(22.167)	133
總和	200	100	200	100	600

檢定統計量：$\chi^{2*} = \sum_{i=1}^{r} \sum_{j=1}^{c} \dfrac{(o_{ij} - e_{ij})^2}{e_{ij}}$

$$= \dfrac{(120-106)^2}{106} + \dfrac{(41-53)^2}{53} + \cdots + \dfrac{(15-22.167)^2}{22.167}$$

$$\approx 34.178$$

$\because \chi^{2*} = 34.178 > \chi^2_{0.05,6} = 12.5916$，拒絕虛無假設，表示四個不同地區的勞工對參加全民健康保險的意願不完全相同。

19.6 改變顯著性檢定

有關兩獨立樣本母體平均數差的檢定，在第十五章中曾經介紹在大樣本情況下使用 z 檢定，同時在本章中亦介紹除了 z 檢定外，也可使用卡方齊一性檢定，但上述兩種方法都必須在抽取的樣本為獨立的的條件下方可使用。若來自兩母體的樣本不為獨立樣本的話，前面介紹的方法便不適用了。每年四、五月份可以說是研究所考試的旺季，許多學校幾乎都是同一批考生在進行考試，若想要檢定兩所研究所的錄取率是否相同，那麼就不能視作這些考生為獨立樣本，若同一批考生同時考兩所學校，檢定兩所學校的錄取率，此時樣本應視作相關樣本，在本節中，我們將介紹兩相關樣本的情況下，檢定母體比例差是否相等的檢定方法—改變顯著性檢定(McNemar change test)。

在進行檢定前，必須瞭解成對樣本比例差的抽樣分配，才能夠進行檢定。我們舉一個實際的例子，並用這個例子來推導其抽樣分配。有一批考生同時報考了 A 大學與 B 大學研究所，將這兩所學校的錄取率整理成列聯表的方式呈現，如下表所示(括弧內數字表示該細格次數)：

		B 大	
		錄取	落榜
A 大	錄取	$p_1\ (x_1)$	$p_2\ (x_2)$
	落榜	$p_3\ (x_3)$	$p_4\ (x_4)$

　　由上表知，A 大學的錄取率為 $p_1 + p_2$，B 大學的錄取率為 $p_1 + p_3$，若欲檢定兩校的錄取率是否相等，相當於檢定下列的假設：

$$\begin{cases} H_0 : p_1 + p_2 = p_1 + p_3 \\ H_1 : p_1 + p_2 \neq p_1 + p_3 \end{cases}$$

而上式之假設又同義於

$$\begin{cases} H_0 : p_2 = p_3 \\ H_1 : p_2 \neq p_3 \end{cases}$$

接下來推導 $\hat{p}_2 - \hat{p}_3$ 的抽樣分配，首先推導期望值：

$$E(\hat{p}_2 - \hat{p}_3) = E(\hat{p}_2) - E(\hat{p}_3) = p_2 - p_3$$

接著再看變異數：

$$V(\hat{p}_2 - \hat{p}_3) = V(\hat{p}_2) - 2Cov(\hat{p}_2, \hat{p}_3) + V(\hat{p}_3)$$

其中 $Cov(\hat{p}_2, \hat{p}_3) = Cov(\dfrac{x_2}{n}, \dfrac{x_3}{n}) = \dfrac{1}{n^2} Cov(x_2, x_3) = \dfrac{1}{n^2} \times (-np_2 p_3) = -\dfrac{p_2 p_3}{n}$

$$V(\hat{p}_2) = \frac{p_2 q_2}{n}, V(\hat{p}_3) = \frac{p_3 q_3}{n}$$

故 $V(\hat{p}_2 - \hat{p}_3) = \dfrac{p_2 q_2}{n} + 2 \times \dfrac{p_2 p_3}{n} + \dfrac{p_3 q_3}{n} = \dfrac{p_2(1 - p_2)}{n} + 2 \times \dfrac{p_2 p_3}{n} + \dfrac{p_3(1 - p_3)}{n}$

$$= \frac{p_2 + p_3 - (p_2 - p_3)^2}{n}$$

根據中央極限定理，當滿足大樣本時，$\hat{p}_2 - \hat{p}_3 \sim N(p_2 - p_3, \dfrac{p_2 + p_3 - (p_2 - p_3)^2}{n})$。

　　有了 $\hat{p}_2 - \hat{p}_3$ 的抽樣分配形狀之後，就可以發展檢定理論了，因母體比例未知，故以樣本比例取代母體比例。又根據虛無假設 $H_0 : p_2 = p_3$，故必須以共同樣本變異數 $\bar{p}$ 取代 $\hat{p}_2$ 與 $\hat{p}_3$。共同樣本變異數為：

$$\bar{p} = \frac{n\hat{p}_2 + n\hat{p}_3}{n+n} = \frac{x_2 + x_3}{2n} \quad,$$

$$故 \ V(\hat{p}_2 - \hat{p}_3) = \frac{\hat{p}_2 + \hat{p}_3 - (\hat{p}_2 - \hat{p}_3)^2}{n} = \frac{\frac{x_2 + x_3}{2n} + \frac{x_2 + x_3}{2n} - (\frac{x_2 + x_3}{2n} - \frac{x_2 + x_3}{2n})^2}{n} = \frac{x_2 + x_3}{n^2}$$

$$因此檢定統計量： \ z^* = \frac{\hat{p}_2 - \hat{p}_3}{\sqrt{\frac{x_2 + x_3}{n^2}}} = \frac{\frac{x_2}{n} - \frac{x_3}{n}}{\frac{\sqrt{x_2 + x_3}}{n}} = \frac{x_2 - x_3}{\sqrt{x_2 + x_3}}$$

最後幫讀者作一個總整理：

1. 右尾檢定

(1) 兩個假設： $\begin{cases} H_0 : p_2 \leq p_3 \\ H_1 : p_2 > p_3 \end{cases}$ 。

(2) 檢定統計量： $z^* = \dfrac{x_2 - x_3}{\sqrt{x_2 + x_3}}$ 。

(3) 決策法則：當 $z^* > z_\alpha$ 時，拒絕虛無假設。

2. 左尾檢定

(1) 兩個假設： $\begin{cases} H_0 : p_2 \geq p_3 \\ H_1 : p_2 < p_3 \end{cases}$ 。

(2) 檢定統計量： $z^* = \dfrac{x_2 - x_3}{\sqrt{x_2 + x_3}}$

(3) 決策法則：當 $z^* < -z_\alpha$ 時，拒絕虛無假設。

3. 雙尾檢定

因為 $z^2 = \chi_1^2$ ，故雙尾檢定可使用 z 檢定或卡方檢定，這兩種檢定法分述於下。

(1) z 檢定

- 兩個假設： $\begin{cases} H_0 : p_2 = p_3 \\ H_1 : p_2 \neq p_3 \end{cases}$ 。

- 檢定統計量： $z^* = \dfrac{x_2 - x_3}{\sqrt{x_2 + x_3}}$ 。

- 決策法則：當 $\left|z^*\right| > z_{\frac{\alpha}{2}}$ 時，拒絕虛無假設。

(2) 卡方檢定

- 兩個假設：$\begin{cases} H_0 : p_2 = p_3 \\ H_1 : p_2 \neq p_3 \end{cases}$。

- 檢定統計量：$\chi^{2*} = \dfrac{(x_2 - x_3)^2}{x_2 + x_3}$。

- 決策法則：當 $\chi^{2*} > \chi^2_{\alpha,1}$ 時，拒絕虛無假設。

例 15

有 100 人同時應徵甲、乙兩公司，其中有 48 人被兩家公司同時錄取，有 12 人只被甲公司錄取，有 5 人只被乙公司錄取，有 35 人兩家公司都拒收，請你以顯著水準 0.05，檢定甲、乙兩家公司錄取率是否相同？

解

本題屬兩母體比例差的假設檢定，但為成對樣本，故需採用 McNemar 檢定法，首先根據題意作出列聯表。

		乙	
		錄取	拒收
甲	錄取	48 (x_1)	12 (x_2)
	拒收	5 (x_3)	35 (x_4)

設立兩個假設：$\begin{cases} H_0 : p_{甲} = p_{乙} \\ H_1 : p_{甲} \neq p_{乙} \end{cases}$

方法 1：採用 z 檢定

$$\text{檢定統計量：} z^* = \frac{x_2 - x_3}{\sqrt{x_2 + x_3}} = \frac{12 - 5}{\sqrt{12 + 5}} \approx 1.6977$$

$\because z^* = 1.6977 < z_{0.025} = 1.96 \Rightarrow$ 不拒絕虛無假設，故兩公司錄取率無顯著差異。

方法 2：採用卡方檢定

$$\text{檢定統計量：} \chi^{2*} = \frac{(x_2 - x_3)^2}{x_2 + x_3} = \frac{(12 - 5)^2}{12 + 5} \approx 2.882$$

$\because \chi^{2*} = 2.882 < \chi^2_{0.05,1} = 3.84146 \Rightarrow$ 不拒絕虛無假設。

整理：

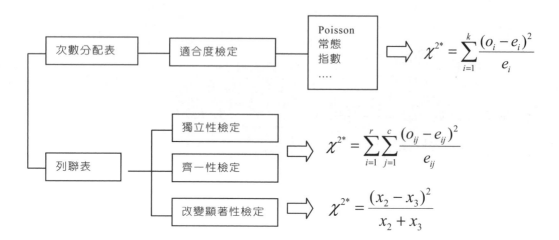

1. 投擲銅板 100 次出現 56 次正面，44 次反面，試檢定此銅板是否公正？

2. 投擲一銅板三次，當作一次試驗。紀錄三次中正面的次數，共作 80 次(全部丟 240 次)，假設隨機變數 X 表出現正面的次數，得到下列之次數分配表：

x	0	1	2	3
次數	4	24	36	16

試以 $\alpha = 0.05$ 檢定此銅板是否公正？

3. 連續投擲 4 枚硬幣 256 次，假設隨機變數 X 表正面出現次數，記錄其正面出現次數如下表所示：

x	0	1	2	3	4
次數	8	76	108	56	8

請檢定這 4 枚硬幣是否公正？($\alpha = 0.05$)

4. 假設投擲一個骰子 60 次，每一面出現的次數如下：

面朝上的點數	1	2	3	4	5	6
出現次數	15	7	4	11	6	17

請問此骰子是否為公正骰子？($\alpha = 0.05$)

5. 台北市銀行於今年農曆春節時發行『幸運水果』即時樂彩券，並宣稱中獎率為 30%，請問：

   (1) 阿天想推論上述整稱是否屬實，在 95%的信心水準及抽樣誤差不超過 3%之下，則至少應隨機採樣多少張彩券？

   (2) 考慮到有限的經費，阿天僅隨機購買張彩券，其中有 38 張中獎，在顯著水準 $\alpha = 5\%$ 下，請問上述宣稱是否屬實？

   (3) 若阿天改變調查方式，每次隨機購買 3 張彩券，紀錄其中中獎的張數，以下為 30 次隨機實驗的結果：

   0,0,0,0,0,0,1,1,1,1,1,1,1,1,1,1,1,1,2,2,2,2,2,2,2,2,2,2,2,3

   請你以顯著水準 5%，，請問上述宣稱是否屬實？

6. 隨機抽取某地區 200 人記錄其血型，得到 A 型有 39 人、B 型有 57 人、O 型有 55 人、AB 型有 49 人，試問該地區四種血型所佔的比例是否相等？($\alpha = 0.05$)

7. 根據研究調查發現在一般人中血型為 O 型者佔 45%，A 型者佔 28%，B 型者佔 17%，AB 型者佔 10%，隨機從大專學生中抽出 300 人，其中 O 型者為 140 人，A 型者為 95 人，B 型者為 40 人，AB 型者為 25 人。大專學生的血型分配與一般人的血型分配是否一致？($\alpha = 0.05$)

8. 樂透每週開獎一次，每次皆從 1 到 42 號的彩球中隨機抽出 6 個作為中獎號碼。而彩迷通常會對於某個號碼是否較常出現感興趣。本題之目的是想知道號碼球的

出現是否為一均勻分配？請依據過去 52 週所開出的中獎號碼出現的頻率(以 o_i 代表)，建構適當的統計檢定。($\alpha = 5\%, \chi^2_{0.05,41} = 56.9424$)

第 1 週	i	1	2	3	4	5	6	7
	o_i	6	7	8	6	4	6	13
第 2 週	i	8	9	10	11	12	13	14
	o_i	9	9	6	7	8	10	4
第 3 週	i	15	16	17	18	19	20	21
	o_i	6	5	10	8	6	11	7
第 4 週	i	22	23	24	25	26	27	28
	o_i	6	3	9	6	9	6	7
第 5 週	i	29	30	31	32	33	34	35
	o_i	9	7	7	5	7	6	9
第 6 週	i	36	37	38	39	40	41	42
	o_i	13	6	9	5	7	10	10

請問彩球的號碼是否服從均勻分配？

9. 現有一台亂數產生器可產生 0 到 9 十個不同的整數，現讓此亂數產生器隨機產生數字並記錄其出現的數字，資料如下：

```
2   5   9   8   6   3   2   3   4   3
4   7   5   2   8   9   9   4   4   8
3   1   6   8   7   5   8   1   3   3
0   9   2   7   6   6   7   6   0   3
9   4   9   8   8   4   9   5   0   7
6   6   9   1   4   8   8   1   0   6
0   5   6   2   7
```

請問這台亂數產生器所產生的數字是否服從均勻分配？($\alpha = 0.05$)

10. 有位婦產科醫師為證實他的假設：「每胎生男生女為獨立，且各有 $\frac{1}{2}$ 的機率」，他自台北市隨機抽取 3 個小孩之家庭 1000 戶，得到下列資料

男孩數目 x	0	1	2	3
家庭數	100	400	350	150

(1) 請寫出該醫師的假設。

(2) 請你以顯著水準 0.05 檢定該醫師的宣稱是否正確？

11. 交通部認為每位駕駛每年發生意外次數服從 Poisson 分配，現隨機抽出 100 位駕駛，記錄這一年內發生意外的次數，得到下列結果：

意外次數	0	1	2	3	4
駕駛人數	15	43	23	15	4

試以顯著水準 $\alpha = 0.05$，檢定交通部看法是否為真。

12. 高雄市一危險路段每週發生意外事故的件數以隨機變數 X 表示，依據過去 100 週的記錄，資料如下表所示：

X	0	1	2	3 或以上
週數	28	44	17	11

試以顯著水準 $\alpha = 0.05$，檢定意外事故發生的次數是否服從平均數 $\lambda = 1.2$ 的 Poisson 分配？

13. 阿天是基金經理人，他宣稱其所管理的年度報酬率為平均 30%的指數分配。投資人想檢驗此一敘述是否為真，並蒐集了下列報酬率數據：41.3%、20.2%、30.8%、30.4%、24.4%、26.7%、35.5%、41.9%、32.2%、17.6%、21.0%、23.3%、18.5%、26.1%、37.2%、30.9%、25.8%、19.4%、43.4%、22.1%。請將上列之報酬率按 0-10，10-20....方式分組，並以顯著水準 0.05 檢定此經理人的宣稱是否正確？。

14. 以下是今年抽測 50 名學生某科的成績，若去年採用相同的考卷，得到 60 分以下學生的比例為 8%，60-70 分是 24%，71-80 是 41%，81-90 分是 20%，91 以上分是 7%，試以顯著水準 $\alpha = 0.05$，檢定今年各組學生成績的比例是否與去年相同？

78	82	65	54	91	72	73	66	81	60
63	67	88	90	85	43	77	72	71	69
86	78	67	53	56	75	70	78	71	80
74	70	78	83	80	92	76	78	70	78
66	56	64	78	75	78	62	84	79	60

15. 假設資管系統計學期中考分數分配如下表所示：

分數	0-20	20-40	40-60	60-80	80-100
人數	6	13	49	21	11

試檢定此分配是否為常態分配？（ $\alpha = 0.05$ ）

16. 隨機抽取 80 個家庭調查其收入狀況，得資料如下：(單位：千元)

收入	30-49	50-69	70-89	90-109	110-129
次數	5	12	30	25	8

請問根據上述資料，家庭收入是否呈常態分配？（ $\alpha = 0.05$ ）

17. 假設有一隨機樣本包含 200 位已婚退休男士，按其教育程度及所有孩子數區分如下表：

教育程度	孩子數		
	0-1	2-3	3 以上
小學	14	37	32
中學	19	42	17
大專	12	17	10

   試以顯著水準.05，檢定家庭的大小是否與家長(男士)的教育程度有關？

18. 某電冰箱製造商供應四種不同顏色：乳白、淡黃、淺綠與鐵灰色的某型冰箱，在已賣出的 200 台該型冰箱中，不同顏色售出的數量如下表所示：

顏色	乳白	淡黃	淺綠	鐵灰
數量	41	53	58	48

   請問上述資料是否提供足夠的證據顯示，某些顏色的冰相較其他顏色受顧客歡迎？($\alpha = 0.05$)

19. 在顯著水準 $\alpha = 0.05$ 下，求下列各小題：

   (1) 甲 IC 廠聲稱其生產晶圓的良率至少是 90%，由生產線上抽樣 49 片晶圓，結果有 10 片不良品，是否有證據說甲 IC 廠聲稱其生產晶圓的良率至少 90%是吹牛的？($\alpha = 0.05$)

   (2) 若另有一乙 IC 廠抽樣 51 片晶圓，結果有 10 片不良品，是否有證據說此乙廠的良率顯著高於甲廠？為什麼？($\alpha = 0.05$)

   (3) 如有另一丙 IC 廠抽樣 100 片晶圓，結果有 10 片不良品，是否有證據說此甲、乙、丙 3 廠的良率有顯著差異？為什麼？($\alpha = 0.05$)

20. 某項調查針對某公司不同性別對於中秋節禮品喜好的研究，下表為各種禮品喜歡人數的統計：

性別 \ 種類	現金	禮卷	發月餅	禮品	旅遊
男性	126	85	42	38	95
女性	131	96	42	52	67

   試以 $\alpha = 0.05$ 檢定性別不同是否對中秋節的禮品喜好種類有所差異？

21. 台灣體育協會針對一般民眾對球類的喜好情形作一調查，在北中南三區隨機抽出部分民眾做訪談對象，調查結果如下表：

	北區		中區		南區		總和
	男	女	男	女	男	女	
棒球	90	110	60	80	50	70	460
羽球	50	30	40	40	54	46	260
籃球	70	50	44	36	40	40	280
總和	210	190	144	156	144	156	1000

試問：在顯著水準 $\alpha = 0.05$ 之下，不同地區的民眾對於球類運動之喜好是否有顯著差異？

22. 某研究員欲探討「銷售額」與「廣告費用(萬元)」是否有關，於是隨機觀察 100 家廠商，得到下列的資料：

廣告費用 ＼ 銷售額	0-2	2-4	4-6	6-8	8-10	總和
低	12	15	9	4	0	40
高	3	5	21	16	15	60

根據上述資料，是否有足夠的證據顯示廣告費用與銷售額有關？ ($\alpha = 0.05$)

23. 隨機抽查台中市南、北區域共 200 個家庭，得去年的支出(單位：萬元)情形如下表： ($\alpha = 0.05$)

廣告費用 ＼ 銷售額	20 以下	20-40	40 以上
低	20	46	37
高	27	50	20

(1) 試檢定支出與地區是否有關？

(2) 試檢定兩區去年支出在 40 萬元以上家庭所佔的比例是否一致？

(3) 試檢定台中市去年支出在 40 萬元以下家庭是否過半？

(4) 估計台中市去年支出在 40 萬元以上家庭比例的 95%信賴區間

24. 有人想瞭解性別與北中南三個地區是否對核四公投的意見是否不同，隨機抽樣 1200 為居民，問他是否贊成核四公投，調查結果如下表所示：

	男生		女生	
	贊成	不贊成	贊成	不贊成
北區	250	50	60	140
中區	120	80	120	80
南區	120	80	80	20

請問：($\alpha = 0.05$)

(1) 就男生而言，北中南三個地區的男生對核四公投之意見的看法是否一致？

(2) 就女生而言，三個地區的女生對核四公投之意見的意見是否獨立？

(3) 就全體而言，三個地區與核四公投意見是否有相關？

(4) 是否有證據說男生贊成核四公投的比例超過 $\frac{1}{2}$？

(5) 就全體而言，是否有證據顯示男生贊成核四公投的比例大於女生贊成核四公投的比例？

25. 連續投擲一粒骰子 30 次，各點數出現的次數如下表所示：

點數	1	2	3	4	5	6
次數	3	6	2	3	9	7

請你判斷此骰子是否公正？($\alpha = 0.05$)

26. 調查資管系及企管系大四學生各 100 人，畢業後想從事之產業如下表所示：

從事產業＼科系	資訊業	電子業	石化業	其他產業
資管系	40 人	30 人	15 人	15 人
企管系	20 人	30 人	20 人	30 人

根據上述資料，資管系與企管系學生畢業後所選擇之產業是否有顯著差異？
($\alpha = 0.05$)

無母數統計

在本章節中將介紹常用的無母數檢定，母數統計與無母數統計的區分，並非以是否知道母體參數來區分。不論母數檢定或無母數檢定都是不曉得母體參數，所以才需要進行統計檢定，若已經知道母體訊息，那麼就用不到任何的統計學知識了。比較正確的說法應該是：母數統計通常需要較多的假設，例如假設母體爲常態(事實上不一定是常態)、假設母體變異數已知(事實上根本不知道)、假設樣本獨立(其實未必然)，你會看到在作理論推導前會有一大堆的假設，這就是母數統計的特性，也正因爲需滿足許多假設，因此適用性不如無母數統計。但又因爲它假設非常的多，因此一旦符合假設，它檢定出來的精確度遠大於無母數統計；但若不符合一切的假設，那麼得到的結果可能比用無母數統計還糟。母數統計通常推論的變數對象是用比率量尺或區間量尺所衡量的變數，所以母數統計之所以稱爲母數統計，並非我們眞的知道母體參數，而是我們假設了許多的母體參數與許多的限制條件。

至於無母數統計也並非完全不需要假設母體參數，而是與母數統計比較起來少了許多，有些書本寫無母數統計不需知道母數，其實不然，某些情況還是需要加上母數的限制[1]。由於無母數統計的假設較少、限制較少，因此它的適用性較廣，在一般正常的情況下若可用母數統計作推論的資料改用無母數進行分析，無母數估計較粗糙。無母數統計推論的變數衡量通常以名義量尺與順序量尺爲主，但區間量尺與比率量尺因可降級，故以無母數統計也可以進行分析。

---

[1] 如 K-S 檢定法就必須知道母體分配。

20.1 中位數檢定

中位數檢定的目的在於檢定單母體中位數是否等於某定值，或多母體(含二母體)的中位數是否相等，而多母體又可分成獨立母體與相關母體兩種情形。只要存在中位數的變數皆可進行中位數檢定，故以順序量尺、區間量尺與比率量尺衡量之變數皆可以此類檢定法進行檢定。接下來我們就針對各種中位數的檢定法進行介紹。

由於本章節的內容很容易讓人產生混淆，因此在正式介紹之前，我們先將本章節的檢定方法作一個大略性的整理：

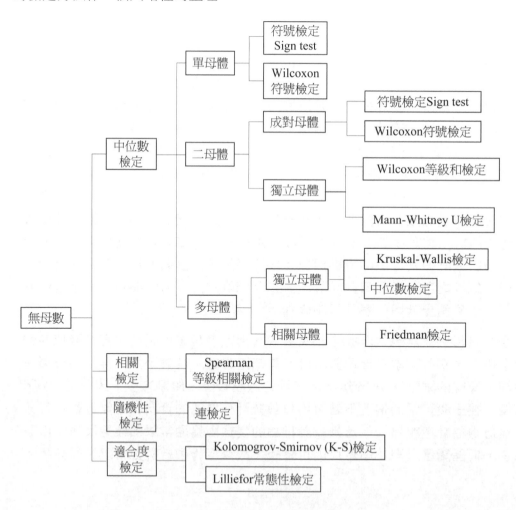

單母體中位數的檢定

當母體分配未知且小樣本時，t 檢定便不適用。小樣本若母體變異數已知，可使用柴比雪夫不等式作母體平均數的檢定，但若母體變異數未知，此時得改用中位數檢定法。中位數檢定特別適用於偏斜程度較高的分配，以及以順序量尺所衡量的變數。由於偏斜程度過高的分配，平均數較不具代表性，此時建議改用中位數檢定。單母體中位數的檢定方法一般有：符號檢定(sign test)與 Wilcoxon 符號順序檢定(Wilcoxon signed ranked test)兩種方法，這兩種方法分述於下。

20.2.1 符號檢定

依照樣本數的大小，符號檢定法可分成下列兩種情況：

1. 小樣本的符號檢定

符號檢定可用來檢定單一母體中位數 η 是否等於特定值 η_0，或者檢定成對母體中位數是否相同[2]，本節先介紹中位數檢定。符號檢定法顧名思義，此檢定法僅以正負符號進行檢定，因此只要具有順序量尺的變數皆可用符號檢定法，為了讓讀者能夠清楚的瞭解符號檢定法的原理，我們從一個雙尾的例子帶讀者進入符號檢定的殿堂。

假設有 10 筆資料如下所示：

70　85　70　77　70　50　55　75　81　20

現在我們要檢定中位數是否等於 60，那麼它的兩個假設寫成：$\begin{cases} H_0 : \eta = 60 \\ H_0 : \eta \neq 60 \end{cases}$。所謂中位數是指位置居中的數字，故以此資料而言大於 60 與小於 60 的資料筆數差不多相等。接下來把所有的資料和 60 比較，大於 60 的記作「＋」，小於 60 的記作「－」，上面的資料被轉換成：

＋　＋　＋　＋　＋　－　－　＋　＋　－

一共有 7 個「＋」號 3 個「－」，但我們不能因為正號較負號多就判定中位數不等於 60，因為抽樣會產生誤差，必須要有明顯的差距我們才能拒絕中位數不等於 60。就

---

[2] 有些書籍認為符號檢定與 Wilcoxon 符號等級檢定亦可檢定兩成對母體分配是否相同，在此要向讀者澄清觀念，此兩種方法重點在於檢定兩母體的"locations"是否相等，因為大部分情況我們會假設母體分配相同，然後再檢定中位數是否相等。

如同母數統計一般，需設立一個臨界值，當超過這個臨界值才有足夠證據顯示中位數不等於 60，它的概念如下圖所示：

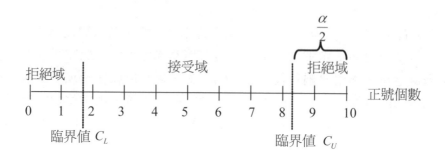

以本例而言，只要計算正號大於等於 7 次(本例有 7 個正號，7 的右側)機率(即 $P-value$ 的一半)是否小於 $\frac{\alpha}{2}$，若小於 $\frac{\alpha}{2}$ 的話，表示到達了拒絕域，或者 7 與臨界值次數 C_U 比較，若 7 超越 C_U，我們就可以下結論說，有顯著的證據顯示中位數不等於 60。現在應該大致瞭解檢定原理了，但問題是臨界值或大於 7 的機率如何計算？由於臨界值的求法有點麻煩，很花時間，因此我們僅介紹如何計算 P 值法。當進行檢定時，正負號出現的機率皆為 $\frac{1}{2}$，因此正號的出現機率服從成功機率 $p=\frac{1}{2}$ 的二項分配。假設 X 表出現正號的次數，那麼 $X \sim B(10,0.5)$，其機率分配為 $f(x) = C_x^n (0.5)^x (0.5)^{n-x}$。以本例而言 10 筆資料中大於等於 7 次正號的機率 2 倍也就是 $P-value$ 為：$P-value = 2f(x \geq 7) = 2\sum_{x=7}^{10} C_x^{10} (0.5)^x (0.5)^{10-x}$。接下來再看 $P-value$ 是否小於 α，若小於 α 即可拒絕虛無假設。因為雙尾檢定有兩個拒絕域，因此若正號的次數比負號次數少的話，那麼這時候就要計算左邊的機率了，例如正號次數只有 2 次，此時 $P-value = 2f(x \leq 2) = 2\sum_{x=0}^{2} C_x^{10} (0.5)^x (0.5)^{10-x}$。如果讀者對上述觀念沒問題的話，接下來就直接介紹如何進行左尾、右尾與雙尾的檢定。

假設 k 為正號的個數，n 為資料筆數，若資料減虛無假設的中位數等於 0，則必須把該筆資料去掉不列入計算，資料筆數也要跟著減少。

(1) 右尾檢定

- 兩個假設：$\begin{cases} H_0 : \eta \leq \eta_0 \\ H_1 : \eta > \eta_0 \end{cases}$

- $P-value = f(x \geq k) = \sum_{x=k}^{n} C_x^n (0.5)^x (0.5)^{n-x}$

- 決策法則：若 $P-value < \alpha$，拒絕虛無假設。

(2) 左尾檢定

- 兩個假設：$\begin{cases} H_0 : \eta \geq \eta_0 \\ H_1 : \eta < \eta_0 \end{cases}$

- $P-value = f(x \leq k) = \displaystyle\sum_{x=0}^{k} C_x^n (0.5)^x (0.5)^{n-x}$

- 決策法則：若 $P-value < \alpha$，拒絕虛無假設。

(3) 雙尾檢定

兩個假設：$\begin{cases} H_0 : \eta = \eta_0 \\ H_1 : \eta \neq \eta_0 \end{cases}$

- 當 $k > \dfrac{n}{2}$ 時

  ① $P-value = 2f(x \geq k) = 2\displaystyle\sum_{x=k}^{n} C_x^n (0.5)^x (0.5)^{n-x}$

  ② 決策法則：若 $P-value < \alpha$，拒絕虛無假設。

- 當 $k < \dfrac{n}{2}$ 時

  ① $P-value = 2f(x \leq k) = 2\displaystyle\sum_{x=0}^{k} C_x^n (0.5)^x (0.5)^{n-x}$

  ② 決策法則：若 $P-value < \alpha$，拒絕虛無假設。

2. 大樣本的符號檢定

由前面的章節知中位數的定義為 $P(x > \eta) = P(x < \eta) = 0.5$，相當於檢定出現「＋」號的機率是否等於 0.5，因此上面的三種假設可改寫成：

$$\begin{cases} H_0 : \eta \leq \eta_0 \\ H_1 : \eta > \eta_0 \end{cases} \Leftrightarrow \begin{cases} H_0 : p \leq 0.5 \\ H_1 : p > 0.5 \end{cases}$$

$$\begin{cases} H_0 : \eta \geq \eta_0 \\ H_1 : \eta < \eta_0 \end{cases} \Leftrightarrow \begin{cases} H_0 : p \geq 0.5 \\ H_1 : p < 0.5 \end{cases}$$

$$\begin{cases} H_0 : \eta = \eta_0 \\ H_1 : \eta \neq \eta_0 \end{cases} \Leftrightarrow \begin{cases} H_0 : p = 0.5 \\ H_1 : p \neq 0.5 \end{cases}$$

故若為大樣本時，相當於單母體樣本比例的假設檢定[3]，故檢定與決策法則直接引使用單母體比例檢定法的原理即可。當然只要滿足 $np \geq 5$ 且 $nq \geq 5$ 即稱為大樣本，因為 $p = 0.5$，故只要樣本數超過 10^4以上即可視作大樣本。其檢定法則如下(以標準檢定法為例)：

(1) 左尾檢定

檢定統計量：$z^* = \dfrac{\hat{p} - 0.5}{\sqrt{\dfrac{0.5 \times 0.5}{n}}}$

決策法則：當 $z^* < -z_\alpha$ 時，拒絕虛無假設。

其中 $\hat{p}$ 為出現正號的比例。

(2) 右尾檢定

檢定統計量：$z^* = \dfrac{\hat{p} - 0.5}{\sqrt{\dfrac{0.5 \times 0.5}{n}}}$

決策法則：當 $z^* > z_\alpha$ 時，拒絕虛無假設。

(3) 雙尾檢定

檢定統計量：$z^* = \dfrac{\hat{p} - 0.5}{\sqrt{\dfrac{0.5 \times 0.5}{n}}}$

決策法則：當 $\left| z^* \right| > z_{\frac{\alpha}{2}}$ 時，拒絕虛無假設。

---

[3] 此處本書籍與一般教科書採用的公式不同，並非本書籍錯誤，若再進一步就會發現與單母體比例檢定是一樣的檢定過程。

[4] 國內部分書籍寫 20 以上為大樣本，請參考 Keller & Warrack 所著的統計學，東華書局，裡面有敘述為何 10 個以上即可視作大樣本，依母體比例檢定原理，樣本數 10 即可使用 z 檢定。

例 1

某國中校長為瞭解某次小考學生的成績,於是隨機抽取 12 名同學,得成績如下所示:

  50　55　60　60　71　30　42　82　90　57　52　25

(1)請你以符號檢定法幫這位校長檢定,該校此次小考成績的中位數是否小於 60 分?
($\alpha = 0.05$)

(2)承上題,請改用 z 檢定再檢定一次。

解

(1) 設立兩個假設: $\begin{cases} H_0 : \eta \geq 60 \\ H_1 : \eta < 60 \end{cases}$

計算符號: $-$　$-$　0　0　$+$　$-$　$-$　$+$　$+$　$-$　$-$　$-$

$k = 3, n = 12 - 2 = 10$

$$P - value = f(x \leq 3) = \sum_{x=0}^{3} C_x^{10} (0.5)^x (0.5)^{10-x}$$

$$= C_0^{10}(0.5)^{10} + C_1^{10}(0.5)^{10} + C_2^{10}(0.5)^{10} + C_3^{10}(0.5)^{10} \approx 0.172$$

$\because P - value = 0.172 > 0.05$,不拒絕虛無假設,故無顯著證據顯示中位數小於 60 分

(2) 正號有 3 個,捨去兩個符號為 0 的樣本,故正號的機率為: $\hat{p} = \dfrac{3}{10} = 0.0.3$

設立兩個假設: $\begin{cases} H_0 : p \geq 0.5 \\ H_1 : p < 0.5 \end{cases}$

$$z^* = \frac{\hat{p} - p_0}{\sqrt{\dfrac{p_0 q_0}{n}}} = \frac{0.3 - 0.5}{\sqrt{\dfrac{0.5 \times 0.5}{10}}} = -1.265$$

$\because z^* = -1.265 > -z_{0.05} = -1.645$,不拒絕虛無假設,與符號檢定結果相同(註:相同是巧合)

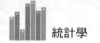

> **例 2**
>
> 某人宣稱他每日平均至少可製作 10 個陶瓷玩偶,現隨機任取 9 天紀錄他每次完成的陶瓷玩偶數,得資料如下:
>
> 12　13　8　7　10　15　12　11　13
>
> 請你以顯著水準 0.05 的條件,檢定此人是否平均每日至少可以製作 10 個陶瓷玩偶?

解

設立兩個假設: $\begin{cases} H_0 : \eta \leq 10 \\ H_1 : \eta > 10 \end{cases}$

計算符號:　+　　+　　−　　−　　0　　+　　+　　+　　+

$k = 6, n = 9 - 1 = 8$

$$P - value = f(x \geq k) = \sum_{x=k}^{n} C_x^n (0.5)^x (0.5)^{n-x} = \sum_{x=6}^{8} C_x^8 (0.5)^x (0.5)^{8-x}$$

$$= C_6^8 (0.5)^8 + C_7^8 (0.5)^8 + C_8^8 (0.5)^8 \approx 0.145$$

$\because P - value = 0.145 > \alpha = 0.05 \Rightarrow$ 不拒絕虛無假設,故無顯著的證據證明此人每日平均至少可製作 10 個陶瓷玩偶

20.2.2 Wilcoxon 符號等級檢定

Wilcoxon 符號等級檢定依照樣本數的不同,有不同的檢定策略。

1. 小樣本檢定

Wilcoxon 符號等級檢定(Wilcoxon signed rank-test)可用來檢定單母體中位數是否等於某定值,或者成對母體中位數是否相同,在本節中我們先介紹單母體中位數的檢定。它的原理是將符號檢定改成以等級(rank)的次序關係來進行中位數的檢定,這裡的次序關係是指把資料與中位數差的絕對值按照大小次序排列後,所給予的名次,由資料最小的開始從依次序給予 1,2,3…之等級。若資料為 x_i,虛無假設的中位數為 η_0,那差距的定義為:

$$D_i = x_i - \eta_0$$

若差距為 0,則該筆資料必須刪除。

例如：有筆資料為：$45, 57, 59, 40, 65, 98, 106, -24, 132, -50$，假設位數 $\eta_0 = 50$，那麼 $|D_i| = |x_i - \eta_0|$ 按大小排列後如下所示，其等級則為：

D_i	–5	7	9	–10	15	48	56	–74	82	–100
$|D_i|$	5	7	9	10	15	48	56	74	82	100
等級	1	2	3	4	5	6	7	8	9	10

如果遇到資料值相同，則將相同的資料的等級取平均值即可，例如：

$|D_i|$	5	5	9	10	10	10	56	74	74	100
原始等級	1	2	3	4	5	6	7	8	9	10
平均後等級	1.5	1.5	3	5	5	5	7	8.5	8.5	10

取 1,2 平均數　　　取 4,5,6 平均數　　　取 8,9 平均數

Wilcoxon 符號等級檢定的原理是當中位數等於 η_0 時，正的差距等級和與負的等級和要大約相等。在進行檢定前，首先要定義等級和：

$$R^+ = \sum_{D_i > 0} Rank(|D_i|)$$

$$R^- = \sum_{D_i < 0} Rank(|D_i|)$$

R^+ 與 R^- 的計算是十分容易的，由上面第一個表格的資料而言，$R^+ = 2 + 3 + 5 + 6 + 7 + 9 = 32$，而 $R^- = 1 + 4 + 8 + 10 = 23$，由這兩個值可以看出來 $R^+ + R^- = 1 + 2 + \cdots + 10 = 55$。故若有 n 筆資料 $R^+ + R^- = 1 + 2 + \cdots + n = \frac{1}{2}n(n+1)$，因此 Wilcoxon 符號等級檢定使用 R^+ 或 R^- 進行檢定，其結果是一樣的。

考慮右尾檢定，其兩個假設為：$\begin{cases} H_0 : \eta \le \eta_0 \\ H_1 : \eta > \eta_0 \end{cases}$，若對立假設成立，那麼中位數的分配如下圖所示：

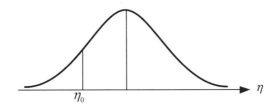

表示 η_0 右側的面積會大於左側的面積，此時 R^- 會較 R^+ 小比較容易計算，因此進行檢定時選擇以 R^- 當檢定統計量；同樣道理若左尾檢定時，則採用 R^+ 當檢定統計量，故不論是左尾或是右尾其決策法則皆相同；至於雙尾則採 R^+ 與 R^- 兩個中較小者當檢定

統計量。當 R^+ 或 R^- 越小，則表示中位數為 η_0 的可能性越小，因此若 R^+ 或 R^- 小於臨界值時，則拒絕虛無假設。至於臨界值的決定，則需查 Wilcoxon 符號等級檢定臨界值表。整個檢定程序為：

(1) 雙尾檢定

- 兩個假設： $\begin{cases} H_0 : \eta = \eta_0 \\ H_1 : \eta \neq \eta_0 \end{cases}$

- 檢定統計量： $R^* = \min(R^+, R^-)$ 。

- 決策法則：當 $R^* < R_{\frac{\alpha}{2}, n}$ 時，拒絕虛無假設。

(2) 單尾檢定

- 兩個假設： $\begin{cases} H_0 : \eta \geq \eta_0 \\ H_1 : \eta < \eta_0 \end{cases}$ 或 $\begin{cases} H_0 : \eta \leq \eta_0 \\ H_1 : \eta > \eta_0 \end{cases}$

- 檢定統計量： $R^* = \min(R^+, R^-)$ 。

- 決策法則：當 $R^* < R_{\alpha, n}$ 時，拒絕虛無假設。

註： $R_{\alpha, n}$ 需查 Wilcoxon 符號等級臨界值—成對母體檢定表。

2. 大樣本檢定

若樣本數 $n \geq 30$ [5]時，根據中央極限定理，等級符號的抽樣分配會趨近於常態分配，即

$$R \sim N(\frac{n(n+1)}{4}, \frac{n(n+1)(2n+1)}{24})^{[6]}$$

此時可改用 z 檢定進行檢定，其檢定法則為：

(1) 雙尾檢定

- 檢定統計量： $z^* = \dfrac{R^* - \dfrac{n(n+1)}{4}}{\sqrt{\dfrac{n(n+1)(2n+1)}{24}}}$ 。

- 決策法則：當 $|z^*| > z_{\frac{\alpha}{2}}$ 時，拒絕虛無假設。

---

[5] 有些數理統計的書籍認為 $n \geq 25$ 即為大樣本，Richard J. Larsen & Morris L. Marx "An introduction to mathematical statistics and its applications",雙葉

[6] 證明請參考本章最後面。

(2) 單尾檢定

- 檢定統計量：$z^* = \dfrac{R^* - \dfrac{n(n+1)}{4}}{\sqrt{\dfrac{n(n+1)(2n+1)}{24}}}$。

- 決策法則：當 $z^* < -z_\alpha$ 時，拒絕虛無假設。

例 3

假設 14 位學生統計學的成績如下：

| 45 | 38 | 67 | 59 | 88 | 64 | 82 | 72 | 88 | 65 | 70 | 93 | 48 | 63 |

試分別以符號檢定與 Wilcoxon 符號等級檢定法，檢定學生的成績中位數是否為 67，顯著水準 $\alpha = 0.05$。

解

(1) 符號檢定

設立兩個假設：$\begin{cases} H_0 : \eta = 67 \\ H_1 : \eta \neq 67 \end{cases}$

計算符號：$-\quad -\quad 0\quad -\quad +\quad -\quad +\quad +\quad +\quad -\quad +\quad +\quad -\quad -$

$k = 6 < \dfrac{n}{2}$

$$P - value = 2f(x \leq k) = 2\sum_{x=0}^{k} C_x^n (0.5)^x (0.5)^{n-x} = 2\sum_{x=0}^{6} C_x^{13} (0.5)^x (0.5)^{13-x}$$

$$= 2(C_0^{13} 0.5^{13} + C_1^{13} 0.5^{13} + \cdots + C_6^{13} 0.5^{13}) \approx 1$$

$\because P - value = 1 > \alpha = 0.05$，不拒絕虛無假設，故無顯著證據否定中位數等於 67。

(2) Wilcoxon 符號等級檢定

計算差距、符號與等級

D_i	−22	−29	−8	21	−3	15	5	21	−2	3	26	−19	−4
符號	−	−	−	+	−	+	+	+	−	+	+	−	−
$\|D_i\|$	22	29	8	21	3	15	5	21	2	3	26	19	4
等級	11	13	6	9.5	2.5	7	5	9.5	1	2.5	12	8	4

$R^+ = 9.5 + 8 + 5 + 9.5 + 2.5 + 12 = 46.5$

$R^- = 11 + 13 + 6 + 2.5 + 1 + 7 + 4 = 44.5$

$$R^* = \min(R^+, R^-) = 44.5 > R_{0.025,13} = 17$$

無足夠證據拒絕 H_0

例 4

承例題 2，請改用 Wilcoxon 符號等級檢定法再檢定一次。

解

計算差距、符號與等級

D_i	2	3	−2	−3	5	2	1	3
符號	+	+	−	−	+	+	+	+
$|D_i|$	2	3	2	3	5	2	1	3
等級	3	6	3	6	8	3	1	6

$$R^+ = 3 + 6 + 8 + 3 + 1 + 6 = 27$$

$$R^- = 3 + 6 = 9$$

$$R^* = \min(R^+, R^-) = 9 > R_{0.05,8} = 6$$

無足夠證據拒絕 H_0

註：無母數統計採用不同的方法，結果不一定相同。

例 5

已知資料如下所示：

49　49　48　52　48　54　54　55　44　56　57　43　43

42　40　39　61　37　63　63　67　31　75　77　20　20

試以 Wilcoxon 符號等級檢定法檢定上述資料中位數是否等於 50。

解

設立兩個假設：$\begin{cases} H_0 : \eta = 50 \\ H_1 : \eta \neq 50 \end{cases}$

計算差距、符號與等級

D_i	−1	−1	−2	2	−2	4	4	5	−6	6	7	−7	−7
符號	−	−	−	+	−	+	+	+	−	+	+	−	−
$\lvert D_i\rvert$	1	1	2	2	2	4	4	5	6	6	7	7	7
等級	1.5	1.5	4	4	4	6.5	6.5	8	9.5	9.5	12	12	12

D_i	−8	−10	−11	11	−13	13	13	17	−19	25	27	−30	−30
符號	−	−	−	+	−	+	+	+	−	+	+	−	−
$\lvert D_i\rvert$	8	10	11	11	13	13	13	17	19	25	27	30	30
等級	14	15	16.5	16.5	19	19	19	21	22	23	24	25.5	25.5

$R^+ = 4 + 6.5 + 6.5 + 8 + 9.5 + 12 + 16.5 + 19 + 19 + 21 + 23 + 24 = 169$

$R^- = 1.5 + 1.5 + 4 + 4 + 9.5 + 12 + 12 + 14 + 15 + 16.5 + 19 + 22 + 25.5 + 25.5 = 182$

$R^* = \min(R^+, R^-) = 169$

因樣本數 $n = 26$ 且無法查表查得，故視作大樣本

$$z^* = \frac{R^* - \dfrac{n(n+1)}{4}}{\sqrt{\dfrac{n(n+1)(2n+1)}{24}}} = \frac{169 - \dfrac{26 \times 27}{4}}{\sqrt{\dfrac{26 \times 27 \times 53}{24}}} \approx -0.165$$

$\because z^* = -0.165 > -z_{0.025} = -1.96$，不拒絕虛無假設，故上述資料中位數等於 50。

20.3 成對母體中位數的檢定

符號檢定法與 Wilcoxon 符號等級檢定除了可檢定單母體中位數是否為某特定值外，也可用來檢定母體分配未知的成對母體中位數是否相等，其檢定法與單母體檢定法完全一樣，只要將單母體中的特定值 η_0 視作第二個母體中位數，那麼就變成了成對母體的檢定。兩者假設的關係如下：

單母體中位數檢定   成對母體中位數檢定

$$\begin{cases} H_0 : \eta = \eta_0 \\ H_1 : \eta \neq \eta_0 \end{cases} \qquad\qquad \begin{cases} H_0 : \eta_1 = \eta_2 \\ H_1 : \eta_1 \neq \eta_2 \end{cases}$$

$$\begin{cases} H_0 : \eta \geq \eta_0 \\ H_1 : \eta < \eta_0 \end{cases} \qquad\qquad \begin{cases} H_0 : \eta_1 \geq \eta_2 \\ H_1 : \eta_1 < \eta_2 \end{cases}$$

$$\begin{cases} H_0 : \eta \leq \eta_0 \\ H_1 : \eta > \eta_0 \end{cases} \qquad\qquad \begin{cases} H_0 : \eta_1 \leq \eta_2 \\ H_1 : \eta_1 > \eta_2 \end{cases}$$

在進行單母體中位數檢定時，是以 $x_i - \eta_0$ 來決定符號，而用在成對母體則以 $x_{1i} - x_{2i}$ 來決定符號，其餘檢定法則一樣，故不再冗述。接下來以實際例子來說明檢定過程。

例 6

隨機選取 A、B 兩廠牌的輪胎各 10 個， 以成對的方式置入 10 部車的後輪中，以檢驗這兩種輪胎的耐磨程度，並記錄其耐磨里程數，其資料如下表所示：(單位：千公里)

編號	1	2	3	4	5	6	7	8	9	10
A	23	20	26	25	48	26	25	24	15	20
B	20	30	16	33	23	24	8	21	13	18

(1)若已知母體為常態分配，根據上述資料，請問 A 廠牌的輪胎耐磨度是否較 B 廠牌好？ $(\alpha = 0.01)$

(2)若母體分配未知，請重新再檢定一次。

解

(1) 設立兩個假設：$\begin{cases} H_0 : \mu_A \le \mu_B \\ H_1 : \mu_A > \mu_B \end{cases}$ 或 $\begin{cases} H_0 : \mu_d \le 0 \\ H_1 : \mu_d > 0 \end{cases}$

$\bar{d} = 4.6, s_d^2 = 110.7$

檢定統計量：$t^* = \dfrac{\bar{d} - 0}{\sqrt{\dfrac{s_d^2}{n}}} = \dfrac{4.6}{\sqrt{\dfrac{110.7}{10}}} \approx 1.3826$

$\because t^* = 1.3826 < t_{9,0.01} = 2.821$，不拒絕虛無假設，故無顯著證據證明 A 廠牌的輪胎耐磨度較 B 廠牌好

(2) 母體分配未知，改用中位數檢定法進行檢定

設立兩個假設：$\begin{cases} H_0 : \eta_A \le \eta_B \\ H_1 : \eta_A > \eta_B \end{cases}$

方法 1：符號檢定法

計算符號：＋ － ＋ － ＋ ＋ ＋ ＋ ＋ ＋

$k = 8, n = 10$

$P - value = f(x \ge 8) = \displaystyle\sum_{x=k}^{n} C_x^n (0.5)^x (0.5)^{n-x} = \sum_{x=8}^{10} C_x^{10} (0.5)^x (0.5)^{10-x}$

$= C_8^{10}(0.5)^{10} + C_9^{10}(0.5)^{10} + C_{10}^{10}(0.5)^{10} = 0.055$

$\because P - value = 0.055 > \alpha = 0.01 \Rightarrow$ 不拒絕虛無假設。

$n^+ = 8, n^- = 2, n = 10$

方法二：Wilcoxon 符號等級檢定法

計算差距

編號	1	2	3	4	5	6	7	8	9	10
D_i	3	-10	10	-8	25	2	17	3	2	2
符號	+	−	+	−	+	+	+	+	+	+
$|D_i|$	3	10	10	8	25	2	17	3	2	2
等級	4.5	7.5	7.5	6	10	2	9	4.5	2	2

$R^+ = 4.5 + 7.5 + 10 + 2 + 9 + 4.5 + 2 + 2 = 41.5$

$R^- = 7.5 + 6 = 13.5$

$R^* = \min(R^+, R^-) = 13.5 > R_{0.01,10} = 5 \Rightarrow$ 不拒絕虛無假設。

例 7

某項研究欲檢定健康成年人左右手臂的血壓是否相同，於是隨機選取 10 人測量其左右手血壓，得結果如下表所示：

左手	125	125	122	118	110	150	136	129	138	127
右手	123	130	126	120	110	146	133	130	135	120

試分別以符號檢定法與 Wilcoxon 符號等級檢定法進行檢定。$(\alpha = 0.05)$

解

假設 η_1 表左手血壓中位數，η_2 表右手血壓中位數

設立兩個假設：$\begin{cases} H_0 : \eta_1 = \eta_2 \\ H_1 : \eta_1 \neq \eta_2 \end{cases}$

(1) 符號檢定法：$\eta_1 - \eta_2$ 之符號，即(左手血壓 − 右手血壓)的符號

　　+ − − − 0 + + − + +

$k = 5, n = 10 - 1 = 9$

$P - value = f(x \geq 5) = \sum_{x=k}^{n} C_x^n (0.5)^x (0.5)^{n-x} = \sum_{x=5}^{9} C_x^{10} (0.5)^x (0.5)^{9-x}$

$= C_5^9 (0.5)^9 + C_6^9 (0.5)^9 + C_7^9 (0.5)^9 + C_8^9 (0.5)^9 + C_9^9 (0.5)^9 \approx 0.5$

$\because P-value=0.5>\alpha=0.05 \Rightarrow$ 不拒絕虛無假設,表示左右手血壓無顯著差異。

(2) Wilcoxon 符號等級檢定法

計算差距

D_i	2	-5	-4	-2	0	4	3	-1	3	7
符號	+	−	−	−		+	+	−	+	+
$|D_i|$	2	5	4	2		4	3	1	3	7
等級	2.5	8	6.5	2.5		6.5	4.5	1	4.5	9

$R^+=2.5+6.5+4.5+4.5+9=27$

$R^-=8+6.5+2.5+1=18$

$R^*=\min(R^+,R^-)=18>R_{0.05,9}=6 \Rightarrow$ 不拒絕虛無假設。

 20.4 兩獨立母體中位數的檢定

在上一節介紹了小樣本、母體分配未知的情況下,成對母體之中位數檢定,成對母體的檢定必須滿足自兩母體所抽取的樣本數相等,若抽自兩母體的樣本數不同或者兩獨立母體時,符號檢定法與Wilcoxon符號等級檢定法便不適用了。有關小樣本、母體分配未知情況下兩獨立母體中位數的檢定法,在本章節中將介紹:Wilcoxon等級和檢定(Wilcoxon rank-sum test)與Mann-Whitney U 檢定法。

20.4.1 Wilcoxon 等級和檢定

Wilcoxon 等級和檢定方法依照樣本的大小,可分成下列兩種情況:

1. 小樣本

Wilcoxon 等級和檢定主要用來檢定二獨立母體的中位數或母體分配是否相等,Wilcoxon 等級和檢定的概念十分簡單,與 Wilcoxon 符號等級檢定法的次序計算方式一樣,但計算時等級次序時必須將兩組資料混合,按大小順序排列之後再給予等級,同樣的若數值相同則次序取平均數。計算完等級次序後,再將混合的資料歸隊,也就是說來自第一母體的資料要回歸第一個母體。接著計算二組資料中樣本數較小的那組的等級和 W^*,並且將它視作第一組,而 W^* 即為檢定統計量,接著再與 Wilcoxon 等級和檢定表的臨界值比較,決定拒絕或接受虛無假設。事實上以樣本數較大的那組等級和進行檢定亦可,若兩組樣本數相同,取其中任一組皆可。取樣本小的那組等級和當檢

定統計量的原因在於樣本數少,計算量比較小的緣故,下面為此檢定法之檢定流程與決策法則。

(1) 右尾檢定

- 兩個假設:$\begin{cases} H_0 : \eta_1 \le \eta_2 \\ H_1 : \eta_1 > \eta_2 \end{cases}$

- 檢定統計量:$W^* =$ 樣本數較小的那組等級和。

- 決策法則:當 $W^* > W_U$ 時,拒絕 H_0,否則不拒絕 H_0。

(2) 左尾檢定

- 兩個假設:$\begin{cases} H_0 : \eta_1 \ge \eta_2 \\ H_1 : \eta_1 < \eta_2 \end{cases}$

- 檢定統計量:$W^* =$ 樣本數較小的那組等級和。

- 決策法則:當 $W^* < W_L$ 時,拒絕 H_0,否則不拒絕 H_0。

(3) 雙尾檢定

- 兩個假設:$\begin{cases} H_0 : \eta_1 = \eta_2 \\ H_1 : \eta_1 \ne \eta_2 \end{cases}$

- 檢定統計量:$W^* =$ 樣本數較小的那組等級和。

- 決策法則:當 $W^* < W_L$ 或 $W^* > W_U$ 時,拒絕 H_0,否則不拒絕 H_0。

2. 大樣本

當樣本數大於 10 時,數學家已經幫我們證明了,樣本數較小的那組等級和服從常態分配,即

$$W^* \sim N(\frac{n_1(n_1 + n_2 + 1)}{2}, \frac{n_1 n_2 (n_1 + n_2 + 1)}{12})$$

此時可改用 z 檢定進行檢定。

(1) 左尾檢定

- 檢定統計量:$z^* = \dfrac{W^* - \dfrac{n_1(n_1 + n_2 + 1)}{2}}{\sqrt{\dfrac{n_1 n_2 (n_1 + n_2 + 1)}{12}}}$

- 決策法則:當 $z^* < -z_\alpha$ 時,拒絕 H_0,否則不拒絕 H_0。

(2) 右尾檢定

- 檢定統計量：$z^* = \dfrac{W^* - \dfrac{n_1(n_1 + n_2 + 1)}{2}}{\sqrt{\dfrac{n_1 n_2(n_1 + n_2 + 1)}{12}}}$

- 決策法則：當 $z^* > z_\alpha$ 時，拒絕 H_0，否則不拒絕 H_0。

(3) 雙尾檢定

- 檢定統計量：$z^* = \dfrac{W^* - \dfrac{n_1(n_1 + n_2 + 1)}{2}}{\sqrt{\dfrac{n_1 n_2(n_1 + n_2 + 1)}{12}}}$

- 決策法則：當 $\left| z^* \right| > z_{\frac{\alpha}{2}}$ 時，拒絕 H_0，否則不拒絕 H_0。

例 8

比較兩工廠作業率的中位數，第一工廠五週作業率分別為：71,82,77,92,88(%)；第二工廠四周作業率分別為：85,82,94,97，請問

(1)此工廠的作業率是否相等？($\alpha = 0.05$) 請以 Wilcoxon 等級和檢定法進行檢定。

(2)若以常態分配近似，請再重新檢定一次。

解

(1) 假設 1 表第一工廠，2 表第二工廠

設立兩個假設：$\begin{cases} H_0 : \eta_1 = \eta_2 \\ H_1 : \eta_1 \neq \eta_2 \end{cases}$

將兩組樣本混合並計算等級，上標表示資料的來源。

作業率	71^1	77^1	82^2	82^1	85^2	88^1	92^1	94^2	97^2
等級	1	2	3.5	3.5	5	6	7	8	9

因第二組資料樣本數較小，故第二組資料的樣本等級和為：

$W^* = 3.5 + 5 + 8 + 9 = 25.5$, 且 $n_1 = 5, n_2 = 4$

查表知 $W_L = 12, W_U = 28$

$\because W_L < W^* < W_U$，不拒絕 H_0，故兩工廠的作業率無顯著差異。

(2) 檢定統計量：$z^* = \dfrac{W^* - \dfrac{n_1(n_1 + n_2 + 1)}{2}}{\sqrt{\dfrac{n_1 n_2 (n_1 + n_2 + 1)}{12}}} = \dfrac{25.5 - \dfrac{5(5+4+1)}{2}}{\sqrt{\dfrac{5 \times 4 \times (5+4+1)}{12}}} = 0.1225$

$\because \left| z^* \right| = 0.1225 < z_{0.025} = 1.96$，不拒絕 H_0。

例 9

有甲乙兩廠牌的燈泡，現自兩廠牌隨機抽取若干樣本，測試燈泡的壽命得資料如下：
(單位千小時)

甲廠牌：6.1　4.5　5.4　6.8　4.6

乙廠牌：7.2　5.9　7.8　6.9　7.1　5.2

請以 Wilcoxon 等級和檢定法檢定是否乙廠牌的燈泡壽命比甲廠牌長？($\alpha = 0.05$)

解

假設 1 表甲廠牌，2 表乙廠牌

設立兩個假設：$\begin{cases} H_0 : \eta_1 \geq \eta_2 \\ H_1 : \eta_1 < \eta_2 \end{cases}$

將兩組樣本混合並計算等級，上標表示資料的來源。

壽命	4.5^1	4.6^1	5.2^2	5.4^1	5.9^2	6.1^1	6.8^1	6.9^2	7.1^2	7.2^2	7.8^2
等級	1	2	3	4	5	6	7	8	9	10	11

因第一組資料樣本數較小，故第一組資料的樣本等級和為：

$W^* = 1 + 2 + 4 + 6 + 7 = 20$ 且 $n_1 = 5, n_2 = 6$

查表知 $W_L = 20$

$\because W^* = 20 = W_L$，故不拒絕 H_0，無顯著證據證明乙燈泡的壽命較甲燈泡長

20.4.2 Mann-Whitney U 檢定

Mann-Whitney U 檢定同樣也依照樣本大小區分成下列兩種情況：

1. 小樣本 $(n_1 \leq 10, n_2 \leq 10)$

Mann-Whitney U 檢定可用來檢定兩獨立母體中位數或母體分配是否相同，它的原理是利用兩組樣本各自的最大等級和與各自的實際等級和之差進行檢定，首先來看如何計算最大等級和。

假設第一組樣本有 n_1 個，第二組樣本有 n_2 個，當第一組樣本的最小資料大於第二組樣本的最大資料時，第一組樣本的等級和為最大，時此第一組樣本 n 個樣本的等級為：

$$n_2 + 1, n_2 + 2, n_2 + 3, \cdots, n_2 + n_1$$

故第一組樣本的最大等級和為

$$(n_2 + 1) + (n_2 + 2) + (n_2 + 3) + \cdots + (n_2 + n_1) = n_1 n_2 + \frac{n_1(n_1 + 1)}{2}$$

同理可求得第二組樣本的最大等級和為

$$(n_1 + 1) + (n_1 + 2) + (n_1 + 3) + \cdots + (n_1 + n_2) = n_1 n_2 + \frac{n_2(n_2 + 1)}{2}$$

接下來定義 U_1 與 U_2 兩個數值：

$$U_1 = n_1 n_2 + \frac{n_1(n_1 + 1)}{2} - W_1 \ , \ W_1 \text{為第一組樣本等級和}$$

$$U_2 = n_1 n_2 + \frac{n_2(n_2 + 1)}{2} - W_2 \ , \ W_2 \text{為第一組樣本等級和}$$

其檢定統計量為：$U^* = \min(U_1, U_2)$

接下來我們看它的檢定原理，若母體 1 的分配在母體 2 的右邊，那麼表示母體 1 的等級和 W_1 大於母體 2 的等級和 W_2，因此 $U_1 < U_2$。

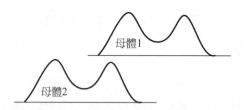

若要到達顯著的差異 $U^* = U_1$ 必須小於某個臨界值 U_0 才行，根據 P 值檢定法若欲到達顯著水準，則 $P - value = P(U < U^*) < \alpha$ 才行。同樣的若母體 1 的分配在母體 2 的左邊，那麼表示母體 1 的等級和 W_1 小於母體 2 的等級和 W_2，因此 $U_1 > U_2$。若要到達顯著的差異 $U^* = U_2$ 必須小於某個臨界值 U_0 才行，至於雙尾檢定的概念亦相同，故 Mann-Whitney U 檢定的檢定法則為：

(1) 雙尾檢定

- 兩個假設：$\begin{cases} H_0: \text{母體1的分配與母體2相同} \\ H_1: \text{母體1的分配與母體2不相同} \end{cases}$ 或 $\begin{cases} H_0: \eta_1 = \eta_2 \\ H_1: \eta_1 \neq \eta_2 \end{cases}$

- 檢定統計量：$U^* = \min(U_1, U_2)$

- 決策法則：若 $P\_value = P(U < U^*) < \dfrac{\alpha}{2}$，則拒絕 H_0，否則不拒絕 H_0。

(2) 單尾檢定

- 兩個假設：$\begin{cases} H_0 : \eta_1 \le \eta_2 \\ H_1 : \eta_1 > \eta_2 \end{cases}$ 或 $\begin{cases} H_0 : \eta_1 \ge \eta_2 \\ H_1 : \eta_1 < \eta_2 \end{cases}$

- 檢定統計量：$U^* = \min(U_1, U_2)$

- 決策法則：若 $P\_value < \alpha$，則拒絕則拒絕 H_0，否則不拒絕 H_0。

- 註： 因為 Mann-Whitney U 檢定的檢定統計量為 $U^* = \min(U_1, U_2)$，故不論單尾或雙尾檢定，$P-value$ 皆計算 U 分配的左側面積，因雙尾檢定有兩個拒絕域，左側的拒絕域面積為 $\dfrac{\alpha}{2}$，故雙尾檢定直接與 $\dfrac{\alpha}{2}$ 比較即可。

2. 大樣本 $(n_1 > 10, n_2 > 10)$

若為大樣本，則 U 的抽樣分配會服從常態分配，即

$$U \sim N(\frac{n_1 n_2}{2}, \frac{n_1 n_2 (n_1 + n_2 + 1)}{12})$$

我們來推導一下上面的期望值與變異數：

假設 $U^* = \min(U_1, U_2) = U_1$

$$E(U_1) = E(n_1 n_2 + \frac{n_1(n_1+1)}{2} - W_1) = E(n_1 n_2) + E(\frac{n_1(n_1+1)}{2}) - E(W_1)$$

$$= (n_1 n_2 + \frac{n_1(n_1+1)}{2} - \frac{n_1(n_1+n_2+1)}{2} = \frac{n_1 n_2}{2}$$

$$V(U_1) = V(n_1 n_2 + \frac{n_1(n_1+1)}{2} - W_1) = V(W_1) = \frac{n_1 n_2 (n_1 + n_2 + 1)}{12}$$

因此大樣本的檢定法則為：

(1) 雙尾檢定

- 檢定統計量：$z^* = \dfrac{U^* - \dfrac{n_1 n_2}{2}}{\sqrt{\dfrac{n_1 n_2 (n_1 + n_2 + 1)}{12}}}$

- 決策法則：$\left| z^* \right| > z_{\frac{\alpha}{2}}$ 時，拒絕則拒絕 H_0，否則不拒絕 H_0。

(2) 單尾檢定

- 檢定統計量：$z^* = \dfrac{U^* - \dfrac{n_1 n_2}{2}}{\sqrt{\dfrac{n_1 n_2 (n_1 + n_2 + 1)}{12}}}$

- 決策法則：$z^* < -z_\alpha$ 時，拒絕則拒絕 H_0，否則不拒絕 H_0。

> **例 10**
>
> 同例題 8，比較兩工廠作業率的中位數是否相等。第一工廠五週作業率分別為：71,82,77,92,88(%)；第二工廠四周作業率分別為：85,82,94,97，請改用 Mann-Whitney U 檢定法進行檢定。

解

假設 1 表第二工廠，2 表第一工廠，$n_1 = 4, n_2 = 5$

設立兩個假設：$\begin{cases} H_0 : \eta_1 = \eta_2 \\ H_1 : \eta_1 \neq \eta_2 \end{cases}$

將兩組樣本混合並計算等級，上標表示資料的來源。

作業率	71[1]	77[1]	82[2]	82[1]	85[2]	88[1]	92[1]	94[2]	97[2]
等級	1	2	3.5	3.5	5	6	7	8	9

$W_1 = 1 + 2 + 3.5 + 6 + 7 = 19.5$

$W_2 = 3.5 + 5 + 8 + 9 = 25.5$

$U_1 = n_1 n_2 + \dfrac{n_1(n_1 + 1)}{2} - W_1 = 4 \times 5 + \dfrac{4(4+1)}{2} - 19.5 = 10.5$

$U_2 = n_1 n_2 + \dfrac{n_2(n_2 + 1)}{2} - W_2 = 4 \times 5 + \dfrac{5 \times (5+1)}{2} - 25.5 = 9.5$

$U^* = \min(U_1, U_2) = 9.5$

查表知 $P(U < 9) = 0.452$

故 $P - value = P(U < 9.5) > P(U < 9) > \alpha = 0.05$

不拒絕 H_0，兩工廠作業率之中位數無顯著差異。

例 11

設某公司由 X、Y 兩廠引用零組件，由記錄知此二廠零組件 100 個中不良品個數分別為：

X 廠 4　10　12　2　18　12　8　　6　4　12

Y 廠 3　4　5　6　10　12　10　12　6　6　3　10

試用 Mann-Whitney U 檢定法檢定 X，Y 廠之零組件水準是否相同？($\alpha = 0.05$)

解

設立兩個假設：$\begin{cases} H_0 : X,Y \text{兩廠零件水準相同} \\ H_1 : X,Y \text{兩廠零件水準不同} \end{cases}$

等級	1	2.5	2.5	5	5	5	7	9.5	9.5	9.5	9.5
資料	2^X	3^Y	3^Y	4^X	4^X	4^Y	5^Y	6^X	6^Y	6^Y	6^Y

等級	12	14.5	14.5	14.5	14.5	19	19	19	19	19	22
資料	8^X	10^X	10^Y	10^Y	10^Y	12^X	12^X	12^X	12^Y	12^Y	18^X

假設 1 表 X 廠 2 表 Y 廠，$n_1 = 10, n_2 = 12$ ，為大樣本

$W_1 = 126, W_2 = 127$

$$U_1 = n_1 n_2 + \frac{n_1(n_1+1)}{2} - W_1 = 10 \times 12 + \frac{10(10+1)}{2} - 126 = 49$$

$$U_2 = n_1 n_2 + \frac{n_2(n_2+1)}{2} - W_2 = 10 \times 12 + \frac{12(12+1)}{2} - 127 = 71$$

檢定統計量：$U^* = \min(U_1, U_2) = 49$

$$\left| z^* \right| = \frac{U^* - \frac{n_1 n_2}{2}}{\sqrt{\frac{n_1 n_2 (n_1 + n_2 + 1)}{12}}} = \frac{49 - \frac{(10)(12)}{2}}{\sqrt{\frac{(10)(12)(10+12+1)}{12}}} \approx 0.725$$

$\because z^* = 0.725 < z_{0.025} = 1.96$ ，不拒絕 H_0 ，故無足夠顯示 X，Y 廠之零組件水準有差異

多母體檢定中位數

在第十六章中我們曾經介紹變異數分析可檢定多母體平均數是否相等,但母體必須滿足常態性、齊一性與獨立性三個條件且依變數必須以比率量尺或區間量尺衡量之資料,也就是說樣本平均數必須可被計算才能夠進行變異數分析。若母體不是常態分配或者變數為順序量尺所衡量之變數,那麼就不能夠使用變異數分析,故在本節中將介紹三種可檢定非常態分配且多組母體中位數的檢定方法,這三種方法分別為:中位數檢定、Kruskal-Wallis(K-W)檢定與 Friedman 檢定。

20.5.1 中位數檢定

中位數檢定主要用於檢定兩組或多組獨立樣本母體平均數是否相等,它的概念與檢定統計量和卡方齊一性檢定完全一樣。它的原理十分簡單,首先將所有的資料合併在一起,求出合併後資料的中位數,然後再將所有的資料依是否大於中位數分成兩組,也就是說把來自數個母體的樣本資料按全體的中位數區分成兩個部分,以列聯表的方式呈現,如下表所示:

	樣本 1	...	樣本 i	...	樣本 k
大於中位數的個數	o_{11}	...	o_{1i}	...	o_{1k}
小於中位數的個數	o_{21}	...	o_{2i}	...	o_{2k}

如果這 k 個母體的中位數相等,那麼上述之觀測值個數在每個母體中大於中位數的個數或小於中位數的個數比會等於 $\frac{1}{2}$,假設樣本 1 大於中位數的比例為 p_1,樣本 2 大於中位數的比例為 p_2 ......,於是檢定中位數是否相等就相當於檢定上面列聯表資料 $p_1 = p_2 = \cdots = p_k$ 是否成立。因此中位數檢定法可利用卡方齊一性檢定原理來檢定多母體中位數是否相等。其檢定法則為:

1. 設立兩個假設:$\begin{cases} H_0:樣本所來自的母體中位數相等 \\ H_1:樣本所來自的母體中位數不相等 \end{cases}$

2. 將所有樣本合併,求出中位數

3. 編製列聯表(等於中位數者不計)。

4. 檢定統計量:$\chi^{2*} = \sum_i \sum_j \dfrac{(o_{ij} - e_{ij})^2}{e_{ij}}$。

5. 決策法則:當 $\chi^{2*} > \chi^2_{\alpha,(r-1)(c-1)}$ 時,拒絕 H_0,否則不拒絕 H_0。

例 12

主計處為研究北中南三地的生活費用是否相同，因此自北、中、南三地隨機抽選若干住戶，得到下列資料：

生活費(萬)	北	中	南
30	1	1	2
40	1	2	3
50	2	3	1
70	3	1	1

(1)請以中位數檢定法檢定三個地區住戶的平均生活費用是否有差異？($\alpha = 0.05$)

(2)若三個地區的生活費呈常態分配，且變異數相等，請問應該用何種方法進行檢定？

解

(1) 設立兩個假設：$\begin{cases} H_0 : \eta_{北} = \eta_{南} = \eta_{中} \\ H_1 : \eta \text{不全相等} \end{cases}$

將所有的資料合併，全部有 21 筆資料，故中位數在第 11 筆 $\Rightarrow \eta = 50$

生活費(萬)	北	中	南	累積次數
30	1	1	2	4
40	1	2	3	10
50	2	3	1	16
70	3	1	1	21

$\eta = 50$，接著將北中南三區的資料以 50 為分界限切割成兩組，如下表所示(括號內數字為期望值次數)

	北	中	南
小於 50	3 (2.5)	1 (2)	1 (3)
大於 50	2 (2.5)	3 (2)	5 (3)

檢定統計量：$\chi^{2*} = \sum_i \sum_j \dfrac{(o_{ij} - e_{ij})^2}{e_{ij}} = \dfrac{(3-2.5)^2}{2.5} + \dfrac{(1-2)^2}{2} + \cdots + \dfrac{(5-3)^2}{3} \approx 3.867$

$\because \chi^{2*} = 3.867 < \chi^2_{\alpha,(r-1)(c-1)} = \chi^2_{0.05,2} = 5.99147$ 故不拒絕 H_0，表三個地區平均生活費無顯著差異。

(2) 單因子變異數分析

20.5.2 Kruskal-Wallis (K-W)檢定

Kruskal-Wallis (K-W)檢定主要用在檢定三個或三個以上獨立母體分配(或中位數)是否相同,它用來改良變異數分析無法檢定以順序量尺衡量之變數之缺陷。既然為改良版的變異數分析,因此方法與變異數分析十分類似,不同之處在於改以次序關係呈現資料,同時檢定統計量也有差異,但若公式記不起來,Kruskal-Wallis 檢定可直接使用變異數分析的計算公式來進行計算,所獲得的檢定統計量答案是一樣的。下面會實際舉一個例子改用變異數分析的公式進行計算,接下來將介紹這個檢定法的原理。

假設原始資料如下表所示:

樣本 ＼ 母體	1	2	...	n_k
1	x_{11}	x_{12}	...	x_{1n_1}
2	x_{21}	x_{22}	...	x_{2n_2}
⋮	⋮	⋮	...	⋮
k	x_{k1}	x_{k2}	...	x_{kn_k}

接著將所有的資料混合並且排序求等級,若遇相同等級則取平均值,假設計算完成後的等級資料如下表所示:

樣本 ＼ 母體	1	2	...	n_k
1	R_{11}	R_{12}	...	R_{1n_1}
2	R_{21}	R_{22}	...	R_{2n_2}
⋮	⋮	⋮	...	⋮
k	R_{k1}	R_{k2}	...	R_{kn_k}
總和	R_1	R_2	...	R_k

假設全體資料總數為 n,接下來仿照變異數分析的方法可求出等級資料的總變異:

$$SST = \sum_{i=1}^{n_i}\sum_{j=1}^{k}(R_{ij} - \overline{\overline{R}})^2 = \sum_{i=1}^{n_i}\sum_{j=1}^{k}R_{ij}^2 - n\overline{\overline{R}}^2$$

其中 $\overline{\overline{R}}^2 = \dfrac{1}{n}\sum_{i=1}^{n_i}\sum_{j=1}^{k}R_{ij} = \dfrac{1}{n}(1+2+\cdots+n) = \dfrac{1}{2}(n+1)$

故 $SST = \sum_{i=1}^{n_i}\sum_{j=1}^{k}R_{ij}^2 - n\overline{\overline{R}}^2 = \dfrac{1}{6}n(n+1)(2n+1) - n \times \dfrac{1}{4}(n+1)^2 = \dfrac{n(n+1)(n-1)}{12}$

接著計算每個母體所產生的組間變異(相單於單因子變異數分析中的 SSA)為：

$$SSA = \sum_{j=1}^{k} n_j (\bar{R}_j - \bar{\bar{R}})^2 = \sum_{j=1}^{k} \frac{R_j^2}{n_j} - \frac{n(n+1)^2}{4}$$

定義 $K^* = \dfrac{SSA}{SST/n-1} = \dfrac{12}{n(n+1)} \sum_{j=1}^{k} \dfrac{R_j^2}{n_j} - 3(n+1)$

上式稱為 Kruskal-Wallis 的檢定統計量，當虛無假設為真的情況下 K^* 服從自由度 $k-1$ 的卡方分配。上述公式為假設沒有同等級出現狀況，若各處理的觀測值有同等級時，則檢定統計量必須使用校正公式，校正公式為[7]：

$$K_c^* = \frac{K^*}{1 - \dfrac{\sum_{i=1}^{m}(t_i^3 - t_i)}{n^3 - n}}$$

其中：m 為同等級組數，t_i 為同等級觀測值個數。

故檢定法則為：

1. 兩個假設：$\begin{cases} H_0 : k \text{個母體分配(中位數)相同} \\ H_1 : k \text{個母體分配(中位數)不全相同} \end{cases}$

2. 檢定統計量：$K^* = \dfrac{12}{n(n+1)} \sum_{j=1}^{k} \dfrac{R_j^2}{n_j} - 3(n+1)$

3. 決策法則：當 $K^* > \chi^2_{(k-1),\alpha} \Rightarrow$ 拒絕 H_0。

例 13

隨機選取 16 名學生，分成三組使用三種不同教學法(啟發式、電腦輔助、傳統式)，經過一學期後學生考試分數如下表所示：

	成績				
啟發式	76	74	79	81	74	
電腦輔助	81	79	82	75	78	81
傳統	75	72	65	62	64	

試以 Kruskal-Wallis 檢定法，檢定不同教學法對學生的成績是否有差異？($\alpha = 0.05$)

---

[7] 因大部分的教科書並未介紹校正公式，故以不校正的公式記算亦被允許。

解

設立兩個假設：$\begin{cases} H_0 : 三種教學法成績無差異 \\ H_1 : 三種教學法成績有差異 \end{cases}$

將資料依大小順序排序，並求出等級與各組之平均，如下表所示：

	成績					總和	平均
啟發式	9	5.5	11.5	14	5.5		45.5	9.1
電腦輔助	14	11.5	16	7.5	10	14	73	73/6
傳統	7.5	4	3	1	2		17.5	3.5

檢定統計量：$K^* = \dfrac{12}{n(n+1)} \displaystyle\sum_{j=1}^{k} \dfrac{R_j^2}{n_j} - 3(n+1)$

$$= \frac{12}{16 \times 17}(\frac{45.5^2}{5} + \frac{73^2}{6} + \frac{17.5^2}{5}) - 3 \times 17 = 9.153$$

因為有同等級出現，故需使用校正公式，將同等級資料與個數列出如下表所示：

同等級觀測值	5.5	7.5	11.5	14
個數 t_i	2	2	2	3
$t_i^3 - t_i$	6	6	6	24

故校正統計量為：$K_c^* = \dfrac{K^*}{1 - \dfrac{\displaystyle\sum_{i=1}^{m}(t_i^3 - t_i)}{n^3 - n}} = \dfrac{9.153}{1 - \dfrac{6+6+6+24}{16^3 - 16}} \approx 9.248$

$\because K_c^* = 9.248 > \chi_{0.05,2}^2 = 5.99147$，拒絕 H_0，表三種不同教學法對學生的成績會產生差異

註：本題亦可直接使用變異數分析的公式計算總變異與組間變異，如此可少背一些公式，特別是需要使用校正公式時，以變異數分析的公式計算會更覺簡單。

$SST = n_T \sigma_T^2 = 16 \times 21.031 = 336.5$ （直接以計算機進行計算）

$\overline{\overline{x}} = 8.5$

$SSA = \displaystyle\sum_{j=1}^{k} \sum_{i=1}^{n_j} (\overline{x}_j - \overline{\overline{x}})^2 = \sum_{j=1}^{k} n_j \overline{x}_j^2 - n_T \overline{\overline{x}}^2$

$$= (5 \times 9.1^2 + 6 \times (\frac{73}{6})^2 + 5 \times 3.5^2) - 16 \times 8.5^2 = 207.4667$$

$K^* = \dfrac{SSA}{MST} = \dfrac{207.4667}{\dfrac{336.5}{16-1}} = 9.248$

其中 *SSA* 亦可由 *SSA* = *SST* − *SSE* 計算求得。

20.5.3 Friedman 檢定

在變異數分析中的隨機集區實驗，必須滿足變異數分析的基本假設，且資料的平均數必須存在的條件。若資料型態為順序量尺或母體不滿足常態分配時，須改用 Friedman 檢定。Friedman 檢定需滿足以下三個條件：

1. 集區是獨立的。

2. 無交互影響。

3. 變數量尺至少為等級資料。

假設原始資料如下表所示：

集區 \\ 母體	1	2	…	*c*
1	x_{11}	x_{12}	…	x_{1c}
2	x_{21}	x_{22}	…	x_{2c}
⋮	⋮	⋮	…	⋮
r	x_{r1}	x_{r2}	…	x_{rc}

接著以集區為單位，將每個集區中的資料由小到大排序，依次給予等級，若與同等級則取平均數，每個集區中最大的等級為 *c*。如下表所示：

集區 \\ 母體	1	2	…	*c*
1	R_{11}	R_{12}	…	R_{1c}
2	R_{21}	R_{22}	…	R_{2c}
⋮	⋮	⋮	…	⋮
r	R_{r1}	R_{r2}	…	R_{rc}
總和	R_1	R_2	…	R_c
平均	$\bar{R}_1$	$\bar{R}_2$	…	$\bar{R}_c$

假設全體等級資料的平均 $\bar{\bar{R}}$ 等於：

$$\bar{\bar{R}} = \frac{r(1+2+3+\cdots+c)}{rc} = \frac{(c+1)}{2}$$

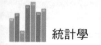

根據變異數分析原理，可求出上面表格之總變異：

$$SST = \sum_{i=1}^{r}\sum_{j=1}^{c}(R_{ij} - \overline{\overline{R}})^2 = \sum_{i=1}^{r}\sum_{j=1}^{c}R_{ij}^2 - rc\overline{\overline{R}}^2 = r \times \frac{1}{6}c(c+1)(2c+1) - rc(\frac{c+1}{2})^2$$

$$= \frac{rc(c+1)(c-1)}{12}，其中 rc = 全體資料數$$

同理各處理間的平方和為

$$SSA = \sum_{i=1}^{r}\sum_{j=1}^{c}(\overline{R}_j - \overline{\overline{R}})^2 = r\sum_{j=1}^{c}(\overline{R}_j - \overline{\overline{R}})^2 = \frac{1}{r}\sum_{j=1}^{c}R_j^2 - \frac{rc(c+1)^2}{4}$$

定義 Friedman F_r 公式為：

$$F_r = \frac{SSA}{SST/r(c-1)} = \frac{12}{rc(c+1)}\sum_{j=1}^{c}R_j^2 - 3r(c+1)$$

在虛無假設為真的情況下 F_r 趨近於自由度 $c-1$ 的卡方分配，故整個檢定法則為：

1. 兩個假設：$\begin{cases} H_0 : c個母體分配相同 \\ H_1 : c個母體分配不完全相同 \end{cases}$

2. 檢定統計量：$F_r^* = \dfrac{12}{rc(c+1)}\sum_{j=1}^{c}R_j^2 - 3r(c+1)$ [8]

3. 決策法則：當 $F_r^* > \chi_{\alpha,c-1}^2$ 時，拒絕 H_0，否則不拒絕 H_0。

例 14

設有四種品牌 A、B、C、D 之資訊電腦化系統，欲比較其品質是否相同，經四位專家平分結果如下：

專家	品牌			
	A	B	C	D
1	85	82	82	79
2	87	75	86	82
3	90	81	80	76
4	80	75	81	75

請你以 Friedman 檢定法，檢定四種品牌資訊電腦化系統之品質是否有差異。($\alpha = 0.05$)

---

[8] 此公式亦有校正公式，因大部分的書籍皆未介紹，故本書籍亦省略。

解

設立兩個假設：$\begin{cases} H_0 : \text{四種品牌資訊電腦化之品質相同} \\ H_1 : \text{四種品牌資訊電腦化之品質有差異} \end{cases}$

計算每個集區之等級：

消費者	A	B	C	D
1	4	2.5	2.5	1
2	4	1	3	2
3	4	3	2	1
4	3	1.5	4	1.5
總和	15	8	11.5	5.5

檢定統計量：$F_r^* = \dfrac{12}{rc(c+1)} \displaystyle\sum_{j=1}^{c} R_j^2 - 3r(c+1)$

$$= \frac{12}{4 \cdot 4 \cdot (4+1)}(15^2 + 8^2 + 11.5^2 + 5.5^2) - 3 \cdot 4 \cdot (4+1) = 7.725$$

$F_r^* = 7.725 < \chi_{0.05,3}^2 = 7.82$，不拒絕 H_0，故四種品牌資訊電腦化系統之品質無顯著差異。

20.6 母體分配檢定

　　在本節中將介紹 Kolomogrov-Smirnov (K-S)檢定法與 Lilliefor 常態性檢定法。這兩種檢定可用於檢定樣本是否來自某一特定分配，或母體分配是否為某特定分配。

20.6.1 Kolomogrov-Smirnov 檢定

　　Kolomogrov-Smirnov 檢定簡稱 K-S 檢定，K-S 檢定是一種適合度檢定，它比卡方適合度檢定更具檢定力，K-S 檢定法不必像卡方檢定那般一定得把理論次數合併成大於 5 才可使用。在樣本太少的情況下卡方適合度檢定不能使用，但 K-S 檢定仍可使用，唯一的缺點是 K-S 檢定法必須事先知道母體參數才能使用。K-S 原理十分簡單，它是利用觀測值的相對累積次數(機率)與理論值的相對累積次數之差來進行檢定。若差距超過某個臨界值，如下圖所示，那麼就表示此組樣本不符合所假設的分配，亦即母體與假設之分配不符合。

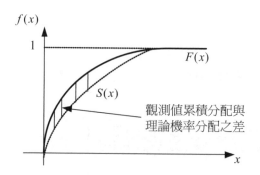

它的兩個假設寫成：$\begin{cases} H_0: 樣本分配與特定分配相同 \\ H_1: 樣本分配與特定分配不相同 \end{cases}$，檢定步驟可分成下列三個步驟。

步驟 1：計算理論的 CDF：$F(x_i)$ 與實際資料的 CDF：$S(x_i)$

步驟 2：求檢定統計量

$$D^* = \max \left| F(x_i) - S(x_i) \right|$$

步驟 3：比較 D^* 與 $D_{\frac{\alpha}{2},n}$ 之大小。若 $D^* > D_{\frac{\alpha}{2},n}$，則結論為拒絕 H_0，否則不拒絕 H_0。

其中 $D_{\frac{\alpha}{2},n}$ 要查 Kolomogrov-Smirnov 檢定表。

例 15

設有 50 盒零組件，不良品個數的盒數分配為：

不良品個數	0	1	2	3	4	5	6	7	8 以上
盒數	2	2	9	11	7	8	9	1	1

試在 $\alpha = 0.05$ 之下，以 K-S 檢定法檢定不良品個數的分配是否為 $\lambda = 4$ 的 Poisson 分配。

解

設立兩個假設：$\begin{cases} H_0: 不良品個數服從Poisson分配 \\ H_1: 不良品個數不服從Poisson分配 \end{cases}$

Poisson 分配之 pdf 為：$f(x) = \dfrac{e^{-4}4^x}{x!}$，$x$ 表不良品個數

x	$f(x)$	$F(x)$	觀察次數	累積次數	$S(x)$	$\|F(x)-S(x)\|$	
0	0.01832	0.01832	2	2	0.04	0.02168	
1	0.07326	0.09158	2	4	0.08	0.01158	
2	0.14653	0.23811	9	13	0.26	0.02189	
3	0.19537	0.43348	11	24	0.48	0.04652	
4	0.19537	0.62885	7	31	0.62	0.00855	
5	0.15629	0.78514	8	39	0.78	0.00514	
6	0.10419	0.88933	9	48	0.96	0.07067	← max
7	0.05954	0.94887	1	49	0.98	0.03113	
8 以上	0.05113	1.0	1	50	1.0	0	

檢定統計量：$D^* = \max\left|F(X) - S(X)\right| = 0.07067$

$\because D^* = 0.07067 < D_{0.025,50} = 0.18841$，不拒絕虛無假設，故分配服從 $\lambda = 4$ 的 Poisson 分配。

例 16

自一裝有中 1 號到 10 號球的袋子中，採取出放回的方式，連續抽取 100 次，並記錄各號碼球出現的情況，如下表所示：

號碼 x	1	2	3	4	5	6	7	8	9	10
次數	10	12	5	13	7	11	6	14	10	12

試在 $\alpha = 0.05$ 之下，以 K-S 檢定法檢定各號碼球出現的機率是否相同？

解

設立兩個假設：$\begin{cases} H_0 : 號碼球服從均勻分配 \\ H_1 : 號碼球不服從均勻分配 \end{cases}$

$f(x) = \dfrac{1}{10}, x = 1, 2, \cdots, 10$

x	1	2	3	4	5	6	7	8	9	10
$f(x)$	$\dfrac{1}{10}$	$\dfrac{1}{10}$	$\dfrac{1}{10}$	$\dfrac{1}{10}$	$\dfrac{1}{10}$	$\dfrac{1}{10}$	$\dfrac{1}{10}$	$\dfrac{1}{10}$	$\dfrac{1}{10}$	$\dfrac{1}{10}$
$F(x)$	0.1	0.2	0.3	0.4	0.5	0.6	0.7	0.8	0.9	1
次數	10	12	5	13	7	11	6	14	10	12
累積次數	10	22	27	40	47	58	64	78	88	100
$S(x)$	0.1	0.22	0.27	0.4	0.47	0.58	0.64	0.78	0.88	1
$\|F(x)-S(x)\|$	0	0.02	0.03	0	0.03	0.02	0.06	0.02	0.02	0

檢定統計量：$D^* = \max |F(X) - S(X)| = 0.06$

$\because D^* = 0.06 < D_{0.025,100} = 0.13403$，不拒絕虛無假設，故號碼球服從均勻分配，即出現的機率相同。

20.6.2 Lilliefor 常態性檢定

　　卡方適合度檢定與 Kolomogrov-Smirnov (K-S)檢定法皆可檢定母體是否服從某種分配，但卡方分配若期望次數小於 5 的時候必須合併，因此樣本數若過小，其檢定效果會大打折扣。而 Kolomogrov-Smirnov (K-S)檢定法雖不受期望次數需大於 5 的限制，但必須事先知道母體參數方可進行檢定，因此若母體參數未知，那麼 K-S 檢定法便無法使用了。Lilliefor 常態性檢定法改良的 K-S 檢定法的限制，但 Lilliefor 常態性檢定法只能檢定母體是否服從常態分配。Lilliefor 常態性檢定法的理論源自於 K-S 檢定法，對於 K-S 檢定法而言，若要檢定母體是否為常態分配必須事先知道母體的平均數與變異數，再將隨機變數 x 值代入常態分配的機率函數 $f(x) = \dfrac{1}{\sqrt{2\pi}\sigma} e^{-\frac{1}{2}\frac{(x-\mu)^2}{\sigma^2}}$ 求出理論機率值。而 Lilliefor 常態性檢定法則利用樣本平均數與樣本標準差，將樣本資料轉成 z 分數，再藉由標準常態分配表查出理論機率。也就是說，理論機率的 CDF 為：

$$F(x) = P(z \le \frac{x_i - \overline{x}}{s})$$

其檢定統計量：$D^* = \max |F(x_i) - S(x_i)|$

決策法則：若 $D^* > D_{\frac{\alpha}{2}, n}$ 時拒絕 H_0，否則不拒絕 H_0。

例 17

從某大學隨機抽取 35 位學生記錄統計學期中考成績，其資料如下：

87	77	92	68	80	78	84	77	81	80	80	77	92	86	76	80
77	72	81	81	84	86	80	68	77	87	76	77	78	92	75	80
78	72	75													

試以 Lilliefor 常態性檢定法檢定此大學學生統計學成績是否服從常態分配？
($\alpha = 0.05$)

解

設立兩個假設：$\begin{cases} H_0 : 統計學成績服從常態分配 \\ H_1 : 統計學成績不服從常態分配 \end{cases}$

全體樣本平均數與樣本標準差 $\bar{x} = \dfrac{1}{35}\sum x_i = 79.74$,

$$s^2 = \frac{1}{34-1}\sum x_i^2 - \frac{35}{34-1}\bar{x}^2 \approx 35.2556, s = \sqrt{s^2} \approx 5.94$$

將上述資料整理成次數分配表,並計算期望機率與觀察值機率,如下表所示:

成績 x	次數	累積次數	$S(x)$	$\dfrac{x-\bar{x}}{s}$	$F(x)$	$\lvert F(x)-S(x)\rvert$
68	2	2	0.0571	-1.98	0.0239	0.0332
72	2	4	0.1143	-0.3	0.0968	0.0175
75	2	6	0.1714	-0.8	0.2119	0.0405
76	2	8	0.2286	-0.63	0.2643	0.0357
77	6	14	0.4	-0.46	0.3228	0.0772
78	3	17	0.4857	-0.29	0.3859	0.0998
80	6	23	0.6571	0.04	0.5160	0.1411
81	3	26	0.7429	0.21	0.5832	0.1597
84	2	28	0.8	0.72	0.7642	0.0358
86	2	30	0.8571	1.05	0.8531	0.004
87	2	32	0.9143	1.22	0.8888	0.0255
92	3	35	1	2.06	0.9803	0.0197

檢定統計量: $D^* = \max\lvert F(x_i)-S(x_i)\rvert = 0.1597$

$\because D^* = 0.1597 < D_{0.025,35} = 0.23$,不拒絕虛無假設,故學生成績服從常態分配。

 20.7 隨機性檢定-連檢定

連檢定(run test)主要目的在於檢定一組樣本是否具有隨機性,也有人稱為隨機性檢定(randomness test)。所謂隨機性,代表樣本之間不存在任何的規則,其檢定原理亦十分簡單,首先將資料按照被抽取的順序排列,接著計算出全體樣本的中位數,然後把這組按抽樣順序的資料按照:大於中位數給予符號「+」,小於中位數給予符號「-」,等於中位數則去掉的規則,分別冠上「+」、「-」號,接下來定義「連」(run),所謂連係指一組資料相鄰且符號相同的個數,例如:

    ++−−−+−−+++　　　　⇒連數:$R=6$,即底線的個數。

    +−−+−++++−++−−−　　　⇒連數:$R=8$

若資料滿足隨機性，那麼「連」的數目應該在某一個範圍之內，太多或太少都被認定為缺乏隨機性，故連檢定便利用「連」的數目是否在某範圍內來檢定某組資料是否具隨機性。

拒絕域$\frac{\alpha}{2}$　　　　　　　　拒絕域$\frac{\alpha}{2}$

一般書籍沒有教讀者如何計算「連」數等於某數值的機率，其實它的計算並不難，只要有高二數學機率的觀念就會計算，底下為其計算原理：

假設有 n 個樣本，n_1 表正號個數，n_2 表負號個數，y_1 表屬於正號的連數，y_2 表屬於負號的連數，因此 $y_1 + y_2 = R$。首先我們先計算個數中出現 y_1 個正號的連數共有幾種？

$$\mid + \ +\mid +\mid +\mid + \ + \ +\mid \cdots\cdots\mid + \ +\mid +\mid + \ \ + \ +\mid +\mid + \ ++\mid$$

觀察上圖，全部有 n_1 個正號，如果我們要產生 y_1 正號的連數，相當於把左右兩側的柱子固定住，然後讓中央部分產生 y_1 個格子(每兩條柱子之間為一個格子)，因此我們需要 $y_1 - 1$ 根柱子，又因為不能有有空格子的產生，故這 $y_1 - 1$ 根柱子可以插入正號與正號間的 $n_1 - 1$ 個空隙中，如此便能夠從 n_1 個正號中製造出 y_1 個正號的連數，故全部情形有：

$$C_{y_1-1}^{n_1-1}$$

同理產生 y_2 個負號的連數有：

$$C_{y_2-1}^{n_2-1}$$

故整個正負連數的全部情形有：

$$C_{y_1-1}^{n_1-1}C_{y_2-1}^{n_2-1}$$

又全部資料 $n_1 + n_2$ 中產生 n_1 個正號的情形有

$$C_{n_1}^{n_1+n_2} \text{ 或 } C_{n_2}^{n_1+n_2}$$

故從 $n_1 + n_2$ 筆資料中出現 y_1 個正號的連數，y_2 個負號的連數的機率為：

$$f(y_1, y_2) = \frac{C_{y_1-1}^{n_1-1} C_{y_2-1}^{n_2-1}}{C_{n_1}^{n_1+n_2}}$$

有了上面的公式，我們就可以計算 $P(R \leq R^*)$ 或 $P(R \geq R^*)$ 的機率了。請不必擔心如何進行計算，因為數學家已經把某些情況的機率做成表格，故只要懂得如何查表即可。下面我們舉個實例來說明。

例 18

假設現在有 8 筆資料，共有 5 個「+」號 3 個「−」，若連數 $R = 3$，那麼表示 $y_1 = 1, y_2 = 2$ 或 $y_1 = 2, y_2 = 1$，試求 $P(R \leq 3)$ 的機率。

解

$P(R \leq 3) = P(R = 3) + P(R = 2)$

$\qquad = f(y_1 = 2, y_2 = 1) + f(y_1 = 1, y_2 = 2) + 2f(y_1 = 1, y_2 = 1)$

$\qquad = \dfrac{C_1^4 C_0^2}{C_5^8} + \dfrac{C_0^4 C_1^1}{C_5^8} + 2 \times \dfrac{C_0^4 C_0^2}{C_5^8} = 0.143$

20.7.1 小樣本的連檢定

當樣本數 $n_1 + n_2 < 20$ 時，稱為小樣本。n_1 表正號個數，n_2 表負號個數，一般而言若連檢定機率表可以查得到的便可視作小樣本。檢定流程如下：

1. 兩個假設：$\begin{cases} H_0 : 樣本爲隨機樣本 \\ H_1 : 樣本不爲隨機樣本 \end{cases}$。

2. 檢定統計量：$R^* = $ 資料相鄰且符號相同的個數。

3. 求 $P - value$

    (1) 當 $R^* \geq \dfrac{2n_1 n_2}{n_1 + n_2} + 1$ 時

    $P - value = 2 \times P(R \geq R^*)$。

    (2) $R^* < \dfrac{2n_1 n_2}{n_1 + n_2} + 1$

    $P - value = 2 \times P(R \leq R^*)$。

4. 決策法則：當 $P - value < \alpha$ 時拒絕 H_0，否則不拒絕 H_0。

20.7.2 大樣本的連檢定

當大樣本 $n_1 \geq 10$ 且 $n_2 \geq 10$，一般而言若連檢定機率表無法查得，即可視作大樣本。根據中央極限定理，當大樣本情況，「連」數會趨近於常態分配，即

$$R \sim N(\frac{2n_1 n_2}{n_1 + n_2} + 1, \frac{2n_1 n_2 (2n_1 n_2 - n_1 - n_2)}{(n_1 + n_2)^2 (n_1 + n_2 - 1)})$$

檢定統計量為：$z^* = \dfrac{R^* - \dfrac{2n_1 n_2}{n_1 + n_2} + 1}{\sqrt{\dfrac{2n_1 n_2 (2n_1 n_2 - n_1 - n_2)}{(n_1 + n_2)^2 (n_1 + n_2 - 1)}}}$

決策法則：當 $\left| z^* \right| < z_{\frac{\alpha}{2}}$ 時拒絕 H_0，否則不拒絕 H_0。

例 19

假設隨機抽取一組樣本，依抽取順序排列，資料如下所示：

133　155　152　122　25　258　229　127　131　95　148　159　189　192　200

試問此組樣本是否具隨機性？$(\alpha = 0.05)$

解

設立兩個假設：$\begin{cases} H_0 : 樣本為隨機樣本 \\ H_1 : 樣本不為隨機樣本 \end{cases}$

求出此組樣本之中位數 $Me = 152$

將每筆資料與 152 比較，大於 152 的記「＋」號，小於記「－」號，等於則去掉，得符號如下所示：

－＋－－＋＋－－－－＋＋＋＋

檢定統計量：$R^* = 6$

$n_1 = n_2 = 7$ ， $\dfrac{2n_1 n_2}{n_1 + n_2} + 1 = \dfrac{2 \times 7 \times 7}{7 + 7} + 1 = 8 \Rightarrow R^* < 8$

故 $P - value = 2 \times P(R \leq 6) = 2 \times 0.209 = 0.418$ (查連檢定機率值表)

$\because P - value = 0.418 > \alpha = 0.05$，不拒絕虛無假設，表此組樣本為隨機樣本。

例 20

如果甲、乙兩人比賽一場乒乓球，共賽 36 球，每球甲贏時以 1 表示，輸則以 0 表示，比賽結果成績順序如下：

111001110000111001101011010011011101

(1)在 $\alpha = 0.05$ 下，是否有證據說甲的實力比乙強？

(2)在 $\alpha = 0.05$ 下，甲、乙比賽每球輸贏的次序是否有隨機性？

解

(1) 檢驗甲的實力是否較強，相當於檢驗甲勝的機率是否大於 0.5

故本題可視作單母體比例的檢定

因 $np = 36 \times 0.5 > 5$ 且 $nq = 36 \times 0.5 > 5$，大樣本，故採用 z 檢定

設立兩個假設：$\begin{cases} H_0 : p_{甲} \le 0.5 \\ H_1 : p_{甲} > 0.5 \end{cases}$

$\hat{p} = \dfrac{21}{36} = 0.583$

檢定統計量：$z^* = \dfrac{0.583 - 0.5}{\sqrt{\dfrac{0.5 \times 0.5}{36}}} = 0.996$

$\because z^* = 0.996 < z_{0.05} = 1.645$，不拒絕虛無假設，故無足夠證據證明甲的實力比乙強。

(2) $\begin{cases} H_0 : 樣本為隨機樣本 \\ H_1 : 樣本不為隨機樣本 \end{cases}$

假設 1 表示甲，2 表示乙

注意，本題之資料為 0 與 1 型態，就已經相當於+與－，不需再求符號。

$\underline{111}\ \underline{00}\ \underline{111}\ \underline{0000}\ \underline{111}\ \underline{00}\ \underline{11}\ \underline{0}\ \underline{1}\ \underline{0}\ \underline{11}\ \underline{0}\ \underline{1}\ \underline{00}\ \underline{11}\ \underline{0}\ \underline{111}\ \underline{0}\ \underline{1}$ $\Rightarrow R^* = 19$

$\therefore n_1 = 21, n_2 = 15$，為大樣本

檢定統計量：$z^* = \dfrac{R^* - (\dfrac{2n_1 n_2}{n_1 + n_2} + 1)}{\sqrt{\dfrac{2n_1 n_2 (2n_1 n_2 - n_1 - n_2)}{(n_1 + n_2)^2 (n_1 + n_2 - 1)}}}$

$$= \frac{19 - (\frac{2 \times 21 \times 15}{21 + 15} + 1)}{\sqrt{\frac{2 \times 21 \times 15(2 \times 21 \times 15 - 21 - 15)}{(21 + 15)^2(21 + 15 - 1)}}}$$

$$= \frac{19 - 18.5}{\sqrt{8.25}} \approx 0.174$$

$\because \left| z^* \right| = 0.174 < z_{0.025} = 1.96$，不拒絕虛無假設，故樣本為隨機樣本

例 21

李老師某次考試出了三十題是非題，答案如下：

是是非是是非是是是非是是非是非是非是是非是是非是非非是是非非

請你檢定此次考試的答案是否具隨機性。（$\alpha = 0.05$）

解

設立兩個假設：$\begin{cases} H_0 : 答案具隨機性 \\ H_1 : 答案不具隨機性 \end{cases}$

計算連數：

是是 非 是是 非 是是是 非 是是 非 是 非 是 非 是是 非 是是 非 是

非非 是是 非非 $\Rightarrow R^* = 20$

$n_1 = 18, n_2 = 12$，為大樣本

檢定統計量：$z^* = \dfrac{R^* - (\frac{2n_1 n_2}{n_1 + n_2} + 1)}{\sqrt{\frac{2n_1 n_2(2n_1 n_2 - n_1 - n_2)}{(n_1 + n_2)^2(n_1 + n_2 - 1)}}}$

$$= \frac{20 - (\frac{2 \times 18 \times 12}{18 + 12} + 1)}{\sqrt{\frac{2 \times 18 \times 12(2 \times 18 \times 12 - 18 - 12)}{(18 + 12)^2(18 + 12 - 1)}}}$$

$$= \frac{20 - 15.4}{\sqrt{6.654}} \approx 1.783$$

$\because \left| z^* \right| = 1.783 < z_{0.025} = 1.96$，不拒絕虛無假設，故答案具隨機性。

Spearman 等級相關檢定

在第十七章簡單線性迴歸單元中，曾經介紹 Pearson 的積差相關係數，但 Pearson 的積差相關係數僅限於存在算術平均數的資料，區間量尺或比率量尺所衡量的資料才可使用，若資料衡量尺度為順序量尺那麼就必須改用 Spearman 等級相關檢定。Spearman 等級相關係數主要用於衡量具順率量尺以上的兩個成對變數，是否具有相關性與相關強度。它的定義公式源自於 Pearson 積差相關係數，唯一不同者，Spearman 等級相關係數在計算前必須把資料轉換成等級，故公式背不起來的話，可直接使用 Pearson 積差相關係數公式計算即可。Spearman 等級相關係數的定義為：

$$r_s = 1 - \frac{6\sum_{i=1}^{n} d_i^2}{n(n^2 - 1)}$$

其中：$d_i = x_{ir} - y_{ir}, i = 1 \sim n$，$x_{ir}, y_{ir}$ 為原始資料之等級。

若 $r_s > 0$ 則表示兩順序變數具有正相關，即 x 與 y 的等級順序方向一致；$r_s < 0$ 則表示具負相關，x 與 y 的等級順序方向相反；$r_s = 0$ 則表示兩變數的等級順序無正向趨勢或負向趨勢或者等級順序不具直線相關。[9]至於等級相關係數的檢定，可分成左尾、右尾與雙尾三種型態，且依樣本數的不同有三種檢定法，分述於後。

20.8.1 $4 \leq n \leq 30$ 時的 Spearman 等級相關檢定

當樣本數介於 4 到 30 時，可使用等級相關臨界值表進行檢定。

(1) 左尾檢定

- 兩個假設：$\begin{cases} H_0 : \rho_s \geq 0 \\ H_1 : \rho_s < 0 \end{cases}$。

- 檢定統計量：$r_s^* = 1 - \dfrac{6\sum_{i=1}^{n} d_i^2}{n(n^2 - 1)}$。

- 決策法則：當 $r_s^* < -r_{\alpha,n}$ 時，拒絕 H_0，否則不拒絕 H_0。

---

[9] $r_s = 0$ 不能說兩變數無關，可能存在其他函數關係，但我們可以說等級順序不具直線相關。

(2) 右尾檢定

- 兩個假設：$\begin{cases} H_0 : \rho_s \leq 0 \\ H_1 : \rho_s > 0 \end{cases}$。

- 檢定統計量：$r_s^* = 1 - \dfrac{6\sum\limits_{i=1}^{n} d_i^2}{n(n^2-1)}$。

- 決策法則：當 $r_s^* > r_{\alpha,n}$ 時，拒絕 H_0，否則不拒絕 H_0。

(3) 雙尾檢定

- 兩個假設：$\begin{cases} H_0 : \rho_s = 0 \\ H_1 : \rho_s \neq 0 \end{cases}$。

- 檢定統計量：$r_s^* = 1 - \dfrac{6\sum\limits_{i=1}^{n} d_i^2}{n(n^2-1)}$。

- 決策法則：當 $\left| r_s^* \right| > r_{\frac{\alpha}{2},n}$ 時，拒絕 H_0，否則不拒絕 H_0。

例 22

消基會曾對市面上 6 個品牌的電池加以試驗並作結論。下表為各品牌電池之排名順序，(1 代表最優，6 代表最差)及售價等資料：

廠牌	A	B	C	D	E	F
排名	4	6	3	1	2	5
售價	6	10	12	15	8	14

若要計算排名與售價之相關程度，應以何種方法較為宜？為什麼？請你計算此衡量法的相關係數，並請你檢定兩者間是否具相關性。

解

(1) 應以等級相關係數衡量較為宜。

(2) 因為排名為次序關係。

(3) 求售價之等級與 d_i

廠牌	A	B	C	D	E	F
排名	4	6	3	1	5	2
售價等級	6	4	3	1	5	2
d_i	−2	2	0	0	0	0

級相關係數：$r_s = 1 - \dfrac{6\sum\limits_{i=1}^{n} d_i^2}{n(n^2-1)} = 1 - \dfrac{6\left[(-2)^2 + 2^2\right]}{6(6^2-1)} \approx 0.7714$

(4) 本題為小樣本

兩個假設：$\begin{cases} H_0：品牌與售價不具相關性 \\ H_1：品牌與售價具相關性 \end{cases}$

檢定統計量：$\because \left|r_s^*\right| = 0.7714 < r_{0.025, 6} = 0.886$，不拒絕虛無假設，故品牌與售價無顯著的相關性

20.8.2 $10 \leq n < 30$ 時的 Spearman 等級相關檢定

當樣本數介於 10 到 30 間，可使用 t 檢定進行檢定，其檢定公式與 Pearson 相關係數完全一樣，把 r_{xy} 以 r_s 取代即可，故其檢定統計量為：

$$t^* = \frac{r_s}{\sqrt{\dfrac{1-r_s^2}{n-2}}}$$

決策法則：

1. 右尾檢定：當 $t^* > t_{\alpha, n-2}$ 時，拒絕虛無假設。

2. 左尾檢定：$t^* < -t_{\alpha, n-2}$ 時，拒絕虛無假設。

3. 雙尾檢定：當 $\left|t^*\right| > t_{\frac{\alpha}{2}, n-2}$ 時，拒絕虛無假設。

20.8.3 當 $n \geq 30$ 時的 Spearman 等級相關檢定

當樣本數大於等於 30 時，r_s 的抽樣分配會趨近於常態分配，即

$$r_s \sim N(0, \frac{1}{n-1})$$

故其檢定統計量為：

$$z^* = \frac{r_s}{\sqrt{\dfrac{1}{n-1}}}$$

決策法則：

1.　右尾檢定：當 $z^* > z_\alpha$ 時，拒絕虛無假設。

2.　左尾檢定：$z^* < -z_\alpha$ 時，拒絕虛無假設。

3.　雙尾檢定：當 $\left| z^* \right| > z_{\frac{\alpha}{2}}$ 時，拒絕虛無假設。

例 23

某收視調查中心針對 10 個電視節目之排行調查，結果如下：

電視節目	1	2	3	4	5	6	7	8	9	10
男生排行	1	5	8	7	2	3	10	4	6	9
女生排行	5	10	6	4	7	2	9	8	1	3

請檢定男女生對該此 10 個電視節目之排行順序有關嗎？ $(\alpha = 0.05)$

解

設立兩個假設：$\begin{cases} H_0：排行順序與性別無關 \\ H_1：排行順序與性別有關 \end{cases}$

本題樣本數 $n = 10$，故可使用 t 檢定。

計算 d_i：

男生排行	1	5	8	7	2	3	10	4	6	9
女生排行	5	10	6	4	7	2	9	8	1	3
d_i	−4	−5	2	3	−5	1	1	−4	−5	6

等級相關係數：$r_s = 1 - \dfrac{6\sum\limits_{i=1}^{n} d_i^2}{n(n^2-1)} = 1 - \dfrac{6\left[(-4)^2 + (-5)^2 + \cdots + 6^2\right]}{10(10^2-1)} \approx 0.0424$

檢定統計量：$t^* = \dfrac{r_s}{\sqrt{\dfrac{1-r_s^2}{n-2}}} = \dfrac{0.0424}{\sqrt{\dfrac{1-0.0424^2}{10-2}}} \approx 0.12$

$\because t^* = 0.12 < t_{0.025,8} = 2.306$，不拒絕虛無假設，故排行順序與性別無顯著之關聯。

註

當 $n \geq 30$，時 $R \sim N(\dfrac{n(n+1)}{4}, \dfrac{n(n+1)(2n+1)}{24})$

證明：

$\because R$ 為等級和，故 $R^+ = \displaystyle\sum_{D_i > 0} Rank(|D_i|) = \sum_{i=1}^{n} R_i$

又 $R_i = \begin{cases} 0 & \text{機率} = \dfrac{1}{2} \\ i & \text{機率} = \dfrac{1}{2} \end{cases}$

故期望值：$E(R) = E\left(\displaystyle\sum_{i=1}^{n} R_i\right) = \sum_{i=1}^{n} E(R_i) = \sum_{i=1}^{n}(0 \times \dfrac{1}{2} + i \times \dfrac{1}{2}) = \sum_{i=1}^{n}(\dfrac{i}{2}) = \dfrac{n(n+1)}{4}$

變異數：$V(R) = V\left(\displaystyle\sum_{i=1}^{n} R_i\right) = \sum_{i=1}^{n} V(R_i) = \sum_{i=1}^{n}\left[E(R_i^2) - \left(E(R_i)\right)^2\right]$

$\qquad = \displaystyle\sum_{i=1}^{n}\left[(0^2 \times \dfrac{1}{2} + i^2 \times \dfrac{1}{2}) - (0 \times \dfrac{1}{2} + i \times \dfrac{1}{2})^2\right]$

$\qquad = \displaystyle\sum_{i=1}^{n} \dfrac{i^2}{4} = \dfrac{n(n+1)(2n+1)}{24}$

1. 某次統計學期中考 14 位學生的分數如下所示：

   5,6,9,10,11,15,19,22,25,31,35,36,40,42

   試分別以符號檢定與 Wilcoxon 符號等級檢定法，檢定學生的成績中位數是否為 22，顯著水準 $\alpha = 0.05$。

2. 下列為成對樣本，試分別以符號檢定與 Wilcoxon 符號等級檢定法，檢定兩母體中位數是否相等，顯著水準 $\alpha = 0.1$。

I	70	62	68	67	75	58	82	67	70	80	70
II	68	82	64	62	74	52	96	64	63	69	60

3. 隨機選取 10 名學生，分成三組使用三種不同教學法(啟發式、電腦輔助、傳統式)，經過一學期後學生考試分數如下表所示：

	成績			
啟發式	64	61	72	66
電腦輔助	63	86	90	
傳統	75	74	77	

   試以 Kruskal-Wallis 檢定法，檢定不同教學法對學生的成績是否有差異？($\alpha = 0.05$)

4. 某手機經銷商隨機調查 12 位消費者對兩種品牌手機的評價(最高 10 分，最低 1 分)結果如下表：

品牌 A	3	7	6	5	3	8	9	9	8	9	7	6
品牌 B	8	5	5	4	6	7	6	7	7	7	4	5

   在顯著水準 0.05 下，檢定消費者對品牌 A 之偏好是否較高，請說明檢定方法程序與簡定結果。

5. 隨機自兩母體分別抽出 3 個樣本，求 Wilcoxon 等級和的抽樣分配。

6. 假設快遞公司 1 月 1 日到 15 日的每日郵件遞送量為：

   33　55　52　22　25　58　29　27　31　45　48　29　40　59　61

   試檢定是否具有隨機性？($\alpha = 0.05$)

7. 假設某次考試十題是非題的答案為：

   ○○×××○○×○×

   請檢定此答案是否具隨機性？($\alpha = 0.05$)

8. 假設產業經濟學家想要瞭解大、中、小三種規模廠商的每位研究人員經費的分配是否相同。現隨機獨立抽取大、中、小三種規模廠商的資料如下：

大規模		中規模		小規模	
經費	等級	經費	等級	經費	等級
580	13	402	4	301	2
631	14	453	9	518	12
651	15	441	7	415	5
1255	19	430	6	315	3
785	17	501	11	300	1
1556	20	789	18	460	10
679	16			446	8
$n_1 = 7$	$R_1 = 114$	$n_2 = 6$	$R_2 = 55$	$n_3 = 7$	$R_3 = 41$

試問三種規模廠商，其研究人員每人使用經費的分配是否相同？(α=0.05)

9. 隨機抽取 10 位學生的經濟學與統計學成績，其成績大小排序如下表：

學生	經濟學等級 x_{ir}	統計學等級 y_{ir}	$d_i = x_{ir} - y_{ir}$
A	4	1	3
B	3	8	-5
C	8	7	1
D	7	10	-3
E	6	5	1
F	5	3	2
G	1	2	-1
H	2	4	-2
I	10	9	1
J	9	6	3

問經濟學成績與統計學成績是否呈正相關 ($\alpha = 0.05$)？

10. 請使用 Mann-Whitney U 檢定檢定下列兩組資料的中位數是否相等。($\alpha = 0.05$)

I　14.9　11.2　13.2　16.5　17.0　14.1　15.3　13.0　16.9

II　15.2　19.7　14.6　18.3　16.2　21.2　18.9　12.3　15.4　19.5

11. 已知兩組等級順序資料如下所示：

x	3	5	1	6	2	4	7	8
y	2	1	4	7	5	8	6	3

試求 x 與 y 的 Spearman 等級相關係數。

12. 有 A、B 兩種評估員工績效的方案，下列資料是隨機選出 8 位員工，分別以 A、B 兩種方法評估其績效後的排名。

	員工 1	員工 2	員工 3	員工 4	員工 5	員工 6	員工 7	員工 8
A 方案	7	4	2	6	1	3	8	5
B 方案	1	5	3	4	8	7	2	6

請問使用這兩種方案是否會導致排名有顯著的差異？ ($\alpha = 0.05$)

13. 某次考試是非題的答案如下所示：

○ ○ ✕ ○ ○ ✕ ✕ ✕ ✕

在 $\alpha = 0.05$ 下，檢定答案的安排是否具隨機性？

附錄

$\overline{x}$ 抽樣分配補充說明

定理 1

自總數為 N 的母體中以取出不放回方式抽取 n 個樣本，此 n 個樣本分別為 $x_1, x_2, \cdots, x_n$，若已知母體平均數為 μ 變異數為 σ^2，則 $x_i, x_j, i \neq j$ 的共變異數為

$$Cov(x_i, x_j) = -\frac{\sigma^2}{N-1}, \quad i \neq j$$

證明

採取出不放回的方式抽取兩個樣本 x_i, x_j 之機率為 $C_2^N = \dfrac{1}{N(N-1)}$

故 x_i, x_j 之聯合機率質量函數為 $f(x_i, x_j) = \dfrac{1}{N(N-1)}$

$$Cov(x_i, x_j) = E\left[(x_i - \mu)(x_j - \mu)\right] = \sum_{i \neq j}(x_i - \mu)(x_j - \mu)f(x_i, x_j)$$

$$= \sum_{i \neq j}(x_i - \mu)(x_j - \mu)\frac{1}{N(N-1)}$$

$$= \frac{1}{N(N-1)}\left[\sum_{i=1}^{n}\sum_{j=1}^{n}(x_i - \mu)(x_j - \mu) - \sum_{i=j}(x_i - \mu)(x_j - \mu)\right]$$

$$= \frac{1}{N(N-1)}\left[\sum_{i=1}^{n}(x_i - \mu) \cdot \sum_{j=1}^{n}(x_j - \mu) - \sum_{i=1}^{n}(x_i - \mu)^2\right]$$

$$= \frac{1}{N(N-1)}\left[\left(\sum_{i=1}^{n}(x_i - \mu)\right)^2 - \sum_{i=1}^{n}(x_i - \mu)^2\right] = \frac{1}{N(N-1)}\left[0 - \sigma^2\right]$$

$$= -\frac{\sigma^2}{N(N-1)}$$

> **定理 2**
>
> 自總數為 N 的母體中以取出不放回方式抽取 n 個樣本,則樣本平均數的變異數為:
>
> $$\sigma_{\bar{x}}^2 = \frac{\sigma^2}{n} \frac{N-n}{N-1}$$

證明

$$\sigma_{\bar{x}}^2 = V(\bar{x}) = V(\frac{x_1 + x_2 + \cdots + x_n}{n}) = \frac{1}{n^2} V(x_1 + x_2 + \cdots + x_n)$$

$$= \frac{1}{n^2}\left[\sum_{i=1}^{n} V(x_i) + \sum_{i \neq j} Cov(x_i, x_j)\right] = \frac{1}{n^2}(n\sigma^2 - n(n-1)\frac{\sigma^2}{N-1})$$

$$= \frac{\sigma^2}{n} \frac{N-n}{N-1}$$

註: $(x_i, x_j), i \neq j$ 的排列數有 $P_2^n = n(n-1)$ 種情形。

CASIO fx-350MS 操作手冊

1. 基本運算

> **例 1**
>
> 求 $3\sqrt{2} + 4\sqrt[6]{5} + \sqrt[3]{2}$

解

3 × $\boxed{\sqrt{}}$ 2 + 4 $\boxtimes$ 6 $\boxed{\text{SHIFT}}$ $\sqrt[x]{}$ 5 + $\boxed{\text{SHIFT}}$ $\sqrt[3]{}$ 2 $\boxminus$

> **例 2**
>
> 求 $\frac{2}{3} + 5\frac{3}{10} = 5\frac{29}{30}$

解

2 ab/c 3 $\boxed{+}$ 5 ab/c 3 ab/c 10 $\boxminus$

答案轉假分數:再按 $\boxed{\text{SHIFT}}$ d/c

例 3

求 $14^2 + 5^4$

解

14   x^2 $\boxed{+}$ 5 $\boxed{\wedge}$ 4 $\boxed{=}$

例 4

$\dfrac{C_2^4}{C_3^6}$

解

4   $\boxed{\text{nCr}}$ 2 $\boxed{\div}$ 6 $\boxed{\text{nCr}}$ 3 $\boxed{=}$

答案轉分數：再按   ab/c

例 5

$P_3^{10} + 5!$

解

10   $\boxed{\text{SHIFT}}$ $\boxed{\text{nPr}}$ 3 $+$ 5 $\boxed{\text{SHIFT}}$ $x!$ $\boxed{=}$

例 6

$\dfrac{e^2}{3} + 2e^3$

解

$\boxed{\text{SHIFT}}$ e^x 2 $\boxed{\div}$ 3 $\boxed{+}$ 2 $\boxed{\times}$ $\boxed{\text{SHIFT}}$ e^x 3 $\boxed{=}$

2. 統計應用

每一次進行統計計算時必須先轉成統計模式：按 $\boxed{\text{MODE}}$ 2

(2) 敘述統計

 例 1

已知資料如下：35　56　56　78　78　78　78　96　73，求平均數、變異數、標準差…。

解

計算機操作：

先轉成統計模式：　MODE　2

輸入資料

35　M+　56　M+　M+　78　SHIFT　；　4　M+　96　M+　73　M+

1. 求平均數

　　SHIFT　2　1　=

2. 求母體標準差

　　SHIFT　2　2　=

3. 求樣本標準差

　　SHIFT　2　3　=

4. 求母體變異數

　　SHIFT　2　2　x^2　=

5. 求樣本變異數

　　SHIFT　2　3　x^2　=

6. 求 $\sum x^2$

　　SHIFT　1　1　=

7. 求 $\sum x$

　　SHIFT　1　2　=

例 2

已知資料如下，求平均數、變異數、標準差…。

0-10	10-20	20-30	30-40	40-50	50-60	60-70
12	23	6	21	5	7	13

解

計算機操作：

轉成統計模式： MODE 2

輸入資料

5 SHIFT ; 12 M+ 15 SHIFT ; 23 M+ 25 SHIFT ; 6 M+

35 SHIFT ; 21 M+ 45 SHIFT ; 5 M+ 55 SHIFT ; 7 M+

65 SHIFT ; 13 M+

其餘操作與例 1 相同。

例 3

已知資料如下：35　56　56　78　78　78　78　96　73，求偏態係數與峰度係數。

解

計算機操作：

1. 求偏態係數 $\beta_1 = \dfrac{M_3}{\sigma^3} = \dfrac{\dfrac{1}{n}\sum(x_i - \bar{x})^3}{\left(\sqrt{\dfrac{1}{n}\sum(x_i - \bar{x})^2}\right)^3}$

   先轉成統計模式： MODE 2

   輸入資料

   35 M+ 56 M+ M+ 78 SHIFT ; 4 M+ 96 M+ 73 M+

   求平均數 SHIFT 2 1 = 得 $\bar{x} = 69.778$

接著求分子部分：

轉成二次迴歸模式：$\boxed{\text{MODE}}$　$\boxed{3}$　$\boxed{\Rightarrow}$　$\boxed{3}$　　　　【註】$\boxed{\Rightarrow}$表方向鍵(面積最大的按鍵)

輸入資料

$35-69.778$　$\boxed{\text{M+}}$　$56-69.778$　$\boxed{\text{M+}}$　$\boxed{\text{M+}}$　$78-69.778$　$\boxed{\text{SHIFT}}$　$\boxed{;}$　$\boxed{4}$　$\boxed{\text{M+}}$

$96-69.778$　$\boxed{\text{M+}}$　$73-69.778$　$\boxed{\text{M+}}$

$\boxed{\text{SHIFT}}$　$\boxed{1}$　$\boxed{\Rightarrow}$　$\boxed{\Rightarrow}$　$\boxed{1}$　$\boxed{\div}$　9　$\boxed{=}$　　得 -2997.236

再求分母部分：

$\boxed{\text{SHIFT}}$　$\boxed{1}$　$\boxed{1}$　$\boxed{=}$　$\boxed{\div}$　9　$\boxed{=}$　$\boxed{\wedge}$　1.5　$\boxed{=}$　　得 4819.619

代入偏態係數公式中，即可求出偏態係數。

2. 求峰度係數 $\beta_2 = \dfrac{M_4}{\sigma^4} = \dfrac{\dfrac{1}{n}\sum(x_i - \overline{x})^4}{\left(\dfrac{1}{n}\sum(x_i - \overline{x})^2\right)^2}$

求分子部分：

$\boxed{\text{SHIFT}}$　$\boxed{1}$　$\boxed{\Rightarrow}$　$\boxed{\Rightarrow}$　$\boxed{3}$　$\boxed{\div}$　9　$\boxed{=}$　　得 225140.651

再求分母部分：

$\boxed{\text{SHIFT}}$　$\boxed{1}$　$\boxed{1}$　$\boxed{=}$　$\boxed{\div}$　9　$\boxed{=}$　x^2　$\boxed{=}$　　得 1005.075

(2) 應用統計

例 1

隨機從三個母體各取出五個樣本，資料如下表所示，求 SST、SSA、SSE。(每一組樣本相同時)

編號	樣本 1	樣本 2	樣本 3
1	32	44	33
2	30	43	36
3	30	44	35
4	26	46	36
5	32	48	40

解

計算機操作：

1. SST 的計算：$SST = n_T \sigma_T^2$

    先轉成統計模式： $\boxed{\text{MODE}}$ $\boxed{2}$

    32 $\boxed{\text{M+}}$ 30 $\boxed{\text{M+}}$ $\boxed{\text{M+}}$ 26 $\boxed{\text{M+}}$ 32 $\boxed{\text{M+}}$ 44 $\boxed{\text{M+}}$ 43 $\boxed{\text{M+}}$ 44 $\boxed{\text{M+}}$ 46 $\boxed{\text{M+}}$ 48 $\boxed{\text{M+}}$ 33 $\boxed{\text{M+}}$ 36 $\boxed{\text{M+}}$ 35 $\boxed{\text{M+}}$ 36 $\boxed{\text{M+}}$ 40 $\boxed{\text{M+}}$

    $\boxed{\text{SHIFT}}$ $\boxed{2}$ $\boxed{2}$ $\boxed{x^2}$ $\boxed{\times}$ 15 $\boxed{=}$

2. SSA 的計算：$SSA = n_T \sigma_{\bar{A}_j}^2$

    先求每一組的樣本平均數：分別為 30，45，36

    轉成統計模式： $\boxed{\text{MODE}}$ $\boxed{2}$

    30 $\boxed{\text{M+}}$ 45 $\boxed{\text{M+}}$ 36 $\boxed{\text{M+}}$

    $\boxed{\text{SHIFT}}$ $\boxed{2}$ $\boxed{2}$ $\boxed{x^2}$ $\boxed{\times}$ 15 $\boxed{=}$

3. SSE 的計算：$SSE = SST - SSA$

例 2

已知資料如下，試求 SST，SSA，SSE (每一組樣本資料不同時)

樣本 1	樣本 2	樣本 3
10	6	14
8	9	13
5	8	10
12	13	17
14		16
11		

解

計算機操作：

1. SST 的計算：$SST = n_T \sigma_T^2$

    先轉成統計模式： $\boxed{\text{MODE}}$ $\boxed{2}$

    10 $\boxed{\text{M+}}$ 8 $\boxed{\text{M+}}$ 5 $\boxed{\text{M+}}$ 12 $\boxed{\text{M+}}$ 14 $\boxed{\text{M+}}$ 11 $\boxed{\text{M+}}$ 6 $\boxed{\text{M+}}$ 9 $\boxed{\text{M+}}$ 8 $\boxed{\text{M+}}$ 13 $\boxed{\text{M+}}$ 14 $\boxed{\text{M+}}$ 13 $\boxed{\text{M+}}$ 10 $\boxed{\text{M+}}$ 17 $\boxed{\text{M+}}$ 16 $\boxed{\text{M+}}$

$\boxed{\text{SHIFT}}$ $\boxed{2}$ $\boxed{2}$ $\boxed{x^2}$ $\boxed{\times}$ 15 $\boxed{=}$

2. SSE 的計算：$SSE = \sum(n_j - 1)s_j^2$

先求出三組樣本之樣本變異數(使用前面介紹之變異數計算機使用過程，注意每算完一組需按 $\boxed{\text{MODE}}$ $\boxed{2}$ 重新啟動統計模式)分別為 10，8.67，7.5

5 $\boxed{\times}$ 10 $\boxed{+}$ 3 $\boxed{\times}$ 8.67 $\boxed{+}$ 4 $\boxed{\times}$ 7.5 $\boxed{=}$

3. SSA 的計算：$SSA = SST - SSE$

例 3

已知資料如下，求 SST，SSA，SSB，SSE

銷售員 ＼ 區域	東區	南區	北區	$\overline{x}_i$
甲	53	61	51	55
乙	47	55	51	51
丙	46	52	49	49
丁	50	58	54	54
戊	49	54	50	51
$\overline{x}_j$	49	56	51	$\overline{\overline{x}} = 52$

解

假設 A 因子表區域，B 因子表銷售員：

計算機操作：

1. SST 的計算：$SST = n_T \sigma_T^2$

先轉成統計模式：$\boxed{\text{MODE}}$ $\boxed{2}$

53 $\boxed{\text{M+}}$ 47 $\boxed{\text{M+}}$ 46 $\boxed{\text{M+}}$ 50 $\boxed{\text{M+}}$ 49 $\boxed{\text{M+}}$ 61 $\boxed{\text{M+}}$ 55 $\boxed{\text{M+}}$ 52 $\boxed{\text{M+}}$ 58 $\boxed{\text{M+}}$ 54 $\boxed{\text{M+}}$ 51 $\boxed{\text{M+}}$ $\boxed{\text{M+}}$ 49 $\boxed{\text{M+}}$ 54 $\boxed{\text{M+}}$ 50 $\boxed{\text{M+}}$ 55 $\boxed{\text{M+}}$ 51 $\boxed{\text{M+}}$ 49 $\boxed{\text{M+}}$ 54 $\boxed{\text{M+}}$ 51 $\boxed{\text{M+}}$

$\boxed{\text{SHIFT}}$ $\boxed{2}$ $\boxed{2}$ $\boxed{x^2}$ $\boxed{\times}$ 15 $\boxed{=}$

2. SSA 的計算：$SSA = n_T \sigma_{A_j}^2$

轉成統計模式：$\boxed{\text{MODE}}$ $\boxed{2}$

49 $\boxed{\text{M+}}$ 56 $\boxed{\text{M+}}$ 51 $\boxed{\text{M+}}$

$\boxed{\text{SHIFT}}$ $\boxed{2}$ $\boxed{2}$ $\boxed{x^2}$ $\boxed{\times}$ 15 $\boxed{=}$

3. SSB 的計算： $SSB = n_T \sigma_{\bar{B}_i}^2$

   轉成統計模式： $\boxed{\text{MODE}}$ $\boxed{2}$

   55 $\boxed{\text{M+}}$ 51 $\boxed{\text{M+}}$ 49 $\boxed{\text{M+}}$ 54 $\boxed{\text{M+}}$ 51 $\boxed{\text{M+}}$

   $\boxed{\text{SHIFT}}$ $\boxed{2}$ $\boxed{2}$ x^2 $\boxed{\times}$ 15 $\boxed{=}$

4. SSE 的計算： $SSE = SST - SSA - SSB$

例 4

已知資料如下，求 SST，SSA，SSB，$SSAB$，SSE

		機器			
		甲	乙	丙	丁
操作員	1	109 110	110 115	108 110	110 106
	2	110 112	110 111	112 109	114 112
	3	116 114	112 115	114 119	120 117

解

假設機器為因子，操作員為 B 因子。

計算機操作：

1. SST 的計算： $SST = n_T \sigma_T^2$

   先轉成統計模式： $\boxed{\text{MODE}}$ $\boxed{2}$

   109 $\boxed{\text{M+}}$ 110 $\boxed{\text{M+}}$ $\boxed{\text{M+}}$ 112 $\boxed{\text{M+}}$ 116 $\boxed{\text{M+}}$ 114 $\boxed{\text{M+}}$ 110 $\boxed{\text{M+}}$ 115 $\boxed{\text{M+}}$ 110 $\boxed{\text{M+}}$ 111 $\boxed{\text{M+}}$ 112 $\boxed{\text{M+}}$ 115 $\boxed{\text{M+}}$ 108 $\boxed{\text{M+}}$ 110 $\boxed{\text{M+}}$ 112 $\boxed{\text{M+}}$ 109 $\boxed{\text{M+}}$ 114 $\boxed{\text{M+}}$ 119 $\boxed{\text{M+}}$ 110 $\boxed{\text{M+}}$ 106 $\boxed{\text{M+}}$ 114 $\boxed{\text{M+}}$ 112 $\boxed{\text{M+}}$ 120 $\boxed{\text{M+}}$ 117 $\boxed{\text{M+}}$

   $\boxed{\text{SHIFT}}$ $\boxed{2}$ $\boxed{2}$ x^2 $\boxed{\times}$ 24 $\boxed{=}$

   求出 SST 後順便求出 $\displaystyle\sum_{i=1}^{r}\sum_{j=1}^{c}\sum_{k=1}^{n} x_{ijk}^2$，後面求 SSE 會用到(資料不需重新輸入)

   $\boxed{\text{SHIFT}}$ $\boxed{1}$ $\boxed{1}$ $\boxed{=}$

2. SSA，SSB，SSE 的計算

   求出行、列與小格子的平均

	機器				列平均
	甲	乙	丙	丁	
1	109 110 $\overline{B_1A_1}=109.5$	110 115 $\overline{B_1A_2}=112.5$	108 110 $\overline{B_1A_3}=109$	110 106 $\overline{B_1A_4}=108$	$\overline{B}_1=109.75$
2	110 112 $\overline{B_2A_1}=111$	110 111 $\overline{B_2A_2}=110.5$	112 109 $\overline{B_2A_3}=110.5$	114 112 $\overline{B_2A_4}=113$	$\overline{B}_2=111.25$
3	116 114 $\overline{B_3A_1}=115$	112 115 $\overline{B_3A_2}=113.5$	114 119 $\overline{B_3A_3}=116.5$	120 117 $\overline{B_3A_4}=118.5$	$\overline{B}_3=115.875$
行平均	$\overline{A}_1=111.833$	$\overline{A}_2=112.167$	$\overline{A}_3=112$	$\overline{A}_4=113.167$	$\overline{\overline{x}}=112.29$

(1) SSA 的計算：$SSA = n_T \sigma^2_{\overline{A}_j}$

   轉成統計模式：$\boxed{\text{MODE}}$　2

   111.833 $\boxed{\text{M+}}$ 112.167 $\boxed{\text{M+}}$ 112 $\boxed{\text{M+}}$ 113.167 $\boxed{\text{M+}}$

   $\boxed{\text{SHIFT}}$　$\boxed{2}$　$\boxed{2}$　$\boxed{x^2}$ $\boxed{\times}$　24　$\boxed{=}$

(2) SSB 的計算：$SSB = n_T \sigma^2_{\overline{B}_i}$

   轉成統計模式：$\boxed{\text{MODE}}$　2

   109.75 $\boxed{\text{M+}}$ 111.25 $\boxed{\text{M+}}$ 115.875 $\boxed{\text{M+}}$

   $\boxed{\text{SHIFT}}$　$\boxed{2}$　$\boxed{2}$　$\boxed{x^2}$ $\boxed{\times}$　24　$\boxed{=}$

(3) SSE 的計算：$SSE = \sum_{i=1}^{r}\sum_{j=1}^{c}\sum_{k=1}^{n}x_{ijk}^2 - n\sum_{i=1}^{r}\sum_{j=1}^{c}\overline{A_jB_i}^2$

   轉成統計模式：$\boxed{\text{MODE}}$　2

   109.5 $\boxed{\text{M+}}$ 111 $\boxed{\text{M+}}$ 115 $\boxed{\text{M+}}$ 112.5 $\boxed{\text{M+}}$ 110.5 $\boxed{\text{M+}}$ 113.5 $\boxed{\text{M+}}$ 109 $\boxed{\text{M+}}$ 110.5 $\boxed{\text{M+}}$
   116.5 $\boxed{\text{M+}}$ 108 $\boxed{\text{M+}}$ 113 $\boxed{\text{M+}}$ 118.5 $\boxed{\text{M+}}$

   $\boxed{\text{SHIFT}}\boxed{1}\boxed{1}\boxed{\times}$ 　-2　$+$　$\sum_{i=1}^{r}\sum_{j=1}^{c}\sum_{k=1}^{n}x_{ijk}^2$ $\boxed{=}$

3. $SSAB$ 的計算：$SSAB = SST - SSA - SSB - SSE$

例 5

已知資料如下

X	1	1	1	2	4	4	5	6
Y	568	577	652	657	755	759	840	832

求迴歸係數 $\hat{Y} = \hat{\alpha} + \hat{\beta} X$ 與相關係數

解

計算機操作：

先轉成線性迴歸模式：MODE　3　1

輸入資料

1 ， 568 M+ 1 ， 577 M+ 1 ， 652 M+ 2 ， 657 M+

4 ， 755 M+ 4 ， 759 M+ 5 ， 870 M+ 6 ， 832 M+

1. 求 $\hat{\alpha}$

SHIFT 2 ⇨ ⇨ 1 ⊟　得 550.821

2. 求 $\hat{\beta}$

SHIFT 2 ⇨ ⇨ 2 ⊟　得 51.393

3. 求相關係數 γ

SHIFT 2 ⇨ ⇨ 3 ⊟　得 0.961

附錄

表 1　標準常態分配——半表

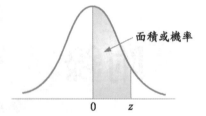

面積或機率

表中的數值代表介於平均數和平均數右邊z個標準差之間的曲線下面積，例如，對 $z = 1.25$ 而言，介於平均數和z之間的曲線下面積為 0.3944。

z	0.00	0.01	0.02	0.03	0.04	0.05	0.06	0.07	0.08	0.09
0.0	0.0000	0.0040	0.0080	0.0120	0.0160	0.0199	0.0239	0.0279	0.0319	0.0359
0.1	0.0398	0.0438	0.0478	0.0517	0.0557	0.0596	0.0636	0.0675	0.0714	0.0753
0.2	0.0793	0.0832	0.0871	0.0910	0.0948	0.0987	0.1026	0.1064	0.1103	0.1141
0.3	0.1179	0.1217	0.1255	0.1293	0.1331	0.1368	0.1406	0.1443	0.1480	0.1517
0.4	0.1554	0.1591	0.1628	0.1664	0.1700	0.1736	0.1772	0.1808	0.1844	0.1879
0.5	0.1915	0.1950	0.1985	0.2019	0.2054	0.2088	0.2123	0.2157	0.2190	0.2224
0.6	0.2257	0.2291	0.2324	0.2357	0.2389	0.2422	02454	0.2486	0.2518	0.2549
0.7	0.2580	.02612	0.2642	0.2673	0.2704	0.2734	0.2764	0.2794	0.2823	0.2852
0.8	0.2881	0.2910	0.2939	0.2967	0.2995	0.3023	0.3051	0.3078	0.3106	0.3133
0.9	0.3159	0.3186	0.3212	0.3238	0.3264	0.3289	0.3315	0.3340	0.3365	0.3389
1.0	0.3413	0.3438	0.3461	0.3485	0.3508	0.3531	0.3554	0.3577	0.3599	0.3621
1.1	0.3643	0.3665	0.3686	0.3708	0.3729	0.3749	0.3770	0.3790	0.3810	0.3830
1.2	0.3849	0.3869	0.3888	0.3907	0.3925	0.3944	0.3962	0.3980	0.3997	0.4015
1.3	0.4032	0.4049	0.4066	0.4082	0.4099	0.4115	0.4131	0.4147	0.4162	0.4177
1.4	0.4192	0.4207	0.4222	0.4236	0.4251	0.4265	0.4279	0.4292	0.4306	0.4319
1.5	0.4332	0.4345	0.4357	0.4370	0.4382	0.4394	0.4406	0.4418	0.4429	0.4441
1.6	0.4452	0.4463	0.4474	0.4484	0.4495	0.4505	0.4515	0.4525	0.4535	0.4545
1.7	0.4554	0.4564	0.4573	0.4582	0.4591	0.4599	0.4608	0.4616	0.4625	0.4633
1.8	0.4641	0.4649	0.4656	0.4664	0.4671	0.4678	0.4686	0.4693	0.4699	0.4706
1.9	0.4713	0.4719	0.4726	0.4732	0.4738	0.4744	0.4750	0.4756	0.4761	0.4767
2.0	0.4772	0.4778	0.4783	0.4788	0.4793	0.4798	0.4803	0.4808	0.4812	0.4817
2.1	0.4821	0.4826	0.4830	0.4834	0.4838	0.4842	0.4846	0.4850	0.4854	0.4857
2.2	0.4861	0.4864	0.4868	0.4871	0.4875	0.4878	0.4881	0.4884	0.4887	0.4890
2.3	0.4893	0.4896	0.4898	0.4901	0.4904	0.4906	0.4909	0.4911	0.4913	0.4916
2.4	0.4918	0.4920	0.4922	0.4925	0.4927	0.4929	0.4931	0.4932	0.4934	0.4936
2.5	0.4938	0.4940	0.4941	0.4943	0.4945	0.4946	0.4948	0.4949	0.4951	0.4952
2.6	0.4953	0.4955	0.4956	0.4957	0.4959	0.4960	0.4961	0.4962	0.4963	0.4964
2.7	0.4965	0.4966	0.4967	0.4968	0.4969	0.4970	0.4971	0.4972	0.4973	0.4974
2.8	0.4974	0.4975	0.4976	0.4977	0.4977	0.4978	0.4979	0.4979	0.4980	0.4981
2.9	0.4981	0.4982	0.4982	0.4983	0.4984	0.4984	0.4985	0.4985	0.4986	0.4986
3.0	0.4986	0.4987	0.4987	0.4988	0.4988	0.4989	0.4989	0.4989	0.4990	0.4990

表 2　標準常態分配——以上累積分配表

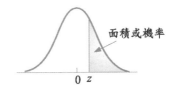

面積或機率

0　z

z	Second decimal place of z									
	.00	.01	.02	.03	.04	.05	.06	.07	.08	.09
0.0	.5000	.4960	.4920	.4880	.4840	.4801	.4761	.4721	.4681	.4641
0.1	.4602	.4562	.4522	.4483	.4443	.4404	.4364	.4325	.4286	.4247
0.2	.4207	.4168	.4129	.4090	.4052	.4013	.3974	.3936	.3897	.3859
0.3	.3821	.3783	.3745	.3707	.3669	.3632	.3594	.3557	.3520	.3483
0.4	.3446	.3409	.3372	.3336	.3300	.3264	.3228	.3192	.3156	.3121
0.5	.3085	.3050	.3015	.2981	.2946	.2912	.2877	.2843	.2810	.2776
0.6	.2743	.2709	.2676	.2643	.2611	.2578	.2546	.2514	.2483	.2451
0.7	.2420	.2389	.2358	.2327	.2296	.2266	.2236	.2206	.2177	.2148
0.8	.2119	.2090	.2061	.2033	.2005	.1977	.1949	.1922	.1894	.1867
0.9	.1841	.1814	.1788	.1762	.1736	.1711	.1685	.1660	.1635	.1611
1.0	.1587	.1562	.1539	.1515	.1492	.1469	.1446	.1423	.1401	.1379
1.1	.1357	.1335	.1314	.1292	.1271	.1251	.1230	.1210	.1190	.1170
1.2	.1151	.1131	.1112	.1093	.1075	.1056	.1038	.1020	.1003	.0985
1.3	.0968	.0951	.0934	.0918	.0901	.0885	.0869	.0853	.0838	.0823
1.4	.0808	.0793	.0778	.0764	.0749	.0735	.0722	.0708	.0694	.0681
1.5	.0668	.0655	.0643	.0630	.0618	.0606	.0594	.0582	.0571	.0559
1.6	.0548	.0537	.0526	.0516	.0505	.0495	.0485	.0475	.0465	.0455
1.7	.0446	.0436	.0427	.0418	.0409	.0401	.0392	.0384	.0375	.0367
1.8	.0359	.0352	.0344	.0336	.0329	.0322	.0314	.0307	.0301	.0294
1.9	.0287	.0281	.0274	.0268	.0262	.0256	.0250	.0244	.0239	.0233
2.0	.0228	.0222	.0217	.0212	.0207	.0202	.0197	.0192	.0188	.0183
2.1	.0179	.0174	.0170	.0166	.0162	.0158	.0154	.0150	.0146	.0143
2.2	.0139	.0136	.0132	.0129	.0125	.0122	.0119	.0116	.0113	.0110
2.3	.0107	.0104	.0102	.0099	.0096	.0094	.0091	.0089	.0087	.0084
2.4	.0082	.0080	.0078	.0075	.0073	.0071	.0069	.0068	.0066	.0064
2.5	.0062	.0060	.0059	.0057	.0055	.0054	.0052	.0051	.0049	.0048
2.6	.0047	.0045	.0044	.0043	.0041	.0040	.0039	.0038	.0037	.0036
2.7	.0035	.0034	.0033	.0032	.0031	.0030	.0029	.0028	.0027	.0026
2.8	.0026	.0025	.0024	.0023	.0023	.0022	.0021	.0021	.0020	.0019
2.9	.0019	.0018	.0017	.0017	.0016	.0016	.0015	.0015	.0014	.0014
3.0	.00135									
3.5	.000 233									
4.0	.000 031 7									
4.5	.000 003 40									
5.0	.000 000 287									

From R. E. Walpole, *Introduction to Statistics* (New York: Macmillan, 1968).

表 3　標準常態分配──以下累積分配表

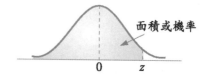

面積或機率

Standard normal curve areas

z	0.00	0.01	0.02	0.03	0.04	0.05	0.06	0.07	0.08	0.09
−3.4	0.0003	0.0003	0.0003	0.0003	0.0003	0.0003	0.0003	0.0003	0.0003	0.0002
−3.3	0.0005	0.0005	0.0005	0.0004	0.0004	0.0004	0.0004	0.0004	0.0004	0.0003
−3.2	0.0007	0.0007	0.0006	0.0006	0.0006	0.0006	0.0006	0.0005	0.0005	0.0005
−3.1	0.0010	0.0009	0.0009	0.0009	0.0008	0.0008	0.0008	0.0008	0.0007	0.0007
−3.0	0.0013	0.0013	0.0013	0.0012	0.0012	0.0011	0.0011	0.0011	0.0010	0.0010
−2.9	0.0019	0.0018	0.0018	0.0017	0.0016	0.0016	0.0015	0.0015	0.0014	0.0014
−2.8	0.0026	0.0025	0.0024	0.0023	0.0023	0.0022	0.0021	0.0021	0.0020	0.0019
−2.7	0.0035	0.0034	0.0033	0.0032	0.0031	0.0030	0.0029	0.0028	0.0027	0.0026
−2.6	0.0047	0.0045	0.0044	0.0043	0.0041	0.0040	0.0039	0.0038	0.0037	0.0036
−2.5	0.0062	0.0060	0.0059	0.0057	0.0055	0.0054	0.0052	0.0051	0.0049	0.0048
−2.4	0.0082	0.0080	0.0078	0.0075	0.0073	0.0071	0.0069	0.0068	0.0066	0.0064
−2.3	0.0107	0.0104	0.0102	0.0099	0.0096	0.0094	0.0091	0.0089	0.0087	0.0084
−2.2	0.0139	0.0136	0.0132	0.0129	0.0125	0.0122	0.0119	0.0116	0.0113	0.0110
−2.1	0.0179	0.0174	0.0170	0.0166	0.0162	0.0158	0.0154	0.0150	0.0146	0.0143
−2.0	0.0228	0.0222	0.0217	0.0212	0.0207	0.0202	0.0197	0.0192	0.0188	0.0183
−1.9	0.0287	0.0281	0.0274	0.0268	0.0262	0.0256	0.0250	0.0244	0.0239	0.0233
−1.8	0.0359	0.0351	0.0344	0.0336	0.0329	0.0322	0.0314	0.0307	0.0301	0.0294
−1.7	0.0446	0.0436	0.0427	0.0418	0.0409	0.0401	0.0392	0.0384	0.0375	0.0367
−1.6	0.0548	0.0537	0.0526	0.0516	0.0505	0.0495	0.0485	0.0475	0.0465	0.0455
−1.5	0.0668	0.0655	0.0643	0.0630	0.0618	0.0606	0.0594	0.0582	0.0571	0.0559
−1.4	0.0808	0.0793	0.0778	0.0764	0.0749	0.0735	0.0721	0.0708	0.0694	0.0681
−1.3	0.0968	0.0951	0.0934	0.0918	0.0901	0.0885	0.0869	0.0853	0.0838	0.0823
−1.2	0.1151	0.1131	0.1112	0.1093	0.1075	0.1056	0.1038	0.1020	0.1003	0.0985
−1.1	0.1357	0.1335	0.1314	0.1292	0.1271	0.1251	0.1230	0.1210	0.1190	0.1170
−1.0	0.1587	0.1562	0.1539	0.1515	0.1492	0.1469	0.1446	0.1423	0.1401	0.1379
−0.9	0.1841	0.1814	0.1788	0.1762	0.1736	0.1711	0.1685	0.1660	0.1635	0.1611
−0.8	0.2119	0.2090	0.2061	0.2033	0.2005	0.1977	0.1949	0.1922	0.1894	0.1867
−0.7	0.2420	0.2389	0.2358	0.2327	0.2296	0.2266	0.2236	0.2206	0.2177	0.2148
−0.6	0.2743	0.2709	0.2676	0.2643	0.2611	0.2578	0.2546	0.2514	0.2483	0.2451
−0.5	0.3085	0.3050	0.3015	0.2981	0.2946	0.2912	0.2877	0.2843	0.2810	0.2776
−0.4	0.3446	0.3409	0.3372	0.3336	0.3300	0.3264	0.3228	0.3192	0.3156	0.3121
−0.3	0.3821	0.3783	0.3745	0.3707	0.3669	0.3632	0.3594	0.3557	0.3520	0.3483
−0.2	0.4207	0.4168	0.4129	0.4090	0.4052	0.4013	0.3974	0.3936	0.3897	0.3859
−0.1	0.4602	0.4562	0.4522	0.4483	0.4443	0.4404	0.4364	0.4325	0.4286	0.4247
−0.0	0.5000	0.4960	0.4920	0.4880	0.4840	0.4801	0.4761	0.4721	0.4681	0.4641

z	Area
−3.50	0.00023263
−4.00	0.00003167
−4.50	0.00000340
−5.00	0.00000029

Source: Computed by M. Longnecker using Splus.

表 3 標準常態分配——以下累積分配表（續）

Standard normal curve areas

z	0.00	0.01	0.02	0.03	0.04	0.05	0.06	0.07	0.08	0.09
0.0	0.5000	0.5040	0.5080	0.5120	0.5160	0.5199	0.5239	0.5279	0.5319	0.5359
0.1	0.5398	0.5438	0.5478	0.5517	0.5557	0.5596	0.5636	0.5675	0.5714	0.5753
0.2	0.5793	0.5832	0.5871	0.5910	0.5948	0.5987	0.6026	0.6064	0.6103	0.6141
0.3	0.6179	0.6217	0.6255	0.6293	0.6331	0.6368	0.6406	0.6443	0.6480	0.6517
0.4	0.6554	0.6591	0.6628	0.6664	0.6700	0.6736	0.6772	0.6808	0.6844	0.6879
0.5	0.6915	0.6950	0.6985	0.7019	0.7054	0.7088	0.7123	0.7157	0.7190	0.7224
0.6	0.7257	0.7291	0.7324	0.7357	0.7389	0.7422	0.7454	0.7486	0.7517	0.7549
0.7	0.7580	0.7611	0.7642	0.7673	0.7704	0.7734	0.7764	0.7794	0.7823	0.7852
0.8	0.7881	0.7910	0.7939	0.7967	0.7995	0.8023	0.8051	0.8078	0.8106	0.8133
0.9	0.8159	0.8186	0.8212	0.8238	0.8264	0.8289	0.8315	0.8340	0.8365	0.8389
1.0	0.8413	0.8438	0.8461	0.8485	0.8508	0.8531	0.8554	0.8577	0.8599	0.8621
1.1	0.8643	0.8665	0.8686	0.8708	0.8729	0.8749	0.8770	0.8790	0.8810	0.8830
1.2	0.8849	0.8869	0.8888	0.8907	0.8925	0.8944	0.8962	0.8980	0.8997	0.9015
1.3	0.9032	0.9049	0.9066	0.9082	0.9099	0.9115	0.9131	0.9147	0.9162	0.9177
1.4	0.9192	0.9207	0.9222	0.9236	0.9251	0.9265	0.9279	0.9292	0.9306	0.9319
1.5	0.9332	0.9345	0.9357	0.9370	0.9382	0.9394	0.9406	0.9418	0.9429	0.9441
1.6	0.9452	0.9463	0.9474	0.9484	0.9495	0.9505	0.9515	0.9525	0.9535	0.9545
1.7	0.9554	0.9564	0.9573	0.9582	0.9591	0.9599	0.9608	0.9616	0.9625	0.9633
1.8	0.9641	0.9649	0.9656	0.9664	0.9671	0.9678	0.9686	0.9693	0.9699	0.9706
1.9	0.9713	0.9719	0.9726	0.9732	0.9738	0.9744	0.9750	0.9756	0.9761	0.9767
2.0	0.9772	0.9778	0.9783	0.9788	0.9793	0.9798	0.9803	0.9808	0.9812	0.9817
2.1	0.9821	0.9826	0.9830	0.9834	0.9838	0.9842	0.9846	0.9850	0.9854	0.9857
2.2	0.9861	0.9864	0.9868	0.9871	0.9875	0.9878	0.9881	0.9884	0.9887	0.9890
2.3	0.9893	0.9896	0.9898	0.9901	0.9904	0.9906	0.9909	0.9911	0.9913	0.9916
2.4	0.9918	0.9920	0.9922	0.9925	0.9927	0.9929	0.9931	0.9932	0.9934	0.9936
2.5	0.9938	0.9940	0.9941	0.9943	0.9945	0.9946	0.9948	0.9949	0.9951	0.9952
2.6	0.9953	0.9955	0.9956	0.9957	0.9959	0.9960	0.9961	0.9962	0.9963	0.9964
2.7	0.9965	0.9966	0.9967	0.9968	0.9969	0.9970	0.9971	0.9972	0.9973	0.9974
2.8	0.9974	0.9975	0.9976	0.9977	0.9977	0.9978	0.9979	0.9979	0.9980	0.9981
2.9	0.9981	0.9982	0.9982	0.9983	0.9984	0.9984	0.9985	0.9985	0.9986	0.9986
3.0	0.9987	0.9987	0.9987	0.9988	0.9988	0.9989	0.9989	0.9989	0.9990	0.9990
3.1	0.9990	0.9991	0.9991	0.9991	0.9992	0.9992	0.9992	0.9992	0.9993	0.9993
3.2	0.9993	0.9993	0.9994	0.9994	0.9994	0.9994	0.9994	0.9995	0.9995	0.9995
3.3	0.9995	0.9995	0.9995	0.9996	0.9996	0.9996	0.9996	0.9996	0.9996	0.9997
3.4	0.9997	0.9997	0.9997	0.9997	0.9997	0.9997	0.9997	0.9997	0.9997	0.9998

z	Area
3.50	0.99976737
4.00	0.99996833
4.50	0.99999660
5.00	0.99999971

表 4　t 分配

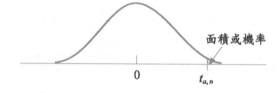

面積或機率

0　$t_{a,n}$

α

自由度	0.20	0.15	0.10	0.05	0.025	0.01	0.005
1	1.376	1.963	3.078	6.3138	12.706	31.821	63.657
2	1.061	1.386	1.886	2.9200	4.3027	6.965	9.9248
3	0.978	1.250	1.638	2.3534	3.1825	4.541	5.8409
4	0.941	1.190	1.533	2.1318	2.7764	3.747	4.6041
5	0.920	1.156	1.476	2.0150	2.5706	3.365	4.0321
6	0.906	1.134	1.440	1.9432	2.4469	3.143	3.7074
7	0.896	1.119	1.415	1.8946	2.3646	2.998	3.4995
8	0.889	1.108	1.397	1.8595	2.3060	2.896	3.3554
9	0.883	1.100	1.383	1.8331	2.2622	2.821	3.2498
10	0.879	1.093	1.372	1.8125	2.2281	2.764	3.1693
11	0.876	1.088	1.363	1.7959	2.2010	2.718	3.1058
12	0.873	1.083	1.356	1.7823	2.1788	2.681	3.0545
13	0.870	1.079	1.350	1.7709	2.1604	2.650	3.0123
14	0.868	1.076	1.345	1.7613	2.1448	2.624	2.9768
15	0.866	1.074	1.341	1.7530	2.1315	2.602	2.9467
16	0.865	1.071	1.337	1.7459	2.1199	2.583	2.9208
17	0.863	1.069	1.333	1.7396	2.1098	2.567	2.8982
18	0.862	1.067	1.330	1.7341	2.1009	2.552	2.8784
19	0.861	1.066	1.328	1.7291	2.0930	2.539	2.8609
20	0.860	1.064	1.325	1.7247	2.0860	2.528	2.8453
21	0.859	1.063	1.323	1.7207	2.0796	2.518	2.8314
22	0.858	1.061	1.321	1.7171	2.0739	2.508	2.8188
23	0.858	1.060	1.319	1.7139	2.0687	2.500	2.8073
24	0.857	1.059	1.318	1.7109	2.0639	2.492	2.7969
25	0.856	1.058	1.316	1.7081	2.0595	2.485	2.7874
26	0.856	1.058	1.315	1.7056	2.0555	2.479	2.7787
27	0.855	1.057	1.314	1.7033	2.0518	2.473	2.7707
28	0.855	1.056	1.313	1.7011	2.0484	2.467	2.7633
29	0.854	1.055	1.311	1.6991	2.0452	2.462	2.7564
30	0.854	1.055	1.310	1.6973	2.0423	2.457	2.7500
31	0.8535	1.0541	1.3095	1.6955	2.0395	2.453	2.7441
32	0.8531	1.0536	1.3086	1.6939	2.0370	2.449	2.7385
33	0.8527	1.0531	1.3078	1.6924	2.0345	2.445	2.7333
34	0.8524	1.0526	1.3070	1.6909	2.0323	2.441	2.7284

表 4 t 分配(續)

				α			
自由度	0.20	0.15	0.10	0.05	0.025	0.01	0.005
35	0.8521	1.0521	1.3062	1.6896	2.0301	2.438	2.7239
36	0.8518	1.0516	1.3055	1.6883	2.0281	2.434	2.7195
37	0.8515	1.0512	1.3049	1.6871	2.0262	2.431	2.7155
38	0.8512	1.0508	1.3042	1.6860	2.0244	2.428	2.7116
39	0.8510	1.0504	1.3037	1.6849	2.0227	2.426	2.7079
40	0.8507	1.0501	1.3031	1.6839	2.0211	2.423	2.7045
41	0.8505	1.0498	1.3026	1.6829	2.0196	2.421	2.7012
42	0.8503	1.0494	1.3020	1.6820	2.0181	2.418	2.6981
43	0.8501	1.0491	1.3016	1.6811	2.0167	2.416	2.6952
44	0.8499	1.0488	1.3011	1.6802	2.0154	2.414	2.6923
45	0.8497	1.0485	1.3007	1.6794	2.0141	2.412	2.6896
46	0.8495	1.0483	1.3002	1.6787	2.0129	2.410	2.6870
47	0.8494	1.0480	1.2998	1.6779	2.0118	2.408	2.6846
48	0.8492	1.0478	1.2994	1.6772	2.0106	2.406	2.6822
49	0.8490	1.0476	1.2991	1.6766	2.0096	2.405	2.6800
50	0.8489	1.0473	1.2987	1.6759	2.0086	2.403	2.6778
51	0.8448	1.0471	1.2984	1.6753	2.0077	2.402	2.6758
52	0.8486	1.0469	1.2981	1.6747	2.0067	2.400	2.6738
53	0.8485	1.0467	1.2978	1.6742	2.0058	2.399	2.6719
54	0.8484	1.0465	1.2975	1.6736	2.0049	2.397	2.6700
55	0.8483	1.0463	1.2972	1.6731	2.0041	2.396	2.6683
56	0.8481	1.0461	1.2969	1.6725	2.0033	2.395	2.6666
57	0.8480	1.0460	1.2967	1.6721	2.0025	2.393	2.6650
58	0.8479	1.0458	1.2964	1.6716	2.0017	2.392	2.6633
59	0.8478	1.0457	1.2962	1.6712	2.0010	2.391	2.6618
60	0.8477	1.0455	1.2959	1.6707	2.0003	2.390	2.6603
61	0.8476	1.0454	1.2957	1.6703	1.9997	2.389	2.6590
62	0.8475	1.0452	1.2954	1.6698	1.9990	2.388	2.6576
63	0.8474	1.0451	1.2952	1.6694	1.9984	2.387	2.6563
64	0.8473	1.0449	1.2950	1.6690	1.9977	2.386	2.6549
65	0.8472	1.0448	1.2948	1.6687	1.9972	2.385	2.6537
66	0.8471	1.0447	1.2945	1.6683	1.9966	2.384	2.6525
67	0.8471	1.0446	1.2944	1.6680	1.9961	2.383	2.6513
68	0.8470	1.0444	1.2942	1.6676	1.9955	2.382	2.6501
69	0.8469	1.0443	1.2940	1.6673	1.9950	2.381	2.6491
70	0.8468	1.0442	1.2938	1.6669	1.9945	2.381	2.6480
71	0.8468	1.0441	1.2936	1.6666	1.9940	2.380	2.6470
72	0.8467	1.0440	1.2934	1.6663	1.9935	2.379	2.6459
73	0.8466	1.0439	1.2933	1.6660	1.9931	2.378	2.6450
74	0.8465	1.0438	1.2931	1.6657	1.9926	2.378	2.6640
75	0.8465	1.0437	1.2930	1.6655	1.9922	2.377	2.6431
76	0.8464	1.0436	1.2928	1.6652	1.9917	2.376	2.6421
77	0.8464	1.0435	1.2927	1.6649	1.9913	2.376	2.6413
78	0.8463	1.0434	1.2925	1.6646	1.9909	2.375	2.6406
79	0.8463	1.0433	1.2924	1.6644	1.9905	2.374	2.6396

表 4　t 分配(續)

自由度	0.20	0.15	0.10	0.05	0.025	0.01	0.005
80	0.8462	1.0432	1.2922	1.6641	1.9901	2.374	2.6388
81	0.8461	1.0431	1.2921	1.6639	1.9897	2.373	2.6380
82	0.8460	1.0430	1.2920	1.6637	1.9893	2.372	2.6372
83	0.8460	1.0430	1.2919	1.6635	1.9890	2.372	2.6365
84	0.8459	1.0429	1.2917	1.6632	1.9886	2.371	2.6357
85	0.8459	1.0428	1.2916	1.6630	1.9883	2.371	2.6350
86	0.8458	1.0427	1.2915	1.6628	1.9880	2.370	2.6343
87	0.8458	1.0427	1.2914	1.6626	1.9877	2.370	2.6336
88	0.8457	1.0426	1.2913	1.6624	1.9873	2.369	2.6329
89	0.8457	1.0426	1.2912	1.6622	1.9870	2.369	2.6323
90	0.8457	1.0425	1.2910	1.6620	1.9867	2.368	2.6316
91	0.8457	1.0424	1.2909	1.6618	1.9864	2.368	2.6310
92	0.8456	1.0423	1.2908	1.6616	1.9861	2.367	2.6303
93	0.8456	1.0423	1.2907	1.6614	1.9859	2.367	2.6298
94	0.8455	1.0422	1.2906	1.6612	1.9856	2.366	2.6292
95	0.8455	1.0422	1.2905	1.6611	1.9853	2.366	2.6286
96	0.8454	1.0421	1.2904	1.6609	1.9850	2.366	2.6280
97	0.8454	1.0421	1.2904	1.6608	1.9848	2.365	2.6275
98	0.8453	1.0420	1.2903	1.6606	1.9845	2.365	2.6270
99	0.8453	1.0419	1.2902	1.6604	1.9843	2.364	2.6265
100	0.8452	1.0418	1.2901	1.6602	1.9840	2.364	2.6260
∞	0.84	1.04	1.28	1.64	1.96	2.33	2.58

Source: Scientific Tables, 6th ed. (Basel, Switzerland: J.R. Geigy, 1962), pp. 32–33.

表 5　卡方分配

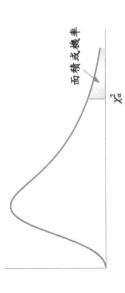

面積或機率

χ_α^2

表中的數值是 χ_α^2，其中 α 代表卡方分配右尾的面積或機率，例如，若自由度為 10 且右尾面積為 0.01，則 $\chi_{0.01}^2 = 23.2093$。

右尾面積

自由度	0.995	0.99	0.975	0.95	0.90	0.10	0.05	0.025	0.01	0.005
1	$392{,}704 \times 10^{-10}$	$157{,}088 \times 10^{-9}$	$982{,}069 \times 10^{-9}$	$393{,}214 \times 10^{-8}$	0.0157908	2.70554	3.84146	5.02389	6.63490	7.87944
2	0.0100251	0.0201007	0.0506356	0.102587	0.210720	4.60517	5.99147	7.37776	9.21034	10.5966
3	0.0717212	0.114832	0.215795	0.351746	0.584375	6.25139	7.81473	9.34840	11.3449	12.8381
4	0.206990	0.297110	0.484419	0.710721	1.063623	7.77944	9.48773	11.1433	13.2767	14.8602
5	0.411740	0.554300	0.831211	1.145476	1.61031	9.23635	11.0705	12.8325	15.0863	16.7496
6	0.675727	0.872085	1.237347	1.63539	2.20413	10.6446	12.5916	14.4494	16.8119	18.5476
7	0.989265	1.239043	1.68987	2.16735	2.83311	12.0170	14.0671	16.0128	18.4753	20.2777
8	1.344419	1.646482	2.17973	2.73264	3.48954	13.3616	15.5073	17.5346	20.0902	21.9550
9	1.734926	2.087912	2.70039	3.32511	4.16816	14.6837	16.9190	19.0228	21.6660	23.5893
10	2.15585	2.55821	3.24697	3.94030	4.86518	15.9871	18.3070	20.4831	23.2093	25.1882
11	2.60321	3.05347	3.81575	4.57481	5.57779	17.2750	19.6751	21.9200	24.7250	26.7569
12	3.07382	3.57056	4.40379	5.22603	6.30380	18.5494	21.0261	23.3367	26.2170	28.2995
13	3.56503	4.10691	5.00874	5.89186	7.04150	19.8119	22.3621	24.7356	27.6883	29.8194
14	4.07468	4.66043	5.62872	6.57063	7.78953	21.0642	23.6848	26.1190	29.1413	31.3193
15	4.60094	5.22935	6.26214	7.26094	8.54675	22.3072	24.9958	27.4884	30.5779	32.8013
16	5.14224	5.81221	6.90766	7.96164	9.31223	23.5418	26.2962	28.8454	31.9999	34.2672
17	5.69724	6.40776	7.56418	8.67176	10.0852	24.7690	27.5871	30.1910	33.4087	35.7185
18	6.26481	7.01491	8.23075	9.39046	10.8649	25.9894	28.8693	31.5264	34.8053	37.1564
19	6.84398	7.63273	8.90655	10.1170	11.6509	27.2036	30.1435	32.8523	36.1908	38.5822

表 5　卡方分配(續)

df										
20	7.43386	8.26040	9.59083	10.8508	12.4426	28.4120	31.4104	34.1696	37.5662	39.9968
21	8.03366	8.89720	10.28293	11.5913	13.2396	29.6151	32.6705	35.4789	38.9321	41.4010
22	8.64272	9.54249	10.9823	12.3380	14.0415	30.8133	33.9244	36.7807	40.2894	42.7958
23	9.26042	10.19567	11.6885	13.0905	14.8479	32.0069	35.1725	38.0757	41.6384	44.1813
24	9.88623	10.8564	12.4011	13.8484	15.6587	33.1963	36.4151	39.3641	42.9798	45.5585
25	10.5197	11.5240	13.1197	14.6114	16.4734	34.3816	37.6525	40.6465	44.3141	46.9278
26	11.1603	12.1981	13.8439	15.3791	17.2919	35.5631	38.8852	41.9232	45.6417	48.2899
27	11.8076	12.8786	14.5733	16.1513	18.1138	36.7412	40.1133	43.1944	46.9630	49.6449
28	12.4613	13.5648	15.3079	16.9279	18.9392	37.9159	41.3372	44.4607	48.2782	50.9933
29	13.1211	14.2565	16.0471	17.7083	19.7677	39.0875	42.5569	45.7222	49.5879	52.3356
30	13.7867	14.9535	16.7908	18.4926	20.5992	40.2560	43.7729	46.9792	50.8922	53.6720
40	20.7065	22.1643	24.4331	26.5093	29.0505	51.8050	55.7585	59.3417	63.6907	66.7659
50	27.9907	29.7067	32.3574	34.7642	37.6886	63.1671	67.5048	71.4202	76.1539	79.4900
60	35.5346	37.4848	40.4817	43.1879	46.4589	74.3970	79.0819	83.2976	88.3794	91.9517
70	43.2752	45.4418	48.7576	51.7393	55.3290	85.5271	90.5312	95.0231	100.425	104.215
80	51.1720	53.5400	57.1532	60.3915	64.2778	96.5782	101.879	106.629	112.329	116.321
90	59.1963	61.7541	65.6466	69.1260	73.2912	107.565	113.145	118.136	124.116	128.299
100	67.3276	70.0648	74.2219	77.9295	82.3581	118.498	124.342	129.561	135.807	140.169

表6 F分配

表中的數值是 F_α，其中 α 代表 F 分配右尾之面積或機率。例如，若分子自由度為 12、分母自由度為 15 且右右尾面積為 0.05，則 $F_{0.05}=2.48$。

面積或機率

F_α

$F_{0.05}$值之表

分母自由度	分子自由度																		
	1	2	3	4	5	6	7	8	9	10	12	15	20	24	30	40	60	120	∞
1	161.4	199.5	215.7	224.6	230.2	234.0	236.8	238.9	240.5	241.9	243.9	245.9	248.0	249.1	250.1	251.1	252.2	253.3	254.3
2	18.51	19.00	19.16	19.25	19.30	19.33	19.35	19.37	19.38	19.40	19.41	19.43	19.45	19.45	19.46	19.47	19.48	19.49	19.50
3	10.13	9.55	9.28	9.12	9.01	8.94	8.89	8.85	8.81	8.79	8.74	8.70	8.66	8.64	8.62	8.59	8.57	8.55	8.53
4	7.71	6.94	6.59	6.39	6.26	6.16	6.09	6.04	6.00	5.96	5.91	5.86	5.80	5.77	5.75	5.72	5.69	5.66	5.63
5	6.61	5.79	5.41	5.19	5.05	4.95	4.88	4.82	4.77	4.74	4.68	4.62	4.56	4.53	4.50	4.46	4.43	4.40	4.36
6	5.99	5.14	4.76	4.53	4.39	4.28	4.21	4.15	4.10	4.06	4.00	3.94	3.87	3.84	3.81	3.77	3.74	3.70	3.67
7	5.59	4.74	4.35	4.12	3.97	3.87	3.79	3.73	3.68	3.64	3.57	3.51	3.44	3.41	3.38	3.34	3.30	3.27	3.23
8	5.32	4.46	4.07	3.84	3.69	3.58	3.50	3.44	3.39	3.35	3.28	3.22	3.15	3.12	3.08	3.04	3.01	2.97	2.93
9	5.12	4.26	3.86	3.63	3.48	3.37	3.29	3.23	3.18	3.14	3.07	3.01	2.94	2.90	2.86	2.83	2.79	2.75	2.71
10	4.96	4.10	3.71	3.48	3.33	3.22	3.14	3.07	3.02	2.98	2.91	2.85	2.77	2.74	2.70	2.66	2.62	2.58	2.54
11	4.84	3.98	3.59	3.36	3.20	3.09	3.01	2.95	2.90	2.85	2.79	2.72	2.65	2.61	2.57	2.53	2.49	2.45	2.40
12	4.75	3.89	3.49	3.26	3.11	3.00	2.91	2.85	2.80	2.75	2.69	2.62	2.54	2.51	2.47	2.43	2.38	2.34	2.30
13	4.67	3.81	3.41	3.18	3.03	2.92	2.83	2.77	2.71	2.67	2.60	2.53	2.46	2.42	2.38	2.34	2.30	2.25	2.21
14	4.60	3.74	3.34	3.11	2.96	2.85	2.76	2.70	2.65	2.60	2.53	2.46	2.39	2.35	2.31	2.27	2.22	2.18	2.13

表 6　F 分配(續)

	1	2	3	4	5	6	7	8	9	10	12	15	20	24	30	40	60	120	∞
15	4.54	3.68	3.29	3.06	2.90	2.79	2.71	2.64	2.59	2.54	2.48	2.40	2.33	2.29	2.25	2.20	2.16	2.11	2.07
16	4.49	3.63	3.24	3.01	2.85	2.74	2.66	2.59	2.54	2.49	2.42	2.35	2.28	2.24	2.19	2.15	2.11	2.06	2.01
17	4.45	3.59	3.20	2.96	2.81	2.70	2.61	2.55	2.49	2.45	2.38	2.31	2.23	2.19	2.15	2.10	2.06	2.01	1.96
18	4.41	3.55	3.16	2.93	2.77	2.66	2.58	2.51	2.46	2.41	2.34	2.27	2.19	2.15	2.11	2.06	2.02	1.97	1.92
19	4.38	3.52	3.13	2.90	2.74	2.63	2.54	2.48	2.42	2.38	2.31	2.23	2.16	2.11	2.07	2.03	1.98	1.93	1.88
20	4.35	3.49	3.10	2.87	2.71	2.60	2.51	2.45	2.39	2.35	2.28	2.20	2.12	2.08	2.04	1.99	1.95	1.90	1.84
21	4.32	3.47	3.07	2.84	2.68	2.57	2.49	2.42	2.37	2.32	2.25	2.18	2.10	2.05	2.01	1.96	1.92	1.87	1.81
22	4.30	3.44	3.05	2.82	2.66	2.55	2.46	2.40	2.34	2.30	2.23	2.15	2.07	2.03	1.98	1.94	1.89	1.84	1.78
23	4.28	3.42	3.03	2.80	2.64	2.53	2.44	2.37	2.32	2.27	2.20	2.13	2.05	2.01	1.96	1.91	1.86	1.81	1.76
24	4.26	3.40	3.01	2.78	2.62	2.51	2.42	2.36	2.30	2.25	2.18	2.11	2.03	1.98	1.94	1.89	1.84	1.79	1.73
25	4.24	3.39	2.99	2.76	2.60	2.49	2.40	2.34	2.28	2.24	2.16	2.09	2.01	1.96	1.92	1.87	1.82	1.77	1.71
26	4.23	3.37	2.98	2.74	2.59	2.47	2.39	2.32	2.27	2.22	2.15	2.07	1.99	1.95	1.90	1.85	1.80	1.75	1.69
27	4.21	3.35	2.96	2.73	2.57	2.46	2.37	2.31	2.25	2.20	2.13	2.06	1.97	1.93	1.88	1.84	1.79	1.73	1.67
28	4.20	3.34	2.95	2.71	2.56	2.45	2.36	2.29	2.24	2.19	2.12	2.04	1.96	1.91	1.87	1.82	1.77	1.71	1.65
29	4.18	3.33	2.93	2.70	2.55	2.43	2.35	2.28	2.22	2.18	2.10	2.03	1.94	1.90	1.85	1.81	1.75	1.70	1.64
30	4.17	3.32	2.92	2.69	2.53	2.42	2.33	2.27	2.21	2.16	2.09	2.01	1.93	1.89	1.84	1.79	1.74	1.68	1.62
40	4.08	3.23	2.84	2.61	2.45	2.34	2.25	2.18	2.12	2.08	2.00	1.92	1.84	1.79	1.74	1.69	1.64	1.58	1.51
60	4.00	3.15	2.76	2.53	2.37	2.25	2.17	2.10	2.04	1.99	1.92	1.84	1.75	1.70	1.65	1.59	1.53	1.47	1.39
120	3.92	3.07	2.68	2.45	2.29	2.17	2.09	2.02	1.96	1.91	1.83	1.75	1.66	1.61	1.55	1.50	1.43	1.35	1.25
∞	3.84	3.00	2.60	2.37	2.21	2.10	2.01	1.94	1.88	1.83	1.75	1.67	1.57	1.52	1.46	1.39	1.32	1.22	1.00

表6 F分配(續)

$F_{0.025}$ 值之表

分子自由度

分母 自由度	1	2	3	4	5	6	7	8	9	10	12	15	20	24	30	40	60	120	∞
1	647.8	799.5	864.2	899.6	921.8	937.1	948.2	956.7	963.3	968.6	976.7	984.9	993.1	997.2	1,001	1,006	1,010	1,014	1,018
2	38.51	39.00	39.17	39.25	39.30	39.33	39.36	39.37	39.39	39.40	39.41	39.43	39.45	39.46	39.46	39.47	39.48	39.49	39.50
3	17.44	16.04	15.44	15.10	14.88	14.73	14.62	14.54	14.47	14.42	14.34	14.25	14.17	14.12	14.08	14.04	13.99	13.95	13.90
4	12.22	10.65	9.98	9.60	9.36	9.20	9.07	8.98	8.90	8.84	8.75	8.66	8.56	8.51	8.46	8.41	8.36	8.31	8.26
5	10.01	8.43	7.76	7.39	7.15	6.98	6.85	6.76	6.68	6.62	6.52	6.43	6.33	6.28	6.23	6.18	6.12	6.07	6.02
6	8.81	7.26	6.60	6.23	5.99	5.82	5.70	5.60	5.52	5.46	5.37	5.27	5.17	5.12	5.07	5.01	4.96	4.90	4.85
7	8.07	6.54	5.89	5.52	5.29	5.12	4.99	4.90	4.82	4.76	4.67	4.57	4.47	4.42	4.36	4.31	4.25	4.20	4.14
8	7.57	6.06	5.42	5.05	4.82	4.65	4.53	4.43	4.36	4.30	4.20	4.10	4.00	3.95	3.89	3.84	3.78	3.73	3.67
9	7.21	5.71	5.08	4.72	4.48	4.32	4.20	4.10	4.03	3.96	3.87	3.77	3.67	3.61	3.56	3.51	3.45	3.39	3.33
10	6.94	5.46	4.83	4.47	4.24	4.07	3.95	3.85	3.78	3.72	3.62	3.52	3.42	3.37	3.31	3.26	3.20	3.14	3.08
11	6.72	5.26	4.63	4.28	4.04	3.88	3.76	3.66	3.59	3.53	3.43	3.33	3.23	3.17	3.12	3.06	3.00	2.94	2.88
12	6.55	5.10	4.47	4.12	3.89	3.73	3.61	3.51	3.44	3.37	3.28	3.18	3.07	3.02	2.96	2.91	2.85	2.79	2.72
13	6.41	4.97	4.35	4.00	3.77	3.60	3.48	3.39	3.31	3.25	3.15	3.05	2.95	2.89	2.84	2.78	2.72	2.66	2.60
14	6.30	4.86	4.24	3.89	3.66	3.50	3.38	3.29	3.21	3.15	3.05	2.95	2.84	2.79	2.73	2.67	2.61	2.55	2.49
15	6.20	4.77	4.15	3.80	3.58	3.41	3.29	3.20	3.12	3.06	2.96	2.86	2.76	2.70	2.64	2.59	2.52	2.46	2.40
16	6.12	4.69	4.08	3.73	3.50	3.34	3.22	3.12	3.05	2.99	2.89	2.79	2.68	2.63	2.57	2.51	2.45	2.38	2.32
17	6.04	4.62	4.01	3.66	3.44	3.28	3.16	3.06	2.98	2.92	2.82	2.72	2.62	2.56	2.50	2.44	2.38	2.32	2.25
18	5.98	4.56	3.95	3.61	3.38	3.22	3.10	3.01	2.93	2.87	2.77	2.67	2.56	2.50	2.44	2.38	2.32	2.26	2.19
19	5.92	4.51	3.90	3.56	3.33	3.17	3.05	2.96	2.88	2.82	2.72	2.62	2.51	2.45	2.39	2.33	2.27	2.20	2.13
20	5.87	4.46	3.86	3.51	3.29	3.13	3.01	2.91	2.84	2.77	2.68	2.57	2.46	2.41	2.35	2.29	2.22	2.16	2.09
21	5.83	4.42	3.82	3.48	3.25	3.09	2.97	2.87	2.80	2.73	2.64	2.53	2.42	2.37	2.31	2.25	2.18	2.11	2.04
22	5.79	4.38	3.78	3.44	3.22	3.05	2.93	2.84	2.76	2.70	2.60	2.50	2.39	2.33	2.27	2.21	2.14	2.08	2.00
23	5.75	4.35	3.75	3.41	3.18	3.02	2.90	2.81	2.73	2.67	2.57	2.47	2.36	2.30	2.24	2.18	2.11	2.04	1.97
24	5.72	4.32	3.72	3.38	3.15	2.99	2.87	2.78	2.70	2.64	2.54	2.44	2.33	2.27	2.21	2.15	2.08	2.01	1.94
25	5.69	4.29	3.69	3.35	3.13	2.97	2.85	2.75	2.68	2.61	2.51	2.41	2.30	2.24	2.18	2.12	2.05	1.98	1.91
26	5.66	4.27	3.67	3.33	3.10	2.94	2.82	2.73	2.65	2.59	2.49	2.39	2.28	2.22	2.16	2.09	2.03	1.95	1.88
27	5.63	4.24	3.65	3.31	3.08	2.92	2.80	2.71	2.63	2.57	2.47	2.36	2.25	2.19	2.13	2.07	2.00	1.93	1.85
28	5.61	4.22	3.63	3.29	3.06	2.90	2.78	2.69	2.61	2.55	2.45	2.34	2.23	2.17	2.11	2.05	1.98	1.91	1.83
29	5.59	4.20	3.61	3.27	3.04	2.88	2.76	2.67	2.59	2.53	2.43	2.32	2.21	2.15	2.09	2.03	1.96	1.89	1.81
30	5.57	4.18	3.59	3.25	3.03	2.87	2.75	2.65	2.57	2.51	2.41	2.31	2.20	2.14	2.07	2.01	1.94	1.87	1.79
40	5.42	4.05	3.46	3.13	2.90	2.74	2.62	2.53	2.45	2.39	2.29	2.18	2.07	2.01	1.94	1.88	1.80	1.72	1.64
60	5.29	3.93	3.34	3.01	2.79	2.63	2.51	2.41	2.33	2.27	2.17	2.06	1.94	1.88	1.82	1.74	1.67	1.58	1.48
120	5.15	3.80	3.23	2.89	2.67	2.52	2.39	2.30	2.22	2.16	2.05	1.94	1.82	1.76	1.69	1.61	1.53	1.43	1.31
∞	5.02	3.69	3.12	2.79	2.57	2.41	2.29	2.19	2.11	2.05	1.94	1.83	1.71	1.64	1.57	1.48	1.39	1.27	1.00

表6　F分配(續)

$F_{0.01}$值之表

分子自由度

分母自由度	1	2	3	4	5	6	7	8	9	10	12	15	20	24	30	40	60	120	∞
1	4,052	4,999.5	5,403	5,625	5,764	5,859	5,928	5,982	6,022	6,056	6,106	6,157	6,209	6,235	6,261	6,287	6,313	6,339	6,366
2	98.50	99.00	99.17	99.25	99.30	99.33	99.36	99.37	99.39	99.40	99.42	99.43	99.45	99.46	99.47	99.47	99.48	99.49	99.50
3	34.12	30.82	29.46	28.71	28.24	27.91	27.67	27.49	27.35	27.23	27.05	26.87	26.69	26.60	26.50	26.41	26.32	26.22	26.13
4	21.20	18.00	16.69	15.98	15.52	15.21	14.98	14.80	14.66	14.55	14.37	14.20	14.02	13.93	13.84	13.75	13.65	13.56	13.46
5	16.26	13.27	12.06	11.39	10.97	10.67	10.46	10.29	10.16	10.05	9.89	9.72	9.55	9.47	9.38	9.29	9.20	9.11	9.06
6	13.75	10.92	9.78	9.15	8.75	8.47	8.26	8.10	7.98	7.87	7.72	7.56	7.40	7.31	7.23	7.14	7.06	6.97	6.88
7	12.25	9.55	8.45	7.85	7.46	7.19	6.99	6.84	6.72	6.62	6.47	6.31	6.16	6.07	5.99	5.91	5.82	5.74	5.65
8	11.26	8.65	7.59	7.01	6.63	6.37	6.18	6.03	5.91	5.81	5.67	5.52	5.36	5.28	5.20	5.12	5.03	4.95	4.86
9	10.56	8.02	6.99	6.42	6.06	5.80	5.61	5.47	5.35	5.26	5.11	4.96	4.81	4.73	4.65	4.57	4.48	4.40	4.31
10	10.04	7.56	6.55	5.99	5.64	5.39	5.20	5.06	4.94	4.85	4.71	4.56	4.41	4.33	4.25	4.17	4.08	4.00	3.91
11	9.65	7.21	6.22	5.67	5.32	5.07	4.89	4.74	4.63	4.54	4.40	4.25	4.10	4.02	3.94	3.86	3.78	3.69	3.60
12	9.33	6.93	5.95	5.41	5.06	4.82	4.64	4.50	4.39	4.30	4.16	4.01	3.86	3.78	3.70	3.62	3.54	3.45	3.36
13	9.07	6.70	5.74	5.21	4.86	4.62	4.44	4.30	4.19	4.10	3.96	3.82	3.66	3.59	3.51	3.43	3.34	3.25	3.17
14	8.86	6.51	5.56	5.04	4.69	4.46	4.28	4.14	4.03	3.94	3.80	3.66	3.51	3.43	3.35	3.27	3.18	3.09	3.00
15	8.68	6.36	5.42	4.89	4.56	4.32	4.14	4.00	3.89	3.80	3.67	3.52	3.37	3.29	3.21	3.13	3.05	2.96	2.87
16	8.53	6.23	5.29	4.77	4.44	4.20	4.03	3.89	3.78	3.69	3.55	3.41	3.26	3.18	3.10	3.02	2.93	2.84	2.75
17	8.40	6.11	5.18	4.67	4.34	4.10	3.93	3.79	3.68	3.59	3.46	3.31	3.16	3.08	3.00	2.92	2.83	2.75	2.65
18	8.29	6.01	5.09	4.58	4.25	4.01	3.84	3.71	3.60	3.51	3.37	3.23	3.08	3.00	2.92	2.84	2.75	2.66	2.57
19	8.18	5.93	5.01	4.50	4.17	3.94	3.77	3.63	3.52	3.43	3.30	3.15	3.00	2.92	2.84	2.76	2.67	2.58	2.49
20	8.10	5.85	4.94	4.43	4.10	3.87	3.70	3.56	3.46	3.37	3.23	3.09	2.94	2.86	2.78	2.69	2.61	2.52	2.42
21	8.02	5.78	4.87	4.37	4.04	3.81	3.64	3.51	3.40	3.31	3.17	3.03	2.88	2.80	2.72	2.64	2.55	2.46	2.36
22	7.95	5.72	4.82	4.31	3.99	3.76	3.59	3.45	3.35	3.26	3.12	2.98	2.83	2.75	2.67	2.58	2.50	2.40	2.31
23	7.88	5.66	4.76	4.26	3.94	3.71	3.54	3.41	3.30	3.21	3.07	2.93	2.78	2.70	2.62	2.54	2.45	2.35	2.26
24	7.82	5.61	4.72	4.22	3.90	3.67	3.50	3.36	3.26	3.17	3.03	2.89	2.74	2.66	2.58	2.49	2.40	2.31	2.21
25	7.77	5.57	4.68	4.18	3.85	3.63	3.46	3.32	3.22	3.13	2.99	2.85	2.70	2.62	2.54	2.45	2.36	2.27	2.17
26	7.72	5.53	4.64	4.14	3.82	3.59	3.42	3.29	3.18	3.09	2.96	2.81	2.66	2.58	2.50	2.42	2.33	2.23	2.13
27	7.68	5.49	4.60	4.11	3.78	3.56	3.39	3.26	3.15	3.06	2.93	2.78	2.63	2.55	2.47	2.38	2.29	2.20	2.10
28	7.64	5.45	4.57	4.07	3.75	3.53	3.36	3.23	3.12	3.03	2.90	2.75	2.60	2.52	2.44	2.35	2.26	2.17	2.06
29	7.60	5.42	4.54	4.04	3.73	3.50	3.33	3.20	3.09	3.00	2.87	2.73	2.57	2.49	2.41	2.33	2.23	2.14	2.03
30	7.56	5.39	4.51	4.02	3.70	3.47	3.30	3.17	3.07	2.98	2.84	2.70	2.55	2.47	2.39	2.30	2.21	2.11	2.01
40	7.31	5.18	4.31	3.83	3.51	3.29	3.12	2.99	2.89	2.80	2.66	2.52	2.37	2.29	2.20	2.11	2.02	1.92	1.80
60	7.08	4.98	4.13	3.65	3.34	3.12	2.95	2.82	2.72	2.63	2.50	2.35	2.20	2.12	2.03	1.94	1.84	1.73	1.60
120	6.85	4.79	3.95	3.48	3.17	2.96	2.79	2.66	2.56	2.47	2.34	2.19	2.03	1.95	1.86	1.76	1.66	1.53	1.38
∞	6.63	4.61	3.78	3.32	3.02	2.80	2.64	2.51	2.41	2.32	2.18	2.04	1.88	1.79	1.70	1.59	1.47	1.32	1.00

表 6 F 分配(續)

$F_{0.1}$ 值之表

分子自由度

分母自由度	1	2	3	4	5	6	7	8	9	10	12	15	20	24	30	40	60	120	∞
1	39.86	49.50	53.59	55.83	57.24	58.20	58.91	59.44	59.86	60.19	60.71	61.22	61.74	62.00	62.26	62.53	62.79	63.06	63.33
2	8.53	9.00	9.16	9.24	9.29	9.33	9.35	9.37	9.38	9.39	9.41	9.42	9.44	9.45	9.46	9.47	9.47	9.48	9.49
3	5.54	5.46	5.39	5.34	5.31	5.28	5.27	5.25	5.24	5.23	5.22	5.20	5.18	5.18	5.17	5.16	5.15	5.14	5.13
4	4.54	4.32	4.19	4.11	4.05	4.01	3.98	3.95	3.94	3.92	3.90	3.87	3.84	3.83	3.82	3.80	3.79	3.78	3.76
5	4.06	3.78	3.62	3.52	3.45	3.40	3.37	3.34	3.32	3.30	3.27	3.24	3.21	3.19	3.17	3.16	3.14	3.12	3.10
6	3.78	3.46	3.29	3.18	3.11	3.05	3.01	2.98	2.96	2.94	2.90	2.87	2.84	2.82	2.80	2.78	2.76	2.74	2.72
7	3.59	3.26	3.07	2.96	2.88	2.83	2.78	2.75	2.72	2.70	2.67	2.63	2.59	2.58	2.56	2.54	2.51	2.49	2.47
8	3.46	3.11	2.92	2.81	2.73	2.67	2.62	2.59	2.56	2.54	2.50	2.46	2.42	2.40	2.38	2.36	2.34	2.32	2.29
9	3.36	3.01	2.81	2.69	2.61	2.55	2.51	2.47	2.44	2.42	2.38	2.34	2.30	2.28	2.25	2.23	2.21	2.18	2.16
10	3.29	2.92	2.73	2.61	2.52	2.46	2.41	2.38	2.35	2.32	2.28	2.24	2.20	2.18	2.16	2.13	2.11	2.08	2.06
11	3.23	2.86	2.66	2.54	2.45	2.39	2.34	2.30	2.27	2.25	2.21	2.17	2.12	2.10	2.08	2.05	2.03	2.00	1.97
12	3.18	2.81	2.61	2.48	2.39	2.33	2.28	2.24	2.21	2.19	2.15	2.10	2.06	2.04	2.01	1.99	1.96	1.93	1.90
13	3.14	2.76	2.56	2.43	2.35	2.28	2.23	2.20	2.16	2.14	2.10	2.05	2.01	1.98	1.96	1.93	1.90	1.88	1.85
14	3.10	2.73	2.52	2.39	2.31	2.24	2.19	2.15	2.12	2.10	2.05	2.01	1.96	1.94	1.91	1.89	1.86	1.83	1.80
15	3.07	2.70	2.49	2.36	2.27	2.21	2.16	2.12	2.09	2.06	2.02	1.97	1.92	1.90	1.87	1.85	1.82	1.79	1.76
16	3.05	2.67	2.46	2.33	2.24	2.18	2.13	2.09	2.06	2.03	1.99	1.94	1.89	1.87	1.84	1.81	1.78	1.75	1.72
17	3.03	2.64	2.44	2.31	2.22	2.15	2.10	2.06	2.03	2.00	1.96	1.91	1.86	1.84	1.81	1.78	1.75	1.72	1.69
18	3.01	2.62	2.42	2.29	2.20	2.13	2.08	2.04	2.00	1.98	1.93	1.89	1.84	1.81	1.78	1.75	1.72	1.69	1.66
19	2.99	2.61	2.40	2.27	2.18	2.11	2.06	2.02	1.98	1.96	1.91	1.86	1.81	1.79	1.76	1.73	1.70	1.67	1.63
20	2.97	2.59	2.38	2.25	2.16	2.09	2.04	2.00	1.96	1.94	1.89	1.84	1.79	1.77	1.74	1.71	1.68	1.64	1.61
21	2.96	2.57	2.36	2.23	2.14	2.08	2.02	1.98	1.95	1.92	1.87	1.83	1.78	1.75	1.72	1.69	1.66	1.62	1.59
22	2.95	2.56	2.35	2.22	2.13	2.06	2.01	1.97	1.93	1.90	1.86	1.81	1.76	1.73	1.70	1.67	1.64	1.60	1.57
23	2.94	2.55	2.34	2.21	2.11	2.05	1.99	1.95	1.92	1.89	1.84	1.80	1.74	1.72	1.69	1.66	1.62	1.59	1.55
24	2.93	2.54	2.33	2.19	2.10	2.04	1.98	1.94	1.91	1.88	1.83	1.78	1.73	1.70	1.67	1.64	1.61	1.57	1.53
25	2.92	2.53	2.32	2.18	2.09	2.02	1.97	1.93	1.89	1.87	1.82	1.77	1.72	1.69	1.66	1.63	1.59	1.56	1.52
26	2.91	2.52	2.31	2.17	2.08	2.01	1.96	1.92	1.88	1.86	1.81	1.76	1.71	1.68	1.65	1.61	1.58	1.54	1.50
27	2.90	2.51	2.30	2.17	2.07	2.00	1.95	1.91	1.87	1.85	1.80	1.75	1.70	1.67	1.64	1.60	1.57	1.53	1.49
28	2.89	2.50	2.29	2.16	2.06	2.00	1.94	1.90	1.87	1.84	1.79	1.74	1.69	1.66	1.63	1.59	1.56	1.52	1.48
29	2.89	2.50	2.28	2.15	2.06	1.99	1.93	1.89	1.86	1.83	1.78	1.73	1.68	1.65	1.62	1.58	1.55	1.51	1.47
30	2.88	2.49	2.28	2.14	2.05	1.98	1.93	1.88	1.85	1.82	1.77	1.72	1.67	1.64	1.61	1.57	1.54	1.50	1.46
40	2.84	2.44	2.23	2.09	2.00	1.93	1.87	1.83	1.79	1.76	1.71	1.66	1.61	1.57	1.54	1.51	1.47	1.42	1.38
60	2.79	2.39	2.18	2.04	1.95	1.87	1.82	1.77	1.74	1.71	1.66	1.60	1.54	1.51	1.48	1.44	1.40	1.35	1.29
120	2.75	2.35	2.13	1.99	1.90	1.82	1.77	1.72	1.68	1.65	1.60	1.55	1.48	1.45	1.41	1.37	1.32	1.26	1.19
∞	2.71	2.30	2.08	1.94	1.85	1.77	1.72	1.67	1.63	1.60	1.55	1.49	1.42	1.38	1.34	1.30	1.24	1.17	1.00

表 7　二項分配

$$f(x) = C_x^n p^x (1-p)^{n-x}$$

		P											
n	x	.01	.05	.10	.20	.30	.40	.50	.60	.70	.80	.90	.95	.99
2	0	.9801	.9025	.8100	.6400	.4900	.3600	.2500	.1600	.0900	.0400	.0100	.0025	.0001
	1	.0198	.0950	.1800	.3200	.4200	.4800	.5000	.4800	.4200	.3200	.1800	.0950	.0198
	2	.0001	.0025	.0100	.0400	.0900	.1600	.2500	.3600	.4900	.6400	.8100	.9025	.9801
3	0	.9703	.8574	.7290	.5120	.3430	.2160	.1250	.0640	.0270	.0080	.0010	.0001	.0000
	1	.0294	.1354	.2430	.3840	.4410	.4320	.3750	.2880	.1890	.0960	.0270	.0071	.0003
	2	.0003	.0071	.0270	.0960	.1890	.2880	.3750	.4320	.4410	.3840	.2430	.1354	.0294
	3	.0000	.0001	.0010	.0080	.0270	.0640	.1250	.2160	.3430	.5120	.7290	.8574	.9703
4	0	.9606	.8145	.6561	.4096	.2401	.1296	.0625	.0256	.0081	.0016	.0001	.0000	.0000
	1	.0388	.1715	.2916	.4096	.4116	.3456	.2500	.1536	.0756	.0256	.0036	.0005	.0000
	2	.0006	.0135	.0486	.1536	.2646	.3456	.3750	.3456	.2646	.1536	.0486	.0135	.0006
	3	.0000	.0005	.0036	.0256	.0756	.1536	.2500	.3456	.4116	.4096	.2916	.1715	.0388
	4	.0000	.0000	.0001	.0016	.0081	.0256	.0625	.1296	.2401	.4096	.6561	.8145	.9606
5	0	.9510	.7738	.5905	.3277	.1681	.0778	.0313	.0102	.0024	.0003	.0000	.0000	.0000
	1	.0480	.2036	.3281	.4096	.3602	.2592	.1563	.0768	.0284	.0064	.0005	.0000	.0000
	2	.0010	.0214	.0729	.2048	.3087	.3456	.3125	.2304	.1323	.0512	.0081	.0011	.0000
	3	.0000	.0011	.0081	.0512	.1323	.2304	.3125	.3456	.3087	.2048	.0729	.0214	.0010
	4	.0000	.0000	.0005	.0064	.0284	.0768	.1563	.2592	.3602	.4096	.3281	.2036	.0480
	5	.0000	.0000	.0000	.0003	.0024	.0102	.0313	.0778	.1681	.3277	.5905	.7738	.9510
6	0	.9415	.7351	.5314	.2621	.1176	.0467	.0156	.0041	.0007	.0001	.0000	.0000	.0000
	1	.0571	.2321	.3543	.3932	.3025	.1866	.0938	.0369	.0102	.0015	.0001	.0000	.0000
	2	.0014	.0305	.0984	.2458	.3241	.3110	.2344	.1382	.0595	.0154	.0012	.0001	.0000
	3	.0000	.0021	.0146	.0819	.1852	.2765	.3125	.2765	.1852	.0819	.0146	.0021	.0000
	4	.0000	.0001	.0012	.0154	.0595	.1382	.2344	.3110	.3241	.2458	.0984	.0305	.0014
	5	.0000	.0000	.0001	.0015	.0102	.0369	.0938	.1866	.3025	.3932	.3543	.2321	.0571
	6	.0000	.0000	.0000	.0001	.0007	.0041	.0156	.0467	.1176	.2621	.5314	.7351	.9415
7	0	.9321	.6983	.4783	.2097	.0824	.0280	.0078	.0016	.0002	.0000	.0000	.0000	.0000
	1	.0659	.2573	.3720	.3670	.2471	.1306	.0547	.0172	.0036	.0004	.0000	.0000	.0000
	2	.0020	.0406	.1240	.2753	.3177	.2613	.1641	.0774	.0250	.0043	.0002	.0000	.0000
	3	.0000	.0036	.0230	.1147	.2269	.2903	.2734	.1935	.0972	.0287	.0026	.0002	.0000
	4	.0000	.0002	.0026	.0287	.0972	.1935	.2734	.2903	.2269	.1147	.0230	.0036	.0000
	5	.0000	.0000	.0002	.0043	.0250	.0774	.1641	.2613	.3177	.2753	.1240	.0406	.0020
	6	.0000	.0000	.0000	.0004	.0036	.0172	.0547	.1306	.2471	.3670	.3720	.2573	.0659
	7	.0000	.0000	.0000	.0000	.0002	.0016	.0078	.0280	.0824	.2097	.4783	.6983	.9321

表 7　二項分配(續)

$$P(X=x)=C_x^n p^x(1-p)^{n-x}$$

								P						
n	x	.01	.05	.10	.20	.30	.40	.50	.60	.70	.80	.90	.95	.99
8	0	.9227	.6634	.4305	.1678	.0576	.0168	.0039	.0007	.0001	.0000	.0000	.0000	.0000
	1	.0746	.2793	.3826	.3355	.1977	.0896	.0313	.0079	.0012	.0001	.0000	.0000	.0000
	2	.0026	.0515	.1488	.2936	.2965	.2090	.1094	.0413	.0100	.0011	.0000	.0000	.0000
	3	.0001	.0054	.0331	.1468	.2541	.2787	.2188	.1239	.0467	.0092	.0004	.0000	.0000
	4	.0000	.0004	.0046	.0459	.1361	.2322	.2734	.2322	.1361	.0459	.0046	.0004	.0000
	5	.0000	.0000	.0004	.0092	.0467	.1239	.2188	.2787	.2541	.1468	.0331	.0054	.0001
	6	.0000	.0000	.0000	.0011	.0100	.0413	.1094	.2090	.2965	.2936	.1488	.0515	.0026
	7	.0000	.0000	.0000	.0001	.0012	.0079	.0313	.0896	.1977	.3355	.3826	.2793	.0746
	8	.0000	.0000	.0000	.0000	.0001	.0007	.0039	.0168	.0576	.1678	.4305	.6634	.9227
10	0	.9044	.5987	.3487	.1074	.0282	.0060	.0010	.0001	.0000	.0000	.0000	.0000	.0000
	1	.0914	.3151	.3874	.2684	.1211	.0403	.0098	.0016	.0001	.0000	.0000	.0000	.0000
	2	.0042	.0746	.1937	.3020	.2335	.1209	.0439	.0106	.0014	.0001	.0000	.0000	.0000
	3	.0001	.0105	.0574	.2013	.2668	.2150	.1172	.0425	.0090	.0008	.0000	.0000	.0000
	4	.0000	.0010	.0112	.0881	.2001	.2508	.2051	.1115	.0368	.0055	.0001	.0000	.0000
	5	.0000	.0001	.0015	.0264	.1029	.2007	.2461	.2007	.1029	.0264	.0015	.0001	.0000
	6	.0000	.0000	.0001	.0055	.0368	.1115	.2051	.2508	.2001	.0881	.0112	.0010	.0000
	7	.0000	.0000	.0000	.0008	.0090	.0425	.1172	.2150	.2668	.2013	.0574	.0105	.0001
	8	.0000	.0000	.0000	.0001	.0014	.0106	.0439	.1209	.2335	.3020	.1937	.0746	.0042
	9	.0000	.0000	.0000	.0000	.0001	.0016	.0098	.0403	.1211	.2684	.3874	.3151	.0914
	10	.0000	.0000	.0000	.0000	.0000	.0001	.0010	.0060	.0282	.1074	.3487	.5987	.9044
15	0	.8601	.4633	.2059	.0352	.0047	.0005	.0000	.0000	.0000	.0000	.0000	.0000	.0000
	1	.1303	.3658	.3432	.1319	.0305	.0047	.0005	.0000	.0000	.0000	.0000	.0000	.0000
	2	.0092	.1348	.2669	.2309	.0916	.0219	.0032	.0003	.0000	.0000	.0000	.0000	.0000
	3	.0004	.0307	.1285	.2501	.1700	.0634	.0139	.0016	.0001	.0000	.0000	.0000	.0000
	4	.0000	.0049	.0428	.1876	.2186	.1268	.0417	.0074	.0006	.0000	.0000	.0000	.0000
	5	.0000	.0006	.0105	.1032	.2061	.1859	.0916	.0245	.0030	.0001	.0000	.0000	.0000
	6	.0000	.0000	.0019	.0430	.1472	.2066	.1527	.0612	.0116	.0007	.0000	.0000	.0000
	7	.0000	.0000	.0003	.0138	.0811	.1771	.1964	.1181	.0348	.0035	.0000	.0000	.0000
	8	.0000	.0000	.0000	.0035	.0348	.1181	.1964	.1771	.0811	.0138	.0003	.0000	.0000
	9	.0000	.0000	.0000	.0007	.0116	.0612	.1527	.2066	.1472	.0430	.0019	.0000	.0000
	10	.0000	.0000	.0000	.0001	.0030	.0245	.0916	.1859	.2061	.1032	.0105	.0006	.0000
	11	.0000	.0000	.0000	.0000	.0006	.0074	.0417	.1268	.2186	.1876	.0428	.0049	.0000
	12	.0000	.0000	.0000	.0000	.0001	.0016	.0139	.0634	.1700	.2501	.1285	.0307	.0004
	13	.0000	.0000	.0000	.0000	.0000	.0003	.0032	.0219	.0916	.2309	.2669	.1348	.0092
	14	.0000	.0000	.0000	.0000	.0000	.0000	.0005	.0047	.0305	.1319	.3432	.3658	.1303
	15	.0000	.0000	.0000	.0000	.0000	.0000	.0000	.0005	.0047	.0352	.2059	.4633	.8601

表 7 二項分配(續)

$$P(X=x)=C_x^n p^x(1-p)^{n-x}$$

n	x	.01	.05	.10	.20	.30	.40	.50	.60	.70	.80	.90	.95	.99
20	0	.8179	.3585	.1216	.0115	.0008	.0000	.0000	.0000	.0000	.0000	.0000	.0000	.0000
	1	.1652	.3774	.2702	.0576	.0068	.0005	.0000	.0000	.0000	.0000	.0000	.0000	.0000
	2	.0159	.1887	.2852	.1369	.0278	.0031	.0002	.0000	.0000	.0000	.0000	.0000	.0000
	3	.0010	.0596	.1901	.2054	.0716	.0123	.0011	.0000	.0000	.0000	.0000	.0000	.0000
	4	.0000	.0133	.0898	.2182	.1304	.0350	.0046	.0003	.0000	.0000	.0000	.0000	.0000
	5	.0000	.0022	.0319	.1746	.1789	.0746	.0148	.0013	.0000	.0000	.0000	.0000	.0000
	6	.0000	.0003	.0089	.1091	.1916	.1244	.0370	.0049	.0002	.0000	.0000	.0000	.0000
	7	.0000	.0000	.0020	.0545	.1643	.1659	.0739	.0146	.0010	.0000	.0000	.0000	.0000
	8	.0000	.0000	.0004	.0222	.1144	.1797	.1201	.0355	.0039	.0001	.0000	.0000	.0000
	9	.0000	.0000	.0001	.0074	.0654	.1597	.1602	.0710	.0120	.0005	.0000	.0000	.0000
	10	.0000	.0000	.0000	.0020	.0308	.1171	.1762	.1171	.0308	.0020	.0000	.0000	.0000
	11	.0000	.0000	.0000	.0005	.0120	.0710	.1602	.1597	.0654	.0074	.0001	.0000	.0000
	12	.0000	.0000	.0000	.0001	.0039	.0355	.1201	.1797	.1144	.0222	.0004	.0000	.0000
	13	.0000	.0000	.0000	.0000	.0010	.0146	.0739	.1659	.1643	.0545	.0020	.0000	.0000
	14	.0000	.0000	.0000	.0000	.0002	.0049	.0370	.1244	.1916	.1091	.0089	.0003	.0000
	15	.0000	.0000	.0000	.0000	.0000	.0013	.0148	.0746	.1789	.1746	.0319	.0022	.0000
	16	.0000	.0000	.0000	.0000	.0000	.0003	.0046	.0350	.1304	.2182	.0898	.0133	.0000
	17	.0000	.0000	.0000	.0000	.0000	.0000	.0011	.0123	.0716	.2054	.1901	.0596	.0010
	18	.0000	.0000	.0000	.0000	.0000	.0000	.0002	.0031	.0278	.1369	.2852	.1887	.0159
	19	.0000	.0000	.0000	.0000	.0000	.0000	.0000	.0005	.0068	.0576	.2702	.3774	.1652
	20	.0000	.0000	.0000	.0000	.0000	.0000	.0000	.0000	.0008	.0115	.1216	.3585	.8179

表 8　二項累積分配

$$P(x \leq a) = \sum_{x=0}^{a} f(x) , f(x) = C_x^n p^x q^x$$

(a) $n = 5$

a	0.01	0.05	0.10	0.20	0.30	0.40	0.50	0.60	0.70	0.80	0.90	0.95	0.99	a
							p							
0	.951	.774	.590	.328	.168	.078	.031	.010	.002	.000	.000	.000	.000	0
1	.999	.977	.919	.737	.528	.337	.188	.087	.031	.007	.000	.000	.000	1
2	1.000	.999	.991	.942	.837	.683	.500	.317	.163	.058	.009	.001	.000	2
3	1.000	1.000	1.000	.993	.969	.913	.812	.663	.472	.263	.081	.023	.001	3
4	1.000	1.000	1.000	1.000	.998	.990	.969	.922	.832	.672	.410	.226	.049	4

(b) $n = 10$

a	0.01	0.05	0.10	0.20	0.30	0.40	0.50	0.60	0.70	0.80	0.90	0.95	0.99	a
							p							
0	.904	.599	.349	.107	.028	.006	.001	.000	.000	.000	.000	.000	.000	0
1	.996	.914	.736	.376	.149	.046	.011	.002	.000	.000	.000	.000	.000	1
2	1.000	.988	.930	.678	.383	.167	.055	.012	.002	.000	.000	.000	.000	2
3	1.000	.999	.987	.879	.650	.382	.172	.055	.011	.001	.000	.000	.000	3
4	1.000	1.000	.998	.967	.850	.633	.377	.166	.047	.006	.000	.000	.000	4
5	1.000	1.000	1.000	.994	.953	.834	.623	.367	.150	.033	.002	.000	.000	5
6	1.000	1.000	1.000	.999	.989	.945	.828	.618	.350	.121	.013	.001	.000	6
7	1.000	1.000	1.000	1.000	.998	.988	.945	.833	.617	.322	.070	.012	.000	7
8	1.000	1.000	1.000	1.000	1.000	.998	.989	.954	.851	.624	.264	.086	.004	8
9	1.000	1.000	1.000	1.000	1.000	1.000	.999	.994	.972	.893	.651	.401	.096	9

(c) $n = 15$

a	0.01	0.05	0.10	0.20	0.30	0.40	0.50	0.60	0.70	0.80	0.90	0.95	0.99	a
							p							
0	.860	.463	.206	.035	.005	.000	.000	.000	.000	.000	.000	.000	.000	0
1	.990	.829	.549	.167	.035	.005	.000	.000	.000	.000	.000	.000	.000	1
2	1.000	.964	.816	.398	.127	.027	.004	.000	.000	.000	.000	.000	.000	2
3	1.000	.995	.944	.648	.297	.091	.018	.002	.000	.000	.000	.000	.000	3
4	1.000	.999	.987	.836	.515	.217	.059	.009	.001	.000	.000	.000	.000	4
5	1.000	1.000	.998	.939	.722	.403	.151	.034	.004	.000	.000	.000	.000	5
6	1.000	1.000	1.000	.982	.869	.610	.304	.095	.015	.001	.000	.000	.000	6
7	1.000	1.000	1.000	.996	.950	.787	.500	.213	.050	.004	.000	.000	.000	7
8	1.000	1.000	1.000	.999	.985	.905	.696	.390	.131	.018	.000	.000	.000	8
9	1.000	1.000	1.000	1.000	.996	.966	.849	.597	.278	.061	.002	.000	.000	9
10	1.000	1.000	1.000	1.000	.999	.991	.941	.783	.485	.164	.013	.001	.000	10
11	1.000	1.000	1.000	1.000	1.000	.998	.982	.909	.703	.352	.056	.005	.000	11
12	1.000	1.000	1.000	1.000	1.000	1.000	.996	.973	.873	.602	.184	.036	.000	12
13	1.000	1.000	1.000	1.000	1.000	1.000	1.000	.995	.965	.833	.451	.171	.010	13
14	1.000	1.000	1.000	1.000	1.000	1.000	1.000	1.000	.995	.965	.794	.537	.140	14

表 8　二項累積分配(續)

(d) $n = 20$

a	0.01	0.05	0.10	0.20	0.30	0.40	p 0.50	0.60	0.70	0.80	0.90	0.95	0.99	a
0	.818	.358	.122	.012	.001	.000	.000	.000	.000	.000	.000	.000	.000	0
1	.983	.736	.392	.069	.008	.001	.000	.000	.000	.000	.000	.000	.000	1
2	.999	.925	.677	.206	.035	.004	.000	.000	.000	.000	.000	.000	.000	2
3	1.000	.984	.867	.411	.107	.016	.001	.000	.000	.000	.000	.000	.000	3
4	1.000	.997	.957	.630	.238	.051	.006	.000	.000	.000	.000	.000	.000	4
5	1.000	1.000	.989	.804	.416	.126	.021	.002	.000	.000	.000	.000	.000	5
6	1.000	1.000	.998	.913	.608	.250	.058	.006	.000	.000	.000	.000	.000	6
7	1.000	1.000	1.000	.968	.772	.416	.132	.021	.001	.000	.000	.000	.000	7
8	1.000	1.000	1.000	.990	.887	.596	.252	.057	.005	.000	.000	.000	.000	8
9	1.000	1.000	1.000	.997	.952	.755	.412	.128	.017	.001	.000	.000	.000	9
10	1.000	1.000	1.000	.999	.983	.872	.588	.245	.048	.003	.000	.000	.000	10
11	1.000	1.000	1.000	1.000	.995	.943	.748	.404	.113	.010	.000	.000	.000	11
12	1.000	1.000	1.000	1.000	.999	.979	.868	.584	.228	.032	.000	.000	.000	12
13	1.000	1.000	1.000	1.000	1.000	.994	.942	.750	.392	.087	.002	.000	.000	13
14	1.000	1.000	1.000	1.000	1.000	.998	.979	.874	.584	.196	.011	.000	.000	14
15	1.000	1.000	1.000	1.000	1.000	1.000	.994	.949	.762	.370	.043	.003	.000	15
16	1.000	1.000	1.000	1.000	1.000	1.000	.999	.984	.893	.589	.133	.016	.000	16
17	1.000	1.000	1.000	1.000	1.000	1.000	1.000	.996	.965	.794	.323	.075	.001	17
18	1.000	1.000	1.000	1.000	1.000	1.000	1.000	.999	.992	.931	.608	.264	.017	18
19	1.000	1.000	1.000	1.000	1.000	1.000	1.000	1.000	.999	.988	.878	.642	.182	19

(e) $n = 25$

a	0.01	0.05	0.10	0.20	0.30	0.40	p 0.50	0.60	0.70	0.80	0.90	0.95	0.99	a
0	.778	.277	.072	.004	.000	.000	.000	.000	.000	.000	.000	.000	.000	0
1	.974	.642	.271	.027	.002	.000	.000	.000	.000	.000	.000	.000	.000	1
2	.998	.873	.537	.098	.009	.000	.000	.000	.000	.000	.000	.000	.000	2
3	1.000	.966	.764	.234	.033	.002	.000	.000	.000	.000	.000	.000	.000	3
4	1.000	.993	.902	.421	.090	.009	.000	.000	.000	.000	.000	.000	.000	4
5	1.000	.999	.967	.617	.193	.029	.002	.000	.000	.000	.000	.000	.000	5
6	1.000	1.000	.991	.780	.341	.074	.007	.000	.000	.000	.000	.000	.000	6
7	1.000	1.000	.998	.891	.512	.154	.022	.001	.000	.000	.000	.000	.000	7
8	1.000	1.000	1.000	.953	.677	.274	.054	.004	.000	.000	.000	.000	.000	8
9	1.000	1.000	1.000	.983	.811	.425	.115	.013	.000	.000	.000	.000	.000	9
10	1.000	1.000	1.000	.994	.902	.586	.212	.034	.002	.000	.000	.000	.000	10
11	1.000	1.000	1.000	.998	.956	.732	.345	.078	.006	.000	.000	.000	.000	11
12	1.000	1.000	1.000	1.000	.983	.846	.500	.154	.017	.000	.000	.000	.000	12
13	1.000	1.000	1.000	1.000	.994	.922	.655	.268	.044	.002	.000	.000	.000	13
14	1.000	1.000	1.000	1.000	.998	.966	.788	.414	.098	.006	.000	.000	.000	14
15	1.000	1.000	1.000	1.000	1.000	.987	.885	.575	.189	.017	.000	.000	.000	15
16	1.000	1.000	1.000	1.000	1.000	.996	.946	.726	.323	.047	.000	.000	.000	16
17	1.000	1.000	1.000	1.000	1.000	.999	.978	.846	.488	.109	.002	.000	.000	17
18	1.000	1.000	1.000	1.000	1.000	1.000	.993	.926	.659	.220	.009	.000	.000	18
19	1.000	1.000	1.000	1.000	1.000	1.000	.998	.971	.807	.383	.033	.001	.000	19
20	1.000	1.000	1.000	1.000	1.000	1.000	1.000	.991	.910	.579	.098	.007	.000	20
21	1.000	1.000	1.000	1.000	1.000	1.000	1.000	.998	.967	.766	.236	.034	.000	21
22	1.000	1.000	1.000	1.000	1.000	1.000	1.000	1.000	.991	.902	.463	.127	.002	22
23	1.000	1.000	1.000	1.000	1.000	1.000	1.000	1.000	.998	.973	.729	.358	.026	23
24	1.000	1.000	1.000	1.000	1.000	1.000	1.000	1.000	1.000	.996	.928	.723	.222	24

表 9　*t* 全距(tudentized range)分配臨界值表

Percentage points of the studentized range, $q(l, v)$; upper 5% points

v	2	3	4	5	6	7	8	9	10	11	12	13	14	15	16	17	18	19	20
1	17.97	26.98	32.82	37.08	40.41	43.12	45.40	47.36	49.07	50.59	51.96	53.20	54.33	55.36	56.32	57.22	58.04	58.83	59.56
2	6.08	8.33	9.80	10.88	11.74	12.44	13.03	13.54	13.99	14.39	14.75	15.08	15.38	15.65	15.91	16.14	16.37	16.57	16.77
3	4.50	5.91	6.82	7.50	8.04	8.48	8.85	9.18	9.46	9.72	9.95	10.15	10.35	10.52	10.69	10.84	10.98	11.11	11.24
4	3.93	5.04	5.76	6.29	6.71	7.05	7.35	7.60	7.83	8.03	8.21	8.37	8.52	8.66	8.79	8.91	9.03	9.13	9.23
5	3.64	4.60	5.22	5.67	6.03	6.33	6.58	6.80	6.99	7.17	7.32	7.47	7.60	7.72	7.83	7.93	8.03	8.12	8.21
6	3.46	4.34	4.90	5.30	5.63	5.90	6.12	6.32	6.49	6.65	6.79	6.92	7.03	7.14	7.24	7.34	7.43	7.51	7.59
7	3.34	4.16	4.68	5.06	5.36	5.61	5.82	6.00	6.16	6.30	6.43	6.55	6.66	6.76	6.85	6.94	7.02	7.10	7.17
8	3.26	4.04	4.53	4.89	5.17	5.40	5.60	5.77	5.92	6.05	6.18	6.29	6.39	6.48	6.57	6.65	6.73	6.80	6.87
9	3.20	3.95	4.41	4.76	5.02	5.24	5.43	5.59	5.74	5.87	5.98	6.09	6.19	6.28	6.36	6.44	6.51	6.58	6.64
10	3.15	3.88	4.33	4.65	4.91	5.12	5.30	5.46	5.60	5.72	5.83	5.93	6.03	6.11	6.16	6.27	6.34	6.40	6.47
11	3.11	3.82	4.26	4.57	4.82	5.03	5.20	5.35	5.49	5.61	5.71	5.81	5.90	5.98	6.06	6.13	6.20	6.27	6.33
12	3.08	3.77	4.20	4.51	4.75	4.95	5.12	5.27	5.39	5.51	5.61	5.71	5.80	5.88	5.95	6.02	6.09	6.15	6.21
13	3.06	3.73	4.15	4.45	4.69	4.88	5.05	5.19	5.32	5.43	5.53	5.63	5.71	5.79	5.86	5.93	5.99	6.05	6.11
14	3.03	3.70	4.11	4.41	4.64	4.83	4.99	5.13	5.25	5.36	5.46	5.55	5.64	5.71	5.79	5.85	5.91	5.97	6.03
15	3.01	3.67	4.08	4.37	4.60	4.78	4.94	5.08	5.20	5.31	5.40	5.49	5.57	5.65	5.72	5.78	5.85	5.90	5.96
16	3.00	3.65	4.05	4.33	4.56	4.74	4.90	5.03	5.15	5.26	5.35	5.44	5.52	5.59	5.66	5.73	5.79	5.84	5.90
17	2.98	3.63	4.02	4.30	4.52	4.70	4.86	4.99	5.11	5.21	5.31	5.39	5.47	5.54	5.61	5.67	5.73	5.79	5.84
18	2.97	3.61	4.00	4.28	4.49	4.67	4.82	4.96	5.07	5.17	5.27	5.35	5.43	5.50	5.57	5.63	5.69	5.74	5.79
19	2.96	3.59	3.98	4.25	4.47	4.65	4.79	4.92	5.04	5.14	5.23	5.31	5.39	5.46	5.53	5.59	5.65	5.70	5.75
20	2.95	3.58	3.96	4.23	4.45	4.62	4.77	4.90	5.01	5.11	5.20	5.28	5.36	5.43	5.49	5.55	5.61	5.66	5.71
24	2.92	3.53	3.90	4.17	4.37	4.54	4.68	4.81	4.92	5.01	5.10	5.18	5.25	5.32	5.38	5.44	5.49	5.55	5.59
30	2.89	3.49	3.85	4.10	4.30	4.46	4.60	4.72	4.82	4.92	5.00	5.08	5.15	5.21	5.27	5.33	5.38	5.43	5.47
40	2.86	3.44	3.79	4.04	4.23	4.39	4.52	4.63	4.73	4.82	4.90	4.98	5.04	5.11	5.16	5.22	5.27	5.31	5.36
60	2.83	3.40	3.74	3.98	4.16	4.31	4.44	4.55	4.65	4.73	4.81	4.88	4.94	5.00	5.06	5.11	5.15	5.20	5.24
120	2.80	3.36	3.68	3.92	4.10	4.24	4.36	4.47	4.56	4.64	4.71	4.78	4.84	4.90	4.95	5.00	5.04	5.09	5.13
∞	2.77	3.31	3.63	3.86	4.03	4.17	4.29	4.39	4.47	4.55	4.62	4.68	4.74	4.80	4.85	4.89	4.93	4.97	5.01

表 9　t 全距(tudentized range)分配臨界值表(續)

Percentage points of the studentized range, $q(t, v)$; upper 1% points

v	2	3	4	5	6	7	8	9	10	11	12	13	14	15	16	17	18	19	20	v
1	90.03	135.00	164.30	185.60	202.20	215.80	227.20	237.00	245.60	253.20	260.00	266.20	271.80	277.00	281.80	286.30	290.00	294.30	298.00	1
2	14.04	19.02	22.29	24.72	26.63	28.20	29.53	30.68	31.69	32.59	33.40	34.13	34.81	35.43	36.00	36.53	37.03	37.50	37.95	2
3	8.26	10.62	12.17	13.33	14.24	15.00	15.64	16.20	16.69	17.13	17.53	17.89	18.22	18.52	18.81	19.07	19.32	19.55	19.77	3
4	6.51	8.12	9.17	9.96	10.58	11.10	11.55	11.93	12.27	12.57	12.84	13.09	13.32	13.53	13.73	13.91	14.08	14.24	14.40	4
5	5.70	6.98	7.80	8.42	8.91	9.32	9.67	9.97	10.24	10.48	10.70	10.89	11.08	11.24	11.40	11.55	11.68	11.81	11.93	5
6	5.24	6.33	7.03	7.56	7.97	8.32	8.61	8.87	9.10	9.30	9.48	9.65	9.81	9.95	10.08	10.21	10.32	10.43	10.54	6
7	4.95	5.92	6.54	7.01	7.37	7.68	7.94	8.17	8.37	8.55	8.71	8.86	9.00	9.12	9.24	9.35	9.46	9.55	9.65	7
8	4.75	5.64	6.20	6.62	6.96	7.24	7.47	7.68	7.86	8.03	8.18	8.31	8.44	8.55	8.66	8.76	8.85	8.94	9.03	8
9	4.60	5.43	5.96	6.35	6.66	6.91	7.13	7.33	7.49	7.65	7.78	7.91	8.03	8.13	8.23	8.33	8.41	8.49	8.57	9
10	4.48	5.27	5.77	6.14	6.43	6.67	6.87	7.05	7.21	7.36	7.49	7.60	7.71	7.81	7.91	7.99	8.08	8.15	8.23	10
11	4.39	5.15	5.62	5.97	6.25	6.48	6.67	6.84	6.99	7.13	7.25	7.36	7.46	7.56	7.65	7.73	7.81	7.88	7.95	11
12	4.32	5.05	5.50	5.84	6.10	6.32	6.51	6.67	6.81	6.94	7.06	7.17	7.26	7.36	7.44	7.52	7.59	7.66	7.73	12
13	4.26	4.96	5.40	5.73	5.98	6.19	6.37	6.53	6.67	6.79	6.90	7.01	7.10	7.19	7.27	7.35	7.42	7.48	7.55	13
14	4.21	4.89	5.32	5.63	5.88	6.08	6.26	6.41	6.54	6.66	6.77	6.87	6.96	7.05	7.13	7.20	7.27	7.33	7.39	14
15	4.17	4.84	5.25	5.56	5.80	5.99	6.16	6.31	6.44	6.55	6.66	6.76	6.84	6.93	7.00	7.07	7.14	7.20	7.26	15
16	4.13	4.79	5.19	5.49	5.72	5.92	6.08	6.22	6.35	6.46	6.56	6.66	6.74	6.82	6.90	6.97	7.03	7.09	7.15	16
17	4.10	4.74	5.14	5.43	5.66	5.85	6.01	6.15	6.27	6.38	6.48	6.57	6.66	6.73	6.81	6.87	6.94	7.00	7.05	17
18	4.07	4.70	5.09	5.38	5.60	5.79	5.94	6.08	6.20	6.31	6.41	6.50	6.58	6.65	6.72	6.79	6.85	6.91	6.97	18
19	4.05	4.67	5.05	5.33	5.55	5.73	5.89	6.02	6.14	6.25	6.34	6.43	6.51	6.58	6.65	6.72	6.78	6.84	6.89	19
20	4.02	4.64	5.02	5.29	5.51	5.69	5.84	5.97	6.09	6.19	6.28	6.37	6.45	6.52	6.59	6.65	6.71	6.77	6.82	20
24	3.96	4.55	4.91	5.17	5.37	5.54	5.69	5.81	5.92	6.02	6.11	6.19	6.26	6.33	6.39	6.45	6.51	6.56	6.61	24
30	3.89	4.45	4.80	5.05	5.24	5.40	5.54	5.65	5.76	5.85	5.93	6.01	6.08	6.14	6.20	6.26	6.31	6.36	6.41	30
40	3.82	4.37	4.70	4.93	5.11	5.26	5.39	5.50	5.60	5.69	5.76	5.83	5.90	5.96	6.02	6.07	6.12	6.16	6.21	40
60	3.76	4.28	4.59	4.82	4.99	5.13	5.25	5.36	5.45	5.53	5.60	5.67	5.73	5.78	5.84	5.89	5.93	5.97	6.01	60
120	3.70	4.20	4.50	4.71	4.87	5.01	5.12	5.21	5.30	5.37	5.44	5.50	5.56	5.61	5.66	5.71	5.75	5.79	5.83	120
∞	3.64	4.12	4.40	4.60	4.76	4.88	4.99	5.08	5.16	5.23	5.29	5.35	5.40	5.45	5.49	5.54	5.57	5.61	5.65	∞

表 10　Hartley 檢定的臨界值

右尾($\alpha = .05$)

n \ k	2	3	4	5	6	7	8	9	10	11	12
3	39.0	87.5	142	202	266	333	403	475	550	626	704
4	15.4	27.8	39.2	50.7	6.0	72.9	83.5	93.9	104	114	124
5	9.60	15.5	20.6	25.2	29.5	33.6	37.5	41.1	44.6	48.0	51.4
6	7.15	10.8	13.7	16.3	18.7	20.8	22.9	24.7	26.5	28.2	29.9
7	5.82	8.38	10.4	12.1	13.7	15.0	16.3	17.5	18.6	19.7	20.7
8	4.99	6.94	8.44	9.70	10.8	11.8	12.7	13.5	14.3	15.1	15.8
9	4.43	6.00	7.18	8.12	9.03	9.78	10.5	11.1	11.7	12.2	12.7
10	4.03	5.34	6.31	7.11	7.80	8.41	8.95	9.45	9.91	10.3	10.7
11	3.72	4.85	5.67	6.34	6.92	7.42	7.87	8.28	8.66	9.01	9.34
13	3.28	4.16	4.79	5.30	5.72	6.09	6.42	6.72	7.00	7.25	7.48
16	2.86	3.54	4.01	4.37	4.68	4.95	5.19	5.40	5.59	5.77	5.93
21	2.46	2.95	3.29	3.54	3.76	3.94	4.10	4.24	4.37	4.49	4.59
31	2.07	2.40	2.61	2.78	2.91	3.02	3.12	3.21	3.29	3.36	3.39
61	1.67	1.85	1.96	2.04	2.11	2.17	2.22	2.26	2.30	2.33	2.36
00	1.00	1.00	1.00	1.00	1.00	1.00	1.00	1.00	1.00	1.00	1.00

右尾($\alpha = .01$)

n \ k	2	3	4	5	6	7	8	9	10	11	12
3	199	448	729	1036	1362	1705	2063	2432	2813	3204	3605
4	47.5	85	120	151	184	21(6)	24(9)	28(1)	31(0)	33(7)	36(1)
5	23.2	37	49	59	69	79	89	97	106	113	120
6	14.9	22	28	33	38	42	46	50	54	57	60
7	11.1	15.5	19.1	22	25	27	30	32	34	36	37
8	8.89	12.1	14.5	16.5	18.4	20	22	23	24	26	27
9	7.50	9.9	11.7	13.2	14.5	15.8	16.9	17.9	18.9	19.8	21
10	6.54	8.5	9.9	11.1	12.1	13.1	13.9	14.7	15.3	16.0	16.6
11	5.85	7.4	8.6	9.6	10.4	11.1	11.8	12.4	12.9	13.4	13.9
13	4.91	6.1	6.9	7.6	8.2	8.7	9.1	9.5	9.9	10.2	10.6
16	4.07	4.9	5.5	6.0	6.4	6.7	7.1	7.3	7.5	7.8	8.0
21	3.32	3.8	4.3	4.6	4.9	5.1	5.3	5.5	5.6	5.8	5.9
31	2.63	3.0	3.3	3.4	3.6	3.7	3.8	3.9	4.0	4.1	4.2
61	1.96	2.2	2.3	2.4	2.4	2.5	2.5	2.6	2.6	2.7	2.7
00	1.00	1.0	1.0	1.0	1.0	1.0	1.0	1.0	1.0	1.0	1.0

其中 k 和 n 表示組數及每組樣本數。

資料來源：Reprinted from E. S. Pearson and H. O. Hartley eds., *Biometrika Tables for Statisticians* 3rd ed., 1966, by permission of the Biometrila Trustees.

表 11 Wilcoxon 等級和檢定臨界值表──兩個獨立母體檢定

A. $\alpha = .025$ one-tailed ; $\alpha = .05$ two-tailed

$n_2 \diagdown n_1$	3		4		5		6		7		8		9		10	
	W_L	W_U	W_L	W_U	W_L	W_U	W_L	W_U	W_L	W_U	W_L	W_U	W_L	W_U	W_L	W_U
3	5	16	6	18	6	21	7	23	7	26	8	28	8	31	9	33
4	6	18	11	25	12	28	12	32	13	35	14	38	15	41	16	44
5	6	21	12	28	18	37	19	41	20	45	21	49	22	53	24	56
6	7	23	12	32	19	41	26	52	28	56	29	61	31	65	32	70
7	7	26	13	35	20	45	28	56	37	68	39	73	41	78	43	83
8	8	28	14	38	21	49	29	61	39	73	49	87	51	93	54	98
9	8	31	15	41	22	53	31	65	41	78	51	93	63	108	66	114
10	9	33	16	44	24	56	32	70	43	83	54	98	66	114	79	131

B. $\alpha = .05$ one-tailed; $\alpha = .10$ two-tailed

$n_2 \diagdown n_1$	3		4		5		6		7		8		9		10	
	W_L	W_U	W_L	W_U	W_L	W_U	W_L	W_U	W_L	W_U	W_L	W_U	W_L	W_U	W_L	W_U
3	6	15	7	17	7	20	8	22	9	24	9	27	10	29	11	31
4	7	17	12	24	13	27	14	30	15	33	16	36	17	39	18	42
5	7	20	13	27	19	36	20	40	22	43	24	46	25	50	26	54
6	8	22	14	30	20	40	28	50	30	54	32	58	33	63	35	67
7	9	24	15	33	22	43	30	54	39	66	41	71	43	76	46	80
8	9	27	16	36	24	46	32	48	41	71	52	84	54	90	57	95
9	10	29	17	39	25	50	33	63	43	76	54	90	66	105	69	111
10	11	31	18	42	26	54	35	67	46	80	57	95	69	111	83	127

Source from F. Wilcoxon and R. A. Wilcox, "Some Rapid Approximate Statistical Procedures ,"1964,20-23. Reproduced with the permission of American Cyanamid Company.本表摘錄自 McClave J. T., P. G Benson, "Statistics for Business and Economics" 4ed.,p1206 .

表 12 Wilcoxon 符號等級檢定的臨界值表──成對母體檢定

ONE-TAILED	TWO-TAILED	$n = 5$	$n = 6$	$n = 7$	$n = 8$	$n = 9$	$n = 10$	$n = 11$	$n = 12$
$\alpha = .05$	$\alpha = .10$	1	2	4	6	8	11	14	17
$\alpha = .025$	$\alpha = .05$		1	2	4	6	8	11	14
$\alpha = .01$	$\alpha = .02$			0	2	3	5	7	10
$\alpha = .005$	$\alpha = .01$				0	2	3	5	7
		$n = 13$	$n = 14$	$n = 15$	$n = 16$	$n = 17$	$n = 18$	$n = 19$	$n = 20$
$\alpha = .05$	$\alpha = .10$	21	26	30	36	41	47	54	60
$\alpha = .025$	$\alpha = .05$	17	21	25	30	35	40	46	52
$\alpha = .01$	$\alpha = .02$	13	16	20	24	28	33	38	43
$\alpha = .005$	$\alpha = .01$	10	13	16	19	23	28	32	37
		$n = 21$	$n = 22$	$n = 23$	$n = 24$	$n = 25$	$n = 26$	$n = 27$	$n = 28$
$\alpha = .05$	$\alpha = .10$	68	75	83	92	101	110	120	130
$\alpha = .025$	$\alpha = .05$	59	66	73	81	90	98	107	117
$\alpha = .01$	$\alpha = .02$	49	56	62	69	77	85	93	102
$\alpha = .005$	$\alpha = .01$	43	49	55	61	68	76	84	92
		$n = 29$	$n = 30$	$n = 31$	$n = 32$	$n = 33$	$n = 34$	$n = 35$	$n = 36$
$\alpha = .05$	$\alpha = .10$	141	152	163	175	188	201	214	228
$\alpha = .025$	$\alpha = .05$	127	137	148	159	171	183	195	208
$\alpha = .01$	$\alpha = .02$	111	120	130	141	151	162	174	186
$\alpha = .005$	$\alpha = .01$	100	109	118	128	138	149	160	171
		$n = 37$	$n = 38$	$n = 39$	$n = 40$	$n = 41$	$n = 42$	$n = 43$	$n = 44$
$\alpha = .05$	$\alpha = .10$	242	256	271	287	303	319	336	353
$\alpha = .025$	$\alpha = .05$	222	235	250	264	279	295	311	327
$\alpha = .01$	$\alpha = .02$	198	211	224	238	252	267	281	297
$\alpha = .005$	$\alpha = .01$	183	195	208	221	234	248	262	277
		$n = 45$	$n = 46$	$n = 47$	$n = 48$	$n = 49$	$n = 50$		
$\alpha = .05$	$\alpha = .10$	371	389	408	427	446	466		
$\alpha = .025$	$\alpha = .05$	344	361	379	397	415	434		
$\alpha = .01$	$\alpha = .02$	313	329	345	362	380	398		
$\alpha = .005$	$\alpha = .01$	292	307	323	339	356	373		

Source from F. Wilcoxon and R. A. Wilcox, "Some Rapid Approximate Statistical Procedures ," 1964,p. 28. Reproduced with the permission of American Cyanamid Company.本表摘錄自 McClave J.T.,P.G. Benson, "Statistics for　Business and Economics"4th ed.,p1207.

表 13 Mann-Whitney U 統計量機率表 $P(U < u)$

	n_1	2								3				
u	n_2	3	4	5	6	7	8	9	10	3	4	5	6	7
0		0.100	0.067	0.047	0.036	0.028	0.022	0.018	0.015	0.050	0.028	0.018	0.012	0.008
1		0.200	0.133	0.095	0.071	0.056	0.044	0.036	0.030	0.100	0.057	0.036	0.024	0.017
2		0.400	0.267	0.190	0.143	0.111	0.089	0.073	0.061	0.200	0.114	0.071	0.048	0.033
3		0.600	0.400	0.286	0.214	0.167	0.133	0.109	0.091	0.350	0.200	0.125	0.083	0.058
4			0.600	0.429	0.321	0.250	0.200	0.164	0.136	0.500	0.314	0.196	0.131	0.092
5				0.571	0.429	0.333	0.267	0.218	0.182	0.650	0.429	0.286	0.190	0.133
6					0.571	0.444	0.356	0.291	0.242		0.571	0.393	0.274	0.192
7						0.556	0.444	0.364	0.303			0.500	0.357	0.258
8							0.556	0.455	0.379				0.452	0.333
9								0.546	0.455				0.548	0.417
10									0.546					0.500

	n_1	3			4							5		
u	n_2	8	9	10	4	5	6	7	8	9	10	5	6	7
0		0.006	0.005	0.004	0.014	0.008	0.005	0.003	0.002	0.001	0.001	0.004	0.002	0.001
1		0.012	0.009	0.007	0.029	0.016	0.010	0.006	0.004	0.003	0.002	0.008	0.004	0.003
2		0.024	0.018	0.014	0.057	0.032	0.019	0.012	0.008	0.006	0.004	0.016	0.009	0.005
3		0.042	0.032	0.025	0.100	0.056	0.033	0.021	0.014	0.010	0.007	0.028	0.015	0.009
4		0.067	0.050	0.039	0.171	0.095	0.057	0.036	0.024	0.017	0.012	0.048	0.026	0.015
5		0.097	0.073	0.056	0.243	0.143	0.086	0.055	0.036	0.025	0.018	0.075	0.041	0.024
6		0.139	0.105	0.080	0.343	0.206	0.129	0.082	0.055	0.038	0.027	0.111	0.063	0.037
7		0.188	0.141	0.108	0.443	0.278	0.176	0.115	0.077	0.053	0.038	0.155	0.089	0.053
8		0.249	0.186	0.143	0.557	0.365	0.238	0.158	0.107	0.074	0.053	0.210	0.123	0.074
9		0.315	0.241	0.185		0.452	0.305	0.206	0.141	0.099	0.071	0.274	0.165	0.101
10		0.388	0.300	0.234		0.548	0.381	0.264	0.184	0.130	0.094	0.345	0.214	0.134
11		0.461	0.364	0.287			0.457	0.324	0.230	0.165	0.120	0.421	0.268	0.172
12		0.539	0.432	0.346			0.543	0.394	0.285	0.207	0.152	0.500	0.331	0.216
13			0.500	0.406				0.464	0.341	0.252	0.187	0.579	0.396	0.265
14				0.469				0.536	0.404	0.302	0.227		0.465	0.319
15				0.532					0.467	0.355	0.270		0.535	0.378
16									0.533	0.413	0.318			0.438
17										0.470	0.367			0.500
18										0.530	0.420			
19											0.473			
20											0.528			

表 13 Mann-Whitney U 統計量機率表 $P(U < u)$（續）

u	n_1=5 n_2=8	9	10	n_1=6 n_2=6	7	8	9	10	n_1=7 n_2=7	8	9	10
0	0.001	0.001	0.000	0.001	0.001	0.000	0.000	0.000	0.000	0.000	0.000	0.000
1	0.002	0.001	0.001	0.002	0.001	0.001	0.000	0.000	0.001	0.000	0.000	0.000
2	0.003	0.002	0.001	0.004	0.002	0.001	0.001	0.001	0.001	0.001	0.000	0.000
3	0.005	0.004	0.002	0.008	0.004	0.002	0.001	0.001	0.002	0.001	0.001	0.000
4	0.009	0.006	0.004	0.013	0.007	0.004	0.002	0.002	0.003	0.002	0.001	0.001
5	0.015	0.010	0.006	0.021	0.011	0.006	0.004	0.002	0.006	0.003	0.002	0.001
6	0.023	0.015	0.010	0.032	0.017	0.010	0.006	0.004	0.009	0.005	0.003	0.002
7	0.033	0.021	0.014	0.047	0.026	0.015	0.009	0.006	0.013	0.007	0.004	0.002
8	0.047	0.030	0.020	0.066	0.037	0.021	0.013	0.008	0.019	0.010	0.006	0.003
9	0.064	0.042	0.028	0.090	0.051	0.030	0.018	0.011	0.027	0.014	0.008	0.005
10	0.085	0.056	0.038	0.120	0.069	0.041	0.025	0.016	0.036	0.020	0.012	0.007
11	0.111	0.073	0.050	0.155	0.090	0.054	0.033	0.021	0.049	0.027	0.016	0.009
12	0.142	0.095	0.065	0.197	0.117	0.071	0.044	0.028	0.064	0.036	0.021	0.013
13	0.177	0.120	0.082	0.242	0.147	0.091	0.057	0.036	0.082	0.047	0.027	0.017
14	0.218	0.149	0.103	0.294	0.183	0.114	0.072	0.047	0.104	0.060	0.036	0.022
15	0.262	0.182	0.127	0.350	0.223	0.141	0.091	0.059	0.130	0.076	0.045	0.028
16	0.311	0.219	0.155	0.410	0.267	0.173	0.112	0.074	0.159	0.095	0.057	0.035
17	0.362	0.259	0.186	0.469	0.314	0.207	0.136	0.090	0.191	0.116	0.071	0.044
18	0.417	0.303	0.220	0.531	0.365	0.245	0.164	0.110	0.228	0.141	0.087	0.054
19	0.472	0.350	0.257		0.418	0.286	0.192	0.132	0.267	0.168	0.105	0.067
20	0.528	0.399	0.297		0.473	0.331	0.228	0.157	0.310	0.198	0.126	0.081
21		0.449	0.339		0.527	0.377	0.264	0.184	0.355	0.232	0.150	0.097
22		0.500	0.384			0.426	0.304	0.214	0.402	0.268	0.176	0.115
23			0.430			0.475	0.345	0.246	0.451	0.306	0.204	0.135
24			0.477			0.525	0.388	0.281	0.500	0.347	0.235	0.157
25			0.524				0.432	0.318		0.389	0.268	0.182
26							0.477	0.356		0.433	0.303	0.209
27							0.523	0.396		0.478	0.340	0.237
28								0.437		0.523	0.379	0.268
29								0.479			0.419	0.300
30								0.521			0.459	0.335
31											0.500	0.370
32												0.406
33												0.443
34												0.481
35												0.519

表 13　Mann-Whitney U 統計量機率表 $P(U < u)$（續）

n_1	8	8		9		10
u \ n_2	8	9	10	9	10	10
0	0.000	0.000	0.000	0.000	0.000	0.000
1	0.000	0.000	0.000	0.000	0.000	0.000
2	0.000	0.000	0.000	0.000	0.000	0.000
3	0.001	0.000	0.000	0.000	0.000	0.000
4	0.001	0.001	0.000	0.000	0.000	0.000
5	0.001	0.001	0.000	0.000	0.000	0.000
6	0.002	0.001	0.001	0.001	0.000	0.000
7	0.003	0.002	0.001	0.001	0.001	0.000
8	0.005	0.003	0.002	0.001	0.001	0.000
9	0.007	0.004	0.002	0.002	0.001	0.001
10	0.010	0.006	0.003	0.003	0.002	0.001
11	0.014	0.008	0.004	0.004	0.002	0.001
12	0.019	0.010	0.006	0.005	0.003	0.001
13	0.025	0.014	0.008	0.007	0.004	0.002
14	0.032	0.018	0.010	0.009	0.005	0.003
15	0.041	0.023	0.013	0.012	0.007	0.003
16	0.052	0.030	0.017	0.016	0.009	0.005
17	0.065	0.037	0.022	0.020	0.011	0.006
18	0.080	0.046	0.027	0.025	0.014	0.007
19	0.097	0.057	0.034	0.031	0.018	0.009
20	0.117	0.069	0.042	0.039	0.022	0.012
21	0.139	0.084	0.051	0.047	0.027	0.014
22	0.164	0.100	0.061	0.057	0.033	0.018
23	0.191	0.118	0.073	0.068	0.039	0.022
24	0.221	0.138	0.086	0.081	0.047	0.026
25	0.253	0.161	0.102	0.095	0.056	0.032
26	0.287	0.185	0.119	0.111	0.067	0.038
27	0.323	0.212	0.137	0.129	0.078	0.045
28	0.361	0.240	0.158	0.149	0.091	0.053
29	0.399	0.271	0.180	0.170	0.106	0.062
30	0.439	0.303	0.204	0.193	0.121	0.072
31	0.480	0.337	0.230	0.218	0.139	0.083
32	0.520	0.372	0.257	0.245	0.158	0.095
33		0.407	0.286	0.273	0.178	0.109
34		0.444	0.317	0.302	0.200	0.124
35		0.481	0.348	0.333	0.224	0.140
36		0.519	0.381	0.365	0.248	0.158
37			0.414	0.398	0.275	0.176
38			0.448	0.432	0.302	0.197
39			0.483	0.466	0.330	0.218
40			0.517	0.500	0.360	0.241
41				0.390	0.264	
42				0.421	0.289	
43				0.452	0.315	
44				0.484	0.342	
45				0.516	0.370	
46					0.398	
47					0.427	
48					0.460	
49					0.485	
50					0.515	

Computed by M. Pagano, Department of Statistics, University 摘錄自 Mendenhall, J. E. Reinmuthb, R .J. Beaver. "Statistics for Management and Economics" 7th ed., pp996-1002.

表 14　連檢定的機率值表 $P(R \le R_o)$

(n_1, n_2)	2	3	4	5	6	7	8	9	10	11	12	13	14	15	16	17
(2,3)	.200	.500	.900	1.000												
(2,4)	.133	.400	.800	1.000												
(2,5)	.095	.333	.714	1.000												
(2,6)	.071	.286	.643	1.000												
(2,7)	.056	.250	.583	1.000												
(2,8)	.044	.222	.533	1.000												
(2,9)	.036	.200	.491	1.000												
(2,10)	.030	.182	.455	1.000												
(3,3)	.100	.300	.700	.900	1.000											
(3,4)	.057	.200	.543	.800	.971	1.000										
(3,5)	.036	.143	.429	.714	.929	1.000										
(3,6)	.024	.107	.345	.643	.881	1.000										
(3,7)	.017	.083	.283	.583	.833	1.000										
(3,8)	.012	.067	.236	.533	.788	1.000										
(3,9)	.009	.055	.200	.491	.745	1.000										
(3,10)	.007	.045	.171	.455	.706	1.000										
(4,4)	.029	.114	.371	.629	.886	.971	1.000	1.000								
(4,5)	.016	.071	.262	.500	.786	.929	.992	1.000								
(4,6)	.010	.048	.190	.405	.690	.881	.976	1.000								
(4,7)	.006	.033	.142	.333	.606	.833	.954	1.000								
(4,8)	.004	.024	.109	.279	.533	.788	.929	1.000								
(4,9)	.003	.018	.085	.236	.471	.745	.902	1.000								
(4,10)	.002	.014	.068	.203	.419	.706	.874	1.000								
(5,5)	.008	.040	.167	.357	.643	.833	.960	.992	1.000							
(5,6)	.004	.024	.110	.262	.522	.738	.911	.976	.998	1.000						
(5,7)	.003	.015	.076	.197	.424	.652	.854	.955	.992	1.000						
(5,8)	.002	.010	.054	.152	.347	.576	.793	.929	.984	1.000						
(5,9)	.001	.007	.039	.119	.287	.510	.734	.902	.972	1.000						
(5,10)	.001	.005	.029	.095	.239	.455	.678	.874	.958	1.000						
(6,6)	.002	.013	.067	.175	.392	.608	.825	.933	.987	.998	1.000					
(6,7)	.001	.008	.043	.121	.296	.500	.733	.879	.966	.992	.999	1.000				
(6,8)	.001	.005	.028	.086	.226	.413	.646	.821	.937	.984	.998	1.000				
(6,9)	.000	.003	.019	.063	.175	.343	.566	.762	.902	.972	.994	1.000				
(6,10)	.000	.002	.013	.047	.137	.288	.497	.706	.864	.958	.990	1.000				
(7,7)	.000	.004	.025	.078	.209	.383	.617	.791	.922	.975	.996	.999	1.000			
(7,8)	.000	.002	.015	.051	.149	.296	.514	.704	.867	.949	.988	.998	1.000	1.000		
(7,9)	.000	.001	.010	.035	.108	.231	.427	.622	.806	.916	.975	.994	.999	1.000		
(7,10)	.000	.001	.006	.024	.080	.182	.355	.549	.743	.879	.957	.990	.998	1.000		
(8,8)	.000	.001	.009	.032	.100	.214	.405	.595	.786	.900	.968	.991	.999	1.000	1.000	
(8,9)	.000	.001	.005	.020	.069	.157	.319	.500	.702	.843	.939	.980	.996	.999	1.000	1.000
(8,10)	.000	.000	.003	.013	.048	.117	.251	.419	.621	.782	.903	.964	.990	.998	1.000	1.000
(9,9)	.000	.000	.003	.012	.044	.109	.238	.399	.601	.762	.891	.956	.988	.997	1.000	1.000
(9,10)	.000	.000	.002	.008	.029	.077	.179	.319	.510	.681	.834	.923	.974	.992	.999	1.000
(10,10)	.000	.000	.001	.004	.019	.051	.128	.242	.414	.586	.758	.872	.949	.981	.996	.999

本表摘錄自 W. Mendenhall, J. E. Reinmuthb, R. J. Beaver, "Statistics for Management and Economics" 7th ed., pp1004-1005.

表 15　Kolmogorov-Smimov——樣本檢定

n	$\alpha = .10$	$\alpha = .05$	$\alpha = .025$	$\alpha = .01$	$\alpha = .005$
1	.90000	.95000	.97500	.99000	.99500
2	.68377	.77639	.84189	.90000	.92929
3	.56481	.63604	.70760	.78456	.82900
4	.49265	.56522	.62394	.68887	.73424
5	.44698	.50945	.56328	.62718	.66853
6	.41037	.46799	.51926	.57741	.61661
7	.38148	.43607	.48342	.53844	.57581
8	.35831	.40962	.45427	.50654	.54179
9	.33910	.38746	.43001	.47960	.51332
10	.32260	.36866	.40925	.45662	.48893
11	.30829	.35242	.39122	.43670	.46770
12	.29577	.33815	.37543	.41918	.44905
13	.28470	.32549	.36143	.40362	.43247
14	.27481	.31417	.34890	.38970	.41762
15	.26588	.30397	.33760	.37713	.40420
16	.25778	.29472	.32733	.36571	.39201
17	.25039	.28627	.31796	.35528	.38086
18	.24360	.27851	.30936	.34569	.37062
19	.23735	.27136	.30143	.33685	.36117
20	.23156	.26473	.29408	.32866	.35241
21	.22617	.25858	.28724	.32104	.34427
22	.22115	.25283	.28087	.31394	.33666
23	.21645	.24746	.27490	.30728	.32954
24	.21205	.24242	.26931	.30104	.32286
25	.20790	.23768	.26404	.29516	.31657
26	.20399	.23320	.25907	.28962	.31064
27	.20030	.22898	.25438	.28438	.30502
28	.19680	.22497	.24993	.27942	.29971
29	.19348	.22117	.24571	.27471	.29466
30	.19032	.21756	.24170	.27023	.28987
31	.18732	.21412	.23788	.29596	.28530
32	.18445	.21085	.23424	.26189	.28094
33	.18171	.20771	.23076	.25801	.27677
34	.17909	.20472	.22743	.25429	.27279
35	.17659	.20185	.22425	.25073	.26897
36	.17418	.19910	.22119	.24732	.26532
37	.17188	.19646	.21826	.24404	.26180
38	.16966	.19392	.21544	.24089	.25843
39	.16753	.19148	.21273	.23786	.25518
40	.16547	1.8913	.21012	.23494	.25202

表 15　Kolmogorov-Smimov──樣本檢定(續)

n	$\alpha = .10$	$\alpha = .05$	$\alpha = .025$	$\alpha = .01$	$\alpha = .005$
41	.16349	.18687	.20760	.23213	.24904
42	.16158	.18468	.20517	.22941	.24613
43	.15974	.18257	.20283	.22679	.21332
44	.15796	.18053	.20056	.22426	.24060
45	.15623	.17856	.19837	.22181	.23798
46	.15457	.17665	.19625	.21944	.23544
47	.15295	.17481	.19420	.21715	.25298
48	.15139	.17302	.19221	.21493	.23059
49	.14987	.17128	.19028	.21277	.22828
50	.14840	.16959	.18841	.21068	.22604
51	.14697	.16796	.18659	.20864	.22386
52	.14558	.16637	.18482	.20667	.22174
53	.14423	.16483	.18311	.20475	.21968
54	.14292	.16332	18144	.20289	.21768
55	.14164	.16186	.17981	.20107	.21574
56	.14040	.16044	.17823	.19930	.21384
57	.13919	.15906	.17669	.19758	.21199
58	.13807	.15771	.17519	.19590	.21019
59	.13686	.15639	.17373	.19427	.20844
60	.13573	.15511	.17231	.19267	.20673
61	.13464	.15385	.17091	.19112	.20506
62	.13357	.15263	.16956	.18960	.20343
63	.13253	.15144	.16823	.18812	.20184
64	.13151	.15027	.16693	.18667	.20029
65	.13052	.14913	.16567	.18525	.19877
66	.12954	.14802	.16443	.18387	.19729
67	.12859	.14693	.16322	.18252	.19584
68	.12766	.14587	.31204	.18119	.19442
69	.12675	.14483	.16088	.17990	.19303
70	.12586	.14381	.15975	.17863	.19167
71	.12499	.14281	.15864	.17739	.19034
72	.12413	.14183	.15755	.17618	.18903
73	.12329	.14087	.15649	.17498	.18776
74	.12247	.13993	.15544	.17382	.18650
75	.12167	.13901	.15442	.17268	.18528
76	.12088	.13811	.15342	.17155	.18408
77	.12011	.13723	.15244	.17045	.18290
78	.11935	.13636	.15147	.16938	.18174
79	.11860	.13551	.15052	.16832	.18060
80	.11787	.13467	.14960	.16728	.17949

表 15　Kolmogorov-Smirnov——樣本檢定(續)

n	$\alpha = .10$	$\alpha = .05$	$\alpha = .025$	$\alpha = .01$	$\alpha = .005$
81	.11716	.11385	.14868	.16626	.17840
82	.11645	.13305	.14779	.16526	.17732
83	.11576	.13226	.14691	.16428	.17627
84	.11508	.13148	.14605	.16331	.17523
85	.11442	.13072	.14520	.16236	.17421
86	.11376	.12997	.14437	.16143	.17321
87	.11311	.12923	.14355	.16051	.17223
88	.11248	.12850	.14274	.15961	.17126
89	.11186	.12779	.14195	.15873	.17031
90	.11125	.12909	.14117	.15786	.16938
91	.11064	.12640	.14040	.15700	.16846
92	.11005	.12572	.13965	.15616	.16755
93	.10947	.12506	.13891	.15533	.16666
94	.10889	.12440	.13818	.15451	.16579
95	.10833	.12375	.13746	.15371	.16493
96	.10777	.12312	.13675	.15291	.16408
97	.10722	.12249	.13606	.15214	.16324
98	.10668	.12187	.13537	.15137	.16242
99	.10615	.12126	.13469	.15061	.16161
100	.10563	.12067	.13403	.14987	.16081
$n>100$	$1.07/\sqrt{n}$	$1.22/\sqrt{n}$	$1.36/\sqrt{n}$	$1.52\sqrt{n}$	$1.63\sqrt{n}$

表 16　Spearman 等級相關係數臨界值表

N	$\alpha = .05$	$\alpha = .025$	$\alpha = .01$	$\alpha = .005$
5	.900	—	—	—
6	.829	.886	.943	—
7	.714	.786	.893	—
8	.643	.738	.833	.881
9	.600	.683	.783	.833
10	.564	.648	.745	.794
11	.523	.623	.736	.818
12	.497	.591	.703	.780
13	.475	.566	.673	.745
14	.457	.545	.646	.716
15	.441	.525	.623	.689
16	.425	.507	.601	.666
17	.412	.490	.582	.645
18	.399	.476	.564	.625
19	.388	.462	.549	.608
20	.377	.450	.534	.591
21	.368	.438	.521	.576
22	.359	.428	.508	.562
23	.351	.418	.496	.549
24	.343	.409	.485	.537
25	.336	.400	.475	.526
26	.329	.392	.465	.515
27	.323	.385	.456	.505
28	.317	.377	.448	.496
29	.311	.370	.440	.487
30	.305	.364	.432	.478

From E. G. Olds ,"Distribution of Sums of Squares of Rank Differences for Small Samples," Annals of Mathematical Statistics , 1938 ,Vol. 9.Reproduced with the permission of the Editor, Annals of Mathematical Statistics.本表摘錄自W. .Mendenhall, J. E. Reinmuthb, R. J. Beaver, "Statistics for Management and Economics" 7th ed., p1006.